J. von Staudingers
Kommentar zum Bürgerlichen Gesetzbuch
mit Einführungsgesetz und Nebengesetzen
Buch 2 · Recht der Schuldverhältnisse
§§ 741–764
(Gemeinschaft, Leibrente, Spiel)

Kommentatorinnen und Kommentatoren

Dr. Karl-Dieter Albrecht
Vorsitzender Richter am Bayerischen Verwaltungsgerichtshof, München

Dr. Hermann Amann
Notar a. D. in Berchtesgaden

Dr. Georg Annuß
Rechtsanwalt in München, Privatdozent an der Universität Regensburg

Dr. Christian Armbrüster
Professor an der Freien Universität Berlin

Dr. Martin Avenarius
Professor an der Universität zu Köln

Dr. Wolfgang Baumann
Notar in Wuppertal, Professor an der Bergischen Universität Wuppertal

Dr. Winfried Bausback
Professor an der Bergischen Universität Wuppertal

Dr. Roland Michael Beckmann
Professor an der Universität des Saarlandes, Saarbrücken

Dr. Detlev W. Belling, M.C.L.
Professor an der Universität Potsdam

Dr. Andreas Bergmann
Wiss. Assistent an der Universität des Saarlandes, Saarbrücken

Dr. Werner Bienwald
Professor an der Evangelischen Fachhochschule Hannover, Rechtsanwalt in Oldenburg

Dr. Claudia Bittner, LL.M.
Privatdozentin an der Universität Freiburg i. Br., Richterin am Sozialgericht Gießen

Dr. Dieter Blumenwitz †
Professor an der Universität Würzburg

Dr. Reinhard Bork
Professor an der Universität Hamburg

Dr. Elmar Bund
Professor an der Universität Freiburg i. Br.

Dr. Jan Busche
Professor an der Universität Düsseldorf

Dr. Georg Caspers
Professor an der Universität Erlangen-Nürnberg

Dr. Michael Coester, LL.M.
Professor an der Universität München

Dr. Dagmar Coester-Waltjen, LL.M.
Professorin an der Universität München

Dr. Heinrich Dörner
Professor an der Universität Münster

Dr. Christina Eberl-Borges
Professorin an der Universität Siegen

Dr. Dr. h. c. Werner F. Ebke, LL.M.
Professor an der Universität Heidelberg

Dr. Jörn Eckert †
Professor an der Universität zu Kiel, Richter am Schleswig-Holsteinischen Oberlandesgericht in Schleswig

Dr. Volker Emmerich
Professor an der Universität Bayreuth, Richter am Oberlandesgericht Nürnberg a. D.

Dipl.-Kfm. Dr. Norbert Engel
Ministerialdirigent im Thüringer Landtag, Erfurt

Dr. Helmut Engler
Professor an der Universität Freiburg i. Br., Minister in Baden-Württemberg a. D.

Dr. Karl-Heinz Fezer
Professor an der Universität Konstanz, Honorarprofessor an der Universität Leipzig, Richter am Oberlandesgericht Stuttgart

Dr. Johann Frank
Notar in Amberg

Dr. Rainer Frank
Professor an der Universität Freiburg i. Br.

Dr. Robert Freitag
Professor an der Universität Hamburg

Dr. Bernhard Großfeld, LL.M.
Professor an der Universität Münster

Dr. Beate Gsell
Professorin an der Universität Augsburg

Dr. Karl-Heinz Gursky
Professor an der Universität Osnabrück

Dr. Martin Gutzeit
Privatdozent an der Universität München

Dr. Ulrich Haas
Professor an der Universität Mainz

Norbert Habermann
Weiterer aufsichtsführender Richter bei dem Amtsgericht Offenbach

Dr. Stefan Habermeier
Professor an der Universität Greifswald

Dr. Martin Häublein
Professor an der Universität Berlin

Dr. Johannes Hager
Professor an der Universität München

Dr. Rainer Hausmann
Professor an der Universität Konstanz

Dr. Jan von Hein
Professor an der Universität Trier

Dr. Tobias Helms
Professor an der Universität Marburg

Dr. Dr. h. c. mult. Dieter Henrich
Professor an der Universität Regensburg

Dr. Reinhard Hepting
Professor an der Universität Mainz

Dr. Elke Herrmann
Professorin an der Universität Siegen

Christian Hertel, LL.M.
Notar a. D., Geschäftsführer des Deutschen Notarinstituts, Würzburg

Joseph Hönle
Notar in Tittmoning

Dr. Bernd von Hoffmann
Professor an der Universität Trier

Dr. Heinrich Honsell
Professor an der Universität Zürich, Honorarprofessor an der Universität Salzburg

Dr. Dr. Dres. h. c. Klaus J. Hopt, M.C.J.
Professor, Direktor des Max-Planck-Instituts für Ausländisches und Internationales Privatrecht, Hamburg

Dr. Norbert Horn
Professor an der Universität zu Köln, Vorstand des Arbitration Documentation and Information Center e.V., Köln

Dr. Peter Huber, LL.M.
Professor an der Universität Mainz

Dr. Rainer Hüttemann
Professor an der Universität Bonn

Dr. Florian Jacoby
Professor an der Universität Bielefeld

Dr. Rainer Jagmann
Vorsitzender Richter am Oberlandesgericht Karlsruhe

Dr. Ulrich von Jeinsen
Rechtsanwalt und Notar in Hannover

Dr. Joachim Jickeli
Professor an der Universität zu Kiel

Dr. Dagmar Kaiser
Professorin an der Universität Mainz

Dr. Bernd Kannowski
Professor an der Universität Freiburg i. Br.

Dr. Rainer Kanzleiter
Notar in Neu-Ulm, Professor an der Universität Augsburg

Dr. Sibylle Kessal-Wulf
Richterin am Bundesgerichtshof, Karlsruhe

Dr. Frank Klinkhammer
Richter am Bundesgerichtshof, Karlsruhe

Dr. Hans-Georg Knothe
Professor an der Universität Greifswald

Dr. Jürgen Kohler
Professor an der Universität Greifswald

Dr. Stefan Koos
Professor an der Universität der Bundeswehr München

Dr. Heinrich Kreuzer
Notar in München

Dr. Jan Kropholler
Professor an der Universität Hamburg, Wiss. Referent am Max-Planck-Institut für Ausländisches und Internationales Privatrecht, Hamburg

Dr. Hans-Dieter Kutter
Notar in Nürnberg

Dr. Gerd-Hinrich Langhein
Notar in Hamburg

Dr. Martin Löhnig
Professor an der Universität Konstanz

Dr. Dr. h. c. Manfred Löwisch
Professor an der Universität Freiburg i. Br., Rechtsanwalt in Stuttgart, vorm. Richter am Oberlandesgericht Karlsruhe

Dr. Dirk Looschelders
Professor an der Universität Düsseldorf

Dr. Stephan Lorenz
Professor an der Universität München

Dr. Peter Mader
Professor an der Universität Salzburg

Dr. Ulrich Magnus
Professor an der Universität Hamburg, Richter am Hanseatischen Oberlandesgericht zu Hamburg

Dr. Peter Mankowski
Professor an der Universität Hamburg

Dr. Heinz-Peter Mansel
Professor an der Universität zu Köln

Dr. Peter Marburger
Professor an der Universität Trier

Dr. Wolfgang Marotzke
Professor an der Universität Tübingen

Dr. Dr. Dres. h. c. Michael Martinek, M.C.J.
Professor an der Universität des Saarlandes, Saarbrücken, Honorarprofessor an der Universität Johannesburg, Südafrika

Dr. Annemarie Matusche-Beckmann
Professorin an der Universität des Saarlandes, Saarbrücken

Dr. Jörg Mayer
Notar in Simbach am Inn

Dr. Dr. Detlef Merten
Professor an der Deutschen Hochschule für Verwaltungswissenschaften Speyer

Dr. Rudolf Meyer-Pritzl
Professor an der Universität zu Kiel, Richter am Schleswig-Holsteinischen Oberlandesgericht in Schleswig

Dr. Peter O. Mülbert
Professor an der Universität Mainz

Dr. Daniela Neumann
Justiziarin des Erzbistums Köln

Dr. Dirk Neumann
Vizepräsident des Bundesarbeitsgerichts a. D., Kassel, Präsident des Landesarbeitsgerichts Chemnitz a. D.

Dr. Ulrich Noack
Professor an der Universität Düsseldorf

Dr. Hans-Heinrich Nöll
Rechtsanwalt in Hamburg

Dr. Jürgen Oechsler
Professor an der Universität Mainz

Dr. Hartmut Oetker
Professor an der Universität zu Kiel, Richter am Thüringer Oberlandesgericht Jena

Wolfgang Olshausen
Notar in Rain am Lech

Dr. Dirk Olzen
Professor an der Universität Düsseldorf

Dr. Gerhard Otte
Professor an der Universität Bielefeld

Dr. Hansjörg Otto
Professor an der Universität Göttingen

Dr. Holger Peres
Rechtsanwalt in München

Dr. Lore Maria Peschel-Gutzeit
Rechtsanwältin in Berlin, Senatorin für Justiz a. D. in Hamburg und Berlin, Vorsitzende Richterin am Hanseatischen Oberlandesgericht zu Hamburg i. R.

Dr. Frank Peters
Professor an der Universität Hamburg, Richter am Hanseatischen Oberlandesgericht zu Hamburg

Dr. Axel Pfeifer
Notar in Hamburg

Dr. Jörg Pirrung
Richter am Gericht erster Instanz der Europäischen Gemeinschaften i. R., Professor an der Universität Trier

Dr. Ulrich Preis
Professor an der Universität zu Köln

Dr. Manfred Rapp
Notar in Landsberg a. L.

Dr. Thomas Rauscher
Professor an der Universität Leipzig, Dipl. Math.

Eckhard Rehme
Vorsitzender Richter am Oberlandesgericht Oldenburg

Dr. Wolfgang Reimann
Notar in Passau, Professor an der Universität Regensburg

Dr. Tilman Repgen
Professor an der Universität Hamburg

Dr. Dieter Reuter
Professor an der Universität zu Kiel,
Richter am Schleswig-Holsteinischen
Oberlandesgericht in Schleswig a. D.

Dr. Reinhard Richardi
Professor an der Universität Regensburg,
Präsident des Kirchlichen Arbeitsgerichtshofs für die Bistümer im Bereich der DBK, Bonn

Dr. Volker Rieble
Professor an der Universität München,
Direktor des Zentrums für Arbeitsbeziehungen und Arbeitsrecht

Dr. Anne Röthel
Professorin an der Bucerius Law School, Hamburg

Dr. Christian Rolfs
Professor an der Universität Bielefeld

Dr. Herbert Roth
Professor an der Universität Regensburg

Dr. Rolf Sack
Professor an der Universität Mannheim

Dr. Ludwig Salgo
Professor an der Fachhochschule Frankfurt a. M., Apl. Professor an der Universität Frankfurt a. M.

Dr. Renate Schaub, LL.M.
Professorin an der Universität Bochum

Dr. Martin Josef Schermaier
Professor an der Universität Bonn

Dr. Gottfried Schiemann
Professor an der Universität Tübingen

Dr. Eberhard Schilken
Professor an der Universität Bonn

Dr. Peter Schlosser
Professor an der Universität München

Dr. Dres. h. c. Karsten Schmidt
Vizepräsident der Bucerius Law School, Hamburg

Dr. Martin Schmidt-Kessel
Professor an der Universität Osnabrück

Dr. Günther Schotten
Notar in Köln, Professor an der Universität Bielefeld

Dr. Robert Schumacher, LL.M.
Notar in Aachen

Dr. Roland Schwarze
Professor an der Universität Hannover

Dr. Hans Hermann Seiler
Professor an der Universität Hamburg

Dr. Reinhard Singer
Professor an der Humboldt-Universität Berlin, vorm. Richter am Oberlandesgericht Rostock

Dr. Dr. h. c. Ulrich Spellenberg
Professor an der Universität Bayreuth

Dr. Sebastian Spiegelberger
Notar in Rosenheim

Dr. Ansgar Staudinger
Professor an der Universität Bielefeld

Dr. Malte Stieper
Akademischer Rat an der Universität zu Kiel

Dr. Markus Stoffels
Professor an der Universität Osnabrück

Dr. Hans-Wolfgang Strätz
Professor an der Universität Konstanz

Dr. Dr. h. c. Fritz Sturm
Professor an der Universität Lausanne

Dr. Gudrun Sturm
Assessorin, Wiss. Mitarbeiterin

Burkhard Thiele
Präsident des Oberlandesgerichts Rostock

Dr. Karsten Thorn
Professor an der Bucerius Law School, Hamburg

Dr. Gregor Thüsing, LL.M.
Professor an der Universität Bonn

Dr. Barbara Veit
Professorin an der Universität Göttingen

Dr. Bea Verschraegen, LL.M.
Professorin an der Universität Wien

Dr. Klaus Vieweg
Professor an der Universität Erlangen-Nürnberg

Dr. Markus Voltz
Notar in Lahr

Dr. Reinhard Voppel
Rechtsanwalt in Köln

Dr. Günter Weick
Professor an der Universität Gießen

Gerd Weinreich
Vorsitzender Richter am Landgericht Oldenburg

Dr. Birgit Weitemeyer
Professorin an der Bucerius Law School, Hamburg

Dr. Olaf Werner
Professor an der Universität Jena, Richter am Thüringer Oberlandesgericht Jena a. D.

Dr. Wolfgang Wiegand
Professor an der Universität Bern

Dr. Susanne Wimmer-Leonhardt
Privatdozentin an der Universität des Saarlandes, Saarbrücken

Dr. Peter Winkler von Mohrenfels
Professor an der Universität Rostock, Richter am Oberlandesgericht Rostock

Dr. Hans Wolfsteiner
Notar in München

Heinz Wöstmann
Richter am Bundesgerichtshof, Karlsruhe

Dr. Eduard Wufka †
Notar in Starnberg

Dr. Michael Wurm
Richter am Bundesgerichtshof, Karlsruhe

Redaktorinnen und Redaktoren

Dr. Dres. h. c. Christian von Bar, FBA
Dr. Christian Baldus
Dr. Michael Coester, LL.M.
Dr. Heinrich Dörner
Dr. Helmut Engler
Dr. Karl-Heinz Gursky
Norbert Habermann
Dr. Johannes Hager
Dr. Dr. h. c. mult. Dieter Henrich
Dr. Norbert Horn
Dr. Jan Kropholler

Dr. Dr. h. c. Manfred Löwisch
Dr. Ulrich Magnus
Dr. Dr. Dres. h. c. Michael Martinek, M.C.J.
Dr. Jörg Mayer
Dr. Gerhard Otte
Dr. Lore Maria Peschel-Gutzeit
Dr. Manfred Rapp
Dr. Peter Rawert, LL.M.
Dr. Dieter Reuter
Dr. Herbert Roth
Dr. Wolfgang Wiegand

J. von Staudingers
Kommentar zum Bürgerlichen Gesetzbuch
mit Einführungsgesetz und Nebengesetzen

Buch 2
Recht der Schuldverhältnisse
§§ 741–764
(Gemeinschaft, Leibrente, Spiel)

Neubearbeitung 2008
von
Norbert Engel
Gerd-Hinrich Langhein
Jörg Mayer

Redaktor
Jörg Mayer

Sellier – de Gruyter · Berlin

**Die Kommentatorinnen
und Kommentatoren**

Neubearbeitung 2008
§§ 741–758: GERD-HINRICH LANGHEIN
§§ 759–761: JÖRG MAYER
§§ 762–764: NORBERT ENGEL

Neubearbeitung 2002
§§ 741–758: GERD-HINRICH LANGHEIN
§§ 759–761: HERMANN AMANN
§§ 762–764: NORBERT ENGEL

Dreizehnte Bearbeitung 1996
§§ 741–758: GERD-HINRICH LANGHEIN
§§ 759–761: HERMANN AMANN
§§ 762–764: NORBERT ENGEL

12. Auflage
§§ 741–758: Professor Dr. ULRICH HUBER (1981)
§§ 759–761: HERMANN AMANN (1981)
§§ 762–764: NORBERT ENGEL (1981)

Sachregister

Rechtsanwältin Dr. MARTINA SCHULZ, Pohlheim

Zitierweise

STAUDINGER/LANGHEIN (2008) Vorbem 1 zu §§ 741 ff
STAUDINGER/MAYER (2008) § 759 Rn 1
Zitiert wird nach Paragraph bzw Artikel und Randnummer.

Hinweise

Das Abkürzungsverzeichnis befindet sich auf www.staudingerbgb.de.

Der Stand der Bearbeitung ist jeweils mit Monat und Jahr auf den linken Seiten unten angegeben.

Am Ende eines jeden Bandes befindet sich eine Übersicht über den aktuellen Stand des „Gesamtwerk STAUDINGER".

Die Deutsche Nationalbibliothek verzeichnet diese Publikation in der Deutschen Nationalbibliografie; detaillierte bibliografische Daten sind im Internet über http://dnb.d-nb.de abrufbar.

ISBN: 978-3-8059-1072-9

© Copyright 2008 by Dr. Arthur L. Sellier & Co. – Walter de Gruyter GmbH & Co. KG, Berlin. – Printed in Germany.

Dieses Werk einschließlich aller seiner Teile ist urheberrechtlich geschützt. Jede Verwertung außerhalb der engen Grenzen des Urheberrechtsgesetzes ist ohne Zustimmung des Verlages unzulässig und strafbar. Das gilt insbesondere für Vervielfältigungen, Übersetzungen, Mikroverfilmungen und die Einspeicherung und Verarbeitung in elektronischen Systemen.

Satz: fidus Publikations-Service, Nördlingen.

Druck: H. Heenemann GmbH & Co., Berlin.

Bindearbeiten: Buchbinderei Bruno Helm, Berlin.

Umschlaggestaltung: Bib Wies, München.

♾ Gedruckt auf säurefreiem Papier, das die DIN ISO 9706 über Haltbarkeit erfüllt.

Inhaltsübersicht

                                                                    Seite[*]

Allgemeines Schrifttum   IX

Buch 2 · Recht der Schuldverhältnisse

Abschnitt 8 · Einzelne Schuldverhältnisse

Titel 17 · Gemeinschaft	1
Titel 18 · Leibrente	301
Titel 19 · Unvollkommene Verbindlichkeiten	351
Sachregister	417

---

[*] Zitiert wird nicht nach Seiten, sondern nach Paragraph bzw Artikel und Randnummer; siehe dazu auch S VI.

Allgemeines Schrifttum

Das Sonderschrifttum ist zu Beginn der einzelnen Kommentierungen bzw in Fußnoten innerhalb der Kommentierung aufgeführt.

Anwaltkommentar, DAUNER-LIEB/LANGEN (Hrsg), BGB, Band 2: Schuldrecht (2004) zit: AnwK-BGB/BEARBEITER
BAMBERGER/ROTH, Kommentar zum Bürgerlichen Recht (2. Aufl 2008)
BAUR/STÜRNER, Sachenrecht (17. Aufl 1999)
BGB-RGRK/BEARBEITER, Das Bürgerliche Gesetzbuch mit besonderer Berücksichtigung der Rechtsprechung des Reichsgerichts und des Bundesgerichtshofs, Kommentar, Bd II, 4. Teil: §§ 631-811 (12. Aufl 1978)
BRAMBRING/JERSCHKE/WALDNER (Hrsg), Beck'sches Notar-Handbuch (4. Aufl 2006)
DEMHARTER, Grundbuchordnung (26. Aufl 2008)
ERMAN, Handkommentar zum Bürgerlichen Gesetzbuch (11. Aufl 2008)
ESSER/EIKE SCHMIDT, Schuldrecht, Bd I A Tbd 2 (8. Aufl 2000)
FIKENTSCHER, Schuldrecht (10. Aufl 2006)
GERNHUBER/COESTER-WALTJEN, Familienrecht (5. Aufl 2006)
JAUERNIG, Bürgerliches Recht (12. Aufl 2007)

KUNTZE/ERTL/HERMANN, Grundbuchrecht (6. Aufl 2006)
LARENZ, Lehrbuch des Schuldrechts I, AT (14. Aufl 1987)
ders, Lehrbuch des Schuldrechts, BT, Bd II/1. Halbband (13. Aufl 1986)
MEIKEL, Grundbuchrecht (9. Aufl 2003 f)
Münchener Kommentar zum Bürgerlichen Gesetzbuch, REBMANN/RIXECKER/SÄCKER (Hrsg), Band 5 (4. Aufl 2004)
zit MünchKomm/BEARBEITER
PALANDT, Bürgerliches Gesetzbuch, Kommentar (67. Aufl 2008)
PRÜTTING/WEGEN/WEINREICH, BGB, Kommentar (3. Aufl 2008) zit: PWW/BEARBEITER
SCHLECHTRIEHM, Schuldrecht Besonderer Teil (6. Aufl 2003)
L SCHMIDT/DRENSECK, Einkommensteuergesetz, Kommentar (27. Aufl)
K SCHMIDT, Gesellschaftsrecht (3. Aufl 1997)
SCHÖNER/STÖBER, Grundbuchrecht (14. Aufl 2008)
SOERGEL, Bürgerliches Gesetzbuch, Kommentar, Schuldrecht Band 5/1 (12. Aufl 2007)
STÖBER, Zwangsversteigerungsgesetz (18. Aufl 2006)
ZÖLLER, Zivilprozessordnung (26. Aufl 2007).

Titel 17
Gemeinschaft

Vorbemerkungen zu §§ 741–758

Schrifttum

ADAMKIEWICZ, Der Nießbrauch am Bruchteil, ArchBürgR 31 (1908) 21
AMANN, Das im Grundbuch verlautbarte Gemeinschaftsverhältnis – eine Halbwahrheit?, in: FS Hagen (1999) 75
ders, Auf der Suche nach einem interessegerechten und grundbuchtauglichen Gemeinschaftsverhältnis, DNotZ 2008, 324
vAMELUNXEN, Auseinandersetzung unter Miterben, ElsLothrZ 32, 379
APP, Zugriff des Gläubigers beim als Oder-Konto geführten Girokonto des Schuldners, MDR 1990, 892
BÄRMANN, Wohnungseigentumsgesetz, Kommentar (10. Aufl 2008)
BÄRMANN/PICK/MERLE, Wohnungseigentumsgesetz, Kommentar (8. Aufl 2000)
BÄRWALDT, Keine Dereliktion eines Miteigentumsanteils an einem Grundstück – KG OLGZ 1988, 355, JuS 1990, 788
BARTENSBACH/VOLZ, Arbeitnehmervergütung, Kommentar zu den amtlichen Richtlinien für die Vergütung von Arbeitnehmererfindungen (4. Aufl 2006)
BARTHOLOMEYCZIK, Willensbildung, Willensverwirklichung und das Gesamthandsprinzip in der Miterbengemeinschaft, in: FS Reinhardt (1972) 13
BECKER, Rechtsvergleichendes Handwörterbuch, Bd 5 (1936)
BECKER/EBERHARD, Die Räumungsvollstreckung gegen Ehegatten und sonstige Hausgenossen, FamRZ 1994, 1296
BINDER, Die Rechtsstellung des Erben nach dem deutschen Bürgerlichen Gesetzbuch, I. Teil (1901)
BLOMEYER, Die Vollstreckung in belastetes Fahrniseigentum, JZ 1955, 5

ders, Allgemeines Schuldrecht (4. Aufl 1969)
BOHLEN, Der Sicherheiten-Pool (1986)
BRACH, Die Funktionen der Gesellschaft bürgerlichen Rechts und der Bruchteilsgemeinschaft (Diss 2001)
BROCKHAUS Enzyklopädie, Bd 8, Stichwort „Gemeinschaft" (20. Aufl 1997)
BRÖTEL, Die Eigentumsverhältnisse am ehelichen Hausrat, Jura 1992, 470
BRUDERMÜLLER, Wohnungszuweisung bei Beendigung einer nicht-ehelichen Lebensgemeinschaft?, FamRZ 1994, 207
BUCHWALD, Die Bruchteilsgemeinschaft als Form der Beteiligung an einem Handelsgewerbe, JR 1967, 367
CANARIS, Bankvertragsrecht, in: HGB/Großkommentar (4. Aufl 1988)
CARL, Haftung eines Gemeinschafters für Umsatzsteuer-Schulden der Gesellschaft, DStR 1990, 270
CROME, Moderne Teilungsprobleme, SeuffBl 72, 1
DIEDERICHSEN, Die nichteheliche Lebensgemeinschaft im Zivilrecht, NJW 1983, 1017
DÖBLER, Vereinbarungen nach § 1010 Abs 1 BGB in der notariellen Praxis, MittRhNotK 1983, 181
DRESCHER, Die Zwangsversteigerung zum Zweck der Aufhebung der Gemeinschaft an einem Grundstück (Diss Leipzig 1908)
DU CHESNE, Die Vermutung des § 742 BGB und das Grundbuch, RheinZ 1909, 459
ENGLÄNDER, Die regelmäßige Rechtsgemeinschaft (1914)
ENGLERT, Grundsätze des Rechtsschutzes der industriellen Formgebung (1978)
ERBARTH, Das Verhältnis der §§ 741 ff BGB zu

den miet- und pachtrechtlichen Vorschriften, NZM 1998, 740

ders, Der Anspruch des die Ehewohnung verlassenden Ehegatten auf Entrichtung einer Benutzungsvergütung für die Zeit des Getrenntlebens, NJW 2000, 1329 ff

ERICHSEN/MARTENS (Hrsg), Allgemeines Verwaltungsrecht (11. Aufl 1998)

A ESSER, Rechtsprobleme der Gemeinschaftsteilung (1951)

EYERMANN/FRÖHLER, Verwaltungsgerichtsordnung (10. Aufl 1998)

FABRICIUS, Relativität der Rechtsfähigkeit (1963)

FEINE, Gesellschaft mit beschränkter Haftung, Handbuch des gesamten Handelsrechts, Bd 3, 3. Abt (1929)

FISCHER, Auseinandersetzung über Betriebsgrundstücke einer Personalgesellschaft nach Erbfällen, NJW 1957, 894

FLEITZ, Erwerb durch Miteigentümer, BWNotZ 1977, 36

FLUME, Gesellschaft und Gesamthand, ZHR 136 (1972) 177

ders, Allgemeiner Teil des Bürgerlichen Rechts, Bd I Teil 1 (3. Aufl 1977)

FURTNER, Zwangsvollstreckung in Bruchteilsmiteigentum, NJW 1969, 871

GAUL, Die Arbeitnehmererfindungen im technischen, urheberrechtsfähigen und geschmacksmusterfähigen Bereich, RdA 1993, 90

VGERKAN, Die Rechtsfolgen der eigenkapitalersetzenden Nutzungsüberlassung – Fragen und Zweifel, ZHR 158 (1994) 668

GIERKE, Deutsches Privatrecht, Bd I (1895)

GÖTZ/BRUDERMÜLLER, Die gemeinsame Wohnung (2008)

GRAMENTZ, Die Aufhebung der Gemeinschaft nach Bruchteilen durch den Gläubiger eines Teilhabers (1989)

GROTHUS, Übernahme einer GmbH-Stammeinlage durch eine Gesellschaft bürgerlichen Rechts, GmbHRdsch 1958, 156

ders, Zur Abtretung von Anteilen an Apparate- und Maschinengemeinschaften, DB 1972, 1008

GRUNEWALD, Das Beurkundungserfordernis nach § 313 BGB bei Gründung und Beitritt zu einer Personengesellschaft, in: FS Hagen (1999)

GRZIWOTZ, Rechtsprechung zur nichtehelichen Lebensgemeinschaft, FamRZ 1994, 1217

GRZIWOTZ/DE WITT, Nichteheliche Lebensgemeinschaften (3. Aufl 1999)

Gutachten und Vorschläge zur Überarbeitung des Schuldrechts, Bd 3 (1983)

HABERMEIER, Schadensersatzanspruch und Eingriffskondiktion bei Berechtigung mehrerer am Gegenstand des Eingriffs, AcP 193 (1993) 365

HABERSACK, Grenzen der Mehrheitsherrschaft in Stimmrechtskonsortien, ZMR 164 (2000) 1

HADDING, Zur Abgrenzung von Gläubigermehrheiten und Bruchteilsgemeinschaften an einer Forderung, in: FS Canaris (2007)

HANSEN, Die Rechtsnatur von Gemeinschaftskonto und -depot (1967)

HECKSCHEN, Die Formbedürftigkeit mittelbarer Grundstücksgeschäfte (1987)

HEISEKE, Das nachbarliche Gemeinschaftsverhältnis und § 278 BGB, MDR 1961, 461

HELLNER/STEUER ua, Bankrecht und Bankpraxis, Loseblattwerk Bd I (43 Lfg 2000)

HENNECKE, Das Sondervermögen der Gesamthand (1976)

HEROLD, Auseinandersetzung über gemeinschaftliche Mietrechte an Wohn- und Geschäftsräumen, BlGBW 1963, 12

HESS, Miteigentum des Vorbehaltslieferanten und Poolbildung (1985)

HILBRANDT, Der Bruchteil bei der Bruchteilsgemeinschaft, AcP 202 (2002) 631

ders, NJW 11/2005 Editorial

HILGER, Miteigentum des Vorbehaltslieferanten gleichartiger Ware (1983)

HOFFMANN, Zwangsvollstreckung in Miteigentumsanteile an Grundstücken – OLG Köln, OLGZ 1969, 338, JuS 1971, 20

HOLLÄNDER, Nutzungsrechte an freiwillig erstellter Software im Arbeitsverhältnis, CuR 1991, 614

HUBER, Vermögensanteil, Kapitalanteil und Gesellschaftsanteil an Personengesellschaften des Handelsrechts (1970)

HÜFFER, Aktuelle Rechtsfragen zum Bankkonto (3. Aufl 1998)

HÜGEL/ELZER, Das neue WEG-Recht (2007)

JAEGER, Insolvenzordnung (1. Aufl 2004–2008)

JASCHKE, Gesamthand und Grundbuchrecht (1997)
JAUERNIG, Zwangspool von Sicherungsgläubigern im Konkurs, ZIP 1980, 318
JÖRGES, Zur Lehre vom Miteigentum und der gesamten Hand nach deutschem Reichsrecht, ZHR 49, 140; ZHR 51, 47
JOHANNSEN, Die Rechtsprechung des BGH auf dem Gebiete des Erbrechts – 6. Teil: Die Erbengemeinschaft, WM 1970, 573, 738; WM 1973, 543
JÜLICHER, Mehrheitsgrundsatz und Minderheitenschutz bei der Erbengemeinschaft, AcP 175 (1975) 143
JUNKER, Die Gesellschaft nach dem Wohnungseigentumsgesetz (1993)
KÄPPLER, Familiäre Bedarfsdeckung im Spannungsfeld, AcP 179 (1979) 245
KOBUSCH, Der Hausrat als Streitobjekt zwischen getrennt lebenden Ehegatten (1995)
KOCH, Erfindungen aus Rüstungsentwicklungen, BB 1989, 1138
KÖNDGEN, Die Entwicklung des privaten Bankrechts in den Jahren 1992–1995, NJW 1996, 558
KOHLER, Gemeinschaften mit Zwangsteilung, AcP 91 (1901) 390
ders, Verfügungsnutznießung, Verfügungsgemeinschaften und Gesamthandgut, AcP 107 (1911) 258
J KOHLER, Buchbesprechung: Gramentz, ZZP 104 (1991) 83
KOLLER, Der gutgläubige Erwerb bei der Übertragung von Miteigentumsanteilen, JZ 1972, 646
ders, Der gutgläubige Erwerb von Sammeldepotanteilen an Wertpapieren im Effektengiroverkehr, DB 1972, 1857, 1905
KORFF, Gemeinschaftliches Sondereigentum innerhalb des Gemeinschaftseigentums?, WE 1980, 118
KORTE, Handbuch der Beurkundung von Grundstücksgeschäften (1990)
KOTZUR, Die Rechtsprechung zum Gesamtschuldnerausgleich unter Ehegatten, NJW 1989, 817
KRANEL, Die Anwendung der Vorschriften des Bürgerlichen Gesetzbuches über den Eigentumserwerb vom Nichtberechtigten beim Miteigentum (1907)
KRETZSCHMAR, Teilungsversteigerung eines Nachlassgrundstücks auf Antrag eines Miterben oder des die Rechte eines solchen ausübenden Pfändungsgläubigers, DNotZ 1915, 143
ders, Das Wesen der Rechtsgemeinschaften, SächsArch 1915, 385
KRÖNIG, Die Beweislastprobleme der §§ 752 bis 754 BGB, MDR 1951, 602
KÜMPEL, Der Bestimmtheitsgrundsatz bei Verfügungen über Sammeldepotguthaben, WM 1980, 422
KUNZ, Über die Rechtsnatur der Gemeinschaft zur gesamten Hand (1963)
KURZ, Historische Entwicklung des Arbeitnehmererfindungsrechts (1990)
LANDFERMANN, Der Ablauf eines künftigen Insolvenzverfahrens, BB 1995, 1649
LANGE, Verwaltung, Verfügung und Auseinandersetzung bei der Erbengemeinschaft, BGH – FamRZ 1965, 267, JuS 1967, 453
LANGHEIN, Das neue Vorkaufsrecht des Mieters bei Umwandlungen, DNotZ 1993, 650
ders, Buchbesprechung: Die Gesellschaft nach dem Wohnungseigentumsgesetz von M Junker, DNotZ 1995, 635
ders, Kollisionsrecht der Registerurkunden (1995)
ders, Das neue Umwandlungsverbot, ZNotP 1998, 346
ders, Die Entwicklung des Wohnungseigentumsrechtes im Jahr 2007, notar 2008, 18
LARENZ, Zur Lehre von der Rechtsgemeinschaft, JherJb 83 (1933) 108
LEIPOLD, Wirtschaftsgemeinschaft oder Güterindividualismus – Das Eigentum am Hausrat in Ehe und nichtehelicher Partnerschaft, in: FS Gernhuber (1993) 695
LIEDEL, Dasselbe oder das gleiche: Sukzessivberechtigung angesichts neuerer Entscheidungen des BayObLG, DNotZ 1991, 855
LIMMER, Personengesellschaft und Immobilien: Form-, Schutz- und ordnungspolitisches Defizit am Beispiel der geschlossenen Immobilienfonds, in: FS Hagen (1999)
LINDACHER, Die Streitgenossenschaft, JuS 1986, 379
LIPP, Ausgleichsansprüche zwischen den Part-

nern einer nichtehelichen Lebensgemeinschaft –
BGH NJW 1981, 1502, JuS 1982, 17
Lipps, Die Beteiligung an Personengesellschaften durch geschlossene Industriefonds nach BGB-Gemeinschaftsrecht, BB 1972, 860
Lothmann, Die mehrere Bruchteilsgemeinschaften überlagernde Ehegatten-Innengesellschaft, BB 1987, 1014
Lüdecke, Erfindungsgemeinschaften (1962)
Marbach, Rechtsgemeinschaft am Immaterialgüterrecht (1987)
Matthiessen, Stimmrecht und Interessenkollision im Aufsichtsrat (1989)
Maurer, Allgemeines Verwaltungsrecht (13. Aufl 2006)
Medicus, Schuldrecht II BT (13. Aufl 2006)
Mohrbutter/Drischler, Die Zwangsversteigerungs- und Zwangsverwaltungspraxis, Bd 1 (7. Aufl 1986), Bd 2 (7. Aufl 1990)
vOlshausen, Fragen zu § 1011 BGB, in: FS Gerhardt (2004)
Panz, Benutzungsregelungen bei Nutzungsgemeinschaften, BWNotZ 1990, 67
Pause, Umwandlung von Altbauten: Bruchteilseigentum statt Wohnungseigentum?, NJW 1990, 807
Peine, Allgemeines Verwaltungsrecht (4. Aufl 1998)
Peters, Registerverfahrensbeschleunigungsgesetz und Familienrecht, FamRZ 1994, 673
Pfister, Rechtsverhältnisse zwischen den Teilnehmern sportlicher Wettbewerbe, in: FS Lorenz (2001)
Pikart, Die Rechtsprechung des Bundesgerichtshofs zum Miteigentum, WM 1975, 402
Pineles, Die communio pro diviso, GrünhutsZ 29, 689
Priester, Die faktische Mitunternehmerschaft – Ein gesellschaftsrechtliches Problem, in: FS L Schmidt (1993) 331
Rabe/Prüssmann, Seehandelsrecht (4. Aufl 2000)
Rastätter, Alternativ- und Sukzessivberechtigung bei der Auflassungsvormerkung, BWNotZ 1994, 27
Redeker/vOertzen, Verwaltungsgerichtsordnung (12. Aufl 1997)
Reinelt, Zur Formbedürftigkeit des Gesellschafterbeitritts bei geschlossenen Immobilienfonds, NJW 1992, 2052
Reinicke/Tiedtke, Anm zu BGH JZ 1985, 888
Reiss, Bruchteilsgemeinschaften und gewerblicher Grundstückshandel, FR 1992, 364
Reithmann, Neue Vertragstypen des Immobilienerwerbs, NJW 1992, 649
Reithmann/Meichsner/vHeymann, Kauf vom Bauträger (7. Aufl 1995)
BGB-/RGRK/Bearbeiter, Das Bürgerliche Gesetzbuch mit besonderer Berücksichtigung der Rechtsprechung des Reichsgerichts und des Bundesgerichtshofs, Kommentar, Bd II, 4. Teil: §§ 631–811 (12. Aufl 1978)
Ripfel, Übernahme einer Stammeinlage durch eine Personenmehrheit, GmbHRdsch 1956, 7
Röll, Das Verwaltungsvermögen der Wohnungseigentümergemeinschaft, NJW 1987, 1049
Rowedder ua, Gesetz betreffend die Gesellschaft mit beschränkter Haftung, Kommentar (4. Aufl 2002)
Rütten, Mehrheit von Gläubigern (1989)
Saenger, Gemeinschaft und Rechtsteilung (1913)
Schallhorn, Kann die ideelle Hälfte eines Grundstücks mit einem Wohnungsrecht belastet werden?, JurBüro 1970, 131, 138
Schiffhauer, Besonderheiten der Teilungsversteigerung, ZIP 1982, 526
Schlegelberger/Bearbeiter, HGB-Großkommentar (5. Aufl 1986 ff)
J Schmid, Das Vorkaufsrecht des Miteigentümers bei Teilungsversteigerung, MDR 1975, 191
K Schmidt, Die Kreditfunktion der stillen Einlage, ZHR 140 (1976) 475
ders, Prozeß- und Vollstreckungsprobleme der Gemeinschaftsteilung, JR 1979, 317
ders, Die obligatorische Gruppenvertretung im Recht der Personengesellschaften und der GmbH, ZHR 146 (1982) 525
ders, Ehegatten-Miteigentum oder „Eigenheim-Gesellschaft"?, AcP 182 (1982) 481
ders, Die GmbH-Beteiligung von Gesellschaften bürgerlichen Rechts als Publizitätsproblem, BB 1983, 1697
ders, Zur Vermögensordnung der Gesamthands-BGB-Gesellschaft, JZ 1985, 909
ders, Eigentumsaufgabe durch Miteigentümer, JuS 1989, 574

ders, Personengesellschaften und Grundstücksrecht, ZIP 1998, 2
ders, Das Gemeinschaftskonto: Rechtsgemeinschaft am Rechtsverhältnis, in: FS Hadding (2004)
SCHNORR, Die Gemeinschaft nach Bruchteilen (§§ 741–758 BGB), Habilschrift (2004)
SCHOLZ, Nochmals: Übernahme einer Stammeinlage durch eine Personenmehrheit, GmbHRdsch 1956, 17
SCHÖRNIG, Die obligatorische Gruppenvertretung (Diss 2006)
SCHOPP, Die Kündigung des Mietverhältnisses durch eine Erben- und Bruchteilsgemeinschaft, ZMR 1967, 193
SCHOTTEN/SCHMELLENKAMP, Das Internationale Privatrecht in der notariellen Praxis (2. Aufl 2007)
SCHUBERT, Zur schuldrechtlichen Seite der Rechtsgemeinschaft, JR 1975, 363
SCHULTZ, Gemeinschaft und Miteigentum (1924)
SCHULZE-OSTERLOH, Das Prinzip der gesamthänderischen Bindung (1972)
SCHUMACHER, Zum gesetzlichen Regelungsbedarf für nichteheliche Lebensgemeinschaften, FamRZ 1994, 857
SCHUMACHER/JANZEN, Gewaltschutz in der Familie (2003).
vSEELER, Das Miteigentum nach dem Bürgerlichen Gesetzbuch für das Deutsche Reich (1899)
SEFZIG, Das Verwertungsrecht des einzelnen Miterfinders, GRUR 1995, 302
SELB, Mehrheiten von Gläubigern und Schuldnern, in: GERNHUBER (Hrsg), Handbuch des Schuldrechts, Bd 5 (1984)
SOHM, Der Gegenstand (1905)
SONTAG, Das Miturheberrecht (Diss Tübingen 1972)
SPYNDAKIS, Zur Problematik des Sachbestandteils (1966)
STEINER, Sukzessivberechtigung bei dinglichen Rechten und Vormerkungen, Rpfleger 1994, 397
STEINERT, Vermögensrechtliche Fragen während des Zusammenlebens und nach Trennung Nichtverheirateter, NJW 1986, 683
STERNEL, Mietrecht (3. Aufl 1988)
STÖBER, Forderungspfändung (14. Aufl 2005)

STÜRNER, Aktuelle Probleme des Konkursrechts, ZZP 94 (1981) 263
TEWES, Praxishandbuch Immobilienkapitalanlagen (3. Aktualisierung Februar 1998)
THÜMMEL, Abschied vom Stockwerkseigentum, JZ 1980, 125
TIMM, Die Rechtsfähigkeit der Gesellschaft bürgerlichen Rechts und ihr Haftungsumfang, NJW 1995, 3209
TZERMIAS, Zur Regelung des Gebrauchs an Miteigentum, AcP 157 (1958/59) 455
P ULMER, Rückbesinnung als Fortschritt, ZGR 1984, 313
ULMER/LÖBBE, Zur Anwendbarkeit des § 313 BGB im Personengesellschaftsrecht, DNotZ 1998, 711
VENJAKOB, Die Untergemeinschaft innerhalb der Erbengemeinschaft, Rpfleger 1993, 2
WAGNER, Interventionsrecht des Kontomitinhabers gegen Zwangsvollstreckung in Oder-Konten?, WM 1991, 1145
vOLSHAUSEN, Fragen zu § 1011 BGB, in: FS Gerhardt (2004)
WALDENBERGER, Die Miturheberschaft im Rechtsvergleich (1991)
WALTER, Dingliche Schlüsselgewalt und Eigentumsvermutung – Enteignung kraft Eheschließung?, JZ 1981, 601
WALTHER, Eigentumserwerb in der Ehe (1981)
WEITNAUER, Streitfragen zum Wohnungseigentum, DNotZ 1960, 115
ders, Zivilrechtliche Grundstrukturen im Betriebsverfassungsrecht, in: FS Duden (1977) 705
ders, Einige Bemerkungen zu den Verwertungsgemeinschaften („Pools") der Sicherungsgläubiger im Unternehmenskonkurs, in: FS Baur (1981) 709
ders, Zur Dogmatik des Wohnungseigentums, WE 1994, 33
ders, Wohnungseigentumsgesetz, Kommentar (9. Aufl 2006)
WELTEKE, Rechtsformen landwirtschaftlicher Maschinengemeinschaften (1972)
WERNER, Rechtsfragen der Miturhebergemeinschaften, BB 1982, 280
H WESTERMANN, Die Bestimmung des Rechtssubjekts durch das Grundeigentum (1942)
HP WESTERMANN, Sachenrecht (7. Aufl 1998)
WEVER, Vermögensauseinandersetzung der

Ehegatten außerhalb des Güterrechtes (4. Aufl 2006)
WIEBE, Der praktische Fall – Bürgerliches Recht: Streit um einen Teppich, JuS 1995, 227
WOELKI, Die Gesamtgläubigerschaft nach § 428 BGB im Sachen- und Grundbuchrecht, Rpfleger 1968, 208 ff
WOLFF/RAISER, Sachenrecht (10. Bearbeitung 1957)
WÜRDINGER, Theorie der schlichten Interessengemeinschaft (1934)
WÜST, Die Gemeinschaftsteilung als methodisches Problem (1956)
ders, Ausgleichspflichten auf der Grundlage gemeinsamer Interessen, JZ 1961, 71
ZELLER, Zwangsversteigerungsgesetz (18. Aufl 2005).

Systematische Übersicht

I. Einleitung	1	**III. Auslegungsgrundsätze**
1. Begriff	3	1. Keine „unerwünschte" Rechtsform 19
2. Historische Grundlagen	6	2. Allgemeine Aspekte 20
a) Römisches und deutsches Recht	6	a) §§ 741 ff 20
b) Entstehungsgeschichte der §§ 741 ff	7	b) Rechtsgeschäft 21
3. Dogmengeschichtliche Entwicklung	8	c) Interessenabwägung und Gestaltung 22
		3. Sonstiges 23
II. Gesamthand und „Freihand"		
1. Abgrenzung zur Gesamthand	9	**IV. „Dingliche Einheitstheorie"?** 24
2. Charakteristika der „Freihand"	12	
3. Sachstrukturen	14	**V. Zusammenfassung** 25

I. Einleitung

1 Die Bruchteilsgemeinschaft nach §§ 741 ff ist systematisch den besonderen Schuldverhältnissen zuzurechnen. Tatsächlich überlagern sich in ihr aber vielfach schuld-, sachen- und mitgliedschaftsrechtliche Aspekte. Dies ist bei der Auslegung der §§ 741 ff zu berücksichtigen.

2 Zugleich wirft die Abgrenzung zur Gesellschaft gem §§ 705 ff BGB theoretisch und praktisch besondere Probleme auf.

1. Begriff

3 „Gemeinschaft" – das ist schon umgangssprachlich ein relativ bedeutungsoffenes Wort, dessen *etymologische Wurzeln* sich von „gemeinsam" im Sinne einer positiv zu bewertenden besonderen Nähe, aber auch vom schlichten „mehreren abwechselnd zukommend" und, da solches wohl nicht wertvoll sein kann, „unheilig, alltäglich, gewöhnlich, roh, niederträchtig" herleiten (DUDEN, Herkunftswörterbuch [2. Aufl 1989]).

4 Die Brockhaus Enzyklopädie definiert „Gemeinschaft" im *umgangsprachlichen Sinne* wie folgt: „Vielschichtiger Begriff, bezeichnet das gegenseitige Verhältnis von Menschen, die auf einer historisch gewachsenen, religiös-weltanschaulichen, politisch-ideologischen, ideellen oder durch einen eng begrenzten Sachzweck ... verbunden sind: Volk, Nation, Staat, Kirche, (religiöse oder politische) Gemeinde, Ehe, Familie, Freundschaft, Interessenorganisation, Verein ua." *Politikwissenschaft* und

Soziologie verstehen demgegenüber unter der Gemeinschaft eine von mehr oder minder stark entwickelter Homogenität und gemeinsamer Zielsetzung bestimmte Gruppe im Gegensatz zur eher heterogen verstandenen Gesellschaft. Die *Religionsgeschichte* schließlich sieht in der Gemeinschaft die eigentliche Trägerin der religiösen Tradition und des Kultus (zu allem Brockhaus).

Diese Definitionen haben mit dem heutigen *Rechtsbegriff* der Gemeinschaft auf den ersten Blick grundsätzlich *gar nichts* oder nur sehr wenig *zu tun*. Gemeinschaft iSd §§ 741 ff ist nach hM ausschließlich die *Innehabung eines Rechtes* durch *mehrere Rechtsträger* zu *ideellen Bruchteilen* (sog „Einheitstheorie", vgl MünchKomm/K Schmidt § 741 Rn 1 f). Sie ist Grundform sowie zugleich Auffangtatbestand, wenn ein Rechtsobjekt mehreren Personen gemeinschaftlich zusteht, und sofern sich aus dem Gesetz nicht ein anderes ergibt (§ 741 HS 2, vgl zum Vorstehenden statt aller Erman/Aderholt § 741 Rn 1; Soergel/Hadding Vorbem Rn 4).

2. Historische Grundlagen

a) Römisches und deutsches Recht

Das römische Recht kannte die Gemeinschaft nach Bruchteilen in der Form der *communio pro indiviso* im Gegensatz zur *societas* (Gesellschaft) und der *universitas* (Verein). Im Rahmen der *communio pro indiviso* wurde der Konflikt zwischen dem einzelnen und den Gemeinschaftsinteressen an dem Objekt grundsätzlich zugunsten der Einzelfreiheit entschieden (vgl Saenger, Gemeinschaft und Rechtsteilung 45: „Die Römer ... wichen ... ängstlich vor jeder vermeidbaren Bindung der Individualität zurück"; zum Ganzen auch Becker 744 f). Das römische Recht war von der Erkenntnis geprägt „dominium duorum in solidum esse non posse" (vgl Saenger 10). Demzufolge waren die Rechtsträger auf schnelle Beendigung dieses regelwidrigen Zustandes und alsbaldige Aufhebung angelegt. Das deutsche Recht wies demgegenüber ausgeprägtere kollektivistische Gemeinschaftsinstitute auf, und zwar zum einen in der Gesamthand, zum anderen in der Genossenschaft (dazu im Einzelnen Saenger 10 ff mwNw).

b) Entstehungsgeschichte der §§ 741 ff BGB

Der Bruchteilsgemeinschaft iSd §§ 741 ff liegt mit gewissen Einschränkungen die römisch-rechtliche Konzeption zugrunde. Weder gibt es gesamthänderische Verbundenheit noch gar genossenschaftliches Zusammenwirken. Dieser Grundsatz wird allerdings in einzelne Richtungen aus praktischen Gründen gelockert, etwa insoweit als bestimmte Vereinbarungen zwischen den Teilhabern getroffen werden können, die auch für und gegen den Sonderrechtsnachfolger wirken (§ 746). Bewusste Abweichungen vom römisch-rechtlichen Standpunkt finden sich vor allem in den Regelungen über die Aufhebung und die Dauer der Gemeinschaft. Allerdings, das gilt es nicht zu verkennen, war das Wesen weder der Bruchteilsgemeinschaft noch der Gesamthand dem historischen Gesetzgeber randscharf bewusst (vgl den Überblick bei Jaschke 34 ff; Saenger 73 ff; zur Differenzierung zwischen deutschrechtlicher Gesamthand und römisch-rechtlicher „gewöhnlicher" Gemeinschaft vgl auch Denkschrift zum BGB 88; zur Vermischung beider Aspekte Larenz JherJb 83 [1933] 108).

3. Dogmengeschichtliche Entwicklung

Grundsätzlich kann die Relation der Zuständigkeit an einem Recht zu deren Inhabern wie folgt geordnet werden (vgl eingehend MARBACH 46 ff): (1) *Objektgemeinschaft*, dh eine Vielzahl von Rechtssubjekten haben dieselbe Anzahl subjektiver Rechte inne (Konkurrenz mehrerer Vollrechte oder reale Sachteilung); dies war der Ausgangspunkt der älteren Lehren (vgl MARBACH 48 f); (2) Einheitliche Zuständigkeit (Annäherung an die juristische Person, so GIERKE I 660 ff; dies ist mit dem modernen Verständnis der Gesamthand nicht mehr vereinbar, dazu sogleich Rn 9) und (3) Geteilt ist nicht das Objekt, sondern die *Zuständigkeit*. Das ist die Grundlage der heute hM (im Einzelnen ist manches strittig, vgl MünchKomm/K SCHMIDT § 741 Rn 2 mwNw; für die Einzelfalllösung ist dies aber kaum je von Belang). Sie wurde von ENGLÄNDER entwickelt und später von LARENZ (Rn 7 aE) ausdifferenziert. „Der eine Rechtsinhalt ist gemeinschaftlich zufolge der Mehrheit von Zuständigkeitsbeziehungen und daher sprechen wir, indem wir Rechtsinhalt und subjektives Recht gleichsetzen, von den gemeinschaftlichen subjektiven Rechten" (22 f).

II. Gesamthand und „Freihand"

1. Abgrenzung zur Gesamthand

9 Nach modernem Verständnis bestimmt nicht das Sondervermögen einer Gesellschaftermehrheit, sondern deren Zusammenfassung zu einem teilrechtsfähigen Personenverband das Wesen der Gesamthand. Die Gesamthandsgemeinschaft als solche – als „Gruppe" – ist Rechtssubjekt, dh Teilnehmer am Rechtsverkehr, Subjekt von Rechtshandlungen, Partei von Rechtsverhältnissen, Inhaber von Rechten und Schuldner von Verbindlichkeiten. Die Rechtszuständigkeit ist bei der Gesamthand ungeteilt; diese selbst ist verselbständigter Träger von Rechten und Pflichten (BGH DB 2001, 423 m Anm RÖMERMANN; BGH NJW 2006, 3716 mwNw; statt aller ULMER ZIP 2001, 585 ff; K SCHMIDT NJW 2001, 993 ff; näher § 741 Rn 204 ff, 239 ff). Die Gesellschaft bürgerlichen Rechts ist rechtsfähige *Zweckförderungsgemeinschaft*, die idR ein mehr oder minder komplexes *Gesellschaftsvermögen* innehat, aber auch ohne jedes Gesellschaftsvermögen denkbar ist (SOERGEL/HADDING Vorbem Rn 2).

10 Die Bruchteilsgemeinschaft betrifft hingegen die ideell geteilte Innehabung *eines einzelnen* Rechts.

Beide Strukturen können sich zwar überlagern, aber niemals vermengen (MünchKomm/K SCHMIDT § 741 Rn 4). Weder ist die Bruchteilsgemeinschaft ein mitgliedschaftsrechtliches Rechtsverhältnis noch die Gesamthand eine modifizierte Bruchteilsgemeinschaft (teilw aA zB SCHULZE-OSTERLOH 131 f, dagegen zutr MünchKomm/K SCHMIDT § 741 Rn 6; JASCHKE 25 mwNw; krit Überbl bei FABRICIUS 138 ff). Bei der Bruchteilsgemeinschaft gibt es im strengen Sinne weder Mitgliederwechsel noch Gemeinschaftsvermögen (vgl MEDICUS, SchuldR Rn 481 f „keine Bündelungsinteressen"). Die Umwandlung von Gesamthandsvermögen in Bruchteilsvermögen und umgekehrt ist rechtsgeschäftliche Übertragung trotz voller Personenidentität (vgl nur ERMAN/ADERHOLD § 741 Rn 2; dies wurde ursprünglich anders gesehen, vgl SAENGER 119 mwNw).

11 Das Problem liegt aber sehr häufig darin, ab wann über die bloße Rechtsinnehabung hinaus eine gemeinsame Zweckverfolgung anzunehmen ist, welche die Rechtsbeziehungen zur Gesamthand verdichtet und zugleich in entscheidender Weise umqualifiziert. *Dabei ist mE der verbreiteten vorschnellen Annahme einer* (konkludent vereinbarten) gesamthänderisch verbundenen *Zweckförderungsgemeinschaft* entgegenzutreten. Allein bei den reinen Zufallsbruchteilsgemeinschaften handeln die Beteiligten (meist nur anfangs) ohne jeden bewussten Zweck, bei rechtsgeschäftlich begründeten hingegen niemals. So eng der Rechtsbegriff der Bruchteilsgemeinschaft auch ist, so darf er nicht darüber hinwegtäuschen, dass es eine Unzahl von Gemeinschaften gibt, bei denen sich die Gemeinschafter nicht wie beliebig fremde Dritte gegenüberstehen, sondern die Lebensverhältnisse auf die Verfolgung (sonstiger) gemeinsamer Zwecke hindeuten. Die eigentliche Frage ist, ob hier ein „gemeinsamer Zweck" iSd §§ 705 ff verfolgt wird **und** ob die Beteiligten eine rechtssubjektive Zweckgemeinschaft oder ideelle Bruchteilsberechtigung begründen wollen. Das unterliegt ausschließlich privatautonomer Gestaltung. Wenn gesagt wird, § 741 sei „Auffangtatbestand" (oben Rn 5), so ist dies nicht dahingehend zu verstehen, dass eine gesetzliche oder auch nur tatsächliche Vermutung gegen die Anwendung der §§ 741 ff bei der Verfolgung ähnlicher und im Einzelfall auch gemeinsamer Zwecke spricht. Das ist vielmehr eine Frage der Auslegung des einzelnen Rechtsgeschäftes.

2. Charakteristika der „Freihand"

Geteilt ist nicht der gemeinschaftliche Gegenstand, und zwar auch nicht ideell, **12** sondern lediglich die *Rechtszuständigkeit* (MünchKomm/K Schmidt Rn 2; Erman/Aderholt § 741 Rn 1). Jeder Teilhaber hat ein durch die Mitberechtigung des anderen beschränktes Recht an dem ganzen ungeteilten Gegenstand. Dieses Recht ist dem Vollrecht *wesensgleich*; der Miteigentumsbruchteil ist Eigentum (MünchKomm/K Schmidt Rn 2). Die ideellen und grundsätzlich selbständigen Bruchteile sind *ebenso fungibel wie die Sache selbst* (§§ 747, 137). Plastisch ausgedrückt: Die Bruchteilsberechtigung ist *„Freihand"* im Gegensatz zur Gesamthand (der Begriff stammt von Becker 746 und trifft mE den Kern).

Die dogmatische Grundposition der Wesensgleichheit hat weitreichende Konse- **13** quenzen für Übertragbarkeit, Belastung, prozessuale Fragen und sachenrechtliche Detailprobleme (dazu bereits Saenger 4 f). Nur auf dieser Grundlage gelten für die Veräußerung des Anteils ohne weiteres dieselben Vorschriften wie für den Gegenstand selbst (§§ 311b Abs 1 nF, 925, 929 ff, 873 – vgl RGZ 139, 117), grundbuchverfahrensrechtliche Vorschriften (dazu Schöner/Stöber, Grundbuchrecht Rn 258 ff) sowie öffentlich-rechtliche Genehmigungsvorbehalte und Vorkaufsrechte (zum GrstVG vgl BayObLG NJW 1963, 1455; OLG Stuttgart RdL 1990, 155; AG Ellwangen BWNotZ 1998, 148; zu § 24 BBauG BGHZ 90, 174; OLG Frankfurt aM DNotZ 1996, 41), sofern das Gesetz nicht anderes anordnet (so zB § 24 Abs 2 BauGB für die Veräußerung von Wohnungseigentum).

3. Sachstrukturen

Dabei gilt allerdings auch: Rechtstatsächlich, rechtsvergleichend und rechtshisto- **14** risch fällt unter Berücksichtigung der beteiligten Lebensinteressen die Abgrenzung von Gesamthand und isolierter Bruchteilsberechtigung oft in den Bereich der Ideenspekulation (so zutr Becker 746). Gleichzeitige – seien es gewollte oder zufällige – Beziehungen mehrerer Personen zu demselben Objekt oder einer Reihe von als zusammengehörig betrachteten Objekten rechnen zu den Grundtatbeständen des Lebens. Wo die Regelung tatsächlicher Gemeinschaftsverhältnisse als geboten erscheint, werden diese von allen Rechtsordnungen strukturiert (BECKER 743), mal eher als Gesamthand, mal eher als Bruchteilsberechtigung, und jede Normierung hat den Konflikt zwischen kollektiven und individuellen Interessen so oder so auszugleichen. Die tatsächlichen Übergangsbereiche beider Rechtsformen untereinander sind daher nicht immer randscharf voneinander abzugrenzen.

15 Ergibt sich aufgrund Gesetzes oder als Ergebnis der Auslegung des einzelnen Rechtsgeschäfts das Bestehen einer Bruchteilsgemeinschaft, so gilt ferner: Zwischen Interessenkonflikten bei Bruchteilsgemeinschaften, Gesamthandsgemeinschaften und auch juristischen Personen liegen bei materiell-problemorientierter Sichtweise keine völlig unüberbrückbaren Gegensätze. Sie alle sind Ausprägungen verschiedenartiger, gleichwohl ähnlicher Grundkonflikte sozialbezogenen menschlichen Seins. Mehr oder minder fragwürdige begrifflich-konstruktive Erwägungen sollten daher nicht maßgebend sein. Auch der Gemeinschaft iSd §§ 741 ff wohnen oft sozial- und personenrechtliche Elemente inne, die sich nicht nur als rein atomisierte obligatorische Rechtsbeziehungen verstehen lassen (dazu bereits LARENZ JherJb 83 [1933] 135 ff, insbes 137). Sie können im Einzelfall durchaus *gesellschaftsähnliche* Züge tragen. Dies ist bei der sachgemäßen Interpretation der §§ 741 ff zu berücksichtigen.

16 Auch *sachenrechtlich* ist bei natürlicher Betrachtung das Miteigentum kein bloßes Minus gegenüber dem Volleigentum. Der Volleigentümer kann nach seinem Belieben mit der Sache verfahren, und zwar unmittelbar. Der Miteigentümer hat, außer im Falle der Notgeschäftsführung, sein Belieben zunächst mit seinen Partnern zu koordinieren und nicht nur im Einzelfall kann es sein, dass seines sich eben nicht durchsetzt, sondern dasjenige der anderen. Wenn dennoch von Wesensgleichheit des Miteigentums gegenüber dem Volleigentum gesprochen wird, ist dies teleologisch zu rechtfertigen: Natürlich wäre das System der §§ 873 ff ad absurdum geführt, wenn durch Aufteilung des Volleigentums in Bruchteilsrechte eine Umgehung der §§ 311b Abs 1 nF, 873, 925 etc möglich wäre. Im Übrigen gilt, dass „keine der im Eigentum gewöhnlich enthaltenen Befugnisse unter die Miteigentümer aufgeteilt ist" (LARENZ JherJb 83 [1933] 123).

17 Die Besonderheiten der Sachstrukturen erhellen sich deutlich bei den Bruchteilsgemeinschaften *besonderen* Rechts (zum Begriff § 741 Rn 5): Die Wohnungseigentümergemeinschaft, konzipiert als Bruchteilsgemeinschaft, wies schon immer aufgrund ihrer prinzipiellen Unaufhebbarkeit und des besonderen Näheverhältnisses der Gemeinschafter deutliche korporative bzw gesellschaftsähnliche Züge auf (näher § 741 Rn 178 ff). Genau dies hat die Rechtsprechung (BGH NJW 2005, 2061) und seit Inkrafttreten der WEG-Novelle auch der Gesetzgeber (§ 10 Abs 6 WEG nF) anerkannt (Teilrechtsfähigkeit sui generis). Eine ausschließlich schuld- oder sachenrechtliche Interpretation würde hier die tatsächlichen Lebensbedürfnisse missachten. Von den Lebensverhältnissen her kann es ebenso bei einer „normalen" Bruchteilsgemeinschaft liegen, so etwa wenn die Parteien auf eine Aufteilung nach WEG verzichtet haben und lediglich im Rahmen einer Mitbenutzungsordnung ein Haus getrennt nach Stockwerken benutzen.

18 Von Funktionsunterschieden im Sinne eines Gegensatzpaares zwischen Bruchteilsgemeinschaft und Gesamthand sollte schließlich nicht gesprochen werden (ebenso MünchKomm/K SCHMIDT § 741 Rn 4, 8). Es handelt sich um unterschiedliche Rechtsinstitute, die im Einzelfall je nach Parteiwillen Anwendung finden können (vgl ERMAN/ADERHOLD § 741 Rn 2). Beim Grundstückserwerb etwa durch mehrere besteht heute praktisch Wahlfreiheit zwischen Gesamthand und Bruchteilsgemeinschaft (§ 741 Rn 214 ff). Insofern können die verschiedenen Gemeinschaftsformen (fast) beliebig austauschbar sein.

III. Auslegungsgrundsätze

1. Keine „unerwünschte" Rechtsform

Zunächst ist im Auge zu behalten, dass die Bruchteilsgemeinschaft keine Rechtsform minderer Qualität ist. Es sind *keinerlei Gründe ersichtlich, die Bruchteilsgemeinschaft aus Rechtsgründen als ungeeignete oder gar unerwünschte Rechtsform einzustufen.* In der Rechtspraxis gibt es eine Vielzahl legitimer Gründe, nicht gesellschaftsrechtliche Organisationsformen zu wählen, obwohl die Sachstrukturen vielleicht sogar verbandsrechtliche Qualität aufweisen. Gerade nachdem die Gesellschaft bürgerlichen Rechts durch die Rechtsprechung haftungsrechtlich praktisch der offenen Handelsgesellschaft gleichgestellt ist (näher § 741 Rn 204 ff), könnte die Bruchteilsgemeinschaft insbes im Immobilienbereich die Rechtsform der Wahl sein, sofern sie kautelarjuristisch (Rn 22) maßgeschneidert wird.

2. Allgemeine Aspekte

a) §§ 741 ff

Der nach den zugrundeliegenden Lebensinteressen uU durchaus *unterschiedliche Charakter* der Bruchteilsgemeinschaften verbietet eine bloß schuldrechtliche und individualistische Interpretation der §§ 741 ff. Vielmehr ist stets der Blick dafür offen zu halten, ob im Sachenrecht, dem Recht der Gesamthand, der Bruchteilsgemeinschaften besonderen Rechts und auch juristischer Personen Interessenkonflikte eine Regelung gefunden haben, die zur Lösung von Zweifelsfragen im Bereich der §§ 741 ff beitragen können. Insoweit jedenfalls ist vor strikten dogmatischen Trennungen zu warnen.

b) Rechtsgeschäft

§§ 741 ff sind nur anwendbar, „sofern sich nicht aus dem Gesetz ein anderes ergibt". Daraus folgt jedoch weder eine gesetzliche noch eine tatsächliche Vermutung für die Auslegung des einzelnen Rechtsgeschäfts (oben Rn 11). Einigen sich die Parteien ausdrücklich oder konkludent auf ideelle Bruchteilsberechtigung, so besteht weder hinsichtlich des Rechts selbst noch in der Regel hinsichtlich der hiermit zusammenhängenden Rechtsbeziehungen (zB Verwaltungsvermögen, Rechtsverhältnisse zu Dritten) Anlass, die Anwendbarkeit der §§ 741 ff zu verneinen. Nicht das Gesetz, sondern der Parteiwille entscheidet über das Vorliegen der einen oder anderen Rechtsform (MünchKomm/K SCHMIDT § 741 Rn 5). Ansonsten gelten die allgemeinen Regeln; es kommt jeweils auf die Gesamtumstände des Falles an.

c) Interessenabwägung und Gestaltung

Es geht dabei nicht um eine Vermengung der dogmatischen Grundstrukturen, sondern um Leitlinien der sachgerechten Interessenabwägung und, aus der Sicht der Kautelarjurisprudenz, um Gestaltungsaspekte. Beispiele: Bei vielen Gesamthandsgemeinschaften besteht ein unabweisbares Bedürfnis, die Fungibilität der Anteile zu erhöhen. Gesellschaftsvertraglich kann dies ohne weiteres ggf mit abgestuften Zustimmungsvorbehalten, Vorkaufsrechten oä vereinbart werden. Bei der freihänderisch angelegten Bruchteilsgemeinschaft (§ 747 S 1, § 137) gilt es, dem umgekehrten Bedürfnis zu begegnen. Möglich sind insoweit Vorkaufsrechte und schuldrechtliche Verfügungsunterlassungsverpflichtungen, gekoppelt etwa mit Auflassungsvormerkungen für den Fall ihrer Verletzung oder Sicherungsgrundschulden. Das Einstimmigkeitsprinzip der Gesamthand muss mindestens bei größeren Gesellschaften aus Praktikabilitätsgründen gelockert werden; umgekehrt steht bei der Bruchteilsgemeinschaft der obligatorischen Vereinbarung der Einstimmigkeitsnotwendigkeit nichts im Wege (vgl § 745 Rn 4). Zur Funktionsähnlichkeit der Gesellschaft bürgerlichen Rechts und der Bruchteilsgemeinschaft sowie der Gestaltungsmöglichkeiten bei beweglichen Sachen am Beispiel der Maschinengemeinschaften vgl ausf BRACH 19 ff, 191 ff.

3. Sonstiges

23 Ferner ist die gesetzliche Konzeption der §§ 741 ff durchaus auch davon geprägt, für die Dauer der Gemeinschaft Vorkehrungen gegen Konflikte zu treffen und den wirtschaftlichen Wert der Sache zu erhalten (vgl BGB-RGRK/vGAMM Rn 1; RÜTTEN 81). Insoweit beinhalten §§ 741 ff eine deutliche Abkehr vom römisch-rechtlichen Vorbild (oben Rn 6, ferner LARENZ JherJb 83 [1933] 109). Wie das Verbandsrecht befassen sich §§ 741 ff auch mit der Aufrechterhaltung der inneren Ordnung der Rechtsgemeinschaft (LARENZ 143); diese sozialrechtlichen Erwägungen reichen über die bloße Anwendbarkeit des § 242 weit hinaus. Auch verfassungsrechtliche Überlegungen können gelegentlich eine Rolle spielen. So führt etwa der BGH aus: „Maßgebend ist der auch in Art 14 Abs 2 GG Ausdruck findende Gesichtspunkt, dass Nutzung und Verfügung in jedem Fall nicht lediglich innerhalb der Sphäre des Eigentümers verbleiben, sondern Belange anderer Rechtsgenossen berühren, die auf die Nutzung des Eigentumsobjektes angewiesen sind. Dieses Gebot der Rücksichtnahme verstärkt sich noch, wenn die betroffenen Parteien in besonderen Rechtsbeziehungen stehen, die sie in bezug auf ein bestimmtes Eigentumsrecht verbinden. Eine solche besondere Rechtsbeziehung stellt die im bürgerlichen Recht geregelte Gemeinschaft nach Bruchteilen (§§ 741 ff BGB) dar. Dieses *Gebot der Rücksichtnahme kann so weit gehen, daß ein Teilhaber gehalten ist, im Interesse aller Teilhaber einer Verfügung über das (Mit-)Eigentumsrecht zuzustimmen"* (BGHZ 101, 27 f). Hierin liegen gewichtige Grenzen der freihänderischen Natur der Bruchteilsgemeinschaft.

IV. „Dingliche Einheitstheorie"?

24 SCHNORR hat in seiner vorzüglichen Habilitationsschrift den breit angelegten Versuch unternommen, die Gemeinschaft und die aus ihr folgenden Befugnisse und Pflichten als rein dinglich zu interpretieren („dingliche Einheitstheorie"): „Die Teilhaberrechte ... sind auf die alte Selbstherrlichkeit des vorherigen Alleineigentümers zurückführbar, welche auch im Innenverhältnis der Miteigentümer nicht völlig untergeht, sondern lediglich modifiziert wird" (1). Insbesondere schuldrechtliche Verpflichtungen sollen sich demgemäß weder aus §§ 741 ff BGB noch aus § 1010 BGB ergeben (zB 10 f). Der ideelle Anteil ist danach eine bloße Erscheinungsform des Vollrechts mit der Besonderheit der Relativierung der Befugnisse im Innenverhältnis (90). Das dogmatische Modell von SCHNORR ist in sich höchst konsistent und mag durchaus de lege ferenda bei einer Überarbeitung des Sachenrechts als Vorbild oder auch als Grundlage für ein gemeinsames europäisches Sachenrecht dienen (vgl BALDUS ZRG 2006, 831, 835; vgl ferner die Rezensionen bei RAPP DNotZ 2005, 157; KRAFKA MitBayNot 2005, 14 f). De lege lata entspricht aber ein rein dingliches Verständnis der §§ 741 ff weder der historischen Ausgangslage (oben Rn 6 ff) noch der systematischen Stellung im Schuldrecht und ist letztlich auch teleologisch nicht zu rechtfertigen: Zwar mögen sich auf der Grundlage eines rein dinglichen Verständnisses manche Probleme des Rechts der Bruchteilsgemeinschaft elegant lösen lassen. Damit wird in vielen Fällen aber lediglich ein Vakuum erzeugt, das sodann auf anderem Wege über schuldrechtliche Hilfskonstruktionen zu füllen wäre. SCHNORR sieht dies durchaus, meint aber, dem sei durch die Möglichkeit ausdrücklicher schuldrechtlicher Abreden (zB 46) bzw konkludenter oder den Umständen nach anzunehmenden „Widmungen" (60 f, 111 f) bzw über § 242 BGB (113) zu begegnen. Soweit er etwa bei der schuldhaften Verletzung von Hinweispflichten die Lösung über positive Forderungsverletzung sucht (186), wird die Sachproblematik lediglich in den Anwendungsbereich der §§ 241 Abs 2, 311 Abs 2 Ziff 3 verlagert. Damit ist de lege lata für die Rechtsfindung nichts gewonnen. Es verändert sich lediglich der Ausgangspunkt der Fragestellung: Ist die Gemeinschaft (auch) schuldrechtlicher Natur (so die hM) oder ist sie es nicht, liegen aber im Einzelfall schuldrechtliche Abreden oder Bindungen vor? Jedenfalls für die Wohnungseigentümergemeinschaft hat sich der Gesetzgeber nunmehr ausdrücklich gegen eine rein sachenrechtliche Struktur entschieden: Nach § 10 Abs 6 WEG nF handelt es sich bei ihr um einen teilrechtsfähigen Verband sui generis mit mitgliedschaftsrechtlicher Qualität (näher § 741 Rn 178 ff). Auch das spricht gegen eine isolierte dingliche Betrachtung (vgl bereits oben Rn 17).

V. Zusammenfassung

Die Unterscheidung von Gesellschaft (§ 705 BGB) und Gemeinschaft (§ 741 BGB) **25** ist nach heutigem dogmatischen Verständnis randscharf und zwingend: Hier gesamthänderische, rechtssubjektive Zweckförderungsgemeinschaft mit mehr oder minder großem Gesellschaftsvermögen, dort freihänderische isolierte Bruchteilsberechtigung am Einzelgegenstand. In der Rechtswirklichkeit sind die Übergänge jedoch eher fließend. Trotz Verfolgung ähnlicher oder auch gemeinsamer Zwecke können sich die Parteien ausdrücklich oder konkludent auf ideelle Bruchteilsberechtigung verständigen. Weder besteht eine tatsächliche Vermutung in die eine noch in die andere Richtung. Die isolierte Bruchteilsberechtigung ist zwar dem Vollrecht äußerlich wesensgleich. Bei der Auslegung der §§ 741 ff sind jedoch der je nach Sachstruktur der betreffenden Gemeinschaft unterschiedliche und latente Konflikt zwischen schuld- und sachenrechtlichen Prinzipien sowie uU sogar verbandsrechtliche Erwägungen (oder, so LARENZ JherJb 83 [1933] 142: sozialrechtliche Elemente einer Personenverbindung bzw sozialrechtliche Normen) zu berücksichtigen. Zwischen der ad hoc-Gemeinschaft etwa an einem Bienenschwarm (§ 963 BGB) und einer rechtsgeschäftlich begründeten und auf Dauer angelegten Bruchteilsgemeinschaft an einer Immobilie liegen insoweit Welten, die die Rechtsanwendung – auf der Ebene der Urteilsfindung, aber *insbesondere auch in der Gestaltungspraxis* – respektieren muss.

§ 741
Gemeinschaft nach Bruchteilen

Steht ein Recht mehreren gemeinschaftlich zu, so finden, sofern sich nicht aus dem Gesetz ein anderes ergibt, die Vorschriften der §§ 742 bis 758 Anwendung (Gemeinschaft nach Bruchteilen).

Materialien: E I § 762; II § 677; III § 728; Mot II 873 f; Prot II 743 f; JAKOBS/SCHUBERT, Schuldverh III 366, 375 ff.

Systematische Übersicht

I.	**Gegenstand der Bestimmung**	
1.	Definition der Bruchteilsgemeinschaft und Regelung des Anwendungsbereichs der §§ 742 ff	1
2.	Bruchteilsgemeinschaften gem §§ 742 ff und Bruchteilsgemeinschaften besonderen Rechts	5
3.	Dispositiver und zwingender Charakter der §§ 742 ff	6
4.	Unanwendbarkeit der §§ 742 ff auf Gesellschaften	9
a)	Allgemeines Prinzip	9
b)	Ausnahme: Anwendbarkeit der §§ 742 ff bei Bruchteilsvermögen der Gesellschafter	12
5.	Die Verweisung auf das Gemeinschaftsrecht im Recht der Erbengemeinschaft (§§ 2038 Abs 2, 2042 Abs 2)	18
6.	Eheliches Gesamtgut	19
7.	Zusammenfassung	20
II.	**Praktische Bedeutung der Gemeinschaft**	
1.	Allgemeine Entstehungs- und Beendigungsgründe	21
2.	Gemeinsamer rechtsgeschäftlicher Erwerb	22
a)	Die Ehegatten-Grundstücksgemeinschaft einschl LPartG	22
aa)	Überblick	22
bb)	Sonderfall: Ausländisches Güterrecht	28
b)	Miteigentum von Ehegatten an beweglichen Sachen	29
c)	Gemeinsame Bankkonten von Ehegatten	34
d)	Sonstige Erwerbsgemeinschaften	40
aa)	Gemeinschaftlicher Erwerb und Gesellschaft	40
bb)	Lebens- und Wohngemeinschaften	41
cc)	Grundstücksgemeinschaften und Gemeinschaftsflächen	42
dd)	Ersatzlösung für Aufteilung nach dem WEG	44
ee)	Geschlossene Immobilienfonds	46
ff)	Sonstiges	47
3.	Gemeinschaftlicher Erwerb kraft Gesetzes	49
4.	Bruchteilsgemeinschaft und öffentliches Recht	53
5.	Gesamtwürdigung	54
III.	**Die Regelung der §§ 742 ff**	59
IV.	**Mehrheit von Teilhabern**	
1.	Personenmehrheit	68
2.	Gleichheitsgrundsatz	72
3.	Rechtsgeschäftliche Beziehungen zwischen der Gemeinschaft und einzelnen Teilhabern	73
V.	**Gemeinschaftliche Rechte**	
1.	Eigentum	77
2.	Forderungen	78
a)	Allgemeines	78
b)	Forderungen von Gesamthandsgemeinschaften	79
c)	Geteilte Forderungen	80
d)	Die verbleibenden Fälle	82

September 2008

e)	Gesamtgläubigerschaft, insbesondere Gemeinschaftskonten und -depots	83	12.	Die Belegschaft eines Betriebes als Rechtsgemeinschaft	165
aa)	Allgemeines	83	13.	Sonstiges	166
bb)	Grundstücksrecht	84	**VI.**	**Interessengemeinschaften**	
cc)	Das Oder-Konto	87	1.	Die Lehre von der Interessengemeinschaft	167
dd)	Abgrenzung: Und-Konto	102			
ee)	Anwendbarkeit des Gemeinschaftsrechts	105	2.	Anwendungsfälle	169
			a)	Sammelsendung	170
f)	Verhältnis § 432 zu §§ 741 ff und unteilbare Leistungen	109	b)	Nicht zu vertretende Teilunmöglichkeit bei beschränkter Gattungsschuld	171
aa)	Allgemeines	109			
bb)	Meinungsstand	112			
cc)	Stellungnahme	117	c)	Geschäftsführung in gemeinschaftlicher Notlage	172
g)	Gemeinschaftliche Forderungen auf teilbare Leistungen	121	d)	Keine allgemeine Anerkennung des Prinzips der Interessengemeinschaft	173
h)	Verbindlichkeiten	123			
i)	Die Rechtsstellung als Partei des Schuldverhältnisses im Ganzen	124	3.	Stellungnahme	174
			4.	Analoge Anwendbarkeit des Gemeinschaftsrechts bei gemeinschaftlichen Gegenständen mit real geteilten Berechtigungen	176
k)	Parallelforderungen	125			
3.	Beschränkte dingliche Rechte	127			
a)	Mitberechtigung nach Bruchteilen	127			
b)	Mitberechtigung nach § 428	131			
4.	Besitz	133	**VII.**	**Gemeinschaften besonderen Rechts**	177
5.	Immaterialgüterrechte	135	1.	Wohnungseigentum	178
a)	Urhebergemeinschaften	135	a)	Überblick	178
b)	Erfindergemeinschaften	136	b)	„Gesellschaft nach dem Wohnungseigentumsgesetz"?	185
c)	Sonstiges	137			
6.	Gesellschaftsanteile, Erbteile, Anteile an Bruchteilsgemeinschaften	138	2.	Sammelverwahrung	188
			3.	Misch- und Sammellagerung	194
a)	Anteile an Kapitalgesellschaften	138	4.	Sondervermögen von Kapitalanlagegesellschaften	196
b)	Anteile an Personengesellschaften	141			
c)	Erbteile	143	5.	Time-sharing	201
d)	Anteile an Bruchteilsgemeinschaften	145	**VIII.**	**Die Abgrenzung der Bruchteilsgemeinschaft von der Gesellschaft im Fall gemeinschaftlichen Erwerbs**	
e)	Bruchteilsberechtigung gem § 131 Abs 3 UmwG	148	1.	Allgemeines	204
f)	Unterbeteiligung	149	2.	Vertrag	207
7.	Gemeinschaftliche Treuhandberechtigungen	150	3.	Beitragspflicht	209
			4.	Gemeinsamer Zweck	210
8.	Öffentliches Recht	154	a)	Meinungsstand	210
a)	Die Bruchteilsgemeinschaft im Verwaltungsrecht	154	b)	Eigener Standpunkt	217
			aa)	Rechtslage	217
b)	Beispiele	155	bb)	Rechtspolitischer Ausblick	220
9.	Spezialitätsgrundsatz und Mehrheit von Gegenständen	157	c)	Auslegungs- und Beweisfragen	224
			5.	Bedeutung des Eintrags nach § 47 GBO	225
10.	Gemeinschaftliche Unternehmen?	160			
11.	Nichteheliche Lebensgemeinschaften	164	6.	Sicherungspool	231
			a)	Ausgangslage	231

b)	Sicherheitenpool und InsO	233	X.	**Die Gemeinschaft als Schuldverhältnis**
7.	Zur Wahl der Rechtsform	234		
			1.	Rechte und Pflichten der Teilhaber untereinander ... 260
IX.	**Die Bruchteilsberechtigung als dingliches Recht**		2.	Ergänzende Vereinbarungen und Sondervereinbarungen ... 263
1.	Bruchteilsberechtigung und Gesamthandsberechtigung	239	3.	Haftung ... 266
a)	Allgemeines	239	4.	Allgemeine Schutz- und Erhaltungspflicht? ... 271
b)	Die Partenreederei	246		
c)	Bruchteilsgemeinschaften besonderen Rechts	247	5.	Die Gemeinschaft als gesetzliches Schuldverhältnis ... 275
d)	Abweichende Bestimmungen des Unterschieds	249	XI.	**Landesrechtliche Vorbehalte; zeitlicher Anwendungsbereich; IPR** ... 276
e)	Numerus clausus der Gesamthandsgemeinschaften	253		
2.	Inhalt der Bruchteilsberechtigung	254	XII.	**Recht der früheren DDR** ... 278
3.	Anwachsung und Surrogation	257		
4.	Grundbucheintragung	259		

Alphabetische Übersicht

Abgesonderte Befriedigung ... 66	– bei der Wohnungseigentümergemeinschaft ... 184
Abtretung von Forderungen aus Bankkonten ... 37 f	– bei Kapitalanlagegesellschaften ... 199
Abwicklung des Sondervermögens von Kapitalanlagegesellschaften ... 199	– bei Mehrheit von Gegenständen ... 159
Akkordkolonne ... 166	– bei Sammelverwahrung ... 191
Aktie ... 138	Auftrag ... 164
Angrenzendes Grundstück, Hinzuerwerb ... 158	Auseinandersetzung ... 215, 241
Anleihen ... 150	Ausländische Ehegatten ... 28
Anliegerweg ... 166	Ausländisches Grundstück ... 278
Anschwärzen ... 273	Außereheliche Lebensgemeinschaften ... 41, 54, 160, 164, 163, 208
Anspruch des Gesellschafters auf Gewinnauszahlung, auf Auszahlung des Auseinandersetzungsguthabens ... 142	Aussonderung ... 195
	Autos ... 32
Ansprüche aus dem Gemeinschaftsverhältnis ... 66	Bankkonten ... 34 ff, 87 ff, 121
Anteil ... 59 f, 145, 241, 243 f, 254 ff	Baulast ... 155
Anteilsbuchung ... 166	Beitragspflicht ... 209
Antizipiertes Konstitut ... 29	Belastung des Anteils ... 69
Anwachsung ... 257	Belegschaft ... 165
Apparategemeinschaften ... 48	Benutzung ... 6, 16, 47, 213 ff, 261
Arbeitnehmer ... 165	Bergrecht ... 276
– arbeitsrechtliche Kollektivrechte ... 165	Beschädigung der gemeinschaftlichen Sache ... 122
Arbeitnehmererfindung ... 136	Beschränkte persönliche Dienstbarkeit ... 128, 132
Aufhebung ... 66, 256, 269	Besitz ... 133
Aufhebungsanspruch ... 6, 16, 24, 63, 260	Betrieb ... 165
– Ausschluss ... 16, 24, 47, 213, 235	

Beurkundung
  s notarielle Beurkundung
Bewegliche Sachen — 29 ff
Beweis der Mitberechtigung — 38, 51
Beweis für das Vorliegen einer Gesellschaft — 224 ff
Bienenschwärme — 77, 157
Bilder — 33
Billiges Ermessen — 61, 261
Bodenreformgrundstücks — 291 ff
Bruchteilsgemeinschaft
- an Gesellschaftsvermögen — 12
- Definition — 2, 20, 157
- der Anteilinhaber am Sondervermögen der Kapitalanlagegesellschaft — 5
- der Hinterleger bei Misch- und Sammellagerung — 5
- der Hinterleger bei Sammelverwahrung — 5
- der Wohnungseigentümer — 5
- und Gesamthandsgemeinschaft — 239 ff
- von Ehegatten — 22 ff
- von Erfindern — 136
Bruchteilslose Anteile — 166
Bücher — 33

communio incidens — 49
Computer — 33

DDR — 278
Deiche — 48, 276
Deichpoldergemeinschaft — 48, 166
Delikthaftung — 272
Dereliktion — 43
diligentia quam in suis — 266
Dingliche Ansprüche — 262
Dispositives Recht — 6 f
dominium, Einbringung quoad — 12
Doppelverdienerehe — 23
Duplexgarage — 179

Edelsteine — 33
Ehegatten
- berufliche oder gewerbliche Nutzung des gemeinschaftlichen Grundstücks — 237
- gemeinschaftliche Bankkonten — 34 ff, 87 ff, 106
- gemeinschaftliche Leibrente — 83
- gemeinschaftliche Vermietung — 121

- gemeinschaftlicher Eigentumserwerb — 22 ff, 54, 158
- Gesellschaft — 12, 92, 106, 237
- Mitarbeit — 160
- vertragliche Regelungen zwischen — 207 f
Eigentum vgl Miteigentum
Eigentümergrundschuld — 129 f
Eigentumsvorbehalt — 49 ff, 158, 231
Eigenübliche Sorgfalt — 266
Eintragung vgl Grundbuch
Einverdienerehe — 23
Einziehungsermächtigung — 92, 105
Entziehung der gemeinschaftlichen Sache — 122
Erbbaurecht — 128
Erbengemeinschaft — 17 f, 56, 235 f
- als Gesamthandsgemeinschaft — 239 ff
- als Inhaberin eines Anteils — 68
Erbteil — 143 f
Erfindergemeinschaft — 136
Erhaltungsmaßregeln — 10, 62, 261
Erlass — 106
Erschließungsbeiträge — 155
EWiV — 9

Fehlbestand im Sammeldepot — 192
Fehlerhafte Gesellschaft — 165
Fernsehgeräte — 32
Fondsmodelle — 13
Forderungen
- auf teilbare Leistungen in Bruchteilsgemeinschaft — 121 ff
- auf teilbare Leistungen iSv § 420 — 81
- auf unteilbare Leistungen — 109
- in Bruchteilsgemeinschaft — 78, 109
- in Gesamtgläubigerschaft — 83 ff
- real geteilte – — 80
- von Gesamthandsgemeinschaften — 79
Früchte — 59, 63, 77, 159, 256, 260

Garagenmodell — 44
Gattungsschuld — 170 f, 175
Gebrauch — 63, 183, 256, 260
Gebrauchsmuster — 136 f
Gefahrengemeinschaft — 167 ff
Gefrierhausgemeinschaft — 48, 224
Gegenseitiger Vertrag — 267
Gegenstand, gemeinschaftlicher — 176
Gemeinheitsteilung — 276
Gemeinsame Kasse — 41

Gemeinsamer Erwerb — 22 ff, 54, 212
Gemeinsamer Zweck — 210 ff, 249 f
Gemeinschaft besonderen Rechts — 5, 177 ff, 247 f
Gemeinschaft s Bruchteilsgemeinschaft
Gemeinschaftsgrundstücke — 42 f
Gemeinschaftskonten — 34 ff, 48, 87 ff, 121
Genossenschaft — 48, 173
Gesamtgläubigerschaft — 83 ff
- an beschränkten dinglichen Rechten — 131
- Anwendbarkeit des Gemeinschaftsrechts — 95
- beim gemeinschaftlichen Bankkonto — 87 ff
- beim Leibrentenversprechen — 83
- von Vermächtnisgläubigern — 83
- von Versicherungsträgern — 83
Gesamtgut — 19, 250
Gesamthandsgemeinschaft
- Begriff — 239 ff
- bei gemeinsamem rechtsgeschäftlichen Erwerb — 205 f
- durch gemeinsame Begründung eines Schuldverhältnisses — 125
- durch Vermengung — 157
- Unanwendbarkeit der §§ 742 ff — 9 ff
- von Miturhebern — 135
Gesamtsachen — 157
Geschäft für wen es angeht — 29
Geschäftsbesorgungsvertrag — 264
Geschäftsführung ohne Auftrag — 172
Gesellschaft
- Abgrenzung zur Gemeinschaft — 40, 54, 135, 204 ff
- als Gesamthandsgemeinschaft — 239 ff
- bei Lebensversicherung verbundener Leben — 121
- Beteiligung an - als Gegenstand der Bruchteilsgemeinschaft — 141
- faktische — 160
- fehlerhafte — 265
- Notwendigkeit bei gemeinschaftlichen Unternehmen — 160 f
- Unanwendbarkeit der §§ 742 ff — 9
Gesetzlicher Güterstand — 22 ff
Gesetzliches Schuldverhältnis — 262, 272, 275
Getreide — 157
Gewerbekonzession — 155
Girokonten — 34, 87
Gleichbehandlung — 168

Gleichheitsgrundsatz — 72
GmbH-Anteil — 138
Gold — 33
Goldbarren — 157
Grabstelle — 155
Grenzeinrichtungen — 134
Große Haverei — 167, 172, 174 f
Grundbuch — 12, 22, 40, 47, 62, 64, 215, 225 ff, 235, 259
Grunddienstbarkeit — 128, 132
Grundschuld — 128 f, 131, 150
Grundstücke — 12, 15, 22 ff, 40, 47, 54, 62, 64, 158, 225 ff, 237
Grundstücksteilung — 276
Gütergemeinschaft — 19, 239 ff
Güterrecht, ausländisches — 28

Haftung — 266 ff
Halten eines Gegenstands als gemeinsamer Zweck — 214 ff
Haushalt — 29, 41
Haushaltsgegenstände — 29 f, 41
Haverei, große vgl große Haverei
Heizhausgemeinschaft — 166
Hobbywerkzeug — 33
Hypothek — 131

Immaterialgüterrechte — 135 ff
Immobilienfonds — 46, 150
Innengesellschaft — 9, 11, 141, 207, 238
Insolvenz — 60, 64, 66, 68, 167, 174, 181, 195, 198 f
Insolvenzordnung — 233
Interessengemeinschaft — 161, 167 ff
Inventar — 158, 250
Investmentfonds — 196 ff
Isolierter Miteigentumsanteil — 182

Kabelfernsehumlage — 166
Kanäle — 48
Kapitalanlagegesellschaft — 5, 146, 150, 152, 196 ff, 247, 251
Kartellquote — 142
Kellermodell — 44 f
Kleine Gütergemeinschaft — 23, 54
Kohlen — 157
Kommanditbeteiligung — 141
Kommunbrauereien — 276
Konzern — 161

Korrealberechtigung _____ 105
Kosten _____ 59, 167, 183, 190, 235, 256, 260
Kraftfahrzeugbrief _____ 32
Kunstwerke _____ 33
Kutterfischer _____ 173

Lasten 16, 59, 133, 167, 183, 190, 235, 256, 260
Lastenaufzug _____ 125, 133, 271 f
Lebens- und Wohngemeinschaften ____ 41
Lebensgemeinschaft, nichteheliche
_____ 41, 54, 160, 164, 173, 208
Lebenspartnerschaft, eingetragene ___ 22, 41
Lebensversicherung verbundener Leben __ 121
Leibrente _____ 83

Markgenossenschaft _____ 166
Maschinengemeinschaften _____ 48
Mehrheit von Gegenständen ____ 157 ff, 250
Mehrheit von Teilhabern _____ 68 ff
Mehrheitsbeschluss _____ 6, 61, 174, 261
Mengesachen _____ 157
Metageschäft _____ 166
Mieter verschiedener Räume im selben
Haus _____ 125, 133
Mietvertrag zwischen Gemeinschaft
und Teilhaber _____ 73 ff, 264, 270
Mietzinsen _____ 63
Mischlagerung _____ 5, 194 f, 247 f, 251
Mitbesitz _____ 133 f
Miteigentum _____ 77
Mittel der Anschaffung _____ 29
Mittelbare Stellvertretung _____ 30
Mitunternehmerschaft _____ 15, 163
Möbel _____ 32
Mühlen _____ 276
Münzen _____ 157

Nichteheliche Lebensgemeinschaften
s Lebensgemeinschaft, nichteheliche
Nießbrauch _____ 67, 128, 132
Notaranderkonto _____ 48
Notarielle Beurkundung _____ 12
Notgeschäftsführungsrecht _____ 10
Notwendigkeit, wirtschaftliche _____ 65
numerus clausus der Gesamthands-
gemeinschaften _____ 253
Nutzungen
– Anspruch auf Herausgabe von gegen

unrechtmäßigen Besitzer der gemeinschaftlichen Sache _____ 122
– des gemeinschaftlichen Gegenstands
_____ 63, 183, 190, 256
– von unrechtmäßigen redlichen
Mitbesitzern _____ 133
Nutzungsüberlassung _____ 12 ff
– kapitalersetzende _____ 76, 138

Observanz _____ 166
Oder-Konto _____ 87 ff, 121
Öffentliches Recht _____ 154 ff
OHG-Beteiligung _____ 141

Partenreederei _____ 5, 246
Partnerschaftsgesellschaft _____ 9
Patent _____ 136
Pfändung
– des Gesellschaftsanteils _____ 235
– des Guthabens aus einem
gemeinschaftlichen Bankkonto ___ 91, 93
Pfandverkauf _____ 66
Pflanzenrecht _____ 137
Positive Forderungsverletzung ___ 266, 271 f
Prüfungsrecht und -pflicht des Grund-
buchamts _____ 229 f
Publikumskommanditgesellschaft _____ 150

Ranggleiche Rechte _____ 131 f
Real geteilte Berechtigung _____ 176, 178
Reallast _____ 131, 276
Realteilung _____ 66, 256, 260
Realverbände _____ 276
Rechte
– akzessorische _____ 127
– beschränkte dingliche _____ 127
Rechtsgeschäftliche Beziehungen _____ 73
Rechtsmängelhaftung _____ 66
Rechtsnachfolger vgl Sondernachfolger
Rundfunkgeräte _____ 32

Sachgesamtheiten _____ 157
Sachmängelhaftung _____ 66
Sammelheizung _____ 125
Sammellagerung 5, 167, 175, 195 f, 247 f, 251
Sammelsendung _____ 170, 175
Sammelverwahrung
_____ 5, 58, 146, 167, 188 ff, 247 f, 251

Sanierungsvorhaben — 174
Schadensersatzanspruch
- wegen Entziehung, Beschädigung oder Zerstörung des gemeinschaftlichen Gegenstands — 122
Schafherde — 52, 274
Schallplatten — 33
Schatzfund — 77
Schlepphilfe — 172
Schlüsselgewalt — 30
Schrott — 157
Schulden, gemeinschaftliche — 66
Schutzpflicht — 271 ff
Seeschiff — 246
Selbstaufopferung im Straßenverkehr — 172, 175
Sicherungspool — 55, 231 ff
Sicherungsübereignung — 49 ff, 231
Sielrecht — 276
Solidarberechtigung — 105
Sondereigentum — 178 ff
Sondernachfolger — 62, 64
Sondervereinbarung — 264, 270
Sondervermögen von Kapitalanlagegesellschaften — 146, 196 ff
sortem, Einbringung quoad — 12, 15, 17, 250
Sparkonten — 34, 87
Spezialitätsgrundsatz — 8, 157
Stellung im Schuldverhältnis im Ganzen — 125
Stereoanlagen — 32
Steuerrecht — 163
Stille Beteiligung — 141
Stille Gesellschaft — 9, 11, 141
Stille Zession von Ansprüchen aus Bankkonten — 37, 106, 121
Stimmrecht — 59
Stockwerkseigentum — 276
Streupflicht — 155
Subjektive öffentliche Rechte — 155
Surrogation — 257 f

Teilauseinandersetzung — 241
Teilung — 59, 66
Teilunmöglichkeit — 171
Teppiche — 32
Testamentsvollstreckung — 68
Time-sharing — 201
Topfvereinbarung — 166
Treu und Glauben — 266, 275
Treuhandberechtigung — 150

Treuhandkommanditist — 150
Überleitung DDR-Recht — 278
Umwandlungsgesetz — 148, 161
Und-Konto — 87, 102 ff, 121
Unmöglichkeit — 266
Unrechtmäßiger Besitzer der gemeinschaftlichen Sache — 122
Unterbeteiligung — 141, 149, 153
Untergemeinschaft — 71, 145 ff
Unternehmen — 160 f
Untervermietung durch mehrere Mieter — 121
Urhebergemeinschaft — 135
usum, Einbringung quoad — 12, 16 f, 250

Verarbeitungsklauseln — 50
Verbindlichkeiten — 123
Verbindung, Vermischung, Vermengung — 49 ff, 54 f, 157 f
Vereinbarungen zwischen den Teilhabern — 61, 263 ff
Verfügung über den Anteil — 7, 14, 24, 48, 60, 235, 244
- über den Anteil am Sondervermögen von Kapitalanlagegesellschaften — 197
- über den Miteigentumsanteil bei Sammelverwahrung — 189
- durch den Wohnungseigentümer — 181
Verfügung eines Nichtberechtigten über den gemeinschaftlichen Gegenstand — 122
Verfügung über den gemeinschaftlichen Gegenstand im Ganzen — 60, 242, 244
Verkauf an einen Teilhaber — 270
Verkauf durch Miteigentümer — 121
Verkehrspflichten — 272
Verluste — 235
Vermächtnis an mehrere — 83
Vermengung vgl Verbindung
Vermietung durch Miteigentümer — 121, 123, 218
Vermischung vgl Verbindung
Vermögensanlage — 33, 38
Vermutung, gesetzliche — 29, 33, 228
Verschuldenshaftung — 266
Versicherungsforderungen — 121
Versicherungsträger als Gesamtgläubiger — 83
Versteigerung — 66
Vertrag — 207 ff
Vertreterklausel — 139

Vertretung	29
Verwaltung	6, 16, 47, 61, 183, 190, 198, 213 ff, 261
Verwaltungsrecht	154
Viehseuchengesetz, Ausgleich nach dem	167
Vorerbschaft	68 f
Vorkaufsrecht	
– gemeinschaftliches	128
– des Miterben	47, 250
– kein gesetzliches zugunsten der übrigen Teilhaber	47, 60
Vorratsteilung	70
Waldgenossenschaften	48, 276
Warenzeichen	137
Warmwasserversorgung	125
Wege	48
Weidegenossenschaft	48
Wertpapierdepots	39, 121, 146
Wesentliche Veränderungen	62
Wichtiger Grund	7, 14, 16, 64, 181, 184, 235, 269
Widerrufsrecht beim Oder-Konto	92, 61
Widersprechende Weisungen beim Oder-Konto	93
Wohngemeinschaften	41
Wohnungseigentum	146
Wohnungseigentümergemeinschaft	5, 72, 178 ff, 247 f, 251
Wohnungsrecht	128, 132
Wohnwagen	32
Zählergemeinschaft	123
Zerstörung der gemeinschaftlichen Sache	122, 184
Zubehör	158
Zufahrtsbaulast	155
Zugewinnausgleich	23
Zulassung des Kraftfahrzeugs	32
Zurückbehaltungsrecht	268
Zwangsversteigerung	66, 237
Zwangsvollstreckung in den Anteil	14, 60, 64
Zwei-Personengesellschaft	235
Zwingendes Recht	6 f
Zwischenraum, Gemeinschaft am	134

I. Gegenstand der Bestimmung

1. Definition der Bruchteilsgemeinschaft und Regelung des Anwendungsbereichs der §§ 742 ff

Die Bestimmung **definiert** den Begriff der „Gemeinschaft nach Bruchteilen" und regelt zugleich den **Anwendungsbereich** der §§ 742–758 in positiver wie auch negativer Hinsicht. **1**

Die **Definition** besagt: Eine Gemeinschaft nach Bruchteilen ist das Rechtsverhältnis zwischen mehreren Personen, das dann besteht, wenn den Personen ein Recht gemeinschaftlich zusteht, und wenn die Anwendung der §§ 742–758 nicht durch Gesetz ausgeschlossen ist. **2**

Die Regelung des **Anwendungsbereichs** der §§ 742–758 besagt: Die §§ 742–758 sind immer dann anwendbar, wenn ein Recht mehreren Personen gemeinschaftlich zusteht (positive Abgrenzung) und im Gesetz nichts anderes bestimmt ist (negative Abgrenzung). **3**

Die Bruchteilsgemeinschaft setzt somit stets drei Tatbestandsmerkmale voraus: Erstens muss es sich um **ein Recht** handeln (Ausnahme s unten Rn 157); zweitens bedarf es mindestens **zweier Teilhaber** (zu den Konsequenzen s unten Rn 68 ff; dort auch zur „Ein-Mann-Bruchteilsgemeinschaft"), und drittens darf sich **kein gesetzlicher Ausschluss** der Anwendbarkeit der §§ 741 ff ergeben. Nur das letzte Tatbestandsmerkmal grenzt im Übrigen die Bruchteilsgemeinschaft von den Gesamthandsgemeinschaften zwingend **4** ab. Jene setzen ebenfalls das Bestehen einer Personenmehrheit voraus und können sich im Einzelfall auf die Innehabung eines einzelnen Rechts beschränken. Anwendungsbereich und Definition gelten allerdings nur mit bestimmten Modifikationen (Rn 5 ff). Darüber hinaus verweist das Gesetz auch in Fällen anderer Personengemeinschaften auf §§ 741 ff (zB § 2038 Abs 2).

2. Bruchteilsgemeinschaften gem §§ 742 ff und Bruchteilsgemeinschaften besonderen Rechts

5   Es gibt Gemeinschaften nach Bruchteilen besonderen Rechts, bei denen die Anwendung der §§ 742–758 durch Sonderregeln weitgehend oder ganz verdrängt ist, die aber trotzdem, ihrer juristischen Struktur nach, Bruchteilsgemeinschaften sind. Beispiele sind die *Gemeinschaft der Wohnungseigentümer*, auf die die Vorschriften der §§ 742 ff subsidiär Anwendung finden (§ 10 Abs 1 S 1 WEG, dazu Rn 178 ff), und die Gemeinschaft der Depotkunden im Fall der *Sammelverwahrung* (§§ 5, 6 Abs 1 S 1 DepotG, dazu Rn 188 ff), bei der die Bestimmungen der §§ 742 ff durch die Vorschriften des Depotgesetzes, durch den Hinterlegungsvertrag und die praktische Handhabung so gut wie vollständig ausgeschlossen sind. Dass es sich bei dem „gemeinschaftlichen Eigentum" iS des *§ 1 Abs 5 WEG* (also bei dem Eigentum am Grundstück und an den Teilen, Anlagen und Einrichtungen des Gebäudes, die nicht im Sondereigentum oder im Eigentum eines Dritten stehen), um Eigentum „nach Bruchteilen" handelt, ergibt sich indirekt aus der Verweisung des § 10 Abs 1 S 1 WEG und aus anderen Bestimmungen des WEG (aA m ausf Überbl JUNKER 73 ff: Die Wohnungseigentümergemeinschaft sei in Wahrheit Gesamthand sui generis. – Das geht mE zu weit, näher unten Rn 185 f; ähnl aber bereits SCHULZE-OSTERLOH 154 ff). Allerdings ordnet § 10 Abs 6 WEG nF (näher unten Rn 178) für die im Rahmen der gesamten Verwaltung des gemeinschaftlichen Eigentums erworbenen Rechte und Pflichten und das Verbandsvermögen Teilrechtsfähigkeit sui generis an. Dass am Wertpapierbestand in *Sammelverwahrung* Miteigentum „nach Bruchteilen" besteht, ist in § 6 Abs 1 S 1 DepotG ausdrücklich gesagt. Es handelt sich also auch hier um Bruchteilsgemeinschaften, aber eben um Bruchteilsgemeinschaften besonderen Rechts, die mit der Bruchteilsgemeinschaft iS der §§ 741 ff etwa soviel und sowenig gemeinsam haben, wie die Aktiengesellschaft mit dem bürgerlichrechtlichen Verein. Somit gibt es zwei Arten von Bruchteilsgemeinschaften: Bruchteilsgemeinschaften im engeren Sinn, auf die die §§ 742–758 Anwendung finden, und Bruchteilsgemeinschaften, für die im Wesentlichen Sonderrecht gilt und auf die die §§ 742 ff allenfalls subsidiär anzuwenden sind (etwa so, wie auf die Aktiengesellschaft gelegentlich Vorschriften des Vereinsrechts subsidiär angewendet werden, zB § 31). „Besonderes Recht" gilt auch für die Gemeinschaft der Anteilinhaber an den Gegenständen des Sondervermögens einer *Kapitalanlagegesellschaft* (§ 6 KAGG, dazu Rn 196 f) und für die Gemeinschaft der Miteigentümer bei der *Misch- und Sammellagerung* (§ 469 HGB, dazu Rn 194 f). Zur Annahme, solche Bruchteilsgemeinschaften besonderen Rechts seien in Wirklichkeit Gesamthandsgemeinschaften (so SCHULZE-OSTERLOH 143 ff; JUNKER aaO), vgl Rn 185 f und 249 ff, zum Fall der *Partenreederei* vgl Rn 246 f.

3. Dispositiver und zwingender Charakter der §§ 742 ff

6   Die Bestimmung des Gesetzes, dass auf die Bruchteilsgemeinschaften, soweit sie nicht besonderem Recht unterliegen, die §§ 742 bis 758 Anwendung finden, ist nicht

so zu verstehen, als wären die §§ 742 ff zwingendes Recht. Vielfach sehen die Vorschriften selbst vor, dass abweichende Vereinbarungen den Vorrang haben. So stehen nach § 742 den Teilhabern nur „im Zweifel" gleiche Anteile zu; nach § 745 Abs 2 gelten die gesetzlichen Bestimmungen über die Verwaltung und Benutzung des gemeinschaftlichen Gegenstands nur, sofern sie nicht durch Vereinbarung und Mehrheitsbeschluss geregelt ist; und der Aufhebungsanspruch (§ 749 Abs 1) kann durch Vereinbarung für immer oder auf Zeit ausgeschlossen werden (§ 749 Abs 2). Diese Bestimmungen, die die Abdingbarkeit einzelner Regelungen der §§ 742 ff vorsehen, dienen aber nur der Klärung von Grenzfällen.

Allgemein gilt das *Prinzip*, dass *alle* Vorschriften der §§ 742 ff, soweit sie schuldrechtliche Rechte und Pflichten der Parteien zum Gegenstand haben, nach dem Grundsatz der schuldrechtlichen Vertragsfreiheit *dispositives Recht* enthalten (BGB-RGRK/vGAMM Rn 10; SOERGEL/HADDING Rn 17). *Nicht dispositiv* sind nur solche Regelungen, die entweder vom Gesetz ausdrücklich für unabdingbar erklärt sind (so das Recht, Aufhebung der Gemeinschaft aus wichtigem Grund zu verlangen, § 749 Abs 2, 3), oder deren Unabdingbarkeit aus allgemeinen Grundsätzen folgt. Die wichtigste Vorschrift dieser Art ist *§ 747 S 1*. Das Recht des Teilhabers, über seinen Anteil zu verfügen, kann nach der Grundregel des § 137 nicht mit dinglicher Wirkung ausgeschlossen werden (vgl § 747 Rn 4). Auch das Notgeschäftsführungsrecht nach § 744 Abs 2 kann nicht durch Vereinbarung mit Wirkung für künftige Fälle ausgeschlossen werden (vgl § 744 Rn 28). 7

§ 741 selbst ist natürlich auch in dem Sinne zwingend, als Teilhaber einer Rechtsgemeinschaft nicht frei ihre dingliche Berechtigung gestalten, also etwa Gesamthandsvermögen ohne Gesellschaft bilden können (SOERGEL/HADDING Vorbem Rn 6). Aber zwischen Schuldrecht (§§ 305 ff aF bzw 311 ff nF) und Sachenrecht (§§ 1008 ff) sind selbstverständlich differenzierte Betrachtungen geboten. Sachenrechtlich gelten Spezialitätsgrundsatz (unten Rn 158), die allgemeinen Regeln und §§ 1008 ff; obligatorisch besteht weitgehende Vertragsfreiheit. 8

4. Unanwendbarkeit der §§ 742 ff auf Gesellschaften

a) Allgemeines Prinzip

Auf **Gesellschaften iS des § 705** (einschließlich der **OHG, KG, EWiV** und **Partnerschaftsgesellschaft**) finden die §§ 742 ff nach der grundsätzlichen Abgrenzung des § 741 keine Anwendung. Zwar stehen hier in aller Regel – außer im Fall der reinen „Innengesellschaft", vor allem der stillen Gesellschaft (§ 230 HGB) – „Rechte mehreren gemeinschaftlich zu". Die Anwendung der §§ 742 ff scheidet gleichwohl aus, weil sich aus dem Gesetz, nämlich den §§ 705 ff und den spezialgesetzlichen Regelungen, „ein anderes ergibt" (vgl Vorbem 9). 9

Regelmäßig ist das gemeinschaftliche Vermögen der Gesellschafter **Gesamthandsvermögen** (§§ 718, 719). In diesem Fall bilden die Bestimmungen der §§ 706 ff, ggf iVm den §§ 105 ff HGB, zusammen mit den Bestimmungen des Gesellschaftsvertrags eine abschließende Regelung, neben der *für eine Anwendung der §§ 742 ff kein Raum* ist. Eine *Ausnahme* gilt für diejenigen Fälle, in denen das Gesellschaftsrecht seinerseits *auf einzelne Regelungen des Gemeinschaftsrechts verweist* (so § 731 S 2, der für die Auseinandersetzung der bürgerlichrechtlichen Gesellschaft die subsidiäre 10

Geltung der Vorschriften über die Gemeinschaftsteilung anordnet, dazu § 749 Rn 93 ff). Streitig ist, ob in Ausnahmefällen § 744 Abs 2 *(Notgeschäftsführungsrecht bei Erhaltungsmaßregeln)* auf die Gesellschaft analog angewendet werden kann, vgl dazu § 744 Rn 34. Zur Frage der Abgrenzung von Gesamthandsgemeinschaft und Bruchteilsgemeinschaft im Einzelfall vgl Rn 204 ff; zum begrifflichen Unterschied zwischen Gesamthandsberechtigung und Bruchteilsberechtigung Rn 239 ff und Vorbem 9 ff.

11 Ist die Gesellschaft als „**Innengesellschaft**" organisiert (wie insbesondere die *stille Gesellschaft*, § 230 HGB), scheidet eine Anwendung der §§ 741 ff schon deswegen aus, weil das für den Gesellschaftszweck eingesetzte Vermögen den Gesellschaftern nicht „gemeinschaftlich" zusteht.

b) Ausnahme: Anwendbarkeit der §§ 742 ff bei Bruchteilsvermögen der Gesellschafter

12 Eine wechselseitige **Überschneidung von Gesellschafts- und Gemeinschaftsrecht** kann in folgenden Fällen auftreten: Die Gesellschafter kommen überein, das Gesellschaftsvermögen, ganz oder teilweise, nicht als Gesamthandsvermögen (§§ 718 f) auszugestalten, sondern die Gegenstände in Bruchteilsgemeinschaft zu halten. Dass eine solche Gestaltung zulässig ist, steht außer Frage (MünchKomm/K Schmidt Rn 4). Zu denken ist etwa an den Fall: Zwei Ehegatten, die Miteigentümer eines Grundstücks sind, gründen eine OHG oder KG und bringen das Grundstück nicht quoad dominium in die Gesellschaft ein (das erforderte notarielle Beurkundung des Gesellschaftsvertrags und Eintragung des Eigentumsübergangs auf die Gesamthandsgemeinschaft im Grundbuch, vgl RGZ 56, 96; RG JW 1925, 1750), sondern sie überlassen das Grundstück der Gesellschaft nur zur Benutzung (Einbringung „quoad usum" oder „quoad sortem"; dazu BGB-RGRK/vGamm § 705 Rn 3; BGH BB 1955, 203 = WM 1955, 298; vgl ferner OLG Düsseldorf NZG 2001, 746). Dann bilden sie hinsichtlich des Grundstücks eine Gemeinschaft nach Bruchteilen.

13 Insbesondere bei umfangreicheren Immobilienbesitz von Bruchteilsgemeinschaften (Fondsmodelle, Investorengemeinschaften, auseinandergesetzte Erbengemeinschaften, Bruchteilsgemeinschaft aufgrund vorweggenommener Erbfolge oÄ) besteht oft das Bedürfnis nach umfassenden Verwaltungs- und Benutzungsregelungen, die – mit oder ohne ausdrückliche vertragliche Grundlage – deutliche gesellschaftsrechtliche Züge tragen. Diese gesellschaftsrechtlichen Strukturen können zur Annahme einer reinen Innengesellschaft führen; denkbar ist im Einzelfall aber auch, dass der Immobilienbesitz als solcher zu Bruchteilen, das Verwaltungsvermögen hingegen gesellschaftsrechtlich gehalten wird (vgl OLG Karlsruhe NZG 1999, 249; zur ähnlichen Problematik im WEG unten Rn 180; vgl auch den insoweit instruktiven Fall BFH NJWE-MietR 1996, 22).

14 Besteht in dinglicher Hinsicht eine Bruchteilsgemeinschaft, so bedeutet das vor allem, dass § 747 S 1 anzuwenden ist: Jeder Gesellschafter **kann über seinen Anteil verfügen**; Privatgläubiger können in den Anteil vollstrecken. Die Anwendung des § 747 S 1 lässt sich durch Parteivereinbarung nicht ausschließen, § 137 (vgl § 747 Rn 4). Nicht ausschließen lässt sich auch das Recht der einzelnen Teilhaber-Gesellschafter, Aufhebung der Gemeinschaft aus wichtigem Grund zu verlangen, § 749 Abs 2, 3.

Im Übrigen besteht **Parteiautonomie**; dh, die Regeln des Gemeinschaftsrechts können ausgeschlossen werden, und die Frage ist nur, wieweit sich bei Fehlen ausdrücklicher Vereinbarungen aus dem Gesellschaftsvertrag ein *stillschweigender Ausschluss* entnehmen lässt (der Finanzrechtsprechung, die aus fiskalischen Erwägungen häufig eine Innengesellschaft fingiert, ist jedenfalls nicht zu folgen; krit etwa LOTHMANN BB 1987, 1014 ff mwNw; allg zur sog „faktischen Mitunternehmerschaft" PRIESTER, in: FS L Schmidt 331 ff und unten Rn 163). Die Frage ist relativ leicht beantwortet, wenn Einbringung *quoad sortem* vereinbart ist. Denn dann haben die Teilhaber vereinbart, das Grundstück im Innenverhältnis wie Gesellschaftsvermögen zu behandeln; das bedeutet: Ausschluss des Gemeinschaftsrechts, sofern nicht zwingende Vorschriften entgegenstehen (zB § 747 S 1 – Verstößt ein Teilhaber gegen diesbezügliche schuldrechtliche Vereinbarungen, kommen allerdings Schadensersatzansprüche der geschädigten Teilhaber in Betracht. In der Kautelarpraxis lässt sich § 747 S 1 im Übrigen durch wechselseitige Vorkaufsrechte, Sicherungsgrundschulden oder bedingte Auflassungsvormerkungen zT entschärfen). 15

Schwieriger ist die Lage bei Einbringung *quoad usum*, der in der Praxis gebräuchlicheren, im Zweifelsfall anzunehmenden Form. Hier gilt: Verwaltung und Benutzung sind im Gesellschaftsvertrag – durch die Vereinbarung der Gebrauchsüberlassung – besonders geregelt; das hat vor den gesetzlichen Verwaltungs- und Benutzungsregeln (§§ 744, 745) den Vorrang (vgl § 744 Rn 11 ff; nur das Notgeschäftsführungsrecht nach § 744 Abs 2 ist unentziehbar, vgl § 744 Rn 28). Der Aufhebungsanspruch (§ 749 Abs 1) ist durch die Vereinbarung der Gebrauchsüberlassung auf Zeit, im Zweifel für die Dauer der Zugehörigkeit der Teilhaber zur Gesellschaft, ausgeschlossen; er lebt im Zweifel wieder auf, wenn auch nur ein Teilhaber aus der Gesellschaft ausscheidet. Nicht ausgeschlossen werden kann, wie gesagt, der Aufhebungsanspruch aus wichtigem Grund (§ 749 Abs 2, 3), und das Ausscheiden eines Teilhabers aus der Gesellschaft wird im Zweifel als wichtiger Grund anzusehen sein (R FISCHER NJW 1957, 894, 895). Ist für die Gebrauchsüberlassung ein besonderes Entgelt festgesetzt, gilt § 743 Abs 1. Was die Lasten des Grundstücks betrifft, ist es Frage der vertraglichen Vereinbarung, ob sie von der Gesellschaft oder aus dem Privatvermögen der Teilhaber zu bestreiten sind; im zweiten Fall gilt § 748. Genaue vertragliche Vereinbarungen empfehlen sich unter allen Umständen. 16

Eine Überschneidung von Gesellschafts- und Gemeinschaftsrecht kann infolge der Verweisungen der §§ 2038 Abs 2, 2042 Abs 2 auch bei der **Erbengemeinschaft** eintreten, wenn die Miterben das Grundstück quo ad usum oder quo ad sortem einer personengleichen Gesellschaft überlassen (dazu R FISCHER NJW 1957, 894). Hier gilt das eben Dargelegte entsprechend. 17

5. Die Verweisung auf das Gemeinschaftsrecht im Recht der Erbengemeinschaft (§§ 2038 Abs 2, 2042 Abs 2)

Eine besondere gesetzliche Regelung hat die Mitberechtigung der Miterben in den §§ 2033 ff erfahren. Damit ist die Anwendbarkeit des Rechts der Bruchteilsgemeinschaft im Prinzip ausgeschlossen. Aber die Verweisungen der §§ 2038 Abs 2 und 2042 Abs 2 erklären das Gemeinschaftsrecht in weitem Umfang (§§ 743–746, 748, 749 Abs 2, 3 und 750–758) für anwendbar. *Unanwendbar* sind hiernach nur die §§ 742 (die Höhe der Anteile bestimmt sich nach dem Erbrecht), 747 (der Erbe 18 kann nur über seinen Anteil am Nachlass im Ganzen, nicht am einzelnen Nachlassgegenstand verfügen, § 2033; eine Verfügung aller Miterben über einzelne Nachlassgegenstände ist nach § 2040 Abs 1, der § 747 S 2 entspricht, zulässig), und 749 Abs 1 (nach § 2042 Abs 1 kann der Miterbe nur Auseinandersetzung des Nachlasses im Ganzen, nicht Aufhebung der Erbengemeinschaft an einzelnen Nachlassgegenständen verlangen).

6. Eheliches Gesamtgut

19 Eine Sonderregelung für das aufgrund ehevertraglicher Gütergemeinschaft entstehende Gesamtgut (§§ 1415f) enthalten die §§ 1419 ff. Die Anwendung der §§ 742 ff ist hierdurch ausgeschlossen. Nur im Fall der Auseinandersetzung sind die Aufhebungs- und Teilungsregeln der §§ 752 ff entsprechend anzuwenden (§ 1477 Abs 1, der das allerdings nur für die Teilung des nach Schuldentilgung verbleibenden „Überschusses" ausdrücklich anordnet, dazu § 749 Rn 101).

7. Zusammenfassung

20 Eine Gemeinschaft iS der §§ 741 ff entsteht demnach, wenn mehrere, sei es kraft Gesetzes, sei es kraft Rechtsgeschäfts, ein Recht gemeinsam erwerben und wenn der gemeinschaftliche Erwerb nicht auf einer Gesellschaft, einer Gütergemeinschaft oder auf Erbfall beruht. Eine besondere Lage besteht, wenn Gesellschafter zweckgebundenes Vermögen in Bruchteilsgemeinschaft halten (Rn 12 ff). Ausnahmen gelten für die Gemeinschaften „besonderen Rechts", so besonders beim Wohnungseigentum, beim Sammeldepot und bei Kapitalanlagegesellschaften (Rn 178 ff).

II. Praktische Bedeutung der Gemeinschaft

1. Allgemeine Entstehungs- und Beendigungsgründe

21 Bruchteilsgemeinschaften kommen in der Rechtspraxis außerordentlich häufig vor. Sie entstehen infolge Rechtsgeschäfts (Rn 22 ff) oder kraft Gesetzes (Rn 49 ff; aufgrund eines Zufalls, eines Vorfalls tatsächlicher Art oder willentlicher Tathandlungen, vgl BGB-RGRK/vGamm Rn 3; Palandt/Sprau Rn 2), in Einzelfällen auch aufgrund staatlichen Hoheitsaktes (Rn 154 ff). Bei rechtsgeschäftlichem Erwerb ist grundsätzlich gemeinschaftliches Handeln oder diesbezügliche Vertretung notwendig (MünchKomm/K Schmidt Rn 29); die gesetzlichen Entstehungsgründe sind sehr unterschiedlicher Natur (Rn 49). Bruchteilsvermögen entsteht nicht bei einer ggf erforderlichen Nachtragsliquidation einer Gesamthand oder einer juristischen Person (MünchKomm/ K Schmidt Rn 29). Die Bruchteilsgemeinschaft endet, sobald die gemeinsame Rechtsinhaberschaft kraft Gesetzes oder Rechtsgeschäfts aufgehoben wird (Soergel/ Hadding Vorbem § 741 Rn 2).

2. Gemeinsamer rechtsgeschäftlicher Erwerb

a) Die Ehegatten-Grundstücksgemeinschaft einschl LPartG
aa) Überblick

22 Es ist ganz überwiegend üblich, dass Ehepaare – die nachfolgenden Ausführungen gelten sinngemäß für die Lebenspartnerschaft nach dem LPartG (vgl im Einzelnen

Götz/Brudermüller Rn 190 ff) –, die im gesetzlichen Güterstand oder in Gütertrennung leben, Haus- oder Baugrundstücke gemeinschaftlich erwerben, und zwar **erklärtermaßen und im Grundbuch ausgewiesen als Bruchteilsgemeinschaft** – fast immer in Miteigentum zur Hälfte –, nicht als Gesellschaft bürgerlichen Rechts (ihre Zulässigkeit als Rechtsform war in solchen Fällen umstritten, Rn 212 ff, ihre Zweckmäßigkeit ist sehr zweifelhaft, Rn 220 ff). Nicht nur Grundstücke, die den Eheleuten persönlich zur Wohnung dienen, werden in dieser Form gehalten, sondern auch gewerblich oder beruflich genutzte Grundstücke und Grundstücke, die der Vermögensanlage durch Vermietung dienen. Insoweit hatte zwar insbes seit BGH NJW 1982, 170 (näher unten Rn 234 ff) die Gesellschaft bürgerlichen Rechts vorübergehend die Vertragsgestaltung vor allem in Norddeutschland dominiert. Mittlerweile kehrt die notarielle Praxis angesichts der damit verbundenen Folgeprobleme (unten Rn 220) mehr und mehr wieder zur Bruchteilsgemeinschaft zurück. Das ist vernünftig.

Praktisch begründen die Ehegatten auf diese Weise eine Art „**kleine Gütergemeinschaft**". Wird die Anschaffung aus Erwerb während der Ehe finanziert und leben die Eheleute im gesetzlichen Güterstand, so wird durch die Begründung von hälftigem Miteigentum der *Zugewinnausgleich vorweggenommen*. Die vermögensrechtliche Stellung des überlebenden Ehegatten wird verstärkt: nur die andere Hälfte fällt in den Nachlass (und nur insoweit fällt Erbschaftsteuer an). Die Regelung ist sowohl bei Einverdienerehen wie auch bei Doppelverdienerehen praktisch und angemessen: bei Einverdienerehen, indem der nichtverdienende Ehegatte schon zu Lebzeiten am Zugewinn beteiligt wird, bei Doppelverdienerehen, indem die Ehegatten sich mühsame Berechnungen ersparen, wer wieviel zum gemeinsamen Erwerb beigetragen hat. Die Schwierigkeiten im Fall des Scheiterns der Ehe sind, aufs Ganze gesehen, nicht größer als wenn die Eheleute eine andere Gestaltung gewählt hätten (was hilft es dem alleinverdienenden Ehemann, der das während der Ehe angeschaffte Grundstück zu Alleineigentum erworben hat und nun den halben Wert an die Ehefrau ausbezahlen muss, § 1378 Abs 1? Allenfalls kann er beim Familiengericht Stundung gem § 1382 beantragen; dafür bekommt seine Frau eine Hypothek, § 1382 Abs 3, 4: so zeigt sich, dass ihr virtuell das Grundstück schon ohnedies zur Hälfte zusteht). Abrechnungsstreitigkeiten können entstehen, wenn ein Ehegatte „Anfangsvermögen" (§ 1374 Abs 1 und 2) für den gemeinschaftlichen Erwerb eingesetzt hat und die Ehe geschieden wird (vgl dazu § 749 Rn 43; allgemeiner Überblick zur Vermögensauseinandersetzung bei Miteigentum von Ehegatten bei Wever FamRZ 2000, 993 ff; die hiermit zusammenhängenden Fragen haben in der jüngeren Zeit Rechtsprechung und Schrifttum außerordentlich stark beschäftigt, vgl § 745 Rn 60 ff, § 749 Rn 65 ff; eingehend Götz/Brudermüller Rn 109 ff, 126 ff). – Die hierdurch aufgeworfenen Fragen sind allerdings kein spezifisches Problem der §§ 741 ff, sondern stellen sich auch bei allen anderen Gestaltungen (Alleineigentum, Gesellschaft bürgerlichen Rechts).

Die Möglichkeit, *über den Miteigentumsanteil zu verfügen* (§ 747 S 1) oder *Aufhebung der Gemeinschaft zu verlangen* (§ 749 Abs 1), hat auch vor endgültigem Scheitern der Ehe nicht nur theoretische Bedeutung, sondern beschäftigt zunehmend die Gerichte. Der Aufhebungsanspruch ist zwar, soweit es um die eheliche Wohnung geht, durch die eheliche Pflichtbindung ausgeschlossen (§ 749 Rn 38 ff), grundsätzlich aber nicht das Verfügungsrecht und die gemeinschaftlichen Verwaltungs- und Benutzungsregelungen. IE besteht wohl weitgehende Einigkeit, dass eherechtliche Erwägungen zu berücksichtigen sind und im Einzelfall die Regelungen der Bruchteilsgemeinschaft überlagern können. Teils wird mit § 1365 geholfen (BGH NJW 2007, 3124 [näher unten Rn 25]; BayObLG NJW-RR 1996, 962; AG Freiburg FamRZ 1988, 950; diff LG Bielefeld Rpfleger 1989, 518; zur Versagung einer Nutzungsentschädigung wegen aufgedrängter Alleinnutzung LG Itzehoe FamRZ 1990, 630; zu Mieterträgen und Nutzungsentschädigung für eigengenutzte Wohnung OLG Koblenz FamRZ 1989, 85 sowie BGH FamRZ 1982, 355 f; BGH DB 1993, 533). Verlangen nach Teilungsversteigerung ist jedenfalls nach Scheidung nur ausnahmsweise rechtsmissbräuchlich (OLG Frankfurt aM FamRZ 1998, 641; OLG München FamRZ 1989, 980; LG Berlin Rpfleger 1993, 297). Ein Anspruch auf Übertragung des anderen Anteils oder Zuweisung des Anwesens auf Zeit kommt nach Beendigung der Ehe nicht in Betracht, vgl auch § 180 Abs 3 ZVG: Nach Scheidung Einstellung des Verfahrens nur zur Abwendung einer ernsthaften Gefährdung des Wohles eines gemeinschaftlichen Kindes. (Zur Verteilung von Nutzungen während und nach Beendigung der Ehe vgl näher § 745 Rn 60 ff.)

25 Überträgt ein getrenntlebender Ehegatte seinen Anteil auf seinen neuen Lebensgefährten, um die Teilungsversteigerung zu ermöglichen und die Räumung der Wohnung durchzusetzen, soll das dingliche Rechtsgeschäft nach OLG Schleswig (NJW-RR 1995, 900) gem § 138 nichtig sein; mE zweifelhaft: Sofern nicht schon gegen die Übertragung § 1365 bzw § 6 LPartG hilft (vgl BGH NJW 2007, 3124; OLG Hamm NJW-RR 2005, 104; OLG Köln NJW-RR 2005, 4; ZIMMER/PIEPER NJW 2007, 3104), käme uU eine ausdehnende Anwendung des § 180 Abs 3 ZVG oder Rechtsmissbrauch (in Fortführung von OLG München FamRZ 1989, 980) in Betracht. Jedenfalls nach Scheidung kann der andere Ehegatte die Teilungsversteigerung nur noch unter sehr engen Voraussetzungen verhindern, sodass die Annahme der Nichtigkeit insbes auch des dinglichen Rechtsgeschäfts kaum gerechtfertigt ist; zum Ganzen auch unten § 749 Rn 65 ff. Wurde im Rahmen einer Scheidungsfolgenvereinbarung bestimmt, die gemeinschaftliche Immobilie verkaufen zu wollen, kann dies einer Teilungsversteigerung entgegenstehen (OLG Brandenburg 9 U 4/05 v 25. 1. 2007). Zur Anwendbarkeit des § 765a ZPO GÖTZ/BRUDERMÜLLER Rn 141 ff; Überbl zur Teilungsversteigerung bei CLEMENTE ZfIR 2008, 206. Der Gläubiger eines Ehegatten kann den Aufhebungsanspruch (§ 749) pfänden; § 1365 greift dann nicht (dazu BGH FamRZ 2006, 410; OLG Karlsruhe Rpfl 2004, 235; GÖTZ/BRUDERMÜLLER Rn 129).

26 Insbesondere bei der Ehegattenbruchteilsgemeinschaft beschäftigen unwirksame Klauseln in den **Sicherungszweckerklärungen** der Grundschuldgläubiger zunehmend die Gerichte. Wenn Ehegatten an dem gemeinschaftlichen Grundstück aus Anlass der Sicherung einer bestimmten gemeinsamen Verbindlichkeit eine Grundschuld bestellen, kann die formularmäßige Sicherungsabrede, nach der die Grundschuld auch alle künftigen Verbindlichkeiten gegen den anderen Ehegatten sichert, unter das Verbot überraschender Klauseln fallen (BGH EWiR 1999, 693 m Anm CLEMENTE; BGH NJW 1989, 831; BGH NJW 1992, 1822; zum Ganzen AMANN, Beck'sches Notarhandbuch 509 ff. Zu *schenkungsteuerrechtlichen* Folgen der Begründung einer Ehegattenbruchteilsgemeinschaft und zu Anteilübertragungen vgl SCHWEDHELM/OLBING BB 1995, 1717 ff m zahlr Gestaltungshinweisen; allg zur steuerlichen Veranlagung FG Bad-Württ EFG 1995, 1057).

27 Grundsätzlich ist die Ehegattenbruchteilsgemeinschaft auch ohne umfangreiche vertragliche Ausgestaltung dennoch die adäquate Rechtsform insbes bei Familienheimen und gemeinsamen Altersvorsorgeobjekten. Sicher gibt es Fälle, in denen es aus den verschiedensten Gründen – haftungsrechtlichen, steuerrechtlichen und sonstigen – zweckmäßig sein kann, die Eigentumsverhältnisse anders zu ordnen. Aber für den gewöhnlichen Fall ist der Miteigentumserwerb zu gleichen Teilen eine ebenso naheliegende wie beliebte und praktische Lösung. Gegen die vorstehend geschilderten und offenbar zunehmenden Konflikte sind kautelarjuristisch weniger sachenrechtliche Vereinbarungen als vielmehr *umfassende ehevertragliche Regelungen ein geeignetes Gestaltungsmittel* der vorsorgenden Rechtspflege.

bb) Sonderfall: Ausländisches Güterrecht

Bei der insbesondere in Großstädten verstärkt auftretenden Beteiligung von **ausländischen Ehegatten** ist in der Praxis der Notare und Grundbuchämter immer wieder zweifelhaft, ob sie überhaupt in Bruchteilsgemeinschaft inländische Immobilien erwerben können, sofern nicht eine ausdrückliche Rechtswahl deutschen Güterrechtsstatuts getroffen wird (Art 15 Abs 2 EGBGB; näher SCHÖNER/STÖBER, Grundbuchrecht Rn 3409 ff; SCHOTTEN 105 ff). Eine vorsorgliche Güterrechtswahl ist jedenfalls nicht stets ratsam, da sie im Falle der Beendigung der Ehe zu hochkomplizierten Überlagerungen verschiedener Gemeinschaftsverhältnisse führen kann (zur Auslegung einer allgemeinen Rechtswahlklausel LG Augsburg MittBayNotK 1995, 233). Im Einzelfall bleibt nur die Prüfung des jeweiligen ausländischen Güterrechtsstatuts, sofern nicht mit direkter oder analoger Anwendung des Art 16 EGBGB gearbeitet werden kann (dazu ZIMMERMANN, Beck'sches Notarhandbuch 1107 f; SCHOTTEN 148 ff). Zum Umfang der Prüfung des Güterrechts im Grundbuchverfahren vgl OLG Hamm DNotI-Rep 1996, 31.

b) Miteigentum von Ehegatten an beweglichen Sachen

Bewegliche Sachen, die Ehegatten zum Zweck der gemeinschaftlichen Lebensführung erwerben, werden **in aller Regel Miteigentum nach Bruchteilen**. Dabei spielt es keine Rolle, wer nach außen hin als Erwerber aufgetreten ist. Fragen der Rechtskonstruktion des Eigentumserwerbs (Vertretung? Geschäft für wen es angeht? Antizipiertes Konstitut?) haben allenfalls akademisches Interesse (dazu eingehend BRÖTEL Jura 1992, 470 ff; KOBUSCH 1 ff). Sobald der Ehegatte den Gegenstand in den gemeinsamen Haushalt eingefügt hat, begründet er Mitbesitz zugunsten des anderen Ehegatten. Nach §§ 133, 157 ist anzunehmen, dass spätestens hierdurch gem § 929 Miteigentum des anderen Ehegatten entsteht. Für Miteigentum spricht in einem solchen Fall überdies die Vermutung des § 1006 und, soweit es sich um „Hausrat" handelt, ferner die Vermutung des § 8 Abs 2 HausratsVO, die zwar nur für die Zwecke der Hausratsverteilung aufgestellt, aber doch Ausdruck eines allgemeinen Rechtsgedankens ist. Die Vorschrift des § 1362 dagegen (Vermutung zugunsten der Gläubiger, dass die im Besitz eines Ehegatten befindlichen beweglichen Sachen gerade dem Ehegatten gehören, der Schuldner ist) dient nur dazu, den Gläubiger vor Beweisnot zu schützen (die Ehegatten haben Zugang zu den Beweismitteln und Beweistatsachen, er nicht); weitergehende Rückschlüsse auf die Eigentumslage lässt sie nicht zu. Wer die *Mittel* aufgebracht hat, aus denen der Erwerb finanziert wird, ist *im Zweifel unerheblich*. Die Gegenansicht (MünchKomm/WACKE § 1357 Rn 37 für den Erwerb kraft Schlüsselgewalt) läuft auf ein unserem Recht sonst unbekanntes Surrogationsprinzip hinaus; sie führt in Doppelverdienerehen zu unlösbaren Beweisschwierigkeiten und in Einverdienerehen zu einer ungerechtfertigten Bevorzugung des verdienenden vor dem nicht verdienenden Ehegatten; im Zweifel widerspricht sie dem Parteiwillen (BGHZ 87, 269; 114, 74; BGH NJW 1984, 796; OLG Koblenz FamRZ 1992, 1303; gegen WACKES Ansicht spricht auch die Entscheidung BGH WM 1966, 679, betr ein gemeinsames Sparkonto, auf das weit überwiegend der Mann Einzahlungen geleistet hatte). Im Zweifel besteht also an gemeinsam benutzten Sachen der Ehegatten Miteigentum und eine Bruchteilsgemeinschaft gem §§ 741 ff. Wie hier STAUDINGER/THIELE (2007) § 1363 Rn 6 mwNw; ERMAN/HECKELMANN § 1363 Rn 4; vgl auch OLG München NJW 1972, 542 f mit zutreffender Berufung auf das heutige Eheverständnis (nur die Annahme von Gesamthandseigentum ist mit dem Gesetz unvereinbar). Zu beachten bleibt allerdings die (wenn auch abdingbare, vgl STAUDINGER/THIELE [2007] § 1370 Rn 30 mwNw) Bestimmung des § 1370 (Surrogationserwerb beim Ersatz von Haushaltsgegenständen).

30 Da im Zweifel Ehegatten durch gemeinschaftlichen Besitzerwerb an beweglichen Sachen Miteigentum erwerben, ist die früher vielerörterte Streitfrage, **ob Geschäfte im Rahmen der sog „Schlüsselgewalt"** nach § 1357 **kraft Gesetzes zu Miteigentumserwerb führen**, von nur untergeordneter Bedeutung. In der Literatur bestand weitgehende Einigkeit darüber, dass nach § 1357 der Ehegatte, der Gegenstände zur angemessenen Deckung des Lebensbedarfs der Familie anschaffte, dem anderen Ehegatten nicht nur eine schuldrechtliche, sondern auch eine dingliche Mitberechtigung verschaffte; er handelt nach früher hM auch beim dinglichen Rechtserwerb kraft Gesetzes als mittelbarer Stellvertreter des anderen (Nachw s STAUDINGER/HUBER[12] Rn 22). Das führte hinsichtlich aller iR des § 1357 Abs 1 S 1 angeschafften beweglichen Sachen zur Bruchteilsgemeinschaft (§ 741).

31 Seit BGHZ 114, 74 ist diese umstrittene Frage jedoch dahingehend erledigt, dass § 1357 keine dingliche Wirkung entfaltet, sondern dass die allgemeinen Erwerbstatbestände (§§ 929 ff) herangezogen werden müssen (heute hM: STAUDINGER/THIELE [2007] § 1363 Rn 6; ERMAN/HECKELMANN § 1357 Rn 19; MünchKomm/WACKE § 1357 Rn 37; GERNHUBER/COESTER-WALTJEN, Familienrecht 203; KÄPPLER AcP 179, 257 ff; WALTER JZ 1981, 601 ff; BRÖTEL Jura 1992, 470). Dabei ist im Zweifel bei zusammenlebenden Ehegatten mit gemeinsamem Hausstand davon auszugehen, dass die dingliche Einigung auf Miteigentum beider Ehegatten gerichtet ist (BGHZ 114, 74; OLG Koblenz FamRZ 1992, 1303; STAUDINGER/THIELE [2007] § 1363 Rn 6; PALANDT/BRUDERMÜLLER § 1357 Rn 20; krit dazu aber LÜKE JR 1992, 287; KICK JZ 1992, 219 und KOBUSCH 43 ff, der zwischen Verbrauchs- und Gebrauchsgegenständen differenziert). Schließt man sich dem an, so gelten die oben in Rn 29 dargelegten Grundsätze, dh an die Stelle des gesetzlichen Miteigentumserwerbs tritt im Zweifel rechtsgeschäftlicher Miteigentumserwerb. Es ist jedoch darauf hinzuweisen, dass ein solcher rechtsgeschäftlich begründeter Erwerb nicht generell und jederzeit kurzerhand unterstellt werden kann. Es häufen sich Doppelverdienerehen und Ehen, bei denen die Ehegatten sogar unterschiedliche Wohnsitze beibehalten. Teils entspricht eine vermögensmäßige Trennung der Ehegattensphären auch modernem Selbstverständnis. Hier ist im Zweifel rechtsgeschäftlich begründetes Miteigentum nach Bruchteilen natürlich nicht anzunehmen. Zum Ganzen auch: LEIPOLD, in: FS Gernhuber 695 ff.

32 Miteigentum besteht daher, nach den Rn 29 ff dargestellten Regeln, im Allgemeinen (und soweit nicht § 1370 entgegensteht) an den während der Ehe angeschafften Autos, Wohnwagen, Möbeln, Teppichen und sonstigen Einrichtungsgegenständen, Fernsehgeräten, Rundfunk- und Stereoanlagen u dgl. Die Tatsache, dass *ein Auto auf den Namen eines Ehegatten zugelassen ist* und infolgedessen nur sein Name im Fahrzeugbrief vermerkt ist (vgl §§ 23, 25 StVZO), ist unerheblich. Eingetragen wird im Brief nicht der Eigentümer, sondern der „Verfügungsberechtigte", der die

Zulassung beantragt und erhalten hat. Die Zulassung auf beide Ehegatten ist zwar möglich (und bildet dann ein Indiz für Miteigentum), aber doch nicht so üblich, dass bei Zulassung nur für einen Ehegatten ein Gegenschluss gerechtfertigt wäre. Allerdings ist bei der konkreten Auslegung des einzelnen Rechtsgeschäfts stets darauf zu achten, dass das gegenseitige traditionelle Bild der Ehe einem steten soziologischen Wandel unterliegt. Was gestern im Zweifel anzunehmen war, kann heute und erst recht morgen anders liegen (oben Rn 31).

Kein Miteigentum entsteht im Zweifel an solchen Gegenständen, die dem *persön-* 33 *lichen oder beruflichen Gebrauch nur eines Ehegatten* dienen. Selbst wenn die Anschaffung – was denkbar ist – unter die Schlüsselgewalt (§ 1357) fällt, ist anzunehmen, dass die Ehegatten rechtsgeschäftlich Eigentum für denjenigen begründen, der die Sache allein benutzt, insbes bei Schenkungen zum persönlichen Gebrauch oder Gegenständen, die typischerweise nur der Lebenssphäre eines Partners zu dienen bestimmt sind. Kein Miteigentum entsteht ferner bei Anschaffungen, die der *Anlage von Vermögen eines Ehegatten* dienen, besonders von ererbtem und eingebrachtem Vermögen. Die Abgrenzung zwischen gemeinsamem und alleinigem Gebrauch kann im Einzelfall schwierig sein, zB bei Büchern, Schallplatten, Kunstwerken, Compactdisketten, Computern, Videoaufzeichnungen, Hobbywerkzeug, Bildern, Gold und Edelsteinen. Soweit nach der tatsächlichen Gestaltung Mitbesitz besteht, ist Miteigentum zu vermuten (§ 1006).

c) Gemeinsame Bankkonten von Ehegatten

Eine praktisch bedeutende Rolle spielen außerdem gemeinschaftliche Bankkonten – 34 Giro- und Sparkonten – von Ehegatten. Sie liegen jedenfalls dann vor, wenn die Ehegatten das Konto so eröffnet haben, dass es auf **beider Namen** lautet (Gemeinschaftskonto, dazu näher Rn 87 ff).

Gemeinschaftliche Zuständigkeit eines Kontos kann aber auch dann vorliegen, wenn 35 **ein Ehegatte** das Konto **nur auf seinen Namen** eröffnet hat, eingehend STAUDINGER/ HOPT/MÜLBERT[12] Vorbem 146 zu §§ 607 ff; zur Differenzierung zwischen Außen- und Innenverhältnis bei der Kontovollmacht BGH NJW-RR 1989, 834; dort auch zum Verlust der Verfügungsbefugnis nach Trennung, ebenso BGH NJW 1988, 1208. Vgl ferner BGH ZIP 2002, 2165; OLG Naumburg FamRZ 2007, 1105.

Vertragspartner der Bank und ursprünglicher Gläubiger der Guthabenforderung ist 36 in einem solchen Fall allerdings *in aller Regel* nur derjenige Ehegatte, auf dessen Namen das Konto lautet. Eine *abweichende Vereinbarung* – beide Ehegatten sollen Vertragspartner sein, obwohl nur einer als Kontoinhaber genannt ist – ist zwar denkbar, aber selten und im Zweifel nicht anzunehmen. Sie setzt voraus, dass der dahingehende Wille des das Konto eröffnenden Ehegatten für die Bank eindeutig erkennbar ist (CANARIS, in: Großkomm HGB Anh § 357 Rn 77; s dazu auch BGH NJW 1994, 931 f; BGH ZIP 1994, 218). Die bloße Kenntnis der Bank davon, dass der das Konto Eröffnende verheiratet ist, reicht hierfür nicht aus, ebensowenig die Erteilung einer Bankvollmacht für den anderen Ehegatten. Praktisch bedeutet das vor allem: Ist das Konto nur auf den Namen eines Ehegatten eröffnet, so haftet in aller Regel nur dieser Ehegatte, als Vertragspartner der Bank, für Überziehungskredite (so auch OLG Frankfurt aM WM 1985, 1199). Das gilt auch dann, wenn der andere Ehegatte mit Hilfe seiner Bankvollmacht die Abhebung vorgenommen hat, durch die das Konto überzogen worden ist (unrichtig daher LG Hannover FamRZ 1984, 480).

37 Ohne weiteres möglich ist aber, dass der Ehegatte, auf dessen Namen das Konto eröffnet wurde und der daher regelmäßig Vertragspartner der Bank ist, den anderen Ehegatten durch **Abtretung** an der Kontoforderung beteiligt (CANARIS, in: Großkomm HGB Anh § 357 Rn 76). Das kann auch in der Weise geschehen, dass er dem anderen Ehegatten eine *Bruchteilsberechtigung* an der Kontoforderung einräumt. Eine solche Abtretung kann auch *konkludent* erfolgen; sie braucht der Bank *nicht mitgeteilt* zu werden (CANARIS Rn 76 f); sie begründet *keine Haftung* des anderen Ehegatten gegenüber der Bank für Überziehungskredite. Im Verhältnis zur Bank gilt, solange keine gehörige Anzeige erfolgt ist, nur der Ehegatte als Gläubiger, auf dessen Namen das Konto eröffnet ist und der infolgedessen als Vertragspartner anzusehen ist (§ 407 Abs 1). Auch nach Anzeige haftet der Abtretungsempfänger ohne Abschluss eines ausdrücklichen oder konkludenten – ohne besondere Anhaltspunkte idR zu verneinenden – Änderungsvertrages nicht für Überziehungen (so wohl auch CANARIS, BankvertragsR Rn 149). Praktische Bedeutung hat deshalb die durch konkludente Abtretung begründete gemeinschaftliche Rechtszuständigkeit vor allem im Verhältnis der Ehegatten zueinander (vgl BGH WM 1966, 679: gerichtliches Verbot an den Kontoinhaber, über das Guthaben zu verfügen, auf Antrag des durch konkludente Abtretung mitberechtigten anderen Ehegatten) sowie im Verhältnis zu Dritten (Vollstreckungsgläubigern!).

38 Unter welchen Voraussetzungen eine **konkludente Abtretung** der Kontoforderung an den anderen Ehegatten als Bruchteils-Mitberechtigten anzunehmen ist, ist Frage des Einzelfalls. Die *Beweislast* trifft denjenigen, der sich auf die Abtretung beruft (CANARIS, in: Großkomm HGB Anh § 357 Rn 77; BankvertragsR Rn 153). Leisten beide Ehegatten Einzahlungen auf ein Sparkonto und besteht Einvernehmen, dass die Ersparnisse beiden zugute kommen sollen, so ist Bruchteilsgemeinschaft anzunehmen, und zwar zu gleichen Teilen, auch dann, wenn der eine wesentlich mehr gezahlt hat als der andere (BGH WM 1966, 679; NJW 2000, 2348). Bei Girokonten ist mE die gemeinsame „Benutzung" ein entscheidendes Indiz für Bruchteilsgemeinschaft: Erteilt der eine Ehegatte dem anderen Vollmacht für „sein" Konto und erledigt auch der andere Ehegatte ständig Zahlungsverkehr über das Konto, so spricht das dafür, dass die Ehegatten das Konto als „gemeinsames" ansehen, und dies auch dann, wenn die Gutschriften auf dem Konto ganz oder überwiegend aus dem Einkommen nur des Ehegatten bestritten werden, der das Konto eröffnet hat. Das gilt um so mehr, wenn beide Ehegatten Einzahlungen auf dem Konto „vermischen" (krit hierzu CANARIS, BankvertragsR Rn 224 Fn 63). Anderes gilt iZw, wenn ein Konto eines Ehegatten im Wesentlichen der Verwaltung von Vermögen dient, das der Ehegatte in die Ehe eingebracht oder ererbt hat. Im Ganzen ist aber davon auszugehen, dass ein guter Teil der Giro- und Sparguthaben von Ehegatten, auch wenn kein „Gemeinschaftskonto" geführt wird, in Bruchteilsgemeinschaft stehen (weitergehend CANARIS, BankvertragsR Rn 224: gemeinschaftliche Berechtigung als reine „Innengemeinschaft"; wie hier BGH NJW 2000, 2348; ebenso zum alleinigen Sparkonto eines Ehegatten BGH ZIP 2002, 2165; OLG Bremen NJW-RR 2005, 1667; zurückhaltend OLG Karlsruhe NJW-RR 2003, 361).

39 Auf **Wertpapierdepots** von Ehegatten sind die gleichen Grundsätze anzuwenden (vgl hierzu aber auch BGH NJW 1997, 1435; § 742 Rn 14).

d) Sonstige Erwerbsgemeinschaften
aa) Gemeinschaftlicher Erwerb und Gesellschaft
In allen Fällen, in denen sich mehrere zum gemeinschaftlichen Erwerb eines Rechts **40** zusammentun, stellt sich die Frage, ob sie eine Bruchteilsgemeinschaft oder eine Gesamthandsgemeinschaft gem §§ 705 ff bilden. Für den praktisch wichtigsten Fall, den gemeinsamen Grundstückserwerb, ist die Grundbucheintragung maßgeblich (Rn 225). Vgl im Übrigen Rn 212 ff. Folgende praktische Fälle der Bruchteilsgemeinschaft sind hervorzuheben:

bb) Lebens- und Wohngemeinschaften
Auch unter nicht verheirateten Personen ist gemeinsamer rechtsgeschäftlicher Er- **41** werb zu Bruchteilen keine Seltenheit. So bei **außerehelichen Lebensgemeinschaften**: Hier besteht hinsichtlich der für den gemeinsamen Haushalt oder die Lebensgestaltung (zB Wohnmobil, s dazu OLG Hamm FamRZ 2003, 529) angeschafften Gegenstände oft im Zweifel ebenfalls eine Bruchteilsgemeinschaft. Auf die Absicht künftiger Eheschließung kommt es nicht an (**aA** LG Berlin JR 1952, 243; offen MünchKomm/ K Schmidt Rn 38 aE). Im Falle des gemeinsamen *Immobilienerwerbs* kann bei Scheitern der Gemeinschaft Wegfall der Geschäftsgrundlage in Betracht kommen (vgl näher BGH NZG 2004, 36); ggf kann ein Ausgleichsanspruch nach den Vorschriften der §§ 705 ff bestehen (BGH NJW 2008, 443 m Anm v Proff). Ein gemeinsames Haustier ist ggf gegen Zahlung einer Entschädigung zuzueignen (AG Walsrode NJW-RR 2004, 365). Bei **Wohngemeinschaften** ist Gemeinschaftserwerb idR wohl nur bei Finanzierung aus gemeinsamer Kasse anzunehmen. Vgl auch (in casu ablehnend) BGH NJW 1981, 1502. Näher Rn 164. Zur Anwendbarkeit der §§ 705 ff bei einer (studentischen) Wohngemeinschaft Jacobs NZM 2008, 111. Zur **eingetragenen Lebenspartnerschaft** oben Rn 22 ff.

cc) Grundstücksgemeinschaften und Gemeinschaftsflächen
Vor allem in der Nachkriegszeit wurden von den Gemeinden oft große Areale **42** parzelliert und an Bauwillige veräußert. Dabei wurden an den Gemeinschaftsflächen (Straßen, Stellplätzen, Kinderspielplätzen, Altensitzen etc, teils auch Parkanlagen und Grünflächen) Miteigentumsbruchteile begründet und entsprechend dem Flächenanteil der Bauparzelle auf die Erwerber übertragen. Heute finden sich solche Gestaltungen fast nur noch bei der Veräußerung von Bauland durch Private (vgl zB den Sachverhalt von BGHZ 101, 24 – Privatstraße; ähnl KG NJW 1989, 42). Von den an sich hierfür bestens geeigneten Buchungsmöglichkeiten gem § 3 Abs 4–6 GBO (Buchung als dienendes Grundstück, s dazu auch Rn 70 aE) oder wenigstens § 6 GBO (Bestandteilszuschreibung) wird und wurde dabei kaum Gebrauch gemacht. Miteigentumsordnungen gem § 1010 oder wenigstens wechselseitige Dienstbarkeiten nebst Bestandsvermerk (§ 9 GBO) fehlen meistens.

Die Folgen sind oft katastrophal: Bei späteren Veräußerungen des Baugrundstücks **43** wird der Gemeinschaftsanteil mangels transparenter Grundbuchlage „vergessen", sodass nach und nach durch Erbfälle riesige Bruchteilsgemeinschaften an wertlosen, lediglich Kosten verursachenden Grundstücken entstehen (Beispiel aus der Praxis: 384 Beteiligte an einem Spielplatzgrundstück von 180 m^2; bei ca 50 Eigentümern waren weder der Wohnsitz noch Erbfolgen ohne weiteres nachzuweisen). Sind die Gemeinschaftsflächen ausnahmsweise werthaltig, so droht jederzeitige Teilungsversteigerung durch Teilhaber (sofern keine Aufhebungsausschluss vorgesehen worden ist, s dazu OLG Hamm OLG-Rep 1995, 263) oder deren Gläubiger. Die Aufgabe des Miteigentums gem § 928 kommt nach zutreffender hM nicht in Betracht (BGH NJW 2007, 2254; BGHZ 115, 1; KG NJW 1989, 42; K SCHMIDT JuS 1989, 574; BÄRWALDT JuS 1990, 788; zum Wohnungseigentum BGH aaO; BayObLG WuM 1991, 298 mwNw; krit KANZLEITER NJW 1996, 905). Aufgabe durch alle Eigentümer gemeinsam (§ 747 S 2) wäre zwar zulässig, ist aber praktisch oft nicht durchführbar. Zu § 927 vgl § 758 Rn 6 mwNw.

dd) Ersatzlösung für Aufteilung nach dem WEG

44 Im Gefolge der Entscheidung des BVerwG zur Versagung von Abgeschlossenheitsbescheinigungen gem § 7 WEG bei Altbauten (DNotZ 1988, 702) erlebte die Bruchteilsgemeinschaft eine vorübergehende Renaissance als Instrument zur Aufteilung und Vermarktung von Altbauten, die allerdings seit dem abschließenden Beschluss des Gemeinsamen Senats der Obersten Bundesgerichtshöfe (NJW 1992, 3290) erledigt ist (zum Ganzen PAUSE NJW 1990, 807; REITHMANN NJW 1992, 649 ff). Der wesentliche Schwachpunkt der Konstruktion lag in der Aufhebbarkeit der Bruchteilsgemeinschaft (STAUDINGER/GURSKY [1999] § 1008 Rn 3; allg unten § 749 Rn 1 ff), sodass sich stattdessen in der Praxis sog „Keller"- bzw „Garagenmodelle" durchsetzten (dh Aufteilung nach WEG; mit dem Sondereigentum an einem Nebenraum wird das Sondernutzungsrecht an einer Wohnung verbunden, vgl WEITNAUER § 3 WEG Rn 60). Die Bruchteilsgemeinschaft spielt insoweit heute nur noch eine Rolle bei Kleinstaufteilungen oder in Gebieten, in denen die Aufteilung nach dem WEG genehmigungsbedürftig ist (§ 22 BauGB, s dazu auch BGH DNotZ 1995, 606; krit PRAHL Rpfl 2008, 411 mwNw). Die vertragliche Begründung einer Miteigentümergemeinschaft statt der Bildung von Wohnungseigentum stellt in diesen Fällen mangels ausdrücklicher gesetzlicher Anordnung kein verbotenes Umgehungsgeschäft dar und unterliegt nicht den Genehmigungsvorbehalten (OLG Schleswig ZfIR 2000, 642; GRZIWOTZ ZfIR 2000, 569; aA mit beachtlichen, letztlich wegen beschränkter Analogiemöglichkeit im öffentlichen Recht nicht überzeugenden Gründen PRAHL Rpfl 2008, 411).

45 Allerdings könnte sich aufgrund der politischen Diskussion um die soziale Vertretbarkeit von Aufteilungen nach dem WEG (dazu LANGHEIN DNotZ 1993, 650 ff; ZNotP 1998, 346 mwNw) eine erneute Einschränkung von Aufteilungen ergeben. Dann würden die seinerzeitigen Streitfragen wiederum relevant. Das „Kellermodell", obschon konstruktiv-begrifflich zulässig (vgl BayObLG NJW 1992, 700; OLG Hamm WE 1993, 249; aA SCHÄFER Rpfleger 1991, 307), ist teleologisch mE eine Pervertierung der grundlegenden Ziele des WEG (vgl auch WEITNAUER[9] § 3 WEG Rn 60: „sich ... anbahnende Fehlentwicklung") und sollte demzufolge im Falle einer legislativen Neuorientierung gleichfalls untersagt werden (so explizit § 172 Abs 1 S 4 BauGB; s dazu LANGHEIN ZNotP 1998, 347). Als Ausweg käme dann nur noch die Anwendung der §§ 705 ff oder der §§ 741 ff in Betracht, und zwar mit allen Defiziten – aber das läge in der Tendenz einer gewollten präventiven Abschreckung. Im Hinblick auf §§ 705 ff sollte dann aber zumindest auch der Schutz des rechtsuchenden Publikums gem § 311b Abs 1 nF gewährleistet sein (dazu unten Rn 220 ff).

ee) Geschlossene Immobilienfonds

46 Sog geschlossene Immobilienfonds unterliegen grundsätzlich nicht den für die offenen Fonds geltenden Vorschriften des KAGG (dazu unten Rn 196 ff). Sie werden heute ganz überwiegend als Personengesellschaften oder als Treuhandmodelle – ggf mit Unterbeteiligungen – organisiert (Überbl bei LIMMER 324 f). Es gibt aber auch ältere

Fonds in der Form der Bruchteilsgemeinschaft (sog „Berliner Modell"; zum steuerlichen Hintergrund Erlass des nds Finanzministeriums DB 1985, 312; Beisp aus der Praxis: BGH DNotZ 1995, 604 – „Aparthotel"). Heute finden sich solche Bruchteilsgemeinschaften nur noch bei „Modellen" für Kleinanleger zur Verwendung von Bausparfördermitteln und hier sind sie idR für Anleger mindestens hochgefährlich, wenn nicht gar betrügerisch (s dazu Veröffentlichung der Notarkammern Hamburg ua 1992). Das „Mini"-Bruchteilswohnungseigentum (Beispiel aus der Praxis: 1/20 Bruchteil an einer 24 m²-Wohnung!) etwa an einer Eigentumswohnung ist von vornherein wirtschaftlich nicht fungibel; durch die Aufhebbarkeit der Gemeinschaft (§ 749) droht jederzeitiges Fehlschlagen des Investments, wenn nicht aufgrund der vertraglichen Gestaltungen sogar gesamtschuldnerische Haftung.

ff) Sonstiges
Relativ häufig ist, auch außerhalb der Ehe und eheähnlicher Verbindungen, der gemeinschaftliche Miteigentumserwerb **an Grundstücken**. So zB wenn mehrere Parteien ein Haus erwerben und die Wohnungen untereinander aufteilen, ohne sich die Umstände der Begründung von Wohnungseigentum zu machen; oder wenn Mutter und Sohn gemeinsam ein Grundstück kaufen (BGH WM 1972, 1122), oder wenn bei einer Erbauseinandersetzung einige der Erben, die untereinander nicht teilen wollen, im Weg der Realteilung bestimmte Grundstücke aus dem Nachlass zu Miteigentum erwerben (BGHZ 58, 146). Gelegentlich kommt es auch vor, dass alle Miterben bei der Auseinandersetzung übereinkommen, bestimmte Gegenstände – vor allem Grundstücke – gemeinsam, aber nicht als Miterben, sondern als Bruchteilsberechtigte, zu behalten. Praktisch bringt eine solche „Umwandlung" der Erben- in eine Bruchteilsgemeinschaft (sie ist Verfügung, eintragungsbedürftig und §§ 311b Abs 1 nF, 925 sind zu beachten) allerdings selten Vorteile.

Alte **nicht rechtsfähige Genossenschaften** halten ihr gemeinschaftliches Eigentum häufig in der Form der Rechtsgemeinschaft: so finden sich gemeinschaftliche Wälder, Weiden, Wege, Gewerbekanäle, Deiche uam (hier sind die landesrechtlichen Vorbehalte des EGBGB zu beachten [dazu unten Rn 276]). – Relativ häufig begegnet man auch dem **gemeinsamen Konto** in Verbindung mit der Austragung von *Rechtsstreitigkeiten*: Der streitige Betrag wird von beiden Parteien auf ein gemeinsames Bank- oder Notaranderkonto (in der Form des „Und-Kontos", unten Rn 102) eingezahlt („hinterlegt") (vgl dazu näher STAUDINGER/HOPT/MÜLBERT[12] Vorbem 158 ff zu §§ 607 ff). – Auch landwirtschaftliche **Maschinengemeinschaften** und **Gefrierhausgemeinschaften** werden offenbar nicht selten in der Form der schlichten Rechtsgemeinschaft geführt (vgl REINHARDT Rn 21, 388; dazu WELTEKE, Rechtsformen landwirtschaftlicher Maschinengemeinschaften [1972] sowie GROTHUS DB 1972, 1008, insbes auch zu **ärztlichen Apparategemeinschaften**; ausf BRACH 19 ff). Zwischen den Mitveranstaltern bei gemeinsamen **Fernsehübertragungsrechten** kann eine Gemeinschaft vorliegen (JÄNICH GRUR 1998, 438). Näherliegend kann hier oft die Annahme einer Gesellschaft bürgerlichen Rechts sein. Zur Rechtsnatur einer **„Deichpoldergemeinschaft"** LG Aurich NJW-RR 1994, 1170. Bei Aufteilung eines Mietshauses gem §§ 3, 8 WEG in **Wohnungseigentum** kann es zu einer komplizierten Überlagerung von Sachen- und Mietrecht kommen. Insbes hinsichtlich der gemeinschaftlichen Flächen (Abstellräume, Stellplätze etc) könnten die Sondereigentümer nämlich gemeinschaftlich (§§ 741 ff) zu Vermietern werden (vgl dazu den instruktiven Fall OLG Celle NJW-E MietR 1996, 27 f, sowie STERNEL MDR 1997, 315;

WEITEMEYER NZM 1998, 169, die damit einhergehenden Probleme sind durch BGH NZM 1999, 553 nur zum Teil gelöst, vgl LANGHEIN notar 2008, 18; DRASDO NZM 2001, 18).

3. Gemeinschaftlicher Erwerb kraft Gesetzes

49 Die gemeinschaftliche Rechtszuständigkeit kann auch ohne rechtsgeschäftliches Zusammenwirken der Teilhaber „zufällig" entstehen („communio incidens"). Der wichtigste Fall ist die Verbindung, Vermischung und Vermengung beweglicher Sachen, §§ 947 Abs 1, 948. Praktische Bedeutung haben derartige Fälle vor allem **als Folge der Kreditsicherung durch Eigentumsvorbehalt und Sicherungsübereignung** (hierzu HILGER 7 ff; HESS 47 ff).

50 **Rechtsgemeinschaften zwischen Kreditgebern infolge Verbindung** ergeben sich, wenn mehrere Lieferanten Rohstoffe oder Halbzeug unter Eigentumsvorbehalt geliefert und den Eigentumsvorbehalt durch eine Verarbeitungsklausel verlängert haben (dazu SERICK IV 190 ff; PIKART WM 1974, 650, 655). Miteigentum entsteht in solchen Fällen sowohl dann, wenn die Lieferanten jeweils beschränkte Verarbeitungsklauseln vereinbart haben (zB: „Der Vorbehaltslieferant erwirbt das Miteigentum an dem Fertigprodukt zu dem Anteil, der sich aus dem Verhältnis des Werts der von ihm gelieferten Vorbehaltsware zum Wert des Fertigfabrikats ergibt", vgl SERICK IV 194; BGHZ 46, 117), als auch dann, wenn sie unbeschränkte Verarbeitungsklauseln vereinbart haben, die miteinander in Kollision treten (dazu SERICK IV 230 ff). Da zwischen den Lieferanten vertragliche Beziehungen nicht bestehen, bilden sie keine Gesellschaft gem § 705, sondern eine Gemeinschaft gem § 741 (SERICK IV 192 f).

51 Rechtsgemeinschaften zwischen Kreditgebern kraft Vermengung entstehen, wenn Sachen, die verschiedenen Kreditgebern (Vorbehaltslieferanten oder Sicherungseigentümern) gehören, oder Sachen, die Sicherungsgut sind, und eigene Sachen des Kreditnehmers ununterscheidbar miteinander vermengt werden (vgl BGH BB 1958, 721 = NJW 1958, 1534: Vermengung von Stahlstangen, die Eigentum des Lieferanten bleiben, mit eigenen Stahlstangen einer Maschinenfabrik). Solche Fälle liegen aufgrund der üblichen Sicherungstechniken sehr nahe. Die eigentliche Schwierigkeit bei derartigen Gemeinschaften entsteht auf *beweisrechtlichem Gebiet*: Der Kreditgeber wird idR Probleme mit dem Nachweis haben, wieviel von seinem Sicherungsgut in das Verarbeitungsprodukt oder den Mischbestand eingegangen ist, welcher Anteil ihm also zusteht (so auch im Fall BGH BB 1958, 721 = NJW 1958, 1534). Vgl dazu § 742 Rn 18 ff.

52 Von den Fällen bloß zufälligen Entstehens einer Bruchteilsgemeinschaft sind bei allen Tatbeständen gesetzlichen Erwerbs diejenigen zu unterscheiden, bei denen willentliche Tathandlungen (oben Rn 21) eine Rolle spielen, so etwa beim bewussten Zusammenführen und langjährigem gemeinsamen Hüten verschiedener Schafherden (§ 948, vgl dazu den instruktiven Fall OLG Düsseldorf AgrarR 1988, 234). Dies kann uU für die Entstehung wechselseitiger Schutzpflichten von Belang sein (unten Rn 260 ff).

4. Bruchteilsgemeinschaft und öffentliches Recht

53 Eine Gemeinschaft zwischen mehreren Teilhabern kann im Einzelfall auch kraft staatlichen Hoheitsaktes entstehen; insofern können die zivilrechtlichen Regelungen der §§ 741 ff sowohl im Außen- als auch Innenverhältnis aber durch öffentliches Recht überlagert oder verdrängt werden (näher unten Rn 154 ff).

5. Gesamtwürdigung

Insgesamt hat die Gemeinschaft iS der §§ 741 ff ihre größte Bedeutung in den Fällen **gemeinschaftlichen rechtsgeschäftlichen Erwerbs**, vor allem von Ehegatten. Es ist unrichtig, wenn oft gesagt wird, der hauptsächliche Anwendungsfall der Gemeinschaft sei der kraft Gesetzes – etwa durch Vermengung – eintretende Erwerb (so zB LARENZ II § 61 I). Ebenso unrichtig ist es, wenn oft gesagt wird, bei gemeinschaftlichem rechtsgeschäftlichen Erwerb liege idR eine Gesellschaft, keine Gemeinschaft vor (so zB LARENZ; vgl dazu Vorbem 11). Die praktische Hauptbedeutung der §§ 741 ff liegt sicher darin, dass die Gemeinschaft sich aufgrund gemeinschaftlichen rechtsgeschäftlichen Erwerbs als „kleine Gütergemeinschaft" etabliert hat. Grundstücke, Haushaltsgegenstände, Autos und Bankkonten sind die häufigsten Gegenstände solcher Gemeinschaften. Die praktische Verbreitung der Gemeinschaft im Rahmen außerehelicher Lebensgemeinschaften lässt sich nicht abschätzen, dürfte aber nicht gering sein.

Im Bereich der gesetzlichen Entstehungsgründe dürfte die hauptsächliche Bedeutung im Bereich **vermischter oder verbundener Kreditsicherheiten** liegen (soweit diese nicht in Form eines „Sicherungspools" auf eine bürgerlichrechtliche Gesellschaft übertragen sind, Rn 231 ff).

Große Bedeutung hat das Gemeinschaftsrecht schließlich, kraft der Verweisungen der §§ 2038 Abs 2, 2042 Abs 2, als **Rechtsform für die Verwaltung und Abwicklung von Erbengemeinschaften**.

Im Übrigen fungieren die §§ 741 ff als *Auffangregelung* für alle Fälle gemeinschaftlichen Rechtserwerbs, die nicht besonders gesetzlich geordnet sind (vgl Rn 47).

Große wirtschaftliche Bedeutung hat die Mitberechtigung nach Bruchteilen zwar auch im Recht des **Wohnungseigentums**, im **Depotrecht** (Sammelverwahrung von Wertpapieren) und im **Investmentrecht**, wenn die Kapitalanlagegesellschaft, wie wohl üblich, die „Miteigentumslösung" wählt. Praktisch sind hier aber die §§ 742 ff durch **Sonderregelungen ausgeschlossen** (Rn 177 ff).

III. Die Regelung der §§ 742 ff

Jedem Teilhaber steht ein **in einer bestimmten Quote ausgedrückter bestimmter Anteil** am gemeinschaftlichen Gegenstand zu (vgl § 742). Er ist Maßstab für seine Rechte (seinen Anteil *an den Früchten*, § 743 Abs 1, sein *Stimmrecht*, § 745 Abs 1 S 2, seinen *Anteil bei der Teilung*, §§ 752 S 1, 753 Abs 1 S 1) und für seine Pflichten (seinen Anteil an den *Kosten* und den *Lasten*, § 748). Die Anteile sind im Zweifel gleich (§ 742); allerdings hat im Fall der Verbindung, Vermischung und Vermengung die Vorschrift des § 947 Abs 1 (Bestimmung nach dem Verhältnis des Werts der verbundenen, vermischten, vermengten Sachen), im Fall gemeinschaftlichen Erwerbs das beim Erwerb festgelegte Anteilsverhältnis Vorrang.

60 Der Anteil bildet für sich einen besonderen, **selbständigen Vermögensgegenstand**. Der Teilhaber kann über ihn verfügen, ihn veräußern und selbständig belasten (§ 747 S 1); dieses Recht kann mit Wirkung gegenüber dem Erwerber nicht ausgeschlossen werden (vgl § 137). Der Anteil unterliegt daher auch dem Zugriff der Gläubiger des Teilhabers in *Zwangsvollstreckung* und *Insolvenz*. Ein gesetzliches *Vorkaufsrecht* zugunsten der übrigen Teilhaber besteht nicht. Über den gemeinschaftlichen Gegenstand im Ganzen können die Teilhaber nur gemeinsam verfügen (§ 747 S 2).

61 Die **Verwaltung**, zu der vor allem auch die Regelung der Nutzung gehört, steht den Teilhabern gemeinschaftlich zu (§ 744 Abs 1). Sie können sie *einvernehmlich* regeln. Kommt eine Vereinbarung nicht zustande, entscheidet die *Mehrheit*, berechnet nach der Größe der Anteile (§ 745 Abs 1). Kommen weder eine Vereinbarung noch ein Mehrheitsbeschluss zustande, hat jeder Teilhaber gegen die übrigen einen gerichtlich durchsetzbaren *Anspruch auf eine dem Interesse aller Teilhaber nach billigem Ermessen entsprechende Regelung* (§ 745 Abs 2).

62 Wesentliche Veränderungen des gemeinschaftlichen Gegenstands können nur einvernehmlich vorgenommen, also nicht durch die Mehrheit beschlossen oder gem § 745 Abs 2 einseitig durchgesetzt werden (§ 745 Abs 3 S 1). Die Regelungen – seien sie einvernehmlich erfolgt, mit Mehrheit beschlossen oder gem § 745 Abs 2 erzwungen – wirken auch gegen den Sondernachfolger (§ 746); bei Grundstücken ist hierfür allerdings Grundbucheintragung erforderlich (§ 1010). *Notwendige Erhaltungsmaßregeln* darf jeder Teilhaber ohne Zustimmung der übrigen auf eigene Faust treffen (§ 744 Abs 1). Die *Kosten* der Erhaltung, Verwaltung und gemeinschaftlichen Benutzung und die *Lasten* des Gegenstands müssen die Teilhaber nach dem Verhältnis ihrer Anteile aufbringen (§ 748).

63 Jeder Teilhaber hat gegen die übrigen einen Anspruch darauf, an den **Früchten** des Gegenstands (zB natürlichen Früchten, Mietzinsen u dgl) nach seinem Anteil beteiligt zu werden (§ 743 Abs 1). In dieses Recht kann nicht ohne seine Zustimmung, vor allem nicht durch einen gegen seinen Willen getroffenen Mehrheitsbeschluss, eingegriffen werden (§ 745 Abs 3 S 2). Zum **Gebrauch** des gemeinschaftlichen Gegenstands ist der Teilhaber nur berechtigt, soweit er dadurch den Mitgebrauch der übrigen Teilhaber nicht beeinträchtigt (§ 743 Abs 2), und soweit die Nutzung nicht durch Vereinbarung, Mehrheitsbeschluss oder einseitig durchgesetzte Verwaltungs- und Benutzungsregelung (§ 745 Abs 2) anders geordnet ist.

64 Jeder Teilhaber hat das unverjährbare Recht, jederzeit die **Aufhebung** der Gemeinschaft zu verlangen (§§ 749 Abs 1, 758). Dieses Recht kann durch Vereinbarung (nicht durch Mehrheitsbeschluss) auf Zeit und sogar für immer ausgeschlossen oder von einer Kündigungsfrist abhängig gemacht werden (§ 749 Abs 2; ein zeitlicher – nicht ein dauernder! – Ausschluss endet im Zweifel mit dem Tod des Teilhabers, § 750). Solche Vereinbarungen wirken auch gegen Sondernachfolger des Teilhabers (§ 751 S 1), bei Grundstücken aber nur, wenn sie eingetragen sind (§ 1010). Gegenüber Vollstreckungsgläubigern, die einen nicht nur vorläufig vollstreckbaren Titel haben, und im Insolvenzverfahren des Teilhabers sind sie unwirksam (§§ 751 S 2, 84 Abs 2 InsO). Aus *wichtigem Grund* kann jeder Teilhaber jederzeit und fristlos, ohne Rücksicht auf entgegenstehende Vereinbarungen, die Aufhebung verlangen (§ 749 Abs 2); dieses Recht kann vertraglich im Voraus nicht ausgeschlossen werden (§ 749 Abs 3).

In dieser jederzeitigen Aufhebbarkeit liegt eine **wesentliche Schwäche** der Bruch- 65 teilsgemeinschaft, die sich auch durch Mitbenutzungsvereinbarungen, Vorkaufsrechte, Sicherungsgrundschulden oder bedingte Auflassungsvormerkungen nicht endgültig ausschließen lässt. Ein Aufhebungsverbot auch für den Fall zwingender wirtschaftlicher Notwendigkeit (gemeinsame Einfahrten, Brunnen oÄ) wurde vom Gesetzgeber ausdrücklich abgelehnt (Prot III 278 sowie STAUDINGER/GURSKY [2006] § 1010 Rn 4) und lässt sich de lege lata nicht begründen.

Die Aufhebung erfolgt, wenn die Teilhaber nichts anderes vereinbaren, regelmäßig 66 durch **Versteigerung und Teilung des Erlöses**: bei Grundstücken durch Zwangsversteigerung, bei beweglichen Sachen durch Verkauf nach den Regeln des Pfandverkaufs (§ 753). Ausnahmen gelten für Sachen, die sich ohne Wertverlust in anteilsgemäße Teile zerlegen lassen: sie werden in Natur geteilt (§ 752). Gemeinschaftliche Forderungen sind idR einzuziehen; die Leistung wird gem § 752f geteilt (§ 754). Aus der Verteilungsmasse sind vorweg die für die Gemeinschaft eingegangenen Schulden zu bezahlen, für die die Teilhaber gesamtschuldnerisch haften (§ 755), und die Ansprüche zu befriedigen, die einem Teilhaber gegen seine Mitteilhaber aufgrund des Gemeinschaftsverhältnisses zustehen (§ 756). Im Insolvenzverfahren eines Teilhabers haben die übrigen Teilhaber in solchen Fällen Anspruch auf abgesonderte Befriedigung aus der Teilungsmasse (§ 84 Abs 1 InsO). Übernimmt im Zug der Aufhebung ein Teilhaber den gemeinschaftlichen Gegenstand, so haften die übrigen Teilhaber für Rechts- und Sachmängel nach Kaufrecht, und zwar anteilsmäßig (nicht gesamtschuldnerisch), § 757.

In der Teilungsversteigerung fallen im Übrigen die von den Teilhabern an ihren 67 Bruchteilen bestellten Rechte nicht in das geringste Gebot und erlöschen mit Zuschlag (vgl schon LARENZ JherJb 83 [1933] 122; § 1066 Abs 3 – zur Teilungsversteigerung vgl ZELLER/STÖBER § 180 ZVG Rn 7. 17). In der Praxis ist daher von Nießbrauchsrechten oÄ an Bruchteilen eher zu warnen. Sicher für den Berechtigten ist nur ein Quotennießbrauch am Gesamtgegenstand, der durch alle Beteiligten zu bestellen wäre (vgl JERSCHKE, Beck'sches Notarhandbuch 447).

IV. Mehrheit von Teilhabern

1. Personenmehrheit

§ 741 setzt voraus, dass ein Recht „mehreren" gemeinschaftlich zusteht. **Teilhaber** 68 können *natürliche* und *juristische Personen, Gesamthandsgemeinschaften* und sonstige rechtlich verselbständigte *Sondervermögen* sein (MünchKomm/K SCHMIDT Rn 9). Bestand zB die Gemeinschaft ursprünglich aus A, B und C und wird C von A und B beerbt, so sind Teilhaber A, B und die aus A und B bestehende *Erbengemeinschaft*. Besteht die Gemeinschaft aus X und Y, und setzt X den Y als Erben mit *Testamentsvollstreckung* ein, so besteht nach dem Tod des X, solange die Testamentsvollstreckung dauert, weiterhin eine Gemeinschaft zwischen dem *Nachlass* und Y persönlich (vgl für den ähnlichen Fall der Vorerbschaft BayObLG DNotZ 1968, 626). Fällt der Eigentümer E in *Insolvenz* und werden Sachen, die zur Insolvenzmasse gehören, mit insolvenzfreiem Neuerwerb vermengt, so entsteht eine Bruchteilsgemeinschaft zwischen der Insolvenzmasse und dem Privatvermögen des Gemeinschuldners. Hierzu bedarf es nicht der Hilfskonstruktion, den „Nachlass" oder die „Insolvenzmasse" für die Dauer der Sonderverwaltung als juristische Person oder jedenfalls als teilrechtsfähig anzusehen. Es genügt, dass es sich um zwei getrennt verwaltete Sondervermögen handelt. Für die in diesem Fall bei gemeinschaftlichem Erwerb der Sondervermögen auftretenden Probleme enthalten die §§ 742 ff die passende Regelung.

69 Schließlich ist, entgegen dem Wortlaut des § 741, eine Gemeinschaft nach Bruchteilen auch anzunehmen, wenn sich *mehrere Bruchteile in einer Hand vereinigen, die unterschiedlich belastet sind* (der Inhaber eines unbelasteten Miteigentumsanteils erwirbt den mit einer Hypothek belasteten zweiten Miteigentumsanteil dazu). In diesem Fall haben die Bruchteile, solange die Belastung besteht, einen unterschiedlichen Inhalt, und wir haben den eigenartigen Fall vor uns, dass einer Person ein Recht nach Bruchteilen zusteht. Die §§ 742 ff sind entsprechend anwendbar, soweit sie passen (vgl auch MünchKomm/K Schmidt Rn 31). Nach BGH ZIP 1985, 373 ist auch im Falle insolvenzrechtlich anfechtbaren Erwerbes davon auszugehen, dass der hinzuerworbene Bruchteil fortbesteht. Ähnliche Konstellationen: Vorerbschaft des letzten Miteigentümers (BayObLG DNotZ 1968, 626; ähnlich für Erbbaurecht BGH NJW-RR 2004, 1513); Eintragung einer Sicherungshypothek gem § 128 ZVG auf dem von einem Miteigentümer ersteigerten Anteil (dazu Alff Rpfl 2003, 285); Vorerbschaft eines erbenden Miteigentümers (BayObLG NJW-RR 2002, 1237); Erwerb eines mit einer Vormerkung zu belastenden Anteils (BayObLG MittBayNot 2005, 144). Vgl ferner BGH ZIP 2002, 934; BGHZ 106, 19 (Gesamtsicherungsgrundschuld und nachträglich entstehendes Alleineigentum).

70 Dagegen ist es, von den zuletzt erwähnten Ausnahmefällen abgesehen, grundsätzlich nicht möglich, dass **eine Person**, die nicht über mehrere institutionell getrennte Sondervermögen verfügt, ein einheitliches Recht zu Bruchteilen iS der §§ 741 ff innehat. Es gibt keine „Einmannbruchteilsgemeinschaft" (MünchKomm/K Schmidt Rn 31). Zwischen dem „Betriebsvermögen" und dem „Privatvermögen" eines Einzelkaufmanns kann daher kein Bruchteilseigentum entstehen. Auch eine „Vorratsteilung" in der Hand eines Eigentümers, der die Bruchteile getrennt zu veräußern beabsichtigt, ist nicht möglich, soweit sie nicht, wie im Recht des Wohnungseigentums (§ 8 WEG), gesetzlich besonders vorgesehen ist (vgl BGHZ 49, 250, 253 f), vgl § 1114. Die Kautelarpraxis behilft sich notfalls mit der Zwischenschaltung von Treuhändern; ein Bedürfnis hierfür ist allerdings selten erkennbar. *Grundbuchverfahrensrechtlich* ist bei Grundstücken eine entsprechende Buchung auch vor Übertragung an verschiedene Eigentümer zulässig (§ 3 Abs 6 GBO sowie dazu Demharter § 3 GBO Rn 32 f – früher str; vgl Demharter Rn 34 mwNw). Dabei handelte es sich aber nur um eine formale grundbuchliche Erleichterung. Materiellrechtlich entsteht eine Bruchteilsgemeinschaft erst mit Veräußerung oder Belastung der Bruchteile.

71 Zur Frage, ob eine **Bruchteilsgemeinschaft als solche** Inhaberin eines Anteils an einer Bruchteilsgemeinschaft sein kann („Untergemeinschaft"), vgl unten Rn 145 ff.

2. Gleichheitsgrundsatz

72 Im Verhältnis der Teilhaber untereinander gilt prinzipiell der Gleichheitsgrundsatz (MünchKomm/K Schmidt Rn 36 mwNw; BGB-RGRK/vGamm Rn 2; Fabricius 140). Die gesetzliche Regelung begnügt sich allerdings mit dürftigen Ansätzen einer Ausprägung des Gleichheitsgrundsatzes (§§ 742, 743, 745, 747). Zum Minderheitenschutz über

§ 745 Abs 2 vgl dort, ebenso § 744. Da die Bruchteilsgemeinschaft nach der Konzeption des BGB (Vorbem 19) keine Rechtsform minderer Qualität darstellt, ist es mE nicht grundsätzlich ausgeschlossen, auf im Gesellschaftsrecht entwickelte Gleichbehandlungskriterien zurückzugreifen, sofern die Vorschriften der §§ 741 ff nicht entgegenstehen. Jedenfalls bei der Wohnungseigentümergemeinschaft gilt prinzipiell der Gleichbehandlungsgrundsatz (vgl BÄRMANN/MERLE[10] § 25 WEG Rn 154; eingehend JUNKER 227 ff mwNw) – auch hieran kann bei entsprechenden Strukturen der jeweiligen Bruchteilsgemeinschaft eine vorsichtige Orientierung möglich sein.

3. Rechtsgeschäftliche Beziehungen zwischen der Gemeinschaft und einzelnen Teilhabern

Grundsätzlich sind gesonderte rechtsgeschäftliche, insbes vertragliche Beziehungen **73** zwischen der Bruchteilsgemeinschaft und einzelnen Teilhabern nicht anzunehmen. Die Bruchteilsberechtigung bezieht sich nur auf den einzelnen Rechtsgegenstand und nicht auf ein Bündel von Rechten und Pflichten des Vertragsverhältnisses; die Bruchteilsgemeinschaft als solche ist weder rechtsfähig noch teilrechtsfähig (Vorbem 15). Dennoch sind rechtsgeschäftliche Beziehungen im weiteren Sinne zwischen den Teilhabern und der Gemeinschaft schuldrechtlich durchaus möglich (§ 311 Abs 1 nF).

Die Problematik rechtsgeschäftlicher Beziehungen zwischen der Gemeinschaft und **74** einzelnen Teilhabern wird allerdings bisher mit Ausnahme von ERBARTH NZM 1998, 740 ff, der sich mit den nachfolgenden Thesen (vgl STAUDINGER/LANGHEIN [1996] Rn 74 ff) kritisch auseinandersetzt, kaum erörtert. Sie kann insbes bei der Überlassung eines gemeinschaftlichen Gegenstandes an einen Teilhaber zur ausschließlichen Nutzung gegen Entgelt entstehen, sofern sich die Parteien nicht ausdrücklich auf eine ausschließlich gemeinschaftsrechtliche Behandlung (§§ 743–745) verständigt haben. Hier ist in erster Linie sorgfältig zu differenzieren, ob die Gemeinschafter lediglich die gesetzliche Regelung modifizieren oder ob sie schuldrechtliche Sondervereinbarungen in Gestalt eines Pacht- oder Mietvertrages treffen wollten (vgl ERBARTH NZM 1998, 742). In der Rechtspraxis sind derartige Gestaltungen aus steuerlichen Gründen sehr häufig (so wenn eine Bruchteilsgemeinschaft, bestehend aus Ehegatten, ausdrücklich einen Mietvertrag über ein Betriebsgrundstück mit einem der Teilhaber abschließt, zu den steuerlichen Auswirkungen näher unten Rn 163).

Die hM hält in diesen Fällen ohne nähere Begründung ein Pacht- oder Mietverhältnis **75** zwischen Gemeinschaft und Teilhabern für gegeben (BGH NJW 1998, 372; NZG 2001, 73; NJW 1974, 364; PALANDT/SPRAU § 743 Rn 4; STAUDINGER/EMMERICH [2006] Vorbem 56 mwNw zu § 535 ff; vgl auch BFH NJWE-MietR 1996, 22). Die Ausgangsentscheidung BGH NJW 1974, 364 ist indes wenig ergiebig. Sie nimmt zur Begründung Bezug auf BGH LM Nr 42 zu § 535. Dort handelte es sich aber um eine Gesamthands-Erbengemeinschaft. Bedenken gegen das Bestehen eines Mietverhältnisses zwischen der Bruchteilsgemeinschaft und einzelnen Teilhabern lassen sich etwa aus Folgendem herleiten: Der Bruchteilsgemeinschaft kann grundsätzlich nur ein einzelnes Recht, nicht aber ein Rechtsverhältnis, zustehen (dazu Vorbem 10; zur mE nicht stets gebotenen Annahme eines Gesamthandsverhältnisses bereits Vorbem 11; abweichend STERNEL III 73 unter unzutr Berufung auf BGH JZ 1958, 505 und BGH WM 1983, 604; vgl auch BGH NJW 1969, 839; sowie LG Landau WuM 1990, 487). Das Schuldverhältnis setzt des weiteren prinzipiell voraus, dass Gläubiger und Schuldner verschiedene Personen sind (BGHZ 115, 122 mwNw). Wirken Teilhaber aber auf beiden Seiten des Rechtsgeschäfts mit, liegt Teilidentität der Parteien vor. Demnach könnte diese partielle Personengleichheit als „ursprüngliche Konfusion" dem Abschluss eines Mietvertrages entgegenstehen (§ 425 Abs 2). Damit wäre ein echtes Mietverhältnis zwischen der Gemeinschaft und einzelnen Teilhabern rechtlich unmöglich; das Ganze ließe sich allenfalls als ein Geflecht von verschiedenartigen Rechtsbeziehungen zwischen den Teilhabern untereinander begreifen.

76 Eine solche begrifflich konstruktive Argumentation ist jedoch mE im Ergebnis abzulehnen: Zunächst einmal ist nicht einzusehen, warum die Gemeinschafter zwingend auf eine bloße Ausgestaltung der Benutzung verwiesen sein sollten (§ 311 Abs 1 nF). Auch wenn die Gemeinschaft als solche nicht rechtsfähig ist, so bestehen keine Bedenken, dass die Gemeinschafter untereinander ihre Rechtsbeziehungen hinsichtlich des Gegenstandes nach Maßgabe etwa der mietvertraglichen Vorschriften regeln. Gerade aus steuerlichen Gründen und zur gemeinsamen Lasten- und Kostentragung besteht hierfür oft Anlass. Die Rechtsfolge der Konfusion ist ferner weder gesetzlich vorgeschrieben noch logisch zwingend; insbes kann die Interessenlage Abweichungen als geboten erscheinen lassen (BGH NJW 1995, 2288; vgl auch SCHULZE-OSTERLOH 124; sowie §§ 1976, 1991 Abs 2, 2143, 2175, 2377 Abs 1). Ebenso, wie im Falle zweier voneinander getrennt zu verwaltender Sondervermögen (dazu Rn 68) die Anwendung der §§ 742 ff sachgerecht ist, sollte daher in diesen Fällen Konfusion nicht angenommen werden. Konfusion tritt ebenfalls nicht ein, wenn ein Mieter nachträglich einen Miteigentumsanteil an der gemieteten Sache erwirbt (dazu RGZ 49, 286; BGH NJW 1953, 1593 sowie BGH LM Nr 22 zu § 538). Sachenrechtlich folgt im Übrigen schon aus §§ 889, 1063, 1163 und 1177, dass Konsolidation keineswegs die Regel ist. Die Interessenlage spricht insbes unter Berücksichtigung der Wertung des § 1009 (dazu STAUDINGER/GURSKY [2006] § 1009 Rn 5) auch schuldrechtlich dagegen (zust zur Konfusion ERBARTH NZM 1998, 741 f, der allerdings die Annahme, die Gemeinschaft sei Partei des Mietverhältnisses, ablehnt und für „inkonsistent" hält – mE handelt es sich dabei eher um eine terminologische Frage). IE bestehen daher keine Bedenken, rechtsgeschäftliche Beziehungen zwischen Bruchteilsgemeinschaft (oder präziser in der Terminologie von ERBARTH NZM 1998, 741: Den Gemeinschafter im Rahmen eines schuldrechtlichen Sonderrechtsverhältnisses) und einzelnen Teilhabern anzuerkennen. Man muss sich nur bewusst bleiben, dass die Bruchteilsgemeinschaft als solche mangels Rechtsfähigkeit nicht Vermieter im eigentlichen Sinne sein kann (MünchKomm/K SCHMIDT Rn 21). Problematisch bleibt dann allerdings das Konkurrenzverhältnis der §§ 741 ff zu den miet- und pachtrechtlichen Vorschriften, insbes zu §§ 557, 584b. Der BGH (NJW 1998, 373) vertritt die Auffassung, dass letztere Vorschriften hier durch die speziellen und in erster Linie anzuwendenden Regeln des Gemeinschaftsrechts überlagert seien, ohne sich allerdings mit der Problematik der Rn 74 f auseinanderzusetzen. Richtigerweise ergibt sich die Lösung aus der Art der Abrede: Handelte es sich um ergänzendes schuldrechtliches Gemeinschaftsrecht, gelten §§ 741 ff. Haben die Parteien explizit ein Pacht- oder Mietvertrag begründen wollen, gelten daneben auch §§ 557, 584 f (so auch GERBER ZIP 1998, 1197; DNot I-Gutachten v 30. 4. 2002, FAX-Dok 11256; eingehend ERBARTH NZM 1998, 741 ff – so lag es entgegen ERBARTH aaO in dem Falle des BGH NJW 1998, 372 aber eher nicht). Zur Problematik der kapitalersetzenden Nutzungsüberlassung bei Vermietung an eine GmbH, deren Mitgesellschafter zugleich einer der Gemeinschafter ist, BGH DB 1997, 1662 (Eigenkapitalersatz in Höhe der internen Berechtigung).

V. Gemeinschaftliche Rechte

1. Eigentum

Den wichtigsten Fall des § 741 bildet das Miteigentum (dazu PIKART WM 1975, 402 ff; **77** eingeh STAUDINGER/GURSKY [2006] §§ 1008–1011; zum Verhältnis siehe Erl § 1008 Rn 6). Möglich ist Miteigentum an beweglichen Sachen, Grundstücken, Seeschiffen, gleichgültig ob eingetragen oder nicht (SOERGEL/HADDING Rn 9 mwNw; zur Partenreederei, die nach heute hM keine Bruchteilsgemeinschaft ist, unten Rn 246). Die §§ 742 ff werden hier ergänzt durch die Sonderregeln der §§ 1008–1011, 1066, 1114, 1258. Miteigentum kann kraft Gesetzes entstehen durch Verbindung (§ 947 Abs 1), Vermischung und Vermengung (§ 948 iVm § 947 Abs 1), durch Erwerb von Früchten durch Bruchteilsberechtigte (zB Miteigentümer) gem §§ 953 ff; durch Vereinigung von Bienenschwärmen (§ 963), durch Schatzfund (§ 984). Miteigentum kann ferner durch gemeinschaftlichen rechtsgeschäftlichen Erwerb begründet werden (oben Rn 22 ff). Zur Abgrenzung gegenüber der Gesellschaft, bei der regelmäßig Gesamthandseigentum (§§ 718 f) entsteht, vgl Rn 204 ff; zu den Miteigentumsgemeinschaften „besonderen Rechts" Rn 5 und Rn 177 ff.

2. Forderungen

a) Allgemeines

Forderungen sind „Rechte" und können deshalb mehreren Gläubigern in Gemein- **78** schaft nach Bruchteilen zustehen (unstr, vgl BGB-RGRK/vGAMM Rn 8; SOERGEL/HADDING Rn 13; MünchKomm/K SCHMIDT Rn 11, 42). Das wird in § 754 als selbstverständlich vorausgesetzt. Allerdings ist die echte Bruchteilsgläubigerschaft als Forderungs**gemeinschaft** zu Bruchteilen (zum Begriff MünchKomm/K SCHMIDT Rn 42) nicht ohne weiteres von Gesamthandsforderungen, Teilgläubigerschaft iS des § 420 und den Mitberechtigungen gem §§ 428, 432 abzugrenzen:

b) Forderungen von Gesamthandsgemeinschaften

Forderungen, die mehreren zur gesamten Hand zustehen (Gesellschaftern, Ehe- **79** gatten in der Gütergemeinschaft, Miterben, soweit es sich um Nachlassforderungen handelt, vgl dazu § 2041 S 1), stehen den Gläubigern nicht in Bruchteilsgemeinschaft zu, weil sich insoweit „aus dem Gesetz ein anderes ergibt" (Gesamthandsforderungen im engeren Sinn). Auch sonst kann die Auslegung des Rechtsgeschäfts ergeben, dass „gemeinschaftliche" Forderungen in Wahrheit Gesamthandsforderungen sind (vgl MünchKomm/K SCHMIDT Rn 43 ff). Aus dinglichen Bruchteilsgemeinschaften können demgemäß Gesamthandsforderungsgemeinschaften hervorgehen (Beispiel: Grundstücksbruchteilsgemeinschaft, die von einer Verwaltungsgesellschaft überlagert wird, verkauft Grundstücksteil mit der Abrede, den Erlös für Zwecke der Verwaltung zu verwenden oder sonst gesamthänderisch zu halten), sofern sich aus dem konkreten Rechtsgeschäft hinreichende Anhaltspunkte ergeben (dazu auch RÜTTEN 84 f). Allerdings ist der verbreiteten Annahme konkludent vereinbarter Gesamthandsforderungen mE entgegenzutreten (vgl Vorbem 11), hierfür bedarf es idR besonderer Anhaltspunkte, sofern die Beteiligten bereits durch ein Rechtsverhältnis nach §§ 741 ff miteinander verbunden sind.

c) Geteilte Forderungen

80 Forderungen, die mehreren zu bereits geteilten **realen Bruchteilen** zustehen, begründen keine Bruchteilsgemeinschaft der Gläubiger iSv § 741, weil sie ihnen nicht „gemeinschaftlich" zustehen. Hat zB A gegen X eine Forderung über 100.000 und tritt er eine Teilforderung in Höhe von 20.000 an B, eine weitere Teilforderung in Höhe von 30.000 an C ab, so bilden A, B und C keine Bruchteilsgemeinschaft; sie haben nicht gemeinschaftlich eine Forderung über 100.000 inne, sondern A hat (allein) eine Forderung über 50.000, B eine über 20.000, C eine über 30.000. Dass solche Teilzessionen möglich sind, wird von der ganz hM anerkannt; auch die Gegenmeinung lässt sie jedenfalls dann zu, wenn der Schuldner zustimmt (MünchKomm/ROTH § 398 Rn 47). Wegen der weiteren Fragen – Zulässigkeit, Voraussetzungen, Erfordernisse im Einzelnen – vgl die Erl zu § 398.

81 Aus den gleichen Gründen besteht auch dann keine Gemeinschaft iSv § 741, wenn mehrere Gläubiger von vornherein eine **teilbare Leistung** zu fordern haben und wenn deshalb nach der **Vermutung des § 420** „jeder Gläubiger nur zu einem gleichen Anteil berechtigt ist". Auch hier hat jeder Gläubiger (wie bei der Teilabtretung) eine selbständige Teilforderung inne. Praktisch scheint der Fall ganz selten vorzukommen; die Vermutung des § 420 („im Zweifel") ist bei teilbaren Forderungen aufgrund des Entstehungstatbestands der Forderung regelmäßig zu widerlegen (Beispiel für Teilforderung: in einer notariellen vollstreckbaren Urkunde wird der vom Schuldner an drei Kinder zu zahlende Unterhaltsbetrag in einer einheitlichen Summe festgelegt, KG OLGZ 1971, 386).

d) Die verbleibenden Fälle

82 Es verbleiben die Fälle, in denen mehreren Gläubigern ein einheitlicher Anspruch zusteht und weder die Gläubiger eine Gesamthandsgemeinschaft bilden, noch der Anspruch nach der Vermutung des § 420 ipso iure aufgespalten ist. Das Gesetz regelt unmittelbar zwei derartige Fälle (Gesamtgläubigerschaft, § 428, Forderung auf unteilbare Leistung, § 432), den dritten, vielleicht häufigsten (Forderung auf teilbare Leistung, die „aus rechtlichen Gründen" unteilbar ist), lässt es eher offen und unklar.

e) Gesamtgläubigerschaft gem § 428, insbesondere Gemeinschaftskonten und -depots
aa) Allgemeines

83 Gesamtgläubigerschaft besteht, wenn mehrere Gläubiger eine Leistung in der Weise zu fordern berechtigt sind, dass jeder die ganze Leistung fordern kann und der Schuldner nur einmal leisten muss (§ 428). Das Gesetz sagt nicht, unter welchen Voraussetzungen eine Gesamtgläubigerschaft entsteht. Nur in einem – äußerst seltenen – Fall ist Gesamtgläubigerschaft gesetzlich angeordnet, § 2151 Abs 3 (Vermächtnis für mehrere mit Auswahlrecht des Beschwerten oder eines Dritten; der Beschwerte oder der Dritte kann oder will sein Wahlrecht nicht ausüben; der Fall ist insofern für die Gesamtgläubigerschaft atypisch, als der Glückliche, der die Leistung erlangt, entgegen § 430 „im Zweifel" nicht zur Teilung verpflichtet ist, § 2151 Abs 3 S 3). Kraft Gesetzes entsteht Gesamtgläubigerschaft nach der Rspr ferner, wenn ein Schadensersatzanspruch durch cessio legis auf mehrere Versicherungsträger übergeht und nicht ausreicht, sie alle zu befriedigen (Schädiger und Verletzter sind zB im Verhältnis 1:2 mitschuldig; der Verletzte erhält Zahlungen von der LVA und von der Berufsgenossenschaft in Höhe von je 1/2; die Forderung des Verletzten gegen den

Schädiger in Höhe von 1/3 des Schadens geht gem §§ 116 f SGB X [früher § 1542 RVO] auf beide Versicherer über: dann sind sie Gesamtgläubiger gem § 428; vgl BGHZ 28, 68; 40, 108, 111; LM Nr 45a zu § 1542 RVO; BGH NJW 1969, 1901). Schließlich kommt es vor, dass Gesamtgläubigerschaft vertraglich vereinbart wird, vgl zB BGH NJW 1979, 2038 (Ehegatten-Miteigentümer verkaufen Grundstück gegen Leibrente mit ausdrücklicher Vereinbarung von Gesamtgläubigerschaft und Zusatzabrede, dass, wenn der Anspruch bei dem einen gepfändet wird, nurmehr an den anderen zu zahlen ist).

bb) Grundstücksrecht

Im **Grundstücksrecht** findet § 428 wegen § 47 GBO sehr oft Anwendung. Die **84** Berechtigungsform ist bei Hypothek oder Grundschuld (KG Rpfleger 1965, 366; BGH Rpfleger 1975, 84; OLG Frankfurt aM Rpfleger 1976, 403) und Nießbrauch zulässig (BGH Rpfleger 1980, 464); ebenso bei der beschränkten persönlichen Dienstbarkeit (KG JW 1935, 3564); dinglichem Wohnungsrecht (BGHZ 46, 253; krit REINICKE JZ 1967, 415 sowie Rn 125); Reallast (OLG München JFG 18, 132); Erbbaurecht (LG Hagen DNotZ 1950, 381); Grunddienstbarkeit (BayObLGZ 1965, 267; KG Rpfleger 1970, 283; OLG Frankfurt aM NJW 1969, 469; OLG Schleswig SchlHA 1975, 490); zum Vorkaufsrecht vgl BGH ZfIR 1997, 656; krit DEMHARTER MittBayNotK 1998, 16; OLG Frankfurt aM ZfIR 1998, 562; anders noch OLG Frankfurt aM DNotZ 1986, 239; zur Vormerkung BayObLGZ 1963, 128; OLG Köln MittRhNotK 1974, 255; OLG Zweibrücken Rpfleger 1985, 284; BayObLG DNotZ 1987, 213 – zum Ganzen mwNw DEMHARTER § 47 GBO Rn 11 ff; SCHÖNER/STÖBER, Grundbuchrecht Rn 260 ff; AMANN 92 f.

So beliebt und einfach für Grundbuchverfahrenszwecke die Mitberechtigung nach **85** § 428 ist, so ist doch vor übereilter Anwendung in der Kautelarpraxis nachhaltig zu warnen (eingehend AMANN DNotZ 2008, 324 ff). Das Innenverhältnis der Beteiligten wird oft genug unzureichend geregelt. Zugleich hat derjenige Gläubiger, an den nicht geleistet wird, uU einen sehr viel geringeren Schutz als im Falle des § 432 (vgl dazu etwa WOELKI Rpfleger 1968, 208; zum „Verteilungsrisiko" auch RÜTTEN 184 f, 280 ff; ERMAN/EHMANN § 428 Rn 26; SELB, Mehrheit 244). Zu denken ist in erster Linie statt dessen an präzise Alternativ- und/oder Sukzessivberechtigungen (dazu näher AMANN aaO; ders MittBayNotK 1990, 225; LIEDEL DNotZ 1991, 855; STREUER Rpfleger 1994, 397; RASTEDTER BWNotZ 1994, 27; SCHÖNER/STÖBER, Grundbuchrecht Rn 261a ff) oder § 432 (zulässig und meistens sachgerechter als § 428, vgl AMANN 91; einschränkend SCHÖNER/STÖBER Rn 261c; LG Bochum Rpfleger 1981, 148 m Anm MEYER-STOLTE; BGH DNotZ 1979, 490; aA KG Rpfleger 1985, 435. Zur Grundbuchbehandlung vgl auch BayObLG DNotZ 1987, 213; DNotI-Rep 10/95, 89 sowie 14/95, 121 ff).

Für den Grundfall (Ehegatten sind zu je einhalb Miteigentümer eines Grundstücks **86** und übertragen dieses auf ihre Kinder im Wege der vorweggenommenen Erbfolge; die Eltern behalten sich die Rückübertragung zugunsten beider und des Längstlebenden von ihnen bei abredewidrigen Verfügungen vor; dieser Anspruch soll vorgemerkt werden, vgl dazu BGH DNotZ 1997, 155) war in Kautelar- und Grundbuchpraxis in jüngerer Zeit die Frage nach interessengerechter Gestaltung und richtiger Grundbucheintragung (eine oder mehrere Vormerkungen?) str; vgl im Einzelnen DNotI-Rep 14/95, 121 ff. Nunmehr (BayObLG DNotI-Rep 10/95, 89) wird davon auszugehen sein, dass ein einheitlicher materiellrechtlicher Anspruch gegeben ist, der auch durch eine Vormerkung gesichert werden kann (zur Vormerkung bei Abänderungsbefugnis im Falle des § 328 vgl auch BayObLG DNotI-Rep 14/95, 128 f); krit aber SCHÖNER/ STÖBER, Grundbuchrecht Rn 261c mwNw.

cc) Das Oder-Konto

87 Der **praktisch wohl häufigste Fall der Gesamtgläubigerschaft** ist das – vor allem von Eheleuten unterhaltene – Gemeinschaftskonto (Spar- oder Girokonto) sowie das Gemeinschaftsdepot bei einem Kreditinstitut, wenn es in Form des sog „Oder-Kontos" geführt wird (BGH NJW 1997, 1435; ZIP 1990, 1538; BGHZ 95, 187; OLG Düsseldorf WuB I C3.–1. 98 m Anm HERTEL; OLG Karlsruhe NJW-RR 1990, 1285; OLG Koblenz NJW-RR 1990, 1385 f; OLG Zweibrücken NJW 1991, 1835; OLG-Rep Hamm 1992, 333; KG BankArch 37/38, 434; BVerwG WM 1958, 1510; OLG Nürnberg NJW 1961, 510; BFH NJW 1974, 1727, 1728; KG NJW 1976, 807; CANARIS Großkomm HGB § 357 Anh Rn 99; HANSEN 11; HADDING in Schimansky ua, Bankrechts-Handbuch I § 35; LARENZ I § 36 I c; ESSER/SCHMIDT Teilb 2 § 39 IV; BGB-RGRK/ WEBER § 428 Rn 7; SOERGEL/WOLF § 428 Rn 6; ERMAN/EHMANN Vorbem 9 zu § 420; PALANDT/ HEINRICHS § 428 Rn 3; STAUDINGER/HOPT/MÜLBERT[12] Vorbem 146 ff zu §§ 607 ff; **aA** Münch-Komm/K SCHMIDT[3] Rn 50, der annimmt, dem Parteiwillen entspreche eher die Annahme gesamthänderischer Bindung; krit dazu zutr mE SCHEBASTA WM 1985, 1330; HANSEN 105 f; K SCHMIDT verfolgt nun einen modifizierten Ansatz, vgl in: FS Hadding 1093 ff; MünchKomm/K SCHMIDT Rn 54 ff). Eine Besonderheit besteht allerdings darin, dass die Bank nicht leisten kann, an wen sie will, sondern an denjenigen leisten muss, der die Leistung verlangt; nur wenn beide gleichzeitig Leistung fordern, ist die Bank gem § 428 frei darin zu leisten, an wen sie will (HANSEN 56 f). Die Form des Oder-Kontos (Gegensatz: das Und-Konto, bei dem die Inhaber nur gemeinsam verfügen können, unten Rn 102) war nach Nr 2 Abs 3 Banken-AGB aF die Regel: wenn die Kontoinhaber keine gegenteilige Weisung erteilten, konnte jeder Inhaber allein verfügen, also vor allem das Guthaben einziehen. Bei Neufassung der AGB-Banken wurde diese Regelung zwar gestrichen, dafür aber überwiegend in die Kontoeröffnungsformulare aufgenommen (BAUMBACH/HOPT, BankGesch A/38; vgl auch KÖNDGEN NJW 1996, 561). Ob im Übrigen bei Eröffnung eines Gemeinschaftskontos ein Und- oder Oder-Konto entsteht, ist durch Auslegung zu ermitteln. Oder-Konto wird idR gewollt sein, wenn beide als Kontoinhaber und einzeln Zeichnungsbefugte eingesetzt worden sind.

88 Praktische Konsequenzen hat die von der hM vorgenommene Einstufung der Berechtigung aus dem Oder-Konto als Gesamtgläubigerschaft (oder „gesamtgläubigerähnliches Verhältnis") vor allem im Fall der **Pfändung** durch den Gläubiger eines Kontoinhabers. Der Pfändungsgläubiger kann den gesamten Betrag des Guthabens einziehen; die Bank wird hierdurch dem anderen Kontoinhaber gegenüber frei (BGH ZIP 1993, 315; WAGNER WM 1991, 1145; KG BankArch 37/38, 434; OLG Nürnberg NJW 1961, 510). Andererseits kann der andere Kontoinhaber dem Pfändungsgläubiger zuvorkommen, indem er das Guthaben abhebt; hierdurch wird die Bank gegenüber dem Pfändungsgläubiger frei (vgl, in anderem Zusammenhang, BGH NJW 1979, 2038; ebenso HANSEN 55 ff; LIESECKE WM 1975, 314, 317; APP MDR 1990, 892; WAGNER aaO; **aA** Münch-Komm/SELB § 428 Rn 2 mit allerdings unzutreffendem Hinweis auf OLG Nürnberg NJW 1961, 510). Zahlt die Bank an den Pfändungsgläubiger, so richtet der Ausgleichsanspruch des anderen Bankkunden (§ 430) sich gegen den Pfändungsschuldner als den Mitinhaber des Kontos, nicht gegen den Pfändungsgläubiger (HANSEN 57 f); die Lage ist keine andere, als wenn der Pfändungsschuldner das ganze Guthaben abgehoben und seine Schulden damit bezahlt hätte. Aus § 428 folgt im Übrigen zugleich, dass nur ein

Vollstreckungstitel gegen einen Kontoinhaber erforderlich ist (WAGNER WM 1991, 1146).

Dass der andere Kontoinhaber weiterhin über das Konto verfügen und die Bank an **89** ihn leisten kann, bis der gepfändete Betrag an den Pfandgläubiger ausbezahlt ist (APP MDR 1990, 892; WAGNER WM 1991, 1145, 1146; BAUMBACH/HOPT, BankGesch A/39; BGHZ 93, 315, 321 insofern offen) folgt aus der Einzelwirkung der Pfändung. Das Verfügungsverbot des § 812 Abs 1 S 2 ZPO ergeht nur an den Vollstreckungsschuldner, das Zahlungsverbot an den Drittschuldner nach § 829 Abs 1 S 1 ZPO betrifft dementsprechend nur Zahlungen an den Titelschuldner. Die Pfändung allein vermag daher nicht zu verhindern, dass die Bank weiterhin mit befreiender Wirkung an den anderen Kontoinhaber leistet (WAGNER WM 1991, 1145, 1146). Um zu vermeiden, dass die Pfändung leerläuft, weil der andere Kontoinhaber das Konto „abräumt", werden verschiedene Lösungen vorgeschlagen. APP (MDR 1990, 892) empfiehlt, zugleich den Ausgleichsanspruch gegen den Kontomitinhaber zu pfänden. Diese Lösung stößt dann auf Schwierigkeiten, wenn der Ausgleich ausgeschlossen ist. Auch vermag APP nicht überzeugend zu erklären, warum bei „aus dem Rahmen fallenden Abhebungen" ein Ausgleich ausnahmsweise doch stattfinden soll.

Einen überzeugenderen Lösungsansatz dagegen vertritt WAGNER (WM 1991, 1145, **90** 1145). Ihm zufolge kann der Pfändende eine Verfügung durch den Kontomitberechtigten verhindern, indem er mit dem Pfändungs- zugleich einen Überweisungsbeschluss – so der Regelfall – zustellt. Bei Überweisung an Zahlungs statt (§ 835 Abs 1 Alt 2 ZPO) wird der Vollstreckungsgläubiger hierdurch Gläubiger der gepfändeten Forderung; bei Überweisung zur Einziehung (§ 835 Abs 1 Alt 1 ZPO, dem Regelfall) erhält er ein selbständiges Einziehungsrecht. Dies müsse nicht noch ausgeübt werden, vielmehr enthalte bereits die Zustellung des Pfändungs- und Überweisungsbeschlusses ein entsprechendes Leistungsverlangen (**aA** RIEDER WM 1987, 29, 31; jedenfalls Beifügung eines Überweisungsauftrags erforderlich). Da die kontoführende Bank beim Oder-Konto entgegen § 428 S 1 kein Wahlrecht habe, sondern an denjenigen leisten müsse, welcher die Leistung zuerst verlange, sei sie verpflichtet, an den pfändenden Gläubiger zu leisten. Eine Leistung an den Vollstreckungsschuldner oder Kontomitinhaber habe also keine dem Titelgläubiger gegenüber schuldbefreiende Wirkung (§ 829 Abs 1 ZPO iVm §§ 135 Abs 1, 136).

Der andere Inhaber hat allerdings mE ein Interventionsrecht gegen die Pfändung **91** (**aA** BAUMBACH/HOPT, BankGesch A/39; wohl auch BEHR JurBüro 1995, 183). OLG Koblenz (NJW-RR 1990, 1385, 1386) begründet diese zutr Ansicht damit, dass für die Intervention auch das Innenverhältnis zwischen den Gesamtgläubigern zu berücksichtigen sei. Im Innenverhältnis aber sei die Forderung mit einer Ausgleichspflicht belastet (§ 430). Der Vollstreckungsgläubiger könne sie daher auch nur belastet mit der Ausgleichspflicht erwerben. Gleiches ergebe sich für die Abtretung aus § 429 Abs 3 S 2, wonach auch der Zessionar des Gesamtgläubigers die Forderung nur belastet mit der Ausgleichspflicht erwerben könne. IE dürfe daher nur der Anteil des Vollstreckungsschuldners bei dem Vollstreckungsgläubiger verbleiben. Diese Auffassung, ggf verbunden mit Beweislastumkehr im Hinblick auf § 430 (OLG Koblenz 1386), schafft im praktischen Ergebnis einen billigerweise gebotenen Zugriff auf das Vermögen des Schuldners, aber nicht mehr. Die dagegen erhobenen begrifflich-konstruktiven Bedenken von WAGNER (WM 1991, 1147 ff) vermögen mE nicht zu überzeugen, zumindest wird die auch von WAGNER 1149 für möglich gehaltene Unterlassungsabrede oft konkludent getroffen sein.

92 Die Frage, ob die hM das Oder-Konto als Gesamtgläubigerschaft richtig einordnet, soll nach STAUDINGER/HUBER[12] (Rn 56) entscheidend von der Ausgestaltung der **Widerrufsbefugnis** abhängen. Kann jeder der Kontoinhaber die „Oder"-Berechtigung des anderen einseitig widerrufen, so habe der andere keine selbständige Forderung iSv § 428 inne, sondern beide Kontoinhaber eine gemeinschaftliche Forderung, zu deren Einziehung sie sich wechselseitig ermächtigt haben. Eine Verwandlung des Oder-Kontos in ein Und-Konto sei aber nach dem unzweideutigen Wortlaut von Nr 2 Abs 3 AGB aF der Banken („es sei denn, daß die Kontoinhaber der Bank schriftlich eine gegenteilige Weisung erteilt haben") mangels besonderer Abrede nur *aufgrund einvernehmlichen Handelns beider Kontoinhaber* möglich (LG Hannover WM 1972, 638; im Grundsatz auch AG Leonberg WM 1978, 1306, mit der fragwürdigen Annahme, dass bei Scheitern der Ehe im Verhältnis der Kunden zur Bank die „Geschäftsgrundlage" für die Errichtung eines Oder-Kontos weggefallen sei und ein „Und-Konto" entstehe; vgl auch OLG Karlsruhe NJW 1986, 63). Sei nichts Abweichendes vereinbart, so sei daher die hM mit ihrer Annahme einer Gesamtgläubigerschaft und den daraus abgeleiteten Folgerungen im Recht. In den *Bankformularen* für Oderkonten- und -depots ist aber häufig – nicht immer – jedem Kontoinhaber ein *einseitiges Widerrufsrecht* eingeräumt (vgl das Muster bei HELLNER/STEUER ua, Bankrecht und Bankpraxis, Loseblattwerk, 43 Lfg [2000] Bd I 2/164, und zwei der drei bei HANSEN 148 f abgedruckten Formulare). Bei dieser Ausgestaltung sei das gemeinschaftliche Guthaben mit MünchKomm/K SCHMIDT Rn 55 und entgegen der hM nicht als Gesamtforderung, sondern als gemeinschaftliche Forderung (unten Rn 102) mit wechselseitiger widerruflicher Einziehungs- und Verfügungsermächtigung anzusehen.

93 Für den Fall der **Pfändung** bedeutete wechselseitige Ermächtigung, sofern sie gegeben wäre, dass der Gläubiger eines Kontoinhabers bei Bestehen eines einseitigen Widerrufsrechts nicht die Forderung des Kontoinhabers, sondern nur seinen Anteil an der gemeinschaftlichen Forderung pfänden könnte; die Pfändung der „Forderung" aus dem Gemeinschaftskonto sei in diesem Sinn zu verstehen. Zur Wirksamkeit der Pfändung bedürfe es nicht der Zustellung an den anderen Kontoinhaber (der Gläubiger wird aber zweckmäßigerweise doppelte Zustellung veranlassen) vgl § 747 Rn 55; **aA** MünchKomm/K SCHMIDT Rn 56; LIESECKE WM 1975, 314, 317. Die Bank sei nicht berechtigt, das Guthaben an den Pfändungsgläubiger auszubezahlen – schon deshalb nicht, da sie nach § 242 davon ausgehen müsse, dass der andere Kontoinhaber bei Kenntnis der Sachlage von seinem Widerrufsrecht Gebrauch machen würde. Dagegen hindere die Pfändung den anderen Kontoinhaber nicht, das Guthaben einzuziehen; denn seine Ermächtigung sei nicht widerrufen und der Pfändungsgläubiger könne sie auch nicht widerrufen. Allerdings habe der Pfändungsgläubiger, weil die Pfändung des Anteils auch den Anspruch auf Teilung des Erlöses entspr § 752 (dazu § 747 Rn 64) mitumfasse, nunmehr einen Anspruch gegen den anderen Kontoinhaber auf Herausgabe des auf den Schuldner entfallenden Anteils, im Zweifel (§ 742) auf die Hälfte (**aA** MünchKomm/K SCHMIDT Rn 56).

94 ME ist die oben (Rn 92) referierte, eher von Pfändungsaspekten inspirierte Auffassung im Ergebnis gekünstelt und daher abzulehnen; insbes kann die Pfändung nicht von der oft zufälligen Wahl des jeweiligen Formulars abhängig gemacht werden (zur

Neufassung der AGB bereits oben Rn 87; ebenso aufgrund der Interessenlage der Parteien STAUDINGER/HOPT/MÜLBERT[12] Vorbem 48 zu § 607 ff). Im Innenverhältnis kann ohnehin die gemeinsame Berechtigung mindestens aus wichtigem Grund aufgehoben werden (§ 749), im Außenverhältnis wird die Bank von sich aus aufgrund naheliegender Gründe den einseitigen Widerruf zumindest vorläufig beachten. Der Pfändungsgläubiger wird die Details dieser Vereinbarungen kaum jeweils zuverlässig kennen. Steht die Höhe des Anteils des Pfändungsschuldners nicht fest, gibt die Mindermeinung Steine statt Brot. Flexibler und interessengerechter erscheint daher die hM, soweit sie mit einem Interventionsrecht und ggf Beweislastumkehr arbeitet (oben Rn 91). Anders liegt es nur bei der ausdrücklichen und klaren Vereinbarung wechselseitiger Ermächtigungen. Welche Schwierigkeiten die Differenzierung nach der Art der jeweiligen Widerrufsbefugnis hervorruft, illustriert auch eindrucksvoll die zur Umwandlung von Oder- in Und-Konten ergangene Entscheidung BGH ZIP 1990, 1538 ff.

Für die Behandlung **widersprechender Weisungen** ist zunächst von der allgemeinen Prämisse auszugehen, dass das Wahlrecht der Bank gem § 428 beim Oder-Konto abbedungen ist. Die Bank muss grundsätzlich nach dem Willen der Parteien an denjenigen leisten, der die Leistung verlangt. Ansonsten ist die Rechtslage strittig. Wer bei einseitigem Widerrufsrecht wechselseitig widerrufliche Einziehungs- und Verfügungsermächtigung annimmt, müsste im Fall der Erteilung einer widersprechenden Weisung einen konkludenten Widerruf der Verfügungsmacht sehen, sodass die Bank warten muss und darf, bis sie übereinstimmende Weisungen erhält (so STAUDINGER/HUBER[12] Rn 58; iE ebenso LG Hannover WM 1972, 639). Nach der hier vertretenen Auffassung sind wechselseitige Einziehungs- und Verfügungsermächtigungen jedoch idR nicht anzunehmen (oben Rn 94). Nach anderer Meinung hat bei widersprechenden Weisungen die Bank jeweils die letzte durchzuführen (CANARIS BankvertragsR Rn 226; RIEDER WM 1987, 29, 32), da die zweite Weisung einen Widerruf iS des § 130 Abs 1 S 2 enthalte. Nach wiederum **aA** soll vertraglich aber gerade die Durchführung der ersten Weisung gewollt sein (Prioritätsprinzip, so WAGNER WM 1991, 1146 f). Dem widerspricht LG Hannover WM 1972, 639 (keine Weisung ist zu befolgen).

Im Grunde handelt es sich bei der Streitfrage mE um ein nur differenziert lösbares logisches Dilemma: Sicher liegt es in der Konsequenz des § 428, das Prioritätsprinzip anzuwenden (so WAGNER WM 1991, 1146 f). Da aber die Oder-Berechtigung iE dazu führen soll, dass jeder wie ein Alleininhaber verfügen kann und ein Alleininhaber seine Weisung vor deren Ausführung selbstverständlich widerrufen könnte, liegt es ebenso nahe, die zweite Weisung für maßgeblich zu halten (so CANARIS, BankvertragsR Rn 226; ähnlich STAUDINGER/HOPT/MÜLBERT[12] Vorbem 152 zu §§ 607 ff; allerdings bis zur Grenze des § 826). Freies Belieben der Bank entspricht bei gleichzeitiger Forderung aller Gläubiger zwar § 428; forderte ein alleiniger Gläubiger allerdings gleichzeitig Zahlung an X wie auch an Y, wären seine entsprechenden Erklärungen zweifelsohne infolge Perplexität unbeachtlich. ME verbieten sich daher schematische Lösungen.

Zunächst wird man davon ausgehen müssen, dass die Bank berechtigt, aber nicht unbedingt verpflichtet ist, durch Rückfrage bei dem anderen Kontoinhaber Klarheit herbeizuführen und ggf den Guthabenbetrag unter Verzicht auf die Rücknahme zu hinterlegen (RIEDERER WM 1987, 32; STAUDINGER/HOPT/MÜLBERT[12] Vorbem 149 zu §§ 607 ff unter Hinw auf OLG Stettin JW 1934, 2718; zur Rückfrage auch CANARIS, BankvertragsR Rn 226; zum Gemeinschaftsdepot LG Frankfurt aM WuB I C 3, 651 mit Anm HADDING).

98 Sodann wird man Fälle auszugrenzen haben, bei denen die Bank ohne weiteres auch bei einem Alleininhaber nur die *erste* Weisung beachten würde (Beispiel: A überweist Euro 1.000 an X, B sodann Euro 1.000 an Y; das Guthaben beträgt jedoch nur Euro 1.000). Hier gilt das Prioritätsprinzip, sofern der Bank nichts Gegenteiliges bekannt ist. Es läge in der Verantwortung der Kontoinhaber, der Bank einen ausdrücklichen Widerruf kundzutun, genauso wie dies dem Alleininhaber obläge, wenn er trotz beschränkten Guthabens die Ausführung der zweiten Überweisung wünschte. Ebenso gibt es Fälle, bei denen die Bank ohne weiteres auch bei einem Alleininhaber nur die *zweite* Weisung zu beachten hätte (Beispiel: A überweist einen „normalen" Betrag zur Begleichung einer Rechnung an X; B widerruft diesen Auftrag ausdrücklich unter Erteilung eines gleichlautenden Überweisungsauftrages für Y bei gleicher Rechnungsnummer). Hier besteht für die Bank keinerlei Anlass, anders zu verfahren als im Falle eines Alleininhabers. Genauso mag es liegen, wenn – ohne dass der Bank Anhaltspunkte für einen Streit über die Guthabenberechtigung vorliegen – A Überweisung des Guthabens auf sein Konto verlangt, B danach unter Widerruf des ersten Überweisungsauftrages Überweisung des Guthabens auf das seinige. Verfügungen über Guthaben liegen grundsätzlich in der Verantwortung der Berechtigten.

99 Von den Fällen bloßer Verfügung über ein Kontoguthaben oder auch einen entsprechenden Kreditrahmen ist jedoch das Begehren nach **Änderung der Verfügungsbefugnis** insgesamt abzugrenzen (dazu eingehend WAGNER NJW 1991, 1791 ff; STAUDINGER/HOPT/MÜLBERT[12] Vorbem 152 zu §§ 607 ff). Beispiel: Ein Ehegatte verlangt einseitig die Umwandlung des Oder-Kontos in ein Und-Konto („Sperrung") oder Führung als alleiniges Konto, der andere Ehegatte verlangt sodann Zahlung des Guthabens an sich.

Enthalten die jeweiligen AGB oder die konkreten Kontoeröffnungsvereinbarungen eine entsprechende Befugnis zur Umwandlung (ausdrücklich, als Minus oder ggf konkludent), besteht für die Maßgeblichkeit der zweiten Weisung kein Raum: Mit Zugang der ersten Weisung entsteht ein Und-Konto (BGH ZIP 1990, 1540 mwNw zum Meinungsstand, insbes wann eine solche Befugnis anzunehmen ist); ein späteres diesbezügliches Verlangen des zweiten Kontoinhabers geht ohne Einverständnis des ersten in die Leere (diff insbes unter AGB-Aspekten WAGNER NJW 1991, 1790 ff). Fehlt eine solche Umwandlungsbefugnis, so ist zweifelhaft, ob allein aus der Oder-Berechtigung die einseitige Möglichkeit zur Umwandlung in ein Und-Konto oder Einzelverfügungsbefugnis folgt (vgl BGH ZIP 1990, 1539; BGM WM 1993, 141 mwNw; aA OLG Köln WM 1989, 1888; vgl ferner OLG Celle WM 1995, 1871 sowie KÖNDGEN NJW 1996, 561, der einstweiligen Rechtsschutz für den richtigen Weg hält). An wen aber soll die Bank im Beispielsfall Auszahlungen vornehmen? Was hätten die Parteien vereinbart, wenn sie diesen Fall vorausbedacht hätten (§§ 133, 157, 242)? ME regelmäßig Zahlung an keinen Einzelnen, denn dies hält den potentiellen Schaden am geringsten, und daran haben alle Parteien gleichermaßen ein offensichtliches Interesse, jedenfalls solange niemand weiß, wen er trifft (ähnl in der Begründung ERMAN/EHMANN § 428 Rn 9; im Ergebnis hält EHMANN die Bank jedoch nur für verpflichtet, Rücksprache und Aufklärung zu betreiben). – Zu Recht weist allerdings WAGNER (NJW 1991, 1795) darauf hin, dass Banken und Sparkassen angesichts des gegenwärtigen Erkenntnisstandes durchaus in der Lage wären, dem Massengeschäft weitgehend formularmäßig gerecht zu werden und dass sie als AGB-Verwender durchaus die Verpflichtung haben, Rechte und Pflichten ihrer Kunden möglichst klar und überschaubar darzustellen (vgl dazu auch KÖNDGEN NJW 1996, 561; HADDING WM Sonderheft 1994, 4 f).

Die **Ausgleichspflicht** zwischen Ehegatten ist während intakter Ehe idR ausgeschlossen (BGH WM 1990, 239, 240; BAUMBACH/HOPT, BankGesch A/39; MünchKomm/SELB § 430 Rn 1). Das folgt allerdings nicht aus dem Bestehen der Ehe, sondern aus der Vereinbarung der Berechtigten eines Oder-Kontos, die insoweit eine Regelung im Innenverhältnis getroffen haben (OLG Düsseldorf NJW-RR 1999, 1095; OLG Karlsruhe NJW-RR 1990, 1295). Es *kann* daher auch bei intakter Ehe ein Ausgleichsanspruch bestehen. Auch hier muss daher von demjenigen, der mehr als die Hälfte des Guthabens für sich verwendet hat, der Beweis geführt werden, dass, abweichend von § 430, keine Ausgleichung stattfinden sollte (BGH WM 1990, 239, 240; BGH WM 1993, 1005). Das wird ihm jedoch idR gelingen, da bei intakter Ehe aus ausdrücklichen oder stillschweigenden Vereinbarungen sowie Zweck und Handhabung des Kontos oder den Vorschriften über die eheliche Lebensgemeinschaft (§ 1357) zu folgern ist, dass „etwas anderes" iS des § 430 bestimmt sein soll (BGH WM 1990, 239, 240; WEVER FamRZ 2000, 1001; zutr einschränkend aber für missbräuchliche Entnahmen OLGR Saarbrücken 2003, 5). Nach der Trennung dagegen fallen die Vereinbarungen über das Innenverhältnis meist weg; die Zweckbestimmung des Oder-Kontos liegt in der Finanzierung der gemeinsamen Lebensführung. Die Vereinbarung im Innenverhältnis ist daher so auszulegen, dass auf Ausgleichsansprüche nur insoweit verzichtet wird, als Abhebungen während des Zusammenlebens erfolgen (OLG Karlsruhe NJW-RR 1990, 1285). Für Verfügungen nach der Trennung bleibt es daher bei der Ausgleichspflicht (BGH WM 1990, 239, 240; NJW 2000, 2348; BAUMBACH/HOPT, BankGesch A/39; MünchKomm/ SELB § 430 Rn 1). Dies kann auch für ungewöhnliche eigenmächtige Verfügungen, insbesondere kurz vor Trennung, gelten (OLG Düsseldorf NJW-RR 1999, 1090; WEVER FamRZ 2000, 1001). Beim Oder-Depot ist zwischen der Eigentumslage an den verwalteten Wertpapieren und den Rechten aus der Depotverwahrung zu unterscheiden (BGH NJW 1997, 1435); zur Eigentumslage vgl § 742 Rn 14.

100

Die Insolvenz des einen berührt den Fortbestand des Giro- und Kontokorrentverhältnisses mit dem anderen nicht; die Bank kann auch nach Insolvenzeröffnung auf das Konto eingezahlte Beträge wirksam mit dem Schuldsaldo verrechnen, und der Mitinhaber haftet weiter gesamtschuldnerisch auf Ausgleich eines Debet-Saldos (BGHZ 95, 185, 186; RIEDLER WM 1987, 29, 31; BAUMBACH/HOPT, BankGesch A/39). Auch das ist Folge der rechtlichen Selbständigkeit der Forderungen (§ 428).

101

dd) Abgrenzung: Und-Konto
Kraft Vereinbarung entsteht demgegenüber ein sog Und-Konto, wenn mehrere Personen, für die Bank erkennbar, zu Mitgläubigern der Guthabenforderung gemacht werden sollen (CANARIS, BankvertragsR Rn 231; STAUDINGER/HOPT/MÜLBERT[12] Vorbem 154 ff zu §§ 607 ff; HansOLG Hamburg NZG 2000, 784). Unzureichend ist allerdings die Einräumung der Zeichnungsbefugnis, auch wenn die Mitwirkung des Zeichnungsbefugten bei allen Verfügungen über das Konto erforderlich ist (CANARIS, BankvertragsR Rn 231; BGHZ 61, 72, 76).

102

103 Kraft Gesetzes kann das Und-Konto als Konto mehrerer **Miterben** entstehen: „Das Konto steht den Miterben zur gesamten Hand zu. Da die Bank nach § 2039 nur an alle Erben gemeinschaftlich leisten kann und diese nach § 2040 Abs 1 nur gemeinschaftlich über die Einlagenforderung verfügen können, ist das Gemeinschaftskonto ipso iure ein Und-Konto" (Canaris, BankvertragsR Rn 231, 204). Nach hM ist die Rechtsnatur des Und-Kontos nach dem zwischen den Kontoinhabern bestehenden Verhältnis zu beurteilen. Liegt Gesamthandsgemeinschaft vor, so handelt es sich um eine Gesamthandsforderung, ansonsten um Bruchteilsgemeinschaft (Canaris, BankvertragsR Rn 232; Schebesta WM 1985, 1329, 1330; Hansen 118 ff). Daneben liegt kein Fall des § 432 vor, weil die Befugnis eines jeden Kontoinhabers, Leistung an alle zu verlangen, nicht dem mit der Einrichtung eines Und-Kontos verbundenen Sicherungs- und Kontrollzweck und damit nicht dem mutmaßlichen Parteiwillen entspricht (Canaris, BankvertragsR Rn 232; Hansen 114 ff; MünchKomm/K Schmidt § 741 Rn 55; Schebesta WM 1985, 1329, 1330; Staudinger/Hopt/Mülbert[12] Vorbem 156 zu §§ 607 ff; Hans-OLG Hamburg NZG 2000, 784; **aA** Rieder WM 1987, 29, 33 ohne Begr). Die Kontoinhaber können gem § 747 S 2 nur gemeinschaftlich über die Einlageforderung verfügen (Canaris, BankvertragsR Rn 232). Etwas anderes gilt nur, wenn die Kontoinhaber es ausdrücklich mit der Bank vereinbart haben. Bei einem Und-Konto kann der Anteil des Einzelnen *gepfändet* werden, da insofern keine selbständigen Rechte der Mitinhaber an der ganzen Forderung bestehen (Wagner WM 1991, 1145, 1150; Schebesta WM 1985, 1329, 1331; anders bei Gesamthand, vgl Staudinger/Hopt/Mülbert[12] Vorbem 157 zu §§ 607 ff).

104 Bei *Insolvenz* eines Kontoinhabers eines Und-Kontos verliert der Gemeinschuldner seine Mitverfügungsbefugnis; an seine Stelle tritt der Insolvenzverwalter, der nunmehr zusammen mit den übrigen Kontoinhabern verfügen kann. Die Bruchteilsgemeinschaft wird durch die Insolvenz eines Mitkontoinhabers nicht berührt. Allerdings kann der Insolvenzverwalter Aufhebung der Gemeinschaft nach § 749 verlangen (Schebesta WM 1985, 1329, 1332).

ee) Anwendbarkeit des Gemeinschaftsrechts

105 Gesamtgläubigerschaft iSv § 428 begründet zwischen den Gesamtgläubigern mE ein Gemeinschaftsverhältnis (krit K Schmidt, in: FS Hadding [2004] 1108; der dort erhobene Vorwurf gegenüber der Vorauflage – ebenso wohl Hadding, in: FS Canaris [2007] 385 Fn 30 – betrifft die Formulierung, nicht aber den Inhalt. Es wurde nicht behauptet, nach „hM" bestehe eine „Bruchteilsgemeinschaft" gem §§ 741 ff; auch was in Abweichung von § 430 „first come, first serve" gilt, besteht eine Art von Rechtsgemeinschaft, nämlich Korrealberechtigung, und deren Grundlagen sowie Rechtsfolgen sind im Einzelfall festzustellen. Zum allgemeinen Begriff „Gemeinschaft" vgl Vorbem 3 f). Konstruktionsfragen (haben alle Gläubiger nur eine gemeinschaftliche Forderung mit der Besonderheit, dass jeder für sich Einziehungsbefugnis und Empfangszuständigkeit hat? Oder hat jeder Gläubiger eine eigene Forderung, mit der Eigenart, dass sie erlischt, wenn die des anderen Gesamtgläubigers befriedigt wird? Besteht also „Korrealberechtigung" oder „Solidarberechtigung"?) sind beiseite zu lassen. Ausschlaggebend ist die *Ausgleichspflicht nach § 430* (beim Fehlen einer Ausgleichspflicht, wie im Fall des § 2151 Abs 3, besteht deshalb keine Gemeinschaft). § 430 zeigt, dass die Gläubiger im Verhältnis untereinander mitberechtigt sind (zu gleichen oder zu den sich aus dem besonderen Entstehungsgrund der Gesamtforderung ergebenden unterschiedlichen Teilen); nur dem Schuldner gegenüber ist jeder Gläubiger berechtigt, die Forderung selbständig einzuziehen. Im

Verhältnis der Gesamtgläubiger untereinander gilt die Verwaltungsregelung der §§ 744 f und die Kostenregelung des § 748. Die Gesamtgläubiger können deshalb zB mit Mehrheit beschließen, einen Vergleich abzuschließen oder einen Anwalt mit der Prüfung der Rechtslage zu beauftragen. Das erscheint als eine passende Regelung, wenn man sich Fälle wie die Gesamtgläubigerschaft mehrerer Sozialversicherungsträger (vgl dazu § 117 SGB X; ERMAN/EHMANN § 428 Rn 7) oder auch den Fall der mit dem Schuldner vertraglich vereinbarten Ehegattengesamtgläubigerschaft (oben Rn 83) vorstellt.

Im Innenverhältnis können §§ 742 ff neben § 428 anwendbar sein. Die Befugnis des **106** einzelnen, Leistung an sich zu fordern, widerspricht jedenfalls nicht dem Wesen der Bruchteilsgemeinschaft, da die Teilhaber abweichend von § 744 und § 747 S 2 Einzelne mit der Verwaltung betrauen und diese zur Verfügung über den Gesamtgegenstand ermächtigen können (PALANDT/SPRAU § 744 Rn 2; § 747 Rn 4). Vor allem ist Gemeinschaftsrecht die passende Regelung, wenn *Ehegatten ein gemeinschaftliches Konto* innehaben. Es ist nicht sinnvoll, die Anwendung des Gemeinschaftsrechts davon abhängen zu lassen, in welcher Form sie das gemeinschaftliche Konto führen: als Oder-Konto ohne Widerrufsrecht oder mit Widerrufsrecht, oben Rn 87 ff, als Und-Konto, oder als Konto nur eines Ehegatten mit stiller Zession eines Bruchteils an den anderen (wie im Fall BGH WM 1966, 679, dazu Rn 37). Zuzugeben ist, dass die durch § 428 begründete Selbständigkeit des einzelnen Gläubigers – vor allem die Möglichkeit, durch Erlassvertrag mit dem Schuldner aus der Gemeinschaft auszuscheiden – im Gemeinschaftsrecht ungewöhnlich ist. Das hindert aber nicht, Gemeinschaftsrecht anzuwenden, soweit es passt. Zum Verhältnis Zugewinnausgleich und Ausgleichspflicht gem § 430 zutr mE OLG Zweibrücken NJW 1991, 1835: keine Identität der Streitgegenstände. Während intakter Ehe ist allerdings im Zweifel eine Ausgleichung gem § 430 ausgeschlossen (BGH NJW 1990, 705; OLG Zweibrücken aaO).

Zu warnen ist indes vor generalisierender Anwendung des Gemeinschaftsrechts. **107** Genau wie im Fall des § 432 (unten Rn 112 ff) kann die stets erforderliche Auslegung des konkreten Rechtsgeschäfts Abweichendes ergeben. Im Übrigen scheint allerdings die Konstellation des § 428 – mit Ausnahme des § 47 GBO und des Oder-Kontos – relativ wenig Bedeutung zu haben (so SELB, Mehrheit 245).

AA zur Anwendbarkeit der §§ 741 ff im Fall des § 428 RÜTTEN 184 ff: Auch bei einer **108** Ausgleichungspflicht fehlte es an einer Gemeinschaft, weil die Gesamtgläubiger keine identischen oder gleichgerichteten Interessen verfolgten. Zutreffend ist, dass die konkrete Auslegung ein anderes Gemeinschaftsverhältnis oder auch echte Gläubigerkonkurrenz ergeben kann – fehlt es hieran, so ist nicht ersichtlich, was gegen die Anwendung der §§ 741 ff sprechen sollte.

f) Verhältnis § 432 zu §§ 741 ff und unteilbare Leistungen
aa) Allgemeines
Forderungen auf *unteilbare Leistungen*, die mehreren Gläubigern zustehen, begrün- **109** den nach hM Bruchteilsgemeinschaft, wenn die Gläubiger keine Gesamthandsgemeinschaft (Gesellschaft, Gütergemeinschaft, Erbengemeinschaft) bilden (STAUDINGER/NOACK [1999] § 432 Rn 10 ff) und wenn nicht ausnahmsweise § 428 anwendbar ist (Rn 83 ff). Das folge prinzipiell aus § 432: Jeder Gläubiger kann nur Leistung an alle

fordern und der Schuldner sich nur durch Leistung an alle befreien, dh die Gläubiger sind gemeinsame Inhaber des ungeteilten Rechts. Das grundsätzliche und konkrete Verhältnis des § 432 zur Gemeinschaft und umgekehrt ist allerdings dogmatisch weitgehend ungeklärt (vgl Hadding, in: FS E Wolf 108: „Probleme der Gläubigermehrheit eher stiefmütterlich behandelt"; ausf ders, in: FS Canaris [2007] 379).

110 Überwiegend wird ohne allzu nähere Begründung einerseits davon ausgegangen, dass Forderungen der Gemeinschaft solche iS des § 432, also im „rechtlichen Sinne" unteilbar seien. Andererseits wird unterstellt, dass bei Anwendbarkeit des § 432 das Innenverhältnis der Gläubiger sich grundsätzlich nach §§ 741 ff richte (vgl Staudinger/Noack [2005] § 432 Rn 21, 55). Dabei werden verschiedene Probleme mE nicht hinreichend klar auseinandergehalten.

Zunächst geht es um die Frage, wie die „Bruchteilsgläubigerschaft" iS der §§ 741 ff (so der Begriff bei Rütten 75 ff) *im Außenverhältnis* wirkt: Entstehen real geteilte Forderungen (§ 420) bzw Mitberechtigungen nach § 428 oder nach § 432? Davon zu unterscheiden ist der umgekehrte Fall, ob bei „Gesamtleistungsgläubigerschaft" (so der Begriff von Hadding, in: FS E Wolf 111, oder in der Terminologie der Rspr „Mitberechtigung nach § 432") *im Innenverhältnis* §§ 741 ff anwendbar sind (oder präziser: im Verhältnis der Rechtszuständigkeit der Teilhaber untereinander, im Außenverhältnis besteht *ein Recht*). Zu unterscheiden sind demnach im Wesentlichen zwei Problemkreise:

(1) Ist für Forderungen, die im Zusammenhang mit Bruchteilsgemeinschaften entstehen, eine eigenständige Gläubigerschaft zu fordern oder sind diese jedenfalls „unteilbar" iS des § 432?

(2) Finden auf eine im natürlichen oder sonstigen Sinne unteilbare Forderung, die mehreren Mitgläubigern gem § 432 zusteht, §§ 741 ff Anwendung?

111 Die dabei auftretenden begrifflichen und dogmatischen Schwierigkeiten dürften ihre Ursache zum einen in der historisch wenig durchdachten Konzeption der §§ 420 ff (dazu Rütten 79) und zum anderen darin haben, dass die Lehre von der ideellen Mitberechtigung an dinglichen Rechten entwickelt wurde und sich nicht ohne weiteres auf Forderungen übertragen lässt (Rütten 62). Früher wurde die Bruchteilsgemeinschaft an Forderungen grundsätzlich abgelehnt, was im Wesentlichen auf der Teilungstheorie beruhte. Da damals das Recht selbst als geteilt gedacht wurde, schloss man, dass auch die Forderung stets von Rechts wegen (nach § 420) geteilt sein müsse. Dies verhinderte die Annahme einer Gemeinschaft, deren Voraussetzung ja das Vorhandensein eines gemeinsamen Rechts ist (dazu Rütten 62 ff, insbes 63, Fn 64, und Hansen 122 ff mwNw). Nach der Fortentwicklung der Lehre von der ideellen Mitberechtigung besteht dieser Widerspruch zu §§ 420 ff grundsätzlich nicht mehr. Der heute überwiegend vertretenen Einheitstheorie zufolge ist nicht das Recht selbst geteilt, sondern die Rechtszuständigkeit, sodass den Gemeinschaftern keine selbständigen Teilrechte zustehen. Im Verhältnis zu §§ 420 ff bleibt jedoch ein grundlegendes systematisches Problem. Während diese (nach hM) *mehrere selbständige Rechte* voraussetzen, steht den Teilhabern einer Gemeinschaft *ein Recht* gemeinsam zu.

bb) Meinungsstand

(1) Nach hM ist § 432 auch auf Forderungen anwendbar, die der Gemeinschaft **112** zustehen, während umgekehrt §§ 741 ff sich auf das Verhältnis der Gemeinschafter gem § 432 beziehen (im Einzelnen STAUDINGER/NOACK [2005] § 432 Rn 1 ff). Die Mitgläubigerschaft iS des § 432 kann demnach auf natürlicher oder rechtlicher Unteilbarkeit einer Leistung beruhen. Die Forderung einer Gemeinschaft ist nach dieser Auffassung infolge ihrer Zweckbindung idR rechtlich unteilbar, weil die Verwaltung des gemeinschaftlichen Rechts nur den Teilhabern gemeinschaftlich zusteht und über den gemeinschaftlichen Gegenstand im Ganzen auch nur gemeinschaftlich verfügt werden kann. Die Vermutung des § 420 sei durch Entstehungsgrund und Zweck der Leistung widerlegt. Daneben sei im Einzelfall entspr § 747 S 2 die Geltendmachung der Forderung durch alle möglich. § 754 S 2 gebe hierzu einen Anspruch auf gemeinschaftliche Einziehung, was aber die Anwendung des § 432 nicht ausschließen soll. Einzelfälle aus der Rspr: Schadensersatzansprüche einer Wohnungseigentümergemeinschaft gegen den Verwalter (BGHZ 106, 226); Schadensersatzansprüche der Gemeinschaft gegen Dritte (BGHZ 121, 25), anders bei individuellen Schäden (BGH NJW 1992, 182 f); Anspruch von Ehegatten auf Übereignung eines Grundstücks zu Miteigentum (BayObLGZ 1992, 136); Schadensersatzanspruch aus § 325 nach Abschluss eines Grundstückskaufvertrages (BGH NJW 1984, 796); Rückübertragung einer von Ehegatten gemeinsam bestellten Grundschuld (BGH DNotZ 1985, 551); Vorschuss zur Mängelbeseitigung bei gemeinsamem Hauskauf durch Eheleute (BGHZ 94, 119 f); Pachtzinsforderungen einer Bruchteilsgemeinschaft (BGH NJW 1983, 2020); Mietzinsanspruch mehrerer Eigentümer (BGH WM 1983, 604; BGH NJW 1958, 1723; BGH NJW-RR 1994, 855; OLG München NZM 1998, 474; auch nach Realteilung OLG Brandenburg WuM 2006, 272); Ansprüche mehrerer Mieter gegen Untermieter (BGH NJW 1969, 869); Schadensersatzanspruch, soweit aus Verletzung von gemeinschaftlichen Hausratgegenständen hervorgehend (BGH NJW 1984, 796; OLG Koblenz NJW-RR 1992, 707). – Im deutlichen Gegensatz dazu wird nach mittlerweile ganz hM § 432 bei der *Gesamthand durch die Regelung der Verwaltung verdrängt* (statt aller PALANDT/GRÜNEBERG § 432 Rn 4 ff; STAUDINGER/NOACK [2005] § 432 Rn 11 ff).

(2) Nach der Gegenansicht schließen sich §§ 432 und 741 wechselseitig bereits tat- **113** bestandlich aus (so SOERGEL/HADDING § 741 Rn 13; HADDING, in: FS E Wolf 107 ff; ders, in: FS Canaris [2007] 379 ff). Rechtssystematisch unterscheide sich die Bruchteilsgemeinschaft hinsichtlich einer Forderung von den Gläubigermehrheiten bereits dadurch, dass bei Letzteren mehrere Forderungen bestehen; „so viele Forderungen als Gläubiger", während bei § 741 nur ein Recht mehreren zustehe (s auch ENNECCERUS/LEHMANN § 96 I 2 und ESSER/SCHMIDT § 38 III 2 zur Mehrheit der Forderungen im Falle des § 432). § 432 setze im Übrigen den individuellen Leistungsanspruch schon voraus, begründe also nicht etwa einen Anspruch für einen Gläubiger aus einer engeren Bindung, die eine gesetzliche oder vertragliche Regelung der Geschäftsführung enthält (HADDING, in: FS E - Wolf 113 f, 120).

(3) Für erweiternde Auslegung tritt ein MünchKomm/K SCHMIDT (Rn 47: „Korrektur **114** des Gesetzeswortlauts"), für analoge Anwendung des § 432 im Falle der Bruchteilsgemeinschaft STAUDINGER/HUBER[12] (Rn 63). Zwar sei dem Wortlaut nach § 432 nicht anwendbar, wenn die Leistung (Forderung) an sich im natürlichen Sinne teilbar sei. Unteilbarkeit folge grundsätzlich auch nicht aus der Tatsache, dass das Recht mehreren gemeinschaftlich zustehe. § 432 meine ersichtlich einen anderen Fall,

sodass nicht auf das „fragwürdige Argument" (STAUDINGER/HUBER[12]) einer rechtlich unteilbaren Leistung zurückzugreifen sei. Allerdings sei iE die Interessenlage weitgehend die gleiche, wenn das Schuldverhältnis inhaltlich so ausgestaltet sei, dass die Leistungen nur an alle Gläubiger gemeinschaftlich erfolgen könne. Die Anwendung des § 432 auf alle Bruchteilsgläubiger entspreche daher dem *Gebot der Sachgerechtigkeit* (MünchKomm/K SCHMIDT Rn 48).

115 (4) Vermittelnde Ansichten stellen eher auf die Art des Rechtsverhältnisses ab (LARENZ I § 36 I b; ders JherJb 83 [1933] 171 ff; ähnl SELB § 17 I 2, 264 f: § 432 ist nur auf bestimmte Bruchteilsgemeinschaften anwendbar). § 432 setze mehrere selbständige Forderungen voraus; hieran fehle es, wenn durch eine bestehende Bruchteilsgemeinschaft ein Recht erworben werde. Begründeten mehrere dagegen eine unteilbare Forderung, sei § 432 neben den §§ 741 ff anwendbar. In diesem Falle habe aber jeder eine „bis zu einem gewissen Grade selbständige Forderung" (so LARENZ § 36 I b).

116 (5) Grundlegend RÜTTEN, Mehrheit von Gläubigern (1989) 78 f: Die Gesamtleistungsgläubigerschaft nach § 432 könne zugleich ein Fall der Gemeinschaft bzw Bruchteilsgläubigerschaft und umgekehrt sein; entscheidend sei in jedem Fall *die Auslegung des konkreten Rechtsgeschäfts.* Unschädlich sei zunächst, dass § 432 an sich mehrere Forderungsrechte voraussetze, die Gemeinschaft aber auf der Vorstellung eines geteilten Rechts beruhe. Historisch sei die Rechtsfigur der Mitgläubigerschaft im Verhältnis zur Bruchteilsberechtigung von Anfang an unklar gewesen. Entscheidend sei allein, dass die Gläubiger einer unteilbaren Leistung „etwas gemeinsam" haben, nämlich gemeinsam fordern können und niemand die Leistung an sich selbst verlangen dürfe. Die Unteilbarkeit folge nicht zwingend aus Geschäften einer Gemeinschaft, sondern jeweils nur aus der Auslegung des Geschäfts. Ergebe diese, dass die Leistung ungeteilt erbracht werden soll, liege „rechtliche Unteilbarkeit" vor (15, 86 ff).

cc) Stellungnahme

117 ME ist RÜTTEN weithin zu folgen. Im Grundsatz führt weder das Vorliegen der Tatbestandsvoraussetzungen der §§ 741 ff zur Anwendbarkeit des § 432 im Außenverhältnis noch umgekehrt § 432 zur Gesamtleistungsgläubigerschaft iS des § 741. Entscheidend sind vielmehr in erster Linie die Umstände des konkreten Rechtsgeschäfts unter Berücksichtigung der beteiligten Interessen. Man muss sich mE deutlich klarmachen, dass es sich regelmäßig um Interessenkonflikte im Drei-Personen-Verhältnis handelt: Verhältnis des Schuldners zum fordernden Gläubiger, Verhältnis zwischen den Gläubigern insgesamt und schließlich der übrigen Gläubiger im Verhältnis zum Schuldner. Insbesondere überzeugt die hM mit der gegebenen formelhaften Begründung nicht, wenngleich ihre Ergebnisse wohl regelmäßig der hier vertretenen Auffassung entsprechen. Folgende Überlegungen sind maßgebend:

(1) Historisch sind weder die Bestimmungen der §§ 420 ff in sich noch gar deren Verhältnis zu §§ 741 ff und umgekehrt geklärt (dazu mwNw RÜTTEN 79; HADDING, in: FS E Wolf 108 ff).

(2) Der Wortlaut des § 432, aber auch der §§ 741 ff ist begrifflich unergiebig. Versuche, den begrifflichen Widerspruch zwischen der Gemeinschaft und der Mehrheit von Forderungen dadurch zu klären, dass es sich bei Forderungen nach § 432

nicht um materiellrechtliche, sondern nur prozessrechtliche iS einer Prozessstandschaft zur Geltendmachung eines gemeinschaftlichen Rechts handele (Nachw bei ROTH FamRZ 1979, 361 ff) überzeugen als begrifflich-konstruktive Aspekte letztlich nicht.

(3) Das systematische Verhältnis zwischen § 432 und §§ 741 ff lässt sich im Grunde nicht überzeugend klären, der konkrete Telos der Vorschriften liegt insoweit im Dunkeln. § 754 S 2 steht jedenfalls einer unbeschränkten Anwendung des § 432 entgegen (aA MünchKomm/K SCHMIDT Rn 48).

(4) Was die Teilbarkeit einer Leistung anbetrifft, kann man nicht bei der Teilbarkeit im natürlichen Sinne oder einer wie auch immer gearteten rechtlich-subjektiven Teilbarkeit verharren. Bei vertraglich begründeten Forderungen entscheidet stets der Parteiwille, ob eine bestimmte Leistung von mehreren gemeinsam oder auf mehrere verteilt erbracht werden soll oder nicht. Maßgebend sind die „erkennbar gewordenen Vorstellungen der Parteien bei Vertragsschluß" (RÜTTEN 15). Der Vertrag als privatautonom gestaltetes, wechselseitig interdependentes System von Rechten und Pflichten macht es stets erforderlich, die einzelnen Leistungshandlungen der einen Vertragspartei in Relation zu der von der anderen Partei versprochenen Gegenleistung zu sehen (LANGHEIN ZIP 1985, 388); zudem sind die besonderen Probleme des unter den Gläubigern bestehenden Gemeinschaftsverhältnisses zu berücksichtigen.

Sowohl der Schuldner als auch die Teilhaber können im Einzelfall ein äußerst **118** gewichtiges Interesse daran haben, dass zunächst der Weg des § 754 beschritten wird. § 432 kann ferner unzweckmäßig sein, wenn die Teilhaber sich über die Verwaltung verständigt und dies zusätzlich mit dem Schuldner vereinbart oder ihm jedenfalls mitgeteilt haben. Ebenso wie bei der Gesamthand nach heutiger Erkenntnis die Anwendung des § 432 nicht angemessen ist, kann dies grundsätzlich aus ganz ähnlichen Gründen auch bei der Bruchteilsgemeinschaft der Fall sein (beispielhaft auch BGHZ 94, 123: Trotz Vorliegen der Voraussetzungen des § 432 könne es sach- und interessengerecht sein, dass ein Bruchteilsgläubiger Gesamtleistung an sich verlangt; BGHZ 106, 226: Die Sonderregeln der WEG können gegen einen Rückgriff auf § 432 sprechen; ähnlich wohl BGH NJW-RR 1994, 854 f; BGB-RGRK/WEBER § 432 Rn 3; HADDING, in: FS E Wolf 120: „... begegnet allen Bedenken ... die gegen diese zweifelhafte Kategorie schon bei ... Personalgesellschaften vorgebracht worden sind").

Bei **kraft Gesetzes entstehenden Forderungen** ergibt sich allerdings in der Tat das **119** Problem, dass diese nicht ohne weiteres mit rechtsgeschäftlich begründeten gleichzusetzen sind (RÜTTEN 92). Geteiltheit, Ungeteiltheit und Art der Bruchteilsberechtigung ergeben sich hier nicht durch Auslegung. Der BGH (zB BGHZ 121, 24) und die hM wenden weitgehend § 1011 auf diese Ansprüche an, mit der Folge, dass jeder die in Frage stehenden Ansprüche in Hinsicht auf die ganze Sache geltend machen kann, allerdings nur gem § 432. Die Vermutung des § 420 sei durch den besonderen Entstehungsgrund der Schadensersatzforderung widerlegt, oder kraft Surrogation trete der entsprechende Anspruch an die Stelle der Sache (vgl RÜTTEN 92 f mwNw).

Andere halten eine extensive Interpretation des § 1011 für sachgerecht (STAUDINGER/ **120** GURSKY [2005] § 1011 Rn 2). Nach der Gegenposition (FLUME, Personengesellschaft § 8, 113 f) steht bei Verletzung von Miteigentum jedem Teilhaber ein eigener Anspruch auf

Schadensersatz zu, dessen Höhe sich nach dem Anteil bemesse, den die Verletzung im Vermögen des einzelnen Teilhabers verursacht hat. RÜTTEN (94 f) differenziert demgegenüber zutreffend die Frage der Berechnung des Schadensersatzanspruchs, die individuell zu erfolgen habe, einerseits, und andererseits, ob der errechnete Ersatzanspruch nur oder auch gemeinsam eingezogen werden kann. Im Prinzip habe jeder der Miteigentümer einen eigenen Schaden und demzufolge auch einen eigenen Schadensersatzanspruch (96). Allenfalls bei Ansprüchen auf Ersatz für Nutzungen oder bei Ansprüchen auf Ersatz im Rahmen des Eigentümer-Besitzer-Verhältnisses könne – iE von RÜTTEN abgelehnt – eine Analogie zu § 1011 in Betracht kommen. – ME ist der Differenzierung von RÜTTEN im Ansatz, nicht ohne weiteres aber iE zu folgen. Der bezifferbare individuelle Schaden eines Bruchteilsgläubigers ist unzweifelhaft unmittelbar zu errechnen und kann idR ohne Bedenken direkt und unmittelbar zu ersetzen sein. Direkter Ersatz von Schäden an der gemeinschaftlichen Sache selbst gerät allerdings in Konflikt mit der gemeinschaftlichen Verwaltung sowie Lasten- und Nutzentragung. Im Grundsatz ist daher auch hier eine Einzelfallabwägung unter Berücksichtigung aller beachtlichen Interessen erforderlich, die zwar nicht auf die Auslegung des konkreten Rechtsgeschäfts, wohl aber auf Sinn und Zweck der jeweiligen Schadensersatzpflicht unter Berücksichtigung des konkreten Gemeinschaftsverhältnisses abstellen kann (so auch BGHZ 121, 26 f). Im Zweifel mag dabei eine analoge Anwendung des § 1011 geboten sein. Das Entscheidungsmaterial berücksichtigt zumeist in der Begründung, nicht aber im dogmatischen Ansatz diese bei gesetzlichen Ansprüchen (eher objektive) Interessenabwägung.

g) Gemeinschaftliche Forderungen auf teilbare Leistungen

121 Begründen mehrere Personen rechtsgeschäftlich eine gemeinschaftliche Forderung auf eine teilbare Leistung, so ist fast durchweg die **Auslegungsregel des § 420**, dass reale Teilforderungen entstehen, **durch Inhalt und Sinn der Vereinbarung widerlegt** (vgl auch Rn 51). Das gilt vor allem für *Forderungen, die bei Verwaltung oder Verwertung von Bruchteilsvermögen* begründet werden. So stehen, wenn *Miteigentümer ein gemeinschaftliches Haus gemeinsam verkaufen oder vermieten*, Kaufpreisanspruch und Mietanspruch in voller Höhe den Teilhabern gemeinsam zu (vgl zum gemeinschaftlichen Verkauf OLG Düsseldorf WM 1998, 1879; MünchKomm/K SCHMIDT § 747 Rn 29; PALANDT/ GRÜNEBERG Vorbem 12 vor § 420; zur gemeinschaftlichen Vermietung § 743 Rn 5 ff mwNw). Gelegentlich kommt es vor, dass *Ehegatten gemeinschaftlich vermieten*, auch *wenn das Haus nur einem von ihnen gehört*; auch dann steht der Mietanspruch idR in Bruchteilsgemeinschaft (SOERGEL/HADDING Rn 13). Das Gleiche gilt, wenn *mehrere Mieter gemeinsam untervermieten* (BGH NJW 1969, 839). *Guthaben auf gemeinschaftlichen Bankkonten* und *gemeinschaftliche Wertpapierdepots* stehen den Inhabern in Bruchteilsgemeinschaft zu, wenn sie als „Und-Konten" (mit gemeinsamer Verfügungsbefugnis) errichtet sind (dazu oben Rn 102). Beim Oder-Depot ist zwischen der Eigentumslage an den Wertpapieren und den Rechten aus der Depotverwahrung zu unterscheiden (BGH NJW 1997, 1435). Auch *Versicherungsforderungen* können in ungeteilter Bruchteilsgemeinschaft erworben werden, so zB wenn Bruchteilsberechtigte den gemeinschaftlichen Gegenstand gemeinsam versichern (vgl OLG Frankfurt aM NJW-RR 1996, 102). Eine Sonderform ist die Lebensversicherung verbundener Leben (dazu SASSE VersR 1956, 752). Sie begründet jedenfalls dann eine Gemeinschaft nach Bruchteilen, wenn es sich um eine Erlebensfall- oder um eine kombinierte Todes- und Erlebensfallversicherung handelt und beide Versicherungsnehmer bezugsberechtigt sind (oder wenn ein Versicherungsnehmer in widerruflicher Weise bezugsberechtigt ist). Die Rechtslage ist dann ähnlich wie beim Und- bzw wie beim einseitig widerruflichen Oder-Konto. Vgl OLG Dresden JW 1938, 1660; **aA** (Gesellschaft) AG München VersR 1956, 751; MünchKomm/K Schmidt Rn 22.

Auch **kraft Gesetzes** können **Bruchteilsforderungen** entstehen, die sich auf **teilbare Leistungen** richten, und zwar dann, wenn die Forderung *als Ersatz für die Entziehung, Zerstörung oder Beschädigung* eines Gegenstandes erworben wird, der seinerseits in Bruchteilsvermögen stand, zur Surrogation unten Rn 258. Das gilt etwa, wenn ein *Nichtberechtigter wirksam über den gemeinschaftlichen Gegenstand verfügt*, für den Anspruch auf Herausgabe des Erlöses (§ 816; vgl MünchKomm/K Schmidt Rn 43), wenn ein *unrechtmäßiger und verklagter, unentgeltlicher oder unredlicher Besitzer die gemeinschaftliche Sache nutzt*, für den Anspruch auf Herausgabe der Nutzungen (§§ 987, 988, 990; dazu BGH NJW 1953, 58, 59; K Schmidt aaO), oder wenn jemand *die gemeinschaftliche Sache beschädigt*, für den Anspruch aus § 823 (Larenz II § 61 I 378 Fn 1; RG LZ 1916, 326). Dasselbe gilt für den Schadensersatzanspruch bei *Zerstörung der gemeinschaftlichen Sache* (K Schmidt aaO; **aA** BGB-RGRK/vGamm Rn 8; Soergel/Hadding Rn 13; Larenz II § 61 I 378 Fn 1; ders JherJb 83 [1933] 108, 113; Esser II § 97 I 2, der die §§ 741 ff hier immerhin „im Innenverhältnis" anwenden will). Das Argument, in einem solchen Fall sei die Gemeinschaft „beendigt", ist ein Zirkelschluss, oben Rn 120. Die bisherigen Bruchteilsberechtigten sind gemeinsam geschädigt, und die Vermutung des § 420, nach der im Zweifel eine Teilforderung entsteht, ist idR durch den besonderen Entstehungsgrund der Schadensersatzforderung widerlegt. Nicht einzusehen ist, weshalb im Fall der Zerstörung etwas anderes gelten soll als im Fall der Beschädigung. Praktische Vorteile bietet die Annahme einer Bruchteilsgemeinschaft am Ersatzanspruch vor allem, wenn aus dem eingezogenen Betrag zunächst noch Kosten und Lasten (§ 748), gemeinschaftliche Schulden (§ 755) oder Ausgleichsansprüche (§ 756) zu befriedigen sind, ehe geteilt werden kann. Allerdings kann die Interessenabwägung im Einzelfall anderes ergeben (Rn 120 aE).

h) Verbindlichkeiten

Verbindlichkeiten sind keine Rechte; sie können nicht iS der §§ 741 ff in Bruchteilsgemeinschaft stehen (Fikentscher § 63 I 2; MünchKomm/K Schmidt Rn 23). Regelmäßig sind die Mitglieder einer Bruchteilsgemeinschaft, wenn sie sich im Zug der Begründung oder Verwaltung der Gemeinschaft gemeinsam verpflichten, gem § 427 Gesamtschuldner; von diesem Regelfall geht auch § 755 aus. Kaufen zB Ehegatten gemeinsam ein Grundstück, sind sie hinsichtlich der Forderung auf Übereignung und Übergabe Bruchteilsberechtigte, hinsichtlich der Kaufpreisschuld idR bei Fehlen anderweitiger Abreden Gesamtschuldner. Vermieten sie das Grundstück gemeinsam, sind sie hinsichtlich der Rechte aus dem Mietvertrag Bruchteilsberechtigte, hinsichtlich der Pflichten gem §§ 427, 431 Gesamtschuldner. Für die Rechte gilt § 432, für die Pflichten § 421 (vgl Palandt/Grüneberg Vorbem 12 vor § 420). Zu Ausnahmen aufgrund besonderer Interessenlage BGHZ 75, 27; 76, 90; OLG Karlsruhe BauR 1985, 697; Wolfensberger/Langhein BauR 1980, 498 ff – Bauherrenmodell, anders bei Bauherrengemeinschaft BGH NJW-RR 1989, 465. – Weil die Gemeinschaft iS der §§ 741 ff eine Rechtsgemeinschaft ist, keine Pflichtengemeinschaft, passen die Bestimmungen zB nicht auf die „Zählergemeinschaft" beim gemeinsamen Bezug von Energie (MünchKomm/K Schmidt Rn 26; ausf zur Zählergemeinschaft Staudinger/Vogel[10/11] Rn 2 g). Die Anwendung der §§ 278, 831 für eine Haftung der Teilhaber scheidet in aller Regel aus; § 31 greift nicht (MünchKomm/K Schmidt Rn 23).

i) Die Rechtsstellung als Partei des Schuldverhältnisses im Ganzen

124 Die Rechtsstellung, die die Bruchteilsgläubiger einer Forderung als Partei des Schuldverhältnisses im Ganzen einnehmen, ist kein „Recht" und kein Gegenstand des Rechtsverkehrs. § 741 ist daher nicht unmittelbar anwendbar (im Ausgangspunkt zutr FLUME I 1, 114; MünchKomm/K SCHMIDT Rn 18). Begründen mehrere Personen, die keine Gesellschaft, Gütergemeinschaft oder Erbengemeinschaft bilden, gemeinsam ein Schuldverhältnis in der Weise, dass sie hinsichtlich der Rechte Bruchteilsberechtigte werden (dazu Rn 121), hinsichtlich der Pflichten Gesamtschuldner (Rn 123), so lässt sich hinsichtlich des Schuldverhältnisses nicht mehr sagen, als dass die Beteiligten gemeinsam Partei des Schuldverhältnisses sind. Kraft ihrer gemeinsamen Berechtigung aus dem Schuldverhältnis bilden sie eine Bruchteilsgemeinschaft. Für die Verwaltung der Rechte aus dem Schuldverhältnis gelten die §§ 744, 745. Für Verfügungen über die Rechte, die das Schuldverhältnis im Ganzen berühren und die deshalb nicht unterschiedlich getroffen werden können, ist § 747 S 1 gegenstandslos; solche Verfügungen können nach § 747 S 2 nur gemeinschaftlich vorgenommen werden (§ 747 Rn 14, 67, 69). Die Annahme, die Gläubiger bildeten, soweit es um ihre Stellung als Partei des Schuldverhältnisses gehe, ipso iure eine „Gesamthandsgemeinschaft" (so FLUME, K SCHMIDT aaO), verwendet einen Begriff der Gesamthandsgemein-schaft, der vom üblichen Sprachgebrauch abweicht und dem Gesetz fremd ist. Gesamthandsgemeinschaften im Sinn des Gesetzes sind nur die gesetzlich zugelassenen Gemeinschaften gem §§ 718 f, §§ 1416, 1419, §§ 2032 f (vgl Rn 239 ff; vgl auch Vorbem 10).

k) Parallelforderungen

125 Keine Gemeinschaft besteht, wenn mehrere Beteiligte parallele Forderungen haben, die sich auf einen einheitlichen Gegenstand richten, aber nicht durch gemeinschaftliche Begründung verbunden sind. So bilden *mehrere Mieter verschiedener Wohnungen in einem Haus* keine Gemeinschaft (RGZ 64, 182; vgl auch KG OLGE 25, 14; HansOLG Hamburg OLGE 41, 115; MünchKomm/K SCHMIDT Rn 21).

126 Fraglich kann nur sein, ob hinsichtlich *einzelner gemeinsam benutzter Gegenstände* eine Gemeinschaft besteht. Das ist zu bejahen, soweit zwischen den Mietern Mitbesitz vorliegt (vgl BGHZ 62, 243, 245 für gemeinsam benutzten Lastenaufzug, dazu Rn 133, 271; andererseits KG JW 1928, 525 Nr 5: keine Gemeinschaft an Warmwasserversorgung und Sammelheizung); vgl auch OLG-Rep Hamm 1994, 35 f, 251 f zur Anwendung der §§ 741 ff bei gemeinschaftlichen Entwässerungsanlagen.

3. Beschränkte dingliche Rechte

a) Mitberechtigung nach Bruchteilen

127 Sind beschränkte dingliche Rechte **akzessorisch**, so richtet sich die Rechtszuständigkeit nach der zugrundeliegenden Forderung. Das Recht steht den Inhabern in Bruchteilsgemeinschaft zu, wenn die Forderung ihnen in Bruchteilsgemeinschaft zusteht (zur Hypothek vgl KGJ 31 Nr 64; KG HRR 1928 Nr 518; OLG Darmstadt JW 1934, 2485 f).

128 **Nichtakzessorische Rechte** können grundsätzlich zu Bruchteilen bestellt oder später durch Übertragung in Bruchteilsberechtigung überführt werden. Das gilt insbesondere für die *Grundschuld*, auch die *Eigentümergrundschuld* (RG JW 1938, 3236; KG JW 1938, 230; BayObLGZ 1962, 184, 188; SOERGEL/HADDING Rn 8 mwNw; MünchKomm/K SCHMIDT

Rn 12; **aA** WOLFF/RAISER § 148 VII 1 a). Bruchteilsgemeinschaften sind ferner möglich: an *Grunddienstbarkeiten* (BayObLG NJW 1966, 56); an *beschränkt persönlichen Dienstbarkeiten* (**aA**, aber nicht überzeugend, KG JW 1935, 3564, wenn Gegenstand der Dienstbarkeit eine Unterlassung ist; die hM differenziert nach Teilbarkeit der Ausübung, s STAUDINGER/MAYER [2002] § 1018 Rn 51); am *Nießbrauch* (KG JW 1936, 2747; RG SeuffA 91 Nr 148; BGH NJW 1981, 176); an *Reallasten* (OLG Karlsruhe NJW-RR 1992, 722); an *Erbbaurechten*; am *dinglichen Vorkaufsrecht* (str, wie hier AMANN 92 f; SCHULZE-OSTERLOH 38, 133; STAUDINGER/MADER [2002] § 1094 Rn 12; MünchKomm/K SCHMIDT Rn 11; DEMHARTER MittBayNotK 1998, 16; STREUER RPFLEGER 1998, 154; KG ZfiR 1997, 439 [Vorlagebeschluss]; LG Mönchengladbach MitRhNotK 1992, 273; **aA** BGH ZfiR 1997, 656; OLG Frankfurt ZFiR 1998, 562; KG HRR 1929 Nr 1212; weitere Nachw bei SCHULZE-OSTERLOH 38 Fn 47 u bei STAUDINGER/MAYER [2002] aaO; nur durch Verlautbarung kann so das „Verteilungsrisiko" der Berechtigten sicher begrenzt werden. § 428 – anders aber SCHÖNER/STÖBER, Grundbuchrecht Rn 1404 – genügt hierfür nicht, oben Rn 85). Ein Wohnungsrecht gem § 1093 soll nach OLG Köln DNotZ 1965, 686 mehreren Personen nicht in Bruchteilsgemeinschaft zustehen können (zust BADER DNotZ 1965, 673, 681 f; **aA** MünchKomm/K SCHMIDT Rn 12; zweifelnd FASSBENDER DNotZ 1965, 662). Das überzeugt nicht. Bei allen unveräußerlichen Rechten sind allerdings die Bestimmungen der §§ 742 ff insoweit unanwendbar, als sie Übertragbarkeit voraussetzen (so besonders §§ 747, 753, vgl dazu § 753 Rn 19). Das ändert aber nichts daran, dass an solchen Rechten Bruchteilsgemeinschaften möglich sind; für das Wohnungsrecht gilt insoweit nichts anderes als zB für den Nießbrauch, zumal nach ganz hM auch Mitberechtigung gem § 428 möglich und über § 430 dasselbe Ergebnis erzielbar wäre (BGHZ 46, 253; LG Lüneburg Rpfleger 1998, 110; HAEGELE, Grundbuchrecht Rn 1245; NIEDER BWNotZ 1982, 37; **aA** OLG Hamm DNotZ 1966, 372; WOELKI Rpfleger 1968, 208). Zur Eintragung eines Altenteils (Wohnungsrecht und Reallast) s BGH DNotZ 1979, 499. Ein Wohnungsrecht kann auch zugunsten einzelner oder aller Teilhaber bestellt werden (LG Lüneburg Rpfleger 1998, 110). Damit lassen sich die Schwächen der §§ 741 ff bei gemeinsam gehaltenen Grundbesitz ggf abmildern (vgl Rn 63 ff).

129 Grundbuchverfahrensrechtlich genügt die Bezeichnung „als Gesamtberechtigte" nicht den Anforderungen der §§ 47, 49 GBO, weil sie das Vorhandensein einer Gemeinschaft weder kenntlich macht noch ausdrücklich ausschließt (BGH NJW 1981, 176; MünchKomm/K SCHMIDT Rn 12; SCHÖNER/STÖBER, Grundbuchrecht Rn 260).

Eigentümergrundschulden stehen mehreren gemeinschaftlich zu, wenn mehrere Grundstücke zugunsten ihrer Eigentümer belastet werden (LG Nürnberg-Fürth Rpfleger 1960, 156), ebenso wenn mehrere Miteigentümer ihr Grundstück mit einer Eigentümergrundschuld belasten (MünchKomm/K SCHMIDT Rn 12; SOERGEL/HADDING Rn 8; eingeh SCHÖNER/STÖBER, Grundbuchrecht Rn 2355; **aA** – Gesamthandszuständigkeit – WOLFF/RAISER § 148 VII 1 a).

130 Befriedigen mehrere Miteigentümer gemeinsam den Gläubiger einer Gesamthypothek an den Miteigentumsanteilen, sind nicht die Vorschriften des § 1173, sondern der §§ 1163 Abs 1 S 2, 1172 Abs 1 anzuwenden. Folglich entsteht eine Eigentümergesamtgrundschuld (BGH ZIP 1986, 89 ff; anders bei Befriedigung durch einen Miteigentümer OLG Düsseldorf DNotI-Rep 18/95, 168). Diese bleibt in der Teilungsversteigerung bestehen, wird Fremdgrundschuld und ist ggf vom Ersteher zu berichtigen; Zahlungsansprüche oder gemeinschaftliche Berechtigungen am Versteigerungserlös bestehen hingegen mit Rücksicht auf § 1147 nicht (**aA** die Vorinstanz zu BGH ZIP 1986, 89, nach der durch Rückzahlung eine Eigentümergrundschuld auf dem eigenen Anteil entstanden, im Übrigen aber gem § 1173 Abs 1 erloschen sein soll). Die entstandene Bruchteilsgemeinschaft an der Grundschuld ist in Gemäßheit der §§ 749 ff auseinanderzusetzen, und zwar durch anteilmäßige Zerlegung mit gleichem Rang (§ 752) (vgl im Übrigen STAUDINGER/GURSKY [2006] § 1009 Rn 3).

Zur Bestellung eines Rechts zugunsten eines Miteigentümers vgl § 1009 sowie STAUDINGER/GURSKY (2006) Rn 1 aE; BayObLG Rpfleger 1992, 191; zur Bestellung eines Rechts zugunsten aller LG Frankfurt aM Rpfleger 1992, 246; LG Lüneburg Rpfleger 1998, 110.

b) Mitberechtigung nach § 428

131 Nach hM können beschränkte dingliche Rechte für mehrere auch so bestellt werden, dass *jeder Berechtigte entsprechend § 428 unabhängig vom anderen zur Ausübung berechtigt ist* (vgl dazu die Erl zu § 428 und MünchKomm/SELB § 428 Rn 4 mwNw und oben Rn 84 f). Das ist *unproblematisch* für *akzessorische* Rechte, wenn die Forderung den Gläubigern gem § 428 zusteht (BGHZ 29, 363, 364 betr Hypothek; für Zulässigkeit nur in solchen Fällen: MünchKomm/K SCHMIDT Rn 12: § 428 scheine nur bei akzessorischen Rechten angezeigt – soweit damit gemeint ist, dass aus Sicht der Beteiligten regelmäßig gewichtige Gründe gegen die Vereinbarung einer Mitgläubigerschaft gem § 428 sprechen, ist dem beizupflichten, vgl oben Rn 85, nicht aber in dem Sinne, dass § 428 nicht auch sonst vereinbart werden könnte). Keine Bedenken bestehen ferner, wenn das dingliche Recht sich auf „Leistung aus dem Grundstück" richtet, wie die *Grundschuld* (dazu BGH NJW 1975, 445 betr Eintragung einer Grundschuld für die Miteigentümer des Grundstücks zu Gesamtgläubigerschaft) oder die *Reallast* (dazu BayObLG Rpfleger 1975, 300). In solchen Fällen spricht nichts dagegen, jedem Mitberechtigten das Recht einzuräumen, die Leistung ohne Zuziehung der übrigen in Empfang zu nehmen. Im Innenverhältnis muss er gem § 430 teilen.

132 Die Praxis lässt aber Eintragung zur Berechtigung nach § 428 auch bei solchen Rechten zu, die sich *auf Nutzung*, also auf ständige gemeinschaftliche Ausübung richten, wie *Nießbrauch* (KG JW 1933, 702; BayObLGZ 1955, 155), *Grunddienstbarkeit* (BayObLGZ 1965, 267, 270; BayObLG NJW 1966, 56; BGH DB 1980, 2338), *beschränkte persönliche Dienstbarkeit* (KG JW 1935, 3564) und *Wohnungsrecht* (BGHZ 46, 253; vgl auch oben Rn 128 mwNw). Solche Gestaltungen können sinnvoll sein; man sollte sie nicht an – gewiss naheliegenden – begrifflichen Bedenken scheitern lassen. Sie haben den Vorteil, dass das Ausscheiden eines Berechtigten durch Verzicht ohne Beeinträchtigung der übrigen Teilhaber möglich ist, § 429 Abs 3 iVm § 423. Im Innenverhältnis ist Gemeinschaftsrecht, zumindest analog, anzuwenden, insbesondere gelten die §§ 743–745, 748; zur Aufhebung vgl § 753 Rn 19. Eine andere, in den praktischen Auswirkungen sehr ähnliche Möglichkeit besteht darin, *den Beteiligten die Rechte* – zB einen Nießbrauch oder eine Grunddienstbarkeit oder ein Wohnungsrecht – *unverbunden gleichrangig nebeneinander einzuräumen*; dann stehen sie hinsichtlich der Ausübung in Rechtsgemeinschaft (Rn 125). Zu den Vor- und Nachteilen beider Gestaltungsformen vgl FASSBENDER DNotZ 1965, 662 ff u BADER DNotZ 1965, 673 f sowie die Nachw oben Rn 85.

4. Besitz

133 Auch Besitz kann mehreren in Bruchteilsgemeinschaft zustehen (hM, BGH ZfIR 2005,

357; BGHZ 62, 243; Mot II 874; HansOLG Hamburg OLGE 43, 208; Soergel/Hadding Rn 10; BGB-RGRK/vGamm Rn 7; Palandt/Sprau Rn 3; Enneccerus/Lehmann § 183 III; Schubert JR 1975, 365; **aA** MünchKomm/K Schmidt Rn 17; Larenz II § 61 I, 414 Fn 1; dagegen sagen RGZ 13, 172, 179 – zum gemeinen Recht – und RG JW 1936, 251 nur, dass ein auf den ideellen Teil einer Sache beschränkter Besitz unmöglich ist; der Mitbesitz bezieht sich notwendigerweise auf die ganze Sache oder einen realen Teil der Sache). Dabei spielt es keine Rolle, ob man den Besitz als „Recht" auffasst oder nur als einen „Tatbestand". Entscheidend ist, dass der Mitbesitz – und zwar sowohl der *rechtmäßige* als auch der *redliche unrechtmäßige* Mitbesitz – den Mitbesitzern rechtliche Vorteile bringt, hinsichtlich derer die Anwendung der §§ 741 ff sinnvoll ist. So ist es, wenn *mehreren Mietern* verschiedener gewerblich genutzter Räume eines Gebäudes ein Lastenaufzug zur gemeinsamen Benutzung überlassen ist (vgl BGHZ 62, 243), sinnvoll, auf die Benutzung die §§ 743 Abs 2, 745 anzuwenden. Haben sie sich im Mietvertrag zur gemeinsamen Instandhaltung verpflichtet, passt § 748. Haben zwei *Teilhaber ein Grundstück aufgrund nichtigen Vertrags zu vermeintlichem Bruchteilseigentum erworben*, so sind sie, solange sie redlich und nicht verklagt sind, berechtigt, die gewöhnlichen Nutzungen zu behalten und verpflichtet, die gewöhnlichen Lasten zu tragen (§§ 993, 995). Die Verteilung von Nutzungen und Lasten erfolgt nach §§ 742, 743, 748; es gibt nichts Besseres. Ebenso gelten für die Verwaltung die §§ 744, 745. Werden mehreren Personen *unverbundene gleichrangige Rechte an einer Sache eingeräumt*, die zum Mitbesitz berechtigen – zB Nießbräuche, oder Wohnungsrechte hinsichtlich derselben Wohnung –, so ist das Besitzrecht nicht gemeinschaftlich, wohl aber der Besitz; insoweit muss Gemeinschaftsrecht gelten (zust BGH NJW 1993, 3327). Richtig ist, dass die §§ 747, 749 ff nicht passen. Das gilt aber immer, wenn unveräußerliche Rechte in Bruchteilsgemeinschaft stehen, und ist keine Besonderheit des Besitzes.

Einen besonderen Fall der Gemeinschaft von rechtmäßigen Mitbenutzern regeln die **134** §§ 921, 922. Nachbarn sind berechtigt, **Grenzeinrichtungen** gemeinsam zu benutzen, sofern nicht äußere Anzeichen darauf hinweisen, dass die Einrichtung einem von ihnen allein gehört (§ 921). Gemeint sind vor allem solche Mauern, Hecken, Gräben, „Zwischenräume" u dgl (§ 921), die über der Grenze stehen oder liegen. Gemeinschaftliches Eigentum besteht nicht; Bäume, Mauer, Hecke, Graben, „Zwischenraum" sind hinsichtlich des Eigentums über der Grenze vertikal geteilt (BGH NJW 2004, 3328; Erman/Lorenz § 921 Rn 4; Palandt/Bassenge § 921 Rn 4; Soergel/Baur § 921 Rn 8; OLG-Report München 1994, 197 f; **aA** Staudinger/Seufert[11] § 921 Rn 12: Miteigentum). Die Nachbarn haben kein gemeinsames Eigentum, nur ein gemeinsames Benutzungsrecht. Hierauf erklärt § 922 S 4 die Regeln über die Gemeinschaft für entsprechend anwendbar. Für andere Fälle der Mitbenutzung, auch soweit auf schlichtem Mitbesitz beruhend, kann nichts anderes gelten. Zur Anwendung der §§ 741 ff auf gemeinschaftliche Entwässerungsanlagen OLG Hamm OLGZ 1994, 62; OLG-Rep Hamm 1994, 35 f; 251 f (mE zweifelhaft).

5. Immaterialgüterrechte

a) Urhebergemeinschaften

Miturhebern (dh Urhebern, die ein Werk gemeinsam geschaffen haben, ohne dass **135** sich ihre Anteile gesondert verwerten lassen, § 8 Abs 1 UrhG) steht das Recht zur Veröffentlichung und Verwertung „zur gesamten Hand" zu (§ 8 Abs 2 UrhG, unter bewusster Abkehr vom früheren bis 1965 geltenden Rechtszustand nach §§ 6 Lit-

UrhG, 8 KunstUrhG). Erklärter Sinn der gesetzlichen Regelung ist, die Anwendung der §§ 742 ff auf Miturhebergemeinschaften auszuschließen (BT-Drucks IV/270, 41; SONTAG, Das Miturheberrecht [1972] 1 ff; vgl ferner WERNER BB 1982, 280 sowie das Spezialschrifttum). Eine Gemeinschaft iSv § 741 besteht nicht (BGH NJW 1982, 641). Die §§ 742 ff sind durch § 8 UrhG ausgeschlossen (nicht nur „modifiziert"; aA MünchKomm/ K SCHMIDT Rn 64). Die Frage, ob der Gesetzgeber mit seiner Regelung das Prinzip der Gesamthand verkannt hat (so SCHULZE-OSTERLOH 33, 133), ist akademischer Natur. Der Gesetzgeber wollte vor allem sicherstellen, dass die Miturheber über Veröffentlichung, Verwertung und Änderung des Werks nur gemeinsam entscheiden können (§ 8 Abs 2 UrhG), und dass jeder Miturheber auf seine Berechtigung zugunsten der übrigen verzichten kann (§ 8 Abs 4 UrhG). Das sind Regeln, die mit den Grundsätzen, die für die herkömmlichen Gesamthandsgemeinschaften gelten, jedenfalls nicht unvereinbar sind, und es kann dahinstehen, ob der Gesetzgeber dasselbe Ergebnis auch bei Zugrundelegung einer Bruchteilsgemeinschaft hätte erreichen können. Zum Erfordernis gemeinschaftlicher Kündigung eines Verlagsvertrages vgl BGH NJW 1982, 641; eingeh im Übrigen MünchKomm/K SCHMIDT Rn 64 ff; zur Miturheberschaft bei Computerprogrammen BGH GRUR 1994, 39; aus rechtsvergleichender Sicht WALDENBERGER 1 ff; MARBACH 29 ff (insbes zum schweizerischen Recht). Zu Datenbankurheberrechten vgl BGH GRUR 2007, 685, 688; EHMANN GRUR 2008, 474. Zur Auseinandersetzung GENNEN ITBR 2008, 13.

b) Erfindergemeinschaften

136 Haben mehrere eine Erfindung gemeinsam gemacht oder eine neue Gestaltung, Anordnung oder Vorrichtung für Arbeitsgerätschaften oder Gebrauchsgegenstände gemeinsam entwickelt, so steht ihnen das Recht auf das Patent „gemeinschaftlich" zu (§ 6 S 2 PatG). Ebenso steht ihnen nach der Eintragung das Patent gemeinschaftlich zu. Zwischen unabhängigen Erfindern besteht keine Gemeinschaft, vielmehr gilt das Präventionsprinzip (§ 6 S 3 PatG); jedoch können sie ihre Erfindung dadurch zu einer gemeinschaftlichen verschmelzen, dass sie sich zu gemeinsamer Anmeldung zusammenschließen (RG JW 1939, 239). Ob es sich bei der Erfindergemeinschaft um eine Gesamthandsgemeinschaft oder Bruchteilsgemeinschaft handelt, ist durch § 6 S 2 PatG nicht entschieden; infolgedessen gelten die allgemeinen Regeln (dazu Rn 204 ff). Im Zweifel ist wegen fehlenden rechtsgeschäftlichen Bindungswillens der Miterfinder Bruchteilsgemeinschaft anzunehmen (vgl dazu BGH NJW-RR 2005, 1200; RGZ 117, 47, 49; 118, 46, 47; RG JW 1937, 28; GRUR 1938, 256, 258; SEFZIG GRUR 1995, 5; ders GRUR 1995, 302; HÖVELMANN MittdschPatAnw 1999, 129; VILLINGER CR 1996, 393; VENROOY aaO 2000, 26 ff). Haben die Erfinder durch einen den Erfordernissen des § 705 entsprechenden Vertrag sich zur Entwicklung und Auswertung der Erfindung zusammengeschlossen (dazu LÜDECKE 105 ff), so entsteht eine Gesamthandsberechtigung an der Erfindung (mE originär, so auch LÜDECKE 101, 117; aA MünchKomm/K SCHMIDT Rn 63: originärer Erwerb immer nur zu Bruchteilen; gesamthänderische Zuständigkeit nur aufgrund besonderer Übertragung, die allerdings schon im Voraus verabredet, dh versprochen werden kann). Wird einem der Mitberechtigten das Patent erteilt, können die übrigen Beteiligten entspr § 5 S 3 PatG Einräumung einer dinglichen Mitberechtigung verlangen (BGH NJW 1979, 1505). Machen mehrere *Arbeitnehmer* eine Diensterfindung (§ 4 Abs 2 ArbNErfG) und nimmt der Arbeitgeber die Erfindung in Anspruch (§§ 6, 7 ArbNErfG), so ist die Vergütung für jeden Arbeitnehmer gesondert festzustellen (§ 12 Abs 2 ArbNErfG; vgl dazu auch OLG Düsseldorf GRUR 2006, 118). Hinsichtlich des Vergütungsanspruchs besteht daher keine Gemeinschaft; dazu KURZ, Historische

Entwicklung des Arbeitnehmererfindungsrechts (1990); HOLLÄNDER CuR 1991, 614. Zur mehrbetrieblichen Erfindungs- und Schutzgemeinschaft, insbes bei Rüstungsentwicklungen, KOCH BB 1989, 1138 ff; zur Doppelerfindung bei Arbeitnehmern OLG München GRUR 1993, 691 ff. Zum Ausgleich gezogener Gebrauchsvorteile (§§ 743, 745) vgl BGH NJW-RR 2005, 1200; dazu HENKE GRUR 2007, 89.

c) Sonstiges
Zu Gemeinschaftsverhältnissen im Gebrauchsmuster-, Marken- und Pflanzenrecht **137** vgl MARBACH 42 ff mwNw; ENGLERT 96 ff mwNw. An den dabei relevanten Fragen hat sich, soweit ersichtlich, auch durch Inkrafttreten des Markengesetzes (BGBl 1994 I 3082) nichts geändert. § 7 MarkenG schloss nach früher hM (vgl BGH NJW-RR 2001, 114) die Inhaberschaft einer Marke durch eine Gesellschaft bürgerlichen Rechts aus. Mit der Anerkennung der Rechtsfähigkeit der Gesellschaft bürgerlichen Rechts ist nunmehr aber auch insofern eine Bruchteilsgemeinschaft nicht zwingend (vgl BPatG GRUR 2004, 685, 1030; HILDEBRANDT NJW 11/2005 Editorial). Zu Nutzungsbefugnissen und Ausgleichspflichten im Fall der Anwendbarkeit der §§ 742 ff HAEDICKE GRUR 2007, 23 ff).

6. Gesellschaftsanteile, Erbteile, Anteile an Bruchteilsgemeinschaften

a) Anteile an Kapitalgesellschaften
Aktien und **GmbH-Anteile** können in Bruchteilsgemeinschaft gehalten werden **138** (MünchKomm/K SCHMIDT Rn 14 mwNw; ders BB 1983, 1700). §§ 69 AktG, 18 GmbHG bestimmen für diesen Fall, dass die Rechte aus der Mitgliedschaft nur gemeinschaftlich ausgeübt werden können und dass die Teilhaber gegenüber der Gesellschaft gesamtschuldnerisch haften (vgl RGZ 135, 70, 74 zur Bruchteilsgemeinschaft am Geschäftsanteil einer GmbH); näher dürfte im Regelfall allerdings reale Teilung liegen. Zur Haftung für kapitalersetzende Nutzungsüberlassung, sofern nur einer der Gemeinschafter zugleich Gesellschafter ist, vgl Rn 76 aE.

Str die Behandlung von sog Vertreterklauseln im Gesellschaftsvertrag: Sie zwingt **139** mehrere Gesellschafter zur einheitlichen Repräsentation und wird in der Kautelarpraxis durchgehend verwandt, um eine Zersplitterung der Verwaltung zu vermeiden. Nach BGHZ 46, 295 handelt es sich um ein gesellschaftsähnliches Verhältnis (Konsequenz: Einstimmigkeitsprinzip); K SCHMIDT hält §§ 741 ff für anwendbar (MünchKomm Rn 76). Folge: Es gilt das Mehrheitsprinzip des § 745 (näher mwNw K SCHMIDT ZHR 146 [1982] 525 ff). ME ist K SCHMIDT zuzustimmen (zust auch OLG Düsseldorf NJW-RR 1995, 171). Ebenso mit ausführlicher Darstellung SCHÖRNIG, Die obligatorische Gruppenvertretung (Diss 2006); dazu SCHMITZ-VALCKENBERG DNotZ 2006, 156. Unterbleibt ene ausdrückliche Regelung und stehen die Beteiligten auch in keinem anderen Rechtsverhältnis (zB Erbengemeinschaft), entspricht es allgemeinen Grundsätzen und Bedürfnissen eher, von der Anwendbarkeit der §§ 741 ff auszugehen, solange die Beteiligten keine anderweitige Absprache treffen. Der Einstimmigkeit bedarf es somit nur im Falle wesentlicher Änderungen (§ 745 Abs 3), vgl hierzu MünchKomm/K SCHMIDT § 745 Rn 8; HABERSACK ZHR 164 (2000) 18 ff.

Bei der **Gründung einer Kapitalgesellschaft** können mE Anteile nicht durch eine **140** Bruchteilsgemeinschaft übernommen werden (str, aA FEINE, Gesellschaft mit beschränkter

Haftung 69; ROWEDDER/ua[3], § 2 GmbHG Rn 20, allerdings unter fehlerhafter Bezugnahme auf andere Kommentierungen, die sich an der angegebenen Stelle lediglich mit Gesamthandsgesellschaften befassen. Zutr SCHOLZ GmbHRdsch 1956, 17; GROTHUS GmbHRdsch 1958, 158; gegen RIPFEL GmbHRdsch 1956, 8). Bei der Gründung der Gesellschaft steht die Schaffung des Mitgliedsrechts im Vordergrund, zu deren Innehabung eine Bruchteilsgemeinschaft mangels Rechtsfähigkeit nicht in der Lage ist. Anders kann es bei der späteren Kapitalbeteiligung liegen (oben Rn 138). Zur Anwendbarkeit des § 69 AktG bei Globalurkunden HABERSACK/MAYER WM 2000, 1678 ff.

b) Anteile an Personengesellschaften

141 Eine Bruchteilsgemeinschaft am Anteil an einer Personengesellschaft – **OHG, KG, Gesellschaft bürgerlichen Rechts**, jedenfalls wenn sie als „Außengesellschaft" organisiert ist – ist nicht möglich (iE hM: SOERGEL/HADDING Rn 12; BGB-RGRK/vGAMM Rn 9 – unzutr allerdings der Hinweis auf BGHZ 50, 318, 319 –; MünchKomm/K SCHMIDT Rn 14; FLUME I 1, 99; BUCHWALD JR 1967, 368). Die Gemeinschaft kann als solche keine Verträge schließen und ist als Organisationsform ungeeignet, die Rechte auszuüben (Geschäftsführungsrecht, Kündigungsrecht) und die Risiken zu tragen (persönliche Haftung), die mit der Mitgliedschaft verbunden sind. Möglich ist nur eine schuldrechtliche Unterbeteiligung mehrerer an der Beteiligung an einer Personengesellschaft. Die Unterbeteiligten sind keine Gesellschafter; das ist nur der Hauptbeteiligte, der die Rechte für die Unterbeteiligten treuhänderisch ausübt. Die Unterbeteiligten können untereinander hinsichtlich der Unterbeteiligung zu einer Bruchteilsgemeinschaft zusammengefasst sein (vgl BUCHWALD JR 1967, 369; LIPPS BB 1972, 860; dazu Rn 149 ff; zur Anwendung der §§ 741 ff auf das Verhältnis der Treugeber untereinander im Falle eines Treuhandkommanditisten OLG Frankfurt aM NZG 1999, 819). Bei der **stillen Gesellschaft** bestehen dagegen Bedenken, dass die stille Einlage einer Bruchteilsgemeinschaft zusteht (MünchKomm/K SCHMIDT Rn 14; aA STAUDINGER/HUBER[12] Rn 75). Die stille Einlage als Forderung ist zwar bruchteilsfähig, nicht aber das Schuldverhältnis der stillen Gesellschaft als solches (vgl auch K SCHMIDT ZHR 140 [1976] 473). Freilich können sich die Beteiligten schuldrechtlich so behandeln, als sei die Bruchteilsgemeinschaft stille Teilhaberin (dazu bereits oben zur ähnlichen Problematik rechtsgeschäftlicher Beziehungen der Teilhaber zur Gemeinschaft Rn 73 ff).

142 Dagegen können solche Rechte des Gesellschafters einer Personengesellschaft, **die selbständig abgetreten werden können**, wie der Anspruch auf Auszahlung des Gewinns oder des Auseinandersetzungsguthabens (§ 717 S 2), einer Bruchteilsgemeinschaft zustehen. So erklärt sich, dass das RG eine Bruchteilsgemeinschaft an einer *Kartellquote* anerkannt hat (RGZ 169, 332, 334 f) – denn Kartellquoten sind, jedenfalls mit Zustimmung des Kartells, unter den Kartellmitgliedern übertragbar.

c) Erbteile

143 Der Anteil an einer Erbengemeinschaft kann mehreren Teilhabern in Bruchteilsgemeinschaft zustehen; vgl MünchKomm/K SCHMIDT Rn 15. Er entsteht bei Teilveräußerung eines Erbteils, der keine Vermehrung der Erbteile, sondern Bruchteilszuständigkeit hinsichtlich des ungeteilten Erbteils zur Folge hat oder im Falle der Bruchteilsabtretung des gesamten Erbteils an mehrere Personen (PALANDT/EDENHOFER § 2033 Rn 2; OLG Köln Rpfleger 1974, 109; LG Berlin Rpfleger 1996, 472 m zust Anm BESTELMEYER; aA JASCHKE 86 ff; VENJAKOB Rpfleger 1993, 2 mwNw). Dies ist entsprechend im Grundbuch zu verlautbaren (OLG Düsseldorf Rpfleger 1968, 188; OLG Köln Rpfleger 1974, 109; jetzt

BayObLGZ 1990, 188; MünchKomm/K SCHMIDT Rn 15; **aA** BayObLGZ 1967, 405). Bruchteilsgemeinschaft an einzelnen Nachlassgegenständen entsteht hingegen erst mit (Teil-) Auseinandersetzung des Nachlasses (MünchKomm/K SCHMIDT Rn 15 mwNw; unrichtig daher BFH NJW 1975, 2119: automatische Umwandlung bei Übertragung aller Anteile zu Bruchteilen auf mehrere Erwerber; zum Ganzen auch VENJAKOB aaO mwNw). Jeder Teilhaber der Gemeinschaft kann die Auseinandersetzung verlangen (LG Berlin Rpfleger 1996, 472).

Wird ein Erbteil an alle anderen Miterben übertragen, so ist im Zweifel Anwachsung **144** gewollt. Möglich wäre aber auch das Entstehen einer zusätzlichen Bruchteilsgemeinschaft (BayObLG NJW 1981, 830; krit MünchKomm/K SCHMIDT Rn 15; JASCHKE 86 ff). Überträgt ein Miterbe einen Bruchteil seines Anteils auf einen anderen Miterben, vergrößert sich idR dessen Anteil im Wege der Anwachsung. Auch wenn der Veräußernde einen Bruchteil seines Anteils zurückbehält, entsteht keine Untergemeinschaft mit dem Erwerber (BayObLG Rpfleger 1991, 315).

d) Anteile an Bruchteilsgemeinschaften
Die Frage, ob Bruchteilsgemeinschaften an Anteilen an Bruchteilsgemeinschaften **145** („Untergemeinschaften") zulässig sind, ist nach praktischen Gesichtspunkten zu entscheiden. Man muss vor allem die **sachenrechtliche** und die **schuldrechtliche** Seite unterscheiden (vgl auch MünchKomm/K SCHMIDT Rn 16; WEITNAUER DNotZ 1960, 115, 116).

Sachenrechtlich ist ein ideeller Bruchteil am ideellen Bruchteil eines Rechts idR **146** ohne Sinn; er ist ein ideeller Bruchteil am Recht selbst. Überträgt also ein Miteigentümer zu 1/2 seinen Anteil auf zwei Erwerber zu je 1/2, so werden die beiden Erwerber Miteigentümer zu je 1/4 (BGHZ 13, 133, 140 f mwNw; MünchKomm/K SCHMIDT Rn 16). Anders ist es, wenn es sich um Anteile an einer Bruchteilsgemeinschaft „besonderen Rechts" handelt. *Wohnungseigentum* kann zu Bruchteilen übertragen werden, mit der Folge, dass die Erwerber hinsichtlich des bisherigen Miteigentumsanteils des Veräußerers eine „Untergemeinschaft" bilden (BGHZ 49, 250, 252; OLG Neustadt NJW 1960, 295; vgl auch § 25 Abs 2 WEG). Denn das Sondereigentum und der ihm zugeordnete Miteigentumsanteil lassen sich nicht trennen. Ebenso entstehen Untergemeinschaften am *Wertpapiersammelbestand* oder am *Sondervermögen einer Kapitalanlagegesellschaft*, wenn das einzelne Depot oder der Anteilschein einer Bruchteilsgemeinschaft zusteht. Der Satz „Eine Bruchteilsgemeinschaft am Bruchteil gibt es nicht" (MünchKomm/K SCHMIDT Rn 16) lässt sich daher in dieser allgemeinen Form nicht aufrechterhalten. Zur Grundbuchbehandlung BayObLG DNotZ 1980, 99 f; anders noch BayObLGZ 1958, 200 f.

Schuldrechtlich gesehen, steht der Bildung von Untergemeinschaften nichts im **147** Wege. Sind A und B Miteigentümer eines Hauses zur Hälfte und haben sie die Benutzung (mit Grundbucheintragung, § 1011) so geregelt, dass A das Erdgeschoss und B den ersten Stock benutzen soll und dass jeder seinen Teil instandzuhalten hat, so führt die Übertragung des Anteils durch B an C, D und E gemeinsam zwar sachenrechtlich dazu, dass C, D und E Miteigentümer zu 1/6 werden. Schuldrechtlich sind sie nach § 746 aber an die getroffene Regelung gebunden, dh, sie können den ersten Stock gemeinsam benutzen und müssen ihn gemeinsam instandhalten. Im Innenverhältnis bilden sie eine „Untergemeinschaft", für die die §§ 743 bis 745, 748 gesondert gelten. Gegenstand der Untergemeinschaft ist nicht eigentlich der Miteigentumsanteil, sondern der durch die Benutzungsregelung übertragene Besitz am ersten Stock. Zur Bildung von Untergemeinschaften allg WEITNAUER DNotZ 1960, 115 f; speziell im WEG WEITNAUER § 3 WEG Rn 33, 120 ff; § 8 WEG Rn 3; krit zum Ganzen MünchKomm/K SCHMIDT Rn 16.

e) Bruchteilsberechtigung gem § 131 Abs 3 UmwG

148 Bei der Aufspaltung von Unternehmen auf der Grundlage der §§ 123 ff UmwG kann es vorkommen, dass der Spaltungsplan bestimmte Aktiva nicht zuteilt (§ 126 Abs 1 Ziff 9, 126 Abs 2 UmwG). Für diesen Fall ordnet § 131 Abs 3 UmwG den Übergang des vergessenen Gegenstandes auf alle Rechtsträger in dem Verhältnis an, welches sich aus dem Vertrag für die Aufteilung des Überschusses der Aktivseite der Schlussbilanz über die Passivseite ergibt; ist eine Zuteilung an mehrere Rechtsträger nicht möglich, so ist sein Gegenwert in dem bezeichneten Verhältnis zu verteilen. Im ersteren Falle entsteht mE eine Bruchteilsgemeinschaft gem §§ 741 ff, da eine gesamthänderische Bindung ausdrücklich gesetzlicher Anordnung bedurft hätte. Die Vorschrift wirft erhebliche, bisher nicht geklärte Zweifelsfragen auf (Realteilung, Aufhebung, Verfahren bei Unmöglichkeit der Zuteilung, Aufteilung von Forderungen, „Gegenwertverteilung" – im Einzelnen muss auf das Spezialschrifttum zu § 131 UmwG verwiesen werden; vgl LUTTER [3. Aufl 2004] § 131 UmwG Rn 16 ff).

f) Unterbeteiligung

149 Keine Bruchteilsgemeinschaft entsteht bei der Unterbeteiligung. Der Unterbeteiligte steht regelmäßig nur in schuldrechtlichen Beziehungen zum Hauptbeteiligten. Zwischen mehreren Unterbeteiligten an demselben Rechtsgegenstand kann allerdings wiederum Bruchteilsgemeinschaft nach allg Regeln bestehen (näher MünchKomm/K SCHMIDT Rn 14 mwNw).

7. Gemeinschaftliche Treuhandberechtigungen

150 Es kommt vor, dass Treuhänder ein bestimmtes Treugut für eine **Vielzahl von Treuhandbegünstigten** innehaben: so bei *Kapitalanlagegesellschaften*, wenn die Gesellschaft gem § 6 Abs 1 S 2 KAGG anstelle der – wohl üblichen – Miteigentumslösung die „Treuhandlösung" gewählt hat, so bei *Immobilien-* und *Industriefonds*, wenn sie nach dem Treuhandprinzip organisiert sind (OLG Frankfurt aM NZG 1999, 819 f; vgl dazu zB MARTINI, Rechtliche Probleme eines Immobilienzertifikats [1967] 28 ff; LIPPS BB 1972, 860), so bei *Anleihen*, die durch eine von einem Treuhänder gehaltene Grundschuld zugunsten der Obligationäre gesichert sind (vgl dazu zB U HUBER, Die Sicherungsgrundschuld [1965] 72 ff), so bei *Publikumskommanditgesellschaften*, wenn die Kommanditbeteiligung für die Anleger durch einen Treuhandkommanditisten gehalten wird (dazu zB BÄLZ ZGR 1980, 1 ff).

151 Für die **Rechtsposition der Treuhandbegünstigten** ist in solchen Fällen in erster Linie die individuelle Ausgestaltung maßgeblich.

152 Im Fall der **Kapitalanlagegesellschaft** werden die Rechte der Treuhandbegünstigten (Drittwiderspruchsklage, Aussonderung bei Insolvenz) durch die *Depotbank* ausgeübt (§§ 12, 14 KAGG; dazu J BAUR, Investmentgesetze [2. Aufl 1997] § 6 KAGG Rn 14–16). Praktisch besteht also eine Doppeltreuhand. Bei Versagen der Depotbank muss die Bankaufsichtsbehörde eingreifen (§ 12 Abs 4 KAGG). Die Anteilinhaber bilden in ihrer Eigenschaft als Treuhandbegünstigte keine Rechtsgemeinschaft: sie haben nur individuelle, wenn auch parallel gerichtete Ansprüche gegen die Gesellschaft und die Depotbank inne.

In den übrigen, **gesetzlich nicht geregelten Fällen** kommt es auf den Inhalt des einzelnen Vertrags an. Unbeschadet abweichender Vertragsregelungen lässt sich allgemein Folgendes sagen: Die Treuhandverpflichtung, die der Treuhänder, sei es unmittelbar, sei es durch Vertrag zugunsten Dritter gegenüber den Anlegern eingeht, hat den Sinn, dass *der Treuhänder das Treugut zugunsten aller Anleger gemeinsam verwaltet.* Endet das Treuhandverhältnis und ist für diesen Fall nichts Besonderes vorgesehen, so richtet sich deshalb der Herausgabeanspruch (§ 667) auf Herausgabe an alle Anleger gemeinsam. Für sonstige Rechte aus dem Treuhandverhältnis gilt entsprechendes. Dabei kann es keinen Unterschied machen, ob das Treuhandverhältnis rechtlich als *Geschäftsbesorgungsverhältnis* (§ 675 iVm Auftragsrecht) oder als *Unterbeteiligung* (§ 705, 713 iVm Auftragsrecht) ausgestaltet ist (zur praktischen Gleichwertigkeit beider Konstruktionen auch BÄLZ ZGR 1980, 1, 85). Das Treuhandverhältnis begründet also für die Anleger gegenüber dem Treuhänder Forderungen iS des § 432, und die Anleger bilden, hinsichtlich der ihnen gegenüber dem Treuhänder zustehenden Rechte, eine *Rechtsgemeinschaft* (ebenso LIPPS BB 1972, 860; BEUTHIEN ZGR 1974, 26, 36; dagegen KINDERMANN WM 1975, 782, 785 ff; BÄLZ ZGR 1980, 1, 30; vgl auch OLG Frankfurt aM NZG 1999, 820). Selbstverständlich können den Anlegern daneben auch Individualrechte gegen den Treuhänder zustehen (zB Dividendenansprüche, Rechte zur Erteilung individueller Weisungen hinsichtlich des Abstimmungsverhaltens in der KG u dgl). Im Übrigen erscheint es aber immer noch als die am ehesten interessengerechte Deutung der Zusammenhänge, dass die Treuhandbegünstigten, soweit sich aus dem Vertragswerk nichts Abweichendes ergibt, nach Gemeinschaftsrecht vorgehen können (und so zB gem § 745 einen Beschluss über die Abberufung des Treuhänders fassen können). Wo sich nach dem Vertragswerk überhaupt noch die Auslegungsfrage stellt, ob die Treuhandbegünstigten gegenüber dem Treuhänder gemeinschaftlich berechtigt sind oder mit ihren Rechten unverbunden nebeneinander stehen, sollte man deshalb in ihrem Interesse im Sinn gemeinschaftlicher Berechtigung entscheiden.

8. Öffentliches Recht

a) Die Bruchteilsgemeinschaft im Verwaltungsrecht

Der Bruchteilsgemeinschaft stehen grundsätzlich im Verwaltungsrecht weder gemeinsam auszuübende Rechte noch Pflichten zu. Die Bruchteilsgemeinschaft ist prinzipiell nicht beteiligtenfähig iSv § 11 Nr 2 VwVfG, § 61 Nr 2 VwGO (BayVGH VRspr 30 [1979] 249 f; OVG Münster NVwZ 1983, 492; zum FGO-Verfahren vgl aber BFH DStR 2004, 1333). Sie kann daher weder als Antragsteller oder -gegner, Adressat eines Verwaltungsakts noch als Kläger, Beklagter, Beigeladener oder sonstiger Beteiligter eines Verwaltungsprozesses auftreten. Derartiges Subjekt des Verwaltungsverfahrens oder -prozesses kann nur jeder einzelne Teilhaber der Bruchteilsgemeinschaft sein.

Demnach ist ein Verwaltungsakt, der die Bruchteilsgemeinschaft betrifft, allen Teilhabern der Gemeinschaft einzeln bekanntzugeben, sofern keine abweichende (landes-)rechtliche Regelung besteht. Er wird für den Einzelnen erst dann wirksam, wenn er diesem bekanntgegeben ist. Ein Verwaltungsakt kann also zu unterschiedlichen Zeitpunkten und sogar nur für einen Teil der Teilhaber einer Bruchteilsgemeinschaft wirksam werden (vgl MAURER, VwR AT[12] § 9 Rn 65; ERICHSEN/MARTENS, VwR AT[11] § 38 Rn 20).

b) Beispiele

155 Subjektive öffentliche Rechte können Gegenstand einer Bruchteilsgemeinschaft sein; § 741 beschränkt sich nicht auf private Rechte (ebenso MünchKomm/K SCHMIDT Rn 13). Ein Beispiel ist die *gemeinschaftliche Grabstelle*, HansOLG Hamburg HansRZ 1926, 676 und OLG Oldenburg NJW-RR 1996, 136 zur privatrechtlichen Seite; s auch zum Öffentlichen Recht AG Hamburg HansRGZ 1930 B, 729. Zur Mitberechtigung an öffentlich-rechtlichen Gewerbekonzessionen vgl ESSER/SCHMIDT SchR I 2, § 38 IV; zur Haftung für Erschließungsbeiträge § 134 BauGB (verfassungsrechtlich zulässig; BVerfG NJW 1996, 713); zu den Wirkungen einer Baulast, die auf einem Miteigentumsanteil beruht, VGH Mannheim NJW 1995, 1373; zur Widmung einer Gemeinschaftsfläche als öffentlicher Weg BGHZ 101, 24; zum Anspruch auf Bewilligung einer Zufahrtsbaulast BGHR § 743 Abs 2 Nr 1; OLG Düsseldorf vom 29. 10. 1993 – 7 U 104/92; zur Anwendung der §§ 741 ff im Bereich der öffentlichen Fürsorge BVerwG NJW 1954, 1541. Die landesgesetzlichen Vorschriften bestimmen in unterschiedlicher Form, wie subjektiv-öffentliche Rechte geltend zu machen sind oder wie sie dem Berechtigten zustehen. Gleiches gilt für öffentlich-rechtliche Pflichten. Zur öffentlich-rechtlichen Streupflicht bei Gemeinschaftsgrundstücken OLG Stuttgart NJW-RR 1986, 958; zu öffentlich-rechtlichen Zwangsmaßnahmen gegen einzelne Teilhaber OVG Münster NJW 1985, 2491; VGH Kassel NJW 1985, 2492. Zum Anschluss- und Benutzungszwang OVG Sachsen-Anhalt NJ 2007, 41.

156 Öffentliches Recht kann im Übrigen der Bildung von Bruchteilsgemeinschaften entgegenstehen (vgl OLG Stuttgart RdL 1990, 155 zur Versagung einer Genehmigung nach § 9 GrdstVG wegen Unwirtschaftlichkeit allein aufgrund ideeller Teilung und ihr innewohnender Tendenz zur Realteilung). Werden Miteigentumsanteile an landwirtschaftlich genutztem Grundbesitz übertragen, so kann die Genehmigungsbehörde idR nicht verlangen, dass eine Gesellschaft bürgerlichen Rechts gegründet wird (AG Ellwangen BwNotZ 1998, 148). Vgl weiter die Nachw Vorbem Rn 13.

9. Spezialitätsgrundsatz und Mehrheit von Gegenständen

157 Das Sachenrecht kennt nur Berechtigungen an einzelnen Sachen (sog Spezialitätsgrundsatz, vgl MünchKomm/K SCHMIDT Rn 33). Es gibt kein Eigentum und folglich auch kein Miteigentum an Sachgesamtheiten (wohl aber an „Gesamt-" oder „Mengesachen", die nach der Verkehrsanschauung nur in ihrer Zusammenfassung zu größeren Quantitäten einen Wert repräsentieren, dazu STAUDINGER/JICKELI/STIEPER [2004] Vorbem 14 zu § 90 – zB *Getreide, Schrott, Kohlen, Bienenschwärme* –; deshalb ist hier die irgendwie abgetrennte Menge als solche die Sache, an der Eigentum besteht). Für Sachgesamtheiten gilt: soviel Sachen, soviel Rechte. Stehen Sachgesamtheiten (zB ein Haus mit Inventar oder mehrere Grundstücke) den gleichen Personen gemeinschaftlich zu, gibt es deshalb soviel Miteigentumsrechte wie Sachen. Daraus hat man geschlossen, es bestünden nebeneinander soviel Bruchteilsgemeinschaften wie dingliche Mitberechtigungen; die *Gemeinschaft habe notwendigerweise immer nur einen einzigen Gegenstand* (SAENGER 8; FABRICIUS, Relativität der Rechtsfähigkeit [1963] 143; FIKENTSCHER § 89 I 2;

SCHULZE-OSTERLOH 131 f, 163 ff, 207 ff; vgl auch KÜMPEL WM 1980, 424). Dieser Schluss ist *nicht zwingend* (so vor allem FLUME I 1, 112 f; MünchKomm/P ULMER Rn 10, 100 vor § 705; iE wohl auch MünchKomm/K SCHMIDT Rn 33; vgl auch BGHZ 140, 63). Die §§ 742 ff regeln im Wesentlichen die schuldrechtlichen Rechte und Pflichten der Parteien; eine Ausnahme bildet nur § 747. Schuldverhältnisse können aber auch im Hinblick auf Sachgesamtheiten bestehen. § 752 setzt als selbstverständlich voraus, dass „mehrere Gegenstände gemeinschaftlich", also das Objekt ein und derselben Rechtsgemeinschaft sein können. Schulbeispiel ist die Vermengung mehrerer selbständiger Sachen – zB mehrerer Goldbarren oder Münzen verschiedener Eigentümer – zu einem einheitlichen Bestand (die Ansicht von SCHULZE-OSTERLOH 207 ff, in einem solchen Fall entstehe Gesamthandseigentum, beruht auf einer frei gewählten, mit dem Gesetz unvereinbaren Definition von Bruchteils- und Gesamthandsgemeinschaft).

Ob an mehreren Gegenständen eine **einheitliche Gemeinschaft** oder ob **getrennte** 158 **Gemeinschaften** bestehen, ist nach dem *Entstehungsgrund der gemeinsamen Berechtigungen* zu entscheiden (vgl auch BGHZ 140, 63). Beruhen sie auf einem einheitlichen Entstehungsgrund, existiert idR nur eine Gemeinschaft; verschiedene Entstehungsgründe schaffen verschiedene Gemeinschaften. Erwerben zB Ehegatten ein Haus mit Inventar, oder erwerben mehrere Vorbehaltslieferanten durch Vermischung Miteigentum an einer Vielzahl gleichartiger Gegenstände, so liegt zwar mehrfaches Miteigentum, aber iS der §§ 741 ff nur eine einzige Gemeinschaft vor. Auch nachträglicher Hinzuerwerb zu bestehendem Miteigentum (Kauf eines angrenzenden Grundstücks) ist im Allgemeinen als Erwerb zur bereits bestehenden Gemeinschaft, nicht als Begründung einer neuen Gemeinschaft anzusehen. In Zweifelsfällen müssen Verkehrsanschauung und wirtschaftliche Vernunft entscheiden. Grundstück, Zubehör und Früchte muss man danach stets als Gegenstand einer einheitlichen Gemeinschaft ansehen. Insoweit ist zumindest schuldrechtlich eine vorsichtige Lockerung des sachenrechtlichen Spezialitätsgrundsatzes durchaus geboten und vertretbar. Zum ganzen BGHZ 140, 63 (verschiedene Grundstücke, die zu einem einheitlichen Forstbetrieb gehören); BGH WM 1984, 873; RÜTTEN 82 Fn 24; MünchKomm/ K SCHMIDT Rn 33.

Die praktischen Folgen der Zusammenfassung mehrerer Gegenstände zu einer 159 einheitlichen Gemeinschaft sind vor allem: Der Teilhaber kann nach § 743 Abs 1 nur einen Anteil *an den Früchten des Gesamtbestands*, nicht jeder einzelnen Sache verlangen (wichtig, weil vor der Verteilung der Früchte erst die Kosten gedeckt werden müssen! § 743 Rn 14). Die Verwaltung (§§ 744, 745) bezieht sich auf den gesamten Bestand. Vor allem richtet der Anspruch auf Teilung sich auf Teilung des ganzen gemeinschaftlichen Bestandes, nicht von Einzelstücken (§ 749 Rn 51). Ebenso MünchKomm/K SCHMIDT Rn 33. Zu den Rechten des Eigentümers einzelner Teile einer zusammengesetzten Sache (corpora connexa) vgl STAUDINGER/GURSKY (2006) § 1011 Rn 11 mwNw.

10. Gemeinschaftliche Unternehmen?

Die Gemeinschaft gem §§ 741 ff kann zivilrechtlich **nicht Trägerin eines Unterneh-** 160 **mens** sein. Zwar können einzelne Rechte, die dem Unternehmenszweck gewidmet sind, in Bruchteilsgemeinschaft stehen. Die Unternehmensgemeinschaft scheitert auch nicht daran, dass zu einem Unternehmen idR ein Inbegriff verschiedener

Sachen und Rechte gehört; denn auch insoweit ist eine einheitliche Gemeinschaft möglich (Rn 157 ff). Aber die Verbindung zur unternehmerischen Tätigkeit wird durch § 741 nicht erfasst, und erst diese Tätigkeit macht das Unternehmen aus (vgl jetzt auch die Legaldefinition in § 14 BGB; PALANDT/HEINRICHS/ELLENBERGER § 14 BGB Rn 2). Auch eine *entsprechende Anwendung* der §§ 741 ff kommt nicht in Betracht (anders, aber überholt RG Gruchot 53, 982 = WarnR 1909, Nr 139; zust noch SOERGEL/HADDING Rn 14; STAUDINGER/VOGEL 10/11 Rn 2 c; wie hier MünchKomm/K SCHMIDT Rn 24; BUCHWALD JR 1967, 368; ders BB 1968, 1181, 1183; iE auch RGZ 115, 358, 362; BGB-RGRK/vGAMM Rn 7). Wollen mehrere Personen sich zur Führung eines Unternehmens zusammenschließen, müssen sie notwendigerweise eine Handelsgesellschaft oder zumindest – bei nichtkaufmännischen Unternehmen – eine Gesellschaft bürgerlichen Rechts errichten. Die Gemeinschaft kommt als Rechtsform nicht in Betracht; sie bezieht sich auf Rechte, nicht auf Tätigkeiten. Deswegen ist Gemeinschaftsrecht insbesondere dann unanwendbar, wenn mehrere Personen faktisch ein Unternehmen (ein gewerbliches Unternehmen, eine freiberufliche Praxis) gemeinschaftlich führen, dessen Träger nach außen hin nur einer von ihnen ist. „Faktische" Gesellschaften ohne vertragliche Grundlage sind also keine Gemeinschaften. Zur Lösung der Probleme, die die Mitarbeit von Ehegatten oder nicht verheirateten Lebensgefährten im Unternehmen des Partners mit sich bringt, ist daher das Gemeinschaftsrecht jedenfalls ungeeignet (vgl auch BGH NJW 1981, 1502).

161 Auch die **Zusammenfassung mehrerer Unternehmen** zu einer wirtschaftlichen Einheit (also einem Konzern) begründet zwischen den Trägern der Unternehmen keine Gemeinschaft. Dass man den Gleichordnungskonzern (§ 18 Abs 2 AktG) mit Ergebnisausgleich (§ 292 Abs 1 Nr 1 AktG) als „Interessengemeinschaft" bezeichnet (vgl FIKENTSCHER, Die Interessengemeinschaft [1966]), ist sprachlicher Zufall; es handelt sich um Gesellschaften, nicht um Gemeinschaften, auch nicht im Sinn der Lehre von der „schlichten Interessengemeinschaft", die sich auf ganz andere Sachverhalte bezieht (unten Rn 167 ff; vgl auch MünchKomm/K SCHMIDT Rn 71).

162 Das **Umwandlungsrecht** behandelt konsequenterweise Bruchteilsgemeinschaften nicht als umwandlungsfähige Rechtsträger, vgl §§ 3, 124, 191 UmwG.

163 **Steuerrechtlich** gelten je nach Steuerart ganz andere Kriterien. So kann im Bereich der Umsatzsteuer eine Bruchteilsgemeinschaft als Unternehmer iS des § 2 UStG anzusehen sein (hM, vgl eingeh CARL DStR 1990, 270 ff; FG München EFG 1992, 56; BFH BStBl II 1993, 734; BFH NV 1994, 589; BFH NJWE-MietR 1996, 22; BFH NV 1999, 1646 f). Zur Bruchteilsgemeinschaft und Betriebsaufspaltung vgl WEBER FR 2006, 572; BARTH DStR 1987, 211 ff (zivilrechtlich dazu auch BGH NJW 1989, 1030; zur Vermietung BFH DStR 2004, 1333; FG Rheinland-Pfalz EFG 1997, 1436; FG Düsseldorf DStRE 2004, 810; zur Zurechnung von Oder-Konten FG Düsseldorf EFG 1996, 242; zur Zuwendung von Einkünften bei gemeinschaftlicher Vermietung BFH DStR 1999, 1763); zum gewerblichen Grundstückshandel einer Bruchteilsgemeinschaft REISS FR 1992, 364 ff mit dem zutr Hinweis, BFH und BMF seien augenscheinlich der Unterschied zwischen §§ 705 ff und §§ 741 ff nicht mehr geläufig; zur bilanziellen Behandlung KRONTHALER DB 1988, 676 ff; zur Gewerbesteuer FG Berlin EFG 1992, 353; zum – höchst problematischen – Begriff der sog „faktischen bzw verdeckten Mitunternehmerstellung" im Rahmen des § 15 EStG L SCHMIDT § 15 EStG Rn 257 ff, 280 ff mwNw; PRIESTER, FS L Schmidt 331 ff. Zur Beteiligtenfähigkeit im finanzgerichtlichen Verfahren BFH DStR 2004, 1333.

11. Nichteheliche Lebensgemeinschaften

Die verbreiteten Formen nichtehelicher Lebensgemeinschaften bilden grundsätzlich **164**
keine Gemeinschaft im Rechtssinne. Allenfalls kann hinsichtlich einzelner konkreter
Vermögensgegenstände eine Anwendbarkeit der §§ 741 ff in Betracht kommen (zutr
MünchKomm/K SCHMIDT Rn 77: Die Bruchteilsgemeinschaft betreffe die gemeinsame Rechtszuständigkeit und nicht den sozialen Sachverhalt. Gegen Anwendung von Gemeinschaftsrecht, allerdings etwas offen, BGH WM 1996, 1497; NJW 1981, 1502 f; eingeh zum Problemkreis STEINERT NJW
1986, 683 ff; GRZIWOTZ/WITT 1 ff, LIPPS JuS 1982, 18 ff; DIEDERICHSEN NJW 1983, 1021 ff; KG NJW
1982, 1886 f; GRZIWOTZ FamRZ 1994, 1217; SCHUMACHER FamRZ 1994, 857; WIEBE JuS 1995, 227 ff;
LEIPOLD, in: FS Gernhuber 695 ff. Zur Nutzung einer gemeinschaftlich gemieteten Wohnung nach
Beendigung der Lebensgemeinschaft AG Offenbach FamRZ 1992, 1427; LG Berlin NJW-RR 1995,
463; NJW-RR 1999, 1389; zur Lastentragung OLG Düsseldorf NJW-RR 1998, 658; OLG Schleswig
OLG-Rep 1998, 357. Zum Anspruch auf Beendigung und Aufhebung des Mietverhältnisses untereinander LG Karlsruhe FamRZ 1995, 94; AG Hannover NJW-MietR 1997, 128; s dazu auch BRUDERMÜLLER FamRZ 1994, 207; zur Vereinbarung eines „Wohnrechts" durch einen Mieter LG Berlin
MDR 1990, 1116. Zum vorläufigen Rechtsschutz SCHUSCHKE NZM 1999, 481 ff; zu § 1006 BGB bei
gemeinschaftlichem Besitz und Erwerb OLG Düsseldorf MDR 1999, 233; OLG Köln JMBl NW
1995, 274. Zur Haftung im Falle einer Gesellschaft bürgerlichen Rechts JACOBS NZM 2008, 111).

12. Die Belegschaft eines Betriebes als Rechtsgemeinschaft

Die Belegschaft eines Betriebes bildet nach vereinzelt vertretener Ansicht (HUECK/ **165**
NIPPERDEY, Lehrbuch des Arbeitsrechts [6. Aufl 1957] Bd II, 687; WEITNAUER, in: FS Duden [1977]
705, 706 ff; JACOBI, Grundlehren des Arbeitsrechts [1927] 296 m Fn 16) eine Gemeinschaft iS
der §§ 741 ff im Hinblick auf die **betriebsverfassungsrechtlichen Beteiligungsrechte**.
Das ist abzulehnen. Praktisch hat der Meinungsstreit (näher STAUDINGER/LANGHEIN
[2001] Rn 165 mwNw) keine Bedeutung.

13. Sonstiges

Das **nachbarschaftliche Gemeinschaftsverhältnis** begründet keine Bruchteilsgemein- **166**
schaft, § 922 S 4 ist lediglich Rechtsfolgenverweisung (vgl näher BGHZ 42, 380; diff HEISCHE
MDR 1961, 461 ff). **Metageschäfte** (näher MünchKomm/K SCHMIDT Rn 25) begründen idR
eine Gesellschaft bürgerlichen Rechts, und zwar auch, wenn der Erwerb von Miteigentum bezweckt ist. Das **partiarische Rechtsverhältnis** ist weder Gesellschaft noch
Bruchteilsgemeinschaft, sondern allenfalls gesellschaftsähnlich (näher mwNw PALANDT/
SPRAU § 705 Rn 9). Zur **Akkordkolonne** MünchKomm/K SCHMIDT Rn 27, dort auch zu
§§ 75 ZPO, 649 HGB und 65 WG (**Prätendenten, konkurrierende Konnossementinhaber, mehrere Wechselausfertigungen**). Nach **Realteilung** ist auch der Gegenstand
endgültig geteilt, für eine Bruchteilsgemeinschaft bleibt allenfalls das Abwicklungsvermögen. **Erbeinsetzung zu Bruchteilen** führt zur Gesamthand (MünchKomm/K SCHMIDT
Rn 26, dort auch zur Rechtslage beim **Überbau**). UU können einzelne schuldrechtliche Vorschriften der §§ 742 ff analoge Anwendung finden. Zu altrechtlichen Gemeinschaften
vgl etwa LG Aurich NJW-RR 1994, 1170 (**Deichpoldergemeinschaft**); OLG Frankfurt
aM NJW-RR 2000, 538; LG Kassel NJW-RR 1992, 1368 (**Markgenossenschaft**). Observanz kann uU zu Bruchteilsbildung führen (so jedenfalls LG Aurich aaO). Provisionsteilungsabreden mehrerer Vorkäufergruppen (sog **„Topfvereinbarung"**) begründen
idR weder ein gesellschafts- noch gemeinschaftsrechtliches Verhältnis (vgl BAG DB

1999, 587); anders ggf bei Teilungsabrede zwischen Maklern (OLG Oldenburg NJW-RR 1999, 579). Eine **Kabelfernsehanlage** nebst Ringleitung, Verstärkern und Anschlüssen auf mehreren Grundstücken kann eine Gemeinschaft begründen, s dazu und zur eingeschränkten Aufhebbarkeit (zw) AG Winsen/Luhe NZM 2000, 717; ebenso eine gemeinsame **Heizhausanlage** mehrerer Grundstückseigentümer, OLG Celle NJW-RR 2000, 227; ähnlich gemeinsame Telefonanlage OLG Hamm NJW-RR 2001, 245; Anteilsbuchungen in den Grundbüchern der fünf neun Bundesländer sind als Bruchteilsgemeinschaft einzuordnen, OLG Brandenburg NJ 1998, 543 f. Zur Rechtslage bei *altrechtlichen Anliegerwegen* vgl DNotI-Rep 2003, 139; zur ähnlichen Problematik altrechtlicher *bruchteilsloser Anteile* in Baden-Württemberg hierzu BWNotZ 2008, 79 f. Beim sog *Grenzbau* entsteht vertikales Eigentum (BGH NJW 2004, 3328). Zum bayerischen *Koppelfischereirecht* vgl DNotI-Gutachten v 16. 3. 2006 FAX-Dok 11437. Bei Persönlichkeitsrechtsverletzungen der *Teilnehmer sportlicher Veranstaltungen* kann eine Bruchteilsgemeinschaft hinsichtlich der daraus resultierenden Forderungen und Ansprüche entstehen (PFISTER, in: FS Lorenz [2001] 259).

VI. Interessengemeinschaften

1. Die Lehre von der Interessengemeinschaft

167 § 741 setzt voraus, dass ein *Recht* mehreren gemeinschaftlich zusteht. Der Anteil am gemeinschaftlichen Recht bedeutet, dass der Teilhaber an den Vorteilen, die das Recht bietet – den Nutzungen, dem Veräußerungserlös, im Fall der Realteilung der Verteilungsmasse – in Höhe seines Anteils partizipiert (vgl auch Rn 260). Dem entspricht es, dass er an den Nachteilen, den Kosten, den Lasten und vor allem am Wertverlust durch Beschädigung oder schlechte wirtschaftliche Entwicklung nach dem Maß seines Anteils beteiligt ist. Die Teilhaber bilden also ua auch eine Kosten- und Gefahrengemeinschaft. In Weiterführung dieses Gedankens ist wiederholt die Ansicht vertreten worden, dass Gemeinschaftsrecht überall dort ergänzend heranzuziehen ist, wo die Beteiligten sich zwar nicht in *einer Rechtsgemeinschaft*, aber doch in einer *Not- und Gefahrengemeinschaft* befinden und deshalb gleichgerichtete Interessen haben (s näher STAUDINGER/LANGHEIN [1996] Rn 167 ff).

168 WÜRDINGER (Interessengemeinschaft 16, 70) hat versucht, dies näher zu begründen. Die gesetzliche Ausgestaltung der §§ 741 ff beruhe weniger auf der Gemeinschaftlichkeit des Rechts als auf der Gleichrichtung der Interessen. Die Bruchteilsgemeinschaft sei nur ein Sonderfall des gesetzlich nicht geregelten allgemeinen Tatbestands der „schlichten Interessengemeinschaft" (16).

2. Anwendungsfälle

169 Die praktische Schwierigkeit besteht darin anzugeben, welche Struktur und Intensität eine Interessenverflechtung haben muss, um zur „Interessengemeinschaft" zu werden und die Anwendung der §§ 741 ff zu rechtfertigen. Folgende Fälle werden angeführt:

a) Sammelsendung

170 Werden Waren der gleichen Gattung an mehrere Käufer ohne Trennung der einzelnen Anteile versandt (Sammelsendung) und ist der Verkäufer aufgrund des

Vertrags oder Handelsbrauchs zur Sammelsendung berechtigt, so beschränkt sich seine Schuld gem § 243 Abs 2 auf die abgesendete Gesamtmenge, und mit der Absendung geht gem § 447 die Gefahr auf die beteiligten Käufer über. Ist durch Übertragung des Konnossements bzw von Teilkonnossementen u dgl Miteigentum der Käufer begründet worden, so bilden sie eine Gemeinschaft nach § 741, und es ergibt sich schon aus § 752, dass sie einen teilweisen Verlust nach dem Maß ihrer Anteile zu tragen haben. Aber auch wenn kein Miteigentum der Käufer besteht, soll die zwischen ihnen bestehende Gefahrtragungsgemeinschaft ihnen die rücksichtslose Durchsetzung ihrer Einzelinteressen verbieten; sie seien verpflichtet, den teilweisen Verlust oder Verderb pro rata zu tragen (WÜRDINGER, Interessengemeinschaft 34 ff, 45 ff; ebenso SOERGEL/HADDING Vorbem 13 zu § 741; ESSER II § 97 III 1 a; ESSER/SCHMIDT § 38 IV 3.a).

b)   Nicht zu vertretende Teilunmöglichkeit bei beschränkter Gattungsschuld
Seit RGZ 84, 125 (Zuckerrübensamen) ist im Fall nicht zu vertretender Teilunmöglichkeit bei beschränkter Gattungsschuld anerkannt, dass der Schuldner berechtigt und verpflichtet ist, den Restvorrat pro rata aufzuteilen (**aA**, aber vereinzelt, E WOLF JuS 1962, 101, 103). Auch das gilt als Folge des Rechtsgedankens der Interessengemeinschaft (WÜRDINGER, Interessengemeinschaft 68 ff, 78; WÜST, Interessengemeinschaft 98 ff, 105; ESSER/SCHMIDT § 38 IV 3.c; iE ebenso, ohne Rückgriff auf den Gedanken der Interessengemeinschaft, DE BOOR, Die Kollision von Forderungsrechten [1928] 23 f, 140 ff; LARENZ I § 10 I u § 11 I). **171**

c)   Geschäftsführung in gemeinschaftlicher Notlage
Die Rechtsprechung hat gelegentlich ähnliche Gedanken im Fall der Geschäftsführung ohne Auftrag bei gemeinschaftlicher Notlage verwendet. Im Fall RGZ 143, 382 war die Werft Eigentümerin des Schiffsrumpfs, die auftraggebende Reederei Eigentümerin der von ihr beschafften Ausrüstung; das Eigentum am Schiff war also real geteilt. Auf einer Probefahrt hatte das Schiff einen Unfall. Die Werft besorgte die Schlepphilfe. Das RG ist der Ansicht, die Werft sei dabei sowohl im eigenen Interesse als auch in Geschäftsführung ohne Auftrag für die Reederei tätig geworden; beide müssten den Schlepplohn entsprechend § 748 gemeinsam tragen. BGHZ 38, 270, 277 f hat in der Grundsatzentscheidung zur *Selbstaufopferung im Straßenverkehr* dem sich aufopfernden Kraftfahrer nur den halben Schaden zugesprochen, weil beide, der Fahrer und der gerettete Radfahrer, sich in einer unverschuldeten Gefahrenlage befunden hätten, und hierfür auf den Rechtsgedanken der großen Haverei verwiesen; das kommt dem Gedanken der „Interessengemeinschaft" sehr nahe. **172**

d)   Keine allgemeine Anerkennung des Prinzips der Interessengemeinschaft
Allerdings hat die Rechtsprechung den Gedanken der Interessengemeinschaft bisher nicht zu einem allgemeinen Rechtsprinzip verallgemeinert. Gegen das Vorliegen einer Interessengemeinschaft zwischen Kutterfischern, die in einer Genossenschaft organisiert waren, hat der BGH sich in JZ 1961, 91, 93 ausgesprochen. Ohne sich mit der Lehre von der Interessengemeinschaft im Einzelnen auseinanderzusetzen, hat er festgestellt, der Zusammenschluss mehrerer zu einer Einkaufs- und Absatzgenossenschaft, der Zusammenschluss mehrerer solcher Genossenschaften zu einer Dachgenossenschaft und die Tatsache, dass alle Genossen einem gefährlichen Beruf nachgingen und gleichgerichteten Gefahren ausgesetzt seien, führten nicht dazu, dass der aus der Verwirklichung dieser Gefahren für einen Genossen entstehende Schaden auf alle Genossen umzulegen sei (**aA** WÜST JZ 1961, 78). **173**

3. Stellungnahme

174 Die Lehre von der Interessengemeinschaft und insbesondere die analoge Anwendung der §§ 741 ff ist **abzulehnen** (zurückhaltend auch MünchKomm/K Schmidt Rn 71 ff; Soergel/Hadding Vorbem § 741 Rn 14), näher Staudinger/Langhein [1996] Rn 174.

175 Die sehr speziell gelagerten Fälle, um die es der Lehre von der Interessengemeinschaft geht, sind anders zu lösen, vgl Staudinger/Langhein [1996] Rn 175.

4. Analoge Anwendbarkeit des Gemeinschaftsrechts bei gemeinschaftlichen Gegenständen mit real geteilten Berechtigungen

176 Dagegen hat RGZ 143, 382 (oben Rn 172) das Gemeinschaftsrecht (§ 748) zutreffend angewandt. Schon die Mehrheit der 2. Kommission hielt eine analoge Anwendung der §§ 741 ff für zulässig, wenn zwar nicht ein „Recht", wohl aber ein „Gegenstand" mehreren gemeinschaftlich zusteht (Prot II 744). Eben das ist der Fall, wenn ein Schiff mehreren zu realen Anteilen gehört. – Auch § 922 S 4 (dazu oben Rn 134) lässt sich in dieser Weise erklären. Darüber hinaus können §§ 741 ff auf sonstige Nutzungsgemeinschaften vorsichtig analog angewandt werden (MünchKomm/K Schmidt Rn 75). Beispiele: Gemeinsame Nutzung einer Zufahrt durch Grunddienstbarkeitsberechtigte und Eigentümer (OLG Köln MDR 1990, 1013 f; ebenso LG Zweibrücken v 21. 11. 1995 – 3 S 118/95 –); gemeinsame Wasserversorgung (AG Bonn v 16. 3. 1995 – 18 C 563/94 –); ferner Rn 48, 166.

VII. Gemeinschaften besonderen Rechts

177 Auf Gemeinschaften „besonderen Rechts" (oben Rn 5) sind die Vorschriften der §§ 742 ff nicht oder nur mit erheblichen Abweichungen anwendbar. Die wichtigsten Besonderheiten dieser Gemeinschaften sind die folgenden:

1. Wohnungseigentum

a) Überblick

178 Im Fall des Wohnungseigentums (und des „Teileigentums" an nicht zu Wohnzwecken dienenden Räumen des Gebäudes) nach § 1 WEG steht, zumindest wirtschaftlich gesehen, das **Sondereigentum** an der Wohnung (oder den sonstigen Räumen) im Vordergrund. Das Sondereigentum ist Eigentum an einem realen Teil des Gebäudes, kein Miteigentum iSv § 741. Miteigentum besteht am Grundstück selbst und an den Teilen, Einrichtungen und Anlagen des Gebäudes, die nicht zum Sondereigentum gehören (§ 1 Abs 5 WEG). Insoweit finden §§ 741 ff nur subsidiär Anwendung, § 10 Abs 1 S 1 WEG. Nach der grundlegenden Entscheidung des BFH v 2. 6. 2005 (BGH NJW 2005, 2061) zur „Teilrechtsfähigkeit sui generis", der sich der Gesetzgeber in § 10 Abs 6 der WEG-Novelle ausdrücklich angeschlossen hat, ist nunmehr von einer dritten, verbandsrechtlich zu beurteilenden Ebene auszugehen (s dazu und zur Reformgeschichte ausf Hügel/Elzer 2 ff; Langhein notar 2008, 18 ff).

179 Zur unmittelbaren Anwendbarkeit der §§ 741 ff auf gemeinschaftlich Sonderbenutzungsberechtigte BayObLG WE 1994, 17 ff; diese Konstruktion kommt insbes auch bei Sondereigentum an Stellplätzen oder sog Duplex-Garagen in Betracht, vgl

SCHÖNER/STÖBER, Grundbuchrecht Rn 2836 f; näher BayObLG MittBayNotK 1994, 438; F SCHMIDT MittBayNotK 1995, 115.

180 Str war des Weiteren die Anwendung der §§ 741 ff auf das Verwaltungsvermögen insgesamt und/oder einzelne Zubehörgegenstände der Gemeinschaft (eingeh RÖLL NJW 1987, 1049). ME kam hier eine gesonderte Anwendung der §§ 741 ff vernünftigerweise nicht in Betracht (so RÖLL aaO). Die Streitfrage hat sich durch § 10 Abs 6 S 2 WEG nF erledigt: Das Verwaltungsvermögen ist Verbandsvermögen.

181 Das Miteigentum („gemeinschaftliches Eigentum", § 1 Abs 5 WEG) ist – anders als der „Anteil" iS der §§ 742 ff – **kein selbständiges Recht**. Es kann nur zusammen mit dem Sondereigentum veräußert und belastet werden (§ 6 WEG, entgegen § 747). Das **Recht zur Veräußerung des Sondereigentums** – und damit des Miteigentumsanteils – kann (wieder im Gegensatz zu § 747) beschränkt, nämlich an die Zustimmung anderer Wohnungseigentümer oder eines Dritten gebunden werden (§ 12 Abs 1 WEG). Die Zustimmung darf nur aus wichtigem Grund oder aus bestimmten vorher festgelegten Gründen versagt werden (§ 12 Abs 2 WEG). Die Verfügungsbeschränkung wirkt auch gegen Vollstreckungsgläubiger und bei Insolvenz des Wohnungseigentümers (§ 12 Abs 3 WEG). In der Kautelarpraxis werden letztere Fälle daher fast stets ausgenommen, da das Wohnungseigentum sonst praktisch nicht beleihbar wäre. Nach § 12 Abs 4 WEG nF kann jetzt eine solche Beschränkung mit einfacher Mehrheit aufgehoben werden.

182 Soweit aufgrund fehlerhafter Sondereigentumsbegründung ein „**isolierter Miteigentumsanteil**" entstanden ist (BGHZ 109, 179; BGH NJW 1995, 2851; dagegen WEITNAUER § 3 WEG Rn 22 ff), ist dieser nicht als Bruchteil nach allgemeinem Recht verkehrsfähig, sondern im Zweifel anteilig gegen Wertausgleich auf die übrigen Miteigentümer zu übertragen (vgl auch OLG Hamm WE 1991, 136; näher LANGHEIN notar 2008, 18).

183 Die **Verwaltung**, **Kosten** und **Lasten**, **Gebrauch** und **Nutzung** des gemeinschaftlichen Eigentums sind in den Grundzügen übereinstimmend mit den §§ 743–745, 748, aber wesentlich eingehender und mit zahlreichen Abweichungen im Detail, geregelt; vgl besonders §§ 13 Abs 2, 15–17, 20 ff WEG.

184 Ein **Anspruch auf Aufhebung des gemeinschaftlichen Eigentums** besteht nicht, auch nicht zugunsten des Vollstreckungsgläubigers und des Insolvenzverwalters und auch nicht bei Vorliegen eines wichtigen Grundes. Selbst durch Vereinbarung kann ein solches Recht nur für den Fall der Zerstörung des Gebäudes eingeführt werden (§ 11 WEG, im Gegensatz zu §§ 749, 751, § 16 Abs 2 KO). Dafür kennt § 18 WEG eine Art Ausschließungsrecht aus wichtigem Grund durch Versteigerung (§ 19 WEG) des Wohnungseigentums (mit dem dazugehörigen Miteigentumsanteil), eine Regelung, die dem Gemeinschaftsrecht unbekannt ist. Für eine **Miteigentümergemeinschaft an einem Wohnungseigentum** gilt § 11 WEG nicht, ebenso bleibt die Verfügungsbefugnis jeden Miteigentümers über seinen Anteil (§ 747 S 1) erhalten (BGH NZM 2000, 1064). Die nach der Entscheidung des BGH v 2.6.2005 (oben Rn 178) ausführlich geführte Diskussion über die Insolvenzfähigkeit des Verbandes der Wohnungseigentümer hat der Gesetzgeber mit § 11 Abs 2 WEG nF abschließend beantwortet: Er ist *nicht insolvenzfähig*.

b) „Gesellschaft nach dem Wohnungseigentumsgesetz"?

185 Einen anderen Ansatz verfolgt JUNKER: „Der umbaute geometrische Raum ist mangels Sacheigenschaft nicht eigentumsfähig", so lautet sein zentrales Postulat (6 ff, 280). Wohnungseigentum sei jedenfalls kein Eigentum im herkömmlichen bürgerlich-rechtlichen Sinne. Dies führe allerdings nicht zur Unwirksamkeit der Bestimmungen des WEG (71 f). Notwendig sei vielmehr eine neue systematische Interpretation. Teils in Anknüpfung, teils in bewusster Fortentwicklung des in Literatur und Rechtsprechung bereits verbreiteten körperschaftsrechtlichen Verständnisses der Wohnungseigentümergemeinschaft versteht JUNKER sodann die Wohnungseigentümergemeinschaft als Gesamthandsgesellschaft sui generis (ähnl bereits SCHULZE-OSTERLOH 154 ff), deren „dingliche Gesellschaftsanteile" den Gesellschaftern zusätzlich das „Einzelhandvermögen" an einer Wohnung zuweisen (75 ff, 281 f). Der Gesetzgeber habe gewissermaßen ohne es zu wollen und trotz scheinbar entgegenstehenden Wortlauts des WEG eine neue Gesellschaftsform geschaffen: die „GWEG" (75). Es gehe daher im Falle des WEG nicht um sachenrechtliche Zuordnungen, sondern um typische gesellschaftsrechtliche Fragen des wechselseitigen Ausgleichs der Interessen einer Zweckgemeinschaft.

186 Auf der so gewonnenenen Basis untersucht JUNKER eine Reihe von Problemfeldern des WEG, wie ua die fehlerhafte GWEG (132 ff), die Haftung für Wohngeldrückstände (178 ff) und Mehrheits-/Minderheitskonflikte (201 ff). Obschon JUNKER dabei ohne ganz klar erkennbare Linie mal im AktG, mal im GmbHG, im Recht des Vereins wie auch demjenigen der Personengesellschaften Analogien „entdeckt", verdienen seine Ergebnisse gelegentlich grundsätzlich Zustimmung. Natürlich ist es mit den sachenrechtlichen Prinzipien des BGB im herkömmlichen Sinne unvereinbar, dass die Innenseite einer Tür Sonder-, die Außenseite aber Gemeinschaftseigentum sein kann. JUNKER hebt völlig zutreffend hervor, dass nicht einmal im Wege der – nirgends angeordneten – Fiktion die dingliche Wirkung von Vereinbarungen gem § 10 WEG in Übereinstimmung mit dem Sach- und Eigentumsbegriff des BGB gebracht werden kann (33 ff). Und selbstverständlich sind kautelarjuristisch und rechtssoziologisch die klassischen Konfliktfelder der Wohnungseigentümergemeinschaft typologisch eher gesellschaftsrechtlichen Konstellationen verwandt. Teilungserklärung und Gemeinschaftsordnung müssen wie ein Gesellschaftsvertrag Standardkonflikte einer Personenmehrheit lösen. Der offener Interessenabwägung zugängliche gesellschaftsrechtliche Ansatz von JUNKER weist daher in die richtige Richtung (dazu Vorbem 14 ff). Allerdings blendet er gelegentlich das Sachenrecht zu sehr aus: So sieht JUNKER zwar, dass Wohnungs- wie Grundstückseigentum gleichermaßen verkehrsfähig und unkompliziert belastbar sein müssen (94 f). §§ 311b Abs 1 nF, 873 ff sind auch nach seiner Meinung auf den „dinglichen Gesellschaftsanteil" anzuwenden. Im internationalen Vergleich (den JUNKER leider nicht anstellt, hierzu LANGHEIN, Kollisionsrecht 87 ff) sind gerade die vorstehenden Vorschriften in Verbindung mit dem formellen Liegenschaftsrecht der GBO von außerordentlicher Höhe und Effizienz. Dass das WEG – sei es sachen-, schuld- oder gesellschaftsrechtlich zu interpretieren – dieses Buchsystem fruchtbar gemacht hat, kann für die Sicherheit und Verlässlichkeit des Rechtsverkehrs gar nicht hoch genug geschätzt werden. Auf dieser Grundlage scheint es wenig sachgerecht, ein gesellschaftsrechtliches Prinzip der umfassenden Haftung für rückständige Verbindlichkeiten des „dinglichen Gesellschaftsanteils" anzunehmen (so 252). Hier entstehen unsichtbare Grundbuchbelastungen, die die Regelungen der §§ 873 ff und des ZVG entwerten. Ferner soll in

Analogie zu § 16 Abs 3 GmbHG im Falle einer Veräußerung des Wohnungseigentums der Anteil als übergegangen gelten, sobald die Eigentumsumschreibung beim Grundbuchamt beantragt worden ist (265). Das ist mit Eintragungsgrundsatz und Publizitätsprinzip kaum zu vereinbaren. Die Analogie zu § 16 GmbHG trägt schon deshalb nicht, weil es dort kein konstitutiv wirkendes Register gibt, man also zu Hilfslösungen greifen musste. Da auch das Wohnungseigentum dem Buchungszwang unterliegt, hätte allenfalls eine Analogie zur Rechtslage bei Namensaktien näher gelegen (§ 67 Abs 2 AktG). Praxisfern und wenig hilfreich sind auch seine Schlussfolgerungen zur Rechtslage während der Bauerrichtung (153 f). Zwar komme es für die „Gesellschaftsgründung" nur auf die vertragliche Einräumung des Sondereigentums an. Mit Beurkundung bzw Beglaubigung der Teilungserklärung sei also die „GWEG" entstanden. Vor vollständiger Errichtung des Bauwerks sei allerdings die Anlegung von Wohnungsgrundbüchern unzulässig (so ausdr 154)! Wie soll auf dieser Grundlage das Sicherungssystem des § 3 MaBV funktionieren? Setzte sich diese Auffassung durch, wären große Teile des Neubaugeschäfts mangels Kreditunterlage undurchführbar oder sehr viel teurer. Wenn die Gesellschaft schon mit der Gründung entsteht, warum soll sie dann nicht in das dafür vorgesehene Register eingetragen werden können? Wie soll die Bauerrichtung in der Form des § 29 GBO nachgewiesen werden?

ME sind die Thesen JUNKERS allenfalls von heuristischem Wert. Natürlich ist bei der **187** Konzeption und Auslegung von Teilungserklärungen, insbes großer Wohnungseigentümergemeinschaften, auf die besondere Enge der Rechtsbeziehungen Rücksicht zu nehmen und damit nähert man sich gesellschaftsrechtlichen Überlegungen. Aber das ist kein Spezifikum des WEG; vielmehr ist generell im Recht der Bruchteilsgemeinschaft gelegentlich die Berücksichtigung verbandsrechtlicher Sachstrukturen geboten (Vorbem 14 ff, 24). Aus der Sicht der Praxis stellt das WEG allenfalls einen notdürftigen und wenig überzeugenden Regelungsrahmen dar; dogmatisch ist es mit den sachenrechtlichen Prinzipien des BGB kaum vereinbar. Die Annahme einer Gesamthand, sei es auch sui generis, welche sowohl Bruchteile, Sondereigentum und Gemeinschaftsvermögen umfasst, ist jedoch abzulehnen. Sie verstößt gegen den Numerus clausus der Gesamthandsgesellschaften und bietet allenfalls ein Pseudogerüst für die Lösung der von JUNKER relativ beliebig herausgegriffenen Probleme; Folgefriktionen sind in jeder Hinsicht absehbar. Eingehend gegen JUNKER auch WEITNAUER Vorbem § 1 WEG Rn 47 ff mwNw („systemwidrig und überflüssig", Rn 56), vgl ferner die Rezensionen von WEITNAUER WE 1994, 33; PICK NJW 1994, 3339; LANGHEIN DNotZ 1995, 635. Im Übrigen hat sich das Konstrukt von JUNKER de lege lata durch die WEG-Novelle (so Rn 178) erledigt. Der Gesetzgeber hat in § 10 Abs 6 WEG nF die Teilrechtsfähigkeit ausdrückl auf das gemeinschaftliche Vermögen begrenzt.

2. Sammelverwahrung

Wertpapiere in Sammelverwahrung (§ 5 DepotG; vgl dazu die Kommentare von OPITZ **188** [2. Aufl 1955] u HEINSIUS/HORN/THAN [1975]; sowie CANARIS, in: Großkomm HGB § 357 Anh Rn 929 ff; SCHLEGELBERGER/HEFERMEHL § 406 Anh Rn 263 ff sowie KÜMPEL WM 1980, 422 ff) stehen im **Miteigentum der Hinterleger**, die Wertpapiere der gleichen Art in den Sammelbestand eingebracht haben (§ 6 Abs 1 S 1 DepotG). Die Anteile der Hinterleger richten sich nach dem Nennbetrag der von ihnen eingebrachten Papiere, bei

Papieren ohne Nennbetrag nach der Stückzahl (§ 6 Abs 1 S 2 DepotG). § 742 ist hierdurch ausgeschlossen. Ein Anspruch auf Einräumung von Mitbesitz steht dem Hinterleger nicht zu; er ist durch § 7 DepotG ausgeschlossen: hiernach hat der Hinterleger nur Anspruch auf Auslieferung, Übereignung und Übergabe irgendwelcher gleichartiger Wertpapiere in Höhe des Nennbetrages bzw der Stückzahl der hinterlegten Wertpapiere. Selbst dieser Anspruch kann bei Rechten, die in einer Sammelurkunde verbrieft sind, durch die Emissionsbedingungen abbedungen werden (§ 9a Abs 3 S 2 DepotG). Für den Eigentümer, der nicht Hinterleger ist (der Hinterleger hat zB die Papiere gestohlen und in Sammelverwahrung hinterlegt) gilt Entsprechendes (§ 8 DepotG).

189 Eine **Verfügung über den Miteigentumsanteil am Sammelbestand** iSv § 747 S 1 ist nur in der Weise möglich, dass der Hinterleger-Eigentümer über seinen Anspruch gegen den Sammelverwahrer auf Auslieferung effektiver Stücke bzw auf Bereithaltung der Sammelurkunde verfügt, sei es in Form der Abtretung, der Anweisung oder des Verzichts. Ein Erwerb des Anteils am Bestand ist nur möglich durch Erwerb eines entsprechenden Anspruchs gegen den Sammelverwahrer, idR durch Gutschrift (vgl § 24 Abs 2 S 1 DepotG). Gegenstand des Rechtsverkehrs ist also praktisch der Anspruch gegen den Sammelverwahrer auf Aushändigung effektiver Stücke bzw Bereithaltung der Sammelurkunde, nicht der Miteigentumsanteil als solcher, der nur Sicherungszwecken dient. *Die rechtliche Möglichkeit, über den Anspruch zu verfügen und ihn zu erwerben, ergibt sich aus der schuldrechtlichen Vertragsfreiheit, dem darauf beruhenden Depotvertrag und den ergänzenden Bestimmungen des DepotG, nicht aus § 747 S 1* (aA: HEINSIUS/HORN/THAN § 6 Rn 22: „§ 741 S 1 – Verfügungsbefugnis über den Anteil –, der jedem Teilhaber das Recht auf Verfügung über seinen Anteil zubilligt, ist auf das Sammelverwahrverhältnis uneingeschränkt anwendbar ..."). Ebenso ist Zugriffsobjekt für die Gläubiger des Depotkunden der Depotanspruch, nicht der Miteigentumsanteil als solcher. Eine Verfügung aller Eigentümer des Sammelbestands – die ohnehin nur eine theoretische Möglichkeit bildet – ist ebenfalls nur auf dem Umweg über die depotrechtlichen Ansprüche möglich; § 747 S 2 ist im Fall der Sammelverwahrung gegenstandslos. Zur Zwangsvollstreckung aus Titel, der auf die Übertragung sammelverwahrter Aktien gerichtet ist, vgl BFH BB 2004, 1763.

190 Die Bestimmungen über die **Verwaltung, Nutzung, Kosten- und Lastentragung** (§§ 743–746, 748) sind durch die Sonderregeln des Depotvertrags und DepotG ausgeschlossen. Die Depotbank und die von ihr zugezogene Wertpapiersammelstelle verwalten den Sammelbestand; sie decken die Kosten über ihre Gebühren. „Lasten" (zB Vermögenssteuern) ruhen idR nicht auf dem Sammelbestand, sondern auf dem Depotguthaben des einzelnen Kunden. Ebenso werden die Nutzungen (Zinsen und Dividenden) nicht durch die Gemeinschaft der Miteigentümer mit Hilfe des Sammelbestands, sondern durch den Depotkunden mit Hilfe der Depotbank aufgrund des Depotguthabens gezogen.

191 Ein Anspruch auf **Aufhebung** des Sammelbestands gem §§ 749 ff besteht nicht; er ist durch §§ 7, 8 DepotG ausgeschlossen. Die §§ 750 ff sind gegenstandslos.

192 Das Problem des **Fehlbestands** (der Wertpapierbesitz der Bank deckt die Guthaben der Kunden nicht) ist im Gemeinschaftsrecht nicht unmittelbar geregelt. Nur mittelbar folgt aus den Auseinandersetzungsregeln der §§ 752, 753, dass Wertverluste am gemeinschaftlichen Gegenstand die Teilhaber im Verhältnis ihrer Anteile treffen. Da gerade diese Bestimmungen durch §§ 7, 8 DepotG ausgeschlossen sind (oben Rn 188), sind sie zur Lösung des Problems des Fehlbestands ungeeignet. Es handelt sich dabei um ein schuldrechtliches Problem, das die Beziehungen des Hinterlegers zur Depotbank betrifft; die Lösung ergibt sich aus dem Verwahrungsvertrag. Die Verpflichtung der Bank zur Auslieferung effektiver Stücke ist nach der gesetzlichen Ausgestaltung der Sammelverwahrung Gattungsschuld, und zwar beschränkte Gattungsschuld. Hat die Bank den Fehlbestand zu vertreten, so steht jedem Kunden der Anspruch auf Auslieferung der seinem Depotguthaben entsprechenden Stücke unverkürzt zu. Hat die Bank den Fehlbestand nicht zu vertreten, so ist sie nach den allgemeinen Grundsätzen über die beschränkte Gattungsschuld (oben Rn 171, 175) berechtigt, die Auslieferungsansprüche ihrer Kunden entsprechend zu kürzen. § 7 Abs 2 DepotG hat diese Rechtsfolgen, die sich auch ohnedies aus allgemeinen schuldrechtlichen Prinzipien ergeben, nur positiv klargestellt. Das Recht der Gemeinschaft ergibt für die Lösung nichts.

Nach dem institutionellen **Sinn der Sammelverwahrung** ist die Depotbank gegenüber dem Hinterleger-Eigentümer aufgrund des Wertpapierverwahrungsvertrags und der ihn ergänzenden Bestimmungen des DepotG verpflichtet, den Hinterleger-Eigentümer in allen rechtlich erheblichen Beziehungen so zu behandeln und zu stellen, als ob sie effektive Stücke, die in seinem Eigentum stehen, für ihn in gesonderte Verwahrung genommen hätte und zur jederzeitigen Herausgabe und Verfügung für ihn bereithielte. Die §§ 742 ff sind hierdurch vollkommen ausgeschaltet. Zwischen den Miteigentümern am Sammelbestand besteht keine Gemeinschaft, kein Rechtsverhältnis iS der §§ 741–758. **193**

3. Misch- und Sammellagerung

Im Fall der Misch- und Sammellagerung (§§ 469 HGB) vertretbarer Sachen werden die Einlagerer **Miteigentümer des Misch- oder Sammelbestandes**. Der Lagerhalter ist berechtigt, jedem Einlagerer den auf ihn entfallenden Anteil auszuliefern und zu übereignen, ohne dass es hierzu noch besonderer Gestattung durch die übrigen Berechtigten bedarf (allerdings ist die Misch- und Sammellagerung als solche genehmigungspflichtig). Die Lage ist – wenn auch in rechtlich und rechtstechnisch nicht ganz so verfeinerter Form – derjenigen beim Wertpapiersammeldepot (oben Rn 188 ff) nicht unähnlich. Die §§ 742–758 sind praktisch gegenstandslos. § 742 ist durch § 947 Abs 1, §§ 469 HGB verdrängt und allenfalls subsidiär anwendbar (str, anders, zum Fall der Vermischung und Vermengung im Allgemeinen, die hM, vgl § 742 Rn 18). Die §§ 743 ff setzen praktisch voraus, dass die Einlagerer unmittelbaren Zugriff zum Gut haben. Diese Voraussetzung ist normalerweise nicht gegeben, weil der Lagerhalter nach § 469 Abs 3 HGB jedem Einlagerer den ihm gebührenden Anteil ausliefern kann; im Übrigen hat er aufgrund des Lagervertrags und der Gestattung der Mischoder Sammellagerung jedem Einlagerer gegenüber ein Recht zum Besitz am Gesamtbestand. **194**

Auch wenn der Lagerhalter in Insolvenz fällt und der Verwalter die Fortsetzung des Vertrags gem § 103 InsO ablehnt, hat jeder Einlagerer gem § 47 InsO einen Anspruch auf Aussonderung der auf ihn entfallenden realen Quote (JAEGER/LENT, KO [8. Aufl 1958] § 43 Rn 29 f; DÜRINGER/HACHENBURG/LEHMANN § 419 Anm 5d); zu einer gemein- **195** samen Verwaltung gem §§ 744 f und einer Aufhebung der Gemeinschaft gem §§ 749 ff kommt es also nicht. Ausnahmefälle außerhalb der Insolvenz mögen denkbar sein, in denen die Einlagerer den gesamten Bestand an sich nehmen, weil der Lagerhalter versagt. Dann sind die Vorschriften über die Gemeinschaft wieder anwendbar.

4. Sondervermögen von Kapitalanlagegesellschaften

196 Wählt die Kapitalanlagegesellschaft, wie üblich, gem § 6 Abs 1 KAGG für das ihr anvertraute Sondervermögen (eingelegtes Geld und damit angeschafftes Vermögen, ausgenommen Grundstücke, vgl § 30 KAGG) die „Miteigentumskonstruktion" (nicht die wahlweise eröffnete „Treuhandkonstruktion"), so entsteht an den Gegenständen des Sondervermögens **Miteigentum der Anteilinhaber** (dazu allgemein: BAUR, Investmentgesetze [2 Aufl 1997]; zur Miteigentümergemeinschaft der Anteileigner: SCHULZE-OSTERLOH 143 ff; BECKMANN/SCHOLZ, Investment [1999] 425 ff; zur Novellierung durch das Dritte FinanzmarktförderungsG PÖTZSCH WM 1998, 958 ff; FOCK WM 2000, 1729 ff).

197 Verfügungen nach § 747 kommen nicht in Betracht (§ 18 Abs 3 S 3, dazu BAUR § 18 Anm VII Rn 30–33 mwNw). Eine Verfügung ist nach § 18 Abs 3 S 1, 3 KAGG nur in der Weise möglich, dass die „in dem Anteilschein verbrieften Ansprüche" übertragen werden; dann gehen die Miteigentumsanteile auf den Erwerber mit über (§ 18 Abs 3 S 1). Die „Ansprüche" sind in den Anteilscheinen wertpapierrechtlich verkörpert (§ 18 Abs 1 S 1 KAGG) und werden, je nach Ausgestaltung des Anteilscheins als Inhaber- oder Orderpapier, durch Einigung und Übergabe oder durch Einigung, Übergabe und Indossament übertragen. Unter den „Ansprüchen" ist, genau genommen, die *Beteiligung des Anteilinhabers am Investmentfonds überhaupt* zu verstehen (vCAEMMERER JZ 1958, 48 Fn 57; BAUR § 18 Anm I Rn 1–3). Diese Beteiligung ist im Anteilschein verbrieft, und mit ihrer Übertragung geht das Miteigentum an den einzelnen Gegenständen auf den Erwerber über. Zahlt die Gesellschaft über die Depotbank den Anteil auf Verlangen des Anteilinhabers gem §§ 11 Abs 2, 12 KAGG aus, so verliert dieser kraft Gesetzes sein Miteigentum (denn nur die „Anteilinhaber" sind nach § 6 Abs 1 S 2 KAGG Miteigentümer, und wer sich auszahlen lässt, hört auf, Anteilinhaber zu sein; vgl SCHULZE-OSTERLOH 145; aA BAUR § 18 Anm VII Rn 35: es sei eine Rückübertragung des Miteigentumsanteils erforderlich). Kauft die Gesellschaft den Anteil vom Anteilinhaber zurück – praktisch das häufigere, vom Vorgehen nach § 11 Abs 2 KAGG zu unterscheidende Verfahren der Rücknahme, dazu BAUR § 11 Anm III Rn 5 ff –, so erwirbt sie Miteigentum nach § 18 Abs 3 S 1 KAGG (BAUR § 18 Anm VII Rn 35). Andere Verfügungen über die Gegenstände des Sondervermögens oder die Anteile daran sind durch § 18 Abs 3 S 3 KAGG ausgeschlossen; verfügungsbefugt ist allein die Gesellschaft (§ 9 Abs 1 S 1 KAGG). § 747 findet keine Anwendung.

198 Die **Verwaltung der Rechte am Sondervermögen** liegt ausschließlich bei der *Kapitalanlagegesellschaft* im Zusammenwirken mit der *Depotbank* (§§ 9, 12 KAGG). Im Fall der *Pfändung* von Gegenständen des Sondervermögens übt die Depotbank das Recht zur Drittwiderspruchsklage aus (§ 12c Abs 2 Nr 2 KAGG). Erlischt das Verwaltungsrecht der Kapitalanlagegesellschaft (vor allem infolge von *Insolvenz* oder *Ablehnung der Insolvenzeröffnung*, § 13 Abs 3 KAGG), geht das Verfügungsrecht auf die Depotbank über, die das Sondervermögen abzuwickeln oder, mit

Genehmigung der Bankaufsichtsbehörde, auf eine andere Kapitalanlagegesellschaft zu übertragen hat (§ 14 KAGG). Zu einer gemeinsamen Verwaltung des Sondervermögens durch die Anteilinhaber kann es also nicht kommen; die §§ 744 ff sind unanwendbar.

Ein **Anspruch auf Aufhebung der Gemeinschaft** gem §§ 749 ff besteht nicht (§ 11 Abs 1 KAGG). Auch wenn wegen *Insolvenz* die Verfügungsmacht auf die Depotbank übergeht, hat diese das Sondervermögen nicht gem §§ 753 ff zu teilen, sondern gem §§ 14 Abs 2 S 1 KAGG „abzuwickeln". Eine nähere gesetzliche Ausgestaltung fehlt; sie erschien dem Gesetzgeber wohl entbehrlich (vgl BAUR § 14 Anm II Rn 3 mwNw; **aA** KLENK 103 mwNw: Anwendung der §§ 752 ff). 199

Die Bestimmungen der §§ 742 ff sind nach alledem auf das Sondervermögen von Kapitalanlagegesellschaften niemals anzuwenden. 200

5. Time-sharing

Time-sharing-Modelle, also Verträge, mit denen der Kunde ein auf bestimmte Zeit im Jahr beschränktes Nutzungsrecht an einer Ferienimmobilie erwirbt, sind seit einigen Jahren in den verschiedensten Gestaltungsformen aufgetreten, ua auch in Varianten der Bruchteilsgemeinschaft (zum Ganzen mwNw HILDENBRANDT NJW 1994, 1992; TÖNNER/TÖNNER WM 1998, 313 ff). Veranlasst durch EG-Recht trat zum 1.1. 1997 das Teilzeit-Wohnrechtegesetz (TzWrG) in Kraft (vgl MARTINEK NJW 1997, 1393; MÄSCH DNotZ 1997, 180), das freilich durch Informationspflichten und ein Widerrufsrecht nur einen Teil der Probleme löst, vgl im Einzelnen DRASDO TzWrG, Komm (1997); HILDENBRANDT/KAPPENS/MÄSCH, Time-Sharing und TzWrG (1997); PALANDT/WEIDENKAFF § 481 BGB Rn 1 ff. Das TzWrG wurde durch die Schuldrechtsreform im Wesentlichen unverändert in das BGB integriert, vgl jetzt §§ 481 ff nF. Erfasst werden alle Arten dinglicher, mitgliedschaftsrechtlicher oder schuldrechtlicher Nutzungsrechte. Interne verbandsrechtliche Regelungen sieht das Gesetz nicht vor, sodass im Falle der Konstruktion als Bruchteilsgemeinschaft die allgemeinen Regeln der §§ 741 ff gelten (vgl TÖNNER/TÖNNER WM 1998, 313 ff). 201

Soweit dem Kunden durch die konkrete Vertragsausgestaltung suggeriert wird, er erwerbe ein Dauerwohnrecht iSv § 31 WEG (dies ist die zumeist praktizierte Variante, vgl TÖNNER/TÖNNER WM 1998, 313), während stattdessen tatsächlich ein Dritter (zB der Treuhänder oder der Verein) im Grundbuch eingetragen bleibt und der Kunde nicht ins Grundbuch eingetragen werden soll, kann eine derartige Klausel oder auch der gesamte Vertrag gem § 307 nF unwirksam sein (vgl zum Treuhand-Modell: BGH NJW 1995, 2637 f; LG Köln NJW-RR 1992, 1333 f; LG Lübeck VuR 1994, 35; zum Vereins-Modell: OLG Köln NJW 1994, 59 f). 202

Umstritten ist, ob die Bestellung mehrerer (meist 52 auf eine Woche befristeter) gleichrangiger Dauerwohnrechte an einer Teileigentumseinheit iS des § 31 WEG zulässig ist (Nachw s BGH NJW 1995, 2637, 2639; TÖNNER/TÖNNER WM 1998, 319 f; abl auch ERMAN/ADERHOLD Rn 6). Nach hM ist jedoch die Begründung und Eintragung von Bruchteilen an einem Dauerwohnrecht iS des § 31 WEG möglich (BGH NJW 1995, 2637, 2639; WEITNAUER § 31 Rn 7 und § 3 Rn 123), sodass die Nutzungsberechtigten an einer einzelnen Ferienimmobilie somit eine Bruchteilsgemeinschaft iSv §§ 741 ff bilden (sei es in unmittelbarer Anwendung der §§ 741 ff oder, bei Eintragung im gleichen Range, in entsprechender). Im Wege einer Gebrauchsregelung nach § 746 können sodann die Teilhaber der Bruchteilsgemeinschaft festlegen, welchem Teilhaber zu welcher Zeit der tatsächliche Gebrauch der Ferienimmobilie zustehen soll. Nachteilig ist hier insbesondere, dass das Aufhebungsrecht nach § 751 nicht ausgeschlossen werden kann; krit daher zu Recht HABETHA ZMR 1996, 590; TÖNNER/TÖNNER WM 1998, 316. – Befristetes Wohnungseigentum „auf Zeit" kann es wegen §§ 925 Abs 2 und 4 Abs 2 WEG nicht geben (WEITNAUER § 3 WEG Rn 123).

203 National und international (vgl zum EG-Rechtszustand SCHOMERUS NJW 1995, 359) wird das Time-sharing in seiner Verbreitung kaum aufzuhalten sein, obschon die verwandten „Modelle" und auch die vom BGH aufgezeigte Lösung iE wenig befriedigen und von einem echten „Teilzeit"-Eigentum weit entfernt sind. Die Kautelarpraxis bleibt aufgerufen, einigermaßen sichere Vertragsbündel nebst dinglicher Absicherung zu entwerfen. Ist wirkliches Eigentum gewollt, bedarf es **neuer Strukturen einer echten Gemeinschaft besonderen Rechts** (zum Begriff Rn 5).

VIII. Die Abgrenzung der Bruchteilsgemeinschaft von der Gesellschaft im Fall gemeinschaftlichen Erwerbs

1. Allgemeines

204 Erwerben **mehrere Personen ein Recht durch Rechtsgeschäft gemeinschaftlich**, kann die Abgrenzung der Gemeinschaft zur Gesellschaft große Schwierigkeiten bereiten, sofern nicht das Rechtsverhältnis von vornherein infolge zwingender gesetzlicher Vorschrift anzugeben ist (zB § 47 GBO).

205 Die **Gesellschaft** setzt nach § 705 voraus, dass die Beteiligten einen Vertrag geschlossen haben (zumindest einen „fehlerhaften" Vertrag), und dass sie in diesem Vertrag die schuldrechtliche Verpflichtung übernommen haben, einen gemeinsamen Zweck in der durch den Vertrag bestimmten Weise, insbesondere durch Beitragsleistung, zu fördern. Abschluss eines *Vertrags*, Übernahme einer schuldrechtlichen *Förderungs-, insbesondere Beitragspflicht* und Festsetzung eines *gemeinsamen Zwecks* sind also die drei Voraussetzungen der Gesellschaft. Fehlt eine von ihnen, entsteht durch den gemeinschaftlichen Erwerb kraft Gesetzes eine Gemeinschaft. Gesamthandsvermögen kann ohne Abschluss eines Gesellschaftsvertrages, durch gemeinschaftlichen Erwerb allein, niemals begründet werden.

206 Ist ein Gesellschaftsvertrag abgeschlossen, so wird der gemeinschaftliche Erwerb der Gesellschafter – sei es Erwerb durch Beitragsleistung, sei es Erwerb von Dritten – idR Gesellschaftsvermögen (§ 718), also **Gesamthandsvermögen** gem § 719. Nur wenn die Gesellschafter besonders bestimmen, dass der Erwerb zu Bruchteilseigentum erfolgen soll, gilt etwas anderes. Grundsätzlich muss diese Bestimmung *beim Erwerb selbst* getroffen werden (FLUME I 1, 11). Bei Gegenständen, die formfrei übertragen werden, genügt praktisch allerdings auch eine Bestimmung im Gesellschaftsvertrag. Die Gesellschafter bilden dann in dinglicher Hinsicht eine Bruchteilsgemeinschaft, in schuldrechtlicher eine Gesellschaft (dazu Rn 12 ff).

2. Vertrag

Für die Abgrenzung von Gesellschaft und Gemeinschaft kommt es vor allem darauf an, ob dem gemeinschaftlichen Erwerb ein **zwischen den Erwerbern geschlossener Vertrag** zugrundeliegt (zutr MünchKomm/P ULMER Rn 101 vor § 705). Das ist keinesfalls selbstverständlich oder auch nur die Regel. Bloßes einvernehmliches Handeln ist kein Vertrag. Ein Vertrag ist in aller Regel dann nicht anzunehmen, wenn, wie häufig, die Abrede über den gemeinschaftlichen Erwerb im *familiären, freundschaftlichen oder gesellschaftlichen Bereich* getroffen wird. Die Tatsache allein, dass Vereinbarungen in diesem Bereich „Vermögensinteressen" betreffen und einen „vermögensmäßigen Inhalt" haben, macht sie nicht zu rechtlich verbindlichen und erzwingbaren, rechtsgeschäftlichen Vereinbarungen (vgl FLUME II § 7, 2, 83 f). Hierin, und nicht im Fehlen eines „gemeinsamen Zwecks", liegt der eigentliche Grund dafür, dass gemeinschaftlicher Erwerb von Ehegatten regelmäßig in der Form der Gemeinschaft, nicht der Gesellschaft erfolgt. Die Grundsätze der Rechtsprechung zur stillschweigend abgeschlossenen „Ehegatteninnengesellschaft" (grundlegend BGHZ 8, 249) beziehen sich auf gemeinschaftliche gewerbliche oder freiberufliche Betätigung der Ehegatten; sie können – problematisch wie sie ohnehin sind – auf den Fall des einfachen gemeinschaftlichen Erwerbs nicht übertragen werden.

Andererseits steht es auch **Ehegatten** frei, ihre vermögensrechtlichen Beziehungen, wenn sie es wollen, vertraglich zu ordnen. Insoweit sind die Äußerungen der Rechtsprechung, mit denen iE zu Recht das Vorliegen einer Gesellschaft bei gemeinschaftlichen Konten u dgl von Ehegatten verneint wird, manchmal missverständlich (vgl zB BFH WM 1960, 79; BGH WM 1966, 679). Wollen zB Ehegatten gemeinsam ein Grundstück kaufen, um darauf ein Haus zu bauen, oder ein Sparkonto errichten, um eine Weltreise zu finanzieren, oder ein Wertpapierkonto anlegen, um durch Spekulation den familiären Lebensstandard zu erhöhen, so können sie dafür die Form der Gesellschaft wählen. Nur ist im Zweifel im hier berührten Bereich der privaten Lebensführung nicht davon auszugehen, dass sie von diesem Instrument Gebrauch machen wollen. Für nichteheliche Lebensgemeinschaften gilt dasselbe (vgl BGH NJW 2008, 443 m Anm v PROFF). Es verhält sich hier anders als bei Parteien, die von vornherein auf wirtschaftlicher, geschäftlicher Ebene einander gegenübertreten.

3. Beitragspflicht

Liegt ein Vertrag zwischen den gemeinschaftlichen Erwerbern vor, wird es regelmäßig an der Vereinbarung von Beiträgen iSv § 705 nicht fehlen. Sie bestehen in den Mitteln, die die Erwerber zur Finanzierung beisteuern. Im Zweifel sind gleiche Beiträge zu leisten (§ 706 Abs 1). Leisten die Gesellschafter unterschiedliche Beiträge, so ist die Mehrleistung bei der Auseinandersetzung vorweg zu berücksichtigen, da hierbei zunächst die Einlagen zurückzugewähren sind (§§ 733 Abs 2, 735 S 1). Hierin liegt praktisch eine der wichtigsten Rechtsfolgen, wenn der Erwerb auf gesellschaftsrechtliche Grundlage gestellt wird; das Gemeinschaftsrecht kennt eine derartige Ausgleichspflicht nicht. Trägt einer der Beteiligten die Kosten allein, so ist zu beachten, dass eine beitragsfreie Gesellschaft nach § 705 nicht möglich ist. Möglich ist allerdings, dass ein Gesellschafter dem anderen Gesellschafter dessen Einlage im Weg der Schenkung zuwendet (vgl U HUBER 202 ff). Das muss besonders vereinbart werden, sonst kommt eine Gesellschaft nicht zustande. Gemeinschaftlicher Erwerb ohne ausdrückliche Regelung der Beitragsfrage ist im Ganzen eher ein Indiz dagegen, dass ein Gesellschaftsvertrag abgeschlossen werden sollte (vgl etwa den Fall BGH WM 1972, 1122); so vor allem, wenn ein Beteiligter die Kosten allein trägt.

4. Gemeinsamer Zweck

a) Meinungsstand

210 Welche Anforderungen an das Merkmal des „gemeinsamen Zwecks" iSv § 705 zu stellen sind, ist streitig. Die Frage tritt vor allem dann auf, wenn die Parteien ausdrücklich einen „Gesellschaftsvertrag" abschließen wollen und wenn der Zweck des Vertrags der Erwerb eines Grundstücks ist. Ein ähnliches Problem entsteht, wenn Miteigentümer nach Bruchteilen die Gemeinschaft in eine Gesellschaft und das bisherige Bruchteilseigentum in Gesamthandseigentum umwandeln wollen.

211 Die Gesellschaft bürgerlichen Rechts galt dabei manchen als Rechtsform erster Wahl und wurde vielfältig verwandt, von der Ehegatten-Eigenheim-Gesellschaft über die Grundbesitzgesellschaft bei der Betriebsaufspaltung bis hin zu großen Immobilienfonds, ggf in der Variante der Publikumsgesellschaft. Dabei waren im Wesentlichen drei Motive maßgebend (SCHÖNER/STÖBER, Grundbuchrecht Rn 982 f): (1) gesamthänderische Bindung im Gegensatz zu § 747, (2) Sonderrechtserbfolge außerhalb der §§ 1922 ff und, vor allem, (3) vereinfachte (§§ 311b Abs 1 nF, 925) und ggf steuerfreie Übertragung von Beteiligungen. Alle drei Motive begegnen gerade nach Anerkennung der Rechtsfähigkeit der Gesellschaft bürgerlichen Rechts dogmatisch wie praktisch erheblichen Bedenken und werfen in ihrer Konsequenz zahlreiche Zweifelsfragen auf (dazu näher unten Rn 220 f). Dies gilt erst recht mit Blick auf die hierdurch praktisch eröffnete Möglichkeit der Gläubigerbenachteiligung, unten Rn 222.

212 Außer Streit steht, dass der **gemeinschaftliche Erwerb eines Grundstücks oder eines sonstigen Gegenstands zum Zweck der Gewinnerzielung** (zB durch Errichtung eines Betriebs auf dem Grundstück, aber auch durch Bebauung, Parzellierung und Weiterverkauf oder Vermietung) ein „gemeinsamer Zweck" ist (vgl OLG Düsseldorf DNotZ 1973, 91 und BB 1973, 1325). Nicht bezweifelt wird ferner, dass der gemeinsame Zweck sich im gemeinsamen Erwerb eines Gegenstands erschöpfen kann. Die Verpflichtung, zu den Erwerbskosten beizutragen, ist dann Beitragspflicht, der gemeinschaftliche Erwerb Gesellschaftszweck (vgl BALLERSTEDT JuS 1963, 253, 260; OLG Düsseldorf BB 1973, 1325). Denkbar ist deshalb auch, dass die Beteiligten sich zum Zweck des Erwerbs zu einer Gesellschaft zusammenschließen und ihre künftigen Rechtsbeziehungen dem Gemeinschaftsrecht unterstellen. Allerdings kann der gemeinschaftliche Erwerb, wie gesagt, auch ohne Zusammenschluss zu einer Gesellschaft durchgeführt werden (oben Rn 204 ff; BGH NJW 1951, 352, 353; BGB-RGRK/vGAMM Rn 5).

213 Auf der anderen Seite ist sicher, dass bei bestehender Bruchteilsgemeinschaft **vertragliche Vereinbarungen** über die **Verwaltung**, über die **Benutzung** und über den **Ausschluss der Aufhebung** (auf Zeit oder auf Dauer) die Gemeinschaft *nicht ipso iure* in eine Gesellschaft iSv §§ 705 ff, auch nicht in eine „Innengesellschaft", umwandeln (BGB-RGRK/vGAMM Rn 5). Denn die Möglichkeit solcher Vereinbarungen im Rahmen der Gemeinschaft ist in den §§ 745 Abs 2, 750 Abs 2 ausdrücklich vorgesehen.

Streitig war, ob die bloße **gemeinsame Verwaltung und Benutzung** (das gemeinsame **214**
„Halten") eines Gegenstands, insbes eines Familienheimes, einen „gemeinsamen
Zweck" iSv § 705 bilden kann (*Verneinend:* OLG Düsseldorf DNotZ 1973, 91 [deshalb
Ablehnung des Antrags von Bruchteilseigentümern, in Zukunft als Gesellschaft als Eigentümer des
gemeinschaftlichen Grundstücks eingetragen zu werden]; OLG Düsseldorf BB 1973, 1325;
ENNECCERUS/LEHMANN § 183 I; wohl auch BALLERSTEDT JuS 1963, 253, 260 [allerdings nur für den
ungewöhnlichen Fall, dass nicht gemeinsame, sondern abwechselnde Benutzung vereinbart ist].
Bejahend: BGH NJW 2008, 1378; 2006, 765; 1982, 170; FLUME I 1, 45 ff; MünchKomm/K SCHMIDT
Rn 5; MünchKomm/P ULMER § 705 Rn 112; PALANDT/SPRAU § 705 Rn 20; PETZOLDT BB 1973, 1332;
zur Innehabung eines Gesellschaftsanteils K SCHMIDT BB 1983, 1697; BGH NJW-RR 2008, 773).

Die Ansicht des OLG Düsseldorf führte bei reinen „Erwerbsgesellschaften" (bei **215**
denen der gemeinsame Zweck sich im Erwerb erschöpft) zu Schwierigkeiten. Das
OLG nimmt an, in einem solchen Fall entstehe zunächst gem § 718 Gesamthandseigentum; anschließend trete die Gesellschaft wegen Zweckerreichung (§ 726 Fall 1)
in Liquidation (BB 1973, 1325; ebenso BALLERSTEDT JuS 1963, 253, 260, der – bei beweglichen
Sachen – Umwandlung in Bruchteilseigentum annimmt; bei unbeweglichen Sachen ist eine solche
Umwandlung ohne Auflassung und Eintragung, §§ 925, 873, nicht möglich). Bis zur Auseinandersetzung besteht die Gesellschaft als Gesamthandsgemeinschaft fort (§ 730
Abs 2). Da die Gesellschafter zur Auseinandersetzung nicht gezwungen sind, kommt
man zu dem paradoxen Ergebnis, dass es möglich ist, ein Grundstück für dauernd in
der Rechtsform der bürgerlichrechtlichen Gesellschaft „in Liquidation" zu verwalten und zu nutzen. Allerdings nur, wenn die Beteiligten sich schon vor dem Erwerb
zur Gesellschaft zusammengeschlossen haben. Besteht erst einmal eine Bruchteilsgemeinschaft, so kann sie nicht in eine Gesellschaft mit Gesamthandsvermögen
umgewandelt werden, wenn die Parteien keinen über die gemeinsame Verwaltung
und Benutzung hinausgehenden Zweck verfolgen (OLG Düsseldorf DNotZ 1973, 91).
Diese Auffassung erscheint inkonsequent und unrichtig. Nimmt man an, das gemeinsame „Halten" eines Gegenstands sei kein gemeinsamer Zweck, dann kann im Fall
einer nur auf den „Erwerbszweck" beschränkten Gesellschaft der erworbene Gegenstand nicht Gesamthandseigentum werden. Denn er selbst dient keinem gemeinsamen Zweck mehr; es handelt sich weder um einen „Beitrag" noch um einen „für
die Gesellschaft" erworbenen Gegenstand, wie das § 718 Abs 1 voraussetzt (so BGB-
RGRK/VGAMM Rn 4: Gesamthandsvermögen nur bei einem gemeinschaftlichen Erwerb zu einem
gemeinschaftlichen Zweck, „der über den Erwerbsakt hinausreicht").

Die heute ganz hM (BGH NJW 2006, 765 mwNw) führt praktisch dazu, dass die gemein- **216**
schaftlichen Erwerber ein *Wahlrecht* haben.

b) Eigener Standpunkt
aa) Rechtslage
Grundsätzlich dürfte der praktisch hochrelevante Streit heute iE erledigt sein. Die **217**
Gesellschaft bürgerlichen Rechts hat sich sowohl im Grundbuchverkehr als auch im
Gesellschaftrecht in vielfältiger Weise durchgesetzt (vgl nur SCHÖNER/STÖBER, Grund-
buchrecht Rn 982 ff „ständig wachsende Rolle"). Dahinter wird kaum zurückzugehen sein
(vgl bereits ULMER ZGR 1984, 338 „keine Erfolgsaussichten"; „Widerstand ist zwecklos", BIELICKE
Rpfl 2007, 441). Im Streit ist praktisch nur noch die „Grundbuchfähigkeit" und insbes
die Frage, wie die Gesellschaft im Grundbuch gem § 47 GBO einzutragen ist. OLG
Stuttgart (NJW 2008, 304) bejaht Eintragungsfähigkeit unter eigenem Namen. Nach

zutr Ansicht (OLG Schleswig NJW 2008, 306; BayObLG NJW 2003, 70; OLG Celle NJW 2006, 2194; Überbl bei SCHÖNER/STÖBER Rn 240) sind jedenfalls auch die Namen der Gesellschafter einzutragen (vgl auch § 162 Abs 1 S 2 HGB; zum Ganzen BIELICKE Rpfl 2007, 441 mwNw). Andernfalls drohte ein Leerlaufen der für die Sicherheit des Grundstücksverkehrs zentralen Vorschrift des § 892 (s auch unten Rn 221).

218 Die Gegenmeinung führt in der Tat zu willkürlichen Abgrenzungen. Vor allem will die Differenzierung nach verschiedenen Arten von Vorteilen, die die Beteiligten erstreben, nicht einleuchten.

219 Maßgeblich ist in den Fällen des Erwerbs zur gemeinschaftlichen Verwaltung und Nutzung daher der **Parteiwille**. Was die Beteiligten wollen, gilt. Sie können sich für schlichten Bruchteilserwerb, für Bruchteilserwerb mit Gesellschaft im Innenverhältnis oder für Erwerb in Form der Gesamthandsgesellschaft entscheiden. Sie können Gesellschaft und Bruchteilsgemeinschaft auch in der Weise kombinieren, dass sie zum Zweck des Erwerbs eine Gesellschaft (mit vertraglich festgelegten Beiträgen) bilden und anschließend den gemeinschaftlichen Gegenstand in der Form der Bruchteilsgemeinschaft halten, verwalten und nutzen. Sie können, unter Beachtung der sachenrechtlichen Formen, von einer Beteiligungsform zur anderen überwechseln. Vor allem der Grundbuchrichter darf sie in ihrer Wahl nicht bevormunden. Die Wahl der Gesellschaftsform setzt selbstverständlich voraus, dass die Parteien einen Vertrag iSv § 705, also eine rechtsverbindliche Übereinkunft mit Übernahme von Beitragspflichten, abschließen.

bb) Rechtspolitischer Ausblick

220 In der Praxis ist sowohl im nichtunternehmerischen als auch im unternehmerischen Bereich vor der zunehmenden Verbreitung der Gesellschaft bürgerlichen Rechts, insbes im Grundbuchverkehr (zur GmbH K SCHMIDT BB 1983, 1697; BGH NJW-RR 2008, 773), eindringlich zu warnen. Unklarheit, Unsicherheit und Unzweckmäßigkeit der Gestaltung sind sehr oft die Folge einer in erster Linie aus vordergründigen Kosten- und Steuerersparnisgründen gewählten Rechtsform. Hinzu kommen erhebliche Haftungsgefahren.

221 Nach hM (BGH ZIP 1996, 547; WM 1997, 2220; OLG Frankfurt aM NJW-RR 1996, 1123; GRUNEWALD 287) bedarf die Anteilübertragung bei der Gesellschaft bürgerlichen Rechts, welche ein Grundstück hält (diff zur Formfrage, insbes im Fall des Beitritts zur Gesellschaft sowie zur Anteilübertragung *vor Eintragung* der betreffenden Gesellschaft im Grundbuch, etwa REINELT NJW 1992, 2052; HECKSCHEN, Formbedürftigkeit 156; KORTE 202 f; vgl auch MünchKomm/ULMER § 719 Rn 27 ff; ULMER/LÖBBE DNotZ 1998, 713 ff; K SCHMIDT AcP 182 [1982] 508 ff; ders NJW 1996, 3325 f; ders ZIP 1998, 6 f; zur Auflassung JASCHKE 76 f; LG Aachen Rpfleger 1987, 104) nicht der Form der §§ 311b Abs 1 nF, 925 (ebenso, aber krit zu § 15 GmbHG MünchKomm/K SCHMIDT Rn 5; vgl ferner K SCHMIDT AcP 182 aaO; SCHÖNER/STOBER, Grundbuchrecht Rn 982 h). Deren Warn- und Schutzfunktionen, die auch im öffentlichen Interesse liegen, werden somit ausgehöhlt. Ferner vollzieht sich die Anteilübertragung nach ganz hM bei Grundstücken außerhalb des Grundbuchs. Die zunehmende Verbreitung der Gesellschaft bürgerlichen Rechts widerspricht damit fundamental dem Eintragungs- und Publizitätsgrundsatz der §§ 873 ff (dazu eindringl K SCHMIDT AcP 182 [1982] 498 f; ders JZ 1985, 910 f; ders ZIP 1998, 2 ff). Das insbesondere im internationalen Vergleich außerordentlich hoch zu schätzende formelle deutsche Grundbuchrecht

(rechtsvergleichend dazu LANGHEIN, Kollisionsrecht 87 ff) wird damit praktisch außer Kraft gesetzt. Die Folgen für § 892 sind evident, ebenso die Beeinträchtigung der Sicherheit und Verlässlichkeit des Grundstücksverkehrs (vgl nur zur Anwendung des § 892 im Falle einer Erbengesamthand KGJ 40, 167; dies muss zwingend auch für die BGB-Gesellschaft gelten; so ausdr BGH ZfIR 1997, 94; dazu LIMMER 329 f; aA aber BIELICKE Rpfl 2007, 441, insbes 442, 446; ULMER/STEFFEK NJW 2003, 337 – damit wäre Gutglaubenserwerb von Gesellschaften bürgerlichen Rechts unmöglich! Eingehend STAUDINGER/GURSKY [2008] § 892 Rn 47; vgl zur Eintragung eines Vertreters KG ZIP 2008, 1178 in abl Anm DEMHARTER EWiR 2008, 396). Ferner droht eine Aushöhlung des numerus clausus der Sachenrechte im Grundstücksrecht: Wird das Recht in BGB-Gesellschaft gehalten, ergibt sich der eigentliche Rechtsinhalt oft nur noch aus uU komplexen Gesellschaftsverträgen. An die Stelle einfacher Grundbucheinsicht tritt sodann eine ggf komplizierte Titelprüfung.

Der durchschnittliche Rechtsgenosse ist zudem kaum in der Lage, die erbrechtlichen **222** Folgen der Gesellschaftsgründung bzw des Gesellschaftsbeitritts zu übersehen (Sonderrechtsnachfolge!). Vollends unentwirrbar kann die sachenrechtliche Situation werden, wenn eine „XY-GbR" den Fehler begeht, mehrere Grundstücke gleichzeitig zu halten. Nur zu gern werden in der Praxis hinterher einzelne „Anteile" an dem einen oder anderen Grundstück veräußert, obwohl dies rechtlich gar nicht möglich ist, wenn sich überhaupt klären lässt, ob eine oder mehrere Gesellschaften bürgerlichen Rechts bestanden. Besteht weder ein beurkundeter, beglaubigter oder gar noch nicht einmal schriftlich abgefasster Gesellschaftsvertrag, können demgemäß Grundbuchveränderungen zu außerordentlichen Schwierigkeiten führen (zu den daraus folgenden Ungereimtheiten etwa BayObLG Rpfleger 1993, 105; OLG Zweibrücken MittBayNotK 1995, 210; BIELICKE Rpfl 2007, 441). Vollstreckungsrechtlich schließlich ist die BGB-Gesellschaft das Instrument zur Ermöglichung der Vollstreckungsvereitelung durch rückdatierte Anteilsübertragungen. Anders als im Falle der Beurkundung oder wenigstens Beglaubigung fehlt jedwede Kontrollmöglichkeit (dazu K SCHMIDT AcP 182 [1982] 499 f). Die (oft vermeintliche) grunderwerbssteuerliche Privilegierung der Anteilsübertragung an einer Gesellschaft bürgerlichen Rechts im Gegensatz zur Grundstücksbruchteilsübertragung ist kaum plausibel und führt gelegentlich zu zivilrechtlich absurden Konstruktionen aus steuerlichen Motiven. Durch die von der Rechtsprechung (BGH NJW 2006, 765) auch auf Immobiliengesellschaften erstreckte analoge Anwendung der §§ 128, 130 HGB handelt es sich schlussendlich für alle Beteiligten um eine höchst riskante Rechtsform. In der Praxis ist beim Neuerwerb daher dringend anzuraten, haftungsbeschränkte Rechtsformen (insbes KG oder eben auch Bruchteilsgemeinschaft) zu wählen.

Man wird zwar angesichts all dieser Ungereimtheiten kein Verbot der reinen BGB- **223** Grundstücksgesellschaft vorschlagen können. Ernsthaft zu erwägen ist aber eine Ausdehnung des Formzwanges der §§ 311b Abs 1 nF, 873, 925 (mE schon de lege lata für § 311b Abs 1 nF im Wege der Analogie, vgl näher K SCHMIDT AcP 182 [1982] 510 ff; MünchKomm/ULMER § 719 Rn 27 ff; SCHÖNER/STÖBER, Grundbuchrecht Rn 982h; LIMMER 333 ff; noch anders – Anwendung des § 2033 Abs 1 – JASCHKE 58 f; vgl auch oben bei Rn 221; eingehende Übersicht bei ULMER/LÖBBE DNotZ 1998, 712 ff; MOCK, in: FS Bezzenberger [2000] 529 ff. Auch für den Fall des § 15 GmbHG bejaht BGH NJW-RR 2008, 773, immerhin Formzwang bei Umgehungsabsicht, vgl dazu HECKSCHEN NotBZ 2008, 304 f). Notwendig wäre ferner eine gesetzliche Regelung der Publizitätsfolgen sowie eine Abschaffung der – ohnehin bereits stark eingeschränkten – grunderwerbssteuerlichen Privilegierung (rechtspolitisch dazu auch

K Schmidt, Gutachten und Vorschläge zur Überarbeitung des Schuldrechts Bd 3 [1983] 413 ff; dazu krit, teils aber zust Ulmer ZGR 1984, 313 ff, 338). Kennzeichnend etwa Tewes, Praxishandbuch Immobilienkapitalanlagen³ 5/3. 2. 1, 4: „... Die mit der notariellen Beurkundung ... verbundenen selbständigen Belehrungspflichten des Notars (die manchen Kapitalanleger in letzter Minute beeindrucken könnten) werden in der Praxis, vor allem vom Vertrieb, nicht geschätzt" – genau dies zu verhindern ist Sinn und Zweck des § 311b Abs 1 nF! Und die Wahl einer gefährlichen Rechtsform würde in vielen Fällen durch notarielle Belehrung vermieden.

c) Auslegungs- und Beweisfragen

224 Schwierigkeiten entstehen, wenn die Parteien nicht ausdrücklich sagen, was sie wollen (im Grundbuchrecht stellt sich diese Frage wegen § 47 GBO nicht, unten Rn 225). Hier greifen Beweislast- und Auslegungsregeln ein. Ausgangspunkt ist, dass gemeinschaftlicher Erwerb nicht ipso facto eine Gesellschaft begründet, auch nicht, wenn er in der Absicht gemeinschaftlicher Verwaltung, Nutzung und Gewinnerzielung erfolgt. Das ergibt sich aus §§ 741, 743, 745 und 749 und § 705. Die Gesellschaft verlangt gegenüber der Gemeinschaft ein hinzutretendes Element, einen Vertrag. Wer sich auf Bestimmungen des Gesellschaftsrechts beruft, muss deshalb den Abschluss eines Vertrags beweisen. Gemeinschaftlicher Erwerb zur gemeinsamen Innehabung, Verwaltung und Benutzung ist kein ausreichendes Indiz. Anders ist es, wenn ein darüber hinausgehender Zweck, vor allem die gemeinschaftliche Ausübung eines Berufs oder Gewerbes, hinzukommt. Für die Auslegung ist überdies zu beachten, dass Abreden im Bereich von Ehe, Freundschaft und Familie im Zweifel keinen rechtsgeschäftlichen Charakter haben – anders im Fall der Regelung von Trennung oder Scheidung (oben Rn 207). Daraus folgt, dass gemeinschaftlichem Erwerb – vor allem von Ehepaaren, sonstigen Lebensgemeinschaften, Verwandten und Freunden – idR kein Gesellschaftsverhältnis zugrundeliegt, soweit nicht weitergehende berufliche oder gewerbliche Zwecke verfolgt werden (ebenso BGB-RGRK/vGamm Rn 5; MünchKomm/K Schmidt Rn 4; zur Ehegatteninnengesellschaft BGH NJW 1995, 3383 mwNw; in dem von Ballerstedt JuS 1960, 253, 260 behandelten Fall des Autokaufs von zwei Freunden ist ebenfalls im Zweifel Gemeinschaft, nicht Gesellschaft, auch nicht „Erwerbsgesellschaft" anzunehmen).

5. Bedeutung des Eintrags nach § 47 GBO

225 Im praktisch wichtigsten Fall, dem **gemeinschaftlichen Erwerb eines Grundstücks**, wird die Entscheidung dadurch erleichtert, dass das zugrundeliegende Rechtsverhältnis gem § 47 GBO im Grundbuch anzugeben ist. Danach sind im Falle der Eintragung eines gemeinschaftlichen Rechts für mehrere stets die Anteile der Berechtigten in Bruchteilen oder das für die Gemeinschaft maßgebliche Rechtsverhältnis zu bezeichnen. Einzutragen sind damit Art und Inhalt des Gemeinschaftsverhältnisses (grundlegend Amann 75 ff mwNw; zum str Grundbucheintrag der Gesellschaft bürgerlichen Rechts oben Rn 217).

226 Werden die Erwerber antragsgemäß **als Gemeinschaft zu Bruchteilen eingetragen**, so erwerben sie *notwendigerweise zu Bruchteilen* (ebenso BGB-RGRK/vGamm Rn 4; Soergel/Hadding Rn 2). Das gilt selbst dann, wenn zwischen ihnen eine Gesellschaft besteht. Denn auch in diesem Fall ist Erwerb zu Bruchteilen möglich (oben Rn 206).

Ist eine Eintragung zu Bruchteilen erfolgt, dann spricht, neben den oben Rn 224 **227** angeführten Gründen, eine *zusätzliche Vermutung* dafür, dass es sich *auch im Innenverhältnis* um eine Gemeinschaft iSv §§ 741 ff, nicht um eine Gesellschaft handelt. Denn bei Rechtserwerb zu Bruchteilen ist nach § 741 die Geltung der §§ 742 ff der Regelfall, die Abdingung dieser Bestimmungen die zu beweisende Ausnahme.

Erfolgt die Eintragung mit dem Zusatz **„als Gesellschafter des bürgerlichen Rechts"**, **228** so wird nach § 892 jedenfalls in dinglicher Hinsicht, nach der Lebenserfahrung auch in schuldrechtlicher Hinsicht vermutet, dass eine solche Gesellschaft besteht. Besteht sie ausnahmsweise nicht (auch nicht als „fehlerhafte" Gesellschaft), so ist das Grundbuch unrichtig. Die Eintragung allein kann die nicht existierende Gesellschaft nicht zur Entstehung bringen. Infolgedessen bewendet es dabei, dass die Beteiligten – ist der dingliche Erwerbsvorgang im Übrigen in Ordnung – Eigentum zu Bruchteilen erworben haben, § 741 (RG SeuffA 88 Nr 8). Dies kann durch Berichtigung im Grundbuch vermerkt werden. Man darf in einem solchen Fall nicht annehmen, dass der Erwerb mangels Eintragung überhaupt nichtig ist. Diese Annahme wäre unvereinbar damit, dass § 47 GBO nur „Sollvorschrift" ist. Zur Anwendbarkeit des § 892 vgl Rn 221.

Beantragen Erwerber, als Gesamthänder in der Rechtsform der **Gesellschaft bürger-** **229** **lichen Rechts** eingetragen zu werden, und liegen die übrigen förmlichen Eintragungsvoraussetzungen (Einigung und Voreintragung) vor, so ist das GBA ohne weitere Prüfung verpflichtet, die Eintragung wie beantragt vorzunehmen (DEMHARTER § 47 GBO Rn 13; SCHÖNER/STÖBER, Grundbuchrecht Rn 254). Es ist weder verpflichtet noch berechtigt, Vorlage des Gesellschaftsvertrags (der ja auch mündlich abgeschlossen sein kann) zu verlangen. Anders ist es nur, wenn die Erwerber den Vertrag von sich aus vorlegen und daraus zur Überzeugung des GBA hervorgeht, dass eine Gesellschaft nicht besteht. Denn das GBA darf nicht bewusst unrichtige Eintragungen vornehmen (DEMHARTER Anh § 13 GBO Rn 29; vgl BGHZ 35, 135, 139). Nach hM ist das GBA zur weiteren Aufklärung nur dann berechtigt und verpflichtet, wenn „auf Grund bestimmter Anhaltspunkte begründete Zweifel an dem Vorliegen der Eintragungsvoraussetzungen auftauchen" (BGHZ 35, 135, 139 zur Verfügungsbeschränkung des Ehegatten gem § 1365; vgl auch DEMHARTER aaO). Solche Anhaltspunkte werden, wenn die Erwerber Eintragung zur gesamten Hand als Gesellschafter bürgerlichen Rechts beantragen, so gut wie immer fehlen. Ohne besondere Anhaltspunkte ist aber das GBA zu Nachforschungen im Hinblick auf die materielle Rechtslage keinesfalls befugt. Zur Form des Nachw bei späteren Veränderungen §§ 742 Rn 5 ff; zu *ausländischen Ehegatten* oben Rn 28. Zu § 892 oben Rn 221 sowie BIELICKE Rpfl 2007, 441.

Auf *Veräußerer*seite ist § 47 GBO nicht anzuwenden. Gibt also die Eintragungsbe- **230** willigung das Gemeinschaftsverhältnis der Veräußerer unrichtig an, handelten aber alle Berechtigten, hat das Grundbuchamt die Eintragung vorzunehmen. Zwischenverfügung (§ 18 GBO) oder Berichtigungsbewilligung bzw notaramtliche Klarstellung sind weder notwendig noch zweckmäßig. Zur Rechtslage bei der Gesellschaft bürgerlichen Rechts Rn 221 (**aA** BIELICKE aaO).

6. Sicherungspool

a) Ausgangslage

231 Bruchteilseigentum entsteht häufig dadurch, dass das Sicherungsgut eines Vorbehaltslieferanten oder Sicherungseigentümers beim Kreditnehmer mit dem Sicherungsgut anderer Kreditgeber oder mit Eigengut des Kreditnehmers untrennbar oder ununterscheidbar verbunden oder vermengt wird (oben Rn 49 f). Fällt der Kreditnehmer in Insolvenz, so kommt es oft vor, dass die Kreditgeber ihre Miteigentumsanteile zusammen mit den gesicherten Forderungen in einen „Sicherheitenpool" einbringen (dazu BGH BB 2005, 2148; BURGERMEISTER, Sicherheitenpool im Insolvenzrecht [2. Aufl 1996]; zum früheren Konkursrecht BOHLEN, Sicherheiten-Pool [1984]; HESS, Miteigentum [1985]; HILGER, Miteigentum [1984]; JAUERNIG ZIP 1980, 318; WEITNAUER, in: FS Baur [1981] 709; JAEGER/HENCKEL, KO [2. Lfg 1980] § 15 Rn 72 ff; REINICKE/TIEDTKE WM 1979, 186 ff; zur InsO PETERS ZIP 2000, 2238 ff mwNw). Der Pool soll die Rechte der Kreditgeber gegenüber dem Insolvenzverwalter durchsetzen, das Sicherungsgut verwerten und den Erlös an die Kreditgeber verteilen. Rechtliche Vorteile sind hiermit unmittelbar zwar nicht verbunden. In tatsächlicher Hinsicht bietet die Poolbildung allerdings evidente Vorteile: Sie verhindert das Chaos eigenmächtiger „Aussonderung", steigert die Verwertungschancen und erspart zeit- und kostenintensive Aufteilungen (vgl HESS 151 f). Steht die Höhe der Miteigentumsanteile nicht fest, wird regelmäßig nach der Höhe der offenen Forderungen der Poolbeteiligten oder nach Vereinbarung geteilt. Als Rechtsform für den Pool wird offenbar die Gesellschaft bürgerlichen Rechts bevorzugt, in der Weise, dass die Forderungen und Miteigentumsanteile in Gesamthandseigentum der Poolbeteiligten überführt werden (ERMAN/ADERHOLD Vorbem § 705 Rn 41; REINICKE/TIEDTKE aaO; BOHLEN 10 f; HESS 31 ff; PETERS ZIP 2000, 2238 ff; vgl auch OLG Oldenburg NZP 2000, 21; HOLZER EWiR 1998, 1095 f). Gegen die Annahme einer bürgerlichrechtlichen Gesellschaft bestehen keine Bedenken; die gemeinsame Durchsetzung der Rechte im Insolvenzverfahren und die gemeinsame Verwertung des Sicherungsguts ist jedenfalls dann ein gemeinsamer Zweck iSv § 705, wenn man „Vermögensverwaltung" als gemeinsamen Zweck anerkennt (vgl oben Rn 210 ff), und das Beispiel zeigt deutlich, dass die bürgerlichrechtliche Gesellschaft für solche Fälle eine geeignete Organisationsform ist. Eine „Zwangsgemeinschaft" der Gläubiger in der Insolvenz gibt es naturgemäß allerdings nicht (MünchKomm/K SCHMIDT Rn 69 aE; JAUERNIG ZIP 1980, 324). Die Umwandlung einer ursprünglich entstandenen Bruchteilsgemeinschaft in eine Gesellschaft bürgerlichen Rechts setzt stets rechtsgeschäftliche Übertragungsakte voraus (HESS 62 ff), die im Einzelfall nicht ohne weiteres konkludent anzunehmen sind (zB Abtretung von brieflosen Grundpfandrechten; unzutr mE HILGER 65 f, der den Bruchteil als Mitgliedschaftsrecht begreift, der durch Abtretung gem §§ 398, 413 übertragen werden könne). Vermögens- und Verwaltungsstruktur können auch verschiedenen Rechtsverhältnissen folgen (MünchKomm/K SCHMIDT Rn 60; PETERS ZIP 2000, 2239).

232 Allerdings ließe sich das Ziel der Beteiligten auch in der Form der Rechtsgemeinschaft verwirklichen (MünchKomm/K SCHMIDT Rn 69; STÜRNER ZZP 94 [1981] 275 f). Denn die Einbringung in den Pool verleiht den Beteiligten keine Rechte – insbesondere nicht gegenüber dem Insolvenzverwalter –, die ihnen nicht schon zuvor in ihrer Eigenschaft als Bruchteilseigentümer zustehen (dazu überzeugend JAEGER/HENCKEL aaO). Im Innenverhältnis lässt sich im Rahmen des Gemeinschaftsrechts ebensoviel regeln wie im Gesellschaftsvertrag. Über das eigentliche Problem – die ungeklärte Höhe der Miteigentumsanteile – müssen die Beteiligten sich ohnehin vergleichen. Vgl im Übrigen § 742 Rn 18 ff.

b) Sicherheitenpool und InsO

Mit dem 1.1.1999 ist die neue Insolvenzordnung (InsO) in Kraft getreten (BGBl I 1994, 2866 ff). Die Neugestaltung des Insolvenzrechts bezieht dinglich gesicherte Gläubiger in das Insolvenzverfahren ein (zB §§ 51, 107, 165 ff InsO; Schmidt-Räntsch, InsO E Rn 75 ff; Landfermann BB 1995, 1649 ff). Unabhängig von den technischen Unterschieden bei der Einbeziehung der verschiedenen Sicherungsformen in das Verfahren hat sich Grundlegendes für den Sicherheitenpool nicht geändert (vgl Überbl bei Peters ZIP 2000, 2238 ff). Eine spezielle Regelung wurde nicht getroffen. Allerdings fand die Poolbildung in den verschiedenen Entwürfen der InsO Berücksichtigung (vgl Staudinger/Langhein [1996] Rn 233).

7. Zur Wahl der Rechtsform

Zur Frage, ob die gemeinschaftlichen Erwerber eines Gegenstands – soweit ihnen die **Wahl zwischen Gemeinschaft und Gesellschaft** offensteht (oben Rn 204 f) – das eine oder das andere bevorzugen sollten, ist zu sagen:

Geht es um den **Erwerb eines einzelnen Gegenstands**, wird sich idR der Abschluss eines Gesellschaftsvertrags nicht lohnen. Zwar hat die Gesellschaft den Vorzug, dass *unerwünschte Verfügungen* eines Gesellschafters durch § 719 ausgeschlossen sind, während die Verfügungsbefugnis des Teilhabers nach § 747 S 1 unabdingbar ist. Aber praktisch wichtiger ist die Frage, ob der Mitberechtigte die gemeinsame Berechtigung *aufheben*, also Versilberung und Auszahlung verlangen kann. Dieses Recht lässt sich bei der Gemeinschaft leichter ausschließen als bei der Gesellschaft: bei der Gemeinschaft für immer (§ 749 Abs 2), bei der Gesellschaft nur auf bestimmte Zeit (§§ 723, 724; dazu BGB-RGRK/vGamm § 723 Rn 14 f; Soergel/Hadding/Kiessling § 723 Rn 23 f; MünchKomm/P Ulmer § 723 Rn 51; Staudinger/Kessler[12] § 723 Rn 39 ff). Der Ausschluss der Aufhebung wirkt auch gegen Dritte (§ 751), bei Grundstücken allerdings nur nach Eintragung (§ 1010 Abs 1; aber das Bestehen einer Gesamthandsgemeinschaft muss ja ebenfalls eingetragen werden). Ist die Gemeinschaft unaufhebbar, werden Außenstehende mit ziemlicher Sicherheit vom Erwerb abgeschreckt. Das Auflösungsrecht aus wichtigem Grund und zugunsten von Gläubigern lässt sich in beiden Fällen nicht ausschließen (§§ 723 Abs 3, 749 Abs 2; §§ 725 Abs 1, 751 S 2). Ein Vorteil der Gesellschaft scheint darin zu liegen, dass die Gesellschafter für den Fall der *Pfändung* durch den Gläubiger eines Gesellschafters vereinbaren können, dass der andere Gesellschafter den Anteil ausbezahlt und übernimmt (§ 736; das gilt auch in der Zwei-Personengesellschaft; vgl BGHZ 32, 317; BGH NJW 1966, 827; BGB-RGRK/vGamm § 736 Rn 6; U Huber 65 ff). Aber ein solches Ablösungsrecht besteht für den anderen Teilhaber auch bei der Gemeinschaft (§ 268; vgl § 751 Rn 11), wenn auch uU zu anderen Abfindungswerten. Ein Vorteil der Gemeinschaft besteht dagegen darin, dass das einzelne Mitglied mit seinem Privatvermögen nur für *Kosten und Lasten* haftet (§ 748), nicht für *Verluste* (vgl dagegen bei der Gesellschaft § 735 und den lehrreichen Fall BGH WM 1972, 1122: Mutter und Sohn erwerben gemeinsam ein Grundstück, der Sohn bebaut es, ersteigert es in der Auseinandersetzung billig und verlangt anschließend gem § 735 von der Mutter Erstattung der halben Baukosten).

236 Dagegen hat in **komplexeren Fällen** die gesamthänderische Gesellschaft vor der Gemeinschaft Vorzüge, vor allem wenn es um die Verwaltung eines ganzen Vermögens geht und wenn mehrere Beteiligte vorhanden sind (vgl FLUME I 1, 47). Hier ist die Bindung des ganzen Vermögens an den Gesellschaftszweck (§§ 729, 730) und die Möglichkeit des Ausscheidens und des Neueintritts einzelner Mitglieder ein offensichtlicher Vorzug. Bei ererbtem Vermögen erscheint auch insoweit die Erbengemeinschaft als im Ganzen gleichwertig, wenn nicht überlegen.

237 Besonderheiten gelten für **gewerblich oder beruflich genutzte Grundstücke**, speziell im Fall der Ehe. Benutzt ein Ehegatte das gemeinschaftliche Grundstück gewerblich oder beruflich (zB für einen Handwerksbetrieb, ein Einzelhandelsgeschäft, eine Praxis), so muss er sich darüber im Klaren sein, dass der andere Ehegatte im Fall einer Trennung oder Scheidung gem §§ 749, 750 die Zwangsversteigerung beantragen kann und dass er selbst möglicherweise nicht in der Lage sein wird, das Grundstück in der Versteigerung zu erstehen. Die Gerichte helfen zwar gelegentlich mit § 242 (BGHZ 68, 299; dazu § 749 Rn 35 ff). Aber darauf ist kein Verlass. Deshalb ist in solchen Fällen zu erwägen, ob nicht rechtsgeschäftliche Vorsorge zu treffen ist. In Frage kommen: entweder Einbringung des Grundstücks in eine Gesellschaft (zB eine BGB-Gesellschaft, die das Grundstück an den Berufstätigen vermietet; erforderlich ist Grundbucheintragung!), mit Vereinbarung eines Übernahmerechts gem §§ 736, 738 im Fall der Kündigung; oder, bei Aufrechterhaltung der Rechtsform der Gemeinschaft, Vereinbarung eines Übernahmerechts gegen Zahlung des halben Schätzwerts (vgl dazu § 749 Rn 24; erforderlich ist, wegen § 311b Abs 1 nF, notarielle Beurkundung, § 749 Rn 28). Insbesondere steuerrechtliche Überlegungen können für die eine oder andere Gestaltung sprechen, vgl dazu die Hinw bei Rn 163.

238 Überhaupt keinen Vorteil bringt es idR, über die Verwaltung und Benutzung eines Gegenstands eine **Innengesellschaft** abzuschließen und ihn **im Außenverhältnis in Form der Bruchteilsgemeinschaft** zu halten. Den zwingenden Vorschriften des Gemeinschaftsrechts (§ 747 S 1 und vor allem § 749 Abs 2) kann man hierdurch nicht entgehen; und gerade sie sind im Streitfall gefährlich. Auf der anderen Seite bringt, gerade bei beruflicher Nutzung durch nur einen Ehegatten, die Vorschrift des § 735 für den anderen Ehegatten die Gefahr mit sich, dass er im Fall des Scheiterns der Ehe und der darauf folgenden Kündigung der Gesellschaft über § 735 rückwirkend zur Finanzierung von Investitionen herangezogen wird. Die Innengesellschaft mit Bruchteilseigentum läuft also nur zu leicht darauf hinaus, dass die Nachteile beider Rechtsformen, nicht ihre Vorteile kombiniert werden. Vertretbar – aber keinesfalls ideal – ist die Kombination von Bruchteilseigentum und Gesellschaft nur dann, wenn beide Ehegatten sich zu einer Handelsgesellschaft oder einer Berufspraxis zusammenschließen und dieser Gesellschaft (die dann keine reine Innengesellschaft mehr ist) das in Bruchteilsgemeinschaft gehaltene Grundstück zur Verfügung stellen (zu den Gefahren derartiger Gestaltungen vgl – mit Bezug auf den gleichliegenden Fall der Erbengemeinschaft – R FISCHER NJW 1957, 894; U HUBER 75 f).

IX. Die Bruchteilsberechtigung als dingliches Recht

1. Bruchteilsberechtigung und Gesamthandsberechtigung

a) Allgemeines

Der Vorbehalt des § 741 („sofern sich nicht aus dem Gesetz ein anderes ergibt") hat **239** vor allem den Sinn, die **Mitberechtigung nach Bruchteilen** von der **Mitberechtigung zur gesamten Hand** abzugrenzen. Das BGB kennt drei solche Gesamthandsgemeinschaften: die der Gesellschafter der bürgerlichrechtlichen Gesellschaft (§§ 718, 719); die der im Güterstand der Gütergemeinschaft lebenden Ehegatten (§§ 1416, 1419) und ggf (§ 1483) der Abkömmlinge des zuerst verstorbenen Ehegatten; die der Miterben (§§ 2032, 2033). Gesamthandsgemeinschaften sind ferner, kraft der Verweisung der §§ 105 HGB und 54 auf das Recht der bürgerlichrechtlichen Gesellschaft, die OHG und KG und der nichtrechtsfähige Verein. Für die EWiV vgl § 1 EWiVG iVm § 105 HGB, für die Partnerschaft § 1 Abs 4 PartGG. Zum modernen Verständnis der Gesamthand vgl Vorbem 9.

Den Gesamthandsgemeinschaften sind – bei allen Unterschieden im Übrigen – zwei **240** Merkmale gemeinsam.

Erstens: Die Gesamthänder können über ihren **Anteil an den einzelnen Gegen-** **241** **ständen** nicht verfügen (§§ 719 Abs 1 HS 1 Fall 2; 1419 Abs 1 HS 1 Fall 2; § 2033 Abs 2). Dies ist zwingendes Recht; auch wenn alle anderen Beteiligten damit einverstanden sind, ist eine Verfügung über den Anteil nicht möglich.

Zweitens: Alle Gesamthänder gemeinsam können über **jeden einzelnen Gegenstand** **242** **des Gesamthandsvermögens** verfügen. Das ist für die Erbengemeinschaft in § 2040 Abs 1 ausdrücklich bestimmt; für die Gütergemeinschaft ergibt es sich, als allgemeines Prinzip, aus §§ 1422–1425, 1450. Im Gesellschaftsrecht wird die gemeinsame Verfügungsbefugnis der Gesellschafter vom Gesetz als selbstverständlich vorausgesetzt.

Dagegen hat die Frage, ob die Gesamthänder über ihren **Anteil am Gesamthands-** **243** **vermögen im Ganzen** verfügen können, mit dem Begriff der Gesamthand nichts zu tun. Sie ist unterschiedlich geregelt. In der Erbengemeinschaft ist eine solche Verfügung möglich (§ 2033 Abs 1 S 1), in der ehelichen Gütergemeinschaft nicht (§ 1419 Abs 1), auch nicht mit Zustimmung des anderen Ehegatten. In der Gesellschaft ist eine Verfügung über den Anteil am Gesellschaftsvermögen im Ganzen zwar ebenfalls ausgeschlossen (§ 719 Abs 1). Das gilt uneingeschränkt aber nur für Verfügungen, durch die der Anteil am Gesellschaftsvermögen auf einen Nichtgesellschafter übertragen werden soll. Dagegen ist es möglich, dass der Gesellschafter, mit Zustimmung der übrigen Gesellschafter, seine Mitgliedschaft in der Gesellschaft überträgt, mit der Folge, dass der Rechtsnachfolger auch seinen Anteil am Gesellschaftsvermögen erwirbt (STAUDINGER/KESSLER[12] § 719 Rn 4; MünchKomm/P ULMER § 719 Rn 3, 15 ff).

Die Mitberechtigung nach Bruchteilen unterscheidet sich somit von der Mitberech- **244** tigung zur gesamten Hand dadurch, dass Bruchteilsberechtigte über ihren **Anteil am einzelnen Gegenstand** verfügen können (§ 747 S 1), Gesamthandsberechtigte nicht.

Dagegen stimmen beide Formen der Mitberechtigung darin überein, dass alle Mitberechtigten zusammen über den gemeinschaftlichen Gegenstand im Ganzen verfügen können (vgl § 747 S 2).

245 Der gewichtigste Unterschied dürfte indes nach vordringender zutreffender Auffassung in der **Rechtssubjektivität der Gesamthand** liegen: Sie selbst ist Trägerin von Rechten und Pflichten, während sich die Bruchteilsgemeinschaft in der Bruchteilszuständigkeit am einzelnen Gegenstand erschöpft (dazu Vorbem 9).

b) Die Partenreederei

246 Nach dieser Abgrenzung ist die Partenreederei Gesamthandsgemeinschaft (so die heute hM, vgl PRÜSSMANN/RAABE, Seehandelsrecht[4] § 489 Anm B 19; K SCHMIDT, GesR[3] 209; BGH WM 1991, 1125; zB RUHWEDEL, Die Partenreederei [1973] 98 ff mwNw, 101 f Fn 14–22; SCHULZE-OSTERLOH 137 ff; DISSARS RIW 1997, 754), nicht Bruchteilsgemeinschaft (so zB SCHLEGELBERGER/LIESECKE, Seehandelsrecht [2. Aufl 1964] § 489 Rn 1; WÜSTENDÖRFER, Seehandelsrecht [2. Aufl 1950] 147 ff; ABRAHAM, Seerecht [3. Aufl 1969] 77 f). Denn nach § 503 HGB ist zwar „die Schiffspart" übertragbar. Sie umfasst aber nicht nur die Mitberechtigung am Schiff, sondern auch am sonstigen Reedereivermögen (RUHWEDEL 133 ff). E contrario folgt aus § 503 HGB, dass der Mitreeder seinen Anteil an einzelnen Gegenständen des Reedereivermögens nicht übertragen kann; § 747 S 1 ist unanwendbar (BGH BB 1969, 153). Insoweit sind nur alle Mitreeder zusammen zur Verfügung berechtigt. Das bedeutet, dass die Partenreederei nach heutigem Recht (wohl im Widerspruch zur historischen Überlieferung) den Gesamthandsgemeinschaften, nicht den Bruchteilsgemeinschaften zuzuordnen ist. Sofern *keine Partenreederei* besteht, können *auch registrierte Seeschiffe in Bruchteilseigentum* stehen (str, vgl STAUDINGER/GURSKY [1999] § 1008 Rn 1 mwNw).

c) Bruchteilsgemeinschaften besonderen Rechts

247 Die Bruchteilsgemeinschaften „besonderen Rechts" (oben Rn 5, 177 ff) unterscheiden sich von der Bruchteilsgemeinschaft nach §§ 741 ff in dinglicher Hinsicht dadurch, dass für sie § 747 S 2 nicht gilt. So können die Mitglieder einer *Wohnungseigentümergemeinschaft*, auch wenn sie alle zusammenwirken, über das Eigentum am Grundstück nicht verfügen, wohl aber über Teile des Gemeinschaftsgrundstücks (SCHÖNER/STÖBER, Grundbuchrecht Rn 2982). Soll das Gesamtgrundstück veräußert werden, so sind entweder alle Einheiten einzeln zu übertragen oder vorab die Wohnungsgrundbücher mit der Folge der Wiederanlegung eines Stammgrundbuches zu schließen (§ 9 WEG). Sodann gilt wiederum § 747 S 2. Verfügungen über ihre Anteile am Grundeigentum können sie ansonsten nur in Verbindung mit Verfügungen über das Wohnungseigentum treffen (§ 6 WEG). Insoweit ist aber nur jeder Wohnungseigentümer individuell verfügungsberechtigt (vgl oben Rn 181).

Die Depotinhaber, die Wertpapiere einer bestimmten Art in *Sammelverwahrung* halten, können über den Sammelbestand im Ganzen nicht verfügen, auch wenn sie sich – was ohnehin nur theoretisch denkbar ist – alle zusammenschließen. Der Hinterleger/Miteigentümer kann dem Erwerber nur das Recht verschaffen, das er selber hat: einen Anspruch auf Auslieferung einer bestimmten Anzahl von Wertpapieren der hinterlegten Art (§§ 7, 8 DepotG). Daran ändert sich durch ein Zusammenwirken aller Hinterleger nichts (oben Rn 189). Für *Misch- und Sammellagerung* gilt Entsprechendes (oben Rn 194). Der Anteilsinhaber einer *Kapitalanlage-*

gesellschaft kann nur durch „Übertragung der in dem Anteilsschein verbrieften Ansprüche" über seinen Anteil an den zum Sondervermögen gehörenden Gegenständen verfügen, nicht „in anderer Weise" (§ 18 Abs 3 S 1, 3 KAGG). Daran können auch alle Anteilinhaber gemeinsam nichts ändern (oben Rn 197).

Der Unterschied zwischen der Gemeinschaft gem §§ 741 ff und den Gemeinschaften 248 „besonderen Rechts" besteht also in dinglicher Hinsicht darin, dass die Teilhaber einer Gemeinschaft gem § 741 zusammen über das gemeinschaftliche Recht verfügen können, die Teilhaber der Gemeinschaften besonderen Rechts nicht. Sie können nur über ihren Anteil an den Gegenständen des gemeinschaftlichen Vermögens verfügen, und dies nur zusammen mit dem Individualrecht, in dem die Miteigentumsanteile ihre eigentliche Grundlage haben. Das Gesetz hat bei der Regelung dieser Gemeinschaften dingliche Mitberechtigungen neuen und eigenen Typs geschaffen, die sich in die hergebrachte Einteilung Gesamthandsgemeinschaft-Bruchteilsgemeinschaft nicht ohne weiteres einfügen lassen (vgl zum Sammeldepot auch KÜMPEL WM 1980, 422, 433); zur Wohnungseigentümergemeinschaft oben Rn 185 ff.

d) Abweichende Bestimmungen des Unterschieds
Eine abweichende Begriffsbestimmung der Gesamthands- und der Bruchteilsbe- 249 rechtigten hat SCHULZE-OSTERLOH entwickelt (dazu krit BLAUROCK ZHR 137, 433 ff). Er formuliert (173 f): Gesamthandsgemeinschaften entstehen, „wenn hinsichtlich mehrerer Gegenstände eine gleichförmige Mitzuständigkeit mehrerer Teilhaber besteht und wenn die Gegenstände entweder durch Vertrag der Teilhaber, durch das Gesetz, durch voneinander unabhängige Entscheidungen der Teilhaber oder auch nur durch den ihnen eigenen wirtschaftlichen Zweck selbst einem übereinstimmenden Zweck gewidmet sind", oder kürzer (179): „Eine Gesamthandsgemeinschaft entsteht, wenn mehrere einem übereinstimmenden Zweck gewidmete Gegenstände verschiedenen Personen gleichförmig gemeinschaftlich zustehen." Der Ausschluss der Verfügung über den Anteil am einzelnen Gegenstand soll nur die Rechtsfolge sein, die überall gelten soll, wo derartige Gesamthandsgemeinschaften bestehen, auch wenn das im Gesetz nicht ausdrücklich angeordnet ist.

Diese Begriffsbestimmung ist mit dem Gesetz in mehrfacher Hinsicht unvereinbar 250 (vgl STAUDINGER/LANGHEIN [1996] Rn 250).

Nicht zu folgen ist SCHULZE-OSTERLOH auch darin, dass er die Bruchteilsgemein- 251 schaften „besonderen Rechts" – die Gemeinschaften der Anteilsinhaber von Kapitalanlagegesellschaften, der Hinterleger bei der Sammelverwahrung, der Einlagerer bei Misch- und Sammellagerung, der Wohnungseigentümer – als „Gesamthandsgemeinschaften" einordnet (143 ff). Bei ihnen fehlt gerade das für die Gesamthandsgemeinschaften konstitutive Merkmal, dass alle Berechtigten gemeinsam über die einzelnen Gegenstände des Gesamthandsvermögens verfügen können (Zum WEG vgl bereits oben Rn 185 ff).

Zur Rechtssubjektivität der Gesamthand vgl Vorbem 9; oben Rn 245.   252

e) Numerus clausus der Gesamthandsgemeinschaften
Der Vorbehalt, dass im Fall mehrheitlicher Rechtszuständigkeit eine Gemeinschaft 253 nach Bruchteilen besteht, „sofern sich nicht aus dem Gesetz ein anderes ergibt",

bedeutet, dass durch Vertrag eine Gesamthandsgemeinschaft – außerhalb der vom Gesetz anerkannten Typen – nicht begründet werden kann (ganz hM).

2. Inhalt der Bruchteilsberechtigung

254 Der Teilhaber der Bruchteilsgemeinschaft hat kraft seiner Mitberechtigung einen „ideellen", nicht einen realen Anteil am Recht, vgl Vorbem 10. Allerdings führt die Vorstellung ideeller (dh gedachter) Anteile leicht zu Missverständnissen. Die wesentlichen Befugnisse, die ein gemeinschaftliches Recht verleiht, sind unteilbar. Das ist im wichtigsten Fall der Bruchteilsgemeinschaft, dem Miteigentum, besonders deutlich. Das Recht, mit der Sache „nach Belieben zu verfahren", können die Miteigentümer nur gemeinsam ausüben; keinem einzelnen Miteigentümer steht ein solches Recht zu. Das Recht, „andere von jeder Einwirkung auszuschließen", steht den Teilhabern nur kollektiv gegenüber Dritten zu; es gilt nicht für das Verhältnis der Teilhaber untereinander. Das Recht, vom Besitzer Herausgabe zu verlangen, richtet sich unbeschadet der gesetzlichen Prozessstandschaft, die § 1011 jedem einzelnen Teilhaber verleiht, auf Herausgabe an alle Teilhaber. Auch Verfügungen über das Eigentum als solches können die Teilhaber nur gemeinsam treffen (§ 747 S 2). Die Miteigentümer sind also Inhaber eines ungeteilten Rechts, das sie nur gemeinsam ausüben können (vgl ENGLÄNDER 105; LARENZ II § 61 I, 415 f; U HUBER 121 f).

255 Die Anteile sind untereinander qualitativ gleichartig. Dagegen hat es nur beschränkt Sinn zu sagen, der „Anteil" des einzelnen Teilhabers sei dem Vollrecht „wesensgleich", von „derselben Art wie das Vollrecht" (MünchKomm/K SCHMIDT Rn 2; LARENZ II § 61 I, 416 f; aA SAENGER 118). Die Begriffe „Wesen" und „Art" sind vieldeutig. Der soziale, wirtschaftliche und rechtliche Sachverhalt ist aber offenbar falsch beschrieben, wenn man sagt, der Bauer, dem der Acker zu 1/3 oder neben den anderen Anrainern der Feldweg zu 1/60 gehört, habe ein Recht, das dem Eigentum „wesensgleich" sei. Richtig ist, dass auf den Anteil, soweit es um die Übertragung, Belastung oder Pfändung geht, im Allgemeinen die Regeln über das Vollrecht entsprechend anzuwenden sind (vgl dazu § 747 Rn 20, 34 ff) – was übrigens für die Pfändung des Miteigentumsanteils an beweglichen Sachen nicht gilt (§ 747 Rn 52) –, weil dies praktisch und interessengerecht ist. Vor allem besteht ein Interesse daran, die Übertragung nicht gem §§ 413, 398 durch schlichte Einigung zuzulassen (aA wohl HILGER 65 f auf der Basis eines mE nicht haltbaren mitgliedschaftsrechtlichen Verständnisses), weil sonst die Teilhaber, wenn sie über ihre Anteile gemeinschaftlich verfügen, von Förmlichkeiten (Grundbucheintragung, Übergabe) freigestellt wären, die zur Übertragung des Rechts im Ganzen erforderlich sind; das erschiene nicht als sachgemäß. Vgl dazu bereits Vorbem 16.

256 Der Anteil hat nach dem Gesetz quantitativ eine bestimmte Größe. Er kann gleich groß sein wie der des anderen Teilhabers (§ 742), aber auch größer oder kleiner; insofern lässt er sich als „Bruchteil" des gesamten Rechts darstellen. Da das „Recht" als solches unteilbar ist, ebenso die „Zuständigkeit" des Rechts, bleibt die Frage, worauf der Bruchteil, die Quote des Teilhabers sich bezieht. Praktisch kommt es auf die Quote immer dann an, wenn real geteilt werden muss. Bei der Aufhebung der Gemeinschaft ist der Gegenstand oder der Verkaufserlös nach den Quoten aufzuteilen (§§ 752, 753); bei der Bewirtschaftung sind die Früchte (vor allem die Einkünfte aus Vermietung, Verpachtung, Lizenzvergabe) zu teilen (§ 743 Abs 1);

auch die Gebrauchsvorteile sind zu teilen, wenn ein gemeinsamer Gebrauch iSv § 743 Abs 2 nicht in Betracht kommt. Die Quote zielt also auf die Beteiligung am Wert des gemeinschaftlichen Gegenstands ab (so WIELAND, Handelsrecht I [1921] 607; WÜRDINGER, Personengesellschaften 15; vgl auch U HUBER 121 f). Wann und wie immer dieser Wert realisiert wird – durch Realteilung, Veräußerung oder durch Nutzung – ist der Teilhaber mit seiner Quote am Resultat beteiligt. Damit stimmt die Regelung des § 748 überein. Kosten und Lasten vermindern den Wert des Gegenstands; jeder Teilhaber ist nach Maßgabe seiner Wertbeteiligung auch an den Kosten und Lasten beteiligt. Der „Anteil" hat also den Inhalt, dass dem Teilhaber das ungeteilte Recht gemeinschaftlich mit den anderen Teilhabern zusteht und dass ihm im Fall der Realisierung des Werts des Gegenstands eine bestimmte Quote am Verwertungsergebnis zusteht.

3. Anwachsung und Surrogation

An- und Abwachsung sind bei der Bruchteilsgemeinschaft im Gegensatz zur Gesellschaft bürgerlichen Rechts nicht anzuerkennen (MünchKomm/K SCHMIDT Rn 37), ebensowenig Anteilsverzicht mit Anwachsungsfolge (oben Rn 43). Zur Surrogation analog § 718 Abs 2 und im Übrigen MünchKomm/K SCHMIDT Rn 38; zur Surrogation bei Versicherungsforderungen OLG Frankfurt aM NJW-RR 1996, 102; OLG Düsseldorf NJW-RR 1997, 604; bei Verkauf OLG Düsseldorf WM 1998, 1079; iE allerdings auch zutr OLG Oldenburg NJW-RR 1998, 433 (keine weitere Surrogation hinsichtlich des mit dem Erlös erworbenen Gutes). 257

Surrogation kommt insbesondere bei **schadensersatz- und deliktsrechtlichen Ansprüchen** als Folge eines Eingriffs in den Gegenstand in Betracht. Hierzu HABERMEIER AcP 193 (1993) 364 ff: Entgegen der hM (vgl RÜTTEN 94 ff; FLUME AT I 1, 113) sei grundsätzlich § 718 Abs 2 entsprechend anzuwenden. Zunächst sei die hM schon deshalb kurzschlüssig, weil Delikts- und Bereicherungsansprüche primär auf unteilbare Leistungen gerichtet sein könnten (Reparatur, Herausgabe; 370). Widersprüchlich sei zudem, dass nach hM etwa bei Mietzinsforderungen aus dem Gesichtspunkt der vorab erforderlichen Lasten- und Kostentragung gemeinschaftliche Berechtigung angenommen werde. Zur Begrenzung des Insolvenzrisikos hinsichtlich einzelner Mitberechtigter sei es prinzipiell sachgerecht, die Gemeinschaft insoweit als ein einheitliches Gefüge anzusehen. Das aber bedeute zwingend Surrogation (372 f). ME ist dem weithin zu folgen, vgl bereits oben Rn 117 ff zu § 428 und § 432; ähnl schon LARENZ JherJb 83 (1933) 118 f. Letztlich dient dies dem Schutz der Teilhaber und auch des Gläubigers, der nicht Gefahr läuft, die Bruchteile falsch einzuschätzen (so zutr OLG Düsseldorf AgrarR 1988, 234 f – Vermischung zweier Schafherden gem § 948). Vgl ferner ERMAN/EHMANN § 432 Rn 7 mwNw. 258

4. Grundbucheintragung

Mehrere Eigentümer eines Grundstücks sind nach § 9 Grundbuchverfügung unter einer lfd Nr einzutragen; jeder Beteiligte wird unter einem besonderen Buchstaben gebucht (näher SCHÖNER/STÖBER, Grundbuchrecht Rn 754 f). Die Bruchteilsangabe erfolgt nach dem Ermessen des Grundbuchamtes einzeln pro Miteigentümer oder als Gesamtangabe in Gestalt eines Zusatzes, der sich zusammenfassend auf alle Eigentümer bezieht (MEIKEL/EBELING § 9 GBV Rn 17). 259

X. Die Gemeinschaft als Schuldverhältnis

1. Rechte und Pflichten der Teilhaber untereinander

260 Die Bruchteilsgemeinschaft selbst ist nach hM kein Schuldverhältnis (BGHZ 62, 243 m Anm SCHUBERT JR 1975, 363; ERMAN/ADERHOLD § 741 Rn 3), wohl aber Grundlage gesetzlicher Schuldverhältnisse zwischen den Berechtigten (zutr diff MünchKomm/ K SCHMIDT Rn 35: Die bloße anteilige Berechtigung begründe kein Schuldverhältnis mit primären Leistungspflichten, mit ihr könnten aber besondere Schuldverhältnisse einhergehen und *sie kann selbst Grundlage gesetzlicher Sonderverbindungen sein*). Insgesamt **aA** SCHNORR („dingliche Eintrittstheorie", s dazu Vorbem Rn 24).

Die meisten Bestimmungen des Gemeinschaftsrechts begründen **schuldrechtliche Rechte und Pflichten der Teilhaber** untereinander. Das gilt vor allem für die §§ 743, 748 und 749 ff. Der Teilhaber hat einen schuldrechtlichen Anspruch gegen die anderen Teilhaber auf Teilung der Früchte (§ 743 Abs 1, dazu § 743 Rn 11 ff). Er hat – wenn die Teilhaber den Gegenstand im Eigengebrauch nutzen – einen schuldrechtlichen Anspruch gegen die anderen Teilhaber, dass sie ihm den Mitgebrauch insoweit gestatten, als ihr eigener Mitgebrauch dadurch nicht beeinträchtigt wird (§ 743 Abs 2, dazu § 743 Rn 33 f). Er hat einen Anspruch gegen die übrigen Teilhaber darauf, dass sie sich an den Kosten und Lasten nach Maßgabe ihres Anteils beteiligen (dazu § 748 Rn 1, 20). Er hat nach §§ 749 ff einen schuldrechtlichen Anspruch gegen die übrigen Teilhaber darauf, dass sie an der Aufhebung der Gemeinschaft durch Realteilung, Veräußerung und Erlösteilung, oder Einziehung und Teilung mitwirken (§ 749 Rn 7 ff).

261 Wesentlich schuldrechtlichen Charakter haben auch die **Verwaltungsvorschriften** der §§ 744 f. Der Teilhaber hat einen schuldrechtlichen Anspruch darauf, dass die übrigen Teilhaber bei der Verwaltung mitwirken (§ 744 Abs 1, dazu § 744 Rn 18), dass sie notwendige Erhaltungsmaßnahmen dulden (§ 744 Abs 2, dazu § 744 Rn 23), dass sie Mehrheitsbeschlüsse respektieren und durchführen (§ 745 Abs 1, dazu § 745 Rn 27 ff), und notfalls, dass sie in eine von ihm vorgeschlagene, billigem Ermessen entsprechende Verwaltung und Benutzung einwilligen (§ 745 Abs 2, dazu § 745 Rn 50). Ob §§ 744 Abs 2, 745 Abs 1 dem Teilhaber oder der Mehrheit auch bestimmte Befugnisse im Außenverhältnis verleihen, ist streitig; der Streit ändert nichts daran, dass die dort geregelten Befugnisse sich zunächst einmal als schuldrechtliche Ansprüche gegen die anderen Teilhaber richten. LARENZ spricht in diesem Zusammenhang von einem „personenrechtlichen" oder „sozialrechtlichen" Element der Mitgliedschaft (II § 61 I, 415, § 61 II, 417). Diese Kennzeichnung legt in die Bestimmungen zuviel hinein. Mehr als individuelle Beziehungen der Teilhaber untereinander sieht das Gesetz nicht vor.

262 Die in den §§ 743 ff geregelten schuldrechtlichen Rechte und Pflichten der Teilhaber entstehen als Folge des gemeinschaftlichen Rechtserwerbs kraft Gesetzes. Es handelt sich also um ein **gesetzliches Schuldverhältnis** (vgl Rn 275). Das Schuldverhältnis beruht auf der „mehrfachen Zuordnung eines Gegenstandes". Bezeichnet man mit WESTERMANN (§ 2 III) die so begründeten Ansprüche als „dingliche Ansprüche", so sind auch die Ansprüche aus den §§ 743 ff dingliche Ansprüche.

2. Ergänzende Vereinbarungen und Sondervereinbarungen

Zusätzliche schuldrechtliche Rechte und Pflichten können durch Parteivereinbarung **263** begründet werden (vgl auch BGHZ 62, 243, 246). Häufig sind Vereinbarungen, durch die die Teilhaber die Nutzung regeln (vgl § 745 Abs 2), zB in dem Sinn, dass sie sich gegenseitig ein Benutzungsrecht an bestimmten Teilen eines Gebäudes einräumen; Vereinbarungen, durch die die Teilhaber sich verpflichten, den Gegenstand einem bestimmten wirtschaftlichen Zweck zur Verfügung zu stellen (zB gemeinsame Vermietung, gemeinsames Unternehmen); Vereinbarungen, durch die sie sich verpflichten, ihren Anteil nicht zu veräußern (vgl § 137 Abs 2); Vereinbarungen, durch die sie sich verpflichten, zur Erhaltung oder zum Ausbau bestimmte Mittel zur Verfügung zu stellen (über die in § 748 geregelten „Lasten" und „Kosten" hinaus); und Vereinbarungen über eine bestimmte Art der Aufhebung. Solche Vereinbarungen dienen der Modifikation und Ergänzung der gesetzlichen Regelung; sie schaffen ergänzendes Gemeinschaftsrecht *(ergänzende Vereinbarungen).*

Außerdem können zwischen den Teilhabern schuldrechtliche **Sondervereinbarungen** **264** getroffen werden, die neben dem Gemeinschaftsverhältnis ein zusätzliches Schuldverhältnis begründen. Sie beziehen sich nicht auf das Gemeinschaftsverhältnis als solches; sie könnten ebenso mit einem außerhalb der Gemeinschaft stehenden Dritten geschlossen werden. So können zB die Teilhaber mit einem von ihnen einen *Mietvertrag* abschließen, oder einen *Geschäftsbesorgungsvertrag* (§§ 611, 675) oder einen *Auftragsvertrag* (§ 662) über die Verwaltung des gemeinschaftlichen Gegenstands vereinbaren (dazu allg oben Rn 73), oder eine *Gesellschaft* gründen, in die sie den gemeinschaftlichen Gegenstand quoad usum einbringen. Solche Sondervereinbarungen sind vom eigentlichen Gemeinschaftsverhältnis zu unterscheiden. Beschließen zB die Teilhaber, den Teilhaber A mit der Verwaltung zu beauftragen oder dem Teilhaber B die gemeinschaftliche Sache zu vermieten, so sind zu unterscheiden: Die Verwaltungsregelung iSv § 745 Abs 2, die zum Recht der Gemeinschaft gehört und besagt, dass die Sache durch A verwaltet werden oder durch Vermietung an B genutzt werden soll, und das Auftragsverhältnis mit A, das Mietverhältnis mit B.

Für das Zustandekommen solcher ergänzender Vereinbarungen und Sondervereinbarungen gelten die **allgemeinen Regeln und Erfordernisse**: rechtlicher Bindungswille, Freiheit von Willensmängeln, ggf Formvorschriften (besonders zu beachten: § 311 Abs 1 nF). Die Grundsätze über die fehlerhafte Gesellschaft sind nicht anzuwenden (BGH NJW 1961, 1299 = Betrieb 1961, 705, betr Anfechtung einer Verwaltungsvereinbarung; vgl SOERGEL/HADDING Vorbem § 741 Rn 9). Ist die Vereinbarung nichtig, bewendet es bei den gesetzlichen Regeln, die für eine geordnete Abwicklung der Gemeinschaft ausreichen. Zur Rechtslage bei der Wohnungseigentümergemeinschaft JUNKER 132 ff; mit iE, nicht aber der dogmatischen Begründung überwiegend zutr Folgerungen; s dazu bereits Rn 185 ff. **265**

3. Haftung

Soweit den Teilhabern durch Gesetz (§§ 743 ff) oder ergänzende Vereinbarungen **266** (Rn 264) Pflichten auferlegt sind, haften sie nach den allgemeinen Bestimmungen, also für positive Forderungsverletzung nach den gewohnheitsrechtlichen Regeln bzw jetzt gem §§ 241 Abs 2, 280 ff nF, für Verzug nach §§ 286 ff nF, für Unmöglichkeit nach §§ 275, 280 ff nF. Insoweit gilt das Prinzip der Verschuldenshaftung (§ 276 nF) und der Gehilfenhaftung (§ 278). Eine Beschränkung der Haftung auf eigenübliche Sorgfalt wie im Gesellschaftsrecht (§ 708) hat der Gesetzgeber bewusst verworfen (Prot II 768; vgl auch BGHZ 62, 243, 245; ERMAN/ADERHOLT Rn 3); § 708 darf daher auch nicht im Weg der Analogie angewendet werden. Allerdings kann sich eine Haftungsbeschränkung aus anderen Gründen ergeben (zB § 1359, dazu PALANDT/BRUDERMÜLLER § 1359 Rn 2 f). Alle schuldrechtlichen Rechte und Pflichten unterliegen dem Prinzip des § 242.

267 Die Vorschriften über **gegenseitige Verträge** (§§ 320 ff) sind nicht anzuwenden. Für die gesetzlichen Pflichten folgt das schon daraus, dass sie nicht, wie §§ 320 ff voraussetzen, auf Vertrag beruhen. Auch eine analoge Anwendung wäre verfehlt, weil die gesetzlichen Pflichten der Teilhaber nicht in einem Austauschverhältnis (Leistung und Entgelt) bestehen. Auch bei ergänzenden vertraglichen Vereinbarungen (Rn 264) fehlt es idR an einem Austauschverhältnis. Vereinbaren A, B und C zB, jeder zur Verschönerung des gemeinsamen Hauses 10.000 Euro beizusteuern, so ist die Leistung des A nicht das Entgelt für die Leistung des B und des C.

268 Zurückbehaltungsrechte gem § 273 können bestehen, wenn ein Teilhaber seine gesetzlichen oder vertraglichen Pflichten nicht erfüllt. Allerdings ist bei Gemeinschaften mit mehr als zwei Teilhabern zu beachten, dass ein Zurückbehaltungsrecht nur gegen denjenigen ausgeübt werden darf, der seine Pflicht nicht erfüllt, nicht gegen den rechtstreuen Teilhaber. Haben A, B und C gem § 748 oder aufgrund ergänzender Vereinbarung jeder 10.000 Euro zu zahlen, so kann A nicht zurückbehalten, weil B nicht zahlt, wenn C bereits gezahlt hat. Dazu ist er dem C gegenüber nicht berechtigt; C (wenn auch nicht B) kann Erfüllung verlangen.

269 Äußerstes Mittel bei gravierenden Pflichtverletzungen eines Teilhabers ist die **Aufhebung** der Gemeinschaft. Die Pflichtverletzung kann, auch wenn die Aufhebung vertraglich ausgeschlossen ist, einen wichtigen Grund gem § 749 Abs 2, 3 darstellen.

270 Für **Sondervereinbarungen** (Rn 264) gelten die Regeln, denen das betreffende Rechtsverhältnis unterliegt. Der Teilhaber, der zB von den übrigen Teilhabern den gemeinschaftlichen Gegenstand kauft oder mietet, hat die Rechte und Pflichten eines Käufers oder Mieters. Hinsichtlich der Haftung der übrigen Teilhaber ist § 757 zu beachten (Haftung beim Kauf nur nach Bruchteilen). Im Fall der Miete ist zu beachten, dass der mietende Teilhaber zugleich auf der Vermieterseite am Vertrag beteiligt ist, vgl oben Rn 73. Für Ersatzansprüche (zB aus § 538 aF) gilt deshalb die Regelung des § 426 Abs 1. Alle Teilhaber, auch der Mieter, sind als Gesamtschuldner anzusehen. Jeder hat gem § 748 nach Maßgabe seines Anteils zum Schadensersatz beizutragen (sofern ihn nicht eine besondere persönliche Alleinverantwortlichkeit trifft). Der Mieter kann gem § 426 Abs 1 von jedem Teilhaber nur die auf ihn entfallende Quote verlangen; fällt ein Teilhaber aus, ist seine Quote auf die übrigen Teilhaber (einschließlich des Mieters) aufzuteilen.

4. Allgemeine Schutz- und Erhaltungspflicht?

Die hM steht im Anschluss an BGHZ 62, 243 auf dem Standpunkt, dass sich aus der Gemeinschaft *keine* allgemeine schuldrechtliche Pflicht der Teilhaber ergebe, den Teilhaber bei der Ausübung des gemeinschaftlichen Rechts nicht zu schädigen, insbesondere den gemeinschaftlichen Gegenstand nicht zu beschädigen. Im Fall des BGH handelte es sich um einen von zwei Mietern gewerblicher Räume gemeinsam benutzten Lastenaufzug; einer der Leute des einen Mieters beschädigte den Aufzug und der andere Mieter erlitt, weil er den Aufzug nicht benutzen konnte, einen Einnahmeausfall. Es ging um die Frage, ob der Mieter, dessen Mann den Schaden angerichtet hatte, nach § 278 oder nach § 831 haftete; der BGH verneinte eine Haftung nach § 278 und bejahte eine Haftung aus § 831 (falls die besonderen Voraussetzungen dieser Haftung vorlagen, was nicht feststand); **aA** OLG Düsseldorf NJW 1959, 580 (Haftung des Grundeigentümers gegenüber dem Nachbarn für den Bauleiter bei Anbau an gemeinschaftliche Giebelmauer gem §§ 921, 922, 741 ff, 278).

Zur Begründung hat der BGH sich mit der hM darauf berufen, die Gemeinschaft „sei kein gesetzliches Schuldverhältnis, sondern bloß „vorgegebene Tatsache" und „Quelle gesetzlicher Schuldverhältnisse (BGHZ 62, 243, 246; OLG Köln NJWE-MietR 1996, 113; ebenso SOERGEL/HADDING Vorbem 7 zu § 741; PALANDT/SPRAU § 741 Rn 8; MünchKomm/K SCHMIDT Rn 35; LG Köln NJW 1963, 1831; abweichend BGB-RGRK/vGAMM Rn 12; OLG Düsseldorf NJW 1959, 580, 581; krit SCHUBERT JR 1975, 363 ff). Darauf kommt es nicht an. Entscheidend ist, ob sich aus der gemeinschaftlichen Berechtigung eine allgemeine Schutzpflicht ergibt, für deren Verletzung die Teilhaber einander aus positiver Forderungsverletzung bzw jetzt §§ 241 Abs 2, 280 Abs 1 nF gem §§ 276, 278 haften. Bekanntlich nimmt die Rechtsprechung bei vertraglichen Schuldverhältnissen solche Pflichten in weitem Umfang an, und zwar auch schon im Stadium des vorvertraglichen Kontakts. Die Rechtsprechung stützt diese Haftung darauf, dass „der Geschädigte sich zum Zwecke der Vertragsverhandlungen in den Einflußbereich des anderen Teils begeben hat und damit redlicherweise auf eine gesteigerte Sorgfalt seines Vertragspartners vertrauen kann" (BGHZ 66, 51, 54; vgl dazu jetzt § 311 Abs 2 nF). Dies gilt im Stadium der Vertragsverhandlungen und erst recht nach Abschluss des Vertrags. Praktisch bedeutet das, dass für die Verletzung von Verkehrspflichten im Zusammenhang mit Vertragsverhandlungen und Vertragsverhältnissen nach denselben Maßstäben gehaftet wird wie für die Verletzung der eigentlichen Vertragspflichten. Die dafür angeführten Gründe treffen auf gesetzliche Schuldverhältnisse idR nicht zu. Das gilt grundsätzlich, speziell für Gemeinschaftsverhältnisse, auch dann, wenn die Parteien sich zum gemeinschaftlichen rechtsgeschäftlichen Erwerb freiwillig zusammengefunden haben. Denn das Gesetz unterscheidet nicht zwischen „zufälligen" und „freiwilligen" Rechtsgemeinschaften, und die besondere rechtliche Bindung, die den Vertrag auszeichnet, wird von den Beteiligten oft gerade nicht angestrebt. Im Ergebnis und wohl für den entschiedenen Fall ist deshalb prinzipiell BGHZ 62, 243 zuzustimmen. Die Haftung der Beteiligten beschränkt sich auf die Haftung wegen Verletzung der gesetzlichen und der zusätzlich übernommenen vertraglichen Pflichten; im Übrigen hat es bei den allgemeinen Regeln des Deliktsrechts sein Bewenden.

Allerdings sind im erheblichen Umfang Ausnahmen denkbar (anders wohl STAUDINGER/ HUBER[12] Rn 174). Wie oben ausgeführt, ist die Wahl zwischen Gesellschaft bürgerlichen Rechts und Bruchteilsgemeinschaft oft zufällig (Rn 204 ff); denkbar ist insbesondere auch die Überlagerung beider Rechtsverhältnisse (oben Rn 12). Von hier bis hin zu besonderen Verkehrspflichten ist es aber in der Rechtstatsächlichkeit oft nur ein kurzer Schritt, sei es aufgrund von Vertrauen begründeter Schutzpflichten oder gar konkludenter oder ausdrücklicher Mitbenutzungsvereinbarungen (zu „gesellschaftsähnlichen" Sonderrechtsverbindungen MünchKomm/K SCHMIDT Rn 35). Jedenfalls bei der Wohnungseigentümergemeinschaft sind gesteigerte Schutz- und Treuepflichten allgemein anerkannt (WEITNAUER § 10 WEG Rn 12) – sollte es bei dem Erwerb eines Zweifamilienhauses in Bruchteilsgemeinschaft zur Nutzung durch zwei Familien ohne Teilung gem §§ 3, 8 WEG (oben Rn 44) wirklich anders liegen? ME nein. Dies gilt vor allem auch dann, wenn dem rechtsgeschäftlichen Bruchteilserwerb umfassende Vertragsverhandlungen und ggf sogar Verträge zugrunde liegen – dies kommt in der Rechtspraxis durchaus vor. Zutr daher MünchKomm/K SCHMIDT Rn 35 aE: Wenn schon die gemeinschaftliche Anbahnung eines Rechtsverhältnisses Schutzpflichten begründen kann (BGH NJW 1980, 2464), kann für die Gemeinschaft nicht stets anderes gelten. Zur positiven Forderungsverletzung bei Verletzung der Mitwirkungspflichten aus § 745 vgl OLG Düsseldorf DB 1998, 2159. Problematisch mE OLG Köln NJWE-MietR 1996, 113 – hier hätte nach dem Entstehungsgrund der Gemeinschaft differenziert werden können; das „Anschwärzen" des gemeinsam gehaltenen Objekts mag sich im Rahmen einer Teilungsversteigerung ohne weiteres als Wahrnehmung berechtigter Interessen darstellen – so OLG Köln aaO –, bei rechtsgeschäftlichem Erwerb mit anschließender freihändiger Veräußerung wird dies idR anders liegen. Unrichtig daher mE auch AG Aachen FamRZ 1999, 848: Im Rahmen einer Teilungsversteigerung bestehe ein Anspruch aus §§ 745, 242 auf Besichtigung für potentielle Bieter; wer die Auflösung der Gemeinschaft betreibt, muss hinnehmen, dass die anderen Gemeinschafter ihre eigenen Erwerbschancen konsequent wahrnehmen, so auch REINECKE FPR 2000, 210; KOGEL Anm zu AG Aachen aaO. Vgl im Übrigen Vorbem 14 ff.

274 Allerdings bedarf die Begründung von Schutz- und Treuepflichten angesichts des eher lockeren Bruchteilsgemeinschaftsverhältnisses im Einzelfall sorgfältiger Begründung (diff etwa auch SCHUBERT JR 1975, 364). Hierauf beruhende Schutzpflichten sind insbesondere, aber nicht ausschließlich, beim freiwilligen rechtsgeschäftlichen Erwerb anzunehmen, seltener beim Erwerb aufgrund Zufalls oder gar wider Willens. Aber auch im letzteren Falle kommen Schutzpflichten in Betracht, wenn die Beteiligten etwa aufgrund der entstandenen Situation über die Bildung eines Sicherheitenpools (oben Rn 231) verhandeln oder sonst ein zufällig entstandenes Näheverhältnis hinnehmen oder gar intensivieren (so etwa im Falle OLG Düsseldorf AgrarR 1988, 234: Zwei Schafherden hatten sich zufällig vermischt. Die beiden Schäfer nahmen dies ohne besondere vertragliche Abreden hin; die Herde pflanzte sich über Jahre munter fort und die ursprünglich vorhandenen Schafe waren schließlich überwiegend geschlachtet, während die jetzige Herde aus deren diverser Nachkommenschaft bestand – hier dürfen sich die Schäfer und ihre Hilfspersonen selbstverständlich nicht wie völlig fremde Dritte behandeln). Zweifelhaft daher auch OLG Hamm MDR 2002, 337: keine Verkehrssicherungspflicht (Streupflicht) gegenüber den Mitberechtigten eines Privatweges.

5. Die Gemeinschaft als gesetzliches Schuldverhältnis

275 Behält man das grundsätzliche Fehlen allgemeiner Schutz- und Erhaltungspflichten

(Rn 271 f) im Auge, so besteht allerdings kein Bedenken dagegen, die Gemeinschaft insgesamt als „gesetzliches Schuldverhältnis" zu qualifizieren (so auch BGB-RGRK/ vGAMM Rn 12; zutr diff zwischen Sach- und Terminologiefragen MünchKomm/K SCHMIDT Rn 34; vgl auch SOERGEL/HADDING Rn 1; SCHUBERT JR 1975, 363, insbes Fn 2; zu § 242 auch BGHZ 115, 10; grundlegend aA SCHNORR, s dazu Vorbem 24). Versteht man mit LARENZ (I § 2 V) als „Schuldverhältnis" nicht nur die „einzelne Leistungsbeziehung (Forderung und Leistungspflicht)", sondern das „gesamte Rechtsverhältnis..., das durch einen bestimmten Tatbestand ... begründet wird und sich als eine rechtliche Sonderverbindung zwischen den Beteiligten darstellt", so ist auch die Gemeinschaft ein solches Rechtsverhältnis. Sie ist nicht nur eine juristische Tatsache (wie nach hM zB die Tatsache, dass mehrere Grundstücke benachbart sind, die, solange die Nachbarn einander nicht stören, keine weiteren Rechtsfolgen hat), sondern eine „Sonderverbindung", die unmittelbar zu Ansprüchen und Verpflichtungen zwischen den Teilhabern führt (nämlich mindestens dem Anspruch auf billigem Ermessen entsprechende Verwaltung und Benutzung, § 745 Abs 2, und auf Aufhebung, § 749 Abs 1), und die insgesamt dem Prinzip von Treu und Glauben (§ 242) unterliegt. Zu den sich daraus ergebenden rechtsschutzversicherungsrechtlichen Fragen LG Mannheim ZfS 1987, 369: kein Vertragsrechtsschutz, da bloßes Schuldverhältnis ohne rechtsgeschäftliche Grundlage.

XI. Landesrechtliche Vorbehalte; zeitlicher Anwendungsbereich; IPR

Vorbehalte zugunsten von Landesrecht enthält das EGBGB in Art 66 (Deich- und Sielrecht), 67 (Bergrecht), 83 (Waldgenossenschaften), 113 (Gemeinheitsteilung), 119 (Teilung von Grundstücken), 120 Abs 2 Nr 1, 121 (Teilung von mit Reallasten belasteten Grundstücken, vgl auch § 1109) , 131 iVm 182 (Stockwerkseigentum). (Dazu THÜMMEL JZ 1980, 125; ders BWNotZ 1987, 76, wegen deren Überleitung auch STAUDINGER/GURSKY [1999] § 1008 Rn 3, 164 [Realverbände, wie gemeinschaftliche Mühlen und Kommunbrauereien]. Vgl dazu H WESTERMANN, Bestimmung des Rechtssubjekts 21 ff.)

Die §§ 741 ff gelten ab 1.1.1900 auch für die früher begründeten Bruchteilsgemeinschaften (§ 173 EGBGB). Solche Gemeinschaften bestehen noch, vgl etwa BGHZ 25, 311. Zur altrechtlichen Personen-(Gesamthands-)gemeinschaft in ehemals preußischen Gebieten näher MEIKEL/BÖHRINGER, Sonderband C, Rn 1335. Zum deutschen internationalen Privatrecht bei Miteigentum und zur kollisionsrechtlichen Behandlung BGH NJW 1999, 1321.

XII. Recht der früheren DDR

Das Recht der DDR regelte sowohl Fälle, in denen gemeinschaftliches Eigentum im Miteigentum als auch im Gesamteigentum der Gemeinschaftsmitglieder stand. Zu den Einzelheiten vgl STAUDINGER/LANGHEIN (1996) Rn 278 ff; zur Überleitung EGBGB Art 232 § 9.

§ 742
Gleiche Anteile

Im Zweifel ist anzunehmen, dass den Teilhabern gleiche Anteile zustehen.

Materialien: E I § 764; II § 678; III § 729; Mot II 875; Prot II 746; JAKOBS/SCHUBERT, Schuldverh III 366, 369 ff.

Systematische Übersicht

I.	Bedeutung der Anteilsgröße	1	4. Besondere Fälle	15
II.	Rechtsnatur der Regel; ratio legis	3	IV. Nicht auf Rechtsgeschäft beruhender gemeinschaftlicher Erwerb	17
III.	Gemeinschaftlicher rechtsgeschäftlicher Erwerb		1. Verbindung, Vermischung, Vermengung	18
1.	Grundsatz	4	2. Sammelverwahrung	25
2.	Rechte an Grundstücken	5	3. Sonstige Fälle	26
3.	Sonstige Rechte	14		

Alphabetische Übersicht

Änderung der Quote	2, 13	Herausgabeanspruch	21
Auflassung	5 ff	Herausgabe des Erlöses	21
Berichtigung	7, 9, 11	Kartellquote	16
Beschlüsse	1	Kosten	1, 14
Besitz	20 ff	Lasten	1, 14
Beweislast	14 ff, 25		
Bienenschwärme	26	Miterfinder	27
Bodenreform	27		
Bruchteillose Anteile	15	Reallast	26
communio incidens	3	Sammelverwahrung	25
		Schadensersatz	21
Dingliche Bedeutung der Anteilsgröße	2	Schatzfund	26
		Schätzung	16
Eheleute	7	Schuldrechtliche Bedeutung der Anteilsgröße	1
Eigentümergrundschuld	26		
Eintragungsbewilligung	5 ff	Teilung	1
Früchte	1		
Gesetzliche Vermutung	3	Unrichtigkeitsnachweis	7
Gewerbliche Schutzrechte	27	Umwandlungsrecht	27
Grundbuch	5 ff		
Guter Glaube	2	Verbindung	18 ff

September 2008

Vereinbarungen über die Anteilsgröße	4	Wertpapiere	25
Vermengung	18 ff	Wohnungseigentum	26
Vermischung	18 ff		
Voreintragung	13	Zwischenverfügung	5

I. Bedeutung der Anteilsgröße

Die Größe des Anteils ist maßgeblich: (1) für den *Bruchteil der Früchte*, der dem **1** Teilhaber gebührt, § 743 Abs 1; (2) für das *Stimmrecht* des Teilhabers bei Beschlüssen über die ordnungsmäßige Verwaltung und Benutzung, § 745 Abs 1 S 2; (3) für das Verhältnis, in dem der Teilhaber an den *Lasten* des gemeinschaftlichen Gegenstands und an den *Kosten* der Verwaltung, Erhaltung und gemeinschaftlichen Benutzung beteiligt ist, § 748; (4) für den Teil, der auf den Teilhaber bei Aufhebung der Gemeinschaft *durch Teilung in Natur* entfällt, § 752 S 1; (5) für den Teil des Erlöses, der auf den Teilhaber bei einer Aufhebung der Gemeinschaft *durch Verkauf* entfällt, § 753 Abs 1 S 1 iVm § 752 S 1. Der Anteil ist also **Maßstab für die schuldrechtlichen Rechte und Pflichten der Teilhaber** untereinander im Rahmen des zwischen ihnen bestehenden gesetzlichen Schuldverhältnisses (§ 741 Rn 260 ff), der „Gemeinschaft".

Zugleich ist die Größe des Anteils **Inhalt der Rechtszuständigkeit** des Teilhabers im **2** Verhältnis zu Dritten. Ist Gegenstand der Gemeinschaft das Recht an einer Sache, so ist die Anteilsgröße **Inhalt der dinglichen Berechtigung**. Miteigentum nach Bruchteilen hat einen doppelten Inhalt (§ 741 Rn 254 ff). Die Sachherrschaft steht allen Miteigentümern gemeinsam und ungeteilt zu (§ 741 Rn 254). Zugleich steht jedem einzelnen Miteigentümer eine Quote am Wert der gemeinsamen Sache zu, die er durch Früchteteilung und Sachteilung oder Teilung des Veräußerungserlöses realisiert (§ 741 Rn 256). Die *praktische Bedeutung* der dinglichen Rechtsnatur der Quote zeigt sich in verschiedenen Zusammenhängen: so ist die Begründung und Änderung der Quote „Verfügung" (dazu § 747 Rn 25), und der Erwerber eines Miteigentumsanteils wird unter bestimmten Voraussetzungen in seinem guten Glauben an eine bestimmte Höhe der Quote geschützt (§ 747 Rn 27 ff).

II. Rechtsnatur der Regel; ratio legis

Die Regel des § 742 hat eine unterschiedliche Rechtsnatur, je nachdem, ob die **3** Bruchteilsgemeinschaft durch gemeinschaftlichen Erwerb entstanden ist oder – als *communio incidens* – durch nicht auf Rechtsgeschäft beruhenden gemeinschaftlichen Erwerb (BGB-RGRK/vGamm Rn 1; MünchKomm/K Schmidt Rn 1; Palandt/Sprau Rn 1; Erman/Aderhold Rn 1; Soergel/Hadding Rn 1). Im Fall *gemeinschaftlichen rechtsgeschäftlichen Erwerbs* ist § 742 *Auslegungsregel*, im Fall der *communio incidens* widerlegbare *gesetzliche Vermutung* für die Quote der Beteiligung. In beiden Fällen gilt § 742 nur, soweit abweichende rechtsgeschäftliche oder gesetzliche Bestimmungen fehlen. Das Gesetz verfährt hier, wie auch sonst öfter, nach dem Prinzip des unzureichenden Grundes: Wo bessere Gründe fehlen, wird nach Köpfen geteilt. Mit Recht sagen die Mot 875, diese Regel entspreche „der Natur der Dinge". Soweit dem Anteilsverhältnis Außenwirkung beikommt, können sich auch Dritte auf die Bestimmung berufen (str, MünchKomm/K Schmidt Rn 1 mwNw).

III. Gemeinschaftlicher rechtsgeschäftlicher Erwerb

1. Grundsatz

4 Erwerben mehrere – ohne Verbindung zur Gesamthand (§ 741 Rn 204 ff) – ein Recht gemeinschaftlich, so erwerben sie es im Zweifel zu gleichen Teilen. *Abweichende Vereinbarungen* haben Vorrang. Eine solche Vereinbarung muss in dem *Verfügungsgeschäft*, das der Veräußerer mit den gemeinschaftlichen Erwerbern abgeschlossen hat, ausdrücklich oder konkludent enthalten sein; sonst gilt § 742. Denn die Höhe des Anteils bestimmt nicht nur das schuldrechtliche Innenverhältnis der Erwerber, sondern ist Inhalt der dinglichen Berechtigung, die durch die Verfügung auf die Erwerber übertragen wird (Rn 2). Erwerben daher zB Eheleute gemeinsam ein Grundstück und errichten sie darauf ein Haus, so entscheidet sich die Frage, zu welchen Quoten sie das Grundeigentum erworben haben, nur nach dem Auflassungsvertrag, und das Eigentum am Haus richtet sich gem § 946 nach den Quoten des Grundeigentums; wer den Grundstückserwerb und den Hausbau finanziert hat, ist gleichgültig (auch Ansprüche auf Aufwendungsersatz für den Teil, der Mehrleistungen erbringt, bestehen in einem solchen Fall nicht, vgl LG Münster FamRZ 1960, 117; eingeh GÖTZ/BRUDERMÜLLER Rn 109 ff). Im Einzelfall mag allerdings das schuldrechtliche Rechtsgeschäft andere Bestimmungen als die Verfügung vorsehen. Die Auslegung kann dann ergeben, dass die Teilhaber zur Angleichung der dinglichen Berechtigung verpflichtet sind.

2. Rechte an Grundstücken

5 Erwerben mehrere **Eigentum an einem Grundstück** zu Bruchteilen, so sind die Bruchteile im Grundbuch anzugeben (§ 47 GBO). Maßgeblich ist die *Auflassungsurkunde* (§ 925), die gem § 20 GBO die Grundlage der Eintragung des Eigentumswechsels bildet (DEMHARTER § 47 GBO Rn 13). *Fehlt* in der Auflassung die *Angabe der Bruchteile* und ergibt sie sich nicht wenigstens bei unzweideutiger Auslegung (zu weitgehend ERMAN/ADERHOLD Rn 4: § 742 sei stets zur Anteilsbestimmung ausreichend), *so darf* das Grundbuchamt *nicht eintragen*. Es darf den Antrag auch nicht sofort zurückweisen, sondern muss Zwischenverfügung gem § 18 Abs 1 GBO erlassen (DEMHARTER § 47 GBO Rn 14; OLG Oldenburg Rpfleger 1991, 412; aA ERMAN/ADERHOLD aaO; MEIKEL/BÖHRINGER § 47 GBO Rn 144). Keinesfalls darf es die Eintragung vornehmen und die Bruchteile eigenmächtig nach § 742 festsetzen. Das verstieße zwar nicht gegen § 925 (insoweit greift bei Schweigen des Vertrags die Auslegungsregel des § 742 ein), wohl aber gegen § 20 GBO. Infolgedessen muss die Auflassung gem § 20 GBO ergänzt werden.

6 Str ist insoweit die Form der Bewilligung. Die früher wohl hM verlangte Wiederholung der Auflassung unter Mitwirkung von Veräußerer und Erwerber in der Form der §§ 925, 20 GBO (BayObLG Rpfleger 1959, 128). Die heute hM lässt wegen der in der Auflassung liegenden Ermächtigung des Veräußerers (§ 185 Abs 1) einseitige Berichtigung durch die Erwerber zu, und zwar gem §§ 925, 29 GBO (LG Lüneburg Rpfleger 1994, 206; DEMHARTER § 20 GBO Rn 33; SCHÖNER/STÖBER, Grundbuchrecht Rn 3312; MEIKEL/LICHTENBERGER § 20 GBO Rn 226 – zutr differenzierend demgegenüber STAUDINGER/PFEIFER [2004] § 925 Rn 54). Zu weitgehend mE auch KUNTZE ua § 20 GBO[4] Rn 97: Bewilligung gem §§ 19, 29 GBO.

Ist das Anteilsverhältnis wegen anderweitiger Gründe unrichtig eingetragen worden **7**
(zB bei ausländischen Ehegatten, § 741 Rn 28 oder bei in Gütergemeinschaft lebenden
Eheleuten) führt dies nicht zur Unwirksamkeit der Eintragung. Das Grundbuchamt
hat allerdings von Amts wegen Berichtigung zu veranlassen (DEMHARTER § 47 GBO
Rn 26 f; MEIKEL/BÖHRINGER § 47 GBO Rn 244 ff; speziell zu Güterstandsfragen BGH DNotZ
1982, 692, 696; SCHOTTEN, IPR in der notariellen Praxis 148 ff; SCHÖNER/STÖBER, Grundbuchrecht
Rn 3409 ff). Zur Form in diesem Falle HAEGELE, Grundbuchrecht Rn 762; BayObLG
Rpfleger 1983, 346: Bewilligungsantrag der Eingetragenen in der Form des § 29 GBO
bzw § 22 GBO (BGH DNotZ 1982, 696). Dies gilt mE nur, wenn der Unrichtigkeitsnachweis in der Form des § 29 GBO geführt wird – so im Falle BGH DNotZ 1982, 692, 696:
notarieller Ehevertrag –, sonst ist für die Bewilligungsform Rn 6 entsprechend anzuwenden. Differenzierend MEIKEL/BÖHRINGER § 47 GBO Rn 245 ff: Eine Berichtigung von Amts wegen ist unzulässig; allerdings bei vom Grundbuchamt versehentlich
weggelassenen Eintragungen, kann die Eintragung nachgeholt werden, wenn die
notwendigen Unterlagen vorliegen und kein Grund besteht anzunehmen, das Rechtsverhältnis hätte sich geändert. Zur Eintragung einer Gesellschaft bürgerlichen Rechts
vgl § 741 Rn 217.

In **anderen Fällen des Erwerbs von Grundstücksrechten** zu Bruchteilen müssen die **8**
Bruchteile im *Antrag* und in der *Eintragungsbewilligung* angegeben sein, §§ 13, 19
GBO; vgl auch DEMHARTER § 47 GBO Rn 13.

Unterbleibt beim Erwerb durch mehrere Teilhaber die nach § 47 GBO erforderliche **9**
Eintragung der Bruchteile, so ist der Erwerb deshalb *nicht prinzipiell unwirksam*; § 47
GBO ist „Soll"-Vorschrift (DEMHARTER § 47 GBO Rn 26). Das Grundbuch ist unrichtig
(RGZ 54, 85, 86; OLG Hamm DNotZ 1965, 408). Zur *Berichtigung* genügt, dass die ohne
Angabe der Bruchteile als Eigentümer Eingetragenen übereinstimmend die Berichtigung unter Angabe der Bruchteile bewilligen (§ 19 GBO), bei fehlerhafter Auflassung ist mE aber die Form der §§ 925, 29 GBO zu beachten (wie oben Rn 6).

Nach noch hM kann allerdings grundsätzlich die fehlerhafte Angabe des Gemein- **10**
schaftsverhältnisses auch zur Unwirksamkeit der Auflassung in materiell-rechtlicher
Hinsicht führen (Überblick bei SCHÖNER/STÖBER, Grundbuchrecht Rn 3312; STAUDINGER/PFEIFER [2004] § 925 Rn 54 ff). Mindestens im Auslegungswege wird eine solche Folge nur im
Ausnahmefall eintreten können; der Wille des Veräußerers ist jedenfalls im Zweifel
schlechthin auf die Übertragung des Eigentums gerichtet (SCHÖNER/STÖBER aaO; STAUDINGER/PFEIFER [1995] § 925 Rn 54; MEIKEL/LICHTENBERGER § 20 GBO Rn 226 jeweils mwNw; – in
dieser Richtung auch BGH DNotZ 1982, 696 –; zur Form Rn 6).

Jeder Teilhaber hat gegen den anderen einen Anspruch auf Abgabe einer entspre- **11**
chenden Berichtigungsbewilligung (§ 894), sofern nicht Unrichtigkeitsnachweis gem
§ 22 Abs 1 GBO genügt (DEMHARTER § 47 GBO Rn 26). Der Anspruch aus § 894 steht
auch dem Gläubiger zu, der eine Hypothek an dem unrichtig eingetragenen Anteil
erworben hat (RGZ 54, 86). Ist zwischen den Beteiligten streitig, zu welchen Anteilen
die Teilhaber das Eigentum erworben haben, kann auf die Auslegungsregel des § 742
zurückgegriffen werden. Ergeben sich die Bruchteile in gehöriger Form aus den
Eintragungsunterlagen, kommt auch eine Berichtigung gem § 22 Abs 1 GBO auf
einfachen Antrag eines Berechtigten, ohne Bewilligung der übrigen Teilhaber, in

Betracht; bei Bewilligung einer Eigentumseintragung ist § 22 Abs 2 GBO zu beachten (DEMHARTER aaO; OLG Hamm DNotZ 1965, 408).

12 Im Falle **unrichtiger Eintragung der Bruchteile** gilt Entsprechendes wie im Fall fehlender Eintragung.

13 Wollen die gemeinschaftlichen Erwerber des Grundstückseigentums die **Quoten**, so wie sie sich aus der Auflassung ergeben, einverständlich *abändern*, so ist dies eine Verfügung über ihre Miteigentumsanteile, die den §§ 873, 925 unterliegt (§ 747 Rn 25). Grundbuchrechtlich ist § 39 GBO zu beachten: erst sind die ursprünglichen, dann die geänderten Quoten einzutragen. Voreintragung ist ausnahmsweise nicht notwendig, wenn ein Teilhaber das gesamte Recht erwirbt oder alle dessen Löschung bzw Übertragung bewilligen (näher DEMHARTER § 47 GBO Rn 27).

3. Sonstige Rechte

14 Auch beim anteiligen Erwerb des Eigentums an beweglichen Sachen durch mehrere und in sonstigen Fällen, in denen der Rechtserwerb nicht an besondere Formen geknüpft ist, hängt die Höhe der Quoten nur vom *Inhalt des mit dem Veräußerer geschlossenen Vertrags* ab. Für die Auslegung dieses Vertrags sind die internen Verhältnisse der Teilhaber (etwa die interne Verteilung von Kosten und Lasten) unerheblich. Allerdings können in solchen Fällen die Teilhaber die Quoten durch *formlose Verfügung abändern* (§ 747 Rn 25), und eine solche Vereinbarung kann sich auch aus den Umständen ergeben. Im Streitfall trifft denjenigen Teilhaber die *Beweislast*, der sich auf eine von § 742 abweichende Quotenregelung beruft (vgl BGH NJW-RR 1991, 947). Ungleiche Verteilung von Kosten und Lasten reicht zum Nachweis nicht aus, weil die Parteien deren Verteilung in Abweichung von den Beteiligungsquoten regeln können (BGB-RGRK/vGAMM Rn 1 mit Hinweis auf RG 11. 12. 1907 – V 100/07). Zur „schwachen Ausprägung" der Vermutung des § 742 bei der Einrichtung von Oder-Depots BGH NJW 1997, 1455 (Krit KOHLER WuB I 63 Depotgeschäft 1. 97; abl zutr auch REHBEIN EWiR 1998, 112).

4. Besondere Fälle

15 § 742 gilt auch dann als Auslegungsregel, wenn Alleineigentum oder eine sonstige Alleinberechtigung so übertragen wird, dass **zwischen dem bisherigen Alleinberechtigten und dem Erwerber eine Mitberechtigung in Form einer Bruchteilsgemeinschaft** entsteht, oder wenn infolge entsprechender Verfügungen der bisherigen Teilhaber ein neuer Teilhaber in die bisherige Bruchteilsgemeinschaft „eintritt". Demgemäß haben der Eigentümer und ein Dienstbarkeitsberechtigter an einem gemeinsamen Zugangsweg im Zweifel im selben Umfang zur Unterhaltung des Weges beizutragen (BGH MittBayNot 2006, 495). Zum Sonderfall der „bruchteilslosen" Miteigentumsanteile bei altrechtlichen Gemeinschaftsgrundstücken in Baden-Württemberg MILZER BWNotZ 2008, 79 f.

16 Steht nach dem Inhalt des Geschäfts, auf dem der Anteilserwerb beruht, oder nach dem Inhalt einer nachträglichen abändernden Vereinbarung zwischen den Teilhabern fest, dass die Anteile sich nicht nach Köpfen, sondern nach **anderen Kriterien** bemessen sollen, dann darf auf § 742 nicht mehr zurückgegriffen werden, und zwar

auch dann nicht, wenn eine exakte Ermittlung anhand der den Parteien vorschwebenden Kriterien auf Schwierigkeiten stößt (RGZ 169, 232, 239, betr den Erwerb des Anteils an einer Kartellquote, die ursprünglich für zwei Betriebe desselben Inhabers einheitlich festgesetzt war, durch den Erwerber des größeren der beiden Betriebe; hier bleibe nur „Raum für eine der Billigkeit entsprechende Schätzung").

IV. Nicht auf Rechtsgeschäft beruhender gemeinschaftlicher Erwerb

Für die meisten und wichtigsten Fälle, in denen eine Bruchteilsberechtigung nicht aufgrund rechtsgeschäftlichen Erwerbs, sondern aufgrund Gesetzes entsteht, gelten gesetzliche **Sonderregeln**, die § 742 vorgehen. **17**

1. Verbindung, Vermischung, Vermengung

Entsteht Miteigentum durch Verbindung, Vermischung oder Vermengung von Sachen, so bestimmen die Anteile sich nach dem **Verhältnis des Werts**, den die Sachen zum Zeitpunkt der Verbindung, Vermischung, Vermengung hatten, §§ 947 Abs 1, 948 Abs 1. Umstritten ist, ob § 742 in solchen Fällen **subsidiär** eingreift, wenn das Wertverhältnis sich nachträglich aus tatsächlichen Gründen nicht mehr ermitteln lässt. Die hM lehnt das unter Hinweis auf den *Spezialcharakter der Regelung der §§ 947, 948* ab (RGZ 112, 102, 104; BGH NJW 1958, 1534 = LM Nr 1 zu § 82 KO = WM 1958, 899; BGB-RGRK/vGamm Rn 2; Soergel/Hadding Rn 5; Soergel/Mühl § 948 Rn 4; Jaeger/Henckel § 15 Rn 76; MünchKomm/K Schmidt Rn 11; Hoche NJW 1958, 1534; differenzierend Reinicke/Tiedtke WM 1979, 186, 189 f). Die *Gegenmeinung* will § 742 subsidiär anwenden, weil Teilung nach Köpfen immer noch gerechter sei, als den Teilhaber, der seinen Wertanteil nicht nachweisen kann, überhaupt leer ausgehen zu lassen (Raape JW 1926, 799; Westermann § 52 III a; Wolff/Raiser § 72 Fn 13; Baur § 53a II 3; Flume NJW 1959, 913, 922; Spyridakis, Zur Problematik der Sachbestandteile [1966] 104, 110; Weitnauer, in: FS Baur [1981] 709 ff; Staudinger/Wiegand [2004] § 948 Rn 7). *Praktische Bedeutung* hat die Frage vor allem bei der Verbindung und Vermengung von Waren, die unter *Eigentumsvorbehalt* geliefert oder *zur Sicherung übereignet* sind (§ 741 Rn 49 ff), zum Meinungsstand insgesamt eingehend Hess 82 ff; Hilger 9 ff. **18**

Es handelt sich um ein **Beweislastproblem** (zutreffend BGH NJW 1958, 1534, 1535; Soergel/Hadding Rn 6), das verschiedene Streitpunkte betreffen kann. **19**

Der Prätendent, der **behauptet, Miteigentümer geworden zu sein**, muss beweisen, dass *überhaupt Sachen von ihm in den streitigen Bestand gelangt sind*. Dieser Beweis wird ihm durch § 1006 erleichtert, wenn er Allein- oder Mitbesitzer ist, und erschwert, wenn sich der Bestand im Besitz eines Dritten befindet. **20**

Steht fest, dass **Sachen des Prätendenten in den Bestand gelangt sind**, so steht auch fest, dass *irgendwie geteilt werden muss*. Der Prätendent kann nicht deshalb mit seinen Ansprüchen abgewiesen werden, weil er seine Quote nicht exakt nachweisen kann, auch dann nicht, wenn der Bestand sich im Besitz eines Dritten befindet (zutreffend BGH NJW 1958, 1534; **aA** RGZ 112, 102; Leiss JZ 1959, 24; MünchKomm/K Schmidt Rn 11). Die Berufung auf § 1006 (so Leiss aaO) ist verfehlt, weil bereits feststeht, dass der Besitzer nicht Alleineigentümer ist (Westermann § 52 II a). Der Prätendent kann als mindestes verlangen, dass der Bestand *an ihn und die übrigen Teilhaber gemein-* **21** sam herausgegeben wird (JAEGER/HENCKEL § 15 Rn 75). Hierzu braucht er seine Quote nicht nachzuweisen. Das gilt auch, wenn erwiesen ist, dass sich eigene Sachen des Besitzers im Mischbestand befinden (JAEGER/HENCKEL § 15 Rn 76; SOERGEL/STÜRNER § 1011 Rn 3; aA REINICKE/TIEDTKE WM 1979, 186, 189). Steht zB fest, dass A, B und der Besitzer C irgendwie am Mischbestand beteiligt sind, so kann A gem § 1011 verlangen, dass C ihm und B Mitbesitz einräumt. Macht C geltend, es seien außerdem Sachen des D im Mischbestand, sodass nur Herausgabe an A, B und D in Betracht komme, so trifft die Beweislast den C (aA JAEGER/HENCKEL § 15 Rn 75; REINICKE/TIEDTKE WM 1979, 186, 187). Denn wenn sich nicht feststellen lässt, dass überhaupt Sachen des D im Bestand sind, ist bei der Entscheidung davon auszugehen, dass D nicht Miteigentümer ist. Das gilt sowohl, wenn D sich auf sein angebliches Miteigentum beruft, als auch dann, wenn C sich darauf beruft. Steht fest, dass außer A, B und dem Besitzer C unbekannte Dritte an dem Bestand beteiligt sind (etwa weil der Bestand zu groß ist, als dass er allein aus den Beiträgen des A, B und C stammen könnte), so können A und B von C immer noch Einräumung des Mitbesitzes verlangen. Denn es steht fest, dass A und B gegenüber C zum Mitbesitz berechtigt sind. – Hat der Besitzer über den Gesamtbestand *widerrechtlich verfügt* (wie im Fall BGH WM 1958, 899), so steht der Anspruch auf Herausgabe des Erlöses (§§ 687 Abs 2, 681 S 2, 667, oder § 816 Abs 1 S 1, oder § 46 KO) oder auf Schadensersatz (§ 823 Abs 1) den Miteigentümern gemeinsam zu (vgl § 741 Rn 258), und jeder, dessen Miteigentum nur überhaupt besteht, kann Leistung an alle Teilhaber verlangen (§ 432 analog), ohne dass er hierfür seine Quote nachweisen müsste (JAEGER/HENCKEL § 15 Rn 75).

22 Steht fest, dass der Prätendent überhaupt **irgendwie am gemeinsamen Bestand beteiligt** ist, kann seine Quote gleichwohl ungewiss sein. Streitig kann zunächst Menge und Wert der von ihm zum gemeinsamen Bestand beigesteuerten Sachen sein. Die *Beweislast trifft den Teilhaber, der bei der Aufhebung der Gemeinschaft eine bestimmte Quote beansprucht*. Das gilt auch für einen Teilhaber (zB den Vorbehaltskäufer, Sicherungsgeber), der sich im Alleinbesitz befindet. Denn aus dem Besitz ergibt sich nichts dafür, dass dem Besitzer – von dem feststeht, dass er nur Miteigentümer, nicht Alleineigentümer ist – eine bestimmte Quote zusteht (JAEGER/HENCKEL § 15 Rn 76; aA REINICKE/TIEDTKE WM 1979, 186, 188 ff). Was die *Beweisführung* betrifft, hat das Gericht alle Möglichkeiten *freier Beweiswürdigung* auszuschöpfen; § 287 ZPO ist analog anzuwenden (HOCHE NJW 1958, 1534; MünchKomm/K SCHMIDT Rn 11; JAEGER/HENCKEL § 15 Rn 76; SOERGEL/HADDING Rn 6).

23 Sind allerdings **alle Teilhaber in der gleichen Beweisschwierigkeit**, so kann es vorkommen, dass sich der Bestand nach der Regel des § 947 Abs 1 nicht vollständig verteilen lässt. In diesem Fall entspricht § 742 einem so elementaren Gerechtigkeitsprinzip (Mot 875: „der Natur der Dinge"), dass nicht einzusehen ist, weshalb die Bestimmung nicht jedenfalls hinsichtlich desjenigen Teils des Bestandes anwendbar sein soll, von dem sich zwar mit hinreichender Sicherheit sagen lässt, dass er irgendwie aus Beiträgen der Teilhaber stammt, aber nicht, wieviel die einzelnen Teilhaber dazu beigetragen haben. Es ist immer noch richtiger, den Teil des Bestandes, hinsichtlich dessen sich keine Feststellungen treffen lassen, so zu verteilen als überhaupt nicht. Man muss also versuchen, für jeden Teilhaber eine Mindestquote zu ermitteln, und den Rest nach § 742 gleichmäßig verteilen. Lässt sich nachweisen, dass auf diese Weise ein Teilhaber mehr bekommen würde, als er höchstens (zB nach seiner eigenen Behauptung) beigesteuert hat, so ist dieser Teilhaber, sobald er seine

Höchstquote erreicht hat, von der weiteren Verteilung auszunehmen. Der Einwand, § 742 sei durch §§ 947 Abs 1, 948 kraft Spezialität ausgeschlossen, trifft nicht zu. § 742 enthält eine Beweisregel („im Zweifel"), §§ 947, 948 eine materielle Regelung; die beiden Regelungen stehen miteinander nicht im Widerspruch (ebenso die Rn 22 aE genannten Autoren; MünchKomm/QUACK § 947 Rn 10; HESS 91 f).

Häufig wird der Teilhaber zwar in der Lage sein nachzuweisen, was er beigesteuert **24** hat. Aber der Gesamtbestand hat sich durch Abgänge so verändert, dass er zum Ausgleich aller Beiträge nicht mehr ausreicht, und die **Veränderungen** lassen sich im Einzelnen **nicht mehr rekonstruieren** (so im Fall RGZ 112, 102). Hier spricht bei der Beweiswürdigung analog § 287 ZPO viel dafür, die Teilhaber (Vorbehaltslieferanten) nach dem Verhältnis ihrer noch offenen Rechnungen, hilfsweise nach dem Verhältnis der von ihnen beigesteuerten Gesamtmenge zu beteiligen. Ist ungewiss, ob außer den feststehenden Teilhabern noch unbekannte Dritte etwas eingebracht haben, so müssen die möglichen Teilhaber, deren Beteiligung nicht nachgewiesen ist, bei der Verteilung außer Betracht bleiben (vgl oben Rn 21; **aA** RGZ 112, 102, 104). Subsidiär ist auch in einem solchen Fall § 742 anzuwenden.

2. Sammelverwahrung

Eine gesetzliche Sonderregelung der Anteilsberechnung enthält § 6 Abs 1 DepotG **25** für die Sammelverwahrung. Werden Wertpapiere in Sammelverwahrung genommen, so entsteht mit dem Zeitpunkt des Eingangs beim Sammelverwahrer für die bisherigen Eigentümer Miteigentum an den zum Sammelbestand des Verwahrers gehörenden Wertpapieren derselben Art. Für die Bestimmung des Bruchteils ist der Wertpapiernennbetrag maßgebend, bei Wertpapieren ohne Nennbetrag die Stückzahl. Die Bestimmung ist § 947 Abs 1 nachgebildet. Denn Wertpapiere gleicher Art sind immer gleichwertig, sodass eine Ermittlung des wirklichen Werts zum Zeitpunkt der Vermischung überflüssig ist und stattdessen der Nennwert bzw die Stückzahl eingesetzt werden kann (OPITZ, Depotgesetz [2. Aufl 1955] §§ 6, 7, 8 Anm 12). Bei korrekter Verwahrung (Auslieferung von Einzelstücken nur an die Hinterleger, an niemand sonst, § 6 Abs 2 DepotG) ist sichergestellt, dass der Bestand immer ausreicht, um den Auslieferungsanspruch des Hinterlegers zu befriedigen. Verluste tragen die Hinterleger nach Maßgabe ihrer nach § 6 Abs 1 DepotG berechneten Anteile (§ 7 Abs 2 DepotG). § 742 ist unanwendbar (HEINSIUS/HORN/THAN, Depotgesetz [1975] § 6 Rn 19; OPITZ aaO). Diejenigen Konstellationen, die in sonstigen Fällen der Vermengung ausnahmsweise zur subsidiären Anwendung des § 742 führen können (oben Rn 18–24), treten infolge der Rechtstechnik der Sammelverwahrung nicht auf. Denn es geht dort um Beweisprobleme. Das einzige Beweisproblem, das für den Hinterleger auftreten kann, ist, nicht beweisen zu können, was er hinterlegt hat; dann hilft ihm aber § 742 auch nicht weiter.

3. Sonstige Fälle

Weitere **Sonderregeln** für die communio incidens enthalten § 963 (Vereinigung aus- **26** gezogener, von den Eigentümern verfolgter *Bienenschwärme*; Anteilsbestimmung nach der Zahl der Schwärme); § 984 (*Schatzfund*; Beteiligung des Eigentümers und des Finders je zur Hälfte); § 1109 Abs 1 (Teilung des aus einer *Reallast* berechtigten Grundstücks; Anteilsberechnung nach der Größe der Grundstücksteile). Haben die

Miteigentümer eines Grundstücks eine *Hypothek* bestellt, die sich gem §§ 1163, 1177 in eine *Eigentümergrundschuld* verwandelt hat, richtet sich die Beteiligung aus der Grundschuld nach der Beteiligung am Grundeigentum (RG JW 1938, 3236, 3237; Argument aus § 1172 Abs 2; vgl ferner OLG Frankfurt aM DNotZ 1961, 411 f).

Beim **Wohnungseigentum** bedarf es neben exakter Festlegung des Sondereigentums auch genauer Angabe des Miteigentumsanteils in der Teilungsurkunde (§§ 3, 8 WEG), eine bestimmte Relation ist dabei nicht einzuhalten. § 742 gilt insoweit nicht (zum Ganzen BÄRMANN/PICK § 3 WEG Rn 15).

27 Im Ganzen bilden demnach die Fälle, in denen die Berechnung der Anteile sich nach § 742 richtet, beim nicht rechtsgeschäftlichen gemeinsamen Erwerb die **Ausnahme.** Beispielsweise sind *Miterfinder*, soweit sie nichts Abweichendes vereinbart haben, an den gewerblichen Schutzrechten gem § 742 zu gleichen Anteilen beteiligt (RG GRUR 1938, 256, 262). Nach dem RG soll es allerdings, bei Fehlen von Vereinbarungen, zunächst noch auf „das Maß der schöpferischen Mitarbeit der Beteiligten" ankommen (vgl auch MünchKomm/K SCHMIDT Rn 4). Das scheint weder praktikabel noch gerecht. Wenn der Kluge zur Arbeit einen Dummen zuzieht und nichts anderes vereinbart, kann er sich, wenn es ums Teilen geht, nicht seiner entledigen (skeptisch auch RGZ 118, 46, 48).

§ 743
Früchteanteil; Gebrauchsbefugnis

(1) Jedem Teilhaber gebührt ein seinem Anteil entsprechender Bruchteil der Früchte.

(2) Jeder Teilhaber ist zum Gebrauch des gemeinschaftlichen Gegenstands insoweit befugt, als nicht der Mitgebrauch der übrigen Teilhaber beeinträchtigt wird.

Materialien: E I § 765 Abs 2; II § 679; III § 730; Mot II 877; Prot II 743 ff; JAKOBS/SCHUBERT, Schuldverh III 366, 369 ff.

Systematische Übersicht

I. Regelungsgegenstand	1	IV. Der Anspruch auf vorzeitige Verteilung nach Abs 1 13
II. Gemeinschaftliche Rechtszuständigkeit der Teilhaber hinsichtlich der Früchte		V. Abtretung und Pfändung des Rechts auf die Früchte 19
1. Überblick	2	1. Keine Abtretung und Pfändung des Anspruchs auf Zahlung einer Teilvergütung 20
2. Natürliche Früchte	3	
3. Zivilfrüchte	5	
III. Mitwirkung bei der Fruchtziehung	11	2. Abtretung und Pfändung des ideellen Anteils am Vergütungsanspruch 21

Titel 17 § 743
Gemeinschaft

3. Abtretung und Pfändung des Anspruchs aus Abs 1 _____ 22
4. Folgen der Abtretung oder Pfändung des Anteils an der Muttersache für die Zivilfrüchte _____ 26
5. Besondere Gestaltungen _____ 27
6. Natürliche Früchte _____ 29

VI. Vertragliche Regelungen des Fruchtbezugsrechts _____ 30

VII. Gemeinschaftlicher Gebrauch (Abs 2) _____ 33
VIII. Abweichende Regelungen des Gebrauchs _____ 38
IX. Wohnungseigentümergemeinschaft _ 44
X. Miterbengemeinschaft _____ 46

Alphabetische Übersicht

Abtretung _____ 19 ff, 47

Bankkonto _____ 17, 21, 28
Billiges Ermessen _____ 34, 38, 45

Deponieraum _____ 4
Dienstbarkeit _____ 3
Dividenden _____ 4
Drittwiderspruchsklage _____ 20, 28

Früchte
– Begriff _____ 2
– dingliche Zuordnung _____ 3 ff

Garten _____ 16
Gebrauch _____ 2, 33 ff
Gemeinschaftserfindung _____ 34
Genehmigung _____ 9
Gesamthand _____ 8
Giebelmauer, Grenzmauer _____ 12
Grundbucheintragung _____ 31, 43
Grundstück _____ 26, 31

Kiesgrube _____ 3
Kosten _____ 14, 16

Lasten _____ 14, 16
Lizenz _____ 2, 17, 34

Mehrheitsbeschluss _____ 13, 34, 36 ff
Miete _____ 2, 5 ff, 17, 19 ff, 41 f
Miterbengemeinschaft _____ 46

Nachbarschaftsrecht _____ 38
Nettoerlös, Reinerlös _____ 14, 17

Pacht _____ 2, 17
Pfändung _____ 19 ff

Rechnungslegung _____ 17
Reparatur _____ 15
Reservefonds _____ 15

Steinbruch _____ 3

Teilung _____ 13
Time-sharing _____ 38
Treuhand _____ 28

Ungerechtfertigte Bereicherung _____ 36
Unmöglichkeit _____ 32

Vereinbarung _____ 13, 30, 34, 36 ff
Vergütung _____ 40
Verjährung _____ 18
Verkauf _____ 2, 13, 16
Versicherung _____ 2
Vertretenmüssen _____ 32
Verwaltung _____ 8 f, 31

Wohnungseigentum _____ 44 f

Zinsen _____ 4
Zivilfrüchte _____ 5
– Begriff _____ 2
Zwangsverwaltung _____ 26

I. Regelungsgegenstand

1 Die Vorschrift bestimmt, wie die Nutzungen des gemeinschaftlichen Rechts, nämlich die Früchte und die Gebrauchsvorteile, *im Innenverhältnis zu* verteilen sind. Sie hat *schuldrechtlichen Charakter* und begründet Rechte und Pflichten der Teilhaber untereinander (MünchKomm/K Schmidt Rn 1; Soergel/Hadding Rn 1). Allerdings hat die Regelung ihre Grundlage in der dinglichen Mitberechtigung der Teilhaber an der gemeinsamen Sache bzw in der gemeinschaftlichen Zuständigkeit des gemeinsamen Rechts. Ausgangspunkt ist, dass die Früchte und die Gebrauchsvorteile den Teilhabern aufgrund ihrer Mitberechtigung gemeinsam zustehen (vgl Rn 2 ff). Dies ist in § 743 nicht geregelt, sondern vorausgesetzt.

II. Gemeinschaftliche Rechtszuständigkeit der Teilhaber hinsichtlich der Früchte

1. Überblick

2 Früchte (Abs 1) sind die *natürlichen* („unmittelbaren") *Früchte* der gemeinschaftlichen Sache oder des gemeinschaftlichen Rechts (§ 99 Abs 1, 2) und die Erträge, die die gemeinschaftliche Sache oder das Recht aufgrund eines Rechtsverhältnisses gewährt *(„Zivilfrüchte"* oder „mittelbare Früchte", § 99 Abs 3), also insbesondere die Einkünfte aus Vermietung, Verpachtung und Lizenzvergabe. Keine „Frucht" ist der Ertrag aus dem Verkauf des gemeinschaftlichen Gegenstandes selbst. Keine Früchte (sondern nur „Nutzungen") sind an sich die *Gebrauchsvorteile* der Sache oder des Rechts (§ 100). Die ganz hM erklärt Abs 1 allerdings auch hinsichtlich der Gebrauchsvorteile für anwendbar (BGH NJW 1966, 1707, 1708; Soergel/Hadding Rn 5; BGB-RGRK/vGamm Rn 2; MünchKomm/K Schmidt Rn 3; Palandt/Sprau Rn 2; Erman/Aderhold Rn 2). Allerdings enthält insoweit Abs 2 eine *Spezialregelung* (zutreffend BGH NJW 1966, 1707, 1708: zum gemeinschaftlichen Gebrauch sind die Teilhaber, solange sie den Mitgebrauch der anderen nicht stören oder vereiteln, ohne Rücksicht auf die Höhe ihrer Anteile berechtigt; dazu Rn 38 f). Soweit dagegen ein gemeinschaftlicher Gebrauch nach der Natur der Sache nicht möglich ist, ist bei der Aufteilung *des Gebrauchs* Abs 1, als Ausdruck eines das Gemeinschaftsrecht beherrschenden allgemeinen Rechtsprinzips, *analog anzuwenden* (Rn 36). – Keine Früchte stellen Surrogate, insbesondere Sachversicherungsleistungen dar (zur Brandversicherung OLG Düsseldorf NJW-RR 1997, 604; vgl insofern auch § 745 Rn 9).

2. Natürliche Früchte

3 Natürliche Früchte einer in *Miteigentum* stehenden Sache gehören nach der Trennung „dem Eigentümer" der Sache, § 953; sie fallen ohne weiteres wieder ins Miteigentum. Für natürliche Früchte eines *gemeinschaftlichen dinglichen Rechts* (etwa einer mehreren Berechtigten in Bruchteilsgemeinschaft zustehenden Dienstbarkeit, einen Steinbruch oder eine Kiesgrube zu betreiben) gilt gem § 954, für natürliche Früchte einer mit Sachbesitz verbundenen *gemeinschaftlichen schuldrechtlichen Berechtigung* (zB bei gemeinschaftlicher Pacht eines Grundstücks) gem § 956 das gleiche. Zwischen den Teilhabern besteht hinsichtlich der Früchte ohne weiteres das gesetzliche Rechtsverhältnis der Gemeinschaft nach Bruchteilen. Dabei handelt es sich um ein einheitliches, schuldrechtliches Gemeinschaftsverhältnis, das sich sowohl auf die Muttersache als auch auf die Früchte erstreckt (vgl § 741 Rn 157 ff).

„Natürliche" Früchte sind auch die vertraglichen *Zinsansprüche* im Verhältnis zur 4 Hauptforderung (Staudinger/Jickeli/Stieper [2004] § 99 Rn 13; Soergel/Mühl § 99 Rn 15). Soweit die Teilhaber nicht anderweit darüber verfügt haben, richtet die Rechtszuständigkeit sich nach der Hauptforderung. Das gleiche gilt für *Dividendenansprüche*, wenn eine Aktie mehreren in Bruchteilsgemeinschaft zusteht; das Bezugsrecht ist durch den gemeinschaftlichen Vertreter (§ 69 Abs 1 AktG) auszuüben. Zur Frage, ob die Deponiekapazität eines Grundstücks als natürliche Frucht einzuordnen ist vgl OLG Koblenz NJW 1994, 463, 464.

3. Zivilfrüchte

Bei den Zivilfrüchten geht es vor allem um die **Vermietung** der gemeinschaftlichen 5 Sache. Die Frage, wie die Rechtszuständigkeit hinsichtlich der Mietforderung zu beurteilen ist, ist im Gesetz nicht geregelt (anders für die Erbengemeinschaft, § 2041 S 1). Da die Miete ohne weiteres teilbar ist, liegt es auf den ersten Blick nahe, mangels besonderer Vereinbarung mit dem Mieter jedem Teilhaber einen eigenen Anspruch auf einen Teil der Miete zuzusprechen, § 420. Die Anteile wären nach § 420 mangels anderweitiger Abrede im Mietvertrag gleich groß, ohne Rücksicht darauf, wie groß die Anteile der Teilhaber am vermieteten Gegenstand sind. Das wäre aber eine offensichtlich unpraktische und interessenwidrige, den Parteiabsichten und den Gepflogenheiten der Praxis zuwiderlaufende Regelung. Die Anwendung des § 420 auf den vorliegenden Fall wird deshalb nach ganz hM abgelehnt. Sowohl den Bedürfnissen einer geordneten Abwicklung des Schuldverhältnisses zwischen den Mietparteien, als auch den Bedürfnissen der auf der Vermieterseite stehenden Teilhaber in ihrem Verhältnis untereinander entspreche nur die Lösung, dass *die Ansprüche aus dem Mietverhältnis den Teilhabern gemeinsam zustehen, wobei sich deren Geltendmachung nach § 432 richte* (RG DR 1940, 2169; BGH NZG 2001, 73; NJW 1958, 1723 = LM Nr 1 zu § 743; BGH NJW 1969, 839; BGHZ 106, 222, 226; Soergel/ Hadding Rn 3; BGB-RGRK/vGamm Rn 2; Erman/Aderhold Rn 3; Palandt/Sprau Rn 3; MünchKomm/K Schmidt Rn 5; Staudinger/Emmerich [2006] Vorbem 190 zu §§ 535, 536; Schulze-Osterloh 52 ff).

Zur Begründung wird angeführt: Die Forderung aus Vermietung der im Bruchteils- 6 eigentum stehenden Sache sei nach dem Wesen der Bruchteilsgemeinschaft auf eine (rechtlich) *unteilbare* Leistung iS des § 432 gerichtet. Denn die Vermietung sei Teil der Verwaltung und stehe den Teilhabern deshalb nur gemeinschaftlich zu (RG DR 1940, 2169 = WarnR 1940 Nr 150; BGH NJW 1958, 1723; BGH NJW 1969, 839; Staudinger/ Emmerich [2006] Vorbem 190 zu §§ 535, 536; Soergel/Wolf Vorbem 5 zu § 420; ausf zum Meinungsstand § 741 Rn 109 ff).

Der hM ist in der Begründung nicht zu folgen, wenn auch die Ergebnisse weithin mit 7 denen der hier vertretenen Meinung übereinstimmen werden. Die Rechtszuständigkeit hinsichtlich der Mietzinsforderung ergibt sich nicht schon aus dem Wesen der Bruchteilsgemeinschaft; das Innenverhältnis der Teilhaber berührt das Verhältnis zum Mieter nicht. Sie ist ausschließlich aus dem Inhalt des Mietvertrages zu ermitteln. Vermietet zB ein Teilhaber die gemeinschaftliche Sache allein und in eigenem

Namen, so ist nach dem Vertragsinhalt nur er allein Gläubiger und zur Einziehung berechtigt (ERMAN/ADERHOLD Rn 3; aA STAUDINGER/EMMERICH [2006] Vorbem 189 zu §§ 535, 536: Vermietung nur mit Zustimmung aller möglich). Vermieten alle Teilhaber gemeinsam, wie es überwiegend der Fall sein wird, wird die Vertragsauslegung regelmäßig ergeben, dass auch die Mietzinszahlungen an alle Teilhaber gemeinsam (etwa auf ein Gemeinschaftskonto) zu erfolgen haben und jeder Einzelne diese Leistung zu fordern berechtigt ist. Insofern entspricht die hier vertretene Ansicht im Ergebnis der hM. Die Teilhaber können aber auch abweichende Vereinbarungen mit dem Mieter treffen, etwa einem Teilhaber allein die Einziehung überlassen (dazu Rn 9). Sie könnten selbst (entsprechend § 420) die Zahlung eines dem jeweiligen Anteil entsprechenden Betrages an jeden Teilhaber vereinbaren. Im Zweifel ist diese Regelung von den Teilhabern aber nicht gewollt, weil sie den vorherigen Abzug von Lasten und Kosten (§ 748, dazu Rn 14) verhindert. Zur Rechtslage bei Vermietung an einen der Teilhaber BGH NZG 2001, 73.

8 Noch anders (dazu bereits § 741 Rn 124) FLUME II 1 116, ders ZHR 136, 203 ff: Die Miteigentümer würden zur „Gruppe" und damit zur Gesamthand. Gegen diese Annahme ist einzuwenden, dass „gemeinsames Handeln" nach unserem Recht eine Gesamthandsgemeinschaft nicht entstehen lässt; dass die gemeinsam Handelnden eine „Gruppe" bilden, ist eine soziologische, keine juristische Aussage. Eine Gesamthandsgemeinschaft kann, außer im Fall der Gütergemeinschaft und der Miterbengemeinschaft, nur durch Abschluss eines Gesellschaftsvertrags entstehen. Die Annahme eines solchen Vertrags wäre im vorliegenden Fall eine bloße Fiktion. Die Lösung FLUMES ist auch im Ergebnis unangemessen, wie sich daran zeigt, dass FLUME für das Innenverhältnis der „Gruppe" doch wieder Gemeinschaftsrecht, nicht Gesellschaftsrecht gelten lassen will (I 1, 118). Vgl auch Vorbem 11.

9 Vermietet ein Teilhaber die gemeinschaftliche Sache oder einen Teil davon **allein** und im eigenen Namen, so werden die übrigen Teilhaber nicht dadurch zu Mitvermietern und Mitgläubigern, dass sie der Vermietung „zustimmen" oder sie nachträglich „genehmigen" (so aber ROQUETTE DR 1940, 2170; ders MietR § 535 Rn 98; MünchKomm/ K SCHMIDT § 747 Rn 2). Diese Ansicht ist mit dem Gesetz unvereinbar (§ 311 Abs 1 nF); sie käme einem einseitigen Vertragsbeitritt gleich. Zur Begründung der Vermieterstellung bedarf es vielmehr einer Änderung des Mietvertrages (die natürlich auch konkludent erfolgen kann). Allerdings hat die Zustimmung zur Folge, dass auch die übrigen Miteigentümer den Vertragsinhalt gegen sich gelten lassen müssen. Die Vertragswirkungen lasten dann materiell auch auf den nicht unmittelbar am Vertrag beteiligten Miteigentümern (ausf RGZ 80, 395 ff, insb 399; BGH WM 1984, 1296, 1298; OLG Karlsruhe NJW 1981, 1278). Wird die von einem Teilhaber vermietete Sache veräußert, greift § 566 nF nur ein, wenn die übrigen Miteigentümer dem Mietvertrag zugestimmt haben. Anderenfalls würde sich die Rechtsstellung des Mieters, der ohne Zustimmung kein Recht zum Besitz gegenüber den anderen Miteigentümern hat, durch die Veräußerung verbessern (OLG Karlsruhe aaO).

10 In der Regel ist der allein vermietende Teilhaber zur *Abrechnung* und *Herausgabe* des Erlangten an die Teilhabergesamtheit gem §§ 662, 666, 667 oder gem §§ 681, 687 Abs 2 iVm 666, 667 verpflichtet (vgl auch BGB-RGRK/vGAMM Rn 3; anders nur, wenn dem betreffenden Teilhaber ausdrücklich die Vermietung für eigene Rechnung gestattet ist). Durch die Herausgabe entsteht wiederum eine Bruchteilsgemeinschaft, § 741. Der einzelne

Teilhaber kann mangels abweichender Vereinbarung vom vermietenden Teilhaber nicht ohne weiteres Herausgabe seines Anteils verlangen (missverständlich vGamm aaO); anders ist es aber, wenn die Teilhaber den Vermieter mit der Verwaltung beauftragt haben, weil der Verwaltungsauftrag im Zweifel auch den Auftrag zu verteilen umfasst. Zieht ein Teilhaber nach *gemeinschaftlicher Vermietung* den Mietzins *allein* ein, so ist er nach § 666 rechenschafts- und nach § 667 herausgabepflichtig. Im Streitfall muss er beweisen, wo die Einnahmen verblieben sind; es ist nicht Sache der übrigen Teilhaber zu beweisen, dass der Einziehende mehr erhalten hat als den ihm zustehenden Bruchteil (BGH WM 1972, 1121, 1122; zur Beweislast vgl auch RG JW 1937, 28).

III. Mitwirkung bei der Fruchtziehung

Die Ziehung der Früchte – sei es natürlicher, sei es ziviler – gehört zur *Verwaltung* des gemeinschaftlichen Gegenstands iS der §§ 744, 745. Jeder Teilhaber ist also nach § 744 Abs 1 berechtigt und nach Maßgabe des § 745 Abs 2 auch verpflichtet, an der gemeinsamen Fruchtziehung mitzuwirken, zB einen gemeinschaftlichen Acker gemeinsam abzuernten oder ein gemeinschaftliches Haus gemeinsam zu vermieten (wenn Vermietung die „dem Interesse aller Teilhaber nach billigem Ermessen entsprechende Verwaltung" ist). Dagegen ist, mangels abweichender Verständigung oder vertraglicher Vereinbarung, kein Teilhaber berechtigt, einen seinem Anteil entsprechenden *realen Bruchteil* des gemeinschaftlichen Gegenstands für sich abzugrenzen und für sich selbst zu nutzen, und er kann von den anderen Teilhabern auch nicht verlangen, dass sie einem solchen Vorgehen zustimmen. Denn die Bruchteilsgemeinschaft ist eine Gemeinschaft zu ideellen, nicht zu realen Anteilen. Infolgedessen hat auch kein Teilhaber das Recht, einen realen Bruchteil des Gegenstands für sich allein zu nutzen (speziell zum Gebrauch vgl unten Rn 33 ff). **11**

Der BGH hat allerdings im Sonderfall der im Miteigentum der Grundstücksnachbarn stehenden **Grenzmauer** anders entschieden (BGHZ 43, 127, 133 ff). Das Haus des einen Nachbarn war durch Bomben zerstört; er vermietete die Mauer zu Reklamezwecken. Der BGH hielt ihn für berechtigt, die Früchte auf „seiner" Seite der Mauer allein zu ziehen und zu behalten. Es entspreche sowohl der „objektiven Beschaffenheit" der Giebelmauer als auch der „von den Nachbarn (beim Bau und Anbau) verfolgten Zweckrichtung", dass jeder der beiden Nachbarn die Mauer allein benutzen dürfe. „Dementsprechend" sollen auch die Früchte, die ein Nachbar „in Richtung auf sein Grundstück" zieht, dem Nachbarn allein gebühren. Der Entscheidung ist mE nicht zuzustimmen; nach § 743 hätten die Einnahmen geteilt werden müssen. Aber auch wenn man dem BGH folgt, ist zu beachten, dass die Entscheidung allein mit der Eigentümlichkeit der gemeinschaftlichen Grenzmauer begründet ist. Für sonstige Gemeinschaften besagt sie nichts. **12**

IV. Der Anspruch auf vorzeitige Verteilung nach Abs 1

Abs 1 verleiht den Teilhabern einen schuldrechtlichen Anspruch auf **vorweggenommene Teilung** der ihnen gemeinsam zustehenden Früchte, auch wenn die Gemeinschaft im Übrigen ungeteilt bleibt. Für die Teilung gelten deshalb die §§ 752 ff. Wo möglich ist in Natur, sonst ist durch Verkauf, notfalls im Weg der Zwangsversteigerung zu teilen; Forderungen sind einzuziehen und der Erlös ist zu teilen. Der **13**

Anspruch kann nur durch Vereinbarung, nicht durch Mehrheitsbeschluss ausgeschlossen werden.

14 Vor der Verteilung sind zunächst die entstandenen Lasten der Sache und die entstandenen Kosten der Erhaltung und Verwaltung (§ 748) abzuziehen. Zu verteilen ist also nur der **Nettoerlös** der Fruchtziehung (vgl RGZ 89, 176, 180; BGH NJW 1958, 1723; BGHZ 40, 326, 330; KGBl 1909, 34). Das ergibt sich zwar aus Abs 1 nicht unmittelbar, wohl aber indirekt aus § 748 und § 745 Abs 2. Nach § 748 hat jeder Teilhaber gegen jeden anderen einen Anspruch auf verhältnismäßige Beteiligung an den Lasten und Kosten. Durch dieses Recht ist der Anspruch auf Vorwegverteilung nach Abs 1 begrenzt. Überdies verlangt die ordnungsmäßige, dem Interesse aller Teilhaber nach billigem Ermessen entsprechende Verwaltung der gemeinschaftlichen Sache, dass aus den Nutzungen zunächst die Lasten und Kosten bestritten werden, ehe eine Verteilung erfolgt.

15 Dagegen braucht kein Teilhaber darin einzuwilligen, dass aus den Nutzungen ein echter **Reservefonds** für spätere Instandsetzungsarbeiten gebildet und unterhalten wird (RG JW 1927, 1855; anders aber bei der Wohnungseigentümergemeinschaft, § 21 Abs 5 Ziff 4 WEG). Im Einzelfall ergibt sich die Abgrenzung aus dem Grundsatz der ordnungsmäßigen Verwaltung (§ 745 Abs 2) und der gemeinsamen Kostentragung. Übernimmt, wie häufig, ein Teilhaber die Führung der laufenden Verwaltungsgeschäfte, so kann er für die *laufenden Ausgaben* und für *mit Sicherheit demnächst anfallende einmalige Ausgaben* Vorschuss verlangen (§ 669 iVm § 662). Diesen Vorschuss kann er vor der Verteilung eingezogener Nutzungen abziehen. Führen alle Teilhaber die Geschäfte gemeinsam, so gilt nichts anderes. Keinem Teilhaber ist es zuzumuten, beispielsweise an der Vergabe eines Reparaturauftrags mitzuwirken und so die persönliche Haftung für die Bezahlung der Reparaturrechnung zu übernehmen (§§ 421, 427), und gleichzeitig zu dulden, dass die gemeinschaftlichen Mittel ohne Rücksicht auf die demnächst auf die Gemeinschaft zukommende Belastung verteilt werden. Dabei ist den Besonderheiten der jeweiligen Gemeinschaft Rechnung zu tragen; je größer die mit der Verwaltung verbundenen Risiken sind, um so eher haben die Teilhaber zur Vermeidung fruchtloser Hin- und Herzahlungen die Bildung von Rückstellungen bzw Rücklagen hinzunehmen (BGHZ 140, 63: zulässige Bildung einer Rückstellung für Prozesskosten und einer Rücklage für Forstausgleichsschäden gem § 13 EStG). Dagegen kann die Anlage einer Reserve für *mögliche künftige Fälle*, für Reparaturen, die nicht unmittelbar anstehen u dgl nicht verlangt werden. Das wäre ein Eingriff in das Recht des Teilhabers aus Abs 1, der ohne Zustimmung des Teilhabers unzulässig ist (§ 745 Abs 3 S 2).

16 Die Bestreitung der **Lasten** und **Kosten** aus den Früchten ist nur dann ohne weiteres möglich, wenn die Früchte in Geldeinnahmen bestehen, wenn es sich also um Zivilfrüchte handelt. Bei natürlichen Früchten kommt es auf den einzelnen Fall an, ob die Verwendung der Früchte zur Bestreitung der Lasten durch die Grundsätze einer dem Interesse aller Teilhaber entsprechenden Verwaltung (§ 745 Abs 2) gefordert wird. Erfolgt die Bewirtschaftung vorwiegend unter ökonomischen Gesichtspunkten, so werden die Teilhaber idR vereinbaren, dass die Früchte verkauft werden. Dann sind aus dem Erlös in erster Linie Lasten und Kosten zu bestreiten. Erfolgt die Fruchtziehung vorwiegend zum persönlichen Verbrauch (zB bei einem gemeinschaftlichen Garten), sind die Früchte idR in Natur zu teilen, und die Lasten und Kosten sind unabhängig davon zu bestreiten.

Da es sich bei dem Anspruch aus Abs 1 um einen vorweggenommenen Teilungsanspruch handelt (oben Rn 13), richtet der **Inhalt des Anspruchs** sich nach §§ 752, 753. Gläubiger des Anspruchs ist der einzelne Teilhaber, Schuldner sind die übrigen Teilhaber. Häufiger als in Fällen, in denen die Gemeinschaft im Ganzen aufgehoben wird, wird der Anspruch sich auf Teilung in Natur richten (§ 752), so insbesondere, wenn es sich bei den Früchten um Einkünfte aus Vermietung, Verpachtung, Lizenzvergabe handelt, also *Geld* zu verteilen ist. Ist das Geld zB auf ein *gemeinsames Konto* der Teilhaber einbezahlt, richtet der Anspruch sich darauf, dass die übrigen Teilhaber die Bank anweisen, denjenigen Betrag an den anspruchsberechtigten Teilhaber auszubezahlen, der seinem Anteil am Reinerlös entspricht. Ist das Geld von einem Teilhaber auf *eigenes Konto* eingezogen worden, so richtet der Anspruch sich in erster Linie gegen diesen Teilhaber; er hat den Betrag, der dem Anteil des anspruchsberechtigten Teilhabers am Reinerlös entspricht, an den anspruchsberechtigten Gläubiger auszubezahlen (Abs 1 iVm § 667; hinzu kommt ggf ein Anspruch auf Rechnungslegung nach § 666). Außerdem hat in diesem Fall der anspruchsberechtigte Gläubiger aus Abs 1 gegen die übrigen Teilhaber einen Anspruch darauf, dass sie in die Auszahlung des Betrags an ihn einwilligen (BGH NJW 1985, 1159, 1161). Das ist praktisch dann wichtig, wenn die Auszahlung durch den Teilhaber, der das Geld eingezogen hat, daran scheitert, dass zwischen den übrigen Teilhabern, etwa über die Höhe des Anteils oder über die Höhe der vorweg abzusetzenden Lasten und Kosten, Streit besteht. Befindet das Geld sich *in der Hand eines Dritten*, der den Gegenstand für die Gemeinschaft verwaltet, so besteht ein Anspruch gegen den Dritten auf Zahlung, erforderlichenfalls auf Abrechnung (Grundlage: §§ 667, 666) und gegen die übrigen Teilhaber auf Einwilligung in die Zahlung (Grundlage: Abs 1). Haben die Teilhaber – ein wohl eher seltener Fall – *gemeinsam Besitz am gemeinsam eingezogenen Geld*, so richtet der Anspruch sich gegen die übrigen Teilhaber und zwar darauf, dass sie aus dem gemeinsam verwahrten Bestand an den anspruchsberechtigten Teilhaber denjenigen Betrag ausbezahlen, der seinem Anteil am Reinerlös entspricht.

Prozessual ist der Anspruch aus Abs 1 im Weg der Leistungsklage durchzusetzen. Klageantrag und Passivlegitimation ergeben sich aus dem oben Rn 17 Ausgeführten. Der Anspruch unterliegt der *Regelverjährung* (OLGR Celle 2002, 88).

V. Abtretung und Pfändung des Rechts auf die Früchte

Die Frage, ob der Anspruch aus Abs 1 auf Beteiligung an den Früchten selbständig abgetreten und daher auch gepfändet werden kann, spielt praktisch vor allem eine Rolle bei den **Zivilfrüchten** (Mietforderungen u ähnlichen Ansprüchen auf Nutzungsvergütungen).

1. Keine Abtretung und Pfändung des Anspruchs auf Zahlung einer Teilvergütung

Haben die Teilhaber den gemeinschaftlichen Gegenstand gemeinsam vermietet, so steht außer Zweifel, dass der Teilhaber *nicht seinen Anspruch gegen den Mieter auf*

Zahlung eines seinem Anteil entsprechenden Teils der Miete abtreten kann. Ebensowenig ist eine Pfändung des Anspruchs auf einen dem Anteil entsprechenden Teil der Miete möglich (RGZ 89, 176, 180; RG WarnR 1940 Nr 150 = RG DR 1940, 2169; OLG Köln JW 1932, 3013; BGH NJW 1969, 839; PALANDT/SPRAU Rn 3; BGB-RGRK/vGAMM Rn 2; SOERGEL/ HADDING Rn 2; MünchKomm/K SCHMIDT Rn 5; anders früher KG OLGE 12, 66). Denn ein individueller Anspruch des Teilhabers auf einen Teil der Miete existiert idR nicht (oben Rn 5). Die Pfändung ist zwar verfahrensrechtlich *nicht unzulässig*. Denn für den Pfändungsbeschluss nach § 829 ZPO genügt die Behauptung des Gläubigers, dass dem Schuldner eine bestimmte Forderung zusteht, und das Vollstreckungsgericht ist nicht dafür zuständig, diese Behauptung zu überprüfen, auch nicht im Sinn einer und sei es nur summarischen Schlüssigkeitsprüfung (abweichend insoweit aber STEIN/JONAS/ BREHM § 829 Rn 38: das Pfändungsgesuch sei abzulehnen, wenn „mit Sicherheit" feststehe, dass die gepfändete Forderung nicht bestehen könne, welcher „vertretbaren" Meinung man auch folgen möge). Aber die Pfändung des bruchteilsmäßigen Anteils an der Forderung fällt, da dem Schuldner ein solcher Anteil nicht zusteht, *ins Leere*; sie entfaltet keinerlei Rechtswirkungen (instruktiv: RGZ 89, 176); insbesondere hindert die Pfändung die Teilhaber, einschließlich des Pfändungsschuldners, nicht, die gemeinschaftliche Mietforderung gemeinsam einzuziehen, und den Drittschuldner nicht, mit befreiender Wirkung an die Teilhaber gemeinsam zu leisten. Trotz Wirkungslosigkeit der Pfändung können aber die übrigen Teilhaber gegen den Gläubiger, der die angebliche Teilforderung gepfändet hat, *Drittwiderspruchsklage* (§ 771 ZPO) erheben. Denn ihr Recht ist auch durch die nur „scheinbare" Pfändung gefährdet. Es verhält sich nicht anders als im Fall der Pfändung der abgetretenen Forderung durch Gläubiger des Zedenten, die ebenfalls „ins Leere" fällt und trotzdem für den Zessionar das Recht zur Drittwiderspruchsklage begründet (vgl STEIN/JONAS/MÜNZBERG § 771 Rn 20). – Nimmt man mit STEIN/JONAS/BREHM § 829 Rn 38, einen Verfahrensverstoß an, so steht dem Vollstreckungsschuldner und den übrigen Teilhabern auch der Rechtsbehelf der Erinnerung (§ 766 ZPO) zur Verfügung.

2. Abtretung und Pfändung des ideellen Anteils am Vergütungsanspruch

21 Im Fall gemeinsamer Vermietung steht die Mietforderung den Teilhabern gemeinschaftlich zu. Zulässig ist deshalb, dass der einzelne Teilhaber seinen ideellen Anteil an der Mietforderung abtritt (§ 747 S 1). Möglich ist infolgedessen (§ 851 Abs 1 ZPO) auch die *Pfändung des Anteils* an der gemeinschaftlichen Mietforderung durch den Gläubiger des Teilhabers (vgl dazu § 747 Rn 55; erforderlich: Pfändungs- u zweckmäßigerweise zugleich Überweisungsbeschluss; Zustellung an den Mieter als Drittschuldner). Der Mieter muss dann, statt wie bisher an den Pfändungsschuldner und die übrigen Teilhaber, an den Pfändungsgläubiger und die übrigen Teilhaber gemeinsam leisten, und dieser kann von den übrigen Teilhabern Auszahlung desjenigen Anteils verlangen, der normalerweise gem Abs 1 auf den Pfändungsschuldner entfallen wäre (vgl § 747 Rn 64). Eine besondere Pfändung des Anspruchs aus Abs 1 ist hierfür jedenfalls nicht erforderlich (vgl STÖBER Rn 1549). Soweit die Miete bereits auf ein *gemeinsames Konto* der Teilhaber eingezogen ist, kann der Gläubiger nach denselben Regeln den Anteil am gemeinschaftlichen Bankkonto pfänden.

3. Abtretung und Pfändung des Anspruchs aus Abs 1

22 Nach **hM** soll es außerdem möglich sein, dass der Gläubiger den durch Abs 1 begründeten Anspruch gegen die übrigen Teilhaber auf Teilung der eingezogenen Miete abtritt. Infolgedessen soll auch eine *Pfändung* dieses Anspruchs zulässig sein (RGZ 89, 176, 180 f; OLG Frankfurt aM NJW 1958, 65; vgl auch KG NJW 1964, 1808, 1809 für den Fall des Nießbrauchs am Anteil; SOERGEL/HADDING Rn 4; BGB-RGRK/vGAMM Rn 2; Münch-Komm/K SCHMIDT Rn 6). In der Literatur werden die Dinge häufig so dargestellt, als ob das überhaupt die einzige mögliche Form der Pfändung hinsichtlich der Zivilfrüchte wäre; das trifft, solange die Mietforderung allen Teilhabern gemeinschaftlich zusteht, sicher nicht zu. – Die *Rechtsstellung als Teilhaber* wird durch die Abtretung oder Pfändung des Anspruchs aus Abs 1 nicht berührt. Der Teilhaber bleibt berechtigt, durch Verwaltungsmaßnahmen anders über die Früchte zu disponieren (zB an einem einstimmigen Beschluss mitzuwirken, durch den die künftig zu ziehenden Früchte einem Reservefonds zugeführt werden) oder seinen Anteil an der Muttersache zu übertragen (mit der Folge, dass der Anspruch aus Abs 1 dem neuen Teilhaber zusteht und Abtretung oder Pfändung ins Leere gehen). Dem Gläubiger ist daher zumindest daneben eine Pfändung des Anteils an der Mietzinsforderung selbst zu empfehlen.

Dagegen STAUDINGER/HUBER[12] Rn 21: Zu unterscheiden sei zwischen dem Anspruch auf *bereits gezogene* und *künftig zu ziehende Früchte*: Sei die Miete bereits eingezogen, befinde sie sich also bar in der Hand der Teilhaber, so bestehe gegen eine Abtretung oder Pfändung des Anspruchs aus Abs 1 keine Bedenken. Das gleiche gelte, wenn die Miete auf Bankkonto eingezogen sei, obwohl es hier zweckmäßiger sein dürfte, nicht den Anspruch gegen die übrigen Teilhaber zu pfänden, sondern den Anteil am Guthaben selbst. Aber in der Praxis werde es nicht um die Abtretung oder Pfändung der bereits eingezogenen, sondern *der noch ausstehenden Mieten* (oder Ansprüche auf sonstiges Nutzungsentgelt) gehen. Insoweit hänge die künftige Entstehung des Anspruchs aus Abs 1 davon ab, dass der Teilhaber bei Einziehung der Miete der Gemeinschaft noch angehöre. Anderenfalls fehle der anspruchsbegründende Tatbestand. Das spreche dagegen, eine gesonderte Abtretung oder Pfändung des Anspruchs auf den Anteil an den künftigen Früchten zuzulassen. Der Anspruch auf Teilung der künftig zu ziehenden Früchte sei nichts anderes als ein vorweggenommener Aufhebungsanspruch; er sei so wenig zur selbständigen Abtretung und Pfändung geeignet wie der Anspruch auf Aufhebung der Gemeinschaft und auf Teilung des künftigen Erlöses. 23

Das ist mE nicht überzeugend. Die Gefahr, dass die Pfändung des künftigen Anspruchs ins Leere geht, vermag nicht die Unzulässigkeit der Pfändung zu begründen. Es ist Sache des Gläubigers zu entscheiden, ob er dieses Risiko eingehen will. Im Übrigen ist auch die von HUBER stattdessen vorgeschlagene Pfändung des Anteils an der künftigen gemeinschaftlichen Mietforderung nicht ohne Risiko, weil das Mietverhältnis als solches von der Forderungspfändung unberührt bleibt, die Gemeinschafter es also trotz bestehender Pfändung kündigen können (ZÖLLER § 829 Rn 18). Der Vergleich zu dem Aufhebungsanspruch überzeugt nicht, weil es bei dem Anspruch aus § 743 nur um die Teilung einzelner Ansprüche, nicht der Gemeinschaft selbst geht. Durch ihre Abtretung verliert die Gemeinschaft nicht ihr Wesen. Daher ist mE der Anspruch aus § 743 anders als der Aufhebungsanspruch nicht untrennbar mit der Beteiligung an der Gemeinschaft verbunden und folglich isoliert pfändbar. 24

Praktisch empfiehlt sich angesichts des wenig klaren Meinungsstands ein doppeltes 25

Vorgehen. Der Gläubiger des Teilhabers sollte sowohl den Anteil des Teilhabers an der Mietforderung und am Mietkonto als auch – im Weg der „Hilfspfändung" – den Anspruch aus Abs 1 pfänden (vgl dazu auch § 747 Rn 57).

4. Folgen der Abtretung oder Pfändung des Anteils an der Muttersache für die Zivilfrüchte

26 Überträgt der Teilhaber seinen Anteil an der Muttersache, so geht sein *Anspruch auf Ausschüttung seines Anteils an den bereits gezogenen Früchten* nicht ohne weiteres auf den Erwerber mit über. Dagegen entsteht der Anspruch, soweit es um die *zukünftigen Früchte* geht, in der Person des Erwerbers. Was die *Pfändung* betrifft, ist zu unterscheiden. Ist die Muttersache ein *Grundstück*, so kann der Gläubiger die Zwangsverwaltung beantragen (§§ 864 Abs 2, 866 Abs 1 ZPO, dazu § 747 Rn 51); der Anteil des Schuldners an der noch nicht eingezogenen Mietforderung ist damit zugunsten des Vollstreckungsgläubigers beschlagnahmt (§ 1123 Abs 1, § 865 ZPO, § 148 Abs 1 iVm § 21 Abs 2 ZVG). Hiervon abgesehen, hat die Pfändung des Anteils an der Muttersache hinsichtlich der Zivilfrüchte keine unmittelbaren Auswirkungen. Zweckmäßigerweise wird der Gläubiger deshalb den Anteil an der Muttersache und an den Zivilfrüchten zusammen pfänden.

5. Besondere Gestaltungen

27 Haben die Teilhaber einen von ihnen oder einen Dritten mit der **Einziehung der Miete beauftragt**, so führt die Pfändung des Anteils an der Mietforderung dazu, dass der Beauftragte nurmehr gemeinsam mit dem Gläubiger zur Einziehung berechtigt ist. Haben die Teilhaber einen von ihnen oder einen Dritten beauftragt, die Sache im eigenen Namen zu vermieten und den Erlös zu verteilen, ist eine Abtretung und Pfändung des Anspruchs des Teilhabers gegen den Beauftragten auf Auszahlung des Erlösanteils möglich.

28 Der Gläubiger eines Teilhabers oder eines Dritten, der die Sache **im Auftrag** der (übrigen) Teilhaber, aber **im eigenen Namen vermietet** hat, kann auf die Mietforderung ohne weiteres zugreifen. Ob den übrigen Teilhabern in einem solchen Fall die *Drittwiderspruchsklage* offensteht, ist zweifelhaft; das hängt davon ab, ob zur Wirksamkeit des zwischen den Teilhabern und dem Vermieter geschlossenen Treuhandvertrags gegenüber den Vollstreckungsgläubigern entgegen der früher hA auch ein „mittelbarer" Rechtserwerb des Treuhänders genügt (vgl dazu PALANDT/BASSENGE § 903 Rn 37; SERICK, Eigentumsvorbehalt und Sicherungsübertragung II [1965] 81 ff; U HUBER, in: FS zum fünfzigjährigen Bestehen des Instituts für ausländisches u internationales Privat- u Wirtschaftsrecht der Universität Heidelberg: Rechtsvergleichung und Rechtsvereinheitlichung [1967] 399 ff). Die besseren Gründe sprechen – Abschluss einer Treuhandvereinbarung vorausgesetzt – für Zulassung der Drittwiderspruchsklage, weil die übrigen Teilhaber dem Vermieter zwar nicht die Mietforderung, wohl aber den Besitz der vermieteten Sache „anvertraut" haben. Dementsprechend ist mE eine Drittwiderspruchsklage auch dann möglich, wenn der beauftragte Teilhaber oder Dritte die Miete auf ein eigenes Konto eingezogen hat, vorausgesetzt, er wickelt über dieses Konto nur Treuhandgeschäfte und keine eigenen Geschäfte ab, sodass das eingezogene Geld als Treugut vom eigenen Vermögen des Treuhänders zu unterscheiden ist (U HUBER 418).

6. Natürliche Früchte

Sind natürliche Früchte *getrennt*, so kann der Teilhaber seinen Anspruch aus Abs 1 **29** abtreten; seine Gläubiger können ihn pfänden. Die §§ 1120 f, 865 ZPO, 21, 148 ZVG sind zu beachten. Analog § 810 ZPO wird man auch die Pfändung des Anspruchs auf den Anteil an *auf dem Halm stehenden Früchten* zulassen.

VI. Vertragliche Regelungen des Fruchtbezugsrechts

Von Abs 1 **abweichende vertragliche Vereinbarungen** haben zwischen den Teilhabern **30** unbedingten Vorrang. So kann vereinbart werden, dass die Teilung der Früchte ganz oder zT ausgeschlossen sein soll (etwa indem Zuführung der Früchte an einen Reservefonds vorgesehen wird), oder dass anders als in Abs 1 vorgesehen geteilt wird (so, wenn zwei Teilhaber eines Hauses mit zwei Wohnungen vereinbaren, dass jeder von ihnen eine bestimmte Wohnung nach Belieben nutzen und für eigene Rechnung vermieten darf; instruktives Beispiel: BGHZ 40, 326).

Es handelt sich hierbei um eine **Regelung der „Verwaltung und Benutzung"** des **31** gemeinschaftlichen Gegenstands, die allerdings, entgegen der Regel des § 745 Abs 2, nicht durch Mehrheit beschlossen werden kann, sondern mit dem betroffenen Teilhaber vereinbart werden muss, § 745 Abs 3 S 2 (RG JW 1927, 1854, 1855; Münch-Komm/K SCHMIDT Rn 8). Die Vereinbarung ist auch *Dritten* gegenüber wirksam, die den Anteil (oder den isolierten Anspruch aus Abs 1) durch Übertragung oder Pfändung erwerben (§ 746). Bei *Grundstücken* ist allerdings die Vereinbarung gegenüber einem Sondernachfolger des Miteigentümers nur wirksam, wenn sie *im Grundbuch eingetragen* ist (kritisch de lege ferenda R FISCHER LM Nr 1 zu § 1010). Grundlage der Eintragung sind die §§ 873, 877. Unterbleibt die Eintragung, so ist die Vereinbarung gegenüber dem Rechtsnachfolger unwirksam. Infolgedessen kann der Rechtsnachfolger Verwaltung und Benutzung nach den gesetzlichen Regeln verlangen und Teilung der Früchte gem Abs 1 fordern (vgl BGHZ 40, 326, 331). Entsprechendes gilt gegenüber dem *Pfändungsgläubiger* (OLG Frankfurt aM NJW 1958, 65; MünchKomm/K SCHMIDT Rn 8) und, wenn ein Teilhaber in Insolvenz fällt, gegenüber dem *Insolvenzverwalter*. – Dagegen ist § 1010 *unanwendbar*, wenn der Teilhaber nur den *schuldrechtlichen Anspruch aus Abs 1* abtritt oder soweit dieser Anspruch gepfändet wird. Denn hier handelt es sich nicht, wie § 1010 voraussetzt, um Sondernachfolge ins Miteigentum (MünchKomm/K SCHMIDT Rn 8 u § 1010 Rn 3; **aA** OLG Frankfurt aM NJW 1958, 65). Ebenso muss ein Gläubiger, der den Anteil des Teilhabers an der Forderung aus Vermietung des gemeinschaftlichen Grundstücks pfändet, sich die von Abs 1 abweichende Vereinbarung auch bei fehlender Eintragung entgegenhalten lassen.

Der Teilhaber, dessen **Rechtsnachfolger sich über die nicht eingetragene Vereinbarung** **32** **hinwegsetzt**, soll den übrigen Teilhabern wegen zu vertretender nachträglicher Unmöglichkeit (§ 280 Abs 1 aF – durch die Neufassung des § 280 ergeben sich insofern keine Unterschiede) schadensersatzpflichtig sein (BGHZ 40, 326, 332). Voraussetzung ist, dass der Teilhaber die Unmöglichkeit *zu vertreten* hat. Zu vertreten hat er jedenfalls Vorsatz und Fahrlässigkeit (§ 276), Gehilfenverschulden (§ 278) und darüber hinaus finanzielles Unvermögen (vgl § 275 Abs 2 nF). Die weitergehende Ansicht des BGH (aaO 331; vgl auch R FISCHER LM Nr 1 zu § 1010), der Teilhaber habe im

vorliegenden Fall die „Nichterreichung des Erfolges" zu vertreten, ohne dass es
darauf ankäme, ob ihn daran ein Verschulden träfe, ist nicht verallgemeinerungs-
fähig (vgl dazu auch MünchKomm/K Schmidt Rn 14); sie wird auch durch die vom BGH als
Beleg angeführte Stelle bei Larenz (SchuldR I⁵ § 2 I 8) nicht bestätigt. Im Fall des
BGH hatte der Teilhaber einen Nießbrauch an seinem Grundstücksanteil bestellt
und dabei irrigerweise angenommen, die mit den Teilhabern über die Art der
Nutzung getroffene Vereinbarung, auf die der Nießbraucher eigens hingewiesen
worden war, binde auch den Nießbraucher. Das konnte den Teilhaber nicht entlasten
(im Ergebnis ist daher dem BGH zuzustimmen). Denn wenn der Teilhaber eine
Vereinbarung über die Nutzung trifft und dann den Anteil überträgt, ist er nach dem
Sinn der Vereinbarung verpflichtet, den Erwerber verbindlich auf ihre Einhaltung
festzulegen. Unterlässt er dies, haftet er wegen Vertragsverletzung; einen Irrtum
über den Inhalt seiner Vertragspflicht hat er zu vertreten (vgl Jacobs, Unmöglichkeit
[1969] 87 ff). Eine weitergehende Haftung für seinen Nachfolger trifft ihn dagegen
nicht.

VII. Gemeinschaftlicher Gebrauch (Abs 2)

33 Auch Abs 2 regelt nur die *schuldrechtliche*, nicht die dingliche Rechtslage. Grundlage des gemeinschaftlichen Gebrauchs ist der **Mitbesitz** am gemeinschaftlichen
Gegenstand. Befindet sich die Sache im Besitz eines Dritten, so kann jeder Teilhaber
gem § 1011 iVm § 432 von dem Dritten verlangen, dass er die Sache an alle Teilhaber
gemeinsam herausgibt, soweit kein Recht des Dritten zum Besitz entgegensteht.
Befindet die Sache sich im Besitz eines Teilhabers, so ist dieser den anderen Teilhabern gegenüber aufgrund des Abs 2 verpflichtet, ihnen den Mitbesitz an der Sache
einzuräumen und ihnen so den Gebrauch iSv Abs 2 zu ermöglichen.

34 Wie der Gegenstand überhaupt zu nutzen ist (Vermietung oder Eigengebrauch?),
müssen die Teilhaber durch Vereinbarung oder Mehrheitsbeschluss (§ 745 Abs 1)
regeln. Kommt eine Vereinbarung oder ein Mehrheitsbeschluss nicht zustande, so
kann jeder Teilhaber eine „dem Interesse aller Teilhaber nach billigem Ermessen
entsprechende Benutzung" verlangen (§ 745 Abs 2) und notfalls gerichtlich durchsetzen (§ 745 Rn 50 ff). Was „billigem Ermessen" entspricht, kann sich im Lauf der
Zeit ändern; das Auftreten neuer Bedürfnisse kann einen vermehrten Gebrauch
rechtfertigen (OLG Celle SeuffA 62, Nr 207). Billigem Ermessen kann uU auch die
entgeltliche Überlassung an einen Teilhaber entsprechen, so zB bei Gemeinschafts-
erfindungen (so iE auch MünchKomm/K Schmidt Rn 18). Hiermit beschäftigt sich Abs 2
nicht; er verleiht dem Teilhaber *kein Recht zum Eigengebrauch*, das ihm gegen
seinen Willen nicht entzogen werden kann, sondern regelt nur *das Ausmaß des
jedem Teilhaber zustehenden Gebrauchsrechts*, wenn durch Vereinbarung, Mehrheitsbeschluss oder durch gerichtliche Entscheidung gem § 745 Abs 2 die Entscheidung für Eigengebrauch gefallen ist (HansOLG Hamburg SeuffA 57, Nr 34). In diesem
Fall erstreckt sich das Gebrauchsrecht des Teilhabers auf den ganzen Gegenstand; es
wird durch die konkurrierenden Gebrauchsrechte der übrigen Teilhaber beschränkt
(BGH NJW 1966, 1707, 1708). Jedem Teilhaber steht also ein gleichartiges Gebrauchsrecht zu, das so bemessen ist, dass er sich zu Lasten der übrigen Teilhaber keinen
Vorteil verschaffen darf und dass er die anderen Teilhaber bei der Benutzung nicht
stört. Auf die *Größe der Anteile* kommt es *nicht* an. Zulässig ist der Gebrauch, der
den Mitgebrauch der übrigen Teilhaber für vorübergehende unbedeutende Zeit

ausschließt; das liegt in der Natur des Mitgebrauchs. So darf zB ein gemeinschaftlicher Gang zwischen zwei Häusern zum Durchschieben von Wagen genutzt werden, auch wenn währenddessen eine Benutzung des Gangs durch die übrigen Teilhaber nicht möglich ist (OLG Celle SeuffA 62, Nr 207). Ist zur bestimmungsgemäßen Nutzung eines Grundstücks die Bestellung einer Baulast erforderlich, besteht ggf ein Mitwirkungsanspruch (BGH ZfIR 2004, 474).

Ein schmaler Weg darf befahren werden, auch wenn die Nutzung nur durch ein 35 Fahrzeug zur Zeit möglich ist (BGH MDR 1991, 638 = WM 1991, 821). Bei einer gemeinsamen Hausmauer dürfen Stufen in die Mauer eingelegt werden (RG SeuffA 66, Nr 189). Zur gemeinsamen Nutzung einer Grundstücksentwässerung OLG Hamm OLGZ 1994, 62; einer Heizungszentrale OLG Karlsruhe NJW-RR 1992, 722; einer gemeinsamen Wasserversorgung AG Bonn 18 C 563/94 v 16. 3. 1995. Bei der Ablagerung von Baugrund, Schutt uÄ in eine im Miteigentum stehende Deponiegrube handelt es sich um zulässigen Gebrauch, nicht um Verbrauch der gemeinschaftlichen Sache. Gegenstand der Gemeinschaft ist nicht der Deponieraum, sondern das Grundstück; dieses bleibt den Miteigentümern selbst bei vollständiger Verfüllung erhalten, wenn auch mit geänderter wirtschaftlicher Nutzbarkeit (OLG Koblenz NJW 1994, 463, 464; OLG Karlsruhe OLGE 34, 71).

Nehmen einzelne Teilhaber an der gemeinsamen Benutzung nicht teil, so können sie 36 nicht übervorteilt oder gestört werden; das zulässige Maß der Benutzung durch die übrigen Teilhaber vergrößert sich dementsprechend. Denn *unzulässig* ist nur eine *Störung des tatsächlichen Mitgebrauchs* der anderen Teilhaber; ein Gebrauchsrecht, das sie nicht ausüben wollen, braucht nicht beachtet zu werden (BGH NJW 1966, 1707, 1708; BGH ZIP 1997, 2049; ZEV 1999, 233; OLG Stuttgart Recht 1913, Nr 1731). In einem solchen Fall sind die gebrauchenden Teilhaber *nicht* auf Kosten der nichtgebrauchenden Teilhaber *ungerechtfertigt bereichert* (BGH aaO; BGH WM 1993, 849, 851; OLG Karlsruhe OLGE 34, 71). Denn der Teilhaber, der seinen Mitteilhaber nicht stört und nicht verdrängt, bleibt im Rahmen seiner schuldrechtlichen Befugnisse; er erlangt die Gebrauchsvorteile nicht durch rechtswidrigen Eingriff, sondern cum causa. Ein Ausgleich für ungleich verteilten Gebrauch kann nur verlangt werden, wenn entweder eine entsprechende Benutzungsvereinbarung vorliegt, Antrag auf gerichtliche Entscheidung nach § 745 Abs 2 gestellt war oder der Mitgebrauch hartnäckig verweigert worden war (BGH NJW 1966, 1707, 1708 f; OLG Koblenz NJW 1994, 463, 464; MünchKomm/K Schmidt Rn 10).

Ist ein Teilhaber **vorübergehend am Gebrauch gehindert**, so müssen ihm die anderen 37 Teilhaber nach Wegfall des Hindernisses den Abs 2 entsprechenden Gebrauch wieder ermöglichen (so auch KG NJW 1968, 160, 161). Der Teilhaber hat das Recht, das der Ausübung des Gebrauchsrechts entgegenstehende Hindernis zu beseitigen, sofern nicht hierdurch zugleich der Mitgebrauch der anderen Teilhaber in unzulässiger Weise beschränkt wird (OLG Celle SeuffA 62, Nr 207). Die anderen Teilhaber sind gem §§ 743 Abs 2, 745 Abs 2 zur Mitwirkung an deren Beseitigung verpflichtet, wenn nur so ein gleichmäßiger Mitgebrauch zu ermöglichen ist und ihnen selbst hieraus keine erheblichen Nachteile entstehen. Aus diesem Grunde kann der Miteigentümer einer Wegeparzelle einen Anspruch auf Bewilligung einer Baulast haben, wenn er ohne die Baulast den Weg nicht bestimmungsgemäß und in gleicher Weise wie die anderen Miteigentümer nutzen kann (§ 741 Rn 157).

VIII. Abweichende Regelungen des Gebrauchs

38 Abs 2 setzt voraus, dass die gemeinschaftliche Sache sich ihrer Natur nach für einen störungsfreien Mitgebrauch eignet. Diese Voraussetzung fehlt immer dann, **wenn der Gebrauch durch einen Teilhaber den Gebrauch durch den anderen Teilhaber** (für eine nicht nur unbedeutende, vorübergehende Zeitspanne) **ausschließt**. Sind zB mehrere Parteien an einem Ferienhaus beteiligt, das nur für eine Partei Platz bietet, so ist Abs 2 unanwendbar. Die Parteien müssen eine *einvernehmliche Regelung* über die Verteilung des Gebrauchs in zeitlicher oder räumlicher Hinsicht treffen (dazu Tzermias AcP 157, 455; zum Time-Sharing bereits § 741 Rn 201 mwNw). Gelingt ihnen das nicht, entscheidet die *Mehrheit* (§ 745 Abs 1). Dabei muss die Mehrheit jedem Teilhaber, der nicht einer abweichenden Regelung zustimmt, eine seinem Anteil entsprechende Beteiligung am Gebrauch der Sache einräumen (§ 745 Abs 3 S 2 iVm § 100). *Unterschiedliche Größe der Anteile* führt also in diesem Fall – anders als im Fall des einfachen Mitgebrauchs nach Abs 2 (oben Rn 34) – zu *unterschiedlichen Gebrauchsrechten* (vgl auch oben Rn 2). Kommt auch ein Mehrheitsbeschluss nicht zustande, bleibt dem Teilhaber nur der Anspruch auf Regelung des Gebrauchs nach billigem Ermessen gem § 745 Abs 2 (vgl § 745 Rn 50 ff). Auch hierbei muss eine unterschiedliche Größe der Anteile berücksichtigt werden. Haben Bruchteilseigentümer vereinbart, dass sie räumlich abgegrenzte Teile eines Grundstücks allein als Garten nutzen dürfen, können allgemeine nachbarrechtliche Normen entsprechend angewendet werden (BGH ZMR 2007, 976; s dazu Roth LMK 2008, 251, 353).

39 Die bloße Regelung von Verwaltung und Benutzung des gemeinschaftlichen Gegenstandes verwandelt die Gemeinschaft nicht in eine Gesellschaft, denn die Möglichkeit solcher Vereinbarungen ist in §§ 745 Abs 2, 750 Abs 2 ausdrücklich vorgesehen (OLG Karlsruhe DB 1992, 886 f = NJW-RR 1992, 722, 723). Vgl auch Vorbem Rn 11, 21.

40 **Vertragliche Vereinbarungen** haben in jedem Fall den Vorrang. So können durch Vertrag einzelne Teilhaber oder alle vom eigenen Gebrauch *ausgeschlossen* werden (BGH NJW 1953, 1427). Ist einem Teilhaber (konkludent) die Alleinnutzung überlassen, so hat er im Zweifel auch allein Kosten und Lasten zu tragen (so OLG Schleswig NJW-RR 2007, 892). Auch kann vereinbart werden, dass der einzelne Teilhaber für den ihm zugewiesenen Gebrauch eine *Vergütung* an die übrigen Teilhaber zu zahlen hat (BGH NJW 1966, 1707, 1708).

41 Im Regelfall ist eine solche Vereinbarung als *Mietvertrag* zwischen dem nutzenden und den übrigen Teilhabern zu qualifizieren. Soweit hierin ein Mietvertrag zwischen der Gemeinschaft und dem Teilhaber gesehen wird (BGH MDR 1969, 658; OLG Karlsruhe JW 1932, 3013; Staudinger/Emmerich [1995] Vorbem 160 zu §§ 535, 536), ist das sprachlich ungenau. Die Bruchteilsgemeinschaft ist nicht rechtsfähig und kann deshalb auch als solche nicht Partei eines Mietverhältnisses sein (§ 741 Rn 73 ff). Auf das Mietverhältnis unter den Teilhabern finden mietrechtliche Vorschriften, einschließlich der Schutzvorschriften, zwar grundsätzlich Anwendung (KG NJW 1953, 1592, 1593; MünchKomm/ K Schmidt Rn 15; Erman/Aderhold Rn 9). Im Einzelfall ist jedoch zu prüfen, ob die gleichzeitige Bindung der Mietvertragsparteien als Gemeinschafter der Anwendung einer mietrechtlichen oder allgemeinen Vorschrift entgegensteht (zum Ganzen bereits § 741 Rn 74 ff mwNw). Mieterschützende Vorschriften dürfen jedenfalls nicht im Widerspruch zur Verpflichtung aus dem Gemeinschaftsverhältnis zum Schaden der anderen Teilhaber ausgeübt werden (KG NJW 1953, 1592, 1593). Einzelne Vorschriften können von den Teilhabern ausdrücklich oder auch stillschweigend abbedungen (MünchKomm/K Schmidt aaO; Erman/Aderhold aaO) oder von den Regeln der Gemeinschaft überlagert werden (vgl § 741 Rn 77). Schließen die Teilhaber etwa untereinander einen Mietvertrag, ohne eine Abrede über die Höhe des Mietzinses zu treffen, so erfolgt dessen Bestimmung nicht nach allgemeinen Regeln (durch ergänzende Vertragsauslegung, entsprechend §§ 612 Abs 2, 632 Abs 2 oder §§ 315 f, dazu Staudinger/Emmerich [1995] Vorbem 179 zu §§ 535, 536), sondern ist gem § 745 Abs 2 nach billigem Ermessen dem Interesse aller Teilhaber entsprechend festzusetzen (BGH NJW 1974, 364). Wird der vereinbarte Mietzins im Laufe der Zeit objektiv unangemessen, so ist der mietende Teilhaber aus dem Gemeinschaftsverhältnis verpflichtet, entweder einer Anpassung des Mietzinses zuzustimmen oder die Nutzung aufzugeben und damit eine anderweitige, der ordnungsgemäßen Verwaltung entsprechende Verwertung zu ermöglichen (BGH NJW 1953, 1592, 1593; MünchKomm/K Schmidt Rn 16). Darüber hinaus steht es den Teilhabern frei, die entgeltliche Überlassung nicht als Mietvertrag, sondern als bloße Nutzungsregelung auszugestalten (MünchKomm/K Schmidt Rn 15; Erman/Aderhold Rn 9), auf die Mietrecht grundsätzlich keine Anwendung findet.

42 Als Mietvertrag ist es nicht anzusehen, wenn die Teilhaber bloße Ausgleichszahlungen vereinbaren, um einem unterschiedlichen Gebrauch Rechnung zu tragen (MünchKomm/K Schmidt Rn 16), oder wenn sie nur die laufenden Kosten nach dem Ausmaß des Gebrauchs jedes einzelnen umlegen. Wird einem Teilhaber durch Vereinbarung die ausschließliche Befugnis eingeräumt, einen bestimmten Teil des gemeinschaftlichen Gebäudes zu nutzen, so ist er im Zweifel auch zur Vermietung berechtigt (LG Mannheim ZMR 1965, 303); anders allerdings, wenn ihm der Gebäudeteil von den übrigen Teilhabern vermietet ist (dann gilt § 549).

43 Regelungen des Gebrauchs, die durch Vereinbarung oder zulässigen Mehrheitsbeschluss geschaffen sind, wirken gem § 746 auch gegen **Rechtsnachfolger** des Teilhabers. Bei Grundstücken ist für die Wirkung gegen Dritte *Eintragung* nach § 1010 erforderlich. Das gilt allerdings nur für solche Regelungen, die das Benutzungsrecht nach Abs 2 in irgendeiner Weise einschränken, nicht für Regelungen, die sich nur auf die Art der Ausübung der gleichmäßigen Benutzung beziehen (vgl § 746 Rn 8). Hat die Gemeinschaft das Grundstück oder einen Grundstücksteil an einen Teilhaber vermietet, so wirkt der Mietvertrag gem § 571 auch gegen den Rechtsnachfolger eines auf der Vermieterseite beteiligten Teilhabers (vgl dazu auch Staudinger/Emmerich [1995] § 571 Rn 31). Eine Eintragung des Mietvertrags gem § 1010 kommt nicht in Betracht; zu den eintragungsfähigen Vereinbarungen näher § 746 Rn 17 ff.

IX. Wohnungseigentümergemeinschaft

44 Für die **Nutzungen** des gemeinschaftlichen Eigentums der Wohnungseigentümer (§ 1 Abs 5 WEG, vor allem des Grundstücks, der Außenwände usw) enthält § 16 Abs 1 WEG eine **Sonderregelung**, die Abs 1 verdrängt, sachlich allerdings weitgehend übereinstimmt: Jedem Eigentümer gebührt ein dem im Grundbuch eingetragenen Miteigentumsanteil entsprechender Bruchteil der Nutzungen. Der Verteilungsschlüssel ist abdingbar (allg Meinung); zweckmäßig ist idR Verteilung nach Wohn-

bzw Nutzflächen. Zu denken ist etwa an die Vermietung von Reklameflächen an den Außenmauern oder von Garagenplätzen in der gemeinsamen Tiefgarage (soweit sie nicht Teileigentum gem §§ 1 Abs 3, 3 Abs 2 S 2 WEG sind) oder diesbezügliche Sondernutzungsrechte bestellt wurden. § 16 bezieht sich seinem Wortlaut nach („Nutzungen") auch auf Gebrauchsvorteile (vgl § 100), ist aber insoweit durch die speziellere Regelung des § 15 WEG praktisch verdrängt.

45 Nach § 15 Abs 1 WEG können die Wohnungseigentümer den **Gebrauch** des gemeinschaftlichen Eigentums durch Vereinbarungen oder Mehrheitsbeschluss regeln. Üblich sind in der Praxis insbes ausschließliche Sondernutzungsrechte an Abstellflächen, Spitzböden, Garten uvm. Kommt es nicht dazu, kann jeder Wohnungseigentümer verlangen, dass derjenige Gebrauch gemacht wird, der dem Interesse der Wohnungseigentümer nach billigem Ermessen entspricht (§ 15 Abs 2 WEG). Soweit nach Vereinbarung, Beschluss oder billigem Ermessen Teile des Grundstücks gemeinschaftlich gebraucht werden und nichts besonderes bestimmt ist, gilt kraft Verweisung des § 10 Abs 1 S 1 WEG die Vorschrift des § 743 Abs 2.

X. Miterbengemeinschaft

46 Für die Miterbengemeinschaft verweist § 2038 Abs 2 S 1 grundsätzlich auf § 743. Hinsichtlich der **Früchte** enthalten aber § 2038 Abs 2 S 2, 3 eine Sonderregelung, die § 743 Abs 1 vorgeht.

§ 744
Gemeinschaftliche Verwaltung

(1) Die Verwaltung des gemeinschaftlichen Gegenstands steht den Teilhabern gemeinschaftlich zu.

(2) Jeder Teilhaber ist berechtigt, die zur Erhaltung des Gegenstands notwendigen Maßregeln ohne Zustimmung der anderen Teilhaber zu treffen; er kann verlangen, dass diese ihre Einwilligung zu einer solchen Maßregel im Voraus erteilen.

Materialien: E I §§ 765 Abs 1, 766 S 3; II § 680; III § 731; Mot II 875, 878; Prot II 746 ff; JAKOBS/SCHUBERT, Schuldverh III 367 ff.

Systematische Übersicht

I. Überblick	1	2. Übertragung der Verwaltung 12
		3. Bindungswirkung von Vereinbarungen und einstimmigen Beschlüssen .. 15
II. Begriff der Verwaltung	6	a) Prinzip der Bindungswirkung 15
III. **Verwaltung durch alle Teilhaber gemeinschaftlich (Abs 1)**		b) Grenzen der Bindungswirkung 16
		4. Mitwirkungspflicht 20
1. Vereinbarungen, einstimmige Beschlüsse	11	

Titel 17
Gemeinschaft

IV.	**Werterhaltende Maßnahmen durch einzelne Teilhaber (Abs 2)**			f)	Anwendbarkeit von Abs 2 bei anderen Personenzusammenschlüssen, insbesondere Gesellschaften	31
1.	Befugnisse des Teilhabers im Innenverhältnis	21		g)	Pflicht zu Erhaltungsmaßnahmen	32
a)	Zur Erhaltung notwendige Maßnahmen	21		h)	Schadensersatzpflicht	33
b)	Bedeutung von Abs 2 für das Innenverhältnis der Teilhaber	26		2.	Befugnisse des Teilhabers im Außenverhältnis	34
c)	Anspruch auf Einwilligung (Abs 2 HS 2)	27		a)	Verpflichtungsgeschäfte	35
				b)	Verfügungsgeschäfte	39
d)	Unentziehbarkeit des Erhaltungsrechts	28		c)	Prozessführung	43
				d)	Sonstige Rechtshandlungen	44
e)	Erhaltungsrecht und Geschäftsführung ohne Auftrag	29		3.	Konkurrierende Maßnahmen	45
			V.	**Anhang: Prozessführung in gemeinschaftlichen Angelegenheiten**		46

Alphabetische Übersicht

Abbruch	9	Grundbuchberichtigung	47
Aktivlegitimation	31, 47	Grundstücksrechte	40
Änderung der tatsächlichen Verhältnisse	16		
Anfechtungsklage	43	Haftung	12, 33
Ansprüche auf unteilbare Leistungen	47	Hausschwamm	21 f
Aufhebung	10	Herausgabepflicht	26
Auftrag	12	Hypothek	9, 21, 43
Baumaßnahmen	9	Kosten	26
Behelfsheim	9	Kündigung	9, 24, 44
Benutzung	6, 10		
Beschluss vgl einstimmiger, Mehrheitsbilliges Ermessen	4, 16, 20	Lizenzvergabe	9
		Löschung	43
Bindungswirkung von einstimmigen Beschlüssen	15 ff	Löschungsbewilligung	24, 47
		Luxuriöse Maßnahmen	8
Dienstvertrag	12	Mehrheitsbeschluss	3, 10, 15 ff, 20, 28, 45
		Mietzinsen	9
Eilmaßnahmen	23	Miteigentum	47
Einstimmiger Beschluss	11 f, 15 ff, 19 f, 29	Mitwirkungspflicht	20
Einwilligung	27, 38		
Einziehung von Forderungen	9	Notverwaltungsrecht	21 ff
Erbengemeinschaft	1, 36 ff	Notwegduldung	50
		Notwendige Maßnahmen	5, 21 ff
Früchte	9, 35, 42	Nützliche Maßnahmen	21, 23
		Nutzungen	3
Gebrauch	6 f, 10		
Geld	9	OHG	35, 43
Geschäftsführung ohne Auftrag	29 f		
Gesellschaft	31	Pachtvertrag	12
Gestaltungsrechte	9	Parteifähigkeit	46

Passivlegitimation	50	Verkauf	10
Patent	43	Vermietung	9
Pflicht zu Erhaltungsmaßnahmen	32	Verpachtung	9
Prozessführung	9, 35, 43, 46 ff	Verpflichtungsgeschäfte	35 ff
		Versicherungsvertrag	25
Rechtskraft	48 f	Vertretungsmacht	13, 35 ff
Reparatur	9, 23 f, 35, 45	Verwaltung	
		– Begriff	6 ff
Schadensersatz	33, 47	– gemeinschaftliche	2
Stimmrecht	44	– ordnungsmäßige	3, 7 f, 12
Streitgenossenschaft	49 f	– Übertragung auf einzelne Teilhaber oder Dritte	12, 16 ff
Teilungsabreden	10	Verwaltungsorganisation	14
Time-sharing	9	Verzicht	28
		Vorschuss	26
Umbau	9		
Unterlassungsanspruch	24, 47	Waldinteressentenschaft	14
		Wesentliche Veränderungen	3
Verbindlichkeiten	9, 24	Wichtiger Grund	17 f
Verbrauch	7	Widerspruch	24
Vereinbarung	11, 15	Wiederaufbau	25
Verfügung	9, 12		
Verfügungsmacht	39 ff	Zahlstelle	9

I. Überblick

1 Die §§ 744, 745 regeln die **Verwaltung** des gemeinschaftlichen Gegenstands **während des Bestehens der Gemeinschaft**. Für die *Miterbengemeinschaft* enthält § 2038 Abs 1 eine mit § 744 weitgehend übereinstimmende Regelung. § 745 ist auf die Miterbengemeinschaft kraft der Verweisung des § 2038 Abs 2 S 1 anwendbar.

2 Das **Prinzip** ist in § 744 Abs 1 ausgesprochen: Die Verwaltung erfolgt *gemeinschaftlich*, durch alle Teilhaber zusammen.

3 Dieses Prinzip wird **modifiziert** durch § 745 Abs 1. Eine ordnungsmäßige Verwaltung und Benutzung, die der Beschaffenheit des Gegenstands entspricht, kann mit *Stimmenmehrheit* beschlossen werden. Die Entscheidung über eine wesentliche Veränderung des gemeinschaftlichen Gegenstands kann allerdings durch Mehrheitsbeschluss nicht getroffen werden (§ 745 Abs 3 S 1); insoweit bleibt Einstimmigkeit erforderlich. In das Recht des einzelnen Teilhabers auf Beteiligung an den Nutzungen kann nicht ohne seine Zustimmung durch Mehrheitsbeschluss eingegriffen werden (§ 745 Abs 3 S 2).

4 Soweit die Verwaltung und Benutzung **nicht durch Vereinbarung oder Mehrheitsbeschluss** geregelt ist, kann jeder Teilhaber eine *billigem Ermessen* entsprechende Verwaltung und Benutzung verlangen und notfalls durch Klage gegen die anderen Teilhaber eine gerichtliche Entscheidung hierüber herbeiführen (§ 745 Abs 2). Auch hier kann eine wesentliche Veränderung des Gegenstands nicht verlangt und das

Recht des einzelnen Teilhabers auf Beteiligung an den Nutzungen nicht beeinträchtigt werden (§ 745 Abs 3).

Maßnahmen, die zur Erhaltung des gemeinschaftlichen Gegenstands **notwendig** sind, kann jeder Teilhaber eigenmächtig treffen, ohne dass die anderen mitwirken müssen (§ 744 Abs 2). Der betreffende Teilhaber muss in einem solchen Fall weder versuchen, einen Mehrheitsbeschluss herbeizuführen, noch braucht er die anderen Teilhaber auf Zustimmung oder Mitwirkung zu verklagen.

II. Begriff der Verwaltung

Den **Begriff der Verwaltung** hat das Gesetz nicht näher umschrieben. Zu unterscheiden ist die Verwaltung vom „Gebrauch" (§ 743 Abs 2) und der „Benutzung" (§ 745 Abs 1 u 2, § 746).

Verwaltung ist jede Maßnahme rechtlicher oder tatsächlicher Natur, die der Erhaltung oder Verbesserung des gemeinschaftlichen Gegenstands oder der Ziehung und Verwertung der Früchte und sonstigen Vorteile der Sache dienen soll, soweit sie nicht im unmittelbaren Gebrauch oder Verbrauch der Sache besteht (vgl auch BGH FamRZ 1965, 267 zu § 2038 Abs 1: alle rechtlichen und tatsächlichen Maßnahmen, die auf Erhaltung, Nutzung und Mehrung des Nachlassvermögens gerichtet sind). Vielfach wird die Verwaltung stattdessen dadurch definiert, dass es sich um *Maßnahmen* handele, *die dem Interesse aller Teilhaber dienen* (BGB-RGRK/vGamm Rn 2; Soergel/Hadding Rn 2; MünchKomm/K Schmidt Rn 4; Palandt/Sprau Rn 2). Dass die Maßnahme dem objektiven Interesse aller Teilhaber dient, kann aber nicht begriffsnotwendig sein: Es gibt auch objektiv nutzlose oder sogar schädliche Verwaltungsmaßnahmen; es können Verwaltungsmaßnahmen getroffen werden (insbes bei unterschiedlichem Gebrauch des Gegenstands durch die einzelnen Teilhaber), die nur bestimmten Teilhabern zugute kommen; schließlich sind auch altruistische oder gar unvernünftige Verwaltungsmaßnahmen möglich (zB das Verleihen der gemeinschaftlichen Sache ggf für lange Zeit).

Im Zweifelsfall ist der Begriff der Verwaltung *weit auszulegen*: Auch *luxuriöse Maßnahmen* und *wesentliche Veränderungen* der gemeinschaftlichen Sache fallen darunter. Da grundsätzlich alle Teilhaber an Verwaltungsmaßnahmen mitwirken müssen, besteht zu einer restriktiven Auslegung kein Anlass. Dass durch Mehrheitsbeschluss nicht jede beliebige Verwaltungsmaßnahme durchgesetzt werden kann, ergibt sich aus § 745; hiernach sind kraft Mehrheitsbeschlusses nur Maßnahmen der „ordnungsmäßigen", der Beschaffenheit des Gegenstands entsprechenden Verwaltung zulässig (§ 745 Abs 1), und wesentliche Veränderungen des Gegenstands können nicht beschlossen werden (§ 745 Abs 3). Der Begriff der Verwaltung als solcher bleibt in allen Fällen gleich (**aA** Soergel/Hadding Rn 2).

Beispiele für Verwaltungsmaßnahmen *tatsächlicher Art* sind: Reparatur; Umbau eines Hauses (OLG Düsseldorf MDR 1970, 416); Abbruch; Umwandlung von Ackerland in einen Park; Bewirtschaftung eines Guts (RGZ 160, 122, 125); Errichtung eines Behelfsheims (BGH NJW 1953, 1427); überhaupt Baumaßnahmen auf einem Grundstück (OLG Düsseldorf MDR 1947, 289); Bestreiten der laufenden Verbindlichkeiten (BGH FamRZ 1965, 267). Beispiele für Verwaltungsmaßnahmen *rechtlicher Art* sind: Vermietung (RGZ 89, 176 ff); Verpachtung; Lizenzvergabe; Anlage von Geld (OLG

Posen OLGE 18, 328); Einziehung gemeinschaftlicher Forderungen (BGH NJW 1958, 1723; KG OLGE 20, 107: Mietzinsen); Ausübung von Gestaltungsrechten, zB Kündigung; Angabe einer Zahlstelle (BGH NJW 1983, 2021 f). Zur Verwaltung zählen auch Verfügungen, etwa über die Früchte aus dem gemeinschaftlichen Gegenstand (RG DR 1944, 572; aA PALANDT/SPRAU Rn 1), der Vergleich über eine bestrittene gemeinschaftliche Forderung oder die Bestellung einer Hypothek am gemeinschaftlichen Grundstück, sei es für Zwecke des Grundstücks selbst, sei es für private Zwecke; Beschlüsse über periodisch wiederkehrende Benutzungsrechte (Time-sharing, dazu § 741 Rn 201 und BGH DNotZ 1995, 604 f; OLG Hamm DB 1985, 2400 f). Verwaltung ist schließlich auch die Prozessführung (vgl dazu Rn 43 f).

10 Nicht mehr zur Verwaltung gehören Maßnahmen, die zur *Aufhebung* der Gemeinschaft führen, zB Teilungsabreden über ein im Miteigentum stehendes Grundstück (OLG Köln OLGZ 1970, 276) oder der Verkauf und die Veräußerung des gemeinschaftlichen Gegenstands (vgl auch STAUDINGER/WERNER [2002] § 2038 Rn 5). Insoweit sind deshalb Mehrheitsbeschlüsse (§ 745 Abs 1) unzulässig, und es besteht kein Mitwirkungsanspruch nach § 745 Abs 2; der Teilhaber, der die Aufhebung durchsetzen will, muss nach §§ 749 ff vorgehen. Nicht mehr zur Verwaltung gehören auch der *Gebrauch* bzw die *Benutzung* der Sache. „Gebrauch" und „Benutzung" sind synonym; sie bestehen darin, dass die Teilhaber oder Einzelne von ihnen, sich die tatsächlichen Vorteile zunutze machen, die der Besitz der Sache ermöglicht.

III. Verwaltung durch alle Teilhaber gemeinschaftlich (Abs 1)

1. Vereinbarungen, einstimmige Beschlüsse

11 Die **Verwaltung durch alle Teilhaber gemeinsam** erfolgt entweder im Weg *schlichten gemeinschaftlichen Handelns* oder in der Weise, dass die Teilhaber die Verwaltung durch *Vereinbarung* oder, was hier (anders § 10 Abs 2 und 3 WEG) dasselbe ist, durch *einstimmigen Beschluss* regeln. Die Abgrenzung zwischen Vereinbarung und Beschluss ist im Falle der §§ 741 ff ohne praktische Bedeutung (MünchKomm/K SCHMIDT Rn 12); anders liegt es im Wohnungseigentumsrecht (eingehend WEITNAUER § 10 WEG Rn 27 ff; § 746 Rn 4 f). Soweit erforderlich, sind die Gemeinschafter verpflichtet, bei der Durchführung der Vereinbarungen (Beschlüsse) mitzuwirken. Vereinbarungen (einstimmige Beschlüsse) unterliegen nur *den allgemeinen Schranken der Vertragsfreiheit* (insbes §§ 134, 138). Die *Schranken des § 745 Abs* 3 gelten nur für Mehrheitsbeschlüsse. Durch einstimmigen Beschluss kann deshalb auch eine wesentliche Veränderung des gemeinschaftlichen Gegenstands vorgesehen und in die Rechte der Teilhaber auf Beteiligung an den Nutzungen eingegriffen werden.

2. Übertragung der Verwaltung

12 Durch **einstimmigen Beschluss** kann die Verwaltung einem einzelnen Gesellschafter oder einem Dritten zur alleinigen Ausübung übertragen werden (BGH NJW 1983, 449; BGHZ 34, 367, 372). Ein solcher Beschluss kann auch durch dauernde Übung stillschweigend gefasst werden (LG Mannheim ZMR 1965, 218 f für die Erbengemeinschaft). Im Innenverhältnis zum Verwalter liegt dann regelmäßig ein Auftrag (RGZ 160, 122, 125) oder ein Dienstvertrag (Geschäftsbesorgungsvertrag) vor (Mot II 876). Möglich ist auch die Übertragung der Verwaltungsaufgaben in Zusammenhang mit einem

Pachtvertrag (BGH WM 1963, 697). Die Übertragung der Verwaltung auf einen Teilhaber ist nicht vergleichbar mit der Bestellung eines Gesellschafters zum Geschäftsführer (Mot II 876). Die *Haftung* bestimmt sich nach § 276; § 708 ist nicht, auch nicht analog, anwendbar (§ 741 Rn 266). Die Teilhaber können *bestimmte Verwaltungsmaßnahmen* von der Übertragung *ausnehmen*, so beispielsweise die Befugnis zu wesentlichen Änderungen des Gegenstands oder zu Verfügungen über den Gegenstand; auch kann für die zulässigen Verwaltungsgeschäfte eine Wertgrenze eingeführt werden (BGH NJW 1961, 1299). Im Zweifelsfall ist anzunehmen, dass der Einzelverwalter auf eine *der Beschaffenheit des Gegenstands entsprechende, ordnungsgemäße Verwaltung* beschränkt ist. Als Beauftragter hat er die Interessen der übrigen Teilhaber zu wahren und in zweifelhaften Fällen Weisungen einzuholen (mit dem Recht, unter den Voraussetzungen des § 665 abzuweichen). Das Erlangte muss er an alle Teilhaber gemeinsam herausgeben (§ 667; vgl zu Unterlagen und Kontoauszügen OLG Celle OLG-Rep 1997, 12); dafür hat er Anspruch auf Ersatz seiner Aufwendungen (§ 670).

Ob mit dem Verwaltungsauftrag die Erteilung von **Vertretungsmacht** verbunden ist, 13
ist Frage des Einzelfalls. Im Zweifel ist anzunehmen, dass die Auftragserteilung konkludent eine entsprechende Bevollmächtigung enthält (BGB-RGRK/vGamm Rn 2). Allerdings hängt die Vollmacht dann, als „interne Vollmacht", davon ab, dass der Beauftragte sich im Rahmen der ihm übertragenen Befugnisse hält und die ihm erteilten Weisungen beachtet (vgl dazu Flume II § 50, 2).

Die Gemeinschaft kann sich durch Vereinbarung eine **korporative Verwaltungsorga-** 14
nisation nach dem Vorbild des nichtrechtsfähigen Vereins geben (BGHZ 25, 311 ff betr eine Waldinteressentengemeinschaft, die aus den Personen besteht, die als Bruchteilseigentümer einer Holzung im Grundbuch eingetragen sind). In diesem Fall sind die Regeln über den nichtrechtsfähigen Verein, soweit sie passen, analog anzuwenden (vgl BGH aaO: passive Parteifähigkeit der Waldinteressengemeinschaft analog § 50 Abs 2 ZPO). Trotzdem bleibt der Personenverband seiner Rechtsnatur nach Gemeinschaft; er wandelt sich nicht in einen nichtrechtsfähigen Verein um. Denn die „Mitgliedschaft" beruht auf der dinglichen Rechtsstellung des Bruchteilseigentümers; wer Bruchteilseigentum erwirbt, wird Mitglied. Die Binnenstruktur ist allerdings bei der Beurteilung des Innenverhältnisses zu berücksichtigen (Vorbem 17, 24).

3. Bindungswirkung von Vereinbarungen und einstimmigen Beschlüssen

a) Prinzip der Bindungswirkung
Die durch Vereinbarung oder – gleichbedeutend – durch einstimmigen Beschluss 15
getroffene Verwaltungsregelung hat *Bindungswirkung*. Voraussetzung ist selbstverständlich, dass wirklich ein Beschluss (eine Vereinbarung) mit Bindungswillen getroffen ist und nicht nur ein unverbindlicher Meinungsaustausch stattgefunden hat; das ist Tatfrage. Die Bindungswirkung kann grundsätzlich *nur durch einstimmigen Beschluss, nicht durch Mehrheitsbeschluss* wieder aufgehoben werden. Der einzelne Teilhaber kann sich ihr nur entziehen, indem er Auflösung der Gemeinschaft verlangt, § 749. Die Auslegung der Vereinbarung bzw des Beschlusses kann aber ergeben, dass dies nicht dem Willen der Teilhaber entspricht und daher später ein ändernder Beschluss der Mehrheit möglich ist (in diese Richtung, wohl weitergehend MünchKomm/K Schmidt Rn 17; **aA** Staudinger/Huber[12] Rn 14). Dies liegt insbes bei einem

einstimmigen Beschluss nahe, der auch durch Mehrheitsentscheidung getroffen und aufgehoben werden könnte. Einseitige Widerrufs- bzw Abänderungsbefugnis kann auch konkludent vereinbart sein (MünchKomm/K Schmidt Rn 17). Zur Bindung an Mehrheitsbeschlüsse § 745 Rn 30 f.

b) Grenzen der Bindungswirkung

16 Die Bindungswirkung endet allerdings, wenn die **tatsächlichen Verhältnisse** sich derart **ändern**, dass ein Festhalten an der getroffenen Regelung dem einzelnen Teilhaber nicht mehr zuzumuten ist. In einem solchen Fall hat jeder Teilhaber das Recht zu verlangen, dass die Verwaltung anders als bisher geregelt wird. Zunächst kann – wenn eine Veränderung der Verhältnisse ein Abgehen von der bisherigen Regelung rechtfertigt – durch *Mehrheitsbeschluss* gem § 745 Abs 1 eine neue Regelung getroffen werden. Kommt ein Mehrheitsbeschluss, der den Anforderungen des § 745 Abs 1, 3 genügt, nicht zustande, so kann jeder einzelne Teilhaber die übrigen Teilhaber gem § 745 Abs 2 auf *Zustimmung zu einer angemessenen Neuregelung* nach billigem Ermessen verklagen (BGH NJW 1982, 1753 f; BGHZ 34, 367, 369 f; **aA** anscheinend R Fischer, Anm zu BGH LM Nr 4 zu § 745). Passivlegitimiert sind alle Teilhaber, die sich der Neuregelung widersetzen. Es genügt, so viele Teilhaber zu verklagen, dass eine Mehrheit gem § 745 Abs 1 erreicht wird (Soergel/Hadding § 745 Rn 8).

17 Ist die Verwaltung einem Teilhaber übertragen worden, so kann die Übertragung der Verwaltung aus **wichtigem Grund** gekündigt werden (BGH NJW 1983, 449, 450; BGH NJW 1961, 1299; BGH WM 1963, 697; anders noch RGZ 160, 122, 128: nur Aufhebung der Gemeinschaft möglich). Zur Kündigung ist ein *Mehrheitsbeschluss* gem § 745 Abs 1 erforderlich. Kommt keine Mehrheit zustande, so kann jeder Teilhaber die übrigen Teilhaber – soviele zur Mehrheit erforderlich sind – gem § 745 Abs 2 *auf Mitwirkung verklagen* (BGHZ 34, 367, 370 f; RG HRR 1928, Nr 607). Der Teilhaber, dem die Verwaltung entzogen werden soll, ist nicht stimmberechtigt (§ 745 Rn 21); Gleiches gilt für Verwalter (zB Testamentsvollstrecker) eines Bruchteils (BGH NJW 1983, 449, 450). Daraus ergibt sich eine *Besonderheit im Fall der aus nur zwei Teilhabern bestehenden Gemeinschaft*, bei der einem Teilhaber die Verwaltung durch Vereinbarung übertragen ist. Dieser Teilhaber hat bei der Frage, ob ihm die Verwaltung aus wichtigem Grund zu entziehen ist, kein Stimmrecht. Infolgedessen ist der andere Teilhaber ohne weiteres berechtigt, die Kündigung aus wichtigem Grund auszusprechen (BGHZ 34, 367, 371; BGH WM 1963, 697). Ein Streit über die Wirksamkeit der Kündigung (also über das Vorliegen eines wichtigen Grundes) kann hier im Weg der Feststellungsklage ausgetragen werden.

18 Hinsichtlich der Frage, ob ein *wichtiger Grund* gegeben ist, kommt eine Orientierung an gesellschaftsrechtlichen oder dienstvertraglichen Grundsätzen im Allgemeinen nicht in Betracht (BGH NJW 1983, 449, 450; BGH WM 1981, 1136; zust MünchKomm/ K Schmidt Rn 8; mE sind Ausnahmen denkbar, vgl Vorbem 14 ff). Auf ein persönliches Vertrauensverhältnis und dessen Erschütterung kann die Kündigung demgemäß nicht gestützt werden. Sie kommt vielmehr erst dann in Betracht, wenn der Teilhaber die Verwaltung nicht ordnungsgemäß ausübt oder anhand konkreter Tatsachen zu befürchten ist, dass er von den Grundsätzen einer ordnungsgemäßen Verwaltung abweichen werde (BGH NJW 1983, 449, 450).

Ist die Verwaltung durch einstimmigen Beschluss einem **Dritten** übertragen, so kann **19** dem Dritten die Verwaltung im *Einverständnis aller Teilhaber* jederzeit entzogen werden. Aufgrund eines *Mehrheitsbeschlusses* kann sie dem Dritten entzogen werden, wenn ein wichtiger Grund für die Entziehung vorliegt. In diesem Fall hat jeder Teilhaber gegen die übrigen Teilhaber einen Anspruch darauf, dass sie beim Widerruf des Auftrags oder der Kündigung des Dienstvertrags mitwirken (vgl § 745 Rn 27).

4. Mitwirkungspflicht

Nach § 2038 Abs 1 S 2 HS 1 ist jeder Miterbe den anderen Miterben gegenüber **20** verpflichtet, an Maßregeln mitzuwirken, die zur ordnungsmäßigen Verwaltung erforderlich sind. Im Recht der Gemeinschaft fehlt eine entsprechende Vorschrift. Hier gilt Folgendes: Haben die Teilhaber eine *bestimmte Maßnahme verbindlich vereinbart* (oder, gleichbedeutend, einstimmig beschlossen), so ergibt sich die Mitwirkungspflicht der Teilhaber bei der Durchführung aus der Vereinbarung (dem Beschluss) selbst. Haben die Teilhaber gem § 745 Abs 1 und unter Beachtung der Grenzen des § 745 Abs 3 einen *Mehrheitsbeschluss* über die „der Beschaffenheit des gemeinschaftlichen Gegenstandes entsprechende ordnungsmäßige Verwaltung" gefasst, so ergibt sich die Pflicht aller Teilhaber, an der Durchführung der beschlossenen Maßnahme mitzuwirken, unmittelbar aus § 745 Abs 1 (vgl § 745 Rn 27). Ist keine Vereinbarung getroffen und auch kein Mehrheitsbeschluss gefasst, so kann jeder Teilhaber, der an einer bestimmten Verwaltungsmaßnahme interessiert ist, gem § 745 Abs 2 von den übrigen Teilhabern Mitwirkung bei der Maßnahme verlangen, soweit sie „eine dem Interesse aller Teilhaber *nach billigem Ermessen* entsprechende Verwaltung" darstellt (vgl § 745 Rn 50 ff). Hiermit sind alle denkbaren Fälle einer Mitwirkungspflicht erfasst. Einer zusätzlichen Generalklausel, wie sie § 2038 Abs 1 S 2 HS 1 für die Erbengemeinschaft enthält, bedarf es danach nicht, um die Mitwirkung aller Teilhaber an der ordnungsmäßigen Verwaltung sicherzustellen (anders wohl MünchKomm/K Schmidt Rn 2).

IV. Werthaltende Maßnahmen durch einzelne Teilhaber (Abs 2)

1. Befugnisse des Teilhabers im Innenverhältnis

a) Zur Erhaltung notwendige Maßnahmen

Jeder Teilhaber kann die zur Erhaltung des Gegenstands notwendigen Maßnahmen **21** **ohne Zustimmung der anderen Teilhaber** treffen, Abs 2 HS 1. Der Begriff der *Notwendigkeit* hat denselben Inhalt wie in den §§ 547, 994, 2381. Notwendig sind Maßnahmen, die die Substanz, und Maßnahmen, die den Wert des Gegenstands erhalten. Nur nützliche (wertsteigernde) Maßnahmen sind von Abs 2 nicht gedeckt (LG Essen MDR 1966, 420; Soergel/Hadding Rn 4; MünchKomm/K Schmidt Rn 42). Gegenüber dem Begriff der *Ordnungsmäßigkeit* in § 745 Abs 1 ist der Begriff der *Notwendigkeit* enger: notwendige Erhaltungsmaßnahmen sind immer ordnungsmäßige Verwaltung; aber nicht jede Maßregel, die ordnungsmäßiger Verwaltung entspricht, ist auch notwendig. Nicht ausreichend ist, dass der handelnde Teilhaber die Maßnahme subjektiv für notwendig hält. Notwendig ist eine Maßnahme nur dann, wenn sie vom Standpunkt eines vernünftigen Eigentümers oder sonstwie Berechtigten aus als zur Erhaltung des Gegenstands notwendig erscheint (BGHZ 6, 76, 81 zu § 2038; ähnlich Soergel/Hadding Rn 4; zu eng Planck/Lobe Anm 4: objektiv notwendig). Maßgeblich ist grundsätzlich ein wirtschaftlicher Maßstab. Ein vernünftiger Berechtigter wird nur solche Aufwendungen zur Erhaltung der Sache machen, die durch Nutzung oder jedenfalls Veräußerung wieder realisiert werden können (BGHZ 6, 76, 81 zu § 2038 betr Aufnahme einer Hypothek über 13.000 Mark, um ein altes Fachwerkhaus vom Hausschwamm zu befreien und zu renovieren; allerdings wird aus dem Urteil nicht deutlich, ob es nicht doch möglich war, bei einer Veräußerung des Hauses den aufgewendeten Betrag wieder hereinzubekommen). Wirtschaftlich nicht vertretbare Maßnahmen sind also prinzipiell nicht notwendig (OLG Hamm NZG 2000, 643; vgl auch BVerfG NJW 1999, 1387).

22 Insgesamt ist jedoch eine rein kurzfristige betriebswirtschaftliche Kosten/Nutzenrechnung zu vermeiden. Der Wortlaut stellt auf die gegenständliche Erhaltung des ggf gemeinschaftlich genutzten (§ 743 Abs 2) Rechtes ab (enger STAUDINGER/HUBER[12] Rn 19). Damit können uU auch Affektionsinteressen, öffentliche Belange oder die Sozialpflichtigkeit des Eigentums in die Betrachtung einzustellen sein. Der Satz „§ 744 Abs 2 bezweckt die Werterhaltung" (so MünchKomm/K SCHMIDT Rn 41; BGH NJW 1985, 1826, 1827) verkürzt die Bedeutung der Vorschrift mE unnötig auf rein vermögensmäßige Aspekte.

23 Regelmäßig werden notwendige Erhaltungsmaßregeln **keinen Aufschub** dulden. **Begriffsnotwendig** ist das aber **nicht**. Ist das gemeinschaftliche Haus reparaturbedürftig und führt das Unterlassen der Reparatur dazu, dass das Haus auf lange Sicht an Wert verliert, so ist der Teilhaber nach Abs 2 berechtigt, die erforderlichen Reparaturen auch gegen den Widerstand der anderen Teilhaber durchzuführen. Er braucht es nicht hinzunehmen, dass die anderen Teilhaber aus Unkenntnis, mangelndem Urteilsvermögen, Kurzsichtigkeit, Geiz oder Desinteresse die Sache verkommen lassen und auf diese Weise seinen Anteil an der Sache entwerten. *Keinesfalls* sind durch das Erhaltungsrecht des Abs 2 nur solche Maßnahmen gedeckt, die so dringend sind, dass sie nicht aufgeschoben werden können, *bis die Zustimmung der anderen Teilhaber vorliegt* (zumindest sehr missverständlich BGHZ 6, 76, 84 zu § 2038; aA auch STAUDINGER/WERNER [2002] § 2038 Rn 27 mwNw). Deshalb ist auch nicht zu verlangen, dass die Maßnahme so dringend ist, dass ohne ihre Vornahme der Bestand der Sache „unmittelbar" gefährdet wird (**aA** BGH aaO; möglicherweise handelte es sich aber bei den dort behandelten Instandsetzungsarbeiten an einem jahrhundertealten Fachwerkhaus – soweit sie nicht der Beseitigung von Hausschwamm dienten – nicht um „notwendige" werterhaltende, sondern um „nützliche" wertsteigernde Maßnahmen, sodass die Entscheidung aus diesem Grund zutrifft). Es genügt, dass ohne die Maßnahme der Bestand der Sache auf längere Sicht bedroht ist und dass es wirtschaftlich vernünftig ist, die Maßnahme, die auf Dauer doch nicht unterbleiben kann, hier und jetzt vorzunehmen. Die Tendenz, das Erhaltungsrecht auf Eilmaßnahmen zu beschränken, beruht auf einem Missverständnis der Rechtsstellung des Teilhabers und des Erhaltungsrechts nach Abs 2 (vgl dazu auch Rn 29). Auch die Annahme, das Erhaltungsrecht des Teilhabers sei „eng auszulegen" (so für den Miterben STAUDINGER/WERNER [2002] § 2038 Rn 26), trifft in dieser allgemeinen Form nicht zu.

24 Beispiele für notwendige Erhaltungsmaßnahmen sind: Reparatur eines Hauses (soweit zur Erhaltung notwendig); Bestellen eines Ackers; Bezahlung von Schulden zur Abwendung der Zwangsvollstreckung; Klage auf Löschungsbewilligung (RGZ 60, 269, 270; vgl dazu aber auch unten Rn 43 ff); Widerspruch im Verteilungsverfahren der Zwangsversteigerung (RG WarnR 1908, Nr 307); Geltendmachung eines Unterlassungsanspruchs aus einem Patent (RGZ 112, 361, 367; vgl dazu aber auch unten Rn 43); Beschwerde gegen Verlängerung eines Pachtvertrags (BGH LM Nr 2 zu § 2038); Kündigung eines Untermietvertrags (Anm BREETZKE zu LG Berlin NJW 1961, 1406 ff, dazu unten Rn 44); Einbau einer Heizung in einem Wohnhaus (BVerfG NJW 1999, 1387). Als werterhaltende Maßnahme kann auch die Verwertung, insbes die Veräußerung verderblicher Sachen, durch Abs 2 gedeckt sein. Wegen weiterer Beispiele vgl STAUDINGER/WERNER (1996) § 2038 Rn 28.

Keine notwendigen Maßnahmen sind zB: der Wiederaufbau eines im Krieg zerstörten 25
Gebäudes (BGH LM Nr 14 zu § 1004); die Renovierung eines Hauses, soweit sie nicht der Abwehr von Schäden, sondern der Wertsteigerung dient (wie wohl der überwiegende Teil der Aufwendungen im Fall BGHZ 6, 76; OLG Hamm NZG 2000, 643); der Abschluss eines Versicherungsvertrags über zehn Jahre (OLG Düsseldorf VersR 1963, 56, 57); der erstmalige Einbau einer Zentralen Heizungs- und Wasserversorgungsanlage (OLG München WuM 2002, 519). Zur Wiederherstellung einer Gemeinschaftsantenne LG Bochum MDR 1982, 407; zutr differenzierend insoweit MünchKomm/K SCHMIDT Rn 42; die Aufhebung eines gemeinschaftlichen Rechts (BGH NJW 1982, 641). Wegen weiterer Beispiele vgl STAUDINGER/WERNER (2002) § 2038 Rn 30. Zu einem Mieterhöhungsverlangen durch einen Miterben BGH NJW-RR 2008, 759.

b) Bedeutung von Abs 2 für das Innenverhältnis der Teilhaber
Abs 2 bezieht sich in erster Linie – wenn auch nicht ausschließlich – auf das Innen- 26
verhältnis der Teilhaber (SOERGEL/HADDING Rn 5; MünchKomm/K SCHMIDT Rn 44; zum Außenverhältnis vgl Rn 45 ff). Der einzelne Teilhaber ist den *übrigen Teilhabern gegenüber berechtigt*, die Erhaltungsmaßnahmen zu treffen. Die übrigen Teilhaber dürfen sich solchen Maßnahmen nicht widersetzen. Ist der handelnde Teilhaber mit der Verwaltung beauftragt, so kann die Durchführung einer durch Abs 2 gedeckten Erhaltungsmaßnahme – auch gegen den Widerspruch der übrigen Teilhaber – kein wichtiger Grund sein, der es rechtfertigen würde, ihm die Verwaltungsmacht zu entziehen. Vor allem sind die übrigen Teilhaber nach § 748 verpflichtet, dem handelnden Teilhaber, nach Maßgabe ihrer Anteile, die *Kosten der Erhaltungsmaßnahme zu ersetzen*. Der erstattungsberechtigte Teilhaber kann auch Leistung eines *Vorschusses* verlangen (BGB-RGRK/vGAMM Rn 13; SOERGEL/HADDING § 748 Rn 2; PALANDT/ SPRAU Rn 3; MünchKomm/K SCHMIDT Rn 44). Andererseits ist der Teilhaber entsprechend § 667 verpflichtet, *das Erlangte* an die Gemeinschaft *herauszugeben*.

c) Anspruch auf Einwilligung (Abs 2 HS 2)
Der Teilhaber kann die Erhaltungsmaßregeln ohne Zustimmung der anderen Teil- 27
haber treffen. Trotzdem kann er von den anderen Teilhabern verlangen, dass sie ihm im Voraus ihre Einwilligung erteilen, Abs 2 HS 2. Der Anspruch kann im Klageweg durchgesetzt und die Einwilligung kann durch rechtskräftiges Urteil ersetzt werden, § 894 ZPO. Dieser Anspruch hat den Zweck, den handelnden Teilhaber davor zu schützen, dass die anderen Teilhaber nachträglich die Notwendigkeit der Maßnahme bestreiten (Mot II 878). Die Einwilligung stellt klar, dass der handelnde Teilhaber berechtigt ist, gem § 748 Kostenersatz (auch Vorschuss, Rn 26) zu verlangen. Dritten gegenüber verschafft sie dem handelnden Teilhaber den Nachweis seiner Verfügungsmacht für die Gemeinschaft (vgl dazu unten Rn 39; vgl auch MünchKomm/K SCHMIDT Rn 38). Die *praktische Bedeutung* des Anspruchs auf Einwilligung dürfte *gering* sein. Denn zweckmäßigerweise wird der Teilhaber, wenn er schon die Mitwirkung der übrigen Teilhaber fordert, nach § 745 Abs 2, nicht nach Abs 2 HS 2 vorgehen. § 745

Abs 2 ist der weitere Tatbestand, und die nach dieser Vorschrift erzwungene Mitwirkung hat weitergehende Rechtsfolgen als die Einwilligung nach Abs 2 HS 2 (dazu § 745 Rn 50 ff).

d) Unentziehbarkeit des Erhaltungsrechts

28 Das Erhaltungsrecht ist ein aus der Mitberechtigung hervorgehendes *Individualrecht* (Soergel/Hadding Rn 5; BGB-RGRK/vGamm Rn 13; MünchKomm/K Schmidt Rn 41). Durch *Mehrheitsbeschluss* kann es dem einzelnen Teilhaber nicht entzogen werden (Mot II 878; BGB-RGRK/vGamm Rn 13; der Ansicht von Staudinger/Werner [2002] § 2038 Rn 27, ein Mehrheitsbeschluss könne nicht durch ein Notverwaltungsrecht umgestoßen werden, ist daher nicht zu folgen). Ein solcher Mehrheitsbeschluss wäre ein nach dem Grundgedanken des § 745 Abs 3 der Mehrheit nicht zustehender Eingriff in die Rechtsposition des betroffenen Teilhabers: die Mehrheit kann nicht gegen den Willen eines Teilhabers beschließen, den gemeinschaftlichen Gegenstand der Zerstörung zu überlassen. Von manchen wird darüber hinaus angenommen, dass das Erhaltungsrecht dem einzelnen Teilhaber auch nicht durch *allseitige Vereinbarung* oder – sachlich gleichbedeutend – durch *einstimmigen Beschluss* entzogen werden könne. Hier ist aber zu *unterscheiden*. Wenn alle Teilhaber einstimmig beschließen, die beschädigte Sache nicht mehr zu reparieren, dann kann der Teilhaber, der es sich später anders überlegt, nicht mehr nach Abs 2 vorgehen (einem bloßen Mehrheitsbeschluss müsste er sich dagegen, wie gesagt, nicht beugen). Der Teilhaber kann also im *Einzelfall* auf sein Erhaltungsrecht verzichten. Ein *genereller Verzicht* auf das Erhaltungsrecht ist dagegen unwirksam (so auch MünchKomm/K Schmidt Rn 41). Der Teilhaber kann die Entscheidung darüber, ob der gemeinschaftliche Gegenstand untergehen oder erhalten werden soll, nicht ein für alle Mal aus der Hand geben; eine solche Unterwerfung unter den Willen der übrigen Teilhaber wäre durch die schuldrechtliche Vertragsfreiheit (Verpflichtungsfreiheit) nicht gedeckt. Deswegen steht das Recht, Erhaltungsmaßnahmen zu treffen, jedem Teilhaber auch dann zu, wenn die Verwaltung durch einstimmigen Beschluss einem einzelnen Dritten übertragen ist. Selbst wenn die Gemeinschaft sich eine korporative Organisation gegeben hat (vgl Rn 14), steht das Erhaltungsrecht jedem Teilhaber zu (aA MünchKomm/K Schmidt Rn 41).

e) Erhaltungsrecht und Geschäftsführung ohne Auftrag

29 Der Teilhaber, der gem Abs 2 für die Erhaltung des Gegenstands sorgt, wahrt sein eigenes Recht an diesem Gegenstand. Durch diesen eigennützigen und unentziehbaren Charakter unterscheidet sich das Recht aus Abs 2 scharf von der Befugnis eines Geschäftsführers ohne Auftrag gem § 677. Der Teilhaber darf zur Erhaltung des Gegenstands auch *gegen den wirklichen oder mutmaßlichen Willen* der übrigen Teilhaber tätig werden. Es ist *nicht* einmal erforderlich, dass die Erhaltung im *Interesse* der übrigen Teilhaber liegt (aA BGB-RGRK/vGamm Rn 13). Es ist denkbar, dass sie an der Erhaltung des gemeinschaftlichen Gegenstands desinteressiert sind (zB weil sie aus tatsächlichen Gründen zur Nutzung des gemeinschaftlichen Gegenstands nicht in der Lage sind). Sie mögen dann die Aufhebung der Gemeinschaft betreiben; solange die Gemeinschaft besteht, können sie den an der Erhaltung interessierten Teilhaber nicht daran hindern, die notwendigen Maßnahmen zu ergreifen. Aus BGHZ 39, 14, 20 ergibt sich nichts Gegenteiliges (aA vGamm aaO). Dort ging es um die Befugnis eines Gesellschafters, eine Gesellschaftsforderung gegen den Willen seiner Mitgesellschafter einzuklagen; der Teilhaber der Gemeinschaft hat eine andere Rechtsposition als der Gesellschafter (vgl Rn 31).

Im Regelfall werden unaufschiebbare Erhaltungsmaßnahmen allerdings *zugleich* **30** *dem wirklichen oder dem mutmaßlichen Willen und dem Interesse der anderen Teilhaber entsprechen.* Auch in diesem Fall ist aber *eine Anwendung der Vorschriften über die Geschäftsführung unangebracht.* Zwar steht die Tatsache, dass der Handelnde eigene Interessen und eigene Pflichten erfüllt, nach hM einer gleichzeitigen Tätigkeit als Geschäftsführer ohne Auftrag im Interesse eines Dritten nicht entgegen. Die Annahme eines Geschäftsführungsverhältnisses verbietet sich aber aus einem anderen Grund. Der Teilhaber, der eine Maßnahme nach Abs 2 ergreift, wird aufgrund eines zwischen ihm und den übrigen Teilhabern bestehenden gesetzlichen Schuldverhältnisses (§ 741 Rn 260 ff) tätig, aus dem sich sein Recht und ggf auch seine Pflicht zum Handeln ergibt. Voraussetzungen und Folgen seines Handelns sind deshalb allein nach Gemeinschaftsrecht zu beurteilen; für eine Anwendung der Regeln der Geschäftsführung ohne Auftrag ist daneben kein Raum (**aA** BGB-RGRK/vGamm Rn 15; MünchKomm/K Schmidt Rn 34; die hierfür zitierte Entscheidung RGZ 63, 280, 283 betrifft keine Erhaltungsmaßnahme iSv Abs 2).

f) Anwendbarkeit von Abs 2 bei anderen Personenzusammenschlüssen, insbesondere Gesellschaften

Abs 2 ist eine *auf die besondere Lage der Rechtsgemeinschaft zugeschnittene Vor-* **31** *schrift.* Die Gemeinschaft wird begründet durch die gemeinschaftliche Rechtszuständigkeit; Abs 2 gibt jedem Teilhaber die Befugnis, den Gegenstand und damit die Substanz seiner Mitberechtigung zu erhalten. Auf andere Personenzusammenschlüsse (außer der Erbengemeinschaft, bei der eine ganz ähnliche Ausgangslage besteht) passt die Regelung nicht, insbes nicht auf die Personengesellschaft. Diese ist „durch Gesetz oder Vertrag so organisiert…, daß damit eine Befugnis des Gesamthänders, Geschäfte der Gesamthand im eigenen Namen zu führen, nicht vereinbar ist" (BGHZ 39, 14, 15). Die Bruchteilsberechtigung verleiht dem Teilhaber unmittelbar bestimmte Befugnisse im Hinblick auf den gemeinschaftlichen Gegenstand. Die gesellschaftsrechtliche Gesamthandsberechtigung ist damit nicht zu vergleichen. Sie hat die Funktion, das Gesellschaftsvermögen zu einem Sondervermögen zu verselbständigen. Zu Dispositionen über das Sondervermögen sind die Gesellschafter als Einzelne gerade nicht berechtigt, sondern nur die Gesellschaftergesamtheit als organisierter Personenverband kann über das Vermögen bestimmen und verfügen (vgl U Huber 61, 123 f; Wiedemann I, 254 ff; Vorbem 9). Ein Notgeschäftsführungsrecht nach Abs 2 wäre mit diesem Vorrang der gesellschaftsrechtlichen Organisationsregeln unvereinbar. Zu Recht hat es der BGH deshalb abgelehnt, die Aktivlegitimation des Gesellschafters einer BGB-Gesellschaft, dessen Mitgesellschafter sich pflichtwidrig geweigert hatte, sich an der Klage zu beteiligen, auf Abs 2 zu stützen (BGHZ 39, 14, 20; in Abweichung von dem obiter dictum in BGHZ 17, 181, 183 und von RGZ 112, 361, 367; ebenso Erman/Aderhold Rn 9; U Huber 132. **AA** Soergel/Hadding Rn 6; § 705 Rn 56; Palandt/Sprau § 709 Rn 1; MünchKomm/ P Ulmer § 709 Rn 21; Schulze-Osterloh 46 ff; Hueck, OHG 125; Ganssmüller DB 1954, 860, 861 f; Nitschke ZHR 128, 48, 80; Hadding JZ 1975, 159, 161; iE – „mit Vorsicht" – auch MünchKomm/K Schmidt Rn 50. Die Frage ist offengelassen in BGH WM 1980, 1141, 1143).

g) Pflicht zu Erhaltungsmaßnahmen

Bei Gefahr im Verzug ist der Teilhaber aufgrund seiner schuldrechtlichen Verbin- **32** dung mit den anderen Teilhabern (vgl § 741 Rn 260 ff) nach § 242 verpflichtet, die erforderlichen Erhaltungsmaßnahmen iS des Abs 2 zu treffen (vgl Soergel/Hadding Rn 5; BGB-RGRK/vGamm Rn 14; **aA** aber Mot II 879; Erman/Aderhold Rn 6).

h) Schadensersatzpflicht

33 Überschreitet ein Teilhaber seine Befugnisse aus Abs 2 oder führt er die an sich gebotene Maßregel nicht in zweckentsprechender Weise durch, so ist er den anderen Teilhabern wegen positiver Forderungsverletzung im gesetzlichen Schuldverhältnis bzw jetzt aus §§ 241 Abs 2, 285 Abs 1 nF schadensersatzpflichtig (SOERGEL/HADDING Rn 5; BGB-RGRK/vGAMM Rn 14; ERMAN/ADERHOLD Rn 6; MünchKomm/K SCHMIDT Rn 44; soviel ersichtlich, unstr). Haftungsmaßstab ist § 276, nicht § 708 (Mot II 878; Prot II 768; § 741 Rn 266). Beseitigung der Folgen einer Maßregel kann im Wege der Naturalrestitution auch dann verlangt werden, wenn die durch Abs 2 nicht gedeckte Maßnahme den Wert des gemeinschaftlichen Gegenstands erhöht hat (ein gegenteiliger Antrag ist bei den Gesetzgebungsarbeiten abgelehnt worden, Prot II 769). Schadensersatzpflichtig macht sich auch der Teilhaber, der eine an sich gebotene Erhaltungsmaßnahme pflichtwidrig (vgl Rn 32) und schuldhaft unterlässt.

2. Befugnisse des Teilhabers im Außenverhältnis

34 Abs 2 befasst sich zwar in erster Linie, aber doch nicht ausschließlich mit dem Verhältnis der Teilhaber untereinander; er hat vielmehr auch gewisse Außenwirkungen (PALANDT/SPRAU Rn 3; MünchKomm/K SCHMIDT Rn 45; aA BGB-RGRK/vGAMM Rn 13; SOERGEL/HADDING Rn 6, die dabei allerdings nur die Frage der Vertretungsmacht im Auge haben). Jeder Teilhaber kann die notwendigen Maßnahmen auch gegen den Widerspruch anderer Teilhaber, selbst der Mehrheit, sofort ausführen. Das ist gemeint, wenn Abs 2 HS 1 davon spricht, dass der Teilhaber das Recht hat, die Maßregeln „ohne Zustimmung" der übrigen Teilhaber „zu treffen".

a) Verpflichtungsgeschäfte

35 Das Recht des Teilhabers zum unmittelbaren Vollzug wirft keine weiteren Probleme auf, wenn die Maßnahme sich im rein Tatsächlichen erschöpft (der Teilhaber erntet die Früchte, die auf dem Halm zu verderben drohen; er nimmt die notwendige Reparatur eigenhändig und mit eigenem Material vor). Regelmäßig wird der Teilhaber allerdings die Maßregel nur durchführen können, indem er eine schuldrechtliche Verpflichtung eingeht: er beauftragt einen Unternehmer damit, die Reparatur durchzuführen; er nimmt ein Darlehen auf, um die Reparatur zu bezahlen; er schließt einen Kaufvertrag ab, um geerntete Früchte vor dem Verderb zu bewahren. Die Frage ist, ob der Teilhaber das **Recht** hat, die übrigen Teilhaber bei solchen **Verpflichtungsgeschäften zu vertreten**, oder ob er die Verpflichtung im eigenen Namen übernehmen muss und gegenüber den übrigen Teilhabern auf Kostenerstattung gem § 748 beschränkt ist. *Die ganz herrschende Auffassung zu Abs 2 verneint*, dass hierdurch eine Vertretungsmacht für den handelnden Teilhaber begründet wird (SOERGEL/HADDING Rn 6; BGB-RGRK/vGAMM Rn 13; MünchKomm/K SCHMIDT Rn 46; PALANDT/SPRAU Rn 3; FLUME ZHR 136, 177, 205 f; ders I 1, 116 f; BGHZ 17, 181, 184, wo der BGH in einem Spezialfall – Prozessführung durch den nicht zur Alleinvertretung befugten Gesellschafter einer OHG im Namen der Gesellschaft unter Berufung auf Abs 2 – ein Vertretungsrecht aus Abs 2 allgemein verneint).

36 *Zur Parallelvorschrift des § 2038 Abs 1 S 2 HS 2* wird dagegen die Ansicht vertreten, dass *der handelnde Erbe die anderen Miterben bei Verpflichtungsgeschäften vertreten kann* (so zB PALANDT/EDENHOFER § 2038 Rn 2; unter unzutreffender Berufung auf BGHZ 6, 76, 83; KIPP/COING § 114 IV 4 b; STAUDINGERE/WERNER [2002] § 2038 Rn 40; aA ERMAN/SCHLÜTER

§ 2038 Rn 12 mwNw; JÜLICHER AcP 175, 143, 153, 156 f). Ein praktischer Unterschied zwischen den Fällen des § 744 Abs 2 und des § 2038 Abs 2 besteht allerdings insofern, als die Verpflichtung, die der Miterbe kraft der ihm zugeschriebenen Vertretungsmacht eingeht, nur eine Nachlassverbindlichkeit begründen soll (KIPP/COING aaO), während die Verpflichtung, die der Teilhaber begründet, notwendigerweise zu unbeschränkter Haftung führt. – Ein sehr ähnliches Problem stellt sich im Rahmen des § 745 Abs 1 (vgl § 745 Rn 33 ff): Kann die Mehrheit Verpflichtungsgeschäfte in Vertretung für die überstimmte Mehrheit abschließen? Immerhin wäre es auch denkbar, hinsichtlich der Vertretungsmacht zwischen den Fällen des § 744 Abs 2 und des § 745 Abs 1 zu differenzieren.

Der hL ist *zuzustimmen*. Abs 2 verleiht dem handelnden Teilhaber *keine Vertretungsmacht, die es ihm ermöglichen würde, Verpflichtungen mit Wirkung für die übrigen Teilhaber* einzugehen. Aus dem Wortlaut ergibt sich nichts, was für eine solche Vertretungsmacht spräche. Mit der Tatsache, dass es sich bei der Befugnis des Teilhabers zu Erhaltungsmaßnahmen um ein Individualrecht handelt, das dem Teilhaber im eigenen Interesse eingeräumt ist (oben Rn 29 f), ist die Annahme einer gesetzlichen Vertretungsmacht des Teilhabers kaum vereinbar. Irgendeinen praktischen Nutzen bringt die Annahme von Vertretungsmacht dem Teilhaber übrigens nicht. Er ist ohne weiteres in der Lage, die zur Durchführung der Erhaltungsmaßnahme erforderlichen Verpflichtungen im eigenen Namen einzugehen. Die übrigen Teilhaber mit zu vertreten, hilft ihm nichts, weil der Geschäftspartner kaum beurteilen kann, ob die Maßnahme wirklich durch Abs 2 gedeckt ist, und sich daher auf die behauptete Vertretungsmacht nicht verlassen kann. Die Interessen des Handelnden sind durch die Möglichkeit, nach § 748 Rückgriff zu nehmen, ausreichend gewahrt. Dass der Streit, ob ein Fall des Abs 2 vorliegt, nicht nur im Innenverhältnis, sondern auch im Außenverhältnis ausgetragen werden muss, ist unpraktisch, und es ist den nicht mitwirkenden Teilhabern kaum zuzumuten, über diese Frage womöglich zwei Prozesse – einen gegen den handelnden Teilhaber und einen gegen seinen Geschäftspartner – führen zu müssen. Ein schutzwürdiges Interesse des Geschäftspartners, nicht nur den Teilhaber in Anspruch nehmen zu können, mit dem er kontrahiert hat, sondern auch alle übrigen Teilhaber, ist nicht ersichtlich. Alle diese Gründe treffen übrigens nicht nur im Rahmen des § 744 Abs 2, sondern *auch im Rahmen des § 2038 Abs 2* zu.

Vertretungsmacht im Hinblick auf Verpflichtungsgeschäfte hat der handelnde Teilhaber auch dann nicht, wenn er die übrigen Teilhaber auf **Einwilligung** zu der Maßregel verklagt und ein die Einwilligung ersetzendes rechtskräftiges Urteil (§ 894 ZPO) erwirkt hat (FLUME, ZHR 136, 177, 205 f; ders I 1, 116; PLANCK/LOBE Anm 3; **aA** SOERGEL/HADDING Rn 6; BGB-RGRK/vGAMM Rn 13; PALANDT/SPRAU Rn 3; wohl auch MünchKomm/K SCHMIDT Rn 38; als obiter dictum auch BGHZ 17, 181, 184). Die Einwilligung nach Abs 2 HS 2 betrifft wesentlich das Innenverhältnis; sie soll den handelnden Teilhaber vor Ansprüchen und Einwendungen der anderen Teilhaber schützen (vgl Rn 27 f); eine Bevollmächtigung ist darin nicht zu erblicken. Zur Frage, inwieweit ein Teilhaber oder die Mehrheit von den übrigen Teilhabern Mitwirkung an bestimmten Geschäften verlangen kann, vgl § 745 Rn 6, 57.

b) Verfügungsgeschäfte
Im Prinzip besteht kein Zweifel, dass uU auch Verfügungsgeschäfte erforderlich sein

können, um einen Gegenstand dem Wert nach zu erhalten (leicht verderbliche Früchte, deren Wert nur im Weg der sofortigen Veräußerung realisiert werden kann, uä; vgl Rn 24). Allerdings werden im Rahmen von Abs 2 Verfügungen die seltene Ausnahme bleiben.

40 **Verfügungen über Grundstücksrechte**, deren Wirksamkeit eine Grundbucheintragung voraussetzt (§ 873), *scheiden idR schon aus grundbuchtechnischen Gründen* aus. Denn die Eintragung setzt voraus, dass alle Teilhaber an der Eintragungsbewilligung (§ 19 GBO) oder der Einigung (§ 20 GBO) mitwirken. Selbst wenn man aus Abs 2 eine Vertretungsmacht des handelnden Teilhabers für die anderen Teilhaber herleiten wollte (dazu Rn 35), änderte sich nichts. Denn der handelnde Teilhaber könnte das Bestehen der Vertretungsmacht – dh das Vorliegen eines Eil- oder Notfalls iSv Abs 2 – nicht durch öffentliche Urkunde nachweisen (vgl § 29 GBO). Im Fall OLG Neustadt MDR 1962, 574, in dem ein Miterbe im Weg der Notmaßnahme nach § 2038 Abs 1 S 2 HS 2 die Löschung einer Hypothek bewilligt hatte, hätte daher der Löschungsantrag schon aus formalen Gründen abgewiesen werden müssen. Materiellrechtlich kann man sich übrigens schwer vorstellen, dass Verfügungen über Grundstücksrechte überhaupt durch Abs 2 gedeckt sein könnten.

41 Etwas anders liegt der Fall BGH NJW-RR 1987, 1294: Auf Veranlassung eines Miterwerbers eines Grundstücks wird noch vor Eigentumsumschreibung ein bereits eingetragenes Grundpfandrecht zur Finanzierung des Gesamtkaufpreises von dem Gläubiger abgetreten; der BGH ließ die Anwendbarkeit des § 744 Abs 2 allerdings offen und stützte sich auf § 242.

42 Es bleibt die Frage, ob, von Verfügungen über Grundstücksrechte abgesehen, **Verfügungen über sonstige gemeinschaftliche Gegenstände** zulässig sind (bejahend: ENNECCERUS/LEHMANN § 185 I 1; PALANDT/SPRAU § 744 Rn 3; Anm zu LG Berlin BREETZKE NJW 1961, 1406, 1408; für Verfügungen im Rahmen eines Rechtsstreits in einem obiter dictum auch RGZ 76, 298, 299; zust wohl auch SOERGEL/HADDING Rn 4; vgl ferner BGH NJW 1985, 490; **aA** BGB-RGRK/vGAMM § 747 Rn 5 iVm § 744 Rn 13). Zum parallelen Problem im Rahmen der Miterbengemeinschaft (§ 2038 Abs 1 S 2 HS 2) sind die Meinungen ebenfalls geteilt; die überwiegende Meinung bejaht ein Notverfügungsrecht (vgl die Angaben bei STAUDINGER/WERNER [1996] § 2038 Rn 7). *Hauptargument für die Gegenmeinung* sind § 747 S 2 bzw § 2040 Abs 1: Über den gemeinschaftlichen Gegenstand können die Teilhaber (bzw die Miterben) nur gemeinsam verfügen. ME muss aber in *Eilfällen* (nur in ihnen kommt eine Verfügung als Erhaltungsmaßregel in Betracht) *das Prinzip des Abs 2 den Vorrang haben*. Dieses Prinzip besagt, dass im Konfliktfall das Interesse des einzelnen Teilhabers an der Erhaltung des Werts des gemeinschaftlichen Gegenstands vor dem Interesse aller Teilhaber an gemeinschaftlicher Verwaltung den Vorrang hat. Ist zur Erhaltung des gemeinschaftlichen Gegenstands eine Verfügung wirklich notwendig, muss sie auch ein einzelner Teilhaber sofort treffen können. Müsste er zunächst die anderen Teilhaber um Zustimmung ersuchen oder gar auf Zustimmung verklagen, so käme die Zustimmung oder das sie ersetzende Urteil regelmäßig zu spät, sodass das Mitgeschäftsführungsrecht für diesen Fall praktisch wirkungslos wäre. Die §§ 747, 2040 sind deshalb restriktiv auszulegen. Die praktische Bedeutung der Streitfrage dürfte nicht sehr groß sein. In Betracht kommt vor allem die Veräußerung verderblicher natürlicher Früchte der gemeinsamen Sache. Auch bei Vermischung oder Vermengung verderblicher Sachen muss dem Besitzer das

Recht zustehen, den gemeinschaftlichen Bestand, ehe er verdirbt, zu veräußern. Abs 2 enthält deshalb, für einen recht eng begrenzten Ausnahmefall, eine gesetzliche Verfügungsermächtigung. Der gute *Glaube* an die aus Abs 2 abgeleitete Verfügungsmacht wird nicht geschützt, grundsätzlich auch nicht gem § 366 HGB (MünchKomm/ K Schmidt Rn 38).

c) Prozessführung

Seit RGZ 76, 298, 299 ist hL, dass der einzelne Teilhaber unter den Voraussetzungen **43** des Abs 2 berechtigt ist, gemeinschaftliche Ansprüche ohne Mitwirkung der übrigen Teilhaber vor Gericht einzuklagen und zu verteidigen (zust RGZ 112, 361, 367; BGHZ 17, 181, 185 ff; beiläufig auch RGZ 60, 269, 270; BGHZ 51, 125, 128; BGH NJW 1982, 641; BGH NJW 1985, 1827 m abl Anm Tiedtke JZ 1985, 890; vgl ferner BGB-RGRK/vGamm Rn 13; Palandt/ Sprau Rn 3; MünchKomm/K Schmidt Rn 47). Die praktische Bedeutung dieser Regel ist gering. Im Ausgangsfall (RGZ 76, 298) ging es um ein gemeinschaftliches Patent zweier Teilhaber, gegen die der Kläger Patentnichtigkeitsklage erhoben hatte. Das RG entschied, dass jeder Teilhaber ohne Mitwirkung des anderen berechtigt sei, gegen das Nichtigkeitsurteil Berufung einzulegen, und verwies zur Begründung auf Abs 2. Die Möglichkeit, Berufung einzulegen, ergab sich dort aber nicht erst aus Abs 2, sondern daraus, dass jeder Beklagte selbständig passivlegitimiert war (vgl Rn 50). Im Fall RGZ 112, 361 hatten mehrere Personen gemeinschaftlich ein Patent für eine Kreuzeinlesemaschine erworben; die Veräußerer hatten sich verpflichtet, ihrerseits in Zukunft keine Kreuzeinlesemaschinen mehr herzustellen. Einer der Erwerber klagte gegen einen der Veräußerer auf Unterlassung von Zuwiderhandlungen. Das RG begründete die „Sachbefugnis" des Klägers mit Abs 2. Da es sich bei dem Anspruch auf Unterlassung um einen unteilbaren Anspruch handelte, ergab sich die Prozessführungsbefugnis aber bereits aus § 432. Im Fall BGHZ 17, 181 ging es um die Klage eines Gesellschafters namens einer OHG; richtigerweise hätte dort Abs 2 überhaupt nicht angewendet werden dürfen (vgl oben Rn 31). Im Fall RGZ 60, 269 schließlich verlangten zwei von drei Miteigentümern eines Grundstücks Löschung einer Hypothek (wegen Bezahlung); die Prozessführungsbefugnis folgte hier aus § 1011 (so auch das RG) und es war überflüssig, daneben Abs 2 heranzuziehen. Praktisch wird bei Forderungen, die in Bruchteilsgemeinschaft stehen, der einzelne Teilhaber in aller Regel prozessführungsbefugt sein, ohne sich auf Abs 2 berufen zu müssen; entweder nach § 1011 oder nach § 432 in direkter oder analoger Anwendung (unten Rn 47). Bedeutung hat in diesen Fällen die Frage, ob die Prozessführung notwendige Erhaltungsmaßnahme iSv Abs 2 ist, nur für das Innenverhältnis (oben Rn 26). Sollten die Voraussetzungen der §§ 432, 1011 aber ausnahmsweise nicht vorliegen, so kann die Prozessführungsbefugnis auf Abs 2 gestützt werden, soweit die Prozessführung erforderlich ist, um gemeinschaftliche Rechte zu wahren (Beispiel: aktienrechtliche Anfechtungsklage, um die Frist des § 246 Abs 1 AktG zu wahren, MünchKomm/ K Schmidt Rn 8). In diesem Fall führt der Teilhaber den Prozess im eigenen Namen in Prozessstandschaft für die übrigen Teilhaber (dazu unten Rn 47). Zur Prozessführung im Namen der übrigen Teilhaber ist er nicht berechtigt (vgl auch BGHZ 17, 181, 184; BGH NJW 1985, 1827).

d) Sonstige Rechtshandlungen

Auch sonstige Rechtshandlungen kommen als Erhaltungsmaßnahmen nach Abs 2 in **44** Betracht. So zB die *Kündigung* (Sonderfall der Verfügung, dazu Anm zu LG Berlin Breetzke NJW 1961, 1406; MünchKomm/K Schmidt Rn 43) und die *Ausübung des Stimmrechts* in

Mitglieder- oder Gesellschafterversammlungen (dazu BGHZ 49, 183, 192 betr Erbengemeinschaft). Auch insoweit kann Abs 2 den einzelnen Teilhaber ermächtigen, mit Wirkung nach außen für die Gesamtheit der Teilhaber zu handeln. Voraussetzung ist allerdings, dass die Kündigung oder Mitwirkung bei der Abstimmung zur Erhaltung des gemeinschaftlichen Rechts der Substanz oder dem Wert nach erforderlich ist. Das ist denkbar, wird aber praktisch nur selten vorkommen (es war schwerlich der Fall in dem von BREETZKE aaO behandelten Beispiel – Kündigung eines lästigen Untermietverhältnisses –; in BGHZ 49, 183 ging es nicht um eine Notmaßnahme iSv Abs 2, sondern um die Durchführung eines Mehrheitsbeschlusses, dazu § 745 Rn 33 ff, 44 ff).

3. Konkurrierende Maßnahmen

45 Denkbar ist, dass verschiedene Teilhaber jeweils auf eigene Faust versuchen, unterschiedliche und miteinander unvereinbare Maßnahmen zur Erhaltung des Gegenstandes durchzuführen. Dabei gilt zunächst einmal das *Prioritätsprinzip* (zust ERMAN/ADERHOLD Rn 6). Hat Teilhaber A einen Handwerker bestellt, um die schadhafte Sache zu reparieren, so ist es nicht mehr erforderlich, dass Teilhaber B einen anderen Handwerker holt. Etwas anders sieht es aus, wenn über die erforderliche Maßnahme ein Mehrheitsbeschluss getroffen ist. Ist dieser Beschluss an sich geeignet, den Gegenstand zu erhalten, so muss er durchgeführt werden; der überstimmte Teilhaber darf nicht mehr versuchen, den Mehrheitsbeschluss durch eine rasch getroffene Notmaßnahme nach Abs 2 zu durchkreuzen. Nur ein Beschluss, den Gegenstand seinem Schicksal zu überlassen, ist unverbindlich und lässt dem überstimmten Teilhaber freie Hand für Notmaßnahmen nach Abs 2 (oben Rn 28).

V. Anhang: Prozessführung in gemeinschaftlichen Angelegenheiten

46 Die Gemeinschaft ist **nicht parteifähig**. Eine Ausnahme hat der BGH zugelassen im Fall einer Miteigentümergemeinschaft, die sich durch Vereinbarung eine korporative Verfassung gegeben hatte (BGHZ 25, 311: passive Parteifähigkeit analog § 50 Abs 2 ZPO; dazu oben Rn 14). Von diesem Sonderfall abgesehen, kommen als Prozessparteien nur die einzelnen Teilhaber persönlich in Betracht. Fraglich kann nur sein, ob sie *nur gemeinschaftlich* oder auch *einzeln* zur Prozessführung befugt sind. Dabei ist zwischen Aktiv- und Passivprozessen zu unterscheiden.

47 Steht ein **Anspruch mehreren Teilhabern gemeinsam** (nach ideellen Bruchteilen) zu, so liegt die *Aktivlegitimation* – wie die Verfügungsbefugnis, § 747 – bei allen Teilhabern gemeinsam. Der einzelne Teilhaber kann aber *prozessführungsbefugt*, dh berechtigt sein, allein und im eigenen Namen Klage auf Leistung an alle Teilhaber zusammen zu erheben. Das ist der Fall: (1) bei allen Ansprüchen aus dem *Miteigentum* der Gemeinschaft (zB auf Herausgabe, Unterlassung, Grundbuchberichtigung, Löschungsbewilligung, Schadensersatz), § 1011; (2) bei gemeinschaftlichen *Ansprüchen auf unteilbare Leistungen*, § 432; (3) bei gemeinschaftlichen Ansprüchen auf sog „rechtlich unteilbare Leistungen", dh bei *Ansprüchen auf teilbare Leistungen*, die einer Mehrheit von Gläubigern zustehen und *inhaltlich so ausgestaltet sind, dass die Leistung nur an alle Gläubiger gemeinschaftlich erfolgen kann*. Das gilt insbes, wenn die Teilhaber den Gegenstand gemeinschaftlich vermieten oder verpachten (so iE auch RG DR 1940, 2196; BGH NJW 1958, 1723; BGH NJW 1969, 839; PALANDT/SPRAU § 743 Rn 3; vgl dazu auch § 743 Rn 5 ff und U HUBER 130; vgl auch BGH NJW 1983, 2021; **aA** offenbar

SCHULZE-OSTERLOH 39 f). Aus diesem Grund wird *praktisch* in fast allen Fällen, in denen sich im Zusammenhang mit dem Gemeinschaftsverhältnis Ansprüche gegen Dritte ergeben, *Einzelprozessführungsbefugnis* bestehen. Soweit das ausnahmsweise (insbes bei besonderen Abreden, dazu § 741 Rn 116 ff und BGH NJW 1983, 2021) nicht der Fall sein sollte, sind die Teilhaber nur gemeinsam zur Prozessführung befugt; und es besteht notwendige Streitgenossenschaft aus „sonstigen" (materiellrechtlichen) Gründen (§ 62 Abs 1 Alt 2 ZPO). Hier kann sich ausnahmsweise eine Einzelprozessführungsbefugnis aus Abs 2 ergeben (oben Rn 43). Vgl ferner BGH NJW 1985, 1827 (gemeinschaftlicher Hausherstellungsvertrag).

In den Fällen der §§ 1011, 432 hat die Entscheidung, die im Prozess für oder gegen **48** den klagenden Teilhaber ergeht, **keine Rechtskraftwirkung** für oder gegen die übrigen Teilhaber (§ 325 Abs 1 ZPO). Denn die Prozessstandschaft als solche führt nicht zur Rechtskrafterstreckung; anders nur in zwei Ausnahmefällen: (1) wenn der Prozessführungsbefugte ohne Zustimmung des Aktivlegitimierten über das streitige Recht verfügen kann; diese Voraussetzung trifft wegen § 747 auf den Teilhaber nicht zu; (2) wenn der Aktivlegitimierte der Prozessführung zugestimmt hat (THOMAS/PUTZO, ZPO[22] § 51 Rn 24 u § 325 Rn 4; RGZ 119, 163, 168 f; vgl auch BGH WM 1979, 366). Nur die *Zustimmung der übrigen Teilhaber* zum Prozess führt also zur *Rechtskrafterstreckung*. Ebenso verhält es sich, wenn die Prozessführungsbefugnis auf Abs 2 gestützt wird: Auch hier ist die Rechtskraft idR auf die Parteien beschränkt.

Klagen in den Fällen der §§ 1011, 432 mehrere (oder alle) Teilhaber gemeinsam, so **49** ist streitig, ob **einfache** (§ 61 ZPO) **oder notwendige Streitgenossenschaft** (§ 62 ZPO) vorliegt. Ein Parallelproblem stellt sich bei der Klage mehrerer Miterben (vgl § 2039). Dabei scheidet der *zweite Tatbestand* des § 62 ZPO (notwendige Streitgenossenschaft „aus einem sonstigen Grunde", dh kraft materiellen Rechts) von vornherein aus, weil jeder Streitgenosse auch allein klagen könnte (THOMAS/PUTZO, ZPO § 62 Rn 13; **aA** bei Klage auf Feststellung der Unwirksamkeit eines Mietvertrages OLG Celle NJW-RR 1994, 854). *Streitig* ist dagegen, ob der *erste Tatbestand* des § 62 ZPO (das streitige Rechtsverhältnis kann allen Streitgenossen gegenüber nur einheitlich festgestellt werden – notwendige Streitgenossenschaft aus prozessualen Gründen) vorliegt. Das wird in der Literatur *überwiegend* mit der Begründung *bejaht*, dass der Streitgegenstand – der gemeinschaftliche Anspruch – unteilbar sei und in demselben Rechtsstreit nicht unterschiedlich beurteilt werden könne (vgl ZÖLLER/VOLLKOMMER, ZPO [6. Aufl 2007] § 62 Rn 16; BAUMBACH/LAUTERBACH/ALBERS/HARTMANN, ZPO [64. Aufl 2006] § 62 Rn 8; BLOMEYER AcP 159, 387, 405; STEIN/JONAS/BORK, ZPO § 62 Rn 8; vgl auch MünchKomm/K SCHMIDT Rn 38, § 1011 Rn 7). Nach der *Gegenansicht* liegt eine notwendige Streitgenossenschaft deshalb nicht vor, weil – wie unstreitig ist – das Urteil für oder gegen den einzelnen Teilhaber keine Rechtskraft für und gegen die übrigen entfaltet, prozessual also abweichende Urteile ohne weiteres zulässig sind (BGHZ 23, 207, 212; PALANDT/EDENHOFER § 2039 Rn 7; STEIN/JONAS/LEIPOLD, ZPO[20] § 62 Rn 8 f; SCHWAB, in: FS Lent [1957] 271, 283 ff; vgl auch RGZ 95, 97). Dem ist zu folgen. Die Handlungen des klagenden Teilhabers gereichen deshalb den übrigen am Prozess beteiligten Teilhabern weder zum Vor- noch zum Nachteil (§ 61 ZPO); er kann die anderen Teilhaber bei der Wahrung von Terminen und Fristen nicht vertreten. Entsprechendes gilt, wenn mehrere Teilhaber klagen und ihre Prozessführungsbefugnis auf Abs 2 stützen (dazu oben Rn 47).

50 Entstehen im Zusammenhang mit dem Gemeinschaftsverhältnis Ansprüche gegen die Teilhaber, so ist jeder einzelne Teilhaber passivlegitimiert (vgl RGZ 95, 97 f zum Parallelfall der Erbengemeinschaft). Denn die Gemeinschaft als solche ist nicht fähig, Schuldner zu sein. Schuldner sind notwendigerweise die einzelnen Teilhaber. Der Gläubiger kann also nach Belieben gegen den einzelnen Teilhaber, gegen einige oder gegen alle Teilhaber klagen; mehrere beklagte Teilhaber sind einfache Streitgenossen (**aA** aber BGHZ 36, 187 und BGH NJW 1984, 2210 [Notwegduldungsklage] mit ausf Übersicht über den Meinungsstand; ebenso BGHZ 131, 376; MünchKomm/K Schmidt Rn 32; ders JuS 1996, 652; notwendige Streitgenossenschaft, sofern *auf Verfügungen* über den gemeinschaftlichen Gegenstand geklagt wird, und zwar aus materiellen Gründen; die Klage gegen einzelne Teilhaber soll unzulässig sein – ein Grund hierfür [§ 283!] ist nicht ersichtlich, aber in der Praxis ist die Rspr natürlich zu beachten). Einem formell rechtskräftigen – unzulässigen – Teilurteil gegen einzelne notwendige Streitgenossen kommt keine materielle Rechtskraftwirkung gegenüber anderen Streitgenossen zu (BGHZ 131, 376; K Schmidt JuS 1996, 652).

§ 745
Verwaltung und Benutzung durch Beschluss

(1) Durch Stimmenmehrheit kann eine der Beschaffenheit des gemeinschaftlichen Gegenstands entsprechende ordnungsmäßige Verwaltung und Benutzung beschlossen werden. Die Stimmenmehrheit ist nach der Größe der Anteile zu berechnen.

(2) Jeder Teilhaber kann, sofern nicht die Verwaltung und Benutzung durch Vereinbarung oder durch Mehrheitsbeschluss geregelt ist, eine dem Interesse aller Teilhaber nach billigem Ermessen entsprechende Verwaltung und Benutzung verlangen.

(3) Eine wesentliche Veränderung des Gegenstands kann nicht beschlossen oder verlangt werden. Das Recht des einzelnen Teilhabers auf einen seinem Anteil entsprechenden Bruchteil der Nutzungen kann nicht ohne seine Zustimmung beeinträchtigt werden.

Materialien: E I §§ 765 Abs 3, 763 S 3, 772 S 1; II § 681; III § 732; Mot II 875, 876, 888; Prot II 743, 747; Jakobs/Schubert, Schuldverh III 369 ff.

Systematische Übersicht

I.	Vorbemerkung	1	a) Wesentliche Veränderung (Abs 3 S 1)	11
II.	**Mehrheitsbeschlüsse (Abs 1)**		b) Beeinträchtigung der Nutzungsquote (Abs 3 S 2)	13
1.	Voraussetzungen	5		
2.	Kostenumlage	8	4. Beschlussfassung	15
3.	Inhaltlich unzulässige Mehrheitsbeschlüsse (Abs 3)	11	a) Berechnung der Mehrheit (Abs 1 S 2)	15

b)	Verweigerung der Mitwirkung	16	7.	Fehlerhafte Beschlüsse	47
c)	Art der Beschlussfassung	17	**III.**	**Verwaltungsregelung durch gerichtliche Entscheidung (Abs 2)**	
d)	Beschlussfassung durch die Mehrheit ohne Zuziehung der Minderheit	19	1.	Voraussetzungen	50
e)	Ausschluss vom Stimmrecht	21	2.	Schranken (Abs 3)	54
5.	Wirkungen im Innenverhältnis	27	3.	Verhältnis zu den nach Abs 1 und § 744 Abs 2 zulässigen Maßnahmen	55
a)	Allgemeines	27			
b)	Bindungswirkung des Beschlusses	30	4.	Beispiele	56
6.	Wirkungen im Außenverhältnis	33	5.	Durchsetzung des Anspruchs	57
a)	Meinungsstand	33	**IV.**	**Gemeinschaft zwischen Ehegatten und Lebenspartnern**	60
b)	Stellungnahme	39			
aa)	Verpflichtungsgeschäfte	40			
bb)	Verfügungsgeschäfte	44			
cc)	Besondere Sachlagen	45			

Alphabetische Übersicht

Abänderung des Mehrheitsbeschlusses	30	Genehmigung	44
Abfindung	6, 13, 56	Gewaltschutzgesetz	65
Abtretung des Anspruchs auf Mitwirkung	41	Gleichbehandlung	5
Angehörige	7	Grenzstreifen	56
Aufhebung der Gemeinschaft	4, 51		
Aufhebung des Mehrheitsbeschlusses	30	Handwerker	27, 29
Ausbau	12	Haushaltsgegenstände	60 ff
		Heizungskosten	8
Bebauung	12		
Behelfsheim	12, 56	Kassenbuch	56
Beiratsklausel	3	Kausalität	19
Beschluss vgl Mehrheitsbeschlüsse		Klageänderung	57
Beweislast	48, 59	Klageantrag	57
Billiges Ermessen	2, 16, 50, 55, 59	Kosten	8
Brandversicherung	9	Kostspielige Anlagen	12
		Kündigung	6, 44
Darlehen	40		
Dispositives Recht	4	Lebenspartner	60 ff
		Leistungsklage	57
Ehegatten	60		
Eheliche Lebensgemeinschaft	60 ff	Mehrheitsbeschlüsse	2 ff, 5 ff, 50, 55
Einrede	41	– Bindungswirkung	27, 30 f
Eintragungsantrag	6	– Durchführung	28
Einwilligung	44, 57	– fehlerhafte	47 f
Erbengemeinschaft	1, 6, 10, 34 ff, 42	– Übergehen der Minderheit	18 f
Erhaltungsmaßnahmen	2, 45 f	– Verfahren	17
Erträge	8 f	– zwei Teilhaber	15
Fehlerhafte Beschlüsse	47 ff	Mieterhöhung	56
Feststellungsklage	41, 48	Minderheitenschutz	5
Früchte	13	Mitwirkungspflicht	16, 27, 40 f
		Notgeschäftsführungsrecht	33

Not- und Eilfälle	38 ff	Uneinigkeit	53
Nutzungsart	13, 56		
Nutzungsquote	13, 54	Veränderte Sachlage	30, 50
Nutzungsvergütung	56	Vereinbarungen	2, 50
		Verfügung	6, 35
Ordnungsmäßige Verwaltung	5 ff, 11, 13	Verkauf	45
		Vermietung	6, 40, 42, 56
Passivlegitimation	47	Verpachtung	6, 20, 26, 34 f, 42, 56
Privatvermögen	4, 8 f, 12	Verpflichtungsgeschäfte	34, 36, 39 ff
		Verschönerungsarbeiten	27
Rechtshängigkeit	58	Versicherung	9
Rechtskraft	58	Vertreterklausel	3
Reisekosten	8	Vertretung	33 ff
Reparaturen	40	Verwalter	7, 21, 52, 56
		Verwaltungsregelung durch gerichtliche Entscheidung	50 ff
Schadensersatz	16, 19, 28, 49		
Schriftliche Beschlussfassung	17	Verzug	40
Steuerberater	8		
Stimmrecht	21 ff	Wasserkosten	8
Streitgenossenschaft	49, 57	Wertsteigernde Maßnahmen	9
Stromkosten	8	Wesentliche Veränderung	11, 54
		Wiederaufbau	9, 12, 56
Teilung	56	Wohnung	60 ff
Telefonische Beschlussfassung	17	Wohnungseigentümergemeinschaft	1, 17, 20, 49, 59
Telefonkosten	8		
Trennwände	12		
Treu und Glauben	5		

I. Vorbemerkung

1 Die Vorschrift gilt gem § 2038 Abs 2 S 1 auch für die *Erbengemeinschaft* (speziell dazu MUSCHELER ZEV 1997, 169). Für die *Gemeinschaft der Wohnungseigentümer* gelten Sonderregeln (§§ 15 Abs 2, 3, 16, 20 ff, insbes § 22 WEG), durch die Abs 1, Abs 2 und Abs 3 S 1 verdrängt werden. Der Grundsatz des Abs 3 S 2 (Unentziehbarkeit der anteilsmäßigen Nutzungsbefugnis) ist gem § 10 Abs 1 S 1 WEG auch in der Wohnungseigentümergemeinschaft zu beachten.

2 Die Vorschrift steht **in enger Verbindung mit § 744**. In erster Linie sind bei der Verwaltung die *Vereinbarungen* der Teilhaber zu beachten, von denen – solange sie bindend sind (§ 744 Rn 14 f) – nicht durch Mehrheitsbeschluss abgewichen werden darf. Soweit Vereinbarungen fehlen, entscheidet in den von Abs 1 und Abs 3 gezogenen Grenzen die *Mehrheit*. Fehlen auch Mehrheitsbeschlüsse, kann jeder Teilhaber sein Recht auf *billigem Ermessen* entsprechende interessengerechte Regelung der Verwaltung und Benutzung gerichtlich durchsetzen (Abs 2). Unberührt bleibt das Recht zu *Erhaltungsmaßnahmen* (§ 744 Abs 2). Mehrheitsbeschlüsse können es nicht ausschließen (§ 744 Rn 25); allerdings kann ein Teilhaber Erhaltungsmaßnahmen, die die Mehrheit beschlossen hat, nicht durchkreuzen, indem er auf § 744 Abs 2 gestützt konkurrierende Maßregeln ergreift (§ 744 Rn 45).

Abs 1 begründet für die Verwaltung das **Mehrheitsprinzip**. Es geht um folgenden 3
Interessenkonflikt: Einerseits soll die Gemeinschaft davor geschützt werden, dass
einzelne Teilhaber bei Meinungsverschiedenheiten die Verwaltung lahmlegen können. Andererseits sind die einzelnen Teilhaber davor zu schützen, dass die Mehrheit
in ihr Anteilsrecht eingreift (das soll Abs 3 verhindern), oder dass die Mehrheit
Dispositionen trifft, die das Privatvermögen der einzelnen Teilhaber belasten (deshalb sind die Mehrheitsbeschlüsse auf die Regelung der „ordnungsmäßigen" Verwaltung und Benutzung beschränkt). Diese beiden Gesichtspunkte – Sicherung der
Funktionsfähigkeit der Gemeinschaft und Schutz der Individualsphäre der Teilhaber
– sind die Richtlinien für die Auslegung der Vorschrift. Zur analogen Anwendung im
Falle gesellschaftsvertraglicher Beirats- und Vertreterklauseln § 741 Rn 139.

Abs 1 ist dispositives Recht. Insbes bei Zwei-Personengemeinschaften, bei denen ein 4
Teilhaber den größeren Anteil hat, kann vereinbart werden, dass *einstimmig* entschieden werden soll (allerdings ist eine solche Vereinbarung auch hier nicht ohne weiteres
zu unterstellen). Grundsätzlich zulässig sind auch Vereinbarungen, durch die der
Anwendungsbereich des Mehrheitsprinzips erweitert wird (MünchKomm/K Schmidt
Rn 15; vgl zur Wohnungseigentümergemeinschaft, bei der diese Frage besondere Brisanz hat, BGHZ
95, 127; eingeh zu den Beschlusskompetenzen der Wohnungseigentümergemeinschaft nach der WEG-Novelle Hügel/Elzer 77 ff; aA noch OLG Köln DNotZ 1982, 753; OLG Frankfurt aM OLGZ 1984,
146). Allerdings kann der Mehrheit nicht die unbeschränkte Befugnis eingeräumt
werden, Entscheidungen zu *Lasten des Privatvermögens* der Minderheit zu treffen.
Zulässig ist aber zB eine Vereinbarung, durch die der Mehrheit das Recht eingeräumt
wird, über die *Art der Verwertung* im Fall der Aufhebung der Gemeinschaft zu
entscheiden. **Abs 2** ist dagegen nur in dem Sinn dispositiv, dass die Teilhaber einstimmig oder mit Mehrheit etwas anderes beschließen oder die Entscheidung einem
Dritten überlassen können; an der subsidiären Geltung der Regel können sie nichts
ändern (sowenig, wie sie durch Vereinbarung die Geltung des § 242 ausschließen
können).

II. Mehrheitsbeschlüsse (Abs 1)

1. Voraussetzungen

Die Mehrheit kann nur eine der Beschaffenheit des gemeinschaftlichen Gegenstands 5
entsprechende **ordnungsmäßige Verwaltung und Benutzung** beschließen. Zu den
Begriffen „Verwaltung" und „Benutzung" vgl § 744 Rn 7, 9. Maßgeblich sind die
Regeln ordnungsmäßiger *Bewirtschaftung*. Sie umfasst nicht nur „notwendige" Erhaltungsmaßregeln iSv § 744 Abs 2, sondern geht darüber weit hinaus (so auch Soergel/Hadding Rn 2; BGB-RGRK/vGamm Rn 5; MünchKomm/K Schmidt Rn 24; KG OLGE 30,
184). Gedeckt sind alle Maßnahmen, die nach den individuellen Gegebenheiten im
Zeitpunkt der Beschlussfassung vernünftig erscheinen. Dass andere zweckmäßigere
Maßnahmen denkbar sind, macht den Beschluss noch nicht unwirksam (so auch
MünchKomm/K Schmidt Rn 24; BGB-RGRK/vGamm Rn 6). Abs 1 überlässt die Entscheidung darüber, welche unter mehreren vernünftigerweise in Betracht zu ziehenden
Maßnahmen den Vorzug verdient, dem Urteil der Mehrheit, und die Minderheit
oder der von ihr angerufene Richter haben nicht das Recht, ihre eigene Beurteilung
an die Stelle der Beurteilung durch die Mehrheit zu setzen. Insbes ist ein Anspruch
des überstimmten Teilhabers auf eine Regelung „nach billigem Ermessen" gem

Abs 2 ausgeschlossen, solange der Mehrheitsbeschluss sich im Rahmen des „Ordnungsmäßigen" hält (aA, entgegen dem Gesetz und in Überbetonung des Gedankens des Minderheitenschutzes, MünchKomm/K SCHMIDT Rn 24). Die berechtigten Interessen der Minderheit dürfen allerdings nicht übergangen werden (RG JW 1912, 1939), wie überhaupt die Mehrheitsentscheidung den Geboten von Treu und Glauben unterliegt (BGB-RGRK/vGAMM Rn 6). In diesem Rahmen sind auch Verstöße gegen den Grundsatz der Gleichbehandlung unzulässig (dazu G HUECK, Der Grundsatz der gleichmäßigen Behandlung im Privatrecht [1958] 320). **AA** (stattdessen für Korrektur mit Hilfe des Abs 2) MünchKomm/K SCHMIDT aaO. Ein Beschluss, der nicht ordnungsgemäßer Verwaltung entspricht, bindet die Minderheit nicht (OLG Düsseldorf NJW-RR 1987, 1256).

6 **Beispiele** für Maßnahmen, die die Rechtsprechung als im Rahmen der ordnungsmäßigen Verwaltung liegend anerkannt hat, sind: Nichterrichtung einer Mobilfunkstation trotz Einhaltung der Grenzwerte (OLG Karlsruhe NJW-RR 2006, 1600); Verpachtung des gemeinschaftlichen Gegenstands (BGHZ 56, 47); Verpachtung zur Ausfüllung eines Sumpfes (KG OLGE 20, 186); Kündigung eines Pachtvertrags (BGH LM Nr 1 zu § 2038); Vermietung (LG Mannheim ZHR 1965, 218); auch Verpachtung, Vermietung oder Einräumung eines ausschließlichen Nutzungsrechts gegen Abfindung an einen der Teilhaber, soweit das einer ordnungsmäßigen Bewirtschaftung entspricht (BGH LM Nr 2 zu § 745; LM Nr 3/4 zu § 743); Rücknahme des Eintragungsantrags des Erblassers durch Mehrheitsbeschluss der Erbengemeinschaft (OLG Düsseldorf NJW 1956, 876 f); Verfügungen (RG DR 1944, 572; BGH FamRZ 1965, 267; zur Wirksamkeit nach außen vgl Rn 33 ff); Kündigung eines Verwaltervertrages (BGH NJW 1985, 2943; 1983, 449 f); Widmung einer Straßenfläche (BGHZ 101, 24).

7 Auch die **Bestellung eines Verwalters** kann mit Mehrheit beschlossen werden. Allerdings ist gerade hierbei nach § 242 auf die Interessen des von der Verwaltung ausgeschlossenen Teilhabers Rücksicht zu nehmen. Danach hängt es von den Umständen des Einzelfalls ab, ob es zulässig ist, die Verwaltung einem Teilhaber oder einem nahen Angehörigen eines Teilhabers durch Mehrheitsbeschluss zu übertragen (verneinend OLG Dresden SeuffA 65 Nr 164 betr die Bestellung des Ehemanns einer Teilhaberin zum Alleinverwalter).

2. Kostenumlage

8 Die Frage, welche Kosten der einzelne Teilhaber aus seinem Privatvermögen nachzuschießen hat, ist in § 748 beantwortet. Hiernach ist jeder Teilhaber verpflichtet, die Kosten der *Erhaltung*, der *Verwaltung* und der *gemeinschaftlichen Benutzung* zu tragen. Insoweit ist er notfalls – dh soweit die Kosten nicht aus den Erträgen gedeckt werden können – verpflichtet, sein Privatvermögen in Anspruch zu nehmen. In diesem Rahmen ist ein Mehrheitsbeschluss daher auch dann zulässig, wenn die Kosten nur aus dem Privatvermögen der Teilhaber aufgebracht werden können. Allerdings ist dabei Folgendes zu beachten: Kosten der *Erhaltung* sind Kosten „notwendiger" Maßnahmen iSv § 744 Abs 2. Hierdurch sind nur solche Maßnahmen gedeckt, die nicht nur sachlich notwendig, sondern idR auch wirtschaftlich sinnvoll sind (vgl OLG Hamm NZG 2000, 643). Es muss also grundsätzlich die Aussicht bestehen, die für die Erhaltung aufgewendeten Kosten in Form von Nutzungen oder als Teil des Veräußerungserlöses bei Auflösung der Gemeinschaft wieder hereinzuholen

(§ 744 Rn 21). Kosten der *Verwaltung* sind nur jene, die durch die Verwaltungstätigkeit als solche entstehen (zB Reisekosten oder Kosten der Zuziehung eines Steuerberaters), nicht dagegen Aufwendungen zur Verbesserung des gemeinschaftlichen Gegenstands. Auch Verwaltungskosten dürfen nach Abs 1 nur im Rahmen des wirtschaftlich Angemessenen verursacht werden, grundsätzlich also nur, wenn sie auf Dauer durch die Vorteile, die die Teilhaber aus dem Gegenstand ziehen, wieder aufgewogen werden. Kosten der *gemeinschaftlichen Benutzung* (zB Telefon-, Strom-, Wasser- und Heizungskosten eines gemeinschaftlichen und gemeinsam benutzten Hauses) dürfen durch Mehrheitsbeschluss ebenfalls nur verursacht werden, soweit die Art der Nutzung sich iS des Abs 1 als „ordnungsmäßig", dh wirtschaftlich vernünftig darstellt.

Mehrheitsbeschlüsse sind, soweit sie den Teilhabern **private Kosten verursachen, die nicht durch § 748 gedeckt** sind, überhaupt *unzulässig*: die Mehrheit kann grundsätzlich nicht über das Privatvermögen der Minderheit disponieren. Ein Beschluss, der diese Grenze überschreitet, liegt nicht mehr im Rahmen „ordnungsmäßiger Verwaltung"; er kann nur einstimmig gefasst werden. Das gilt insbes für „nützliche", dh *wertsteigernde Verwendungen* auf den gemeinschaftlichen Gegenstand. Solche Verwendungen können an sich durchaus im Rahmen einer „ordnungsmäßigen Bewirtschaftung" liegen. Aber das Privatvermögen der Teilhaber darf gegen ihren Willen nicht hierfür herangezogen werden. Wertsteigernde Verwendungen kann die Mehrheit deshalb nur beschließen, wenn sie *wirtschaftlich vernünftig* sind und *aus den Erträgen des Gegenstands oder aus sonstigen der Gemeinschaft als solcher zustehenden Mitteln bestritten werden können* (zutr daher OLG Stuttgart OLGE 8, 82: zulässig der Mehrheitsbeschluss, ein abgebranntes Gebäude mit Hilfe der ausbezahlten Brandversicherung wiederaufzubauen; zur Brandversicherung auch OLG Düsseldorf NJW-RR 1997, 604; vgl andererseits OLG Hamm NZG 2000, 643: Wiederaufbau einer sanierungsbedürftigen Immobilie für Kosten von ca 2 Mio DM). Soweit eine wirtschaftlich ordnungsmäßige Maßnahme ohne Inanspruchnahme privater Mittel nicht möglich ist, ist ein Mehrheitsbeschluss zulässig, wenn die der Mehrheit angehörenden Teilhaber sich verpflichten, die Mittel aus ihrem Vermögen aufzubringen und das Privatvermögen der Minderheit nicht in Anspruch zu nehmen. Im Ergebnis zutreffend deshalb die Rechtsprechung des BGH zum *Wiederaufbau kriegszerstörter Häuser*: ein dahingehender Mehrheitsbeschluss ist unzulässig, wenn dazu Zuschüsse der Teilhaber benötigt werden (BGH BB 1954, 913), zulässig, wenn ein Teilhaber die Kosten freiwillig übernimmt (BGH NJW 1953, 1427). In einem solchen Fall ist auch ein Mehrheitsbeschluss zulässig, durch den festgelegt wird, dass die durch einzelne Teilhaber aufgebrachten Mittel aus künftigen Erträgen oder aus dem künftigen Veräußerungserlös zu erstatten sind (immer vorausgesetzt, die so finanzierte Maßnahme entspricht an sich den Grundsätzen ordnungsmäßiger Verwaltung).

Bei der Anwendung von Abs 1 im Rahmen der **Erbengemeinschaft** ist eine Besonderheit zu beachten. In der Erbengemeinschaft bezieht die Verwaltung sich nicht auf die *einzelnen Nachlassgegenstände*, sondern auf den *Nachlass im Ganzen* (BGH NJW 2006, 439). Infolgedessen kommt es für die Zulässigkeit von Mehrheitsbeschlüssen – soweit es um an sich „ordnungsmäßige" nützliche Verwendungen geht – darauf an, ob sie aus dem Nachlass im Ganzen bestritten werden können; nicht entscheidend ist, ob gerade die Erträge desjenigen Nachlassgegenstands ausreichen, dessen

Wert durch die zu beschließende Maßnahme gesteigert werden soll (vgl dazu MUSCHE-
LER ZEV 1997, 169 ff).

3. Inhaltlich unzulässige Mehrheitsbeschlüsse (Abs 3)

a) Wesentliche Veränderung (Abs 3 S 1)

11 Eine wesentliche Veränderung des Gegenstands kann von der Mehrheit nicht beschlossen werden (Abs 3 S 1). Es ist gleichgültig, ob sie noch als „ordnungsmäßige Verwaltung" anerkannt werden kann oder nicht (BGH WM 1983, 314; BGH NJW 1953, 1427). „Wesentlich" sind **Änderungen der äußeren Gestalt** oder erhebliche Änderungen der **wirtschaftlichen Zweckbestimmung** (BGH DNotZ 1995, 605) des gemeinschaftlichen Gegenstands, wenn sie von einem gewissen Gewicht sind.

12 **Beispiele**: BGH WM 1973, 82 (Bebauung eines landwirtschaftlichen Grundstücks); BayObLG Recht 1908, Nr 2662 (unverhältnismäßig kostspielige Anlagen; hier fehlt es allerdings auch schon an der „Ordnungsmäßigkeit"). Einrichtung von Garagen auf Kfz-Abstellfläche (HansOLG Hamburg OLGZ 1990, 141); Prostitution in einem Wohnhaus (OLG Hamm NJW-RR 1992, 329). **Beispiele für nicht wesentliche Veränderungen**: BGH NJW 1953, 1427 (Errichtung eines Behelfsheims auf einem Trümmergrundstück, wenn bauliche und finanzielle Schwierigkeiten dem Wiederaufbau im früheren Zustand entgegenstehen); Bestellung einer Baulast zur bestimmungsgemäßen Nutzung eines Grundstücks (BGH ZfIR 2004, 474); OLG Düsseldorf MDR 1947, 289 (ebenso); KG OLGE 30, 184 (Ausbau des Dachstuhls zur Schaffung einer weiteren vermietbaren Wohnung); OLG Düsseldorf MDR 1970, 416 (Änderung der bisher bestehenden Grundrisseinteilung eines Hauses durch Beseitigung bestehender und Einbau neuer Trennwände). Keine Änderung – wenigstens keine „wesentliche" Änderung – liegt vor, wenn der beschädigte Gegenstand *wiederhergestellt*, insbes wenn ein durch Feuer oder Kriegseinwirkung zerstörtes Haus auf einem gemeinschaftlichen Grundstück wiederaufgebaut wird (BGH NJW 1953, 1427; OLG Düsseldorf NJW-RR 1997, 604; OLG Stuttgart OLGE 8, 82; OLG Düsseldorf MDR 1947, 289). Das gilt an sich auch dann, wenn zum Wiederaufbau erhebliche Eigenmittel der Teilhaber erforderlich sind (**aA** BGH BB 1954, 913; SOERGEL/HADDING Rn 3; BGB-RGRK/ vGAMM Rn 6; MünchKomm/K SCHMIDT Rn 21). In einem solchen Fall fehlt es aber bereits an den Voraussetzungen von Abs 1, weil Inanspruchnahme privater Mittel der Teilhaber keine „ordnungsmäßige Verwaltung" ist (oben Rn 8 ff).

b) Beeinträchtigung der Nutzungsquote (Abs 3 S 2)

13 Unzulässig sind Mehrheitsbeschlüsse, die das Recht des Teilhabers auf den seinem Anteil entsprechenden Bruchteil der Nutzungen beeinträchtigen, Abs 3 S 2. Bei dem Recht auf bruchteilsmäßige Beteiligung an den Nutzungen handelt es sich um ein Individualrecht des Teilhabers. In ein solches Individualrecht darf durch Mehrheitsbeschluss ohne Zustimmung des betroffenen Teilhabers auch dann nicht eingegriffen werden, wenn der Beschluss an sich noch im Rahmen einer ordnungsmäßigen Verwaltung liegen sollte (RG JW 1931, 2722, 2723 m Anm von OERTMANN; BGH WM 1962, 464 ff sieht durch den in die Nutzungsquote eingreifenden Beschluss bereits die Regeln ordnungsmäßiger Verwaltung als verletzt an; vgl ferner LG Berlin NJW-RR 1995, 463: keine Zuweisung einzelner Zimmer an einen Partner einer nichtehelichen Lebensgemeinschaft). Nutzungen sind sowohl die Gebrauchsvorteile als auch die Früchte, § 100. Abs 3 S 2 hat allerdings *nicht* die Bedeutung, dass dem einzelnen Teilhaber *die reale Beteiligung am Ge-*

brauch oder an den Früchten nicht gegen seinen Willen entzogen werden dürfte. Vielmehr ist die *Nutzungsart* und die *Nutzungsquote zu* unterscheiden (BGH DNotZ 1995, 604, 605). Die *Nutzungsart* unterliegt nach Abs 1 der Disposition durch die Mehrheit, sofern nur die Grenzen ordnungsmäßiger Wirtschaft beachtet werden und keine wesentliche Veränderung des Gegenstands beschlossen wird.

Die Mehrheit kann daher darüber entscheiden, ob und in welcher Weise der Gegenstand von den einzelnen Teilhabern selbst gebraucht und genutzt werden darf, oder ob er Dritten gegen Entgelt zum Gebrauch oder zur Nutzung überlassen wird (vgl § 743 Rn 34, 38; BGH DNotZ 1995, 604, 606: Miteigentümer eines Appartement-Hotels; Münch-Komm/K Schmidt Rn 19). *Zulässig ist auch, dass einem der Teilhaber gegen Abfindung der übrigen ein ausschließliches Nutzungsrecht eingeräumt werden soll* (oben Rn 6). Auch ein Mehrheitsbeschluss, der eine Nutzung anordnet, die den *allen* Teilhabern zufließenden *Reinertrag schmälert*, verstößt nicht gegen Abs 3 S 2, solange er nicht einzelne Teilhaber gegenüber anderen bevorzugt (Soergel/Hadding Rn 4). In einem solchen Fall ist nur problematisch, ob nicht die Grenzen ordnungsmäßiger Verwaltung iSv Abs 1 verletzt sind. *Unvereinbar mit Abs 3 S 2 sind nur Beschlüsse, die aus dem Gegenstand gezogene Vorteile – Gebrauchsvorteile, natürliche Früchte oder das Nutzungsentgelt, je nachdem, welche Nutzungsart beschlossen ist – im Widerspruch zu den Regeln des § 743 Abs 1 und Abs 2 unter die Teilhaber verteilen.* 14

4. Beschlussfassung

a) Berechnung der Mehrheit (Abs 1 S 2)
Die Mehrheit bestimmt sich nach der Größe der Anteile (in der Erbengemeinschaft nach der Größe der Erbteile), nicht nach Köpfen, Abs 1 S 2. Sind nur zwei Teilhaber vorhanden und die Anteile verschieden groß, so hat der eine von vornherein die Mehrheit; das Mehrheitsprinzip wird hierdurch nicht außer Kraft gesetzt (BGB-RGRK/vGamm Rn 9; Soergel/Hadding Rn 7; MünchKomm/K Schmidt Rn 16; aA Larenz JherJb 83 [1993] 144; Engländer 121). Bei zwei gleich großen Anteilen ist eine Mehrheitsentscheidung von vornherein nicht möglich (RG Recht 1906, Nr 928; RGZ 160, 122, 128). Ergibt sich keine Mehrheit, muss die ins Auge gefasste Maßnahme unterbleiben – *potior est condicio prohibentis.* Es bleibt dann nur die Einigung oder das Verfahren nach Abs 2. Bei der Wohnungseigentümergemeinschaft gilt gem § 25 Abs 2 WEG grundsätzlich das Kopfprinzip, um Majorisierung zu vermeiden (abdingbar, näher Bärmann/Pick[15] § 25 WEG Rn 8 f). 15

b) Verweigerung der Mitwirkung
Eine Verpflichtung, an Beschlüssen gem Abs 1 mitzuwirken, besteht nicht (OLG Düsseldorf DB 1998, 2159). Der Teilhaber, der mit seinem Antrag scheitert, hat folgende Möglichkeiten: Liegen die Voraussetzungen nach § 744 Abs 2 vor, kann er die Maßnahme selbst durchführen und auch verlangen, dass die übrigen Teilhaber hierzu im Voraus ihre Einwilligung erteilen. Außerdem kann er gem Abs 2 die Zustimmung zu Verwaltungsmaßnahmen verlangen, die billigem Ermessen entsprechen. Von einem Teilhaber, der seine Zustimmung zu einer hiernach an sich gebotenen Maßnahme grundlos verweigert, kann er Schadensersatz verlangen (KG NJW 1953, 1592; Soergel/Hadding Rn 6). Grundlage für den Schadensersatzanspruch ist nicht Abs 1 – denn der widerstrebende Teilhaber ist, wie gesagt, nicht verpflichtet, am Beschluss mitzuwirken und in einem bestimmten Sinn abzustimmen –, wohl aber 16

Abs 2 iVm den Regeln über die positive Forderungsverletzung bzw § 241 Abs 2 nF. Jeder Teilhaber hat nach Abs 2 einen schuldrechtlichen Anspruch darauf, dass die übrigen Teilhaber an einer billigem Ermessen entsprechenden Verwaltungsmaßnahme mitwirken (unten Rn 50 ff); weigern sie sich, so verletzen sie ihre Pflicht aus dem gesetzlichen Schuldverhältnis. Als letzter Ausweg für den Teilhaber, sich der Obstruktion durch die übrigen Teilhaber zu entziehen, bleibt die Aufhebung der Gemeinschaft nach § 749. Ist die Aufhebung durch Vereinbarung ausgeschlossen, kann die Verletzung der Pflicht, an billigem Ermessen iSv Abs 2 entsprechenden Maßnahmen mitzuwirken, einen wichtigen Grund darstellen, der die Aufhebung stets ermöglicht (§ 749 Abs 2, 3; MünchKomm/K Schmidt Rn 16).

c) **Art der Beschlussfassung**

17 Die §§ 741 ff enthalten keine Vorschriften, die die Art der Beschlussfassung näher regeln (anders für die Wohnungseigentümergemeinschaft §§ 23 ff WEG). Der Mehrheitsbeschluss kann deshalb formlos gefasst werden (BGHZ 140, 63). Nicht erforderlich ist, dass eine Versammlung der Teilhaber abgehalten wird. Damit entfallen auch alle denkbaren Förmlichkeiten hinsichtlich Ladung, Tagesordnung, Feststellung des Beschlussergebnisses u dgl. Zulässig sind zB telefonisch, schriftlich und insbes auch durch konkludentes Verhalten gefasste Beschlüsse (vgl etwa Soergel/Hadding Rn 6 [mE problematisch, OLG Stuttgart NJW-RR 1987, 1098: Die tatsächliche Nutzung könne sich zur rechtlichen Nutzungsregelung verdichten, die nur über § 745 Abs 2 geändert werden könne. Damit ist im Innenverhältnis nichts gewonnen]). Ein Mindestmaß an geordneter Beschlussfassung in Anlehnung an gesellschaftsrechtliche Maßstäbe (Vorbem 14 ff) wird aber grundsätzlich nach Treu und Glauben, vor allem bei solchen Gemeinschaften zu fordern sein, die auf Dauer angelegt sind.

18 Eine Vertretung bei der Beschlussfassung ist möglich. Eine isolierte Abtretung des Stimmrechts – also seine Abspaltung von der Beteiligung am gemeinschaftlichen Gegenstand – ist nicht möglich; die Verwaltungsbefugnisse sind nach §§ 744, 745 untrennbarer Bestandteil der Teilhaberstellung. Es verhält sich ähnlich wie im Fall der Gesellschaft (vgl dazu BGHZ 3, 354; BGHZ 20, 363).

d) **Beschlussfassung durch die Mehrheit ohne Zuziehung der Minderheit**

19 Die gänzliche Formlosigkeit des Beschlusses (Rn 17) hat nach hM zur notwendigen Folge, dass die **Wirksamkeit** des Beschlusses **nicht davon abhängt**, ob der **Minderheit ausreichende Gelegenheit zur Mitwirkung** gegeben worden ist (ganz hM, vgl BGHZ 56, 47, 56 mwNw; aA MünchKomm/K Schmidt Rn 16). Die Mehrheit kann daher wirksame Beschlüsse fassen, auch ohne die Minderheit zuzuziehen; hat ein Teilhaber allein die Mehrheit, kann er den Beschluss in petto fassen. Wollte man generell anders entscheiden, müsste man für die Beschlussfassung bestimmte Förmlichkeiten oder aber Einstimmigkeit vorsehen; auf beides hat aber der Gesetzgeber gerade verzichtet.

20 Korrekt ist das schlichte Übergehen der Minderheit durch die Mehrheit allerdings nicht. Jedenfalls bei nicht nur rein zufälligen Gemeinschaften mit dem Ziel alsbaldiger Auflösung folgt jedenfalls aus § 242, bei größeren und auf Dauer angelegt ggf auch aus vorsichtiger analoger Anwendung gesellschaftsrechtlicher Normen, dass gewisse Grundregeln des fairen Umganges zu wahren sind; alles andere widerspräche einer Verwaltung nach billigem Ermessen, § 745 Abs 2. Zwar mag im Falle

der Außenwirkung eines Beschlusses der Schutz Dritter besondere Beachtung verdienen (BGHZ 56, 47, 56: Unwirksamkeit allenfalls „wenn die Interessen der Minderheit in grober Weise verletzt wurden"); im Innenverhältnis spielen diese Überlegungen allerdings keine Rolle (ähnl MünchKomm/K Schmidt Rn 16). Jeder Teilhaber ist – wenn er nicht gerade unerreichbar ist und die Beschlussfassung einen Aufschub nicht duldet – vor dem Beschluss wenigstens zu **hören** (einhellige Ansicht; vgl etwa BGB-RGRK/vGamm Rn 9; Palandt/Sprau Rn 1; vgl auch BGHZ 56, 47, 56). Das ergibt sich sowohl aus dem allgemeinen Prinzip des § 744 Abs 1 – die Verwaltung ist gemeinschaftliche Sache der Teilhaber, auch soweit für die Entscheidung Mehrheitsbeschlüsse genügen – als auch aus § 242. Schwierigkeiten macht es allerdings, den Pflichtverstoß mit geeigneten Sanktionen zu versehen. UU kann die Mehrheit sich dadurch, dass sie die Minderheit nicht gehört hat, der Minderheit gegenüber *schadensersatzpflichtig* machen (OLG Kiel OLGE 13, 428; KG OLGE 20, 186, 187; BGHZ 56, 47, 56: für Erbengemeinschaften). Das Problem liegt darin, dass es der Minderheit schwerfallen wird, ihren *Schaden zu beziffern*, und vor allem die *Kausalität* zwischen der Verweigerung des Gehörs und dem Eintritt des Schadens nachzuweisen (die Mehrheit wird geltend machen, dass der Beschluss, wäre die Minderheit gehört worden, nicht anders ausgefallen wäre). Daran wird regelmäßig der – theoretisch mögliche – Anspruch der Minderheit scheitern, im Weg der Naturalrestitution den Beschluss wieder aufzuheben: die Mehrheit wird, trotz des inzwischen laut gewordenen Widerspruchs der Minderheit, an ihrem Beschluss festhalten. Denkbar ist noch, dass die Minderheit das unkorrekte Vorgehen der Mehrheit zum Anlass nimmt, die *Aufhebung der Gemeinschaft* zu betreiben. Ist die Aufhebung durch Vereinbarung ausgeschlossen, kann das Übergehen der Minderheit durch die Mehrheit einen *wichtigen Grund* für die Aufhebung der Gemeinschaft darstellen (OLG Kiel OLGE 13, 428).

e) Ausschluss vom Stimmrecht
Für den Ausschluss vom Stimmrecht wegen Interessenkollision gibt es keine besonderen Regeln. Deshalb müssen die allgemeinen Regeln des Verbandsrechts herangezogen werden. Nach hM ist insoweit aus dem Vereinsrecht **§ 34 analog anzuwenden** (BGH NJW 1983, 450; BGHZ 34, 367, 372; BGHZ 56, 47, 52; OLG Düsseldorf NJW-RR 1998, 12; BGB-RGRK/vGamm Rn 9; iE ebenso MünchKomm/K Schmidt Rn 16; eine ausdrückliche Regelung in dieser Richtung enthält § 25 Abs 5 WEG für die Wohnungseigentümergemeinschaft). § 34 schließt das Vereinsmitglied vom Stimmrecht aus, wenn die Beschlussfassung die Vornahme eines Rechtsgeschäfts mit ihm oder einen Rechtsstreit zwischen ihm und dem Verein betrifft. Der zweite Punkt spielt im vorliegenden Zusammenhang keine Rolle, da die Gemeinschaft nicht parteifähig ist, Prozesse also nur unmittelbar zwischen den Teilhabern möglich sind. Insoweit unterliegen die Teilhaber aber keinen Mehrheitsbeschlüssen; jeder kann frei entscheiden, ob er einen Rechtsstreit führen will oder nicht und ob und wie er einen begonnenen Rechtsstreit erledigen will. Die analoge Anwendung des § 34 hat also praktisch die Bedeutung, dass ein Teilhaber nicht mitstimmen kann, wenn es bei der Verwaltungsmaßregel darum geht, dass die übrigen Teilhaber ihm gegenüber ein Rechtsgeschäft vornehmen. Der betroffene Teilhaber kann demnach zB nicht mitstimmen, wenn darüber beschlossen werden soll, ihm den gemeinschaftlichen Gegenstand zu verpachten (dazu BGHZ 56, 47, 52: § 34 gilt nicht für Verpachtung an GmbH, an der einer der Teilhaber beteiligt ist), oder ihm die Befugnis zu übertragen oder zu entziehen, den gemeinschaftlichen Gegenstand zu verwalten (zum zuletzt genannten Fall vgl BGH NJW 1983, 450; BGHZ 34, 367, 371).

22 Der Stimmrechtsausschluss ist allerdings für die verschiedenen Personenverbände unterschiedlich geregelt. Eine dem § 34 entsprechende Regelung sieht § 47 Abs 4 S 2 GmbHG vor. Dagegen ist im Aktienrecht (seit 1937) und daran anschließend im Genossenschaftsrecht (seit 1973) das Stimmrecht *nicht* ausgeschlossen, wenn es um ein *Rechtsgeschäft* mit dem Aktionär oder dem Genossen geht (§ 136 Abs 1 S 1 AktG, § 43 Abs 6 GenG). Im Recht der BGB-Gesellschaft, der OHG und der KG fehlt eine Regelung. Für sie wurde mit Rücksicht auf die Neufassung der aktien- und genossenschaftsrechtlichen Regelungen eine Zeitlang verstärkt die Auffassung vertreten, dass der Gesellschafter mitbestimmen kann, wenn es um Rechtsgeschäfte der Gesellschaft mit ihm geht (Fischer, in: Großkomm HGB § 119 Rn 22; Schlegelberger/ Gessler[4] § 119 Rn 3; Hueck, OHG § 11 III 2 [alle für die OHG]; BGB-RGRK/vGamm § 709 Rn 13; Vogel, Gesellschafterbeschlüsse u Gesellschafterversammlung [2. Aufl 1986] 85 f, 88). Einem Missbrauch des Stimmrechts durch den interessierten Gesellschafter könne dadurch begegnet werden, dass seine Stimme wegen des Verstoßes gegen die gesellschaftsrechtliche Treuepflicht nicht beachtet werde. Anderer Ansicht nach sind § 34 bzw § 47 Abs 4 GmbHG und nicht § 136 AktG analog anzuwenden, sodass das Stimmrecht auch in diesem Fall ausgeschlossen ist (Zöllner, Die Schranken mitgliedschaftlicher Stimmrechtsmacht bei den privatrechtlichen Personenverbänden [1963] 190 ff; Flume I 1 § 14 IX; RGZ 136, 236, 245; Staudinger/Kessler[12] § 709 Rn 9; MünchKomm/P Ulmer § 709 Rn 64). Dieser Auffassung hat sich auch die jüngste Literatur angeschlossen (Schlegelberger/Martens § 119 Rn 40; Erman/Westermann § 709 Rn 26; Baumbach/Hopt § 119 Rn 8); dies zu Recht. Eine allgemeine Tendenz des Gesetzgebers, Stimmverbote beim Abschluss eines Rechtsgeschäfts zwischen Gesellschafter und Gesellschaft zu beseitigen, lässt sich nicht feststellen, zumal die ursprünglich idS geplante Reduktion des § 47 Abs 4 GmbHG in der GmbH-Novelle später fallengelassen wurde (MünchKomm/P Ulmer § 709 Rn 64; Matthiessen, Stimmrecht und Interessenkollision im Aufsichtsrat [1986] 96).

23 Der Stimmrechtsausschluss ist vielmehr von Verbandsart zu Verbandsart verschieden zu beurteilen. Die Regelungen zu AG und Genossenschaft lassen sich nicht ohne weiteres auf GbR, OHG und KG übertragen, weil der Verzicht auf den Stimmrechtsausschluss eng mit der Kompetenzverteilung in AG und Genossenschaft zusammenhängt. Sie weicht wesentlich von derjenigen bei den Personengesellschaften ab. Denn mit der Neuregelung des Stimmrechts wurden im gleichen Zuge die Entscheidungskompetenzen der Hauptversammlung/Generalversammlung in der Weise gekürzt, dass die den Aktionären/Genossenschaftern eingeräumte Stimmrechtsmacht sich nicht mehr direkt auf Rechtsgeschäfte im Rahmen der Geschäftsführung auswirken konnte (auf diesen Zusammenhang weist Matthiessen 167 besonders hin). Sie erfasste nur noch Grundlagengeschäfte, die von Stimmrechtsbeschränkungen frei sein sollten, sodass konsequent ein genereller Verzicht auf den Stimmrechtsausschluss bei Rechtsgeschäften eingeführt wurde. Dagegen blieb dort, wo die Eingriffsmöglichkeit der Gesellschafterversammlung in die Geschäftsführung erhalten geblieben ist, auch der Stimmrechtsausschluss für Rechtsgeschäfte.

24 Zudem reicht die Möglichkeit, eine Treuepflichtverletzung im Einzelfall geltend zu machen, zum Schutz der Gesellschafter nicht aus, zumal die Argumentations- und Beweislast bei demjenigen liegt, der sich auf die Treuepflichtverletzung beruft (MünchKomm/P Ulmer § 709 Rn 64). Martens (Schlegelberger § 119 Rn 40) weist darüber hinaus zu Recht darauf hin, dass das Verhältnis der Gesellschafter einer

Personengesellschaft vom persönlichen Vertrauen geprägt ist. Um das Vertrauensverhältnis zu schützen, sollte dem Interessenkonflikt durch ein generelles Stimmverbot analog § 34 vorgebeugt werden. § 181 (so aber FLUME I 1 § 14 IX; WILHELM JZ 1976, 674 ff; für die Gemeinschaft auch STAUDINGER/HUBER[12] § 745 Rn 20 und MünchKomm/K SCHMIDT Rn 16) ist demgegenüber nicht anwendbar. § 181 passt vom Schutz- und Anwendungsbereich nicht; er richtet sich auf den Schutz des Vertretenen, während es bei den verbandsrechtlichen Stimmverboten um den Schutz der verbandsinternen Willensbildung geht (MünchKomm/P ULMER § 709 Rn 63). Es liegt keine Vertretungssituation iSd § 181 vor. Der Gesellschafter nimmt primär eigene Rechte wahr, nicht fremde als Vertreter (SCHLEGELBERGER/MARTENS § 119 Rn 40; WIEDEMANN, GesR [1980] Bd 1, 182). Darüber hinaus bietet § 181 sachlich keine Maßstäbe dafür, unter welchen Umständen sich ein Gesellschafter an der Abstimmung beteiligen darf. Diese Maßstäbe sind primär durch Abwägung gesellschaftsrechtlicher Wertungsaspekte und Regelungsalternativen zu entwickeln, und zwar von Verbandsart zu Verbandsart verschieden (WIEDEMANN aaO; SCHLEGELBERGER/MARTENS § 119 Rn 40).

Die Anwendung dieser Wertungen auf die Gemeinschaft bestätigt die hier vertretene Auffassung, dass beim Beschluss über ein Rechtsgeschäft mit einem Teilhaber der betroffene Teilhaber selbst nicht mitstimmen kann. Das folgt zum einen aus der Tatsache, dass die Gemeinschaft bindende Beschlüsse in bezug auf ihre Verwaltung kennt (MATTHIESSEN 168). Zum anderen *bedürfen* die übrigen Teilhaber dieses Schutzes; die Möglichkeit, geltend zu machen, dass der Beschluss nicht der ordnungsgemäßen Verwaltung iSd § 745 Abs 1 entspreche, reicht nicht aus. Zur Stimmrechtsbefugnis eines Teilhabers, der zugleich Kommanditist eines Mieters der Gemeinschaft ist, mE zutr OLG Düsseldorf NJW-RR 1998, 12. Zur Erbengemeinschaft BGH ZEV 2007, 486 m Anm ANN.

Der Ausschluss vom Stimmrecht hat die **Folge**, dass die **Mehrheit der übrigen Teilhaber** entscheidet. Praktisch bedeutet das, dass der betroffene Teilhaber immer die Mehrheit der übrigen Teilhaber auf seiner Seite haben muss, wenn es um die Frage geht, ob ein Rechtsverhältnis zwischen ihm und den übrigen Teilhabern begründet oder fortgesetzt werden soll. Das ist sachgerecht.

5. Wirkungen im Innenverhältnis

a) Allgemeines

Im Innenverhältnis ist der fehlerfrei zustande gekommene Beschluss für alle Teilhaber **bindend**. Das heißt: Jeder Teilhaber ist den übrigen gegenüber *verpflichtet*, an der Ausführung des Beschlusses mitzuwirken. Der Teilhaber, dem im Beschluss die Ausführung übertragen ist, ist *berechtigt*, die erforderlichen Maßnahmen zu ergreifen (etwa Verschönerungsarbeiten durchzuführen oder einen Handwerker zu beauftragen).

Praktisch bedeutet das vor allem, dass die Mehrheit es in der Hand hat, **die beschlossene Maßnahme durchzuführen, ohne die Minderheit zuzuziehen** – soweit die Durchführung ohne Mitwirkung der Minderheit möglich ist (BGHZ 56, 47 – III. Senat –; FLUME I 1 117; SOERGEL/HADDING Rn 9; PALANDT/SPRAU Rn 4; ERMAN/ADERHOLD Rn 4). Diese Befugnis der Mehrheit wird allerdings in BGHZ 49, 183, 192 (II. Senat) als bedenklich bezeichnet; abgelehnt wird sie von BGB-RGRK/vGAMM Rn 10; OLG Königsberg

SeuffA 63, Nr 89 (nach außen müssten alle Teilhaber mitwirken; ihre Willenserklärung sei notfalls durch Urteil gem § 894 ZPO zu ersetzen). Das Mehrheitsprinzip nur bei der Beschlussfassung gelten zu lassen, bei der Durchführung dagegen gemeinschaftliches Handeln aller Teilhaber zu verlangen, ist wenig sinnvoll; Abs 1 wäre dadurch zu einem guten Teil seiner praktischen Bedeutung beraubt. Das gilt auch, wenn man der Mehrheit ausnahmsweise in Not- und Eilfällen, in denen ein Urteil zu spät käme, die unmittelbare Durchführung der beschlossenen Maßnahme gestattet (so BGHZ 49, 183, 192; BGB-RGRK/vGAMM Rn 10). Der Zweck des Mehrheitsprinzips ist gerade, die ordnungsmäßige Verwaltung auf unkomplizierte, Verzögerungen ausschließende Weise zu ermöglichen. Dieser Zweck wäre beeinträchtigt, hätte die Minderheit das Recht, die Maßnahme bis zur rechtskräftigen Verurteilung zu verhindern. Einem gesetzmäßig gefassten Beschluss muss sie sich ohnehin beugen. Ist *streitig*, ob die Maßnahme gesetzmäßig ist, so ist es für die Zwischenzeit immer noch richtiger, dass die Minderheit sich der Mehrheit beugt als umgekehrt. Die Minderheit ist durch Unterlassungs- und Schadensersatzansprüche zwar nicht vollständig, aber doch ausreichend geschützt. Es liegt näher, die Minderheit gegenüber gesetzwidrigen Maßnahmen auf Unterlassungs- und Schadensersatzansprüche zu beschränken, als die Mehrheit an der Ausführung gesetzmäßiger Beschlüsse zu hindern und sie ihrerseits auf Schadensersatzansprüche gegen die ihre Mitwirkung verweigernde Minderheit zu verweisen (so zutr BGHZ 56, 47, 51). Im Streitfall ist also die Mehrheit zum Handeln in der Lage, solange ihr das nicht durch rechtskräftige Entscheidung wegen festgestellter Rechtswidrigkeit des Beschlusses oder durch einstweilige Verfügung untersagt ist. Die Tatsache allein, dass die Rechtmäßigkeit des Beschlusses streitig ist, hindert sie nicht, tätig zu werden.

29 Das gilt allerdings zunächst nur für die Handlungsbefugnis im **Innenverhältnis**. Damit ist noch nicht gesagt, dass die Mehrheit auch das Recht hat, die Minderheit rechtsgeschäftlich zu **vertreten**. Aber die Mehrheit hat – wenn der Beschluss gesetzmäßig ist – mindestens die Befugnis, diejenigen Maßnahmen durchzuführen, bei denen das ohne Zuziehung der Minderheit möglich ist. Ist beispielsweise eine Reparatur beschlossen, so können die der Mehrheit angehörenden Teilhaber jedenfalls im eigenen Namen den Handwerker beauftragen. Besteht die Gemeinschaft aus drei Teilhabern A, B und C, hat A den gemeinschaftlichen Gegenstand im Besitz und beschließt die aus A und B bestehende Mehrheit – nach Abs 1 rechtmäßig –, den Gegenstand an X zu verpachten, so dürfen A und B jedenfalls für ihre Person den Pachtvertrag mit X abschließen (FLUME I 1, 117), und A ist berechtigt, den Besitz des Gegenstandes an X zu übertragen.

b) Bindungswirkung des Beschlusses

30 Selbstverständlich kann ein gesetzmäßig zustandegekommener Mehrheitsbeschluss jederzeit im allgemeinen Einverständnis aller Teilhaber aufgehoben oder abgeändert werden. Fraglich ist, ob er im Weg des actus contrarius auch **durch Mehrheitsbeschluss wieder aufgehoben** werden kann. Das wird überwiegend abgelehnt (so SOERGEL/HADDING Rn 8; STAUDINGER/HUBER[12] Rn 25; wohl auch BGH NJW 1961, 1299, 1300; aA MünchKomm/K SCHMIDT Rn 16). Es könne nichts anderes gelten als bei einstimmig gefassten Beschlüssen. Der zunächst überstimmten Minderheit müsse es freistehen, sich nach Abstimmung der Mehrheit anzuschließen und dadurch den Beschluss zu einem einstimmigen zu machen. Würden nun, was die Abänderung angehe, einstimmige Beschlüsse und Mehrheitsbeschlüsse unterschiedlich behandelt, so müsste

man notwendigerweise weiter zwischen solchen Mehrheitsbeschlüssen unterscheiden, denen die Minderheit sich „angeschlossen" hat, und solchen, bei denen das nicht der Fall ist. Eine solche Unterscheidung sei aber innerlich nicht gerechtfertigt und – angesichts der gänzlichen Formlosigkeit des Beschlussverfahrens – auch nicht praktikabel. Ein Abgehen vom Beschluss durch Mehrheitsentscheid sei deshalb nur bei veränderter Sachlage und nur dann zulässig, wenn die Voraussetzungen des Abs 1 auch hinsichtlich des zweiten Beschlusses gegeben sind (STAUDINGER/HUBER[12] Rn 25).

31 Die Prämisse dieser Begründung ist mE unzutreffend. Die Auslegung einer einstimmigen Vereinbarung kann ergeben, dass sie nicht änderungsfest ist (§ 744 Rn 16). Dasselbe gilt für Beschlüsse, ohne dass es darauf ankäme, ob ihr Gegenstand einstimmiger Beurteilung oder strittiger Abstimmung unterlag. Gerade bei knappen Mehrheiten kann der Fortgang der Diskussion einen sinnvollen und zweckmäßigen Meinungsumschwung mit sich bringen. Andererseits sind natürlich die Funktionsfähigkeit der Gemeinschaft und das Vertrauen der einzelnen Bruchteilsgemeinschafter angemessen zu berücksichtigen. Insoweit bietet sich bei (vergleichbaren) Bruchteilsgemeinschaften eine vorsichtige Orientierung an der Rechtsprechung zum WEG an: Danach ist die Gemeinschaft grundsätzlich befugt, über eine schon geregelte Angelegenheit erneut zu beschließen (BGHZ 113, 197 ff; BayObLG DNotZ 1995, 619; Überbl bei LÜKE ZWE 2000, 98 ff). Dabei sind aber schutzwürdige Belange aus Inhalt und Wirkungen des Erstbeschlusses zu beachten (BayObLG aaO). Soweit der Erstbeschluss somit Vertrauenstatbestände, Verpflichtungen und insbes Vermögensdispositionen ausgelöst hat, mag seine Abänderung mit der hM unzulässig sein, sonst nicht.

32 Die **Tragweite der Bindungswirkung** richtet sich daher nach dem Inhalt des einzelnen Beschlusses. Haben die Teilhaber – und sei es nur mit Mehrheit – entschieden, das gemeinschaftliche Grundstück an den X zu verpachten, können sie dies – wenn nicht neue Umstände vorliegen – idR nur einstimmig rückgängig machen. Dagegen betrifft die spätere Entscheidung, ob das Pachtverhältnis mit X zum zulässigen Termin gekündigt oder bei Zeitablauf verlängert werden soll, einen neuen Sachverhalt: insoweit sind die Teilhaber, schon nach dem Inhalt des ersten Beschlusses, nicht gebunden. Im übrigen setzt ein Mehrheitsbeschluss voraus, dass die Beteiligten sich rechtsverbindlich geäußert und nicht bloße Meinungsäußerungen abgegeben haben: bloße Meinungsäußerungen, auch der Mehrheit, haben keine verbindliche Wirkung.

6. Wirkungen im Außenverhältnis

a) Meinungsstand

33 Die Frage, ob die **Mehrheit die widerstrebende Minderheit** bei der Vornahme von Rechtsgeschäften **vertreten** kann, ist umstritten. Ein ähnliches Problem stellt sich im Zusammenhang mit § 744 Abs 2 (dazu § 744 Rn 31 ff). Aber die Ausgangslage ist in beiden Fällen – Vertretung durch den notgeschäftsführungsberechtigten Teilhaber und Vertretung durch die Mehrheit – nicht die gleiche. Das Notgeschäftsführungsrecht nach § 744 Abs 2 ist ein *Individualrecht*, das dem einzelnen Teilhaber in seinem *eigenen Interesse* verliehen ist (§ 744 Rn 29 f). Das spricht *gegen* rechtsgeschäftliche Vertretungsmacht; insbes gegen die Macht, Mitgesellschafter zu verpflichten

(§ 744 Rn 37 ff). Im vorliegenden Zusammenhang ist dagegen von dem Grundsatz auszugehen, dass die Minderheit sich bei der gemeinschaftlichen Verwaltung im Konfliktsfall der Mehrheit beugen muss; deshalb wäre es zumindest denkbar, eine Vertretungsmacht der Mehrheit anzunehmen, auch wenn man im Rahmen des § 744 eine Vertretungsmacht verneint.

34 **Praktische Bedeutung** erlangt das Problem vor allem bei **Erbengemeinschaften**, auf die § 745 kraft Verweisung (§ 2038 Abs 2 S 1) Anwendung findet. Dort steht die hM auf dem Standpunkt, dass die Mehrheit jedenfalls bei Verpflichtungsgeschäften die Minderheit vertreten kann (vgl STAUDINGER/WERNER [1996] § 2038 Rn 40; BROX, Erbrecht [18. Aufl 2000] Rn 482; LANGE/KUCHINKE § 45 III 6 c; KIPP/COING § 114 IV 2 C; SOERGEL/WOLF § 2038 Rn 8; BGB-RGRK/KREGEL § 2038 Rn 8; zweifelnd PALANDT/EDENHOFER § 2038 Rn 15). Grundlegend hierzu ist die Entscheidung des III. – also des erbrechtlichen – Senats BGHZ 56, 47 = DNotZ 1972, 22 (die Miterbengemeinschaft hat ein Nachlassgrundstück verpachtet; die Mehrheit beschließt Verlängerung des Pachtvertrags um 20 Jahre; die Änderung des Pachtvertrags wird von einem Mitglied der Mehrheit „als Bevollmächtigter bzw Vertreter der Mitglieder der Erbengemeinschaft" mit dem Pächter vereinbart; der überstimmte Miterbe klagt vergeblich auf Feststellung, dass der geänderte Pachtvertrag ihm gegenüber unwirksam sei). Zur Begründung führt der III. Senat an, es müsse zu „langwierigen und mit einer ordnungsgemäßen Verwaltung praktisch unvereinbaren Verzögerungen" führen, wenn wichtige Verwaltungsmaßnahmen erst durchgesetzt werden könnten, nachdem eine widerstrebende Minderheit im Prozessweg gezwungen worden sei, ihre Zustimmung zu der Maßnahme zu erteilen und zu ihrer Durchführung mitzuwirken. (Vgl im Übrigen die Angaben zu § 2038 Rn 40 f und in BGHZ 56, 47, 49. Denselben Standpunkt vertreten für die Rechtsgemeinschaft SOERGEL/HADDING Rn 9; ERMAN/ADERHOLD Rn 4; PALANDT/SPRAU Rn 4; grundsätzlich auch MünchKomm/K SCHMIDT Rn 26 [außer bei Verpflichtungen zu Geldleistungen].)

35 Eine Besonderheit soll nach hM bei **Verfügungen** über den Nachlassgegenstand gelten. Insoweit soll § 2040 Abs 1 (Verfügung über einen Nachlassgegenstand nur durch alle Erben gemeinschaftlich) die Vertretungsmacht der Mehrheit ausschließen (vgl STAUDINGER/WERNER [1996] § 2038 Rn 6, 40); **aA** zB LANGE JuS 1967, 453, 456; KIPP/COING § 114 IV 2 c, 631; JOHANNSEN WM 1970, 573, 576).

36 Das **Risiko**, dem die Mehrheit der Miterben die Minderheit aussetzen kann, soll allerdings nach hM **beschränkt** sein. Verbindlichkeiten, die bei der Verwaltung des Nachlasses entstehen, sind *Nachlassverbindlichkeiten* (sog „Nachlasserbenschulden", SOERGEL/SCHIPPEL § 1967 Rn 6; ERMAN/SCHLÜTER § 1967 Rn 9). Sie sind *außerdem Eigenverbindlichkeiten* des handelnden Erben, es sei denn, dass er beim Vertragsabschluss ausdrücklich oder konkludent zu erkennen gibt, dass er nur für den Nachlass handelt. Tritt nun die Mehrheit, ohne rechtsgeschäftliche Vollmacht, für die Minderheit auf, so ergibt sich daraus, dass sie in erster Linie den Nachlass vertreten will, nicht die Minderheit persönlich. Es ist Frage des Einzelfalls, ob in einem solchen Fall der handelnde Erbe neben der Nachlassverbindlichkeit für sich persönlich eine Eigenverbindlichkeit begründen will. Keinesfalls kann man annehmen, dass er *auch für den überstimmten Erben* eine Eigenverbindlichkeit begründen will. Überdies ist davon auszugehen, dass ein abweichendes Verfahren des Miterben auch durch seine, von der hM angenommene gesetzliche Vertretungsmacht nicht gedeckt wäre. Zur ordnungsmäßigen Verwaltung genügt es, dass der Miterbe eine Verpflichtung mit

Wirkung für den Nachlass eingeht. Aus beiden Gründen ist die Haftung des überstimmten Miterben, auch wenn man eine schuldrechtliche Vertretungsmacht der Mehrheit bejaht, grundsätzlich gem § 2059 Abs 1 S 1 iVm § 2046 Abs 1 S 1 auf den Nachlass beschränkt (FLUME I 1 117; ders ZHR 136, 177, 206). Im Fall der *schlichten Rechtsgemeinschaft* gibt es *hierzu kein Gegenstück*; Vertretungsmacht der Mehrheit muss – wenn man sie anerkennt – notwendigerweise zur Haftung des überstimmten Teilhabers mit seinem Privatvermögen führen.

Die **Gegenmeinung** wird insbes vertreten vom II. – gesellschaftsrechtlichen – Senat, **37** BGHZ 49, 183, 192, allerdings nur in einem obiter dictum (es ging um die Bestellung eines gemeinsamen Vertreters der Erbengemeinschaft zur Ausübung des Stimmrechts in der Gesellschafterversammlung einer GmbH, § 18 Abs 1 GmbHG). Grundsätzlich soll hiernach der Mehrheitsbeschluss *nur Wirkungen im Innenverhältnis* äußern und der Mehrheit *nicht* das Recht geben, die Minderheit zu vertreten. Die Mehrheit dürfe die Minderheit nicht vor „vollendete Tatsachen" stellen (ebenso für die Erbengemeinschaft JÜLICHER AcP 175, 143, 152 ff; ERMAN/SCHLÜTER § 2038 Rn 8; für die Rechtsgemeinschaft PLANCK/LOBE Anm 3; BGB-RGRK/vGAMM Rn 10; FLUME I 1, 117; ders ZHR 136, 177, 205).

Eine **Ausnahme** soll nach Ansicht des II. Senats (BGHZ 49, 183, 193) in „Not- und **38** Eilfällen" gelten, in denen „ein Urteil zu spät kommen würde und mangels Einigkeit der Mitberechtigten vollendete Tatsachen entständen" (Bestellung eines gemeinschaftlichen Vertreters gem § 18 Abs 1 GmbHG). Denn sonst könne die Minderheit die Mehrheit vor „vollendete Tatsachen" stellen (ebenso BGB-RGRK/vGAMM Rn 10; ERMAN/ADERHOLD Rn 12 f).

b) Stellungnahme
Zu unterscheiden ist, ob der Mehrheitsbeschluss den Abschluss von Verpflichtungs- **39** geschäften, die Vornahme von Verfügungen oder sonstige Rechtsgeschäfte (zB eine Vollmachterteilung) betrifft.

aa) Verpflichtungsgeschäfte
Bei Verpflichtungsgeschäften ist zunächst zu beachten, dass die *Eingehung von* **40** *Verbindlichkeiten, die das Privatvermögen der Teilhaber betreffen*, in der Regel *nicht durch die Mehrheit*, sondern nur *einstimmig* beschlossen werden kann (oben Rn 9 ff). Schon aus diesem Grund kommt in der Regel eine Vertretung der Minderheit durch die Mehrheit nicht in Betracht. So ist es zB unzulässig, dass die Mehrheit zugleich im Namen der Minderheit ein *Darlehen* aufnimmt, um Reparaturen oder Verbesserungen durchzuführen (iE ebenso MünchKomm/K SCHMIDT Rn 26: keine Vertretungsmacht, wenn die Primärpflicht auf Geldleistung geht). In den Rahmen ordnungsmäßiger Verwaltung fällt dagegen beispielsweise die Vermietung oder Verpachtung des gemeinschaftlichen Gegenstands (oben Rn 6). Auch insoweit ist aber ein Vertretungsrecht der Mehrheit nicht anzuerkennen (**aA** MünchKomm/K SCHMIDT aaO). Durch die Teilnahme an der Vermietung und Verpachtung übernimmt der Teilhaber jedenfalls für Schadensersatzansprüche (Verzug, § 538 usw) die persönliche Haftung. Man müsste erwarten, dass der Gesetzgeber, hätte er eine so weitgehende gesetzliche Vertretungsmacht der Mehrheit zu Lasten der Minderheit beabsichtigt, dies (etwa in Analogie zu § 714) ausdrücklich ausgesprochen hätte. Rechtspolitisch gesehen, sind die Voraussetzungen des Abs 1, vor allem für den betroffenen Dritten, so ungewiss,

dass die Bestimmung sich als Tatbestand gesetzlicher Vertretungsmacht nicht eignet. Grundsätzlich ist also die Mehrheit darauf angewiesen, die Minderheit auf Abgabe der entsprechenden Willenserklärungen zu verklagen, soweit ihr aufgrund des Abs 1 **ein Anspruch auf Mitwirkung der Minderheit** (oben Rn 27) beim Abschluss des Miet- oder Pachtvertrags zusteht.

41 Dieser Anspruch auf Mitwirkung ist **abtretbar**. Schließen alle Mitglieder der Mehrheit mit einem Dritten einen Miet- oder Pacht- oder ähnlichen Vertrag, so können sie es dem Dritten überlassen, sich mit der widerstrebenden Minderheit auseinanderzusetzen, *und ihm zu diesem Zweck ihre Ansprüche gegen die Minderheit auf Mitwirkung abtreten*. Lässt sich der Dritte *in Kenntnis des internen Dissenses* auf den Vertragsabschluss mit der Mehrheit ein, so ist im Zweifel anzunehmen, dass eine solche Abtretung *konkludent* vorgenommen ist. Denn ohne das hat der Vertragsabschluss mit der Mehrheit für den Dritten wenig Sinn. Hat die Mehrheit dem Dritten den Besitz der gemeinschaftlichen Sache überlassen, so kann der Dritte dem überstimmten Teilhaber die auf ihn übergegangenen Rechte der Mehrheit auch einredeweise entgegenhalten, so insbes dann, wenn der überstimmte Teilhaber gem §§ 1011, 985 vom Dritten Herausgabe an die Teilhaber verlangt. Im Ergebnis ist deshalb auch der Entscheidung BGHZ 56, 47 zuzustimmen. Dort hatte die Mehrheit einen bereits abgeschlossenen Pachtvertrag mit dem Pächter verlängert; der überstimmte Teilhaber klagte gegen den Pächter auf Feststellung, dass die Verlängerung des Pachtvertrags für ihn unverbindlich war. Nach Sachlage wollte die Mehrheit es dem Pächter überlassen, sich mit dem überstimmten Teilhaber auseinanderzusetzen. Hierin war daher eine Abtretung ihrer Ansprüche auf Mitwirkung bei der Verpachtung zu erblicken; diesen Anspruch konnte der Pächter der Feststellungsklage im Weg der exceptio doli entgegenhalten.

42 Auch im Fall der **Erbengemeinschaft** kann nichts Abweichendes gelten. Zwar ist es richtig, dass in der Erbengemeinschaft die Verwaltung sich nicht auf den einzelnen Nachlassgegenstand bezieht, sondern auf den Nachlass als Ganzen (BGH NJW 2006, 439). Denkbar wäre deshalb, dass die Mehrheit die Minderheit vertritt, aber zugleich die Haftung, jedenfalls der Minderheit, auf den Nachlass beschränkt. Ein praktisches Bedürfnis für eine solche, auf den Nachlass beschränkte Vertretungsmacht hinsichtlich schuldrechtlicher Rechtsgeschäfte ist aber nicht ersichtlich. Praktisch reicht auch hier die Befugnis der Mehrheit aus, ihre Ansprüche gegen die Minderheit auf Mitwirkung an den Dritten abzutreten. In Fällen, in denen die Minderheit im Mitbesitz der zu vermietenden oder zu verpachtenden Sache ist, lässt sich der Mehrheitsbeschluss über die Vermietung und Verpachtung ohnehin nur durchsetzen, wenn die Minderheit entweder einlenkt oder die Durchführung des Beschlusses erzwungen wird; der Mehrheit ist hier auch mit der Annahme schuldrechtlicher Vertretungsmacht nicht zu helfen.

43 Ein Vertretungsrecht der Mehrheit für die Minderheit bei **schuldrechtlichen Geschäften** ist auch in **Eilfällen und Notfällen** nicht anzuerkennen (in BGHZ 49, 183 ging es nicht um ein schuldrechtliches Geschäft). Die Mehrheit hat überhaupt nicht die Macht, die Minderheit zu zwingen, gegen ihren Willen persönlich eine Verbindlichkeit zu übernehmen; auch und gerade in Eil- und Notfällen genügt es, dass die Mehrheit die Befugnis hat, die erforderlichen schuldrechtlichen Geschäfte im eigenen Namen abzuschließen.

bb) Verfügungsgeschäfte

44 Bei Verfügungen über den gemeinschaftlichen Gegenstand ist zunächst zu unterscheiden, ob es sich um eine Maßnahme der *Verwaltung* oder der *Auseinandersetzung* handelt. Nur im ersten Fall ist ein Mehrheitsbeschluss zulässig. Eine Durchführung des zulässigen Mehrheitsbeschlusses ohne Mitwirkung der Minderheit scheitert aber regelmäßig an § 747 S 2 (bei der Erbengemeinschaft: an § 2040 Abs 1): nur alle Teilhaber (Miterben) gemeinschaftlich können verfügen, also nicht die Mehrheit mit Wirkung für die Minderheit. Der Mehrheit bleibt also regelmäßig nichts anderes übrig, als die *Einwilligung oder Genehmigung der Minderheit*, notfalls im Klagweg, herbeizuführen, ehe die Verfügung perfekt werden kann; soweit der Mehrheitsbeschluss hinsichtlich der Verfügung durch Abs 1 gedeckt ist, ist die Minderheit im Innenverhältnis verpflichtet, ihre Zustimmung zu erteilen (BGHZ 140, 63 f; RG DR 1944, 572). Soweit die Mehrheit im Besitz der Sache ist, kann sie allerdings auch hier die Sache an den an der Verfügung interessierten Dritten übergeben und ihn durch Abtretung ihrer Mitwirkungsansprüche gegen die Minderheit in die Lage versetzen, die Angelegenheit mit der Minderheit durchzufechten. Verfügungsgeschäfte sind insbes auch die *Kündigung* von Rechtsverhältnissen und die *Stimmabgabe* aus gemeinschaftlichen Gesellschaftsanteilen; die Mehrheit ist grundsätzlich (Ausnahme Rn 45 f) nicht berechtigt, ohne Mitwirkung der Minderheit einen Vertreter zu bestellen oder die Stimme abzugeben (aA MünchKomm/K SCHMIDT Rn 8 mwNw).

cc) Besondere Sachlagen

45 Anders ist es aber, wenn die Verfügung, die die Mehrheit gem Abs 1 beschlossen hat, gleichzeitig eine „zur Erhaltung des Gegenstandes notwendige Maßregel" iSv § 744 Abs 2 (bei Erbengemeinschaften: § 2038 Abs 1 S 2 HS 2) ist. Wie oben (§ 744 Rn 37) dargelegt, muss das Prinzip, dass notwendige Erhaltungsmaßnahmen von jedem Teilhaber allein vorgenommen werden können, vor dem Prinzip des § 747 den Vorrang haben. Nichts anderes kann gelten, **wenn die Mehrheit eine Maßnahme beschließt, deren alsbaldige Durchführung zur Erhaltung des gemeinschaftlichen Gegenstands erforderlich ist** (zB: Beschluss, verderbliche Früchte an A zu verkaufen, während die Minderheit Verkauf an B wünscht). In diesem Fall hat die Mehrheit nach § 744 Abs 2 iVm § 745 Abs 1 Verfügungsmacht auch mit Wirkung gegenüber der Minderheit (im Prinzip übereinstimmend BGHZ 49, 183, 193, allerdings nicht in Bezug auf Verfügungen, sondern in bezug auf Ausübung von Stimmrechten, dazu Rn 46).

46 Not- und Eilmaßnahmen können auch bei anderen Rechtsgeschäften, außer bei Verfügungen, in Betracht kommen, zB bei der Ausübung des **Stimmrechts** an gemeinschaftlichen Gesellschaftsanteilen, wenn bei Nichtausübung ein Abstimmungsergebnis zu befürchten ist, das den Wert des gemeinschaftlichen Gegenstands beeinträchtigen könnte. Auch in einem solchen Fall hat die Mehrheit nach Abs 1 iVm § 744 Abs 2 (bzw § 2038 Abs 1 S 2 HS 2) die Befugnis, unmittelbar mit Wirkung für die Minderheit zu handeln, zB einen gemeinschaftlichen Vertreter zur Stimmrechtsausübung zu bestellen (BGHZ 49, 183, 193). Voraussetzung ist, dass die Mitwirkung der überstimmten Minderheit nicht rechtzeitig zu erlangen ist. Über die Frage, ob eine so begründete Vertretungsmacht eine ausreichende Legitimation zur Stimmabgabe darstellt, entscheidet die Gesellschafterversammlung, u zwar nach pflichtgemäßem Ermessen; sie darf die Stimmabgabe nur zurückweisen, wenn ernsthafte Zweifel bestehen (vgl auch MünchKomm/K SCHMIDT Rn 38: nur in „Fällen der Ungewißheit").

7. Fehlerhafte Beschlüsse

47 Ein Mehrheitsbeschluss, der durch Abs 1 nicht gedeckt ist oder die Grenzen des Abs 3 nicht beachtet oder an sonstigen Mängeln leidet (zB Verstoß gegen das Gesetz oder die guten Sitten), hat **keine Bindungswirkung** und darf **nicht ausgeführt** werden. Das gilt auch für Beschlüsse, bei denen die Stimmabgabe gem §§ 119, 123 angefochten ist, vorausgesetzt, der Wegfall der betreffenden Stimme führt dazu, dass der Beschluss nicht mehr von der Mehrheit getragen ist.

Nichtigkeit bzw Unwirksamkeit sind grundsätzlich die einzig denkbaren Folgen fehlerhafter Beschlüsse. Grundlagen für die Anerkennung lediglich anfechtbarer Beschlüsse, die bei Nichtanfechtung Bestandskraft erlangen, fehlen; die gesetzlichen Regelungen des Aktiengesetzes (§§ 269 ff) oder auch des § 23 Abs 4 WEG sind insoweit nicht analogiefähig (vgl MünchKomm/K Schmidt Rn 27; BayObLG NJW-RR 1995, 589). Allenfalls im Einzelfall mag Verwirkung eintreten (unten Rn 49).

48 Jeder Teilhaber kann im Streitfall die Unwirksamkeit des fehlerhaften Beschlusses im Weg der **Feststellungsklage** geltend machen (Mot II 876; BayObLG NJW-RR 1995, 589; BGH WM 1992, 57). Passivlegitimiert ist jeder Teilhaber, der erklärt, er halte den Beschluss für wirksam. Umgekehrt kann auch jeder Teilhaber der Mehrheit gegen einen Teilhaber der Minderheit, der die Wirksamkeit des Beschlusses bestreitet, Feststellungsklage erheben. Mehrere Kläger oder Beklagte sind notwendige Streitgenossen nach § 62 Abs 1 Fall 1 ZPO (MünchKomm/K Schmidt Rn 27). Die *Beweislast* für die Rechtmäßigkeit des Beschlusses gem Abs 1 trifft denjenigen, der sich auf die Wirksamkeit des Beschlusses beruft (Planck/Lobe Anm 2; MünchKomm/K Schmidt Rn 27); die Beweislast für Willensmängel u dgl folgt den allgemeinen Regeln (Grundsätzlich also: Beweislast dessen, der sich auf den Mangel beruft, MünchKomm/K Schmidt aaO). Ausführung eines fehlerhaften Beschlusses macht die Ausführenden, soweit sie schuldhaft handeln, *schadensersatzpflichtig*. Dritten gegenüber kann der überstimmte Teilhaber mit der Abwehrklage (§ 1004) vorgehen (OLG München NJW 1970, 711: Störung der Nutzungsbefugnis eines Miteigentümers durch Abschluss eines Pachtvertrages durch die Mehrheit). Soweit man dem Beschluss Außenwirkung beilegt (etwa Begründung von Vertretungsmacht für die Mehrheit), kann ein im Innenverhältnis ergangenes Urteil allerdings keine Wirkung gegen den Dritten äußern (§ 325 ZPO): ein Grund mehr, mit der Anerkennung einer solchen Außenwirkung zurückhaltend zu sein (oben Rn 40 ff).

49 Eine Sonderregelung gilt für die Beschlüsse der *Wohnungseigentümergemeinschaft*, § 23 Abs 4 WEG: Entscheidung durch das AG im Verfahren nach §§ 43 ff WEG. § 23 Abs 4 S 2 WEG enthält im Übrigen eine Sonderregelung für die Anfechtbarkeit. Der Antrag auf eine solche Entscheidung kann nur binnen eines Monats seit der Beschlussfassung gestellt werden, es sei denn, der Beschluss verstößt gegen eine Rechtsvorschrift, auf deren Einhaltung nicht verzichtet werden kann (§ 23 Abs 4 iVm § 46 Abs 1 WEG).

Damit stellt sich die bisher nicht problematisierte Frage, ob auch im Anwendungsbereich der §§ 741 ff Klagfristen vereinbart werden könne oder ob unabhängig hiervon im Einzelfall Verwirkung eintreten kann. Im ersten Falle bestehen schon aus prozessrechtlichen Gründen (Baumbach/Hartmann Einl III 6 A) keine Bedenken, im zweiten Falle kommt wohl nur bei Bruchteilsgemeinschaften mit einem gesellschaftsähnlichen Organisationsgrad eine vorsichtige Orientierung an den zur Gesellschaft bürgerlichen Rechts entwickelten Fristen (dazu MünchKomm/P ULMER § 709 Rn 92 mwNw) in Betracht. Sonst bleibt nur Verwirkung nach allgemeinen Grundsätzen, die insbes bei Zufallsgemeinschaften nur zurückhaltend anzunehmen sein wird (ähnlich MünchKomm/K SCHMIDT Rn 27, möglich sei Rügeverzicht; Rügeverlust könne eintreten, sofern Klage nicht binnen angemessener Frist erhoben wurde).

III. Verwaltungsregelung durch gerichtliche Entscheidung (Abs 2)

1. Voraussetzungen

Sind Verwaltung und Benutzung **nicht durch Vereinbarung** (einstimmigen Beschluss, dazu § 744 Rn 10 ff) **oder Mehrheitsbeschluss** (Abs 1, oben Rn 19 ff) geregelt, kann jeder Teilhaber eine dem Interesse aller Teilhaber nach billigem Ermessen entsprechende Verwaltung oder Benutzung verlangen, Abs 2. Der Anspruch besteht auch, wenn eine bestimmte Regelung zwar vereinbart oder mehrheitlich beschlossen, inzwischen aber eine *Änderung der Sachlage* eingetreten ist (RG HRR 1928, Nr 607; BGH NJW 2007, 149 zur Pfändung eines Bruchteilsnießbrauchs eines Ehegatten). Auch wenn bereits aufgrund einer auf Abs 2 gestützten Klage eines Teilhabers ein rechtskräftiges Urteil ergangen ist, steht dies bei veränderter Sachlage einem neuerlichen Anspruch aus Abs 2 nicht entgegen (Mot II 889). Dagegen können Mehrheitsbeschlüsse, die sich im Rahmen ordnungsmäßiger Verwaltung und Benutzung halten, bei unveränderter Sachlage grundsätzlich nicht mit einem auf Abs 2 gestützten Anspruch auf abweichende, dem Interesse aller Teilhaber nach „billigem Ermessen" entsprechende Regelung angegriffen werden; die Gegenansicht (MünchKomm/K SCHMIDT Rn 24, 29) ist in strenger Form mit dem Gesetz unvereinbar und verleiht dem Gericht eine Kontrollfunktion, die der Gesetzgeber nicht gewollt hat. Einschränkend ist aber darauf hinzuweisen, dass die Auslegung des Beschlusses begrenzte Bindungswirkung ergeben oder die Notwendigkeit einer neuen Regelung gegeben sein kann (oben Rn 31). Dann – insoweit ist MünchKomm/K SCHMIDT zuzustimmen – spricht nichts gegen gerichtliche Entscheidung. 50

Praktische Bedeutung hat Abs 2 vor allem, wenn die Teilhaber sich weder einigen noch trennen können, weil die Aufhebung der Gemeinschaft für alle Teilhaber nachteilig wäre (vgl RG JW 1906, 112) oder die Aufhebung daran scheitert, dass sich für den Gegenstand kein Käufer findet. Wichtig ist auch die mittelbare Wirkung des Abs 2: Können sich die Teilhaber nicht einigen oder zumindest eine Mehrheit bilden, geht die Entscheidung, falls ein Teilhaber, gestützt auf Abs 2, Klage erhebt, in die Hand des Richters über, mit ungewissem Ausgang; besser man einigt sich. 51

Voraussetzung für die Anwendung von Abs 2 ist stets, dass **Uneinigkeit** zwischen den Teilhabern besteht, die auch durch die Mehrheit nicht behoben werden kann (OLG Celle JR 1963, 221). Einem Teilhaber, der allein über die Mehrheit verfügt, kann daher der Anspruch nach Abs 2 nicht zustehen, wohl aber dem Minderheitsteilhaber, wenn der Mehrheitsteilhaber keine dem Abs 1 entsprechende Entscheidung trifft. Uneinigkeit hat RG SeuffA 61 Nr 201 verneint in einem Fall, in dem ein Teilhaber nur deshalb die Verwaltung des gemeinschaftlichen Gegenstands durch einen Dritten verlangte, weil er sich selbst nicht zur Verwaltung imstande fühlte, die ihm der 52 andere Teilhaber angetragen hatte: das sei kein Streit nach Abs 2; der Kläger könne sich in der Verwaltung vertreten lassen. Die Entscheidung ist unbefriedigend: Kein Teilhaber braucht den Auftrag zur Alleinverwaltung seitens der übrigen Teilhaber zu akzeptieren (§ 662, § 311 Abs 1 nF); akzeptiert er ihn, so darf er sich nicht ohne weiteres vertreten lassen (§ 664 Abs 1 S 1); zieht er einen Dritten zu, so stellt sich die Frage, wer die Kosten trägt. Will kein Teilhaber selbst verwalten und können sich die Teilhaber über die Übertragung an einen Dritten nicht einigen und auch keine Mehrheitsentscheidung fällen, so ist das eine Meinungsverschiedenheit, die nur nach Abs 2 geregelt werden kann. Zum Fall der Zustimmung zur Kündigung eines Fremdverwalters OLG Stuttgart NZG 2007, 102.

53 Aus kautelarjuristischer Sicht kann uU die vorsorgliche Bestellung eines Schiedsgerichts sinnvoll sein, sofern potentielle Streitigkeiten Materien betreffen, bei denen das Gericht ohnehin auf die Beurteilung von Sachverständigen angewiesen wäre (zB ärztliche Maschinengemeinschaften, landwirtschaftliche Gemeinschaften oä).

2. Schranken (Abs 3)

54 Die Schranken für Mehrheitsbeschlüsse nach Abs 3 gelten auch für den Anspruch aus Abs 2. Eine wesentliche Veränderung des Gegenstandes oder eine Maßnahme, die die Nutzungsquote des anderen Teilhabers beeinträchtigt, kann nicht gefordert werden (dazu oben Rn 11 f). Zutreffend daher LG Berlin NJW-RR 1995, 463: kein Anspruch auf Räumung einzelner Zimmer bei angemieteter Wohnung einer nichtehelichen Lebensgemeinschaft. Dazu allg BRUDERMÜLLER FamRZ 1994, 207.

3. Verhältnis zu den nach Abs 1 und § 744 Abs 2 zulässigen Maßnahmen

55 Im Vergleich zu dem, was durch Mehrheit beschlossen werden kann, ist der Kreis der Maßregeln, die nach Abs 2 gefordert werden können, enger. Was mehrheitlich nicht beschlossen werden kann, kann auch nicht nach Abs 2 durchgesetzt werden; aber nicht alles, was mehrheitlich beschlossen werden kann, kann nach Abs 2 gefordert werden. Denn Abs 1 setzt nur voraus, dass die Maßregel „ordnungsmäßig" ist; Abs 2 verlangt, dass die Maßnahme dem Interesse aller Teilhaber nach billigem Ermessen entspricht. Im Fall eines Mehrheitsbeschlusses kann das Gericht – solange die Maßnahme nur, vom Standpunkt eines vernünftigen Eigentümers aus, ordnungsmäßig ist – nicht nachprüfen, ob die beschlossene Maßnahme die beste ist; darüber gerade soll die Mehrheit befinden (vgl BGHZ 56, 47, 56). Nach Abs 2 dagegen darf unter mehreren zur Auswahl stehenden Maßregeln nur diejenige durchgeführt werden, die das Interesse aller Teilhaber bestmöglich wahrt; nur eine solche Maßregel entspricht dem Interesse aller Teilhaber nach billigem Ermessen. Dagegen ist der Kreis der nach § 744 Abs 2 zulässigen Maßnahmen noch enger: § 745 Abs 2 setzt nicht voraus, dass die Maßnahme zur Erhaltung des Gegenstandes notwendig ist.

4. Beispiele

56 Was eine dem Interesse aller Teilhaber nach billigem Ermessen entsprechende Verwaltung oder Benutzung ist, ist Frage des Einzelfalls. Die konkreten örtlichen und sonstigen Verhältnisse und die bisherige Zweckbestimmung und Benutzung der Sache sind zu berücksichtigen (HansOLG Hamburg SeuffA 57, Nr 34). Die Motive

(II 888) nennen als Beispiele räumliche Teilung, Vermietung und Verpachtung, Überlassung der Nutzungen an einen Teilhaber gegen Abfindung der übrigen, Nutzung durch die Teilhaber in einem bestimmten Turnus. Beispiele aus der Rechtsprechung: Benutzung eines Grenzstreifens (SeuffA 57, Nr 34); Ernennung eines Verwalters (RG JW 1906, 112; RG SeuffA 61, Nr 201); Aushändigung eines Kassenbuchs an einen Dritten (RG JW 1912, 193); Wiederaufbau eines abgebrannten Gebäudes (OLG Stuttgart OLGE 8, 82); Mieterhöhung (KG NJW 1953, 1592); Errichtung eines Behelfsheims auf kriegszerstörtem Wohngrundstück (BGH NJW 1953, 1427); Festsetzung einer Nutzungsvergütung, wenn ein in hälftigem Miteigentum stehendes Wohngrundstück einem Teilhaber allein zur Nutzung überlassen und dabei die Festsetzung des Entgelts späterer Vereinbarung vorbehalten worden ist und diese Vereinbarung nicht zustande kommt (BGH NJW 1974, 364). Anstelle der Klage auf Zustimmung zu einer bestimmten Nutzungsart kann unmittelbar Zahlungsklage erhoben werden („Nutzungsregelungsentgelt", BGH NJW 1982, 1754; BGH NJW 1984, 46; BGH NJW 1989, 1031; OLG Düsseldorf NJW-RR 1989, 1484; OLG Koblenz FamRZ 1989, 85).

5. Durchsetzung des Anspruchs

Der Anspruch aus Abs 2 muss ggf – denn Selbsthilfe ist nicht erlaubt – im Klagweg durchgesetzt werden. Die Klage ist Leistungsklage (Mot II 889; RG Gruchot 49, 837, 839). Der Klageantrag hat dahin zu gehen, die übrigen Teilhaber zur Einwilligung in die vorgeschlagene Maßregel, ggf auch zur Mitwirkung, zu verurteilen. Die Maßregel muss im Klageantrag konkret und bestimmt bezeichnet werden. Das Gericht ist an den Antrag gebunden und kann nicht von sich aus eine abweichende Regelung treffen. Die Klage muss abgewiesen werden, ohne dass von Amts wegen zu prüfen wäre, ob eine andere Regelung interessengerecht wäre (BGH NJW 1993, 3326). Hilfsanträge sind zulässig (und können ggf vom Gericht angeregt werden). Auch Umstellung des Antrags auf eine andere Maßregel während des Prozesses ist zulässig (Mot II 889). Zwar handelt es sich um Klageänderung, die – außer bei Einwilligung des Beklagten oder Anerkennung der Sachdienlichkeit durch das Gericht, §§ 263, 267 ZPO – nur in den Grenzen des § 264 Nr 2, 3 ZPO zulässig ist. Ist aber die neugeforderte Maßregel sachdienlich, so ist es auch die Klageänderung. Passivlegitimiert ist jeder Teilhaber, der der Maßnahme widerspricht (denn von einem Teilhaber, der bereits eingewilligt hat, kann nicht nochmals Einwilligung verlangt werden); mehrere Beklagte sind – notwendige – Streitgenossen (§ 62 Abs 1 Fall 1 ZPO; MünchKomm/K Schmidt Rn 32). Die Beklagten können Widerklage erheben und ihrerseits die Verurteilung des Klägers zur Einwilligung in andere Maßnahmen beantragen; unter den verschiedenen beantragten Maßnahmen hat dann das Gericht zu wählen.

Wird nach Rechtshängigkeit ein Abs 1 entsprechender Mehrheitsbeschluss gefasst, so verliert der Anspruch nach Abs 2 seine Grundlage, und die Hauptsache hat sich erledigt. Der Beklagte, der sich gegenüber dem Anspruch aus Abs 2 auf einen Teilhaberbeschluss beruft, trägt die Beweislast. Die Rechtskraft eines aufgrund von Abs 2 ergangenen Urteils schließt nicht aus, dass ein Teilhaber wegen veränderter Sachlage eine anderweitige Regelung der Verwaltung und Benutzung verlangen kann. Es handelt sich dabei um einen neuen Anspruch, dem der Einwand der Rechtskraft nicht entgegensteht (Mot II 889).

Eine verfahrensrechtliche Besonderheit galt für die **Wohnungseigentümergemein-**

schaft. Auch hier kann jeder Eigentümer einen Gebrauch des Sondereigentums wie des Miteigentums verlangen, der dem Interesse aller Wohnungseigentümer nach billigem Ermessen entspricht (§ 15 Abs 3 WEG). Darüber entschied aber nicht die streitige, sondern das AG im Verfahren der freiwilligen Gerichtsbarkeit „nach billigem Ermessen", § 43 Abs 1 Nr 1, Abs 2 WEG aF (ohne Bindung an Anträge der Beteiligten). Die WEG-Novelle hat dieses Verfahren nunmehr mit Modifikation in das normale ZPO-Verfahren überführt, näher §§ 43 ff WEG nF (dazu HÜGEL/ELZER 190 ff).

IV. Gemeinschaft zwischen Ehegatten und Lebenspartnern

60 Besonderheiten gelten für Gemeinschaften zwischen Ehegatten und Lebenspartnern nach dem LPartG. Solche Gemeinschaften bestehen insbes: (1) idR an den Gegenständen des ehelichen Haushalts, wenn die Gegenstände während der Ehe für den gemeinsamen Haushalt angeschafft sind (§ 741 Rn 29 ff); (2) an einem Hausgrundstück, das die Ehegatten gemeinsam in Bruchteilsgemeinschaft erworben haben (§ 741 Rn 22 ff), sei es zu Eigentum oder als aus sonstigem Rechtsgrund Berechtigte (vgl BGH NJW 1996, 2154: gemeinsames Wohnrecht gem § 428); (3) an einer Wohnung, die die Ehegatten gemeinsam gemietet haben (§ 741 Rn 121). In den beiden zuletzt genannten Fällen gelten die im Folgenden dargestellten Besonderheiten nur dann, wenn die Ehegatten das Grundstück erworben oder die Wohnung gemietet haben, um gemeinsam darin zu wohnen. Vgl dazu auch die Nachweise bei § 741 Rn 23 ff.

61 Grundlage für die gemeinschaftliche Benutzung ist nicht das Gemeinschaftsrecht, sondern das **Familienrecht**, speziell die Verpflichtung zur ehelichen Lebensgemeinschaft (§ 1353 Abs 1 S 2). Hiernach sind die Ehegatten verpflichtet, sich gegenseitig die Mitbenutzung der ehelichen Wohnung und der für die Eheführung bestimmten Hausratsgegenstände zu gestatten, ohne dass es auf die Eigentumsverhältnisse ankäme (BGH FamRZ 2006, 930; BGHZ 12, 380, 398 ff; folgerichtig wendet OLG Koblenz NJW 2000, 3791, die nachfolgenden Grundsätze auch für den Fall an, dass das Familienwohnheim im Alleineigentum eines Ehegatten steht, während dem anderen Ehegatten ein dingliches Mitbenutzungsrecht iSd § 1090 BGB eingeräumt wurde; vgl eingeh GÖTZ/BRUDERMÜLLER Rn 97 ff). Das Mitbenutzungsrecht hat in der Pflicht zur ehelichen Lebensgemeinschaft, nicht im Miteigentum und nicht im gesetzlichen Schuldverhältnis gem §§ 741 ff, zugleich seinen Grund und seine Grenze (abw MünchKomm/K SCHMIDT Rn 28: Der Inhalt der billigen Regelung ergebe sich unter Berücksichtigung des § 1353). Der Insolvenzverwalter eines Ehegatten kann daher von dem anderen verlangen, aus dem Haus auszuziehen oder ein Nutzungsentgelt zu zahlen (OLG Hamm NZG 2002, 864). Zum LPartG vgl dazu §§ 2, 14, 18 sowie GÖTZ/BRUDERMÜLLER Rn 25 ff, 190 ff.

62 Die Vereinbarung der Ehegatten, den gemeinschaftlichen Hausrat, das gemeinschaftliche Grundstück, die gemeinschaftlich gemietete Wohnung der ehelichen Lebensgemeinschaft zu widmen, hat Wirkungen auch noch **nach Beendigung der Lebensgemeinschaft**. Auch insoweit gelten familienrechtliche Regeln, die vor den schuld- und sachenrechtlichen Bestimmungen den Vorrang haben. Im Fall der Scheidung gelten die Vorschriften der HausratsVO. Im Fall des Getrenntlebens gelten sie ebenfalls, zumindest für Hausratsgegenstände (§ 18a HausratsVO iVm § 1361a). Eine Lücke enthält das Gesetz insofern, als die Benutzung der Wohnung bei Getrenntleben nicht geregelt ist. Nach früherer Auffassung sollten in diesem Fall die §§ 1361a bzw 1361b, 18a HausratsVO ausschließlich bzw analog anzuwenden sein (so zB OLG Frankfurt aM NJW 1978, 545; STAUDINGER/HUBER[12] Rn 54). Diese Vorschriften betreffen jedoch nur die gerichtliche Wohnungszuweisung (OLG Koblenz FamRZ 1989, 86) bzw decken nur einen kleinen Teilbereich der möglichen Sachverhalte ab (vgl STAUDINGER/VOPPEL [2007] § 1361b Rn 83 ff; PALANDT/BRUDERMÜLLER § 1361b Rn 2 ff; ders FamRZ 1999, 129 ff; P HUBER FamRZ 2000, 129 ff; WEVER/OENNING FPR 00, 185 ff; WEVER FamRZ 2000, 993 ff). Seit BGH NJW 1982, 1753 f stützt sich die ganz hM daher zutreffend auf § 745 Abs 2 (vgl MünchKomm/K SCHMIDT Rn 29; PALANDT/SPRAU Rn 5; ERMAN/ADERHOLD Rn 6; krit ERBARTH NJW 1997, 974 ff; NJW 2000, 1379 ff; GERNHUBER JZ 1996, 771 ff.). Allgemein zum Konkurrenzverhältnis zwischen § 1361b und § 745 Abs 2 STAUDINGER/VOPPEL Rn 84; PALANDT/BRUDERMÜLLER § 1361b Rn 27 ff; P HUBER FamRZ 2000, 131; OLG München NJW 2008, 381; eingehend WEVER 1 ff. Für Entscheidungen über Ansprüche aus § 1361b ist das Familiengericht, für solche aus § 745 das Prozessgericht zuständig (näher STAUDINGER/VOPPEL Rn 88; OLG Brandenburg NJW 2008, 1603; NJW-RR 2006, 1302; OLG Celle NJW 2006, 703; KG NJW-RR 2007, 798; OLG Dresden NJW 2005, 3151; OLG Koblenz FamRZ 2000, 304; KG FamRZ 2000, 304; OLG Zweibrücken FamRZ 1998, 171; LG Waldshut-Tiengen NJW-RR 1999, 1524; aA PALANDT/BRUDERMÜLLER § 1361b Rn 27).

Die Rechtsprechung hat sich in diesem Zusammenhang insbes mit dem Verlangen nach Nutzungsänderung (§ 745 Abs 2) im Falle der Trennung befassen müssen. Im Ergebnis kann danach ein Ehegatte, der nach dem Scheitern der Ehe aus dem gemeinsamen Haus ausgezogen ist, von dem anderen, weiter in dem Haus Wohnenden eine Nutzungsentschädigung dann verlangen, wenn er eine Neuregelung der Nutzung bzw ein „Neuregelungsentgelt" förmlich verlangt (BGH NJW 1982, 1753 f; NJW 1983, 1845; NJW 1986, 1341; DNotZ 1995, 678; NJW 1996, 2154; OLG Celle NJW 2000, 1425; OLG Düsseldorf NJW-RR 1999, 441; 1989, 1483; OLG Koblenz FamRZ 1989, 85; OLG Köln FamRZ 1999, 1272; OLG Oldenburg NJW-RR 1991, 962; OLG Celle NJW-RR 1990, 265; OLG Celle FamRZ 1993, 71; LG Bad Kreuznach FamRZ 1993, 1448; LG Itzehoe FamRZ 1990, 630 – teils mit abweichenden Auffassungen; vgl ferner KOTZUR NJW 1989, 820; zum Verhältnis zur Unterhaltspflicht vgl BGH NJW 1986, 1339; der im gemeinschaftlichen Haus verbleibende Ehegatte darf aber nicht gezwungen werden, die Ehewohnung aufzugeben, sofern er nicht in der Lage ist, die Gegenleistung für die ihm aufgedrängte Alleinnutzung zu bestreiten, BGH aaO § 745 Abs 2). Abl zum Ganzen: ERBARTH NJW 2000, 1379 ff; in der Tat sind die dogmatischen Grundlagen dieser Rechtsprechung sowohl in Bezug auf § 745 als auch in Bezug auf § 1361b zweifelhaft und insbes das Verhältnis dieser Vorschriften zueinander (vor allem die Zuständigkeitsspaltung) wenig befriedigend. Hier sollte der Gesetzgeber tätig werden (vgl PALANDT/BRUDERMÜLLER § 1361b Rn 27). **63**

Zum Gesamtschuldnerausgleich gem § 426 bei Ehegattenbruchteilsgemeinschaft und zum Verhältnis zu § 745 Abs 2 vgl BGH NJW 2000, 1945; DNotZ 1995, 676; kein förmliches Verlangen erforderlich, ebenso keine ausdrückliche Mitteilung; vgl auch OLG Koblenz FamRZ 1997, 364. Zur Lastenverteilung nach Beendigung der Ehe OLG Celle OLG-Rep 1995, 296; 214; OLG Köln FamRZ 1999, 1273. Zur entsprechenden Anwendung der Grundsätze in Rn 63 bei bloßem Mitbenutzungsrecht gem § 1090 BGB des Nichteigentümerehegatten und zur Berücksichtigung von Darlehenstilgungen in diesem Falle OLG Koblenz NJW 2000, 3791; zur Erhöhung des Unterhaltsanspruchs bei Veräußerung des Ehegattenanteils an fremde Dritte BGH NJW 1997, 731; zum Anspruch auf Schließung eines Wanddurchbruchs zwischen zwei (früheren) Eigentumswohnungen BayObLG WE 1997, 438, keine Mit- **64** wirkungspflicht bei Anschlussfinanzierung OLG Düsseldorf FamRZ 1999, 856. Zu den Auswirkungen auf den Trennungsunterhalt BGH NJW 2008, 1946.

65 Keine Besonderheiten gelten, wenn Ehegatten, die im gesetzlichen Güterstand leben, Gegenstände in Bruchteilsgemeinschaft erwerben, die sie **nicht der ehelichen Lebensgemeinschaft** widmen. Hier finden die Vorschriften des Gemeinschaftsrechts Anwendung.

Das Gewaltschutzgesetz sieht einerseits eine Ausweitung des § 1361b sowie andererseits ähnliche Ansprüche auch für nichteheliche Gemeinschaften vor. Hierzu im Einzelnen OLG Hamm NZM 2005, 880; STAUDINGER/VOPPEL (2007) Rn 97; GÖTZ/BRUDERMÜLLER Rn 292 ff; PESCHEL-GUTZEIT FPR 2001, 243 ff; SCHUMACHER NZM 2001, 572 ff; umfassend SCHUMACHER/JANZEN, Gewaltschutz in der Familie (2003).

§ 746
Wirkung gegen Sondernachfolger

Haben die Teilhaber die Verwaltung und Benutzung des gemeinschaftlichen Gegenstands geregelt, so wirkt die getroffene Bestimmung auch für und gegen die Sondernachfolger.

Materialien: E II § 682; III § 733; Prot II 752–755; JAKOBS/SCHUBERT, Schuldverh III 388 ff.

Systematische Übersicht

I. Zweck der Vorschrift	1	VII. Exkurs: Verwaltungs- und Benutzungsregelungen gem §§ 746, 1010
II. Sonderregelung für Grundstücke	2	1. Überblick und Eintragungsvoraussetzungen ... 17
III. Dogmatische Einordnung	8	2. Verwaltungs- und Benutzungsregelungen ... 21
IV. Anwendungsbereich	10	3. Verteilung von Lasten und Kosten ... 23
V. Erbengemeinschaft	13	4. Ausschluss des Aufhebungsrechts ... 25
VI. Ehegattengemeinschaft	14	5. Sonstiges ... 26

Alphabetische Übersicht

Ankaufsrecht	26	Dingliche Belastung	8
Aufhebungsrecht	25		
Begünstigende Regelungen	2	Ehegatten	14 ff
		Eintragung	17 ff
Benutzungsregelungen	17 ff	Erbengemeinschaft	13

Gerichtliche Entscheidung	1, 8	Pfandgläubiger	11
Gesamtrechtsnachfolge	12	Pfändungspfandgläubiger	11
Grenzeinrichtungen	7	Privatvermögen	10
Grundbucheintragung	2, 8 f, 13, 6	Publizitätsgrundsatz	2
Grundstücke	2, 8, 13		
Guter Glaube	1, 13	Rangverhältnis	27
Haushaltsgegenstände	15	Schadensersatzpflicht	2
		Sondernachfolge	11
Kollusion	2, 16		
Kosten	23 ff	Vereinbarung	1, 8
		Verfügungsunterlassung	26
Lasten	23 ff	Vertragsstrafe	26
Lebensgemeinschaft, nichteheliche	16	Verwaltungsregelungen	17 ff
		Vorkaufsrecht	26
Mehrheitsbeschluss	1, 8		
		Wohnung	16
Nießbraucher	11	Wohnungseigentümergemeinschaft	4 f
Optionsrecht	26		

I. Zweck der Vorschrift

Die Vorschrift ist von der zweiten Kommission eingefügt worden. Sie soll den einzelnen Teilhaber daran hindern, Regelungen der gemeinsamen Verwaltung und Benutzung, die durch Vereinbarung, Mehrheitsbeschluss (§ 745 Abs 1) oder gerichtliche Entscheidung (§ 745 Abs 2) verbindlich getroffen sind, durch Veräußerung des Anteils zu vereiteln (Prot II 755). Auf *guten Glauben* des Rechtsnachfolgers kommt es nicht an; er muss auch solche Regelungen gegen sich gelten lassen, die er nicht kennt und nicht kennen kann (Prot II 755). **1**

II. Sonderregelung für Grundstücke

Eine Sonderregelung gilt für Grundstücke (näher unten Rn 17 ff). Steht ein Grundstück im Miteigentum nach Bruchteilen, so wirkt eine Verwaltungs- oder Benutzungsregelung nur dann gegen den Sondernachfolger, wenn sie als Belastung des Anteils **im Grundbuch eingetragen** ist, § 1010 Abs 1. Normzweck ist der Schutz des Rechtsnachfolgers gegen ihm unbekannte Vereinbarungen oder Ansprüche (MünchKomm/K Schmidt Rn 2). Auch insoweit kommt es nach Gesetzeswortlaut und hM auf *guten Glauben* nicht an, dh der Sondernachfolger braucht die nicht eingetragene Regelung auch dann nicht gegen sich gelten zu lassen, wenn er sie kannte (OLG München NZG 1999, 395; Erman/Aderhold § 1010 Rn 2; Soergel/Stürner § 1010 Rn 1; Fischer LM Nr 1 zu § 1010 mit mE nicht berechtigten rechtspolitischen Bedenken: Ohne § 1010 lässt sich der sachenrechtliche Publizitätsgrundsatz und insbes der wünschenswerte mittelbare Eintragungszwang nicht angemessen verwirklichen). Im Fall der Kollusion des Erwerbers mit dem Veräußerer kann sich aus § 826 etwas Abweichendes ergeben. **2**

Nicht eingetragene Regelungen – mögen sie auf Vereinbarung, Mehrheitsbeschluss **3**

(§ 745 Abs 1) oder gerichtlicher Entscheidung (§ 745 Abs 2) beruhen – sind nur im Verhältnis der jeweiligen Miteigentümer des Grundstücks schuldrechtlich wirksam. Bei Veräußerung des Anteils sind sie verpflichtet, für die weitere Erfüllung zu sorgen, dh sie müssen sicherstellen, dass auch der Rechtsnachfolger die Regelung einhält; anderenfalls machen sie sich auch ohne Nachweis eines Verschuldens *schadensersatzpflichtig* (BGHZ 40, 326; vgl auch § 743 Rn 32). § 1010 Abs 1 schließt nur die Wirkung nicht eingetragener Regelungen „gegen" den Sondernachfolger aus. *Für den Sondernachfolger* wirkt auch die nichteingetragene Regelung; insoweit gilt § 746 auch für Grundstücke (OLG München NJW 1955, 637). Das wirkt auf den ersten Blick widersprüchlich, ist es aber nicht oder nur sehr bedingt: Begünstigende Regelungen müssen kraft Gleichheitsgrundsatzes und gemeinschaftlicher Aspekte auch dem Sondernachfolger zugutekommen; dadurch werden die übrigen Teilhaber nicht beeinträchtigt. Belastende Regelungen sind im Grundstücksbereich hingegen prinzipiell dem Publizitätsgrundsatz zu unterwerfen, und hieran bestehen nicht nur individuelle Interessen. Häufig werden die begünstigenden und die belastenden Teile der Regelung untrennbar zusammenhängen. Dann kann der Rechtsnachfolger, wenn die Eintragung unterblieben ist, wählen: will er sich auf die Regelung zu seinem Vorteil berufen, muss er auch ihre belastenden Teile gegen sich gelten lassen (STAUDINGER/GURSKY [2006] § 1010 Rn 1). „Rosinenpicken" würde insoweit gegen § 242 verstoßen. Besteht mangels Eintragung keine privatrechtliche Bindung an Verwaltungs- und Benutzungsregelung, kann sich eine solche uU aus öffentlich-rechtlichen Pflichten ergeben (vgl zur Streupflicht OLG Stuttgart NJW-RR 1986, 958).

4 Eine differenzierende Regelung für die **Wohnungseigentümergemeinschaft** enthält Art 10 WEG: Hiernach wirken Vereinbarungen (§ 10 Abs 3 WEG) gegen den Rechtsnachfolger nur nach Eintragung; Mehrheitsbeschlüsse (§ 10 Abs 4 iVm § 23 WEG) und gerichtliche Regelungen (§ 10 Abs 4 iVm § 43 WEG) auch ohne Eintragung. Die Eintragungspflicht beschränkt sich damit praktisch auf solche Vereinbarungen, die über den Anwendungsbereich des § 15 Abs 3 – Regelung des ordnungsmäßigen Gebrauchs und Beschlusskompetenzen (zB §§ 16, 22 WEG) – hinausgehen. Im Einzelnen ist hier allerdings vieles str, vgl näher HÜGEL/ELZER 51 ff.

5 Für die Bruchteilsgemeinschaft spielen diese Fragen mangels Unterscheidung zwischen unwirksamen oder lediglich anfechtbaren Beschlüssen keine Rolle (§ 745 Rn 47).

6 Bei der Wohnungseigentümergemeinschaft können §§ 746, 1010 in Fällen von Untergemeinschaften an Stellplätzen, Duplexgaragen, Fluren, Abstellräumen etc Bedeutung erlangen, sofern auf diese Untergemeinschaft §§ 741 ff Anwendung finden (dazu zB BayObLG MittBayNotK 1994, 438 m Anm F SCHMIDT MittBayNotK 1995, 115); zum Verwaltungsvermögen vgl § 741 Rn 179 f.

7 Nach § 922 S 4 gilt die Vorschrift auch für Grenzeinrichtungen.

III. Dogmatische Einordnung

8 Die zweite Kommission ging davon aus, dass durch die Verwaltungs- und Benutzungsregelungen der **dingliche Inhalt der Mitberechtigung** verändert wird (Prot II

755). Es soll sich um „dingliche Belastungen" des Anteils handeln. Hieraus soll sich einerseits erklären, dass die Regelung im Allgemeinen für und gegen Rechtsnachfolger wirkt, andererseits auch, dass bei Grundstücken die Wirkung gegenüber Dritten von der Eintragung abhängt (oben Rn 2 f). Diese ratio legis trifft grundsätzlich nur in einem Teil der Fälle zu. *Beschlüsse gem § 745 Abs 1* und *gerichtliche Entscheidungen gem § 745 Abs 2* sind für den Teilhaber uU auch dann verbindlich, wenn er nicht zugestimmt hat (vgl STAUDINGER/GURSKY [2006] § 1010 Rn 8). Sie konkretisieren nur die Rechte und Pflichten aus dem schuldrechtlichen Gemeinschaftsverhältnis und wirken für und gegen den Sonderrechtsnachfolger deshalb, weil er mit Übernahme des Anteils in die schuldrechtliche Position des bisherigen Teilhabers mit einrückt. *Nur vertraglich vereinbarte Regelungen, die durch Mehrheitsbeschluss nicht getroffen werden könnten* – insbes also Regelungen, die wesentliche Veränderungen des Gegenstands zur Folge haben oder das Recht auf quotenmäßige Nutzung beeinträchtigen (wie im Fall BGHZ 40, 326) – verändern den Inhalt der dinglichen Berechtigung unmittelbar und stellen sich dauerhaft als „Belastung" des Anteils dar.

Für die **Auslegung des § 1010 Abs 1** soll daraus nach STAUDINGER/HUBER[12] Rn 5 **9** (differenzierend STAUDINGER/GURSKY [2006] § 1010 Rn 8) folgen, dass nur Regelungen der zuletzt genannten Art eintragungsbedürftig sein könnten. Regelungen, die durch § 745 Abs 1 oder Abs 2 gedeckt seien, müssten dem Rechtsnachfolger gegenüber auch *ohne* Eintragung wirksam sein. Dem ist in dieser strikten Form mit der ganz hM (vgl MünchKomm/K SCHMIDT Rn 4; DÖBLER MittRhNotK 1983, 187) zu widersprechen: Auch bei Beschlüssen und Entscheidungen besteht ein praktisches Bedürfnis nach grundbuchlicher Verlautbarung, und nur dies entspricht der geltenden Fassung des § 1010 (MünchKomm/K SCHMIDT aaO). Im Einzelfall mögen zwar Beschlüsse und Entscheidungen nach § 745 Abs 2 ohne weiteres auch für den Sondernachfolger gelten. Sollen sie jedoch endgültig änderungsfest sein, bedarf es der Eintragung (ähnl STAUDINGER/ GURSKY [2006] § 1010 Rn 8).

IV. Anwendungsbereich

§ 746 gilt nur für Regelungen, die die **Verwaltung und Benutzung** betreffen. Regelungen hinsichtlich des gemeinschaftlichen Gegenstands, die über die Verwaltung und Benutzung hinausgehen, treffen den Rechtsnachfolger als solchen nicht. Das gilt insbes für die vertragliche Verpflichtung der Teilhaber, geplante Aufwendungen auf die gemeinsame Sache aus ihrem Privatvermögen zu finanzieren. Insoweit bleibt allerdings der Veräußerer des Anteils den übrigen Teilhabern haftbar.

Sondernachfolger iS des § 746 sind zB: der Erwerber des Anteils, oder eines Bruchteils hiervon, der Nießbraucher, der Pfandgläubiger des Anteils (§ 1259) und der Pfändungspfandgläubiger des Anteils. Kein Sondernachfolger ist, wer nur einen Anspruch gepfändet hat, der sich aus dem Anteil ergibt; **aA** OLG Frankfurt aM NJW 1958, 65. Ihm gegenüber wirken Vereinbarungen der Teilhaber schon nach § 404 (ebenso MünchKomm/K SCHMIDT Rn 3; BGB-RGRK/PIKART § 1010 Rn 2). Die Verwaltungs- und Benutzungsrechte, die sich aus dem Gesetz oder besonderer Regelung ergeben, kann der Nießbraucher, Pfand- oder Pfändungspfandgläubiger des Anteils selbst ausüben (§ 747 Rn 38, 63).

12 § 746 gilt nicht für den **Gesamtrechtsnachfolger**. Hier ergibt sich die Bindung an die für den Rechtsvorgänger verbindlichen Regelungen aus der Tatsache der Gesamtrechtsnachfolge unmittelbar. Allerdings können die Teilhaber gerade für diesen Fall die Bindungswirkung ausschließen (MünchKomm/K Schmidt Rn 1). Dies kann – ggf konkludent – der Fall sein, wenn die Verwaltungs- und Benutzungsregelungen ihre Grundlage in spezifisch engen persönlichen Beziehungen hatte, etwa bei Ehegatten oder nichtehelichen Lebensgemeinschaften (unten Rn 14 ff).

V. Erbengemeinschaft

13 § 746 gilt kraft Verweisung (§ 2038 Abs 2 S 1) auch für die Erbengemeinschaft. Auch soweit zum Nachlass Grundstücke gehören, ist der Erwerber im Rahmen des § 746 ohne weiteres gebunden. Ein Gutgläubigkeitsschutz findet nicht statt, § 1010 Abs 1 findet keine Anwendung (vgl § 743 Rn 46). Denn Miterben sind nicht nach Bruchteilen berechtigt, wie § 1010 voraussetzt (vgl § 1008), sondern zur gesamten Hand. Die Verwaltungs- und Benutzungsregelung betrifft demgemäß auch nicht das Eigentum am Grundstück, sondern die Beteiligung am Nachlass, die Stellung als Erbe. Diese Stellung muss der Nachfolger so übernehmen, wie die Erben sie durch Vereinbarung oder Mehrheitsbeschluss ausgestaltet haben.

VI. Ehegattengemeinschaft

14 Besonderheiten ergeben sich bei Sachen, die Ehegatten gemeinschaftlich erworben und der ehelichen Lebensgemeinschaft gewidmet haben. Hierin liegt eine besondere Regelung der Benutzung, die grundsätzlich nach § 746 auch dritten Erwerbern des Anteils entgegengehalten werden kann (vgl auch § 745 Rn 60 ff). Allerdings gelten zusätzliche Regeln.

15 Bei **beweglichen Sachen** (Gegenständen des ehelichen Haushalts), die im Miteigentum des Ehegatten stehen, kann der im gesetzlichen Güterstand lebende Ehegatte überhaupt nur mit Zustimmung des anderen über seinen Anteil verfügen, § 1369 Abs 1 (vgl Staudinger/Voppel [2007] § 1369 Rn 40; BGB-RGRK/Finke § 1369 Rn 15; MünchKomm/Koch § 1369 Rn 12). Schon hierdurch wird der Ehegatte gehindert, durch Anteilsveräußerung die Widmung für den ehelichen Haushalt aufzugeben; § 746 hat daneben keine praktische Bedeutung. Leben dagegen die Ehegatten in Gütertrennung, wird der Anteilserwerber durch § 746 an der Mitbenutzung des Gegenstands gehindert.

16 Bei **Grundstücken**, die dem ehelichen Lebensbereich zugeordnet sind, ist dagegen der Ehegatte im gesetzlichen Güterstand an der Veräußerung seines Anteils nicht gehindert, es sei denn, der Anteil am Grundstück bildet praktisch sein ganzes Vermögen iSv § 1365. Soweit die Veräußerung zulässig ist, ist die Gebrauchsregelung – die Zuordnung zum ehelichen Lebensbereich – nach dem Gesetzeswortlaut Dritten gegenüber nur kraft Eintragung wirksam, § 1010 Abs 1. Solche Eintragungen sind insbes bei intakter Ehe in der Praxis völlig lebensfremd und unüblich. Theoretisch besteht daher die Möglichkeit, dass der Ehegatte, der sich von der Ehe abgewandt hat, seinen Anteil veräußert und die Ehewohnung verlässt und der Erwerber eine neue Art der Nutzung verlangt. Ein solches Verlangen könnte aber – hälftiges Miteigentum der Ehegatten vorausgesetzt – nur auf § 745 Abs 2 gestützt werden. Billigem Ermessen wird es in einem solchen Fall entsprechen, dass der zurückgebliebene Ehegatte die Wohnung behält und dem neuen Miteigentümer eine Vergütung zahlt (zu einem dann ggf erhöhten Unterhaltsbedarf vgl BGH NJW 1997, 731). Übrigens verhält sich der Ehegatte durch die Anteilsveräußerung pflichtwidrig, sowohl was seine Pflichten aus der Ehe als auch was seine Pflichten aus dem Gemeinschaftsverhältnis betrifft. Mindestens im Fall kollusiven Zusammenwirkens ist deshalb der Erwerber nach § 826 verpflichtet, den zurückgebliebenen Ehegatten so zu stellen, als hätte die Veräußerung nicht stattgefunden. In diesem Fall bleibt es beim Wohnrecht des zurückgebliebenen Ehegatten, ohne dass ein Ausgleich zu zahlen ist. Zur Frage, ob der Erwerber in einem solchen Fall Aufhebung der Gemeinschaft durch Zwangsversteigerung erwirken kann, vgl § 749 Rn 37 ff sowie (zweifelhaft) OLG Schleswig NJW-RR 1995, 900: Nichtigkeit der dinglichen Übertragung gem § 138 (vgl dazu bereits § 741 Rn 24 f). Bei *nichtehelicher Lebensgemeinschaft* sind mE nach dem jetzigen Stand der Rechtsentwicklung die allgemeinen Regeln anzuwenden; hier ist die ausdrückliche Verabredung von Verwaltungs- und Benutzungsregelungen sowie deren Grundbucheintragung zumutbar und in der Praxis auch nicht unüblich.

VII. Exkurs: Verwaltungs- und Benutzungsregelungen gem §§ 746, 1010*

1. Überblick und Eintragungsvoraussetzungen

Haben die Miteigentümer eines Grundstücks die Verwaltung und Benutzung geregelt oder das Recht, die Aufhebung der Gemeinschaft zu verlangen, für immer oder auf Zeit ausgeschlossen oder eine Kündigungsfrist bestimmt, so wirkt die Belastung gegen den Sondernachfolger eines Miteigentümers, wenn sie als Belastung des Anteils im Grundbuch eingetragen ist, § 1010 Abs 1. Die in §§ 755 f bestimmten Ansprüche können gegen Sondernachfolger nur bei Grundbucheintragung geltend gemacht werden, § 1010 Abs 2. Grundbucheintragung setzt prinzipiell bereits bestehendes Miteigentum voraus; im Falle der Buchung gem § 3 Abs 6 GBO dürfte aber eine Vorwegeintragung zulässig sein (aA DÖBLER MittRhNotK 1983, 182 zum alten Recht; passim wie hier DEMHARTER § 3 GBO Rn 36), die mit der gesetzlichen Neuregelung beabsichtigte Erleichterung der Grundbuchführung würde sonst konterkariert.

Eintragungsfähig sind allein die das Grundstück betreffenden Abreden, nicht aber sonstige damit im Zusammenhang stehenden Verabredungen (DÖBLER MittRhNotK 1983, 182; STAUDINGER/GURSKY [2006] § 1010 Rn 7 ff). Belastungsgegenstand können alle oder nur einzelne Anteile sein (SCHÖNER/STÖBER, Grundbuchrecht Rn 1462). Besteht zugunsten des gemeinschaftlichen Grundstücks eine Dienstbarkeit an einem Nachbargrundstück, soll nach BayObLG Rpfleger 1979, 420, in keinem der berührten Grundbücher § 1010

---

* **Schrifttum**: DÖBLER, Vereinbarungen nach § 1010 Abs 1 BGB in der notariellen Praxis, MittRhNotK 1983, 181; FLEITZ, Erwerb durch Miteigentümer (hier Nr 5 „Die Vorschrift des § 1010 Abs 1 BGB") BWNotZ 1977, 39; HILGERS, Die Regelung der Verhältnisse einer Bruchteilsgemeinschaft, MittRhNotK 1970, 627; PANZ, Benutzungsregelungen bei Untergemeinschaften, BWNotZ 1990, 67; PÖSCHL, In welcher Weise hat die Eintragung im Grundbuch in den Fällen des § 1010 BGB zu erfolgen?, BWNotZ 1974, 79; TZERMIAS, Zur Regelung des Gebrauchs bei Miteigentum, AcP 157, 455; WALTER, Der gebundene Miteigentümer (Beschränkbarkeit der Verfügung über einen Miteigentumsanteil?), DNotZ 1975, 518.

zur Anwendung kommen, vielmehr gelte § 746 unmittelbar (zust DÖBLER MittRhNotK 1983, 181; HILGERS MittRhNotK 1970, 634). ME ist dies unzutreffend und vor allem unzweckmäßig. Die Dienstbarkeit ist wesentlicher Rechtsbestandteil des herrschenden Grundstücks, und auf dieses – nicht auf die Dienstbarkeit selbst – findet § 1010 insgesamt Anwendung. Im Wohnungseigentumsrecht entspricht es ganz hM, dass sich die dinglichen Wirkungen der Teilungserklärung auch auf die mit dem herrschenden Grundbuch verbundenen Dienstbarkeiten erstrecken können (BGHZ 107, 289; WEITNAUER[10] § 3 WEG Rn 117 sowie insbes § 3 Rn 10, dort auch zum Überbau, mwNw; RÖLL DNotZ 1983, 411). Vor allem dann, wenn die Berechtigung wesentlichen Einfluss auf den Wert des herrschenden Grundstücks hat, ist ein Nebeneinander zwischen §§ 1010 und 746 wenig zweckmäßig und regelmäßig irreführend. Was bliebe, wäre allenfalls eine indirekte Verdinglichung der schuldrechtlichen Abreden hinsichtlich der Dienstbarkeit durch auflösende/aufschiebende Bedingungen einer einzutragenden Mitbenutzungsordnung hinsichtlich des Grundstücks selbst. Das verkompliziert den Inhalt der Grundbucheintragung unnötig.

19 § 1010 setzt aber unzweifelhaft *Miteigentum* voraus. Auf sonstige Berechtigungen, etwa Dauernutzungsrechte im Rahmen des Time-Sharing (§ 741 Rn 201) ist er nicht anwendbar. Benutzungsregelungen sind in solchen Fällen weder eintragungsbedürftig noch eintragungsfähig. § 746 gilt unmittelbar. Aus Sicht der Gemeinschaftsinteressen mag das vorteilhaft sein; für Rechtsnachfolger ist die hieraus folgende Bindung idR riskant.

20 Veräußert ein Teilhaber seinen Anteil an mehrere Personen zu Bruchteilen, entsteht keine Untergemeinschaft. Die einzelnen Erwerber werden Teilhaber, die sodann gleichberechtigt (bis auf die Höhe) neben den übrigen stehen (BGHZ 13, 141). Vereinbarungen unter den Erwerbern können aber eintragungsfähig sein (DÖBLER MittRhNotK 1983, 183), sofern dem nicht die bereits eingetragenen entgegenstehen (LG Berlin NJW 1956, 471).

2. Verwaltungs- und Benutzungsregelungen

21 Der Begriff des § 1010 entspricht insoweit demjenigen der §§ 743–745 (oben § 743 Rn 30 ff, § 744 Rn 6, § 745 Rn 5 ff, zu letzterem, selten praxisrelevantem Fall vgl auch MünchKomm/K SCHMIDT Rn 3; DÖBLER MittRhNotK 1983, 187). Die Unterscheidung hat für die Grundbuchbewilligung und das Eintragungsverfahren kaum Bedeutung (DÖBLER aaO); im Innenverhältnis sind aber mangels entgegenstehender Regelung §§ 743–745 anwendbar. Eintragungsfähig sind sowohl Vereinbarungen, Mehrheitsbeschlüsse wie auch gerichtliche Entscheidungen gem § 745 Abs 2 (oben Rn 1); für das Grundbuchverfahren gelten aber §§ 19, 29 GBO, dh übereinstimmende Bewilligung aller Betroffenen (zum Anspruch hierauf vgl OLG Frankfurt aM DNotZ 1990, 299; allgem mwNw SCHÖNER/STÖBER, Grundbuchrecht Rn 1461) und materiellrechtlich §§ 873 ff (STAUDINGER/GURSKY [1999] § 1008 Rn 6). Gegenstand eintragungsfähiger Verwaltungs- und Benutzungsregelungen sind alle sinnvollen Regeln im weiteren Umfang (MünchKomm/K SCHMIDT § 1010 Rn 9; DÖBLER MittRhNotK 1983, 184) wie Bestellung eines Verwalters; Eigennutzung oder Vermietung; Begünstigung Dritter (str, vgl SCHÖNER/STÖBER, Grundbuchrecht Rn 1464; STAUDINGER/GURSKY [2006] § 1010 Rn 9); Verfahrensvorschriften (allerdings nicht in der Form einer Satzung, so OLG Hamm DNotZ 1973, 449, 550;

mE zweifelhaft, abl auch DÖBLER aaO); nicht aber Teilungsabreden (SCHÖNER/STÖBER, Grundbuchrecht Rn 1466).

Für Änderungen der Vereinbarung bzw Regelung gelten materiell-rechtlich die allgemeinen Vorschriften; zum Grundbuchverfahren Rn 21, 27 und DÖBLER Mitt-RhNotK 1983, 185 f.

3. Verteilung von Lasten und Kosten

Gem § 748 sind die Teilhaber verpflichtet, Lasten und Kosten nach dem Verhältnis ihrer Anteile zu tragen. Hieraus und dem Wortlaut des § 1010 folgert die hM, dass Lasten- und Kostenregelungen nicht eintragungsfähig seien (OLG Hamm DNotZ 1973, 546; LG Köln MittRhNotK 1984, 104; MünchKomm/K SCHMIDT § 1010 Rn 9). Anders und mE zutreffend BayObLG DNotZ 1993, 391 mit eingehender Begründung und mwNw (zust zB SCHÖNER/STÖBER, Grundbuchrecht Rn 1467): Der Begriff Verwaltung umfasse auch die Frage, wer deren Lasten und Kosten zu tragen habe. Benutzungs- und Kostenregelungen stünden oft in derart engem Zusammenhang, dass ihre getrennte Behandlung grundbuchmäßig unzweckmäßig sei. Theoretisch und insbes aus der Sicht der Praxis verdient diese Auffassung in jeder Hinsicht den Vorzug. Umfassende Verwaltungsregelungen lassen sich fast nie sinnvoll ohne Kostenverteilung treffen. Sind diese selbst nicht zu verdinglichen, bleibt nur der Umweg über auflösende/aufschiebende Bedingungen, mit denen die tatsächliche Kosten- und Lastentragung zur Bedingung bestimmter Nutzungsrechte erhoben wird (unzutreffend insoweit DÖBLER MittRhNotK aaO, der meint, sonst liefe § 1010 leer; die Kautelarpraxis verfügt durchaus über gangbare, allerdings komplizierte Gestaltungsmittel, vgl PANZ BWNotZ 1990, 67 f). Das aber bedeutet oft Steine statt Brot und führt in jedem Fall zu unübersichtlicher, aus Laiensicht gänzlich unverständlicher Grundbuchsituation.

Grenze allerdings: Überflüssige, weil der gesetzlichen Regelung entsprechende Vereinbarungen sind nicht eintragungsfähig, ebensowenig deliktische oder vertragliche Schadensersatzverpflichtungen (BayObLG DNotZ 1993, 393 f).

4. Ausschluss des Aufhebungsrechts

Hierzu im Einzelnen § 749 Rn 60 ff.

5. Sonstiges

Im Rahmen von Verwaltungs- und Benutzungsregelungen werden oft weitergehende Vereinbarungen getroffen, die nicht nach § 1010, sondern nur nach den für sie geltenden Vorschriften eintragungsfähig oder -bedürftig sind. Beispiele: Vorkaufsrechte (dazu § 747 Rn 11); schuldrechtliche Verfügungsunterlassungsverpflichtungen (DÖBLER MittRhNotK 1983, 189; § 747 Rn 6 ff); analoge Anwendung des § 12 WEG kommt aber nicht in Betracht (MünchKomm/K SCHMIDT § 1010 Rn 9), Vertragsstrafen (DÖBLER aaO); Ankaufs- und Optionsrechte (§ 747 Rn 6).

Die *Rechtsnatur* der Eintragung gem § 1010 sieht die heute hM als echte dienstbarkeitsähnliche Belastung (MünchKomm/K SCHMIDT § 1010 Rn 10; SCHÖNER/STÖBER, Grundbuchrecht Rn 1461; STAUDINGER/GURSKY [2006] § 1010 Rn 5; DÖBLER MittRhNotK 1983, 189 mwNw; zur Zwangsvollstreckung DÖBLER 194 ff), sodass zwischen ihr und anderen Eintragungen ein echtes *Rangverhältnis* besteht (zur Rangänderung LG Zweibrücken Rpfleger 1965, 57).

Zu Vereinbarungen gem § 1010 Abs 2 (in der Praxis selten) vgl näher DÖBLER MittRhNotK 1983, 191 ff; STAUDINGER/GURSKY (1999) § 1010 Rn 17 f.

Die Grundbucheintragung in Abt II muss die Regelung mindestens schlagwortartig kennzeichnen, „Verwaltungs- und Benutzungsregelung" genügt (BayObLG Rpfleger 1973, 246; näher HAEGELE, Grundbuchrecht Rn 1470). Bei unzureichender Schlagwortkennung ist die Eintragung von Amts wegen zu löschen (HAEGELE aaO).

Endet die Bruchteilsgemeinschaft, insbes mit Veräußerung an einen Alleinerwerber, so wird die eingetragene Regelung gegenstandslos und wirkt insbes nicht für spätere Sonderrechtsnachfolger (Ausnahme: Belastung eines Anteils mit Grundpfandrecht oder Reallast, näher HAEGELE, Grundbuchrecht Rn 1472).

§ 747
Verfügung über Anteil und gemeinschaftliche Gegenstände

Jeder Teilhaber kann über seinen Anteil verfügen. Über den gemeinschaftlichen Gegenstand im Ganzen können die Teilhaber nur gemeinschaftlich verfügen.

Materialien: E I § 763 S 1, 2; II § 683; III § 734; Mot II 874; Prot II 745; JAKOBS/SCHUBERT Schuldverh III 373 ff

Systematische Übersicht

I.	**Verfügung über den Anteil (S 1)**	
1.	Allgemeines	1
2.	Zwingendes Recht	4
a)	Der Grundsatz des § 137	4
b)	Kein gesetzliches Vorkaufsrecht	5
c)	Sicherung schuldrechtlicher Verkäuferbeschränkungen	6
d)	Familienrechtliche Beschränkungen	9
3.	Verfügungen über den Anteil	10
a)	Allgemeines	10
b)	Einzelfälle	11
c)	Unteilbare Verfügungen	13
4.	Form der Verfügung	20
5.	Gutgläubiger Erwerb	21
6.	Anteilsveräußerung zwischen Teilhabern, insbesondere Quotenänderung	25
a)	Zulässigkeit und Form	25
b)	Gutgläubiger Erwerb	27
7.	Zugrundeliegendes Verpflichtungsgeschäft	29
8.	Rechtsstellung des Anteilserwerbers	30
II.	**Bestellung von Sicherungsrechten am Anteil**	
1.	Verpfändung	34
2.	Sicherungsübereignung	39
3.	Verpfändung des Anteils an Forderungen	42
4.	Bestellung von Grundpfandrechten	43
III.	**Zwangsvollstreckung in den Anteil; Insolvenz**	
1.	Zwangsvollstreckung in den Anteil und Zwangsvollstreckung in den gemeinschaftlichen Gegenstand im Ganzen	49

2.	Form der Vollstreckung in den Anteil	51	
a)	Miteigentumsanteil an Grundstücken	51	
b)	Miteigentumsanteil an beweglichen Sachen	52	
c)	Anteile an Forderungen und an sonstigen Rechten	55	
3.	Verwertung des Anteils	56	
a)	Allgemeines	56	
b)	Miteigentumsanteile an Grundstücken	57	
c)	Miteigentumsanteile an beweglichen Sachen	63	
d)	Forderungen	64	
4.	Insolvenz	65	

IV. Verfügungen über den gemeinschaftlichen Gegenstand im Ganzen (S 2)

1. Anwendungsbereich des S 2 — 66
   a) Maßgeblichkeit des Parteiwillens — 66
   b) Maßgeblichkeit des Inhalts der Verfügung — 67
   c) Verfügungen der Teilhaber untereinander — 70
2. Gemeinschaftliche Verfügung — 71
   a) Allgemeines — 71
   b) Gesamtverfügung und Einzelverfügung — 72
   c) Fehlerhafte Mitwirkung einzelner Teilhaber — 74
   d) Verfügung über den gemeinschaftlichen Gegenstand im Ganzen durch einzelne Teilhaber — 76
   e) Vorkaufsrecht — 78

V. Gemeinschaften besonderen Rechts 80

Alphabetische Übersicht

Abtretung	10, 33	Erbengemeinschaft	5, 75
– des Herausgabeanspruchs	34	Erhaltungsmaßnahme	71
Anfechtung	10, 69	Erlass	10, 14, 67 f
Annahme als Erfüllung	10, 67 f	Ermächtigung	71
Anwachsung	16	Erzeugnisse	44
Auflassungsvormerkung	13		
Aufrechnung	10, 14, 67	Forderungen	20, 42, 64
Aufwertung	28	Früchte	31
Auszahlungsanspruch	33, 51, 53		
		Gebrauch	31
Belastung	10, 20, 26, 66	Genehmigung	76
Benutzungsregelung	38	Gesamthandseigentum	70
Beschlagnahme	44	Gesamthypothek	73
Besitzkonstitut	41	Geschäftsfähigkeit, fehlende	74
Bevollmächtigung	71	Gesellschaft	1, 6, 70
		Gesetzliches Schuldverhältnis	30
Dereliktion	16	Grundbuch	6, 27 f, 72
Dienstbarkeit, beschränkte persönliche	13	Grunddienstbarkeit	13
Drittwiderspruchsklage	50, 63	Gutgläubiger Erwerb	21 ff, 52, 70
Drohung	74	Gutschrift	83
Eigentumsübertragung	10	Haushaltsgegenstände	7
Einstweilige Verfügung	7		
Eintragung	6	Immaterialgüterrecht	19
Einziehung	14	Insolvenz	65
Erbbaurecht	13	Investmentfonds	80 ff

Irrtum	74	Sachkauf	29
		Sachmängel	29
Kapitalanlagegesellschaften	80 ff	Sammelverwahrung	80 ff
Konfusion	14	Sicherungshypothek	51
		Sicherungsübereignung	39 ff
Mahnung	9	Sittenwidrige Schädigung	4
Mehrheitsbeschluss	71	Streitgenossen	71
Mietergemeinschaft	69	Strohmann	4
Mietforderungen	44	Stundung	10
Mitbesitz	20 ff, 34		
		Täuschung	74
Nießbrauch	11, 20, 26	Teilnichtigkeit	74
Nutzungen	38	Teilungsversteigerung	44 ff
Oder-Konto	64	Übereignung	66
Pachtforderungen	44	Veräußerungsverbot	6
Parzelle	13	Verfügung, Begriff	10
Patent	19	Verfügungsbeschränkungen	4, 6
Pfändung	13, 49 ff	Verpachtung	10, 44
Pfändungsbeschluss	51 ff	Vertragsstrafe	6
Pfandrecht, gesetzliches	12	Verwaltungsregelung	6, 36
– vertragliches	34 ff	Verwertung	35 ff, 56 ff
Pfandverkauf	34 ff	Vorkaufsrecht	5 f, 11, 15, 26, 78
Quotenänderung	25 ff	Wiederkaufsrecht	15
		Wohnungseigentum	3, 27, 80 ff
Rangrücktritt	13		
Reallast	11, 26	Zustellung	53 ff
Realteilung	36	Zwangshypothek	57
Recht zum Besitz	32	Zwangsversteigerung	43, 49 ff
Rechtskrafterstreckung	71	Zwangsverwaltung	43 ff
Rücktritt	10	Zwangsvollstreckung	49 ff
		Zwingendes Recht	4

I. Verfügung über den Anteil (S 1)

1. Allgemeines

1 Im Recht des Teilhabers, über seinen Anteil am Gegenstand zu verfügen, zeigt sich ein **Hauptunterschied** zwischen der **Bruchteilsgemeinschaft** und der **Gesellschaft**. Das Recht der Bruchteilsgemeinschaft geht vom *Leitbild der zufälligen Rechtsgemeinschaft* aus: die Teilhaber sind vertraglich nicht miteinander verbunden; kein Teilhaber hat ein durchschlagendes Interesse daran, nur mit diesem und nicht mit anderen Teilhabern verbunden zu sein; ist er mit dem neuen Teilhaber nicht einverstanden, mag er die Auflösung der Gemeinschaft betreiben. Der Gesetzgeber hat somit das Interesse des Teilhabers an ungehinderter Disposition über seinen Anteil höher bewertet als das Interesse der übrigen Teilhaber, Fremde vom Eindringen in die Gemeinschaft abzuhalten, und er hat demgemäß den Anteil als selbständiges, freies, individuelles Vermögensobjekt des einzelnen Teilhabers ausgestaltet (Mot II 874). Zum Begriff der „Freihand" vgl Vorbem 12.

In der **Rechtswirklichkeit** sind die Interessen häufig anders: Viele Gemeinschaften 2 beruhen auf einem *freiwilligen Zusammenschluss* der Teilhaber, bei dem die persönlichen Eigenschaften der Teilhaber von wesentlicher Bedeutung sind. Der Gesetzgeber hat das gesehen, aber nicht für durchschlagend gehalten. Die übrigen Teilhaber können der Verfügung auch dann nicht widersprechen, wenn ihre Interessen gefährdet werden (Mot II 874). Probleme können sich hieraus vor allem bei der *Ehegattengemeinschaft* ergeben; hier helfen bis zu einem gewissen Grad Regeln des Familienrechts (dazu unten Rn 7). Allgemein dazu auch Vorbem 14 ff.

Auf **Gemeinschaften besonderen Rechts** ist § 747 nur mit Modifikationen oder überhaupt nicht anwendbar; vgl § 741 Rn 177 ff und unten 80 ff. 3

2. Zwingendes Recht

a) Der Grundsatz des § 137

S 1 ist **zwingendes Recht**. Dies ergibt sich aus § 137. Hiernach sind Vereinbarungen, 4 durch die die Teilhaber sich verpflichten, Verfügungen über ihren Anteil zu unterlassen, zwar *schuldrechtlich* verbindlich (§ 137 S 2). *Dem Erwerber gegenüber* sind sie unwirksam (§ 137 S 1). Der Verstoß führt nicht zur Nichtigkeit der Veräußerung, sondern nur dazu, dass der Veräußerer sich den übrigen Teilhabern gegenüber *schadensersatzpflichtig* macht. Allerdings wird der Schadensnachweis nicht einfach sein. Unter besonders gelagerten Umständen kann der *Dritte*, der den Anteil entgegen dem schuldrechtlichen Veräußerungsverbot erwirbt, sich auch seinerseits *nach § 826* den übrigen Teilhabern gegenüber schadensersatzpflichtig machen. Er ist dann verpflichtet, den Anteil an den Veräußerer zurückzugeben (§ 249), und der Veräußerer ist den übrigen Teilhabern gegenüber zur Mitwirkung verpflichtet. Sittenwidrigkeit kann aber nur in Ausnahmefällen angenommen werden (mE zu weitgehend OLG Schleswig NJW-RR 1995, 900; dazu bereits § 746 Rn 16, § 741 Rn 25). Die bloße *Kenntnis des Erwerbers* kann *nicht* ausreichen; das widerspräche der ratio legis des § 137 S 1. Hinzukommen muss *kollusives Zusammenwirken* der Beteiligten; so zB, wenn der Erwerber dem Veräußerer zusagt, ihn von Ansprüchen der übrigen Teilhaber freizustellen, oder wenn der Erwerber nur ein Strohmann des Veräußerers ist, der dem Veräußerer dabei behilflich ist, die im Innenverhältnis ausgeschlossene Auseinandersetzung durchzuführen (vgl §§ 749 Abs 2, 1010 Abs 2).

b) Kein gesetzliches Vorkaufsrecht

Ein gesetzliches Vorkaufsrecht, wie in der Erbengemeinschaft (§§ 2034 f), steht den 5 Teilhabern nicht zu (zu den Gründen Prot II 746). Deshalb ist es für Miterben, die sich auseinandersetzen und einzelne Erbschaftsgegenstände gemeinsam behalten wollen, im Zweifel vorteilhafter, insoweit die Erbengemeinschaft aufrechtzuerhalten und sie nicht in eine Bruchteilsgemeinschaft umzuwandeln (hierfür sprechen auch weitere Gründe, vgl § 741 Rn 47).

c) Sicherung schuldrechtlicher Veräußerungsbeschränkungen

Die Teilhaber können auf unterschiedliche – zT allerdings recht aufwändige – Weise 6 versuchen, die Wirksamkeit schuldrechtlicher Veräußerungsbeschränkungen (oben Rn 4) zu verstärken. So können sie das Verbot im Innenverhältnis durch *Vertragsstrafe* sichern. Auch können sie sich wechselseitige *Vorkaufsrechte, Ankaufsrechte und Optionen* einräumen. Wirkungen gegen Dritte kann ein Vorkaufsrecht allerdings nur bei Grundstücken haben (§§ 1094 ff), und auch dort nur, wenn es im Grundbuch eingetragen ist (§ 873). Ankaufs- und Optionsrechte sind durch Vormerkung dinglich sicherbar (§ 883). Werden die Anteile mit dinglichen Vorkaufsrechten belastet, so gilt das Vorkaufsrecht im Zweifel nur für den Fall der Anteilsveräußerung, nicht für den Fall, dass das Grundstück durch alle Teilhaber im Ganzen verkauft wird (BGH Betrieb 1964, 1370; näher unten Rn 78 f).

7 Treffen die Parteien *Regelungen über die Verwaltung und Benutzung des Gegenstands*, oder Regelungen, durch die sie *die Auseinandersetzung ausschließen*, so wirkt dies grundsätzlich auch gegenüber dem Anteilserwerber (§§ 746, 751) – bei Grundstücken allerdings nur, wenn sie *eingetragen* sind (§ 1010 Abs 1; vgl dazu auch § 746 Rn 17 ff). Auch hiervon kann gegenüber Erwerbsinteressenten eine gewisse Abschreckungswirkung ausgehen. Schickt ein Teilhaber sich an, seinen Anteil unter *Verstoß gegen ein schuldrechtliches Verbot* zu veräußern, so kann jeder andere Teilhaber im Weg der *einstweiligen Verfügung* ein richterliches *Veräußerungsverbot* erwirken. Das Veräußerungsverbot wirkt nach §§ 136, 135 Abs 1 auch gegenüber dem Erwerber – allerdings nicht, wenn er gutgläubig ist, § 135 Abs 2 iVm § 892 bzw § 932 (dazu auch unten Rn 21 ff).

8 Bei Grundstücken ist auch an die Möglichkeit zu denken, dass jeder Teilhaber seinen Anteil zugunsten der übrigen Teilhaber mit einer *Grundschuld* belastet, die so hoch ist, dass sie jeden Interessenten vom Erwerb abhält. Im Innenverhältnis wird vereinbart, dass die Grundschulden nur im Fall der Veräußerung geltend gemacht werden können. Denkbar sind auch wechselseitige Verfügungsunterlassungspflichten mit Vereinbarung von Übertragungsansprüchen oder Ankaufsoptionen, die ihrerseits mit Vormerkungen gesichert werden. Gegenüber dem Vorkaufsrecht können damit auch andere Verfügungen als Verkaufsfälle, insbes Belastungen, beeinflusst werden. Schließlich können die Teilhaber, unter den oben (§ 741 Rn 204 ff) erörterten Voraussetzungen, eine *Gesellschaft bürgerlichen Rechts* gründen, in die sie ihre Anteile als Einlage einbringen. Damit wandelt sich das Bruchteilseigentum in Gesamthandseigentum um, und für Verfügungen gilt nicht mehr § 747, sondern § 719. Bei Grundstücken ist hierfür *Beurkundung, Auflassung* und *Eintragung im Grundbuch* erforderlich (Vorbem 10).

d) Familienrechtliche Beschränkungen

9 Im Fall der Ehegattengemeinschaft sind in erster Linie die **familienrechtlichen Veräußerungsverbote** zu beachten: § 1369 beim Miteigentumsanteil an *Haushaltsgegenständen*, § 1365 bei Verfügungen über Grundstücksanteile, wenn der Anteil im Wesentlichen das *ganze Vermögen* des Ehegatten ausmacht (beides nur im gesetzlichen Güterstand). Hiervon abgesehen, besteht für den Ehegatten kein Hinderungsgrund, seinen Anteil an dem Hausgrundstück zu veräußern, auf dem sich die gemeinsame eheliche Wohnung befindet: so wie der Ehegatte, der Alleineigentümer ist, das von den Ehegatten gemeinschaftlich genutzte Grundstück ohne Zustimmung des anderen Ehegatten veräußern kann, so auch der Ehegatte, der Miteigentümer ist, seinen Miteigentumsanteil. Gegen die Teilungsversteigerung hilft auch zwischen

Ehegatten oder früheren Ehegatten § 180 Abs 3 ZVG nur vorübergehend (vgl § 741 Rn 24 f mwNw). Zur Frage, inwieweit in einem solchen Fall der Erwerber verpflichtet ist, die zwischen den Ehegatten vereinbarte Art der Nutzung zu respektieren, vgl §§ 745 Rn 60 ff, 746 Rn 14 ff. Zur evtl Sittenwidrigkeit (§ 138) einer solchen Übertragung vgl bereits § 746 Rn 16 und § 741 Rn 24 f.

3. Verfügungen über den Anteil

a) Allgemeines
Verfügung ist ein Rechtsgeschäft, durch das ein Recht mit unmittelbarer Wirkung 10 übertragen, belastet, aufgehoben oder inhaltlich verändert wird. Verfügungen sind demnach insbes die *Eigentumsübertragung*, die *Abtretung*, die *Belastung*, die *Aufrechnung*, die *Annahme einer Leistung als Erfüllung* (jedenfalls gilt hier § 747 analog, vgl § 362 Abs 2), der *Erlass*, die *Stundung*, die *Kündigung* (BGHZ 1, 294, 304; BGH NJW 1987, 2676; **aA** BGH LM Nr 1 zu § 2038), die *Anfechtung* oder der *Rücktritt*. Keine Verfügungen sind zB Mahnung, Vermietung, Verpachtung (RGZ 58, 36, 37). Stets ist zu klären, ob die Verfügung sich auf das einzelne *Anteilsrecht* oder den *Gegenstand im Ganzen* bezieht, denn hiervon hängt ab, ob sie durch den einzelnen Teilhaber vorgenommen werden kann oder der Mitwirkung aller Teilhaber bedarf. Das ergibt sich in erster Linie aus dem Inhalt des vorgenommenen Geschäfts, der durch Auslegung zu klären ist. Zu beachten ist, dass *bestimmte Verfügungen sich ihrem Inhalt nach notwendigerweise auf den ganzen Gegenstand beziehen* (zB der Erlass der gemeinschaftlichen Forderung). In einem solchen Fall ist immer die Mitwirkung aller Teilhaber erforderlich, S 1 ist gegenstandslos (vgl Rn 13 ff).

b) Einzelfälle
Aus S 1 folgt vor allem, dass der Teilhaber seinen Anteil an einen Dritten *übertragen* 11 kann. Möglich ist es auch, den Anteil nur *teilweise* zu übertragen (zust DNotI-Rep 2004, 94 mwNw; **aA** HILBRANDT AcP 2002, 631 ff). In Betracht kommen ferner die Belastung des Anteils mit einem *Nießbrauch* (§ 1066), einem *Vorkaufsrecht* (§ 1095), einer *Reallast* (§ 1106), einer *Hypothek* oder *Grundschuld* (§§ 1114, 1192 Abs 1) oder einem *Pfandrecht* (§ 1258). Vgl dazu RG Recht 1910 Nr 1728; RG WarnR 1925 Nr 19.

Keine Verfügung ist die Begründung **gesetzlicher Pfandrechte**. Aber der Rechtsge- 12 danke des § 747 S 1 ist hier entsprechend anzuwenden. Tritt in der Person des Miteigentümers ein Umstand ein, der bei Alleineigentum zur Entstehung eines gesetzlichen Pfandrechts führen würde, so entsteht entsprechend S 1 ein gesetzliches Pfandrecht am Anteil (RGZ 146, 334: gesetzliches Pfandrecht des Vermieters am Miteigentumsanteil des Mieters an eingebrachten Sachen). Tritt der Tatbestand in der Person aller Miteigentümer ein (mehrere Mieter sind gemeinsam Miteigentümer der eingebrachten Sache), entsteht entsprechend S 2 ein gesetzliches Pfandrecht an der Sache.

c) Unteilbare Verfügungen
Bestimmte Verfügungen können sich ihrem Inhalt nach **nur auf den Gegenstand im** 13 **Ganzen, nicht auf den Anteil** beziehen. In diesem Fall ist S 1 gegenstandslos. Hierher gehören insbes die Bestellung einer *Grund-* oder *beschränkten persönlichen Dienstbarkeit* und eines *Erbbaurechts* (zur Änderung eines Erbbaurechtsvertrages mit mehreren Berechtigten ist ebenso Mitwirkung aller erforderlich, BGH NJW-RR 1998, 1387). Diese Rechte

erfassen notwendigerweise das belastete Grundstück im Ganzen; die Belastung eines bloßen ideellen Miteigentumsanteils mit solchen Rechten ist mit ihrem Inhalt unvereinbar. Verfügung über das Recht im Ganzen ist ferner die *Übertragung eines realen Bruchteils* des gemeinschaftlichen Rechts (die Übereignung einer *Parzelle des gemeinschaftlichen Grundstücks,* die Abtretung eines *ziffernmäßig bestimmten Anteils der gemeinschaftlichen Hypothek*). Solche Verfügungen sind nur gem S 2 durch alle Teilhaber gemeinsam möglich. Einen Sonderfall behandelt BayObLG DNotI-Rep 1998, 221: Vier Beteiligte hatten ein Grundstück zu je einem Viertel als Miteigentum erworben; dieser Anspruch war durch eine Vormerkung im Grundbuch gesichert. Einer der Beteiligten beabsichtigte, zugunsten seiner finanzierenden Bank einen **Rangrücktritt** mit seinem Anteil hinter die Finanzierungsgrundschuld zu erklären. Zutr fordert das BayObLG die Mitwirkung aller Vormerkungsberechtigten (§ 747 S 2), da der gesicherte Anspruch auf Übereignung einheitlich sei und nicht etwa der – theoretisch mögliche – Anspruch auf Übertragung von jeweils einem Viertel des Miteigentumsanteils der Vormerkung zugrunde liegt. Entsprechendes gilt für die **Pfändung** (BayObLG aaO).

14 Steht eine Forderung mehreren Teilhabern nach Bruchteilen zu (vgl § 741 Rn 109 ff), so kann der einzelne Teilhaber nicht in der Weise über sein Anteilsrecht verfügen, dass er damit gegen eine Forderung *aufrechnet,* die dem gemeinschaftlichen Schuldner ihm gegenüber zusteht (BGH NJW 1969, 839; **aA** PLANCK/LOBE Anm 2). Denn die Aufrechnung müsste dazu führen, dass die Forderung zu einem – dem Anteil des aufrechnenden Teilhabers entsprechenden – realen Bruchteil erlischt. In der Bruchteilsgemeinschaft ist aber die gemeinschaftliche Forderung gerade nicht in reale Anteile, sondern in ideelle Bruchteile zerlegt. Die Aufrechnung ist in diesem Fall stets Verfügung über die Forderung im Ganzen, auch wenn sich ihre Wirkung auf einen Teil der Forderung beschränkt; deshalb müssen alle Teilhaber mitwirken (der Sache nach verhält es sich nicht anders, als wenn von einem gemeinschaftlichen Grundstück eine Parzelle abgetrennt und veräußert werden soll).

15 Technisch lässt sich die Aufrechnung im geschilderten Fall nur dadurch ermöglichen, dass die übrigen Teilhaber dem Teilhaber, der aufrechnen will, ihre Anteile übertragen oder eine Einziehungsermächtigung erteilen. Auch *Kündigung, Erlass* und *Einziehung* beziehen sich notwendigerweise auf die Forderung im Ganzen und sind durch S 1 nicht gedeckt. Entsprechendes gilt vom *Verzicht* auf sonstige gemeinschaftliche Rechte. Aus demselben Grund tritt kein Erlöschen der gemeinschaftlichen Forderung durch Konfusion ein – auch nicht partiell –, wenn der Schuldner den Anteil eines Mitberechtigten erwirbt oder wenn ein Mitberechtigter kraft Rechtsnachfolge in die Rechtsstellung des Schuldners einrückt. Zur Konfusion vgl bereits § 741 Rn 73 ff.

16 Eine **Sonderregelung** enthalten insoweit allerdings die §§ 461, 472 nF für das *Wiederkaufs-* und *Vorkaufsrecht.* Solche Rechte können, wenn sie mehreren gemeinsam zustehen, nur im Ganzen ausgeübt werden; ist das Recht für einen Berechtigten erloschen oder übt ein Berechtigter das Recht nicht aus, so bleiben die übrigen zur Ausübung berechtigt. Demnach muss der Mitberechtigte auch berechtigt sein, für seine Person auf das Recht zu verzichten; die Berechtigung der übrigen Mitberechtigten bleibt hiervon unberührt (SCHULZE-OSTERLOH 125 f).

Eine unteilbare Verfügung, die nur von allen Teilhabern über den Gegenstand im **17** Ganzen, nicht vom einzelnen Teilhaber mit Wirkung für seinen Anteil getroffen werden kann, ist die **Dereliktion**, §§ 928, 959 (E I § 950 ließ dagegen die Dereliktion und Aneignung von Miteigentumsanteilen zu; die zweite Kommission hat die Vorschrift gestrichen, um die Entscheidung Wissenschaft und Praxis zu überlassen). Die Dereliktion müsste dazu führen, dass die Sache hinsichtlich des ideellen Anteils des ausscheidenden Mitberechtigten *herrenlos* würde. Das ist praktisch nicht vorstellbar; zur Dereliktion von Miteigentumsanteilen an Grundstücken vgl § 741 Rn 43. Alle Eigentümerbefugnisse verblieben, nach dem Wegfall des ausscheidenden Teilhabers, den übrigen Teilhabern; sie müssten auch die Lasten der Sache tragen. Die einzig sachgerechte Folge müsste deshalb sein, dass der Anteil des ausgeschiedenen Teilhabers den übrigen Teilhabern anwächst. Das Gesetz hat aber eine solche *Anwachsung* im Recht der Gemeinschaft nicht vorgesehen, und es geht nicht an, dass ein Teilhaber durch einseitgen Akt den übrigen Teilhabern seinen Anteil – einschließlich des Anteils an den Kosten und Lasten – aufdrängt (SCHULZE-OSTERLOH 123; **aA** PLANCK/LOBE Anm 6). Die §§ 928, 959 passen deshalb nur auf die Aufgabe des Eigentums im Ganzen (Fall des S 2!), nicht auf die Aufgabe von Miteigentumsanteilen. Zur Anwachsung vgl auch § 741 Rn 257; zu § 927 vgl § 758 Rn 6 mwNw.

Aus demselben Grund ist es nicht möglich, dass ein Teilhaber *durch einseitige* **18** *Erklärung gegenüber den übrigen Teilhabern* auf seinen Anteil *„verzichtet"*, mit der Folge, dass der Gegenstand in Zukunft nur noch den übrigen Teilhabern zusteht (ebenso MünchKomm/K SCHMIDT Rn 15). Der Sache nach handelt es sich bei einem solchen Verzicht um den Versuch einer Übertragung des Anteils auf die übrigen Teilhaber, der nach allgemeinen Regeln die Mitwirkung der Erwerber voraussetzt. Ebensowenig ist aber ein Verzicht auf den Anteil an einem Recht möglich, der zur Folge haben soll, dass das Recht zu einem dem ideellen Anteil entsprechenden realen Bruchteil untergeht (unzutreffend und widersprüchlich KG HRR 1928, Nr 518, betr die Aufhebung des Anteils an einer Hypothek durch einen Teilhaber). Denn eine solche Teilaufhebung des gemeinschaftlichen Rechts ist eine Verfügung über den Gegenstand im Ganzen und bedarf der Mitwirkung aller Teilhaber (unten Rn 66 ff).

Folgerichtig kann, wenn ein **Immaterialgüterrecht**, insbes ein Patent, mehreren nach **19** Bruchteilen zusteht, kein Teilhaber einseitig auf seinen Anteil verzichten (SCHULZE-OSTERLOH 125 mit ausführlichen Nachweisen zur Gegenmeinung; MünchKomm/K SCHMIDT Rn 15). Das gilt insbes auch für den Patentverzicht nach § 12 Abs 1 Nr 1 PatG.

4. Form der Verfügung

Die Form der Verfügung über den Anteil richtet sich nach den **für die Verfügung über** **20** **das ungeteilte Recht geltenden Vorschriften**; s dazu bereits Vorbem Rn 12 ff. *Miteigentumsanteile an Grundstücken* werden demgemäß nach §§ 873, 925 durch Auflassung und Eintragung übertragen (RG WarnR 1925 Nr 19). Für Anteile an *beweglichen Sachen* gelten die §§ 929 ff. Erforderlich sind also Einigung und Übertragung des dem Veräußerer zustehenden Mitbesitzes (vgl PALANDT/SPRAU Rn 2). Stattdessen kann der Veräußerer hinsichtlich seines eigenen Mitbesitzes ein Besitzkonstitut vereinbaren (§ 930) oder, wenn die Sache sich bei einem Dritten befindet, seinen Anteil am Herausgabeanspruch abtreten (§ 931). Anteile an *Forderungen* werden durch einfachen Abtretungsvertrag übertragen (§ 398); für *Hypothekenforderungen* und

Grundschulden sind schriftliche Abtretungserklärung und Einräumung des Mitbesitzes am Brief erforderlich (§ 1154). Für die *Belastung des Anteils an einem Grundstück* gilt § 873. *Nießbrauchsbestellung* und *Pfandrechtsbestellung* an Anteilen an *beweglichen Sachen* verlangen, wie die Übertragung, Einigung und Einräumung des Mitbesitzes (dazu Schulze-Osterloh 120). Nießbrauch und Pfandrecht an Anteilen an *Forderungen* werden nach den für die Abtretung geltenden Vorschriften (§§ 1069 Abs 1, 1274 Abs 1) bestellt, also im Allgemeinen durch formfreie Einigung; zur Verpfändung ist ggf Anzeige nach § 1280 erforderlich.

5. Gutgläubiger Erwerb

21 Auch für den gutgläubigen Erwerb des Anteils gelten die **Regeln über den gutgläubigen Erwerb des ungeteilten Rechts**, also für Miteigentumsanteile an Grundstücken § 892, für Miteigentumsanteile an beweglichen Sachen §§ 932 ff, während bei Forderungen (soweit sie nicht in Wertpapieren verbrieft sind) ein gutgläubiger Erwerb grundsätzlich nicht möglich ist.

22 Drei Fälle des gutgläubigen Erwerbs sind zu unterscheiden: (1) Der veräußerte Miteigentumsanteil *besteht überhaupt nicht*, sondern die Sache steht im ungeteilten Eigentum eines Dritten. (2) Der Anteil besteht zwar, aber er *steht nicht dem Veräußerer, sondern einem Dritten zu*. (3) Der Anteil *besteht* zwar und steht dem Veräußerer auch zu, aber in *anderer Höhe als der Veräußerer behauptet*. Bei *Grundstücken* genießt der Erwerber in allen drei Fällen Schutz, vorausgesetzt, der Veräußerer ist als Inhaber des veräußerten Anteils im Grundbuch eingetragen (dazu näher Koller JZ 1972, 646, 647 f).

23 Bei *beweglichen Sachen* ist zu unterscheiden. Grundlage des den gutgläubigen Erwerb ermöglichenden Rechtsscheins ist hier der Mitbesitz des Veräußerers. Aus der Tatsache des Mitbesitzes ergibt sich aber kein Anhaltspunkt dafür, wie hoch die Anteile der einzelnen Mitbesitzer sind (Schulze-Osterloh 212; Koller JZ 1972, 647, 648; MünchKomm/K Schmidt Rn 16; Soergel/Mühl § 932 Rn 6; Palandt/Bassenge § 932 Rn 1; vgl auch BGH LM Nr 19 zu § 932 für den Fall, dass der Mitbesitzer versucht, einem Gutgläubigen das Alleineigentum zu übertragen). Ein gutgläubiger Erwerb durch einen Dritten zu Lasten der übrigen Mitbesitzer ist somit nicht möglich.

24 Daher gilt hier in den Fällen (1)–(3) Unterschiedliches. (1) E ist Eigentümer, A und B sind Mitbesitzer; A veräußert unter Übertragung des Mitbesitzes den ihm angeblich zustehenden Anteil von 2/3 an den gutgläubigen X: X wird Eigentümer zu 2/3 neben E. (2) A und B sind Mitbesitzer, E ist Miteigentümer zu 2/3, B zu 1/3; A überträgt den angeblich ihm (in Wirklichkeit dem E) zustehenden Anteil in Höhe von 2/3 unter Übertragung des Mitbesitzes an X: X wird Miteigentümer zu 2/3, E verliert, B behält seinen Anteil (vgl auch Schulze-Osterloh 212; gegen gutgläubigen Erwerb Koller JZ 1972, 650). (3) A und B sind Mitbesitzer und Miteigentümer zu je 1/2; A überträgt an X, unter Überlassung des Mitbesitzes, den ihm angeblich zustehenden Anteil in Höhe von 2/3: X kann nur den Anteil des A in Höhe von 1/2 erwerben (vgl auch Schulze-Osterloh 212; vSeeler 42; Koller JZ 1972, 650). Mitbesitz schützt also den Miteigentümer einer beweglichen Sache vor einem Verlust seines Anteils durch gutgläubigen Erwerb.

6. Anteilsveräußerung zwischen den Teilhabern, insbesondere Quotenänderung

a) Zulässigkeit und Form

Der Teilhaber kann seinen Anteil auch einem anderen Teilhaber übertragen, und 25
zwar sowohl ganz als auch teilweise. Auch das ist eine Verfügung iSv S 1 (PALANDT/
SPRAU Rn 2; MünchKomm/K SCHMIDT Rn 12; SCHULZE-OSTERLOH 87 f, 94 ff; aA SOERGEL/
HADDING Rn 2). *Nur der Veräußerer und der Erwerber* müssen daher mitwirken, nicht
sonstige Teilhaber (MünchKomm/K SCHMIDT; SCHULZE-OSTERLOH aaO; aA SOERGEL/HADDING
aaO; BGB-RGRK/vGAMM Rn 2; beide unter unzutreffender Berufung auf RGZ 76, 409, 413). Jede
Vereinbarung zwischen Teilhabern, durch die sie ihre Quoten ändern, ist Anteilsübertragung. Bei Grundstücken sind deshalb die Formvorschriften der §§ 873, 925 zu
beachten (RGZ 56, 96, 100; RGZ 76, 409, 413; MünchKomm/K SCHMIDT Rn 13; SCHULZE-OSTER-
LOH 94 ff). Bei beweglichen Sachen verlangt die Quotenänderung an sich, neben der
Einigung, Verschaffung des unmittelbaren oder mittelbaren Mitbesitzes gem
§§ 929–931. Praktisch wird aber in allen in Betracht kommenden Fällen der Erwerber – also derjenige, dessen Anteil erhöht werden soll – bereits unmittelbarer
oder mittelbarer Mitbesitzer der Sache sein. Infolgedessen hat es insoweit bei der
schlichten Einigung sein Bewenden (§ 929 S 2).

Der Teilhaber kann seinen Anteil auch zugunsten des anderen Teilhabers *belasten*, 26
etwa mit einem Nießbrauch, einem dinglichen Vorkaufsrecht, einer Reallast, einem
Grundpfandrecht oder einem Pfandrecht. Zur Belastung des gemeinschaftlichen
Grundstücks zugunsten eines Miteigentümers vgl Erl zu § 1009.

b) Gutgläubiger Erwerb

Ist die Änderung oder Übertragung der Quote zwischen den Miteigentümern Ver- 27
fügung, so folgt daraus zwingend, dass unter den Voraussetzungen der §§ 892, 932
auch **gutgläubiger Erwerb möglich sein muss** (bestätigt durch BGH NJW 2007, 3204; vgl dazu
insbes LUTTER AcP 164, 122, 162; KOLLER JZ 1972, 646, 648; PALANDT/BASSENGE § 892 Rn 8;
ERMAN/HAGEN/LORENZ § 892 Rn 12; MünchKomm/K SCHMIDT Rn 17; aA SOERGEL/STÜRNER
§ 892 Rn 24; SOERGEL/HADDING Rn 3; BGB-RGRK/vGAMM Rn 2, alle mit unzutreffender Berufung
auf KG JW 1927, 2521). Hierfür spricht ein offensichtliches Verkehrsbedürfnis. Erwirbt
E vom eingetragenen Nichtberechtigten Wohnungseigentum (also Miteigentum am
Grundstück), so kann der gutgläubige Erwerb nicht daran scheitern, dass E bereits
als Eigentümer einer anderen Wohnung Miteigentümer des Grundstücks ist (LUTTER
aaO). Erwirbt E von L gutgläubig Wertpapiere, die sich in Sammelverwahrung bei
der Wertpapiersammelstelle W befinden (unten Rn 82 ff), so kann der gutgläubige
Erwerb jedenfalls nicht daran scheitern, dass E schon Inhaber von gleichartigen
Wertpapieren ist, die ebenfalls bei W sammelverwahrt sind. Ein Grund, dem Erwerber den Gutglaubensschutz zu versagen, ist in solchen Fällen nicht ersichtlich: er
erwirbt im Weg eines Verkehrsgeschäfts von einem anderen und macht im Vertrauen
auf die durch Rechtsschein – insbes das Grundbuch – ausgewiesene Rechtsposition
des Veräußerers finanzielle Aufwendungen, nicht anders als beim Erwerb von
Alleineigentum.

In der früheren Rechtsprechung ist angenommen worden, der Schutz des guten 28
Glaubens unter Miteigentümern sei ausgeschlossen, wenn **auch der Erwerber seinerseits unrichtig im Grundbuch eingetragen sei** (KG JW 1927, 2521; BayObLG JW 1928, 522
mit abl Anm MEYEROWITZ; KG HRR 1928, 1833; zust WOLFF/RAISER § 45 Fn 19; PLANCK/STRECKER

§ 892 Anm II 1 e). Es ging um Fälle, in denen das in Miteigentum stehende Grundstück mit einer Hypothek belastet war, die zu Unrecht gelöscht worden war; nunmehr übertrug der eine Miteigentümer seinen Anteil auf den anderen Miteigentümer, und dieser berief sich gegenüber dem Hypothekengläubiger auf gutgläubigen lastenfreien Erwerb des hinzuerworbenen zweiten Anteils. Das KG begründete die Nichtanwendung des § 892 mit dem Argument, die Vorschrift solle den Erwerber nur vor einer Unrichtigkeit des Grundbuchs schützen, die *vor seiner Eintragung* im Grundbuch eingetreten sei; das sei hier nicht der Fall. Das Argument ist unschlüssig: Es geht nur um die Frage, ob der Erwerber den *Anteil des Veräußerers* lastenfrei erwerben kann; insoweit ist das Grundbuch vor der Eintragung des Erwerbers unrichtig gewesen; dass der Erwerber mit einem anderen Recht unrichtig im Grundbuch eingetragen ist, kann seinen gutgläubigen Erwerb nicht hindern (abl auch SEUFERT, LUTTER, KOLLER aaO). Diese durch BGH NJW 2007, 3204, überholte Rechtsprechung ist nur zu verstehen als eine durch die besonderen Umstände des Falls begründete Billigkeitskorrektur (es ging um Hypotheken, die während der Inflation mit entwertetem Geld zurückgezahlt worden waren und im Weg der Aufwertung wieder eingetragen werden sollten). Die Gerichte hätten sich besser offen auf § 242 berufen; als Vorbild für weitere Fälle können die Entscheidungen nicht dienen. Deshalb ist § 892 zB anwendbar, wenn A und B ein Grundstück vom geschäftsunfähigen Eigentümer E erwerben, je zu 1/2 im Grundbuch eingetragen werden und später A den Miteigentumsanteil von B hinzuerwirbt (Beispiel von LUTTER 163 Fn 145).

7. Zugrundeliegendes Verpflichtungsgeschäft

29 Auch das der Verfügung über den Anteil zugrundeliegende Verpflichtungsgeschäft richtet sich nach den Regeln, die für Verpflichtungsgeschäfte über das ungeteilte Recht gelten. Der Verkauf eines Miteigentumsanteils ist daher Sachkauf (RG WarnR 1925 Nr 19; MünchKomm/K SCHMIDT Rn 20). Bei Grundstücken ist § 311b Abs 1 nF zu beachten (auch, wenn die Miteigentümer eines Grundstücks eine Quotenänderung vereinbaren). Der Verkäufer haftet für Sachmängel nach §§ 434 ff nF (RG SeuffA 82, Nr 174).

8. Rechtsstellung des Anteilserwerbers

30 Der Erwerber tritt durch die Übertragung des Anteils in die Rechtsposition ein, die zuvor der **Veräußerer** innehatte, und zwar nicht nur in *dinglicher Hinsicht*; er übernimmt zugleich die Position des Veräußerers in dem *gesetzlichen Schuldverhältnis* der Gemeinschaft (vgl dazu §§ 746, 751, 755 Abs 2, 756 Abs 2, 1010).

31 Mit dem Anteil erlangt der Erwerber für die Zukunft das **Früchtebezugsrecht** nach § 743 Abs 1 und das **Gebrauchsrecht** nach § 743 Abs 2, so wie es seinem Rechtsvorgänger zustand. *Vorausabtretungen* des Anspruchs auf den Früchteanteil sind – soweit man sie überhaupt für zulässig hält – ihm gegenüber unwirksam (§ 743 Rn 22 f).

32 Haben die Miteigentümer eines **Grundstücks** das Grundstück **gemeinschaftlich vermietet**, so tritt der Erwerber des Anteils gem § 566 nF kraft Gesetzes in das Mietverhältnis ein. Hat dagegen nur ein *einzelner* Miteigentümer das Grundstück vermietet, so findet § 566 nF keine Anwendung, weder wenn ein anderer Miteigentümer, noch wenn er selbst seinen Miteigentumsanteil veräußert (vgl STAUDINGER/EMMERICH [2006] § 566 Rn 42). Veräußert der Miteigentümer seinen Anteil, der *nicht Vermieter* ist, aber der Vermietung zugestimmt hat, so ist der Erwerber an den Mietvertrag gebunden, ohne selbst in die Rechtsposition eines „Vermieters" einzurücken; der Mieter hat also auch gegenüber dem Erwerber, wie gegenüber dem Veräußerer, ein Recht zum Besitz (§ 185 entsprechend, dazu FLUME II § 57, 1 d; RGZ 80, 395). Der Erwerber hat nach § 743 Abs 1 einen Anspruch gegen den Vermieter auf Teilung der Miete nach Abzug von Kosten und Lasten (vgl § 743 Rn 1, 11 ff). Veräußert der *Vermieter* seinen Miteigentumsanteil, bleibt er dem Mieter aus dem Mietvertrag verpflichtet; er ist den übrigen Miteigentümern gem § 667 zur Abtretung der Ansprüche aus dem Mietvertrag verpflichtet. Haben die Miteigentümer einer *beweglichen Sache* die Sache gemeinsam vermietet, wird sich der Anteilserwerber zweckmäßigerweise den Anteil des Veräußerers an der Mietforderung abtreten lassen; die Verpflichtung des Veräußerers hierzu folgt aus dem der Veräußerung zugrundeliegenden Rechtsgeschäft (§ 157).

Neben oder noch vor dem Anspruch auf den Früchteanteil und auf den Mitgebrauch **33** (§ 743) ist das wichtigste Recht, das der Anteil an der Gemeinschaft dem Teilhaber verleiht, das **Recht auf Aufhebung der Gemeinschaft** (§ 749 Abs 1). Auch dieses Recht steht dem Erwerber, kraft seiner Stellung als Teilhaber, unmittelbar zu; vertragliche Beschränkungen muss er sich nach §§ 751, 1010 entgegenhalten lassen. Der Anspruch auf Aufhebung ist *nicht isoliert abtretbar* (§ 749 Rn 54 ff), sodass es nicht möglich ist, den Anteil vor der Veräußerung des Aufhebungsrechts zu entkleiden. Abtretbar ist uU allenfalls der Anspruch des Teilhabers auf Auszahlung seines Anteils an dem im Zug der Aufhebung erzielten Erlös (dazu § 753 Rn 25). Dieser Anspruch entsteht aber nur für denjenigen, der zur Zeit der Verwertung des gemeinschaftlichen Gegenstandes Teilhaber ist. Eine *Vorausabtretung des Auszahlungsanspruchs* wird deshalb unwirksam, wenn der Zedent den Anteil später veräußert. Auch auf diese Weise kann also der Teilhaber den Anteil nicht zu Lasten eines späteren Erwerbers seiner Substanz entkleiden.

II. Bestellung von Sicherungsrechten am Anteil

1. Verpfändung

Der Miteigentumsanteil wird **verpfändet** durch *Einigung und Übertragung des Mit-* **34** *besitzes* des Verpfänders, entsprechend § 1205 Abs 1 S 1. Die Übertragung des Mitbesitzes kann ersetzt werden durch *Einräumung qualifizierten Mitbesitzes* (§ 1206) oder, wenn die Sache sich in der Verwahrung eines Dritten befindet, durch *Abtretung des Herausgabeanspruchs* gegen den Verwahrer (bei gemeinschaftlicher Hinterlegung durch alle Miteigentümer: *des Anteils am Herausgabeanspruch*) und *Verpfändungsanzeige*, entsprechend § 1205 Abs 2. Ist der Gläubiger bereits im Besitz der Sache (so etwa die Bank im Fall der Sammelverwahrung von Wertpapieren), so genügt die *schlichte Einigung* (§ 1205 Abs 1 S 2).

Die **Verwertung** des verpfändeten Miteigentumsanteils kann in zwei Formen erfol- **35** gen. Der Pfandgläubiger hat erstens die Möglichkeit, bei Pfandreife (§ 1228 Abs 2) den **verpfändeten Anteil als solchen** nach den Vorschriften über den Pfandverkauf zu veräußern (§ 1258 Abs 4). Praktische Bedeutung kann diese Verwertungsform insbes im Fall der Verpfändung von Wertpapieren, die sich in Sammelverwahrung befinden, erlangen. In anderen Fällen wird sich für Miteigentumsanteile an beweglichen Sachen nur schwer ein Interessent finden.

36 Die zweite Möglichkeit der Verwertung des Anteils besteht darin, dass der Pfandgläubiger die **Aufhebung der Gemeinschaft** erwirkt und Befriedigung aus demjenigen sucht, was bei der Aufhebung auf den Schuldner entfällt. Grundlage ist § 1258 Abs 2 S 2. Hiernach kann der Gläubiger nach Pfandreife (§ 1228 Abs 2) aus eigenem Recht die Aufhebung der Gemeinschaft verlangen. An eine *Vereinbarung*, durch die die Teilhaber *die Aufhebung ausgeschlossen* oder von Fristen abhängig gemacht haben, ist er – anders als ein gewöhnlicher Sonderrechtsnachfolger, § 751 S 1 – nicht gebunden, § 1258 Abs 2 S 2 HS 2 (durch diese Regelung wird dem Pfandgläubiger der Umweg erspart, den ihm bereits verpfändeten Anteil nochmals pfänden zu müssen, um so die vertraglichen Aufhebungsbeschränkungen gem § 751 S 2 aus dem Weg zu räumen).

37 Je nach Eigenart der Sache kann der Pfandgläubiger Realteilung gem § 752 oder Verkauf der Sache nach den Regeln über den Pfandverkauf und Teilung des Erlöses gem § 753 verlangen. Im ersten Fall erwirbt er durch *dingliche Surrogation* ein Pfandrecht an der seinem Schuldner zugeteilten Sache, im zweiten Fall ein Pfandrecht an dem auf den Pfandschuldner entfallenden Erlösanteil, § 1258 Abs 3. Hieraus kann er weiter Befriedigung suchen. So die Lage *nach Pfandreife; vor Pfandreife* kann der Pfandgläubiger nur gemeinsam mit dem Miteigentümer Aufhebung verlangen, § 1258 Abs 1 S 1. Auch in diesem Fall setzt sich das Pfandrecht an dem auf den Miteigentümer entfallenden realen Teil oder Erlösanteil fort, § 1258 Abs 3. Das Gleiche gilt, wenn ein anderer Teilhaber die Aufhebung der Gemeinschaft betreibt.

38 Das Recht des Miteigentümers auf Mitwirkung bei der **Verwaltung** und bei der **Bestimmung der Art der Benutzung** steht für die Dauer der Verpfändung dem Pfandgläubiger zu, § 1258 Abs 1. Zur Teilhabe an den **Nutzungen** ist der Pfandgläubiger nicht berechtigt, sowenig wie im Fall der Verpfändung des ungeteilten Rechts; anders nur, wenn eine Vereinbarung nach § 1213 getroffen ist.

2. **Sicherungsübereignung**

39 Die Sicherungsübertragung des Miteigentumsanteils (zur Form: SERICK II 124; zur praktischen Bedeutung: SERICK II 188 f) ist nach außen hin **Vollrechtsübertragung**. Nur ausnahmsweise sind Vorschriften über die Verpfändung analog anzuwenden (SERICK II 95 ff, 98 f). Der Sicherungsnehmer kann daher gegenüber den anderen Miteigentümern alle Rechte aus dem Anteil ausüben. Darauf, ob er nach dem Sicherungsvertrag gegenüber dem Sicherungsgeber zu ihrer Ausübung berechtigt ist, kommt es nicht an.

40 Auch der Sicherungsnehmer wird sich vorzugsweise auf dem Weg über die **Aufhebung der Gemeinschaft** zu befriedigen suchen. Der Aufhebungsanspruch aus § 749 Abs 1 steht ihm, als dem Vollrechtsinhaber, ohne weiteres zu. *Beschränkungen*, die der Sicherungsgeber vor der Sicherungsübertragung mit den übrigen Teilhabern vereinbart hat, muss der Sicherungsnehmer sich nach § 751 entgegenhalten lassen. Fraglich ist, ob zugunsten des Sicherungsnehmers die Bestimmung des § 1258 Abs 2

S 2 HS 2 analog anzuwenden ist, die die Wirksamkeit solcher Abreden gegenüber dem Pfandgläubiger ausschließt (so iE MünchKomm/K Schmidt § 751 Rn 4). Die Analogie kann nicht schon mit dem Hinweis allein ausgeschlossen werden, dass die Sicherungsübertragung ihrer Rechtsnatur nach Vollrechtsübertragung ist (vgl Serick II 95 ff). Der Sinn der Vorschrift besteht darin, dem Pfandgläubiger den Umweg über die Zwangsvollstreckung zu ersparen und ihm den üblichen Weg der Pfandverwertung offenzuhalten. Diese ratio legis trifft aber auf die Sicherungsübertragung, bei der es kein gesetzlich geregeltes Verwertungsverfahren gibt, nicht zu. Der Sicherungsnehmer muss deshalb, will er die hinderlichen Vereinbarungen über die Aufhebung ausschalten, den ihm zur Sicherung übertragenen Anteil zusätzlich pfänden und sich so das Privileg des § 751 S 2 verschaffen.

41 Die Sicherungsübertragung des Anteils gelangt, weil sie gem § 930 durch **Besitzkonstitut** vorgenommen werden kann, nicht notwendigerweise zur Kenntnis der übrigen Miteigentümer. Deshalb besteht für sie die Gefahr, dass sie mit dem Sicherungsgeber die Aufhebung durchführen oder Absprachen über die Aufhebung treffen, ohne zu wissen, dass der Sicherungsgeber überhaupt nicht mehr Teilhaber, und damit auch nicht mehr Gläubiger des Aufhebungsanspruchs, ist. Hier ist zu ihrem Schutz § 407 analog anzuwenden.

3. Verpfändung des Anteils an Forderungen

42 Steht eine Forderung in Bruchteilsgemeinschaft und verpfändet der Teilhaber (durch Einigung und Verpfändungsanzeige, §§ 398, 1274, 1280) seinen Anteil, so gelten für die Einziehung die §§ 1280, 1281: *Vor Pfandreife* ist der Pfandgläubiger zusammen mit dem Verpfänder und den übrigen Mitgläubigern, *nach Pfandreife* ist nur der Pfandgläubiger zusammen mit den übrigen Teilhabern zur Einziehung berechtigt. Zur Prozessführung ist der Pfandgläubiger allein befugt, § 432 analog, § 1281 S 2. Die Gemeinschaft setzt sich am Erlös fort; der Pfandgläubiger erwirbt ein Pfandrecht am Anteil des Verpfänders (§ 1287) und kann gem § 1258 Abs 2 die Aufhebung der Gemeinschaft am Erlös betreiben.

4. Bestellung von Grundpfandrechten

43 Bestellt der Miteigentümer eines Grundstücks gem § 1114 eine Hypothek an seinem Anteil, so erwirbt der Hypothekengläubiger das Recht, den Anteil zu verwerten. Die Verwertung erfolgt durch Zwangsvollstreckung in den Anteil, dh – wie bei der Hypothek am ganzen Grundstück – durch **Zwangsversteigerung oder Zwangsverwaltung** (§§ 864 Abs 2, 866 Abs 1 ZPO). Selbstverständlich müssen diese Maßnahmen sich auf den belasteten Anteil beschränken; der Hypothekengläubiger kann also nur den Miteigentumsanteil, nicht das Grundstück als solches zur Versteigerung bringen.

44 Die Anordnung der **Zwangsverwaltung** (§§ 146 ff ZVG) führt dazu, dass dem Miteigentümer die Verwaltung und Benutzung des Grundstücks entzogen wird (§ 148 Abs 2 ZVG, mit dem Vorbehalt bezüglich Wohnung und Unterhalt gem § 149 ZVG). Das bedeutet, dass die Rechte des Miteigentümers aus §§ 744, 745 auf den Verwalter übergehen, der allerdings früher getroffene bindende Vereinbarungen der Miteigentümer beachten muss (§ 746). Hat der Miteigentümer das Grundstück mitvermietet oder mitverpachtet, so erstreckt sich die Beschlagnahme und Verwaltung auf seinen Anteil an den Miet- und Pachtforderungen; außerdem erstreckt sie sich auf den Anteil des Miteigentümers an den Erzeugnissen des Grundstücks (§§ 21 Abs 1, 2, 148 Abs 1, 152 ZVG). Der Verwalter kann allerdings hinsichtlich der Grundstücksfrüchte nicht mehr verlangen, als dem Miteigentümer zusteht. Im Ergebnis bedeutet das, dass der Verwalter die Ansprüche aus § 743 Abs 1 zu realisieren hat (vgl ZELLER/STÖBER § 152 [7.1]; sein Urteil über die Zwangsverwaltung von Miteigentumsanteilen: „Sehr schwierig, meist nicht erfolgreich"; für ausgesprochene Renditeobjekte, auf die die Zwangsverwaltung in erster Linie zugeschnitten ist, mag im Einzelfall aber auch etwas anderes gelten).

45 Das Ziel des Hypothekengläubigers wird meist darin bestehen, den **Anspruch auf Aufhebung der Gemeinschaft** (§ 749 Abs 1) zu realisieren, um sich aus dem bei der Aufhebung erzielten Erlös (§ 753) zu befriedigen. Eigentümlicherweise enthalten die Vorschriften über die Hypothek keine dem § 1258 entsprechende Regelung. Dh, es fehlt eine Vorschrift, die dem Hypothekengläubiger, wie § 1258 Abs 2 dem Pfandgläubiger des Miteigentumsanteils an einer beweglichen Sache, das Recht auf Geltendmachung des Aufhebungsanspruchs ausdrücklich überträgt. Nach dem Gesetzeswortlaut bietet sich dem Hypothekengläubiger, der bei der Zwangsversteigerung des Anteils wegen fehlenden Marktes kein befriedigendes Ergebnis erzielt, nur folgender Ausweg: Er *ersteigert den Anteil selbst* (wobei der Preis, abzüglich der Kosten, an ihn als den Gläubiger zurückfließt) und betreibt nunmehr, als Miteigentümer, die Teilungsversteigerung des Grundstücks (§§ 749 Abs 1, 753); vgl dazu ROLF HOFFMANN JuS 1971, 20, 23.

46 Der Weg über die Ersteigerung des Anteils ist allerdings umständlich und mit doppelten Kosten verbunden, die das Versteigerungsergebnis belasten können. Zu erwägen ist deshalb, ob dem Hypothekengläubiger nicht der **unmittelbare Zugriff auf den Aufhebungsanspruch des Miteigentümers** eröffnet werden muss. Als Grundlage bietet sich eine *analoge Anwendung des § 1258 Abs 2* an. Für eine solche Analogie hat sich ROLF HOFFMANN JuS 1971, 20, 23 f ausgesprochen; dem ist entgegen STAUDINGER/HUBER[12] Rn 39 nicht zuzustimmen. Die Interessenlage bei der Bestellung eines Pfandrechts an dem Miteigentumsanteil an einer beweglichen Sache und bei der Bestellung einer Hypothek am Miteigentumsanteil an einem Grundstück ist grundlegend verschieden. Das Pfandrecht an einer im Mitbesitz mehrerer stehenden beweglichen Sache hat rechtstheoretisch und rechtspraktisch ganz andere Qualität als ein besitzloses Grundpfandrecht. Im Falle des § 1258 Abs 2 geht es um die Einsparung eines kurzfristig möglichen, aber meist notwendigen Umweges – kaum jemand wird den Bruchteil einer beweglichen Sache erwerben wollen –, während im Immobiliarsachenrecht die Versteigerung des Anteils und die etwa anschließende Teilungserklärung gem §§ 180 ff ZVG nicht nur überflüssige Förmelei darstellen. Vgl ferner GRAMENTZ 216 ff.

47 Die – hier abgelehnte – Analogie hätte im Übrigen eine Reihe von Folgeproblemen, die sich mit immobiliarsachenrechtlichen Grundsätzen und Verfahren nicht vertragen (dazu eingehend, allerdings mit anderem Ergebnis, STAUDINGER/HUBER[12] Rn 40). Auch die Prämisse der abw Auffassung, das Versteigerungsergebnis sei belastet, erweist sich in der Praxis – abgesehen von verfahrenstechnischen Verzögerungen und Kosten – als wenig stichhaltig. Der Zuschlag für einen Miteigentumsanteil erfolgt zwar fast immer zu einem geringeren Gebot, als es dem quotalen Bruchteil, bezogen auf den Verkehrswert der Immobilie, entspräche. Ersteigert daher (sonst hat er hierzu ja gar keinen Anlass!) der Gläubiger den Anteil selber, hat er in der folgenden Teilungsversteigerung die Chance, den vollen Wert zu realisieren. Die Erfahrungen der Praxis zeigen im Übrigen, dass dieses gestufte Verfahren gegenüber den anderen Teilhabern einen gewissen Lästigkeitseffekt entfaltet, der zusätzlich Erholungsmöglichkeiten bieten kann. Schlussendlich verkennt HUBER aaO, dass Verfahrensvoraussetzungen – hier § 181 ZVG – grundsätzlich nicht im Wege der Analogie, sondern nur durch den Gesetzgeber modifiziert werden können (vgl LARENZ, Methodenlehre[6] 402, 427).

Für die Bestellung einer **Grundschuld** am Miteigentumsanteil gilt dasselbe wie für die Hypothek, § 1192 Abs 1. **48**

III. Zwangsvollstreckung in den Anteil; Insolvenz

1. Zwangsvollstreckung in den Anteil und Zwangsvollstreckung in den gemeinschaftlichen Gegenstand im Ganzen

Der Befugnis des Teilhabers, über seinen Anteil ohne Mitwirkung der übrigen Teilhaber zu verfügen (S 1), entspricht die Befugnis seiner Gläubiger, aufgrund eines gegen ihn gerichteten Titels **in den Anteil** zu vollstrecken. Eine solche Vollstreckung betrifft nur den Anteil des betroffenen Teilhabers und lässt die Mitberechtigung der übrigen Teilhaber unberührt. Sie führt nicht ipso jure zur Aufhebung der Gemeinschaft (**aA** PLANCK/LOBE Anm 3). **49**

Davon zu unterscheiden ist die Zwangsvollstreckung in den **gemeinschaftlichen Gegenstand im Ganzen**, zB die Pfändung einer im Miteigentum stehenden beweglichen Sache oder die Zwangsversteigerung eines im Miteigentum stehenden Grundstücks. Da insoweit alle Teilhaber nur gemeinschaftlich verfügungsbefugt sind, bedarf es zu einer solchen Vollstreckung eines *gegen alle Teilhaber gerichteten vollstreckbaren Titels* (BGB-RGRK/vGAMM Rn 7; SOERGEL/HADDING Rn 7). Der Gläubiger, der nur einen Titel gegen den einzelnen Teilhaber hat, ist dagegen nicht berechtigt, über den Anteil hinaus auf den gemeinschaftlichen Gegenstand zuzugreifen (RG JW 1934, 2540; RG SeuffA 61, Nr 264). Tut er es gleichwohl, so steht den übrigen Teilhabern die *Drittwiderspruchsklage* (§ 771 ZPO) zu. Pfändet der Gläubiger eines Teilhabers eine Sache, die in Mitgewahrsam der Teilhaber steht, so verstößt die Pfändung außerdem gegen §§ 808, 809 ZPO und die übrigen Teilhaber können neben der Drittwiderspruchsklage auch *Erinnerung* (§ 766 ZPO) einlegen (vgl MünchKomm/K SCHMIDT Rn 34). **50**

2. Form der Vollstreckung in den Anteil

a) Miteigentumsanteil an Grundstücken

Die Zwangsvollstreckung in Miteigentumsanteile an Grundstücken erfolgt *nach den Regeln über die Zwangsvollstreckung in das unbewegliche Vermögen*, § 864 Abs 2 ZPO (vgl RG WarnR 1925 Nr 19; STEIN/JONAS/MÜNZBERG § 864 Rn 14 f; THOMAS/PUTZO § 864 Rn 6; BGB-RGRK/vGAMM Rn 3; MünchKomm/K SCHMIDT Rn 36 f; PALANDT/BASSENGE § 1008 Rn 7; SOERGEL/STÜRNER Vorbem 9 zu § 1008; ERMAN/ADERHOLD Vorbem 9 zu § 1008). Da solche **51**

Anteile veräußert und belastet werden wie das Grundstück selbst, ist es nur folgerichtig, dass auch die Zwangsvollstreckung den Regeln unterliegt, die für die Zwangsvollstreckung in das Grundstück gelten. Möglich sind: Eintragung einer *Sicherungshypothek* auf dem Anteil; Anordnung der *Zwangsversteigerung* des Anteils; Anordnung der *Zwangsverwaltung* des Anteils (§ 866 Abs 1 ZPO); diese können kombiniert werden (§ 866 Abs 2 ZPO). Zuständig für die Eintragung der Sicherungshypothek ist das Grundbuchamt (§ 1 Abs 1 GBO), für die Anordnung der Zwangsversteigerung und Zwangsverwaltung das Vollstreckungsgericht (§§ 1, 15, 146 ZVG). *Unzulässig* ist eine *Pfändung durch einfachen gerichtlichen Pfändungsbeschluss* gem §§ 857, 828 ZPO. Denn der Miteigentumsanteil ist gem § 864 Abs 2 ZPO „Gegenstand der Zwangsvollstreckung in das unbewegliche Vermögen", vgl § 857 Abs 1 ZPO. So die ganz hM; **aA** nur FURTNER NJW 1969, 871, 872. Zur Frage, ob es erforderlich und empfehlenswert ist, neben der Vollstreckung in den Anteil auch die Ansprüche auf Aufhebung der Gemeinschaft, Teilung des Erlöses und Auszahlung des Erlöses zu pfänden, vgl Rn 57 ff; § 749 Rn 58 ff. In der Praxis ist dieses Vorgehen üblich, vgl STÖBER, Forderungspfändung Rn 1544.

b) Miteigentumsanteil an beweglichen Sachen

52 Miteigentumsanteile an beweglichen Sachen werden nach § 857 iVm §§ 828 ff durch **Pfändungsbeschluss des Vollstreckungsgerichts** gepfändet (STEIN/JONAS/MÜNZBERG § 808 Rn 1; STEIN/JONAS/BREHM § 857 Rn 97; THOMAS/PUTZO § 857 Rn 2; BGB-RGRK/VGAMM Rn 3; MünchKomm/K SCHMIDT Rn 36; PALANDT/BASSENGE § 1008 Anm 3c; SOERGEL/STÜRNER Vorbem 9 zu § 1008; ERMAN/ADERHOLD Vorbem 9 zu § 1008). Da solche Anteile übereignet und verpfändet werden wie bewegliche Sachen, wäre es an sich folgerichtig, sie auch den Regeln über die Pfändung beweglicher Sachen zu unterwerfen (genauso wie Miteigentumsanteile an Grundstücken, in die nach denselben Regeln vollstreckt wird wie in Grundstücke selbst, oben Rn 51). Aber die Vorschriften über die Sachpfändung passen auf den Fall des Miteigentums nicht. Pfändungsvoraussetzung wäre die Inbesitznahme der Sache durch den Gerichtsvollzieher; Pfändungsfolge die Versteigerung der Sache. Beides wäre ein Übergriff in die Rechte der übrigen Teilhaber. Infolgedessen bleibt nichts übrig als die Anwendung der Auffangvorschrift des § 857 Abs 1 ZPO: Der Miteigentumsanteil ist als „sonstiges Vermögensrecht" in entsprechender Anwendung der §§ 828 ff zu pfänden. Erfreulich ist diese Lage für den Gläubiger nicht. Veräußert der Schuldner seinen Anteil durch Übertragung des Mitbesitzes, oder veräußern alle Teilhaber die Sache gemeinsam durch Übergabe, so erlischt gegenüber einem gutgläubigen Erwerber das Pfandrecht, § 936. Auch die Verwertung wird dadurch erschwert, dass der Pfändungsschuldner bei der Pfändung nach § 857 ZPO den Mitbesitz behält (vgl dazu § 753 Rn 32 ff). Aber das geltende Recht bietet keine bessere Lösung.

53 Die Pfändung erfolgt durch **Beschluss des Vollstreckungsgerichts**, das das Gebot an den Schuldner ausspricht, sich jeder Verfügung über den Anteil zu enthalten (§§ 857 Abs 1, 829 Abs 1 ZPO). Nach ganz hM sind die übrigen Teilhaber als „Drittschuldner" anzusehen (BAUMBACH/LAUTERBACH/HARTMANN § 857 Rn 4; THOMAS/PUTZO § 857 Rn 10; STEIN/JONAS/BREHM § 857 Rn 97). Der Beschluss ist ihnen also zuzustellen (§§ 857 Abs 1, 829 Abs 2 ZPO) und ist erst mit Zustellung an sie wirksam (§ 829 Abs 3 ZPO). Zur Frage, ob es erforderlich und empfehlenswert ist, neben dem Anteil auch die Ansprüche auf Aufhebung der Gemeinschaft, Teilung des Erlöses und Auszahlung des Erlöses zu pfänden, vgl Rn 63, § 749 Rn 59.

Pfändet der Gläubiger des Teilhabers **die Sache** (nach §§ 808, 809 ZPO) statt des 54
Miteigentumsanteils (nach § 857 ZPO), so entsteht kein Pfändungsrecht am Miteigentumsanteil als solchem. Denn die formellen Voraussetzungen des § 857 ZPO sind andere als die der §§ 808, 809 ZPO; sie sind durch die Sachpfändung nicht gewahrt. Die – materiellrechtlich zulässige – Anteilspfändung ist also in der materiellrechtlich unzulässigen – Sachpfändung nicht als ein Minus enthalten.

c) **Anteile an Forderungen und sonstigen Rechten**
Anteile an Forderungen (zB an einer Forderung aus gemeinschaftlicher Vermietung, 55
an einem Gemeinschaftskonto oder einem gemeinschaftlichen Wertpapierdepot) und sonstigen Rechten werden nach den Vorschriften gepfändet, die für die Pfändung der Forderung oder des Rechts im Ganzen gelten. Die Pfändung des Anteils an einer Geldforderung erfolgt also nach § 829 ZPO durch Pfändungsbeschluss und *Zustellung an den Schuldner* der gemeinschaftlichen Forderung. Die Zustellung des Beschlusses an *die übrigen Teilhaber* ist *nicht* Wirksamkeitsvoraussetzung der Pfändung (zutr STÖBER, Forderungspfändung Rn 1549; **aA** MünchKomm/K SCHMIDT § 745 Rn 37; LIESECKE WM 1975, 314, 317). Zur Pfändung des Anteils an einem gemeinschaftlichen Bankkonto vgl auch § 741 Rn 87 ff.

3. **Verwertung des Anteils**

a) **Allgemeines**
Der Vollstreckungsgläubiger kann bei der Verwertung *zwei Ziele* verfolgen: (1) die 56
Verwertung des Anteils als solchen; (2) die Verwertung des gemeinschaftlichen Rechts selbst, indem er die Aufhebung der Gemeinschaft betreibt und sich aus dem dabei auf ihn entfaltenden Erlösanteil befriedigt. Praktisch wird für den Gläubiger fast immer das zweite Ziel im Vordergrund stehen, und die Zwangsvollstreckung in den Anteil ist wirtschaftlich nur sinnvoll, wenn sie ihn zu diesem Ziel führt.

b) **Miteigentumsanteile an Grundstücken**
Der Vollstreckungsgläubiger kann die **Zwangsversteigerung** und die **Zwangsverwal-** 57
tung des Anteils betreiben (dazu oben Rn 43 ff). In der Zwangsversteigerung kann er den Anteil selbst erwerben; jedenfalls auf diesem Umweg erlangt er den Aufhebungsanspruch (oben Rn 45). Will der Gläubiger von vornherein nur die Aufhebung der Gemeinschaft erreichen, so muss er sich eine **Zwangshypothek** eintragen lassen.

Sofern man, wie hier (oben Rn 45 ff; anders STAUDINGER/HUBER[12] Rn 39 f, 50), die analoge 58
Anwendung des § 1258 auf rechtsgeschäftlich begründete Hypotheken verneint, ergibt sich im Fall der Zwangshypothek die **Befugnis des Gläubigers, von den übrigen Teilhabern Aufhebung zu verlangen**, schon aus einer sinngemäßen Anwendung des § 751 S 2 (so auch MünchKomm/K SCHMIDT § 749 Rn 23, § 751 Rn 3; **aA** GRAMENTZ 255 ff). Die Vorschrift spricht dem Gläubiger, der die „Pfändung des Anteils eines Teilhabers" erwirkt hat, das Recht zu, die Aufhebung der Gemeinschaft zu verlangen, und zwar ohne Rücksicht auf entgegenstehende Vereinbarungen der Teilhaber. Nun ist zwar nach der Terminologie der ZPO die Erwirkung einer Zwangshypothek in den Anteil keine „Pfändung" des Anteils. Nach dem Sinn des § 751 S 2 muss aber beides gleich behandelt werden. Es wäre unverständlich, wenn gerade der Gläubiger, der in den Anteil an einem Grundstück vollstreckt, anders behandelt würde als ein Gläubiger, der in den Anteil an einem anderen Gegenstand vollstreckt.

59 Die in der Praxis verbreitete **zusätzliche Pfändung des Anspruchs auf Aufhebung der Gemeinschaft** ist deshalb überflüssig. Sie ist überdies unzulässig und unwirksam, vgl § 749 Rn 58 f. Die überwiegende Rechtsprechung und Lehre hält sie für erforderlich und – weil erforderlich – auch für zulässig, da sie die Möglichkeit einer sinngemäßen Anwendung des § 751 S 2 nicht sieht und deshalb glaubt, dem Vollstreckungsgläubiger auf diesem Weg zur Aufhebung der Gemeinschaft verhelfen zu müssen (so insbes OLG Köln OLGZ 1969, 338; LG Wuppertal NJW 1961, 785; LG Aurich Rpfleger 1962, 412; BGB-RGRK/vGamm § 751 Rn 2; Soergel/Hadding § 749 Rn 4; Palandt/Sprau § 749 Rn 2; Furtner NJW 1969, 871, 872; gegen die Zulässigkeit einer solchen Pfändung KG NJW 1953, 1832; Stein/Jonas/Brehm § 857 Rn 3, 17; Rolf Hoffmann JuS 1971, 20 H; MünchKomm/K Schmidt § 749 Rn 23).

60 Die in der Praxis überdies verbreitete **zusätzliche Pfändung des Anspruchs auf Teilung des Erlöses und auf Auszahlung des Erlösanteils** ist ebenfalls überflüssig, unzulässig und wirkungslos (**aA** MünchKomm/K Schmidt § 749 Rn 23). Denn die Gemeinschaft wird aufgehoben, indem das Grundstück verkauft und der Erlös geteilt, dh an die einzelnen Teilhaber nach Maßgabe ihrer Quoten ausbezahlt wird. Teilungs- und Auszahlungsanspruch sind also im Aufhebungsanspruch schon mit inbegriffen (vgl § 749 Rn 6 ff). Deshalb ist eine Pfändung ebenso überflüssig und unzulässig, wie die des Aufhebungsanspruchs (§ 753 Rn 24).

61 Da die Rechtslage allerdings streitig und von vielen Unklarheiten und Missverständnissen belastet ist, empfiehlt es sich in der **Praxis**, um Schwierigkeiten zu vermeiden, den üblichen Weg zu gehen und die Aufhebungs- und Teilungsansprüche mitzupfänden (so auch MünchKomm/K Schmidt § 749 Rn 23).

62 Haben die Teilhaber die Teilung **durch Vereinbarung ausgeschlossen**, so kann der Gläubiger, der eine Zwangshypothek erwirkt hat, nach § 751 S 2 die Teilungsversteigerung nur betreiben, wenn sein Titel nicht nur vorläufig vollstreckbar ist.

c) Miteigentumsanteile an beweglichen Sachen

63 Der Gläubiger, der gem § 857 ZPO den Miteigentumsanteil an einer beweglichen Sache gepfändet hat, erwirbt nach § 804 ZPO ein Pfändungspfandrecht am Anteil. Er ist aufgrund der Pfändung berechtigt, die Rechte aus den §§ 749 ff geltend zu machen, wie sich sowohl aus § 804 ZPO iVm § 1258 Abs 2 S 2 als auch aus § 751 S 2 ergibt. Zur Durchsetzung des Aufhebungsanspruchs und zur Frage des Erfordernisses eines besonderen Überweisungsbeschlusses vgl § 752 Rn 33, § 753 Rn 33. Eine zusätzliche Pfändung des Aufhebungs-, Teilungs- und Auszahlungsanspruchs ist überflüssig (so auch Stöber, Forderungspfändung Rn 1548: „klarstellend") und richtiger Ansicht nach unzulässig. Zur Frage, ob der Gläubiger, der die Sache selbst bei einem Miteigentümer gepfändet hat, der Drittwiderspruchsklage des anderen Miteigentümers den Aufhebungsanspruch einredeweise entgegenhalten kann, vgl § 753 Rn 35.

d) Forderungen

64 Ist der Anteil an einer Geldforderung gepfändet und zur Einziehung überwiesen (§ 835 ZPO), so zieht der Pfändungsgläubiger die Forderung zusammen mit den übrigen Teilhabern ein. Eine vertraglich begründete Befugnis des Schuldners, die Schuld durch Zahlung an den anderen Teilhaber zu tilgen – so beim bankmäßigen „Oder-Konto" – ist mit Zustellung des Pfändungsbeschlusses an die Bank (vgl oben

Rn 55) allerdings nicht erloschen (vgl § 741 Rn 87 ff). Bei gemeinschaftlicher Einziehung setzt die Gemeinschaft sich am Erlös fort. Durch die Pfändung des Forderungsanteils erwirbt der Pfandgläubiger auch hier das Recht, von den übrigen Teilhabern Teilung des Erlöses zu verlangen. Die zusätzliche Pfändung des Teilungsanspruchs hat auch hier nur klarstellende Bedeutung (so auch STÖBER, Forderungspfändung Rn 1549).

4. Insolvenz

Der Anteil des Teilhabers gehört als der Zwangsvollstreckung unterliegendes Recht zu seiner Insolvenzmasse, § 35 InsO. Die Rechte des Teilhabers (insbes aus §§ 743, 744 f, 749 ff) werden vom Insolvenzverwalter ausgeübt. Die Aufhebung der Gemeinschaft erfolgt außerhalb des Insolvenzverfahrens (§§ 84 InsO). Der Insolvenzverwalter hat also nicht das Recht, den gemeinschaftlichen Gegenstand als solchen im Insolvenzverfahren zu verwerten. Verfügungen über den Gegenstand als solchen kann er nach S 2 nur gemeinschaftlich mit den übrigen Teilhabern treffen. Dagegen bleibt ihm nach S 1 unbenommen, den Anteil selbst zu verwerten. Im Regelfall wird es für die Masse aber vorteilhafter sein, dass der Verwalter die Aufhebung der Gemeinschaft betreibt (vgl dazu § 84 Abs 2 InsO) und den Erlösanteil zur Masse zieht.

IV. Verfügungen über den gemeinschaftlichen Gegenstand im Ganzen (S 2)

1. Anwendungsbereich des S 2

a) Maßgeblichkeit des Parteiwillens

Verfügungen über den gemeinschaftlichen Gegenstand im Ganzen, die nur von allen Teilhabern gemeinschaftlich getroffen werden können, sind zunächst solche Verfügungen, die **nach dem Willen der Parteien** das ganze Recht und nicht nur einen Teil erfassen sollen: also zB die *Übereignung der gemeinschaftlichen Sache* (im Unterschied zur bloßen Anteilsübertragung) oder die *Belastung des gemeinschaftlichen Grundstücks* (und nicht nur des Anteils) mit einer Hypothek.

b) Maßgeblichkeit des Inhalts der Verfügung

Verfügungen über den gemeinschaftlichen Gegenstand im Ganzen sind ferner solche Verfügungen, deren rechtliche Wirkung sich **ihrem Inhalt nach nicht auf das einzelne Anteilsrecht begrenzen lässt**. Rechtsgeschäfte, die zum Untergang des gemeinschaftlichen Rechts führen, sind deshalb stets Verfügungen über den Gegenstand im Ganzen. So können die *Erfüllungsannahme* (die jedenfalls „Verfügung" im weiteren Sinne ist), die *Aufrechnung*, der *Erlass* nicht auf den ideellen Anteil an der gemeinschaftlichen Forderung beschränkt werden, ebensowenig der *Verzicht* oder die *Aufhebung* bei einer *Hypothek* oder *Grundschuld*. Sie wirken sich immer auf die Forderung im Ganzen aus und bedürfen der Mitwirkung sämtlicher Teilhaber (BGH NJW 1985, 1161 betr Aufrechnung; BGH NJW 1958, 1723 betr die Einziehung von Forderungen aus gemeinschaftlicher Vermietung; LARENZ JherJb 83 [1933] 108, 176; SCHULZE-OSTERLOH 36; **aA** PLANCK/LOBE Anm 2; vgl oben Rn 13 ff). Beschränkte man die Verfügung auf den ideellen Anteil, würde insbes die Verbundenheit der Teilhaber ohne ordnungsgemäße (§§ 748, 755 f) Auseinandersetzung gefährdet (BGH NJW 1985, 1161).

68 Für die Erfüllungsannahme, die Aufrechnung, den Erlass, den Verzicht oder die Aufhebung gilt das auch dann, wenn sie sich **auf denjenigen Betrag beschränken, der dem Anteil eines Teilhabers entspricht** (BGH NJW 1985, 1161; OLG Darmstadt JW 1934, 2485, 2486; unzutreffend KG HRR 1928, Nr 518). Nicht anders ist es, wenn bei einer gemeinschaftlichen Hypothek einem anderen Gläubiger der Vorrang eingeräumt werden soll. Hierzu müssen alle Teilhaber mitwirken; der einzelne Teilhaber kann nicht isoliert mit Wirkung für seinen Anteil zurücktreten (OLG Darmstadt JW 1934, 2485, 2486; MünchKomm/K Schmidt Rn 4; zum Rangrücktritt mit einer Vormerkung oben Rn 13). Als Alternative kommt dann nur Zerlegung im Gleichrang und anschließend Rangrücktritt in Betracht (vgl dazu Schöner/Stöber, Grundbuchrecht Rn 2416a). Ebenso ist es eine Verfügung über den gemeinschaftlichen Gegenstand im Ganzen, wenn ein bezifferter Teilbetrag der gemeinschaftlichen Forderung abgetreten wird, und zwar auch dann, wenn der Teilbetrag dem Bruchteil entspricht, zu dem der Zedent an der Forderung beteiligt ist (KG HRR 1935, Nr 633). Hier ist allerdings zunächst im Weg der Auslegung zu klären, ob wirklich die Abtretung eines realen Bruchteils der Forderung beabsichtigt ist und nicht in Wirklichkeit die Abtretung des Anteils an der Forderung, der dem Zedenten zusteht (OLG Zweibrücken Rpfleger 1972, 168, 169). Der Unterschied der beiden Fälle besteht darin, dass bei der Abtretung eines realen Bruchteils der Zessionar in die Lage versetzt werden soll, die Forderung in Höhe des abgetretenen Betrags selbständig einzuziehen, während er bei Abtretung des ideellen Anteils, wie der Zedent, die Forderung nur gemeinsam mit den übrigen Teilhabern einziehen kann und auf dasjenige verwiesen ist, was bei der Teilung der Gemeinschaft auf ihn entfällt. Zu diesem Unterschied bereits § 741 Rn 80 ff.

69 Eine Verfügung über den Gegenstand im Ganzen ist ferner die **Ausübung von Gestaltungsrechten**, die der Gemeinschaft zustehen: so die *Anfechtung*, die *Kündigung* (BGH NJW 1987, 2676 betr Kündigung eines Erbbaurechtsvertrages; BGH ZEV 2006, 358 m krit Anm Werner; RG SeuffA 74, Nr 132; **aA** BGH LM Nr 1 zu § 2038; dazu auch oben Rn 13 ff), der Rücktritt (vgl § 351 nF; zur Zulässigkeit abweichender vertraglicher Vereinbarungen vgl RG HRR 1925, Nr 1746), die Ausübung von Vor- und Wiederkaufsrechten (§§ 461, 472 nF). Eine anteilsmäßige Beschränkung kommt hier nicht in Betracht (vgl Schulze-Osterloh 37 f). Ist zB eine Bruchteilsgemeinschaft Vermieter, so können alle Teilhaber nur gemeinsam kündigen oder Mietaufhebungsklage erheben (HansOLG Hamburg NZG 1999, 1212; LG Düsseldorf HMR 1951, Nr 40; OG DDR NJ 1951, 560; s dazu auch den instruktiven Fall OLG Celle NJWE-MietR 1996, 27 f: Nach Aufteilung eines Hauses gem § 8 WEG kündigte der Erwerber der Dachgeschossfläche Abstellräume anderer Mieter. Die Kündigung war unwirksam, da durch die Umwandlung in Wohnungseigentum alle Eigentümer gemeinschaftlich Vermieter zu Bruchteilen geworden waren; s dazu jetzt BGH NZM 1999, 533, sowie § 741 Rn 48). Hat der Miteigentümer eines Hauses dagegen den Mietvertrag – sei es ohne, sei es mit Einverständnis des anderen Miteigentümers – allein abgeschlossen, ist er auch berechtigt, allein zu kündigen bzw auf Aufhebung des Mietverhältnisses zu klagen (LG Düsseldorf HuW 1954, 231). Umgekehrt kann auch eine *Mietergemeinschaft* nur *gemeinschaftlich kündigen*. Die Kündigung durch einen einzelnen Mieter bedarf, wenn beabsichtigt ist, das Mietverhältnis im Ganzen aufzuheben, der Zustimmung der Mitmieter, wenn dagegen beabsichtigt ist, dass nur der Kündigende aus dem Mietverhältnis ausscheidet, der Zustimmung der übrigen Mieter und des Vermieters. Die *übrigen Mieter* sind allerdings, wenn keine abweichenden Vereinbarungen bestehen (und auch in diesem Fall bei Vorliegen eines wichtigen Grundes), nach dem Grundgedanken des § 749 *verpflichtet, ihre Zustimmung zu erteilen*.

c) Verfügungen der Teilhaber untereinander

Stehen bei einer Verfügung Teilhaber nicht nur auf der Geber-, sondern auch auf der Empfängerseite, so ist hinsichtlich der Frage: Anteilsverfügung oder Gesamtverfügung? zu unterscheiden. Wollen die Teilhaber das bisher *gemeinschaftliche Eigentum* in *Alleineigentum* eines der bisherigen Teilhaber umwandeln, so liegt darin eine Übertragung der Einzelanteile der „ausscheidenden" Teilhaber auf den übernehmenden Teilhaber, die unter S 1 fällt (MünchKomm/K Schmidt Rn 26). Jede Anteilsübertragung ist selbständig wirksam. Ein *gutgläubiger Erwerb* ist, unter den allgemeinen Voraussetzungen, möglich (oben Rn 27 f). Anders ist es, wenn die Gemeinschaft, bei *Identität der Mitglieder, die Rechtszuständigkeit ändern will*, indem sie das bisherige Bruchteilseigentum entweder, bei gleichzeitiger Gründung einer Gesellschaft, in *Gesamthandseigentum zusammenfassen* oder, unter Aufhebung der Gemeinschaft, in *real geteiltes Eigentum zerlegen* will. Beide Vorgänge sind Verfügungen über den gemeinschaftlichen Gegenstand im Ganzen (anders zum ersten Fall, wie hier zum zweiten Fall MünchKomm/K Schmidt Rn 26, § 752 Rn 5), bei denen alle Teilhaber mitwirken müssen. Da die Parteien auf der Geber- und Nehmerseite dieselben sind, kommt ein *gutgläubiger Erwerb nicht in Betracht*. Haben zB A und B vom geisteskranken E ein Grundstück erworben und übertragen sie das Grundstück auf eine von ihnen gegründete OHG oder KG, oder teilen sie das Grundstück in zwei Parzellen, von denen sie die eine auf A, die andere auf B übertragen, so ist ein gutgläubiger Erwerb nicht möglich (vgl zum ersten Fall: Lutter AcP 164, 160; Koller JZ 1972, 648; MünchKomm/K Schmidt Rn 19; Soergel/Stürner § 892 Rn 24; zum zweiten Fall MünchKomm/K Schmidt § 752 Rn 5).

2. Gemeinschaftliche Verfügung

a) Allgemeines

Soweit nach S 2 nur alle Teilhaber gemeinschaftlich verfügen können, müssen sie alle am Verfügungsgeschäft mitwirken. *Bevollmächtigung* (§ 164 Abs 1) und *Ermächtigung* (§ 185 Abs 1) sind zulässig. *Mehrheitsbeschlüsse* (§ 745 Abs 1) verleihen – soweit im Hinblick auf Verfügungen überhaupt zulässig – der Mehrheit keine Verfügungsbefugnis, wohl aber umfasst das Recht des einzelnen Teilhabers, *notwendige Erhaltungsmaßnahmen* durchzuführen (§ 744 Abs 2), auch die Befugnis zu notwendigen Verfügungen (str, vgl oben § 744 Rn 35 ff, § 745 Rn 44 f). Werden Miteigentümer auf Eigentumsübertragung in Anspruch genommen, so sind sie wegen S 2 notwendige Streitgenossen iSd § 62 ZPO (BGHZ 131, 376; s dort auch zur Rechtskraftwirkung und -erstreckung rechtswidrig gegen einzelne Streitgenossen ergangener Teilurteile).

b) Gesamtverfügung und Einzelverfügung

Verfügen die Teilnehmer **gemeinschaftlich über den Gegenstand im Ganzen**, so soll hierin nach hL **gleichzeitig stets eine Verfügung des einzelnen Teilhabers über seinen Anteil** liegen (Soergel/Hadding Rn 4; differenzierend MünchKomm/K Schmidt Rn 25; Schulze-Osterloh 21 f, 29; aA Würdinger, Personalgesellschaften 17; Reinhardt/Schultz, Gesellschaftsrecht Rn 26). Dem ist nicht zu folgen. Angenommen, die beiden Miteigentümer eines Grundstücks, A und B, bestellen für G eine Grundschuld am Grundstück: erwirbt dann G drei Grundschulden, eine am Grundstück, eine am Anteil des A und eine am Anteil des B? und müssen demgemäß drei Grundschulden im Grundbuch eingetragen werden? Das kann schwerlich gemeint sein. Vorzuziehen ist deshalb die Auffassung, dass nur eine Verfügung vorliegt, die sich auf den gemeinschaftlichen

Gegenstand – im Beispielsfall: das Eigentum – im Ganzen bezieht. Die Verfügung mag zugleich Rechtsfolgen für die einzelnen Miteigentumsanteile haben. Aber diese Rechtsfolgen treten, als Folge der Verfügung über den Gegenstand im Ganzen, kraft Gesetzes ein, unabhängig davon, ob sie gewollt sind. Die Annahme eines die Gesamtverfügung begleitenden Kranzes von Einzelverfügungen ist überflüssig und verfehlt; sie dient nur dazu, in Einzelfragen bestimmte Lösungen als Resultat begrifflicher Ableitungen erscheinen zu lassen, die sich so nicht, sondern nur anhand der gesetzlichen Wertungen legitimieren lassen.

73 Es geht dabei vor allem um den Fall der **Belastung des gemeinschaftlichen Grundstücks mit einem Grundpfandrecht**. Kann der *Gläubiger*, der sich durch sämtliche Miteigentümer ein Grundpfandrecht am Grundstück im Ganzen hat bestellen lassen, aus diesem Grundpfandrecht auch in *die einzelnen Miteigentumsanteile* vollstrecken, und zwar wegen des vollen Betrags des Grundpfandrechts? Was geschieht, wenn ein *Miteigentümer das Grundpfandrecht ablöst*? Die Rechtsprechung hat entschieden: Der Hypothekengläubiger kann den Anteil jedes Miteigentümers wegen der vollen Forderung versteigern lassen, entsprechend der Lage bei der Gesamthypothek, § 1132 Abs 1 (RG JW 1910, 473; KGJ 41, 243, 246). Im Fall der Befriedigung des Gläubigers durch einen Miteigentümer erwirbt, wie bei der Gesamthypothek, der Miteigentümer an seinem eigenen Anteil ein Eigentümergrundpfandrecht, während das Recht hinsichtlich der übrigen Anteile erlischt; nur soweit dem zahlenden Miteigentümer gegen die anderen Miteigentümer Regressansprüche zustehen, gehen die Hypotheken an den übrigen Anteilen auf ihn über, § 1173 (BGHZ 40, 115, 120; BGH ZIP 1986, 90). Die *Hypothek an dem im Miteigentum stehenden Grundstück* ist also kraft Gesetzes zugleich *Gesamthypothek an den Miteigentumsanteilen*. Begründet wird dies damit, dass es keinen Unterschied machen könne, ob der Gläubiger nach und nach gem § 1114 Hypotheken an den einzelnen Miteigentumsanteilen erwirbt, ob das ursprünglich mit einer Hypothek belastete Alleineigentum nachträglich in Miteigentum aufgespalten wird, oder ob die Miteigentümer gemeinsam eine Hypothek am ganzen Grundstück bestellen (KGJ 41, 243; RGZ 146, 363, 365). In allen drei Fällen sei die Anwendung der Vorschriften über die Gesamthypothek sachgerecht. Entscheidend sind also Sinn und Zweck der Vorschriften über die Gesamthypothek, nicht begriffliche Erwägungen über das Wesen der gemeinschaftlichen Verfügung. Entsprechendes gilt auch im umgekehrten Fall. Hat der Gläubiger nach und nach Hypotheken an allen Miteigentumsanteilen am Grundstück erworben, so kann er die gleichen Rechte geltend machen, wie wenn ihm von vornherein eine Hypothek am Grundstück im Ganzen bestellt worden wäre; vor allem kann er das Grundstück als solches versteigern lassen. Dafür kommt es nicht darauf an, ob die Einzelverfügungen aller Teilhaber über alle Anteile mit einer Gesamtverfügung im Sinn von S 2 gleichzusetzen sind (was zB von LARENZ JherJb 83 [1933] 108, 121 ff und von SCHULZE-OSTERLOH 21 Fn 51 bestritten wird).

c) **Fehlerhafte Mitwirkung einzelner Teilhaber**

74 Wie sehr begriffliche Überlegungen über das Wesen der Gesamtverfügung in die Irre führen, zeigt der Fall, in dem die Mitwirkungshandlung einzelner Teilhaber fehlerhaft ist, etwa weil der betreffende Teilhaber *nicht geschäftsfähig* oder *nicht richtig vertreten* ist, das Vormundschaftsgericht eine etwa erforderliche Genehmigung nicht erteilt (§§ 1821 f) oder seine Mitwirkung wegen *Irrtums, Täuschung* oder *Drohung* angefochten hat. Wäre die Gesamtverfügung gleichzeitig ein Bündel von

Einzelverfügungen, so wäre die Folge, dass der Erwerber in diesem Fall die Anteile der fehlerfrei mitwirkenden Teilhaber erwirbt. Nun ist aber sehr fraglich, ob es in einem solchen Fall dem Willen der frei handelnden Teilhaber entspricht, statt über das Recht im Ganzen über die einzelnen Anteile zu verfügen, und ob es dem Willen des Erwerbers entspricht, statt des Rechts im Ganzen nur einen Anteil am Recht zu erwerben. Das RG will dies anhand des *§ 139* prüfen (RG JW 1910, 473 betr die Aufnahme eines Darlehens und die Bestellung einer Hypothek durch Grundstücksmiteigentümer, von denen einer geschäftsunfähig ist; zustimmend MünchKomm/K SCHMIDT Rn 22; nicht einschlägig BGH WM 1974, 972, 973; aA WÜRDINGER, Personalgesellschaften 17; REINHARDT/SCHULTZ, Gesellschaftsrecht Rn 26). Das alles führt nicht weiter: Denn eine Veräußerung (oder Belastung) des Gegenstands im Ganzen ohne die Mitwirkung aller Teilhaber wäre nach S 2 unwirksam. Sedes materiae ist vielmehr § 140 (LARENZ JherJb 83 [1933] 133; so jetzt ausdrücklich gegen die vorgenannte Auffassung auch BGH DNotZ 1995, 135; ERMAN/ADERHOLD Rn 5): Die Verfügung der fehlerfrei handelnden Teilhaber ist nichtig, wenn es an der erforderlichen Mitwirkung aller Teilhaber fehlt und die nachträgliche Genehmigung des fehlenden Teilhabers nicht zu erlangen ist (§ 185 Abs 2 S 1 Fall 1). Zu prüfen ist, ob die nichtige Verfügung über den Gegenstand im Ganzen (S 2) in eine Verfügung der fehlerfrei mitwirkenden Teilhaber über ihre einzelnen Anteile (S 1) umgedeutet werden kann. Das hängt davon ab, ob anzunehmen ist, dass die Beteiligten – wenn sie gewusst hätten, dass die Mitwirkung des betreffenden Teilhabers nicht zu erlangen ist –, sich mit einer Anteilsübertragung oder Anteilsbelastung zufriedengegeben hätten. In der Regel dürfte eine Veräußerung der Anteile dem hypothetischen Willen der Beteiligten in einem solchen Fall nicht entsprechen (WÜRDINGER, Personalgesellschaften 18; MünchKomm/K SCHMIDT Rn 25). In dem vom RG aaO entschiedenen Fall der Hypothekenbestellung mag eine Umdeutung dagegen angebracht gewesen sein.

In der **Kautelarpraxis**, insbes im Grundstücksrecht, empfiehlt es sich dringend, diese Frage bereits im Vertrag detailliert zu regeln (Bindungswirkung, Erklärungs- und Genehmigungsfristen, Auswirkungen auf den Kaufpreis, -fälligkeit, Auswirkungen auf Belastungen etc). Mit Blick auf die Vormerkungsfähigkeit etwaiger Ansprüche im Grundbuch ist uU eine Aufspaltung von an sich gewollter Gesamtverfügung in ein Bündel von Einzelverfügungen notwendig (dazu BayObLG MittBayNot 2002, 189; HOFFMANN MittBayNot 2002, 155). Das gleiche Problem taucht auch bei Erbengemeinschaften auf, wenn die Mitwirkung eines Miterben fehlerhaft war. In diesem Falle ist klarzustellen, ob bei Scheitern der Gesamtverfügung wenigstens die Erbanteile der übrigen zu übertragen sind. Der Erwerber kann hieran ein Interesse haben, um anschließend die Teilungsversteigerung zu betreiben. 75

d) Verfügung über den gemeinschaftlichen Gegenstand im Ganzen durch einzelne Teilhaber

Verfügt ein einzelner Teilhaber *ohne Einwilligung* der übrigen (§ 185 Abs 1) über den Gegenstand im Ganzen, so verfügt er als Nichtberechtigter. Die Verfügung ist unwirksam; sie wird wirksam, wenn die übrigen Teilhaber sie *genehmigen* oder wenn der Verfügende *die Anteile der übrigen Teilhaber hinzuerwirbt* (§ 185 Abs 2; allerdings nur, wenn der Nichtberechtigte den Verfügungserfolg noch schuldet, BGH DNotZ 1995, 136; HAGEN AcP 167, 481 ff). Die Verfügung ist außerdem dann wirksam, wenn die Voraussetzungen für *gutgläubigen Erwerb* vorliegen, etwa wenn der Veräußerer als Alleineigentümer im Grundbuch eingetragen ist oder, bei beweglichen Sachen, wenn er Allein- 76 besitzer ist und die Sache dem Erwerber übergibt; §§ 892, 932 (vgl SCHULZE-OSTERLOH 41 f). Deckt der Veräußerer dagegen die Tatsache seiner nur anteilsmäßigen Berechtigung auf und behauptet er, hinsichtlich der übrigen Anteile nur Vertretungsmacht oder Verfügungsbefugnis zu besitzen, so ist – vom Sonderfall des § 366 HGB abgesehen – ein gutgläubiger Erwerb ausgeschlossen.

77 Ist hiernach die Verfügung des einzelnen Teilhabers über den Gegenstand im Ganzen unwirksam, so gilt dasselbe wie im Fall, in dem zwar alle Teilhaber mitwirken, aber die Mitwirkungshandlungen Einzelner nichtig sind (oben Rn 75). Es hängt vom **hypothetischen Parteiwillen** im Zeitpunkt des Vertragsabschlusses ab, ob die Verfügung als Verfügung über den Anteil aufrechterhalten werden kann (BGH LM Nr 2 zu § 6 LitUrhG; BGH DNotZ 1995, 135). Grundlage für die Aufrechterhaltung des Geschäfts als Anteilsverfügung ist Umdeutung, § 140; uU kann aber auch schon die einfache Auslegung der Verfügung ergeben, dass anstelle des Vollrechts nur der Miteigentumsanteil übertragen sein soll (vgl die Beispiele bei SERICK II 191 ff).

e) Vorkaufsrecht

78 Haben die Teilhaber für den Fall, dass sie ihre Miteigentumsanteile verkaufen, Vorkaufsrechte bestellt, und verkaufen sie den Gegenstand im Ganzen, so ist es Auslegungsfrage, ob das Vorkaufsrecht auch in diesem Fall eingreift (BGH WM 1964, 913, 915; vgl auch MünchKomm/K SCHMIDT Rn 28: Komme praktisch nur in Betracht, wenn das Vorkaufsrecht auf allen Anteilen laste oder den gesamten Gegenstand betreffe). Haben sie die Vorkaufsrechte für einen Dritten bestellt, so muss das Vorkaufsrecht selbstverständlich auch den Gesamtverkauf erfassen. Haben sie sich die Vorkaufsrechte gegenseitig bestellt, so spricht die Auslegung wohl eher dafür, dass nur das Eindringen Fremder in die Gemeinschaft verhindert, der Fall des einverständlichen Gesamtverkaufs dagegen nicht erfasst werden soll (vgl auch MünchKomm/K SCHMIDT Rn 28). Bei Anteilsveräußerungen untereinander liegt idR kein Verkaufsfall vor (BGHZ 13, 133 f). Dies kann anders zu beurteilen sein, wenn auch die Verschiebung der Anteilsgewichtung verhindert werden sollte (DNotI-Rep 2000, 21 ff; vgl im Übrigen BGHZ 13, 133; BGH DNotZ 1970, 423; BayObLG MittBayNotZ 1981, 18; zur Zwangsversteigerung BGHZ 48, 1).

79 Sonderprobleme können im Falle des § 471 nF entstehen. Beispiel: Von einem Bruchteilseigentümer wird gemeinsam mit dem Insolvenzverwalter des anderen Bruchteilseigentümers eine Wohnung verkauft, die dem Mietvorkaufsrecht des § 577 nF (dazu allg LANGHEIN DNotZ 1993, 650 ff) unterliegt. Hinsichtlich des insolvenzbelasteten Anteils müsste sich die ratio des § 471 nF durchsetzen (so jetzt auch BGHZ 141, 194), und zur Anwendung des § 577 nF gelangte man nur, wenn man die Gesamtverfügung zugleich als Bündel von Einzelverfügungen ansehen würde. Dies ist mE allgemein und auch im speziellen Falle des § 577 nF abzulehnen.

V. Gemeinschaften besonderen Rechts

80 Auf Gemeinschaften „besonderen Rechts" (§ 741 Rn 5, 177 ff) ist S 2 überhaupt **nicht**, S 1 allenfalls mit erheblichen **Modifikationen anwendbar**. Das hat Folgen vor allem für die Form der Anteilsverfügung und für die Frage des gutgläubigen Erwerbs.

81 Im Fall des **Wohnungseigentums** ist S 1 dadurch modifiziert, dass der Miteigentums-

anteil am Grundstück nur in Verbindung mit dem Sondereigentum an einer bestimmten Wohnung übertragen werden kann (§ 6 WEG), und dass die Veräußerung an die Zustimmung der übrigen Wohnungseigentümer oder eines Dritten gebunden werden kann (§ 12 WEG), dazu § 741 Rn 181. Auch eine Verfügung aller Wohnungseigentümer über das gemeinschaftliche Eigentum im Ganzen – ohne das Sondereigentum – gem S 2 ist ausgeschlossen, § 741 Rn 247.

Im Fall der **Sammelverwahrung** sind prinzipiell zwei Verfügungsmöglichkeiten zu unterscheiden. Der Depotkunde kann über seinen Miteigentumsanteil am Sammelbestand durch **Abtretung seines Anspruchs aus dem Verwahrungsvertrag** (§ 7 DepotG) verfügen. Das ist eine Verfügung gem S 1 in der Form des § 931, wobei der Herausgabeanspruch, der gem § 868 den mittelbaren Besitz repräsentiert, durch den Anspruch auf Auslieferung und Übereignung effektiver Stücke (§ 7 DepotG) ersetzt ist. Ein gutgläubiger Erwerb richtet sich nach § 934; er setzt voraus, dass dem Zedenten ein Anspruch auf Auslieferung effektiver Stücke nach § 7 DepotG tatsächlich zusteht. **82**

Regelmäßig wird die Veräußerung sich anders abspielen. Der Depotkunde, der veräußern will, erteilt seiner Depotbank **Verkaufskommission**, der Depotkunde, der erwerben will, erteilt seiner Bank **Einkaufskommission**. Unmittelbare rechtsgeschäftliche Beziehungen zwischen dem Veräußerer und dem Erwerber entstehen überhaupt nicht. Durch die Gutschrift im Depotbuch (§ 14 DepotG), jedenfalls durch ihre Mitteilung (§ 24 Abs 2 DepotG), erlangt der Erwerber gegen seine Bank einen schuldrechtlichen Anspruch auf Auslieferung von Wertpapieren iSv § 7 DepotG. Insoweit kann für die Gutschrift auf einem Wertpapierkonto nichts anderes gelten als für Gutschriften auf Giro- und Sparkonten. Dieser schuldrechtliche Anspruch ist, solange die Depotbank solvent ist, für den Erwerber das eigentlich Entscheidende. Hat die Depotbank zB eine antizipierte Gutschriftsanzeige vor Erwerb und Verschaffung eines entsprechenden Miteigentumsanteils abgesendet (dazu HEINSIUS/HORN/THAN § 24 Rn 41), so hat der Depotkunde gegen die Bank einen Verschaffungsanspruch entsprechend § 7 DepotG, und es ist ihre Sache, sich Deckung zu besorgen (aA HEINSIUS/HORN/THAN aaO). Durch die Gutschrift im Depotbuch erlangt der Erwerber ferner einen entsprechenden Miteigentumsanteil am Sammelbestand, „wenn er nicht nach den Bestimmungen des bürgerlichen Rechts schon früher auf ihn übergegangen ist" (§ 24 Abs 2 DepotG), vorausgesetzt, die Depotbank ist ihrerseits hinsichtlich des gutgeschriebenen Anteils verfügungsbefugt (§ 24 Abs 2 DepotG). Dies ist eine besondere, von den §§ 929 ff abweichende Form des Eigentumserwerbs: die Gutschrift ist nicht nur ein neues, zu §§ 930, 931 hinzutretendes Übergabesurrogat, sondern ersetzt auch die Einigung. **83**

In kritischen Fällen – vor allem Insolvenz der Depotbank des Erwerbers – hat der Eigentumserwerb nach § 24 Abs 2 DepotG allerdings die Schwäche, dass ein **gutgläubiger Erwerb** nicht geregelt ist: Voraussetzung ist, dass die Depotbank, die der Kunde mit der Einkaufskommission beauftragt hat, „verfügungsberechtigt" ist. Ein Gutglaubensschutz ist nicht vorgesehen. § 366 HGB hilft dem Depotkunden nichts, weil die Gutschrift keinen der Gutglaubenserwerbstatbestände der §§ 932–934 erfüllt; und nur in Verbindung mit einem solchen Tatbestand entfaltet § 366 HGB Wirkungen. In der Praxis scheinen sich hieraus kaum Probleme zu ergeben. Die Lehre bemüht sich, die Lücke dadurch zu schließen, dass sie den Eigentumserwerb **84** des Kunden nicht auf § 24 Abs 2 DepotG allein stützt, sondern Konstruktionen bildet, die den Eigentumserwerb des Kunden zugleich auf die „Bestimmungen des bürgerlichen Rechts" (§§ 929 ff) gründen, um so den Weg zur Anwendung der §§ 932 ff zu eröffnen. Die hierzu entwickelten Konstruktionen sind allerdings zT kompliziert und in ihren Grundannahmen nicht unproblematisch. Anzustreben ist sicherlich ein Ergebnis, das dem redlichen Erwerber, dem die Gutschrift im Depotbuch erteilt ist, den Erwerb ermöglicht, auch wenn keine Deckung vorhanden ist; die Fehlmenge ist dann gem § 7 Abs 2 S 1 DepotG auf alle Hinterleger bei der betreffenden Depotbank umzulegen. Wegen der Einzelheiten vgl KOLLER Betrieb 1972, 1857, 1905; CANARIS, in Großkomm HGB § 357 Anh Rn 892 ff; SCHLEGELBERGER/ HEFERMEHL § 406 Anh Rn 327 ff; HEINSIUS/HORN/THAN § 24 Rn 35 ff.

85 Im Fall der Übertragung von Anteilen an **Investmentfonds**, die nach dem Miteigentumsprinzip aufgebaut sind, geht das Miteigentum als akzessorisches Recht mit dem Anteilschein über (§ 18 KAGG), dazu § 741 Rn 196 ff. Ein gutgläubiger Erwerb ist in der Weise möglich, dass der Anteilschein gem §§ 932 ff gutgläubig erworben wird.

§ 748
Lasten- und Kostentragung

Jeder Teilhaber ist den anderen Teilhabern gegenüber verpflichtet, die Lasten des gemeinschaftlichen Gegenstands sowie die Kosten der Erhaltung, der Verwaltung und einer gemeinschaftlichen Benutzung nach dem Verhältnisse seines Anteils zu tragen.

Materialien: E, I § 766 S 1, 2; II § 684; III § 785;
Mot II 877; Prot II 747; JAKOBS/SCHUBERT,
Schuldverh III 378 ff.

Systematische Übersicht

I. Regelungsgegenstand	1	III. Aufwendungen aufgrund besonderer Vereinbarung ... 13
II. Lasten und Kosten		
1. Lasten	3	IV. Eigenmächtige Aufwendungen ... 19
2. Kosten	5	
a) Begriff	5	V. Inhalt des Anspruchs ... 20
b) Kosten der Erhaltung	6	
c) Kosten der Verwaltung	8	VI. Entsprechende Anwendung;
d) Kosten der Benutzung	10	Sondervorschriften ... 25
3. Abweichende Regelungen	11	

Alphabetische Übersicht

Anliegerstreupflicht	3	Bauten	12, 13 ff
Anspruchskonkurrenz	11	Beiträge	3

Darlehen	16	Nießbrauch	5
Dienstbarkeit	5	Nutzungsentgelt	12
Ehegatten	12, 16, 26	Öffentlich-rechtliche Pflichten	3
Eigenheim	9		
Eingriffskondiktion	16	Reparaturen	8, 10
Erbengemeinschaft	25	Rückstellungen	4
Erhaltungsmaßnahmen	6		
Ersatz	20	Schadensersatzpflicht	24
Erschließungsbeitrag	2 f	Schadensversicherung	4, 8
		Schenkungsteuer	12
Fälligkeit	21	Steuern	3, 10
Freistellung	23		
Früchte	21	Teileigentum	26
		Tilgungsraten	12
Gerichtsstand	24		
Gesamtschulden	2	Umbau	7, 9
Geschäftsführung ohne Auftrag	11, 19 f	Ungerechtfertigte Bereicherung	16, 19 f
Grundschuld	18	Unterhaltsleistungen	12
Grundschuldzinsen	3		
		Vereinbarungen	1, 11, 13 ff
Haftpflichtversicherung	4, 8	Verjährung	11
Haftung	22	Versicherungsprämie	3
Hausverwaltung	8	Verteilungsschlüssel	1, 27
Heizkosten	27	Vertragliche Verpflichtungen	4
Hypothek	3 f, 18	Verwaltungsmaßnahmen	8
Hypothekenkapital	3	Verwendungskondiktion	16
Hypothekenzinsen	3, 12	Verzicht	24
		Vorkaufsrecht	4
Kosten	5 ff	Vorschuss	20
Kraftfahrzeug	10		
Kraftfahrzeugsteuer	4, 10	Wertsteigernde Maßnahmen	7, 13 ff
		Wiederaufbau	9
Lasten	3 f	Wohnung	10
Leistungskondiktion	16		
		Zinsen	21
Miete	11, 15	Zugewinngemeinschaft	12
		Zweckverfehlung	16

I. Regelungsgegenstand

Die Bestimmung regelt die Verteilung der Lasten und Kosten im **Innenverhältnis**. Sie **1** ist das Gegenstück zu § 743. Sie begründet eine gesetzliche Ausgleichspflicht zwischen den Teilhabern, die auch ohne und ggf gegen den Willen des einzelnen Teilhabers entstehen kann. Abweichende Vereinbarungen sind selbstverständlich zulässig (vgl BGH NJW 1992, 2282) und oft zweckmäßig, Rn 11 ff; vereinzelt bestehen allerdings (abweichende) zwingende Verteilungsschlüssel (insbes HeizkostenVO, unten Rn 27). Zur Anteilshöhe vgl § 742 und die Anm hierzu.

2 Werden zum Zweck der Erhaltung und Verwaltung Verpflichtungen gegenüber Dritten eingegangen, so richtet sich das **Außenverhältnis** nach dem Entstehungsgrund der Verpflichtung, nicht nach § 748. Von den Teilhabern gemeinschaftlich übernommene Verpflichtungen sind im Zweifel Gesamtschulden, § 427, vgl § 741 Rn 123. In diesem Fall kann § 748 die subsidiäre Ausgleichsregel des § 426 Abs 1 modifizieren.

Insbes im *öffentlichen Recht* können sich abweichende Maßstäbe, aber auch eine entsprechende Anwendung im Außenverhältnis ergeben, dazu § 741 Rn 154 ff mwNw. So sind Bruchteilseigentümer gem § 134 BauGB als Gesamtschuldner erschließungsbeitragspflichtig, Wohnungseigentümer hingegen nur entsprechend ihrem Miteigentumsanteil.

II. Lasten und Kosten

1. Lasten

3 Lasten einer Sache oder eines Rechts sind *privatrechtliche* oder *öffentlichrechtliche* Leistungspflichten, die den Eigentümer einer Sache oder den Inhaber eines Rechts als solchen treffen (vgl PLANCK/STRECKER § 103 Anm 2; STAUDINGER/JICKELI/STIEPER [2004] § 103 Rn 5; BGH NJW 1980, 2466 zu § 2126). Dabei macht es keinen Unterschied, ob die Leistungen aus dem allgemeinen Vermögen oder nur aus der belasteten Sache selbst zu erbringen sind. Die Leistungen können *wiederkehrend* oder *einmalig* zu entrichten sein (vgl § 103). *Privatrechtliche Lasten* sind zB *Hypotheken-* und *Grundschuldzinsen* (vgl den Sprachgebrauch in § 1047 und RGZ 66, 316, 318) und *Reallasten*, da sie den jeweiligen Eigentümer des Grundstücks treffen.

Nach STAUDINGER/HUBER[12] Rn 3 soll auch die Belastung des Grundstücks mit dem *Kapital der Hypothek* als (einmalige) „Last" des Grundstücks anzusehen sein (aA MünchKomm/K SCHMIDT Rn 6). Der Miteigentümer, der eine auf dem Grundstück im Ganzen ruhende Hypothek oder Grundschuld ablöst, habe daher gegen die übrigen Teilhaber einen Ausgleichsanspruch nach § 748 (abweichend BGH WM 1975, 196, 197, ohne auf das Problem näher einzugehen). Das Grundpfandrecht an den übrigen Anteilen gehe daher gem § 1173 Abs 2 auf den zahlenden Miteigentümer über (zur Anwendbarkeit des § 1173 auf den Fall der Belastung des in Miteigentum stehenden Grundstücks mit einem einheitlichen Grundpfandrecht vgl RGZ 146, 363; BGHZ 40, 115, 120; BGH ZIP 1986, 89). Dem ist mE nicht zu folgen. Der Lastenbegriff des BGB betrifft allgemein nicht die Tilgung (vgl PALANDT/BASSENGE § 1047 Rn 6; OLG Düsseldorf OLGZ 1975, 341; passim STAUDINGER/JICKELI/STIEPER [2004] § 103 Rn 6; BGH NJW 1986, 2439).

Zu Lasten zählen ferner Sachversicherungsprämien an private Versicherer (OLG Düsseldorf NJW 1973, 146) sowie Beiträge zur Erhaltung von Patent-, Gebrauchs- und Geschmacksmusterrechten (STAUDINGER/JICKELI/STIEPER [2004] § 103 Rn 6). *Öffentliche Lasten* sind insbes Steuern (BGH NJW 1980, 2466), Anlieger- und Erschließungsbeiträge (BGH NJW 1982, 1278), öffentlich-rechtliche Feuerversicherungs- (OLG Königsberg SeuffA 59, Nr 198) und Sanierungsabgaben. Hingegen ist die Anliegerstreupflicht grundsätzlich keine Last des Grundstücks, sondern trifft den Anlieger persönlich (BGH JZ 1989, 1130; STAUDINGER/JICKELI/STIEPER [2004] § 103 Rn 5; vgl dazu auch OLG Stuttgart NJW-RR 1986, 958).

Keine Lasten sind idR *vertragliche Verpflichtungen*, da sie nicht den Eigentümer als **4** solchen treffen, so zB nicht Pflichten aus einer freiwillig abgeschlossenen *Schadensversicherung* oder *Haftpflichtversicherung*, ebensowenig öffentlichrechtliche Lasten, die nicht ans Eigentum, sondern an andere Tatbestände anknüpfen, wie insbes die *Kfz-Steuer* (vgl § 5 KraftStG: Zulassung zum Verkehr für eine bestimmte Person); zur Anliegerstreupflicht bereits Rn 3; Verpflichtungen dieser Art unterliegen daher § 748 nur insoweit, als es sich um „Kosten" im Sinn der Vorschrift handelt (vgl MünchKomm/K Schmidt Rn 6). Keine Lasten sind auch *Rückstellungen*, die die Teilhaber zum Zweck der Bezahlung einer erst künftig fälligen Hypothek bilden (RG JW 1931, 2722, 2723); dh, die Teilhaber, die die Rückstellung bilden wollen, sind nicht berechtigt, gem § 748 den widerstrebenden Teilhaber zur Beteiligung an der Rückstellung heranzuziehen. Nicht zu den Lasten rechnen ferner Vorkaufsrechte, Nießbrauch und Dienstbarkeiten. Sie begründen keine Leistungspflicht, sondern schränken das Eigentum ein (Staudinger/Jickeli/Stieper [2004] § 103 Rn 7).

2. Kosten

a) Begriff
Kosten sind vermögensmindernde Aufwendungen, insbes *Zahlungen*, und der *Eigen-* **5** *tumsverlust* durch Verbrauch, Verbindung oder Eigentumsübertragung. *Keine Kosten* sind *Zeitaufwand* und *Arbeitskraft* (ebenso MünchKomm/K Schmidt Rn 9; offengelassen in BGHZ 17, 299, 301, betr die Fortführung eines ererbten Handelsgeschäfts; aA das OLG Stuttgart als Berufungsinstanz; Soergel/Hadding Rn 4). Das gilt auch dann, wenn ein Teilhaber zur Erhaltung des Gegenstandes Dienste leistet, die üblicherweise vergütet werden, etwa als Rechtsanwalt oder Architekt. Das ergibt sich nicht nur aus dem allgemeinen Sprachgebrauch, der zwischen „Mühen" und „Kosten" unterscheidet, sondern auch aus folgender Überlegung: Entweder, der Teilhaber wird gem § 744 Abs 2 auf eigene Faust tätig. Dann übt er ein aus seiner Stellung als Teilhaber entstehendes Individualrecht aus, und er kann sich für die Mühen, die die Wahrung seines eigenen Rechts mit sich bringt, nicht von den anderen Teilhabern entschädigen lassen (zur Unanwendbarkeit der Regeln über die Geschäftsführung ohne Auftrag in einem solchen Fall vgl § 744 Rn 26 f). Oder, er wird im Einverständnis der übrigen Teilhaber tätig. Dann ist es Frage der Auslegung der einzelnen Vereinbarung, ob der Tätigkeit ein Auftrag oder ein Dienstvertrag zugrundeliegt. Nur im zweiten Fall ist eine Tätigkeitsvergütung geschuldet, aber aufgrund von Vertrag, nicht von § 748. Den Beteiligten ist auch regelmäßig der Abschluss eines gesonderten Vertrages zuzumuten. Soweit die Tätigkeit der „Erhaltung" oder „Verwaltung" iSv § 748 dient, müssen die Teilhaber die Vergütung nach § 748 aufbringen; geht die Tätigkeit darüber hinaus, gelten die unter Rn 13 ff dargelegten Grundsätze.

b) Kosten der Erhaltung
Kosten der Erhaltung sind nur solche **Aufwendungen**, die durch berechtigte, zugun- **6** sten der Gemeinschaft vorgenommene, **zur Erhaltung des gemeinschaftlichen Gegenstandes notwendige Maßnahmen** entstanden sind. Bei der Entscheidung, ob Aufwendungen hierunter fallen, ist stets zu beachten, dass die Kostentragungspflicht nach § 748 auch aus Maßnahmen entstehen kann, denen der betroffene Teilhaber nicht zugestimmt hat. Der Begriff der Erhaltung ist in § 748 deshalb ebenso zu verstehen wie in § 744 Abs 2: Nur die Kosten der zur Erhaltung notwendigen Maßnahme, die ein Teilhaber gem § 744 Abs 2 notfalls auch gegen den Willen der übrigen Teilhaber

durchführen kann, sind Kosten der Erhaltung iSv § 748; nur zur Erstattung solcher Kosten kann der Teilhaber kraft Gesetzes verpflichtet sein. Andererseits sind Kosten aus Maßnahmen, die durch § 744 Abs 2 gedeckt sind, stets nach § 748 zu ersetzen; die Begründung dieser Ersatzpflicht ist gerade der Sinn von § 744 Abs 2. Zur Abgrenzung der Erhaltungskosten kann deshalb auf die Anm zu § 744 Abs 2 verwiesen werden (vgl § 744 Rn 19 ff).

7 **Keine Kosten** der Erhaltung sind deshalb Aufwendungen, die ein Teilhaber zur Durchführung *wertsteigernder Maßregeln* erbringt (BGH WM 1975, 196, 197 betr Umbau eines Hauses mit Mitteln eines Miteigentümers für Zwecke einer aus den Miteigentümern bestehenden OHG; ähnlich BGH DB 1992, 84). Zur Behandlung solcher wertsteigernder Aufwendungen vgl Rn 13 ff.

c) Kosten der Verwaltung

8 Kosten der Verwaltung sind nicht nur die reinen Verwaltungskosten, sondern grundsätzlich **alle Kosten, die durch zulässige Verwaltungsmaßnahmen verursacht werden**. Auch hier ist zu beachten, dass die Kostenerstattungspflicht vom Einverständnis der Teilhaber unabhängig ist. Es kann also nur um Kosten für Maßnahmen gehen, die nach §§ 745 Abs 1, 2 auch gegen den Willen eines Teilhabers durch Mehrheit beschlossen oder durch Urteil angeordnet werden können. Selbstverständlich greift die Kostentragungspflicht auch ein, wenn ein einstimmiger Beschluss der Teilhaber vorliegt. Aber es muss sich um einen nach § 745 Abs 1, 2 zulässigen Beschluss handeln. In Fällen, in denen die Teilhaber durch einstimmigen Beschluss bzw Vereinbarung darüber hinausgehen, beruht die Kostentragungspflicht nicht mehr auf Gesetz, sondern auf Vereinbarung (dazu unten Rn 13).

Nach alledem ist es zwar zu eng, wenn der BGH ausführt, § 748 erfasse überhaupt nur „gegenstandserhaltende" Aufwendungen (WM 1975, 196, 197; ebenso MünchKomm/ K Schmidt Rn 7); das ist schon mit dem Wortlaut der Vorschrift unvereinbar. Aber im Ganzen sind doch für die Verursachung von Verwaltungskosten verhältnismäßig enge Grenzen gesetzt. Im Einzelnen ist auf die Anm zu § 745 (Rn 5 ff, 8) zu verweisen. In Betracht kommen etwa Kosten für *übliche Reparaturen*, für gebotene *Haftpflicht-* oder *Schadensversicherungen*, ferner die angemessenen *Verwaltungskosten* (zB Kosten einer Hausverwaltung) u dgl; Kosten für unrechtmäßige Maßnahmen (zB eigenmächtiges Vorgehen der Minderheit gegen den Willen der Mehrheit, das auch nicht durch § 744 Abs 2 oder § 745 Abs 2 gedeckt ist) sind niemals zu erstatten.

9 **Keine Verwaltungskosten** iSv § 748 sind zB Kosten aus der *Errichtung eines Eigenheims* auf gemeinschaftlichem Baugrundstück durch Eheleute (abw die Begründung bei LG Münster FamRZ 1960, 117, 118: die Geltendmachung von Ansprüchen aus § 748 widerspreche „dem wirklichen Wesen der Ehe als einer echten und völligen Lebensgemeinschaft"), aus *Umbaumaßnahmen* (BGH WM 1975, 196, 197), Kosten des *Wiederaufbaus eines kriegszerstörten Gebäudes* (vgl dazu BGH NJW 1966, 1707, 1709 u oben § 745 Rn 9), und Kosten aus Maßnahmen, die *allein dem Interesse eines Teilhabers dienen* (BGH NJW 1974, 743, 744, vgl § 745 Rn 5).

d) Kosten der Benutzung

10 Es handelt sich um Kosten, die bei einer gemeinschaftlichen Benutzung nach § 743 Abs 2 oder bei einer nach § 745 Abs 1 beschlossenen Benutzung entstehen. In

Betracht kommen beispielsweise *Steuern* und sonstige *laufende Kosten eines gemeinschaftlich genutzten Kfz* oder Kosten für *laufende Reparaturen einer gemeinschaftlich genutzten Wohnung*. Die Abgrenzung zu den Kosten der Verwaltung kann zweifelhaft sein, spielt aber praktisch keine Rolle.

3. Abweichende Regelungen

Abweichende Regelungen (auch konkludente, dazu KG ZERB 2004, 262) haben den Vorrang. Sie können sich insbes daraus ergeben, dass der Benutzung ein **besonderes Rechtsverhältnis** zugrundeliegt. Das ist etwa der Fall, wenn die Gemeinschaft den gemeinschaftlichen Gegenstand oder Teile davon einem der Teilhaber *vermietet* hat (dazu § 741 Rn 73 ff). Dann richtet sich die Pflicht zur Tragung von Kosten und Lasten in erster Linie nach dem Mietvertrag.

Schwierigkeiten hat der Fall bereitet, in dem der Teilhaber/Mieter Verwendungen auf die Mietsache vornimmt und Ersatzansprüche sowohl nach Mietrecht (§§ 536a Abs 2 nF iVm den Regeln über Geschäftsführung ohne Auftrag) als auch nach Gemeinschaftsrecht (§ 748 iVm § 744 Abs 2) in Betracht kommen, weil für die mietrechtlichen Ansprüche die besondere Verjährung nach § 548 nF gilt. Hier soll nach Lage des Einzelfalls entschieden werden, auf welchem Rechtsverhältnis die Aufwendungen beruhen; je nachdem soll der mietrechtliche oder der gemeinschaftsrechtliche Anspruch (mit der zugehörigen Verjährungsregelung) anwendbar sein (BGH NJW 1974, 743, 744 f; zust PALANDT/SPRAU Rn 2). Vgl hierzu bereits § 741 Rn 74 ff.

Die Abgrenzung ist so weder praktikabel noch mit den allgemeinen Regeln über die Anspruchskonkurrenz vereinbar. Sind die Voraussetzungen beider Ansprüche erfüllt, besteht Anspruchskonkurrenz, und jeder Anspruch unterliegt seiner eigenen Verjährung (abw STAUDINGER/EMMERICH [2006] § 558 Rn 36; OLG Köln NJW 1973, 148; zust ERMAN/ADERHOLD Rn 4). Die Gründe, die dazu führen, die Verjährungsregel des § 548 nF auf etwaige konkurrierende Ansprüche des Mieters aus Geschäftsführung ohne Auftrag oder Bereicherung zu erstrecken (dazu STAUDINGER/EMMERICH [2006] § 558 Rn 35), treffen hier nicht zu. Das Gemeinschaftsverhältnis überlagert vielmehr das Mietverhältnis dauerhaft. Allerdings ist zu beachten, dass in Fällen, in denen die Aufwendungen des Mieters nicht der Erhaltung, sondern der Verbesserung des Grundstücks dienen, § 748 als Anspruchsgrundlage von vornherein nicht in Betracht kommt (iE zutr daher BGH NJW 1974, 743, 744; ähnlich wohl MünchKomm/K SCHMIDT Rn 18). Ferner steht es den Parteien frei, ausdrücklich oder konkludent nur eine Rechtsgrundlage zu vereinbaren. Ist dies der Fall, gelten ausschließlich die betreffenden Vorschriften (§ 311 Abs 1 nF; vgl auch § 741 Rn 73 ff). Zum Ganzen auch ERBARTH NZM 1998, 740 ff.

Mit Vorrang können in **Ehegattengemeinschaften** auch die Regeln des **Unterhaltsrechts** zum Zuge kommen. Kosten der Verwaltung und Benutzung der im Miteigentum stehenden Ehewohnung u dgl sind Teile des Familienunterhalts (§ 1360). Hierzu haben die Ehegatten nach Maßgabe ihrer Unterhaltsverpflichtungen beizutragen. § 748 ist hierdurch verdrängt (BGH NJW 2000, 1945). Leistet ein Ehegatte höhere Beiträge, als ihm nach §§ 1360, 1360a obliegt, so ist im Zweifel anzunehmen, dass er nicht beabsichtigt, vom anderen Ehegatten Ersatz zu verlangen, § 1360b. Ein Rückgriff auf § 748 ist auch in diesem Fall nicht möglich. § 1360b greift insbes auch dann ein, wenn die Ehegatten auf einem gemeinschaftlichen Grundstück ein Wohnhaus gebaut oder gekauft haben, das ihnen als Ehewohnung dient, und wenn einer von ihnen die Hypothekenzinsen und Tilgungsraten bezahlt. Zwar geht das über den dem anderen Ehegatten nach § 1360a zustehenden Unterhalt hinaus (vgl BGH NJW 1966, 2401). Aber gleichwohl handelt es sich bei den Aufwendungen für die gemeinschaftliche Wohnung – auch soweit sie zugleich der Vermögensbildung dienen – um Unterhaltsleistungen, für die die Vermutung des § 1360b gilt (vgl auch OLG Celle OLG-Rep 1996, 93; 1997, 241; OLG Düsseldorf NJW-RR 1998, 146). – Darüber hinaus kann der Ehegatte, der zum **Zugewinnausgleich** verpflichtet ist, die Erstattung der auf den anderen Ehegatten entfallenden Hälfte der Kosten und Lasten dann nicht verlangen, wenn er den fraglichen Betrag dem anderen Ehegatten im Rahmen des Zugewinnausgleichs wieder herausgeben müsste; diese in BGHZ 65, 320; 68, 299, 302 aufgestellte Regel (dazu § 749 Rn 43) gilt auch im vorliegenden Zusammenhang. Zu etwaigen, idR zu verneinenden schenkungssteuerrechtlichen Folgen und Gestaltungsalternativen vgl Schwedhelm/Olbing BB 1995, 1717; zum Nutzungsentgelt bei Trennung § 1361b und § 745 Rn 60 ff.

III. Aufwendungen aufgrund besonderer Vereinbarung

13 Die praktische Tragweite des § 748 wird leicht überschätzt. Die Vorschrift legt dem Teilhaber eine gesetzliche Verpflichtung zur Beteiligung an den Kosten solcher Maßnahmen auf, die durch die §§ 744 Abs 2, 745 gedeckt sind, notfalls also auch ohne oder gegen seinen Willen von den übrigen Teilhabern durchgeführt werden könnten (oben Rn 6 ff, in der Sache übereinstimmend BGH WM 1975, 196, 197). Durch Vereinbarung können die Teilhaber die **Durchführung weitergehender Maßnahmen** beschließen, insbes die Durchführung wertsteigernder Maßnahmen. Praktisch geht es vor allem um die Errichtung von Bauten und die Vornahme von Aus- und Umbauten auf einem gemeinschaftlichen Grundstück. In solchen Fällen beruht die Verpflichtung der Teilhaber nicht auf dem Gesetz, sondern auf der Vereinbarung, die der Maßnahme zugrunde liegt. Erklären die Teilhaber sich mit der Durchführung der Maßnahme einverstanden und treffen sie hinsichtlich der Kosten keine weiteren Vereinbarungen, so ist es Auslegungsfrage, ob in der Erklärung des Einverständnisses mit der Maßnahme die konkludente Zusage liegt, sich an den Kosten zu beteiligen.

14 Der II. und nunmehr auch der XII. Senat des BGH nehmen an, es entspreche in einem solchen Fall „im Zweifel dem Willen der Beteiligten, dass der Vorleistende gegen die übrigen Teilhaber einen anteiligen **Erstattungsanspruch** hat" (WM 1975, 196, 197; DB 1992, 84). Von den Umständen des Einzelfalls soll abhängen, ob dieser Erstattungsanspruch sofort oder erst später – etwa bei Aufhebung der Gemeinschaft – fällig sein soll (ebenda). Dem ist in dieser Allgemeinheit nicht zu folgen. Vielmehr kommt es auf die Umstände der jeweiligen Gemeinschaft insgesamt an (zust Erman/Aderhold Rn 4). Im Prinzip besteht kein Unterschied zwischen dem Fall, in dem jemand Baumaßnahmen auf einem Grundstück finanziert, das ihm überhaupt nicht gehört, und dem Fall, in dem jemand Baumaßnahmen auf einem Grundstück durchführt, das ihm nur teilweise gehört. Weder im einen noch im anderen Fall darf man aus den Eigentumsverhältnissen allein auf einen entsprechenden Verpflichtungswillen des Eigentümers schließen. Insbes wird nach der Art und Nähe des Gemeinschaftsverhältnisses zu differenzieren sein. Bei reinen Zufallsgemeinschaften, bei

denen möglicherweise der Aufwender nichts von seinen Teilhabern weiß, gelten eher allgemeine Grundsätze; bei engeren, auf Dauer angelegten Gemeinschaften mögen die Ergebnisse der Rechtsprechung zutreffen, sofern nicht anderweitig vertragliche Vereinbarungen festzustellen sind.

Hat beispielsweise **ein Teilhaber** das gemeinschaftliche Grundstück von der Gemeinschaft **gemietet** und macht er auf das Grundstück im Einverständnis mit den übrigen Teilhabern **wertsteigernde Verwendungen**, so richtet sich sein Anspruch auf Ersatz allein nach Mietrecht, nicht anders als im Fall der Miete eines fremden Grundstücks (vgl § 547 und die Anm hierzu). Im Regelfall wird das bedeuten, dass der Teilhaber/Mieter auf *Bereicherungsansprüche* beschränkt ist (STAUDINGER/EMMERICH [1995] § 547 Rn 36 ff). Solche Bereicherungsansprüche kommen indessen nur ausnahmsweise etwa bei vorzeitiger Beendigung des Mietverhältnisses – Rechtsgedanke des § 812 Abs 1 S 2 Fall 2 – in Betracht, weil weder die Voraussetzungen einer Leistungskondiktion noch die einer Eingriffskondiktion gegeben sind und ein allgemeiner Tatbestand der „Verwendungskondiktion" (actio de in rem verso) unserem Bereicherungsrecht fremd ist. Ähnliches gilt, wenn einem Teilhaber das gemeinsame Grundstück leihweise überlassen ist. 15

Finanziert ein **Ehegatte den Bau eines Hauses auf dem gemeinschaftlichen Grundstück**, so ist der Fall im Prinzip nicht anders zu beurteilen, als wenn er auf einem Grundstück baut, das dem anderen Ehegatten allein gehört. Vertragsansprüche sind idR nicht gegeben, Bereicherungsansprüche nicht ohne weiteres (§ 951 ist keine selbständige Anspruchsgrundlage; Leistungskondiktion scheidet aus, weil der Ehegatte nicht eine vermeintliche Verpflichtung erfüllen wollte; Eingriffskondiktion scheidet aus, weil nicht gegen seinen Willen in seine Rechte eingegriffen wurde; eine allgemeine „Verwendungskondiktion" – actio de in rem verso – zugunsten desjenigen, der aus freien Stücken mit eigenen Mitteln fremdes Gut im Wert steigert, gibt es nicht). Trennen sich die Ehegatten, kommt allenfalls ein Anspruch wegen *Zweckverfehlung* nach dem Rechtsgedanken des § 812 Abs 1 S 2 Fall 2 in Betracht. Auch ein solcher Anspruch ist aber, sofern die Ehegatten im gesetzlichen Güterstand leben, durch die Regeln über den Zugewinn ausgeschlossen (vgl BGHZ 65, 320; § 749 Rn 43). Eine rechtsgeschäftliche Vereinbarung über die Kostenerstattung hätte selbstverständlich den Vorrang. Aber eine solche Vereinbarung kann nicht, nur um zu einem als billig empfundenen Ergebnis zu gelangen, einfach unterstellt werden. 16

Haben die Teilhaber – ausdrücklich oder konkludent – **vereinbart**, dass sie die **Kosten gemeinsam tragen** wollen, haben sie aber nichts näheres über die Verteilung vereinbart, so ist im Zweifel anzunehmen, dass jeder den Anteil an den Kosten trägt, der seinem Anteil an dem gemeinschaftlichen Gegenstand entspricht (insoweit übereinstimmend BGH WM 1975, 196, 197). Bei ungleichen Anteilen sind also im Zweifel auch die freiwilligen Aufwendungen ungleich zu verteilen. Denn es entspricht dem mutmaßlichen Parteiwillen, dass jeder zu den Aufwendungen in dem Verhältnis beiträgt, in dem ihm die erhoffte Wertsteigerung zugutekommt. Zu den Grenzen ergänzender Vertragsauslegung insoweit BGH NJW 1992, 2282 (Fehlschlagen langfristiger Nutzungserwartungen). 17

Nehmen die Teilhaber, um die Aufwendungen zu finanzieren, gemeinsam eine **Hypothek oder Grundschuld an dem gemeinschaftlichen Grundstück** auf, so entsteht 18 hieraus keine „Last" des Grundstücks, auf die § 748 unmittelbar anzuwenden wäre (vgl oben Rn 3). Lässt sich eine ausdrückliche oder konkludente Abrede nicht feststellen, können im Einzelfall im Hinblick auf wertsteigernde Aufwendungen die Grundsätze des Wegfalls der Geschäftsgrundlage in Betracht kommen (so BGH NJW 1992, 2283; mE zweifelhaft, in dem zugrundeliegenden Fall hätte auch ergänzende Vertragsauslegung zum gleichen Ergebnis führen können) oder Geschäftsführung ohne Auftrag (BGH NJW 1987, 3001).

IV. Eigenmächtige Aufwendungen

19 Nimmt ein Teilhaber eigenmächtig Verwendungen auf den gemeinschaftlichen Gegenstand vor, handelt es sich nicht um Erhaltungsmaßregeln iSv § 744 Abs 2 und liegen auch die Voraussetzungen einer rechtmäßigen Geschäftsführung ohne Auftrag nicht vor (dazu BGH NJW 1987, 3001), so kann der Teilhaber keinen Ersatz beanspruchen. Es handelt sich hier um Geschäftsanmaßung iSv § 687 Abs 2. Auch Bereicherungsansprüche des eigenmächtig vorgehenden Teilhabers sind, wie sich aus § 687 Abs 2 S 2 ergibt, grundsätzlich ausgeschlossen.

V. Inhalt des Anspruchs

20 In erster Linie muss jeder Teilhaber freiwillig und unaufgefordert entsprechend seinem Anteil zu den Lasten und Kosten des gemeinschaftlichen Gegenstands beitragen. Das schließt die Pflicht ein, die erforderlichen Beträge **im Voraus** bereitzustellen (**aA** MünchKomm/K Schmidt Rn 12: nur im Falle des § 744 Abs 2; diff Palandt/ Sprau Rn 2; Soergel/Hadding Rn 2). Kein Teilhaber ist verpflichtet, für die Gemeinschaft in Vorlage zu treten. Tut er es gleichwohl, so kann er von den übrigen Teilhabern nach § 748 **Ersatz** verlangen. Ob gleichzeitig die Voraussetzungen einer Geschäftsführung ohne Auftrag oder einer ungerechtfertigten Bereicherung vorliegen, spielt keine Rolle.

21 Der Ersatzanspruch ist, wenn nichts anderes vereinbart ist, **sofort fällig** (RGZ 109, 167, 171; BGH WM 1975, 196, 197; zweifelhaft – jedenfalls ohne auch konkludent mögliche rechtsgeschäftliche Vereinbarung – OLG Hamm FamRZ 1997, 365: die tatsächliche Übung könne dazu führen, dass Fälligkeit nur nach bestimmten Abrechnungszeiträumen, zB Kalenderjahren, eintrete). Der Ersatzberechtigte ist nicht verpflichtet, die Aufhebung der Gemeinschaft abzuwarten und sich aus dem Verkaufserlös gem § 756 zu befriedigen. Der Teilhaber kann verlangen, dass bei der Verteilung der Früchte nach § 743 ein Ersatzanspruch vorrangig befriedigt wird (vgl § 743 Rn 13 ff). Der Ersatzanspruch ist ab Fälligkeit zu verzinsen, § 256.

22 Für den Ersatzanspruch **haftet** jeder Teilhaber nach Maßgabe seines Anteils. Fällt ein Teilhaber wegen Zahlungsunfähigkeit aus, so erhöht sich die Leistungspflicht der übrigen Teilhaber nicht; der Teilhaber, der vorgeleistet hat, kann in diesem Fall nur die Aufhebung der Gemeinschaft betreiben und sich nach § 756 befriedigen. Auch hieraus rechtfertigt sich das Vorschussverlangen (oben Rn 20). Anders ist es, wenn die Vorleistung des Teilhabers in der Befriedigung einer Verbindlichkeit bestand, für die die Teilhaber gesamtschuldnerisch hafteten. Dann greift im Innenverhältnis die besondere Ausfallhaftung des § 426 Abs 1 S 2 ein.

Ist ein Teilhaber iRd § 748 eine Verbindlichkeit eingegangen, so kann er von den **23** übrigen Teilhabern als Teilschuldner nach § 257 **Freistellung** verlangen (vgl BGH DB 1992, 84; SCHULZE-OSTERLOH 56 f; **aA** Prot II 748).

Erfüllt ein Teilhaber seine Pflichten nach § 748 nicht, macht er sich nach den **24** allgemeinen Regeln **schadensersatzpflichtig**. Außerdem kann die Nichterfüllung einen wichtigen Grund für die Aufhebung der Gemeinschaft gem § 749 Abs 2 darstellen. Nicht anwendbar sind die §§ 320 ff; die gemeinschaftliche Pflicht zur Kostentragung bildet kein gegenseitiges Schuldverhältnis. Kein Teilhaber kann sich durch einseitigen Verzicht auf den Anteil seiner Beitragspflicht entziehen (Prot II 748). Ein solcher Verzicht auf den Anteil ist überhaupt unwirksam (§ 747 Rn 17 f; § 741 Rn 43).

Nicht unter § 748 fallen unterlassene Aufwendungen (vgl MünchKomm/K SCHMIDT Rn 10). Einem Miteigentümer, der den Gegenstand zu Alleineigentum erworben hat, steht daher kein Anspruch aus § 748 gegen frühere Teilhaber wegen nachzuholender Reparaturen zu (RG JW 1927, 1854; MünchKomm/K SCHMIDT aaO; SOERGEL/HADDING Rn 2). Kaufvertragsrechtlich kann natürlich anderes gelten, wenn und soweit der Erwerber pflichtwidrig in Unkenntnis über Instandhaltungsrückstau gehalten worden ist. Zum Gerichtsstand (§ 26 ZPO) OLG Stuttgart NJW-RR 1999, 744.

VI. Entsprechende Anwendung; Sondervorschriften

§ 748 gilt nach § 2038 Abs 2 S 1 auch für die Erbengemeinschaft. Hier beschränkt **25** sich die Verpflichtung der Miterben allerdings auf die im Nachlass vorhandenen Mittel (SOERGEL/WOLF § 2038 Rn 30; BGB-RGRK/KREGEL § 2038 Rn 10; PALANDT/EDENHOFER § 2038 Rn 12; nicht eindeutig STAUDINGER/WERNER [2002] § 2038 Rn 42). Anderenfalls könnte die beschränkte Erbenhaftung (§ 2058) mittelbar über das Innenverhältnis in eine unbeschränkte Haftung mit dem Privatvermögen der Erben verwandelt werden.

Das RG hat § 748 **entsprechend angewendet** auf den Fall, dass eine Gesamtsache **26** mehreren Eigentümern zu realen Bruchteilen zusteht (RGZ 143, 382, 386 betr die Kosten der Bergung eines Schiffes, bei dem der Schiffsrumpf einerseits, die Maschinen und Einrichtungsgegenstände andererseits verschiedenen Eigentümern zustanden; die Schäden an dem jeweiligen Teileigentum musste dagegen jeder Teileigentümer selbst tragen; vgl dazu auch § 741 Rn 172, 175). Eine entsprechende Anwendung des § 748 wurde ferner angenommen für den internen Ausgleich unter Eheleuten bei der gemeinsamen Veranlagung zur Einkommen- und Kirchensteuer (OLG Köln OLGZ 1969, 332); bei der Zusammenveranlagung für die Vermögensabgabe nach § 66 Abs 2 Nr 3 LAG (BGH LM Nr 3 zu § 748); vgl auch VG Braunschweig RdL 1968, 166 (zum anteilmäßigen Eintritt in rezessmäßige Rechte und Pflichten bei der Veräußerung von Grundstücken, ohne allerdings direkt auf § 748 einzugehen). Vgl ferner OLG Köln MDR 1990, 1013 und LG Zweibrücken v 21.11. 1995 – 3 S 118/95 – (gemeinsame Zufahrtsnutzung).

Sondervorschriften enthalten § 753 Abs 2 (Kosten eines zweiten Versteigerungsver- **27** suchs bei Aufhebung der Gemeinschaft) und § 922 (Kosten gemeinschaftlicher Grenzeinrichtungen). Bei der **Wohnungseigentümergemeinschaft** ist § 16 Abs 2 WEG lex specialis; im Übrigen wird in der Praxis oft auf das Verhältnis der Wohn- und Nutzflächen oder sonstige sinnvolle Maßstäbe (Nutzungsvorteil, Maß der Inanspruchnahme etc) und nicht auf das Verhältnis der Anteile abgestellt (dazu Rapp, Beck'sches Notarhandbuch 286 mwNw). Bei Bruchteilsgemeinschaften, die Wohnungseigentümergemeinschaften vergleichbar sind (Doppelhaus, welches in Bruchteilsgemeinschaft gehalten wird), bieten sich ähnliche vertragliche Regelungen an. Einen Sonderfall behandelt OLG Düsseldorf NZM 1999, 176 ff: Der Zwischenerwerber von Wohnungseigentum hatte dem Enderwerber für Mängel am Gemeinschaftseigentum Vorschuss geleistet, der diese sodann an die Gemeinschaft weiterleitete, die ihn zur Beseitigung der Mängel verwendete. Das OLG Düsseldorf stützt einen quotalen Ausgleichsanspruch auf den „Rechtsgedanken der §§ 16 Abs 2 WEG, 748, 242" – mE in der Begründung, nicht im Ergebnis sehr zw.

Im Bereich der Verordnung über *Heizkostenabrechnung*, die unmittelbar auch für Bruchteilsgemeinschaften gilt (§ 1 Abs 1, zum WEG vgl § 1 Abs 2 Ziff 3), sind zwingende Kostenverteilungsvorschriften zu beachten, die von § 748 abweichen.

§ 749
Aufhebungsanspruch

(1) Jeder Teilhaber kann jederzeit die Aufhebung der Gemeinschaft verlangen.

(2) Wird das Recht, die Aufhebung zu verlangen, durch Vereinbarung für immer oder auf Zeit ausgeschlossen, so kann die Aufhebung gleichwohl verlangt werden, wenn ein wichtiger Grund vorliegt. Unter der gleichen Voraussetzung kann, wenn eine Kündigungsfrist bestimmt wird, die Aufhebung ohne Einhaltung der Frist verlangt werden.

(3) Eine Vereinbarung, durch welche das Recht, die Aufhebung zu verlangen, diesen Vorschriften zuwider ausgeschlossen oder beschränkt wird, ist nichtig.

Materialien: E I § 767 Abs 1, 2 S 1; II § 685; III § 736; Mot II 879; Prot II 750 ff; Jakobs/Schubert, Schuldverh III 384 ff.

Systematische Übersicht

I. Regelungsgegenstand und Grundgedanken	a) Teilbare Sachen	8
	b) Unteilbare Sachen	9
1. Regelungsgegenstand	1	c) Forderungen	10
2. Grundgedanken der Regelung	2	d) Nicht geregelte Fälle	11
a) Jederzeitige Aufhebbarkeit als gesetzlicher Regelfall	2	e) Gemeinschaftliche Schulden	12
		3. Prozessuale Durchsetzung	13
b) Keine Auseinandersetzung	3	4. Die abweichende Ansicht der herrschenden Lehre über Rechtsnatur und Inhalt des Aufhebungsanspruchs	16
c) Kein Adjudikationsverfahren	4		
II. Inhalt des Aufhebungsanspruchs	5	a) Die herrschende Lehre	16
1. Begriff der Aufhebung	6	b) Kritische Stellungnahme	19
2. Der Inhalt des Anspruchs im Einzelnen	7		

III. Abweichende Vereinbarungen über die Durchführung der Gemeinschaftsteilung

1. Zulässigkeit und gewöhnlicher Inhalt ... 24
2. Rechtsnatur ... 25
3. Form ... 28
4. Vormundschaftsgerichtliche Genehmigung ... 30
5. Fehlerhafte Aufhebungsverträge ... 31
6. Durchführung des Vertrags ... 32
7. Kein Vermittlungsverfahren nach §§ 86 ff FGG ... 33

IV. Anspruch auf vom Gesetz abweichende Art der Aufhebung

1. Allgemeines ... 34
2. Ehegattengemeinschaften ... 37
a) Problemstellung ... 37
b) Die Bedeutung der HausratsVO ... 38
c) Zuweisung im Rahmen des Zugewinnausgleichs ... 39
d) Zuweisung nach Treu und Glauben? ... 40
e) Ausgleich von Aufwendungen? ... 42
3. Vom Gesetz abweichende Teilung in der Erbauseinandersetzung? ... 44

V. Fälligkeit des Anspruchs

1. Der Grundsatz der jederzeitigen Fälligkeit ... 45
2. Fälligkeit nach Geltendmachung ... 48
3. Zurückbehaltungsrecht des anderen Teilhabers? ... 50

VI. Kein Anspruch auf Teilaufhebung ... 51

VII. Abtretung und Pfändung des Aufhebungsanspruchs

1. Unabtretbarkeit des Aufhebungsanspruchs ... 54
2. Pfändbarkeit des Anspruchs? ... 58
a) Allgemeines ... 58
b) Pfändung des Aufhebungsanspruchs als Hilfspfändung? ... 59

VIII. Ausschluss und Beschränkung des Aufhebungsanspruchs

1. Vereinbarung ... 60
2. Ausschluss der Aufhebung in Ehegattengemeinschaften ... 63
a) Grundsätzliches ... 63
b) Schranken der §§ 1365, 1369 ... 65
c) Besonderheiten hinsichtlich der Ehewohnung ... 68
3. Geltendmachung des Ausschlusses im Prozess ... 73

IX. Aufhebungsanspruch aus wichtigem Grund; Unabdingbarkeit (Abs 2, 3)

1. Grundsatz ... 75
2. Wichtiger Grund ... 77
3. Nichtige Vereinbarungen (Abs 3) ... 82
4. Entsprechende Anwendung im Fall der Erbengemeinschaft ... 85

X. Aufhebung im Insolvenzverfahren eines Teilhabers ... 86

XI. Sonderregelungen ... 89

XII. Ergänzende Anwendung der Aufhebungsregeln bei der Auseinandersetzung von Gesamthandsgemeinschaften

1. Allgemeines ... 93
2. BGB-Gesellschaft ... 94
a) Gesetzliche Regelung ... 94
b) Herrschende Meinung ... 95
c) Stellungnahme ... 96
d) Folgerungen ... 98
e) Keine Anwendung auf Personenhandelsgesellschaften ... 100
3. Gütergemeinschaft ... 101
4. Erbengemeinschaft ... 102
a) Gesetzliche Regelung ... 102
b) Testamentsvollstreckung ... 103
c) Anspruch auf Abschluss eines Auseinandersetzungsvertrags? ... 104
d) Der Anspruch auf Umsetzung des Nachlasses in Geld ... 105
aa) Unteilbare Gegenstände ... 106
bb) Teilbare Gegenstände ... 110
cc) Forderungen ... 111
dd) Streit über Nachlasszugehörigkeit ... 112
ee) Ergebnis ... 113
e) Schuldentilgung ... 114
f) Teilung ... 116

Alphabetische Übersicht

Abfindung	24, 81
Abgesonderte Befriedigung	86
Abtretung des Aufhebungsanspruchs	54 ff
actio communi dividundo	19
actio familiae eriscundae	105
Adjudikationsverfahren	4
Aktien	89
Anhörung vor Mehrheitsbeschlüssen	78
Anschaffungskosten	42 f
Antennengemeinschaft	79
Aufhebung, Begriff	5 ff
Aufhebungserklärung	23
Aufhebungsvertrag	16 ff, 24 ff, 61, 76, 82 ff, 88
Aufwendungen	40 ff
Auseinandersetzung	3, 93 ff
Auseinandersetzungsvertrag	104 f, 117
Ausscheiden	24
Ausschluss	
– des Aufhebungsanspruchs	48, 60, ff, 75 ff, 87
– eines Teilhabers	53, 81
– der Teilungsversteigerung	28, 61
– gem § 18 WEG	90
Auszahlung	81, 82
Baukosten	42 f
Bereicherungsanspruch	31, 43
Beschränkung des Aufhebungsanspruchs	
	48, 60 ff, 75 ff, 87
Bewegliche Sachen	9, 13 f, 59
Beweislast	73
Billiges Ermessen	82, 98
Billigkeitsentscheidung	4, 34 ff, 45, 71, 105
Dispositives Recht	24
Drittwiderspruchsklage	66, 74
Duldungsklage	98
Ehegatten	11, 37 ff, 44, 63 ff, 101
Eheliche Lebensgemeinschaft	69 ff
Ehewohnung	38, 44, 68 ff
Einwilligung in die Aufhebung	21, 37 ff
Entwässerungsgemeinschaft	28
Entziehung des Gebrauchs	78
Erbauseinandersetzung	44
Erbengemeinschaft	3, 52, 85, 102 ff
Erbteilspfandgläubiger	103
Erinnerung	74
Erlösanteil, Anspruch auf Auszahlung	17
Fälligkeit des Aufhebungsanspruchs	48
Familienerbstück	44
Fehlerhafter Aufhebungsvertrag	31
Feststellungsklage	21
Finanzbedarf	79
Forderungen	10, 111
Form	28 f, 60
Fortsetzung der Gemeinschaft zwischen einzelnen Teilhabern	53
Freihändige Verwertung	1, 24, 83
Gesamtgut	101
Geschäftsgrundlage	43
Gesellschaft	3, 24 f, 45, 60, 78 f, 94 ff
Gesellschaftsvermögen	94 ff
Gesetzlicher Güterstand	64 ff
Gestaltungswirkung	23
Getrenntleben	71 f
Grenzanlage	92
Grundbucheintragung	27, 57, 59, 74
Grundstücke	
	9, 13 f, 28 ff, 34 ff, 59 f, 62 ff, 89, 106 f
Gütergemeinschaft	43, 64, 101
Gütertrennung	64
Gutgläubiger Erwerb	31 f
Haushaltsgegenstände	38, 67
Hilfspfändung	59
Insolvenz	2, 27, 86 ff
KG	3, 100
Klagantrag	13 ff
Kosten	42
Kündigung des gemeinschaftlichen Mietverhältnisses	11
Kündigungsfrist	2, 60
Kuxe	51
Land- und forstwirtschaftliche Grundstücke	89
Lasten	42
Leistungsklage	13
Losverteilung	29

Titel 17 § 749
Gemeinschaft

Mehrheitsbeschluss	25, 60	Teilungsvertrag	16 ff
Mietergemeinschaft	11	Testamentsvollstreckung	78, 103
Minderjähriger	62	Treu und Glauben	34 ff, 40 f, 46
Mindestpreis	60		
Miterbe	49	Übernahmerecht	83, 88
		Ungerechtfertigte Bereicherung	43
Nachlass	102 ff	Unteilbare Sachen	9, 24, 106 ff
Nießbrauch	92	Untervermietung	11
Notaranderkonto	50	Unwiderrufliche Vollmacht	28
		Unzeit	45, 80
OHG	3, 100	Unzumutbarkeit der Fortsetzung der Gemeinschaft	79
Pfändung des Abtretungsanspruchs	58 f		
Pfändung des Miteigentumsanteils	59	Veränderte Umstände	79
Pfandrecht	92	Vereinbarungen über Art und Weise der Aufhebung vgl Aufhebungsvertrag	
Pfandverkauf	9, 101, 109	Vergleich	26
		Verhaltener Anspruch	48
Realteilung vgl auch Teilung in Natur	24, 28, 32, 34 ff	Vermietergemeinschaft	11
Rechtsmissbrauch	60	Vermittlungsverfahren	33, 104, 107
Rechtsschutzbedürfnis	14	Vermögenslage	64
		Verschulden	78
Sammellagerung	89	Versteigerung unter den Teilhabern	83, 107
Sammelverwahrung	91	Vertragsstrafe	82
Schadensersatzanspruch	27, 31	Vertrauenskrise	78
Scheidung	38 ff, 70	Verwaltung durch Dritte	78
Schenkung	26	Vollstreckungsgläubiger	2, 27
Schikane	78	Vorbehaltsgut	64
Schulden	3, 12, 86	Vormerkung	27
Sicherungsübertragung des Anteils	79	Vormundschaftsgerichtliche Genehmigung	30
Sondernachfolger	27, 62		
Sowjetunion	92	Wegfall der Geschäftsgrundlage	43
Stillschweigender Ausschluss der Aufhebung	60	Wichtiger Grund	53, 62, 69, 75 ff
		Widerstand gegen notwendige Verwaltungsmaßnahmen	78
Stockwerkseigentum	89	Wohnungseigentum	90
Teilaufhebung	24, 51 ff		
Teilauseinandersetzung	52	Zerwürfnis	78
Teilbare Sachen	8, 99, 110	Zugewinnausgleich	39 ff, 43
Teilung		Zulässigkeit der Aufhebungsklage	14
– Begriff	5 ff	Zurückbehaltungsrecht	50
– des Erlöses	1, 17, 108 f	Zustimmung eines Dritten zur Aufhebung	60, 82
– in Natur vgl auch Realteilung	1, 29, 53	Zuweisung durch den Richter	4, 34 ff, 70 f
Teilungsplan	15, 105 f	Zwangshypothek	59
Teilungsreife	104, 116	Zwangsversteigerung	1, 9
Teilungsvereinbarung	24	Zwangsvollstreckung	59
Teilungsversteigerung	61		

I. Regelungsgegenstand und Grundgedanken

1. Regelungsgegenstand

1 Abs 1 verleiht dem Teilhaber *das Recht, die Gemeinschaft durch Teilung zu beendigen*: je nach Sachlage entweder durch Teilung in Natur (§ 752) oder – praktisch häufiger – durch Teilung dem Wert nach, die dadurch vorgenommen wird, dass der gemeinschaftliche Gegenstand verwertet und der Erlös geteilt wird (§§ 753, 754). Als *Form der Verwertung* sieht das Gesetz bei Grundstücken die Zwangsversteigerung vor, bei beweglichen Sachen den Pfandverkauf, bei Forderungen die Einziehung. In der Praxis wird die freihändige Verwertung wohl überwiegen; aber hierzu bedarf es einer besonderen Vereinbarung, deren Abschluss kein Teilhaber erzwingen kann und die auch nicht durch Mehrheitsbeschluss ersetzt werden kann. Wirtschaftlich gesehen, bildet das Aufhebungsrecht die eigentliche Substanz der Bruchteilsberechtigung. Es stellt wegen der damit möglichen jederzeitigen Beendigung der dinglichen Rechtspositionen sachenrechtlich zugleich eine der wesentlichen Schwächen der Bruchteilsgemeinschaft dar (§ 741 Rn 65).

2. Grundgedanken der Regelung

a) Jederzeitige Aufhebbarkeit als gesetzlicher Regelfall

2 Die Rechtsgemeinschaft ist nach der § 749 zugrundeliegenden gesetzgeberischen Konzeption (Vorbem 7) regelmäßig nicht für Dauer bestimmt. Bei Zufallsgemeinschaften liegt das auf der Hand. Aber auch bei Gemeinschaften, die durch gemeinsamen rechtsgeschäftlichen Erwerb entstanden sind, rechtfertigt die Tatsache allein, dass die Teilhaber sich zum Erwerb zusammengeschlossen haben, nach Auffassung des Gesetzgebers noch nicht, sie auch für die Zukunft an die Gemeinschaft zu binden. Ausgangspunkt der gesetzlichen Regelung ist deshalb das jederzeitige Recht zur Aufhebung (vgl dazu Prot II 751). Durch besondere Vereinbarung kann dieses Recht von der Einhaltung einer Kündigungsfrist abhängig gemacht werden oder auf Zeit oder sogar für Dauer ausgeschlossen werden (vgl Abs 2). Aber auch in diesen Fällen bleibt dem Teilhaber ein Kündigungsrecht aus wichtigem Grund (Abs 2), das unabdingbar ist (Abs 3). Vollstreckungsgläubigern und dem Insolvenzverwalter gegenüber sind *alle* derartigen Beschränkungen des Aufhebungsrechts unwirksam (§§ 751, 84 Abs 2 InsO). Auf diese Weise wird verhindert, dass der Teilhaber seinen Gläubigern die wirtschaftliche Substanz seines Rechts durch Vereinbarung mit den anderen Teilhabern entziehen kann.

b) Keine Auseinandersetzung

3 Eine „Auseinandersetzung" im eigentlichen Sinn, wie bei der Gesellschaft (§§ 730 ff), der OHG und KG (§§ 145 ff HGB) und der Erbengemeinschaft (§§ 2042 ff), hat das Gesetz bei der schlichten Gemeinschaft nicht vorgesehen. Die Auseinandersetzung ist das durch Gesetz oder Vereinbarung näher geregelte Verfahren der Verteilung eines zweckgebundenen Sondervermögens unter den Beteiligten. Hauptzweck des Verfahrens ist es in erster Linie, sicherzustellen, dass vor der Verteilung die Schulden getilgt werden, die aus dem Sondervermögen zu bezahlen sind; hierdurch soll verhindert werden, dass die Beteiligten wegen solcher Schulden persönlich in Anspruch genommen werden. Das Verfahren besteht, mit Besonderheiten im Einzelnen, aus folgenden Schritten: (1) Umsetzung des Vermögens in Geld; (2) Ermittlung und

Bezahlung der Schulden des Sondervermögens; (3) Ermittlung des Auseinandersetzungsguthabens der einzelnen Beteiligten; (4) Verteilung. Wesentlich ist, dass zwischen der Verwertung des Vermögens und der Verteilung noch weitere Schritte liegen (insbes die Schuldentilgung und die Ermittlung der Guthaben), die ein Zusammenwirken der Betroffenen (oder die Tätigkeit besonderer Beauftragter – Liquidatoren, Nachlassverwalter, Testamentsvollstrecker –) erfordern. Der Gesellschafter oder Miterbe kann deshalb nicht unmittelbar „Teilung" verlangen, sondern er muss, um die Teilung durchzusetzen, darauf hinwirken, dass die Auseinandersetzung Schritt für Schritt durchgeführt wird. Im Fall der schlichten Rechtsgemeinschaft geht das Gesetz dagegen davon aus, dass die Verhältnisse einfach und überschaubar sind: ein Gegenstand, allenfalls einige wenige Gegenstände sind zu verwerten und der Erlös ist zu teilen. Verbindlichkeiten, die aus dem Erlös vorweg zu befriedigen sind (vgl § 755), sind, wenn überhaupt vorhanden, den Beteiligten ohne weiteres bekannt; die Teilung ist, nach Maßgabe der Quoten, einfach zu bewerkstelligen. Deswegen verleiht das Gesetz dem einzelnen Teilhaber einen Anspruch, der sich unmittelbar auf Verwertung und Teilung richtet (vgl dazu unten Rn 5 ff). Das bei der Auseinandersetzung zwischen Verwertung und Verteilung eingeschobene Zwischenstadium, das der Ermittlung und Bezahlung der Schulden und der Ermittlung des Auseinandersetzungsguthabens dient, ist als überflüssig ausgespart.

c) Kein Adjudikationsverfahren

Nach dem Gesetz ist *Teilung* in *Natur* (§ 752) praktisch die *Ausnahme, Teilung dem Wert nach* (§ 753) die *Regel* (vgl Mot II 884). Denn die Voraussetzung, dass der Gegenstand sich in den Anteilen entsprechende gleichartige Teile zerlegen lässt, wird selten gegeben sein. Eine Realteilung bei Gegenständen, die sich nicht in gleichartige Teile zerlegen lassen, hat der Gesetzgeber (dh die erste Kommission) aus grundsätzlichen Überlegungen abgelehnt. Eine solche Teilung ist in drei Modalitäten denkbar: (1) Zerlegung in ungleichartige, aber den Anteilen dem Wert nach entsprechende Teile; (2) Zerlegung in ungleichartige, den Anteilen und auch dem Wert nach nicht entsprechende Teile und Zahlung von Wertausgleich; (3) Zuteilung an einen Teilhaber gegen Auszahlung der anderen. Die zwangsweise Durchsetzung einer solchen Realteilung setzt voraus, dass der Richter die Teilung durchführt und den einzelnen Teilhabern zuweist, was sie zu erhalten haben („Adjudikation"); zu diesem Zweck muss er den Wert des Gegenstandes bzw der Teile, in die er zerlegt werden soll, durch Schätzung ermitteln; den Teilungsplan selbst hat er nach billigem Ermessen aufzustellen. Die erste Kommission hat sich, im Anschluss an das preußische und im Widerspruch zum gemeinen Recht (vgl Mot II 882), gegen das Adjudikationsverfahren und für die Teilung durch Verkauf entschieden. Als Gründe werden angeführt: die Unzuverlässigkeit, Umständlichkeit und Kostspieligkeit der erforderlichen tatsächlichen Ermittlungen (gedacht ist sicherlich vor allem an die Schwierigkeiten der Bewertung), die Problematik der erforderlichen Billigkeitsentscheidungen, die mangelnde Eignung des Zivilprozesses zur Durchführung des Verfahrens. Dem Richter würden im Adjudikationsverfahren neue Aufgaben gestellt, deren „befriedigende Lösung fast nur zufällig gelingen kann"; die Begünstigung des einen Teilhabers vor dem anderen sei praktisch unvermeidlich (Mot II 883). Rechtspolitische Kritik findet sich bei LARENZ[12] II § 61 III S 420 Fn 4, mit dem Hinweis, dass „die gesetzlichen Regeln der individuell verschiedenen Sach- und Interessenlage nicht immer gerecht zu werden vermögen", und vor allem bei WÜST, Die Gemeinschaftsteilung als methodisches Problem (1956), mit Gesetzesvorschlag

(53, 65 f). Für die praktische Rechtsanwendung stellt sich das Problem vor allem in der Form, ob der Richter befugt ist, im Einzelfall durch Rückgriff auf § 242 – entgegen der grundsätzlichen Entscheidung des Gesetzgebers, der ein solches Verfahren nicht wollte! – eine Realteilung nach Billigkeitsgesichtspunkten vorzunehmen (vgl BGHZ 58, 146, 149; BGHZ 68, 299, 304; vgl auch OLG Oldenburg NJW-RR 1996, 136; zum Ganzen unten Rn 34 ff, 40 f).

II. Inhalt des Aufhebungsanspruchs

5 Über den Inhalt des Aufhebungsanspruchs herrscht in der Literatur viel Unklarheit (dazu unten Rn 16 ff). Aus dem Gesetz ergibt sich Folgendes:

1. Begriff der Aufhebung

6 „Aufhebung" umfasst als *Oberbegriff* verschiedene gesetzliche Modalitäten der Beendigung der Gemeinschaft: die Teilung des gemeinschaftlichen Gegenstandes in Natur (§ 752), den Verkauf des gemeinschaftlichen Gegenstandes und die Teilung des Erlöses (§ 753), die Einziehung der gemeinschaftlichen Forderung und die anschließende Aufhebung der Gemeinschaft am Erfüllungsobjekt gem § 754 iVm §§ 752, 753. „Aufhebung" ist also der allgemeine, „Teilung" der speziellere Begriff (vgl Mot II 879: „Von Aufhebung der Gemeinschaft, nicht von Teilung, redet der Entwurf, weil die Teilung im engeren Sinne mitunter ausgeschlossen ist"; die Motive selbst bevorzugen den konkreteren Begriff „Teilung", wenn sie die Aufhebung meinen). Das Recht aus Abs 1, „Aufhebung der Gemeinschaft" zu verlangen, ist also nichts anderes als der Anspruch auf Teilung der gemeinschaftlichen Sache in Natur, § 752, oder auf ihre Veräußerung mit anschließender Verteilung des Erlöses, § 753 (ebenso MünchKomm/K Schmidt Rn 19; str, vgl unten Rn 16 ff).

2. Der Inhalt des Anspruchs im Einzelnen

7 Abs 1 verleiht jedem Teilhaber einen *schuldrechtlichen Anspruch* gegen die übrigen Teilhaber. Der Inhalt des Anspruchs auf Aufhebung variiert also je nachdem, welche besondere Art der Aufhebung nach Sachlage vorgeschrieben ist.

a) Teilbare Sachen

8 Lässt sich der gemeinschaftliche Gegenstand ohne Verminderung des Werts in gleichartige, den bisherigen Anteilen entsprechende reale Teile zerlegen, dann richtet der Aufhebungsanspruch sich auf Teilung in Natur (§ 752), dh auf Vornahme der zur Teilung erforderlichen Handlungen und auf Übereignung des dem Anteil entsprechenden Teils (ebenso MünchKomm/K Schmidt Rn 38). Vgl im Einzelnen die Erl zu § 752.

b) Unteilbare Sachen

9 Lässt sich der gemeinschaftliche Gegenstand nicht oder nur mit Verlusten in gleichartige Teile zerlegen, so richtet der Aufhebungsanspruch sich bei beweglichen Sachen auf Durchführung des Pfandverkaufs, bei unbeweglichen Sachen auf Durchführung der Zwangsversteigerung. Auf Verlangen eines Teilhabers sind also die übrigen Teilhaber verpflichtet, die bewegliche Sache dem Gerichtsvollzieher oder einem anderen öffentlichen Versteigerer (vgl § 383 Abs 3) zum Zweck der Verstei-

gerung nach den Regeln des Pfandverkaufs zu übergeben (§ 753 iVm § 1235). Weiter sind sie verpflichtet, den Erlös einzuziehen und zu verteilen. Bei Grundstücken sind auf Verlangen eines Teilhabers die übrigen Teilhaber verpflichtet, die von ihm betriebene Zwangsversteigerung des Grundstücks zu dulden, den Erlös einzuziehen und ihn zu teilen (ebenso MünchKomm/K Schmidt Rn 41). Vgl im Einzelnen die Erl zu § 753.

c) Forderungen
Bei Forderungen sind die übrigen Teilhaber verpflichtet, die Forderung einzuziehen **10** und den Erlös zu teilen (§ 754 iVm § 752). Richtet die Forderung sich auf Leistung einer unteilbaren Sache, ist nach der Einziehung weiter gem § 753 zu verfahren (ebenso MünchKomm/K Schmidt Rn 41). Vgl im Einzelnen die Erl zu § 754.

d) Nicht geregelte Fälle
Es gibt Gemeinschaften, auf die die gesetzlichen Teilungsregeln nicht passen. Hier **11** kann der Teilhaber verlangen, dass die Teilung in der nach Lage des Falles zweckmäßigen Weise durchgeführt wird. Ein Beispiel ist die Aufhebung der Mietergemeinschaft (vgl dazu auch § 747 Rn 69). Haben Ehegatten gemeinsam gemietet, enthält für den Fall der Ehescheidung die HausratsVO eine Sonderregelung. In anderen Fällen muss der Aufhebungsanspruch den Inhalt haben, dass der einzelne Teilhaber von den übrigen Teilhabern Mitwirkung bei der Kündigung verlangen kann (vgl zu diesem Problemkreis Herold, Auseinandersetzung über gemeinschaftliche Mietrechte an Wohn- und Geschäftsräumen, BlGBW 1963, 12 ff mit zahlr Nw; Wüst, Gemeinschaftsteilung 13 ff sowie LG München NJW-RR 1991, 67 für den Fall der Untervermietung durch Eheleute). Entsprechendes gilt für die Aufhebung einer Vermietergemeinschaft (HansOLG Hamburg NZG 1999, 1212; NJW-RR 2002, 1165). – Zur Aufhebung der Gemeinschaft an unveräußerlichen Rechten vgl im Übrigen § 753 Rn 19.

e) Gemeinschaftliche Schulden
Gemeinschaftliche Schulden, die sich auf die Gemeinschaft beziehen und für die die **12** Teilhaber als Gesamtschuldner haften, müssen aus dem Verwertungserlös im Voraus beglichen werden (§ 755). Forderungen eines Teilhabers gegen einen anderen, die sich auf die Gemeinschaft gründen, sind aus dem Anteil des betroffenen Teilhabers im Voraus zu befriedigen (§ 756). Praktisch bedeutet das, dass die erforderlichen Beträge bei der Teilung des Erlöses vorweg zu berücksichtigen sind. Sind Verpflichtungen iSv § 755 oder Forderungen iSv § 756 vorhanden, so muss, um die Vorwegberücksichtigung zu ermöglichen, auch bei an sich in Natur teilbaren Gegenständen die Teilung gem § 753 vorgenommen werden (vgl §§ 755 Abs 2, 756 S 2).

3. Prozessuale Durchsetzung

Der Anspruch auf Aufhebung wird durch *Leistungsklage* geltend gemacht (vgl dazu **13** Hellwig, Anspruch und Klagerecht [1924] 444 Fn 4; MünchKomm/K Schmidt Rn 40 f). Der *Antrag* des Klägers muss so abgefasst sein, dass durch die Vollstreckung des beantragten Urteils die Teilung in der Art, wie sie der Kläger zu beanspruchen hat, durchführbar ist. Die widerstrebenden Teilhaber müssen deshalb dazu verurteilt werden, diejenigen Erklärungen abzugeben und diejenigen Handlungen vorzunehmen oder zu dulden, deren Abgabe, Vornahme oder Duldung der Kläger gem Abs 1 iVm §§ 752 ff von ihnen verlangen kann. So wird beispielsweise, wenn die Gemeinschaft an einer *beweglichen Sache* geteilt werden soll, die Klage dahin lauten, den anderen Teilhaber zu verurteilen, (1) die Veräußerung der (näher bezeichneten) Sache nach den Vorschriften über den Pfandverkauf zu dulden (vgl auch MünchKomm/ K Schmidt Rn 38); (2) zu diesem Zweck die Sache an den zum Verkauf ermächtigten Gerichtsvollzieher herauszugeben; (3) darin einzuwilligen, dass von dem nach Abzug der Veräußerungskosten erzielten Reinerlös ein Anteil von 1/2 an den Kläger ausbezahlt wird. Bei *Grundstücken*, bei denen zur Durchführung der Zwangsversteigerung weder ein Titel noch Besitz erforderlich sind (vgl § 181 ZVG), kann der Kläger sich darauf beschränken, den widerstrebenden Teilhaber auf Einwilligung in die Teilung des Erlöses zu verklagen. Einzelheiten vgl bei den Erl zu §§ 752, 753.

14 Zweifelhaft ist, ob angesichts der Bestimmung des § 181 ZVG bei **Grundstücken** eine **Klage aus dem Aufhebungsanspruch** überhaupt **zulässig** ist. Das LG Münster (FamRZ 1960, 117, 118) meint, für eine solche Klage fehle das Rechtsschutzbedürfnis, weil die Versteigerung auch ohne Titel zulässig sei. Das mag im Allgemeinen zutreffen; allerdings nicht, wenn der Aufhebungsanspruch zwischen den Parteien streitig ist (MünchKomm/K Schmidt Rn 38). In einem solchen Fall hat der Teilhaber ein vernünftiges Interesse daran, der zu erwartenden Vollstreckungsgegenklage des anderen Teilhabers zuvorzukommen. Es ist nicht anders als im Fall, in dem der Gläubiger einen vollstreckbaren Titel gem § 794 ZPO innehat und die zugrundeliegende Forderung bestritten ist (vgl dazu Stein/Jonas/Münzberg § 794 Rn 102). Die Rechtsprechung hat in streitigen Fällen solche Klagen stets zugelassen (RGZ 108, 422: Streit um die Aktivlegitimation des Miterben eines Miteigentumsanteils; BGH WM 1962, 464: Streit um das Vorliegen eines wichtigen Grundes iSv Abs 2). Die Klage ist dann auf „Duldung der Zwangsversteigerung" zu richten (vgl auch MünchKomm/K Schmidt Rn 41). Die vom RG und vom BGH aaO zugelassenen Anträge („darin zu willigen, dass die Grundstücke zum Zwecke der Aufhebung der Gemeinschaft öffentlich meistbietend versteigert werden und dass dieser Antrag vom Kläger beim Nachlass- und Vollstreckungsgericht gestellt wird"; „der Aufhebung der Gemeinschaft hinsichtlich des Hausgrundstücks zuzustimmen") sind sachlich gleichbedeutend, aber in der Form missverständlich, weil sie den Eindruck erwecken könnten, es werde nur auf Abgabe einer Willenserklärung geklagt und die Vollstreckung erfolge nach § 894 ZPO. Der beklagte Teilhaber ist aber nicht zur „Einwilligung" in die Zwangsversteigerung verpflichtet – was immer das heißen mag –, sondern zur „Duldung" der Zwangsvollstreckung.

15 Der Kläger braucht **nicht alle Rechte** einzuklagen, die ihm zustehen, insbes nicht die unstreitigen. Ist – wie in den Fällen RGZ 108, 422 und BGH WM 1962, 464 – nicht die Anteilshöhe streitig, sondern nur die Befugnis des Klägers, Aufhebung zu verlangen, so wird der Kläger vernünftigerweise seinen Antrag auf die Durchführung der Versteigerung beschränken; seinen Anspruch auf Teilung des Erlöses braucht er nicht außerdem einzuklagen. Die Klage aus dem Aufhebungsanspruch setzt also nicht voraus, dass der Kläger einen „Teilungsplan" vorlegt. Wenn allerdings der Teilhaber auf Teilung in Natur oder auf Teilung des Erlöses klagt, muss er in seinem Antrag angeben, wie geteilt werden soll; das ergibt sich aus dem Bestimmtheitserfordernis des § 253 Abs 2 Nr 2 ZPO.

4. Die abweichende Ansicht der herrschenden Lehre über Rechtsnatur und Inhalt des Aufhebungsanspruchs

a) Die herrschende Lehre

Die in der Literatur (noch) hM bestimmt den Inhalt des Aufhebungsanspruchs **16** anders. Sie unterscheidet drei Stufen der Gemeinschaftsbeendigung (zumindest im Grundsätzlichen übereinstimmend STAUDINGER/VOGEL[10/11] Rn 1 e; SOERGEL/HADDING Rn 5; BGB-RGRK/vGAMM Rn 4; PLANCK/LOBE Anm 1c; abweichend ESSER § 97 II 4; ESSER/SCHMIDT § 38 IV 2 c, dazu Rn 23; wie hier MünchKomm/K SCHMIDT Rn 19 – diese Auffassung scheint sich langsam durchzusetzen: vgl PALANDT/SPRAU Vorbem Rn 1 zu §§ 749–758; ERMAN/ADERHOLD Rn 2; LARENZ § 61 III; OLG Hamm NJW-RR 1992, 665; OLG Rostock NZG 2000, 368; offen BGHZ 90, 214). Zunächst, auf der *ersten Stufe*, soll der Teilhaber nach Abs 1 nur *Aufhebung der Gemeinschaft schlechthin* verlangen können. Der Anspruch soll sich auf Abschluss eines „Aufhebungsvertrages" richten; die fehlende Mitwirkung eines Teilhabers werde nach § 894 ZPO durch Rechtskraft des Urteils ersetzt. Der Aufhebungsvertrag habe die Folge, dass die Aufhebung „vollzogen" sei (STAUDINGER/VOGEL[10/11] aaO). Er begründe den Anspruch auf Abschluss eines den §§ 752 ff entsprechenden „Teilungsvertrages"; auch insoweit werde die fehlende Zustimmung nach § 894 ZPO durch Urteil ersetzt. Durch den *Teilungsvertrag (zweite Stufe)* werde die Art und Weise der Teilung festgelegt. Der Teilungsvertrag verpflichte den Teilhaber, die *zu seiner Ausführung erforderlichen Handlungen* vorzunehmen *(dritte Stufe)*.

Nach einer vor allem die Vollstreckungspraxis beherrschenden Auffassung kommen **17** in den Fällen, in denen nicht nach § 752, sondern nach § 753 oder § 754 geteilt wird, *zwei weitere Stufen* hinzu. Der Teilhaber habe zunächst einen Anspruch auf „*Teilung des Erlöses*", der sich offenbar wieder auf Abschluss eines entsprechenden Vertrags richten soll *(vierte Stufe)* und schließlich einen Anspruch auf „*Auszahlung des Erlösanteils" (fünfte Stufe)*. So erklärt sich die in der Praxis neben der Anteilspfändung übliche Pfändung des „Anspruchs auf Aufhebung der Gemeinschaft" (was offenbar die von der hM angenommenen ersten drei Ansprüche auf Aufhebungsvertrag, Teilungsvertrag und Durchführung der Teilung erfassen soll), auf „Teilung des Erlöses" und auf „Auszahlung des Erlösanteils" (vgl zB STÖBER, Forderungspfändung Rn 1542 sowie OLG Köln OLGZ 1969, 338).

Allerdings verlangt auch die hM nicht – wie es an sich folgerichtig wäre –, dass ein **18** Teilhaber, der die Auflösung der Gemeinschaft im Prozessweg durchsetzen will, den widerstrebenden Teilhaber zunächst auf Abschluss eines Aufhebungsvertrages verklagt, dann, nach Rechtskraft (!) des Urteils (§ 894 ZPO), auf Abschluss eines Teilungsvertrages, um nach Rechtskraft des zweiten Urteils schließlich auf die Durchführung der Teilung zu klagen, also auf das, was er eigentlich erstrebt. Man lässt es vielmehr aus Zweckmäßigkeitsgründen zu, dass die Klagen auf Abschluss des Aufhebungsvertrages, Abschluss des Teilungsvertrages und Durchführung der Teilung verbunden werden, aber auch, dass unter Überspringen der ersten Stufe direkt auf Abschluss des Teilungsvertrages oder unter Überspringen der ersten und der zweiten Stufe direkt auf Durchführung der Teilung geklagt wird (SOERGEL/HADDING Rn 5; BGB-RGRK/vGAMM Rn 4; PLANCK/LOBE Anm 1c). Auch aus der Rechtsprechung sind keine Fälle bekannt, in denen die Klage auf Durchführung der Teilung daran gescheitert wäre, dass der Kläger nicht zunächst oder mindestens gleichzeitig zum Abschluss eines Aufhebungs- oder Teilungsvertrages verurteilt worden war (Gegenbeispiel: RGZ 109, 167, 168). Praktisch hat die hM also nur die Auswirkung, dass es dem Kläger unbenommen ist, nur auf Einwilligung in die Aufhebung der Gemeinschaft oder Einwilligung in die Teilung nach einem bestimmten Teilungsverfahren (zB Naturalteilung) zu klagen, ohne anzugeben, durch welche Handlungen des Beklagten die Teilung durchgeführt werden soll.

b) Kritische Stellungnahme

19 Die hM ist mit dem Gesetz und den Absichten seiner Verfasser unvereinbar, unpraktisch und durch kein vernünftiges Interesse der Teilhaber gerechtfertigt. Welche Gründe die hM zu ihren Konstruktionen veranlasst haben, ist nicht ersichtlich. Zu verstehen, aber nicht zu rechtfertigen ist die Annahme eines dem eigentlichen Teilungsanspruch vorgeschalteten „Aufhebungsanspruchs" allenfalls als historische Reminiszenz an die alte, vom BGB nicht übernommene „actio communi dividundo".

20 Abs 1 gewährt dem Teilhaber **keinen Anspruch auf Zustimmung zur Aufhebung oder auf Abschluss eines Aufhebungsvertrags**, sondern direkt auf Aufhebung. Es ist geradezu die Grundlage der gesetzlichen Regelung, dass die Aufhebung, ohne dass weitere rechtsgeschäftliche oder richterliche Gestaltungsakte nötig wären, in einem von vornherein festliegenden, eindeutig bestimmten Verfahren durchgeführt wird (oben Rn 4). Dass das Gesetz in Abs 1 von „Aufhebung" und nicht von „Teilung" spricht, hat nur sprachliche Gründe; sachlich sind beide Ausdrücke gleichbedeutend (oben Rn 6).

21 Das Erfordernis eines besonderen Aufhebungsvertrags hat überdies **keinen praktischen Sinn**. Treffen Teilhaber eine Vereinbarung, die nichts weiter besagt, als dass „die Gemeinschaft aufgehoben wird" oder dass die Teilhaber „in die Aufhebung einwilligen", so ist diese Vereinbarung, wenn jeder Teilhaber ohnehin einen Anspruch auf Aufhebung hat, nichtssagend. Es ist auch nicht ersichtlich, welches Rechtsschutzinteresse eine Klage auf „Einwilligung in die Aufhebung der Gemeinschaft" eigentlich verfolgen soll. Es gibt nur zwei Möglichkeiten. Entweder, der Kläger will die Voraussetzungen eines Pfandverkaufs oder einer Zwangsversteigerung schaffen. Dann ist die Klage korrekterweise auf „Duldung" der Versteigerung nach den Vorschriften über den Pfandverkauf oder auf „Duldung der Zwangsversteigerung" zu richten (oben Rn 13 f). Oder der Kläger will einfach, ohne sich festzulegen, wie die Gemeinschaft aufgehoben werden soll, feststellen lassen, dass er berechtigt ist, Aufhebung nach den gesetzlichen Vorschriften zu verlangen. Dann ist die Klage auf „Einwilligung" eine verkappte Feststellungsklage und der Antrag ist dementsprechend zu verdeutlichen. Allerdings stößt die Zulassung einer Feststellungsklage auf Bedenken, weil regelmäßig nicht auf Feststellung (des Aufhebungsrechts) geklagt werden kann, wo Leistungsklage (auf Durchführung der Aufhebung) möglich ist.

22 Ohne praktischen Sinn ist aber auch das Erfordernis eines besonderen **„Teilungsvertrages"**. Nach dem Gesetz ist die Frage, in welchem Verfahren die Aufhebung durchzuführen ist, von wenigen Ausnahmefällen abgesehen, eindeutig entschieden; das Gesetz stellt nicht etwa mehrere Verfahren zur Verfügung, zwischen denen die Teilhaber zu wählen hätten. Ein Teilungsvertrag hat nur Sinn, wenn die Teilhaber von den gesetzlichen Teilungsvorschriften abweichen wollen. Hierzu sind sie aber nicht verpflichtet. Auch prozessual ist für eine besondere, der eigentlichen Teilung

vorgeschaltete „Teilungsklage" kein Bedürfnis ersichtlich. Es hilft nichts, den widerstrebenden Teilhaber zB zu verurteilen, „darin einzuwilligen, die gemeinschaftliche Sache in Natur zu teilen". Ein solches Urteil bestätigt nur, was kraft Gesetzes ohnedies gilt, während für die Vollstreckung ein weiterer Prozess erforderlich ist. Schon die Motive (II 884) weisen darauf hin, dass, wenn Naturalteilung verlangt wird, der Klagantrag „auf eine bestimmte Art der Ausführung" gerichtet sein muss.

23 Nicht zu folgen ist schließlich ESSER (II § 97 II 4), der den von der hM geforderten „Aufhebungsvertrag" durch eine einseitige, rechtsgestaltende „Aufhebungserklärung ersetzen will (ihm folgend ESSER/SCHMIDT § 38 IV 2c; JAUERNIG/STÜRNER §§ 749–758 Anm 1b; dagegen zutr MünchKomm/K SCHMIDT Rn 19). Die vermeintliche Gestaltungswirkung der Erklärung ist rechtlich nicht vorstellbar: nicht durch die Erklärung wird die Gemeinschaft aufgehoben, sondern durch die Durchführung der Teilung; wenn ein Teilhaber nur erklärt, er „hebe die Gemeinschaft auf", hat das überhaupt keine Rechtsfolge.

III. Abweichende Vereinbarungen über die Durchführung der Gemeinschaftsteilung

1. Zulässigkeit und gewöhnlicher Inhalt

24 Die Vorschriften über die Durchführung der Gemeinschaftsteilung (§§ 752 ff) sind dispositives Recht. Die Teilhaber können, von Anfang an oder ad hoc, eine andere Art der Aufhebung vereinbaren (von MünchKomm/K SCHMIDT Rn 29 wird das als „Teilungsvereinbarung" bezeichnet). In Betracht kommen insbes: die Vereinbarung *freihändigen Verkaufs* an Stelle der gesetzlich vorgesehenen Veräußerung durch Pfandverkauf oder Zwangsversteigerung; die *Realteilung* von Gegenständen, die an sich iS des § 752 nicht „teilbar" sind, ggf mit Verpflichtung zum Ausgleich von Wertunterschieden durch Barzahlung; die *Übertragung* des gemeinschaftlichen Gegenstands *an einen der bisherigen Teilhaber mit oder ohne Abfindung* der übrigen Teilhaber; die „Umwandlung" der Bruchteilsgemeinschaft in eine Gesellschaft, dh die *Einbringung* der bisherigen Anteile *in eine zwischen den Teilhabern gegründete* (oder bereits bestehende) *bürgerlich-rechtliche oder Personenhandelsgesellschaft*. Besteht die Gemeinschaft an mehreren Gegenständen, kann *Teilaufhebung* vereinbart werden (RGZ 91, 416, 418). Eine Teilaufhebung kann auch in der Weise stattfinden, dass *einzelne Teilhaber* mit oder ohne Abfindung *aus der Gemeinschaft ausscheiden* und die Gemeinschaft unter den übrigen bei entsprechender Anteilsübernahme fortgesetzt wird.

2. Rechtsnatur

25 Die Vereinbarung der Teilhaber über die vom Gesetz abweichende Durchführung der Gemeinschaftsteilung stellt einen **schuldrechtlichen Vertrag** dar (ein Mehrheitsbeschluss reicht nicht aus). Die Verpflichtung der Teilhaber geht dahin, die Aufhebung in der vereinbarten Weise durchzuführen. *Rechtsgrund der Verpflichtung* ist die Erfüllung des Aufhebungsanspruchs nach Abs 1 (causa solvendi), etwa vergleichbar dem Fall, in dem ein Schuldner sich verpflichtet, eine andere als die geschuldete Leistung erfüllungshalber oder an Erfüllungs statt zu erbringen. Regelmäßig übernehmen die Teilhaber im Aufhebungsvertrag *wechselseitige Verpflichtungen*. Im Fall der *Nichterfüllung* durch einen Teilhaber können die anderen Teilhaber nach § 326 aF bzw jetzt nach 323 ff nF vorgehen, mit der Folge, dass die Vereinbarung aufgehoben wird und die gesetzlichen Teilungsregeln wieder Platz greifen (das gilt nicht, wenn die Vereinbarung im Rahmen eines Gesellschaftsvertrags getroffen und die Gesellschaft in Vollzug gesetzt ist, weil dann die allgemeinen Regeln hinter die gesellschaftlichen Auflösungs- und Abweichungsregeln zurücktreten müssen, vgl BGB-RGRK/vGAMM § 705 Rn 9; SOERGEL/HADDING § 705 Rn 44 f; STAUDINGER/KESSLER[12] § 705 Rn 26). Hinsichtlich der *Gewährleistung* bzw Mängelhaftung gilt § 757, wenn Aufteilung zwischen den Teilhabern oder Zuteilung an einen Teilhaber vereinbart wird.

26 Der Aufhebungsvertrag kann uU Elemente eines Vergleichs- oder Schenkungsvertrags enthalten. Elemente eines **Vergleichsvertrags** enthält er, wenn er dazu dient, Streit oder Ungewissheit über die Rechtslage auszuräumen (§ 779), also zB wenn streitig ist, ob der Aufhebungsanspruch gem Abs 2 ausgeschlossen ist, oder wenn Ungewissheit über die Höhe der Anteile besteht; in diesem Fall kann der besondere Unwirksamkeitsgrund des § 779 eingreifen. Elemente der **Schenkung** enthält der Vertrag dann, wenn einem Teilhaber der gemeinschaftliche Gegenstand oder ein Teil davon ohne Ausgleichszahlung zugewendet wird. Dann gilt Schenkungsrecht (Formbedürftigkeit nach § 518; Widerruf wegen groben Undanks nach § 530). Die bloße Tatsache, dass ein Teilhaber bei der vereinbarten Verteilung bevorzugt wird, macht den Vertrag aber noch nicht zum Schenkungsvertrag.

27 Als schuldrechtlicher Vertrag **wirkt** die Aufhebungsvereinbarung nur **zwischen den Parteien**, die sie abgeschlossen haben. Veräußert einer der Beteiligten seinen Anteil später an einen Dritten, so ist dieser nicht unmittelbar gebunden. § 751, der dem Ausschluss des Aufhebungsanspruchs Wirkung gegen Sondernachfolger zuspricht, ist auf einen Vertrag, der die Durchführung der Aufhebung regelt, weder direkt noch sinngemäß anwendbar (vgl § 751 Rn 15); eine Eintragung im Grundbuch gem § 1010 Abs 1 ist nicht möglich (vgl MünchKomm/K SCHMIDT Rn 34; SOERGEL/HADDING § 752 Rn 3; ERMAN/ADERHOLD Rn 10; PLANCK/LOBE § 752 Anm 2 – ggf kommt allerdings Vormerkung des jeweiligen konkreten schuldrechtlichen Anspruchs in Betracht, § 883). Ebensowenig wirkt der Aufhebungsvertrag gegenüber einem Pfändungspfandgläubiger oder dem Insolvenzverwalter. Zugunsten des Insolvenzverwalters kommt aber regelmäßig § 103 InsO zur Anwendung. Der Teilhaber, der wegen Anteilsveräußerung oder Anteilspfändung den Aufhebungsvertrag nicht erfüllen kann, macht sich schadensersatzpflichtig nach §§ 281 ff nF; im Insolvenzverfahren gilt § 103 Abs 2 InsO. Der Veräußerer muss also den Erwerber verpflichten, die Vereinbarung auch seinerseits einzuhalten, am besten durch Vertrag gem § 328.

3. Form

28 Der Aufhebungsvertrag als solcher ist formfrei. Er kann selbstverständlich auch konkludent erfolgen (zweifelhaft allerdings OLG Hamm OLG-Rep 1994, 252: eigenmächtige Aufhebung einer Entwässerungsgemeinschaft). Enthält der Vertrag formbedürftige Verpflichtungen, so unterliegt er allerdings den hierfür geltenden Formerfordernissen. Das gilt vor allem, wenn **Grundstücke** im Weg der Realteilung aufgeteilt werden sollen: hier verpflichten sich die Teilhaber einerseits zur Veräußerung des Grundstücks (oder ihres Miteigentumsanteils), andererseits zum Erwerb des Grundstücks, mit der Folge, dass der *gesamte Aufhebungsvertrag* dem Beurkundungserfordernis unterliegt (OGH NJW 1949, 64; BGH WM 1973, 82; OLG Rostock NZG 2000, 368 – auch zur Heilung gem § 313 S 2 aF, jetzt § 311b Abs 1 S 2 nF einer im Rahmen des Ankaufs getroffenen formunwirksamen **Realteilung**sabrede, insoweit mE zweifelhaft). Keiner Beurkundung bedarf dagegen der Vertrag, durch den die Teilhaber übereinkommen, das Grundstück, statt es wie gesetzlich vorgesehen zu versteigern oder in Natur zu teilen, gemeinschaftlich zu verkaufen. Diese Vereinbarung hat allerdings zunächst nur die negative Folge, dass kein Teilhaber Versteigerung verlangen kann; die Mitwirkung an einem bestimmten Veräußerungsgeschäft kann aufgrund einer solchen Vereinbarung nicht erzwungen werden, und die Begründung einer dahingehenden Verpflichtung bedürfte der Beurkundung (ebenso die Erteilung einer unwiderruflichen Vollmacht, vgl STAUDINGER/SCHILKEN [1995] § 167 Rn 22). Ausnahmsweise (oben Rn 26) ist auch das Formerfordernis des § 518 zu beachten.

Eine **besondere Lage** besteht nach der Rechtsprechung, wenn ein Grundstück sich in gleichartige und gleichwertige Anteile zerlegen lässt und deshalb ein Anspruch auf Teilung in Natur besteht. Vereinbaren hier die Parteien nur, die Naturalteilung vorzunehmen, so soll dies nicht der Beurkundung bedürfen, weil die Vereinbarung nicht mehr enthalte, als sich aus dem Gesetz ergebe (OGH NJW 1949, 64; BGH WM 1973, 82; mE zutr, **aA** MünchKomm/K SCHMIDT Rn 33). Sowie die Parteien darüber hinausgehen (zB durch Zuteilung bestimmter Teilgrundstücke statt der gesetzlich vorgesehenen Losverteilung), greift aber § 311b Abs 1 nF wieder ein (OGH aaO). Außerdem bedarf bei der Naturalteilung immer noch die Auflassung der Form des § 925. Bei der Teilung sonstiger Grundstücksrechte sind §§ 873 ff, 29 GBO zu berücksichtigen. 29

4. Vormundschaftsgerichtliche Genehmigung

Bei Aufhebungsverträgen, die eine Verpflichtung zur Übertragung des Eigentums oder Miteigentums an Grundstücken enthalten, ist vormundschaftsgerichtliche Genehmigung erforderlich, wenn ein Minderjähriger beteiligt ist (§§ 1821 Abs 1, 1643 Abs 1). Das gilt nicht, wenn die Parteien nur vereinbaren, das Grundstück, statt der gesetzlich vorgesehenen Naturalteilung oder Versteigerung, freihändig zu veräußern (**aA** BayObLG OLGE 1, 309). Allerdings bedarf in diesem Fall die Veräußerung als solche stets der Genehmigung. 30

5. Fehlerhafte Aufhebungsverträge

Für Fehler im Aufhebungsvertrag, etwa Willensmängel, gelten die allgemeinen Vorschriften. Ist ein Teilhaber versehentlich unberücksichtigt geblieben, ist er selbstverständlich nicht gebunden. Ob die übrigen Teilhaber gebunden bleiben, ist Auslegungsfrage; hier ist ähnlich zu entscheiden wie im Fall der Teilnichtigkeit (§ 139). Haben die übrigen Teilhaber zur Ausführung des Vertrags bereits Verfügungen getroffen, so sind diese Verfügungen unwirksam (§ 747). Allerdings kann das Anteilsrecht des Nichtbeteiligten durch gutgläubigen Erwerb untergegangen sein (Mot II 881); dann bleiben ihm gegen die übrigen Teilhaber nur Schadensersatz- und Bereicherungsansprüche (§ 816 Abs 1; vgl dazu BGB-RGRK/vGAMM Rn 3). Ist irrtümlich einer von mehreren gemeinschaftlichen Gegenständen ungeteilt geblieben, so wird dieser nachträglich und für sich geteilt; der Aufhebungsvertrag kann deshalb nicht angefochten werden (Mot II 881; RG SoergRspr 1911, 259). 31

6. Durchführung des Vertrags

32 Die Erfüllung der im Aufhebungsvertrag übernommenen Pflichten folgt den allgemeinen Regeln (§§ 873, 925 bei Grundstücken, §§ 929 ff bei beweglichen Sachen). Realteilung wird so vollzogen, dass nach Parzellierung alle übrigen Teilhaber ihre Miteigentumsanteile an der Parzelle gem § 747 S 1 auf den Teilhaber übertragen, dem die Parzelle vertraglich zusteht. Zur Möglichkeit eines gutgläubigen Erwerbs vgl § 747 Rn 63. In der Regel werden die dinglichen Vollzugserklärungen in den Aufhebungsvertrag mit aufgenommen.

7. Kein Vermittlungsverfahren nach §§ 86 ff FGG

33 Das besondere Vermittlungsverfahren nach §§ 86 ff FGG gilt nur für die Erbauseinandersetzung (dazu BENGEL/REIMANN, Beck'sches Notarhandbuch 766 f mwNw). Hiernach kann das Nachlassgericht auf Antrag eines Beteiligten den Auseinandersetzungsvertrag vermitteln (allerdings nicht oktroyieren). Dabei kann unter bestimmten Voraussetzungen das Einverständnis eines geladenen, nicht erschienenen Beteiligten durch den Bestätigungsbeschluss des Gerichts ersetzt werden. Die Regelung ist auf die Aufhebung einer Gemeinschaft nicht (auch nicht analog) anzuwenden.

IV. Anspruch auf vom Gesetz abweichende Art der Aufhebung

1. Allgemeines

34 Nach dem Gesetz hat **kein Teilhaber einen Anspruch darauf, dass die übrigen Teilhaber mit ihm einen Aufhebungsvertrag abschließen** und dabei von den Aufhebungsregeln der §§ 752 ff abweichen. Fraglich ist, ob in Ausnahmefällen aufgrund von § 242 etwas Abweichendes gilt. Im Wesentlichen handelt es sich darum, ob ein Teilhaber entgegen §§ 752, 753 Realteilung auch dann verlangen kann, wenn der gemeinschaftliche Gegenstand sich nicht in gleichartige, den Anteilen der Teilhaber entsprechende Anteile zerlegen lässt, und ob er darüber hinaus sogar verlangen kann, dass ihm der gemeinschaftliche Gegenstand gegen Zahlung eines angemessenen Entgelts im Ganzen überlassen wird oder sonst die Aufhebung dauernd oder vorübergehend aus-geschlossen ist (§ 242 BGB). Die Frage stellt sich vor allem dann, wenn ein Grundstück von einem Miteigentümer genutzt wird und der Verlust ihn besonders hart treffen würde.

35 Der **Gesetzgeber** hat sich aus grundsätzlichen Erwägungen **gegen eine Realteilung** von Gegenständen entschieden, die sich nur in ungleichartige Teile zerlegen lassen, und ebenso **gegen eine Befugnis des Richters**, bei der Aufhebung einem einzelnen Teilhaber aus Billigkeitsgründen den gemeinschaftlichen Gegenstand zuzuweisen (vgl oben Rn 4). Das kann im Einzelfall zu Härten führen, die der Gesetzgeber in Kauf genommen hat, die die Rechtsprechung aber neuerdings nicht immer hinnimmt. Grundlegend ist BGHZ 58, 146: Hiernach kann ein Teilhaber „unter besonderen Umständen" nach Treu und Glauben verpflichtet sein, auf die Zwangsversteigerung gemeinschaftlichen Grundbesitzes zu verzichten und sich mit einem auch seinen Interessen gerecht werdenden und zumutbaren Realteilungsvorschlag des anderen Teilhabers abzufinden (die zum Entscheidungszeitpunkt 1972 69-jährige Klägerin und die Beklagte, ihre Schwester, hatten 1935 mehrere Grundstücke aus dem Nachlass ihres Vaters zu Miteigentum erworben, darunter eines, auf dem sie gemeinsam eine Pension betrieben; seit der Heirat der Beklagten 1943 betrieb die Klägerin die Pension allein). Der II. Senat hielt, unter Vorbehalt näherer tatrichterlicher Nachprüfung, die von der Beklagten betriebene Zwangsversteigerung nach § 242 für unzulässig, vorausgesetzt, die von der Klägerin angebotene Realteilung erwies sich als angemessener Interessenausgleich. Vgl im Übrigen aus der neueren Rspr OLG Karlsruhe NZG 1999, 249 (Aufhebungsausschluss bei überlagernder Verwaltungs-GbR, iE zutr verneint); HansOLG Hamburg NZG 1999, 1211 (keine Aufhebungsbeschränkung aus Art 2, 14 GG); iE zutr, aber problematischer Leitsatz: OLG Celle NJW-RR 2000, 227 (Heizhausgemeinschaft); OLG Oldenburg FamRZ 1996, 1437 (kein Anspruch auf gerichtliche Realteilung von Nachlassgrundstücken); OLG Köln Rpfleger 1998, 168 (keine Teilungsversteigerung, wenn Aufhebung schlechthin unzumutbar); OLG Frankfurt aM FamRZ 1998, 641 (Querschnittslähmung der früheren Ehegattin). Zur Zuweisung einer gemeinschaftlichen Grabstelle vgl OLG Oldenburg NJW-RR 1996, 136; allg zum Rücksichtnahmegebot Vorbem Rn 23.

Es besteht kein Zweifel, dass der Gesetzgeber solche Billigkeitsentscheidungen **36** durch den Richter gerade vermeiden *wollte* (oben Rn 4). Nach der Auffassung des Gesetzgebers wäre es Sache der Klägerin gewesen, bei Aufnahme des Pensionsbetriebs mit der Beklagten einen Gesellschaftsvertrag zu schließen, durch den sie sich für den Fall des Ausscheidens der Beklagten die Möglichkeit sicherte, den Betrieb fortzuführen (vgl Prot II 751); im Übrigen wäre nach dem Konzept des Gesetzgebers die Klägerin auf den Weg zu verweisen, das Grundstück selbst zu ersteigern, wenn sie es nicht in fremde Hände übergehen lassen wollte; reichte der Erlös aus den anderen Grundstücken nicht aus, ihr die Ersteigerung zu ermöglichen, so zeigte das nur, dass die von ihr vorgeschlagene Realteilung ihr einen unangemessenen Vorteil brachte. Die Billigkeitsentscheidung des BGH ist angesichts der besonderen Umstände des Falls nicht unverständlich. Allerdings besteht die Gefahr, dass die Rechtsprechung sich hier mit einer durchaus entgegengesetzten Interessenbewertung des Gesetzgebers in Widerspruch setzt, die auf grundsätzlichen und rechtspolitisch unverändert gewichtigen Erwägungen beruht (dazu oben Rn 4). Billigkeitsentscheidungen wie BGHZ 58, 146 sollten deshalb, wenn unumgänglich, auf äußerste und schlechthin unerträgliche Ausnahmefälle beschränkt bleiben.

2. Ehegattengemeinschaften

a) Problemstellung

Besondere Probleme treten bei der Aufhebung von Ehegattengemeinschaften auf, **37** und zwar vorwiegend in Fällen, in denen Ehegatten während der Ehe Grundstücke zu hälftigem Miteigentum erworben haben. Drei Fragen sind zu unterscheiden. (1) Stehen familienrechtliche Gründe dem *Aufhebungsanspruch* entgegen? (Dazu unten Rn 64 ff und § 741 Rn 23 ff sowie § 745 Rn 60 ff.) (2) Bestehen aufgrund familienrechtlicher Bindungen Hinderungsgründe, die Aufhebung *im Weg der Zwangsversteigerung* durchzuführen? (Dazu unten Rn 38 ff.) (3) Ist bei der Teilung zu berücksichtigen, dass die Ehegatten, obwohl sachenrechtlich in gleicher Höhe berechtigt, zu den Kosten der Anschaffung, den Kosten der Bebauung oder den laufenden Kosten *unterschiedliche Beiträge* geleistet haben? (Dazu unten Rn 42 f.)

b) Die Bedeutung der HausratsVO

38 Grundsätzlich gelten auch für Ehegattengemeinschaften die §§ 749 ff. Bei Miteigentum an dem Grundstück, auf dem sich die Ehewohnung befindet, und bei Miteigentum an Haushaltsgegenständen kann allerdings während Bestehens der Ehe die Aufhebung ausgeschlossen sein, vgl dazu unten Rn 64 ff. Bei Beendigung der Ehe, insbes Ehescheidung, fällt aber auch insoweit das Aufhebungshindernis weg, vgl § 741 Rn 23 ff. Was *Haushaltsgegenstände* betrifft, haben im Fall der Scheidung die Regeln über die Hausratsverteilung nach der HausratsVO den Vorrang vor den Regeln über die Gemeinschaftsteilung. Die auf dem gemeinschaftlichen Grundstück befindliche *Ehewohnung* kann gem §§ 1 Abs 1, 2 der HausratsVO einem der Ehegatten zugewiesen werden, soweit dies billigem Ermessen entspricht; „unbillige Härte" (wie bei Alleineigentum des anderen Ehegatten, HausratsVO) ist nicht Voraussetzung der Zuweisung (Palandt/Brudermüller § 3 HausratsVO Rn 3; Münch-Komm/Müller-Gindullis § 3 HausratsVO Rn 8; vgl ferner OLG Celle NJW-RR 1992, 1222). Der Richter kann gem § 5 HausratsVO ein Mietverhältnis begründen (Müller-Gindullis aaO). Ein solches Mietverhältnis wird durch eine Teilungsversteigerung des Grundstücks nicht berührt, § 571 (denn das besondere Kündigungsrecht des Erstehers in der Zwangsversteigerung, § 57a ZVG, greift im Fall der Teilungsversteigerung nicht Platz, § 183 ZVG). Dagegen gibt die HausratsVO dem Richter nicht die Befugnis, das Miteigentum des einen Ehegatten auf den anderen zu übertragen (Müller-Gindullis aaO; BGHZ 68, 299, 304).

c) Zuweisung im Rahmen des Zugewinnausgleichs

39 Hat ein Ehegatte Zugewinnausgleich zu beanspruchen, so kann das Familiengericht ihm auf Antrag unter Anrechnung auf die Ausgleichsforderung einen Anspruch auf Übertragung des Miteigentumsanteils zusprechen, wenn dies erforderlich ist, um eine „grobe Unbilligkeit" für den ausgleichsberechtigten Ehegatten zu vermeiden, und wenn dies dem anderen Ehegatten „zugemutet" werden kann, § 1383. Diese Voraussetzungen werden nicht allzuoft gegeben sein, vor allem, weil der begünstigte Ehegatte eine Ausgleichsforderung haben muss, die höher ist als der halbe Wert des im Miteigentum stehenden Grundstücks (Staudinger/Thiele [2000] § 1383 Rn 26 mwNw). Immerhin ermöglicht die Vorschrift in einer Reihe von Fällen angemessene Lösungen, etwa wenn der Ehemann nichts und die Ehefrau gut verdient hat und der Ehemann Kinder zu versorgen hat. „Zumutbarkeit" dürfte bei Miteigentum idR vorliegen, da die Miteigentumsgemeinschaft in einem solchen Fall ohnehin vor der Aufhebung steht.

d) Zuweisung nach Treu und Glauben?

40 Der BGH (IV. Senat) hat darüber hinaus unter Berufung auf BGHZ 58, 146 (vgl oben Rn 35 f) angenommen, die Aufhebung der Miteigentumsgemeinschaft zwischen Ehegatten bei Scheidung der Ehe sei nach Treu und Glauben ausgeschlossen und der eine Ehegatte sei nach Treu und Glauben gegen angemessenen Ausgleich zur Übertragung seines Anteils an den anderen Ehegatten verpflichtet, wenn die Zwangsversteigerung des Grundstücks für den anderen Ehegatten „schlechthin unzumutbar" sei. Ob „Unzumutbarkeit" vorliege, sei Tatfrage; allerdings müsse die von der gesetzlichen Regelung abweichende Lösung nach § 242 „auf Ausnahmefälle" beschränkt bleiben. Der erforderliche Ausgleich könne dadurch geleistet werden, dass der vom Richter zu schätzende Gesamtwert des Grundstücks beim Zugewinnausgleich dem Endvermögen des übernehmenden Ehegatten zugerechnet werde; auf diese Weise nehme der weichende Ehegatte gem § 1378 Abs 2 an der Hälfte des Grundstückswerts teil (BGHZ 68, 299: Eheschließung 1960; 1963 Erwerb eines Baugrundstücks mit Mitteln des Mannes zu hälftigem Miteigentum der Eheleute; Errichtung eines Hauses mit zwei Wohnungen mit finanziellen Mitteln und mit Arbeitsleistungen des Mannes; Bestimmung des Hauses zu Wohnzwecken und zu Zwecken der gemeinsamen Alterssicherung; Trennung der Ehegatten 1966; Auszug der Ehefrau aus dem Haus 1969; im selben Jahr Scheidung aus beiderseitigem Verschulden und Wiederverheiratung der Frau; Entscheidung: Unzulässigkeit der von der Frau betriebenen Zwangsversteigerung und Verurteilung der Frau, ihren Miteigentumsanteil gegen einen vom Berufungsgericht noch festzusetzenden Ausgleichsbetrag auf den Mann zu übertragen).

Die Entscheidung zeigt, dass die Rechtsprechung mit BGHZ 58, 146 einen problematischen Weg eingeschlagen hat. Das Urteil BGHZ 68, 299 stützt die Zuweisung das Eigentums an den Teilhaber im Wesentlichen auf seine materiellen Interessen am Grundstück (Aufwendungen für die Anschaffung und Bebauung; Bestimmung des Grundstücks zur Alterssicherung – übrigens auch der Ehefrau!). Diese Überlegungen sind verfehlt. Stehen einem Teilhaber aufgrund des Gemeinschaftsverhältnisses Ausgleichsansprüche gegen den anderen Teilhaber zu, so sind diese Ansprüche im Rahmen der Teilung nach § 756 zu berücksichtigen; sie berechtigen den Teilhaber nicht, die Erfüllung des Aufhebungsanspruchs zu verweigern (unten Rn 50), geschweige denn die Übertragung des Miteigentumsanteils an sich selbst zu fordern. Bestehen keine Ausgleichsansprüche wegen der vom Teilhaber gemachten Aufwendungen – und der BGH hat aaO solche Ansprüche verneint (dazu unten Rn 43) –, dann ist es erst recht verfehlt, dem Teilhaber entgegen den gesetzlichen Auseinandersetzungsregeln einen Anspruch auf Überlassung des Miteigentumsanteils einzuräumen. Das Urteil des BGH ist übrigens nicht nur mit den gesetzlichen Regeln über die Gemeinschaftsteilung im Grundsätzlichen unvereinbar, sondern auch mit den gesetzlichen Regeln über den Zugewinnausgleich. Hiernach kann nur der Gläubiger einer Ausgleichsforderung in Anrechnung auf die Forderung die Übertragung bestimmter Gegenstände aus dem Vermögen des anderen Teils verlangen, wenn dies erforderlich ist, um eine grobe Unbilligkeit zu verhindern (§ 1383). Nicht aber kann – wie es BGHZ 68, 299 für möglich hält – der Schuldner der Ausgleichsforderung verlangen, dass ihm Gegenstände des Gläubigers überlassen werden, mit der Folge, dass die Ausgleichsforderung des Gläubigers sich entsprechend erhöht. Der Gesetzgeber hat sowohl bei der Regelung der Gemeinschaft als auch bei der Regelung der Zugewinngemeinschaft aus wohlerwogenen Gründen davon abgesehen, dem Richter die Kompetenz zur Vermögensverteilung nach Billigkeit zuzusprechen. Diese Regelung darf nicht unter Berufung auf § 242 unterlaufen werden. Es ist deshalb zu wünschen, dass die Entscheidung BGHZ 68, 299 ein Ausnahmefall bleibt und dass die Rechtsprechung der Berufung auf § 242 bei der Gemeinschaftsteilung, gerade auch unter Ehegatten, keinen weiteren Raum gibt. **41**

e) **Ausgleich von Aufwendungen?**

Es bleibt die Frage, in welchem Umfang und in welcher Form bei der Auseinandersetzung der Ehegattengrundstücksgemeinschaft dem Umstand Rechnung getragen werden kann, dass ein Ehegatte für die Anschaffung, Bebauung und Unterhaltung des Grundstücks höhere Aufwendungen gemacht hat als der andere. Hier ist zu unterscheiden. Hat ein Ehegatte **Lasten und Kosten** (§ 748) des gemeinschaftlichen Grundstücks allein getragen, so steht ihm an sich nach § 748 ein Ausgleichs- **42** anspruch gegen den anderen Ehegatten zu. Vielfach wird es sich allerdings – nämlich dann, wenn es um Lasten und Kosten des von den Ehegatten gemeinsam bewohnten Hauses geht – um *Unterhaltsleistungen* handeln, die nach § 1360b auch dann nicht zurückverlangt werden können, wenn sie das nach dem Gesetz Geschuldete übersteigen (vgl § 748 Rn 12). Hat ein Ehegatte **Aufwendungen** gemacht, um das gemeinschaftliche Grundstück zu bebauen, so ist es Frage des Einzelfalls, ob der andere Ehegatte sich verpflichtet hat, die Baukosten nach Maßgabe seines Anteils zu erstatten. Im Regelfall werden für eine solche Annahme keine hinreichenden Anhaltspunkte vorliegen (**aA** BGH WM 1975, 196 – II. Senat –; dazu § 748 Rn 14, 16). Für **Anschaffungskosten** gilt Entsprechendes. Das bedeutet im Ergebnis, dass idR weder § 748 noch eine vertragliche Vereinbarung dem Ehegatten einen Anspruch auf Erstattung seiner Aufwendungen verleiht, die den Wert des Anteils des anderen Ehegatten erhöht haben. Eine Rückforderung aus dem Gesichtspunkt des Schenkungswiderrufs wegen groben Undanks (§ 530) wird nur in Ausnahmefällen in Betracht kommen. Denn idR wird es schon an einer § 516 entsprechenden Schenkungsvereinbarung zwischen den Ehegatten fehlen.

43 Zu erwägen bleibt noch, wegen der Aufwendungen einen Ausgleichsanspruch unter dem Gesichtspunkt des **„Wegfalls der Geschäftsgrundlage"** (vgl § 313 nF) oder der **ungerechtfertigten Bereicherung** geltend zu machen. Nach der grundlegenden Entscheidung BGHZ 65, 320 (bestätigt in BGHZ 68, 299, 302; dazu STAUDINGER/THIELE [2000] §§ 1363 Rn 14, 1380 Rn 3) ist ein solcher Ausgleichsanspruch jedenfalls dann *nicht* gegeben, wenn die *Zuwendung den Betrag nicht übersteigt, den der Empfänger dann als Zugewinn beanspruchen könnte, wenn die Zuwendung unterblieben wäre*. Praktisch bedeutet das, dass ein Ausgleichsanspruch nicht in Betracht kommt, wenn die Aufwendungen des Ehegatten *aus Zugewinn* finanziert sind. Hier ist durch die Aufwendungen, soweit sie in den halben Miteigentumsanteil des anderen Ehegatten geflossen sind, iE nur der **Zugewinnausgleich vorweggenommen**; dabei muss es bleiben. Hat ein Ehegatte die Aufwendungen *aus Anfangsvermögen* (einschließlich durch Schenkung oder Erbschaft während der Ehe erworbenem Vermögen, § 1374) finanziert, so entsteht hieraus ebenfalls ein **Zugewinn für den anderen Ehegatten**, der in den Ausgleich einzubeziehen ist (es handelt sich nicht um eine „Schenkung", die nach § 1374 Abs 2 nicht ausgleichspflichtig wäre, vgl Rn 42; insoweit kann für Aufwendungen aus Anfangsvermögen nichts anderes gelten als für Aufwendungen aus Zugewinn). Das wird praktisch dazu führen, dass der Ehegatte die aus Anfangsvermögen bestrittenen Aufwendungen jedenfalls dann in voller Höhe im Voraus wiederbekommt, wenn sie die Hälfte des jetzigen Werts des Grundstücks nicht übersteigen. Hiervon abgesehen, sollte mE dem Ehegatten, der gemeinschaftliches Vermögen aus „Anfangsvermögen" finanziert hat, in **analoger Anwendung des § 1478** ein unbeschränkter Anspruch auf Rückerstattung dieser Leistungen in allen Fällen zugesprochen werden. Denn die Interessenlage ist bei gemeinschaftlichem Grundstückserwerb dieselbe wie im Fall der „echten" Gütergemeinschaft (die Ehegattenbruchteilsgemeinschaft ist nach den Absichten der Ehegatten eine „kleine Gütergemeinschaft", vgl § 741 Rn 23 ff). Neben diesen güterrechtlichen Ansprüchen ist für Bereicherungsansprüche kein Raum. In die vom BGH aaO erörterte Lehre vom „Wegfall der Geschäftsgrundlage" ist der Fall ohnehin nicht einzuordnen.

3. Vom Gesetz abweichende Teilung in der Erbauseinandersetzung?

Rechtspolitische Kritik ist an den Aufhebungsregeln des Gesetzes insbes auch geübt **44** worden, soweit sie im Fall der Erbauseinandersetzung entsprechend anwendbar sind (vgl STAUDINGER/WERNER [2002] § 2042 Rn 21 mwNw; WÜST, Gemeinschaftsteilung 56 ff). Auch solche Forderungen an den Gesetzgeber dürfen nicht unter Berufung auf § 242 vorweggenommen werden, will man sich nicht mit der Grundsatzentscheidung des Gesetzes gegen ein Adjudikationsverfahren nach Billigkeitsgesichtspunkten in Widerspruch setzen (**aA** PALANDT/SPRAU § 753 Rn 8; vgl auch MünchKomm/K SCHMIDT § 753 Rn 7; als Beispiel wird das „Familienerbstück mit erheblichem ideellen, zB Erinnerungswert" angeführt – auch insoweit ist aber der Miterbe, der das Erbstück nicht in fremde Hände gelangen lassen will, vom Gesetz auf den Weg verwiesen, es zu ersteigern; und die Berufung auf § 242 hat nur den Sinn, ihm zu einem billigeren Preis zu verhelfen, als er ihn im Fall der gesetzlich vorgesehenen Versteigerung möglicherweise zahlen müsste). Dass allerdings *die Versteigerung des ehelichen Wohnhauses* nach dem Tod eines Ehegatten für den miterbenden überlebenden Ehegatten eine besondere persönliche Härte bedeuten kann, ist zuzugeben (dazu DÄUBLER ZRP 1975, 136, 140). Die Härte beruht allerdings in erster Linie auf der mangelnden testamentarischen Vorsorge des vorverstorbenen Ehegatten. Der Gesetzgeber könnte helfen, etwa durch Erweiterung des Voraus (§ 1932). Aber dass der Richter gem § 242 dem Ehegatten eine Art gesetzliches Vorausvermächtnis hinsichtlich der Ehewohnung verschafft, das ihm weder der Erblasser noch der Gesetzgeber zugedacht haben (so iE DÄUBLER aaO), dürfte die Grenzen zulässiger Rechtsfortbildung überschreiten.

V. Fälligkeit des Anspruchs

1. Der Grundsatz der jederzeitigen Fälligkeit

Die Aufhebung kann **jederzeit** verlangt werden. Eine Bestimmung, dass die Aufhe- **45** bung *nicht zur Unzeit* verlangt werden darf (wie sie § 723 Abs 2 bei der Gesellschaft vorsieht), ist bewusst nicht getroffen worden (Prot II 750 f; BGH BB 1975, 296, 297). In der zweiten Kommission war beantragt worden, die Aufhebung nicht zuzulassen, wenn sie „dem Gesamtinteresse der Teilhaber widerstreitet", oder jedenfalls einen „der Billigkeit entsprechenden Aufschub" zu gewähren, wenn von der sofortigen Aufhebung ein „unverhältnismäßiger Nachteil für die gemeinschaftlichen Interessen zu erwarten" ist (Prot II 750). Beides hat die Kommission verworfen. Man hielt es für ausreichend, dass die Teilhaber gegen rücksichtslose Ausübung des Aufhebungsrechts rechtsgeschäftliche Vorsorge treffen können, sei es durch Begründung einer Gesellschaft, sei es durch Abschluss einer Vereinbarung nach §§ 749 Abs 2, 751, durch die die Aufhebung, auch mit Wirkung gegen rechtsgeschäftliche Erwerber des Anteils, beschränkt oder ausgeschlossen werden kann (Prot II 751). Diese Entscheidung des Gesetzgebers ist verbindlich (**aA** ESSER § 97 II 4; ESSER/SCHMIDT § 38 IV 2.c). Im Konfliktfall hat also das Interesse des Teilhabers an sofortiger Verwertung vor dem Interesse der übrigen Teilhaber an der Erhaltung des gemeinschaftlichen Gegenstands den Vorrang.

Der BGH (BGHZ 63, 348, 352 f) weist darauf hin, dass in besonders schwerwiegenden **46** Fällen **§ 242** dem Aufhebungsanspruch entgegenstehen könne. Solche Fälle sind allerdings nicht leicht vorstellbar. Im Fall BGHZ 58, 146, 149, auf den der BGH aaO verweist, ging es nicht um den Ausschluss des Aufhebungsrechts, sondern nur darum, dass sich die beklagte Teilhaberin nach § 242 mit einer anderen Art der Aufhebung, als gesetzlich vorgesehen zufriedengeben musste. Im vorliegenden Zusammenhang geht es nur um den Zeitpunkt der Aufhebung. Dass sich aus dem Zeitpunkt der Aufhebung für den einen oder anderen der Teilhaber Nachteile ergeben können, vermag aber einen Einwand aus § 242 nicht zu begründen (Hans-OLG Hamburg MDR 1950, 420, 422; vgl auch BGHZ 63, 348: keine Unzumutbarkeit der Versteigerung eines Grundstücks wegen der „fortschreitenden Geldentwertung"). Glaubt ein Teilhaber, den Gegenstand später günstiger verwerten zu können, so mag er ihn selbst ersteigern. Ist er dazu nicht imstande, hat er kein Recht darauf, die übrigen Teilhaber gegen ihren Willen an seiner Spekulation zu beteiligen.

47 Familienrechtliche Besonderheiten gelten uU bei der Ehegattengemeinschaft; dazu unten Rn 64 ff.

2. Fälligkeit nach Geltendmachung

48 Die Aufhebung kann jederzeit „verlangt" werden. Wird sie verlangt, sind die übrigen Teilhaber verpflichtet, daran mitzuwirken. Der Aufhebungsanspruch gehört also zu den Ansprüchen, deren Fälligkeit davon abhängt, dass sie geltend gemacht werden (Schulbeispiel ist das jederzeitige Rückforderungsrecht des Hinterlegers beim Verwahrungsvertrag, § 695; vgl zu Ansprüchen dieser Art vTuhr I 257; Enneccerus/Nipperdey § 222 II 4). Langheineken (Anspruch und Einrede [1903] 101 ff; Der verhaltene Anspruch, in: FS vBrünneck [1912]) bezeichnet sie als „verhaltene" Ansprüche. Der Anspruch ist von vornherein gegeben, aber eben noch nicht fällig (vgl vTuhr aaO). Die Geltendmachung des Anspruchs führt nicht zu einer Umgestaltung des bisherigen Schuldverhältnisses zwischen den Teilhabern, sondern ist einfach Ausübung des dem Teilhaber schon ohnehin zustehenden Rechts (vTuhr aaO); sie ist keine Kündigung und setzt auch keine Kündigung voraus, und überhaupt handelt es sich nicht um Ausübung eines Gestaltungsrechts (RGZ 108, 422, 424 f; aA Esser § 97 II 4; Esser/Schmidt § 38 IV 2.c); dazu Rn 23).

49 Daraus folgt ua, dass dann, wenn **mehrere Miterben** einen Miteigentumsanteil geerbt haben, jeder Miterbe von den übrigen Teilhabern Aufhebung verlangen kann, § 2039. Die Geltendmachung des Aufhebungsanspruchs ist keine Verfügung über den Anteil, die nach § 2040 Abs 1 der Mitwirkung aller Miterben bedürfte (RG aaO; OLG Hamm Rpfleger 1964, 341; vgl auch RGZ 67, 396, 398). Entsprechendes muss nach § 432 gelten, wenn ein Miteigentumsanteil mehreren in Bruchteilsgemeinschaft zusteht – falls man eine solche „Untergemeinschaft" überhaupt als mögliche rechtliche Gestaltung ansieht (vgl dazu § 741 Rn 145 ff).

3. Zurückbehaltungsrecht des anderen Teilhabers?

50 Der Teilhaber, von dem Aufhebung verlangt wird, kann gegenüber dem Aufhebungsanspruch kein Zurückbehaltungsrecht (§ 273) wegen Ansprüchen geltend machen, die ihm aus dem Gemeinschaftsverhältnis gegen den die Aufhebung fordernden Teilhaber zustehen (BGH NJW-RR 1990, 134; BGHZ 63, 348 gegen RGZ 109, 167). Denn der Sinn des Zurückbehaltungsrechts besteht darin, dem Schuldner ein Druckmittel in die Hand zu geben, um die Erfüllung seiner eigenen Forderung zu erzwingen. Der Anspruch aus dem Gemeinschaftsverhältnis ist aber gem § 756 bei der Teilung aus dem Erlös vorweg zu befriedigen. Es wäre widersinnig, wenn der Teilhaber, um die Befriedigung seines Anspruchs zu erzwingen, die Teilung verhindern könnte, die gerade zur Befriedigung des Anspruchs führt. Anders kann es aber liegen, wenn sich die Teilhaber auf eine von der gesetzlichen Regelung abweichende Teilung geeinigt haben (BGH NJW-RR 1990, 134: Hinterlegung von Veräußerungserlösen auf einem Notaranderkonto).

VI. Kein Anspruch auf Teilaufhebung

Der Anspruch aus Abs 1 richtet sich auf **Aufhebung der ganzen Gemeinschaft**. Teilaufhebung kann nicht verlangt werden. Ist also der gemeinschaftliche Gegenstand zT in Natur teilbar, zT nicht (zB ein teilweise bebautes Grundstück), so kann der Teilhaber nicht verlangen, dass der Gegenstand, soweit in Natur teilbar, geteilt wird und der Rest unverteilt bleibt, RGZ 91, 416, 418; (Miteigentum im Verhältnis 1 : 3 an $5^{13}/_{23}$ Kuxen alten Rechts; der einzelne Kux ist unteilbar, der Kläger kann nicht verlangen, dass ihm ein Kux und dem Beklagten 3 Kuxe zugeteilt werden und die übrigen $1^{13}/_{23}$ Kuxe unverteilt bleiben). Besteht die Gemeinschaft an mehreren Gegenständen (dazu § 741 Rn 157 ff), so kann nicht Aufhebung hinsichtlich einzelner Gegenstände verlangt werden (nur für Früchte gilt nach § 743 eine Ausnahme). Allerdings ist in einem solchen Fall zu prüfen, ob es sich nicht um verschiedene, nur äußerlich zusammenhängende Gemeinschaften handelt; dann kann für jede einzelne Gemeinschaft gesondert Aufhebung verlangt werden. Abw MünchKomm/K SCHMIDT Rn 26 von dem Ausgangspunkt aus, dass die Gemeinschaft grundsätzlich nur am Einzelgegenstand besteht. 51

Im Hinblick auf die **Erbengemeinschaft** lässt die Rechtsprechung einen Anspruch auf Teilauseinandersetzung zu, wenn besondere Gründe sie rechtfertigen und Interessen der Miterben nicht entgegenstehen (BGH NJW 1963, 1610, 1611; STAUDINGER/WERNER [1996] § 2042 Rn 30 mwNw). Dieser Rechtsgedanke kann auf die Gemeinschaft übertragen werden. 52

Eine Aufhebung der Gemeinschaft in der Form, dass einzelne Teilhaber „ausgeschlossen" werden, ist nicht möglich (vgl MünchKomm/K SCHMIDT Rn 27), auch dann nicht, wenn der betreffende Teilhaber, und nur er, einen „wichtigen Grund" für die Aufhebung gesetzt hat. Wollen die übrigen Teilhaber die Gemeinschaft fortsetzen (vgl dazu KG OLGE 4, 119; OLG Colmar OLGE 12, 92), so bestehen nur zwei Möglichkeiten: Entweder der „ausscheidende" Teilhaber erklärt sich freiwillig bereit, seinen Anteil auf die übrigen Teilhaber anteilmäßig zu übertragen; oder die übrigen Teilhaber ersteigern aufgrund einer entsprechenden Verabredung im Aufhebungsverfahren den Gegenstand gemeinsam. Ist der Gegenstand in Natur teilbar, so können die zur Fortsetzung bereiten Teilhaber die Gemeinschaft hinsichtlich der bei der Teilung nach § 752 auf sie entfallenden realen Teile fortsetzen; das bedarf aber entsprechender schuldrechtlicher und dinglicher Vereinbarungen zwischen ihnen. Im praktischen Ergebnis erreichen sie hierdurch einen „Ausschluss" des missliebigen Teilhabers. – Zur Möglichkeit, die Gemeinschaft fortzusetzen, wenn ein Gläubiger eines Teilhabers die Aufhebung betreibt, vgl § 751 Rn 11. 53

VII. Abtretung und Pfändung des Aufhebungsanspruchs

1. Unabtretbarkeit des Aufhebungsanspruchs

54 Der Anspruch auf Aufhebung ist nicht selbständig übertragbar. Überträgt der Teilhaber seinen Anteil, erlangt der Erwerber gem Abs 1 den Aufhebungsanspruch ohne weiteres. Eine *Übertragung des Anteils ohne den Aufhebungsanspruch* oder des *Aufhebungsanspruchs ohne den Anteil* ist nicht möglich. Denn das Miteigentum oder eine sonstige Mitberechtigung wäre, vom Aufhebungsanspruch getrennt, seines *wesentlichen Inhalts entkleidet*, der eben darin besteht, dass der Miteigentümer oder sonstwie Mitberechtigte sei es Teilung in Natur, sei es Verkauf und Teilung des Erlöses verlangen kann. Die selbständige Abtretbarkeit ist deshalb aus den gleichen Gründen abzulehnen, aus denen eine selbständige Abtretung der Ansprüche aus §§ 894, 985 oder 1004 nicht zugelassen wird (OLG Köln OLGZ 1969, 338; FURTNER NJW 1957, 1620; ders NJW 1969, 871; iE ebenso ROLF HOFFMANN JuS 1971, 20 f; MünchKomm/K SCHMIDT Rn 22).

55 Gegen diese Begründung (nicht gegen das Ergebnis) wendet ROLF HOFFMANN ein, der Aufhebungsanspruch könne nach Abs 2 für immer ausgeschlossen werden, ohne dass das Miteigentum hierdurch berührt werde; deshalb könne der Aufhebungsanspruch nicht als unverzichtbares Attribut des Miteigentumsanteils angesehen werden (JuS 1971, 20 f). Dieser Einwand überzeugt nicht. Denn erstens ist der Ausschluss des Aufhebungsanspruchs unwirksam, wenn ein wichtiger Grund für die Aufhebung vorliegt; jedenfalls hier ist der Anspruch untrennbares Attribut des Miteigentums. Zweitens kann die Aufhebung, auch wenn sie durch Vereinbarung ausgeschlossen ist, immer im Einverständnis aller Teilhaber durchgeführt werden. Das Recht auf eine solche einverständliche Aufhebung – in der Praxis wohl ohnehin die Regel – müsste, wäre der Aufhebungsanspruch abtretbar, ebenfalls auf den Zessionar übergehen. Sachlich lässt sich dieses Recht aber von der Miteigentümerstellung nicht trennen.

56 Gegen die selbständige Abtretung des Aufhebungsanspruchs spricht noch ein weiterer Gesichtspunkt, auf den ROLF HOFFMANN aaO zu Recht hinweist. Zwar könnte der Miteigentümer bis auf weiteres die Rechte aus dem Miteigentum (dh das Früchtebezugsrecht und das Benutzungsrecht nach § 743) ausüben. Dieses Recht stünde ihm aber nur zu, solange der Zessionar seinen Aufhebungsanspruch nicht geltend macht. Die Berechtigung des Miteigentümers hinge also vom Belieben des Zessionars ab. Das zeigt aber nur, dass die eigentliche Rechtsmacht, die die Mitberechtigung darstellt, mit dem Aufhebungsanspruch untrennbar zusammenhängt. Eine rechtsgeschäftliche Trennung kommt auch aus diesem Grund nicht in Betracht.

57 Schließlich erwüchsen aus einer Trennung von Recht und Anspruch erhebliche Schwierigkeiten für den Rechtsverkehr. Im Fall des Miteigentums an einem Grundstück zB wäre der Miteigentümer auch nach der Abtretung des Anspruchs im Grundbuch eingetragen; die Abtretung als solche wäre nicht eintragungsfähig. Im Fall der Veräußerung des Anteils erhielte der Erwerber ein entwertetes, ausgehöhltes Recht, ohne durch den Inhalt des Grundbuchs hiervor gewarnt zu werden.

2. Pfändbarkeit des Anspruchs?

a) Allgemeines

Ob der Aufhebungsanspruch gepfändet werden kann, ist streitig (bejahend: BGH NJW **58** 2006, 849; BGHZ 90, 215; OLG Hamm NJW-RR 1992, 665; OLG Köln OLGZ 1969, 338; LG Wuppertal NJW 1961, 785; LG Aurich Rpfleger 1962, 412; BGB-RGRK/vGAMM § 751 Rn 2; SOERGEL/HADDING Rn 4; PALANDT/SPRAU Rn 2; FURTNER NJW 1969, 871, 872; verneinend: KG NJW 1953, 1832; MünchKomm/K SCHMIDT Rn 24; STEIN/JONAS/BREHM § 857 Rn 3, 17; ROLF HOFFMANN JuS 1971, 20 ff). Aus der Unabtretbarkeit des Aufhebungsanspruchs folgt grundsätzlich, dass der Anspruch auch nicht pfändbar ist (§ 851 Abs 1 ZPO). Streitig ist aber, ob nicht gem § 857 Abs 3 ZPO die Abtretung trotzdem deshalb möglich ist, weil es sich bei dem Anspruch um ein Recht handelt, dessen „Ausübung einem anderen überlassen werden kann". Das ist zu verneinen. § 857 Abs 3 ZPO ist auf Fälle zugeschnitten, in denen ein unübertragbares Recht durch einen anderen als den Rechtsinhaber ausgeübt werden kann, wie vor allem der Nießbrauch. Hier soll die Ausübungsbefugnis der Pfändung unterliegen; die Rechtsinhaberschaft bleibt unberührt. Schuldrechtliche Ansprüche lassen sich in dieser Weise nicht aufspalten. Denn die Ausübung des Anspruchs bringt den Anspruch zum Untergang, enthält also eine Verfügung über den Anspruch selbst (zutr ROLF HOFFMANN JuS 1971, 20 f). Im Übrigen würde eine Pfändung des Aufhebungsanspruchs ohne gleichzeitige Anteilspfändung dieselben Misshelligkeiten mit sich bringen wie die isolierte Abtretung des Anspruchs. Vor allem die getrennte Pfändung des Anteils und des Aufhebungsanspruchs muss zu unlösbaren praktischen Schwierigkeiten führen.

b) Pfändung des Aufhebungsanspruchs als Hilfspfändung?

Die Gegenansicht will die Pfändung deshalb auch nicht als isolierte Pfändung **59** zulassen, sondern nur als Hilfspfändung neben der Anteilspfändung, soweit es um Miteigentumsanteile an Grundstücken geht. Bei *Miteigentumsanteilen an beweglichen Sachen* ist es allgemeine Ansicht, dass die Pfändung des Anteils den Aufhebungsanspruch ohne weiteres mit erfasst; die Pfändung des Aufhebungsanspruchs soll daneben nur „klarstellende" Bedeutung haben (vgl § 747 Rn 56). Bei *Miteigentumsanteilen an Grundstücken* ist es dagegen verbreitete Ansicht, dass die Zwangsvollstreckung in den Anteil dem Gläubiger nur die Möglichkeit verleiht, den Anteil als solchen zu verwerten, nicht aber die Möglichkeit, die Aufhebung der Gemeinschaft zu betreiben; deshalb sei die ergänzende Pfändung des Aufhebungsanspruchs aus praktischen Erwägungen zuzulassen (vgl zB OLG Köln OLGZ 1969, 338, 340 f). Praktisch wird es sich für den Gläubiger, der sichergehen will, empfehlen, die Zwangshypothek und die – unzulässige – Pfändung des Aufhebungsanspruchs nebeneinander zu erwirken (so auch MünchKomm/K SCHMIDT Rn 24; vgl auch § 747 Rn 58 ff) – Handelt es sich um ein Grundstück, kann die Pfändung und Überweisung des Anspruchs auf Aufhebung nicht zugunsten des pfändenden Gläubigers in das Grundbuch eingetragen werden, so zutr LG Siegen Rpfleger 1988, 249 ff mit zust Anm TRÖSTER.

VIII. Ausschluss und Beschränkung des Aufhebungsanspruchs

1. Vereinbarung

Die Teilhaber können durch Vereinbarung – nicht durch Mehrheitsbeschluss! – den **60**

Aufhebungsanspruch für immer oder für eine bestimmte Zeit **ausschließen** oder **von der Einhaltung einer Kündigungsfrist** abhängig machen (Abs 2). Eine derartige Vereinbarung bedarf als solche keiner Form; eine Formbedürftigkeit kann sich (bei Grundstücken) nur dann ergeben, wenn sie mit einer Vereinbarung über eine bestimmte Art der Aufhebung verbunden wird, die ihrerseits uU formbedürftig ist (oben Rn 28). Die Vereinbarung über den Ausschluss der Aufhebung kann daher auch *stillschweigend* getroffen werden (BGH NZG 2008, 143 hinsichtl eines Privatweges; RGZ 67, 396, 397 betr Ehegattengemeinschaft; vgl dazu unten Rn 63 ff) oder im Wege der Auslegung sich ergeben – ggf auch ergänzend und lückenfüllend (so wohl der Fall OLG Celle NJW-RR 2000, 227 betr eine Heizhausgemeinschaft, wobei sich das OLG Celle allerdings auf § 242 bzw konkludente Abreden stützt; ähnlich wäre der Fall AG Winsen/Luhe NZM 2000, 717 betr Kabelfernsehgemeinschaft zu entscheiden gewesen; ausdrückl wie hier OLG Köln ZMR 2004, 267). Bringen zB Miteigentümer ein Grundstück quoad usum oder quoad sortem in eine zwischen ihnen bestehende *Gesellschaft* ein, so ist davon auszugehen, dass sie den Aufhebungsanspruch für die Dauer ihrer Zugehörigkeit zur Gesellschaft stillschweigend ausgeschlossen haben (FISCHER NJW 1957, 894, 895; U HUBER 75 Fn 43). Der Ausschluss kann sich auf alle gemeinschaftlichen Gegenstände oder nur auf einzelne beziehen; er kann alle Teilhaber oder nur bestimmte Teilhaber binden sowie verschiedene Zeitabschnitte vorsehen, während derer der Aufhebungsausschluss nicht mehr oder wieder greift (vgl BayObLG DNotI-Rep 1999, 152). Zulässig ist es auch, die Aufhebung von der *Zustimmung eines Dritten* abhängig zu machen (KG OLGE 39, 206), oder davon, dass bei der Veräußerung des Gegenstands ein bestimmter *Mindestpreis* erzielt wird (KGJ 33 A 224; MünchKomm/K SCHMIDT Rn 9; SOERGEL/HADDING Rn 8; aA PLANCK/LOBE Anm 4). Dem Begehren nach Aufhebung kann der Rechtsmissbrauchseinwand (§ 242) entgegenstehen, wenn die Aufhebung für den widersprechenden Teilhaber eine besondere Härte bedeutet (BGH NZG 2008, 143; NJW-RR 2005, 308).

61 Nicht um einen Ausschluss des Aufhebungsanspruchs, sondern um eine **Vereinbarung über die Art der Aufhebung** (dazu oben Rn 24 ff) handelt es sich, wenn die Parteien eine bestimmte Art der Aufhebung, etwa die Teilungsversteigerung, „ausschließen". Eine solche Vereinbarung ist im Rahmen der schuldrechtlichen Vertragsfreiheit selbstverständlich zulässig; aber sie fällt nicht unter Abs 2 (aA MünchKomm/K SCHMIDT Rn 9; SOERGEL/HADDING Rn 8). Dh, sie ist auch dann wirksam, wenn ein „wichtiger Grund" für die Aufhebung vorliegt; andererseits wirkt sie nicht gegenüber Dritten (§ 751 Rn 15). Auch sonstige schuldrechtliche Abreden können dem Aufhebungsverlangen entgegenstehen, vgl OLG Hamm OLG-Rep 1995, 263 f (Zweckbestimmung einer Parzelle als Pkw-Abstellplatz); OLG Köln Rpfleger 2003, 570.

62 Zur **Wirksamkeit des Aufhebungsausschlusses gegenüber Dritten** (Sondernachfolgern) vgl § 751. Bei Miteigentum an **Grundstücken** wirkt der Aufhebungsausschluss Dritten gegenüber nur, wenn er im Grundbuch eingetragen ist; § 1010 Abs 1 Alt 2 (auch bei Kenntnis des Dritten!). Im Innenverhältnis ist er dagegen auch bei Grundstücken formfrei wirksam. Zur Frage, ob bei Schenkung eines Anteils an einen Minderjährigen ein zugleich vereinbarter Aufhebungsausschluss einen rechtlichen Nachteil darstellt vgl LG Münster FamRZ 1999, 739.

2. Ausschluss der Aufhebung in Ehegattengemeinschaften

a) Grundsätzliches

Auch für Ehegattengemeinschaften gelten die §§ 749 ff. Grundsätzlich kann also 63
jeder Ehegatte jederzeit Aufhebung der Gemeinschaft verlangen (vgl RGZ 67, 396, 398; BGHZ 37, 38, 40). Praktisch geht es vor allem um Miteigentumsgemeinschaften an Grundstücken. Jeder Ehegatte ist berechtigt zu verlangen, dass die Miteigentumsgemeinschaft, mangels abweichender Vereinbarung, durch Versteigerung des Grundstücks aufgehoben wird. Zu familienrechtlichen Aspekten vgl bereits § 745 Rn 60 ff.

Soweit es sich um Gegenstände (insbes Grundstücke) handelt, die nur der Vermö- 64
gensanlage dienen (zB ein vermietetes Wohn- oder Geschäftshaus), ergibt sich aus der Tatsache, dass die Teilhaber verheiratet sind, keine Besonderheit. Insbes darf man in solchen Fällen aus der Tatsache allein, dass die Teilhaber verheiratet sind, nicht den Schluss ziehen, dass der Aufhebungsanspruch für die Dauer der Ehe durch konkludente Vereinbarung stillschweigend ausgeschlossen sei. Eine solche Annahme überschritte die Grenzen zulässiger Auslegung und stünde im Widerspruch zu den gesetzlichen Wertungen des ehelichen Güterrechts. Leben die Ehegatten im gesetzlichen Güterstand, so sind die Miteigentumsanteile nicht gemeinschaftliches, sondern eigenes Vermögen jedes Ehegatten, das er selbständig verwaltet (§§ 1363 Abs 2, 1369). Infolgedessen entscheidet jeder Ehegatte frei, ob er die Miteigentumsgemeinschaft fortsetzen oder beenden will. Eine abweichende Vereinbarung darf nur angenommen werden, wenn besondere Anhaltspunkte vorliegen; diese Frage ist genauso zu entscheiden, wie wenn die Partner nicht verheiratet wären. Ist Gütertrennung (§ 1414) vereinbart, gilt das erst recht. Ist Gütergemeinschaft vereinbart, kann sich das Problem nur stellen, wenn die Miteigentumsanteile Vorbehaltsgut sind (§ 1418). Das bedeutet aber gerade, dass jeder Ehegatte, wie ein Unverheirateter, selbständig über seinen Anteil disponieren kann (§ 1418 Abs 3).

b) Schranken der §§ 1365, 1369

Die Freiheit, jederzeit Aufhebung verlangen zu können, ist im **gesetzlichen Güter-** 65
stand allerdings durch die §§ 1365, 1369 beschränkt.

Stellt der Miteigentumsanteil eines Ehegatten am Grundstück das **ganze** (oder 66
praktisch das ganze) **Vermögen** eines Ehegatten dar, so ist die Schranke des § 1365 zu beachten. Die Veräußerung des Grundstücks im Weg der Zwangsversteigerung, um die Gemeinschaft aufzuheben, ist eine Verfügung über das Vermögen iS des § 1365 Abs 2, die nur mit Einwilligung des anderen Ehegatten zulässig ist. Infolgedessen kann der andere Ehegatte einem ohne seine Einwilligung gestellten Versteigerungsantrag (§ 180 ZVG) gem § 771 ZPO (vgl Rn 74) widersprechen (BGH NJW 2007, 3124 mwNw; vgl ferner § 741 Rn 25). Der Aufhebungsanspruch nach § 749 Abs 1 ist also durch die vorrangige Norm des § 1365 ausgeschlossen.

Ebenso kann die Aufhebung des Miteigentums an **Haushaltsgegenständen** gegen den 67
Willen des anderen Ehegatten nicht verlangt werden; insoweit ist der Aufhebungsanspruch durch § 1369 ausgeschlossen.

c) Besonderheiten hinsichtlich der Ehewohnung

68 Im übrigen gelten, ohne Rücksicht auf den Güterstand und ohne Rücksicht darauf, ob die Voraussetzungen des § 1365 vorliegen, Besonderheiten für die Ehewohnung. Vgl dazu bereits § 741 Rn 23 ff; § 745 Rn 60 ff.

69 Steht das Haus, das die Ehegatten zur Ehewohnung bestimmt haben, im Miteigentum der Ehegatten, so ist die Geltendmachung des Aufhebungsanspruchs, **solange die Ehe besteht**, mit den ehelichen Pflichten unvereinbar. Man könnte daran denken, in der einverständlichen Bestimmung des Hauses zur Ehewohnung eine Vereinbarung nach Abs 2 zu sehen, durch die die Aufhebung der Gemeinschaft für die Dauer der Ehe ausgeschlossen wird. Aber eine solche Annahme erscheint im Regelfall als fiktiv; überdies wäre der Aufhebungsausschluss gerade in den Fällen, in denen es darauf ankommt, von einer Kündigung aus „wichtigem Grund" gem Abs 2 S 1 bedroht. Näher liegt es – und diesen Weg hat auch die Rechtsprechung eingeschlagen –, die Grenzen des Aufhebungsrechts unmittelbar aus § 1353 Abs 1 S 2 (Verpflichtung zur ehelichen Lebensgemeinschaft) abzuleiten (vgl BGHZ 37, 38, 41). Hiernach ist der Aufhebungsanspruch dann ausgeschlossen, wenn dadurch „der rechtlich geschützte räumlich-gegenständliche, in der Ehe geschaffene Lebensbereich des in Anspruch genommenen Ehegatten beeinträchtigt wird". Auf der anderen Seite sollen auch die Interessen des die Aufhebung verlangenden Ehegatten angemessen berücksichtigt werden. Nach dem BGH aaO war „nach den jeweiligen Umständen des einzelnen Falls zu entscheiden". Im Einzelnen gilt Folgendes:

70 Nach der Scheidung kann die Verpflichtung zur ehelichen Lebensgemeinschaft, da nicht mehr bestehend, dem Aufhebungsanspruch hinsichtlich der ehelichen Wohnung und des Grundstücks, auf dem sie sich befindet, nicht mehr entgegenstehen. Allerdings kann der Miteigentümer/Ehegatte aufgrund von §§ 1, 2 HausratsVO *Zuteilung der Wohnung* (nicht des Eigentums) beantragen, soweit dies billigem Ermessen entspricht (oben Rn 38). Solange ein entsprechender Antrag (§ 1 Abs 1 HausratsVO) noch anhängig ist, darf der andere Ehegatte dies nicht durch Zwangsversteigerung durchkreuzen. Der Ehegatte hat also bis zur Entscheidung über seinen Antrag eine *aufschiebende Einrede* gegen den Aufhebungsanspruch. Nach Erledigung des Antrags kann versteigert werden; der Ersteher muss ein vom Richter gem § 5 Abs 2 HausratsVO begründetes Mietverhältnis gegen sich gelten lassen, § 571 (oben Rn 38). Entsprechendes gilt, solange über einen Antrag auf Anordnung der *Übertragung nach § 1383* (oben Rn 39) noch nicht abschließend entschieden ist. Insoweit handelt es sich um fortwirkende Pflichten aus der geschiedenen Ehe, die gegen den Aufhebungsanspruch eine aufschiebende Einrede begründen.

Eine wesentliche Einschränkung des Aufhebungsanspruchs ergibt sich gegenüber dem früheren Rechtszustand allerdings durch § 180 Abs 3 ZVG nF (BGBl 1986 I 301): Betreibt ein Miteigentümer die Zwangsversteigerung zur Aufhebung einer Gemeinschaft, der außer ihn nur sein Ehegatte oder ein früherer Ehegatte angehört, so ist auf Antrag auch mehrfach die Einstellung des Verfahrens anzuordnen, wenn dies zur *Abwendung einer ernsthaften Gefährdung des Wohls eines gemeinschaftlichen Kindes* erforderlich ist (dazu GRABA NJW 1987, 1765; LG Berlin FamRZ 1987, 1067; LG Heidelberg FamRZ 1991, 588; OLG München FamRZ 1989, 980; LG Berlin Rpfleger 1993, 297; vgl ferner § 745 Rn 60 ff sowie § 741 Rn 24 f). Darüber hinaus kann das Verlangen nach Aufhebung der Gemeinschaft in besonderen Ausnahmefällen **rechtsmissbräuchlich** sein, wenn sie für einen der Miteigentümer schlechterdings unzumutbar ist (OLG Frankfurt aM FamRZ 1998, 641); oben Rn 35 f.

Ist die Ehe noch nicht geschieden und **leben die Ehegatten getrennt**, so kam es früher 71 darauf an, ob der Ehegatte, der die Aufhebung begehrt, nach § 1353 Abs 2 ein **Recht zum Getrenntleben** hat (zum alten Meinungsstand STAUDINGER/HUBER[12] Rn 71 f; MünchKomm/ WACKE § 1361b Rn 1).

Der alte Meinungsstreit ist nunmehr ebenfalls durch § 1361b BGB nF (gemeinsam 72 mit § 180 Abs 3 ZVG eingeführt: BGBl 1986 I 301) überholt: Zur Vermeidung schwerer Härten ist jetzt die Zuweisung der Wohnung an einen der Ehegatten möglich; der Aufhebungsanspruch demgemäß ausgeschlossen (zum ganzen MAURER FamRZ 1991, 886; COESTER FamRZ 1993, 249; OLG Bamberg FamRZ 1992, 1299; OLG Zweibrücken FamRZ 1990, 55; PALANDT/BRUDERMÜLLER § 1361b Rn 1 ff mwNw; vgl ferner § 745 Rn 60 ff, § 741 Rn 24 f). Veräußert der Ehegatte seinen Anteil, um auf diese Weise die aus der Ehe folgende Aufhebungssperre zu umgehen, so steht dem Aufhebungsanspruch des kollusiv mitwirkenden Erwerbers der Einwand der Arglist (§ 242) und der sittenwidrigen Schädigung (§ 826) entgegen (noch weitergehend – mE zweifelhaft – OLG Schleswig NJW-RR 1995, 900: Nichtigkeit der dinglichen Übertragung gem § 138 vgl dazu § 741 Rn 25). Zur Veränderung eines Unterhaltsanspruchs in solchen Fällen instruktiv BGH NJW 1997, 739; es besteht allerdings keine Mitwirkungspflicht für etwaige Anschlussfinanzierungen, OLG Düsseldorf FamRZ 1999, 856.

3. Geltendmachung des Ausschlusses im Prozess

Im Prozess muss der Teilhaber, der der Aufhebung widerspricht, die Tatsachen 73 **beweisen**, aus denen sich der Ausschluss des Aufhebungsanspruchs ergibt (BGH NJW-RR 1991, 947).

Wird die Teilungsversteigerung eines Grundstücks nach §§ 180 ff ZVG betrieben, so 74 hat der widersprechende Teilhaber seine Rechte nach hM im Weg der **Drittwiderspruchsklage** geltend zu machen, § 771 ZPO (vgl RG JW 1919, 42; RG JW 1935, 781; BGH FamRZ 1972, 363; HansOLG Hamburg NJW 1961, 610; OLG Hamm Rpfleger 1964, 341; BayObLG NJW 1971, 2314 sowie die Rechtsprechungsnachweise oben Rn 66). Das Miteigentum des widersprechenden Teilhabers gilt also, soweit der Aufhebungsanspruch ausgeschlossen ist, als ein „die Veräußerung hinderndes Recht". *Erinnerung* nach § 766 ZPO kommt daneben als Rechtsbehelf nur in Betracht, wenn der Ausschluss des Aufhebungsanspruchs aus dem Grundbuch ersichtlich ist, JAECKEL/GÜTHE aaO; **aA** OLG Frankfurt aM FamRZ 1997, 1490; zust REINECKE FPR 2000, 213.

IX. Aufhebungsanspruch aus wichtigem Grund; Unabdingbarkeit (Abs 2, 3)

1. Grundsatz

Ausschluss oder Beschränkung des Aufhebungsanspruchs sind unwirksam gegenüber 75 einem Teilhaber, der einen wichtigen Grund für die Aufhebung hat (Abs 2). Diese Regel ist zwingend; entgegenstehende Vereinbarungen sind nichtig (Abs 3).

Abs 2 gilt nur für Vereinbarungen, die **das Aufhebungsrecht als solches ausschließen** 76

oder beschränken (etwa indem sie die Aufhebung von der Zustimmung Dritter abhängig machen [KG OLGE 39, 206, 207; KGJ 51, 198]; oder indem sie die Erzielung eines bestimmten *Mindestpreises* verlangen). Vereinbarungen, die nur die *Art und Weise der Aufhebung*, dh deren Durchführung, regeln, fallen *nicht* unter Abs 2; sie sind also auch dann verbindlich, wenn für die Aufhebung ein wichtiger Grund besteht (PALANDT/SPRAU Rn 7; oben Rn 61). Zur Abgrenzung vgl Rn 83.

2. Wichtiger Grund

77 Die Feststellung eines wichtigen Grundes setzt eine umfassende Würdigung aller Umstände voraus. Dabei stehen **zwei Gesichtspunkte** im Vordergrund, die sich im Einzelfall überlagern können: *Unzumutbarkeit der Fortsetzung der Gemeinschaft* für den die Aufhebung begehrenden Teilhaber und *Wegfall der Voraussetzungen*, unter denen der Ausschluss der Aufhebung vereinbart worden ist.

78 Die für die **Auflösung einer Gesellschaft aus wichtigem Grund** maßgeblichen Gesichtspunkte können *nicht* unbesehen übernommen werden. Denn das Fehlen einer gemeinsamen Zweckförderung bei der Gemeinschaft führt dazu, dass sie gegenüber Vertrauenskrisen zwischen den Teilhabern nicht so empfindlich ist wie die Gesellschaft (BGH WM 1962, 464; BGH WM 1984, 873; BGH NJW 1983, 449; BGH NJW-RR 1995, 335; vgl auch BGH ZIP 1995, 113). Solange sichergestellt ist, dass der gemeinschaftliche Gegenstand in seinem wirtschaftlichen Wert durch angemessene Verwaltung erhalten bleibt, wird ein wichtiger Grund im Allgemeinen nicht vorliegen (BGH WM 1962, 464, 465). Das trifft zB dann zu, wenn ein angestellter Verwalter für die Teilhaber tätig ist; in diesem Fall stellt ein *persönliches Zerwürfnis* zwischen den Teilhabern keinen wichtigen Grund für die Aufhebung dar (BGH aaO; ebenso LG Düsseldorf DNotZ 1956, 261 für den Fall der Testamentsvollstreckung). Andererseits wird ein wichtiger Grund dann anzunehmen sein, wenn Meinungsverschiedenheiten oder mangelnde Kooperationsbereitschaft der Teilhaber dazu führen, dass eine *ordnungsmäßige Verwaltung nicht mehr sichergestellt* ist. Als *Beispiele* lassen sich nennen: Schikane, Widerstand gegen notwendige Verwaltungsmaßnahmen, Entziehung der Gebrauchsmöglichkeit (BGH WM 1962, 464, 465), Nichtanhörung bei Mehrheitsbeschlüssen. *Verschulden* eines Teilhabers ist nicht erforderlich, kann aber bei der Gesamtabwägung erschwerend ins Gewicht fallen.

79 **Eine wesentliche Veränderung der Umstände** kann ebenfalls einen wichtigen Grund darstellen. Haben zB die Miteigentümer die Aufhebung ausgeschlossen und das Grundstück quoad usum oder quoad sortem in eine zwischen ihnen bestehende *Gesellschaft* eingebracht, so wird die *Auflösung der Gesellschaft* oder das Ausscheiden eines Miteigentümers aus ihr idR einen wichtigen Grund darstellen (U HUBER 76; FISCHER NJW 1957, 894, 895). Ob *unvorhergesehener Finanzbedarf* eines Teilhabers ein wichtiger Grund ist, lässt sich nur anhand der Umstände des Einzelfalls beurteilen; hier wird Zurückhaltung geboten sein. Hat zB ein Teilhaber seinen Anteil *sicherungshalber übertragen*, so bildet das vermögensrechtliche Interesse seines Gläubigers an der Befriedigung keinen wichtigen Grund für die Aufhebung der Gemeinschaft (HansOLG Hamburg NJW 1961, 610, 611; allerdings schützt das die Teilhaber nicht davor, dass der Gläubiger den Anteil pfändet und nunmehr, ungehindert durch den vereinbarten Aufhebungsausschluss, die Aufhebung betreibt).

Zum Austritt aus einer Antennengemeinschaft wegen schlechten Empfangs vgl LEPPIN NJW 1974, 1471.

Als „wichtiger Grund" iSv Abs 2 ist nur ein Grund anzuerkennen, der die **sofortige** **80** **Aufhebung** der Gemeinschaft erfordert und rechtfertigt (Prot II 753 f). Ein *zur Unzeit* gestelltes Aufhebungsverlangen ist deshalb durch Abs 2 nicht gedeckt (RG WarnR 1938 Nr 70).

Liegt ein wichtiger Grund vor, so können die der Aufhebung widerstrebenden **81** Teilhaber dem zur Aufhebung berechtigten Teilhaber das Aufhebungsrecht *nicht* dadurch nehmen, dass sie ihm **Auszahlung** in Höhe des geschätzten Wertes seines Anteils **anbieten** (aA FISCHER NJW 1957, 894, 895; dagegen U HUBER, Kapitalanteil 76 Fn 45). Es bleibt den Teilhabern, die den gemeinschaftlichen Gegenstand behalten wollen, unbenommen, ihn im Aufhebungsverfahren zu ersteigern. Die Chance, dass in der Versteigerung ein höherer Preis erzielt wird als der geschätzte Wert, können sie dem aufhebungsberechtigten Teilhaber nicht nehmen. Das Gemeinschaftsrecht kennt eben nicht die Möglichkeit, einen Teilhaber gegen seinen Willen auszuschließen, auch nicht gegen Abfindung. Auch der Teilhaber, der selbst den wichtigen Grund herbeigeführt hat, kann nicht gegen Abfindung ausgeschlossen werden (oben Rn 53).

3. Nichtige Vereinbarungen (Abs 3)

Nichtig gem Abs 3 ist jede Vereinbarung, soweit sie das Recht zur Aufhebung aus **82** wichtigem Grund (Abs 2) **ausschließt** oder auch nur **mittelbar beeinträchtigt**. Hierher gehört zB die Vereinbarung einer Vertragsstrafe für den Fall, dass Aufhebung aus wichtigem Grund verlangt wird, oder eine Vereinbarung, die bewirkt, dass ein Teilhaber, der Aufhebung aus wichtigem Grund verlangt, bei der Teilung *nicht das erhält, was ihm nach den Beteiligungsverhältnissen zusteht*. Auch die Vereinbarung, dass die übrigen Teilhaber den Teilhaber, der aus wichtigem Grund Aufhebung verlangt, mit einem *bestimmten Betrag* (statt mit dem wirklichen Wert) ausbezahlen dürfen, gehört hierher (vgl auch oben Rn 81). Nichtig sind selbstverständlich auch Vereinbarungen, die bestimmen, dass das Aufhebungsverlangen aus wichtigem Grund der *Zustimmung mehrerer Teilhaber* oder eines *Dritten* bedarf. Die Teilhaber können auch nicht verbindlich festlegen, dass nur bestimmte Gründe zur Aufhebung führen sollen; eine solche Vereinbarung ist, soweit sie die Berufung auf andere wichtige Aufhebungsgründe ausschließt, nichtig.

Wirksam auch für den Fall des wichtigen Grundes bleiben alle früher getroffenen **83** Vereinbarungen, die die **Durchführung der Aufhebung** regeln, sofern sie den Teilhaber, der Aufhebung aus wichtigem Grund verlangt, im finanziellen Ergebnis nicht einseitig benachteiligen. Grundsätzlich zulässig – auch für den Fall eines wichtigen Grundes – ist deshalb vor allem eine Vereinbarung, die einem Teilhaber das Recht gibt, *den gemeinschaftlichen Gegenstand gegen Zahlung eines angemessenen Entgelts zu übernehmen* (bei Grundstücken formbedürftig! Vgl Rn 28). Ist über das Entgelt nichts näheres gesagt, so haben die nicht übernahmeberechtigten Teilhaber das Entgelt nach *billigem Ermessen* festzusetzen (§§ 316, 315 Abs 1); bei Unbilligkeit oder Verzögerung der Festsetzung entscheidet das Gericht (§ 315 Abs 3). Die Festsetzung des Entgelts kann auch dem Übernahmeberechtigten überlassen bleiben; auch dann gilt § 315. Ist Festsetzung durch einen Dritten vorgesehen, gelten §§ 317,

319. Preisbestimmung nach freiem Belieben kann dagegen nicht vereinbart werden. Die *Festsetzung eines bestimmten Übernahmepreises* in einer früheren Vereinbarung ist gegenüber dem Aufhebung aus wichtigem Grund fordernden Teilhaber nur verbindlich, wenn sie sich mit dem durch objektive Schätzung ermittelten wirklichen Wert deckt (vgl Rn 82).

Zulässig sind allerdings Vereinbarungen, die einem Teilhaber, unabhängig vom Vorliegen eines bestimmten Grundes, das jederzeitige Recht einräumen, den Anteil des anderen Teilhabers gegen Zahlung eines bestimmten Preises zu übernehmen. Nicht betroffen ist ferner die Vereinbarung, dass in erster Linie eine *freihändige Veräußerung* anzustreben ist. Schlägt allerdings der Versuch einer freihändigen Veräußerung fehl, sei es dass die übrigen Teilhaber Obstruktion treiben, sei es dass sich kein Interessent findet, der einen angemessenen Preis bietet, so muss es dem Teilhaber, der den wichtigen Grund geltend macht, nach dem Sinn von Abs 2, 3 freistehen, nunmehr die Aufhebung nach §§ 752, 753 zu betreiben. Entsprechendes gilt für die Bestimmung, dass der Gegenstand im Fall der Aufhebung *nur unter den Teilhabern zu versteigern* ist. Auch wenn ein wichtiger Grund für die Aufhebung vorliegt, ist dann in erster Linie wie vereinbart zu verfahren. Findet sich allerdings kein Teilhaber, der bereit ist, ein angemessenes Gebot abzugeben, so muss es dem Teilhaber, der den wichtigen Grund geltend macht, nach dem Sinn von Abs 2, 3 freistehen, die öffentliche Versteigerung zu verlangen.

84 Ohne weiteres zulässig sind **Vereinbarungen** über die Aufhebung der Gemeinschaft, die die Parteien **nach Eintritt und in Kenntnis des wichtigen Grundes** eingehen; sie sind durch Abs 2, 3 nicht betroffen.

4. Entsprechende Anwendung im Fall der Erbengemeinschaft

85 Abs 2, 3 gelten für die Erbengemeinschaft entsprechend. Die Miterben können die Auseinandersetzung auf Zeit oder auf Dauer ausschließen oder beschränken oder von einer Kündigung abhängig machen; ebenso kann der Erblasser in den zeitlichen Grenzen des § 2044 Abs 2 die Auseinandersetzung ausschließen (§ 2044 Abs 1). In beiden Fällen hat jeder Miterbe bei Vorliegen eines wichtigen Grundes das unentziehbare Recht, Auseinandersetzung zu verlangen (§§ 2042 Abs 2, 2044 Abs 1), vgl dazu STAUDINGER/WERNER (2002) § 2042 Rn 46, § 2044 Rn 12.

X. Aufhebung im Insolvenzverfahren eines Teilhabers

86 Im Insolvenzverfahren eines Teilhabers erfolgt die Aufhebung **außerhalb des Verfahrens**, § 84 InsO. Es gelten die §§ 749, 752 ff. Der Insolvenzverwalter tritt an die Stelle des Gemeinschuldners, § 80 InsO. Zur Insolvenzmasse gehört dann bei Naturalteilung (§ 752) der auf den Gemeinschuldner entfallende Teil, bei Verkauf (§ 753) der ihm zustehende Erlösanteil. Die übrigen Teilhaber haben wegen ihrer auf dem Gemeinschaftsverhältnis beruhenden Forderungen ein Recht auf abgesonderte Befriedigung aus dem gemeinschaftlichen Gegenstand, § 84 Abs 1 InsO. Das bedeutet: Zwangsversteigerung des gemeinschaftlichen Grundstücks oder Pfandverkauf der gemeinschaftlichen Sache finden, unbehindert durch das Insolvenzverfahren, statt; aus dem Erlös werden gemeinschaftliche Schulden (§ 755) vorweg befriedigt; anschließend werden aus dem Erlös Ansprüche der Teilhaber iSv § 756 vorweg befriedigt; der Rest wird zwischen dem Insolvenzverwalter und den übrigen Teilhabern nach den allgemeinen Regeln geteilt.

Vereinbarungen zwischen den Teilhabern, die das Aufhebungsrecht ausschließen oder beschränken, wirken nicht gegen den Insolvenzverwalter (§ 84 Abs 2 InsO), wohl aber zu seinen Gunsten. **87**

Für **Vereinbarungen über die Art der Durchführung der Aufhebung** gilt – soweit sie, wie regelmäßig, gegenseitige Verträge darstellen – § 103 InsO (vgl oben Rn 27). Ist zB vorgesehen, dass der andere Teilhaber im Fall der Aufhebung den Gegenstand gegen einen bestimmten Preis übernehmen kann, so kann der Insolvenzverwalter das akzeptieren oder ablehnen; lehnt er es ab, so kann er die Teilungsversteigerung betreiben. Im Übrigen ist der Insolvenzverwalter an Vereinbarungen über die Art und Weise der Durchführung der Aufhebung (zB freihändiger Verkauf, Versteigerung unter den Teilhabern) nicht gebunden (vgl § 751 Rn 15). **88**

XI. Sonderregelungen

Für die Gemeinschaften besonderen Rechts (§ 741 Rn 5, 177 ff) sind die Vorschriften der §§ 749 ff über die Aufhebung ausgeschlossen oder modifiziert. **89**

Kein Aufhebungsrecht – auch nicht bei wichtigem Grund – besteht bei der Gemeinschaft der **Wohnungseigentümer,** § 11 Abs 1 WEG. Das gilt auch für Pfändungsgläubiger und für den Insolvenzverwalter (§ 11 Abs 2 WEG). Ein Ausscheiden aus der Gemeinschaft ist also nur durch Veräußerung des Wohnungseigentums möglich. Abweichende Vereinbarungen sind unzulässig, außer für den Fall, dass das Gebäude zerstört wird und keine Verpflichtung zum Wiederaufbau (vgl § 22 Abs 2 WEG) besteht (§ 11 Abs 1 S 2 WEG). Zum Ausschließungsverfahren gem § 18 WEG vgl WEITNAUER § 18 WEG Rn 1 ff. **90**

Ausgeschlossen ist das Aufhebungsrecht ferner bei der Gemeinschaft, die sich aus der **Sammelverwahrung** von Wertpapieren ergibt. Insoweit sind die §§ 6 ff DepotG lex specialis gegenüber den §§ 749 ff. Die Teilung erfolgt hier dadurch, dass dem Hinterleger, dem Miteigentümer oder dem sonst dinglich Berechtigten Wertpapiere der hinterlegten Art in Höhe des ihm zustehenden Nennbetrags oder der ihm zustehenden Stückzahl ausgehändigt werden. **91**

Weitere, die Aufhebung berührende Sonderregeln enthalten die §§ 922 S 3 (Ausschluss des Aufhebungsanspruchs bei gemeinschaftlicher Grenzanlage), 1066 Abs 2 (bei Nießbrauch am Anteil sind Teilhaber und Nießbraucher nur gemeinschaftlich berechtigt, Aufhebung zu verlangen), 1258 Abs 2 (Pfandrecht, vgl dazu oben § 747 Rn 36), Art 119 Nr 2 EGBGB (Vorbehalt zugunsten landesgesetzlicher Vorschriften betr die Teilung von Grundstücken), Art 131, 182 EGBGB (Vorbehalt zugunsten landesgesetzlicher Vorschriften über das Stockwerkseigentum), § 9 Abs 1 Nr 2 GrdstVG (betr Teilung landwirtschaftlicher und forstwirtschaftlicher Grundstücke; hieran kann eine nach § 752 an sich vorgesehene Naturalteilung scheitern, vgl § 741 Rn 156), § 469 HGB (Sammellagerung; der Lagerhalter teilt), § 8 Abs 5 AktG (keine Naturalteilung einzelner Aktien). Zur Teilungsversteigerung von Immobiliareigentum der ehemaligen Sowjetunion RELLERMEYER VIZ 1998, 660 f. **92**

XII. Ergänzende Anwendung der Aufhebungsregeln bei der Auseinandersetzung von Gesamthandsgemeinschaften

1. Allgemeines

93 Die Aufhebungsregeln des Gemeinschaftsrechts sind bei der Auseinandersetzung von Gesamthandsgemeinschaften – der Gesellschaft bürgerlichen Rechts (aber nicht der Personenhandelsgesellschaft), der ehelichen Gütergemeinschaft, der Erbengemeinschaft – kraft gesetzlicher Verweisung ergänzend heranzuziehen. Die Verweisung bezieht sich nicht auf Abs 1. Gesamthandsgemeinschaften unterliegen nicht der „Aufhebung", sondern der „Auseinandersetzung" (oben Rn 3). Die Voraussetzungen, unter denen die Auseinandersetzung verlangt werden kann, sind für die jeweilige Gesamthandsgemeinschaft gesondert geregelt. Im Rahmen der Auseinandersetzung kommen Regeln des Gemeinschaftsrechts ergänzend zur Anwendung.

2. BGB-Gesellschaft

a) Gesetzliche Regelung

94 Bei der BGB-Gesellschaft gelten für die Auseinandersetzung in erster Linie vertragliche Vereinbarungen, in zweiter Linie die §§ 732–735 (§ 731 S 1); „im übrigen" gelten „für die Teilung" die Vorschriften über die Gemeinschaft (§ 731 S 2). Das Gesetz unterscheidet zwei Stadien der Auseinandersetzung. Zunächst sind die Gesellschaftsschulden zu berichtigen und, soweit das danach verbleibende Vermögen hierzu ausreicht, die Einlagen in Geld zurückzuerstatten (§ 733 Abs 1, 2). Zu diesem Zweck ist das Gesellschaftsvermögen, „soweit erforderlich", in Geld umzusetzen (§ 733 Abs 3). Anschließend ist der verbleibende Überschuss nach dem Verhältnis der Gewinnanteile an die Gesellschafter zu verteilen (§ 734).

b) Herrschende Meinung

95 Nach hM sagt § 733 Abs 3 nichts darüber aus, *in welcher Form* das Gesellschaftsvermögen, soweit zur *Bezahlung der Schulden* und zur *Rückerstattung der Einlagen* erforderlich, in Geld umzusetzen ist. Da es sich hierbei nicht um „Teilung" handle, greife die Verweisung auf die Vorschriften der Gemeinschaftsteilung in § 731 S 2 nicht ein. Die Umsetzung in Geld sei Sache der Geschäftsführer (also idR aller Gesellschafter), die sich dabei über die zweckmäßigste Art der Verwertung zu verständigen hätten; grundsätzlich sei die „verkehrsübliche Art" der Verwertung geboten (vgl STAUDINGER/KESSLER[12] § 733 Rn 19; SOERGEL/HADDING § 733 Rn 9; BGB-RGRK/vGAMM § 733 Rn 12; RG JW 1934, 3268; im gleichen Sinn, weniger eindeutig, RG LZ 1924, 698; beide Entscheidungen betreffen allerdings die Auseinandersetzung von Innengesellschaften). Erst für die Verteilung des Überschusses nach § 734 sollen die §§ 752, 753 gelten (STAUDINGER/KESSLER[12] § 734 Rn 2; SOERGEL/HADDING § 734 Rn 2; BGB-RGRK/vGAMM § 734 Rn 3, dieser mit dem Vorbehalt, auch hier könnten nach den „Umständen" die „für die Versilberung des Gesellschaftsvermögens nach § 733 Abs 3 maßgeblichen Grundsätze" – also „verkehrsübliche" Art der Verwertung – eingreifen). Für grundsätzliche Anwendbarkeit des § 753 auch im Fall des § 733 Abs 3 dagegen MünchKomm/P ULMER § 733 Rn 16.

c) Stellungnahme

96 Die von der hM vorgenommene Unterscheidung zwischen der Umsetzung in Geld zum Zweck der Bezahlung der Schulden und der Rückerstattung der Einlagen (§ 733

Abs 3) einerseits und zum Zweck der Verteilung des Überschusses (§ 734 iVm §§ 731, 753) andererseits ist *praktisch kaum durchführbar und überdies sinnlos* (vgl auch STAUDINGER/KESSLER[12] § 734 Rn 3, 4). Das Gesetz weist hier einen Redaktionsfehler (nämlich eine mangelhafte Abstimmung des § 733 Abs 3 auf die Bestimmungen des Gemeinschaftsrechts, vor allem § 753) auf, der auch in § 1475 Abs 3 und in § 2046 Abs 3 wiederkehrt. Möglicherweise ist die Gesetzesfassung noch durch die gemeinrechtliche Vorstellung bestimmt, dass bei der Gemeinschaft Realteilung, notfalls im Adjudikationsverfahren, die Regel sei (Mot II 629 geben keinen Aufschluss über die Erwägungen der Gesetzesverfasser). In Wirklichkeit ist es so, dass nach § 731 S 2 iVm § 753 unteilbare Gegenstände – und das sind die meisten – immer in Geld umgesetzt werden, und aus § 731 S 2 iVm §§ 755 Abs 3, 756 S 2 folgt, dass auch teilbare Gegenstände verkauft werden müssen, soweit das zur Tilgung gemeinschaftlicher Schulden, die gegenüber Dritten oder gegenüber Teilhabern bestehen, erforderlich ist. Grundsätzlich ist also schon nach § 731 S 2 das ganze Gesellschaftsvermögen in Geld umzusetzen, ausgenommen in Natur teilbare Gegenstände, soweit ihre Verwertung zur Tilgung der gemeinschaftlichen Schulden und zur Rückerstattung der Einlagen nicht erforderlich ist. Für diese Umsetzung in Geld kann vernünftigerweise nur ein *einheitliches Verfahren* gelten (so auch STAUDINGER/KESSLER[12] § 734 Rn 2 f). Nach der Verweisung des § 731 S 2 kann es sich dabei, sofern nichts Abweichendes vereinbart ist, nur um das Verfahren des § 753 handeln. Es ist Wortklauberei, zu sagen, § 731 verstehe unter „Teilung" nur die Verteilung des Überschusses gem § 734, nicht die Bezahlung der Schulden und die Rückerstattung der Einlagen nach § 733. Wirtschaftlich wie sprachlich sind alle drei Vorgänge „Teilung": Zunächst ist ein gemeinschaftliches Vermögen der Gesellschafter vorhanden. Dieses Vermögen wird unter den Gesellschaftern in der Weise geteilt, dass sie zuerst von ihren auf dem Gesellschaftsverhältnis beruhenden Schulden befreit werden, dann ihre Einlagen zurückerhalten und schließlich ihren Gewinnanteil erhalten, wenn sie Gewinn erzielt haben. Entgegen der hM ist § 731 S 2 also so zu verstehen, dass die Versilberung des Gesellschaftsvermögens, soweit nichts Abweichendes vereinbart ist (dazu MünchKomm/P ULMER § 733 Rn 16), insgesamt gem § 753 durch Zwangsversteigerung bzw nach den Vorschriften über den Pfandverkauf zu erfolgen hat. Etwas anderes ist insbes dann vereinbart, wenn einzelne Gesellschafter zu Liquidatoren bestellt sind. Dann haben sie die Versilberung nach pflichtgemäßem Ermessen bestmöglich vorzunehmen.

Nur dieses Verständnis der gesetzlichen Regelung wird den praktischen Erfordernissen gerecht. Es bleibt den Gesellschaftern, die gemeinsam die Geschäfte im Abwicklungsverfahren führen, unbenommen, die Verwertung abweichend von § 753 vorzunehmen, wenn sie sich davon ein besseres Ergebnis versprechen. Das ist im Fall der Gemeinschaft nicht anders. Die Regeln der §§ 752, 753 sind gerade für den Fall gedacht, dass die Beteiligten sich über die zweckmäßige Art der Verwertung nicht einig sind. Für diesen Fall ist der Rat, nach der Verkehrssitte zu verfahren, und auf dem üblichen Weg in angemessener Zeit einen Käufer zu suchen (so STAUDINGER/ KESSLER[12] § 733 Rn 19), ebenso gut gemeint wie nutzlos. Nach dem Gesetz soll ein objektives Verfahren zur Verfügung stehen, das den Konflikt löst. Es ist eine Grundentscheidung des Gesetzgebers, dass die Konfliktlösung nicht durch richterliche Ermessensentscheidung erfolgen soll, sondern durch Versteigerung. Man mag das rechtspolitisch kritisieren, ist aber daran gebunden. Übrigens darf man auch hier nicht vergessen, dass jeder Gesellschafter, der sich sicher ist, die Sache besser verwerten zu können als durch Versteigerung, sie selbst ersteigern und sein Glück auf eigene Faust versuchen mag.

d) Folgerungen

98 Demnach ist folgendes **Verfahren** zu beachten: Da die Gesellschafter die Geschäfte gemeinsam führen, müssen sie in erster Linie versuchen, sich über die bestmögliche Art der Verwertung zu *verständigen* (im Fall RG JW 1934, 3268 hatte der Gesellschafter der Innengesellschaft, der als der dinglich Alleinberechtigte den Pfandverkauf veranlasst hatte, schon hiergegen verstoßen; schon deshalb war der Schadensersatzanspruch des anderen Gesellschafters begründet). Können sie sich *nicht einigen*, so müssen sie gemeinsam den Pfandverkauf oder die Zwangsversteigerung betreiben. Jeder Gesellschafter kann die Durchführung gegen die mitwirkenden Gesellschafter durch *Duldungsklage* erzwingen (entgegen § 181 ZVG ist im vorliegenden Fall auch zur Zwangsversteigerung ein Titel erforderlich; denn die Gesellschafter sind „als Gesellschaft" im Grundbuch eingetragen, § 47 GBO; aus dem Grundbuchinhalt ergibt sich also, dass der Teilungsanspruch ursprünglich ausgeschlossen ist, § 719 Abs 1 HS 2). Soweit es um bewegliche Sachen geht, kann jeder Gesellschafter nach §§ 1246 BGB, 166 FGG bei Gericht beantragen, dass anstelle der Pfandversteigerung eine nach billigem Ermessen den Interessen der Beteiligten besser entsprechende Art des Pfandverkaufs angeordnet wird. Mit dem Erlös ist dann, wie in §§ 733, 734 vorgesehen, zu verfahren.

99 Für **teilbare Sachen**, soweit sie nicht zur Schuldentilgung und zur Einlagenrückgewähr benötigt werden und ohne Wertverlust im Verhältnis der Gewinnanteile zerlegbar sind, gilt § 752 iVm § 734; für Forderungen § 754; für die Gewährleistung im Fall der Naturalteilung § 757; für den Verjährungsausschluss § 758. § 755 ist durch § 733 Abs 1 S 1 ersetzt, ebenso § 756 (**aA** insoweit STAUDINGER/KESSLER[12] § 734 Rn 10).

e) Keine Anwendung auf Personenhandelsgesellschaften

100 Unanwendbar – auch im Weg der Analogie – sind die Vorschriften über die Gemeinschaftsteilung bei der Liquidation der OHG und KG. Hier ist es Aufgabe der Liquidatoren, das gesamte Gesellschaftsvermögen zu versilbern und nach Bezahlung der Schulden und rechnerischer Verteilung des Liquidationsgewinns oder -verlustes nach Maßgabe der Kapitalanteile an die Gesellschafter auszubezahlen (§§ 149, 154, 155 HGB). In der Art der Verwertung haben die Liquidatoren freie Hand; bei Uneinigkeit der Liquidatoren bleibt der Weg der Abberufung und der Bestellung neuer Liquidatoren durch das Gericht (§§ 147, 146 Abs 2 HGB). Jeder Gesellschafter kann als Beteiligter einen dahingehenden Antrag stellen; dagegen kann kein Gesellschafter die Verwertung oder Verteilung von Gesellschaftsvermögen nach §§ 752, 753 erzwingen.

3. Gütergemeinschaft

101 Die Regelung der Auseinandersetzung über das Gesamtgut (§§ 1471 ff) entspricht im Wesentlichen der Regelung des Gesellschaftsrechts. In erster Linie sind die Gesamtgutsverbindlichkeiten zu tilgen (§ 1475 Abs 1); dazu ist das Gesamtgut, soweit erforderlich, zu versilbern (§ 1475 Abs 3). Über die Art der Verwertung sagt das Gesetz nichts. Wie im Fall des § 733 Abs 3 haben die Ehegatten sich über die zweckmäßigste Art der Verwertung zu verständigen; wenn eine Einigung nicht zu erzielen ist, ist § 753 anzuwenden (in diesem Fall hL, PALANDT/BRUDERMÜLLER § 1475 Rn 2;

MünchKomm/Kanzleiter § 1475 Rn 8; vgl auch RGZ 73, 41). Sind die Gesamtgutsverbindlichkeiten berichtigt, so ist nach den Grundsätzen über die Gemeinschaft zu teilen (§ 1477 Abs 1); jeder Ehegatte kann also je nach Sachlage Naturalteilung, Pfandverkauf oder Zwangsversteigerung verlangen, soweit nicht das Übernahmerecht nach § 1477 Abs 2 eingreift. Geteilt wird nach gleichen Teilen (§ 1476 Abs 1); im Fall der Scheidung ist vorweg jedem Ehegatten der Wert dessen zu erstatten, was er eingebracht hat (§ 1478). Ergänzend gelten die §§ 754, 757, 758; die §§ 755, 756 sind durch § 1475 Abs 1 iVm § 1467 Abs 2 ersetzt.

4. Erbengemeinschaft

a) Gesetzliche Regelung

Nach § 2042 Abs 2 finden auf die Erbengemeinschaft alle Vorschriften über die **102** Gemeinschaftsteilung (§§ 749 Abs 2, 3, 750–758) Anwendung; § 749 Abs 1 wird durch § 2042 Abs 1 ersetzt. Hiernach kann, soweit sich aus den §§ 2043–2045 nichts Abweichendes ergibt (und soweit zwischen den Miterben nichts Abweichendes vereinbart ist, dazu oben Rn 60), jeder Miterbe jederzeit die „Auseinandersetzung" der Miterbengemeinschaft verlangen. „Auseinandersetzung" und „Aufhebung" sind nicht dasselbe (vgl oben Rn 3); hieraus ergeben sich für die Durchführung der Nachlassteilung gegenüber der Durchführung der Gemeinschaftsteilung Besonderheiten.

b) Testamentsvollstreckung

Besonderheiten gelten zunächst im Fall der Testamentsvollstreckung. Hier liegt die **103** Durchführung der Auseinandersetzung in der Hand des Testamentsvollstreckers (§ 2204). Zu diesem Zweck kann er über Nachlassgegenstände verfügen (§ 2205). Der Testamentsvollstrecker ist somit zur freihändigen Verwertung berechtigt; § 753 ist durch die Anordnung der Testamentsvollstreckung ausgeschlossen (RGZ 108, 289; Staudinger/Werner [2002] § 2042 Rn 6). Einem Erbteilspfandgläubiger steht kein Antragsrecht für die Eintragung eines Testamentsvollstreckervermerks im Grundbuch zu, LG Stuttgart BWNotZ 1992, 59.

c) Anspruch auf Abschluss eines Auseinandersetzungsvertrags?

Ist kein Testamentsvollstrecker eingesetzt, so ist die Auseinandersetzung durch die **104** Miterben zu bewirken. Das Gesetz geht davon aus, dass es in erster Linie ihre Sache ist, sich über die Auseinandersetzung zu einigen, also einen Auseinandersetzungsvertrag zu schließen; zum Abschluss dieses Vertrags stellt es das besondere gerichtliche Vermittlungsverfahren nach §§ 86 ff FGG zur Verfügung, das allerdings nur fakultativ ist und dem Nachlassgericht keine Gestaltungsbefugnis einräumt. Daraus schließt die ganz hL, dass im Fall *fehlender Einigung* der Miterbe, der Auseinandersetzung wünscht, gegen die widerstrebenden Miterben *Klage auf Abschluss eines Auseinandersetzungsvertrags* erheben muss; die Vertragserklärungen der widerstrebenden Miterben werden dann gem § 894 durch rechtskräftiges Urteil ersetzt. Das zwingt den Kläger, einen vollständigen *Auseinandersetzungs- und Teilungsplan* vorzulegen. Nach hM ist es zulässig, aber nicht notwendig, dass der Kläger gleichzeitig die Klage auf Durchführung der zur Vollziehung notwendigen Handlungen erhebt. Vgl zu alledem im Einzelnen Staudinger/Werner (2002) § 2042 Rn 39; BGB-RGRK/Kregel § 2042 Rn 22; Erman/Schlüter § 2042 Rn 16; Soergel/Wolf § 2042 Rn 18–21; Palandt/Edenhofer § 2042 Rn 16; Kipp/Coing § 118 V;

KG NJW 1961, 733; vgl auch die obiter dicta RG JW 1910, 655; OLG Braunschweig SeuffA 57, Nr 106; OLG Karlsruhe NJW 1974, 956. Streitig ist, ob eine solche Klage auf Zustimmung zu einem vom Kläger vorgelegten Teilungsplan „Teilungsreife" des Nachlasses voraussetzt, worunter man versteht, dass der Aktivbestand des Nachlasses und die Nachlassverbindlichkeiten feststehen, dh außer Streit sind. Dafür RG JW 1910, 655; KG NJW 1961, 733; OLG Karlsruhe NJW 1974, 956 u die hL; **aA** BGH 24. 1. 1962 VZR 6/61 (mitgeteilt bei JOHANNSEN WM 1970, 738, 744); diff SOERGEL/WOLF § 2042 Rn 20.

d) Der Anspruch auf Umsetzung des Nachlasses in Geld

105 Die hL wird dem Sinn der Verweisung des § 2042 Abs 2 auf die Teilungsregeln der §§ 752 ff nicht gerecht. Der Sinn dieser Regeln besteht gerade darin, dass dann, wenn die Parteien sich nicht einigen können, ein eindeutig definiertes Verfahren der Auseinandersetzung ohne Wahlmöglichkeiten vorgeschrieben wird. Gäbe es solche Wahlmöglichkeiten, könnte keine Partei die andere zwingen, sich mit einer bestimmten Art der Auseinandersetzung einverstanden zu erklären, und es bliebe im Streitfall nur der Antrag auf richterliche Billigkeitsentscheidung etwa im Sinne der gemeinrechtlichen actio familiae eriscundae. Der Gesetzgeber hat sich mit der Verweisung auf die Regeln über die Gemeinschaftsteilung gerade gegen dieses System entschieden. Gibt es aber, bei Uneinigkeit der Parteien, keine Wahlmöglichkeiten, so ist der Anspruch auf Abschluss eines *Auseinandersetzungsvertrags* sinnlos; der Miterbe hat nur einen Anspruch auf *Durchführung der Teilung* nach den gesetzlichen Regeln des Gemeinschaftsrechts. Diese Regeln besagen, bezogen auf den besonderen Fall der Erbschaftsteilung, folgendes:

aa) Unteilbare Gegenstände

106 Alle **Gegenstände, die sich nicht in Natur in den Erbteilen entsprechende Anteile zerlegen lassen** und hinsichtlich derer der Erblasser keine besonderen Teilungsanordnungen getroffen hat – also in aller Regel Grundstücke, Hausrat, Bibliotheken, Kunstgegenstände, Kostbarkeiten usw – müssen in Geld umgesetzt werden, § 2042 Abs 2 iVm § 753. Das gilt völlig unabhängig davon, welchen Bestand der Nachlass aufweist, wie hoch die Nachlassverbindlichkeiten sind und ob und welche Ausgleichungspflichten nach §§ 2050 ff bestehen. Infolgedessen ist es sinnlos zu verlangen, dass vor der Umsetzung in Geld ein Auseinandersetzungs- und Teilungsplan aufgestellt wird oder dass der Nachlass schon vorher „teilungsreif" ist. Es ist gerade umgekehrt: Erst nachdem die Umsetzung in Geld erfolgt ist, kann ein Teilungsplan aufgestellt werden und der Nachlass teilungsreif sein. Für die Art und Weise der Umsetzung in Geld sieht § 2042 Abs 2 iVm § 753 das Verfahren der Zwangsversteigerung bzw des Pfandverkaufs vor. Kein Miterbe kann, wenn die Erben sich nicht anders geeinigt haben und der Erblasser nicht letztwillig etwas anderes verfügt hat, verlangen, dass die Verwertung anders erfolgt als in der § 753 vorgesehenen Form. Infolgedessen kann jeder Miterbe jederzeit verlangen, dass Nachlassgrundstücke versteigert und andere Nachlassgegenstände nach den Vorschriften über den Pfandverkauf veräußert werden. Grundlage dieses Anspruchs ist § 2042 Abs 1.

107 Bei **Grundstücken** kann der Miterbe, wenn er nur sein Erbrecht nachweist, die **Versteigerung** ohne weiteres beantragen; eines Titels bedarf er hierzu nicht (§§ 180, 181 ZVG); dh, der Miterbe braucht vor Stellung des Antrags weder eine Klage „auf Duldung der Zwangsversteigerung" noch eine Auseinandersetzungsklage iS der hL zu erheben; auch auf das freiwillige Vermittlungsverfahren nach §§ 86 ff FGG braucht er sich nicht einzulassen. Um eine unzulässige „Teilauseinandersetzung" handelt es sich bei diesem Antrag nicht, auch nicht, wenn noch andere Nachlassgegenstände vorhanden sind, deren Veräußerung der Miterbe nicht gleichzeitig verlangt. Denn mit der Versteigerung des Grundstücks ist die Auseinandersetzung hinsichtlich des Grundstücks noch nicht vollzogen; sie dient nur der Vorbereitung der Auseinandersetzung des Nachlasses. Zu alledem zutr RG JW 1919, 42; OLG Breslau OLGE 25, 269; LG Aachen DNotZ 1952, 36; OLG Hamm Rpfleger 1964, 341; ZELLER/STÖBER § 180 Rn 6. 4.; PALANDT/EDENHOFER § 2042 Rn 19; STAUDINGER/WERNER (1996) § 2042 Rn 40; KRETZSCHMAR DNotZ 1915, 243. Das Antragsrecht steht dem einzelnen Miterben übrigens auch dann zu, wenn sich im Nachlass der Miteigentumsanteil an einem Grundstück befindet; LG Aachen, OLG Hamm aaO; oben Rn 49.

Was der Miterbe allerdings nicht ohne weiteres verlangen kann, ist die **Teilung des bei der Versteigerung erzielten Erlöses**. Erst dies wäre – wenn noch weitere Nachlassgegenstände vorhanden sind – eine unzulässige Teilauseinandersetzung. Der Erlös fällt vielmehr gem § 2041 in den Nachlass und ist Gegenstand der weiteren Auseinandersetzung. 108

Für Nachlassgegenstände, die gem § 753 im Weg des **Pfandverkaufs** zu veräußern sind, gilt nichts anderes. Jeder Miterbe kann aufgrund von § 2042 Abs 1 iVm § 753 jederzeit Durchführung des Pfandverkaufs verlangen; er kann diesen Anspruch hinsichtlich jedes einzelnen Gegenstands im Weg der Duldungsklage durchsetzen. Verteilung des Erlöses kann er vorderhand nicht verlangen; der Erlös fällt in den Nachlass. 109

bb) Teilbare Gegenstände
Schwierigkeiten bereitet die Verweisung auf § 752. Teilung einzelner Nachlassgegenstände in Natur kann der Miterbe nicht verlangen, auch nicht, wenn der Gegenstand an sich teilbar ist. Dies wäre unzulässige Teilauseinandersetzung; insbes könnte sich herausstellen, dass eine Versilberung erforderlich ist, um Nachlassverbindlichkeiten zu begleichen oder um Ausgleichsansprüche zu befriedigen. Wegen solcher Unklarheiten darf die Durchführung des Auseinandersetzungsverfahrens nicht verzögert werden. Nach §§ 755, 756 iVm § 2042 Abs 2 haftet auch die teilbare Sache für Nachlassverbindlichkeiten und für Ausgleichsansprüche der Erben untereinander, die mit dem Erbfall in Verbindung stehen (§ 2046 Abs 3, der anordnet, dass der Nachlass, soweit zur Berichtigung der Nachlassschulden erforderlich, in Geld umzusetzen ist, ist eine überflüssige, allenfalls der Klarstellung dienende Vorschrift). Daraus folgt, dass der Miterbe das Recht haben muss, zur Vorbereitung der Auseinandersetzung auch bei an sich teilbaren Sachen die Verwertung gem § 753 zu verlangen. Sind die übrigen Miterben nicht einverstanden, ist es ihre Sache, darzulegen und nachzuweisen, dass eine Veräußerung zur Durchführung der Auseinandersetzung nicht erforderlich ist. Das entspricht dem der gesetzlichen Regelung zugrundeliegenden Prinzip, nach dem Teilung durch Versilberung die Regel und Teilung in Natur die Ausnahme ist, die nur eingreift, wenn die Versilberung überflüssig ist (dazu Mot II 833 f). 110

cc) Forderungen

111 Für Forderungen gilt Folgendes: Jeder Miterbe kann nach § 2039 Leistung an alle Miterben gemeinschaftlich verlangen; besteht der geleistete Gegenstand nicht in Geld, kann der Miterbe gem §§ 2042, 753 seine Verwertung erzwingen. Ist die Forderung nicht fällig, kann der Miterbe den Verkauf gem §§ 754, 753 durchsetzen. Eine Besonderheit gilt für *Bankguthaben*: Die Frage, wie Bargeld der Erbengemeinschaft aufbewahrt bzw angelegt wird, ist eine Verwaltungsangelegenheit, über die die Erben nach § 2038 – grundsätzlich mit Mehrheit, § 2038 Abs 2 iVm § 745 – zu entscheiden haben.

dd) Streit über Nachlasszugehörigkeit

112 Ist zwischen den Parteien streitig, ob bestimmte Aktiva Nachlassbestandteil und daher in die Auseinandersetzung einzubeziehen sind, so hängt es von der prozessualen Lage ab, wie der Miterbe, der die Auseinandersetzung betreibt, zu verfahren hat. Behauptet er, der Gegenstand gehöre zum Nachlass, wird er zweckmäßigerweise auf *Herausgabe an den Nachlass* klagen und, soweit erforderlich, die *Verwertung erzwingen*. Leugnet er die Nachlasszugehörigkeit, so wird er zweckmäßigerweise *negative Feststellungsklage* erheben; das Rechtsschutzbedürfnis kann nicht zweifelhaft sein, da der Miterbe wissen muss, worüber er sich auseinanderzusetzen hat (vgl auch KG NJW 1961, 733).

ee) Ergebnis

113 Die §§ 2042, 752 ff setzen den Miterben in den Stand, die Versilberung des Nachlasses – möglicherweise mit Ausnahme gewisser teilbarer Gegenstände – zu erzwingen, und zwar hinsichtlich jedes einzelnen Nachlassgegenstandes gesondert. Die Erhebung einer Klage auf Abschluss eines Auseinandersetzungsvertrags, die die hL ihm zur Durchsetzung seines Anspruchs aus § 2042 Abs 1 empfiehlt, kann der Erreichung dieses Ziels nur hinderlich sein; sie ist mindestens überflüssig, mE auch unbegründet. Gewiss kann die Versilberung des Nachlasses Härten mit sich bringen, und die Verwertung auf dem Weg über § 753 verspricht nicht in jedem Fall das beste Ergebnis. Das ist der Nachteil, den die Miterben sich dafür einhandeln, dass sie sich nicht einigen können. Der Nachteil trifft sie indessen alle gleichmäßig; außerdem bleibt es jedem Miterben unbenommen, in der Versteigerung selbst mitzubieten, um später durch Verwertung für eigene Rechnung das erhoffte günstigere Ergebnis zu erzielen.

e) Schuldentilgung

114 Der nächste erforderliche Schritt besteht in der Tilgung der Nachlassverbindlichkeiten. § 2042 Abs 1 iVm § 2046 verleiht im Streitfall dem Miterben, der die Auseinandersetzung betreibt, gegenüber den anderen Miterben einen Anspruch darauf, bei der Berichtigung der fälligen und unstreitigen Nachlassverbindlichkeiten mitzuwirken. § 2038 Abs 1 S 2 iVm § 2046 Abs 1 S 2 gibt ihm einen Anspruch darauf, dass Beträge, die zur Befriedigung nicht fälliger oder streitiger Forderungen erforderlich sind, in geeigneter Weise angelegt werden. Zur Ermittlung der Nachlassverbindlichkeiten kann der Miterbe notfalls das Aufgebotsverfahren gem § 1970 betreiben.

115 Ist zwischen den Miterben streitig, ob eine bestimmte Verbindlichkeit Nachlassverbindlichkeit ist, so handelt es sich um eine „streitige" Verbindlichkeit iSv § 2046 Abs 1 S 2 (vgl STAUDINGER/WERNER [1996] § 2046 Rn 15). Es ist also eine entsprechende

Rückstellung zu bilden. Hierauf hat jeder Miterbe Anspruch. Der Streit wird anschließend zweckmäßigerweise durch Leistungsklage erledigt (auf Verteilung bzw auf Einwilligung in die Auszahlung an den angeblichen Nachlassgläubiger); ob daneben Rechtsschutzinteresse für eine positive oder negative Feststellungsklage besteht (bejahend OLG Karlsruhe NJW 1974, 956), scheint fraglich. Die weitere Auseinandersetzung wird durch den Streit, wenn die Rückstellung gebildet ist, nicht gehindert.

f) Teilung

Ist der Nachlass, soweit erforderlich, versilbert, sind die Nachlassschulden bezahlt, **116** sind die etwa erforderlichen Rückstellungen gebildet und sind etwaige Ausgleichungsansprüche (§§ 2050 ff) ermittelt (vgl § 2057), so ist der Nachlass **teilungsreif**. Da nur noch Geld und teilbare Gegenstände vorhanden sind, erfolgt die Teilung nach §§ 2042, 752 in Natur. Im Streitfall wird der Miterbe die Teilung durch Leistungsklage erzwingen. Die Klage richtet sich auf Erfüllung des Teilungsanspruchs (etwa auf Einwilligung in die Auszahlung des auf den Kläger entfallenden Betrags aus dem gemeinsamen Konto der Miterben); vgl auch § 753 Rn 22 f, 31.

Eine **Klage auf Abschluss eines schuldrechtlichen Auseinandersetzungsvertrags** ist **117** auch jetzt – wie in jedem Stadium des Auseinandersetzungsverfahrens – sinnlos, da der Miterbe direkt auf Erfüllung seiner gesetzlichen Ansprüche klagen kann; für eine solche Auseinandersetzungsklage besteht materiell keine Anspruchsgrundlage und prozessual kein Rechtsschutzinteresse. Dass der Miterbe, wenn in der Erbengemeinschaft alles streitig ist und niemals kooperiert wird, uU mehrere Klagen anstrengen muss, lässt sich nicht vermeiden; der Miterbe, der die Auseinandersetzung verlangt, hat es in der Hand, soviele Klagen zu verbinden, wie möglich ist und wie es ihm zweckmäßig erscheint. Von dem Versuch, vor Versilberung des Nachlasses mit einer Klage auf Zustimmung zu einem fertigen Auseinandersetzungs- und Teilungsplan in eine streitige Erbauseinandersetzung zu starten, kann man ihm auch unter praktischem Gesichtspunkt nur abraten; ein solches Verfahren ist nach dem Gesetz nicht geboten (so iE auch die herrschende Praxis) und es findet (entgegen der hL) im Gesetz auch keine Grundlage.

§ 750
Ausschluss der Aufhebung im Todesfall

Haben die Teilhaber das Recht, die Aufhebung der Gemeinschaft zu verlangen, auf Zeit ausgeschlossen, so tritt die Vereinbarung im Zweifel mit dem Tode eines Teilhabers außer Kraft.

Materialien: E I § 767 Abs 2 S 2; II § 686;
III § 737; Mot II 880; Prot II 756; Jakobs/
Schubert, Schuldverh III 384 ff.

Die Vorschrift enthält eine **Auslegungsregel** für den Fall, dass die Teilhaber das **1** Aufhebungsrecht durch Vereinbarung für eine bestimmte Zeit ausgeschlossen haben. Der Grund liegt den Motiven zufolge darin, dass beim Tod eines Teilhabers „der Ausschluß der Teilung besonders drückend wirkt"; deshalb sei anzunehmen, dass die Teilhaber für diesen Fall die Aufhebung nicht ausschließen wollten.

2 Die Auslegungsregel greift nicht ein, wenn sich ein gegenteiliger Wille aus der Vereinbarung entnehmen lässt oder wenn die Aufhebung für immer ausgeschlossen ist. In solchen Fällen kann gleichwohl der Tod eines Teilhabers einen „wichtigen Grund" für die Aufhebung der Gemeinschaft gem § 749 Abs 2 darstellen.

3 Keine Aufhebungsausschluss *auf Zeit* liegt vor, wenn der Ausschluss an sachliche Bedingungen geknüpft wurde, wie etwa den Bestand von bestimmten Grundstücksanlagen oder -einrichtungen. Auch hier kann die Auslegung natürlich zu anderen Ergebnissen führen.

§ 751
Ausschluss der Aufhebung und Sondernachfolger

Haben die Teilhaber das Recht, die Aufhebung der Gemeinschaft zu verlangen, für immer oder auf Zeit ausgeschlossen oder eine Kündigungsfrist bestimmt, so wirkt die Vereinbarung auch für und gegen die Sondernachfolger. Hat ein Gläubiger die Pfändung des Anteils eines Teilhabers erwirkt, so kann er ohne Rücksicht auf die Vereinbarung die Aufhebung der Gemeinschaft verlangen, sofern der Schuldtitel nicht bloß vorläufig vollstreckbar ist.

Materialien: E II § 787; III 738; Prot II 751 ff; JAKOBS/SCHUBERT Schuldverh III 388 ff.

Systematische Übersicht

I.	Gegenstand und Zweck der Vorschrift ____ 1	III.	Rechtsstellung des Vollstreckungs- und des Pfandgläubigers ____ 8
II.	Sonderregelung für das Miteigentum an Grundstücken ____ 3	IV.	Insolvenz des Teilhabers ____ 14
		V.	Keine Anwendung auf Abreden über die Durchführung der Aufhebung ____ 15

Alphabetische Übersicht

Ablösungsrecht der übrigen Teilhaber ____	11	Guter Glaube ____	2
Aufhebungsanspruch ____	9, 13		
		Hypothek, rechtsgeschäftliche, vgl auch Zwangshypothek ____	10
Eintragung ____	3 ff, 15		
Erbengemeinschaft ____	7, 11	Insolvenz ____	14
Grundbuch ____	3 ff		
Grundstücke ____	3 ff	Kenntnis des Erwerbers ____	2, 5

Pfändung	8	venire contra factum proprium	6
Pfandrecht, vertragliches	10	Vereinbarungen über die Durchführung der Aufhebung	15
Schadensersatzpflicht	4	Vollstreckung durch den Teilhaber	12
Sittenwidrige Schädigung	5		
		Wohnungseigentümergemeinschaft	7
Testamentsvollstrecker	7		
		Zwangshypothek	8
Umgehung	1		

I. Gegenstand und Zweck der Vorschrift

Die Vorschrift bezieht sich auf die in § 749 Abs 2 geregelten schuldrechtlichen **1** Vereinbarungen, durch die das Aufhebungsrecht ausgeschlossen oder beschränkt wird (vgl § 749 Rn 60 ff). Solche Vereinbarungen sollen auch gegenüber dem Rechtsnachfolger wirken, der den Anteil nach § 747 S 1 erwirbt. Die Vorschrift ist durch die zweite Kommission ins Gesetz gebracht worden, in der Erwägung, dass ohne sie eine *Vereinbarung über die Dauer der Gemeinschaft* von jedem Teilhaber *durch Veräußerung des Anteils* ohne weiteres *umgangen werden könnte* und damit praktisch wirkungslos wäre (Prot II 755). Sie ist damit das Gegenstück zur Vorschrift des § 746, die dem gleichen Zweck dient. Aus der Zwecksetzung der Vorschrift folgt, dass der Rechtsübergang zugunsten des Nachfolgers auch nicht als ein „wichtiger Grund" angesehen werden darf, der ihn berechtigt, Aufhebung der Gemeinschaft gem § 749 Abs 2 zu verlangen (MünchKomm/K SCHMIDT Rn 1; anders RG SeuffA 91 Nr 131 vom 26. 5. 1937 betr den Erwerb eines Grundstücksanteils durch eine Gemeinde, unter Berufung auf die „Pflichten, die … einer Körperschaft des öffentlichen Rechts im nationalsozialistischen Staat obliegen").

Auf **guten Glauben** des Erwerbers kommt es nicht an: Die Vereinbarung ist dem **2** Sondernachfolger gegenüber auch dann wirksam, wenn er sie weder kannte noch kennen musste. Die Anwendung der Vorschriften über den guten Glauben wurde bewusst verworfen, weil man ein Bedürfnis des Verkehrsschutzes für nicht gegeben ansah; es sei Sache des Erwerbers, sich nach den von der Gemeinschaft getroffenen Vereinbarungen zu erkundigen.

II. Sonderregelung für das Miteigentum an Grundstücken

Für die Bruchteilsgemeinschaft an Grundstücken enthält § 1010 allerdings eine **3** besondere Regelung; hier hat der Gesetzgeber ein besonderes Bedürfnis des Verkehrsschutzes für gegeben gehalten. Nach § 1010 wirkt eine Beschränkung oder Ausschließung des Aufhebungsrechts nur dann gegen den Sondernachfolger eines Grundstückseigentümers, wenn sie als Belastung des Anteils **im Grundbuch eingetragen** ist. Das bedeutet: *Schuldrechtlich*, zwischen den Teilhabern (und natürlich auch ihren Gesamtrechtsnachfolgern), ist der Aufhebungsausschluss formfrei wirksam. Ferner wirkt der Ausschluss *sachenrechtlich*, auch wenn nicht eingetragen, *zugunsten* des Rechtsnachfolgers, der einen Anteil erwirbt. *Zu Lasten* des Rechtsnachfolgers wirkt der Ausschluss dagegen nur im Fall der Eintragung (zur entsprechenden Lage im Fall von Verwaltungs- und Benutzungsregelungen iS § 746 vgl § 746 Rn 2).

4 Die Regelung des § 1010 bringt, wie im Parallelfall des § 746, bei unterlassener Grundbucheintragung gewisse Probleme mit sich. Auszugehen ist davon, dass die Vereinbarung, durch die die Aufhebung ausgeschlossen oder beschränkt wird, auch **ohne Eintragung die Teilhaber bindet**: Sie haben versprochen, die Gemeinschaft für die vorgesehene Zeit oder auf Dauer aufrechtzuerhalten. Infolgedessen ist der Teilhaber, der seinen Anteil veräußern will, den anderen Teilhabern gegenüber verpflichtet, diese Bindung *an den Erwerber weiterzugeben*. Tut er das nicht, so ist er gegenüber den anderen Teilhabern wegen positiver Vertragsverletzung *schadensersatzpflichtig*. Bei Weitergabe der Verpflichtung ist der Erwerber den anderen Teilhabern gegenüber gem § 328 zur Einhaltung verpflichtet.

5 Nach § 1010 wirkt die **nicht eingetragene Ausschlussvereinbarung** gegen den Erwerber auch dann nicht, wenn er sie **kennt** (vgl dazu auch oben § 746 Rn 2). Zu helfen ist den anderen Teilhabern möglicherweise mit § 826, so etwa dann, wenn der Erwerber mit dem Veräußerer zusammenwirkt, um ihm bei der Ausschaltung des Aufhebungsausschlusses behilflich zu sein.

6 Nicht ganz ausgewogen ist die Rechtslage, die sich daraus ergibt, dass **der Erwerber** sich bei fehlender Eintragung zwar **zu seinem Vorteil** auf den Aufhebungsausschluss berufen kann, selber aber **nicht gebunden** ist. Denn regelmäßig beruht der Abschluss einer solchen Vereinbarung auf Wechselseitigkeit, die nun nicht mehr gewahrt ist. Es ist also denkbar, dass der neue Teilhaber zunächst, unter Berufung auf die nicht eingetragene Vereinbarung, dem Aufhebungsverlangen eines „alten" Teilhabers widerspricht und dann später, bei veränderter Lage seiner Interessen, selbst die Aufhebung fordert (die Rechtslage ist hier anders als bei nicht eingetragenen Verwaltungs- und Benutzungsregelungen, die der Erwerber nur entweder im Ganzen angreifen kann oder gelten lassen muss, § 746 Rn 2). Der Vorwurf eines „venire contra factum proprium" greift in einem solchen Fall schwerlich durch, weil der Erwerber sich einfach auf die Rechtsposition beruft, die § 1010 ihm verleiht. Den übrigen Teilhabern kann deshalb nur empfohlen werden, sich alsbald nach Veräußerung um eine vertragliche Neuregelung unter Einbeziehung des neuen Teilhabers zu bemühen.

7 Für die **Wohnungseigentümergemeinschaft** sind §§ 751, 1010 wegen des gesetzlichen Aufhebungsausschlusses, § 11 WEG, gegenstandslos. Für die **Erbengemeinschaft** gilt § 751 entsprechend (§ 2042 Abs 2, wenn die Miterben selbst die Auseinandersetzung ausgeschlossen haben, § 2044 Abs 1 S 2, wenn der Erblasser den Ausschluss letztwillig verfügt hat). Eine Eintragung nach § 1010 ist *nicht* erforderlich, auch dann nicht, wenn zum Nachlass Grundstücke gehören oder der Nachlass überhaupt nur aus einem Grundstück besteht (vgl § 743 Rn 48). Aus § 751 S 2 folgt kein Antragsrecht eines Erbteilspfandgläubigers für die Entlassung eines Testamentsvollstreckers (LG Stuttgart BWNotZ 1992, 59).

III. Rechtsstellung des Vollstreckungs- und des Pfandgläubigers

8 Die Vereinbarung des Aufhebungsausschlusses wirkt nicht gegen einen Gläubiger, der den Anteil **gepfändet hat**, sofern sein Titel nicht nur vorläufig vollstreckbar ist, S 2. Dem Wortlaut nach gilt das nur für Anteile an *beweglichen Sachen* und *Rechten*, weil nur insoweit eine „Pfändung" gem § 857 ZPO in Betracht kommt, während

Miteigentumsanteile an Grundstücken nicht „gepfändet" werden, sondern den Regeln über die Zwangsvollstreckung ins unbewegliche Vermögen unterliegen (§ 747 Rn 51). Nach der ratio legis kann aber nicht bezweifelt werden, dass auch die Erwirkung einer **Zwangshypothek** am Anteil als „Pfändung" iSv S 2 angesehen werden muss (§ 747 Rn 57). Denn die Vorschrift will verhindern, dass durch die Einbringung in eine Gemeinschaft Vermögensgegenstände der Zwangsvollstreckung einfach entzogen werden können; das muss gerade auch für Grundstücke gelten.

S 2 verleiht dem Pfändungspfandgläubiger des Anteils und dem Inhaber der **9** Zwangshypothek – sofern der Titel nicht nur vorläufig vollstreckbar ist – einen unentziehbaren **Anspruch auf Aufhebung der Gemeinschaft** (§ 747 Rn 57, 62 f). Es handelt sich dabei, rechtskonstruktiv betrachtet, um den Anspruch des Teilhabers (Vollstreckungsschuldners) gem § 749 Abs 1, der vom Gesetz dem Gläubiger zur Ausübung übertragen ist, und zwar auch, wenn die Teilhaber die Aufhebung ausgeschlossen haben. Auch in einem solchen Fall ist das Recht auf Aufhebung ein integrierender Bestandteil der Anteilsberechtigung, nur mit der Beschränkung, dass die Aufhebung nur im Einverständnis aller Teilhaber durchgeführt werden kann; lediglich diese Beschränkung entfällt gegenüber dem Vollstreckungsgläubiger.

Der Ausschluss des Aufhebungsrechts ist ferner unwirksam gegenüber einem **Ver-** **10** **tragspfandgläubiger**, sobald Pfandreife eingetreten ist, § 1258 Abs 2 S 2 für bewegliche Sachen, § 1273 Abs 2 iVm § 1258 Abs 2 S 2 für Rechte.

Die **übrigen Teilhaber** können – gemeinsam oder einzeln – die Aufhebung der **11** Gemeinschaft durch den Gläubiger abwenden, indem sie die Schuld bezahlen; die Forderung geht dann mit dem Pfandrecht oder der Hypothek am Anteil des Schuldners auf sie über (§§ 268, 401; vgl MünchKomm/K Schmidt Rn 6; für den Fall einer Erbengemeinschaft ebenso OLG Karlsruhe NJW-RR 1992, 713). Zweckmäßigerweise werden die ablösenden Teilhaber dann versuchen, den Anteil als solchen zur Versteigerung zu bringen und ihn selbst zu ersteigern; oder sie werden den Schuldner dazu veranlassen, ihnen seinen Anteil zu verkaufen und den Kaufpreis auf die übergegangene Forderung zu verrechnen.

S 2 gilt auch, wenn ein **Teilhaber selbst als Gläubiger** die Zwangsvollstreckung in den **12** Anteil des anderen Teilhabers betreibt. Sonst hätte die Abrede über den Aufhebungsausschluss die Wirkung eines rechtsgeschäftlich vereinbarten Vollstreckungsverbots; das ist im Zweifel nicht beabsichtigt. Das gilt auch, wenn der Teilhaber die Forderung und das Pfandrecht durch *Ablösung* gem § 268 erworben hat (oben Rn 11; aA MünchKomm/K Schmidt Rn 6, mit der Begründung, die Ablösung der Schuld diene gerade der „Ausschaltung des § 751 S 2" – aber welche Motive die Teilhaber zur Ablösung der Forderung bewogen haben, ist unerheblich und kann ihnen nicht zum Nachteil gereichen). Abweichende Vereinbarungen sind zulässig.

S 2 ist unanwendbar, wenn nur der **Anspruch auf Aufhebung gepfändet** ist – richtiger **13** Ansicht nach ein Fall ohne praktische Bedeutung, weil der Anspruch auf Aufhebung ohnehin nicht pfändbar ist und die Pfändung ins Leere geht (§ 749 Rn 58 f; aA MünchKomm/K Schmidt Rn 3; OLG Hamm NJW-RR 1992, 666). Zum ganzen sehr eingehend Gramentz 23 ff, dessen Vorschläge aber wohl eher de lege ferenda von Bedeutung sind, vgl die Bespr bei Kohler ZZP 104 (1991) 83 ff.

IV. Insolvenz des Teilhabers

14 Fällt ein Teilhaber in Insolvenz, so wirkt die Vereinbarung über den Ausschluss oder die Beschränkung der Aufhebung nicht gegen die Insolvenzmasse (§ 84 Abs 2 InsO). Die übrigen Teilhaber bleiben dagegen gebunden, auch gegenüber dem Insolvenzverwalter.

V. Keine Anwendung auf Abreden über die Durchführung der Aufhebung

15 § 751 gilt nicht für Vereinbarungen, durch die die Teilhaber sich auf eine bestimmte Art und Weise der Durchführung der Aufhebung verständigen (zB freihändiger Verkauf, Übernahmerecht eines Teilhabers, Versteigerung unter den Teilhabern). Solche Vereinbarungen schließen das Recht auf Aufhebung als solches nicht aus und beschränken es auch nicht. Sie haben nur schuldrechtliche Wirkungen (vgl § 749 Rn 25 ff) und sind nicht eintragungsfähig; sie sind Rechtsnachfolgern, Vollstreckungsgläubigern und Insolvenzgläubigern gegenüber unwirksam. Handelt es sich, wie oft, um gegenseitige Verträge (§ 749 Rn 27), greift bei Insolvenz des Teilhabers § 103 InsO ein; der Insolvenzverwalter kann also wählen, ob er nach der Vereinbarung oder nach dem Gesetz teilen will. Vgl auch § 749 Rn 88.

§ 752
Teilung in Natur

Die Aufhebung der Gemeinschaft erfolgt durch Teilung in Natur, wenn der gemeinschaftliche Gegenstand oder, falls mehrere Gegenstände gemeinschaftlich sind, diese sich ohne Verminderung des Wertes in gleichartige, den Anteilen der Teilhaber entsprechende Teile zerlegen lassen. Die Verteilung gleicher Teile unter die Teilhaber geschieht durch das Los.

Materialien: E I § 769; II § 688; III § 739; Mot II 881 ff; Prot II 757 ff; Jakobs/Schubert, Schuldverh III 391 ff.

Systematische Übersicht

I. Bedeutung 1	III. Einzelfälle	
	1. Teilbarkeit 14	
II. Voraussetzungen	2. Unteilbarkeit 17	
1. Allgemeines 2		
2. Gleichartigkeit der Teile 4	IV. Durchführung der Teilung; Losentscheid	
3. Möglichkeit der Realteilung im Verhältnis der Anteile 9	1. Sachen 19	
	a) Allgemeines 19	
4. Möglichkeit der Teilung ohne Wertminderung 11	b) Gutgläubiger Erwerb 23	
	2. Rechte 25	
	3. Kosten der Teilung 26	
	4. Gewährleistung 27	

Titel 17
Gemeinschaft

V.	Prozessuale Durchsetzung	28	VII. Ausschluss der Naturalteilung wegen gemeinschaftlicher Schulden	38
VI.	Abtretung; Pfändung	32		

Alphabetische Übersicht

Abtretung des Teilungsanspruchs	32	Mietrecht	18
Bankkonto	25	Nachlassteilung	7
Bauplätze	15	Nennwert	14
Beweislast	30		
		Öffentliche Interessen	12
Dispositives Recht	1		
Doppelhaus	17	Persönliche Interessen	12
Dressurgespann	11	Pfändung des Anteils an einem Recht	34
		Pfändung des Miteigentumsanteils	33
Einfahrt	18	Pfändung des Teilungsanspruchs	32
Erbteil	15		
		Rechte	15, 25
Fährgerechtigkeit	17		
Familiäre Interessen	12	Sammelverwahrung	25
Flüssigkeiten	14	Sammlung	11
Forderungen	15, 25	Scheune	18
		Schulden	38
Geld	14, 25	See	17
Gesellschaft	8	Spitzenausgleich in Geld	9
Gewährleistung	27		
Gleichartigkeit	4 ff	Teilweise Unteilbarkeit	5, 10
Grundstücke	4 ff, 15	Tenne	18
Gütergemeinschaft	8		
Gutgläubiger Erwerb	23 f	Übertragung	22
		Überweisung zur Einziehung	33
Häuser	18		
Hof	18	Vermessungskosten	13
Hypothek	15	Vollstreckung	29, 32 ff
Klagantrag	28	Wald	13
Kosten	13, 26	Warenvorräte	3, 14
Kunstwerk	17	Wertminderung	11 ff
Kuxe	10, 14	Wertpapiere	3, 14, 25
		Wohnungseigentum, Aufteilung in	18
Lästigkeit der Realteilung	11		
Losentscheid	21	Zerlegung	20
		Zuteilung	21
Mehrheit von Gegenständen	3	Zwangshypothek	35
Metalle	14		

I. Bedeutung

1 Die Vorschrift ergänzt § 749. Sie regelt eine der Formen, in denen die Aufhebung iSv § 749 Abs 1 durchgeführt werden kann – und nicht die praktisch wichtigste. Neben der Aufhebungsform des § 753 – Teilung durch Verkauf – hat die Teilungsform des § 752 – Teilung in Natur – nur eine untergeordnete und ergänzende Bedeutung. Wie alle Vorschriften über die Durchführung der Teilung ist auch § 752 dispositiv. Tatsächlich wird in der Praxis wohl nicht selten durch Verkauf und Erlösverteilung geteilt, wo § 752 Naturalteilung vorsieht.

II. Voraussetzungen

1. Allgemeines

2 Der Anspruch auf Teilung in Natur hat **drei Voraussetzungen**. Erstens muss sich der gemeinschaftliche Gegenstand – sei es eine Einzelsache, eine Gesamtsache oder eine Sachgesamtheit – in gleichartige Teile zerlegen lassen. Zweitens muss eine Zerlegung gerade in solche gleichartige Teile möglich sein, die den Anteilen der Teilhaber entsprechen. Drittens muss die Zerlegung in gleichartige, anteilsgerechte Teile möglich sein, ohne dass eine Wertminderung eintritt.

3 Geht es um eine **Mehrheit von Gegenständen**, setzt § 752 ferner voraus, dass an diesen Gegenständen eine **einheitliche Gemeinschaft** besteht (dazu § 741 Rn 157 ff), so vor allem, wenn durch Vermengung Miteigentum an gleichartigen Sachen entstanden ist oder wenn die Parteien einen Bestand gleichartiger Sachen (Warenvorräte, Wertpapiere) gemeinsam durch Rechtsgeschäft erworben haben. Bestehen mehrere Gemeinschaften an Vermögensgegenständen, so hat die Auseinandersetzung jeweils gesondert stattzufinden (BGH NZG 2001, 73).

2. Gleichartigkeit der Teile

4 Ob die in Betracht kommenden Teile gleichartig sind, ist nach der **Verkehrsanschauung** zu entscheiden; vollkommene Gleichheit ist nicht zu fordern (OLG Colmar OLGE 12, 92; BGH WM 1973, 82, 83). Es kommt in erster Linie nicht auf *Gleichwertigkeit*, sondern auf *Gleichartigkeit* an. Gerade Bewertungsstreitigkeiten müssen beim Verfahren nach § 752 ausgeschlossen sein; sie sollen dadurch erledigt werden, dass nach § 753 geteilt wird. Teile, deren Wert nach der Teilung erst noch ermittelt werden muss, um gerecht teilen zu können, sind per definitionem nicht gleichartig. Wo Schätzgutachten zur Realteilung erforderlich sind, ist kein Fall des § 752 gegeben. Ungleichartig sind deshalb insbesondere der bebaute und der unbebaute Teil eines Grundstücks.

5 Unteilbar in diesem Sinn ist ein **Gegenstand, der sich zT teilen lässt, zT nicht**. Besteht die Gemeinschaft an einem Haus mit Wiese, so kann nicht verlangt werden, dass die Wiese abgetrennt und in Natur geteilt und das Haus versteigert wird, auch dann nicht, wenn durch die Trennung von Hausgrundstück und Wiese keine Wertminderung eintritt (vgl auch MünchKomm/K Schmidt Rn 14). Das Gesetz hat eine solche getrennte Teilung nicht vorgesehen, und das mit Grund. Sind die Parteien sich einig, brauchen sie kein Gesetz, um das Haus zu verkaufen und die Wiese zu teilen. Sind die Parteien sich uneinig, soll die Teilung in Natur nur stattfinden, wo sie möglich ist,

ohne Streitpunkte zu bieten. Die Zerlegung in einen teilbaren und einen unteilbaren Teil bietet aber offenbar Anlass genug zu solchem Streit.

Nach dem Wortlaut des Gesetzes ist Teilung in Natur auch dann nicht vorgesehen, **6** wenn die Gemeinschaft von vornherein an **verschiedenen Gegenständen** besteht, von denen **der eine teilbar ist und der andere nicht** (Haus und Wiese liegen auf grundbuchmäßig getrennten Grundstücken). Hier ist zu unterscheiden, ob es sich um eine oder um mehrere Gemeinschaften handelt. Mehrere Gemeinschaften werden jede für sich aufgehoben (die Gemeinschaft am Haus nach § 753, an der Wiese ggf nach § 752). Ist die Gemeinschaft aber einheitlich, soll sie in einem einheitlichen Verfahren geteilt werden (dh Haus und Wiese werden zusammen gem § 753 versteigert; **aA** MünchKomm/K SCHMIDT Rn 14). Die Frage, ob eine oder mehrere Gemeinschaften vorliegen, muss vor allem nach *wirtschaftlichen Gesichtspunkten* entschieden werden: Bei wirtschaftlich zusammengehörigen Gegenständen sollte eine einheitliche, sonst sollten getrennte Gemeinschaften angenommen werden. Die Verkehrsanschauung und die wirtschaftlichen Zielsetzungen der Teilhaber sind hier gleichermaßen beachtlich (vgl dazu § 741 Rn 157).

Der wirtschaftliche Gesichtspunkt spielt eine besondere Rolle bei der **Nachlasstei- 7 lung**, auf die § 752 kraft Verweisung (§ 2042 Abs 2) Anwendung findet. Der ganze Nachlass wird sich so gut wie nie in Natur teilen lassen. Die Verweisung ist daher so zu verstehen, dass teilbare Gegenstände in Natur, andere durch Verkauf zu teilen sind. Die Abgrenzung, was ein „Gegenstand" im Sinn dieser Regel ist, muss den Gesichtspunkt der wirtschaftlichen Zusammengehörigkeit beachten, unter Berücksichtigung der Verkehrsanschauung und der wirtschaftlichen Zweckbestimmung, die der Erblasser oder die Erbengemeinschaft getroffen hat.

Entsprechendes gilt für die Anwendung des § 752 bei der Auseinandersetzung von **8 Gesellschaften** (§ 731 S 2) und der **Gütergemeinschaft** (§ 1477 Abs 1).

3. Möglichkeit der Realteilung im Verhältnis der Anteile

Die Teile müssen gerade so groß sein, dass sie den bisherigen Anteilen der Teilhaber **9** entsprechen. Ist eine solche Aufteilung nicht möglich, ist § 752 unanwendbar. Wird also bei der Realteilung erforderlich, „Spitzen" durch Geld auszugleichen, ist der Fall des § 752 nicht gegeben (Prot II 757 f; MünchKomm/K SCHMIDT Rn 10; **aA** ESSER II § 97 II 5; ESSER/SCHMIDT § 38 IV 2.d).

Besteht die Gemeinschaft an mehreren gleichartigen, aber für sich unteilbaren **10** Gegenständen (zB Wertpapieren), so setzt § 752 nach dem ganz eindeutigen Gesetzeswortlaut voraus, dass die Teilung glatt aufgeht. Haben A und B 5 Kuxe gemeinschaftlich, ist A zu 3/4, B zu 1/4 beteiligt und sind die einzelnen Kuxe nicht teilbar (Beispiel nach RGZ 91, 416, 418), so stößt die Naturalteilung auf Schwierigkeiten. Zu fordern, dass A 3 Kuxe und B 1 Kux erhält und der fünfte Kux gemeinschaftlich bleibt, verstößt gegen die Regel, dass Teilaufhebung nicht verlangt werden kann (RG aaO; § 749 Rn 51). Dagegen muss es zulässig sein, zu fordern, dass A 3 Kuxe und B 1 Kux erhält und gleichzeitig der fünfte Kux gem § 753 verkauft und der Erlös geteilt wird. Es hat keinen Sinn zu verlangen, dass nur wegen des einen überzähligen Kuxes alle fünf Kuxe verkauft werden (ebenso MünchKomm/K SCHMIDT Rn 14).

4. Möglichkeit der Teilung ohne Wertminderung

11 Durch die Teilung darf keine Wertminderung entstehen. Das Ganze darf nicht mehr wert sein als die Summe seiner Teile (wie zB im Fall einer kompletten Sammlung, eines Dressurgespanns usw). Entscheidend ist der **Verkehrswert**; die persönlichen Verhältnisse der Teilhaber – etwa ob es für sie lästig ist, relativ kleine Anteile zu nutzen oder zu verwerten – sind gleichgültig (RG WarnR 1910, Nr 113; OLG Nürnberg RdL 1960, 22).

Nicht zu folgen ist ESSER § 97 II 5, der meint, „daß in Zeiten fortschreitender Geldentwertung eine Realteilung auch dann vorzuziehen sein kann, wenn der Gelderlös für das Gemeinschaftsgut im Ganzen höher ist als normalerweise der Sachwert der auseinandergerissenen Stücke" (ebenso ESSER/SCHMIDT § 38 IV 2 d). Das Gesetz enthält keine Regel, nach der Realteilung dann eingreift, wenn sie wirtschaftlich vernünftiger ist als der Verkauf. Das zu beurteilen, bleibt den Parteien überlassen. Können sie sich nicht einigen, können sie nicht vom Richter verlangen, dass er die vernünftige Regelung an ihrer Stelle trifft. Das ist die notwendige Folge der Entscheidung des Gesetzgebers gegen das Adjudikationsverfahren (§ 749 Rn 4), mit der man sich abzufinden hat.

12 Umgekehrt ist Teilung in Natur nicht deswegen ausgeschlossen, weil sie **unzweckmäßig** ist oder gegen öffentliche, persönliche oder familiäre Interessen verstößt (vgl auch Prot II 758 f). Allerdings wird in Fällen, in denen solche Interessen gegen die Teilung sprechen, der Markt oft ebenso entscheiden und das ungeteilte Ganze höher bewerten als die Einzelteile, sodass eine Teilung ohne Wertminderung nicht möglich ist.

13 Die **Kosten der Teilung** als solche fallen bei der Entscheidung, ob die Teilung zu einer Wertminderung führt, nicht ins Gewicht (RG Recht 1901, 17: Vermessungskosten für Aufteilung eines Waldes). Naturalteilung kann also auch dann gefordert werden, wenn die Teilungskosten höher sind als die Versteigerungskosten. Das Gesetz verlangt von den Teilhabern nicht, in einem solchen Fall das billigere Verfahren zu wählen.

III. Einzelfälle

1. Teilbarkeit

14 Teilbar sind insbesondere **Geld, Flüssigkeiten, Warenvorräte, Metalle**. Mehrere gleichartige **Wertpapiere** werden geteilt, indem den Teilhabern ganze Stücke zugewiesen werden (vgl dazu RGZ 91, 416, 418: Kuxe); dass diese denselben Nennwert haben, ist nicht erforderlich (Prot II 759). Die Teilung eines „Wertpapierpakets" kann uU deshalb nicht verlangt werden, weil dies zu einer Wertminderung führt.

15 **Grundstücke** sind zwar grundsätzlich teilbar, wenn nicht öffentlich-rechtliche Verbote entgegenstehen (zB § 9 Abs 1 Nr 2 GrdstVG; §§ 19 und 20 BauGB aF; landesrechtliche Teilungsverbote; vgl auch § 749 Rn 92). Bei Bauplätzen kann der Teilungsanspruch daran scheitern, dass sie durch Teilung nur noch eine schlechtere Bebauungsmöglichkeit bieten oder die Bebaubarkeit sogar völlig verhindert wird (RG WarnR 1910, Nr 113; OLG Nürnberg RdL 1960, 22). Die Teilbarkeit landwirtschaftlicher

Grundstücke unterschiedlicher Größe, Lage und Betriebsart ist Frage des Einzelfalls (OLG Colmar OLGE 12, 92; großzügig). In der Praxis wird es an den Voraussetzungen des § 752 idR in der ganz überwiegenden Zahl der Fälle fehlen, weil entweder die Grundstücksteile ungleichartig sind oder durch die Teilung Wertminderung eintritt (vgl auch unten Rn 18; MünchKomm/K Schmidt Rn 21; OLG Hamm NJW-RR 1992, 666 f; OLG Karlsruhe NZG 1999, 249). Teilungsvereinbarungen unterliegen dem Formzwang des § 311b Abs 1 und dem Bestimmtheitsgebot (zum Fall einer „missglückten" pauschalen Teilungsabrede im Ankaufsvertrag vgl BGH NJW 2002, 2560).

Auch **Rechte** können teilbar sein. *Forderungen* sind teilbar, wenn sie auf teilbare **16** Leistungen gerichtet sind. *Briefhypotheken* werden geteilt durch Teilung der Forderung und Herstellung und Aushändigung von Teilhypothekenbriefen, § 1152 (RGZ 59, 313, 318; RGZ 69, 36, 42; RGZ 65, 62, 64). Teilbar ist auch ein *Erbteil* (praktisch wird die Frage dann, wenn der Erbteil auf eine Miterbengemeinschaft übergegangen ist, die ihrerseits auseinandergesetzt werden soll, § 2042 Abs 2 iVm § 752). Die Teilung erfolgt dann so, dass im Weg der Erbteilsveräußerung (§ 2033 Abs 1) jeder der teilungsberechtigten Miterben denjenigen realen Bruchteil an dem zum Nachlass gehörigen Erbteil erhält, der seinem eigenen Erbteil entspricht (BGH NJW 1963, 1610 mwNw). Die Miterben, die sich auf diese Weise über den ererbten Miterbenanteil auseinandergesetzt haben, bilden in Zukunft hinsichtlich des ererbten Anteils keine Bruchteilsgemeinschaft gem §§ 741 ff, sondern jeder hat einen eigenen, realen Anteil am Miterbenanteil (offen gelassen vom BGH aaO; wie hier Kretzschmar ZBlFG 18, 9, 11; **aA** MünchKomm/K Schmidt Rn 17; vgl auch § 741 Rn 143 f). Zulässig ist allerdings auch die Umwandlung der Erbengemeinschaft am Erbteil in eine Bruchteilsgemeinschaft (§ 741 Rn 143 f); aber praktisch hat sie keinen Sinn. Nur auf Realteilung des Erbteils gibt § 752 den Miterben einen Anspruch, nicht auf Umwandlung in eine Bruchteilsgemeinschaft.

2. Unteilbarkeit

Unteilbar sind Kunstwerke; Seen (OLG Marienwerder OLGE 22, 343); Fährgerechtig- **17** keiten auf öffentlichen Strömen; Unternehmen (zur Frage der Teilbarkeit eines Zeitungsunternehmens: RG SeuffBl 68, 55, 57; zur Frage, ob Bruchteilsgemeinschaften an Unternehmen überhaupt möglich sind, § 741 Rn 160).

Bei **Häusern** ist eine Teilung in aller Regel nicht möglich (RG SeuffBl 53, 149 zum **18** gemeinen Recht). Stockwerkseigentum kann nicht mehr begründet werden. Die Teilung in der Weise, dass Wohnungseigentum geschaffen wird, wird durch §§ 749 Abs 1, 752 nicht gedeckt. Denn das Ergebnis wäre, dass eine nach § 11 WEG unauflösliche Wohnungseigentümergemeinschaft entstünde. Die Zuteilung des Sondereigentums wäre eine Teilauseinandersetzung, auf die kein Teilhaber Anspruch hat; im Übrigen würde die Bruchteilsgemeinschaft in eine unauflösbare Gemeinschaft umgewandelt, worauf erst recht kein Teilhaber Anspruch hat (OLG München JZ 1953, 148 mit Anm Raiser; **aA** Kipp/Coing § 117 II 1; Wüst, Gemeinschaftsteilung 12). Ein Doppelhaus, das spiegelbildartig auf zwei Grundstücken verschiedener Teilhaber errichtet ist, kann nicht durch Ziehung einer Trennmauer auf der Grundstücksgrenze geteilt werden, wenn dadurch der Flur im ausgebauten Dachgeschoss unbrauchbar wird (OLG Schleswig SchlHAnz 1967, 179 m Anm Thiele; sehr eng). Das Mietrecht an einer Wohnung wird sich regelmäßig ebenfalls nicht teilen lassen (vgl dazu § 747 Rn 69, § 749 Rn 11). Unteilbar sind auch gemeinschaftliche Eingänge, Einfahrten, Hofräume, Scheunentennen, wenn sie nach der Teilung nicht mehr in der bisherigen Weise benutzt werden können (RG SeuffBl 41, 328; 43, 286 zum gemeinen Recht).

IV. Durchführung der Teilung; Losentscheid

1. Sachen

a) Allgemeines

19 Die Teilung von Sachen erfolgt in drei Schritten. Zunächst müssen die den Anteilen entsprechenden Teile durch **Zerlegung** des Gegenstands hergestellt werden. Dann sind die so entstandenen Teile den einzelnen Teilhabern **zuzuweisen**. Schließlich müssen die Teile den einzelnen Teilhabern **übertragen** werden.

20 Die **Zerlegung** des Gegenstands in Teile ist Realakt. Bei Grundstücken ist zusätzlich Abschreibungsunterlage (§ 2 GBO) und Erklärung gegenüber dem Grundbuchamt sowie Eintragung unter zwei Nummern erforderlich; ERMAN/HAGEN/LORENZ § 890 Rn 13. Grundschulden und Hypotheken sind unter entsprechender Teilbriefbildung im gleichen Range zu zerlegen.

21 Die **Zuteilung** der einzelnen Teile ist problemlos, wenn die Anteile der Teilhaber und dementsprechend die bei der Zerlegung hergestellten Teile verschieden groß sind. Jeder Teilhaber erhält dann den zu seinem Anteil passenden Teil der Sache. Sind dagegen die Anteile gleich und müssen demgemäß gleiche Teile verteilt werden, so entscheidet das **Los** (S 2). Die Verlosung ist von den Teilhabern gemeinsam vorzunehmen. Haben nur einzelne von mehreren Teilhabern gleich große Anteile, so erfolgt der Losentscheid nur unter ihnen. Sinnvoll ist eine Verlosung allerdings nur, wenn die Anteile nicht völlig gleichartig sind (dazu oben Rn 4), so bei der Parzellierung von Grundstücken. Bei Teilung völlig gleichartiger Sachen (Geld, Wertpapiere, Warenvorräte) ist der Losentscheid überflüssig (vgl auch MünchKomm/K SCHMIDT Rn 34).

22 Die Übertragung der Teile auf die einzelnen Teilhaber ist Verfügung. Sobald die Teile hergestellt sind und feststeht, welchem Teilhaber welcher Teil gebührt, sind die übrigen Teilhaber verpflichtet, dem jeweiligen Teilhaber den ihm gebührenden Teil zu übertragen. Die Übertragung erfolgt nach den für den gemeinschaftlichen Gegenstand maßgeblichen Regeln, also durch Auflassung und Eintragung bei Grundstücken, Einigung und Übergabe bei beweglichen Sachen.

b) Gutgläubiger Erwerb

23 Hinsichtlich der Frage eines gutgläubigen Erwerbs, wenn **alle Beteiligten nichtberechtigt** sind, gilt Folgendes: Auszugehen ist davon, dass ein gutgläubiger Erwerb auch zwischen Teilhabern möglich ist (str, dazu § 747 Rn 27). Haben A und B ein Grundstück vom geisteskranken E zu Miteigentum übertragen erhalten, sind sie im Grundbuch eingetragen worden und überträgt jetzt A seine Hälfte an B, so kann B die Hälfte von A gutgläubig erwerben (vgl § 747 Rn 28). Bei der Realteilung ist es so, dass A und B das Grundstück zunächst teilen, und A sein Miteigentum an einem Teilgrundstück auf B, B sein Miteigentum am anderen Teilgrundstück auf A über-

trägt. Ließe man hier gutgläubigen Erwerb zu, wäre die Folge, dass A den Anteil des B, B den Anteil des A gutgläubig erwürbe; an beiden Teilen bliebe E Miteigentümer. Einen praktischen Sinn hat das nicht, weil gem § 816 jeder der beiden an E herausgeben müsste, was er durch die Verfügung erlangt hat: das ist aber gerade der Miteigentumsanteil am Teilgrundstück. Ein Bedürfnis, A und B in ihrem guten Glauben zu schützen, ist bei dieser Sachlage nicht ersichtlich (anders als in dem Fall, in dem einer der beiden vermeintlichen Teilhaber dem anderen den Anteil abkauft). Das spricht dafür, bei der Umwandlung von ideellem Bruchteilseigentum in reales einen gutgläubigen Erwerb von vornherein nicht zuzulassen; es handelt sich wirtschaftlich gesehen nur um einen Wandel der Rechtsform der Mitberechtigung, auf den die Vorschriften über den Gutglaubensschutz nicht passen (ebenso MünchKomm/ K Schmidt Rn 5; vgl auch § 747 Rn 71).

Anders ist es, wenn nur **einzelne Beteiligte nichtberechtigt** sind. Sind A und B als Miteigentümer im Grundbuch eingetragen, A zu Recht, B zu Unrecht, und nehmen sie nun eine Realteilung vor, so ist A offensichtlich schutzbedürftig. Er überträgt sein Miteigentum an dem für B bestimmten Teilgrundstück wirksam auf B und muss deshalb in seinem Vertrauen darauf geschützt sein, dass auch die Verfügung des B wirksam ist. A wird also Eigentümer des ihm zugeteilten Grundstücks. An dem B zugeteilten Grundstück entsteht Miteigentum zwischen B (der den Anteil des A wirksam erworben hat) und dem bisherigen Anteilsberechtigten. Dieser kann von B gem § 816 Übertragung des Miteigentumsanteils verlangen. 24

2. Rechte

Die Teilung von Rechten, insbesondere Forderungen, ist einfacher. Hier kommt eine tatsächliche Zerlegung nach der Natur der Sache nicht in Betracht, ebensowenig ein Losentscheid. Die Teilung wird dadurch vollzogen, dass die übrigen Teilhaber dem jeweils berechtigten Teilhaber einen seinem Anteil entsprechenden Teil der Forderung oder des Rechts gem § 398 abtreten. Auf diese Weise ist insbes Geld, das auf einem Bankkonto liegt, oder auch ein Wertpapierdepot in Sammelverwahrung zu teilen. Bei Grundschulden und Hypotheken ist daneben (Teil-)Briefübergabe bzw Grundbucheintragung erforderlich. 25

3. Kosten der Teilung

Die Kosten der Teilung sind nicht besonders geregelt. Nach dem Prinzip des § 748 hat jeder Teilhaber den Teil der Kosten zu tragen, der seinem Anteil entspricht (Soergel/Hadding Rn 10; MünchKomm/K Schmidt Rn 35). Zum Geschäftswert der Beurkundung einer Realteilung OLG Düsseldorf v 17. 10. 1995 – 10 W 203/94. 26

4. Gewährleistung

Die Gewährleistung richtet sich nach § 757. 27

V. Prozessuale Durchsetzung

Im Prozess wird der Teilungsanspruch durch **Leistungsklage** durchgesetzt. Der Klagantrag muss auf Vornahme derjenigen Handlungen (zB Zerlegung der Sache in 28

Teile, ggf Verlosung, Übergabe) und Abgabe derjenigen rechtsgeschäftlichen Erklärungen (zB Übereignung oder Abtretung) gerichtet sein, die zur Teilung erforderlich sind (PLANCK/LOBE Anm 10; vgl auch Mot II 883). In Betracht kommt auch ein Antrag auf Duldung der für die Teilung erforderlichen vorbereitenden Maßnahmen (zB der Vermessung des Grundstücks). Ist der widersprechende Schuldner im Alleinbesitz der Sache, so wird man zweckmäßigerweise mit der Teilungsklage die Klage auf Herausgabe an die Teilhaber gemeinschaftlich verbinden. Die geforderte Leistung ist in der Klage so genau anzugeben, dass das Urteil vollstreckbar ist.

29 Die **Vollstreckung** erfolgt, soweit es um die Zerlegung und Verlosung geht, nach § 887 ZPO, soweit es um Erklärungen geht, nach § 894 ZPO, soweit es um die Herausgabe geht, nach §§ 883, 885 ZPO, und soweit es um die Duldung vorbereitender Maßnahmen geht, nach § 890 ZPO.

30 Der Teilhaber, der den Anspruch auf Teilung gem § 752 geltend macht, muss die zur Begründung erforderlichen Tatsachen beweisen. Dazu gehört auch, dass der Gegenstand ohne Wertminderung geteilt werden kann (vgl dazu KRÖNIG MDR 1951, 602).

31 Im Übrigen vgl § 749 Rn 13 ff, 16 ff.

VI. Abtretung, Pfändung

32 Der Anspruch auf Teilung in Natur ist mit dem Anspruch auf „Aufhebung" der Gemeinschaft gem § 749 Abs 1 identisch (vgl § 749 Rn 5 ff). Eine **gesonderte Abtretung oder Pfändung** ist daher nicht möglich (§ 749 Rn 54 ff).

33 Wird der Miteigentumsanteil an einer **teilbaren beweglichen Sache** gem § 857 ZPO gepfändet, ergreift die Pfändung ohne weiteres einen Anspruch aus § 752 (§ 751 S 2, vgl oben § 747 Rn 56). Zur Geltendmachung des Teilungsanspruchs ist erforderlich, dass zur Pfändung die Überweisung zur Einziehung hinzukommt (§ 857 Abs 1 iVm § 835 ZPO); dabei wird der Anteil als solcher zur Einziehung überwiesen (vgl BOHN/BERNER, Pfändbare und unpfändbare Forderungen und andere Vermögensrechte [1957] Anh II Muster 39; LG Berlin JW 1922, 520 mit Anm BUZENGEIGER; gegen das Erfordernis der Überweisung zur Einziehung ohne nähere Begründung A BLOMEYER JZ 1955, 5, 6). Das zusätzliche Erfordernis der Überweisung ist gesetzlich vorgesehen mit Rücksicht auf den Ausnahmefall der Arrestpfändung, in dem die Pfändung dem Gläubiger kein Verwertungsrecht verleiht (vgl dazu STEIN/JONAS/BREHM § 835 Rn 1). Entsprechend anzuwenden ist ferner § 847 ZPO. Das Vollstreckungsgericht hat also anzuordnen, dass der auf den Pfändungsgläubiger bei der Realteilung entfallende Teil an den Gerichtsvollzieher herauszugeben ist; der Teil ist dann nach den Vorschriften über die Sachpfändung weiterzuverwerten.

34 Wird der Anteil an einem **teilbaren Recht**, etwa einer Geldforderung, gepfändet und zur Einziehung überwiesen, so kann der Pfändungsgläubiger von den übrigen Teilhabern Abtretung des auf ihn entfallenden Teils der Forderung verlangen und die Forderung einziehen (vgl auch § 754 Rn 3).

35 Hat der Gläubiger eine Zwangshypothek an einem Miteigentumsanteil an einem **teilbaren Grundstück erwirkt**, so erstreckt sich die Hypothek auf den Teilungsan-

spruch (§ 751 S 2 analog, vgl oben § 747 Rn 58). In diesem Fall hat das Vollstreckungsgericht gem § 848 ZPO Herausgabe und Auflassung an einen Sequester anzuordnen. Der Vollstreckungsgläubiger erlangt hierdurch eine Hypothek an dem auf den Vollstreckungsschuldner entfallenden realen Grundstücksteil (§ 848 Abs 2 S 2 ZPO).

Der Pfändungsgläubiger kann die Teilung gem § 752 gegen die widerstrebenden **36** übrigen Teilhaber notfalls zwangsweise durchsetzen (vgl oben Rn 28 ff).

Sehr lästig für den Vollstreckungsgläubiger ist, dass die Teilung in Natur stets auch **37** die **Mitwirkung des Vollstreckungsschuldners** voraussetzt (vgl dazu auch BLOMEYER JZ 1955, 5, 6). Der Anspruch auf Aufhebung der Gemeinschaft, der dem Vollstreckungsgläubiger gem § 751 S 2 zusteht, muss sich daher, um überhaupt realisierbar zu sein, gegen alle Teilhaber richten, also auch gegen den Vollstreckungsschuldner. Notfalls muss der Vollstreckungsgläubiger die Mitwirkung des Vollstreckungsschuldners durch Klage und Vollstreckung erzwingen; diesen Umstand kann man ihm nicht ersparen.

VII. Ausschluss der Naturalteilung wegen gemeinschaftlicher Schulden

Die Teilung in Natur ist, auch wenn der Gegenstand an sich teilbar ist, ausgeschlossen, **38** soweit aus dem Gegenstand gemeinschaftliche Schulden berichtigt werden müssen, vgl §§ 755, 756. Entsprechendes gilt, soweit § 752 bei der Auseinandersetzung von Gesamthandsgemeinschaften kraft Verweisung anwendbar ist (dazu oben Rn 7; vgl auch § 749 Rn 99, 110).

**§ 753
Teilung durch Verkauf**

(1) Ist die Teilung in Natur ausgeschlossen, so erfolgt die Aufhebung der Gemeinschaft durch Verkauf des gemeinschaftlichen Gegenstands nach den Vorschriften über den Pfandverkauf, bei Grundstücken durch Zwangsversteigerung, und durch Teilung des Erlöses. Ist die Veräußerung an einen Dritten unstatthaft, so ist der Gegenstand unter den Teilhabern zu versteigern.

(2) Hat der Versuch, den Gegenstand zu verkaufen, keinen Erfolg, so kann jeder Teilhaber die Wiederholung verlangen; er hat jedoch die Kosten zu tragen, wenn der wiederholte Versuch misslingt.

Materialien: E I §§ 769 Abs 2, 4, 772 S 2; II § 689; III § 740; Mot II 884 f, 888; Prot II 757, 767; JAKOBS/SCHUBERT, Schuldverh III 391 ff.

Systematische Übersicht

I. Bedeutung	1
II. Die Zweistufigkeit des Aufhebungsverfahrens	3
III. Durchführung des Verkaufs	4
1. Grundstücke und grundstücksgleiche Rechte	5
2. Bewegliche Sachen	9
3. Rechte	12
a) Sonderregeln	12
b) Verwertung gem § 1277	15
c) Unveräußerliche Rechte	19
d) Wertpapiere	20
IV. Teilung des Erlöses	
1. Durchführung	22
2. Keine Abtretung und Pfändung des Anspruchs auf Teilung des Erlöses	24
3. Abtretung und Pfändung des Auszahlungsanspruchs	25
V. Prozessuale Durchsetzung	
1. Der Anspruch auf Verkauf des gemeinschaftlichen Gegenstands	26
a) Grundstücke und grundstücksgleiche Rechte	26
b) Bewegliche Sachen und Wertpapiere	29
c) Rechte	30
2. Der Anspruch auf Teilung des Erlöses	31
VI. Rechtsstellung des Vollstreckungsgläubigers	
1. Grundstücke	32
2. Bewegliche Sachen	33
3. Rechte	37
4. Verwertungsvereinbarungen zwischen dem Vollstreckungsgläubiger und den Teilhabern	38
VII. Versteigerung unter den Teilhabern (Abs 1 S 2)	39
VIII. Kosten	
1. Kosten des ersten Verkaufsversuchs	44
2. Kosten des wiederholten Verkaufsversuchs (Abs 2)	45
3. Entsprechende Anwendung	47
IX. Unverkäuflichkeit	48

Alphabetische Übersicht

Abreden über abweichende Art der Aufhebung	1, 10
Abtretung der Ansprüche auf Erlösteilung und Erlösauszahlung	24 f
Abtretungsverbot	39
Androhung	9
Anspruch auf abweichende Art der Aufhebung gem § 242	1
Anspruch auf abweichende Art des Verkaufs gem § 1246	10
Aufrechnung	8
Aufwendungsersatz	47
Bankkonto	22
Benachrichtigungspflicht	10
Bewegliche Sachen	9 f, 29, 33 ff, 42
Börsen- oder Marktpreis	10, 15, 21
Drittwiderspruchsklage	5, 35
Duldungsklage	9, 19, 27, 29 f, 41 ff
Ehegatten	35
Entsprechende Anwendung	47
Entwässerungsanlage	47
Erbbaurecht	5, 14
Erbschein	5
Erlöschen von Rechten Dritter	10
Erlösverteilung	3, 6, 11, 22 f, 31, 32 f
exceptio doli	35
Forderungen	13, 15 f
Freihändige Veräußerung	10, 18, 21, 29, 38
Genehmigung nach dem GrdstVG	39
Gerichtsvollzieher	10 f, 29

Gestaltungsbefugnis, richterliche	48	Pfandverkauf	9 f, 15 ff
GmbH-Anteile	15, 39	Rechte	12 ff, 37, 39, 43
Gold- und Silbersachen	10	Rechtsschutzbedürfnis	28
Grabstelle	39, 48	Rechtswidrige Veräußerung	10
Grundbuch	5		
Grundschulden	13, 15 f	Sachpfändung	35
Grundstücke	5, 28, 32, 41, 47	Schiff	5
Grundstücksgleiche Rechte	5, 14	Schiffsbauwerk	5
Gutgläubiger Erwerb	10		
		Überweisung an einen Teilhaber	18
Handelsmakler	10	Unveräußerliche Rechte	19, 39, 48
Haustier	1	Unverkäuflichkeit	48
Hilfspfändung	34		
Hinterlegung	6, 11	Veräußerungsanordnung, gerichtliche	18
Hypotheken	13, 18	Versteigerer	10
		Versteigerung	18
Inhaberpapiere	15, 20	– unter den Teilhabern	18, 39 ff
		– vgl auch öffentliche Versteigerung, Zwangsversteigerung	
Kosten	44 ff	Verteilungsverfahren	6
		Vinkulierung	39
Letztwillige Verfügung	39	Vollstreckbarer Titel	5, 9, 17, 26
		Vollstreckungsgläubiger	32 ff
Mietergemeinschaft	19	Vorkaufsrechte	7
Mitgewahrsam	34 f		
		Wertpapiere	15, 20 f, 29
Nachlassgericht	40	Wohnrecht	19
Nießbrauch	19, 39	Wohnungseigentum	5
Notar	10, 40		
		Zustimmung Dritter	10
Öffentliche Versteigerung	10	Zwangshypothek	32
Orderpapiere	15, 21, 29	Zwangsversteigerung	5, 40 f
		Zwangsvollstreckung	9 f, 15 ff, 30, 32 ff, 39
Patente	15, 18		
Pfändung	18, 29		
– der Ansprüche auf Erlösteilung und -auszahlung	24 f		

I. Bedeutung

Die Bestimmung kommt nur zur Anwendung, soweit § 752 und § 754 **keine ab-** **1** **weichende Art der Aufhebung** vorschreiben. Selbstverständlich gehen auch **Abreden zwischen den Teilhabern** vor, die in der Praxis häufig sind (dazu § 749 Rn 24 ff). Sie können auch konkludent bzw im Wege ergänzender Vertragsauslegung getroffen sein, etwa im Falle der gemeinsamen Anschaffung eines Haustieres. Ist von vornherein Realteilung (§ 752) zB durch Schlachtung ausgeschlossen oder ein Verkauf kaum aussichtsreich (alter Mischlingshund) und eine Versteigerung zwar statthaft (vgl Abs 1 S 2), aber wenig erfolgversprechend, dürfte nach §§ 157, 242 anzunehmen sein, dass derjenige Teilhaber den Hund erhält, zu dem dieser die engere Beziehung hat und ggf bei dem die artgerechte Haltung gewährleistet ist. Evtl ist eine Entschädigung zu leisten (vgl näher AG Walsrode NJW-RR 2004, 365). Zur Rechtslage im Falle der Schenkung OLG Schleswig NJW 1998, 3127; OLG Braunschweig FamRZ 1998, 1432. Zur allgemeinen Frage, ob ausnahmsweise auch ohne Vereinbarung nach § 242 eine abweichende Art der Aufhebung gefordert werden kann, vgl § 749 Rn 34 ff.

2 Systematisch gesehen, ist Abs 1 der **Regelfall** (MünchKomm/K Schmidt § 752 Rn 2): Wenn nichts Abweichendes vereinbart ist und wenn nicht die Voraussetzungen der §§ 752, 754 vorliegen, wird die Gemeinschaft durch Verkauf und Teilung des Erlöses aufgehoben. Zu der damit verbundenen grundsätzlichen rechtspolitischen Wertung des Gesetzgebers (für das preußische System, gegen das gemeinrechtliche Adjudikationssystem) vgl § 749 Rn 4.

II. Zweistufigkeit des Aufhebungsverfahrens

3 Die Aufhebung der Gemeinschaft nach Abs 1 vollzieht sich in zwei Stufen. Zunächst wird der gemeinschaftliche Gegenstand *verkauft*. Hierdurch wird die Gemeinschaft noch nicht aufgelöst. Denn der Erlös steht den Teilhabern gemeinschaftlich zu; die Gemeinschaft setzt sich am Erlös fort (BGH WM 1966, 577, 578; OLG Zweibrücken Rpfleger 1972, 168). Sodann wird der *Erlös verteilt*, wobei ggf zunächst die Verbindlichkeiten gem §§ 755, 756 zu berichtigen sind. Erst die Verteilung des Erlöses führt zur Beendigung der Bruchteilsgemeinschaft. Diese Zweistufigkeit des Verfahrens ermöglicht es dem Teilhaber, sich bei der Geltendmachung des Aufhebungsanspruchs zu beschränken. Er kann zunächst nur den Verkauf betreiben und die Frage, wie geteilt werden soll, offenlassen, wenn noch nicht feststeht, welche Verbindlichkeiten gem §§ 755, 756 aus dem Erlös zu tilgen sind (eine solche Ungewissheit begründet für den anderen Teilhaber kein Zurückbehaltungsrecht, vgl § 749 Rn 50). Von besonderer praktischer Bedeutung ist die Möglichkeit, zunächst nur den Verkauf zu verlangen und die Verteilung des Erlöses späterer Entscheidung vorzubehalten, in den Fällen, in denen ein Gesamthandsvermögen auseinanderzusetzen ist und Abs 1 kraft Verweisung Anwendung findet, §§ 731 S 2, 1477 Abs 1, 2042 Abs 2, vgl dazu § 749 Rn 98, 101, 106 ff.

III. Durchführung des Verkaufs

4 Hinsichtlich der Durchführung des Verkaufs ist zu unterscheiden, ob es sich bei dem gemeinschaftlichen Gegenstand um ein Grundstück, eine bewegliche Sache oder ein Recht handelt.

1. Grundstücke und grundstücksgleiche Rechte

5 Bei Grundstücken und grundstücksgleichen Rechten (§ 864 ZPO, insbes Erbbaurechten, eingetragenen Schiffen, eingetragenen oder eintragungsfähigen Schiffsbauwerken, Wohnungseigentum) erfolgt der Verkauf durch **Zwangsversteigerung** gem §§ 180 ff ZVG (vgl dazu die Kommentare zum Zwangsversteigerungsgesetz zB Zeller sowie MünchKomm/K Schmidt Rn 16 ff; Überbl bei Schiffhauer ZIP 1982, 526 ff). Die Versteigerung ist durch das Vollstreckungsgericht (§ 1 ZVG) auf Antrag eines Teilhabers anzuordnen (§ 180 Abs 1 iVm § 15 ZVG). Ein *vollstreckbarer Titel* ist hierzu nicht

erforderlich (§ 181 Abs 1 ZVG). Voraussetzung ist nur, dass der Antragsteller als Miteigentümer im Grundbuch eingetragen ist oder dass er Erbe eines eingetragenen Miteigentümers ist und sein Erbrecht nach § 17 Abs 3 ZVG (idR durch Vorlage eines Erbscheins) glaubhaft macht (§ 180 Abs 2, 3 ZVG). Außerdem muss sich aus dem Grundbuch ergeben, dass Miteigentum nach Bruchteilen besteht (OLG Darmstadt ZBlFG 7, 708; OLG Stuttgart Recht 1903, 215, Nr 1197; vgl § 47 GBO). Schließlich darf sich aus dem Grundbuch nicht ergeben, dass die Aufhebung ausgeschlossen ist (§ 28 ZVG; vgl OLG Hamm Rpfleger 1964, 341; OLG Bamberg JW 1927, 2473; zur Zulässigkeit der Eintragung des Aufhebungsausschlusses vgl § 1010). Liegen diese Voraussetzungen vor, so braucht der Antragsteller für die Zulässigkeit der Zwangsversteigerung nichts weiter nachzuweisen. *Bestreiten* die übrigen Teilhaber das Bestehen oder die Fälligkeit des Aufhebungsanspruchs, so sind sie auf den Prozessweg zu verweisen (Rechtsbehelf: *Drittwiderspruchsklage* analog § 771 ZPO; dazu oben § 749 Rn 74). Das Vollstreckungsgericht hat, bei Vorliegen der grundbuchmäßigen Voraussetzungen, die materielle Rechtmäßigkeit des Versteigerungsantrags nicht nachzuprüfen. Hatte der Teilhaber schon vor Fälligkeit des Aufhebungsanspruchs die Versteigerung eingeleitet und ist der Aufhebungsanspruch in der Zwischenzeit fällig geworden, so kann das Verfahren fortgesetzt werden; ein Neubeginn des Verfahrens ist überflüssig, eine Drittwiderspruchsklage unbegründet (RGZ 47, 363).

Die **Verteilung des Reinerlöses** der Versteigerung unter die Teilhaber ist nicht mehr 6
Gegenstand des Versteigerungsverfahrens (RG JW 1919, 42, 43; BGHZ 175, 297; BGHZ 4, 84, 86; HansOLG Hamburg OLG-Rep 2000, 62; vgl hinsichtlich bestehenbleibender Rechte auch OLG Celle OLG-Rep 1996, 264; OLG Bamberg NJW-RR 1997, 81). Zwar muss auch bei der Teilungsversteigerung ein Verteilungsverfahren gem §§ 105 ff ZVG durchgeführt werden. Es dient ua der Feststellung der Teilungsmasse (§ 107 ZVG) und der Entnahme der Kosten des Verfahrens aus der Teilungsmasse (§ 109 Abs 1 ZVG). In dem nach § 113 ZVG aufzustellenden Teilungsplan ist der für die Teilhaber verbleibende Reinerlös aber nicht unter den Teilhabern aufzuteilen, sondern ihnen global zuzuweisen. Nur wenn die Teilhaber einverstanden und über die Verteilung des Erlöses einig sind, ist im Teilungsplan auch die Einzelaufteilung des Reinerlöses festzulegen (RGZ 119, 321, 325; BGHZ 4, 84, 86). Anderenfalls hat es bei der Hinterlegung des Betrags zugunsten aller Teilhaber sein Bewenden. Über den hinterlegten Betrag können die Teilhaber, zu deren Gunsten die Hinterlegung angeordnet ist, einverständlich verfügen; bei fehlendem Einverständnis bleibt für die Teilhaber nur die Möglichkeit, die Teilung des Erlöses im Prozessweg weiterzubetreiben. Dies gilt auch für den Fall der Ersteigerung durch einen Miteigentümer und die anschließende Eintragung einer Sicherungshypothek ohne Bargebotsberichtigung (BGHZ 175, 297).

Zur Behandlung von **Vorkaufsrechten** in der Teilungsversteigerung vgl STAUDINGER/ 7
EMMERICH (1995) § 504 Rn 30 f, § 512 Rn 4 mwNw.

Zur Befugnis des Erstehers, mit Forderungen, die ihm gegen die Teilhaber zustehen, 8
gegen den Kaufpreisanspruch der Teilhaber, soweit er diesen zur freien Verfügung steht, **aufzurechnen**, vgl BGHZ 175, 297; 4, 84, 88 ff. Zur Verwertung eines gepfändeten Anteils bei einer in das geringste Gebot fallenden **Sicherungsgrundschuld**, auf die dinglich oder schuldrechtlich Zahlungen geleistet wurden, BGH NJW-RR 1999, 504; HINTZEN EWiR 1999, 55 f.

2. Bewegliche Sachen

9 Bewegliche Sachen werden nach den Vorschriften über den Pfandverkauf verkauft. Maßgeblich sind die §§ 1235–1246. Bei der Anwendung dieser Vorschriften nehmen die Teilhaber gemeinsam die Stelle des „Pfandgläubigers" ein; der Eigentümer (Pfandschuldner) hat kein Gegenstück. Anwendbar ist überdies § 1233 Abs 2 (Verkauf nach den für den Verkauf einer gepfändeten Sache geltenden Vorschriften, also nach den §§ 814 ff ZPO). Allerdings setzt § 1233 Abs 2 voraus, dass der Teilhaber „für sein Recht zum Verkauf" einen vollstreckbaren Titel erlangt hat, dass er also den Aufhebungsanspruch zunächst im Weg der Klage durchgesetzt und ein Urteil auf Duldung des Verkaufs nach den Vorschriften des Pfandverkaufs (oder einen entsprechenden Prozessvergleich) erwirkt hat (dazu unten Rn 29). Sind die Teilhaber sich über die Aufhebung einig und ist deshalb kein Titel erwirkt worden, so hat es bei den §§ 1235 ff sein Bewenden. Unanwendbar ist § 1234 (Pflicht zur vorherigen Androhung); so jetzt auch MünchKomm/K Schmidt Rn 11. Denn die Vorschrift soll dem Eigentümer die Möglichkeit geben, während der Wartefrist das Pfandrecht durch Verkauf abzulösen; sie ist beim Teilungsverkauf, bei dem ein solches Ablösungsrecht nicht besteht, gegenstandslos.

10 Im Einzelnen gilt Folgendes: Nach § 1235 Abs 1 ist die regelmäßige Form des Teilungsverkaufs die *öffentliche Versteigerung* (Begriff: § 383 Abs 3; zuständig sind: in erster Linie der Gerichtsvollzieher; ferner die nach § 34b Abs 5 GewO durch die zuständigen Landesbehörden bestellten, besonders sachkundigen Versteigerer, zB Kunstversteigerer; nur ausnahmsweise, nämlich in Verbindung mit einer durch ihn beurkundeten oder vermittelten Vermögensauseinandersetzung, der Notar, § 20 Abs 3 BNotO). Hat die Sache einen Börsen- oder Marktpreis (dh mit einem an einer Börse oder einem organisierten Markt laufend notierten Preis), kann sie stattdessen durch einen (nach Landesrecht) öffentlich ermächtigten Handelsmakler oder durch eine sonstige zur öffentlichen Versteigerung ermächtigte Person zum laufenden Preis aus *freier Hand veräußert* werden, § 1235 Abs 2 iVm § 1221. § 1221 gibt das Wahlrecht dem Pfandgläubiger. Beim Teilungsverkauf müssen die Teilhaber sich auf eine Veräußerung nach § 1221 einigen, sonst gilt § 1235 Abs 1; allerdings kann jeder Teilhaber mit Hilfe des § 1246 die freihändige Veräußerung erzwingen. Für die Einzelheiten der Versteigerung – Ort, Bekanntmachung, Verkaufsbedingungen – gelten die §§ 1236–1238; die Teilhaber dürfen mitbieten, § 1239; für Gold- und Silbersachen gilt § 1240. § 1241 (Benachrichtigungspflicht) ist gegenstandslos, ebenso § 1242 Abs 1 (denn tatsächlich erwirbt der Ersteher vom Eigentümer; der Fiktion bedarf es nicht). § 1242 Abs 2 (Erlöschen von Rechten Dritter) ist, da auf die Besonderheiten der Pfandverwertung zugeschnitten, unanwendbar. § 1243 (rechtswidrige Veräußerung) ist entsprechend anwendbar, insbesondere dann, wenn ein Teilhaber eine nicht vorschriftsmäßige Veräußerung ohne Zustimmung der übrigen durchsetzt. § 1244 *(gutgläubiger Erwerb)* ist sinngemäß anwendbar, und zwar auch dann, wenn ein Teilhaber die Sache selbst ersteigert (str, dazu § 747 Rn 27 f, 70; vgl auch MünchKomm/K Schmidt Rn 13). § 1245 Abs 1 S 1 (Zulässigkeit abweichender Vereinbarungen) ist gegenstandslos, weil die Teilhaber schon nach allgemeinen schuldrechtlichen Prinzipien frei darin sind, die Aufhebung abweichend von §§ 753, 1235 ff einvernehmlich zu regeln. § 1245 Abs 1 S 2, 3 (Erfordernis der Zustimmung Dritter, deren Rechte erlöschen) ist gegenstandslos, weil die Bezugsnorm des § 1242 Abs 2 nicht anwendbar ist. § 1245 Abs 2 ist, als Schutzvorschrift zugunsten des Pfandschuldners, unanwendbar. § 1246 ist anwendbar (PALANDT/SPRAU Rn 2; vgl auch LG Hamburg MDR 1957, 419: Verkauf einer Gastwirtschaft). Hiernach kann *jeder Teilhaber* eine von den §§ 1235 ff *abweichende Art des Verkaufs verlangen* – insbesondere freihändige Veräußerung, auch bei Sachen ohne Börsen- oder Marktpreis –, soweit das nach billigem Ermessen den Interessen der Beteiligten entspricht; einigen sich die Teilhaber nicht, so entscheidet das Amtsgericht des Aufbewahrungsorts im Verfahren der freiwilligen Gerichtsbarkeit durch den Rechtspfleger, § 1246 Abs 2 iVm § 166 FGG, § 3 Nr 1b RpflegerG.

Der Erlös ist vom Gerichtsvollzieher oder der sonst mit der Verwertung beauftragten **11** Person an die Teilhaber gemeinsam herauszugeben. Dieser Anspruch steht den Teilhabern, wie früher der verkaufte Gegenstand, gemeinschaftlich zu. Erteilen die Teilhaber keine Weisung, wie mit dem Erlös zu verfahren ist, besteht Hinterlegungsmöglichkeit gem § 372. Die Teilung des Erlöses ist Sache der mit dem Verkauf betrauten Person nur, soweit ein entsprechender Auftrag erteilt und von ihr angenommen ist.

3. Rechte

a) Sonderregeln
Für die Aufhebung der Gemeinschaft an Rechten gelten in den wichtigsten Fällen **12**
Sonderregeln.

Fällige oder durch Kündigung fällig zu machende **Forderungen** sind nicht durch **13** Verkauf, sondern durch Einziehung (und weiter durch Aufhebung der Gemeinschaft am Leistungsgegenstand) zu teilen, § 754. Ist die Forderung als solche teilbar, gilt in erster Linie § 752. Das betrifft auch Forderungen, die durch **Hypotheken** gesichert sind. **Grundschulden** sind wie Forderungen zu behandeln, also in erster Linie gem § 752 zu teilen, und, wenn Teilung (weil zuerst gemeinschaftliche Schulden bezahlt werden müssen) nicht in Betracht kommt, gem § 754 einzuziehen, sofern sie fällig oder durch Kündigung fälligzustellen sind (§ 754 Rn 1, 5). Hinsichtlich des schuldrechtlichen Rückgewähranspruchs bei Verlust des Miteigentumsanteils in der Teilungsversteigerung vgl OLG Hamm OLG-Rep 1994, 251. Bestand vor Teilungsversteigerung eine Eigentümergesamtgrundschuld und fällt diese in das geringste Gebot, wird sie ggf gemeinschaftliche (Fremd-)Grundschuld. Eine Aufhebung der hieran bestehenden Gemeinschaft derart, dass der nunmehrige Alleineigentümer des Grundstücks gegen Zahlung des Wertes den Grundschuldanteil des bisherigen Miteigentümers übernehmen muss, kommt nicht in Betracht; vielmehr ist Teilung in Natur durch Zerlegung mit gleichem Range möglich, BGH ZIP 1986, 89 ff.

Grundstücksgleiche Rechte (Erbbaurechte usw, § 864 ZPO) werden wie Grundstücke **14** verwertet, oben Rn 5 f.

b) Verwertung gem § 1277
Im Übrigen sollen für Rechte (zB für nicht fällige unteilbare Forderungen, für **15** gemeinschaftliche Patente, GmbH-Anteile usw) die „Vorschriften über den Pfandverkauf" gelten. Die Verweisung des Abs 1 S 1 geht hier insofern ins Leere, als die Vorschriften des BGB über den Pfandverkauf sich im Prinzip nur auf bewegliche Sachen beziehen. Für Pfandrechte an Rechten gilt § 1277: Der Pfandgläubiger kann

Befriedigung nur aufgrund eines vollstreckbaren Titels („auf Duldung der Zwangsvollstreckung", ERMAN/KÜCHENHOFF/MICHALSKI § 1277 Rn 1) nach den für die Zwangsvollstreckung geltenden Vorschriften suchen. Die in § 1277 vorbehaltenen Ausnahmen („sofern nicht ein anderes bestimmt ist") betreffen die Verwertung von Forderungen, Grund- und Rentenschulden durch Einziehung (§§ 1282–1291) und von Wertpapieren (§§ 1293–1295, hierzu unten Rn 20 f). Außer bei bestimmten Wertpapieren (Inhaberpapiere, § 1293, Orderpapiere mit Börsen- oder Marktpreis) ermöglichen auch diese Sondervorschriften keinen Pfandverkauf von Rechten.

16 Die Verweisung des Abs 1 S 1 auf die Vorschriften über den Pfandverkauf ist deshalb so zu verstehen, dass Rechte nach § 1277 zu verwerten sind, soweit keine Sondervorschriften eingreifen (MünchKomm/K SCHMIDT Rn 15; SOERGEL/HADDING Rn 5; PLANCK/LOBE Anm 2b). Rechte, mit Ausnahme von teilbaren Rechten (iSv § 752), von grundstücksgleichen Rechten, von einziehungsfähigen Forderungen und Grundschulden und von Rechten, die in Inhaberpapieren oder marktgängigen Orderpapieren verkörpert sind, müssen daher im Weg der **Zwangsvollstreckung** verwertet werden.

17 Das bedeutet, dass gem § 1277 zunächst ein **vollstreckbarer Titel** (auf „Duldung der Zwangsvollstreckung zum Zweck der Aufhebung der Gemeinschaft") vorliegen muss. Dieses Erfordernis scheint unpraktisch, wenn die Teilhaber sich über die Aufhebung der Gemeinschaft einig sind, sodass für eine Klage kein Anlass besteht. Aber wollen sie einvernehmlich ohne Einschaltung des Gerichts handeln, so müssen sie sich eben auch über die Art und Weise der Verwertung einigen. Gelingt ihnen das nicht, so bleibt dem Teilhaber, der Aufhebung begehrt, nichts übrig, als die übrigen Teilhaber auf Duldung zu verklagen.

18 Mit Hilfe des Titels muss der Teilhaber anschließend die **Pfändung** des gemeinschaftlichen Rechts bewirken, § 1277 iVm § 857 ZPO. Die Pfändung erfolgt durch Beschluss des Vollstreckungsgerichts (§ 857 Abs 1 iVm §§ 828, 829 ZPO). Weiter muss der Teilhaber beantragen, dass das Vollstreckungsgericht die **Veräußerung des Rechts anordnet** (§ 857 Abs 5 ZPO). In Frage kommt insbesondere Anordnung der Versteigerung (sei es durch den Gerichtsvollzieher, sei es durch eine geeignet erscheinende andere Person, vgl § 825 ZPO) oder Anordnung der freihändigen Verwertung durch eine geeignete Person (uU auch durch den Teilhaber selbst, vgl KG JW 1935, 3236: freihändige Veräußerung der gepfändeten Hypothekenforderung durch den Reichsfiskus als Pfändungsgläubiger; vgl auch STEIN/JONAS/BREHM § 857 Rn 110). Das Gericht kann auch Versteigerung unter den Teilhabern anordnen, wenn nur sie als Interessenten in Betracht kommen, oder wenn eine Veräußerung an Dritte unstatthaft ist (unten Rn 39). Es kann auch Überweisung an einen Teilhaber zum Schätzpreis anordnen (vgl auch STEIN/JONAS/BREHM § 844 Rn 13, betr die Überweisung einer gepfändeten Forderung an Zahlungs Statt zum Schätzwert). Die Verwertung nach § 857 Abs 5 ZPO ist die einzig zulässige Verwertungsform, da nur sie geeignet ist, das Vollstreckungsziel (die Aufhebung der Gemeinschaft) zu erreichen; andere, bei der Zwangsvollstreckung wegen Geldforderungen zulässige, Verwertungsformen (zB Erteilung einer Patentlizenz) scheiden aus.

c) **Unveräußerliche Rechte**

19 Bei unveräußerlichen Rechten scheidet das Verfahren nach §§ 1277 BGB, 857 ZPO

aus. Eine Gemeinschaft an solchen Rechten lässt sich überhaupt nicht nach der gesetzlichen Regelung aufheben, die Veräußerlichkeit voraussetzt (dazu § 749 Rn 11). Das gilt auch, wenn das Recht (wie der *Nießbrauch*, § 1059) einem Dritten zur Ausübung überlassen werden kann (aA BGB-RGRK/vGAMM Rn 3; STAUDINGER/VOGEL[10/11] Rn 9). Die Überlassung eines Nießbrauchs an einen Dritten gegen Entgelt ist Verwaltung, nicht Aufhebung der Gemeinschaft. Im Hinblick auf diese Schwierigkeit kann es zweckmäßig sein, dass die Teilhaber sich ein unveräußerliches Recht (wie Nießbrauch oder Wohnrecht) in der Form des § 428 bestellen lassen (dazu § 741 Rn 84 ff). Dann ist immer noch im Verfahren nach § 857 Abs 5 ZPO Zuweisung an einen Teilhaber möglich (oben Rn 18). – Zur Aufhebung von *Mietergemeinschaften* vgl § 747 Rn 69, § 749 Rn 11. – Als *Grundsatz* gilt, dass in solchen Fällen die übrigen Teilhaber nach §§ 749, 242 verpflichtet sind, dem aufhebungsberechtigten Teilhaber das Ausscheiden zu ermöglichen. Erlangen die fortsetzungswilligen Teilhaber hierdurch einen greifbaren Vermögensvorteil, sind sie zur Ausgleichszahlung verpflichtet.

d) Wertpapiere

Ist das gemeinschaftliche Recht in einem **Inhaberpapier** verkörpert, wird es wie eine bewegliche Sache verwertet, § 1293. **20**

Ist das gemeinschaftliche Recht in einem **Orderpapier** verkörpert, und hat es einen Börsen- oder Marktpreis (zB eine Namensaktie), so ist es nach § 1221 durch freihändigen Verkauf zum laufenden Preis zu verwerten, § 1295. **21**

IV. Teilung des Erlöses

1. Durchführung

Der Anspruch auf Teilung des Erlöses hat seine Grundlage in Abs 1 S 1; es bedarf nicht des Rückgriffs auf § 752. Die Durchführung der Teilung richtet sich danach, wie der Erlös verwahrt wird. Haben die Teilhaber ihn in bar eingezogen, ist in Natur zu teilen. Ist der Erlös auf gemeinsames Bankkonto eingezahlt, kann entweder das „Konto" (die Forderung gegen die Bank) geteilt werden, oder die Teilhaber können die Bank gemeinsam anweisen, jedem Teilhaber den auf ihn entfallenden Betrag auszuzahlen. Durch gemeinsame Auszahlungsanweisung wird auch geteilt, wenn der Erlös beim Gericht liegt. Im Verfahren nach § 180 ZVG erfolgt keine Verteilung durch das Gericht, sofern ein Miteigentümer das Grundstück ersteigert hat (BGHZ 175, 297). **22**

Eine Besonderheit gilt, wenn ein einzelner Teilhaber oder ein Dritter den Erlös eingezogen hat und von den Teilhabern beauftragt ist, die Teilung des Erlöses durchzuführen. In diesem Fall hat jeder Teilhaber gegen den Beauftragten einen Anspruch auf Auszahlung des auf ihn entfallenden Betrags. **23**

2. Keine Abtretung und Pfändung des Anspruchs auf Teilung des Erlöses

Der Anspruch auf Teilung des Erlöses ist ein untrennbarer Teil des Aufhebungsanspruchs (es ist gerade der Sinn der Aufhebung, den Erlös zu teilen); dieser ist untrennbarer Bestandteil der Teilhaberstellung (§ 749 Rn 9, 54). Eine Abtretung oder **24**

Pfändung des Anspruchs auf Teilung des Erlöses ist nicht möglich (§ 749 Rn 54 ff), wenn auch, als flankierende Maßnahme neben der Anteilspfändung, üblich (§ 749 Rn 59).

3. Abtretung und Pfändung des Auszahlungsanspruchs

25 Der Anspruch auf Auszahlung des Erlösanteils ist ein selbständig übertragbares und pfändbares Recht. Allerdings entsteht ein solcher Anspruch nur in den Fällen, in denen ein Teilhaber oder ein Dritter die Erlösteilung im Auftrag der Teilhaber allein durchführt (oben Rn 23); es ist nicht so, dass jede Teilung nach § 754 automatisch in einen „Auszahlungsanspruch" einmündet. Die Abtretung oder Pfändung des Auszahlungsanspruchs hat dann Sinn, wenn der Beauftragte den Erlös bereits eingezogen hat. Eine Abtretung oder Pfändung im Voraus ist dagegen wenig sinnvoll. Als isolierte Maßnahme unterliegt sie der Unsicherheit, dass der Auftrag überhaupt erteilt wird; eine nachfolgende Übertragung oder Pfändung des Anteils macht sie gegenstandslos. Als flankierende Maßnahme neben der Anteilspfändung ist sie üblich, aber streng genommen überflüssig. Denn der Gläubiger, der den Anteil gepfändet oder eine Zwangshypothek daran erwirkt hat, ist ohnehin Partner der Erlösteilung (unten Rn 32 f); eine Auszahlung des Erlösanteils an irgendeinen Dritten gegen seinen Willen ist nicht zulässig. Die in der Praxis übliche Pfändung des Auszahlungsanspruchs neben der Anteilspfändung hat deshalb allenfalls klarstellende Bedeutung (vgl auch § 747 Rn 60, 63).

V. Prozessuale Durchsetzung

1. Der Anspruch auf Verkauf des gemeinschaftlichen Gegenstands

a) Grundstücke und grundstücksgleiche Rechte

26 Zur Durchsetzung des Anspruchs auf Verkauf eines Grundstücks oder grundstücksgleichen Rechts (oben Rn 5) bedarf der Teilhaber **keines Titels** (§ 181 Abs 1 ZVG): Er kann, wenn die formalen Voraussetzungen des § 180 ZVG erfüllt sind (Eintragung der Teilhaberstellung bzw Eintragung des Erblassers und Nachweis der Erbfolge, keine Eintragung eines Aufhebungsausschlusses, vgl oben Rn 5) ohne weiteres die Versteigerung beantragen. Es ist Sache der übrigen Teilhaber, Gegenrechte im Weg der Drittwiderspruchsklage geltend zu machen (§ 749 Rn 74, oben Rn 5).

27 Will der Teilhaber gleichwohl Klage erheben, etwa um einem befürchteten Widerspruch zuvorzukommen oder um das Hindernis eines eingetragenen Aufhebungsausschlusses zu überwinden (zB weil seiner Ansicht nach ein wichtiger Grund vorliegt, § 749 Abs 2), so ist die Klage auf „Duldung der Zwangsversteigerung zum Zweck der Aufhebung der Gemeinschaft" zu richten. Die Klage stattdessen auf „Zustimmung" zur Zwangsversteigerung uÄ zu richten, ist nicht ganz korrekt (vgl § 749 Rn 14). Die Klage zielt darauf ab, dass die übrigen Teilhaber die Zwangsversteigerung geschehen lassen, nicht darauf, dass sie eine Willenserklärung abgeben. Der Unterschied ist wichtig wegen der vorläufigen Vollstreckbarkeit (vgl §§ 704, 894 ZPO).

28 Ein Rechtsschutzbedürfnis für die Klage ist immer dann zu bejahen, wenn die übrigen Teilhaber der Klage entgegentreten (vgl dazu § 749 Rn 14).

b) Bewegliche Sachen und Wertpapiere

Bei beweglichen Sachen und gleichgestellten Wertpapieren (§§ 1292, 1295) ist die **29** Klage ebenfalls auf Duldung zu richten, und zwar auf Duldung des Verkaufs nach den Vorschriften des Pfandverkaufs (vgl § 749 Rn 13). Ein Antrag, den beklagten Teilhaber auf „Zustimmung zum Verkauf" zu verurteilen, ist auch hier ungenau. Zweckmäßigerweise ist mit der Duldungsklage die Klage auf Herausgabe an den Gerichtsvollzieher oder an eine andere zur Versteigerung (bei Orderpapieren gem § 1295: zur freihändigen Veräußerung) befugte Person zu verbinden. Ein Streit über die zweckmäßige Art der Verwertung ist nicht vor dem Prozessgericht, sondern gem §§ 1246 BGB, 166 FGG im Verfahren der freiwilligen Gerichtsbarkeit zu betreiben; notfalls muss der Kläger beide Verfahren nacheinander betreiben. Hat der Kläger ein Duldungsurteil erlangt, kann er die Sache auch nach den Vorschriften über den Verkauf gepfändeter Sachen verwerten (§ 1233 Abs 2), vgl oben Rn 10. Auch in diesem Fall muss er selbst, notfalls durch Klage, für die Herausgabe an den Gerichtsvollzieher sorgen; eine Pfändung der Sache ist für die Verwertung nach § 1233 Abs 2 weder Voraussetzung, noch ist sie zulässig. Die Verwertung erfolgt dann durch Versteigerung gem § 814 ZPO, sofern nicht das Vollstreckungsgericht auf Antrag eines Teilhabers nach § 825 ZPO eine andere Verwertungsart anordnet. Die praktischen Unterschiede zum Verfahren nach dem BGB sind unerheblich.

c) Rechte

Rechte, soweit sie nicht wie Grundstücke oder wie bewegliche Sachen zu behandeln **30** sind, sind nach § 1277 zu verwerten (oben Rn 15). Die Klage richtet sich auf Duldung der Zwangsvollstreckung zum Zweck der Aufhebung der Gemeinschaft, die Vollstreckung erfolgt nach § 857 ZPO (vgl Rn 18).

2. Der Anspruch auf Teilung des Erlöses

Ist die Teilung des Erlöses streitig, so ist die Klage auf Mitwirkung der übrigen **31** Teilhaber bei der Teilung zu richten. Der zweckmäßige Inhalt des Klageantrags richtet sich nach der Art der Aufbewahrung des Erlöses (vgl oben Rn 22 f). Mit hinreichender Bestimmtheit lässt sich der Antrag erst formulieren, wenn die Verwertung erfolgt ist. Der Kläger, der den Anspruch auf Verkauf einklagt, wird zweckmäßigerweise versuchen, Streitpunkte, die die Verwertung beeinflussen könnten (insbes Streit über die Anteilshöhe und Streit über gem §§ 755, 756 aus dem Erlös zu tilgende Schulden) auszuräumen, indem er bereits in diesem Prozess entsprechende Feststellungsanträge stellt; das spart Zeit und einen neuen Prozess.

VI. Rechtsstellung des Vollstreckungsgläubigers

1. Grundstücke

Hat der Gläubiger eines Teilhabers eine Zwangshypothek am Miteigentumsanteil an **32** einem Grundstück erwirkt, so kann er gem § 751 S 2 iVm Abs 1 S 1 die Zwangsversteigerung betreiben (vgl § 747 Rn 58). Der Gläubiger ist berechtigt, den Versteigerungsantrag zu stellen. Sein Antragsrecht weist er nach durch seine Eintragung im Grundbuch und die Vorlegung des – nicht nur vorläufig vollstreckbaren – Titels. Ein Titel gegen die übrigen Teilhaber ist nach § 181 Abs 1 ZVG nicht erforderlich. Die Anteilshypothek setzt sich am Erlös fort. Der Erlös ist daher an den Gläubiger (der insoweit an die Stelle des Schuldners tritt, arg § 1282 Abs 1 S 1) und die übrigen Teilhaber gemeinsam auszuzahlen. Gegen die übrigen Teilhaber hat der Gläubiger den Anspruch auf Zuteilung des auf den Schuldner entfallenden Erlösteils, allerdings nur insoweit, als es zu seiner Befriedigung erforderlich ist (arg § 1282 Abs 1 S 2). Einen überschießenden Betrag müssen die übrigen Teilhaber dem Schuldner zuteilen.

2. Bewegliche Sachen

33 Bei der Pfändung des Miteigentumsanteils an einer beweglichen Sache kann der Gläubiger nach Überweisung zur Einziehung (§ 752 Rn 33) gem § 751 S 2 Durchführung des Pfandverkaufs verlangen und notfalls im Klageweg (oben Rn 29) durchsetzen. Für die Behandlung des Erlöses gilt das oben Rn 32 Ausgeführte.

34 Sehr lästig ist es für den Pfändungsgläubiger, dass er durch die Pfändung gem § 857 ZPO **keinen Mitgewahrsam** an der Sache selbst erlangt. Das macht seine Rechtsstellung nicht nur anfällig gegenüber Verfügungen, die die Teilhaber über den Gegenstand treffen (vgl § 936 Abs 1 S 1), sondern es erschwert auch die Verwertung. Gegen die übrigen Teilhaber hat der Gläubiger nach Abs 1 S 1 iVm § 751 S 2 immerhin einen schuldrechtlichen Anspruch darauf, dass sie den Gegenstand an den Gerichtsvollzieher herausgeben. IdR hat allerdings der Vollstreckungsschuldner Mitbesitz an der Sache, sodass er ebenfalls zur Herausgabe an den Gerichtsvollzieher gezwungen werden muss (vgl dazu A BLOMEYER JZ 1955, 5, 6 f). Eine Grundlage für den Anspruch bilden § 804 ZPO iVm §§ 1227, 1011, 985. Es bleibt aber ein Unding, dass der Gläubiger, der schon einen Titel hat, gegen seinen renitenten Schuldner einen zweiten Prozess führen muss. Der geeignete, allerdings gesetzlich nicht unmittelbar vorgesehene Rechtsbehelf wäre eine Hilfspfändung (so auch A BLOMEYER aaO, der einen entsprechenden Gerichtsbeschluss verlangt) analog § 836 Abs 3 ZPO. Der Vollstreckungsschuldner muss aufgrund des Überweisungsbeschlusses (dazu oben § 752 Rn 33) dem Gerichtsvollzieher den Mitbesitz einräumen; die zwangsweise Durchsetzung erfolgt nach §§ 883, 886 ZPO (vgl zum Verfahren STEIN/JONAS/BREHM § 836 Rn 12 ff).

35 Eine Besonderheit gilt für den praktisch wohl häufigsten Fall, dass der Vollstreckungsgläubiger, der einen Titel gegen einen Ehegatten hat, in Familienhabe vollstrecken will, die nicht unter § 811 Nr 1, 5 ZPO fällt, aber möglicherweise im Miteigentum beider Ehegatten steht. Der Gläubiger wird idR mit Hilfe der Gewahrsamsfiktion des § 739 ZPO die **Sachpfändung** herbeiführen. Erhebt nun der andere Ehegatte Drittwiderspruchsklage gem § 771 ZPO, so wird der Gläubiger vorsichtshalber den Miteigentumsanteil des Schuldners gem § 857 ZPO pfänden und der Drittwiderspruchsklage mit einer Gegenklage auf Duldung des Pfandverkaufs entgegentreten. Erkennt der Gläubiger das Miteigentum des anderen Ehegatten an und verfolgt dieser die Drittwiderspruchsklage trotzdem weiter, so muss dem Gläubiger die exceptio doli zustehen (denn es ist allgemein anerkannt, dass die Drittwiderspruchsklage rechtsmissbräuchlich ist, soweit der Kläger nach materiellem Recht verpflichtet ist, die Zwangsvollstreckung zu dulden, vgl STEIN/JONAS/BREHM § 771 Rn 48 mwNw). Der andere Ehegatte hat kein Recht, die Versteigerung zu verhindern; er hat nur Anspruch auf einen seinem Miteigentumsanteil entsprechenden Anteil am Erlös (insofern befindet er sich in einer ähnlichen Lage wie ein Gläubiger mit Recht auf vorzugsweise Befrie-

digung gem § 805 ZPO; auch dort ist anerkannt, dass die Klage des bevorzugten Gläubigers unbegründet ist, wenn der nachrangige Pfändungspfandgläubiger eine entsprechende Erklärung abgibt, STEIN/JONAS/BREHM § 805 Rn 14 ff). Andererseits muss dem anderen Miteigentümer die Möglichkeit offenstehen, statt Klage aus § 771 ZPO zu erheben, analog § 805 ZPO auf anteilmäßige Befriedigung aus dem Versteigerungserlös zu klagen, wenn der Vollstreckungsgläubiger sein Miteigentum bestreitet.

Zum Fall, dass die Sache sich im **Besitz eines Dritten** befindet, vgl A BLOMEYER JZ 1955, 5, 7. Dem Gläubiger bleibt hier nur der Ausweg, neben dem Miteigentumsanteil des Schuldners den Anteil am Herausgabeanspruch des Schuldners gegen den Dritten zu pfänden und sich zur Einziehung überweisen zu lassen; gegen den Dritten kann er dann nach §§ 1011, 432 BGB, 847 ZPO vorgehen.

3. Rechte

Bei Rechten, die nicht Grundstücken oder beweglichen Sachen gleichgestellt sind, kann der Vollstreckungsgläubiger, nach Pfändung und Überweisung des Anteils gem § 857 ZPO, von den übrigen Teilhabern Duldung der Zwangsvollstreckung verlangen (§§ 751 S 2, 1277) und die Verwertung gem § 857 Abs 5 ZPO betreiben (vgl oben Rn 15 ff).

4. Verwertungsvereinbarungen zwischen dem Vollstreckungsgläubiger und den Teilhabern

Mit Einverständnis des Vollstreckungsgläubigers können die Beteiligten sich auf eine vom Gesetz abweichende Art der Verwertung (etwa freihändige Veräußerung statt Zwangsversteigerung) einigen. An einer solchen Vereinbarung muss allerdings auch der Vollstreckungsschuldner mitwirken, weil auch in seine Rechtsposition als Teilhaber eingegriffen wird und weil die erforderlichen dinglichen Vollzugsgeschäfte (etwa die Übereignung des gemeinschaftlichen Grundstücks) ohne seine Mitwirkung nicht möglich sind.

VII. Versteigerung unter den Teilhabern (Abs 1 S 2)

Die Veräußerung an einen Dritten kann in drei Fällen unstatthaft sein: (1) Die Teilhaber haben **vereinbart**, dass die Veräußerung an einen Dritten unstatthaft sein soll. Das ist eine Vereinbarung über die Durchführung der Aufhebung, die schuldrechtlich ohne weiteres wirksam ist (vgl auch § 749 Rn 24 ff), allerdings Sondernachfolger und Vollstreckungsgläubiger des Teilhabers nicht bindet (vgl § 751 Rn 15). Die Beweislast für den Abschluss einer solchen Vereinbarung trägt, wer sich darauf beruft (KRÖNIG MDR 1951, 602). Eine solche Vereinbarung kann auch in bürgerlich-rechtlichen Gesellschaften und Gütergemeinschaften getroffen werden; dann gilt Abs 1 S 2 entsprechend (§§ 731, 1477 Abs 1; dazu § 749 Rn 94 ff, 101). – (2) Der Erblasser hat durch **letztwillige Verfügung** verboten, dass die Miterben bei der Auseinandersetzung einen Nachlassgegenstand an Dritte veräußern (§ 2048 S 1); dann gilt im Auseinandersetzungsverfahren Abs 1 S 2 kraft Verweisung des § 2042 Abs 2. – (3) Ein gemeinschaftliches **Recht** ist **seinem Inhalt nach** so ausgestaltet, dass es an Dritte nicht veräußert werden kann. ZB ein gemeinschaftlicher GmbH-Anteil ist vinkuliert (§ 15 Abs 5 GmbHG), und die Genehmigung der Gesellschaft zur Veräußerung an einen Dritten oder zur Realteilung ist nicht zu erhalten. Oder bei einer unteilbaren, nicht fälligen Forderung ist die Abtretung an Dritte durch Vereinbarung mit dem Schuldner (§ 399 Fall 2) ausgeschlossen. Oder die erforderliche Genehmigung zur Veräußerung an einen Dritten nach dem GrdstVG ist nicht zu erlangen. Oder ein Nießbrauch ist in der Form des § 428 bestellt (vgl § 741 Rn 84), was praktisch bedeutet, dass er zwischen den Beteiligten (nicht aber im Verhältnis zu Dritten, § 1059) veräußerlich ist (vgl dazu auch oben Rn 18). Zur gemeinschaftlichen Grabstelle vgl OLG Oldenburg NJW-RR 1996, 136.

40 Für die **Durchführung der Versteigerung** unter den Teilhabern gelten die allgemeinen Regeln. Die Teilhaber können sich auf ein bestimmtes Verfahren einigen, etwa Versteigerung durch einen Notar oder durch das Nachlassgericht im Vermittlungsverfahren gem §§ 86 ff FGG (vgl den Sachverhalt RGZ 52, 174). Dann sind sie verpflichtet, den Gegenstand an denjenigen von ihnen zu übertragen, der den Zuschlag erhalten hat; der Notar oder das Nachlassgericht sind nicht imstande, den gemeinschaftlichen Gegenstand mit dinglicher Wirkung zu übertragen, sofern nicht eine entsprechende Ermächtigung (§ 185) erteilt ist (vgl RGZ 52, 174, 177). Einigen sich die Teilhaber nicht, so ist im gewöhnlichen Verfahren gem Abs 1 S 1 vorzugehen (Zwangsversteigerung, Pfandverkauf; Veräußerung im Weg der Zwangsvollstreckung gem § 857 Abs 5 ZPO), mit der einen Besonderheit, dass nur die Teilhaber zur Versteigerung zuzulassen sind (vgl RGZ 52, 174, 177).

41 Bei **Grundstücken** kann jeder Teilhaber gem § 181 ZVG Versteigerung unter den Teilhabern beantragen, wobei er das Einverständnis der übrigen Teilhaber nachweisen muss. Fehlt es hieran, so muss er die widersprechenden Teilhaber auf Duldung der Versteigerung unter den Teilhabern verklagen; es ist nicht Sache des Vollstreckungsgerichts, einen Streit der Teilhaber über die Durchführung der Aufhebung zu entscheiden. Beantragt umgekehrt ein Teilhaber, wozu er verfahrensrechtlich in der Lage ist (§ 181 ZVG), eine offene Versteigerung, so müssen die Teilhaber, die nicht einverstanden sind, Drittwiderspruchsklage (§ 771 ZPO, vgl § 749 Rn 74) erheben. Die Klage ist ausnahmsweise nicht darauf zu richten, dass die Zwangsversteigerung „für unzulässig erklärt" oder „eingestellt" wird, sondern darauf, dass die Zwangsversteigerung mit der Maßgabe durchzuführen ist, dass nur die Teilhaber als Bieter zuzulassen sind.

42 Bei **beweglichen Sachen** muss der Teilhaber, der die Aufhebung betreibt, auf Duldung der Versteigerung unter den Teilhabern nach den Vorschriften über den Pfandverkauf klagen.

43 Bei **Rechten**, die nicht wie Grundstücke oder wie bewegliche Sachen zu behandeln sind (oben Rn 5, 20), muss der die Aufhebung betreibende Teilhaber auf Duldung der Zwangsvollstreckung klagen; die Versteigerung unter den Teilhabern ist dann gem § 857 Abs 5 ZPO auf Antrag des obsiegenden Klägers vom Vollstreckungsgericht zu veranlassen.

VIII. Kosten

1. Kosten des ersten Verkaufsversuchs

Die Kosten des ersten Verkaufsversuchs sind von den Teilhabern gemeinschaftlich **44** zu tragen (Rechtsgedanke des § 748, vgl § 752 Rn 26), und zwar, wie sich im Gegenschluss aus Abs 2 ergibt, auch dann, wenn der Versuch erfolglos bleibt. Ist er erfolgreich, so sind die Kosten analog §§ 755, 756 vor der Verteilung von dem Erlös abzuziehen (vgl MünchKomm/K Schmidt Rn 32; zu Anwaltsgebühren eines Teilhabers vgl AG München AnwBl 1997, 571). Hat ein Teilhaber den Verkauf im Klageweg durchgesetzt und sind die übrigen Teilhaber zur Kostentragung verurteilt, so müssen auch diese Kosten, nach dem Rechtsgedanken des § 756, bei der Verteilung des Erlöses vorweg berücksichtigt werden; sie sind dem Kläger zuzuteilen.

2. Kosten des wiederholten Verkaufsversuchs (Abs 2)

Ist der erste Verkaufsversuch fehlgeschlagen, so kann jeder Teilhaber Wiederholung **45** verlangen, so oft er will. Bei einem Fehlschlag hat er allerdings die Kosten zu tragen. Eine Vorschusspflicht besteht nicht. Faktisch ist indessen der Teilhaber, der die Aufhebung durchsetzen will, genötigt, in Vorlage zu treten, weil er den Verkauf betreiben muss und die übrigen Teilhaber das nur dulden, nicht sich beteiligen müssen.

Abs 2 behandelt nur Verkaufsversuche aufgrund der gesetzlichen Vorschriften **46** (Zwangsversteigerung, Pfandverkauf), nicht Verkaufsversuche aufgrund besonderer Vereinbarung (allgM). Haben die Teilhaber zunächst vergeblich versucht, den Gegenstand freihändig zu veräußern, und betreibt daraufhin ein Teilhaber – ebenfalls ohne Erfolg – die Versteigerung, so ist dies der „erste" Verkaufsversuch. Haben die Teilhaber zunächst erfolglos die Versteigerung versucht und einigen sie sich dann darauf, eine freihändige Veräußerung zu versuchen, so ist dies kein wiederholter Verkaufsversuch, der für den Teilhaber, der die Anregung gegeben hat, die Kostenfolge des Abs 2 auslöst.

3. Entsprechende Anwendung

OLG Hamm (OLG-Rep 1994, 251 f) hält den „Rechtsgedanken der §§ 752, 753" für **47** entsprechend anwendbar, sofern ein Grundstückseigentümer die gemeinschaftliche Entwässerungsanlage mit dem Nachbargrundstück unterteilt und billigt daher hälftigen Aufwendungsersatz zu, zweifelhaft.

IX. Unverkäuflichkeit

Erweist der Gegenstand sich als unverkäuflich, so bleibt den Teilhabern nur die **48** Fortsetzung der Gemeinschaft, falls sie sich unter diesen Umständen nicht doch auf einen von den gesetzlichen Regeln abweichenden Teilungsmodus einigen können. Ein Gestaltungsrecht ist auch für diesen Fall dem Richter ausdrücklich nicht eingeräumt (aA Soergel/Hadding Rn 7; widersprüchlich Palandt/Sprau Rn 8; wie hier OLG Oldenburg NJW-RR 1996, 137; FamRZ 1996, 1437 f). Das gilt auch dann, wenn für die Aufhebung wichtige Gründe sprechen. Der Teilhaber hat es in der Hand, in der Versteigerung mitzubieten und den Fehlschlag der Versteigerung zu verhindern. Tut er das nicht, weil er es nicht will oder nicht kann, so muss er sich mit dem Fortbestehen der Gemeinschaft abfinden. Anders ist es, wenn der Gegenstand aus Rechtsgründen unveräußerlich ist (§ 749 Rn 11, oben Rn 1, 19). Hier sind uU die gesetzlichen Aufhebungsregeln unanwendbar; bei faktischer Unveräußerlichkeit nicht. Zur Erbauseinandersetzung bei geerbter Grabstelle OLG Oldenburg NJW-RR 1996, 136.

§ 754
Verkauf gemeinschaftlicher Forderungen

Der Verkauf einer gemeinschaftlichen Forderung ist nur zulässig, wenn sie noch nicht eingezogen werden kann. Ist die Einziehung möglich, so kann jeder Teilhaber gemeinschaftliche Einziehung verlangen.

Materialien: E I § 769 Abs 3; II § 690; III § 741; Mot II 885; Prot II, 759; JAKOBS/SCHUBERT, Schuldverh III 391 ff.

Systematische Übersicht

I.	Anwendungsbereich	1	IV. Folge der Einziehung	8
II.	Verhältnis zu §§ 752, 753, 743	3	V. Mitwirkungspflicht (S 2); Kosten	9
III.	Voraussetzungen der Einziehung (S 1)	5		

Alphabetische Übersicht

Aufhebung	3	Kosten	4, 9 f
Außenverhältnis	9	Kündigung	5
Beweislast	7	Personengesellschaft	2
Bruchteil, realer	1	Prozessuale Durchsetzung	10
		Prozessführung	11
Flucht	4	Teilung in Natur	3, 7
Gesamthand	2		
Grundschuld	1	Und-Konto	9
Geldforderung	3	Unteilbarkeit	5
Hypothek	1	Vermietung	4
Innenverhältnis	9	Zahlungsschwierigkeiten	6

I. Anwendungsbereich

Die Vorschrift kommt, wie alle Teilungsvorschriften, nur zur Anwendung, wenn die 1
Teilhaber keine Einigung über die Art der Aufhebung erzielen können (vgl § 749
Rn 24 ff). Betroffen sind nur Forderungen, die in **Bruchteilsgemeinschaft** stehen, also
nicht Forderungen, die gem § 420 oder infolge einer Teilabtretung in reale Bruchteile
zerlegt sind. Praktisch kommen vor allem Forderungen aus der Nutzung des gemeinschaftlichen Gegenstands (zB Vermietung, BGH DStR 2000, 2141 ff; NZG 2001, 73; vgl
§ 743 Rn 5 ff), aus der Veräußerung des gemeinschaftlichen Gegenstands und auf
Ersatz wegen Zerstörung und Beschädigung des gemeinschaftlichen Gegenstands
in Betracht (vgl § 741 Rn 257 f). Die Vorschrift gilt auch für *hypothekarisch gesicherte
Forderungen* (PLANCK/LOBE Anm 2; MünchKomm/K SCHMIDT Rn 1). Auf *Grund- und Rentenschulden* ist sie entsprechend anzuwenden. Genau wie bei der Pfandverwertung
können auch bei der Verwertung zu Teilungszwecken die Grund- und Rentenschulden den Forderungen gleichgestellt werden (Rechtsgedanke der §§ 753 Abs 1
S 1, 1291).

Anwendbar ist die Vorschrift ferner bei der Auseinandersetzung von **Gesamthands-** 2
gemeinschaften (§§ 731 S 2, 1477 Abs 1, 2042 Abs 2). Bei der Liquidation von
Personengesellschaften des Handelsrechts ist die Vorschrift dagegen durch §§ 149,
152 HGB verdrängt. Sie regeln entgegen K SCHMIDT (in: MünchKomm Rn 1 mit Fn 3)
auch das Innenverhältnis, sodass für eine ergänzende Anwendung des § 754 kein
Raum bleibt. Die Gesellschafter können danach den Liquidator anders als nach S 2
nur einstimmig zur Einziehung anweisen (**aA** MünchKomm/K SCHMIDT Rn 1). Dieser darf
die Forderung auch in anderer Weise als durch Einziehung verwerten, wenn dadurch
der Abwicklungszweck erreicht wird. Der Verkauf ist auch dann zulässig, wenn
Einziehung möglich ist (SCHILLING, in: Großkomm HGB § 149 Rn 11; **aA** MünchKomm/
K SCHMIDT aaO).

II. Verhältnis zu §§ 752, 753, 743

Die Vorschrift geht § 752 nach und § 753 vor. Für die Aufhebung der Gemeinschaft 3
an einer Forderung besteht demnach folgende **Reihenfolge** (vgl RGZ 65, 5, 7; MÜLLER
Recht 1905, 579 ff; im Anschluss hieran die hM BGB-RGRK/vGAMM Rn 2; PALANDT/SPRAU Rn 2):
An erster Stelle steht die Teilung in Natur, § 752 (vor allem bei Geldforderungen!).
Ist diese nicht möglich, so erfolgt die gemeinschaftliche Einziehung, § 754 (abw
MünchKomm/K SCHMIDT Rn 3: Da die Voraussetzungen der Teilbarkeit nicht selten zweifelhaft
seien, könne die Einziehung auch statt Teilung verlangt werden. Das kann jedoch nur gelten, solange
kein Teilhaber die Teilung verlangt. Ist dies der Fall, sind die Voraussetzungen der Teilbarkeit zu
klären. Zur Beweislast s Rn 7). Kann die Forderung nicht eingezogen werden, so wird sie
durch Verkauf verwertet, §§ 753, 1277 iVm § 857 Abs 5 ZPO.

Handelt es sich bei der Forderung um die **Frucht** eines gemeinschaftlichen Gegen- 4
stands (Vermietung u dgl), so richtet sich die Teilung – solange die Gemeinschaft an
der Muttersache bestehen bleibt – nach § 743. Die §§ 752, 753 sind unanwendbar; die
Forderung ist einzuziehen und der Erlös ist gem § 743 nach Abzug der laufenden
Kosten zu verteilen (§ 743 Rn 13 ff). Nach Aufhebung der Gemeinschaft an der Muttersache sind die Gemeinschaften an den daraus abgeleiteten gemeinschaftlichen
Gegenständen gesondert nach §§ 752 ff aufzuheben; zu Mietzinsansprüchen einer

Miteigentümergemeinschaft gegen einen ihrer Teilhaber als gemeinschaftliche Forderungen iSd § 754 S 2 vgl BGH DStR 2000, 2141.

III. Voraussetzungen der Einziehung (S 1)

5 Die Einziehung setzt nach S 1 voraus: (1) dass eine **Teilung gem § 752 nicht in Betracht kommt**, (2) dass die **Forderung eingezogen werden kann**. Eine Teilung gem § 752 scheidet aus, wenn der *Gegenstand der Forderung unteilbar* ist (s dazu § 741 Rn 82 ff), ferner, wenn aus dem Erlös gem §§ 755, 756 oder nach den Regeln über die Auseinandersetzung von Gesamthandsgemeinschaften vor der Teilung *gemeinschaftliche Schulden* beglichen werden müssen, schließlich, wenn die Forderung unabtretbar ist. Die Forderung kann eingezogen werden, wenn sie entweder fällig ist oder durch Kündigung fällig gestellt werden kann. Forderungen, die *kurzfristig gekündigt* werden können (etwa bis zu sechs Monaten), sind einziehbaren Forderungen aus praktischen Gründen gleichzustellen. Denn es ist nicht damit zu rechnen, dass das Verfahren nach § 753 in solchen Fällen schneller abzuwickeln ist als die Einziehung nach vorangegangener Kündigung.

6 Stößt die Einziehung der an sich fälligen Forderung auf **tatsächliche Schwierigkeiten** (etwa weil der Schuldner die Forderung bestreitet oder in Zahlungsschwierigkeiten ist), so handelt es sich nicht um eine Forderung, die „noch nicht eingezogen werden kann" (aA ERMAN/ADERHOLD Rn 2).

7 Ist **streitig**, ob die tatsächlichen Voraussetzungen des § 752, des § 753 oder des § 754 vorliegen, so gilt folgendes: Wer Teilung in Natur verlangt, muss Teilbarkeit beweisen (§ 752 Rn 30), bei Gesamthandsgemeinschaften außerdem Teilungsreife. Wer dagegen behauptet, dass Ansprüche nach §§ 755, 756 bestehen, die die Teilung in Natur ausschließen, muss dies beweisen. Steht fest, dass eine Teilung nach § 752 nicht in Betracht kommt, und ist deshalb nur noch streitig, ob nach § 753 oder § 754 zu verfahren ist, so trifft denjenigen die Beweislast, der nach § 753 verfahren will. Das ergibt sich aus der Formulierung des S 1 („der Verkauf ist nur zulässig, wenn") mit Eindeutigkeit (aA KRÖNIG MDR 1951, 602; ERMAN/ADERHOLD Rn 4; wie hier Münch-Komm/K SCHMIDT Rn 7).

IV. Folgen der Einziehung

8 Der eingezogene Gegenstand wird wieder gemeinschaftlich und ist nach den Vorschriften der §§ 752, 753 zu teilen. § 743 hat Vorrang (oben Rn 4).

V. Mitwirkungspflicht (S 2); Kosten

9 Die Verpflichtung der übrigen Teilhaber zur Mitwirkung bei der Einziehung hat Bedeutung nur für das **Innenverhältnis**. Sie umfasst zum einen die Pflicht, die Leistung gemeinsam entgegenzunehmen. Für den Fall, dass die Leistung nur von allen gemeinsam verlangt werden kann, beinhaltet sie darüber hinaus eine Pflicht zur Mitwirkung an dieser Erklärung. Ob die Leistung nur von allen gemeinsam verlangt werden kann (wie beim Und-Konto, s § 741 Rn 102 ff) oder jeder einzelne entsprechend § 432 ein Forderungsrecht hat, richtet sich nach dem Außenverhältnis. Bei rechtsgeschäftlich begründeten Forderungen entscheidet die Vereinbarung, bei gesetzlichen eine Interessenabwägung unter Berücksichtigung von Sinn und Zweck der Norm und des konkreten Gemeinschaftsverhältnisses (s § 741 Rn 109 ff).

Aus der Verpflichtung jedes Teilhabers, die Leistung zusammen mit den übrigen Teilhabern **entgegenzunehmen**, ergibt sich, dass er sich an den **Kosten** der Einziehung beteiligen muss (Maßstab für die Verteilung der Kosten sind auch hier die Anteile). Verweigert ein Teilhaber die Mitwirkung bei der Einziehung und verursacht er hierdurch zusätzliche Kosten (etwa Kosten der Hinterlegung nach § 432 Abs 1 S 2), so ist er, wenn er in Verzug gesetzt ist, schadensersatzpflichtig (§ 754 S 2). Zur prozessualen Durchsetzung des Anspruchs aus § 754 vgl AXHAUSEN JW 1900, 329. **10**

S 2 begründet keine Verpflichtung der Teilhaber, an einem **Prozess** über die Forderung mitzuwirken. Prozessführung ist mehr als Einziehung. Der Teilhaber, der prozessieren will, mag das nach § 432 tun. Der Anspruch auf Erstattung von Kosten gegen die übrigen Teilhaber richtet sich nach §§ 744, 745, 748 (vgl §§ 744 Rn 24, 745 Rn 8). **11**

§ 755
Berichtigung einer Gesamtschuld

(1) Haften die Teilhaber als Gesamtschuldner für eine Verbindlichkeit, die sie in Gemäßheit des § 748 nach dem Verhältnis ihrer Anteile zu erfüllen haben oder die sie zum Zwecke der Erfüllung einer solchen Verbindlichkeit eingegangen sind, so kann jeder Teilhaber bei der Aufhebung der Gemeinschaft verlangen, dass die Schuld aus dem gemeinschaftlichen Gegenstand berichtigt wird.

(2) Der Anspruch kann auch gegen die Sondernachfolger geltend gemacht werden.

(3) Soweit zur Berichtigung der Schuld der Verkauf des gemeinschaftlichen Gegenstands erforderlich ist, hat der Verkauf nach § 753 zu erfolgen.

Materialien: E II § 691; III § 742; Prot II 759–762, 764 ff; JAKOBS/SCHUBERT, Schuldverh III 405 ff.

Systematische Übersicht

I.	Bedeutung	1	2. Insolvenz	11
			3. Zwangsvollstreckung	12
II.	**Anspruch auf Berichtigung der gemeinschaftlichen Schuld**		IV. **Verkauf zum Zweck der Berichtigung der gemeinschaftlichen Schuld (Abs 3)**	
1.	Voraussetzungen	3		
2.	Durchführung	8		13
III.	**Wirkung gegen Sondernachfolger (Abs 2)**		V. Vorrang von Parteivereinbarungen	16
1.	Übertragung des Anteils	10		

Alphabetische Übersicht

Anteilsübertragung	9	Lasten	1, 3
Befreiungsanspruch	4 f	Parteivereinbarungen	16
Bürgschaft	3 f		
		Reparaturen	1
Dingliche Wirkung	2		
		Sicherheitsleistung	9
Erlösanteil	1, 8 f	Sondernachfolger	8, 10 ff
Erwerber	10		
Eintragung	10	Teilschuldner	5
Forderungen	15	Unteilbare Gegenstände	14
Geldforderung	15	Verbindlichkeit	1
Gesamtschuld	3 ff	Vereinbarung	6
Grundbuch	10	Verkauf	13
Grundschuld	3	Vollstreckungsgläubiger	2, 12
Grundstücke	10 f, 13		
Gutgläubiger Erwerb	10	Werkvertrag	3
Hypothek	3	Zahlungsausfall	8
Hinterlegung	9	Zins	3
		Zwangsvollstreckung	12
Insolvenz	2, 11 ff		
Kosten	1		

I. Bedeutung

1 Abs 1 bildet eine **Ergänzung zu § 756** und ist als solche von der zweiten Kommission eingefügt worden. Nach § 756 kann jeder Teilhaber, der gegen einen anderen Teilhaber eine Forderung aus dem Gemeinschaftsverhältnis hat, Berichtigung dieser Forderung „aus dem auf den Schuldner entfallenden Teil des gemeinschaftlichen Gegenstandes" verlangen. Die Forderung ist also zugunsten des Gläubigers und zu Lasten des Schuldners aus dem auf den Schuldner entfallenden Erlösanteil vorweg zu befriedigen. Praktisch handelt es sich vor allem um den Fall, dass ein Teilhaber *Aufwendungen zur Bestreitung gemeinschaftlicher Kosten oder gemeinschaftlicher Lasten* gemacht hat und nun von den übrigen Teilhabern gem § 748 Ersatz verlangt (zB ein Teilhaber hat, im eigenen Namen, notwendige Reparaturen am gemeinschaftlichen Grundstück in Auftrag gegeben und bezahlt). § 756 deckt auch den Fall, dass die Teilhaber im Rahmen des § 748 gesamtschuldnerisch eine Verbindlichkeit übernommen haben und ein Teilhaber diese Verbindlichkeit vor Aufhebung der Gemeinschaft erfüllt hat (alle Teilhaber haben gemeinschaftlich den Reparaturauftrag erteilt; ein Teilhaber hat bezahlt). Wegen seines Regressanspruchs kann er bevorzugte Befriedigung aus dem Erlös verlangen. Dagegen ist zumindest zweifelhaft, ob § 756 auch den Fall erfasst, dass die Gesamtschuld zur Zeit der Aufhebung der Gemeinschaft noch besteht (alle Teilhaber gemeinsam haben Reparaturen in Auftrag gegeben; die Rechnung steht noch offen). Abs 1 stellt klar, dass auch in diesem Fall der zur Befriedigung der Gesamtschuld erforderliche Betrag im Voraus aus dem Verwertungserlös entnommen werden muss.

Abs 2 verleiht dem Befreiungsanspruch nach Abs 1 und den Ausgleichsansprüchen 2 nach § 756 *dingliche Wirkung*: der Wertanteil des einzelnen Teilhabers ist mit den Befreiungs- und Ausgleichsansprüchen belastet; die Belastung wirkt auch gegen Rechtsnachfolger des anderen Teilhabers, gegen seinen Vollstreckungsgläubiger und im Insolvenzverfahren (dazu Rn 11 ff).

II. Anspruch auf Berichtigung der gemeinschaftlichen Schuld (Abs 1)

1. Voraussetzungen

Abs 1 setzt voraus, dass es sich um eine Verbindlichkeit handelt, die sich entweder 3 als „Last" des gemeinschaftlichen Gegenstands darstellt (dazu § 748 Rn 3) oder die zum Zweck der Erhaltung, der Verwaltung oder der gemeinschaftlichen Benutzung begründet ist (dazu § 748 Rn 6 ff). Ob die Verbindlichkeit auf Gesetz oder Rechtsgeschäft beruht, macht keinen Unterschied, ebensowenig, ob sie der Erhaltung, Verwaltung oder der gemeinschaftlichen Benutzung unmittelbar dient (Verbindlichkeit aus einem Werkvertrag mit einem Handwerker) oder nur mittelbar (Darlehen, um den Handwerker zu bezahlen; Bürgschaft gegenüber der Bank, bei der ein Teilhaber das Darlehen aufgenommen hat, vgl dazu PALANDT/SPRAU Rn 3; BGB-RGRK/vGAMM Rn 2). Lasten sind insbesondere Zinsen für *Hypotheken* und *Grundschulden* auf dem gemeinschaftlichen Grundstück (im Unterschied zu Grundpfandrechten am einzelnen Anteil, vgl § 748 Rn 3). Gemeinsame Verbindlichkeiten, die durch Hypotheken oder Grundschulden am Grundstück gesichert sind, fallen deshalb immer unter Abs 2, auch wenn die Teilhaber das Geld zu anderen Zwecken als den der Bestreitung von Kosten verwendet haben.

Abs 1 umfasst seinem Wortlaut nach nur Gesamtschulden der (= aller) Teilhaber. 4 Nicht ausdrücklich geregelt ist der Fall, in dem ein Teilhaber *allein eine Verbindlichkeit übernommen hat*, um Kosten oder Lasten der Sache zu bestreiten, und diese Verbindlichkeit noch offensteht (ein Teilhaber hat Reparaturen in Auftrag gegeben und noch nicht bezahlt). Nach dem den §§ 755, 756 zugrundeliegenden Prinzip kann nicht zweifelhaft sein, dass er auch in diesem Fall verlangen kann, dass die Verbindlichkeit aus dem Erlös im Voraus befriedigt wird (so auch MünchKomm/K SCHMIDT Rn 6). Diese Vorschriften bezwecken den Schutz des Ausgleichs unter den Gemeinschaftern, sodass es nicht auf das Vorliegen einer Gesamtschuld, sondern nur auf das Bestehen eines Befreiungsanspruchs ankommen kann (MünchKomm/K SCHMIDT Rn 6). Dasselbe muss dann natürlich gelten, wenn nicht alle, sondern nur *einige Teilhaber eine Gesamtschuld eingegangen sind* (so auch PALANDT/SPRAU Rn 3; SOERGEL/HADDING Rn 2; PLANCK/LOBE Anm 2b; MünchKomm/K SCHMIDT Rn 6), oder keine Gesamtschuld im technischen Sinne, sondern eine Mithaftung als Bürge vorliegt (PLANCK/LOBE Anm 2b; MünchKomm/K SCHMIDT Rn 6).

Abs 1 erfasst nicht den Fall, dass die Teilhaber zum Zweck der Erhaltung, Verwal- 5 tung oder gemeinschaftlichen Benutzung sich nach Maßgabe ihrer Anteile als *Teil-*

schuldner verpflichtet haben. Denn hier stehen ihnen wechselseitige Befreiungs- und Rückgriffsansprüche nicht zu. Praktisch wird der Fall kaum vorkommen.

6 Dass die Parteien das Verhältnis der Lasten- und Kostentragung, entgegen § 748, durch Vereinbarung *abgeändert* haben, steht der Anwendung von Abs 1 nicht entgegen (vgl auch MünchKomm/K SCHMIDT Rn 7). Auch insoweit ist der Wortlaut zu eng. Denn Abs 1 will überhaupt verhindern, dass ein Teilhaber nach der Teilung in Anspruch genommen wird und nunmehr bei den übrigen Teilhabern Rückgriff nehmen muss.

7 Hat ein Teilhaber sich im Innenverhältnis verpflichtet, bestimmte Kosten oder Lasten des gemeinschaftlichen Gegenstands allein zu tragen, so steht diesem Teilhaber das Recht aus Abs 1 nicht zu, wohl aber den übrigen Teilhabern (vgl auch MünchKomm/K SCHMIDT Rn 7).

2. Durchführung

8 Berichtigung der Schuld aus dem gemeinschaftlichen Gegenstand heißt: Jedem Teilhaber wird von seinem Erlösanteil soviel abgezogen, wie er nach § 748 (oder nach einer etwaigen abweichenden Vereinbarung) zu zahlen hat. Die vorweg abgezogenen Beträge sind zur Bezahlung der Verbindlichkeit zu verwenden. Übersteigt die interne Zahlungspflicht eines Teilhabers seinen Erlösanteil, so muss dieser Teilhaber den Fehlbetrag nachschießen. Hierbei handelt es sich um eine persönliche Forderung gegen den Teilhaber, die nicht gegen den Sondernachfolger wirkt (BGB-RGRK/VGAMM Rn 4). Eine Umlage des Fehlbetrags auf die Erlösanteile der übrigen Teilhaber kommt nur in Betracht, soweit die Voraussetzungen des § 426 Abs 1 S 2 vorliegen. Bei Zahlungsausfall eines Gesamtschuldners erhöhen sich die Ausgleichspflichten der übrigen und damit auch die Belastung ihrer Anteile nach Abs 1.

9 Ist die Verbindlichkeit noch nicht fällig oder streitig, so ist der zur Befriedigung erforderliche Betrag bei der Verteilung *zurückzubehalten* (PALANDT/SPRAU Rn 3; SOERGEL/HADDING Rn 2; MünchKomm/K SCHMIDT Rn 17). Die Gemeinschaft bleibt dann hinsichtlich des zurückbehaltenen Betrags bestehen; die Anlage des Betrags ist Verwaltung iSv §§ 744, 745. Dass der Betrag „hinterlegt" wird (so SOERGEL aaO; STAUDINGER/VOGEL[10/11] Rn 3), kann kein Teilhaber fordern. Jeder Teilhaber kann allerdings den übrigen entsprechend § 257 Sicherheit für den auf ihn fallenden Teil der Verbindlichkeit gem §§ 232 ff leisten; tut er das, so ist er berechtigt, sofortige Auszahlung seines ungekürzten Erlösanteils zu verlangen (BGB-RGRK/VGAMM Rn 2).

III. Wirkung gegen den Sondernachfolger (Abs 2)

1. Übertragung des Anteils

10 Die Rechte aus Abs 1 können gem Abs 2 auch gegenüber Sondernachfolgern geltend gemacht werden, die den Anteil erworben haben (die Wirkung gegenüber Gesamtrechtsnachfolgern versteht sich von selbst). Ein *gutgläubiger Erwerb*, frei von der Belastung mit dem Vorrecht aus Abs 1, ist nicht möglich (RGZ 78, 273, 275 betr Erbteilsveräußerung). Bei *Grundstücken* kann der Anspruch aus Abs 1 gegen den Sondernachfolger – sofern dieser die Verbindlichkeit nicht übernommen hat, vgl

BGH WM 1966, 577 – nur geltend gemacht werden, wenn er im *Grundbuch eingetragen* ist (§ 1010 Abs 2). Ohne Eintragung wirkt der Anspruch auch nicht gegen einen Erwerber, der ihn kennt – eine fragwürdige Regelung, die aber de lege lata hingenommen werden muss. Die Ansprüche sind als Belastung in Abt II einzutragen (heute hL, vgl PLANCK/STRECKER § 1010 Anm 2b; STAUDINGER/GURSKY [1999] § 1010 Rn 6; SOERGEL/HADDING Rn 4; ERMAN/ADERHOLD Rn 3; MünchKomm/K SCHMIDT Rn 10). Neben der Eintragung ist eine *Einigung* über die Belastung erforderlich. Die Eintragung erfolgt also nach § 873, nicht nach § 894 (PLANCK/STRECKER § 1010 Anm 1 c, 2 b; STAUDINGER/ GURSKY [2006] § 1010 Rn 6; HECK, Sachenrecht § 71, 5).

2. Insolvenz

Fällt ein Teilhaber in Insolvenz, so haben die übrigen Teilhaber wegen des Anspruchs aus Abs 1 ein Recht auf *abgesonderte Befriedigung* (§ 84 Abs 1 S 2 InsO). Dh, der Anspruch aus Abs 1 wirkt auch gegen die Insolvenzmasse; für einen etwaigen auf den Gemeinschuldner entfallenden Fehlbetrag gilt § 52 InsO. § 84 InsO gilt auch für *Grundstücke*, ohne Rücksicht darauf, ob der Anspruch eingetragen ist oder nicht. Ist der Anspruch nicht eingetragen, so scheint der Insolvenzverwalter uU schlechter zu stehen, wenn er die Aufhebung durchführt, als wenn er den Anteil veräußert. Die hM löst den Widerspruch, indem sie annimmt, die Veräußerung durch den Insolvenzverwalter sei „Auseinandersetzung" iSv § 84 Abs 1 S 1 InsO (RGZ 67, 156; MünchKomm/K SCHMIDT Rn 11; SOERGEL/HADDING Rn 5; BGB-RGRK/vGAMM Rn 5), was zur Folge hat, dass der Insolvenzverwalter aus dem Verkaufserlös den Anspruch gem Abs 1 erfüllen muss. Das kann allerdings nicht gelten, wenn der Anspruch eingetragen ist und auf den Erwerber übergeht.

3. Zwangsvollstreckung

Sondernachfolger iSv Abs 2 ist auch ein Gläubiger, der den Anteil pfändet. Auch hier gilt für Anteile an Grundstücken etwas Abweichendes, wenn der Anspruch nicht eingetragen ist. Bringt der Vollstreckungsgläubiger den Miteigentumsanteil zur Zwangsversteigerung, so wirkt der nicht eingetragene Anspruch aus Abs 1 nicht gegen den Ersteher. Erwirkt der Vollstreckungsgläubiger eine Zwangshypothek am Anteil, so ist er als Hypothekengläubiger selbst Sondernachfolger des Vollstreckungsschuldners, und der nicht eingetragene Anspruch kann ihm nicht entgegengehalten werden. Der Vollstreckungsgläubiger steht sich also besser als der Insolvenzverwalter – eine der Ungereimtheiten, die aus der verunglückten Bestimmung des § 1010 folgen.

IV. Verkauf zum Zweck der Berichtigung der gemeinschaftlichen Schuld (Abs 3)

Abs 3 enthält eine **Ausnahme zu § 752**. Auch soweit der Gegenstand in Natur teilbar ist, ist er bei der Aufhebung der Gemeinschaft gem § 753 zu verkaufen, soweit das zur Berichtigung der gemeinschaftlichen Schuld erforderlich ist. Reicht zur Befriedigung der gemeinschaftlichen Schuld der Verkauf eines Teils des gemeinschaftlichen Gegenstands aus, so ist nur dieser Teil zu verkaufen, sofern der Rest nach § 752 teilbar bleibt (Prot II 760 f; RG SeuffA 74, Nr 173; SOERGEL/HADDING Rn 3; BGB-RGRK/vGAMM Rn 4; MünchKomm/K SCHMIDT Rn 9). Der Anspruch richtet sich infolgedessen darauf, dass die übrigen Teilhaber den Verkauf soweit zu dulden haben, wie es erforderlich ist, die Verbindlichkeit zu erfüllen. Bewegliche Sachen sind zu diesem Zweck an den Gerichtsvollzieher herauszugeben; Grundstücke – sofern überhaupt teilbar – müssen zunächst gem § 752 in der Weise geteilt werden, dass ein Teil abgetrennt wird, der zur Befriedigung des Gläubigers erforderlich ist; dieser Teil ist dann gem § 753 zu versteigern.

14 Für **unteilbare Gegenstände** gilt § 753 ohnehin; insoweit ist Abs 3 gegenstandslos.

15 Was **Forderungen** betrifft, geht auch hier § 754 dem § 753 vor. Handelt es sich zB um eine Geldforderung, so ist die Forderung von den Teilhabern insoweit einzuziehen, wie erforderlich, um die Verbindlichkeit gem Abs 1 zu berichtigen, im Übrigen ist sie in Natur zu teilen.

V. Vorrang von Parteivereinbarungen

16 Parteivereinbarungen haben vor Abs 1, 3 den Vorrang. Die Parteien können teilen, ohne bestehende Schulden zu berücksichtigen (vgl dazu Crome SeuffBl 72, 1 ff); und sie können, um die Berichtigung zu ermöglichen, anders vorgehen, als in Abs 3 vorgesehen ist.

§ 756
Berichtigung einer Teilhaberschuld

Hat ein Teilhaber gegen einen anderen Teilhaber eine Forderung, die sich auf die Gemeinschaft gründet, so kann er bei der Aufhebung der Gemeinschaft die Berichtigung seiner Forderung aus dem auf den Schuldner entfallenden Teil des gemeinschaftlichen Gegenstands verlangen. Die Vorschriften des § 755 Abs. 2, 3 finden Anwendung.

Materialien: E I § 770; II § 692; III § 743; Mot II 885 ff; Prot II 759 ff; Jakobs/Schubert, Schuldverh III 405 ff.

Systematische Übersicht

I.	Bedeutung	1	III. Durchführung	13
II.	Voraussetzungen	2	IV. Wirkung gegen Dritte	14

Alphabetische Übersicht

Aufwendungsersatz		4	Dritte	14
Beschädigung		5	Erbfall	6
Befreiung		9	Erlösanteil	13
Darlehen		5	Fälligkeit	8

Geldforderung	1, 9	Nachlassforderung	8
Gleichartigkeit	1	Nutzungen	3
Gesetzliche Ansprüche	3		
		Schadensersatz	9
Hypothek	4	Sicherheitsleistung	9
Insolvenz	14	Teilaufhebung	12
		Teilbeträge	12
Kosten	1, 3, 12	Teilungsvereinbarung	5
Konnexität	6, 8	Tilgung	5
Lasten	1, 4, 12	Vorwegbefriedigung	1, 4, 8 ff
		Vorzugsweise Befriedigung	6, 13
Mietvertrag	4		
Miterben	6	Zurückbehaltungsrecht	1, 4, 10
Muttersache	12	Zwangsvollstreckung	4

I. Bedeutung

S 1 verleiht dem Teilhaber wegen seiner Ansprüche aus dem Gemeinschaftsverhältnis – vor allem wegen seiner Ansprüche auf Erstattung für Aufwendungen zur Bestreitung von Kosten und Lasten gem § 748, aber auch wegen anderer Ansprüche ein Recht auf Vorwegbefriedigung aus dem Erlös. Die besondere Regelung ist erforderlich, weil eine Aufrechnung des forderungsberechtigten Teilhabers an mangelnder Gleichartigkeit der Ansprüche (Geldforderung gegen Teilungsanspruch) scheitert und ein Zurückbehaltungsrecht des forderungsberechtigten Teilhabers kein passender Rechtsbehelf ist. S 2 iVm § 755 Abs 2 verleiht diesem Anspruch – unter dem Vorbehalt des § 1010 Abs 2 – dingliche Wirkung. **1**

II. Voraussetzungen

Voraussetzung ist, dass dem Teilhaber gegen den oder die anderen Teilhaber eine Forderung zusteht, die sich **auf die Gemeinschaft** gründet. **2**

Das gilt zunächst für alle **gesetzlichen Ansprüche** aufgrund des Gemeinschaftsverhältnisses, insbesondere für Erstattungsansprüche aufgrund von § 748, für Ansprüche auf Erstattung der Kosten der Aufhebung der Gemeinschaft, die ein Teilhaber vorgeschossen hat (Soergel/Hadding Rn 2; MünchKomm/K Schmidt Rn 13), auch soweit sie anlässlich eines Streits um die Aufhebung entstanden sind (BGH WM 1993, 849, 853; zu Anwaltskosten eines Teilhabers vgl AG München AnwBl 1997, 571), und für Ansprüche auf einen Anteil an den Nutzungen gem § 743 (dazu RG DR 1941, 999, 1000). Dasselbe gilt für Ansprüche aus positiver Forderungsverletzung wegen Nichterfüllung der Pflichten aus dem Gemeinschaftsverhältnis (aA MünchKomm/K Schmidt Rn 14). **3**

Darüber hinaus fallen unter S 1 alle Ansprüche, die **mit dem Gemeinschaftsverhältnis in einem konnexen Zusammenhang** iSv § 273 stehen, die also an sich geeignet wären, für den anspruchsberechtigten Teilhaber gegenüber dem Aufhebungsanspruch der übrigen Teilhaber ein Zurückbehaltungsrecht gem § 273 zu begründen. An die Stelle **4** dieses Zurückbehaltungsrechts tritt der Anspruch auf Vorwegbefriedigung gem S 1. Hierher gehören beispielsweise Ansprüche auf *Herausgabe des Erlangten* oder auf *Aufwendungsersatz* aus einem in bezug auf den gemeinschaftlichen Gegenstand erteilten Auftrag oder Ansprüche aus einem *Mietvertrag*, den die übrigen Teilhaber mit einem Teilhaber abgeschlossen haben. Ist bei der Veräußerung eines ideellen Miteigentumsanteils durch den bisherigen Alleineigentümer zwischen Veräußerer und Erwerber eine Vereinbarung über die Tragung von *Lasten* getroffen worden, so fallen Ansprüche aus dieser Vereinbarung unter S 1 (BGH WM 1966, 577), ebenso Ansprüche, die daraus entstehen, dass die Teilhaber das gemeinschaftliche Grundstück *zugunsten der privaten Schuld* eines Teilhabers *mit einer Hypothek* belastet haben (BGB-RGRK/vGAMM Rn 1 unter Bezugnahme auf ein unveröffentlichtes Urteil des RG vom 10.10.1906) oder dass sie die private Schuld eines Teilhabers *abgelöst* haben, um die Zwangsvollstreckung in den Anteil abzuwenden (vgl § 751 Rn 11).

5 Nimmt ein Teilhaber einvernehmlich mit den übrigen ein Darlehen zur Finanzierung des gemeinschaftlichen Gegenstandes auf, so steht ihm nach Auffassung des BGH (WM 1993, 849, 853; vgl auch DB 1992, 83, 84) ein Aufwendungsersatzanspruch für die Tilgungsraten zu, der gem S 1 zu berücksichtigen ist (zw, wohl nur bei ausdr Vereinbarung der Kostenteilung, s dazu § 748 Rn 13 ff). Auch Forderungen aus *rechtsgeschäftlichen Teilungsvereinbarungen* gehören hierher. Die auf OLG Stuttgart OLGE 1, 251 zurückgehende Gegenansicht (PLANCK/LOBE Anm 2; SOERGEL/HADDING Rn 3; BGB-RGRK/vGAMM Rn 1; ERMAN/ADERHOLD Rn 1; MünchKomm/K SCHMIDT Rn 13) wird praktischen Erfordernissen nicht gerecht; das Argument, der Anspruch habe seinen „eigentlichen Rechtsgrund" nicht in der Gemeinschaft, sondern der Vereinbarung, ist mit der sonst befolgten Praxis, auch vertraglich begründete Forderungen zu berücksichtigen, unvereinbar. Auch das Argument, § 756 erfasse nur Forderungen aus einer „bestehenden" Gemeinschaft, überzeugt nicht, solange ganz allgemein Teilungskosten in den Anwendungsbereich des § 756 einbezogen werden. Auch Ansprüche wegen Beschädigung des gemeinschaftlichen Gegenstands beim Gebrauch (die nach hM nur in § 823 eine Rechtsgrundlage finden, vgl § 741 Rn 260 ff), fallen unter § 756 (aA MünchKomm/K SCHMIDT Rn 14). Entscheidend ist, dass der Anspruch auf der Gemeinschaft als Lebenssachverhalt, nicht dass er auf den §§ 741 ff beruht; ist dies der Fall, kann dem anspruchsberechtigten Teilhaber das Recht auf vorzugsweise Befriedigung aus dem gemeinsamen Gegenstand zustehen.

6 Aus dem Gesichtspunkt der Konnexität erklärt sich auch RGZ 78, 273. Stand dem Erblasser gegen einen der Miterben eine Forderung zu, so können die übrigen Miterben verlangen, dass diese Forderung bei der Nachlasteilung auf die Erbteile vorweg verrechnet wird. Zwar beruht sie nicht auf der Erbengemeinschaft. Aber der Erbfall ist der Grund dafür, dass die Erben sich als Gläubiger (des vom Erblasser übergegangenen Anspruchs) und Schuldner (des Auseinandersetzungsanspruchs) gegenüberstehen; der Erbfall bildet also das „Bindeglied", das die gegenseitigen Ansprüche verbindet (RG aaO).

7 Nicht unter S 1 fallen Ansprüche eines Teilhabers gegen den anderen Teilhaber, die **mit dem Gemeinschaftsverhältnis nichts zu tun haben**, die dem Gläubiger also auch dann zustünden, wenn es die Gemeinschaft nicht gäbe.

8 Der Anspruch, dessen Vorwegbefriedigung verlangt wird, muss **nicht fällig** sein.

Diese Voraussetzung wird allerdings bei Ansprüchen, die sich unmittelbar aus dem Gemeinschaftsverhältnis ergeben, stets erfüllt sein, nicht aber bei sonstigen konnexen Ansprüchen, zB bei Nachlassforderungen gegen einen Miterben. Der Betrag ist dann bei der Verteilung zurückzuhalten (vgl MünchKomm/K SCHMIDT Rn 17).

S 1 setzt voraus, dass der bevorrechtigte Anspruch sich auf **Geld** richtet (aA Münch- **9** Komm/K SCHMIDT Rn 14). Andere als Geldforderungen lassen sich nach S 1 nur befriedigen, nachdem sie in einen Schadensersatzanspruch umgewandelt sind. Außerdem fallen unter S 1 Ansprüche auf Befreiung von einer Verbindlichkeit (vgl § 257 S 1; BGH DB 1992, 83, 84), sofern diese Verbindlichkeit sich auf eine Geldzahlung richtet. Der Befreiungsanspruch ist durch Zahlung an den Dritten zu erledigen; ist die Forderung des Dritten noch nicht fällig oder streitig, so können die übrigen Teilhaber den Befreiungsanspruch durch Sicherheitsleistung erfüllen (§ 257 S 2). Hieraus folgt, dass Verbindlichkeiten, die mit der Gemeinschaft in Zusammenhang stehen, grundsätzlich nicht nur dann aus dem Erlös vorweg zu befriedigen sind, wenn es sich um Gesamtschulden aller Teilhaber handelt (§ 755 Abs 1), sondern auch, wenn ein einzelner Teilhaber eine solche Verbindlichkeit eingegangen ist (vgl § 755 Rn 2).

Soweit einem Teilhaber das Recht auf bevorzugte Befriedigung seiner Forderung **10** nach S 1 zusteht, kann er wegen der Forderung **kein Zurückbehaltungsrecht** gegenüber dem Aufhebungsanspruch geltend machen (vgl § 749 Rn 50).

Ein solches Zurückbehaltungsrecht wäre mit § 749 unvereinbar (BGHZ 63, 348; Münch- **11** Komm/K SCHMIDT Rn 21; ERMAN/ADERHOLD Rn 2; anders noch RGZ 109, 167, 171).

Der Anspruch besteht nur bei Aufhebung der Gemeinschaft, nicht schon bei Aus- **12** kehrung von Teilbeträgen. Das gilt nach BGH WM 1983, 1085 jedenfalls dann, wenn die Ansprüche nach dem Gemeinschaftsbestand nicht gefährdet sind (zust SOERGEL/ HADDING Rn 3; mit Bedenken MünchKomm/K SCHMIDT Rn 2). S 1 ist aber selbst dann nicht anwendbar, wenn der verbleibende Bestand zur Deckung des Anspruchs nicht mehr ausreicht. Soweit es sich bei der Auskehrung von Teilbeträgen um eine Verteilung der Früchte handelt, folgt diese den §§ 743, 748. Aus den Früchten werden nur Lasten und Kosten vorweg berichtigt, nicht dagegen weitergehende, mit der Gemeinschaft zusammenhängende Ansprüche. Diese sind gem § 756 durch die Muttersache abgesichert. Soweit die Auskehrung dagegen den Bestand der Muttersache betrifft, handelt es sich um eine Teilaufhebung der Gemeinschaft. Für sie bedarf es nicht des Schutzes durch S 1, weil ein einzelner Teilhaber die Teilaufhebung nicht verlangen kann (§ 749 Rn 51; MünchKomm/K SCHMIDT § 749 Rn 27 f). Der andere Teilhaber kann daher die den Anspruch gefährdende Auskehrung insgesamt durch Verweigerung seiner Zustimmung verhindern.

III. Durchführung

Die bevorrechtigte Forderung wird bei der Teilung vorweg berücksichtigt. Der **13** Anteil des Gläubigers wird erhöht, der des Schuldners vermindert. Hat die Verwertung ohnehin nach § 753 zu erfolgen, sind die Erlösanteile entsprechend zu berichtigen. Ist der gemeinschaftliche Gegenstand in Natur teilbar, so wird der Anteil des bevorzugten Teilhabers nicht erhöht, sondern der Gegenstand ist, soweit zur bevorzugten Befriedigung erforderlich, nach § 753 in Geld umzusetzen und der bevorrechtigte Teilhaber ist aus dem Erlös zu befriedigen (S 2 iVm § 755 Abs 3; vgl RG SeuffA 74, Nr 173; Prot II 761). Zu den Einzelheiten vgl § 755 Rn 13 ff.

IV. Wirkung gegen Dritte

14 Zur Wirkung des Anspruchs gegen Dritte (S 2 iVm § 755 Abs 3) vgl § 755 Rn 10 ff. Im Insolvenzverfahren eines Teilhabers gilt § 84 InsO, vgl § 755 Rn 11.

§ 757
Gewährleistung bei Zuteilung an einen Teilhaber

Wird bei der Aufhebung der Gemeinschaft ein gemeinschaftlicher Gegenstand einem der Teilhaber zugeteilt, so hat wegen eines Mangels im Recht oder wegen eines Mangels der Sache jeder der übrigen Teilhaber zu seinem Anteil in gleicher Weise wie ein Verkäufer Gewähr zu leisten.

Materialien: E I § 771; II 693; III § 744; Mot II 887; Prot II 766 f; JAKOBS/SCHUBERT, Schuldverh III 411 ff.

I. Anwendungsbereich

1 Die Bestimmung greift in drei Fällen ein: (1) Der gemeinschaftliche Gegenstand wird **gem § 752 in Natur geteilt** und der einem Teilhaber zugewiesene Teil weist einen Mangel (Rechts- oder Sachmangel) auf. (2) Die Teilung erfolgt durch **Vereinbarung** und ein Teilhaber übernimmt einen Teil des Gegenstands oder den ganzen Gegenstand, und der Gegenstand weist einen Sach- oder Rechtsmangel auf. (3) Der Gegenstand wird **nach § 753 verwertet**, und ein Teilhaber erwirbt ihn, zB als Ersteher in der Zwangsversteigerung (allgM).

2 Keine Anwendung findet § 757, wenn der Gegenstand **in Natur geteilt wird** und **alle Teile gleich mangelhaft** sind (allgM). In diesem Fall gibt es keinen Rechtsbehelf. § 757 will (und kann) nur verhindern, dass der eine Teilhaber einen guten Teil (oder gutes Geld) hingibt und einen schlechten Teil dafür bekommt.

3 Keine Anwendung findet § 757, wenn ein Teilhaber seinen **Anteil an einen Dritten oder an einen anderen Teilhaber veräußert**, es sei denn, die Veräußerung erfolgt zum Zweck der Aufhebung der Gemeinschaft. Von diesem Sonderfall abgesehen, gelten für die Anteilsveräußerung die Regeln, die sich aus dem Grundgeschäft (Kauf, Schenkung) ergeben.

II. Rechtslage ab 1.1.2002

4 Durch die Schuldrechtsreform ist zum 1.1.2002 der herkömmliche Begriff der Gewährleistung entfallen. Die Ansprüche und Rechte eines Käufers wegen Rechts-

und Sachmängeln sind nunmehr vereinheitlicht und dem neuen allgemeinen Leistungsstörungsrecht unterstellt (vgl im Einzelnen WESTERMANN NJW 2002, 241 ff). Es wurde allerdings versäumt, § 757 terminologisch auf die neue Rechtslage umzustellen. Richtigerweise (vgl § 433 Abs 1 Satz 2 nF) ist § 757 ab dem 1. 1. 2002 wie folgt zu lesen: „Wird bei der Aufhebung der Gemeinschaft ein gemeinschaftlicher Gegenstand einem der Teilhaber zugeteilt, so hat jeder der übrigen Teilhaber zu seinem Anteil in gleicher Weise wie ein Verkäufer die Sache frei von Sach- und Rechtsmängeln zu verschaffen." Im Übrigen gelten für Aufhebungen ab dem 1. 1. 2002 die neuen allgemeinen Regelungen auch für die Rechtsfolgen des § 757. Die meisten Streitfragen unter der alten gesetzlichen Regelung haben sich damit weitgehend erledigt. Insofern kann daher auf die Erläuterungen zu § 433 ff nF verwiesen werden. Zur Rechtslage bis 31. 12. 2001 vgl STAUDINGER/LANGHEIN (2001) Rn 5 ff.

Ist die zugeteilte Sache mangelhaft (§ 459 aF), so kann der benachteiligte Teilhaber 5
gem § 462 **wandeln** oder **mindern**. Die Wandelung hat gem § 467 aF die gleichen Folgen wie der Rücktritt (oben Rn 6); die Minderung führt dazu, dass die übrigen Teilhaber den Minderwert anteilmäßig ausgleichen müssen (es gilt ähnliches wie im Fall des Schadensersatzanspruchs, oben Rn 7). Einen weitergehenden Schaden müssen die übrigen Teilhaber nur ersetzen, wenn sie den Mangel arglistig oder zumindest fahrlässig verschwiegen haben (§ 463 aF; positive Vertragsverletzung). Eine Schadensersatzhaftung wegen der Zusicherung von Eigenschaften (§ 459 Abs 2 iVm § 463 aF) kommt praktisch nicht in Betracht.

III. Teilweise Mängel

Werden dem Teilhaber mehrere Gegenstände zugeteilt (zB im Zug einer Erbaus- 6
einandersetzung, vgl § 2042 Abs 2) und ist nur ein einzelner Gegenstand mit einem Mangel behaftet, so ist der betroffene Teilhaber (Miterbe) grundsätzlich auf Ansprüche und Rechte hinsichtlich dieses Gegenstandes beschränkt; Rückgängigmachung der Teilung (Auseinandersetzung) bzw Schadensersatz statt der Leistung im Ganzen kann er nur verlangen, wenn die Durchführung für ihn infolge des Mangels kein Interesse hat (vgl im Einzelnen § 437 Nr 2 iVm § 323 Abs 5 nF sowie § 281 Abs 1 S 2 nF).

IV. Bewertungsfehler

Das Risiko von Bewertungsfehlern (das dann besteht, wenn die Parteien entgegen 7
§ 752 Zerlegung in ungleichartige Teile auf der Grundlage des Schätzpreises vereinbaren) trägt der Empfänger. Die Möglichkeit einer nachträglichen Korrektur mit Hilfe des Rechtsbehelfs der „laesio enormis" hat der Gesetzgeber bewusst verworfen (Mot II 888). Auch mit Hilfe des § 242 ist grundsätzlich keine Korrektur möglich (RG JR 1927, Nr 1637: ein Erbe erhält Grundstücke, der andere Wertpapiere; diese haben nachträglich ihren Wert verloren). **AA** für „gravierende Äquivalenzstörungen" zwischen Vertragsabschluss und Gefahrübergang unter dem Gesichtspunkt des Wegfalls der Geschäftsgrundlage MünchKomm/K SCHMIDT Rn 3; wie hier BGB-RGRK/vGAMM Rn 1.

§ 758
Unverjährbarkeit des Aufhebungsanspruchs

Der Anspruch auf Aufhebung der Gemeinschaft unterliegt nicht der Verjährung.

Materialien: E I § 768; II § 694; III § 745; Mot II 881; Prot II 756; JAKOBS/SCHUBERT, Schuldverh III 416 f.

1 Die Vorschrift will verhindern, dass die Gemeinschaft **durch Zeitablauf unteilbar** wird. Ihr Grundgedanke beruht auf der fortgesetzten Erneuerung des Aufhebungsanspruchs (näher MünchKomm/K SCHMIDT Rn 1 mwNw; ERMAN/ADERHOLD Rn 1). Sie gilt auch für Erbengemeinschaften (§ 2042 Abs 2). Eine ähnliche Regelung trifft § 924 für nachbarrechtliche Ansprüche. Ihre praktische Bedeutung ist nicht unerheblich, denn Gemeinschaften und Erbengemeinschaften, die länger als dreißig Jahre bestehen, sind nicht selten.

2 Die Vorschrift erfasst die **Ansprüche aus §§ 749, 752–754**. Zwischen Ansprüchen „auf" Aufhebung und „aus" Aufhebung ist nicht zu unterscheiden (dazu § 749 Rn 6 ff, 16 ff; vgl auch MünchKomm/K SCHMIDT Rn 2). Die Vorschrift erfasst also insbesondere auch den Anspruch auf Teilung des Erlöses. Ferner gilt sie für den Anspruch auf Teilung gemeinschaftlicher Früchte (hM PALANDT/SPRAU Rn 1; MünchKomm/K SCHMIDT Rn 2; BGB-RGRK/vGAMM Rn 1).

3 Haben die Parteien, um die Aufhebung durchzuführen, eine **schuldrechtliche Teilungsvereinbarung** (vgl § 749 Rn 24) getroffen, so gelten für die Einzelansprüche hieraus die allgemeinen, ab 1. 1. 2002 zT deutlich verkürzten (vgl §§ 195 ff nF) Verjährungsregeln (MünchKomm/K SCHMIDT Rn 2). Haben die Parteien die Teilungsvereinbarung nicht vollzogen, dann muss jeder Teilhaber die Möglichkeit haben, durch die Verjährungseinrede zu verhindern, dass auf die obsolete Vereinbarung zurückgegriffen wird. Die Folge der Verjährungseinrede ist allerdings nur, dass jetzt wieder die gesetzlichen Teilungsregeln eingreifen. Haben die Parteien dagegen für den Fall, dass in Zukunft die Gemeinschaft aufgehoben wird, die gesetzlichen Teilungsregeln abbedungen und durch eine abweichende Teilungsregelung – zB freihändige Veräußerung, interne Versteigerung usw – ersetzt, so fällt diese Regelung unter den Schutz des § 758 (so auch K SCHMIDT aaO).

4 § 758 gilt **nicht für schuldrechtliche Ansprüche** aus der Gemeinschaft, also insbesondere nicht für Ansprüche auf *Aufwendungsersatz* gem § 748, auf *Schadensersatz* oder aus *Gewährleistung* gem § 757.

5 § 758 hindert grundsätzlich nicht die **Buchersitzung** (§ 900) durch einen als Alleineigentümer eingetragenen Miteigentümer, da die Buchersitzung die Gemeinschaft insgesamt beseitigt (MünchKomm/K SCHMIDT Rn 1; dazu auch OLG Dresden ZfIR 2003, 438). Schwierigkeiten entstehen aber, wenn der als Alleineigentümer Eingetragene nur Mitbesitz hatte. Dann scheidet Ersitzung aus (STAUDINGER/GURSKY [2006] § 900 Rn 11, str)

Titel 17
Gemeinschaft

§ 758
6

und § 758 gilt. Anders als im Falle des § 902 Abs 1 kommt es für § 758 nicht auf die Eintragung im Grundbuch an (MünchKomm/K Schmidt Rn 1).

§ 927 **(Aneignung nach Aufgebot)** gilt auch für Miteigentumsanteile (hM, BGB-RGRK/ **6** Augustin § 927 Rn 2; LG Aurich NJW-RR 1994, 1170; zu vergleichbaren altrechtlichen Anteilen vgl ebenso LG Flensburg SchlHA 1962, 246). Der anschließende Eigentumserwerb (§ 927 Abs 2) ist originärer Art (Staudinger/Pfeifer [2004] § 927 Rn 27) und beseitigt daher ebenfalls die Gemeinschaft insgesamt. Das ist allerdings aus zwei Gründen nicht unproblematisch: (1) Wie bei § 900 kann es am Eigenbesitz fehlen; (2) verzichtet einer von mehreren Miteigentümern auf sein Aneignungsrecht aus § 927 Abs 2, entstünde ein herrenloser Anteil, den die zutr hM im Parallelfall des § 928 gerade nicht zulässt (§ 741 Rn 43; Bedenken in diese Richtung bei Staudinger/Pfeifer [2004] § 927 Rn 4). ME sollte aus praktischen Gründen § 927 dennoch anwendbar sein, sofern der das Aufgebot betreibende Miteigentümer im Rahmen des Verfahrens – ggf gegenüber etwaigen weiteren Miteigentümern oder dem sonst aneignungsberechtigten Fiskus, dazu Staudinger/Pfeifer (2004) § 927 Rn 21 – verbindlich seinen Aneignungswillen erklärt.

Titel 18
Leibrente

Vorbemerkungen zu §§ 759–761

Schrifttum

BIERGANS, Renten, Raten, andere wiederkehrende Zahlungen (3. Aufl 1993)
BROSCH, Sind Leibrenten mit Aufschubzeit aufschiebend bedingt?, DB 1995, 2498
ECCIUS, Der Leibrentenvertrag des Bürgerlichen Gesetzbuchs, Gruchot 45, 11
FISCHER, Wiederkehrende Bezüge und Leistungen (1994)
vGIERKE, Dauernde Schuldverhältnisse, JherJb 64 (1914) 355
HENSSLER, Risiko als Vertragsgegenstand (1994)
JANSEN/WREDE, Renten, Raten, Dauernde Lasten (12. Aufl 1998)
KIETHE, Die Verrentung des Kaufpreises beim Unternehmenskauf: Fehlerquellen und Risikoeinschätzung, MDR 1993, 1034, 1155
KOENEN, Die Verrentung von Kaufpreisen, MittRhNotK 1994, 329
KRAUSS, Überlassungsverträge in der Praxis (2006) Rn 1187
LAFRENTZ, Die Leibrente – Begriff und Rechtsfolgen (Diss Hamburg 1994)
MAAS, Stammrecht und Einzelansprüche bei wiederkehrenden Leistungen, insbes bei Leibrente und Unterhaltsansprüchen (Diss Bonn 1968)
JÖRG MAYER, Der Übergabevertrag (2. Aufl 2001) Rn 350
MEDICUS, Zur Anpassung eines Vermächtnisses einer Leibrente an geänderte wirtschaftliche Verhältnisse, ZEV 1996, 467
MUTSCHLER, Marktorientierte Bewertung von sofort beginnenden Leibrentenversicherungen (1998)
PETZOLDT, Geschäfts- und Grundstücksveräußerung auf Rentenbasis (7. Aufl 1994)
REIFENBERG, Leibrenten- und Pensionsvertrag (Diss Göttingen 1930)
REINHART, Zum Begriff der Leibrente im bürgerlichen Recht, in: FS Eduard Wahl (1973) 261
RÖHRIG, Vorweggenommene Erbfolge: Übertragung von Betriebs- und Privatvermögen gegen Renten, Raten und wiederkehrende Leistungen (2. Aufl 2000)
SCHÖNER/STÖBER, Grundbuchrecht (14. Aufl 2008)
SEPP, Der Leibrentenvertrag nach dem Bürgerlichen Gesetzbuch (1905)
SIEG, Das Verhältnis der Leibrente nach §§ 759–761 BGB zur privaten Versicherungsrente, ZVersWiss 1994, 683
TREISCH, Die private Leibrentenversicherung, BB 1997, 708
VOGELS, Verrentung von Kaufpreisen, Kapitalisierung von Renten (2. Aufl 1992)
WELTER, Wiederkehrende Leistungen im Zivilrecht und im Steuerrecht (1984).

Systematische Übersicht

I.	**Geschichte, Systematik und praktische Bedeutung**		3. Praktische Bedeutung der Leibrente	5
			4. Leibrentenspezifische Risiken	6
1.	Zur geschichtlichen Entwicklung	1		
2.	Gesetzesüberblick	2	**II.** **Begriff der Leibrente nach der Rspr**	7

III. Die einzelnen Begriffsmerkmale

1. Gleichmäßige Zeitabstände der Leistungen ... 8
2. Gleichmäßiger Inhalt der Leistungen ... 9
3. Gleichmäßige Höhe der Leistungen ... 10
   - a) Nominal gleiche Höhe ... 11
   - b) Anpassung an allgemeine, objektiv bestimmbare Maßstäbe – Wertsicherungsklauseln ... 12
   - c) Keine Ertrags- und Umsatzabhängigkeit ... 14
   - d) Unabhängigkeit von der Leistungsfähigkeit und sonstigen Bedürfnissen ... 15
   - e) Vorweggenommene Erbfolge ... 17
   - f) Änderung der Geschäftsgrundlage ... 18
   - g) Vereinbarung eines Sockelbetrages, Kontext mit anderen Leistungen ... 19
4. Gegenstand der Leistungen ... 20
5. Dauer der Leistungen ... 21
6. Das sog Leibrentenstammrecht ... 25
   - a) Einzelfälle zur Tauglichkeit der Einheitstheorie ... 26
     - aa) Beweislast für das Erlöschen der Leibrente ... 27
     - bb) Vollstreckbare Ausfertigung ohne Erlebensnachweis ... 28
     - cc) Insolvenz des Rentenschuldners ... 29
     - dd) Insolvenz des Rentengläubigers ... 30
     - ee) Übertragung des Gesamtvermögens ... 31
     - ff) Verjährung ... 32
     - gg) Gleichmäßige Leistungshöhe ... 33
     - hh) Erfüllung des Leibrentenversprechens, Verzug, Leibrente und Dauerschuldverhältnis ... 34
   - b) Eigene Stellungnahme ... 39
7. Weitere Abgrenzungsfragen: Die Loslösung der Leibrente von sonstigen Beziehungen der Vertragsteile – die sog „Isolierungstheorie" ... 40
   - a) Die Isolierungstheorie zur Begrenzung des Leibrentenbegriffs ... 40
     - aa) Lebenslängliche Ruhegehälter ... 42
     - bb) Renten im Zusammenhang mit wiederkehrenden oder Dauerleistungen ... 43
     - cc) Schadensersatzrenten ... 44
     - dd) Renten aus einem Vergleich, Abfindungen ... 45
     - ee) Renten als Tilgungsmodus ... 46
   - b) Eigene Stellungnahme ... 47

IV. Zusammenfassung zum Leibrentenbegriff ... 52

V. Gemischte Verträge ... 53

VI. Ähnliche Rechtsverhältnisse, insbesondere Leibrentenversicherung ... 56

VII. Leibrente und wiederkehrende Bezüge im Einkommensteuerrecht ... 58

VIII. Kapitalisierung und Verrentung ... 61

IX. Euro-Umstellung ... 63

X. Sicherungsmöglichkeiten ... 64

XI. Inhaltskontrolle von Leibrentenverträgen ... 67

Alphabetische Übersicht

Abfindung ... 45
Abgekürzte Leibrente ... 22
Abstrakte Natur der Leibrente
  s Isolierungstheorie
Aleatorischer Charakter ... 6
Anpassung der Leibrentenleistungen gemäß § 323 ZPO ... 15
Aufrechnung, im Insolvenzverfahren ... 29
Ausstattung ... 15

Bedürfnisse des Berechtigten ... 15

Begriff der Leibrente ... 1, 7 ff, 40, 52
Betriebliche Leibrenten ... 59
Betriebsübertragung ... 5, 14, 17
Beweislast ... 27

Dauernde Lasten ... 59
Dauerschuldverhältnis ... 6, 34, 36, 39, 50 ff, 64

Einheitstheorie ... 3, 7, 25 ff, 34 ff
Einkommensteuerrechtliche Behandlung der Leibrente ... 58 f

Titel 18
Leibrente

Einzelleistungen	25, 32, 40
Erfüllung	34 ff
Ertragsabhängigkeit der Leibrentenleistungen	14
Ertragsanteil	58
Euro-Umstellung	63
Gegenleistung	42
Geldleistungen	20
Gemischte Verträge	53 ff
Geschäftsgrundlage	15, 18, 67
Geschichte	1, 21, 39
Gewagte Geschäfte	1, 6
Gläubigeranfechtung	37, 55
Gleichartigkeit der Leibrentenleistungen	9
Gleichmäßigkeit	
– der Leibrentenleistungen	8 ff
– der Leistungshöhe	10
– des Leistungsinhalts	9
– der Leistungszeitabschnitte	8
Grundrecht	
s Stammrecht	
Höchstlaufzeit	22
Inhaltskontrolle	67 ff
Insolvenz	
– des Rentengläubigers	30
– des Rentenschuldners	29
Isolierungstheorie	40 ff
Juristische Person	21
Kapitalisierung	29, 61
Kündigung	36
Lebensdauer	21 ff
Lebenshaltungspreisindex	12
Leibgeding	1, 17, 19
Leibrentenkauf	1, 5, 47, 49, 51, 53
Leibrentenrisiken	6, 50
Leibrentenschenkung	
s Schenkung	
Leibrentenversicherung	56
Leistungsfähigkeit des Verpflichteten	15, 17, 35
Leistungsstörung	34 ff, 54
Lohnklausel	12

Minderung	54
Mindestlaufzeit	22
Nießbrauch	2, 34, 38
Novation	15, 40, 45, 50, 52
Nutzungen	25, 38
Pflichtteilsergänzungsansprüche	37, 55
Praktische Bedeutung der Leibrente	5
Preisangaben- und Preisklauselgesetz	13
Preisklauseln	12 f
Raten	30, 34 f, 54
Reallast	66
Regelmäßigkeit der Leistungen	8
Rücktritt	35 f, 54, 65
Ruhegehälter	42
Schadensersatzrenten	44
Schenkung	35, 37, 53, 55
Sicherungsmöglichkeiten	64
Sockelbetrag	19
Sozialversicherungsrente	12, 60
Stammrecht	25 ff, 31 ff, 40, 49, 65
Tilgungsmodus	46
Typologische Betrachtung	49
Umsatzabhängigkeit der Leibrentenleistungen	14
Unterhaltsleistungen	15
Verarmung	37, 55
Verbraucherpreisindex	12
Vergleich	40, 45
Verjährung	32, 54
Verlängerte Leibrente	22
Vermögensübertragung	17
Verrentung eines Kapitals	61 f
Vertretbare Sachen	20
Verzug	8, 34 ff, 65
Vollstreckbare Ausfertigung	28
Vorweggenommene Erbfolge	5, 17
Wertsicherungsklauseln (s auch Preisklauseln)	5, 12
Wiederkehrende Bezüge	8, 58
Wohnungsrecht	17, 68

Zeitabschnitte	8
Zeitrente	23
Zinsverbot, kanonisches	39
Zwangsvollstreckungsunterwerfung	64
– dingliche	66

I. Geschichte, Systematik und praktische Bedeutung

1. Zur geschichtlichen Entwicklung

1 Die Leibrente geht in ihren Grundzügen bis auf das deutsche Recht des Mittelalters zurück. Dort entwickelte sich die Leibrente vor allem aus dem aus Versorgungsgründen vereinbarten Leibgeding (vgl Ogris, Der mittelalterliche Leibrentenvertrag [1961]; ders, Leibrente, HRG II 1800 ff; Zusammenfassung bei Welter, Wiederkehrende Leistungen S 182 f; Staudinger/Amann [2002] Einl 32 ff zu §§ 1105–1112; Soergel/Welter Rn 1; zur Leibrente im Mittelalter auch Trusen, in: FS Heimpel [1972] 140 ff) und aus dem Rentenkauf (vgl Rn 47) als eigenes Rechtsinstitut, das typischerweise durch feste (Geld-)Leistungen die Versorgung des Berechtigten sichern sollte und manchmal auch gesellschaftsrechtliche oder versicherungsartige Züge aufwies (vgl ie Sepp 1 ff mwNw). Ältere Kodifikationen, wie das ALR (Teil I Titel 11 §§ 606 ff), das ABGB (§§ 1284 ff), der Code Civil (Art 1968 ff; dazu auch Welter, Wiederkehrende Leistungen S 179 f) oder das SächsBGB (§§ 1150 ff), enthalten detaillierte Regelungen und (mit Ausnahme des Code Civil) eine Begriffsbestimmung der Leibrente, die oftmals in eine Gruppe der sog gewagten Geschäfte (zB zusammen mit Versicherungsverträgen) eingeordnet wurde (Soergel/Welter Rn 1) – ähnlich wie im BGB vor den Titeln über Spiel, Wette und Bürgschaft (vgl Mot II 635).

2. Gesetzesüberblick

2 Das **BGB** enthält **keine abschließende Normierung** des Rechts der Leibrente, sondern widmet dieser – ähnlich wie das SchwOR in den Art 516 ff – nur wenige Vorschriften: § 759 stellt Auslegungsregeln zu Dauer und Höhe der Leibrente auf. § 760 normiert (dispositiv) die Zahlungsweise. § 761 schreibt für das vertragliche Leibrentenversprechen zwingend die Schriftform vor. § 330 betrifft den Leibrentenvertrag zugunsten eines Dritten, § 1073 den Nießbrauch an einer Leibrente. Den Begriff der Leibrente definiert das BGB – anders als die vorstehend genannten Gesetzeswerke – gerade nicht; vielmehr sollte die Begriffsbestimmung der Wissenschaft und Praxis überlassen bleiben (Mot II 637 f; vgl RGZ 80, 208, 211).

3 Eine Unterscheidung der Leibrente von anderen wiederkehrenden Bezügen ist im Zivilrecht vor allem deshalb erforderlich, weil § 761 für das Leibrentenversprechen Schriftform vorschreibt. Mündliche Zusagen wiederkehrender Bezüge – und damit der Leibrentenbegriff – beschäftigten bis zum 2. Weltkrieg die Gerichte relativ häufig. Danach hat die praktische **Bedeutung der** vorgeschriebenen **Schriftform** kontinuierlich abgenommen, weil der Rechtsverkehr diese idR schon zu Beweiszwecken wahrt (Soergel/Welter § 761 Rn 3). In Rspr und Lit fand sich daher anfangs die Tendenz, das Schriftformerfordernis zurückzudrängen und dementsprechend den Leibrentenbegriff eng zu fassen (vgl etwa RGZ 67, 208; 91, 6, 8; BGH WM 1966, 248 = BB

1966, 305; zur Entwicklung der Rspr in diesem Sinne WELTER, Wiederkehrende Leistungen S 48 ff, 184 ff). Am stärksten verengt hat die Rspr des RG den Leibrentenbegriff durch die sog **Einheitstheorie** (Rn 25 ff) und durch die sog **Isolierungstheorie** (Rn 40 ff; zu dieser Entwicklung s auch SOERGEL/WELTER Rn 3). Die schwer hinnehmbaren Konsequenzen der Einheitstheorie (Rn 26 ff) haben ihrerseits die Zivilgerichte bewogen, wiederkehrende Bezüge kaum noch als Leibrente zu qualifizieren (vgl BGH NJW-RR 1991, 1035 = DNotZ 1992, 297). Der BGH hat diese Rspr fortgeführt, sich aber mit dem derart verengten Leibrentenbegriff nur noch selten beschäftigen müssen, dabei aber eine eher pragmatische Haltung an den Tag gelegt (WELTER, Wiederkehrende Leistungen S 63).

Die im **Einkommensteuerrecht** früher besonders bedeutsame Unterscheidung zwischen Leibrenten und anderen wiederkehrenden Bezügen (s STAUDINGER/AMANN [2002] Vorbem 2, 40 ff zu §§ 759 ff; MünchKomm/HABERSACK § 759 Rn 17 ff; SOERGEL/WELTER Rn 16 ff) wurde durch das Jahressteuergesetz 2008 gegenstandslos (eingehend s Rn 58 ff). **4**

3. Praktische Bedeutung der Leibrente

Wenn man die Leibrente nicht in dem sehr engen Sinn der Zivilrechtsprechung versteht, dann behält sie auch **praktische Bedeutung**. Allerdings dürften Schätzungen, wonach jährlich 50.000 Leibrentenverträge abgeschlossen werden (so REINHART, in: FS Wahl [1973] S 261) zu hochgegriffen sein (HENSSLER, Risiko als Vertragsgegenstand [1994] S 392; krit dagegen auch WELTER, Wiederkehrende Leistungen S 57 f). Auch aus den Genehmigungsanfragen für Wertsicherungsklauseln lassen sich nur sehr beschränkt Rückschlüsse auf die rechtstatsächliche Bedeutung dieser Verträge ziehen, da auch reine Kaufverträge oftmals mit Wertsicherungsklauseln abgeschlossen werden und zudem die Genehmigungspflicht seit dem September 2007 entfallen ist. Am häufigsten vereinbart wird die Leibrente im Rahmen der **vorweggenommenen Erbfolge** bei der Übergabe von Grundbesitz, Betrieben oder sonstigem Vermögen, und zwar als Instrument, um dem Übergeber auf Lebensdauer möglichst gleichmäßige, wertbeständige Geldbezüge zu verschaffen (Ausführlich zur Dogmatik der vorweggenommenen Erbfolge SPIEGELBERGER in: FS 50 Jahre Deutsches Notarinstitut [2003] 413 ff). In Kaufverträgen kommt sie relativ selten vor, weil mit ihr wirtschaftlich eine Stundung des Kaufpreises verbunden ist, deren Chancen und Risiken (früher oder später Tod, Geldwert- und Zinsentwicklung, Zahlungsunfähigkeit des Schuldners) schwierig abzuwägen und zu beherrschen sind (zur Interessenlage vgl HASE DNotZ 1961, 388; Betrieb 1961, 1413; vgl im übrigen HENSSLER 399 ff). Der früher weitverbreitete Leibrentenkauf gegen Zahlung einer Kapitalsumme kommt demgegenüber kaum mehr vor, weil Versicherungsverträge eine viel bessere Alternative hierzu darstellen (MünchKomm/HABERSACK § 759 Rn 1; s auch unten Rn 56). **5**

4. Leibrentenspezifische Risiken

Der Leibrentenvertrag ist durch zwei besondere Risikoelemente gekennzeichnet (zum Folgenden HENSSLER, Risiko als Vertragsgegenstand S 395 ff; zahlreiche praktische Hinweise bei KIETHE MDR 1993, 1034, 1155): **6**

– durch das **ungewisse Ende der Leistungszeit**, weil hierfür auf die Lebensdauer des Begünstigten oder eines anderen abgestellt wird,

– durch das **jedem Dauerschuldverhältnis** eigene Risiko einer planwidrigen Entwicklung während der langen Laufzeit der Rechtsbeziehungen.

Dem erstgenannten Risikofaktor versucht man im Rahmen der bei der Vertragsanbahnung erforderlichen wirtschaftlichen Kalkulation durch das Abstellen auf die durchschnittliche statistische Lebenserwartung der Bezugsperson zu begegnen, was naturgemäß über die dann später eintretende Laufzeit der Leibrente im Einzelfall nichts aussagt (zu den entsprechenden Kapitalisierungs- und Verrentungstabellen s Rn 61 f). Zugleich werden durch diese ungewisse Laufzeit die jedem Dauerschuldverhältnis immanenten Risiken noch weiter potenziert. Daher kommt dem Leibrentenvertrag ein spekulativer, ja sogar **aleatorischer Charakter** zu. Dabei ist nicht nur der Leibrentenschuldner Risikoträger der Vereinbarung, sondern auch bei einem – schneller als ursprünglich kalkuliert – eintretenden Tod der Person, auf deren Lebensdauer abgestellt wird, auch der Rentenberechtigte; nur wenn die Rente auf seinen Tod befristet ist, trifft dieses Risiko nicht ihn, sondern seine Erben.

II. Begriff der Leibrente nach der Rspr

7 Nach der Rspr des RG und des BGH ist die Leibrente ein **einheitliches nutzbares Recht** (sog **Einheitstheorie** – s Rn 25 ff), das **unabhängig** und **losgelöst von sonstigen Beziehungen** und Verhältnissen der Beteiligten (sog **Isolierungstheorie** – Rn 40 ff) dem Berechtigten für die **Lebensdauer** eines Menschen eingeräumt ist (Rn 21 ff) und dessen Erträge aus **fortlaufend wiederkehrenden gleichmäßigen Leistungen** (Rn 10 ff) in Geld oder anderen **vertretbaren Sachen** bestehen (Rn 20; grundlegend RGZ 67, 207 ff; daran anschließend ua RGZ 89, 259, 261; 80, 208, 209; 91, 6, 7; 94, 157; 106, 95; 137, 259; 150, 390 jeweils mwNw – weitere Rspr des RG s STAUDINGER/BRÄNDL[10/11] Vorbem 2; BGH WM 1966, 248 = BB 1966, 305; BGH WM 1980, 593; vgl auch MünchKomm/HABERSACK § 759 Rn 3; SOERGEL/WELTER Rn 2 f). Die sog **Einheitstheorie** und die sog **Isolierungstheorie** führen zu kaum hinnehmbaren Konsequenzen und zu einer erheblichen Einengung des Anwendungsbereichs der §§ 759 ff (typisch BGH BGH NJW-RR 1991, 1035 = DNotZ 1992, 297). Sie werden in der Lit, in der Rspr zum EStG, bis zur Änderung durch das Jahressteuergesetz 2008 (s STAUDINGER/AMANN [2002] Vorbem 2), und auch in den nachfolgenden Erläuterungen weitgehend abgelehnt. Über die anderen Begriffsmerkmale, die vor allem durch die Verkehrsanschauung geprägt sind, bestehen dagegen kaum Meinungsverschiedenheiten und auch keine Abweichungen zur zivilrechtlichen Rspr. Der sich aus den nachfolgenden **Erläuterungen ergebende Leibrentenbegriff** ist abschließend in Rn 52 wiedergegeben.

III. Die einzelnen Begriffsmerkmale

1. Gleichmäßige Zeitabstände der Leistungen

8 Die Leibrentenleistungen müssen **in gleichmäßigen Zeitabständen** wiederkehren (RGZ 67, 208; BGH BB 1966, 305; BFH BStBl 1967 III 179). § 760 Abs 2 HS 2 und Abs 3 deuten darauf hin, dass gleiches Maß für alle einzelnen Zeitabschnitte erforderlich ist (BGH aaO). Es genügt aber auch bloße Regelmäßigkeit der Leistungen (LAFRENTZ 31; ENNECCERUS/LEHMANN § 187 I 2; BFH BStBl 1965 III 707, 167; 1963 III 595); diese ist noch gewahrt, wenn die Einzelleistungen in unterschiedlichem zeitlichen Abstand, aber einer allgemeinen Regel gemäß aufeinanderfolgen, etwa jeweils an Ostern, Pfingsten und Weihnachten. *Verzug* des Schuldners stellt die Gleichmäßigkeit der Leistungen nicht in Frage, da es auf die Leistungspflicht ankommt (vgl JANSEN/WREDE Rn 100).

2. Gleichmäßiger Inhalt der Leistungen

Die einzelnen Leistungen müssen einen **gleichmäßigen Inhalt** haben, dh **gleichartig** sein (RGZ 67, 207, 212; 150, 385, 391; SEPP 15 f). Die Zahlung von Geld zum einen Termin und die Lieferung anderer vertretbarer Sachen zum nächsten Termin lassen sich also nicht zu einer Leibrente verknüpfen (vgl BFH BStBl 1967 III 699; AnwK-BGB/TERBRACK § 759 Rn 8; unklar LG Lübeck NJW 1976, 427 mit krit Anm HARTMANN). 9

3. Gleichmäßige Höhe der Leistungen

Die einzelnen Leistungen müssen ferner stets in gleichmäßiger Höhe wiederkehren (allgM, vgl etwa PALANDT/SPRAU § 759 Rn 10). 10

a) Nominal gleiche Höhe
Diesem Erfordernis entsprechen alle nominal gleichbleibenden Leistungen. 11

b) Anpassung an allgemeine, objektiv bestimmbare Maßstäbe – Wertsicherungsklauseln
Die Gleichmäßigkeit ist aber auch gewahrt, wenn sich die Höhe der einzelnen Leistungen stets nach dem **gleichen Maßstab** richtet und dieser nicht in den Verhältnissen des Einzelfalls liegt, sondern in allgemeinen, objektiv genau bestimmbaren, die Gewähr ihres Fortbestandes während der Leibrentendauer bietenden Größen, wie bei den echten Währungsgleitklauseln (BGH WM 1980, 593), nach neuerer Terminologie „Preisklauseln". Hierzu gehören Klauseln, die für die Anpassung abstellen auf den *Verbraucherpreisindex* für Deutschland, der seit dem Januar 2003 anstelle des früheren amtlichen Lebenshaltungskostenindexes (dazu BGH NJW 1995, 2790 = DNotZ 1996, 645; AnwK-BGB/TERBRACK § 759 Rn 9; BAMBERGER/ROTH/LITZENBURGER § 759 Rn 6; JANSEN/WREDE Rn 103; GRIEGER BB 1967, 238; MünchKomm/HABERSACK § 759 Rn 20 iVm Rn 25 f; PWW/BRÖDERMANN § 759 Rn 8; vgl BFH BStBl 1967 III 180; SOERGEL/ WELTER § 759 Rn 6; eingehend zu den Wertsicherungsklauseln s STAUDINGER/KARSTEN SCHMIDT [1997] Vorbem D 162 ff zu §§ 244 ff), festgestellt wird (hierzu REUL DNotZ 2003, 92; zur Umrechnung GUTDEUTSCH FamRZ 2003, 1061, krit hierzu jedoch bezüglich der neuen Bundesländer KOGEL FamRZ 2003, 1901; allgemein zur Umbasierung nunmehr DNotZ 2003, 733), auf das *Gehalt* eines Beamten einer bestimmten Besoldungsgruppe und Dienstaltersstufe (vgl BFH NJW 1986, 2457 mwNw), auf einen *Tariflohn* (LG Marburg BB 1959, 207), auf den Durchschnittssatz des Einkommens eines Bundesbürgers, wie er für die Rente bestimmt ist und jährlich neu festgelegt wird (BGH NJW 1966, 200 = Betrieb 1965, 1812), oder auf bestimmte *Sozialversicherungsrenten* (vgl BFH BStBl 1968 II 262), auch in der Weise, dass diese auf die Leibrente anzurechnen sind (BFH NJW 1981, 944). Solche Wertsicherungsklauseln stehen schon deshalb dem Gebot der Gleichmäßigkeit der einzelnen Leistungen nicht entgegen, weil sie durch die Anpassung an die Geldentwertung die inflationsgefährdete Geldsummenschuld in eine wertbeständige Geldwertschuld überführen und daher – gemessen an der eigentlichen Kaufkraft – erst wieder die „wertmäßige Gleichmäßigkeit" herstellen. 12

Zweckmäßig ist die Anknüpfung an den Verbraucherpreisindex für Deutschland. 13

Soweit sich „unmittelbar und selbsttätig" durch eine Veränderung der Bezugsgröße auch die Höhe der Geldleistungen verändern soll, waren solche Klauseln bis zum 9.9. 2007 nach § 2 Abs 1 Satz 1 und 2 Preisangaben- und Preisklauselgesetz **genehmigungspflichtig**. Durch das „Zweite Gesetz zum Abbau bürokratischer Hemmnisse insbesondere in der mittelständischen Wirtschaft" (BGBl I 2246; BR-Drucks 392/07; vgl dazu KIRCHHOFF DNotZ 2007, 913; REUL MittBayNot 2007, 445) wurde das PreisklauselG neu gefasst. Damit ist insbes das bisherige Genehmigungserfordernis für Wertsicherungsklauseln durch das Bundesamt für Wirtschaft und Ausfuhrkontrolle entfallen. Vielmehr sind die bisher in der PrKV geregelten Ausnahmen vom Indexierungsverbot nunmehr direkt im Gesetz im Wege sog **„Legalausnahmen"** geregelt; eine Genehmigung weiterer, dort nicht geregelter Ausnahmen ist demgegenüber nicht mehr möglich, solche sind vielmehr nicht zulässig (§ 134). Daher kann auch kein Negativattest mehr erteilt werden, so dass die Neuregelung mit einem ganz erheblichen Verlust an Rechtssicherheit verbunden ist, weil in der Praxis immer wieder Fälle auftauchen, für die es zweifelhaft ist, ob sie unter eine der zulässigen Ausnahmen des Gesetzes fallen. Dies wird auch nicht dadurch entschärft, dass nach § 8 PreisklauselG die Unwirksamkeit einer Preisklausel prinzipiell erst von dem Zeitpunkt an wirkt, ab dem durch ein Gericht rechtkräftig ein Verstoß gegen das Preisklauselgesetz festgestellt ist (ausf zu dieser relativen Wirksamkeit REUL aaO S 450 f). Eine Leibrente ist auch nicht ausgeschlossen, falls fest bestimmte Leistungen in gewissen vorweg vorgesehenen Fällen sich wiederum um fest bestimmte Beträge verändern (vgl RGZ 137, 262; BGH WM 1980, 594; noch weitergehend SEPP 15 und PLANCK/OEGG Vorbem II 2 b zu § 759, die bei der Veränderung sogar ein *Ermessen* zulassen wollen). Ein Ermessen schließt jedoch die Gleichmäßigkeit der Einzelleistungen aus (unklar BGH WM 1980, 597).

c) Keine Ertrags- und Umsatzabhängigkeit

14 **Keine Leibrente** liegt vor, wenn die einzelnen Leistungen ganz oder teilweise vom **Ertrag oder Umsatz** einer Landwirtschaft (RGZ 137, 259; 150, 385, 391; BFH BStBl 1967 III 178), eines Gewerbebetriebs (BGH DB 1989, 1180; BFH BStBl 1963 III 592; **aM** SEPP 15; BFH BStBl 1967 III 45 mit krit Anm GRIEGER BB 1967, 319), eines sonstigen Unternehmens (RGZ 67, 204; BFH BStBl 1964 III 475) oder eines Mietwohnhauses (FG Nürnberg DStZ [B] 1972, 232) abhängen (vgl GRIEGER BB 1967, 238; JANSEN/WREDE Rn 103; AnwK-BGB/TERBRACK § 759 Rn 10). Unschädlich ist es dagegen, den Preis eines Wirtschaftsguts nur der erstmaligen und endgültigen Festlegung der Rentenhöhe zugrunde zu legen, ohne dass diese anschließend an die Preis- oder Wertentwicklung des Wirtschaftsguts gekoppelt bleibt (BFH BStBl 1967 III 179).

d) Unabhängigkeit von der Leistungsfähigkeit und sonstigen Bedürfnissen

15 Die für die Leibrente charakteristische **gleichmäßige Höhe** der Leistungen **fehlt**, wenn die einzelnen Leistungen sich nach den **Bedürfnissen des Berechtigten** oder nach der **Leistungsfähigkeit des Verpflichteten** richten oder einer **Anpassung**, insbes nach § 323 ZPO unterliegen, die nicht auf die seltenen Fälle des Wegfalls oder der Änderung der Geschäftsgrundlage beschränkt ist (vgl § 759 Rn 7 ff) oder auf einer wirksamen Wertsicherungsklausel (vgl Rn 12) beruht (allgM, vgl OLG Schleswig FamRZ 1991, 1203; AnwK-BGB/TERBRACK Rn 10; SOERGEL/WELTER Rn 2 ff; BAMBERGER/ROTH/LITZENBURGER Rn 6, jedoch unklar im Zusammenhang mit § 323 ZPO). Deshalb stellen **Unterhaltsleistungen** typischerweise **keine** Leibrente dar – vgl §§ 1360a, 1361, 1578, 1581, 1603, 1610 (RGZ 145, 119; BGHZ 5, 302, 305; BFH BStBl 1963 III 594; AnwK-BGB/TERBRACK § 759 Rn 10; BAMBERGER/ROTH/LITZENBURGER § 759 Rn 6; JANSEN/WREDE Rn 103; REINHART, in: FS

WAHL [1973] 275; MünchKommInsO/SCHUMANN [2. Aufl 2007] § 40 Rn 14; MünchKomm/HABERSACK § 759 Rn 10 mwNw und die Nachw in STAUDINGER/AMANN[12] Vorbem 9). Dies gilt grundsätzlich auch für Unterhaltsleistungen an den geschiedenen oder getrennt lebenden Ehegatten unabhängig davon, ob die Leistungen auf einer gesetzlichen Unterhaltspflicht beruhen oder nicht (vgl RGZ 150, 385, 391; BFH BStBl 1974 II 103; MünchKomm/HABERSACK § 759 Rn 10), sowie für sonstige Versorgungs- und Ausstattungsleistungen, soweit sie nicht über das angemessene Maß iS von § 1624 hinausgehen (RGZ 111, 286; AnwK-BGB/TERBRACK § 759 Rn 10; BAMBERGER/ROTH/LITZENBURGER § 759 Rn 6; MünchKomm/HABERSACK § 759 Rn 12; STAUDINGER/AMANN[12] Vorbem 9 mwNw; eingehend zur Abgrenzung von Ausstattung und Leibrente GERNHUBER/COESTER-WALTJEN § 56 Rn 13–15 wo zutr darauf hingewiesen wird, dass Zuschüsse nur dann der Leibrente unterfallen, wenn sie dem Gedanken der Lebenszeitversorgung unterfallen), ebenso für Leistungen, die in standesgemäßem oder angemessenem Umfang zu erbringen sind (vgl BFH BStBl 1965 III 167). Wegen *Ruhegehältern* und anderen Leistungen im Zusammenhang mit einem Dienst- oder Arbeitsverhältnis s Rn 42 ff. Selbstverständlich kann auch für Unterhalts- und ähnliche Leistungen der Vorbehalt gleichbleibender Verhältnisse und die (direkte oder analoge) Anwendung des § 323 ZPO ausdrücklich auf die Fälle des Wegfalls bzw der Änderung der Geschäftsgrundlage beschränkt und dadurch, oder auch in anderer Weise, die Unterhaltspflicht durch einen nicht mehr zweckgebundenen vermögensrechtlichen Anspruch im Wege der **Novation** ersetzt und damit eine **Leibrente** begründet werden (vgl RGZ 150, 385, 391; OLG Karlsruhe NJW 1962, 1774; OLG Schleswig FamRZ 1991, 1203; OLG Nürnberg FamRZ 1996, 296; HENSSLER, Risiko als Vertragsgegenstand 411; BAMBERGER/ROTH/LITZENBURGER § 759 Rn 6; MünchKomm/HABERSACK § 759 Rn 10 mwNw; Vertragsmuster hierfür bei MÜNCH, Ehebezogene Rechtsgeschäfte [2. Aufl 2007] Rn 2259; eingehend zur familienrechtlichen Seite auch LANGENFELD, Handbuch der Eheverträge und Scheidungsvereinbarungen [5. Aufl 2005] Rn 1007). Jedoch ist eine solch weitreichende Umgestaltung des Schuldgrundes nur in Ausnahmefällen anzunehmen, wofür es besonderer Anhaltspunkte bedarf (BGH NJW 1997, 1441; NJW-RR 2002, 1513, 1515; RGZ 150, 385, 391; OLG Karlsruhe NJW 1962, 1774; BFH NJW 1967, 1487, 1535; MünchKomm/HABERSACK § 759 Rn 10).

16 Maßgeblich dafür, ob die Leistungen in ihrer Höhe gleichmäßig sind, sind die (auch stillschweigend) getroffenen **Vereinbarungen** und nicht deren Erfüllung. So führt schon eine **rechtliche Abänderungsmöglichkeit** von der Leibrente weg, auch wenn diese Möglichkeit sich nicht realisiert, die Leistungshöhe also tatsächlich unverändert bleibt (vgl BFH BStBl 1965 III 167; THOMA DStR 1977, 160 mwNw und oben Rn 8).

e) Vorweggenommene Erbfolge

17 Bei Zahlungen auf Grund einer **Betriebs- oder Vermögensübertragung** hängt das Vorliegen einer Leibrente – falls ausdrückliche Vereinbarungen über die Abänderbarkeit der Zahlungen fehlen – von allen Umständen des Einzelfalls ab.

Gegen **eine Leibrente sprechen folgende Indizien**:

– Wenn wiederkehrende gleichmäßige Zahlungen mit anderen Verpflichtungen (zB mit Wart und Pflege, Wohnungsrecht, Tischkost) zu einem **Leibgeding** (s Art 96 EGBGB sowie Erl hierzu sowie STAUDINGER/AMANN [2002] Einl 32 ff zu §§ 1105 ff) vereinigt sind (vgl RGZ 104, 272; Großer Senat des BFHE 165, 225 = NJW 1992, 710), da Leibgedingsleistungen idR der Versorgung des Berechtigten dienen und daher entsprechend dem Versorgungsbedürfnis veränderlich sind (vgl STAUDINGER/AMANN

[2002] Einl 40 zu §§ 1105 ff; SOERGEL/WELTER § 759 Rn 4). Es ist allerdings nicht ausgeschlossen, dass zu einem Leibgeding auch eine Leibrente gehört, zB wenn dies ausdrücklich vereinbart ist oder wenn die Rentenzahlungen verglichen mit den übrigen Leibgedingsleistungen erhebliche Bedeutung haben und für beide Teile sicher kalkulierbar sein sollen (vgl unten). Zudem verweist das auf Grund des landesrechtlichen Vorbehalts nach Art 96 EGBGB für Leibgedingsverträge erlassene **Landesrecht** teilweise wieder auf die §§ 759 ff (Art 7 BayAGBGB) oder enthalten entsprechende Regelungen (§ 8 BaWüAGBGB).

– Wenn zwar kein Leibgeding vorliegt, aber Leistungen, die den Gegenstand einer Leibrente bilden können, mit **weiteren Verpflichtungen**, zB Wohnungsrecht, Stromlieferung, Dienstleistungen uä, verbunden sind und **wertmäßig** neben diesen nur eine **untergeordnete Rolle** spielen (vgl RG WarnR 1922 Nr 65; BFH BStBl 1962 III 304).

– Wenn die Zahlungen **typischerweise vom Bedarf des Veräußerers** oder vom Ertrag des veräußerten Betriebs oder von der **Leistungsfähigkeit des Erwerbers** abhängig sind, wie bei Übergaben im Wege der vorweggenommenen Erbfolge (vgl BFHE 166, 564 = NJW 1993, 283). Einkommensteuerlich wurde dies vor dem Jahressteuergesetz 2008 bei Übergaben des sog Typus 1 vermutet (vgl STAUDINGER/AMANN [2002] Vorbem 42; s auch unten Rn 58).

Eine **Leibrente** liegt dagegen im Zweifel vor:

– Wenn der Entgeltcharakter der Zahlungen überwiegt, wie zB bei einer Betriebs- oder Vermögensübertragung an einen Familienfremden.

– Wenn das Bedürfnis beider Vertragsteile im Vordergrund steht, die Zahlungen zuverlässig kalkulierbar zu machen und damit vom Bedarf des Übergebers ebenso zu lösen wie vom Ertrag des übergebenen Betriebs und von der Leistungsfähigkeit des Übernehmers (vgl BGH NJW-RR 1993, 773).

f) Änderung der Geschäftsgrundlage

18 Die mögliche oder tatsächliche **Änderung der Höhe** der wiederkehrenden Leistungen **wegen Wegfalls oder Änderung der Geschäftsgrundlage** nimmt den Leistungen nicht die Gleichmäßigkeit; sie entspricht vielmehr dem alle Schuldverhältnisse – und damit auch die Leibrente – beherrschenden Grundsatz von Treu und Glauben (vgl OLG Schleswig FamRZ 1991, 1203; AnwK-BGB/TERBRACK § 759 Rn 10; s auch § 759 Rn 7 ff).

g) Vereinbarung eines Sockelbetrags, Kontext mit anderen Leistungen

19 Bei einheitlichen Leistungen in ungleichmäßiger Höhe kann der **gleichbleibende Sockelbetrag** nicht als Leibrente von den schwankenden Restbeträgen abgespalten werden (ebenso für das Steuerrecht BFH NJW 1993, 283 sowie BB 1980, 1356 in unbemerkter Abweichung von BFH BB 1980, 1249; dazu etwa auch J MAYER, Der Übergabevertrag Rn 365). Eine Aufteilung in die Leibrente einerseits und andere wiederkehrende Leistungen andererseits ist vielmehr nur möglich, wenn die Leistungen ungleichartig sind (vgl Vorbem 9 und PLANCK/OEGG Vorbem II 2 b zu § 759) oder verschiedenen Zwecken dienen (vgl den Tatbestand von BFH BB 1976, 962). Außerdem dürfen die verbleibenden Leibrentenleistungen nicht von völlig untergeordneter wirtschaftlicher Bedeutung sein (vgl Rn 17 mwNw). Häufig wird auch das Vorliegen eines einheitlichen Leibgedings der getrennten Betrachtung eines Teils der Leistungen als Leibrente entgegenstehen (vgl Rn 17 mwNw).

4. Gegenstand der Leistungen

Nur Leistungen **in Geld** (vgl § 760 Abs 2) oder **in anderen vertretbaren Sachen** (§ 91) **20** können Gegenstand einer Leibrente sein (stRspr, vgl Rn 7, und nahezu allgM, vgl etwa AnwK-BGB/Terbrack Rn 7; Bamberger/Roth/Litzenburger Rn 5; Erman/Terlau Rn 5; Münch-Komm/Habersack Rn 20 je zu § 759; **aM** Mot II 637; Eccius 16; RG SeuffA 67 Nr 34). Lebenslängliche Dienstleistungen (AnwK-BGB/Terbrack Rn 7; Bamberger/Roth/Litzenburger Rn 5; Palandt/Sprau Rn 1 je zu § 759), die Gewährung von Wohnung (AnwK-BGB/Terbrack § 759 Rn 7; die Rspr qualifiziert dies als Leihe, s BGHZ 82, 354, 356 f = NJW 1982, 820), die Versorgung mit Strom oder Wärme uä sind keine Leibrenten; obwohl die Anwendung der Formvorschrift des § 761 hierauf sinnvoll erscheinen könnte, verbietet die Verkehrsauffassung eine solche Ausdehnung des Leibrentenbegriffs (Sepp 13 f).

5. Dauer der Leistungen

Die **Leistungen** müssen **auf Lebensdauer eines Menschen** zugesagt sein (allgM, vgl etwa **21** RGZ 67, 204, 208 f; AnwK-BGB/Terbrack § 759 Rn 5; Bamberger/Roth/Litzenburger § 759 Rn 4; MünchKomm/Habersack § 759 Rn 21), was sich bereits etymologisch ergibt, bedeutet doch der Begriff „Leib" soviel wie lip oder lif und somit Leben (vgl auch MünchKomm/Habersack § 759 Rn 1). Hierbei kann auf die Lebensdauer des **Gläubigers** abgestellt werden, wie im Zweifel nach § 759 Abs 1 vermutet wird, aber auch auf die des **Schuldners**, eines **Dritten** oder auch auf die Lebensdauer mehrerer Personen. Dies entspricht heute allgM (AnwK-BGB/Terbrack § 759 Rn 5; Bamberger/Roth/Litzenburger § 759 Rn 4; Soergel/Welter § 759 Rn 2; Palandt/Sprau § 759 Rn 9; frühere Gegenstimmen bei Sepp 17), ergibt sich aus der historischen Entwicklung (vgl RGZ 67, 208 ff sowie die in Rn 1 aufgeführten Kodifikationen) und wird durch § 759 Abs 1 (s § 759 Rn 21) bestätigt (vgl Sepp 17). Zur Abhängigkeit der Leibrente von der Existenz einer juristischen Person s § 759 Rn 19.

Die Dauer der Leibrente ist nicht auf die statistische Lebenserwartung der Bezugs- **22** person begrenzt (vgl OLGR München 1997, 147; AnwK-BGB/Terbrack § 759 Rn 6) oder verlängert. Sie kann aber mit einer bestimmten nach dem Kalender oder nach anderen Kriterien festgelegten **Mindest- oder Höchstlaufzeit** versehen werden (RGZ 67, 210; BGH WM 1980, 595; AnwK-BGB/Terbrack § 759 Rn 6; Bamberger/Roth/Litzenburger § 759 Rn 4; J Mayer, Der Übergabevertrag Rn 355; MünchKomm/Habersack § 759 Rn 22; Soergel/Welter § 759 Rn 2). Wegen sonstiger Bedingungen s § 759 Rn 6. Die sog **abgekürzte Leibrente** wird zwar auf Lebenszeit eines Menschen vereinbart, höchstens aber auf eine bestimmte Anzahl von Jahren, auch wenn dann die Bezugsperson noch lebt (vgl § 55 Abs 2 EStDV; Beispiele etwa bei OFD Hannover DStR 1999, 236; Schmidt/Heinicke § 22 EStG Rn 43). Bei der sog **verlängerte Leibrenten** handelt es sich um eine lebenslange Rente mit einer Mindestlaufzeit, vor deren Ablauf der Tod der Bezugsperson die Leibrente nicht zum Erlöschen bringt.

Durch beide Gestaltungsformen werden die mit einer Leibrente verbundenen **23** Risiken gemildert, bei der verlängerten Leibrente das für den Berechtigten bzw seine Erben bestehende Risiko eines frühen Todes, bei der abgekürzten Leibrente das für den Leistungsverpflichteten bestehende Risiko eines späten Todes der maßgeblichen Person. Je stärker bei höherem Alter der Bezugsperson die Leibrente verlängert, bei geringem Alter der Bezugsperson die Leibrente abgekürzt wird, desto mehr geht der Leib (=Lebens)rentencharakter verloren. Dies ist zB evident bei einer auf 20 Jahre verlängerten „Leibrente", wenn die Bezugsperson bereits 80 Jahre alt ist oder bei einer auf 15 Jahre abgekürzten „Leibrente", wenn die Bezugsperson erst 20 Jahre alt ist. Genaue *Abgrenzungskriterien zwischen* der (verlängerten oder abgekürzten) *Leibrente und einer bloßen Zeitrente* fehlen bisher; starre Zeitgrenzen sind hierfür auch ungeeignet. Vielmehr kommt es darauf an, ob sich die **Lebensdauer** der **Bezugsperson** trotz der Abkürzung oder Verlängerung der Rente noch mit einer gewissen Wahrscheinlichkeit auf die Rentendauer **auswirken** kann. Wird die Rente so stark abgekürzt oder verlängert, dass hierfür nur noch eine ganz geringe Wahrscheinlichkeit besteht, so liegt der Sache nach eine **Zeitrente** vor, weil die Lebensdauer der Bezugsperson für das Rentenende nur noch in einer seltenen Ausnahmesituation eine Rolle spielt (vgl Sepp 18 f; Esser/Weyers § 44 IV 1; zust Soergel/Welter § 759 Rn 2; AnwK-BGB/Terbrack § 759 Rn 6). Die Grenze zur Zeitrente dürfte überschritten sein, wenn die Wahrscheinlichkeit, dass die **Lebensdauer** der Bezugsperson sich auf die Rentendauer auswirkt, geringer als 10% ist, wobei – aus Gründen der Rechtssicherheit – von anerkannten **Sterbetafeln** (vgl zB die Hinweise bei Heubeck/Heubeck DNotZ 1978, 646 f; DNotZ 1985, 469 ff, 606 ff; DNotZ 1996, 761) und nicht von den Verhältnissen des Einzelfalls auszugehen ist (für Abstellen auf die Lebenserwartung ebenfalls AnwK-BGB/Terbrack § 759 Rn 6; Soergel/Welter § 759 Rn 2). Ähnliche Wahrscheinlichkeitsüberlegungen wirken als Leitgedanke, wenn die Rspr bei lebenslänglichen Geschiedenen- oder Witwenrenten, die längstens bis zu einer erneuten Heirat eingeräumt sind, den Leibrentencharakter bejaht (RGZ 117, 246), ihn dagegen verneint, falls die einer jüngeren ledigen Dame gewährte lebenslängliche Rente mit deren Heirat erlischt (BFH BStBl 1965 III 167). Solange die Lebensdauer der Bezugsperson ein wesentliches Kriterium bleibt, können Abkürzung und Verlängerung der Leibrente auch miteinander verbunden werden (vgl Jansen/Wrede Rn 91).

24 Von der **Lebensdauer mehrerer Personen** kann eine Leibrente in der Weise abhängig sein, dass sie beim Tod des Zuerstversterbenden erlischt oder beim Tod des Zuletztversterbenden, wobei außerdem für die Zeit zwischen beiden Todesfällen noch eine Ermäßigung oder Erhöhung der Leibrente um bestimmte Beträge vereinbart sein kann (vgl § 759 Rn 25 und § 55 Abs 1 Nr 3 EstDV mit steuerlichen Bewertungshinweisen).

6. Das sog Leibrentenstammrecht

25 Die Rspr (vgl Rn 7) betrachtet die Leibrente als ein **einheitliches nutzbares Recht**, das auch **Rentenstammrecht** genannt wird – sog Stammrechts- oder **Einheitstheorie**. Die Einheitstheorie besagt, dass die Leibrente nicht aus einer Mehrheit aufschiebend bedingter Einzelforderungen besteht, sondern von vornherein einen einheitlichen Gesamtanspruch (Stammrecht) darstellt, der aus sich heraus die Einzelleistungen als Nutzungen (§§ 100, 99 Abs 2, 3) hervorbringt und sich hierbei selbst aufzehrt.

a) Einzelfälle zur Tauglichkeit der Einheitstheorie

26 Die Stammrechts- oder Einheitstheorie soll als Lösungsansatz für eine Reihe einzelner Rechtsfragen dienen. Sie ist hierfür indessen weitgehend entbehrlich und teilweise wenig hilfreich, wie nachstehend an einigen Einzelproblemen dargestellt wird (vgl zum Folgenden auch eingehend WELTER, Wiederkehrende Leistungen S 196 ff, der zutr aufzeigt, dass sich jeweils eine sachgerechte Lösung auch ohne diese Theorie mit den allgemeinen methodischen Mitteln der Auslegung, Analogie und teleologischen Reduktion erzielen lässt).

aa) Beweislast für das Erlöschen der Leibrente

So soll sich aus der Einheitstheorie ergeben, dass die **Beweislast** für den Tod der 27 Person, von deren Lebensdauer die Leibrente abhängt, den Schuldner treffe. Verstehe man nämlich die Leibrente als einheitlichen Gesamtanspruch, so sei der Tod der Bezugsperson eine rechtsvernichtende Tatsache, die der Schuldner zu beweisen habe. Bestehe dagegen die Leibrente aus einer Vielzahl von Einzelansprüchen, so sei das Fortleben der Bezugsperson eine rechtsbegründende Tatsache, die der Gläubiger beweisen müsse. Die praktische Bedeutung der Beweislastfrage ist allerdings gering; sie zeigt sich meist nur dann, wenn die Leibrente auf das Leben einer anderen Person als des Klägers oder des Beklagten gestellt ist (vgl ECCIUS 22). Da in solchen Fällen der Tod der Bezugsperson normalerweise leichter zu beweisen ist als ihr Weiterleben, erscheint es in der Tat zweckmäßig, die Beweislast hierfür dem Schuldner aufzubürden (SEPP 68 ff; ECCIUS 22; SOERGEL/WELTER § 760 Rn 3). Da Vereinbarungen über die **Beweislastverteilung** zulässig sind (vgl ZÖLLER/GREGER, ZPO [26. Aufl 2007] Vorbem 2b zu § 284), soweit sie nicht gegen § 309 Nr 12 verstoßen, kann dieses Problem in der Praxis auch durch eine entsprechende Vertragsklausel vermieden werden. Zur Beweislast bei feststehendem Tod, aber ungewissem Todeszeitpunkt s § 760 Rn 4.

bb) Vollstreckbare Ausfertigung ohne Erlebensnachweis

Auf Grund dieser Beweislastverteilung (Rn 27) kann eine **vollstreckbare Ausferti-** 28 **gung** eines auf eine Leibrente lautenden Titels erteilt werden, ohne dass der Gläubiger gemäß § 726 Abs 1 ZPO das Weiterleben der Bezugsperson nachweisen muss (SOERGEL/WELTER § 760 Rn 3; SEPP 71 ff; vgl WOLFSTEINER, Die vollstreckbare Urkunde [2. Aufl 2006] 27. 13).

cc) Insolvenz des Rentenschuldners

Im **Insolvenzverfahren** über das Vermögen des **Rentenschuldners** gilt der Leibrenten- 29 anspruch als fällig; der Rentengläubiger erhält den nach der voraussichtlichen Lebensdauer der Bezugsperson geschätzten Kapitalwert der Leibrente als Insolvenzforderung. Dies ergibt sich aus §§ 41, 46 S 2, 45 InsO (vgl MünchKommInsO/BITTER [2. Aufl 2007] § 45 Rn 11; JAEGER/HENCKEL, InsO [2004] § 45 Rn 8; KÜBLER/PRÜTTING [Nov 2000] § 45 InsO Rn 4 f; LAFRENTZ 145 ff; MünchKomm/HABERSACK § 759 Rn 30; PALANDT/SPRAU § 759 Rn 4; SOERGEL/WELTER Rn 12). Die Stammrechts- oder Einheitstheorie braucht hierzu nicht bemüht zu werden (generell zweifelnd, ob diese zur Lösung der insolvenzrechtlichen Probleme geeignet ist, WELTER, Wiederkehrende Leistungen S 199). Nach § 95 Abs 1 InsO kann er allerdings **nicht** mit dieser Forderung – anders als früher nach § 54 KO (übersehen von MünchKomm/HABERSACK § 759 Rn 30, der sich noch auf RGZ 68, 340 bezieht) – gegen Forderungen des Insolvenzverwalters **aufrechnen**. Zur Berechnung des geschätzten Kapitalwerts der Leibrente s Rn 61 (vgl auch RGZ 170, 280; SEPP 74 ff). Ist die Leibrente mit diesem Wert zur Tabelle festgestellt (§ 178 InsO), so bleibt es dabei, auch wenn der Gläubiger vor Ablauf der mutmaßlichen Lebensdauer stirbt (hM; vgl RGZ 112, 300; 170, 280; KUHN/UHLENBRUCK § 69 KO Rn 7; SOERGEL/WELTER Rn 12 Fn 54; **aM** SEPP 78 ff). Die Feststellung ändert den Inhalt des Leibrentenanspruchs. Sie wirkt über das Insolvenzverfahren hinaus (§ 201 Abs 2) und hindert einen Rückgriff auf die ursprüngliche Leibrentenforderung und auf einen darüber erwirkten Titel (RGZ 93, 213; 112, 300; KILGER/KARSTEN SCHMIDT § 69 KO Anm 5; sowie allgemein für nach § 41 Abs 1 InsO behandelte Forderungen NERLICH/RÖMERMANN/WESTPHAL, InsO [Stand Mai 2007] § 35 Rn 14; HÄSEMEYER, Insolvenzrecht [3. Aufl 2003] Rn 25. 11 ff; HESS, InsO [1999] § 178 Rn 28 ff; aM für den konkreten Fall SEPP 80 ff).

dd) Insolvenz des Rentengläubigers

30 Im **Insolvenzverfahren** über das Vermögen des **Rentengläubigers** wird über die Annahme des Stammrechts ein insolvenzfreier Neuerwerb abgelehnt. Daher gehören – vorbehaltlich des § 850b Abs 1 Nr 3 ZPO – nach der Einheitstheorie alle Leibrentenleistungen, auch soweit sie erst nach Verfahrenseröffnung fällig werden, zur Insolvenzmasse (vgl für die Einzelvollstreckung § 832 ZPO; HESS/HESS, Insolvenzrecht I [2007] § 36 Rn 360; möglicher Weise anders, weil nur die während des Verfahrens fällig werdenden Raten als dem Insolvenzbeschlag unterliegend bezeichnet: NERLICH/RÖMERMANN/ANDRES, InsO [Stand Mai 2007] § 35 Rn 68; JAEGER/HENCKEL, § 36 InsO Rn 46; MünchKommInsO/LWOWSKI/ PETERS [2. Aufl 2007] § 35 Rn 447; auf diese unterschiedlichen, zT zu wenig beachteten Auffassungen weist auch WELTER, Wiederkehrende Leistungen S 198 hin). Dementsprechend kann der Insolvenzverwalter entweder die Leibrente insgesamt mit allen künftigen Einzelbezügen gemäß §§ 160 Abs 2 Nr 1, 161 InsO veräußern (vgl § 759 Rn 15) oder die jeweils bis zur Aufhebung des Insolvenzverfahrens fällig werdenden Einzelleistungen zur Masse einziehen (WELTER, Wiederkehrende Leistungen, S 198 m näheren Ausführungen zur Bedeutung der Stammrechtstheorie in diesem Kontext). Die nach Aufhebung fällig werdenden Einzelleistungen fallen wieder dem Rentengläubiger zu, kommen also für eine Nachtragsverteilung gemäß §§ 203 bis 205 InsO grundsätzlich nicht in Betracht (vgl SEPP 52 ff; SOERGEL/WELTER Rn 12).

ee) Übertragung des Gesamtvermögens

31 Eine **Übertragung des Gesamtvermögens** des Rentenschuldners oder des Rentengläubigers erstreckt sich auf das Rentenstammrecht, damit also auch auf die künftig fälligen Rentenleistungen, während nach der Gegenansicht die Abtretung aller einzelnen künftigen Ansprüche auf Ratenzahlung anzunehmen ist (so etwa Münch-Komm/HABERSACK § 759 Rn 37).

ff) Verjährung

32 Die Unterscheidung zwischen dem Rentenstammrecht als Gesamtanspruch und dem Anspruch auf die einzelnen Rentenleistungen soll auch eine entsprechend unterschiedliche **Verjährung** rechtfertigen, weil zwischen der Verjährung des einzelnen Rentenanspruchs und der des Stammrechts differenziert werden kann (eingehend dazu, wenn auch krit und mit anderem Lösungsansatz, WELTER, Wiederkehrende Leistungen S 201 ff):

– Nach früherem Recht verjährte *jeder Einzelanspruch* nach §§ 197, 198 S 1, 201 aF auch nach rechtskräftiger Feststellung (§ 218 Abs 2 aF) in vier Jahren ab dem Schluss des Kalenderjahrs, in dem er fällig wurde (vgl BGHZ 122, 287, 291 f = NJW 1993, 1847, 1848). Ab dem 1. 1. 2002 trat jedoch auf Grund des *Schuldrechtsmodernisierungsgesetzes* an die Stelle dieser Frist die neue regelmäßige Verjährungsfrist von drei Jahren (§ 195 nF), die gemäß § 199 Abs 1 nF beginnt. Für Ansprüche, die am 1. 1. 2002 noch unverjährt bestehen, gilt die Überleitungsvorschrift in Art 229 § 6 Abs 4 EGBGB.

– Die *gesamte Leibrente* einschließlich aller – auch der künftigen und der noch nicht verjährten – Einzelansprüche sollte dagegen nach der Einheitstheorie gemäß den §§ 195, 198, 224 aF in 30 Jahren ab Fälligkeit der ersten Rentenleistung (SEPP 85; krit STAUDINGER/PETERS [1995] § 195 Rn 16; aM LAFRENTZ 67 ff) verjähren, wenn nicht in der Zwischenzeit die Verjährung gehemmt oder unterbrochen wurde, zB durch Anerkenntnis, gerichtliche Geltendmachung oder durch eine Einzelleistung (§§ 208 ff aF). Dies sollte auch für den rechtskräftig festgestellten Gesamtanspruch gelten, auf den § 218 Abs 2 aF nicht anwendbar sein sollte (vgl RGZ 136, 431 f; BGH VersR 1972, 1078 f; NJW 1973, 1684; SEPP 85 ff; BGB/RGRK/vGAMM § 760 Rn 2; SOERGEL/WELTER § 760 Rn 2; aM ECCIUS 24 ff; ENNECCERUS/LEHMANN § 188 II 3). Solange die regelmäßige Verjährungsfrist dreißig Jahre betrug, mochte dies zu vernünftigen Ergebnissen führen. Unter der ab 1.1.2002 geltenden wesentlich kürzeren Regelverjährung von drei Jahren (§ 195 nF; vgl dazu PALANDT/SPRAU § 759 Rn 3; PWW/BRÖDERMANN § 759 Rn 3) ergäbe sich daraus jedoch die Konsequenz, dass der Anspruch auf alle künftigen Leibrentenleistungen bereits dann verjähren würde, wenn während drei Jahren keine Einzelleistungen mehr erbracht werden, was aus praktischen Gründen nicht hinnehmbar wäre (AMANN, in: AMANN/BRAMBRING/HERTEL, Vertragspraxis nach neuem Schuldrecht [2. Aufl 2003] S 278 ff; der hiesigen Kritik daher zust MünchKomm/HABERSACK § 759 Rn 5; SOERGEL/WELTER Rn 13, wohl auch AnwK-BGB/TERBRACK § 759 Rn 4).

gg) Gleichmäßige Leistungshöhe

Daneben dient die Vorstellung eines einheitlichen Rentenstammrechts als Begründung für das Erfordernis **gleichmäßiger Höhe** (s dazu Rn 10 ff) der Leibrentenleistungen, weil damit eine erhöhte Zuverlässigkeit in der Entstehung und der Verwirklichung der aus dem Stammrecht fließenden Einzelansprüche gesehen wird (RGZ 67, 210; RGZ 106, 93, 96; vgl auch BFH BStBl 1959 III 463).

hh) Erfüllung des Leibrentenversprechens, Verzug, Leibrente und Dauerschuldverhältnis

Die **Rspr** (RGZ 67, 211 ff; 80, 208, 209; 106, 93, 96; BGH NJW-RR 1991, 1035 = DNotZ 1992, 297; OLG Hamburg MDR 1964, 414) und ihr folgend ein Teil der Lit (ENNECCERUS/LEHMANN § 188 II 1; PLANCK/OEGG Vorbem II 6 c zu § 759; PALANDT/SPRAU § 759 Rn 3; SEPP 87 ff; PWW/BRÖDERMANN § 759 Rn 2; aM BAMBERGER/ROTH/LITZENBURGER § 759 Rn 3; HECK § 121 aE; ECCIUS 26 ff; LARENZ SchuldR II § 65 III; ESSER/WEYERS § 44 IV 2; ERMAN/TERLAU § 759 Rn 7 ff; MünchKomm/HABERSACK § 759 Rn 4; abl auch WELTER, Wiederkehrende Leistungen S 206 ff; unklar BGB/RGRK/vGAMM § 759 Rn 8; offen lassend AnwK-BGB/TERBRACK § 759 Rn 3 f) haben aus der Einheitstheorie ferner die These hergeleitet, **mit der Bestellung des Rentenstammrechts sei die Leibrentenverpflichtung** nicht nur begründet, sondern auch **bereits erfüllt**. Demnach vollzieht sich das Leibrentengeschäft auf drei Ebenen (vgl etwa anschaulich, wenn auch jeweils ablehnend, BAMBERGER/ROTH/LITZENBURGER § 759 Rn 1; MünchKomm/HABERSACK § 759 Rn 3): **(1)** In dem **schuldrechtlichen Grundgeschäft** wird zunächst die Verpflichtung zur Einräumung des (abstrakten) Stammrechts begründet, gegebenenfalls werden auch Gegenleistungspflichten des Leibrentenberechtigten vereinbart, etwa die Überlassung eines Grundstücks oder die Einräumung eines Nießbrauchs. **(2)** In Erfüllung dieser schuldrechtlichen Verpflichtung gibt der Verpflichtete das abstrakte, einseitige, aber formbedürftige (§ 761) Leibrentenversprechen ab, durch welches das **Leibrentenstammrecht** (Grundrecht) begründet wird. **(3)** Aus diesem Stammrecht ergibt sich die einseitige Verpflichtung zur Bezahlung der einzelnen **Leibrentenraten**. Leistungsstörungen auf dieser Ebene schlagen daher nicht mehr unmittelbar auf das schuldrechtliche Grundgeschäft und die dort uU vereinbarten Gegenleistungen durch. Denn die einzelnen Rentenzahlungen bilden nicht die Gegenleistung für die vom Rentenberechtigten übernommenen Verpflichtungen auf der ersten Stufe (dem schuldrechtlichen Grundgeschäft), das Rentenversprechen wird vielmehr bereits mit der Bestellung des Rentenstammrechts erfüllt (RGZ 67, 204; 106, 93, 96 ff; BGH WM 1966, 248; WM 1980, 593, 595; NJW-RR 1991, 1035 gegen OLG Celle NJW-RR 1990, 1490).

35 Bei **Verzug des Rentenschuldners** soll deshalb dem Rentengläubiger kein Rücktrittsrecht gemäß § 323 (früher § 326 aF) zustehen, da dieser bereits mit der Bestellung des Stammrechts die ihm gebührende Leistung erhalten habe (RGZ 106, 93, 96 ff; OLG Hamburg MDR 1964, 414; PALANDT/GRÜNEBERG § 323 Rn 4; PALANDT/SPRAU § 759 Rn 4; PWW/ BRÖDERMANN § 759 Rn 9). Der Rentengläubiger stünden in einem solchen Fall nur Erfüllungs- und Schadensersatzansprüche (§§ 280 Abs 1, 286 ff) zu sowie Verzugszinsen gemäß § 288 (also auf der dritten Ebene). Letztere scheitern auch nicht am Zinseszinsverbot des § 289, da die einzelnen Leibrentenleistungen keine Zinsen sind (vgl Erl zu § 246). Um den Rentengläubiger gleichwohl nicht ausschließlich auf solche die einzelnen Ratenzahlung betreffenden Ansprüche zu beschränken, die an seiner weiteren vertraglichen Bindung meist nichts ändern, verwies die Rspr den Rentengläubiger auf die Möglichkeit, seine Leistung gem § 812 Abs 1 S 2, 2. Alt wegen Nichteintritt des bezweckten Erfolges, nämlich den Erhalt der Einzelleistungen bzw Versorgung des Gläubigers, zu kondizieren (RGZ 106, 93, 97 f; OLG Hamburg MDR 1964, 414; PALANDT/SPRAU § 759 Rn 4; PWW/BRÖDERMANN § 759 Rn 9; **aA** RG Gruchot 67, 176, 178; unklar RG BayZ 1923, 17 f). Dadurch wird jedoch die durch die Einheitstheorie geschaffene Abstraktion durchbrochen. Daneben besteht die Möglichkeit, eine Anfechtung des schuldrechtlichen Grundgeschäfts nach § 119 Abs 2 wegen Irrtums über die Zahlungs-/Leistungsfähigkeit des Rentenschuldners (BGH BWNotZ 1961, 220) oder einen Schenkungswiderruf nach § 530 bei einer gemischten Schenkung geltend zu machen (BGH NJW 1999, 1623, bezüglich der Leibrentenverpflichtung ohne besondere Erörterung). Die sich aus der Anwendung der Einheitstheorie in diesen Fällen ergebenden unbilligen Konsequenzen veranlassten sogar den BGH einmal anzunehmen, dass gar keine Leibrentenvereinbarung vorlag. Dies wurde damit begründet, dass im Streitfall nach dem Willen der Vertragschließenden die Verpflichtung des Rentenschuldners zur Zahlung der monatlichen Rentenbeträge Bestandteil eines gegenseitigen Vertrages iS der §§ 320 ff sein sollte und umgekehrt es mit der Natur des Leibrentenversprechens unvereinbar wäre, die Gegenleistung für die vom Rentenberechtigten übernommenen Verpflichtungen in den einzelnen Rentenzahlungen zu sehen (BGH NJW-RR 1991, 1035). Hier liegt ein Zirkelschluss nahe (krit gegen diese BGH-Entscheidung auch ESSER/WEYERS § 44 IV 2 bei Fn 10). Offenbar möchte die Rspr durch die Fiktion der Erfüllung es dem Rentengläubiger nur erschweren, vom Rentenschuldner nach jahrelanger pünktlicher Leistung der Leibrente wegen späteren Verzugs mit einer Einzelleistung die ganze für die Leibrente erbrachte Gegenleistung (zB ein Grundstück) zurückzufordern (vgl ECCIUS 27 f; SEPP 88 ff; ähnlich wenn auch mit anderer Begründung LAFRENTZ 106 ff, 126).

36 Um insoweit die Interessen von Rentengläubiger und -schuldner angemessen auszugleichen, reichen indessen die starre Erfüllungsfiktion und das Bereicherungsrecht nicht aus. Einerseits verwehren sie dem Rentengläubiger den Rücktritt und bürden ihm das Risiko des Wegfalls der Bereicherung des Rentenschuldners auch dann auf, wenn Letzterer noch keine einzige Rentenleistung erbracht hat (vgl dagegen vGIERKE

387) und daher nicht schutzwürdig ist. Andererseits schließen sie eine völlige Rückabwicklung eines gegenseitigen Leibrentenvertrages nicht aus, nachdem dieser über Jahre oder Jahrzehnte ordnungsgemäß erfüllt wurde. Angemessenere Lösungen des Verzugsproblems liefern dagegen die mit Wirkung zum 1.1.2002 nunmehr in § 314 nF kodifizierten Regeln über die **Kündigung** von **Dauerschuldverhältnissen** (ebenso Esser/Weyers § 44 IV 2; Erman/Terlau § 759 Rn 9; Soergel/Welter Rn 15; andeutungsweise BGH WM 1980, 595). Sie verhindern bei einem Verzug, der erst nach jahrelanger ungestörter Vertragserfüllung eintritt, eine kaum mehr durchführbare völlige Rückabwicklung des Vertrages (für Ausschluss eines Rücktrittsrechts wegen unzulässiger Rechtsübung in einem solchen Fall OLG Köln ZMR 1995, 546). Allerdings müssen sie dahingehend ergänzt werden, dass bei einem Zahlungsverzug zu Beginn der Leistungen oder nach kurzer Zeit die Kündigung auf das ganze Vertragsverhältnis erstreckt werden kann und damit Rücktrittswirkungen entfaltet (vgl Leonhard, Schuldrecht II 303; im Ergebnis ebenso BGB-RGRK/vGamm § 759 Rn 8; so ausdrücklich § 307 Abs 4 BGB-KE). Zu ähnlichen Ergebnissen gelangt man, wenn man zwar grundsätzlich den Rücktritt gemäß § 323 nF zulässt, die einzelnen Rentenbeträge aber als Teilleistungen ansieht und daher den Rücktritt vom ganzen Vertrag an der Beachtung der Voraussetzungen des § 323 Abs 5 misst (MünchKomm/Habersack § 759 Rn 27; ebenso iE bereits OLG Celle NJW-RR 1990, 1490, 1491), wobei diese Vorschrift aber nur auf gegenseitige Verträge Anwendung findet. Behandelt man die Leibrente nach diesen Grundsätzen, so stellen Vereinbarungen der Beteiligten über die Folgen des Leistungsverzugs (vgl BGH WM 1980, 595; vGierke 389 Fn 57, 390 f) nicht bereits das begriffliche Vorliegen einer Leibrente in Frage, wie dies die Einheitstheorie mit ihrer Fiktion tut, die Leibrentenverpflichtung sei „wesensmäßig" mit der Begründung des Leibrentenstammrechts erfüllt (vgl auch §§ 635 f, 647 f Teil 1 Titel 11 ALR).

37 Die Erfüllungsfiktion führt insbesondere in den Fällen der besonders „gefährlichen" **Leibrentenschenkung** zu Wertungswidersprüchen: Wird entsprechend der Einheitstheorie die Leibrentenverpflichtung mit der Bestellung des Stammrechts, für die einfache Schriftform genügt, bereits erfüllt, so würde damit der Mangel der notariellen Beurkundung (§ 518 Abs 1) bereits nach § 518 Abs 2 geheilt, was zu einer Verkürzung des Schutzes des Rentenverpflichteten führt (Bamberger/Roth/Litzenburger § 759 Rn 3; Sepp 113; Soergel/Welter Rn 8). Eine **Verarmung** des Schenkers führte ausschließlich zur Rückforderung des Rentenstammrechts gemäß §§ 528, 529 mit der Folge, dass § 519 nicht anwendbar wäre und demgemäß bei einer Besserung der Vermögensverhältnisse des Schenkers die Rentenzahlungen nicht wieder aufgenommen werden müßten (vgl Reinhart 275 f; Soergel/Welter Rn 8). Die Zehnjahresfrist für **Pflichtteilsergänzungsansprüche** nach § 2325 begänne demnach für die ganze Leibrente schon mit deren Begründung; dadurch bliebe ein mehr als 10 Jahre vor dem Tod des Rentenschuldners geschenktes „Leibrentenstammrecht" insgesamt, also einschließlich der erst nach dem Tod des Leibrentenschuldners fälligen Leistungen, dem Pflichtteilsergänzungsanspruch entzogen (vgl Sepp 113 f). Die Erfüllungsfiktion würde also weitreichende Möglichkeiten zu „Schleichwegen am Erbrecht vorbei" eröffnen und stünde im Widerspruch zu der Entwicklung der Rspr des BGH, der für den Beginn der Ausschlussfrist des § 2325 Abs 3 S 1 nicht nur auf den Eintritt des rechtlichen, sondern auch eines wirtschaftlichen Leistungserfolgs abstellt (vgl Staudinger/Olshausen [2006] § 2325 Rn 54). Entsprechende Probleme würden sich auch für die Gläubigeranfechtung innerhalb und außerhalb des Insolvenzverfahrens (vgl §§ 129 ff InsO, 3 f AnfG) ergeben (dem zuneigend Soergel/Welter Rn 8).

38 Soweit die Einheitstheorie die **Nutzbarkeit der Leibrente** zum Begriffsmerkmal erhebt, sind gleichermaßen Vorbehalte angebracht. Falls damit nur gesagt sein soll, die Leibrente könne mit einem **Nießbrauch** belastet werden, handelt es sich um kein Spezifikum der Leibrente, sondern um eine gemeinsame Eigenschaft aller abtretbaren Forderungen und vieler sonstiger Vermögensrechte (vgl Leonhard, Schuldrecht II 302). Soweit dahinter die Aussage steht, mit Bestellung des Leibrentenstammrechts flössen die Einzelleistungen als dessen Nutzungen gleichsam von selbst ohne Zutun des Rentenschuldners dem Rentengläubiger zu, enthält dies letztlich die schon zuvor (Rn 34 ff) abgelehnte Fiktion, der Rentenschuldner habe mit der Bestellung des Leibrentenstammrechts seine Pflichten bereits erfüllt. Auch § 1073 BGB besagt nichts für oder gegen die Einheitstheorie (aM RGZ 67, 212; Sepp 64 f). Er ordnet lediglich an, dass dem Nießbraucher einer Leibrentenforderung die einzelnen Rentenleistungen abweichend von den §§ 1075, 1067 endgültig und ohne Pflicht zum Wertersatz verbleiben. Übereinstimmend mit den Materialien (Mot III 543; Prot III 417) besteht kein Anlass, deswegen die Nutzbarkeit als besonderes Unterscheidungsmerkmal der Leibrente von anderen Forderungen hervorzuheben.

b) Eigene Stellungnahme

39 Die aus heutiger Sicht schwer verständliche, gleichsam mystisch anmutende „Einheits- oder Stammrechtstheorie" (vgl Henle, Lehrbuch des Bürgerlichen Rechts, Bd II: Schuldrecht [1934] S 162 f: „juristische Mystik") wurzelt **ideengeschichtlich** offenbar in dem **kanonischen Zinsverbot**, nach dem Kapitalnutzungsentgelte als anstößig empfunden wurden, gegen (isolierte) Fruchtziehungsrechte aller Art aber keine Bedenken bestanden (vgl etwa Gerber, System des Deutschen Privatrechts [17. Aufl 1895] § 171 [zum Rentenkauf]; MünchKomm/Habersack § 759 Rn 4; Ogris HRG II 1801; H-J Becker HRG V 1719 ff; zur geschichtlichen Entwicklung s auch Welter, Wiederkehrende Leistungen S 177 ff, 183: „Stammrecht als Relikt eines dinglichen Nutzungsrechts"), und ist von dem Ende des 19. Jahrhunderts besonders ausgeprägten Wunsch nach **Rechtssicherheit durch Abstraktion** (allgemein dazu Stadler, Verkehrsschutz durch Abstraktion [1996]; auf diesen Gesichtspunkt geht auch Welter, Wiederkehrende Leistungen S 177, 180, 207 f ein) getragen und versteht das „Stammrecht" als Abstraktion des Rentenkapitals (Welter, Wiederkehrende Leistungen S 180 f). Zudem entstand diese Theorie zu einer Zeit, als die zivilistische Dogmatik zur Behandlung von Dauerschuldverhältnissen noch kaum ausgeprägt war (MünchKomm/Habersack § 759 Rn 4; Soergel/Welter Rn 14; eingehend zu diesem Zusammenhang Welter, Wiederkehrende Leistungen S 187 ff, bes S 192 ff). Sie ist daher wie jede Theorie Mittel zur Erreichung eines angemessenen Zwecks. Angesichts des Stands, den die **juristische Methodenlehre** heute erreicht hat, kann jedoch auf einen solchen „deduktiven Lösungsansatz" verzichtet werden. Vielmehr gelangt man zu angemessenen Ergebnissen, indem man die Leibrente den für Dauerschuldverhältnissen geltenden Regeln unterstellt, ohne die unerwünschten Folgen der Einheitstheorie übernehmen zu müssen (zust Soergel/Welter Rn 15 mit Fn 65). Auftretende Probleme lassen sich im Wege einer einzelfallbezogenen extensiven Interpretation oder gar Analogie lösen, was den Vorzug hat, eine im Ansatz offene und im Ergebnis auch überprüfbare Begründung für die jeweilige Lösung geben zu müssen und sachgerechte Differenzierungen zu ermöglichen (Welter, Wiederkehrende Leistungen S 176 ff, bes S 196 ff; Soergel/Welter Rn 15).

7. Weitere Abgrenzungsfragen: Die Loslösung der Leibrente von sonstigen Beziehungen der Vertragsteile – die sog „Isolierungstheorie"

a) Die Isolierungstheorie zur Begrenzung des Leibrentenbegriffs

Die **Rspr** (vgl RGZ 80, 208, 210 [Ruhegehaltszusicherung im Dienstvertrag]; 89, 259, 261 f [Vergleich mit lebenslänglicher Geldrente als Abfindung wegen Schadensersatzanspruchs aus unerlaubter Handlung]; 91, 6, 7 f [Vergleich zwischen Miterben]; RGZ 94, 157, 158 f [Ruhegehaltsanspruch]; 150, 385, 391 [novierende Unterhaltsvereinbarung]; eingehend zur Entwicklung der Rspr WELTER, Wiederkehrende Leistungen S 45 ff) und die in Rn 34 aufgeführte, mit ihr übereinstimmende Lit erblicken ein weiteres Begriffsmerkmal der Leibrente darin, dass das Leibrentenstammrecht (vgl Rn 25 ff), und damit auch die Einzelleistungen, iS einer Novation **unabhängig und losgelöst** (abstrakt) seien **von den sonstigen Beziehungen und Verhältnissen der Parteien** (RGZ 94, 157, 158 f mwNw; 89, 259, 262; 150, 385, 391; aM die in Rn 34 erwähnten Gegenstimmen sowie BAMBERGER/ROTH/LITZENBURGER § 759 Rn 7; REINHART, in: FS Wahl 1973, 269 ff, der auch auf die Entwicklung der Rspr im Einzelnen eingeht). Nach dieser **Isolierungstheorie** unterscheide sich durch die Loslösung vom Grundgeschäft die Leibrente von ähnlichen wiederkehrenden Leistungen. Die mit einer solchen abstrakten Rechtsnatur der Leibrente verbundene größere Gefährdung des Rentenschuldners rechtfertige auch die von § 761 geforderte Schriftform des Rentenversprechens (vgl ENNECCERUS/LEHMANN § 187 I 4; vgl auch SOERGEL/WELTER Rn 3). Dabei muss jedoch hervorgehoben werden, dass die Rspr des Reichsgerichts und des BGH nicht explizit auf diese Theorie abgestellt hat, sondern eine sachgerechte Einzelfalllösung anstrebte, wobei maßgebliches Kriterium idR war, ob die wiederkehrenden Zahlungen nach der **Verkehrsauffassung** als Leibrente anzusehen sind (vgl etwa RGZ 65, 135; 80, 208, 211; 89, 259, 262; 91, 6, 8; BGH WM 1966, 248 = BB 1966, 305; NJW-RR 1989, 866; nicht aber in RGZ 94, 157; 150, 385, 391). **40**

Ausgehend von der Rspr, insbesondere des Reichsgerichts, und nach der in der Lit vertretenen Isolierungstheorie ergibt sich, dass folgende wiederkehrende Leistungen **keine Leibrente** sind: **41**

aa) Lebenslängliche Ruhegehälter

Lebenslängliche *Ruhegehälter* (RG JW 1919, 184 mit abl Anm TITZE; RGZ 80, 208, 211; 94, 157, 159; BGH WM 1966, 248 mwNw = BB 1966, 305; BAG NJW 1959, 1749; MünchKomm/HABERSACK § 759 Rn 14; SOERGEL/WELTER Rn 4; vgl auch BGH NJW-RR 1994, 357 zur formlosen Ruhegehaltszusage an einen GmbH-Geschäftsführer, wo § 761 gar nicht angesprochen wurde; **aM** LAFRENTZ 77 ff), unabhängig davon, ob der Dienstberechtigte, eines seiner Kinder (RG JW 1932, 1371) oder ein mit ihm wirtschaftlich eng verflochtener Dritter (RG SeuffA 93 Nr 96) das Ruhegehalt zu Beginn, im Laufe, zur Beendigung oder nach Beendigung eines Dienstverhältnisses (vgl RG JW 1933, 239 mit Anm HUECK; BGH aaO; **aM** SEPP 108), dem Dienstverpflichteten oder seinem überlebenden Ehegatten (vgl RG JW 1927, 1190 mit abl Anm TITZE) aufgrund einer bereits bestehenden Rechtspflicht oder freiwillig (vgl RGZ 75, 327; RG JW 1928, 1287) verspricht, sofern nur ein enger Zusammenhang mit dem Dienstverhältnis besteht (weit Nachw STAUDINGER/BRÄNDL[10/11] Vorbem 6). Erst recht gilt dies für *Gehälter* und sonstiges Entgelt von Dienstleistungen (vgl RG JW 1938, 370; RG HRR 1938 Nr 138). **42**

bb) Renten im rechtlichen Zusammenhang mit wiederkehrenden oder Dauerleistungen

43 Renten, die in rechtlichem Zusammenhang mit wiederkehrenden oder Dauerleistungen des anderen Vertragsteils stehen, wie zB Rentenzahlungen, die von der fortdauernden Einhaltung eines Wettbewerbsverbots (BFH BStBl 1975 II 630 = BB 1975, 1001), von der Wahrung einer bestimmten beruflichen Position (RGZ 91, 8) oder von der Mitarbeit in einem Geschäft (RG WarnR 1922 Nr 65) abhängig sind.

cc) Schadensersatzrenten

44 Schadenersatzrenten, insbesondere nach den §§ 843–845 (BFH BB 1965, 736; vgl RGZ 69, 298; 89, 259, 261 f). § 760 ist auf solche Renten nur infolge ausdrücklicher Gesetzesbestimmung anwendbar.

dd) Renten aus einem Vergleich, Abfindungen

45 Renten aus einem Vergleich, zB über Schadensersatzansprüche (RGZ 89, 259; OLG Hamburg OLGE 34, 140; SOERGEL/WELTER Rn 4; s auch OLG Koblenz OLGZ 1978, 245), über eine **gesellschaftsrechtliche Abfindung** (BGH BB 1966, 305; SOERGEL/WELTER vor § 759 Rn 4; krit dazu MünchKomm/HABERSACK § 759 Rn 16, wonach dem nur zu folgen sei, wenn schon die gesellschaftsrechtliche Beteiligung wirtschaftlich vergleichbare lebenslängliche Ansprüche enthalten habe), über die im Gesellschaftsvertrag vorgesehene Zahlung eines „Vorgewinns" (BGH NJW-RR 1989, 866), über Unterhaltsansprüche (vgl oben 15), über erbrechtliche Verhältnisse (RGZ 91, 6), sofern nicht beim Vergleich durch *Novation* ein völlig neues, vom ursprünglichen Rechtsgrund losgelöstes Schuldverhältnis begründet wird (vgl RGZ 117, 246; 89, 259, 262; 150, 385, 391; OLG Karlsruhe NJW 1962, 1774; MünchKomm/ HABERSACK § 759 Rn 9; weit Nachw STAUDINGER/AMANN[12] Rn 33).

ee) Renten als Tilgungsmodus

46 Renten als Tilgungsmodus einer bereits bestehenden Kapital- oder Naturalschuld aus einem Auseinandersetzungsvertrag (RG GRUCHOT 71, 614) oder als Tilgungsmodus eines bereits früher gegebenen Darlehens (RG DR 1942, 174; OLG Hamburg OLGE 38, 113 = SeuffA 74 Nr 5).

b) Eigene Stellungnahme

47 Allen vorstehend aufgeführten wiederkehrenden Leistungen ist gemeinsam, dass sie **nicht** die (ursprünglich vereinbarte) **Gegenleistung für die Hingabe eines bestimmten Geldbetrages** oder **für eine sonstige einmalige geldwerte Leistung** (zB die Übereignung eines Grundstücks) sind. In Fällen, in welchen fortlaufend wiederkehrende gleichmäßige Leistungen in Geld oder anderen vertretbaren Sachen auf Lebensdauer gegen Hingabe eines bestimmten Geldbetrages oder gegen eine sonstige einmalige geldwerte Leistung gewährt werden, hat die Rspr nicht darauf abgestellt, ob diese unabhängig von den sonstigen Beziehungen und Verhältnissen der Vertragsteile zu erbringen sind (vgl RGZ 106, 93 ff; RG JW 1938, 2135; BGH NJW 1979, 2038; BGH WM 1980, 595). Dies geschah ersichtlich deshalb, weil der Rechtsverkehr in solchen Fällen ohne weiteres vom Vorliegen einer Leibrente ausgeht (vgl auch ENNECCERUS/LEHMANN § 187 II; ESSER/WEYERS § 44 IV 2). Dies ist darauf zurückzuführen, dass – historisch betrachtet – die Hingabe eines bestimmten einmalig oder in Teilbeträgen (vgl ENNECCERUS/LEHMANN aaO; KRESS 74) zu zahlenden Kapitals oder eine sonstige einmalige geldwerte Leistung zum (häufig so gesetzlich definierten) Leibrentenbegriff gehörte (vgl Teil I Titel 11 §§ 606, 607 ALR; § 1284 ABGB; §§ 1150,

1151 SächsBGB; REINHART 277 f mwNw) – sog *Leibrentenkauf.* Müsste die Leibrente schon begrifflich ausnahmslos vom Grundgeschäft gelöst sein, so wäre, wie LARENZ (SchuldR II § 65 III, zust etwa SOERGEL/WELTER § 761 Rn 2) zu Recht hervorhebt, die Formvorschrift des § 761 überflüssig, weil die Notwendigkeit der Schriftform sich dann bereits aus § 780 ergäbe.

In der **Literatur** wird die vorstehend skizzierte *„Isolierungstheorie"* zunehmend abgelehnt. Sachgerechte Lösungen will man vielmehr dadurch erzielen, dass man entweder bestimmte wiederkehrende Leistungen, wie etwa die Versprechen im Zusammenhang mit der **Alters- und Hinterbliebenenversorgung**, auf Grund des „Sprachgebrauchs" oder gar „gewohnheitsrechtlich" nicht der Leibrente zurechnet (so etwa LARENZ SchuldR II § 65 III; MünchKomm/PECHER[3] Rn 10 ff; anders jetzt MünchKomm/HABERSACK § 759 Rn 8 ff) oder eine teleologische Reduktion, insbesondere des Formgebots des § 761 vornimmt (ESSER/WEYERS § 44 IV 2; abl dazu HENSSLER, Risiko als Vertragsgegenstand S 398). Teilweise wird eine Beschränkung des Leibrentenbegriffs auf entgeltliche Leibrenten vorgeschlagen (REINHART 282), was aber einerseits die in Rn 42 ff aufgeführten wiederkehrenden Bezüge nicht aus dem Leibrentenbegriff auszuscheiden vermag. Andererseits wird dadurch der Anwendungsbereich der §§ 759 ff in Widerspruch zu den Gesetzesmaterialien (Mot II 637) und zur Verkehrsauffassung (RG JR 1926 Nr 2221; BayObLGZ 4, 181; ERMAN/TERLAU § 759 Rn 10; BGB/RGRK/vGAMM § 761 Rn 5; ENNECCERUS/LEHMANN 187 II 2; KRESS 75; SEPP 112 ff) unnötig verengt, da die Regeln der §§ 759 ff auch auf unentgeltlich bestellte Leibrenten passen (dies räumt REINHART aaO selbst ein).

Insgesamt zeigt sich, dass sowohl die „Stammrechtstheorie" wie die „Isolierungstheorie" nicht zwingend und stringent zu sachlogisch richtigen Lösungen führen müssen. Ihre Entstehung verdanken sie aber nicht nur der ausgehenden Pandektistik bei der Schaffung des BGB (überzogen krit etwa ESSER/WEYERS § 44 IV 2: „Verdacht, dass hier eine übersehene Bastion der Begriffsjurisprudenz [erg vor-] liegt"), sondern der vom Gesetzgeber bewusst geübten Zurückhaltung einer exakten Definition des Leibrentenbegriffs (s dazu Rn 2). Vielmehr ist die Leibrente kein eindeutig festgelegter, klar und sachlogisch abgegrenzter Rechtsbegriff, sondern erschließt sich erst auf Grund einer **typologischen Betrachtung** unter Beachtung ihrer historischen Entwicklung (ebenso MünchKomm/HABERSACK § 759 Rn 4; allgemein zur typologischen Betrachtung bei der Einordnung von Schuldverträgen in das System gesetzlicher Vertragstypen LARENZ, Methodenlehre der Rechtswissenschaft [6. Aufl 1991] S 301 ff). Die Beurteilung, ob ein Schuldverhältnis als Leibrente einzuordnen ist, kann daher nicht im Wege eines rein logisch-deduktiven Verfahrens der Gesetzesanwendung durch Subsumtion geschehen (dazu allg LARENZ, S 271 f). Vielmehr ist die eine typologische Betrachtung kennzeichnende wertende Beurteilung vorzunehmen, welche die notwendige Flexibilität zur Bewertung der verschiedenen, hier anzutreffenden Vertragsgestaltungen ermöglicht (dazu allg LARENZ, S 303 f). Dies liegt ganz auf der Rspr des Reichsgerichts und des BGH, die – ausgehend von einem noch nicht so klar entwickelten methodischen Verständnis – maßgeblich auf die „Verkehrsauffassung" abstellte (s Rn 40). Bei dieser wertenden Zuordnung kann der historisch gewachsene Leibrentenkauf als „typologischer Modellfall" dienen (MünchKomm/HABERSACK § 759 Rn 5). Nicht zielführend ist es allerdings, wenn für die typologische Einordnung maßgeblich auf den Zuwendungszweck abgestellt wird (so aber MünchKomm/HABERSACK § 759 Rn 4). Denn wie bereits das Reichsgericht zu Recht hervorgehoben hat, ist Motiv für eine Leibrente zwar regelmäßig die Sicherung der Versorgung und des Unterhalts des Berechtigten. Dies muss aber noch nicht zur Einordnung als Unterhaltsvereinbarung und damit Verneinung der Leibrente führen (RGZ 150, 385, 391).

50 Maßgeblich für die Einordnung als Leibrente ist daher, dass die oben bereits aufgezeigten (s Rn 6) **spezifischen Leibrentenrisiken** vorliegen, insbesondere die ungewisse, an die Lebenszeit der Bezugsperson geknüpfte Verpflichtungsdauer. Durch diese unterscheidet sich erst der Leibrentenvertrag von den sonstigen Dauerschuldverhältnissen und durch sie wird in den Leibrentenvertrag die diesem eigentümliche, unbestimmte Dauer hingetragen (MünchKomm/HABERSACK § 759 Rn 9) und daher die Beachtung des Formgebots des § 761 erst gerechtfertigt (HENSSLER, Risiko als Vertragsgegenstand S 395 ff). Dieses vom Gesetzgeber des BGB als besonders **risikobehaftet** angesehene **Unsicherheitselement** der ungewissen Verpflichtungsdauer kann sich dabei zum einen daraus ergeben, dass dieses **erstmals** rechtsgeschäftlich **begründet** wird. Es kann aber auch daraus resultieren, dass zunächst kraft Gesetzes bereits eine Unterhalts- oder Schadensersatzrente besteht und anstelle derselben nunmehr ein neuer, abstrakter Schuldgrund im Wege der **Novation** vereinbart wird, der durch die lebenszeitbedingte Unsicherheit der Verpflichtungsdauer gekennzeichnet ist (HENSSLER, Risiko als Vertragsgegenstand S 397 f). Offen bleibt bei dieser Differenzierung noch die Einordnung von **Alters- und Hinterbliebenenversorgungen**, die ebenfalls wiederkehrend gewährt werden und anstelle oder aber kumulativ zu den gesetzlichen Renten- und Sozialversicherungsansprüchen treten. Man könnte nun diese wegen des lebenszeitbedingten Risikos den Leibrenten zurechnen und damit dem Schriftformerfordernis des § 761 unterwerfen, das im heutigen Wirtschaftsleben schon aus Beweissicherungsgründen ohnehin regelmäßig eingehalten wird. Mit der Rechtsprechung des Reichsgerichts und BGH (s Rn 40) gebietet jedoch die typologische Betrachtung, diese Gestaltungen nicht als Leibrente anzusehen, gelten für diese heute doch zahlreiche andere, insbesondere arbeits- und sozialversicherungsrechtliche Besonderheiten. Zudem stehen sie auch in einem unmittelbaren Zusammenhang mit einem Arbeits- oder Dienstverhältnis, so dass sich die Abweichung vom Formgebot des § 761 auch damit begründen lässt, dass das „Schwergewicht der Leistungen ... nicht bei den Rentenzahlungen, sondern bei den geschuldeten Diensten liege" (BEITZKE, Nichtigkeit, Auflösung und Umgestaltung von Dauerrechtsverhältnissen [1948] S 53; krit dagegen WELTER, Wiederkehrende Leistungen S 187, im Hinblick auf die Schutzbedürftigkeit des Versprechenden, jedoch wird man diese bei einem Arbeitgeber im Hinblick auf die an ihn im Geschäftsleben allgemein gestellten Anforderungen heute verneinen können).

51 Dies führt zugleich zu einem für die Abgrenzung von Leibrentenverträgen bislang noch wenig diskutierten Kriterium, dem der **Subsidiarität** (dazu aber bereits BAMBERGER/ROTH/LITZENBURGER § 759 Rn 7; SOERGEL/WELTER § 761 Rn 3). Angesichts der ausdrücklich konzipierten tatbestandsmäßigen Offenheit des Leibrentenbegriffs und der geringen und vielfach nicht passenden Regelungsdichte seiner gesetzlichen Normen darf dieser außerhalb seines „klassischen Anwendungsbereichs" des *Leibrentenkaufs* nicht schon immer wegen der Lebenslänglichkeit eines Dauerschuldverhältnisses angenommen werden. Eine Leibrente ist vielmehr nur dann zu bejahen, wenn das zu beurteilende Dauerschuldverhältnis nicht einem anderen, überkommenen schuldrechtlichen Vertragstyp zuzuordnen ist, also etwa einer Ruhegehaltszusage, und auch nicht mit einem solchen im engen sachlichen und zeitlichen Zusammenhang steht (so zutr BAMBERGER/ROTH/LITZENBURGER § 759 Rn 7; ähnlich SOERGEL/WELTER § 761 Rn 3).

IV. Zusammenfassung zum Leibrentenbegriff

Nach den vorstehenden Ausführungen ist die Leibrente (vgl auch HENSSLER, Risiko als **52** Vertragsgegenstand S 399; teilweise abweichend die Definition von MünchKomm/HABERSACK § 759 Rn 7) ein ein- oder mehrseitig verpflichtendes **Dauerschuldverhältnis**, das auf **wiederkehrende Leistungen** in **Geld** oder anderen vertretbaren Sachen gerichtet ist, die nach Zeitabständen, Art und Höhe **gleichmäßig** zu erbringen sind, insbesondere nicht von den wirtschaftlichen Verhältnissen des Versprechenden oder des Berechtigten abhängen, und auf **Lebenszeit** eines oder mehrerer Menschen bestehen, wobei diese Verpflichtungen entweder rechtsgeschäftlich **erstmalig** oder durch **Novation** einer bereits bestehenden Verbindlichkeit begründet wird und nicht im engen sachlichen und zeitlichen Zusammenhang mit einem anderen Dauerschuldverhältnis steht.

V. Gemischte Verträge

Die Erl zum Leibrentenbegriff (oben Rn 47 ff) haben gezeigt, dass die durch abstraktes **53** Rechtsgeschäft begründete Leibrente die Ausnahme, die gegen Entgelt oder unentgeltlich eingeräumte Leibrente die Regel ist (vgl BGH WM 1980, 594 f). Im Regelfall besteht daher ein Zusammenhang des Leibrentenvertrags mit einem anderen Vertragstypus (zB Kauf, Schenkung) in der Form eines sog *gemischten Vertrages* (s STAUDINGER/LÖWISCH [2006] § 305 Rn 23 ff). Die Begriffe *„Leibrentenkauf"* (s Rn 1, 47) und *„Leibrentenschenkung"* sind hierfür bezeichnend (vgl auch BGH NJW 1979, 2038; LG Kiel MDR 1968, 669). Wie der Hinweis des § 761 auf andere Formvorschriften zeigt, war sich der Gesetzgeber des Phänomens der Leibrente als Bestandteil eines gemischten Vertrages bewusst, hat es allerdings nur hinsichtlich des Formerfordernisses normiert. Je nachdem, welcher Vertragstyp in welcher Weise mit der Leibrente zusammentrifft, liegt einer der verschiedenen bei STAUDINGER/LÖWISCH (2006) § 305 Rn 27 ff dargestellten Typen gemischter Verträge vor (vgl KRESS 74 f).

Wird die **Leibrente als Entgelt** für die Veräußerung oder Belastung eines Gegen- **54** standes eingeräumt (zum Umfang des Schriftformerfordernisses in solchen Fällen s § 761 Rn 6 f), so liegt ein Kaufvertrag oder ein kaufähnlicher Vertrag iSd § 453 nF vor. Die Pflichten des Rentengläubigers (Verkäufers) richten sich nach den §§ 433 ff, 437 ff nF. Die Rechte und Ansprüche des Käufers (Leibrentenschuldners) wegen Rechtsmängeln (§ 435 nF) und Sachmängeln (§ 434 nF) ändern nichts am Leibrentencharakter des Entgelts. Insbesondere berührt eine **Minderung** der sämtlichen Leibrentenleistungen als Folge eines Mangels (§§ 437 Nr 2, 441 nF) die Gleichmäßigkeit der Leibrente nicht (vgl Rn 18; MünchKomm/HABERSACK § 759 Rn 29). Sie darf aber nicht zu einer völligen Einstellung der Rentenzahlung für einen längeren Zeitraum führen, sondern es müssen vielmehr die einzelnen Raten entsprechend der Minderungsquote herabgesetzt werden (HENSSLER, Risiko als Vertragsgegenstand S 400 Fn 33). Falls der Rentenschuldner (Käufer) erst **nach längerer Vertragsdurchführung** wegen einer Pflichtverletzung des Rentengläubigers (Verkäufers) vom Vertrag zurücktreten will und der Rücktritt nicht bereits durch die Verjährungsfrist des § 438 Abs 1, Abs 4 S 1 nF iVm § 218 nF ausgeschlossen ist, wird man das Interesse an einem Rücktritt einerseits und die Rückabwicklungsschwierigkeiten andererseits ähnlich wie bei Leistungsstörungen auf Seiten des Leibrentenschuldners (Rn 36) gegeneinander abwägen müssen. Mit zunehmender Dauer der Vertragsdurchführung und zunehmender Schwierigkeit der Vertragsrückabwicklung können daher nur noch Pflichtverletzungen des Leibrentengläubigers (Verkäufers) von entsprechend großem Gewicht einen Rücktritt des Käufers bzw eine Kündigung des ganzen Vertrags mit Rücktrittswirkungen (vgl Rn 36) rechtfertigen. Zum Kauf einer Apotheke gegen Rente s BGH NJW 1997, 3091.

55 Auch **schenkweise** kann eine Leibrente bestellt werden. Die **Leibrentenschenkung** bedarf nach § 518 Abs 1 notarieller Beurkundung. Der Formmangel wird (auch hinsichtlich einer etwa nicht eingehaltenen Schriftform) jeweils insoweit geheilt, als Einzelleistungen bewirkt sind (vgl § 761 Rn 14 mwNw). Die durch Schenkung eingeräumte Leibrente zur Unterstützung des Beschenkten erlischt im Zweifel nicht nur nach § 759 Abs 1 beim Tod des Beschenkten, sondern gemäß § 520 auch beim Tod des Schenkers. Die Zehnjahresfrist des § 2325 für **Pflichtteilsergänzungsansprüche** und die Fristen für eine **Gläubigeranfechtung** innerhalb und außerhalb des Insolvenzverfahrens sind jeweils getrennt für jede einzelne Leibrentenleistung zu berechnen (vgl Rn 37). Für den Widerruf der Leibrentenschenkung gelten die §§ 530 ff. Eine Verarmung des Schenkers während der Laufzeit der Rente berechtigt zur Notbedarfseinrede gemäß § 519 (vgl Rn 37), nach Ablauf der Laufzeit zur Rückforderung gemäß §§ 528, 529, wobei auch im Rahmen des § 529 Abs 1 für jede Einzelleistung eine eigene Zehnjahresfrist läuft. Bei einer Übergabe gegen Leibrente sind ein Widerruf gemäß § 530 (BGH NJW 1999, 1623, NJW-RR 1999, 1063) oder eine Rückforderung nach § 528 (BGH NJW 1994, 256) nicht ausgeschlossen.

VI. Ähnliche Rechtsverhältnisse

1. Leibrentenversicherung

56 Bei der Leibrentenversicherung wird der Anspruch auf Zahlung einer Leibrente bei einem Versicherungsunternehmen gegen einmalige oder laufende Prämien erworben (vgl SEPP 37 ff; RGZ 28, 313 ff). Es handelt sich hierbei um eine Art der Lebensversicherung, sog Rentenversicherung auf den Erlebensfall (vgl BRUCK/MÖLLER, VVG 8 [1988] Anm G 248 ff; vgl auch MünchKommBGB/GLOCKNER § 1587a Rn 431; zur steuerlichen Behandlung s I HESS, in: Becksches Steuerlexikon [Edition 1/2008] Stichwort „Lebensversicherung" Rn 13 ff mit Beispielen und ausführlich TREISCH BB 1997, 708), für welche die Sonderregelungen des VAG und des VVG (vgl §§ 1 Abs 1 S 2, 2–48, 150–171 VVG nF) sowie die Bestimmungen des Versicherungsvertrags gelten. Häufig wird daher die Leibrentenversicherung auch alle Merkmale eines Leibrentenvertrags aufweisen (vgl RGZ 28, 315 ff), und die von SEPP (39 ff) vorgeschlagene Abgrenzung nach der subjektiven wirtschaftlichen Zweckbestimmung keine zuverlässige Unterscheidung ermöglichen (vgl ECCIUS 28). Praktische Schwierigkeiten entstehen daraus nicht, da stets die Schriftform des § 761 gewahrt (vgl § 3 VVG) und die in den §§ 759 f normierten Fragen durch den Versicherungsvertrag speziell geregelt sein wird. Zur Begrenzung der mit einem *Kauf gegen Leibrente* verbundenen Risiken (vgl Rn 6) hat die Versicherungswirtschaft die **Leibrentenversicherung mit Prämienrückgewähr** bei einem vorzeitigen Tod der Bezugsperson entwickelt (vgl BRUCK/MÖLLER, aaO, Anm G 255). Hierbei übernimmt ab einem bestimmten Zeitpunkt oder Lebensalter der Bezugsperson die Versicherung ganz oder teilweise die Leibrentenzahlung. Dafür zahlt der Käufer schon zuvor (neben der an den Verkäufer zu entrichtenden Leibrente) der Versicherung eine einmalige oder laufende Prämie. Stirbt die Bezugsperson, bevor

die Versicherung die Rentenzahlung aufzunehmen hat oder innerhalb eines bestimmten Zeitraums danach, so werden die Prämien (abzüglich etwa von der Versicherung schon entrichteter Rentenleistungen und etwa sonst vereinbarter Abschläge) ohne Zinsen zurückgezahlt (dazu BGH NJW-RR 1996, 1047; PETZOLDT 29). Hierdurch bleiben dem Käufer die wirtschaftlichen Vorteile eines frühen Todes der Bezugsperson weitgehend erhalten. Umgekehrt hat der Käufer sein Risiko einer ungewöhnlich langen Lebensdauer der Bezugsperson auf ein kalkulierbares Maß begrenzt. Die Versicherung kann außerdem bei langfristigen Leibrenten die Auswirkungen einer **Insolvenz** des **Käufers** (vgl Rn 29) mildern, indem die Beteiligten durch den Versicherungsvertrag oder durch eine Abtretung dem Rentengläubiger unmittelbare Ansprüche gegen die Versicherung verschaffen. Grundsätzlich sind jedoch der Kauf gegen Leibrente und die zur **Risikobegrenzung** abgeschlossene Leibrentenversicherung selbständige, in ihrem rechtlichen Schicksal voneinander unabhängige Rechtsverhältnisse (vgl KG VersR 1951, 41 – zu weiteren Einzelheiten s HASE DNotZ 1961, 387 ff; Betrieb 1961, 1413 sowie Nr 49 Beilage 18/61; LAUX Betrieb 1961, 1593).

Unterschiede zwischen Leibrente und Leibrentenversicherung ergaben sich bei der **57** Währungsumstellung – s dazu STAUDINGER/BRÄNDL$^{10/11}$ Vorbem 25, 27 mwNw.

2. **Leibgeding** s STAUDINGER/AMANN (2002) Einl 32 ff zu §§ 1105 ff; STAUDINGER/ALBRECHT (2005) Erl zu Art 96 EGBGB.

3. **Verpfründung** s STAUDINGER/KANZLEITER (2006) § 2295 Rn 1.

4. **Zinsen** s Erl STAUDINGER/K SCHMIDT (1997) § 246.

5. **Zeitrente** s Rn 23.

6. **Dauernde Last** s Rn 58 f.

7. **Wiederkehrende Bezüge** s Rn 58 ff.

VII. Leibrente und wiederkehrende Bezüge im Einkommensteuerrecht

Im Einkommensteuerrecht hatte die Unterscheidung zwischen Leibrenten und **58** sonstigen wiederkehrenden Bezügen bis zum 31.12.2007 eine große Bedeutung (eingehend dazu Voraufl Rn 40 ff; SOERGEL/WELTER Rn 16 ff; MünchKomm/HABERSACK § 759 Rn 17 ff). **Leibrenten**, die zu keiner besonderen Einkunftsart iS von § 2 Abs 1 Nr 1 bis 6 EStG gehörten, waren nach § 22 Nr 1 Satz 3 Buchstabe a nur mit ihrem sog **Ertragsanteil** steuerpflichtig, dessen Höhe sich nach dem Alter des Berechtigten bei Beginn der Leistungen bestimmte. Demgegenüber unterlagen **andere wiederkehrende Bezüge** auch bei einer lebenslänglichen Verpflichtung nach § 22 Nr 1 EStG als sonstige Einkünfte im vollem Umfang der Einkommensteuerbesteuerung. Damit korrespondierend war die volle **Abzugsfähigkeit** derartiger Leistungen als Werbungskosten (§ 9 Abs 1 Nr 1 EStG) oder als Sonderausgaben (§ 10 Abs 1 Nr 1 a EStG) ausgestaltet. Da im Generationenverbund einer Familie idR meist die Einkommensteuerbelastung der Kinder höher als die der Eltern ist, ergaben sich hieraus interessante Gestaltungsmöglichkeiten zur Reduzierung der Steuerbelastung im Rahmen der vorweggenommenen Erbfolge, die daher einer nicht unberechtigten

Kritik ausgesetzt waren (vgl etwa FISCHER DStZ 2000, 885, 892; PAUS DStZ 2002, 21, 26 zum „Steuersparmodell" der selbstgenutzten Wohnung). Als **Abgrenzungskriterium** zwischen den (nur beschränkt) abziehbaren Leibrenten und den voll abziehbaren sonstigen wiederkehrenden Leistung (dauernden Lasten) wurde dabei uU darauf abgestellt, ob die wiederkehrenden Leistungen gleichmäßig und grundsätzlich unabänderbar zu erbringen waren. Dabei wurden Versorgungsleistungen bei der Übergabe einer existenzsichernden und ausreichend ertragbringenden Wirtschaftseinheit im Regelfall als beim Empfänger in vollem Umfang steuerpflichtige wiederkehrende Bezüge und beim Verpflichteten in vollem Umfang als Sonderausgaben abziehbar angesehen, da sie wegen der Rechtsnatur des Versorgungsvertrages als abänderbar galten (Tz 47 des sog III. Rentenerlasses, BMF Schreibens vom 16.9.2004, IV C 3 – S 2255 – 354/04, BStBl I 2004, 922 = DStR 2004, 1696 unter Bezug auf BFH vom 11.3.1992, X R 141/141/88, BStBl II 499 = DStR 1992, 644). Dagegen waren die Versorgungsleistungen auch bei Übergabe einer solchen Wirtschaftseinheit nur eine mit dem Ertragsanteil steuerpflichtige und als Sonderausgaben ebenso nur beschränkt abziehbare Leibrente, wenn und soweit die Vertragsteile ihre Abänderbarkeit ausdrücklich ausschlossen. Bei der bloßen Vereinbarung einer Wertsicherungsklausel war dies aber noch nicht der Fall (Tz 48 des III. Rentenerlasses).

59 Durch das Jahressteuergesetz 2008 vom 20.12.2007 (BGBl I 2007, 3150) ergibt sich nunmehr eine grundlegende Änderung der bisherigen einkommensteuerrechtlichen Behandlung wiederkehrender Leistungen, die im Zusammenhang mit der vorweggenommenen Erbfolge vereinbart werden (vgl etwa WÄLZHOLZ MittBayNot 2008, 93; MELCHIOR DStR 2007, 2233, 2234; EVERTS ZEV 2007, 571). Danach sind bei der **Einkommensteuer** als **Sonderausgaben** nach § 10 Abs 1 Nr 1a EStG nF bezüglich der ab dem 1.1. 2008 getroffenen Vereinbarungen in **voller Höhe** beim Verpflichteten nur noch solche lebenslangen wiederkehrenden Versorgungsleistungen abziehbar – und dementsprechend beim Leistungsempfänger voll steuerpflichtig –, die

– im Zusammenhang stehen mit der Übertragung eines **Betriebs**, Teilbetriebs oder eines **Mitunternehmeranteils** an einer Personengesellschaft, die eine Tätigkeit iS von § 13 EStG (land- und forstwirtschaftliches Vermögen), § 15 Abs 1 Satz 1 Nr 1 EStG (Gewerbebetrieb) oder § 18 Abs 1 EStG (selbstständige Tätigkeit) ausübt oder

– im Zusammenhang stehen mit der Übertragung eines mindestens **50%** betragenden Anteils an einer **GmbH**, wenn der Übergeber Geschäftsführer war und der Übernehmer diese Tätigkeit nach der Übertragung übernimmt.

Handelt es sich um begünstigte Versorgungsleistungen in diesem Sinne, dann **entfällt** nunmehr die **Unterscheidung** zwischen einer **Leibrente**, bei der lediglich der Ertragsanteil der Zahlungen beim Leistenden steuerlich abzugsfähig und beim Leistungsberechtigten steuerpflichtig war, **und einer dauernden Last**, bei der die vollständigen, nominalen Leistungsbeträge als Sonderausgaben abzugsfähig und beim Leistungsberechtigten nach §§ 22 Nr 1 b EStG steuerpflichtig waren. Vielmehr liegen stets dauernde Lasten vor (BR-Drucks 544/07, S 86). Andererseits **entfällt** durch das Jahressteuergesetz 2008 der **Sonderausgabenabzug** für die Übertragung von reinem Grund-, Geld- oder Wertpapiervermögen iS einer Kapitalanlage. Auch bei der Übertragung eines **vermieteten (Mehrfamilien-)Wohnhauses** besteht kein Sonderausgabenabzug mehr, wenn nicht eine gewerbliche Vermietung vorliegt. Das Gesetz enthält eine Übergangsregelung für die vor dem 31.12.2007 getroffenen Vereinbarungen.

Bei der Versteuerung von **Sozialversicherungsrenten** ergab sich gegenüber der Besteuerung von Beamtenpensionen für Rentner bislang der Vorteil, dass ihre Renten nur mit dem Ertragsanteil der Besteuerung unterlagen, da sie als Leibrente iS von § 22 Nr 1 Satz 3 Buchst a angesehen wurden. Jedoch wird diese Besserstellung der Rentner auf Grund des Alterseinkünftegesetzes schrittweise bis zum Jahre 2040 abgebaut und damit die bereits vom BVerfG (BVerfGE 54, 11; 86, 369) beanstandete verfassungswidrige Ungleichbehandlung beseitigt (dazu etwa I HESS, in: Becksches Steuerlexikon [Edition 1/2008] Stichwort „nachgelagerte Besteuerung" mit Beispielen; übersehen bei SOERGEL/WELTER Rn 23). **60**

VII. Kapitalisierung und Verrentung

Die **Kapitalisierung** von Renten und umgekehrt die **Verrentung** von Kapitalschulden ist bei Leibrenten (wie auch bei anderen Renten und wiederkehrenden Zahlungen) häufig erforderlich, und zwar aus den verschiedensten Gründen: **61**

- Die **Kapitalisierung** zB zur steuerlichen, verfahrens- oder kostenrechtlichen Bewertung oder zur vereinbarten oder als Schadenersatz geschuldeten (vgl § 843 Abs 3) Abgeltung einer (Leib-)Rente oder zu deren Übernahme durch einen neuen Schuldner;

- die **Verrentung** zB zur Ermittlung der als Gegenleistung für ein Kapital bzw für einen sonstigen geldwerten Gegenstand oder zur Abdeckung eines Schadens zu zahlenden Rente.

Sowohl bei der Kapitalisierung als auch bei der Verrentung müssen zukünftige, im Kapitalisierung-/Verrentungszeitpunkt noch ungewisse, mehr oder weniger wahrscheinliche Umstände zugrundegelegt werden, insbes die **Lebenserwartung** der Bezugsperson(en) und der **Zinssatz** für die mit jeder Rentenzahlung verbundenen Stundung. Während das Steuer-, Verfahrens- und Kostenrecht hierfür zwingende gesetzliche Vorschriften (zB § 14 BewG, § 24 KostO, § 9 ZPO, § 42 GKG) bereithalten, die den jeweiligen Verhältnissen des Einzelfalls nur beschränkt Rechnung tragen (vgl HEITMANN BB 1972, 1356), überlässt es das BGB grundsätzlich den Beteiligten bzw dem entscheidenden Gericht, die Kapitalisierung oder Verrentung den jeweils wahrscheinlichen konkreten Verhältnissen anzupassen (vgl BGH NJW 1980, 2525), zB der jeweils in einem bestimmten Alter bestehenden Lebenserwartung, der Dauer der einzelnen Zahlungsperioden (monatlich, halbjährlich, jährlich), vorschüssiger oder nachschüssiger Zahlungsweise, dem für angemessen erachteten Zinsfuß, einer eventuell vorgesehenen Wertsicherungsklausel usw (Beispiel einer misslungenen Berechnung in OLG Frankfurt NJW-RR 1995, 79). Da solche Faktoren das Ergebnis der Verrentung oder Kapitalisierung erheblich beeinflussen, kommt es maßgeblich auf die zutreffende Herausarbeitung der Verhältnisse des Einzelfalls und ihrer rechnerischen Umsetzung an (vgl HENSSLER 40 f; KIETHE MDR 1993, 1034, 1155 mwNw). Unentbehrliche Hilfsmittel hierfür sind **Kapitalisierungs- und Verrentungstabellen** und Erläuterungswerke hierzu – s insbes VOGELS, Verrentung von Kaufpreisen – Kapitalisierung von Renten (2. Aufl 1992); SCHNEIDER/SCHLUND/HAAS, Kapitalisierungs- und Verrentungstabellen **62**

(2. Aufl 1992); HEUBECK/HEUBECK DNotZ 1978, 643 ff; 1985, 469, 606, 1996, 761; SCHÖNER/STÖBER, Grundbuchrecht Rn 3241 f jeweils mwNw; GEIGER/SCHLEGLMILCH, Haftpflichtprozess (25. Aufl 2008), Anhang I Kapitalisierungstabellen; zum Unterhaltsrecht: PAULING, in: WENDL/STAUDIGL, Das Unterhaltsrecht in der familienrichterlichen Praxis (6. Aufl 2004) Rn 614–629, 699. Um Rechenfehler und Missverständnisse auszuschließen, empfiehlt es sich, die Berechnungsgrundlagen einer vereinbarten Kapitalisierung oder Verrentung in der entsprechenden Urkunde offenzulegen. UU kann eine wirtschaftlich grob fehlerhafte Verrentung zur Unwirksamkeit des Vertrags gemäß § 138 führen (s unten Rn 67).

IX. Euro-Umstellung

63 Wegen der **Umstellung** von Leibrenten von DM auf **Euro** s KOPP/HEIDINGER, Notar und Euro (2. Aufl 2001) 62 ff.

X. Sicherungsmöglichkeiten

64 Die verschiedenen Leibrententheorien sind für die praktische Ausgestaltung des Leibrentenvertrags ohne größere Bedeutung (vgl auch WELTER, Wiederkehrende Leistungen S 59). Da der Leibrentenvertrag ein lange währendes Dauerschuldverhältnis ist, ist auf die Absicherung der Leibrentengläubigers bei der Vertragsgestaltung besondere Sorgfalt zu verwenden (s etwa RIPFEL DNotZ 1969, 84; BAMBERGER/ROTH/LITZENBURGER § 759 Rn 9 ff). In Betracht kommen verschiedene Sicherungsmöglichkeiten: **(1)** Hinsichtlich der Verpflichtung zur Erbringung der einzelnen Leibrentenleistungen ist eine **Zwangsvollstreckungsunterwerfung** des Leibrentenschuldners in einer notariellen Urkunde nach § 794 Abs 1 Nr 5 ZPO idR immer angezeigt. Diese ermöglicht eine Zwangsvollstreckung in das **gesamte Vermögen** des Leibrentenschuldners. Der BGH hat nunmehr geklärt, dass diese Zwangsvollstreckungsunterwerfung auch hinsichtlich der Beträge erfolgen kann, die sich in Anwendung einer Wertsicherungsklausel bei einer entsprechenden Erhöhung des vom Statistischen Bundesamts festgestellten Verbraucherpreisindex (s Rn 13) ergeben (BGH NJW-RR 2004, 649 = DNotZ 2004, 644; NJW-RR 2005, 366 = FamRZ 2005, 437; ZÖLLER/STÖBER § 794 ZPO Rn 26b; BAMBERGER/ROTH/LITZENBURGER § 759 Rn 9). Die Feststellung der genauen Höhe des zu vollstreckenden Anspruchs, die sich in Anwendung dieser Wertsicherungsklausel ergibt, erfolgt dann durch das Vollstreckungsorgan, nicht durch den Notar, der die Vollstreckungsklausel erteilt. **(2)** Weiter kann der Leibrentengläubiger seine Ansprüche auch durch eine **Leibrentenversicherung** (Rn 56) sichern, was aber in der Praxis kaum geschieht (AnwK-BGB/TERBRACK § 759 Rn 12).

65 **(3)** Da die Stammrechtstheorie dem Leibrentengläubiger ein **Rücktrittsrecht bei Verzug oder Zahlungsunfähigkeit** des Schuldners versagt und ihn allenfalls auf Bereicherungsansprüche mit den Risiken der Saldotheorie verweist (s Rn 35), sollte daher für diese Fälle ein **vertragliches Rückforderungsrecht** vereinbart werden. Diesem ist gegenüber dem gesetzlichen (§ 346) grundsätzlich der Vorzug zu geben, da dadurch nicht nur der Rückerwerbsgrund, sondern auch die Rückerwerbsmodalitäten entsprechend den Besonderheiten des Einzelfalls sachgerecht geregelt werden können. So müsste etwa der Leibrentengläubiger nach der gesetzlichen Regelung die erhaltenen Leistungen von Anfang an verzinsen (dazu etwa J MAYER, Der Übergabevertrag Rn 231 ff; SOERGEL/WELTER Rn 8; KOENEN MittRhNotK 1994, 329, 339; unklar BAMBER-

GER/ROTH/LITZENBURGER § 759 Rn 10, der teilweise einerseits von einem „Vorbehalt des Rückforderungsrechts" spricht, dann aber ein Rücktrittsrecht empfiehlt, sich aber zu Unrecht auf KOENEN bezieht). Soweit für die Zusage der Leibrente ein Grundstück übertragen wurde, ist der Rückerwerbsanspruch durch eine **Auflassungsvormerkung**, die im Grundbuch an erster Rangstelle vor etwaigen Grundpfandrechten einzutragen ist, gegen beeinträchtigende Verfügungen, Zwangsvollstreckungsmaßnahmen (§ 883 Abs 2) und Insolvenz (§ 106 InsO) zu sichern.

(4) Weiter ist eine **dingliche Absicherung** der Ansprüche aus dem Leibrentenversprechen durch Eintragung einer **Reallast** (§§ 1105 ff) im Grundbuch an ausreichender Rangstelle dringend angezeigt. Gegenüber der Rentenschuld (§§ 1199 ff) hat sie den Vorteil, dass die dadurch gesicherten Ansprüche nicht genau bestimmt, sondern nur bestimmbar sein müssen (eingehend dazu BAMBERGER/ROTH/LITZENBURGER § 759 Rn 11 f; s auch AnwK-BGB/TERBRACK § 759 Rn 12). Dabei können auch die sich in Folge einer Wertsicherungsklausel ergebenden Erhöhungsbeträge durch die Reallast mit deren Rang im Grundbuch dinglich gesichert werden (§ 1105 Abs 1 S 2; BGHZ 111, 324 = NJW 1990, 2380; BAMBERGER/ROTH/LITZENBURGER § 759 Rn 12; PALANDT/BASSENGE § 1105 Rn 6). Die sich aus der Reallast ergebenden Ansprüche sind gegenüber denen aus der Leibrente nach Entstehung, Übertragung und Fortbestand grundsätzlich unabhängig, da die Reallast kein akzessorisches Verwertungsrecht ist. Daher muss die **Aufgabe** der dinglichen Sicherung noch kein Verzicht auf die Leibrente bedeuten (OLGR München 1997, 147). Die Verknüpfung mit den Ansprüchen aus der Leibrente ergibt sich vielmehr – wie bei einer Sicherungsgrundschuld – erst aus einer entsprechenden Sicherungsabrede (vgl etwa OLG Hamm MittBayNot 1998, 348; AnwK-BGB/TERBRACK § 759 Rn 12; BAMBERGER/ROTH/LITZENBURGER § 759 Rn 12), die allerdings auch konkludent vereinbart sein kann. Aus der Reallast hat der Berechtigte einen **dinglichen Anspruch** auf **Duldung der Zwangsvollstreckung** gegen den jeweiligen Eigentümer des belasteten Grundstücks (§§ 1105, 1107, 1147) und einen persönlichen Anspruch gegen diesen auf Zahlung der während der Dauer von dessen Eigentum fällig werdenden Einzelleistungen (§ 1108 Abs 1). Zu den Einzelheiten der Geltendmachung s die Erl zur Reallast, §§ 1105 ff (s auch BAMBERGER/ROTH/LITZENBURGER § 759 Rn 12; AMANN DNotZ 1993, 222, 223 ff; LANGENFELD/GÜNTHER, Grundstückszuwendungen zur lebzeitigen Vermögensnachfolge [5. Aufl 2005] Rn 477 ff). Alternativ käme auch eine dingliche Absicherung im Grundbuch durch eine **Höchstbetragssicherungshypothek** in Betracht, was jedoch zur erforderlichen Angabe des Höchstbetrags eine entsprechende Berechnung des Kapitalwerts der Leibrentenverpflichtungen voraussetzt (WELTER, Wiederkehrende Leistungen S 62). **(5)** Bei einer **Veräußerung** des belasteten Grundstücks wird der Schuldner des Leibrentenversprechens von seiner schuldrechtlichen Verpflichtung nur dann befreit, wenn auch eine privative **Schuldübernahme** nach den §§ 414 f erfolgt (MünchKomm/HABERSACK § 759 Rn 36; zum Ausgleichsverhältnis zwischen dem persönlichen Schuldner und dem haftendem Eigentümer s BGHZ 58, 191 = NJW 1972, 814; BGH NJW 1991, 2899; BGHZ 123, 178 = NJW 1993, 2617).

XI. Inhaltskontrolle von Leibrentenverträgen

Angesichts der langen Laufzeit und der sich hieraus ergebenden weitreichenden Verpflichtungen stellt sich auch bei der Leibrente wie bei Gesellschafts- und Eheverträgen sowie Dienstbarkeiten die Frage nach einer richterlichen Inhaltskontrolle solcher Vereinbarungen. Deren bedarf es zunächst nicht, soweit eine Anpassung des

Vertrags nach den Grundsätzen der Störung oder des **Wegfalls der Geschäftsgrundlage** (§ 313) zu einer sachgerechten Lösung führt (eingehend dazu § 759 Rn 7 ff). Im Übrigen verortet die Rspr derartige Eingriffe in die privatautonom geschlossenen Verträge bei § 138, während die Inhaltskontrolle nach den §§ 307 ff bei Leibrentenverträgen keine praktische Bedeutung besitzt, da diese ausschließlich individuell ausgehandelt werden und allgemeine Geschäftsbedingungen daher keine Anwendung finden (HENSSLER, Risiko als Vertragsgegenstand S 412). Aber auch die auf § 138 gestützte Inhaltskontrolle wird nur selten zu einer Vertragskorrektur führen. Denn zum einen steht den Vertragsteilen bei der Bewertung des durch den Leibrentenvertrag übernommenen Risikos, das sich durch das Abstellen auf die **Lebenszeit** einer **Bezugsperson** ergibt, grundsätzlich empirisches Material zur Einschätzung der Laufzeit zur Verfügung, etwa durch das Jahrbuch des Statistischen Bundesamts (HENSSLER, Risiko als Vertragsgegenstand S 412). Allerdings bestehen bei der Vereinbarung einer Leibrente noch zahlreiche andere Fehlerquellen, die jedoch bei sachkundiger Beratung weitgehend vermieden werden können (eingehend dazu KIETHE MDR 1993, 1034, 1155). Zum anderen ist bei der Beurteilung nach § 138 auf die Verhältnisse im Zeitpunkt des Vertragsschlusses abzustellen (MünchKomm/HABERSACK § 759 Rn 40; allgemein hierzu STAUDINGER/SACK [2003] § 138 Rn 79 ff). Daher führt eine für den einen Vertragsteil später eintretende ungünstige Entwicklung des vertragstypischen Risikos (s dazu Rn 6) nicht zu einer Nichtigkeit des Vertrags nach § 138 (MünchKomm/HABERSACK § 759 Rn 40).

68 Im Übrigen ist zur Inhaltskontrolle von Leibrentenverträgen **kaum Rechtsprechung** vorhanden. Das KG hat in einem Fall, in dem eine fast 80-jährige Eigentümerin ihren Haus- und Grundbesitz gegen eine Leibrente und Kapitalzahlung übertrug, die nur etwa 44% ihrer Zuwendung ausmachten, eine Sittenwidrigkeit verneint (KG OLGZ 1981, 124; krit dazu HENSSLER, Risiko als Vertragsgegenstand S 412 ff). Der BGH hat in einem anderen Fall (NJW-RR 1993, 198), in dem eine 78-jährige, die dem Erwerber im besonderem Maße vertraute und sich von ihm auch rechtlich beraten ließ, eine Sittenwidrigkeit angenommen. In diesem Fall betrug nach den damaligen Vorstellungen der Vertragsteile der Wert des übertragenen Grundbesitzes ca 300.000 DM (objektiv lag der Wert offenbar viel höher), während der Wert der Gegenleistung (insbesondere Wohnungsrecht und Leibrente) mit 125.000 anzusetzen war. Das **BVerfG** hat anlässlich der Überprüfung von Bürgschafts- und Eheverträgen die Formel geprägt, dass es bei einer besonders einseitigen Aufbürdung von vertraglichen Lasten und einer erheblichen ungleichen Verhandlungsposition der Vertragsteile zur Wahrung der Grundrechtsposition beider Vertragsteile nach Art 2 Abs 1 GG Aufgabe der Zivilgerichte ist, durch eine vertragliche Inhaltskontrolle und gegebenenfalls durch Korrektur mit Hilfe der zivilrechtlichen Generalklauseln zu verhindern, dass sich für einen Vertragsteil die Selbstbestimmung in eine Fremdbestimmung verkehre (zum Ehevertrag BVerfG NJW 2001, 957 = FamRZ 2001, 343 mAnm SCHWAB; NJW 2001, 2248; zur aktuellen Entwicklung im Bereich des Ehevertrags und der Folgerechtsprechung des BGH s BAMBERGER/ROTH/J MAYER § 1408 Rn 14). Diese Grundsätze wird man auch für den Bereich der Leibrente zu übernehmen haben (abl aber LG Kleve vom 12.9.2003, 1 O 174/02). Allerdings ist auch hier, wie bei den Fällen des Wegfalls der Geschäftsgrundlage (§ 759 Rn 7 ff), danach zu differenzieren, ob es sich um eine angemessene **Veräußerungsrente** handeln sollte oder um eine solche Leibrente, die nur zur Versorgung des Berechtigten diente. Bei der erstgenannten Fallgruppe kann gerade die unterlegene Verhandlungsposition den Leibrentengläubiger davon abhalten, sich über die leibrentenspezifischen Risiken klar zu werden. Steht aber der Versorgungscharakter im Vordergrund, so kommt es auf die Äquivalenz von Leistung und Gegenleistung gerade nicht an. Dies ist vielmehr für den Fall der **vorweggenommenen Erbfolge** typisch (J Mayer, Der Übergabevertrag, Rn 19 mwNw).

In den Fällen der **vorweggenommenen Erbfolge** ist daher die Angemessenheit der Leibrentenleistung zu der vom Leibrentenberechtigten erbrachten Leistung unerheblich. Auch ist für die Anwendung des § 138 ohne Bedeutung, wenn die anderen Abkömmlinge des Übergebers als weichende Erben nicht ausreichend berücksichtigt werden sollten. Denn deren Rechte bestimmen sich systemkonform nur nach dem Pflichtteilsrecht, insbesondere nach dem ohnehin nur schwach ausgestalteten Pflichtteilsergänzungsanspruch des § 2325. In besonderen Fällen kann eine solche Übertragung aber deswegen sittenwidrig sein, weil damit angesichts einer bestehenden oder konkret drohenden Sozialhilfebedürftigkeit Vermögen dem Zugriff des Sozialhilfeträgers entzogen werden soll (s dazu Schwarz JZ 1997, 545; MünchKomm/Armbrüster § 138 Rn 45; Krauss MittBayNot 1992, 77, 80 f; OVG Münster NJW 1989, 2834; vgl auch VGH Mannheim NJW 1993, 2953). **69**

§ 759
Dauer und Betrag der Rente

(1) Wer zur Gewährung einer Leibrente verpflichtet ist, hat die Rente im Zweifel für die Lebensdauer des Gläubigers zu entrichten.

(2) Der für die Rente bestimmte Betrag ist im Zweifel der Jahresbetrag der Rente.

Materialien: E I §§ 660, 662, 663; II §§ 701, 703; III § 746; Mot II 635 ff, insbes 638 ff; Prot II 2548 ff.

Systematische Übersicht

I.	Begriff der Leibrente		1
II.	Die Entstehung der Leibrentenverpflichtung		
1.	Vertrag		2
2.	Einseitiges Rechtsgeschäft		5
3.	Bedingung, Befristung		6
III.	Die Änderung der Leibrentenverpflichtung		
1.	Wegfall der Geschäftsgrundlage		7
a)	Grundsätzliches		7
b)	Störungen hinsichtlich der Verwendungsabsicht des Berechtigten		8
c)	Unvorhergesehene Entwicklungen bezüglich des Umfangs der Leistungspflicht		10
2.	Ersatzansprüche anstelle der Leibrente		12
a)	Verzug		13
b)	Tod des Bezugsberechtigten		14
IV.	Abtretbarkeit, Aufrechnung		15
V.	Schuldner der Leibrente		18
VI.	Berechtigte der Leibrente		19
VII.	Die Auslegungsregel des § 759 Abs 1		21
VIII.	Die Auslegungsregel des § 759 Abs 2		26

§ 759

Alphabetische Übersicht

Abtretung	15	Novation	16
Änderung der Leibrentenverpflichtung	7		
Auslegungsregel		Pfändung	16
– des § 759 Abs 1	21 ff	Pfändungsschutz	16
– des § 759 Abs 2	26		
Auslobung	5	Risikoentwicklung	11
Aufrechnung	17	Rückständige Leistungen	24
Bedingung	6	Schadensersatz	13
Begriff der Leibrente	1	Schuldner der Leibrente	18
Belastung	16	– Gesamtschuldner	18
Berechtigter der Leibrente	19	Stiftung	5
– Mehrheit von Berechtigten	20		
		Tötung der Bezugsperson	14
Einseitiges Rechtsgeschäft	5	Tontine	25
Ersatzansprüche	12 ff	Treu und Glauben	7 f
Entstehung der Leibrentenverpflichtung	2 ff		
		Unterhalt	
Gemeinde	3	– Renten	9
Gemeindeordnung	3		
Gesamtschuldner	18	Verfügung von Todes wegen	5
Geschäftsgrundlage	7 ff	Vermächtnis	5
– Störungen hinsichtlich der Verwendungsabsicht	8 f	Verpfändung	16
		Verrentungstabelle	25 f
– unvorhergesehener Umfang der Leistungspflicht	10	Vertrag zugunsten Dritter	4, 22
		Verzug	13
Gläubiger der Leibrente	8, 19 f	Vorerbe	2
– Teilbarkeit zwischen ihnen	25		
		Wertsicherungsklausel	11
Juristische Person	18 f		
		Zeitbestimmung	6
Nießbrauch	16		

I. Begriff der Leibrente

1 Eingehend zu dem vielschichtigen Begriff der Leibrente s Vorbem 7 ff, 52.

II. Die Entstehung der Leibrentenverpflichtung

1. Vertrag

2 Am häufigsten entsteht die Leibrentenverpflichtung durch (gegenseitigen, einseitigen oder auch gemischten – vgl Vorbem 53) **Vertrag** (§§ 311, 145 ff), wobei für das Leibrentenversprechen die **Formvorschrift** des § 761 gilt (s Erl dort). Der *Vormund* und der *Pfleger* (§ 1915 Abs 1) bedürfen zu einer vertraglichen Leibrentenverpflichtung regelmäßig der Genehmigung des Vormundschaftsgerichts gemäß § 1822 Nr 5

September 2008

(s Erl dort). Auch die **Eltern** bedürfen einer Genehmigung, allerdings durch das Familiengericht (§§ 1643 Abs 1, 1822 Nr 5). Fehlt diese, so ist es Auslegungsfrage, ob die Verpflichtung wirksam ist, solange der Verpflichtete die Volljährigkeit noch nicht um 1 Jahr überschritten hat (vgl BGH DNotZ 1969, 421), oder insgesamt unwirksam ist, wie zB bei solchen gegenseitigen Verträgen, bei welchen sich die Gegenleistung nicht in einzelne Teile oder Zeitabschnitte aufspalten lässt (vgl RG JW 1933, 240). Der **Betreuer** benötigt die Genehmigung des Vormundschaftsgerichts gemäß § 1907 Abs 3, wenn sich der Betreute zu wiederkehrenden Leistungen verpflichtet und das Vertragsverhältnis länger als vier Jahre dauern soll. Zur Veräußerung eines Nachlassgrundstücks gegen Leibrente durch den **Vorerben** BayObLG DNotZ 1958, 89; OLG Hamm OLGZ 1991, 137 = FamRZ 1991, 113.

Die Eingehung einer Leibrentenverpflichtung durch eine **Gemeinde** oder eine sonstige *kommunale Gebietskörperschaft* ist nur gemäß den Bestimmungen des jeweiligen Kommunalrechts zulässig und kommt in den zulässigen Fällen wirtschaftlich einer Kreditaufnahme durch die Gebietskörperschaft gleich (vgl MASSON/SAMPER/ M BAUER/BÖHLE/ECKER, Bayerische Kommunalgesetze [Stand Januar 2008] Art 72 GO Rn 2; WITTMANN/GRASSER/GLASER, BayGO [Stand 1.6.2000] Art 72 BayGO Anm 2; vgl auch BayerIMBek über das Kreditwesen der Kommunen vom 5.5.1983, MABl S 408). Daher ist hierfür regelmäßig die Genehmigung der Rechtsaufsichtsbehörde erforderlich (vgl zB Art 72 Abs 1 BayGO, Art 66 Abs 1 BayLKrO). 3

Die Leibrente kann auch durch **Vertrag zugunsten eines Dritten** begründet werden (SOERGEL/WELTER Rn 9). § 330 bestätigt dies und bestimmt, dass dann im Zweifel der Dritte unmittelbar das Recht erwirbt, die Leibrente zu fordern (STAUDINGER/JAGMANN [2001] § 328 Rn 59, § 330 Rn 55). Nach § 335 (MünchKomm/HABERSACK Rn 41; STAUDINGER/ JAGMANN [2001] § 335 Rn 5) kann in solchen Fällen im Zweifel auch der Versprechensempfänger die Leistung an den Dritten verlangen; dieser Anspruch ist abtretbar, zumindest an den Dritten selbst (RGZ 150, 133). Im **Valutaverhältnis** bedarf es zwischen dem Drittbegünstigten und dem Versprechensempfänger eines Rechtsgrundes (MünchKomm/HABERSACK Rn 42; SOERGEL/WELTER Rn 9; allgemein dazu STAUDINGER/ JAGMANN § 328 Rn 45 ff). Von den Umständen des Einzelfalls hängt es ab, ob dem Drittbegünstigten bis zum Tode des Versprechensempfängers der Leibrentenanspruch wieder entzogen werden kann (BGH WarnR 1970 Nr 52, S 116 f). Zur Absicherung einer Leibrente zugunsten eines Dritten durch Reallast s § 1105 Rn 6 ff; zu ihrer Behandlung in der **Insolvenz** s KUHN/UHLENBRUCK § 1 KO Rn 73, § 32 KO Rn 16; zur Anwendung der Auslegungsregel des § 759 Abs 1 bei einer Leibrente zugunsten eines Dritten s Rn 22. Wenn die Leibrente erst nach dem Tod des Versprechensempfängers an den Dritten zu entrichten ist, gilt § 331 (s Erl dort und BayObLGZ 5, 595). 4

2. Einseitiges Rechtsgeschäft

Die Leibrentenverpflichtung kann auch durch **einseitiges Rechtsgeschäft** unter Lebenden (Auslobung gemäß § 657, Stiftung gemäß §§ 80 ff) oder durch **Verfügung von Todes wegen**, insbesondere durch *Vermächtnis* (vgl BGH LM Nr 1 zu DevG; BFH BB 1975, 1422), begründet werden (allgM, AnwK-BGB/TERBRACK Rn 11; BAMBERGER/ROTH/LITZENBURGER Rn 8). Die Formvorschrift des § 761 ist hierauf zwar nicht unmittelbar anwendbar. Soweit nicht anderweitig (zB durch § 81 Abs 1) Schriftform vorgeschrieben 5 ist, gebietet der Normzweck des § 761 jedoch dessen entsprechende Anwendung auf einseitige Rechtsgeschäfte unter Lebenden (ERMAN/TERLAU § 761 Rn 1; MünchKomm/ HABERSACK § 761 Rn 2; SOERGEL/WELTER § 761 Rn 5; aM PALANDT/SPRAU § 761 Rn 1; KRESS 76; ENNECCERUS/LEHMANN § 187 III Fn 6). Bei Verfügungen von Todes wegen gehen dagegen die hierfür geltenden besonderen Formvorschriften einer analogen Anwendung des § 761 vor (MünchKomm/HABERSACK Rn 2; SOERGEL/WELTER § 761 Rn 6). Die §§ 759, 760 finden auf Leibrenten der vorgenannten Art ebenfalls Anwendung (vgl Prot V 201; PLANCK/OEGG Vorbem I zu § 759).

3. Bedingung, Befristung

6 Die Entstehung der *gesamten* Leibrentenverpflichtung kann an eine aufschiebende **Bedingung** (§ 158) oder an eine **Zeitbestimmung** (§ 163) geknüpft werden (BAMBERGER/ROTH/LITZENBURGER Rn 4), während eine Abhängigkeit der *Einzelleistungen* von einer Bedingung oder Zeitbestimmung sich mit dem Erfordernis der Gleichmäßigkeit der einzelnen Leistungen regelmäßig nicht vereinbaren lässt (vgl RGZ 67, 210 f; 91, 8 f; 106, 96; KRESS 75). Zur **auflösenden Bedingung** und Zeitbestimmung s Vorbem 22.

III. Die Änderung der Leibrentenverpflichtung

1. Wegfall der Geschäftsgrundlage

a) Grundsätzliches

7 Obwohl die Leibrentenleistungen durch ihre Wiederkehr in regelmäßigen Zeitabständen (Vorbem 8 zu § 759) und vor allem in gleichmäßiger Höhe (Vorbem 10 ff zu § 759) gekennzeichnet sind, schließt dies ihre Änderung bei **Fehlen, Wegfall oder der Änderung der Geschäftsgrundlage** nicht grundsätzlich aus. Denn solche Änderungen beruhen auf dem auch für die Leibrente geltenden Grundsatz von Treu und Glauben, § 242 (OLG Düsseldorf NJW 1972, 1137, 1138 mwNw; LG Lübeck NJW 1976, 427 f [„Roggenklausel"]; LG Berlin FamRZ 2005, 364, 365; MünchKomm/HABERSACK Rn 31 ff; PALANDT/ SPRAU Rn 6; WELTER, Wiederkehrende Leistungen S 55 f; SOERGEL/WELTER Rn 7; eingehend HENSSLER, Risiko als Vertragsgegenstand S 399 ff mwN, auch aus der Rspr; für Pensionszusage auch BGH NJW 1974, 273, 274; zurückhaltender AMANN MittBayNot 1979, 219, STAUDINGER/ AMANN [2002] Rn 6: „nur selten anzuwenden"; die Anwendbarkeit grds bezweifelnd LG Karlsruhe Die Justiz 1967, 120; vgl auch RG DJ 1938, 1561 f). Dabei ist auf die Entstehung der Leibrentenverpflichtung und ihren Zweck abzustellen (OLG Schleswig FamRZ 1991, 1203, 1204; LG Berlin aaO). Jedoch können solche Umstände **nicht** berücksichtigt werden, die das **vertragsspezifische Risiko der Leibrente** ausmachen; hierzu gehören vor allem Fehlvorstellungen hinsichtlich der Dauer der Leistungspflicht (HENSSLER, Risiko als Vertragsgegenstand S 400; MünchKomm/HABERSACK Rn 31).

b) Störungen hinsichtlich der Verwendungsabsicht des Berechtigten

8 Dem gemäß ist bei der Beurteilung von **Störungen der Verwendungsplanung** des Gläubigers die Ungewissheit der eigenen Lebenserwartung unerheblich (HENSSLER, Risiko als Vertragsgegenstand S 399). Im Übrigen ist bezüglich solcher Fehlentwicklungen zu unterscheiden zwischen Leibrenten, welche der Unterhaltssicherung dienen und Veräußerungsrenten (HENSSLER, Risiko als Vertragsgegenstand, S 409 ff; MünchKomm/HABERSACK Rn 32 ff; PALANDT/SPRAU Rn 6), wobei wegen der starken Einzelfallbezogenheit derartiger Beurteilungen nur gewisse Leitlinien herausgearbeitet werden können, die bei der konkreten Falllösung allenfalls im Wege eines Regel-/Ausnahmeverhältnisses die Beweislastverteilung beeinflussen (MünchKomm/HABERSACK Rn 31; zur Beweislast s auch BGH WM 1973, 1176).

(1) Veräußerungsrenten
Bei diesen steht das Äquivalenzverhältnis im Vordergrund. Sieht man von der Unsicherheit ab, die sich durch die lebenszeitbedingte Laufzeit ergeben, so handelt es sich hier bei wirtschaftlicher Betrachtungsweise um die Umwandlung einer Kaufpreis- in eine Darlehensschuld, die im Wege einer Annuitätenzahlung beglichen wird (HENSSLER, Risiko als Vertragsgegenstand S 410). Aus dieser Parallelität zur Darlehensgewährung ergibt sich zugleich, dass Wertsteigerungen wie Wertminderungen des Verkaufsobjekts grundsätzlich für die Erbringung der Leibrentenzahlungen unerheblich sind (RG JW 1938, 2135; RGZ 140, 167, 173 [Erbverzicht gegen Leibrente]; OLG Düsseldorf FamRZ 1996, 1302, 1303 [Vermächtnisrente]; MünchKomm/HABERSACK Rn 34; HENSSLER aaO). Etwas anderes ergibt sich nur, wenn dem Vertrag ein **partiarischer Charakter** inne wohnt (HENSSLER aaO) oder die Vertragsteile der Rente einen Versorgungszweck beigelegt haben (MünchKomm/HABERSACK Rn 33). Enthält die Vereinbarung keine Wertsicherungs- (Preis-) Klausel, so hat das Risiko, das sich aus der **allgemeinen Geldentwertung** in Folge der langen Laufzeit ergibt, wie auch sonst im Wirtschaftsleben grundsätzlich der Gläubiger zu tragen (MünchKomm/HABERSACK Rn 33, 34; SOERGEL/WELTER Rn 7; HENSSLER aaO). Etwas anderes gilt, wenn nach dem Vertragsinhalt die Versorgung des Rentenberechtigten bezweckt war (MünchKomm/HABERSACK Rn 34; HENSSLER aaO; SOERGEL/WELTER Rn 7; zurückhaltend OLG Düsseldorf NJW 1972, 1137 mit Anm KRAUSE-ABLASS NJW 1972, 1674: Berücksichtigung erst, wenn die Versorgung des Gläubigers insgesamt gefährdet, nicht bei bloßer Verschlechterung der Lebensstandards).

(2) Unterhaltssicherung
Hier ist zunächst bezüglich Unterhaltsrenten zu beachten, dass es sich nur dann um eine Leibrente handelt, wenn gesetzliche Unterhaltsansprüche auf Grund einer besonderen Vereinbarung durch eine **Novation** auf eine neue Grundlage gestellt werden (s oben Vorbem 50; RGZ 150, 385, 391; HENSSLER, Risiko als Vertragsgegenstand S 411; SOERGEL/WELTER Rn 7; zu wenig deutlich wird dies bei MünchKomm/HABERSACK Rn 32). Dadurch erfolgt gerade eine Abkoppelung von den unterhaltsrechtlichen Determinanten der Leistungsfähigkeit des Verpflichteten und der Bedürftigkeit des Berechtigten. Während daher eine laufende Anpassung ein unzulässiger Eingriff in die privatautonom getroffene Vereinbarung ist, kommt eine solche bei **atypischen Entwicklungen** durchaus in Betracht (vgl etwa bei einer im gerichtlichen Vergleich getroffenen Unterhaltsvereinbarung und späteren, wiedervereinigungsbedingten erheblichen Veränderung der wirtschaftlichen Verhältnisse BGHZ 128, 320, 329 = NJW 1995, 1345). Auf solche wird sich auch ein umfassender Anpassungsverzicht regelmäßig nicht erstrecken (BGH VersR 1968, 450, 451 [Erhöhung]; RG WarnR 1923/1924 Nr 115 – 117; RG JW 1935, 2619 [Herabsetzung]; MünchKomm/HABERSACK Rn 32; HENSSLER aaO), zumal gerade dem Charakter solcher Vereinbarungen eine Verantwortungsübernahme für die Versorgung des Gläubigers zu entnehmen ist (SOERGEL/WELTER Rn 7). Die individuelle Sicherung des Unterhaltsberechtigten und der Gemeinwohlbezug der Unterhaltssicherung im Allgemeinen erfordern daher die Berücksichtigung solcher nicht vorhersehbaren Entwicklungen (HENSSLER aaO). Wegen dieser gegenüber allgemeinen Unterhaltsverpflichtungen nur eingeschränkten Anpassungsmöglichkeit hat die Unterscheidung zu den Leibrenten nach wie vor noch erhebliche praktische Bedeutung, während viele vertragliche

Unterhaltsregelungen der Schriftform des § 761 entsprechen, so dass es in diesem Kontext bei vielen Abgrenzungsfragen oftmals nur noch um diese Frage der Anpassungsmöglichkeit geht (Soergel/Welter Rn 7). Wurde mit der Leibrentenzusage eine Unterhaltssicherung für einen **Lebenspartner** erstrebt, so kann die Geschäftsgrundlage hierfür entfallen, wenn die Vertragsteile später **heiraten** und dadurch eine ausreichende finanzielle Absicherung erfolgt, die vorher durch die Leibrentenzusage gewährleistet werden sollte (LG Berlin FamRZ 2005, 364, 365).

c) Unvorhergesehene Entwicklungen bezüglich des Umfangs der Leistungspflicht

10 Verringert sich die **Leistungsfähigkeit des Rentenschuldners**, so ist zu unterscheiden: **(1)** Bei **entgeltlichen Veräußerungsrenten** ist eine nachträgliche Verschlechterung seiner Leistungsfähigkeit genauso unbeachtlich, wie eine bei Vertragsabschluss bereits bestehende Leistungsunfähigkeit (RG JW 1938, 2135 f; LG Kiel MDR 1968, 669; Lehmann, Anm zu RG JW 1935, 2620; Staudinger/Amann [2002] Rn 6; Henssler, Risiko als Vertragsgegenstand S 401). **(2)** Wurde das Leibrentenversprechen **schenkungsweise** begründet, so begrenzt zum einen die in § 519 normierte Möglichkeit der Einrede des „**Notbedarfs**" die Leistungspflicht des Rentenschuldners. Zum anderen könnte zumindest nach der Stammrechtstheorie der Schenker bei seiner **Verarmung** das Leibrentenversprechen nach §§ 528, 812 zurückfordern. Darüber hinaus hat die Rspr den Grundsatz entwickelt, dass bei einem nicht entgeltlichen Leibrentenvertrag der Rentenverpflichtete stets berechtigt ist, eine Abänderung des Rentenbetrags zu verlangen, wenn ihm und seinen Angehörigen ansonsten kein angemessener Lebensunterhalt mehr verbleibt (RG JW 1935, 2619 m Anm Lehmann; JW 1939, 345 m Anm Lindemann; Staudinger/Amann [2002] Rn 6). Dies ist aber dann problematisch, wenn die Vertragsteile – wie in solchen Fällen üblich – beiderseits auf eine über die gängigen Wertsicherungsklauseln hinausgehende Anpassung verzichtet haben. Denn dann wird durch die Rspr in einseitiger, und damit unzulässiger Weise in das vertragliche Risikoverteilungskonzept eingegriffen, in dem dadurch nur der Rentenschuldner bei seiner wirtschaftlichen Verschlechterung entlastet wird, während er umgekehrt bei einer Verbesserung seiner wirtschaftlichen Verhältnisse nicht zu einer höheren Rentenleistung verpflichtet ist (zutr die Kritik von Henssler, Risiko als Vertragsgegenstand S 402 f).

11 Probleme ergeben sich auch, wenn der Rentenschuldner sich bei Vertragsschluss unzutreffende Überlegungen über die **künftige Entwicklung** seiner Rentenzahlung machte. IdR sind dies Fälle, bei denen sich die gewählte **Wertsicherungsklausel** später als für ihn sehr nachteilig herausstellte. Auch hier muss auf die geschäftstypische Risikoverteilung abgestellt werden und nicht auf allgemeine Billigkeitserwägungen. Dabei zeigt eine genauere Analyse, dass es oftmals um eine an sich **messbare Risikoentwicklung** geht, wobei das mangelnde Kalkulationsvermögen des einen Vertragsteils nicht über § 313 oder die Grundsätze von Treu und Glauben korrigiert werden darf (ausf Henssler, Risiko als Vertragsgegenstand S 403 ff zu den Fällen von OLG Celle VersR 1978, 644; OLG Celle WM 1980, 747 m Anm Ahrens; iE ebenso gegen eine Korrektur für den Regelfall MünchKomm/Habersack Rn 35; abweichend OLG Hamm DB 1975, 542, 543: Reduzierung, wenn sich der Leibrentenbetrag auf ein Vielfaches erhöht hat). Dies würde zu einem richterlichen Eingriff in die vertragliche Gestaltungsfreiheit führen, die nur nach den Grundsätzen einer Inhaltskontrolle (dazu Vorbem 67 ff), insbesondere nach § 138 möglich ist (zutr Henssler, Risiko als Vertragsgegenstand S 409).

2. Ersatzansprüche anstelle der Leibrente

An die Stelle der Leibrentenforderung kann unter bestimmten Voraussetzungen ein **12**
Ersatzanspruch treten:

a) Verzug
Bei **Verzug** des Leibrentenschuldners wandelt eine Kündigung aus wichtigem Grund **13**
die Rentenverpflichtung in einen einmaligen Schadenersatzanspruch um (vgl Vorbem 35).

b) Tod des Bezugsberechtigten
Bei Tötung der **Bezugsperson**, an deren Leben die Dauer der Leibrente geknüpft ist, **14**
erlischt der Leibrentenanspruch – außer bei der verlängerten Leibrente (Vorbem 22 f).
Ersatzansprüche wegen des Schadens, der durch den Wegfall der Leibrente entsteht, können idR weder aus § 823 (vgl BGH NJW 1962, 911; Kress 72 Fn 12, aM Sepp 98 ff; Eccius 23; Mot II 641), noch aus § 844 und auch nicht aus Drittschadensliquidation oder aus § 812 Abs 1 (aM Josef Gruchot 56, 87) und nur ausnahmsweise aus § 852 Satz 1 oder aus § 826 hergeleitet werden (vgl ie Staudinger/Amann[12] Rn 7). Eine sachgerechte Problemlösung will eine überkommene Ansicht durch eine **analoge Anwendung** des in §§ **162 Abs 2, 163** enthaltenen Rechtsgedankens suchen und dadurch einen Ersatzanspruch in bestimmten Fällen begründen (Staudinger/Amann [2002] Rn 7; Soergel/Welter Rn 5). Da für § 162 ein Verstoß gegen Treu und Glauben genügt, könne demnach auch eine fahrlässige Tötung einen Ersatzanspruch auslösen (Staudinger/Amann [2002] Rn 7; aM Sepp 100: nur vorsätzliche Tötung). Damit werde die nötige Elastizität zur Berücksichtigung aller Umstände des Einzelfalls, nicht aber rein poenaler Erwägungen (vgl Mot II 641), gewonnen. Tötung der Bezugsperson durch einen Dritten und **Selbstmord** des Schuldners bei einer Leibrente, die auf dessen Leben vereinbart wird, würden demnach nur ausnahmsweise die analoge Anwendung des § 162 rechtfertigen (vgl Soergel/Welter Rn 5; aM Staudinger/Brändl[10/11] Rn 5; Sepp 103 f). Tötung der Bezugsperson **durch** den **Schuldner** selbst wird jedenfalls bei Vorsatz regelmäßig dazu führen, dass der Schuldner die Leibrente auf die mutmaßliche Lebensdauer der Bezugsperson (vgl Sepp 103 ff; Eccius 23; bereits bei Verschulden Soergel/Welter Rn 5) fortentrichten muss (vgl zum Ganzen Planck/Oegg Anm 2c). Jedoch ist zu bedenken, dass es bei § 162 nicht um die Sanktionierung für treuwidriges Verhalten geht, sondern um die sachgerechte Durchsetzung des ursprünglichen rechtsgeschäftlichen Willens der Vertragsteile. Daher ist vorrangig zu prüfen, ob diese Probleme nicht durch eine **sachgerechte Vertragsauslegung** gelöst werden können (Staudinger/Bork [2003] § 162 Rn 15 ff, § 163 Rn 7). Dies macht den Weg frei für die adäquate Berücksichtigung der mit dem Leibrentenvertrag verfolgten **wirtschaftlichen Interessen**, die anstelle einer wie immer gearteten „Vorwerfbarkeit" zu berücksichtigen sind; deshalb handelt es sich bei diesen Fällen nur um solche, die nach den allgemeinen Kriterien über die Änderung oder den Wegfall des Geschäftsgrundlage (§ 313) zu lösen sind (dazu ausf Rn 7 ff). Wenn daher die Leibrente als **wirtschaftliche Überbrückung** an das Leben der Bezugsperson nur deshalb geknüpft war, weil der Gläubiger bzw dessen Erben mit dem – wie immer eingetretenen – Tod der Bezugsperson ohnehin anderweitige vergleichbare Leistungen erhalten, spricht dies gegen zusätzliche Ersatzansprüche wegen Wegfalls der Leibrente.

IV. Abtretbarkeit; Aufrechnung

15 Für die **Abtretung** des Anspruchs auf die Leibrente gelten die allgemeinen Bestimmungen der §§ 398 ff. Danach sind die Leibrente insgesamt (das sog Stammrecht – vgl Vorbem 25 ff) sowie auch der Anspruch auf die einzelnen Leibrentenleistungen grundsätzlich abtretbar (vgl ERMAN/TERLAU Rn 12; KRESS 73; SEPP 52, 114; SOERGEL/WELTER Rn 11; zum Einzelanspruch auch MünchKomm/HABERSACK Rn 37; aM STAUDINGER/BRÄNDL[10/11] Vorbem 19 zu § 759 mwNw; BGB-RGRK/vGAMM Rn 10 hinsichtlich des Stammrechts; die Abtretung des Stammrechts müssen diejenigen ablehnen, die ein solches nicht anerkennen, und nehmen daher die Abtretung aller künftigen Einzelansprüche an, so MünchKomm/HABERSACK Rn 37, wobei eine solche „Generalabtretung" zulässig ist, vgl RGZ 140, 60, 64). Die im Zweifel anzunehmende Unvererblichkeit (§ 759 Abs 1) der Leibrente schließt ihre Abtretbarkeit nicht aus (vgl STAUDINGER/KADUK[12] § 399 Rn 128). Die Abtretbarkeit ergibt sich vielmehr mittelbar aus § 1073, der sonst wegen § 1069 Abs 2 gegenstandslos wäre. Daraus allein, dass eine Leibrente häufig (aber nicht immer) dem Unterhalt des Berechtigten dient, kann noch nicht ihre generelle Unabtretbarkeit nach § 399 1. Alt hergeleitet werden (vgl LARENZ SchuldR I § 34 II 2), zumal für Leibrentenansprüche und gesetzliche Unterhaltsansprüche abweichende Regeln gelten (vgl Vorbem 15; ECCIUS 18). Nur weitere besondere Umstände (vgl RGZ 140, 60, 63; KG HRR 1935 Nr 723), wie zB die Unentgeltlichkeit der Leibrente und/oder ihre Einbettung in ein Leibgeding (vgl STAUDINGER/MAYER [2009] Einl 72 ff zu § 1105), können zur Unabtretbarkeit führen; so kann die Abtretung durch konkludente Vereinbarung ausgeschlossen sein, wenn sie im konkreten Einzelfall den Unterhalt des Berechtigten sicherstellen soll (SOERGEL/WELTER Vorbem 11 zu § 759). Aber auch dies steht einer **Überleitung** auf den **Sozialhilfeträger** nicht entgegen (§ 93 Abs 1 Satz 4 SGB XII, früher § 90 Abs 1 Satz 4 BSHG), die zwar nicht das Stammrecht erfasst (BVerwGE 34, 219, 225), wohl aber Nebenrechte (vgl § 401), wie die Geltendmachung einer Erhöhung der Leibrente auf Grund der vereinbarten **Wertsicherungsklausel** (BGH NJW 1995, 2790, 2791 = DNotZ 1996, 645, wobei es dort an sich um ein Leibgedingsrecht ging).

16 Soweit die Leibrente übertragbar ist, kann sie grundsätzlich auch durch **Verpfändung** (§ 1274 Abs 2), **Pfändung** (§§ 832, 851 ZPO) oder Bestellung eines **Nießbrauchs** (§§ 1073, 1069 Abs 2) **belastet** werden (RGZ 110, 306; KG JW 1937, 2974 Nr 19). Auf Grund des besonderen Charakters der Leibrente fällt diese auch nicht unter den **bedingten Pfändungsschutz** nach § 850b ZPO: Abs 1 Nr 2 dieser Vorschrift ist deshalb nicht anwendbar, weil Leibrentenansprüche keine Unterhaltsrenten sind, die auf gesetzlichen Vorschriften beruhen. Leibrentenfähig werden solche Ansprüche erst durch eine **Novation** (s Vorbem 15), verlieren dadurch aber diesen Pfändungsschutz (MUSIELAK/BECKER § 850b Rn 3; BGB NJW-RR 2002, 1513, 1514 f; nicht klar unterschieden bei MünchKomm/HABERSACK Rn 38 f). Auch ein Pfändungsschutz nach § 850b Abs 1 Nr 2 ZPO scheidet bei der Leibrente aus, da diese gerade nicht auf einem *Leibgedingsvertrag* beruht (s Vorbem 17), während *Kaufpreisrenten*, die zwar Leibrenten darstellen, nicht unter § 850b ZPO fallen (KG MDR 1960, 234; OLG Hamm OLGZ 1970, 49 = DNotZ 1970, 659; MUSIELAK/BECKER § 850b ZPO Rn 6; STEIN/JONAS/BREHM § 850b ZPO Rn 16; ZÖLLER/STÖBER § 850b Rn 8).

17 Bei der **Aufrechnung** sind Besonderheiten zu beachten: Zum einen kann eine Aufrechnung gegen die Leibrente nach § 394 ausgeschlossen sein, soweit die Leibrentenforderung einer Pfändung nicht unterworfen ist. Jedoch ist dies relativ selten der Fall

(zu undifferenziert SOERGEL/WELTER Rn 8): Dem bedingten Pfändungsschutz nach § 850b ZPO unterliegt die Leibrente idR nicht (s Rn 16). Weitere Einschränkungen ergeben sich aus § 387: Der **Leibrentenschuldner** kann mit seiner **fälligen Forderung** nur gegen erfüllbare Leibrentenforderungen aufrechnen; wegen § 271 Abs 2 wird sich hieraus jedoch idR keine Beschränkung der Aufrechenbarkeit ergeben; soweit die Rspr hinsichtlich künftiger *Ruhegehaltsraten* und Versorgungsrenten hierfür Einschränkungen macht (vgl etwa PALANDT/GRÜNEBERG § 387 Rn 12 mwNw) unterfallen diese nicht dem Leibrentenbegriff (s Vorbem 42; übersehen bei MünchKomm/HABERSACK Rn 39). Der **Gläubiger** der Leibrente kann nur mit den bereits fälligen Einzelansprüchen aufrechnen.

V. Schuldner der Leibrente

18 Dieser kann eine natürliche oder juristische Person (vgl auch §§ 124 Abs 1, 161 Abs 2 HGB) sein. Die Rechtsformen, in denen **Schuldnermehrheiten** denkbar sind, ergeben sich aus den §§ 420 ff (s Erl dort). Bei einer vertraglich begründeten Leibrente sind mehrere Schuldner gemäß § 427 im Zweifel **Gesamtschuldner**. Die Frage, in welcher Rechtsform eine Schuldnermehrheit vorliegt, und die Frage, ob die Dauer der Leibrente von der Lebensdauer eines, mehrerer oder aller Leibrentenschuldner abhängt, sind auseinander zuhalten. Nur solange und soweit aufgrund der getroffenen Vereinbarungen die Fortdauer der Leibrentenverpflichtung trotz des Todes eines oder mehrerer Schuldner zu bejahen ist, kommt es darauf an, inwieweit der einzelne Leibrentenschuldner (oder dessen Erbe/n) gemäß den §§ 420 ff für die fortbestehende Leibrentenverpflichtung haftet. Deshalb besagt der Umfang der Haftung des einzelnen Leibrentenschuldners oder seiner Erben nichts darüber, bei wessen Tod die Leibrente erlischt oder sich ermäßigt. Gesamtschuld (§ 421) hinsichtlich einer Leibrente, die bereits beim Tod des ersten Schuldners erlischt, ist ebenso möglich wie Teilschuld (§ 420) hinsichtlich einer Leibrente, die bis zum Tod des letztversterbenden Schuldners zu entrichten ist und daher anteilig die Erben der vorverstorbenen Schuldner trifft (ebenso bei Gläubigermehrheit Mot II 639 – vgl Rn 25; aM STAUDINGER/BRÄNDL[10/11] Rn 4 mwNw; BGB-RGRK/vGAMM Rn 11). Zur Abhängigkeit der Dauer einer Leibrente von der **Existenz einer juristischen Person** s Rn 19.

VI. Berechtigte der Leibrente

19 Gläubiger der Leibrente kann eine natürliche oder juristische Person (vgl auch §§ 124 Abs 1, 161 Abs 2 HGB) sein. Ist eine **juristische Person** Gläubigerin, so liegt nach herkömmlichem Begriffsverständnis eine Leibrente nur vor, wenn die Dauer der Leistungen durch das Leben einer oder mehrerer natürlicher Personen begrenzt ist (so etwa AnwK-BGB/TERBRACK § 759 Rn 5). Das Gesetz verbietet indessen nicht die Vereinbarung wiederkehrender Leistungen, welche an die Existenzdauer einer juristischen Person gekoppelt sind. Sofern solche Leistungen im Übrigen alle Merkmale der Leibrente aufweisen, passen hierfür die Regeln der §§ 759, 760. Außerdem ist in solchen Fällen das für die Leibrente typische Risiko der schweren Abschätzbarkeit der Dauer der Leistungen meist noch größer, so dass der Schuldner auch den Schutz des § 761 benötigt. Deshalb sind im Wege der **Analogie** bei der Leibrente die juristischen Personen den natürlichen Personen gleichzustellen (zust SOERGEL/WELTER Rn 4). Einer ausufernden Dauer von Leibrenten, die von der Existenz juristischer Personen abhängig sind, kann über die §§ 138, 242 sowie uU mittels der Inhaltskontrolle (dazu Vorbem 67 ff) begegnet werden.

20 Eine Leibrente kann **mehreren Berechtigten** eingeräumt werden, und zwar nebeneinander jeweils als selbstständiges Recht, zeitlich gestaffelt („Sukzessivberechtigung") oder aber in einer Rechtsgemeinschaft, und zwar je nach den getroffenen Vereinbarungen gemäß den §§ 420, 428 (vgl BGH NJW 1979, 2038; eingehend AMANN DNotZ 2008, 324, 337) oder § 432 (vgl Mot II 639). Des Weiteren kann einem Hauptgläubiger ein Bestimmungsrecht vorbehalten bleiben (MünchKomm/HABERSACK Rn 23). Möglich ist auch eine **Verkoppelung** der Berechtigungen, etwa dass der Anspruch des einen Berechtigten bei Vorliegen bestimmter Voraussetzungen zu Gunsten des anderen ruhen oder gar erlöschen soll (BGH NJW 1979, 2088; einschränkend TIEDTKE NJW 1980, 2496). Über die Anwendung des § 759 Abs 1 bei mehreren Gläubigern s Rn 25; zur Leibrente **zugunsten eines Dritten** s Rn 4.

VII. Die Auslegungsregel des § 759 Abs 1

21 Die **Auslegungsregel des § 759 Abs 1** beruht darauf, dass die Leibrente typischerweise dem Rentengläubiger und nicht (unmittelbar) dessen Erben zugute kommen soll. Sie lässt erkennen, dass die Leibrente nicht oder nicht ausschließlich an die Lebensdauer des Gläubigers gekoppelt sein muss, sondern ebenso von der Lebensdauer des Schuldners (vgl § 520) oder eines Dritten (vgl Vorbem 21) abhängig sein kann, Letzteres zB dann, wenn ab dem Tod des Leibrentenschuldners oder eines Dritten dem Rentengläubiger anderweitige (zB öffentliche) Leistungen zustehen, die für den Gläubiger wirtschaftlich an die Stelle der Leibrente treten (vgl ECCIUS 18). Die Unvererblichkeit gehört daher nicht zum Wesen der Leibrente (vgl Rn 15).

22 Soweit überhaupt nicht bestimmt, von wessen Leben die Dauer der Leibrente abhängt, so erklärt § 759 Abs 1 ausschließlich die **Lebensdauer des Gläubigers** für maßgeblich (vgl RGZ 67, 210). Bei einem echten **Leibrentenvertrag zugunsten eines Dritten** (§ 330) kann zwar im Zweifel auch der Versprechensempfänger die Leistung der Rente an den Dritten fordern (§ 335 – vgl oben Rn 4), Gläubiger iSd Auslegungsregel des § 759 Abs 1 ist indessen nur der Dritte, denn nur diesem soll letztlich die Leibrente zukommen.

23 Ist die Leibrente (wie bei der Leibrentenschenkung gemäß § 520, wenn diese als Unterstützung gedacht ist) an die **Lebensdauer des Schuldners oder eines Dritten** gekoppelt, führt dies allein noch nicht zur Unanwendbarkeit des § 759 Abs 1. Vielmehr erlischt die Leibrentenverpflichtung im Zweifel nicht nur beim Tod des Schuldners oder des Dritten, sondern auch bei einem früheren Tod des Gläubigers (vgl Mot II 638; RGZ 67, 209; ECCIUS 18; PALANDT/SPRAU Rn 9 – anders Art 516 Abs 3 SchwOR und SOERGEL/WELTER Rn 1). Dies gilt selbstverständlich nicht, wenn die getroffenen Bestimmungen erkennen lassen, dass die Leibrente **ausschließlich** von der Lebensdauer des Schuldners oder eines Dritten abhängen soll, oder wenn ihre **Vererblichkeit** vereinbart ist (vgl Mot II 638 f) bzw sich aus dem wirtschaftlichen Zweck der Leibrente ergibt. Dies ist etwa der Fall, wenn die an das Leben eines Dritten X gekoppelte Leibrente dem Rentengläubiger A Leistungen an den X ermöglichen soll, welche nach dem Tod des A auch noch dessen Erben zu erbringen haben (vgl ECCIUS 18).

24 § 759 Abs 1 schließt die Geltendmachung **rückständiger Leistungen** nach dem Tod der Bezugsperson gemäß § 760 Abs 3 (s dort) nicht aus.

Sind mehrere Gläubiger vorhanden, so ergibt sich aus dem zwischen ihnen bestehen- 25
den Gemeinschaftsverhältnis (Rn 20) grundsätzlich noch nicht, ob die Leibrente beim
Tod eines Gläubigers erlischt bzw sich ermäßigt oder in unveränderter Höhe bis zum
Tod des letztversterbenden Gläubigers weiter zu leisten ist (vgl Mot II 639 und – für
den Fall einer Schuldnermehrheit – Rn 18). Nur in den seltenen Fällen, in denen die
Forderungen der einzelnen **Gläubiger teilbar** und rechtlich völlig selbständig sind,
wird man aus § 759 Abs 1 einen Wegfall des Anspruchs des verstorbenen Gläubigers
herleiten dürfen (vgl STAUDINGER/BRÄNDL[10/11] Rn 3 mwNw; missverständlich BGB-RGRK/
vGAMM Rn 11). Im Übrigen stellt § 759 Abs 1 nur eine Vermutung dahingehend auf,
dass die Leibrente nicht den Erben der verstorbenen Gläubiger zusteht; er lässt aber
die Frage offen, ob und inwieweit die Leibrente dem/den restlichen Gläubiger/n
verbleibt (sog **Tontine**, vgl STAUDINGER/BRÄNDL[10/11] Rn 3; DERNBURG, Das bürgerliche Recht II
[4. Aufl 1915] § 201 IX; s unten Vorbem 7 zu §§ 762 ff, auch zur aktuellen Bedeutung; zur geschichtlichen Entwicklung der mit diesem Namen verbundenen Gewinnverteilungssysteme s OGRIS HRG V
276 f). Diese Frage kann nicht allgemein, sondern nur nach den getroffenen Vereinbarungen (vgl Mot II 639; RTK Bericht 92; SOERGEL/WELTER Rn 5), hilfsweise nach den
gesamten Umständen des Einzelfalls beantwortet werden. Wenn die Leibrente nach
einer **Verrentungstabelle** (s Vorbem 62) ermittelt wurde, kann sich die Antwort uU aus
deren Prämissen ergeben. Gehört die Leibrente zu einem mit der Überlassung eines
Grundstücks in Verbindung stehenden **Leibgeding** (STAUDINGER/MAYER [2009] Einl 72 ff
zu § 1105; STAUDINGER/ALBRECHT [2005] Art 96 EGBGB Rn 20), so enthält das auf Art 96
EGBGB beruhende Landesrecht in manchen Ländern (vgl STAUDINGER/MAYER [2009]
Einl 39 zu § 1105; allgemein hierzu STAUDINGER/ALBRECHT [2005] Art 96 EGBGB Rn 37 ff) hierzu
nähere Regelungen.

VIII. Die Auslegungsregel des § 759 Abs 2

Die **Auslegungsregel des § 759 Abs 2** kommt nicht nur dann nicht zur Anwendung, 26
wenn eine **ausdrückliche Bestimmung** des Zeitraums, für den der Rentenbetrag
bestimmt ist, vereinbart wurde. Auch **sonstige Umstände** können Zweifel iS des
§ 759 Abs 2 ausschließen, zB ein Vergleich zwischen Leibrentenbetrag und Gegenleistung, ein Rückgriff auf sonstige Voraussetzungen der Verrentung, vor allem auf
die dabei verwendete Rententabelle (vgl Vorbem 62) oder eine besonders enge Verknüpfung von Rentenbetrag und Zeitfolge der einzelnen Leistungen (aM SEPP 16 f;
BGB-RGRK/vGAMM Rn 12). Abweichend von § 759 Abs 2 wird heute in der **Praxis** der
Betrag der Leibrente idR als Monatsbetrag angegeben.

§ 760
Vorauszahlung

(1) Die Leibrente ist im Voraus zu entrichten.

**(2) Eine Geldrente ist für drei Monate vorauszuzahlen; bei einer anderen Rente
bestimmt sich der Zeitabschnitt, für den sie im Voraus zu entrichten ist, nach der
Beschaffenheit und dem Zwecke der Rente.**

(3) Hat der Gläubiger den Beginn des Zeitabschnitts erlebt, für den die Rente im Voraus zu entrichten ist, so gebührt ihm der volle auf den Zeitabschnitt entfallende Betrag.

Materialien: E I § 661; II § 702; III § 747; Mot II 639; Prot II 2548.

1. Dispositive Norm

1 § 760 enthält **kein zwingendes Recht** (RGZ 69, 296, 297; AnwK-BGB/Terbrack Rn 1; Bamberger/Roth/Litzenburger Rn 1; Palandt/Sprau Rn 1; PWW/Brödermann Rn 1; Soergel/Welter Rn 1). Insbesondere kann festgelegt werden, dass die Rente im Nachhinein zu zahlen ist. Auf solche *nachschüssige Renten* finden die Bestimmungen der §§ 760 Abs 2 und 3 keine (entsprechende) Anwendung (vgl Heubeck/Heubeck DNotZ 1978, 645). Abweichungen von § 760 können sich vor allem aus der Rententabelle (vgl oben Vorbem 62) ergeben, welche die Beteiligten der Verrentung zugrunde gelegt haben.

2. Grundsatz der Vorausentrichtung

2 **Leibrenten** sind bei Fehlen abweichender Vereinbarungen im Voraus zu entrichten (Abs 1), also bei monatlich zu erbringenden Leistungen am ersten Tag des entsprechenden Kalendermonats, bei jährlichen am ersten Tag des Kalenderjahres. Dies gilt **unabhängig** vom **Gegenstand der Leistung** (AnwK-BGB/Terbrack Rn 2) und entspricht ihrem regelmäßigen Zweck, dem Unterhalt des Berechtigten zu dienen (Mot II 639; MünchKomm/Habersack Rn 1), hängt von diesem Zweck aber nicht ohne weiteres ab und entspricht der gängigen Praxis (Bamberger/Roth/Litzenburger Rn 1; PWW/Brödermann Rn 1).

3 Demgegenüber legt bei einer monatlich zu erbringenden **Geldrente** § 760 Abs 2 HS 1 den Vorauszahlungszeitraum auf **drei Monate** fest und weicht damit nicht nur von einer Reihe von gesetzlichen Vorschriften ab (§§ 1361 Abs 4 S 2, 1585 Abs 1 S 2, 1612 Abs 3 S 1), sondern wird auch in der Rechtspraxis häufig abbedungen (Bamberger/Roth/Litzenburger Rn 1; PWW/Brödermann Rn 1). Bei **anderen Renten** bestimmt sich der Zeitraum, für den sie im voraus zu erbringen sind, nach der Beschaffenheit (Gegenstand) und Zweck der Rente (§ 760 Abs 2 HS 2), zB bei landwirtschaftlichen Produkten nach der Erntezeit (vgl Sepp 16). Auf *Vorauszahlungen für spätere Zeitabschnitte* findet, sofern die Bezugsperson deren Beginn erlebt, § 813 Abs 2 (s Staudinger/S Lorenz [2007] § 813 Rn 16 ff) Anwendung (vgl Rn 4), nicht dagegen § 1614 Abs 2, weil es bei der Leibrente auf die Bedürftigkeit gerade nicht ankommt.

3. Erlöschen (Abs 3)

4 **§ 760 Abs 3** will die **Abrechnung bei Erlöschen** einer Leibrente erleichtern (Mot II 639; AnwK-BGB/Terbrack Rn 4). Die Bestimmung räumt daher in Fällen, in welchen die Leibrente an das Leben des Gläubigers gekoppelt ist, dessen Erben das Recht ein, die Leibrente für den vollen (vereinbarten oder aus § 760 Abs 2 zu entnehmenden) Zeitabschnitt, in den der Tod des Gläubigers fällt, noch zu fordern und/

oder zu behalten (vgl §§ 1361 Abs 4 S 3, 1585 Abs 1 S 3, 1612 Abs 3 S 2; Mot II 639; AnwK-BGB/Terbrack Rn 4; Bamberger/Roth/Litzenburger Rn 2; MünchKomm/Habersack Rn 1). Da § 760 Abs 3 die Schlussabrechnung vereinfachen soll (vgl Mot II 639), ist die Bestimmung **entsprechend** zugunsten des Gläubigers anzuwenden, falls die Leibrente nicht von dessen Lebensdauer abhängt (vgl Kress 72 Fn 10) oder bereits vorzeitig bei einem anderen Ereignis, etwa der Wiederverheiratung, erlischt (OLG Colmar Recht 1910 Nr 681; AnwK-BGB/Terbrack Rn 4; Bamberger/Roth/Litzenburger Rn 2; Erman/Terlau Rn 3; MünchKomm/Habersack Rn 2; PWW/Brödermann Rn 2; Soergel/Welter Rn 2). Lediglich etwaige **Vorauszahlungen** für spätere Leistungszeitabschnitte, die erst nach dem Tod des Gläubigers beginnen, sind trotz § 813 Abs 2 (vgl Staudinger/S Lorenz [2007] § 813 Rn 16 ff) zurückzugewähren. § 760 Abs 3 ändert nichts daran, dass der **Beweis des Todes** der Bezugsperson dem Leibrentenschuldner obliegt (vgl Vorbem 27). Steht der Tod der Bezugsperson dagegen fest und bleibt **nur ungeklärt, in welchem Zeitabschnitt** er eingetreten ist, so trifft gleichwohl nach § 760 Abs 3 den Gläubiger bzw dessen Erben die Beweislast dafür, dass die Bezugsperson den Beginn des Zeitabschnitts noch erlebt hat (AnwK-BGB/Terbrack Rn 5; **aM** MünchKomm/Habersack Rn 1: Gläubiger muss beweisen, dass bei Beginn des Leistungszeitraums der Berechtigte noch am Leben war).

4. Entsprechende Anwendung

Die auf den §§ 843, 844 Abs 2, 845, auf § 8 HPflG, § 13 Abs 2 StVG, § 9 ProdHaftG, § 14 UmweltHG, 38 LuftVG und ähnlichen Vorschriften über die Gefährdungshaftung beruhenden **gesetzlichen Schadensersatzrenten** sowie der Wertersatzanspruch gemäß § 528 an den verarmten Schenker sind **keine Leibrenten**, da sie grundsätzlich nicht auf Lebensdauer eines Menschen zu entrichten sind (vgl Eccius 19 f; Erl zu § 843). Die vorgenannten Bestimmungen erklären freilich den § 760 für entsprechend anwendbar; zur entsprechenden Anwendung auf Leibgedingsleistungen s Staudinger/Amann (2002) Einl 39 zu § 1105. *Keine Anwendung* findet § 760 dagegen auf sonstige gesetzliche Unterhaltsrenten, zB nach den §§ 1361, 1585, 1587g (vgl Reinartz DNotZ 1978, 292) und nach § 1612. Zur Berücksichtigung einer Leibrente bei der Unterhaltsbemessung und beim Versorgungsausgleich s BGH NJW 1994, 935 und BGH DNotZ 1994, 257.

5. Verjährung

Zur **Verjährung** s Vorbem 32 zu §§ 759 ff.

§ 761
Form des Leibrentenversprechens

Zur Gültigkeit eines Vertrags, durch den eine Leibrente versprochen wird, ist, soweit nicht eine andere Form vorgeschrieben ist, schriftliche Erteilung des Versprechens erforderlich. Die Erteilung des Leibrentenversprechens in elektronischer Form ist ausgeschlossen, soweit das Versprechen der Gewährung familienrechtlichen Unterhalts dient.

Materialien: E I –; II –; III –; Mot II 638.

1. Zweck des Formgebots

1 Im Gegensatz zu manchen früheren Kodifikationen (vgl Mot II 638) sahen die *Entwürfe* zum BGB keinen hinreichenden Grund dafür, das für das BGB grundsätzlich geltende Prinzip der **Formfreiheit** von Rechtsgeschäften beim Leibrentenvertrag zu durchbrechen. Erst die RTK (Bericht 92) hielt Schriftform des Leibrentenversprechens (nicht auch der Annahme und des sonstigen Vertragsinhalts) für geboten, um im Hinblick auf die Tragweite und schwer abschätzbare Dauer der Leibrente einer **Übereilung** des Schuldners (vgl BGH NJW 1978, 1577 = DNotZ 1978, 541; MünchKomm/Habersack Rn 2) und auch Zweifeln an seinem Verpflichtungswillen vorzubeugen (vgl ZG VI 48). Angesichts der Formfreiheit anderer auf Lebensdauer versprochener Leistungen (vgl Vorbem 15 ff) kann diese Begründung das Schriftformerfordernis kaum rechtfertigen (zutr Soergel/Welter Rn 1 f; aM – ohne Begr – MünchKomm/Habersack Rn 1; Erman/Terlau Rn 1). Die **besondere Gefahr** des Leibrentenversprechens liegt indessen in der Kombination zwischen ungewisser Dauer und weitgehend fehlender Anpassungsmöglichkeit der Leibrentenhöhe an veränderte Verhältnisse (vgl dazu Vorbem 6). Das die Leibrente charakterisierende Zusammentreffen dieser beiden Risikofaktoren rechtfertigt die in § 761 vorgeschriebene Schriftform (zust AnwK-BGB/Terbrack Rn 1; Soergel/Welter Rn 2; PWW/Brödermann Rn 1). Dabei ist weiter zu berücksichtigen, dass durch den **aleatorischen Charakter** des Leibrentenvertrages (s Vorbem 6) eine oftmals starke Verlockung besteht, solche Rechtsgeschäfte ohne sorgfältige Kalkulation abzuschließen. Und dies, obgleich es durchaus praktikable und handhabbare Möglichkeiten gibt, die leibrentenspezifischen Risiken zu erfassen (Henssler, Risiko als Vertragsgegenstand [1994] 395 ff).

2. Anwendungsbereich

2 **§ 761 gilt nur für Leibrentenverträge** iSd Vorbem 7 ff, 52. Auf andere und ähnliche Verpflichtungen zu wiederkehrenden Leistungen ist die Formvorschrift auch nicht entsprechend anzuwenden. Die einengende Definition des Leibrentenbegriffs soll gerade einem Ausufern des Schriftformerfordernisses entgegenwirken.

3 Die (noch) herrschende Stammrechts- oder **Einheitstheorie** unterscheidet zwischen dem abstrakten Leibrentenversprechen (Stammrecht) und dem diesem zugrunde liegenden (kausalen und schuldrechtlichen) Verpflichtungsgeschäft. Dabei wendet die Rspr § 761 auf die Begründung des **Rentenstammrechts** unmittelbar und auf das **zugrunde liegende Rechtsverhältnis** entsprechend an (RGZ 67, 204, 211; RG JW 1911, 449; ebenso Palandt/Sprau Rn 1; BGB-RGRK/vGamm Rn 1; krit hiergegen zu Recht Welter, Wiederkehrende Leistungen S 44 f). Nach hiesiger Auffassung ist die Annahme eines abstrakten Stammrechts abzulehnen (Vorbem 39, 52), so dass nur das im kausalen, **schuldrechtlichen Rechtsgeschäft enthaltene Versprechen** des Leibrentenschuldners zur Erbringung der **Leibrentenleistungen** formbedürftig ist (AnwK-BGB/Terbrack Rn 2; Bamberger/Roth/Litzenburger § 759 Rn 1; unklar MünchKomm/Habersack Rn 3). Entsprechend dem Normzweck, den Versprechenden vor der unüberlegten Abgabe der weitreichenden Leibrentenverpflichtung zu schützen (Warnzweck) ist § 761 auch auf entsprechende *Vorverträge* (allgM, vgl RGZ 67, 204, 211; zum Parallelproblem bei § 311b Abs 1 Satz 1 s etwa Staudinger/Wufka [2005] § 311b Abs 1 Rn 98 ff; Soergel/J Mayer § 311b Rn 85), *Wahlschuldverhältnisse* (vgl Staudinger/Wufka [2005] § 311b Abs 1 Rn 102), *Vergleiche* (vgl zum Parallelproblem bei § 311b Abs 1 Satz 1 Staudinger/Wufka [2005] § 311b

Abs 1 Rn 78), *Schuldübernahmen* (vgl zum Parallelproblem bei § 311b Abs 1 Satz 1 STAUDINGER/WUFKA [2005] § 311b Abs 1 Rn 74) und *Vertragsbestätigungen* bzw -wiederherstellungen (vgl zum Parallelproblem bei § 311b Abs 1 Satz 1 STAUDINGER/WUFKA [2005] § 311b Abs 1 Rn 97) entsprechend anzuwenden.

Während nachträgliche **Einschränkungen** oder bloße **Erläuterungen** der Leibrenten- 4 verpflichtung nicht dem Formerfordernis unterliegen, fordert der durch die Schriftform erstrebte Schuldnerschutz (Rn 1) auch die Erstreckung auf spätere **Erhöhungen** einer bereits wirksam begründeten Leibrente (ERMAN/TERLAU Rn 1; MünchKomm/HABERSACK Rn 3; PWW/BRÖDERMANN Rn 1; ebenso für die Änderung des Schenkungsversprechens STAUDINGER/WIMMER-LEONHARDT [2005] § 518 Rn 13; zur Parallelproblematik bei § 311b Abs 1 weitergehend vgl STAUDINGER/WUFKA [2005] § 311b Abs 1 Rn 198 ff, wonach jede Änderung formbedürftig ist, die einen Regelungscharakter aufweist). Falls das Leibrentenversprechen *Handelsgeschäft* ist, bedarf es gleichwohl der Schriftform, da die Leibrente nicht zu dem Kreis der in § 350 HGB aufgezählten Rechtsgeschäfte gehört (für analoge Anwendung dieser Ausnahmebestimmung aber HECK, Schuldrecht § 121 VI aE). Selbst wenn die Leibrente einmal auf einem abstrakten Schuldversprechen oder Schuldanerkenntnis beruht, behält § 761 als nicht von § 350 HGB erfasste Sonderregelung Vorrang vor den unter die Formerleichterung des § 350 HGB fallenden §§ 780 f. Bei einem **Leibrentenvertrag zugunsten eines Dritten** (dazu RGZ 150, 129, 133) richtet sich das Formerfordernis bezüglich des Leibrentenversprechens nach dem zwischen Schuldner und Versprechensempfänger bestehenden Rechtsverhältnis, da es hier um das sog „Deckungsverhältnis" geht, und nicht nach dem sog „Valutaverhältnis" zwischen dem Versprechensempfänger und dem Dritten (BayObLGZ 5, 595 f), jedoch sind auch diesbezüglich bestehende Formvorschriften, etwa § 518, einzuhalten, da der Dritte auch im Verhältnis zum Versprechensempfänger eines wirksamen Schuldgrunds bedarf (vgl hierzu bei der Leibrente MünchKomm/HABERSACK Rn 41).

Falls die Leibrente nicht durch **Vertrag**, sondern durch **einseitiges Rechtsgeschäft** 5 unter Lebenden, wie zB Auslobung oder Stiftung, begründet wird, gilt § 761 entsprechend (str, s § 759 Rn 5 mwNw). Bei Zuwendung durch Vermächtnis finden die strengeren Formvorschriften für die Verfügung von Todes wegen Anwendung (s unten Rn 11 und § 759 Rn 5).

3. Schriftform

a) Wahrung der Schriftform

Die Beachtung der äußeren Erfordernisse der Schriftform (genügend ist auch das 6 Schreiben auf einem „Bierdeckel", LG Berlin FamRZ 2005, 364) gemäß § 126 wird lediglich für das **Versprechen** der Leibrente gefordert, nicht auch für dessen Annahme und für sonstige Abreden (MünchKomm/HABERSACK Rn 3; vgl auch zur Parallelproblematik bei § 518 STAUDINGER/WIMMER-LEONHARDT [2005] § 518 Rn 5), die nur einer Form bedürfen, soweit das Gesetz eine solche an anderer Stelle für das ganze Rechtsgeschäft vorschreibt (zB durch die in Rn 11 aufgeführten Bestimmungen). Aus der schriftlichen Urkunde muss sich der **wesentliche Inhalt** der Pflicht zur Gewährung der Leibrente vollständig und unmittelbar ergeben (vgl BGHZ 57, 53, 59 = NJW 1971, 2227; RGZ 67, 204, 214; MünchKomm/HABERSACK Rn 5). **Erforderlich** ist daher die Angabe von Gläubiger und Schuldner, eines bestimmten wiederkehrend zu zahlenden Betrags oder der sonstigen wiederkehrend zu erbringenden vertretbaren Leistungen, die ausdrückliche Bezeichnung der Schuld als Leibrente oder die Verwendung einer anderen Zeitangabe, aus der das typische Vertragsrisiko des Leibrentenschuldners hinreichend deutlich wird. Dagegen ist die nähere Angabe der Zahlungsmodalitäten nicht erforderlich, soweit dadurch nicht Bedingungen vereinbart werden, die von den gesetzlichen Bestimmungen zum Nachteil des Schuldners abweichen (MünchKomm/HABERSACK Rn 6).

7 Trotz der vorstehenden Anforderungen an die Wahrung der Schriftform ist eine erläuternde **Auslegung** möglich. Denn die Grenzen, innerhalb derer dies zulässig ist, dürfen nicht zu eng gezogen werden (vgl RGZ 67, 204, 214). Vielmehr gelten insoweit für das formgebundene Leibrentenversprechen die allgemeinen Grundsätze der sog **Andeutungstheorie** (so wohl auch STAUDINGER/AMANN [2002] Rn 3; strenger uU MünchKomm/HABERSACK Rn 5; allgem zu den Anforderungen der Andeutungstheorie vgl STAUDINGER/HERTEL [2004] § 125 Rn 84 ff; MünchKomm/EINSELE § 125 Rn 37 f). Bei Beachtung dieser Kriterien reicht für die Wahrung des Leibrentenversprechens aus, wenn sich dieses aus einem Brief des Schuldners ergibt (vgl RGZ 67, 204, 214; SOERGEL/WELTER Rn 7).

b) Ersetzung der Schriftform
8 Die Schriftform nach § 126 wird ersetzt durch die **notarielle Beurkundung** (§ 126 Abs 4) oder bei einem **Prozessvergleich** durch Aufnahme der Erklärung in ein nach den Vorschriften der Zivilprozessordnung errichtetes **Protokoll** (§ 127a).

9 Grundsätzlich wird die nach § 761 zu beachtende Schriftform auch durch die **elektronische Form** (§ 126a) gewahrt (§ 126 Abs 3). Hiervon macht der durch Art 1 Nr 8 a des G zur Anpassung der Formvorschriften des Privatrechts und anderer Vorschriften an den modernen Rechtsverkehr vom 13. 7. 2001 (BGBl I 1542) eingefügte § 761 Satz 2 eine Ausnahme: Danach ist die Erteilung eines Leibrentenversprechens in elektronischer Form ausgeschlossen, soweit das Versprechen der Gewährung **familienrechtlichen Unterhalts dient**. Diese Bestimmung ist unklar, da familienrechtliche Unterhaltspflichten gerade keinen Leibrentencharakter haben (s oben Vorbem 15; diesbezüglich krit daher zu Recht SOERGEL/WELTER Rn 8 iVm Vorbem 9 zu § 759), was offenbar bei der Gesetzesänderung nicht bedacht wurde. Die wohl hM lässt im Wege einer „extensiven Interpretation" (oder bereits Analogie?) bereits genügen, wenn das Versprechen auch nur teilweise der Unterhaltssicherung dienen kann und dass die Vertragsteile nach den gesetzlichen Vorschriften zum Unterhalt verpflichtet sein können, also insbes ein entsprechendes, die Unterhaltspflicht begründendes Verwandtschafts-, Ehe- oder Lebenspartnerschaftsverhältnis besteht. Dass im konkreten Einzelfall ein Unterhalt zu leisten ist, soll dagegen unerheblich sein (AnwK-BGB/TERBRACK Rn 4; BAMBERGER/ROTH/LITZENBURGER Rn 4; MünchKomm/HABERSACK Rn 4; wohl auch – ohne Problemdiskussion – ERMAN/TERLAU Rn 1; PWW/BRÖDERMANN Rn 1; die praktische Relevanz der Streitfrage leugnet SOERGEL/WELTER Rn 8, jedoch liegen hierzu keine empirischen Daten vor und angesichts des Siegesmarsches der neuen Medien wird diese Frage praktische Bedeutung erlangen). Demgegenüber ist mit STAUDINGER/AMANN (2002) Rn 3 daran festzuhalten, dass familienrechtliche Unterhaltspflichten wegen ihrer Veränderlichkeit durch die Bedürftigkeit des Berechtigten und die Leistungsfähigkeit des Verpflichteten grundsätzlich keine Leibrenten sind (eingehend Vorbem 15). Dementsprechend wird der Ausschluss der elektronischen Form nach Satz 2 nur bedeutsam, wenn solche Pflichten durch **Novation** oder in anderer Weise rechtsgeschäftlich in eine Leibrente umgestaltet werden.

4. Erteilung des Versprechens

Das vertragliche Leibrentenversprechen ist eine **empfangsbedürftige** Willenserklä- 10
rung. Es wird daher erst wirksam, wenn es auch dem Vertragspartner in schriftlicher
Form entweder unter Anwesenden übergeben wird oder unter Abwesenden zugeht
(§ 130 Abs 1 S 2; vgl i e STAUDINGER/HERTEL [2004] § 126 Rn 159 ff). Für Letzteres ist erforderlich, dass sich der Schuldner der Urkunde in der Absicht entäußert, sie in die
tatsächliche Verfügungsmacht des Gläubigers gelangen zu lassen, und sie auch dorthin
gelangt (PWW/BRÖDERMANN Rn 5; MünchKomm/HABERSACK Rn 7). Die Übermittlung einer
bloßen Abschrift genügt nur, wenn weitere besondere Umstände hinzutreten (vgl
RAGE 11, 331 = JW 1933, 240; BGH LM Nr 1 zu § 766; aA SOERGEL/WELTER Rn 7: nie genügend).

5. Verhältnis zu anderen Formvorschriften

Die Schriftform des Leibrentenversprechens genügt nur, **soweit nicht** für dieses oder 11
für den ganzen Vertrag, in dem dieses enthalten ist, **eine andere, strengere Form
vorgeschrieben ist** (AnwK-BGB/TERBRACK § 759 Rn 1; BAMBERGER/ROTH/LITZENBURGER Rn 2;
ERMAN/TERLAU Rn 1; MünchKomm/HABERSACK Rn 2; SOERGEL/WELTER Rn 11). Insofern handelt es sich bei § 761 nur um eine **subsidiäre Formvorschrift**, was der allgemeinen
Subsidiarität der Leibrentenvorschriften entspricht (dazu Vorbem 51). So erfordert
§ 518 eine notarielle Beurkundung des Leibrenten*versprechens* bei der Leibrentenschenkung (beachte aber bei Vertrag zugunsten Dritter Rn 4), die notarielle Beurkundung
des *ganzen Vertrags* verlangen insbes die §§ 311b Abs 1 Satz 1, 311b Abs 3, 1410,
1491 Abs 2 S 2, 1501 Abs 2 S 2, 2033, 2348, 2371, 2385 und § 15 GmbHG. Wird ein
Leibrentenvermächtnis angeordnet, so sind die besonderen Vorschriften für die
Verfügungen von Todes wegen einzuhalten, §§ 2247, 2233, 2274 (BAMBERGER/ROTH/
LITZENBURGER Rn 2; MünchKomm/HABERSACK Rn 2).

6. Rechtsfolgen der Verletzung des Formgebots

a) Formmängel

Wird die erforderliche Form nicht eingehalten, so ist der ganze Leibrentenvertrag 12
nichtig, § 125 S 1 (AllgM, AnwK-BGB/TERBRACK Rn 6; MünchKomm/HABERSACK Rn 8; SOERGEL/WELTER Rn 9; PWW/BRÖDERMANN Rn 6). Inwieweit die Nichtigkeit sich auch auf die
nicht die Leibrente betreffenden Vertragsteile erstreckt, bestimmt sich nach **§ 139**
(Allg hierzu STAUDINGER/HERTEL [2004] § 125 Rn 101 mwNw). Ist die Leibrente in das
Synallagma eines gegenseitigen Vertrags eingebettet, so führt der Formmangel
grundsätzlich zur Nichtigkeit des ganzen Vertrags (vgl SEPP 42). Auch die **Bestätigung**
nach § 141 bedarf der Schriftform (RGZ 150, 385, 391).

b) Heilung

Eine **Heilung** durch Erfüllung des Leibrentenversprechens sieht das Gesetz nicht 13
ausdrücklich vor. Jedoch kommt die Heilung ausnahmsweise unter folgenden Gesichtspunkten in Betracht:

(1) Sind beim gegenseitigen Vertrag **alle Leibrentenleistungen und die Gegenleistung vollständig erbracht**, so entfällt das dem § 761 zugrundeliegende Schutzbedürfnis des Leibrentenschuldners. Soweit eine Rückforderung der erbrachten Leistungen
nicht bereits an § 814 scheitert (s STAUDINGER/S LORENZ [2007] § 814 Rn 5), stellen ihr

deshalb manche den Grundsatz entgegen, dass zwar nicht (wie bei den §§ 311b Abs 1 Satz 2, 518 Abs 2, 766 Satz 2) schon die Teilerfüllung, wohl aber die **vollständige Erfüllung** des gegenseitigen Vertrags den Formmangel heile, falls die Heilung keine Dritt- oder Allgemeininteressen berühre (vgl STAUDINGER/DILCHER¹² § 125 Rn 35 mwNw; LARENZ/WOLF AT § 21 I b Fn 2 mwNw). Unabhängig davon, ob dieser Grundsatz als allgemeines Prinzip Anerkennung verdient, was von der Rspr abgelehnt wird (vgl STAUDINGER/HERTEL § 125 Rn 108 mwNw; MünchKomm/EINSELE § 125 Rn 48 ff; POHLMANN, Die Heilung formnichtiger Verpflichtungsgeschäfte durch Erfüllung [1992] 178 ff, 203 ff), wird er jedenfalls den Besonderheiten des gegenseitigen Leibrentenvertrags gerecht, insbes dessen meist langer Durchführungsdauer, der mit der Erfüllung entfallenden (das Formerfordernis tragenden) Ungewissheit hierüber und der Tatsache, dass der Leibrentenschuldner typischerweise bis zum Erlöschen der Leibrente über die an ihn erbrachte Gegenleistung längst disponiert hat (iE ebenso MünchKomm/HABERSACK Rn 8; PWW/BRÖDERMANN Rn 6; SOERGEL/WELTER Rn 10; weitergehend ENNECCERUS/LEHMANN § 187 II 2; SIBER JherJb 70, 242; ENNECCERUS/NIPPERDEY § 154 Fn 16; **aM** im Anschluss an RGZ 67, 204, 208 die hM, vgl OLG München SeuffA 67 Nr 34 S 58 f; AnwK-BGB/TERBRACK Rn 6; BAMBERGER/ROTH/ LITZENBURGER Rn 5; STAUDINGER/BRÄNDL¹⁰/¹¹ Rn 5 mwNw; ECCIUS 12; PALANDT/SPRAU Rn 1; ERMAN/TERLAU Rn 2; BGB-RGRK/vGAMM Rn 4; POHLMANN 207). Selbst bei einem unerwartet frühen Tod der Bezugsperson braucht dieser Grundsatz nicht aufgegeben zu werden, da § 761 nur den Leibrentenschuldner schützen, nicht dagegen den Leibrentengläubiger vor dem durch frühes Erlöschen der Leibrente entstehenden wirtschaftlichen Ungleichgewicht zwischen Leistung und Gegenleistung bewahren soll (vgl ENNECCERUS/LEHMANN § 187 II 3 Fn 5; MünchKomm/HABERSACK Rn 9; **aM** SIBER JherJb 70, 241 f). Dagegen tritt keine Heilung ein, wenn nur **einzelne Leibrentenleistungen** erbracht sind (MünchKomm/HABERSACK Rn 8 f; PWW/BRÖDERMANN Rn 6; REICHEL AcP 104 [1909], 1, 34 f; SOERGEL/WELTER Rn 10; **aM** REINHART, in: FS Wahl S 261, 280). Denn man muss die Schwierigkeiten berücksichtigen, welche entstünden, wenn die einheitliche Gegenleistung – wie die Leibrente – in einen wirksamen und einen unwirksamen Teil aufzuspalten wären (vgl SIBER JherJb 70 [1921], 223, 241; MünchKomm/HABERSACK Rn 9; vgl auch oben Vorbem 36).

14 (2) Unterliegt das Leibrentenversprechen im Einzelfall einer **strengeren Formvorschrift**, die aber eine **Heilungsmöglichkeit** vorsieht (so etwa §§ 311b Abs 1 Satz 2, 518 Abs 2 sowie § 15 Abs 4 Satz 2 GmbHG) so stellt sich die Frage, ob durch die **Heilung dieser strengeren Formvorschriften** auch der Formmangel des § 761 überwunden wird, also etwa durch § 311b Abs 1 Satz 2 mit der Auflassung und der Eintragung im Grundbuch auch ein mündlich abgegebenes Leibrentenversprechen wirksam wird (so BGH NJW 1978, 1577 mwNw = DNotZ 1978, 539; BAMBERGER/ROTH/LITZENBURGER Rn 2; LAFRENTZ S 96 ff; MünchKomm/KANZLEITER § 311b Rn 84; PLANCK/OEGG Anm 6a; BGB-RGRK/v GAMM Rn 4; PALANDT/SPRAU Rn 1; PWW/BRÖDERMANN Rn 6; **aM** ERMAN/TERLAU Rn 2; HEINRICH LANGE AcP 144 [1937/38] 149, 163 f; HÄSEMEYER, Die gesetzliche Form der Rechtsgeschäfte [1971] S 261; MünchKomm/HABERSACK Rn 10; POHLMANN 165 f, 207; SOERGEL/WELTER Rn 12). Da § 761 keine weitreichenderen Zwecke verfolgt als die §§ 311b Abs 1 Satz 1, 518 und § 15 GmbHG, nämlich den **Übereilungsschutz**, hinsichtlich des Zwecks des Normgebots im Übrigen sogar dahinter zurückbleibt, besteht kein Grund, die Leibrentenvereinbarung von der Heilungswirkung der §§ 311b Abs 1 Satz 2, 518 Abs 2 und des § 15 Abs 4 Satz 2 GmbHG, die sich auf alle Vereinbarungen erstreckt, auszunehmen (BGH NJW 1978, 1577 mwNw = DNotZ 1978, 539; **aM** MünchKomm/HABERSACK Rn 10 mwNw). Die **Gegenauffassung** nimmt demgegenüber an, dass die Formvorschrift des § 311b Abs 1 Satz 1 durch § 761 verdrängt werde. Dies wird zum einen damit begründet, dass § 311b Abs 1 Satz 1 nur den Schutz des Verkäufers bezwecke (SOERGEL/WELTER Rn 12), was aber seit der Beurkundungspflicht einer Erwerbsverpflichtung auf Grund der Gesetzesänderung zum 1. 7. 1973 nicht mehr haltbar ist (statt aller zum geänderten Normzweck STAUDINGER/WUFKA [2005] § 311b Abs 1 Rn 2). Zum anderen wird für den Vorrang des § 761 angeführt, dass dieser hinsichtlich seiner Rechtsfolgen strenger sei, da keine Heilungswirkung angeordnet werde (POHLMANN 165 f), oder dass der von § 761 bezweckte Schutz vor einer Verbindlichkeit mit unübersehbarer Dauer sich durch die Heilung des anderweitigen Formmangels noch nicht erledigt habe (so etwa MünchKomm/HABERSACK Rn 10). Dabei wird jedoch verkannt, dass § 761 bereits nach dem eindeutigen Wortlaut der Norm („soweit nicht eine andere Form vorgeschrieben ist") gar nicht mehr anwendbar ist, wenn das die Leibrente enthaltende Rechtsgeschäft aus einem anderen Grund formbedürftig ist. Daher wird § 761 bereits nach der ausdrücklichen gesetzgeberischen Grundsatzentscheidung durch anderweitige Formvorschriften wegen des Grundsatzes der **Subsidiarität** vollständig verdrängt und kann auch nicht als „Mindestformvorschrift" in Fällen einer Konvaleszenz Geltung beanspruchen (zutr BAMBERGER/ROTH/LITZENBURGER Rn 2; KELLER ZEV 2005, 229, 235). Deshalb wird die **mangelnde Form** des mündlich erteilten Leibrentenversprechens bei der **Leibrentenschenkung geheilt**, soweit die einzelnen Leistungen erbracht sind (BAGE 8, 38, 46 = NJW 1959, 1746; SOERGEL/WELTER Rn 4; vgl STAUDINGER/CREMER [1995] § 518 Rn 11; auch MünchKomm/HABERSACK Rn 9, im [nicht erkannten Widerspruch] zu seiner Auffassung zu § 311b Abs 1 Satz 1; **aM** ERMAN/TERLAU Rn 2; anders möglicherweise STAUDINGER/WIMMER-LEONHARDT [2005] § 518 Rn 25, wo diese Frage aber nicht ausdrücklich angesprochen wird), im Falle des **§ 311b Abs 1 Satz 2** durch Auflassung und Eintragung (BGH aaO; STAUDINGER/WUFKA [2005] § 311b Abs 1 Rn 301; PALANDT/SPRAU Rn 1) und im Rahmen des § 15 GmbHG durch den dinglichen Abtretungsvertrag (vgl SCHOLZ/WINTER, GmbHG [10. Aufl 2006] § 15 GmbHG Rn 76 mwNw).

(3) *Folgt dem* mündlich abgeschlossenen *kausalen Leibrentenvertrag* noch **ein schriftliches abstraktes Leibrentenversprechen**, so heilt dies den Formmangel des ganzen ursprünglichen Vertrags nur dann, wenn über ihn noch Willensübereinstimmung besteht (vgl zur Parallelfrage bei § 311b Abs 1 STAUDINGER/WUFKA [2005] § 311b Abs 1 Rn 265), nochmals auf ihn Bezug genommen wird, um ihn hierdurch zu bestätigen bzw zu wiederholen (vgl ECCIUS 13; SEPP 42; SOERGEL/WELTER Rn 3; allgemein hierzu STAUDINGER/ H ROTH [2003] § 141 Rn 20 ff) oder um die durch den ursprünglichen Formverstoß ausgelösten Folgen zu beseitigen (vgl allgemein hierzu STAUDINGER/S LORENZ [2007] § 812 Rn 17). 15

(4) Nach den Vertretern der sog *„Stammrechtstheorie"* heilt auch die **formwirksame Begründung des Stammrechts** den ebenfalls nach § 761 formbedürftigen Verpflichtungsvertrag (lediglich referierend SOERGEL/WELTER Rn 10; BGB-RGRK/vGAMM Rn 4; **aA** RGZ 67, 204, 208; ERMAN/TERLAU Rn 2).

(5) Bei Vorliegen besonderer Umstände kann die Berufung auf die **Formunwirksamkeit** mit dem Grundsatz von **Treu und Glauben unvereinbar** sein, wenn die Nichtigkeitsfolge für den betroffenen Vertragsteil nicht bloß hart, sondern **schlechthin untragbar** ist (MünchKomm/HABERSACK Rn 11; allgem hierzu MünchKomm/EINSELE § 125 Rn 57 ff; PALANDT/HEINRICHS/ELLENBERGER § 125 Rn 16; STAUDINGER/HERTEL § 125 Rn 110 ff je mwNw). 16

Titel 19
Unvollkommene Verbindlichkeiten

Vorbemerkungen zu §§ 762 ff

Schrifttum

1. Älteres Schrifttum
ARNHEIM, Über Spiel und Wette (Diss Greifswald 1898)
ASTL/RATHLEFF, Das Glücksspiel (1965)
ELSTER, Über den Begriff der Spielverträge, ArchBürgR 26, 34
ders, Stichwort „Spiel", Handwörterbuch der Rechtswissenschaft (1928) Bd 5, 569
FALKENBERG, Spielschulden, KGBl 1919, 73
FISCH, Verträge mit Spielcharakter nach schweizerischem Obligationenrecht (Diss Bern 1936)
KERN, Neue Formen erlaubter und unerlaubter Ausspielungen (1925)
KRIEGSMANN, Das Glücksspiel, Vergleichende Darstellung des deutschen und ausländischen Strafrechts (1907) Bd 6, 375
LEHMANN, Leistung und Gegenleistung im Rahmen gewagter Verträge, JW 1934, 2006
LORENZ, Stichwort „Spiel und Wette", in: SCHLEGELBERGERS Rechtsvergleichendes Handwörterbuch (1938) Bd 6, 423
NUSSBAUM, Der Spieleinwand, ArchBürgR 24, 325
PEPPERHOFF, Glücksspiel und Lotterie in Rechtsprechung und Literatur (Diss Göttingen 1922)
vSEELER, Der Spieleinwand, ArchBürgR 24, 1
SIEGHARDT, Die öffentlichen Glücksspiele (1899) (volkswirtschaftlich)
SCHUSTER, Das Spiel. Seine Entwicklung und Bedeutung im deutschen Recht (Wien 1878).

2. Schrifttum ab 1980
AUBIN/KUMMER/SCHROTH, Die rechtliche Regelung der Glücksspiele und Spielautomaten in europäischen Ländern (1981)
BAHR, Gewinn- und Glücksspielrecht (2005)
BLOSS, Die wettbewerbsrechtliche Zulässigkeit von Preisausschreiben und Gewinnspielen (Diss Erlangen-Nürnberg 2004)
BOSCH, Glücksspiele, Chancen und Risiken (2000)
DIEGMANN/HOFFMANN/OHLMANN, Praxishandbuch für das gesamte Spielrecht (2008)
DUDERSTADT, Spiel, Wette und Differenzgeschäft (§§ 762–764 BGB) in der Rechtsprechung des Reichsgerichts und in der zeitgenössischen Literatur (Diss Kiel 2006)
ENNUSCHAT (Hrsg), Aktuelle Probleme des Rechts der Glücksspiele (2008)
HALTERN, Gemeinschaftsrechtliche Aspekte des Glücksspiels (2007)
HENSSLER, Risiko als Vertragsgegenstand (1994)
HÖXTER/BAHR, Deutsche Glücksspielgesetze. Gesetzessammlung zum neuen deutschen Glücksspielrecht (2008)
KESSLER/HEDA, Wahrnehmung von Chancen als Glücksspiel, WM 2004, 1812
KIRCHDORFER (Hrsg), Zur Psychologie von Spiellust und Kontrolle (1986)
ders, Aktivitäten und Dispositionen der Risikolust (1989)
KORTE, Das staatliche Glücksspielwesen (2004)
KUMMER/KUMMER, Glücksspiele in Deutschland (1986)
SERVATIUS, „Ball im Netz ist Geld von der Bank" Die zivilrechtliche Behandlung einer an sportliche Erfolge geknüpften Verzinsung von Sparguthaben, WM 2004, 1804
TETTINGER/ENNUSCHAT, Grundstrukturen des deutschen Lotterierechts (1999)
ULLMANN, Der Staat, die Spieler und das Glück (1991)
VOLK, Glücksspiel im Internet (2006)

WEIMAR, Rechtsfragen zu Spiel und Wette, MDR 1975, 203.

3. Zum ausländischen Recht
BernerKommentar/GIOVANOLI, Das Obligationenrecht, 2. Abt 7. Teilbd (Bern 1978)
DIXON, From prohibition to regulation; bookmaking, anti-gambling, and the law (Oxford 1991)
FERID/SONNENBERGER, Das französische Zivilrecht, Bd 2 (2. Aufl 1986) § 2 Risikoverträge
HELM, A breed apart; the horses and the players (New York 1991)
SCHWARTZ, Strukturfragen und ausgewählte Probleme des österreichischen Glücksspielrechts (Wien 1998)
Schweizer Institut für Rechtsvergleichung, Study of Gambling Services in the internal Market of the European Union (2006).

Systematische Übersicht

I. Regelung des Titels	
1. Inhalt _____ 1	2. Abgrenzung von ähnlichen Verträgen _____ 7
2. Spiel und Wette als eigenständige Vertragstypen _____ 2	**III. Wirtschaftliche Bedeutung der Spiel- und Lotterieverträge** ___ 8
3. Die Behandlung als unvollkommene Verbindlichkeit _____ 3	**IV. Gesetzliche Regelungen außerhalb des BGB**
4. Gründe für die Behandlung als unvollkommene Verbindlichkeit __ 4	1. Übersicht _____ 9
5. Bedeutung des Rechts der Europäischen Gemeinschaften _____ 5	2. Straf- und verwaltungsrechtliche Regelungen _____ 10
II. Begriffsbestimmungen	3. Steuerrecht _____ 11
1. Merkmale der Verträge des 19. Titels _____ 6	

I. Regelung des Titels

1. Inhalt

1 Der Titel 19 behandelt unter der Überschrift „Unvollkommene Verbindlichkeiten" einige Formen der so genannten **„aleatorischen Verträge"** (Glücksverträge). Der Titel enthält keine Regelungen für alle Arten der aleatorischen Verträge, da sich diese insgesamt einer gesetzlichen Definition entziehen und kein Bedürfnis für eine umfassende Regelung sämtlicher aleatorischen Verträge angenommen wurde (Mot II 643). Die Regelung beschränkt sich auf die wichtigsten Formen: **Spiel, Wette** (§ 762); **Lotterie- und Ausspielvertrag** (§ 763); und früher das **Differenzgeschäft** (§ 764). Auch für diese geregelten Formen gibt das Gesetz keine Begriffsbestimmung, sondern überlässt sie Wissenschaft und Rechtsprechung (Mot II 643). Die Regelungen sind auch im Übrigen fragmentarisch. Es wird lediglich die zurückgesetzte Rechtswirksamkeit (Rn 3) für Spiel und Wette (§ 762) und nicht staatlich genehmigte Lotterie- und Ausspielverträge (§ 763 S 2) angeordnet. Diese wurde früher auf das Differenzgeschäft ausgedehnt (§ 764). Verträgen im Rahmen staatlich genehmigter Lotterien und Ausspielungen wird dagegen ausdrücklich die Verbindlichkeit zuerkannt (§ 763 S 1), ebenso den Finanztermingeschäften des § 37e S 2 WpHG.

2. Spiel und Wette als eigenständige Vertragstypen

Die im Titel 19 geregelten aleatorischen Verträge stellen **eigenständige Vertragstypen** 2 dar (hM PALANDT/SPRAU [67. Aufl] § 762 Rn 1; ERMAN/TERLAU § 762 Rn 1, MünchKomm/HABERSACK § 762 Rn 1). Sie erfüllen trotz äußerlicher Ähnlichkeiten nicht alle Tatbestandsmerkmale anderer Vertragstypen. So fehlt bei Kartenspielen und Roulette für die Annahme eines Gesellschaftsvertrags der gemeinsame Zweck. Beim Lotterievertrag fehlt trotz des „Kaufs des Loses" für die Annahme eines Kaufs die Übereignungsverpflichtung als Hauptpflicht. (Häufig bleibt Eigentümer des „Loses" der Lotterieunternehmer, bzw der Spielabschnitt gilt lediglich als Quittung für den Spieleinsatz [vgl § 763 Rn 27]; aber auch soweit das Los übereignet wird [vgl § 763 Rn 20 bei der Klassenlotterie] ist nicht die Übereignung die Hauptpflicht des Vertrages, sondern die Einräumung der Gewinnmöglichkeit). Ein Sonderproblem stellte das Differenzgeschäft des § 764 dar, weil in diesem ausdrücklich von einem „auf Lieferung ... lautenden Vertrag" gesprochen wurde, der nur wegen einer anders gerichteten Absicht als Spiel anzusehen ist. Aber auch in diesem Fall ist von einem eigenständigen Vertragstyp auszugehen, der eben nur üblicherweise eine andere Bezeichnung trägt (aM HENSSLER, Risiko 572: § 764 kein eigenständiger Vertragstyp, sondern ein Unwirksamkeitsgrund für verschiedene Arten von Rechtsgeschäften).

Auch aleatorische Verträge können sich missbräuchlich der Form anderer Verträge bedienen. Dieser Fall ist nach § 117 Abs 2 zu behandeln, er spricht nicht gegen einen besonderen Vertragstyp. Gerade diesen Verträgen fehlt stets ein Merkmal des missbräuchlich verwendeten Vertragstyps (zB beim Differenzgeschäft die Übergabe- und Übereignungsverpflichtung des „Verkäufers"; vgl SCHLÜTTER/LÜER Betrieb 1976, 1253). Soweit aleatorische Verträge mit anderen Verträgen verbunden sind (Heuer- oder Promessengeschäft als Pacht an einem Lotterierecht; Spielgemeinschaft als Gesellschaft zur Teilnahme an einer Lotterie), wird dadurch der Charakter des Grundgeschäfts nicht berührt (vgl zur Behandlung solcher Nebengeschäfte § 762 Rn 40 ff; § 763 Rn 16).

Weil das Gesetz bewusst auf eine Definitionsnorm für die geregelten Verträge verzichtet und die Begriffsbestimmung der Wissenschaft und der Rechtsprechung überlässt und auch sonst diese Verträge keiner umfassenden Regelung unterwirft, wurde im älteren Schrifttum teilweise die Meinung vertreten, es handle sich bei diesen Verträgen nicht um einen besonderen Vertragstyp, sondern der Titel 19 regele lediglich eine *besondere Einwendung*, die die Rechtswirksamkeit verschiedener Verträge einschränken könne (HECK, Grundriss des Schuldrechts § 138; PALANDT/THOMAS § 762 Anm 1 in älteren Aufl). Diese Auffassung ist aus den genannten Gründen nicht überzeugend und wird heute nicht mehr vertreten. Nachdem der Gesetzgeber aber bewusst nur einzelne Vertragstypen der aleatorischen Verträge im Titel 19 geregelt hat, ist eine analoge Anwendung dieser Vorschriften auf nicht geregelte Formen solcher Verträge nur sehr eingeschränkt möglich. In jedem Fall ist zu prüfen, ob die Regelungsgründe für die im Titel 19 geregelten Formen (s u Rn 4) auch auf die nicht geregelten Fälle zutreffen. Diese Feststellung wird vor allem dadurch erschwert, dass die Regelungsgründe nur unscharf erkennbar sind.

3. Die Behandlung als unvollkommene Verbindlichkeit

Die Verträge des Titels 19 sind grundsätzlich nicht verboten oder an sich verwerflich, 3 auch soweit sie um finanziellen Gewinns abgeschlossen werden. § 762 Abs 1 ist somit nicht ein normierter Anwendungsfall des § 138, § 762 Abs 1 S 2 nicht des § 817 S 2 (SOERGEL/HÄUSER § 762 Rn 3; SERVATIUS WM 2004, 1804, 1808; aA HENSSLER, Risiko 483 und wohl FIKENTSCHER, Schuldrecht [8. Aufl 1991] Rn 5). Sonst wäre nicht zu begründen, dass die Regelung im Vertragsrechtsteil des BGB stünde und auch kaum einzusehen, dass die staatliche Genehmigung einen Lotterie- oder Ausspielvertrag wirksam macht (FUCHS, in: FS Medicus [1999], Naturalobligation und unvollkommene Verbindlichkeit im BGB 140). Auch soweit die Literatur von eigenständigen Vertragstypen ausgeht (so Rn 2) sieht eine verbreitete Meinung in den Forderungen aus aleatorischen Verträgen lediglich einen *vom Recht anerkannten Erwerbsgrund (causa acquirendi)*, der den Spieler berechtigt, die erhaltene Leistung zu behalten, ohne dass daraus ansonsten rechtliche Folgerungen zu ziehen wären (HENSSLER, Risiko 434; MünchKomm/HABERSACK § 762 Rn 3; ENNECCERUS/LEHMANN § 3 II 1 a; ESSER I § 7 I 3; FLUME, AllgT des BGB 95; JAUERNIG/VOLLKOMMER § 762 Rn 6; PALANDT/HEINRICHS Einl vor § 241 Rn 15; zweifelhaft PALANDT/SPRAU § 762 Rn 1 und 5, der zwar § 762 nur als Rechtsgrund für Erfüllungsleistungen ansieht, dies aber dann als sog unvollkommene Verbindlichkeit bezeichnet). Diese Meinung stützt sich besonders auf den Gesetzeswortlaut („... *wird eine Verbindlichkeit nicht begründet"*). Diese Formulierung ist aus dem terminologischen Verständnis der Verfasser des BGB zu verstehen, das unter einem „Schuldverhältnis" grundsätzlich die klagbare Obligation verstanden hat (MUGDAN, Die gesamten Materialien zum Bürgerlichen Gesetzbuch, Bd 2, 2; STAUDINGER/OLZEN [2005] § 241 Rn 25). Ein Schuldverhältnis in diesem (klagbaren) Sinne will das Gesetz durch Spiel und Wette nicht begründen. Daraus kann aber nicht geschlossen werden, dass der Gesetzgeber damit jegliches Forderungsrecht ausschließen wollte; denn an gleicher Stelle (MUGDAN aaO) hat er ausgeführt: „Nur in wenigen Fällen erkennt der Entwurf das Bestehen einer unvollkommenen Obligation an, indem durch positive Bestimmung eine Obligation, welche nach allgemeinen Grundsätzen begründet sein würde, nur in unvollkommener Weise reprobiert ist." Dabei werden ausdrücklich die Vorschriften über Spiel und Wette genannt (FUCHS, aaO 130). Mit der Formulierung des § 762 Abs 1 hat der Gesetzgeber ein Regelungsmodell gewählt, das vom Typus des schuldrechtlichen Vertrags ausgeht, den daraus resultierenden Verbindlichkeiten die Rechtswirksamkeit aber bis auf einen geringen Rest versagt, insbesondere die Durchsetzbarkeit. Die anerkannte rechtliche Relevanz des geschlossenen Vertrages kommt darin zum Ausdruck, dass das dennoch Geleistete nicht zurückgefordert werden kann (FUCHS, aaO 139). Dieser rechtliche Gehalt des § 762 wird in der Literatur mit verschiedenen Begriffen bezeichnet, zB „erfüllbare Nichtforderung" (FIKENTSCHER, Schuldrecht Rn 55), „Konventionalschuld" (LARENZ, Schuldrecht I § 2 III 21), besonders aber „Naturalobligation" und „unvollkommene Verbindlichkeit", die teilweise auch synonym verwendet werden (STAUDINGER/ENGEL [1995] Rn 3, vgl auch STAUDINGER/OLZEN [2005] Vorbem 244 ff zu §§ 241 ff). Deshalb wird die Meinung vertreten, auf eine begriffliche Festlegung ganz zu verzichten (HENSSLER, Risiko 434; STAUDINGER/SCHMIDT [1995] Vorbem 288 zu § 241, der bei jeder Verbindlichkeit von einem Bündel von Befugnissen ausgeht und für § 762 daraus die Befugnis zum Behalten der empfangenen Leistung als verbleibende Befugnis sieht). Demgegenüber ist die Bezeichnung der Rechtsnatur des § 762 Abs 1 als **unvollkommene Verbindlichkeit** – wie sie auch die Überschrift des 19. Titels des BGB enthält – sinnvoll. Damit wird ausgedrückt, dass – abgesehen von der mangelnden Durchsetzbarkeit der Forderung – das Schuldverhältnis voll wirksam sein soll (so auch in Abgrenzung zur „Naturalobligation" FUCHS, aaO 139; wie hier auch PLANCK/OEGG § 762 Anm 3; BGB-RGRK/SEIBERT § 762 Rn 1, 6). Die Streitfrage ist aber ohne große praktische Bedeutung; denn auch die

Vertreter des „anerkannten Erwerbsgrund" nehmen ohne besondere Begründung an, dass aus Spiel und Wette auch Verpflichtungen (aus cic, pVV) bestehen können.

4. Gründe für die Behandlung als unvollkommene Verbindlichkeit

Angesichts der fragmentarischen Regelungen ist die *Feststellung der Gründe* für diese gesetzliche Entscheidung erforderlich, um die geregelten Gestaltungen von ähnlichen Rechtsinstituten abzugrenzen (su Rn 7) und um ihre Auswirkungen zu begrenzen oder zu erweitern. Dabei besteht die Schwierigkeit, dass die Gesetzesmaterialien nur wenig aufschlussreich sind und darüber hinaus auf ihre heute noch bestehende Relevanz überprüft werden müssen. Einigkeit besteht darin, dass die Bestimmungen des Gesetzes über die zurückgesetzte Rechtswirksamkeit nicht auf dem Gedanken beruhen, dass der Abschluss solcher Verträge unsittlich oder verbotswürdig wäre und die Rechtsordnung deshalb solchen Geschäften ihren Schutz versagen müsse (insoweit differenziert TETTINGER/ENNUSCHAT, Grundstrukturen des deutschen Lotterierechts S 59, der in der zurückgesetzten Verbindlichkeit den Ausdruck einer „grundsätzlichen Missbilligung des Spiels" sieht). Darüber hinaus bestehen über den Gesetzeszweck die unterschiedlichsten Auffassungen. Zur Deutung der Regelungsmotive muss auf das Wesen der im Titel 19 geregelten aleatorischen Verträge abgestellt werden. Dieses besteht darin, dass bei diesen Geschäften die *Unsicherheitsfaktoren nicht nur in Kauf genommen werden*, wie es bei vielen riskanten Geschäften der Fall ist (zB spekulative Geschäfte; Versicherungsverträge; Leibrentenverträge), sondern der *Unsicherheitsfaktor (also eine Zufallseinwirkung) Kernpunkt und Wesensmerkmal des Vertrages* ist und dessen Ausnutzung die Absicht der Parteien (SERVATIUS WM 2004, 1804). Unter dieser Betrachtungsweise ist auch die weitgehende Verbindlichkeit von Finanztermingeschäften, die als Spielgeschäfte nach dem objektiven Tatbestand zu betrachten sind, logisch, weil in diesen Fällen davon ausgegangen werden muss, dass die Zufallseinwirkung zumindest von dem gewerblichen Finanzdienstleister nur in Kauf genommen wird, auch der andere Handelnde aber in der Regel annimmt, dass er auf Grund besonderer Umstände nicht allein dem Zufall ausgeliefert ist. Bei den geregelten aleatorischen Geschäften wird ohne anerkennenswerte wirtschaftliche Motive ein greifbarer Einsatz für eine Gewinnchance geopfert, deren Eintreten nicht in der Hand eines Vertragspartners liegt. Das moderne Recht mit seinem Abstellen auf soziale Werte und seiner zweckrationalen Auffassung steht solchen Verträgen gleichgültig gegenüber (ESSER II § 93 I 1); es will sie weder grundsätzlich verbieten noch sie durch die Gewährung von rechtlichem Schutz fördern. In den Motiven ist deshalb auch ausdrücklich die zurückgesetzte Rechtswirksamkeit mit der Rechtsauffassung der Gegenwart begründet worden (Mot II 643, 644). Die aleatorischen Verträge liegen in einem Bereich außerhalb der nüchternen Wertmaßstäbe des staatlichen Rechts; sie folgen besonderen Regeln der Gesellschaft und Sitte und sind deshalb konsequenterweise nicht mit staatlichen Zwangsmitteln durchsetzbar (Prot II 797). Außerdem legen die unbestreitbar mit aleatorischen Geschäften in vielen Fällen verbundenen wirtschaftlichen und sittlichen Gefahren es nahe, solchen Geschäften nicht durch Gewährung richterlicher Hilfe Vorschub zu leisten. Daneben spielte eine zum Zeitpunkt der Gesetzesfassung bestehende spielfeindliche Einstellung der Gesellschaft wohl unterschwellig eine Rolle (vgl Rn 7). Die beiden Gesichtspunkte für die zurückgesetzte Rechtswirksamkeit der in diesem Titel geregelten aleatorischen Verträge, der *Mangel eines von der staatlichen Rechtsordnung geförderten ernsten sittlichen und wirtschaftlichen Zwecks* und die mit *solchen*

Verträgen verbundenen wirtschaftlichen und sittlichen Gefahren, sind für die Abgrenzung der Vertragstypen (und ggf für eine analoge Anwendung der Vorschriften auf nicht umfasste Vertragstypen) und für die Anwendung der Unklagbarkeit auf Hilfs- und Nebengeschäfte zu beachten (§ 762 Rn 34 ff). Wieweit diese Gründe für die Regelung der Geschäfte des Titel 19 heute noch passend sind, ist sehr zweifelhaft; denn der moderne Gesetzgeber und die gesellschaftliche Entwicklung haben diese Geschäfte in immer weiterem Maße der Unverbindlichkeit entzogen. Die wirtschaftliche Bedeutung dieser Geschäfte ist inzwischen sehr groß geworden (vgl dazu unten Rn 8) und der größte Teil dieser Verträge unterliegt aufgrund Sonderregelungen (§ 763; § 37e WpHG) und der neueren Rechtsprechung (vgl die analoge Anwendung des § 763 auf staatlich genehmigte Spiele und Wetten, s u § 762 Rn 6; Ausweitung des Begriffs Finanztermingeschäftes durch Art 1 des Gesetzes zur Umsetzung der Richtlinie über Märkte für Finanzinstrumente und der Durchführungsrichtlinie der Kommission [Finanzmarktrichtlinie-Umsetzungsgesetz vom 16.7.2007, BGBl I 1330]) nicht mehr der zurückgesetzten Rechtswirksamkeit. Auch wenn es deshalb nahe liegt, die Regelung aus der spielfeindlichen Anschauung der Zeit beim Erlass des BGB zu erklären, hat diese Regelung auch heute noch ihre Berechtigung, die die Einschränkung der Privatautonomie auch verfassungsrechtlich unbedenklich erscheinen lässt (SOERGEL/HÄUSER, 762 Rn 1). Die insoweit im Hinblick auf die Rechtswegegarantie erhobenen Bedenken (SELLE/KRETSCHMER ZfWG 2006, 294 unter Hinweis auf BVerfGE 88, 118; 116, 135) sind nicht durchschlagend, weil die Ausgestaltung als unvollkommene Verbindlichkeit auf sachlichen Erwägungen beruhen, die mit der Natur und dem besonderen Charakter des Spiel- und Wettvertrages zusammenhängen (vgl dazu bezüglich des Ehemäklervertrages als unvollkommene Verbindlichkeit BVerfGE 20, 31). Die bei Glücksspielen bestehenden Gefahren sind gerade in den letzten Jahren mit der Ausweitung dieser Betätigungen verstärkt wieder in das öffentliche Blickfeld getreten. Inzwischen ist das Bestehen eines Krankheitsbildes „Spielsucht" allgemein anerkannt. Dieses Suchtpotential besteht zwar besonders bei den „echten Glücksspielen" (Spielbanken und Glücksspielautomaten), es ist aber auch im Bereich der „Sportwetten" (Oddsett-Wetten, Fußballtoto) in erheblichem Maße gegeben. Das Suchtpotential bei den Lotterien mit einer verzögerten Gewinnermittlung (Lotto, Klassenlotterien) ist zwar als geringer einzuschätzen, aber nicht zu vernachlässigen. Das unterschiedliche Gefahrpotential von Glücksspielen einerseits und Lotterien andererseits besteht insbesondere wegen der sehr viel höheren Spielfrequenz bei Glücksspielen, zB bei Geldspielautomaten 15 Sekunden pro Spiel. Diese hohe Frequenz führt dazu, dass der neue Einsatz im Zeitraum der durch einen Gewinn hervorgerufenen Euphorie bzw dem durch einen Verlust hervorgerufenen Missbehagen geleistet wird und damit weniger stark rational gesteuert ist (vgl MEYER, Pathologisches Glücksspiel – Erscheinungsbild und Erklärungsansätze, Universität Trier, Fachbereich IV 1991 mit weiteren Nachweisen). Auf diese Gefahren der Spielverträge als Grund für die gesetzlich festgelegte Einschränkung der Verbindlichkeit der Geschäfte weist vor allem HENSSLER (ders, Risiko 429 ff) hin. Die Erkenntnisse über die Gefahren der Glücksspielsucht haben – über § 762 hinaus – Bedeutung für die Gesetzgebung, besonders für die verbindlichen Spiel- und Lotterieverträge (vgl DIEGMANN/HOFFMANN/OHLMANN, Praxishandbuch für das gesamte Spielrecht, Rn 366 ff; MEYER/BACHMANN, Spielsucht – Ursachen und Therapie [2000]; MEYER, Glücksspiel – Zahlen und Fakten, in: Jahrbuch Sucht [2008] 120 ff; BECKER/DITTMANN, Gefährdungspotentiale von Glücksspielen und regulatorischer Spielraum des Gesetzgebers, in: ENNUSCHAT, Aktuelle Probleme des Rechts der Glücksspiele, 113).

5. Bedeutung des Rechts der Europäischen Gemeinschaften

Auf Grund des durch den EGV eröffneten europäischen Binnenmarktes stellt 5
sich die Frage, inwieweit die (deutschen) Regelungen über Spiel und Lotterie mit europäischem Recht vereinbar sind. Unbeschadet der Tatsache, dass nach deutschem Rechtsverständnis Spiel und Lotterie dem Recht der öffentlichen Sicherheit unterliegen, sieht die Rspr des EuGH Spiel- und Lotterierecht als Recht der Wirtschaft an. Die Beschränkung der Veranstaltung und der Vermittlung von Spielen, Wetten und Lotterien stellt dem entsprechend eine Beschränkung der Niederlassungsfreiheit und des freien Dienstleistungsverkehrs nach Art 43 und 49 EGV dar (EuGH NJW 2007, 1515 mit Anm Haltern; EuGH EuZW 2000, 151 mit Anm Stein; EuGH NJW 2004, 139). Allerdings können solche Beschränkungen aufgrund der in Art 45 und 46 vorgesehenen Ausnahmeregelungen zulässig oder aus zwingenden Gründen des Allgemeininteresses gerechtfertigt sein. Als zwingende Gründe des Allgemeininteresses wurden anerkannt: der Verbraucherschutz, die Betrugsvorbeugung, die Vermeidung von Anreizen für die Bürger zu überhöhten Ausgaben für das Spielen, sowie die Verhütung von Störungen der sozialen Ordnung im Allgemeinen. Diesen Zielen dienen die Beschränkungen des deutschen Glücksspiel- und Lotterierechts nach § 1 GlüStV (von allen 16 Bundesländern als Landesrecht beschlossen). Diesem Rechtsrahmen entsprechend ist auch das Verbot der Werbung für ausländische Lotterien europarechtlich zulässig (EuGH NJW 1994, 2013, vgl dazu: Hattig, Untersuchung der Vereinbarkeit von nationalem Glücksspielrecht mit dem Europäischen Gemeinschaftsrecht am Beispiel Schwedens [Diss Hamburg 1999]; Sura, Die grenzüberschreitende Veranstaltung von Glücksspielen im Europäischen Binnenmarkt [Diss Saarbrücken 1994]; ders, Die gemeinschaftsrechtliche Beurteilung eines Lotterieverbots, NJW 1995, 1470). Bei der Beurteilung der Erfordernisse für die Erreichung der Ziele steht den staatlichen Stellen ein Ermessen zu (EuGH NJW 2000, 139), ihre Regelungen müssen aber den Anforderungen der Verhältnismäßigkeit genügen, insbesondere dürfen sie nicht über das Erforderliche hinausgehen oder diskriminierend angewandt werden (EuGH NJW 1996, 576; 2004, 139; EuGHE 2003, I 13519). Ob diese Voraussetzungen vorliegen ist streitig (vgl dagegen zB für viele: Horn NJW 2004, 2047)

II. Begriffsbestimmungen

1. Merkmale der Verträge des Titels 19

Die Verträge des Titels 19 sind *gegenseitig verpflichtende Verträge*, durch die eine 6
vermögenswerte Leistung mindestens von einer Partei unter noch ungewissen Bedingungen versprochen wird. Zudem ist erforderlich, dass gerade auf diese Ausnutzung der Unsicherheit die Absicht der Parteien gerichtet ist und der Vertrag ohne darüber hinausgehenden wirtschaftlich oder sozial berechtigten Hauptzweck ist.

Es können *zwei oder mehr Vertragsparteien* vorhanden sein. Die gegenseitigen Verpflichtungen können, müssen aber nicht gleich sein. Einer Partei kann eine *größere Leistung*, eine *schwerere Bedingung* auferlegt sein. Es kann eine Partei eine *unbedingte*, die andere eine *bedingte Leistung* zu erbringen haben (so stets bei Lotterie- und Ausspielung).

Spiel und Wette unterscheiden sich durch den mit ihnen verfolgten *subjektiven*

Zweck: Beim *Spiel: Unterhaltung und Gewinn*, bei der *Wette: Die Bekräftigung einer Überzeugung*, dh die entgegengesetzten Bedingungen, die über die vermögenswerte Leistung entscheiden, müssen Behauptungen sein (dazu § 762 Rn 2 ff).

Der Lotterie- und Ausspielvertrag und früher das Differenzgeschäft werden von der hM als Unterarten des Spiels betrachtet (Staudinger/Brändl[10/11] Vorbem 4 zu § 762; Planck/Oegg § 763 Anm 1; BGB-RGRK/Seibert § 762 Rn 1, § 763 Rn 1; Soergel/Häuser Vorbem 1 zu § 762; Schlund, Das Zahlenlotto 71 f; Henssler, Risiko 512; BGHSt 34, 179). Auch der § 3 GlüStV geht nach seinem Wortlaut von dieser Auffassung aus:

§ 3 Abs 1 S 1 GlüStV
Ein Glücksspiel liegt vor, wenn im Rahmen eines Spiels für den Erwerb einer Gewinnchance ein Entgelt verlangt wird und die Entscheidung über den Gewinn ganz oder überwiegend vom Zufall abhängt.

§ 3 Abs 3 GlüStV
Ein Glücksspiel im Sinne des Abs 1, bei dem einer Mehrzahl von Personen die Möglichkeit eröffnet wird, nach einem bestimmten Plan gegen ein bestimmtes Entgelt die Chance auf einen Geldgewinn zu erlangen, ist eine Lotterie.

Dieser Ansicht kann nicht gefolgt werden. Die Begriffsbestimmung des GlüStV ist erkennbar auf die ordnungsrechtliche Zielsetzung abgestellt (die Begriffsbestimmung orientiert sich weitgehend an den Definitionen in der Literatur zu §§ 284, 287 StGB), sodass sie für die bürgerlich-rechtliche Beurteilung nur eine geringe Bedeutung hat. Für bürgerlich-rechtliche Regelungen hätten die Bundesländer (als Partner des GlüStV) auch nach dem Grundgesetz keine Gesetzgebungskompetenz. Gegen die hM spricht aber bereits der Wortlaut des Gesetzes; denn nach dieser Auffassung wären § 763 S 2, § 764 S 1 aE entbehrlich. Die Lotterieverträge unterscheiden sich aber auch in ihren Voraussetzungen von den Spielverträgen grundsätzlich (Spielverträge: gegenseitiger Vertrag der Spieler mit beiderseitigem Einsatz; Lotterie: keine vertragliche Beziehung zwischen den Teilnehmern; beim Lotterieunternehmer nur „Spielabsicht" im Einzelverhältnis, nicht aber als Absicht der Veranstaltung; vgl dazu auch die unterschiedliche Behandlung im Strafrecht [§§ 284, 287, 283 Abs 1 Nr 2 StGB]). Auch die Gesetzesmotive gingen von unterschiedlichen Vertragstypen aus (Mot II 643). Lotterie- und Ausspielvertrag und früher das Differenzgeschäft sind deshalb als eigenständige Vertragstypen der aleatorischen Verträge neben Spiel und Wette anzusehen (zum Begriff § 763 Rn 2 ff). Praktische Bedeutung hat diese Streitfrage kaum, da auf nicht staatlich genehmigte Lotterien und Ausspielungen nach § 763 S 2 der § 762 anzuwenden ist und umgekehrt auf staatlich genehmigtes Spiel und Wette § 763 S 1 analog (s u § 762 Rn 6).

2. Abgrenzung von ähnlichen Verträgen

7 **Nicht** unter die im 19. Titel geregelten aleatorischen Verträge fallen *Verträge, die ernsten sozialen oder wirtschaftlichen Interessen dienen* (gegen dieses – ungeschriebene – Tatbestandsmerkmal der aleatorischen Verträge: Servatius WM 2004, 1804). Deshalb werden die *Sicherungsgeschäfte*, dh die mit einem effektiven Hauptgeschäft verbundenen Finanztermingeschäfte nicht als Spiel betrachtet (s u Rn 9 und die Bemerkung zu dem aufgehobenen § 764) **Nicht** als aleatorische Verträge des Titels 19 sind die *Lebensver-*

sicherungsverträge, zu betrachten; ihnen liegt gerade nicht das Motiv zu Grunde, aus dem Risiko Gewinn zu erzielen, sondern für den Versicherungsnehmer ist gerade die Ausschaltung des Verlustrisikos das Ziel (allgM mit im Einzelnen unterschiedlichen Begründungen vgl HENSSLER, Risiko 459). Dies gilt auch für die – der Lebensversicherung ähnliche – Form der *Tontinenverträge*. Tontinenverträge umfassen die Bildung von Gemeinschaften, in denen sich Teilhaber vereinigen, um ihre Beiträge gemeinsam zu kapitalisieren und das so gebildete Vermögen entweder auf die Überlebenden oder die Rechtsnachfolger der Verstorbenen zu verteilen (Begründung zu Art 1 Nr 81 des Dritten Durchführungsgesetzes EWG zum VAG, BT-Drucks 12/6959 vom 4.3.1994). Auch wenn beim Tontinenvertrag die Nähe zu einem aleatorischen Vertrag größer als bei üblichen Lebensversicherungen ist (vgl die Bedenken des Gesetzgebers in der Gesetzesbegründung [aaO]), ist er doch als Versicherungsvertrag einzustufen, wie es auch in der Gesetzesbegründung ausdrücklich festgelegt wurde (aaO; vgl VAG Anl A Nr 22). In Deutschland werden gegenwärtig keine Tontinenverträge angeboten (PRÖLSS/PRÄWE, Versicherungsaufsichtsgesetz, § 1 VAG Rn 14 ff; RGZ 129, 142). Die Sonderregelung der *Leibrentenverträge* in §§ 759 ff überlagert die spielerischen Elemente dieses Rechtsinstituts (HENSSLER, Risiko 460). Nicht als Spielverträge sind demnach auch die Kapitalmarktprodukte mit „Sportkomponente" (FC-Bayern Sparkarte uÄ) oder sonstigen Zufallskomponenten (DAX-Sparbuch der Postbank) anzusehen (Sparverträge, bei denen sich aufgrund sportlicher Erfolge oder Indexsteigerungen eine höhere Verzinsung ergibt), weil insoweit, jedenfalls auf Seiten der Bank, ein ernsthafter wirtschaftlicher Grund (Werbung um Sparkapital) vorliegt (SERVATIUS WM 2004, 1804; KESSLER/HEDA WM 2004, 1812).

Nach einer früher vertretenen Meinung fallen *sportliche Kampfspiele* generell nicht unter den Begriff des „Spiels", da sie der körperlichen Ertüchtigung dienen, die ein Gegenstand öffentlicher Fürsorge ist (STAUDINGER/BRÄNDL[11] Vorbem 5 zu § 762; BGB-RGRK/FISCHER[11] § 762 Anm 2), und da der Sprachgebrauch zwischen Spiel und Sport unterscheidet (HECK, Schuldrecht § 138 Anm 5 b; ENNECCERUS/LEHMANN § 189 I 1) und auch frühere und ausländische Rechte gewisse Kampfspiele bevorzugt haben (vgl § 762 Rn 1). Diese Begründungen sind nicht mehr zur Rechtfertigung geeignet. Die besondere Abhebung des Sports von sonstigen Unterhaltungstätigkeiten ist durch die Entwicklung des modernen Sports und die wertneutrale Betrachtung der heutigen Gesellschaft nicht mehr gegeben. Nach heutiger Auffassung sind *Spiele, die auf sportliche Gewandtheit abstellen, in gleicher Weise als Spiele iSd § 762 zu betrachten* wie andere Geschicklichkeitsspiele oder gemischte Geschicklichkeits- und Glücksspiele wie Kartenspiele, Kegeln uÄ (vgl § 762 Rn 6).

Allerdings fallen ein großer Teil der sportliche Spiele aus anderen Gründen nicht unter die Regelung der §§ 762 ff. **Nicht** als unter den Begriff des Spiels fallend wurden bereits sehr bald *Pferderennverträge* angesehen, bei denen sich der Rennveranstalter verpflichtet, dem Rennteilnehmer, der vor seinen Konkurrenten unter Einhaltung der gegebenen Regeln am Ziel ankommt, eine bestimmte Geldsumme oder einen bestimmten Ehrenpreis zu geben, während dieser einen Einsatz oder ein Haft- oder Reugeld setzt, das er bei Nichtteilnahme oder Unterliegen des Pferdes verliert. Diese Verträge seien keine aleatorischen Verträge des Titels 19, *weil sie ernsthaften wirtschaftlichen Zwecken*, der Förderung der Pferdezucht, *dienen* (OLG Karlsruhe DJZ 1906, 436; SOERGEL/HÄUSER § 762 Rn 2). Weitergehend gehören aber auch **nicht** zu den im 19. Abschnitt geregelten Verträgen allgemein die Prämienversprechen für besondere Leistungen, besonders für den Gewinner von Turnieren, soweit sie zu wichtigen wirtschaftlichen Zwecken – über den gesellschaftlich – unverbindlichen Bereich hinausgehend – erfolgen, wie Tennisturniere, Schachturniere (vgl PFISTER/STEINER, Sportrecht von A–Z). Diese Geschäfte dienen der Werbung, dem Erzielen von Eintrittsgeldern und Einnahmen aus Fernsehübertragungen. Alle diese Geschäfte sind unzweifelhaft verbindlich und erfordern den Einsatz von hohen wirtschaftlichen Mitteln. Damit dienen auch die im Annex dazu stehenden Prämienversprechen ernsten sozialen und wirtschaftlichen Zwecken. Rechtsdogmatisch ist als ungeschriebenes Tatbestandsmerkmal der Verträge des 19. Abschnitts der Mangel an ernsten wirtschaftlichen und sozialen Interessen und die Gefährlichkeit anzusehen. Soweit Geschäfte dieses Tatbestandsmerkmal nicht enthalten, aber die anderen Merkmale von Spiel und Wette, Lotterievertrag und Differenzgeschäft aufweisen, sind sie als nicht geregelte atypische Verträge (§ 305) anzusehen (ähnlich auch MünchKomm/HABERSACK Rn 7; HENSSLER, Risiko 463 f).

III. Wirtschaftliche Bedeutung der Spiel- und Lotterieverträge

8 Im Gegensatz zur Zeit beim Erlass der Vorschriften haben die aleatorischen Verträge heute eine *erhebliche wirtschaftliche Bedeutung* erlangt, besonders die Glücksspiele und die Lotterien, aber auch die Spekulationsgeschäfte, die früher von § 764 umfasst waren. Seit dessen Aufhebung unterfallen sie dem 19. Titel nur noch soweit sie Spielgeschäfte sind. Diese Geschäfte haben in der Form der Finanztermingeschäfte eine immense Bedeutung erlangt. Wetten und Geschicklichkeitsspiele dagegen sind immer noch kaum wirtschaftlich beachtlich.

Glücksspiele werden heute in der Bundesrepublik Deutschland in ca 80 *Spielbanken* (Bruttospielertrag pro Jahr [2006] ca 940 Mio € [davon ca 740 Mio € Automatenspiele]) öffentlich betrieben (§ 762 Rn 47); die Besucherzahl beträgt ca 10 Mio. Neben den Spielbanken gibt es den wirtschaftlich bedeutsamen Bereich der Geldspielautomaten. Mit den in Spielhallen und Gaststätten aufgestellten rd 200 000 Geldspielautomaten wurde im Jahr (2006) ein Gesamtumsatz von ca 6,9 Mrd € erzielt, der bei den Automatenaufstellern verbleibende Bruttospielertrag lag bei ca 2,75 Mrd € (§ 762 Rn 46). Bei Erlass des BGB waren öffentliche Glücksspiele *ausnahmslos verboten*.

Von Lotterien war 1900 lediglich die Klassenlotterie als Staatslotterie (§ 763 Rn 19) geduldet, sowie einige unbedeutende gemeinnützige Ausspielungen. Die im Deutschen Lotto-Toto Block vereinigten staatlichen Lotterien erzielten (2006) einen Spielertrag von ca 7,9 Mrd €, besonders aus der Veranstaltung von Lotto, Fußballtoto, Oddsett-Wetten und der Glücksspirale. Die weiterhin bestehenden *Klassenlotterien* allein haben einen Umsatz im Jahr von ca 1,2 Mrd €; daneben bestehen private Lotterien (besonders *Fernsehlotterien*, Jahresumsatz ca 600 Mio €) und *„Pferdewetten"* (Jahresumsatz ca 150 Mio €).

Insgesamt stellen Glücksspiele und Lotterien einen Wirtschaftszweig mit weit über 100 000 Beschäftigten dar, mit dem fast jeder Bürger ständig in Berührung kommt (vgl LAMMERS, Stellung und Bedeutung des Lotteriewesens in der heutigen Gesellschaft, in: 200 Jahre Zahlenlotterie in Deutschland [1965]; SCHLUND, Das Zahlenlotto [1972] Kap 3; SIEGHARDT, Die öffentlichen Glücksspiele [1899]; Staatl Lotterieverwaltung [Hrsg], 50 Jahre Bayerische Staatslotterie [1996]). Ganz davon abgesehen, dass die meisten Finanztermingeschäfte als die heute wichtigste Spekulationsform den objektiven Tatbestand des § 762 erfüllen und nur wegen der fehlenden „Spielabsicht" oder wegen der Sondervorschrift des § 37e WpHG nicht von der Rechtsfolge des § 762 (unvollkommene Verbindlichkeit) getroffen werden. Ihr wirtschaftlicher Umfang lässt sich kaum schätzen, beträgt aber sicher mehrere hundert Milliarden Euro. Trotz ihrer wirtschaftlichen Bedeutung werden die Verträge des Titels 19 in der zivilrechtlichen juristischen Literatur nur sehr knapp abgehandelt; dies beruht vor allem darauf, dass sie nur selten den BGH (bei den Fällen von Differenzgeschäften, die dem BGH häufig vorlagen, war jeweils der Termineinwand vorrangig) beschäftigt haben, während die Untergerichte sich häufig mit ihnen befassen mussten. Die Befassung mit diesen Verträgen durch die Rechtswissenschaft ist wohl auch deshalb so gering, weil die Beschäftigung mit Spiel und Wette als nicht ernsthaft, möglicherweise auch nicht wissenschaftlich genug, erscheint (vgl HENSSLER, Risiko 420, dessen Arbeit insoweit eine große Ausnahme darstellt).

IV. Gesetzliche Regelungen außerhalb des BGB

1. Übersicht

Mit der wachsenden wirtschaftlichen Bedeutung solcher Geschäfte machte sich die **9** Lückenhaftigkeit der Regelungen der aleatorischen Verträge schon bald nach dem Erlass des BGB bemerkbar, und führte dazu, dass Regelungen in Spezialgesetzen getroffen wurden und die Unternehmer die vertraglichen Beziehungen durch umfangreiche Allgemeine Geschäftsbedingungen regelten (§ 763 Rn 26). Die Notwendigkeit einer spezialgesetzlichen Regelung ergab sich zunächst im Bereich der Wetten bei Pferderennen (vgl Rennwett- und Lotteriegesetz vom 8. 4. 1922; zur Entwicklung bis zu dieser Regelung STAUDINGER/BRÄNDL[11] Vorbem 6 zu § 762; dazu § 763 Rn 13). Weitere gesetzliche Regelungen betreffen die Staatslotterien (§ 763 Rn 19), die Spielbanken (§ 762 Rn 47) und die Spielautomaten (§ 762 Rn 46). Bezüglich der Finanztermingeschäfte trifft das WpHG Sonderregelungen (vgl dazu die Anmerkung zu dem aufgehobenen § 764 und § 762 Rn 48).

2. Straf- und verwaltungsrechtliche Regelungen

Diese Gesetze treffen nur in geringem Umfang zivilrechtliche Regelungen; in der **10** Hauptsache enthalten sie Straf- und Ordnungswidrigkeitenregelungen zur Verhinderung der übermäßigen Ausnutzung des Spieltriebs der Bürger. Daneben werden verwaltungsrechtliche Schranken für die Veranstaltung von Spielen (gewerberechtlicher Art [vgl § 762 Rn 46]; baurechtliche Beschränkungen, zB § 2a BauGBMaßnG idF vom 28. 4. 1993 [BGBl I 622] sowie die Vierte Verordnung zur Änderung der BauNVO vom 27. 1. 1990 [BGBl I 132]) und Lotterien errichtet; insbesondere der Staatsvertrag zum Glücksspielwesen in Deutschland (Glücksspielstaatsvertrag – GlüStV) zwischen allen Bundesländern, der mit Wirkung vom 1. 1. 2008 in Kraft getreten ist (veröffentlicht in den Gesetzblättern aller Bundesländer, zB Bay GVBl 2007, 906; Berl GVBl 2007, 604; Nds GVBl 2007, 756; Thür GVBl 2007, 243) enthält Beschränkungen für Glücksspiele und Lotterien. Das BVerfG hat mit Beschluss vom 14. 10. 2008 die Regelungen des GlüStV als mit dem GG vereinbar bewertet (Az 1 BvR 928/08).

3. Steuerrecht

11 a) Das Rennwett- und Lotteriegesetz vom 8. 4. 1922 (RGBl I 393) zuletzt geändert durch VO vom 31. 10. 2006 (BGBl I 2407) enthält im I. Abschn unter Teil 2 (§§ 10–16) die Steuervorschriften für Totalisatoren und Buchmacher, im II. Abschn (§§ 17–23) die Steuervorschriften für Lotterien, Ausspielungen und Oddset-Wetten. Das Steuererhebungsverfahren ist in den AusfBest vom 16. 6. 1922 (ZblDR 351), zuletzt geändert durch G vom 21. 8. 2002 (BGBl I 3322), geregelt.

Die *Totalisator- und Buchmachersteuer* beträgt 16 $^2/_3$ % des Wetteinsatzes (§ 10 Abs 1, § 11 Abs 1 Rennwett- und Lotteriegesetz), die Lotteriesteuer 20% des planmäßigen Preises (des Nennwertes) sämtlicher Lose ausschließlich der Steuer, im Ergebnis ebenfalls 16 $^2/_3$ %. Der *Lotteriesteuer* unterliegen im Inland veranstaltete öffentliche Lotterien, Ausspielungen und Oddset-Wetten; sie sind dafür umsatzsteuerfrei (§ 4 Nr 9b UStG). Die Steuerschuld entsteht mit der Genehmigung, spätestens aber im Zeitpunkt, in dem die Genehmigung hätte eingeholt werden müssen, bei Oddset-Wetten zu dem Zeitpunkt, an dem die Wette verbindlich geworden ist. Ausländische Lose unterliegen beim Absatz im Inland einer Steuer von 25% vom Preis. Bestimmte Lotterien mit geringem Spielkapital sind unter verschiedenen Bedingungen lotteriesteuerfrei (§ 18 Rennwett- und Lotteriegesetz), unterliegen dann aber der Umsatzsteuer. Die Steuer wird vom Veranstalter, der Steuerschuldner ist, auf die Spieler überwälzt, indem der zur Ausschüttung an die Gewinner verwendete Teil des Spielkapitals entsprechend gekürzt wird (vgl im Einzelnen PLÜCKEBAUM/MALITZKI, UStG § 4 Nr 9 Rn 66–106).

b) Bei der *Besteuerung der Spielbanken* ist Steuergegenstand der „*Bruttospielertrag*". Von ihm wird die *Spielbankabgabe* als Landessteuer erhoben (idR 80%); mit diesem Abzug sind sämtliche Bundes- und Landessteuern und idR auch Gemeindesteuern abgegolten. Durch Art 2 Nr 1 des Gesetzes zur Eindämmung missbräuchlicher Steuergestaltungen ist die bis dahin geltende Umsatzsteuerbefreiung aufgehoben worden. Seit dem Inkrafttreten des Gesetzes am 6. 5. 2006 unterliegen die Umsätze mithin der Umsatzsteuer. Im Hinblick auf die dadurch eingetretene, wirtschaftlich nicht sinnvolle Doppelbelastung, findet eine Anrechnung der USt auf die Spielbankabgabe statt. Die Sitzgemeinden erhalten aus der Spielbankabgabe einen, nach Bundesland unterschiedlichen, Anteil zum Ausgleich der Gemeindesteuern (vgl bezüglich der USt PLÜCKEBAUM/MALITZKI, UStG § 4 Nr 9 Rn 107–124).

c) Die Umsätze der Geldspielautomaten unterliegen *der Umsatzsteuer*. Die USt ist nach dem Kasseninhalt zu ermitteln (BStBl 1994 I 465). Die *Spielautomaten* unterliegen daneben der *Vergnügungssteuer* als Gemeindesteuer nach verschiedenen landesgesetzlichen Regelungen und ergänzenden gemeindlichen Satzungen. Im Allgemeinen wird eine *Pauschalsteuer* in der Höhe eines Prozentsatzes des Wertes des Automaten erhoben. Eine Steuer allein nach Stückzahl ist nicht mehr zulässig, da seit 1997 alle Spielautomaten mit einem automatischen Zählwerk der Einspielergebnisse ausgestattet sein müssen und damit eine Möglichkeit besteht, den „Vergnügungsaufwand" als sachgerechten Maßstab besser abzubilden (BVerwG vom 13. 4. 2005, DVBl 2005, 1208); gegen die Zulässigkeit der Automatensteuer bestehen keine rechtlichen Bedenken (BVerwG NVwZ 2008, 89). Die Steuer wird, ihrer Zielsetzung entsprechend, auf die Spieler überwälzt, indem die Gewinnchancen entsprechend niedriger angesetzt sind (BFHE 14, 76 ff).

d) Die *Gewinne* aus Spiel-, Wett- und Lotterieverträgen sind *einkommensteuerfrei*, soweit sie privat erzielt werden; sie können bei Berufsspielern steuerpflichtig sein (SCHMIDT, Einkommenssteuergesetz, Kommentar [27. Aufl 2008] § 22 Rn 150). Gewinne aus Termingeschäften unterliegen nach § 20 Abs 2 Nr 3 EStG in der ab 1.1.2009 geltenden Fassung als Einkünfte aus Kapitalvermögen der Einkommenssteuer; diese sind aber keine Spielgeschäfte (vgl die Regelung im WpHG). Die Einkünfte der Lotterieunternehmen sind in normalem Umfang steuerpflichtig; für staatliche Lotterieunternehmen bestehen Steuerbefreiungen bezüglich der Körperschaftsteuer und der Gewerbesteuer (§§ 4 Abs 1 Nr 1 KStG, 3 Nr 1 GewStG). Die Einkünfte der Lotterieeinnehmer sind Einkünfte aus selbständiger Arbeit oder aus Gewerbebetrieb, wenn er zum Absatz der Lose einen kaufmännisch eingerichteten Geschäftsbetrieb unterhält. Die Lotterieeinnehmer der *staatlichen* Lotterieunternehmen sind von der Gewerbesteuer befreit, auch soweit ihr Einkommen als gewerblich gilt (§ 13 GewStDV); stets als gewerblich tätig gelten die Bezirksvertreter einer staatlichen Lotterie; für sie gilt die Gewerbesteuerbefreiung nicht (BFHE 106, 336). Einkünfte aus Gewerbebetrieb (§ 15 Abs 1 Nr 1 EStG) erzielen auch die Lotto-Toto-Annahmestellen und die gewerblichen Spielvermittler.

§ 762
Spiel, Wette

(1) Durch Spiel oder durch Wette wird eine Verbindlichkeit nicht begründet. Das auf Grund des Spieles oder der Wette Geleistete kann nicht deshalb zurückgefordert werden, weil eine Verbindlichkeit nicht bestanden hat.

(2) Diese Vorschriften gelten auch für eine Vereinbarung, durch die der verlierende Teil zum Zwecke der Erfüllung einer Spiel- oder Wettschuld dem gewinnenden Teil gegenüber eine Verbindlichkeit eingeht, insbesondere für ein Schuldanerkenntnis.

Materialien: E I § 664; II § 704; III § 748; Mot II 643; Prot II 794.

Schrifttum

BUFF, Spiel und Wette (1912)
KOHLER, Auslobung und Wette, ArchBürgR 25, 1
MARIZY, Die rechtliche Natur von Spiel und Wette (Diss Berlin 1938)
MAJERT, Spiel und Glücksspiel (Diss Heidelberg 1904)
MÜHLBERT/BÖHMER, Ereignisbezogene Finanzprodukte. Zivil-, Kapitalmarkt-, Wertpapier-,
Straf- und Öffentliches Recht, WM 2006, 937 und 985
PETERS, Die „Eigensperre" des Glücksspielers, ZfWG 2007, 321
ders, Die Selbstsperre des Glücksspielers, JR 2002, 177
REUBER, Der begriffliche Unterschied von Spiel und Wette (1903)
WAGNER VON PAPP, Die privatautonome Beschränkung der Privatautonomie. Gewillkürte

Formerfordernisse und Sperrverträge in Spielbanken als Ausprägung des Freiheitsparadoxons, AcP 205 (2005) 342

ZIEMER, Der juristische Unterschied zwischen Spiel und Glücksspiel (Diss Greifswald 1922) Vgl auch das Schrifttum der Vorbem zu §§ 762 ff.

Systematische Übersicht

I. Regelung nach früherem und nach ausländischem Recht 1

II. Begriffsbestimmung von Spiel und Wette
1. Allgemeines 2
2. Spiel 3
3. Wette 4
4. Abgrenzung der Wette von der Auslobung 5
5. Wettspiele 6
6. Staatlich genehmigte Spiel- und Wettverträge 6
7. Ähnliche Verträge 7

III. Die Regelung des § 762 Abs 1 S
1. Konsequenzen der Regelung 8
2. Prozessuale Behandlung des Spieleinwandes 14

IV. Die Regelung des § 762 Abs 1 S
1. Inhalt 16
2. Umfang des Ausschlusses der Rückforderung 17
3. Erfüllungsleistungen 19
4. Rückforderung aus anderen Gründen 26

V. Die Regelung des § 762 Abs 2
1. Zweck der Regelung 28

2. Anerkenntnis 29
3. Kontokorrentverhältnis 30
4. Beweislast 31
5. Analoge Anwendung auf Schuldübernahme eines Dritten 32
6. Nichtanwendung bei Zahlung durch einen Dritten 33

VI. Einfluss des § 762 auf Hilfs- und Nebengeschäfte
1. Allgemeines 34
2. Auftrag und ähnliche Rechtsgeschäfte 35
3. Gesellschaft und sonstige Vereinigungen 39
4. Darlehen 40

VII. Verbotene Spiele
1. Wirkung des Verbots 44
2. Strafbarkeit nach §§ 284 ff StGB 45

VIII. Sonderformen des Spielbetriebs
1. Spielautomatenrecht 46
2. Spielbanken 47
3. Finanztermingeschäfte 48

IX. Internationales Privatrecht 49

I. Regelung nach früherem und nach ausländischem Recht

1 Nach älterem *römischen* Recht waren *Spielgeschäfte* um Geld oder Geldeswert nichtig, das Geleistete konnte zurückgefordert werden. Eine Ausnahme bestand zugunsten gewisser Kampfspiele um geringen Einsatz (quod virtutis causa fiat, vgl Dig 11, 5 de aleatoribus; Cod 3, 43). Das *gemeine Recht* dehnte die Unklagbarkeit auf alle Spielschulden aus, schloss das Rückforderungsrecht jedoch aus. *Wetten* waren nach römischem und gemeinem Recht klagbar (WINDSCHEID/KIPP, Lehrbuch des Pandektenrechts [9. Aufl 1906] Bd 2 §§ 419, 420; RGZ 39, 163; 61, 156; RGSt 40, 34). Nach dem **ALR** (Teil 1 Titel 11 §§ 577–579) waren *Spielschulden* unklagbar; die Zurückforderung des Gezahlten war ausgeschlossen. *Wetten* waren klagbar, wenn der Einsatz bei Gericht oder einem Dritten hinterlegt war (RGZ 40, 259; RGSt 40, 37). Die *ausländischen Rechte* haben meist ähnliche Regelungen wie das BGB (Mot II 643; LORENZ, Stichwort „Spiel und Wette", Rechtsvergleichendes Handwörterbuch Bd 6, 423). Das *französische* Recht (Art 1965–1967 cc) versagt die Klage aus Spiel und Wette, schließt aber die Rückforderung des Geleisteten aus. Klagbar sind grundsätzlich Geschicklichkeitsspiele um niedrige Einsätze und gewisse Pferdewetten (FERID/SONNENBERGER, Das französische Zivilrecht, Bd 2 [2. Aufl 1986] § 2 Risikoverträge). Das *italienische* Recht (Art 1933–1935 cc) erklärt ebenfalls Spiel und Wette für unklagbar, schließt aber die Rückforderung der Leistung aus. Klagbar sind genehmigte Lotterien und sportliche Wettspiele, bei denen aber der Richter bei übermäßigem Einsatz die Klage abweisen oder die Forderung herabsetzen kann (PATTI, Italienisches Zivilgesetzbuch – Codice Civile [2007]). Das *schweizerische Recht* enthält in §§ 513, 514 SchwOR eine dem BGB entsprechende Regelung, schließt darüber hinaus ausdrücklich die Klagbarkeit für Darlehen aus, die für Spielzwecke gegeben werden. Das österreichische ABGB enthält unter den Bestimmungen über die sog Glücksverträge (§§ 1267–1292 ABGB) Regelungen zu Spiel und Wette. Redliche Spiele und Wetten sind verbindlich, wenn der bedungene Preis nicht nur versprochen, sondern entrichtet oder hinterlegt worden ist (§ 1271 ABGB). Die gerichtliche Klagbarkeit ist ausgeschlossen (zu den wichtigsten europäischen Kodifikationen im Vergleich zum deutschen Recht HENSSLER, Risiko 424).

II. Begriffsbestimmung von Spiel und Wette

1. § 762 BGB stellt Spiel und Wette vollständig gleich. Dadurch hat die Abgrenzung zwischen beiden, die früher außerordentlich umstritten war (vgl RGSt 6, 175, 423; 7, 24; WINDSCHEID/KIPP, Lehrbuch des Pandektenrechts[9] [1906] Bd 2 § 419), nur noch insofern Bedeutung, als das *Glücksspiel* als Unterart des Spiels nach § 284 StGB verboten und damit nichtig ist, nicht aber die Wette (vgl Rn 44).

2. Spiel iS des § 762 ist ein Vertrag zwischen zwei oder mehr Parteien, nach dem der Ausgang einer nach bestimmten Regeln vorgenommenen Tätigkeit oder der Eintritt, bzw die Existenz einer vom Zufall abhängigen Tatsache, über einen vermögenswerten Gewinn oder Verlust jeder Partei entscheidet, und der um einen Gewinn zu erzielen oder um sich die Zeit zu vertreiben, geschlossen wird (HENSSLER, Risiko 427).

a) Das Spiel ist *gegenseitiger Vertrag*; das Risiko des Gewinns und Verlustes muss zwar weder gleichartig noch gleich hoch sein; es muss aber jeder Mitspieler das Risiko eines Verlustes tragen (inzwischen überwiegende Meinung: ERMAN/TERLAU Rn 2; SOERGEL/HÄUSER Rn 12; MünchKomm/HABERSACK Rn 5, der allerdings keinen Vertrag iSd § 320 annimmt, da kein Leistungsaustausch beabsichtigt sei, sondern stets *zwei einseitig verpflichtende Verträge* mit noch ungewisser Verteilung der Schuldner – Gläubigerstellung; FIKENTSCHER, Schuldrecht Rn 998; LARENZ, Schuldrecht II § 55; HENSSLER, Risiko 440; PALANDT/SPRAU Rn 1; aM noch STAUDINGER/ENGEL[12]; ERMAN/SAILER Rn 2 sowie für den strafrechtlichen Begriff RGSt 64, 355, 360; 38, 204, 206). Allerdings sind auch Falschspiele als Spiele zu betrachten, obwohl insoweit ein Spieler kein Risiko trägt (RGSt 61, 12; BayObLG 1993, 2820; LAMPE JuS 1994, 737). Spiel können auch bestimmte Börsengeschäfte, insbesondere Finanztermingeschäfte sein; beachte insoweit die Regelungen des 4. FinMFöG, die den Spieleinwand in bestimmten Fällen nicht ausschließt (vgl Anmerkung zu dem aufgehobenen § 764).

b) Der Gewinn oder Verlust muss von *entgegengesetzten Bedingungen* abhängen. Der Begriff des Spieles umfasst aber sowohl die *Glücksspiele* (Entscheidung vom Zufall abhängig) als auch die *reinen Geschicklichkeitsspiele* (hM; PLANCK/OEGG Vorbem III 1 a zu § 762; BGB-RGRK/SEIBERT Rn 3; PALANDT/SPRAU Rn 2; SOERGEL/HÄUSER Vorbem 2 zu § 762; MünchKomm/HABERSACK Rn 7; RGSt 40, 30, 41), da der Begriff vom Gesetz allgemein verwendet wird. Die Unterscheidung von Glücksspielen und Geschicklichkeitsspielen ist zwar für die Unverbindlichkeit ohne Bedeutung. Sie wirkt sich aber über §§ 284 ff StGB auch zivilrechtlich aus, nach denen nur Glücksspiele, nicht aber Geschicklichkeitsspiele verboten sind. Bei **Glücksspielen** ist die Entscheidung über Gewinn und Verlust allein oder vorwiegend vom Zufall abhängig, während bei **Geschicklichkeitsspielen** die Spieler das Ergebnis durch körperliche oder geistige Fähigkeiten beeinflussen können. Die Beurteilung, ob Glücksspiele oder Geschicklichkeitsspiele vorliegen, hat nach den Fähigkeiten des Publikums zu erfolgen, das das Spiel betreibt und nicht nach dem Maßstab geübterer oder besonders geübter Teilnehmer (vgl KRETSCHMER, Poker – Ein Glücksspiel, ZfWG 2007, 93; BGH JZ 2003, 858; zur Abgrenzung im Übrigen vgl die Kommentierung zu §§ 284 ff StGB).

c) *Nicht erforderlich* ist die Entfaltung einer Tätigkeit seitens der Teilnehmer, worin von einer älteren Auffassung (THÖL, Deutsches Handelsrecht [6. Aufl 1897] § 304) das Unterscheidungsmerkmal zwischen Spiel und Wette gesehen wurde.

d) *Zweck des Spiels* ist vermögenswerter Gewinn oder Unterhaltung oder beides; diese „Spielabsicht" muss bei beiden Parteien gegeben sein (HENSSLER, Risiko 440). Auch in dem Fall, dass Hauptzweck des Spiels Unterhaltung ist, muss es daneben um vermögenswerten Gewinn gehen.

4 3. **Die Wette** ist ein Vertrag zweier oder mehrerer Parteien, durch den sich die Parteien, zur Bekräftigung von gegensätzlichen Behauptungen für den Fall, dass sich ihre Behauptung als unrichtig erweist, einem Vermögensnachteil unterwerfen.

a) Die Wette ist *ein gegenseitiger Vertrag*, dh jede Partei setzt einen Wetteinsatz ein; der entsprechende Gewinn fällt idR dem Sieger zu, kann aber auch zugunsten eines Dritten (zB einer gemeinnützigen Anstalt) ausbedungen werden (sog *noble Wette*). Der Wetteinsatz braucht nicht für alle Parteien gleich zu sein (sog *ungleiche Wette*), es genügt aber nicht, wenn nur eine Partei sich zur Bekräftigung ihrer Behauptung einem Vermögensnachteil unterwirft (sog *einseitige oder halbe Wette*). Bei dieser Gestaltung handelt es sich nicht um eine Wette, sondern um Auslobung oder eventuell ein bedingtes Schenkungsversprechen (ERMAN/TERLAU Rn 4; BAMBERGER/ROTH/JANOSCHEK Rn 4; ENNECCERUS/LEHMANN § 189 I 2 aE, § 159 II 3 a; FIKENTSCHER, Schuldrecht Rn 999, 4; HENSSLER, Risiko 440; MünchKomm/HABERSACK Rn 5; **aM** SOERGEL/HÄUSER Rn 13; auch noch STAUDINGER/ENGEL[12]; PLANCK/OEGG, Anm III 2b; BGB-RGRK/FISCHER[11] Anm 4; JAUERNIG/VOLLKOMMER Rn 5; diese Meinung stützt sich auf die Reichsgerichtsentscheidung RGZ 61, 156, die aber einen Ausnahmefall betraf und richtiger als Auslobung oder bedingter Kaufvertrag [HENSSLER, Risiko 457] behandelt worden wäre).

b) *Zweck der Wette* ist die Bekräftigung der eigenen Behauptung, die gegen eine andere Behauptung steht.

c) *Behauptung ist die Erklärung einer Tatsache* aufgrund der Überzeugung von ihrer Richtigkeit. Tatsachen sind in erster Linie objektiv feststellbare vergangene oder gegenwärtige Geschehnisse oder Zustände. *Zukünftige* Geschehnisse oder Zustände können Inhalt einer ernsthaften Meinungsverschiedenheit sein, wenn ihr Eintreten im Zeitpunkt der Wette nach Meinung der Wettenden bereits feststeht, zB ob ein Komet erscheinen wird (allgM; zB Enneccerus/Lehmann § 189 I 2; BGB-RGRK/Fischer[11] Anm 1; Planck/Oegg Vorbem III 2 c zu § 762). Bei Behauptungen über künftige Ereignisse wird es häufig an einem ernstlichen Meinungsstreit fehlen; in diesem Fall liegt keine Wette, sondern Spiel vor (sog *Spielwette*).

d) *Keine Wette* trotz des abweichenden Sprachgebrauchs (vgl zB die „Sportwette Oddset-Wette"), sondern Spiel liegt vor (vgl dazu die Definition in § 3 Abs 1 S 3 GlüStV; Vorbem 6 zu §§ 762 f), wenn die Aufstellung widerstreitender Behauptungen, besonders über künftige Tatsachen, wie den Ausgang von Wettkämpfen, nicht Ausfluss eines auf *ungleicher Überzeugung beruhenden Meinungsstreites* ist, sondern nur ein *Mittel, um Gewinn oder Verlust* von einer *Zufallsentscheidung abhängig* zu machen. Hierher gehören insbesondere Pferdewetten und die sonstigen Wetten auf den Ausgang von Sportwettkämpfen und sonstigen Sportereignissen (vgl § 763 Rn 13 und Vorbem 7 zu §§ 762 ff).

4. Die **Abgrenzung von Spiel und Wette von der Auslobung (§ 657) und ihrer Unterform dem Preisrätsel** (§ 661) ergibt sich nach der hM, nach der Spiel und Wette gegenseitige Verträge (so Rn 3 und 4), die Auslobung und das Preisausschreiben dagegen einseitige Rechtsgeschäfte (einseitig bindendes Versprechen) (hM; vgl dazu Fundstellen bei Staudinger/Bergmann [2006] § 657 Rn 11) sind, allein schon daraus, dass bei der Auslobung (und dem Preisausschreiben) der Handelnde keinen Einsatz leisten muss. Nach der Gegenauffassung, dass die Auslobung lediglich eine besondere Form des Zustandekommens eines vertraglichen Kausalgeschäfts ist (Staudinger/Bergmann [2006] § 657 Rn 13 ff), kann auch ein Spiel- oder Wettvertrag in der Form einer Auslobung stattfinden (Staudinger/Bergmann [2006] § 657 Rn 41 ff). Diese Auffassung geht auch davon aus, dass es eine einseitige Wette bzw ein einseitiges Spiel möglich ist (dazu, dass dies nicht der Fall ist, so Rn 3 und 4). Dementsprechend handelt es sich bei den genannten Beispielen um öffentliche Schenkungsversprechen bzw um Werkverträge in der Form der Auslobung. Bei Preisausschreiben kann allerdings auch ein Spiel vorliegen, wenn die Teilnahme von Geldzahlungen (Startgeld; Teilnehmergebühren) abhängig gemacht wird (Staudinger/Bergmann [2006] § 661 Rn 15). Außerdem unterscheiden sich Wette und Auslobung *durch ihren Zweck*: Der Auslobende will zu einer bestimmten Tätigkeit anspornen, mag auch sein Wunsch dahin gehen, dass der Erfolg, an dessen Herbeiführung die Belohnung geknüpft ist, nicht eintritt; der Wettende hat keinerlei Interesse an der Vornahme einer Tätigkeit, will vielmehr seiner Überzeugung von der Wahrheit der aufgestellten Behauptung Ausdruck geben (zu dieser früher sehr strittigen Abgrenzung vgl Staudinger/Brändl[10/11] Rn 5 und 6, Fall Hoensbroech gegen Dasbach). Dementsprechend liegt keine Auslobung, sondern ein Spiel (bzw ein Preisrätsel) vor, wenn keine wirkliche Leistung gefordert wird, sondern die gestellte Aufgabe von jedermann ohne Mühe gelöst werden kann (Kornblum, „Die verflixte schwebende Jungfrau", JuS 1981, 801, 802; OLG Karlsruhe Die Justiz

1980, 436), wobei der Spieleinsatz eventuell verdeckt geleistet wird, oder das Preisrätsel zu Werbezwecken dient (vgl § 763 Rn 10; zu der Abgrenzung allgemein ausführlich KOHLER ArchBürgR 25, 1 mwNw; Abgrenzung der „Internetauktionen" als Auslobung oder Spiel vgl BGH 149, 129; OLG Hamm NJW 2001, 1142, 1145, mit Anm ULRICI NJW 2001, 1112; SESTER CR 2001, 98, 103 f; SPINDLER ZIP 2001, 809; Abgrenzung „Telefonquiz" OLG Minden NJW-RR 2005, 1401; ERNST, Das TV-Zuschauerquiz zwischen Auslobung und Spiel, NJW 2006, 186).

5. Wettspiele

6 Keine Wette, sondern Spiel liegt auch bei sportlichen oder sonstigen „Wettspielen" im Verhältnis der Teilnehmer zueinander vor, wenn sie **sich gegenseitig** einen Preis für den Gewinnenden bzw mehrere Gewinnende aussetzen. Dabei ist es nur für die Abgrenzung zwischen „Glücksspiel" und „Geschicklichkeitsspiel" von Bedeutung, ob und wie stark der Ausgang von der Geschicklichkeit, Kraft oder Ausdauer abhängig ist.

Zweifelhaft ist das Vorliegen eines Spiels, wenn die Wettbewerber nicht untereinander kontrahieren, sondern mit einem „Spielunternehmen", dem sie einen bestimmten Einsatz zu leisten haben und der die Gewinne und die Bedingungen für ihre Erlangung festsetzt (**aM** noch STAUDINGER/ENGEL[12] Rn 6). Insoweit fehlt es an der Gegenseitigkeit des Risikos eines Verlustes für den „Spielunternehmer". Zudem haben sie zumindest für diesen „Spielunternehmer" auch in der Regel einen wirtschaftsernsten Zweck. Dementsprechend werden auch die im Schrifttum fast ausschließlich behandelten **Pferderennverträge** für klagbar gehalten. Bei anderen Wettspielen gilt dies jedenfalls, wenn diese Wettspiele über die Unterhaltung der Teilnehmer hinausgehenden wirtschaftlichen Zwecken (Werbung; Erzielung von Lizenzerträgen uÄ) dienen.

Ist *kein Einsatz* zu leisten, so liegt idR kein Spiel, sondern *Auslobung* (§§ 657, 661) vor. Soweit die Spielteilnehmer unabhängig vom Spielausgang *für ihre Teilnahme* entlohnt werden, wie etwa Fußball-Vertrags- und Lizenzspieler (vgl BAG AP § 138 Nr 29; SCHMID RdA 1972, 84) oder Berufsringkämpfer, liegt kein Spiel-, sondern ein *Arbeitsvertrag* vor; im Rahmen solcher Arbeitsverträge versprochene Vergütungen wie Handgeld, Siegprämie uÄ sind zusätzlicher Arbeitslohn (vgl BAG NJW 1971, 855; OLG Köln NJW 1971, 1367).

6. Auf **staatlich genehmigte Spiel- oder Wettverträge** ist nicht § 762 sondern § 763 Abs 1 analog anzuwenden; sie sind deshalb – wie staatlich genehmigte Lotterie- und Ausspielverträge – verbindlich (hM RGZ 93, 348; BGH NJW 1974, 821; BGH NJW 1999, 54; BGH NJW 2008, 2026; HENSSLER, Risiko 520; JAUERNIG/VOLLKOMMER Rn 3; PALANDT/SPRAU § 763 Rn 1; MünchKomm/HABERSACK § 763 Rn 7; für Sportwetten: OLG Hamm NJW-RR 1997, 1008). Die analoge Anwendung ist insbesondere für staatlich konzessionierte Spielbanken (s u Rn 47), bei behördlich zugelassenen Spielautomaten (s u Rn 4), bei staatlich genehmigten Sportwetten (s o Vorbem 7) und bei von staatlichen Unternehmen betriebenen Sportwetten (Oddset-Wetten) anzunehmen, soweit diese nicht schon als Lotterien zu betrachten sind. Die analoge Anwendung des § 763 ist berechtigt, weil dem § 763 der Rechtsgedanke zu Grunde liegt, dass die staatliche Genehmigung eine sichere Kontrolle des Spielwesens gewährleistet und damit den Spielbetrieb in geordnete Bahnen lenkt. Außerdem ist in gleicher Weise wie bei Lotterien auch bei

Glücksspielen das Vertrauen des Publikums auf die Wirksamkeit der Einzelverträge, die im Rahmen staatlich genehmigter Veranstaltungen geschlossen werden, schutzwürdig.

Durch den **Ausschluss des Widerrufsrechts bei Fernabsatzverträgen** über Wett- und Lotteriedienstleistungen (§ 312d Abs 4 Nr 4) wird die Unverbindlichkeit des abgeschlossenen Geschäfts nicht berührt. Auch ohne Widerrufsrecht ist der Verbraucher zur Leistung nicht verpflichtet. Die Bedeutung des § 312d Abs 4 Nr 4 besteht lediglich bei verbindlichen Lotterie und Wettverträgen (STAUDINGER/THÜSING [2005] § 312d Rn 65; PALANDT/HEINRICHS § 312d Rn 12). Nach Sinn und Zweck ist er auch auf verbindliche Spielverträge anwendbar (OLG Karlsruhe CR 2002, 682; STAUDINGER/THÜSING [2005] § 312d Rn 64). Die Bundesregierung beabsichtigt eine Einschränkung dieses Ausschlusses des Widerrufsrechts, da sich Missbräuche gezeigt haben (Verbraucherpolitischer Bericht der Bundesregierung 2008, BT-Drucks 16/9163, 18).

7. **§ 762 ist nicht anwendbar**, wenn weder der Spielzweck (Rn 3 unter d) noch der Wettzweck (Rn 4 unter b) vorliegt, so beim *Fluchthilfevertrag* (BGHZ 69, 295 = NJW 1977, 2356; BGH NJW 1980, 1574; KG NJW 1976, 197 und 1211, CREZELIUS NJW 1976, 1639; JAUERNIG/ OTTO JuS 1977, 108, 110; LIESEGANG JZ 1977, 88). Dies gilt auch, wenn die verabredete Vermögensverschiebung von der Entscheidung einer Ungewissheit abhängig ist. Es kann in diesen Fällen ein gegenseitiger *Versicherungs- oder Gewährleistungsvertrag* vorliegen (zB RGZ 66, 222). Die *analoge Anwendung des § 762* ist in diesen Fällen nur in sehr *eingeschränktem Maße zulässig* (vgl Vorbem 4). 7

III. Die Regelung des § 762 Abs 1 S 1

1. Durch Spiel und Wette wird gem § 762 Abs 1 S 1 eine Verbindlichkeit der Hauptpflichten des Vertrages nicht begründet, und zwar *weder zur Bezahlung des verlorenen Betrages* noch des *Einsatzes* noch zur *Entfaltung irgendwelcher* zum Spiel oder zur Wette erforderlichen *Tätigkeit*; die Unklagbarkeit bezieht sich auch auf Sekundärpflichten aus den Hauptpflichten (Schadensersatz wegen Nichterfüllung, Verzug uÄ), nicht dagegen ohne weiteres auch auf vertragliche Nebenpflichten (ROESSNER/WEBER BB 1979, 1055). Trotz des Ausschlusses der Klagbarkeit stellt (wegen des Ausschlusses der Rückforderung) der Erwerb einer Gewinnchance gegen Hingabe von Geld einen verselbständigten Wirtschaftswert dar (vgl BGH NJW 1980, 2184). 8

a) Daraus ergeben sich folgende Konsequenzen: Ein *Schadensersatz wegen Nichterfüllung* kann von keiner der Parteien verlangt werden, wenn die andere Partei auf irgendeine Weise die Erfüllung des Vertrages verhindert (BGHZ 25, 124, 126). *Nicht ausgeschlossen* ist dagegen ein Anspruch aus *positiver Vertragsverletzung*, insbesondere bei Verletzung von Verkehrssicherungspflichten, Aufklärungspflichten und ähnlichen Nebenpflichten (OLG München NJW 1980, 788; BGH NJW 1981, 1267; ROESSNER/WEBER BB 1979, 1055). Den Vertragspartner von Schadensersatzansprüchen wegen aller positiven Vertragsverletzungen zu befreien, würde unlautere Geschäfte in diesem Bereich begünstigen; dies ist durch den Zweck des § 762 Abs 1 nicht gerechtfertigt (OLG München NJW 1980, 788; BGH NJW 1981, 1266, 1440; ROESSNER/WEBER BB 1979, 1055; vgl auch BGHZ 25, 124, 126 für den Ehemäklervertrag).

b) Eine Forderung aus Spiel oder Wette kann vom Gewinner nicht *einseitig zur* 9

Aufrechnung verwendet werden (BGH NJW 1981, 1897; RGZ 38, 238; 44, 55; OLG Dresden LZ 1914, 1920; vgl aber § 764 Rn 34 aE). Während natürlich der *Verlierende* eine wirksame Forderung gegen die Spiel- oder Wettforderung aufrechnen kann und ein förmlicher Aufrechnungsvertrag möglich ist (Rn 19).

10 c) Die Geltendmachung eines *Zurückbehaltungsrechts* ist ausgeschlossen (RG JW 1897, 311; MünchKomm/Habersack Rn 18; Planck/Oegg Anm 3 b; BGB-RGRK/Seibert Rn 6).

d) Die *Eingehung von Verbindlichkeiten* zum Zwecke der Erfüllung ist unwirksam (Rn 31 ff);

e) ebenso die *Vereinbarung einer Vertragsstrafe* (RGZ 69, 12; Planck/Oegg Anm 3 c; BGB-RGRK/Seibert Rn 6; Soergel/Häuser Rn 3).

11 f) Da ein Erfüllungsanspruch nicht besteht, kann er auch *nicht gesichert werden*. *Bürgschaft* (RGZ 52, 39, 40, 364) und *Pfandrecht* (RGZ 47, 48, 52; 52, 364) sind schon wegen ihres *akzessorischen Charakters* unverbindlich. Das Gleiche gilt für eine *fiduziarische Rechtsübertragung (Sicherungsübereignung, Sicherungszession)* zur Sicherung einer Spiel- oder Wettschuld (Enneccerus/Lehmann § 189 II 2; Planck/Oegg Anm 2 d; BGB-RGRK/Seibert Rn 6; vgl auch Rn 23). Eine *Hypothek* steht gem § 1162 Abs 1 S 1 dem Eigentümer des Grundstücks zu (RGZ 47, 48; 68, 103). Einer *Sicherungsgrundschuld* kann nach § 812 Abs 1 S 1 der Spieleinwand entgegengesetzt werden (vgl Rn 23). Der *Bürge*, der die Spiel- oder Wettschuld *freiwillig* begleicht, bringt die *Schuld zum Erlöschen*, hat aber *keinen Rückgriff* nach § 774 Abs 1 S 1 (vgl RGZ 38, 251), möglicherweise aber aus dem Innenverhältnis (Auftragsbürge; vgl RGZ 52, 364; Rn 38; vgl auch Erläuterungen zu § 765).

12 g) Ein *gerichtlicher oder außergerichtlicher Vergleich* ist nur bindend, wenn er nur über die Frage entscheiden soll, ob ein Spiel- oder Wettvertrag vorliegt; er ist dagegen unverbindlich, wenn Streit oder Ungewissheit zwischen den Parteien darüber *überhaupt nicht* bestand, der Vergleich vielmehr nur die gesetzliche Unklagbarkeit umgehen sollte (RGZ 49, 193; RG HRR 1929 Nr 1311), oder wenn der Streit oder die Ungewissheit *nur andere Punkte* als die Rechtsnatur der Spielschuld betrifft, wie das *Zustandekommen* des Vertrages, die *Höhe der Schuld*, die *Art der Erfüllung* oder ähnliches (stRspr RGZ 37, 416; 49, 192; RG JW 1901, 621; 1902 Beil 255, 264; 1905, 689; Gruchot 47, 932; SeuffA 83 Nr 186; HRR 1929 Nr 1311; OLG Stuttgart OLGE 2, 211; OLG Hamburg OLGE 4, 234; Planck/Oegg 3 e; Soergel/Häuser Rn 3; MünchKomm/Habersack Rn 25; s auch Erläuterungen zu § 779).

13 h) *Unverbindlich* sind die in einem Spiel- oder Wettvertrag enthaltenen *Vereinbarungen über den Gerichtsstand* (RG JW 1901, 285; 1915, 791) und über einen *Rechtsmittelverzicht* (RGZ 36, 423). Die Vereinbarung eines *Schiedsgerichts* ist in gleicher Weise zu behandeln wie der Abschluss eines Vergleichs (§ 1025 Abs 1 ZPO). Sie ist demgemäß (so Rn 12) nur verbindlich, wenn dem Schiedsgericht lediglich die Entscheidung darüber übertragen ist, *ob der Hauptvertrag wirksam ist*, oder ob ein – unverbindlicher – Spiel- oder Wettvertrag vorliegt (RGZ 27, 378; 31, 397; 36, 248; 56, 20; 58, 155; RG WarnR 1926 Nr 141; Stein/Jonas, ZPO [21. Aufl 1994] § 1025 Rn 28). Ein nach einem solchen Schiedsvertrag gefällter Schiedsspruch ist wirksam (zB über die Frage, ob ein Darlehen mit einem Spielvertrag zusammenhängt), selbst wenn er auf unzutreffenden tatsächlichen oder rechtlichen Erwägungen beruht. Ein Schiedsvertrag, nach dem die Schiedsrichter entscheiden sollen, als wären Ansprüche aus Spielgeschäften unbeschränkt klagbar (RG WarnR 1914, Nr 309) ist unverbindlich; ein Schiedsspruch, der unter Außerachtlassung des § 762 Abs 1 eine Forderung aus einem Spiel- oder Wettvertrag für verbindlich erklärt, ist nach § 1041 Abs 1 Nr 2 ZPO wegen Verstoßes gegen die öffentliche Ordnung aufzuheben.

2. a) Die **Unklagbarkeit** ist der Parteidisposition entzogen. Der Richter hat sie deshalb in einem Prozess **von Amts wegen** zu berücksichtigen, selbst wenn der Beklagte sich nicht darauf beruft; denn die beschränkte Wirksamkeit der unvollkommen Verbindlichkeit hindert bereits das Entstehen einer klagbaren Verbindlichkeit und stellt nicht erst eine Einrede gegen die eingeklagte Forderung dar (PLANCK/OEGG Anm 3 f; BGB-RGRK/SEIBERT Rn 6 aE). Trotz eines gerichtlichen Anerkenntnisses darf der Richter kein Anerkenntnisurteil erlassen (SOERGEL/HÄUSER Rn 3; STEIN/JONAS, ZPO [21. Aufl 1998] § 307 Rn 22). Wenn ein Rechtsgeschäft äußerlich nicht als Spiel- oder Wettvertrag erkennbar ist, muss der Anspruchsgegner den **sog Spieleinwand** erheben; in diesem Fall trifft ihn auch die *Beweislast* für die Spielnatur des Geschäftes, da er daraus eine günstige Rechtsfolge herleiten will (Diese Frage stellte sich insbesondere früher bei Börsengeschäften des § 764: RG JW 1900, 157; 1907, 278; WarnR 1933 Nr 98; BankArch XIII 224; KG JW 1925, 643; ROSENBERG, Beweislast [5. Aufl 1965] § 18 II 1). 14

b) Die *Erhebung des Spieleinwandes*, dh die Verweigerung der Erfüllung, stellt nur unter ganz besonderen Umständen eine Verstoß gegen *Treu und Glauben* dar, in aller Regel ist sie die Berufung auf ein gesetzliches Recht (BGB-RGRK/SEIBERT Rn 6; SOERGEL/HÄUSER Rn 16 aE; die Möglichkeit der Berufung auf § 242 generell abgelehnt wird von WACLAWIK, Die Verbindlichkeit von Devisenterminvereinbarungen, S 343). In der Rechtsprechung und der Literatur wurde die Möglichkeit, die Erhebung des Spieleinwandes nach § 242 auszuschließen, insbesondere bei Fällen des Differenzeinwands nach dem früheren § 764 behandelt (BGH WM 1972, 148; RGZ 144, 242; RGJW 1935, 927). Jedenfalls reicht allein die bereits bei Abschluss des Spielvertrages bestehende Absicht, im Verlustfall sich auf die Unverbindlichkeit zu berufen, für eine Anwendung des § 242 BGB nicht aus. Es müssen weitere Voraussetzungen hinzutreten. 15

IV. Die Regelung des § 762 Abs 1 S 2

1. Nach § 762 Abs 1 S 2 kann das aufgrund des Spieles oder der Wette Geleistete nicht deshalb zurückgefordert werden, *weil eine Verbindlichkeit nicht bestanden hat.* Ähnliche Bestimmungen, dass das aufgrund des unverbindlichen Geschäfts Geleistete nicht oder nur beschränkt zurückgefordert werden kann, enthalten die §§ 55, 64 Abs 2, 66 Abs 2 BörsG. 16

2. Die **Rückforderung des Geleisteten** ist **weitergehend als nach § 814** auch dann ausgeschlossen, wenn (zB seitens der Erben des Verlierenden) in Unkenntnis des Umstandes geleistet worden ist, dass es sich um eine Spielschuld handelte (Mot II 644; RGZ 147, 153; RG JW 1919, 568 Nr 1; CANARIS ZIP 1985, 592, 594), weil nicht eine „Nichtschuld", sondern eine nur in ihrer *Durchsetzbarkeit eingeschränkte unvollkommene Verbindlichkeit* vorliegt (vgl Vorbem 3). Dies ist, so weit es sich um einen Rechtsirrtum des Leistenden handelt, der Leistende also wusste, dass er auf Grund eines Spiels leistete und sich nur über die Unverbindlichkeit im Unklaren war, 17 allgemeine Meinung (BGB-RGRK/Seibert Rn 7; Soergel/Häuser Rn 5; MünchKomm/ Habersack Rn 17; Henssler, Risiko 489). Bezüglich des Sachverhaltsirrtums, das heißt, wenn der Leistende irrtümlich davon ausging, dass ein anderer, verbindlicher Rechtsgrund für die Leistung vorlag, wird die Auffassung vertreten, hier sei ein Rückforderungsanspruch gegeben, wenn der Irrtum unverschuldet war. Diese Auffassung ergibt sich konsequent aus der (oben abgelehnten, so Vorbem 3) Meinung, § 762 Abs 1 regele nicht die Befugnis zum Behalten des Geleisteten, sondern nur den Ausschluss des Rückforderungsrechts, wenn der Leistende freiwillig geleistet hat). Diese Auffassung ist abzulehnen, weil sie gerade der gesetzlichen Intention widerspricht, Beweisschwierigkeiten in dann denkbaren Rückforderungsprozessen zu vermeiden (Henssler, Risiko 489; Mot II 833; Prot I 1489, 2639). Auch die Anerkennung, dass die ausgezahlten Gewinne dem Gewinner nicht zugestanden hätten, kann nicht verlangt werden (RGZ 79, 389).

18 3. Erfüllungsleistung ist jede zur Erfüllung einer bestehenden – nicht notwendig fälligen – Spielschuld erbrachte Leistung, durch die der Anspruch zumindest teilweise, *endgültig und unwiderruflich* zum Erlöschen gebracht wird, so dass in diesem Umfang keine persönliche Verpflichtung mehr übrig bleibt (RGZ 47, 52; RG JW 1904, 124 Nr 31; WarnR 1915 Nr 177; BankArch XIV 418), also nicht nur *Zahlung* (Erfüllung nach § 362), sondern auch die ihr gleichstehenden *Erfüllungssurrogate*; dagegen nicht die Sicherung.

19 a) Leistung ist die *einseitige Aufrechnung des Schuldners* (Rn 9) und die *vereinbarte Aufrechnung nach dem Entstehen* der Schuld (RG JW 1905, 187 Nr 39; OLGE 34, 72 Fn 1; OLG Hamburg Recht 1918, Nr 779; Planck/Oegg 4 c ß; Soergel/Häuser Rn 3; Rn 9). Über die Bedeutung des Saldoanerkenntnisses im Kontokorrent s u Rn 30.

20 b) Leistung ist ferner die Hingabe *an Erfüllungs statt* (§ 364), wenn dadurch das Schuldverhältnis endgültig erledigt wird (RGZ 47, 52; 77, 279). Die Hingabe von Forderungen und sonstigen Rechten stellt eine Erfüllungsleistung dar, wenn der Gläubiger dadurch einen anderen Vermögenswert als lediglich einen neuen Anspruch gegen denselben Schuldner erhält (vgl § 762 Abs 2, nach dem auch die Gewährleistung des Spielschuldners für die Einbringlichkeit einer an Erfüllungs statt abgetretenen Forderung unverbindlich wäre; vgl Rn 28 ff). Leistung ist die Hingabe von Kundenwechseln, wenn sie an Erfüllungs statt, nicht nur – wie regelmäßig und im Zweifel – (vgl § 364) erfüllungshalber gegeben werden Die Gegenmeinung (Erman/Terlau, Rn 8; Soergel/Häuser Rn 3; Henssler, Risiko 497 der wegen der Rückforderungsmöglichkeit des Indossaments des Schuldners nach § 762 Abs 2 nie eine endgültige Erfüllung für gegeben hält) übersieht die Bedeutung der Übergabe und Indossierung des Wechsels, der als Erfüllung (Erfüllungs statt) übergeben und übereignet wird. Das Indossament des Verlierers ist in diesem Fall unverbindlich (vgl unten Rn 21). Das Gleiche gilt für die Abtretung von Hypotheken auf einem fremden Grundstück (RGZ 47, 52; 68, 103), und die Bestellung einer Grundschuld ohne persönliche Verpflichtung (RGZ 73, 144; 147, 153; BGB-RGRK/Seibert Rn 7; Henssler, Risiko 498; vgl Rn 11 für Sicherungsgrundschuld). Nicht als Erfüllung ist die Hingabe eines Gutscheins für eine Reise anzusehen, wenn diese Reise nicht zustande kommt; denn erst die tatsächlich durchgeführte Reise kann als Erfüllung des Gewinnanspruchs angesehen werden; davor liegt lediglich eine schriftliche Bestätigung des Anspruchs vor (**aM** Amtsgericht Dortmund MDR 1995, 1209 und ihm folgend, Soergel/Häuser Rn 14).

c) Ein vom Spieler gegebener **eigener Wechsel** stellt keine Erfüllung dar; bei der 21
Hingabe von Kundenwechseln ist stets das eigene Indossament unverbindlich.
Gegen die *persönliche Inanspruchnahme aus dem Wechsel* (ebenso aus dem *Scheck*)
kann der Schuldner dem Spielgläubiger den *Spieleinwand* (Art 17 WG bzw Art 22
ScheckG) entgegenhalten (BGH NJW 1992, 316), natürlich nur in Höhe der unverbindlichen Schuld (RGZ 51, 156; 52, 39). Die Diskontierung oder Weiterbegebung des
Wechsels, auch mit Zustimmung des Spielschuldners, und die Gutschrift des Erlöses
ist keine Leistung (RG WarnR 1935 Nr 136); dagegen stellt die *freiwillige Einlösung
durch den Schuldner am Verfalltag* auch gegenüber einem Dritten eine Erfüllung dar.
Löst der Spielschuldner den Wechsel am Verfalltag einem Wechselgläubiger unfreiwillig ein, dem der Spieleinwand nach Art 17 WG nicht entgegengehalten
werden kann, so kann er von dem Spielgläubiger den gezahlten Betrag nach § 812
zurückverlangen. Die *Behauptungs- und Beweislast* für die unfreiwillige Zahlung
trifft den Spielschuldner (RGZ 138, 124). Die *Unfreiwilligkeit der Einlösung* kann sich
insbesondere daraus ergeben, dass der Spielschuldner den Wechsel, wenn auch erst
nach der Weiterbegebung durch den Spielgläubiger, von diesem zurückgefordert hat
(RGZ 51, 359; 52, 39; 77, 280; unzutreffend insoweit: RGZ 47, 50; 35, 196; wie hier: PLANCK/OEGG
Anm 4 c; STAUB/HEINICHEN Anh 53, 191 zu § 376 HGB). Der Spielgläubiger darf das Akzept
des Spielschuldners weiter begeben, solange der Spielschuldner ihm gegenüber den
Spieleinwand nicht erhoben hat. Wenn und sobald aber der Spielschuldner dem
Spielgläubiger gegenüber den Spieleinwand erhoben hat, ist der Spielgläubiger verpflichtet, den Wechsel nach § 812 Abs 1 S 1 zurückzuverschaffen und den Spielschuldner von seiner Verpflichtung gegenüber dem Dritterwerber zu befreien (RGZ
51, 361; 77, 280). Eine Weiterbegebung des Wechsels durch den Spielgläubiger, nachdem der Spielschuldner den Spieleinwand erhoben hat, macht den Spielgläubiger
nach § 826 schadensersatzpflichtig (RGZ 51, 360; 56, 321 auch RG JW 1929, 39 Nr 12). Dem
Dritterwerber des Wechsels kann der Spielschuldner den Spieleinwand nur im
Rahmen des Art 17 WG (Art 22 ScheckG) entgegenhalten. Arglistig handelt der
Dritterwerber nicht schon, wenn er beim Erwerb des Wechsels gewusst hat, dass der
Wechsel zur Deckung einer Spielschuld gegeben wurde, sondern nur, wenn er den
Wechsel *in der Absicht erwirbt*, dem Spielschuldner den Spieleinwand abzuschneiden
(RGZ 57, 391; 96, 191; RG WarnR 1917 Nr 278; 1921 Nr 13; BankArch XXXIII 195; XXXV 222);
anders aber wenn der Wechsel zur Sicherung eines sittenwidrigen Darlehens zu
Spielzwecken gegeben war (s u Rn 42).

d) Die *gerichtliche Hinterlegung* (§§ 372 ff), die nach Entstehen der Spielschuld 22
erfolgt (sonst: Rn 23) stellt bei Ausschluss der Rücknahme – gleichgültig aus welchem
Grund (vgl §§ 376 Abs 2, 378) – Erfüllung dar (vgl PLANCK/OEGG Anm 4c mwNw). Ohne
den Verzicht auf das Rückforderungsrecht entsteht lediglich eine vorläufige Schuldbefreiung (§ 379), welche die Anwendung des § 762 Abs 1 S 2 nicht rechtfertigt.

e) Die *Bestellung einer Sicherheit* (vgl Rn 11) stellt *keine* Erfüllungsleistung dar. 23
Eine *Sicherheitsleistung* liegt idR vor, wenn vor Entscheidung des Spiels eine Vorauszahlung auf *künftige Spielverluste* erfolgt. Gleichgültig ist dabei die Bezeichnung:
Einschuss, Nachschuss, Marge, Deckung uä. Erfüllungsleistung ist dagegen der als
unbedingte Vorleistung erbrachte Einsatz, der – wie bei einer Lotterie – bei zahlreichen Gesellschaftsspielen und beim Roulette (vgl Rn 47) vorkommt; er kann nach
Beendigung des Spiels nicht zurückverlangt werden (RGZ 38, 232; 56, 23; 79, 408; RG
SeuffA 91 Nr 84; OLG Hamburg SeuffA 67 Nr 115 und Nr 176; 73 Nr 29; wie hier: PLANCK/OEGG

Anm 4 b; BGB-RGRK/Seibert Rn 7, insoweit vgl BGHZ 37, 363; 47, 393, der ohne weiteres von einer unbedingten Vorleistung ausgeht). Auch dieser Einsatz kann aber zurückgefordert werden, wenn das Spiel – aus was für Gründen auch immer – nicht beendet wird.

24 f) Durch die *Befriedigung aus der Sicherheit* tritt keine Erfüllung ein. Eine darüber im *Voraus getroffene* Vereinbarung ist unwirksam (RG Recht 1907, 712 Nr 1588); die Rückforderung ist nicht ausgeschlossen. Dagegen liegt eine Erfüllung vor, wenn der Spielschuldner **nach** Feststellung des Verlustes der Verwertung der Sicherheit zustimmt (OLG Dresden LZ 1914, 1920 Nr 10; OLG Hamburg BankArch XIV 87; RG JW 1896, 661 Nr 19; 1897, 609 Nr 26; BankArch XXXV 249; aber RG WarnR 1931 Nr 43).

25 g) Gleichgültig ist, ob der Verlierer selbst oder *ein Dritter* die Spielschuld erfüllt. Übergibt der Spielschuldner einem Dritten einen Betrag mit der Bestimmung, ihn dem Gewinner als Spielgewinn auszuhändigen, so kann er den Betrag zurückverlangen, *solange er noch nicht ausbezahlt ist.*

26 4. a) § 762 Abs 1 S 2 versagt die Rückforderung des Geleisteten lediglich, soweit sie auf den *Spiel- oder Wettcharakter gestützt wird; Rückforderung* aus einem anderen Rechtsgrund bleibt unberührt (Mot II 645; RG JW 1919, 568), so zB aus *unerlaubter Handlung* (§ 823 Abs 2, zB beim Falschspiel) und aus *ungerechtfertigter Bereicherung* (§ 812 Abs 1 S 1), wenn der Spiel- oder Wettvertrag nichtig ist (zB wegen Geschäftsunfähigkeit eines Teilnehmers; wegen Verstoßes gegen Gesetz oder gute Sitten, Rn 44 ff) oder anfechtbar und angefochten ist (zB wegen Irrtums oder arglistiger Täuschung; vgl RG JW 1919, 568 Nr 1; RGZ 90, 254; RGZ 70, 5 für Spieldarlehen). In diesem Fall kann sie aber nach § 817 S 2 ausgeschlossen sein.

27 b) *Einzelfälle:* Wenn bei einer Wette der eine Teil über die behauptete Tatsache besondere, dem Gegner verschwiegene Kenntnis besaß (sog *Wette à coup sûr* Mot II 646), so ist die Wette wegen Irrtums über die Geschäftsgrundlage anfechtbar (§ 119). Dasselbe gilt für die noch fehlende Kenntnis vom Ausgang des Wettspiels bei der Spielwette (Rn 6). Dagegen ist wohl im Regelfall keine Anfechtung wegen arglistiger Täuschung möglich, da es sowohl an einer ausdrücklichen Erklärung des Nichtwissens fehlt als auch an einer Rechtspflicht zur Offenbarung des Wissens (BGHSt 16, 120 gegen RGSt 62, 415; **aM** Henssler, Risiko 471; Wersdörfer JZ 1962, 450; BGB-RGRK/Seibert Rn 10 aE). Die Anfechtung wegen arglistiger Täuschung ist aber jedenfalls möglich, wenn der Wettende beim Abschluss der (Spiel-)Wette verschweigt, dass er durch Bestechung das Wettrisiko zu seinen Gunsten vermindert hat (BGH NJW 1980, 793; 2007, 782). Erfordert ein Spielvertrag eine Tätigkeit beider Spieler und leistet ein Spieler *unter aufschiebender Bedingung voraus*, so steht ihm ein Rückforderungsrecht nach § 812 Abs 1 S 2 zu, auch wenn er – natürlich auch wenn der Partner – durch Verweigerung seiner Tätigkeit den Erfolgseintritt vereitelt. § 815 steht nicht entgegen, da die Verweigerung der Mitwirkung wegen § 762 Abs 1 S 1 nicht als Vereitelung des Erfolges wider Treu und Glauben angesehen werden kann.

V. Die Regelung des § 762 Abs 2

28 1. Zur Verhütung einer Umgehung der Vorschriften des § 762 Abs 1 gilt nach Abs 2 das Gleiche wie für Spiel und Wette auch für die Vereinbarungen, durch die der Verlierende dem Gewinner gegenüber zum Zwecke der Erfüllung einer Spiel-

oder Wettschuld eine Verbindlichkeit eingeht (übereinstimmend dazu früher §§ 59, 69 BörsG für Börsentermingeschäfte; dazu RGZ 77, 277), das heißt eine solche Verbindlichkeit entsteht – trotz der Abstraktheit dieser Rechtsinstitute – nur als unvollkommene Verbindlichkeit, ist also ebenfalls nicht klagbar (HENSSLER, Risiko 494).

2. Das Gesetz nennt ausdrücklich das **Schuldanerkenntnis** (§ 781); für das abstrakte *Schuldversprechen* (§ 780), für die Eingehung einer **Wechselverbindlichkeit** (unbeschadet der Rechtsscheinhaftung nach Art 17 WG, RGZ 52, 39; Rn 21) und für die Hingabe eines **Schecks** (für Euroscheck vgl Rn 38) gilt das gleiche. Unverbindlich sind auch ein *gerichtliches Anerkenntnis* und die Umwandlung einer Spielschuld in eine *Darlehensschuld* (§ 607 Abs 2), auch wenn ein geringfügiger Restbetrag an den Schuldner gezahlt, oder gleichzeitig für die Darlehensschuld eine Hypothek bestellt wird (RGZ 35, 286, 289; 147, 153; RG JW 1902, 369 Nr 34; 1924, 43 Nr 2; 1936, 1531; WarnR 1915, 177; HRR 1934 Nr 1105; BankArch XXXV 286; OLG Hamburg Recht 1907 Nr 1241); auch die Umbuchung eines aus Spiel (Differenzgeschäften) herrührenden Giroguthabens auf ein Festgeldkonto bei derselben Bank erzeugt keine klagbare Verbindlichkeit (BGH NJW 1980, 390). Die Schuldurkunde kann zurückgefordert werden. **29**

3. Unwirksam ist auch die **Anerkennung** eines auf der Passivseite Spielschulden enthaltenden **Kontokorrentsaldos**. Dies gilt auch, wenn eine Bank, die Gewinne aus Spielgeschäften schuldet, diese dem bei ihr geführten Girokonto des Gläubigers gutschreibt und auch dieses Saldo anerkennt (BGH NJW 1980, 390). Nach der seit RGZ 132, 218 stRspr (zur früheren Rspr vgl STAUDINGER/BRÄNDL[10/11] Rn 30; RGZ 56, 19; 59, 192; 82, 175) ist das *gesamte Abrechnungsgeschäft* unwirksam, mit der Folge, dass bei der Berufung des Saldoschuldners auf die Klaglosigkeit gewisser mit verrechneter Geschäfte die ganze Verrechnung als nicht vollzogen anzusehen ist und alle unwirksamen Geschäfte auf beiden Seiten des Kontokorrents zu streichen sind (RGZ 140, 315; 144, 311; RG HRR 1935 Nr 28; 1936 Nr 1051; JW 1937, 1245; 1939, 566 Nr 28; SeuffA 91 Nr 84; BankArch XXXIV 258; XXXVII 132 vgl auch Rn 23). Ausnahmsweise liegt, wenn der Schuldner eine Barzahlung auf eine *bestimmte* unverbindliche Spielschuld leistet, trotz Verbuchung im Kontokorrent eine Erfüllungsleistung vor, die nicht rückforderbar ist (RG HRR 1936 Nr 1051). In der Literatur ist diese Rechtsprechung umstritten (vgl SCHLEGELBERGER/HEFERMEHL, HGB [5. Aufl 1976] § 355 Rn 83 ff; CANARIS, in: Großkomm HGB § 355 Anm 83 ff; GÖPPERT ZHR 102, 161; ders 103, 318). **30**

4. Ob eine Verbindlichkeit *zum Zwecke* der Erfüllung einer Spiel- oder Wettschuld eingegangen wurde, ist von dem darzulegen und ggf zu beweisen, der die Klagbarkeit bestreitet. Dies gilt besonders bei Wechselverbindlichkeiten (RG JW 1900, 157 Nr 20). **31**

5. § 762 Abs 2 ist *entsprechend* auf den Fall anzuwenden, dass ein **Dritter dem Gewinner gegenüber** eine Verbindlichkeit zwecks Erfüllung der Spielschuld eingeht. Im Falle der Schuldübernahme bleibt die Spielschuld unverbindlich, der Erstattungsanspruch des leistenden Schuldübernehmers ist aber wirksam (RG WarnR 1916 Nr 68; RGZ 52, 39; BayObLGZ 5, 357). **32**

6. Die Verbindlichkeit muss **von dem Verlierenden gegenüber dem Gewinnenden** eingegangen sein. Ein Rechtsgeschäft (Darlehen), durch das der Spielschuldner **33**

(auch auf Veranlassung des Gewinners) eine Verbindlichkeit *gegenüber einem Dritten* übernimmt, ist grundsätzlich gültig (vgl RGZ 85, 380). Eine Ausnahme liegt vor, wenn die Verpflichtung gegenüber dem Dritten in einer allen Beteiligten bekannten Umgehungsabsicht geschlossen wird (vgl Mot II 643). Wenn sich der Spielschuldner nur nach § 328 zur *Leistung an einen Dritten* verpflichtet, besteht der Spieleinwand bis zur Erfüllung auch dem Dritten gegenüber (§ 334).

VI. Einfluss des § 762 auf Hilfs- und Nebengeschäfte

1. Allgemeines

34 § 762 regelt Hilfs- und Nebengeschäfte von Spiel- und Wettverträgen nicht. Die Aufnahme von solchen Regelungen wurde während der Beratungen abgelehnt (Mot II 646; Prot II 794 f; RTK 93), weil Umgehungsgeschäfte von der Rspr ausgeschlossen würden. Für die Ausdehnung der Unklagbarkeit nach § 762 auf Hilfs- und Nebengeschäfte ist von dem Grundgedanken des Gesetzes auszugehen, dass Spiel und Wette nicht durch die Gewährung gerichtlicher Hilfe gefördert werden sollen und die Erfüllung einer Spiel- und Wettschuld auch nicht mittelbar erzwungen werden darf (vgl BGH NJW 1974, 1821). Soweit sich solche Neben- oder Hilfsgeschäfte auf einen verbotenen oder nichtigen Spiel- oder Wettvertrag beziehen, ist zusätzlich zu prüfen, ob sich die Nichtigkeit auch auf sie erstreckt, was idR der Fall ist.

2. Auftrag und ähnliche Rechtsgeschäfte

35 a) In Frage kommen **Auftrag** (§ 662), *Geschäftsbesorgung* (§ 675) sowie *Makler- und Handelsvertretervertrag* (§ 652; §§ 84 ff HGB) vor allem früher beim Differenzgeschäft des aufgehobenen § 764. Gleich zu behandeln sind etwaige Ansprüche aus *Geschäftsführung ohne Auftrag* (§§ 677 ff).

36 b) Der *Auftraggeber* (im in Rn 35 definierten weiteren Sinn) hat gegen den Beauftragten *keinen* Anspruch auf Ausführung des Auftrags und folglich auch nicht auf Schadensersatz wegen Nichterfüllung (hM; vgl RGZ 40, 256; 93, 348; BGH NJW 1974, 1705; OLG Hamburg OLGE 4, 232; 10, 187; 14, 30; Soergel/Häuser Rn 7; BGB-RGRK/Seibert Rn 9; BGB-RGRK/Fischer[11] Anm 18) Der Beauftragte kann aber persönlich für die Rückzahlung des Einsatzes haften, wenn er bei Vertragsabschluss dem Auftraggeber Umstände verschweigt, die diesen vom Geschäft abgehalten hätten (BGH NJW 1980, 403; 1981, 1266, 1440). Dagegen hat der Auftraggeber nach § 667 Anspruch auf Herausgabe des zur Ausführung des Auftrages Erhaltenen – soweit es nicht bestimmungsgemäß verbraucht wurde – also auch, wenn der Vertrag von dem Beauftragten anders als vereinbart ausgeführt worden ist oder dieser die zur Ausführung des Geschäfts erhaltenen Mittel nicht weitergeleitet hat (OLG Düsseldorf NJW 1980, 1966). *Nach Ausführung des Auftrages* hat der Auftraggeber Anspruch auf Herausgabe des aus der Geschäftsführung Erlangten, insbesondere *des Gewinns*, wenn er dem Beauftragten die zur Teilnahme am Spiel erforderlichen Mittel zur Verfügung gestellt hat. Hat demgegenüber der Auftragnehmer diese Aufwendungen aus dem eigenen Vermögen verauslagt, steht ihm auch der erzielte Gewinn zu; denn da durch die Zuteilung des Gewinns das beendete Spiel nicht mehr gefördert werden kann, muss der Gewinn demjenigen zugeführt werden, dem er gebührt. Dabei muss nach dem Grundsatz von Treu und Glauben demjenigen der Gewinn belassen bleiben, der auch das Risiko getragen hat (HENSSLER, Risiko 506; **aM** [stets der Auftraggeber] die hM STAUDINGER/ENGEL Bearb 1995; RGZ 40, 258; 51, 156; 58, 280; OLG Hamburg OLGE 4, 232; 14, 31; OLG Dresden OLGE 12, 276; zweifelnd BGH NJW 1980, 1957; HECK, Schuldrecht § 138).

c) Der *Beauftragte* kann seine *Aufwendungen* (§ 670) und die vereinbarte *Vergütung* (Provision) vom Gewinn abrechnen; weitere klagbare Ansprüche hat er nicht. Im Verlustfall hat er keinen Anspruch auf Erstattung seiner Aufwendungen (soweit er sie im Voraus erhalten hat, allerdings auch keine Rückzahlungsverpflichtung) (allgM RGZ 51, 156; RG Gruchot 47, 932; 50, 957; JW 1906, 228; 1935, 927 Nr 4; 1936, 2067). 37

d) Der *Auftrag zur Bezahlung* einer *bereits entstandenen* Spielschuld ist verbindlich, aber bis zur Ausführung widerruflich. Der Ersatzanspruch ist nur bei rechtzeitigem Widerruf ausgeschlossen (RGZ 45, 158; RG BankArch XV 98; vgl Rn 32, 33). Der Widerruf ist nicht rechtzeitig, wenn der Auftragnehmer die Zahlung nicht mehr verhindern kann, etwa wenn er auf Grund einer Garantieverpflichtung leisten muss. Streitig ist, ob ein solcher Fall bei der Begleichung einer Spielschuld mit *Euroscheck* vorliegt, wenn der Spieler seiner Bank gegenüber die Verweigerung der Einlösung des Schecks fordert. Entscheidend dafür ist die Bedeutung der Scheckkarten-Garantie. Nach hM erwirbt der Schecknehmer einen gegenüber dem Deckungs- und Valutaverhältnis einwendungsfreien Einlösungsanspruch (BAUMBACH/HEFERMEHL, Wechsel- und Scheckgesetz, Art 4 ScheckG, Anh Rn 8 f). Demgemäß könnte sich die Bank nicht der Zahlung mit dem Spieleinwand entziehen (so OLG Nürnberg NJW 1978, 2513; STAUDINGER/ENGEL[12]). Nach richtiger Auffassung kann (und muss auf eine entsprechende Weisung des Scheckausstellers) die Bank dem Scheckeinlöser den Spieleinwand entgegenhalten, da die Hereinnahme eines garantierten Schecks für Spielschulden ein typischer Fall funktionswidrigen Missbrauchs ist, bei dem es eines Schuldvorwurfs nicht bedarf (MünchKomm/HABERSACK Rn 21; SOERGEL/HÄUSER Rn 3; JAUERNIG/SCHLECHTRIEM § 762 Anm 4). Der Auftragsbürge, der nach Entstehung der Schuld an den Spielgläubiger leistet, hat einen Ersatzanspruch, wenn der Spielschuldner nach der Entstehung der Schuld der Leistung zugestimmt hat. Leistet er ohne eine solche Zustimmung *freiwillig*, so steht ihm kein Anspruch zu. Ist er zur Leistung gezwungen (zB weil er im Ausland eine nicht rückforderbare Sicherheit geleistet hat), so wird man ihm (entgegen RGZ 52, 362) trotzdem einen Ersatzanspruch nicht geben können, da sonst der Auftrag ohne Vorleistung des Auftraggebers verbindlich wäre (vgl oben Rn 36, 37). 38

3. Gesellschaft und sonstige Vereinigungen

Die Klagbarkeit von Ansprüchen unter den Teilnehmern richtet sich nach denselben Grundsätzen wie beim Auftrag: **Kein klagbarer Anspruch** auf Mitwirkung und auf Schadensersatz wegen unterlassener oder fehlerhafter Mitwirkung; auf Zahlung von Beiträgen und Ersatz von Auslagen (RGZ 147, 117; RG JW 1935, 1545; anders noch RGZ 43, 148; BGH NJW 1974, 1705; PLANCK/OEGG Anm 7 d; ENNECCERUS/LEHMANN, Schuldrecht § 189 II 1; SOERGEL/HÄUSER Rn 7); auf Auszahlung des anteiligen Gewinns (§ 721) besteht ein Anspruch der Teilnehmer, die ihren Einsatz vor dem Spiel geleistet haben. Soweit der geschäftsführende Gesellschafter oder ein anderer Mitspieler den Einsatz eines Teilnehmers verauslagt hat, steht diesem dagegen kein Anspruch zu. Dadurch erhält derjenige den Gewinn, der auch das Risiko getragen hat (HENSSLER, Risiko 509 vgl oben Rn 36). Die Gegenauffassung, dass der Gewinn, abzüglich der Spielauslagen und 39

Spieleinsätze jedenfalls dem Teilnehmer zusteht (RGZ 58, 280; LEHMANN JW 1935, 1548), überzeugt nicht. Vorausgeleistete Einlagen für Zwecke des Spieles können, solange sie nicht verbraucht sind, frei zurückgefordert werden; sobald sie beim Spiel verbraucht wurden, ist ihre Rückforderung ausgeschlossen (vgl BGH NJW 1974, 1821. Zu den *„Spielgemeinschaften"* zur Teilnahme an einer staatlich genehmigten Lotterie oder Ausspielung s u § 763 Rn 25). Nicht dem Spieleinwand ausgesetzt sind Gesellschaftsverhältnisse zur Beteiligung am Betrieb eines nicht verbotenen oder zumindest geduldeten ausländischen Spielclubs; denn ein solcher Gesellschaftsvertrag steht nicht mit den Spielverträgen selbst in Zusammenhang und er enthält auch nicht die besondere Gefährlichkeit des Spielvertrages (OLG Düsseldorf NJW-RR 1987, 483; **aM** HENSSLER, Risiko 509).

4. Darlehen

40 **a)** Nach manchen früheren und ausländischen Rechten können auch Darlehen zu Spiel- und Wette *nicht zurückgefordert* werden (vgl WINDSCHEID/KIPP, Lehrbuch des Pandektenrechts [9. Aufl 1906] Bd 2 §§ 419, 420; ALR Teil 1 Titel 11, § 581; Art 513 Abs 2 SchwOR). Der Gesetzgeber sah von einer solchen Regelung ab, da die Abgrenzung zu unklar erschien (Mot II 646; Prot II 794, 797).

b) Eine *kreditierte Spielschuld* und damit eine direkte Anwendbarkeit des § 762 liegt vor, wenn ein Spieler einem Mitspieler ein „Darlehen" zum Spiel oder Weiterspiel vorschießt und er oder ein anderer Mitspieler dem Vorschussnehmer diese Summe wieder abgewonnen hat, wie ja auch eine aufgelaufene Spielschuld nicht wirksam in ein Darlehen umgewandelt werden kann (vgl Rn 29). Dies gilt nur, wenn Spielverträge zwischen dem Darlehensgeber und dem Darlehensnehmer vorliegen, nicht wenn sie, jeder für sich, mit einem Dritten spielen, zB beim Roulette in der Spielbank (BGH NJW 1974, 1821; RG JW 1902, 369 Nr 34; OLG Stettin OLGE 8, 83; OLG Köln OLGE 18, 34; ROHGE 25, 290; OLG Celle NdsRpfl 1961, 172; **aM** OLG Marienwerder OLGE 5, 103; KG OLGE 12, 93; 20, 272; 40, 335).

41 **c)** Dagegen sind *Darlehen einer dritten, am Spielbetrieb nicht beteiligten Person, im Allgemeinen gültig* (zur Unsittlichkeit solcher Darlehen bei besonderen Fallgestaltungen s u Rn 42), auch wenn sie ausdrücklich zu Spielzwecken gegeben und vom Darlehensnehmer auch wirklich dazu verwendet werden. Unerheblich ist dabei, ob er durch das Spiel gewinnt oder das erhaltene Geld verliert (BGH NJW 1974, 1821; NJW 1961, 1204; RGZ 67, 335; 70, 1; 85, 380; KG JW 1926, 924; PLANCK/OEGG Anm 7 a; BGB-RGRK/SEIBERT Rn 10; SOERGEL/HÄUSER Rn 7, MünchKomm/HABERSACK Rn 37). Der Spieleinwand greift aber ein, wenn im engen Zusammenhang mit dem Spiel, etwa durch den Wirt, in dessen Gaststätte der Darlehensnehmer an Spielautomaten spielt, ein Darlehen gegeben wird, um diesem das weitere Spielen zu ermöglichen (AG Rendsburg NJW 1990, 916). Soweit besondere zusätzliche Faktoren vorliegen, kann auch Nichtigkeit nach § 138 vorliegen (dazu Rn 42).

42 **d)** Darlehen, die zur Förderung des Spieles gegeben werden, sind unter *besonderen Umständen wegen Verstoßes gegen die guten Sitten nichtig* (§ 138; vgl auch die Erläuterungen zu § 138 Rn 90), so insbesondere Darlehen zu *verbotenem Spiel* (Mot II 646; OLG Marienwerder OLGE 5, 103; vgl auch BGH NJW 1974, 1821; OLG Celle vom 29. 4. 1987, 9. 11. 84/86 unveröffentlicht) und Darlehen, die in *besonders eigennütziger Absicht* gegeben werden, wie Darlehen des verbotswidrige Spiele duldenden Wirts (OLG Posen OLGE 6, 448), Darlehen eines Mitspielers oder des Inhabers, des Kassiers des Spielbetriebs oder einer sonstigen interessierten Person während des Spiels, um die Spiellust anzustacheln oder bei Verlust die Fortsetzung des Spiels zu ermöglichen und dadurch den eigenen Gewinn zu vergrößern (BGH NJW 1961, 1204; RGZ 70, 1; RG WarnR 1914 Nr 74; 1921 Nr 11, 12; JW 1920, 961; Gruchot 65, 681; OLG Frankfurt OLGE 18, 35); dies gilt auch, wenn der Inhaber einer staatlich konzessionierten Spielbank größere Darlehen gewährt, um den Spieler zum Weiterspielen zu veranlassen (BGH NJW 1991, 816) oder wenn der Gastwirt dem Gast durch Kredithingabe die Möglichkeit eröffnet, an den in der Gastwirtschaft aufgestellten Spielautomaten weiter zu spielen (AG Rendsburg NJW 1990, 916); jedenfalls aber unterfällt ein solches Darlehen dem Spieleinwand. Nicht um Darlehen zu Spielzwecken handelt es sich bei der Übergabe von Münzgeld durch Spielbankkassen gegen die Hingabe von Euroschecks, auch wenn dieses Geld anschließend an Automaten verspielt wird. Die Kasse kauft nämlich in diesem Fall lediglich Schecks gegen Bargeld an (BGH NJW 1996, 20). Nichtig sind auch Darlehen, die unter *Ausnützung des Leichtsinns* des Spielers gegeben werden und *außergewöhnlich hohe Darlehen* (RGZ 70, 1), nicht aber schon jedes höhere Darlehen (RGZ 67, 355). Der Kauf von Spielmarken (Chips) unter Stundung des Kaufpreises ist als Darlehen zu Spielzwecken zu behandeln (RG WarnR 1914 Nr 74; 1921 Nr 11, 12). Die Begebung eines Wechsels zur Sicherung dieser Forderung ist ebenfalls nach § 138 nichtig; der Wechsel ist dem Akzeptanten iSd § 16 Abs 2 WG abhanden gekommen (BGH NJW 1991, 816). *Unsittlich* ist auch die *eigennützige Gewährung* von ungewöhnlich hoch verzinsten Darlehen zur Gründung, Einrichtung und Ausstattung eines Spielklubs (RG WarnR 1922 Nr 23; LZ 1921, 14 und 450), wobei die behördliche Erlaubnis des Spielklubs die Unsittlichkeit nicht unbedingt ausschließt (RG JW 1924, 43; Gruchot 65, 213).

e) Ist das Darlehensgeschäft nach § 138 nichtig, so kann, anders als beim wucherischen Darlehen (dazu BGH NJW 1979, 2089; RGZ 161, 52; § 817 Rn 12 mwNw) auch die *Darlehenssumme selbst* nicht nach § 812 zurückgefordert werden, wenn auch dem Darlehensgeber ein Verstoß gegen die guten Sitten zur Last fällt (§ 817 S 2; RGZ 70, 4), was regelmäßig der Fall sein wird; denn hier verstößt nicht nur die Kapitalnutzung auf Zeit gegen § 138, sondern bereits die Kapitalüberlassung (BGH MDR 1961, 494; OLG Nürnberg MDR 1978, 669; vgl § 817 Rn 12 aE). Dies kann aber nur gelten, wenn der Darlehensnehmer das Darlehen verspielt hat, also nicht mehr bereichert ist, nicht aber, solange er den Darlehensbetrag noch in seinem Vermögen hat oder wenn er sogar mit dem Darlehen einen Gewinn erzielt hat. In diesen Fällen fehlt für den Ausschluss der Rückforderung jeder überzeugende Grund (BGH NJW 1995, 1152, 1153; MünchKomm/HABERSACK § 762 Rn 40; ERMAN/WESTERMANN § 817 Rn 22). Wenn der Darlehensnehmer das Darlehen durch unwahre Angaben erschlichen hat, so wird der dann gegebene Schadensersatzanspruch aus §§ 823 Abs 2, 826 weder durch § 762 noch durch § 817 S 2 ausgeschlossen, er kann aber an § 254 scheitern (RGZ 70, 1, 4; WarnR 1914 Nr 74; KG JW 1926, 1241). **43**

VII. Verbotene Spiele

1. Die Regelung des § 762 greift nur ein, soweit ein *wirksamer* Spiel- oder Wettvertrag vorliegt. Soweit der Spiel- oder Wettvertrag *nichtig* ist (§§ 134, 138), gelten die allgemeinen Regeln, insbesondere ist § 762 Abs 1 S 2 nicht anwendbar. **44**

Bei nichtigem Spielvertrag gilt die Verfügung über den Spieleinsatz als *unentgeltlich* iS des § 816 Abs 1 S 2, sofern der Spieleinsatz zu keinem entsprechenden Gewinn geführt hat. Derjenige, der durch diese unentgeltliche Verfügung das Eigentum an dem Spieleinsatz verloren hat, kann deshalb den Spieleinsatz vom Gewinner direkt zurückfordern (str, vgl SCHOSSER JuS 1963, 141; WIETHÖLTER JZ 1963, 286; BGHZ 37, 363; dazu weiter die Erläuterung zu § 816).

45 2. Nach den §§ 284, 285 StGB (idF der Bek vom 13. 11. 1998, BGBl I 3322, zuletzt geändert durch G vom 8. 4. 2008, BGBl I 666) ist strafbar, wer **ohne behördliche Erlaubnis öffentlich ein Glücksspiel** veranstaltet oder hält oder die Einrichtungen hierzu bereitstellt, sowie wer für eine Lotterie wirbt (§ 287 Abs 2 StGB); als öffentlich veranstaltet gelten auch Glücksspiele in Vereinen oder geschlossenen Gesellschaften, in denen Glücksspiele gewohnheitsmäßig veranstaltet werden. Nach § 284 Abs 4 StGB ist auch die Werbung für ein öffentliches Glücksspiel strafbar. Außerdem wird bestraft, *wer sich an einem solchen öffentlichen Glücksspiel beteiligt* (§ 285 StGB). Die behördliche Erlaubnis kann für öffentliche Glücksspiele auf Jahrmärkten, Schützenfesten uÄ unter freiem Himmel gelegentlich stattfindenden Veranstaltungen von vorübergehender Dauer unter bestimmten Voraussetzungen erteilt werden (Ausführungsvorschriften zu dem G gegen das Glücksspiel vom 27. 7. 1920, RGBl I 1482; vgl PROMMERSBERGER, Bayerisches Sammlungs- und Lotterierecht 139 ff). Da auch die Beteiligung an einem nicht erlaubten öffentlichen Glücksspiel verboten ist, das Verbot sich also gegen den *Spieler* wie gegen den *Spielhalter* richtet, ist jeder hiergegen vorstoßende Spielvertrag *nichtig* (allgM SOERGEL/HÄUSER Rn 6; PALANDT/SPRAU Rn 10; BGB-RGRK/SEIBERT Rn 10). Die Rückforderung des aufgrund eines solchen Vertrages Geleisteten ist idR nach § 817 S 2 ausgeschlossen. Bei Falschspiel steht dem Spieler aber ein Schadensersatzanspruch aus §§ 823, 826 zu. Auftrag, Gesellschaft und Darlehen zu *verbotenem Spiel* verstoßen gegen die guten Sitten und sind deshalb ebenfalls nichtig (vgl Rn 42).

VIII. Sonderformen des Spielbetriebs

46 1. **a)** Nach § 33c Abs 1 S 1 GewO (idF der Bek vom 22. 2. 1999, BGBl I 202, zuletzt geändert durch Art 89 des Gesetzes vom 17. 3. 2008, BGBl I 399) bedarf das *gewerbsmäßige Aufstellen* eines Spielgeräts, das mit einer den Spielausgang beeinflussenden mechanischen Vorrichtung ausgestattet ist und die Möglichkeit eines Gewinns bietet, der Erlaubnis. Sie berechtigt nur zur Aufstellung von Automaten, deren Bauart zugelassen ist (§§ 11 ff SpielV).

b) Das Gleiche wie für das Aufstellen von Spielautomaten gilt für das Veranstalten von anderen Spielen mit Gewinnmöglichkeit (§ 33d GewO; erfasst sind nur Geschicklichkeitsspiele, nicht aber Glücksspiele [vgl § 33h GewO]); Voraussetzung für die Erlaubnis ist eine Unbedenklichkeitsbescheinigung für den Antragsteller (zum Verfahren vgl VO über das Verfahren bei der Erteilung von Unbedenklichkeitsbescheinigungen für die Veranstaltung anderer Spiele iS des § 33d Abs 1 der GewO vom 6. 2. 1962, BGBl I 152, idF der Bekanntmachung vom 10. 4. 1995 [BGBl I 510], zuletzt geändert durch Art 10 G vom 10. 11. 2001 [BGBl I 2992]). Eine Anzahl harmloser Spiele (Geschicklichkeitsspiele mit niedrigen Einsätzen und Gewinnen) ist erlaubnisfrei (§ 33g Nr 1 GewO iVm § 5a SpielV und der Anlage zu § 5a SpielV).

c) Die Erlaubnis wird (nach Vorliegen der Bauartzulassung bzw der Unbedenklichkeitsbescheinigung) nach der VO über Spielgeräte und andere Spiele mit Gewinnmöglichkeiten (**SpielV**) vom 27. 8. 1971 (BGBl I 1441, idF vom 27. 1. 2006, BGBl I 280) erteilt, wenn kein Versagungsgrund des § 33c Abs 2 bzw 33 d Abs 3 GewO und der SpielV vorliegt. Ein Verstoß gegen die Erlaubnispflicht oder gegen angeordnete Auflagen ist nach §§ 144 Abs 2 Nr 1 und 3, 148 Nr 1 und 2 GewO eine Ordnungswidrigkeit bzw ein Vergehen. Da es sich bei den Vorschriften der §§ 33c ff GewO um Ordnungsvorschriften handelt, die nur die eine Partei (Veranstalter; Aufsteller) unter Strafe stellen, sind Spielverträge mit einem Unternehmer, dem die Erlaubnis fehlt, nicht nach § 134 nichtig (aM HENSSLER, Risiko 477 für die Vorschriften, die neben dem Schutz der Allgemeinheit auch speziell den Schutz der Gäste [Spieler] beabsichtigen; zu den Regelungen der §§ 33c ff GewO vgl im Üübrigen die Kommentierungen bei LANDMANN/ ROHMER, Gewerbeordnung [Loseblattausgabe] Stand 1. 11. 2007).

2. Nach dem **Gesetz über die Zulassung öffentlicher Spielbanken (SpielbG)** vom **47** 14. 7. 1933 (RGBl I 480) finden das G betr die Schließung öffentlicher Spielbanken vom 1. 7. 1868 (BGBl des Norddeutschen Bundes 367) und die §§ 284, 285 StGB auf zugelassene Spielbanken keine Anwendung (vgl zu den Rechtsfragen von Spielbanken besonders LAUER, Staat und Spielbanken, Rechtsfragen des Staatshandelns in einem Spannungsfeld zwischen Erwerbswirtschaft und Gefahrenabwehr [1993]). Das G galt als Landesrecht weiter, da das Spielbankenrecht als Recht der öffentlichen Sicherheit und Ordnung kein Bundesrecht geworden ist (BVerfGE 28, 119). Die Bundesländer haben das Gesetz inzwischen durchgehend geändert bzw neue Gesetze erlassen (vgl ERBS/KOHLHAAS, Strafrechtliche Nebengesetze, Registerband, Stichwort „Spielbanken"). Durch die staatliche Zulassung ist auf Spiele in diesen Spielbanken § 763 S 1 analog anzuwenden. Die Verpflichtungen aus diesen Spielen sind also verbindlich (so Rn 6). Durch die aufgrund des SpielbG erlassene VO (VO über öffentliche Spielbanken vom 27. 7. 1938, RGBl I 955, geändert durch VO vom 31. 1. 1944, RGBl I 60; inzwischen in allen Bundesländern geändert oder ersetzt. Vgl ERBS/KOHLHAAS, Strafrechtliche Nebengesetze, Registerband Stichwort „Spielbanken") ist das Spiel zum Teil Personen unter 21 Jahren und Personen, die am Spielort wohnen, untersagt. Des Weiteren ist durch diese Vorschriften das Spiel an bestimmten Tagen und entgegen den in der Spielordnung getroffenen Regelungen (Spielstunden; zugelassene Spiele) verboten. Verstöße gegen diese Vorschriften sind bußgeldbedroht. Spielverträge von Personen, denen das Spielen aus in der Person liegenden Gründen durch das SpielbG oder die SpielbVO selbst untersagt ist (unter 21 Jahren; am Spielbankort wohnhaft), sind nach § 134 nichtig (BGHZ 37, 363; 47, 393); die verlorenen Spieleinsätze können somit vom Spieler zurückgefordert werden. Verstöße gegen die Spielordnungen oder Ordnungsvorschriften in der SpielbVO: Spielzeiten (BGHZ 37, 366), Vorschriften über Festlegung eines Limits bei Internetspielbanken (BGH NJW 2008, 2026) machen die Verträge nicht nichtig (BGHZ 47, 393). Bei der Veranstaltung nicht zugelassener Spiele kommt es auf den Einzelfall an; soweit die Spielregeln nur geringfügig von denen zugelassener Spiele abweichen, dürfte keine Nichtigkeit eintreten; dagegen dürfte die Veranstaltung völlig anderer Spiele nicht mehr von der Erlaubnis umfasst sein und damit nach §§ 284, 285 StGB strafbar sein mit der Wirkung der Nichtigkeit (vgl Rn 44). Auch bei erlaubtem Spiel an einer zugelassenen Spielbank kann sich aus dem Verhalten der Geschäftsführung der Spielbank in Bezug auf einen Spieler, der unter verdächtigen Umständen laufend hohe Summen verspielt, für denjenigen, dessen Gelder der Spieler für seine Einsätze veruntreut hat, ein Schadensersatzanspruch aus § 826 gegen die Spielbank ergeben (LG Konstanz vom 5. 8. 1965 – III O 100/64 – unveröffentlicht). Unterschlägt ein Angestellter der Spielbank Geld, so entsteht der Spielbank in voller Höhe ein (auszugleichender) Schaden, auch wenn das Geld sofort anschließend in der Spielbank wieder verspielt wird (BGH NJW 1980, 2183); zu Darlehen der Spielbank an einen Spieler vgl Rn 42. Nach den verschiedenen SpielbVO der Länder ist eine Spielbank berechtigt, Personen ohne Angabe von Gründen vom Spiel auszuschließen. Durch diese Regelung wird ein Kontrahierungszwang der Spielbanken ausgeschlossen; die Spielbanken können dementsprechend frei entscheiden, welche Personen sie zum Spiel zulassen. Diese Möglichkeit verstößt weder gegen die von der Rspr entwickelten Grundsätze über den Kontrahierungszwang noch gegen die Berufsfreiheit eines Berufsspielers (BGH WM 1994, 1670); dies muss auch gelten, wenn der Ausschluss nicht nur eine Spielbank betrifft, sondern – wie bei Spielbanken üblich – von dieser anderen Spielbanken mitgeteilt und auch von diesen der Betroffene ausgeschlossen wird (insoweit offengelassen vom BGH WM 1994, 1670). Bei einem auf eigenen Wunsch gesperrten Spieler sah die Rechtssprechung für die Spielbank keine vertragliche Pflicht, die Sperre zu überwachen. Ersatzansprüche bei Spielverlusten des auf eigenen Wunsch gesperrten Spielers ließ sie deshalb nicht zu, selbst wenn die Spielbank sein weiteres Spielen kennen konnte (vgl BGHZ 131, 136; LG Baden-Baden WM 1998, 1685; LG Leipzig NJW-RR 2000, 1343). Diese Rechtsprechung wurde in der Literatur (WEISS, Die Sperre des Glücksspielers [Diss Hamburg 1999]; GRUNSKY, EWiR § 157 BGB 1/96, 11; PETERS JR 2002, 177) einhellig kritisiert und zwischenzeitlich auch vom BGH aufgegeben (BGHZ 174, 225; 165, 276; m Anm LORENZ LMK 2006, 166, 228 und Anm SCHIMMEL NJW 2006, 958; OLG Hamm NJW-RR 2003, 971). Mit der Annahme eines Antrags eines Spielers auf Eigensperre geht die Spielbank eine vertragliche Bindung gegenüber dem Antragsteller ein, die gerade sein Vermögensinteresse schützt, ihn vor zu befürchtenden wirtschaftlichen Schäden seiner Spielsucht schützt (BGHZ 165, 276). Diese Sperre hat sie auch zu überwachen, auch im sog „Kleinen Spiel" (BGHZ 174, 225); verletzt sie schuldhaft diese Überwachungspflicht, so haftet sie nach § 280 Abs 1 BGB (zu den rechtlichen und praktischen Folgen für die Spielbanken vgl PETERS, Die „Eigensperre" des Glücksspielers, ZfWG 2007, 321 noch zur Rechtslage vor Inkrafttreten der §§ 20, 8 GlüStV). Für die Fremdsperre geht die Rechtssprechung dagegen weiterhin davon aus, dass aus der Fremdsperre dem Gesperrten keinerlei Rechte entstehen (BGHZ 131, 136; ausdrücklich aufrechterhalten in BGHZ 165, 276). Die Rechtsprechung dürfte nach der GlüStV nicht mehr zutreffend sein. Nach § 20 GlüStV dürfen gesperrte Spieler am Spielbetrieb in Spielbanken nicht teilnehmen. Die Durchsetzung des Verbots ist durch Kontrolle des Ausweises oder eine vergleichbare Identitätskontrolle und Abgleich mit der Sperrdatei zu gewährleisten. Bei § 20 GlüStV handelt es sich um ein Verbotsgesetz, das auch dem Schutz des Einzelnen bezweckt. Dies ergibt sich schon aus dem Zusammenhang mit den in § 1 GlüStV definierten Zielen des Vertrages (Schaffen der Voraussetzungen für eine wirksame Suchtbekämpfung, Gewährleistung des „Spielerschutzes"). Bei Fremdsperre besteht deshalb eine Schadensersatzpflicht nach § 823 Abs 2. Unabhängig davon sind die unter Verstoß gegen § 20 GlüStV abgeschlossene Verträge wegen Verstoßes gegen § 134 nichtig, da die Verbotsnorm auch generalpräventiv wirken soll. Der Spieler hat deshalb keinen Anspruch auf Auszahlung des Gewinns (so auch KG NJW RR 2003, 1359). Bei den in den letzten Jahren aufgekommenen sog Internetcasinos handelt es sich um unerlaubtes Glücksspiel, soweit sie ohne (inländische) Genehmigung in Deutschland veranstaltet werden (§ 284 StGB). Dabei wird das Glücksspiel dort veranstaltet, wo dem Spieler die Möglichkeit zur Teilnahme eröffnet wird (§ 3 Abs 4 GlüStV). Die Behandlung der „Internetcasinos" entspricht der Behandlung des ohne Genehmigung veranstalteten Glücksspiels (so Rn 45). Umgekehrt handelte es sich bei den zeitweise von deutschen Spielbanken mit behördlicher Genehmigung veranstalteten Internetcasinos um erlaubte Glücksspiele, die nach § 763 Abs 1 S 1 analog verbindlich waren (vgl BGH NJW 2008, 2026; vgl zum Glücksspiel im Internet allg VOLK, Glücksspiel im Internet [2006], DIETLEIN/WOESSLER, KSR 2003, 458).

3. Finanztermingeschäfte

48

Nach der Aufhebung des § 764 (s u) gewinnt die Frage an Bedeutung, inwieweit Differenzgeschäfte und Termingeschäfte als Spiel zu betrachten sind; dies gilt insbesondere für ereignisbezogene Finanzprodukte. Bei diesen Finanzprodukten handelt es sich darum, dass Gewinn oder Verlust von einem in der Zukunft liegenden Ereignis (Höhe eines Indexes, Klima- oder andere physikalischen Variablen, Inflationsraten oder andere volkswirtschaftliche Variablen usw) abhängig ist (vgl § 2 Abs 2 WpHG). Bei diesen Verträgen sind die objektiven Voraussetzungen des Spiels: gegenseitiger Vertrag, Gewinn oder Verlustentscheidung vom Eintreten einer vom Zufall abhängigen Tatsache, in der Regel gegeben. Zweifelhaft ist das Vorliegen der Spielabsicht, dh des ausschließlichen Ziels durch die entgegenstehenden Erwartungen einen finanziellen Gewinn zu erzielen, ohne einen wirtschaftlich berechtigten Zweck zu verfolgen. Für alle diese Verträge schließt § 37e WpHG den Einwand des § 762 aus, wenn mindestens ein Vertragsteil ein Unternehmen ist, das gewerbsmäßig oder in einem Umfang, der einen in kaufmännischer Weise eingerichteten Geschäftsbetrieb erfordert, Finanztermingeschäfte abschließt oder deren Abschluss vermittelt oder die Anschaffung, Veräußerung oder Vermittlung von Finanztermingeschäften betreibt. Diese Geschäfte unterfallen also dem Spieleinwand, wenn sie von beiden Seiten mit Spielabsicht betrieben werden und nicht der Definition des Finanztermingeschäfts in § 37e S 2 iVm § 2 Abs 2 WpHG unterfallen oder (auch wenn es sich um Finanztermingeschäfte handelt) nicht wenigstens einer der Vertragspartner ein Unternehmen ist, der gewerbsmäßig Finanztermingeschäfte betreibt (Begründung zum Gesetzentwurf für das 4. FinMFöG, BT-Drucks 14/8017, 96). Soweit diese Voraussetzungen vorliegen, handelt es sich bei diesen Geschäften auch nicht um unerlaubtes Glücksspiel iSd § 284 StGB. Die Verträge sind deshalb auch nicht nach § 134 nichtig, aber als Spiel unverbindlich (zu den einzelnen Formen der Finanztermingeschäfte, besonders der ereignisbezogenen Finanzprodukte, vgl MÜLBERT/BÖHMER WM 2006, 937, 985).

IX. Internationales Privatrecht

Wegen der Vorbehaltsklausel des Art 6 EGBGB muss der Spieleinwand zugelassen **49** werden, auch wenn nach dem anzuwendenden ausländischen Recht die Verbindlichkeit klagbar wäre (BayObLGZ 5, 357; BGHZ 58, 1; BGH NJW 1975, 1600; 1979, 488).

§ 763
Lotterie- und Ausspielvertrag

Ein Lotterievertrag oder ein Ausspielvertrag ist verbindlich, wenn die Lotterie oder die Ausspielung staatlich genehmigt ist. Anderenfalls finden die Vorschriften des § 762 Anwendung.

Materialien: E I § 665; II § 705; III § 749; Mot II 648; Prot II 804.

Schrifttum

Vgl zunächst das Schrifttum in der Vorbem zu § 762.
BENDER, Die Lotterie (1832)
BOSCH, Glücksspiele, Chancen und Risiken (2000)
ENDEMANN, Beiträge zur Geschichte der Lotterie und zum heutigen Lotterierecht (Diss Bonn 1882)
FRUHMANN, Das Spiel im Spiel – Strafbarkeit gewerblicher Spielgemeinschaften, MDR 1993, 822
GEBHARDT, Die Fußballwette (Diss Würzburg 1955)
HAMANN, Der Fußballtoto (Diss Köln 1950)
HORN, Zum Recht der gewerblichen Veranstaltung und Vermittlung von Sportwetten, NJW 2004, 2047
KLENK, Der Lotteriebegriff in straf- und steuerrechtlicher Sicht, GA 76, 361
LEONHARD, Der deutsche Toto-Lotto-Block (1994)
MADEJA, Versicherung und Lotterie (Diss Köln 1954)
OHLMANN, Lotterien und Glücksspiele in Deutschland. Schlaglichter der rechtshistorischen Entwicklung vom 18. zum 20. Jahrhundert, ZfWG 2007, 101
ders, Lotterien, Sportwetten, der Lotteriestaatsvertrag und Gambelli, WRP 2005, 48
PLANDER, Lottospielgemeinschaft und Rechtsbindungswille, AcP 176, 423
PFISTER (Hrsg), Rechtsprobleme der Sportwette (1989)
SCHLUND, Das Zahlenlotto (1972)
SURA, Die grenzüberschreitende Veranstaltung von Glücksspielen im Europäischen Binnenmarkt (1995)
TETTINGER/ENNUSCHAT, Grundstrukturen des deutschen Lotterierechts (1999)
WINTERSTEIN, Lotterien im System der aleatorischen Verträge (Diss Hamburg 1959).

Systematische Übersicht

I. Begriff von Lotterie und Ausspielung
1. Rechtsentwicklung _____ 1
2. Allgemeine Begriffsbestimmung __ 2
3. Die einzelnen Merkmale _____ 4
4. Die Ausspielung _____ 8
5. Sonderformen _____ 9

II. Rechtliche Behandlung von Ausspielung und Lotterie
1. Allgemeines _____ 14
2. Die staatliche Genehmigung ____ 15
3. Hilfs- und Nebengeschäfte _____ 16

III. Verbots- und Strafbestimmungen
1. Bundesrechtliche Vorschriften __ 17
2. Landesrechtliche Vorschriften __ 18

IV. Das Staatslotteriewesen
1. Die Klassenlotterien _____ 19
2. Die im deutschen Lotto-Toto-Block veranstalteten Lotterien _____ 23
3. Die allgemeinen (amtlichen) Teilnahmebedingungen _____ 26

September 2008

I. Begriff von Lotterie und Ausspielung

1. Rechtsentwicklung

Für Lotterien und Ausspielungen als besonderen Typen der aleatorischen Verträge, **1** hat sich, obwohl sie dem Spiel nahe stehen, von der überwiegenden Meinung sogar (so jetzt auch § 3 Abs 3 GlüStV) als Unterformen des Spiels angesehen werden (so Vorbem 6), ein Sonderrecht entwickelt, weil die Staaten in Deutschland seit dem 16. Jahrhundert selbst Lotterien veranstalteten oder konzessionierten, um daraus Einnahmen zu erzielen. Um diese Lotterien attraktiv zu machen, wurden sie nicht den einschränkenden Regelungen des Spiels unterworfen, insbesondere wurden sie stets als *bürgerlich-rechtlich voll wirksam behandelt* (vgl ALR Teil 1 Titel 11 §§ 547 ff). Diese unterschiedliche Behandlung ist auch in den erheblichen Unterschieden dieser Form der aleatorischen Verträge gegenüber dem Spiel begründet; das ausländische Recht entspricht weitgehend der Regelung des § 763 (zum früheren Recht: vGierke, Deutsches Privatrecht § 208 [Bd 3 in: Bindings Handbuch der deutschen Rechtswissenschaft]; Schlund, Das Zahlenlotto 4 ff; Endemann, Beiträge zur Geschichte der Lotterie und zum heutigen Lotterierecht; zum ausländischen Recht: Lorenz, Stichwort „Spiel und Wette", Rechtsvergleichendes Handwörterbuch für das Zivil- und Handelsrecht Bd 6, sowie die in Vorbem zu § 762 aufgeführte Literatur zum ausländischen Recht).

2. Allgemeine Begriffsbestimmung

a) Auch für Lotterie und Ausspielung enthält das G (wie für Spiel und Wette) **2** keine Begriffsbestimmung. In gleicher Weise verwendet § 287 StGB die Begriffe „Lotterie" und „Ausspielung beweglicher und unbeweglicher Sachen" ohne Definition und stellt sie neben die in §§ 284, 285 StGB gesondert geregelten Glücksspiele. *Lotterie und Ausspielung sind Veranstaltungen, bei denen nach Maßgabe eines vom Unternehmer aufgestellten Spielplans durch eine Losziehung oder ein anderes, im wesentlichen auf den Zufall abgestelltes Verfahren unter einer Mehrzahl Einsatz leistender Teilnehmer entschieden wird, auf welche Einsätze ein Gewinn entfällt* (RGSt 25, 256; 27, 47; 34, 142, 447; 60, 385; 77, 384). Der Gegenauffassung, dass das Merkmal des Zufalls nicht zwingend vorliegen muss (Henssler, Risiko 512) kann nicht gefolgt werden. Bei dem Abstellen des Gewinnplans auf ein vom Aufstellenden oder dem Spieler zu beeinflussendes Ereignis wäre die Gefahr der Manipulation zu hoch, unabhängig davon, dass eine solche Gestaltung nur schwer vorstellbar wäre. Das Zufallselement schließt natürlich nicht aus, dass besondere Kenntnisse des Spielers seine Gewinnchance erhöhen (zB bei Lotterien, deren Ausgang vom Ergebnis sportlicher Veranstaltungen abhängig ist, wie Toto, Oddsett-Wetten uÄ). *Lotterie- und Ausspielverträge sind* die einzelnen, meist gleichartigen Verträge, die der Unternehmer mit den einzelnen Teilnehmern schließt. *Die Teilnehmer untereinander stehen in keinen Vertragsbeziehungen*, obwohl in vielen Lotterien die Höhe der Gewinnchance vom Verhalten der anderen Teilnehmer abhängt (zB wird beim Lotto ein bestimmter Prozentsatz der Einsätze auf die einzelnen Gewinnklassen verteilt; insgesamt werden 50% der Einsätze ausgeschüttet).

b) Die unterschiedliche Behandlung von Lotterien und Ausspielungen einerseits, **3** Spiel und Wette andererseits erklärt sich daraus, dass die Lotterien schon früh *vom Staat als Einnahmequelle monopolisiert wurden* (Rn 1) und dass sie als geeignet erschienen, den Spieltrieb des Volkes vom – als gefährlicher angesehenen – Glücksspiel auf die *harmloseren Lotterien abzulenken.* Damit sollte auch der Bürger *vor Betrügern geschützt* werden, weil die Überwachung von Lotterien sehr viel einfacher ist als die von Glücksspielen (vgl dazu die Kommentierungen zu § 286 StGB zB Bubnoff, LK [10. Aufl] § 286 Rn 1 und Vorbem von 284 Rn 3 ff; Schönke/Schröder/Esser, StGB § 286 Rn 1). Die Lotterien und Ausspielungen sind sehr viel weniger gefährlich, weil die Gewinnaussichten durch den Spielplan fest begrenzt sind, die Spielteilnehmer nicht in Fühlung miteinander stehen und die Gewinnermittlung von den Teilnehmern zeitlich und örtlich entfernt vorgenommen wird und die Spielfrequenz niedriger ist (vgl Vorbem 4 aE). Diese Unterschiede schließen aber nach der Rspr und hM die analoge Anwendung des § 763 S 1 auf staatlich genehmigte Spiel- und Wettverträge nicht aus, dh auch diese werden als verbindlich behandelt (so § 762 Rn 6).

3. Die einzelnen Merkmale

4 a) Der *Veranstalter der Lotterie* muss bereit sein, mit einer *Mehrzahl von Personen* Lotterieverträge abzuschließen; nicht notwendig ist der *tatsächliche Abschluss* von mehr als einem Lotterievertrag. Bei einer nach dem Spielplan festliegenden Zahl von Losen (zB Klassenlotterie, Rn 19 ff) nimmt der Veranstalter mit den Losen, die er nicht absetzen konnte, an der Lotterie teil. Die Lotterie muss nicht öffentlich sein und der Veranstalter braucht nicht bereit zu sein, mit jedem Interessenten einen Lotterievertrag abzuschließen. Der Veranstalter trägt zwar im Rahmen des einzelnen Lotterievertrages ein Verlustrisiko, regelmäßig aber nicht im Rahmen der gesamten Lotterie. Allerdings kann in Ausnahmefällen ein Verlustrisiko entstehen, wenn bei einer im Spielplan fest bestimmten Anzahl von Losen und Gewinnen nur ein geringer Teil der Lose abgesetzt wird (RGSt 38, 206; 64, 360).

5 b) Der *Spielplan* wird vom Veranstalter der Lotterie einseitig aufgestellt und muss die Spielbedingungen für alle Teilnehmer enthalten (vgl OLG Braunschweig NJW 1954, 1717; RGZ 77, 344; RGSt 55, 271; BGHSt 3, 104). Die Spielbedingungen müssen nicht für alle Teilnehmer gleich sein. Der Spielplan muss insbesondere die Festlegung des Einsatzes (dazu Rn 7) und der Ermittlung der Gewinne (dazu Rn 6) enthalten. Der Spielplan muss darüber hinaus die Zahl und Höhe der Gewinne enthalten; diese brauchen nicht von vornherein bestimmt, sondern nur bestimmbar zu sein; insbesondere können sie vom Umfang der Beteiligung abhängig gemacht werden.

6 c) Die Ermittlung der Gewinner muss nach einem *Verfahren* erfolgen, das *wesentlich auf den Zufall abstellt*, also auf einen unberechenbaren, dem Einfluss der Teilnehmer entzogenen Ursachenverlauf (BGHSt 2, 140). Dabei können die Gewinner durch eine Auslosung (Klassenlotterie; Lotto), durch die Ziehung eines Loses in einer anderen Lotterie, das Ergebnis von Spielen dritter Personen (Fußballspiele, Pferderennen) oder auch der Teilnehmer selbst (BGHSt 2, 139) bestimmt werden. Dabei darf in diesem Fall körperliche Geschicklichkeit und geistige Berechnung den Erfolg mit beeinflussen. Ist allerdings der Gewinn überwiegend von der Geschicklichkeit der Teilnehmer abhängig, liegt keine Lotterie vor (RGSt 12, 390; 25, 256; 34, 142; 40, 21; LG Marburg NJW 1955, 346; BayObLGSt 32, 45; RFHE 17, 33; 20, 205; BFHE 55, 335). Diese Abhängigkeit des Gewinns vom Zufall muss auch *den Teilnehmern erkennbar sein* (RGSt 18, 342, 345; 60, 385, 387).

d) Schließlich ist die *Leistung eines Einsatzes* durch die Teilnehmer notwendig 7 (RGZ 60, 381; 77, 344; **aM** EHRLICH, Über den Begriff und die rechtliche Natur der Lotterie und Ausspielung [Diss Leipzig 1922] 49, der einen unbedingten Einsatz nicht für notwendig hält). Der Einsatz wird meist offen (zB durch Loskauf) geleistet; er kann aber auch versteckt in einem Warenkaufpreis (RGZ 115, 326; RG JW 1931, 1926; BGHSt 2, 83), Eintrittsgeld, Vereinsbeitrag, Inseratenpreis geleistet werden. Dabei ist nicht erforderlich, dass der *gewöhnliche Preis* dieses Gegenstandes oder dieser Leistung im Hinblick auf die Gewinnaussicht *erhöht ist*. Es muss aber ein erheblicher Anteil der Teilnehmer den Gegenstand zumindest auch *wegen der damit verbundenen Gewinnchance* erwerben und einen Teil des Preises als Einsatz für die Gewinnchance ansehen (BFHE 55, 289; 60, 409; BayObLGSt 30, 7) also kein Einsatz bei Erwerb einer Zeitschrift, in der bisweilen Preisausschreiben veranstaltet werden oder bei Prämierung jedes 500sten Besuchers einer Veranstaltung. Eine solche Förderung des Absatzes kann aber einen Verstoß gegen das UWG darstellen (vgl Rn 9).

4. Die Ausspielung ist eine *Sach- oder Warenlotterie*; die ausgesetzten Gewinne 8 bestehen hier nicht in Geld, sondern in anderen Gegenständen; *abgesehen von dem Gewinngegenstand gilt für die Ausspielung das Gleiche wie für die Lotterie.* Bezüglich Sach- und Rechtsmängel der ausgespielten Gewinne sowie der Gefahrtragung sind die Grundsätze des Kaufrechts entsprechend anzuwenden. Das Aussetzen von Sachgewinnen unter Angabe eines bestimmten Wertes schließt die bindende Zusage ein, dass der betreffende Gewinn diesen Wert nach redlicher Schätzung des Verkehrs auch erreicht (OLG Nürnberg OLGZ 1966, 278). Auch bei *Ausspielung eines Grundstücks* bedarf der Ausspielvertrag nicht der notariellen Beurkundung. Weigert sich der Dritte, das Grundstück dem Gewinner zu übereignen, weil sein Angebot nicht notariell beurkundet ist, hat der Lotterieunternehmer Schadensersatz zu leisten (OLG Nürnberg OLGZ 1966, 278).

5. Sonderformen

a) Als Lotterie bzw Ausspielung werden teilweise die *Geschäfte mit progressiver* 9 *Kundenwerbung* (sog Schneeball-, Lawinen-, Hydra-, Gella-, Multiplex-, Admira-Systeme) (RGZ 60, 379; 115, 319; RGSt 34, 140, 321; BGHSt 2, 79, 139; BGHZ 15, 356; OLG Köln OLGZ 1971, 392) behandelt. Alle diese Systeme bestehen im Grundzug darin, dass der Unternehmer Verbraucher zur Abnahme von Waren, Dienstleistungen oder Rechten veranlasst mit dem Versprechen besonderer Vorteile für den Fall, dass sie Abnehmer zum Abschluss gleichartiger Geschäfte gewinnen, denen wiederum derartige Vorteile für eine entsprechende Werbung weiterer Abnehmer versprochen werden (LEHMLER, Kommentar zum Wettbewerbsrecht § 16 UWG Rn 29 ff). Die Behandlung dieser Geschäfte als Ausspielungen ist aber aus zwei Gründen nicht möglich. Zum ersten fehlt es an dem Merkmal, dass das Ergebnis wesentlich vom Zufall abhängig ist. Soweit es sich um Waren des täglichen Gebrauchs handelt, kann von Zufallsergebnissen kaum gesprochen werden (zB BGHZ 15, 356: Verkauf von Kaffee pfundweise). Aber auch in den übrigen Fällen spielt die Geschicklichkeit, auch bei bereits eingetretener Marktverengung eine größere Rolle als der Zufall. Es fehlt aber vor allem an dem – für alle Verträge des Titels 19 erforderlichen – Merkmal, dass diese Verträge vermögenswerte Verlustrisiken für alle Beteiligten aufweisen müssen. Die Geschäfte mit progressiver Kundenwerbung enthalten für den Veranstalter keinerlei Verlustrisiko; der Schutz der Teilnehmer an solchen Veranstaltungen wird deshalb vom Regelungszweck des § 763 S 2, 762 nicht umfasst (HENSSLER, Risiko 517). Er wird von anderen Normen gewährleistet. Bei solchen Verträgen liegt in der Regel Sittenwidrigkeit vor (zB Missbrauch des Franchise-Systems für eine schneeballartige Werbung neuer Geschäftspartner, BGH NJW 1986, 1880). Ansonsten sind diese Verträge im Regelfall nach § 16 Abs 2 UWG verboten und strafbar und damit nach § 134, jedenfalls aber nach § 138 nichtig (OLG Karlsruhe GR 1989, 615, 616). Wettbewerbsrechtlich sind solche Verkaufssysteme regelmäßig auch eine unerlaubte Werbung iSd § 3 UWG, weil der Interessent durch Ausnützung der Spielleidenschaft in der Freiheit des Kaufentschlusses beeinflusst wird (BGHZ 15, 356, 360; RGZ 115, 330; BGHSt 2, 139; OLG München NJW 1986, 1880).

b) Streitig ist die Beurteilung von *Kettenbriefaktionen*. Bei diesen erwirbt der Mitspieler eine Teilnahmeberechtigung durch den Erwerb eines – die Anleitung zur Teilnahme enthaltenden – Briefs und die Zahlung eines Betrages an einen Mitspieler. Durch die Weitergabe des Briefs gegen Entgelt an von ihm zu werbende Mitspieler erhält er seinen Einsatz zurück und eröffnet sich eine Gewinnmöglichkeit, da er nach einer Reihe von Weitergaben derjenige ist, der den zu zahlenden Betrag erhält. Der BGH sieht in diesen Systemen im strafrechtlichen Sinn kein „Glücksspiel" iSd § 284 StGB und keine unerlaubte Lotterie iSd § 287 StGB, da es an einem Einsatz und an einem Gewinn fehlt (BGHSt 34, 171; 43, 270, 273 zu Pyramidensystemen; OLG Stuttgart NJW 1972, 365; aA OLG Karlsruhe NJW 1972, 1963). Unabhängig von der strafrechtlichen Beurteilung sind solche Kettenbriefaktionen zivilrechtlich Lotterien; dabei sind die Zahlungen für den Brief an den festgelegten Mitspieler als „Einsatz" zu betrachten. Zweifelhaft bei dieser Beurteilung könnte höchstens das Merkmal des Zufalls bei der Gewinnermittlung sein; auch dies ist aber gegeben, da der einzelne Mitspieler keinen Einfluss darauf hat, ob die in der Kette folgenden Personen sich spielgerecht verhalten und wieweit die Sättigung des Marktes bereits fortgeschritten ist (vgl dazu oben a). Die Zahlungen des „Einsatzes" sind demnach nicht klagbar; es besteht auch kein Anspruch an die folgenden Mitspieler, dass diese Tätigkeiten entfalten. Geleistete Zahlungen sind allerdings auch nicht rückforderbar (§§ 763 S 2, 762 S 2). Soweit Kettenbriefaktionen im Rahmen des geschäftlichen Verkehrs mit Wettbewerbsabsicht eingesetzt werden, verstoßen sie gegen § 4 Nr 1 UWG (PIPER/OHLY, UWG § 4 Nr 1 Rn 132 ff) § 16 Abs 2 UWG ist allerdings auf solche Systeme nicht anwendbar (BGHSt 43, 270; 34, 179; BayObLG NJW 1990, 1862). Im Übrigen wird häufig Nichtigkeit wegen Sittenwidrigkeit vorliegen, besonders bei höheren Einsätzen (vgl OLG Celle NJW 1996, 2660, das allerdings das Schneeballsystem als Spiel ansah). Sofern diese Vereinbarungen nichtig sind, scheitert die Rückforderung des Geleisteten nicht an § 817 S 2; denn zwar trifft auch den Leistenden der Vorwurf gegen die guten Sitten verstoßen zu haben; in diesem Falle würde aber die Konditionssperre dem Grund und dem Schutzzweck der Nichtigkeitssanktion widersprechen, wenn die Initiatoren eines solchen „Spiels" die durch sittenwidrige Methoden erlangten Gelder behalten dürften (BGH NJW 2006, 45; **aM** OLG Celle, aaO)

10 c) *Preisrätsel und Preisausschreiben* sind keine Preisausschreiben nach § 661, sondern Lotterie oder Ausspielung, wenn ein Einsatz (auch versteckt s o Rn 7) zu leisten ist oder der Teilnehmer bei einem negativen Ausgang vermögenswerten Ansprüchen ausgesetzt ist und das Rätsel so leicht zu lösen ist, bzw die Preisleistung so leicht zu erbringen ist, dass es jedem ohne Mühe möglich ist und deshalb das Los über die Gewinner entscheiden muss (RGSt 25, 256; 60, 385; BFHE 60, 409; TETZNER NJW

1953, 1171; BUSSMANN NWB Fach 20, S 29; zur Abgrenzung von der Auslobung vgl § 762 Rn 5 und die Erläuterungen zu § 657 und zu § 661 zB STAUDINGER/BERGMANN [2006] § 661 Rn 10, „unechtes Preisausschreiben"). Soweit solche Preisrätsel und Preisausschreiben zu Reklamezwecken veranstaltet werden, können sie sich als unlautere Werbung iSd §§ 3, 4 Nr 1 UWG darstellen (BGH NJW 1976, 520; 1973, 621; MÜLLER NJW 1972, 273). Nachdem eine Genehmigung solcher Ausspielungen kaum möglich ist (vgl §§ 12 ff GlüStV) kann stets nur eine unverbindliche Ausspielung (§ 763 S 2) vorliegen (HENSSLER, Risiko 520). Dies gilt insbesondere für die Koppelung des Preisrätsels oder Gewinnspiels mit dem Erwerb einer Ware (§ 4 Nr 6 UWG; vgl dazu im Einzelnen HECKER, Gekoppeltes Gewinnspiel oder naturgemäße Verbindung, in: FS Kurt Bartenbach 483).

d) Keine Lotterie bzw Ausspielung liegt vor, soweit kein Einsatz, auch kein **11** verdeckter (vgl Rn 7) erbracht wird. *Gratisausspielungen und Gratisauslosungen* (auch in der Form leicht lösbarer Preisrätsel und Preisausschreiben) sind vor allem zu Werbezwecken sehr beliebt. Sie verstoßen im geschäftlichen Bereich nicht von vornherein gegen Grundsätze des lauteren Verkehrs, sondern nur bei Hinzutreten besonderer Umstände, insbesondere wenn sie einen psychologischen Kaufzwang herbeiführen. Die Vornahme von aleatorischen Veranstaltungen stellt insbesondere in den ausdrücklich in § 4 und 5 UWG geregelten Fällen sowie bei Koppelung mit dem Erwerb einer Ware oder Dienstleistung (§ 4 Nr 6 UWG) einen Verstoß gegen den lauteren Wettbewerb dar. Aber diese Sonderregelungen treffen nur eng umschriebene Sachverhalte, so dass sie die Wertung solcher aleatorischen Veranstaltungen als wettbewerbswidrig nach § 4 Nr 1 UWG nicht ausschließen (PIPER/OHLY, UWG, § 4 Nr 1 Rn 132 ff; § 4 Nr 5, Rn 1 ff; § 4 Nr 6 Rn 1 ff).

e) Eine besondere Lotterieform ist das *Prämiensparen (Gewinnsparen)*. Ein **12** bestimmter Teil des Sparbeitrages der Gewinnsparer und der Zinsen wird dabei in einem Auslosungsstock gesammelt und unter den Gewinnsparern nach einem festen Spielplan verlost (BFHE 57, 55); der andere Teil der Sparbeiträge wird als normale Spareinlage behandelt. Das Prämiensparen wird in § 12 Abs 1 S 2 GlüStV von der Erlaubnisvoraussetzung für sonstige Lotterien, dass mit der Veranstaltung keine wirtschaftlichen Zwecke verfolgt werden dürfen, die über den mit dem Hinweis auf die Bereitstellung von Gewinnern Werbeeffekte hinausgehen, ausdrücklich freigestellt. Das Prämiensparen bedarf der Genehmigung und ist bei Vorliegen dieser Genehmigung verbindlich.

f) Die *„Pferdewetten"* bei öffentlichen Pferderennen stellen eine Lotterie dar, die **13** sondergesetzlich geregelt ist (Rennwett- und Lotteriegesetz vom 8. 4. 1922; vgl Vorbem 10). Das Betreiben eines Totalisators (mechanische Wettmaschine) bedarf der Erlaubnis der Landeszentralbehörde; der Buchmacher, der gewerbsmäßig Wetten annimmt, bedarf behördlicher Zulassung. Über die Wette ist ein Wettschein auszustellen; bei Buchmachern genügt stattdessen auch die Eintragung ins Wettbuch. Ist der Wettschein ausgehändigt oder die Wette in das Wettbuch eingetragen, so ist sie für das Unternehmen bzw den Buchmacher verbindlich; der Einsatz kann nicht zurückverlangt werden (§ 4 Abs 2 Rennwett- und Lotteriegesetz). Es bestehen aber keine Bedenken, dass der Wettende und der Unternehmer eine abweichende vertragliche Regelung (Hinausschieben der Verbindlichkeit) treffen (LM BGH Nr 17 zu § 278; RG JW 1926, 2283 mit Anm TITZE; vgl Rn 29). Ist der Einsatz gestundet, so kann der Unternehmer oder Buchmacher ihn von einem etwaigen Gewinn desselben Rennens

(RG JW 1926, 2283) einbehalten; einen weitergehenden Anspruch hat er nicht (zur Rechtsentwicklung der Pferderennwette vgl STAUDINGER/BRÄNDL[10/11] Vorbem 7 zu §§ 762 ff).

II. Rechtliche Behandlung von Lotterie und Ausspielung

1. Allgemeines

14 Das Gesetz stellt Lotterie und Ausspielung gleich und unterscheidet die Rechtswirksamkeit danach, ob die Veranstaltung staatlich genehmigt ist oder nicht (Rn 15). Bei Vorliegen der *staatlichen Genehmigung* sind die einzelnen Verträge *in vollem Umfang für beide Parteien verbindlich*. Bei Fehlen der staatlichen Genehmigung sind die Verträge wie Spiel zu behandeln, dh sie erzeugen keine klagbare Verbindlichkeit; das aufgrund des Vertrages Geleistete (insbes der unbedingte Einsatz, § 762 Rn 23) kann nicht deshalb zurückverlangt werden, weil der Vertrag unverbindlich ist (§ 762 Rn 16 ff), wohl aber aus anderen Rechtsgründen (§ 762 Rn 26; zur Behandlung von verbotenen Veranstaltungen vgl Rn 17 f). Die Rechte und Pflichten aus einem verbindlichen Lotterievertrag bestimmen sich nach dem Inhalt des Vertrages, insbesondere nach dem Spielplan. Demgemäß hat jeder Teilnehmer einen klagbaren Anspruch gegen den Unternehmer auf ordnungsgemäße Vornahme der Veranstaltung zur Gewinnermittlung zur im Spielplan bestimmten Zeit, soweit dies nicht vertraglich abbedungen ist. Die allgemeinen Vorschriften über das Zustandekommen von Verträgen, ihre Auslegung und über den Einfluss von Willensmängeln sind anwendbar. Die unverbindlichen Lotterie- und Ausspielverträge sind wie Spiel und Wette zu behandeln (§ 762 Rn 8 ff).

15 2. a) Die staatliche Genehmigung soll nicht nur die Teilnehmer vor Übervorteilung schützen (RGSt 5, 433), sondern auch einer Übersättigung des Lotteriemarktes und einer ungesunden Anheizung des Spieltriebs vorbeugen. Die Befugnis zur Regelung der Genehmigung haben die Länder, da es sich dabei um den Bereich der öffentlichen Sicherheit und Ordnung handelt (Art 70, 73, 74 GG). Die Regelungen der *Lotterieverordnung vom 6. 3. 1937* (RGBl I 283) galten zunächst in allen Bundesländern als Landesrecht weiter. Sie sah vor, dass die Genehmigung für Lotterien nur unter bestimmten, die öffentlichen Belange sichernden Bedingungen erteilt werden darf. Inzwischen ist die Lotterieverordnung in allen Bundesländern durch den GlüStV und eigenständige Landesgesetze ersetzt worden. Diese enthalten aber keine zivilrechtlichen Regelungen, sondern hauptsächlich Vorschriften für die Ausgestaltung der Genehmigungen für Glücksspiele und für die Durchführung und Organisation der Staatslotterien (dazu s u Rn 26; die einzelnen Glücksspielgesetze sind abgedruckt bei HÖXTER/BAHR, Deutsche Glücksspielgesetze).

b) Ist die staatliche Genehmigung durch die *nach Landesrecht zuständige Behörde erteilt*, so sind die aufgrund dieser genehmigten Lotterie abgeschlossenen Verträge für die gesamte Bundesrepublik Deutschland verbindlich; das ergibt sich aus der Geltung des BGB als Bundesgesetz (RGZ 48, 178; RG Gruchot 46, 1184; PLANCK/OEGG Anm 6 b). *Staatliche Lotterien* (Rn 19 ff) bedürfen *keiner besonderen Genehmigung*; sie sind als solche iS des § 763 ohne weiteres genehmigt (PALANDT/SPRAU Anm 2 c; BGB-RGRK/SEIBERT Rn 15).

c) Für das Spielen in *ausländischen Lotterien* gilt ausländisches Recht (RG Gruchot

46, 1182; RGZ 58, 277; EuGH vom 6.11. 2003, NJW 2004, 139). Soweit ihr Vertrieb im Inland genehmigt wurde, kann auch eine Forderung im Inland eingeklagt werden; soweit es an einer *Genehmigung zum Vertrieb* im Inland fehlt, kann eine Leistung im Inland nicht erzwungen werden, auch soweit die Forderung nach dem maßgeblichen ausländischen Recht verbindlich ist (Art 30 EGBGB). Die Genehmigung in einem ausländischen Staat (auch einem EU-Staat) ist ohne Bedeutung; die Veranstaltung im Inland bleibt nach § 287 StGB strafbar. Die Neufassung des § 287 StGB (durch das 6. StrRG, BGBl I 1998, 180) hat klargestellt, dass als „Veranstalten" auch das Anbieten zum Abschluss von Spielverträgen für eine öffentliche Lotterie oder Ausspielung und das Annehmen von darauf gerichteten Angeboten anzusehen ist. Unter dieser Voraussetzung dürfte ein im Inland abgeschlossener Vertrag stets nach deutschem Recht nichtig sein (§ 134). Dies gilt auch, soweit in einem EU-Staat die Genehmigung zur Lotterieveranstaltung in der EU erteilt worden ist (vgl Konzession der „EURO-LOTTO-LIMITED" durch die Regierung von Gibraltar; dabei kann unberücksichtigt bleiben, ob die Erteilung einer solchen Konzession nicht gegen EU-Recht verstößt und damit für den Bereich außerhalb Gibraltars unwirksam ist). Dieses Verbot stellt auch keinen Verstoß gegen Art 55 EGV dar (vgl EuGHE 1994, 1039 mit Anm STEIN EuZW 1994, 311; SURA NJW 1995, 1470; vgl auch Vorbem 9 zu § 762), da Beschränkungen von Lotterien durch das Anliegen der Betrugsbekämpfung und der Sozialpolitik gerechtfertigt sind. Soweit das Spielen in der ausländischen Lotterie nach Landesrecht (vgl Rn 18) verboten ist, würde die Vornahme der Leistung durch den Teilnehmer eine strafbare Handlung enthalten und kann deshalb selbstverständlich nicht erzwungen werden. Gewinnansprüche gegen das Unternehmen sind dagegen einklagbar, soweit es das maßgebliche Auslandsrecht zulässt.

3. Hilfs- und Nebengeschäfte

§ 763 **unmittelbar** findet nur auf die Lotterie- und Ausspielverträge selbst Anwendung; die *Hilfs- und Nebengeschäfte* werden aber *bezüglich ihrer Verbindlichkeit gleich behandelt*; dh alle Nebengeschäfte, die mit einem wirksamen Lotterie- und Ausspielvertrag im Zusammenhang stehen, sind voll verbindlich (BGH NJW 1974, 1706; RGZ 93, 348; OLG Hamburg SeuffA 76 Nr 83; **aA** zum Teil MünchKomm/HABERSACK § 762 Rn 29, 30). Sonderfragen stellen sich bei der Behandlung von Spielgemeinschaften; dazu s u Rn 25. Die Nebengeschäfte eines unverbindlichen Lotterie- oder Ausspielvertrages sind wie solche eines Spiels oder einer Wette zu behandeln (§ 762 Rn 34 ff), sofern nicht die Lotterie oder Ausspielung verboten (§ 287 StGB) ist und damit auch die Nebengeschäfte nach § 134 als nichtig zu behandeln sind.   **16**

III. Verbots- und Strafbestimmungen

1. Bundesrechtliche Vorschriften

Nach § 287 StGB wird bestraft, wer *ohne behördliche Erlaubnis* öffentliche Lotterien oder Ausspielungen beweglicher oder unbeweglicher Sachen veranstaltet, namentlich den Abschluss von Spielverträgen für eine öffentliche Lotterie oder Ausspielung anbietet oder auf den Abschluss solcher Spielverträge gerichtete Angebote annimmt. Die Einzelverträge einer gegen § 287 StGB verstoßenden Lotterie oder Ausspielung sind nicht nur unverbindlich, sondern nach § 134 nichtig (hM RGZ 115, 325; BGB-RGRK/SEIBERT Rn 18; PALANDT/SPRAU Anm 3 b; PLANCK/OEGG Anm 10); die Gegen-   **17** meinung, dass diese Spielverträge nicht nichtig seien, da *nur die Veranstaltung* einer nicht genehmigten öffentlichen Lotterie oder Ausspielung verboten ist, *nicht aber das Spielen* in einer solchen (vgl dazu KERN JW 1927, 1990) ist abzulehnen; denn es wäre mit dem Sinn und Zweck der Strafbarkeit des Abschlusses von Spielverträgen für nicht genehmigte Lotterie- und Ausspielverträge nicht vereinbar, wenn die missbilligte Rechtsfolge des Vertrags bestehen bliebe (vgl STAUDINGER/SACK, Bearb 1996 § 134 Rn 57 ff). Nach §§ 148 Abs 1, 56 Abs 2, 56 a Abs 1, 56 c, 42 a GewO ist der Verkauf von Lotterielosen im Umherziehen und auf öffentlichen Wegen verboten; diese Strafbestimmungen haben nicht nur gewerbepolizeilichen Charakter, sondern dienen auch dem Verbraucherschutz. Da der Schutzzweck dieser Normen nicht durch die sonstigen Sanktionen allein erreicht werden kann, sind dagegen verstoßende Geschäfte nichtig (vgl BGH NJW 1978, 1970; aM STAUDINGER/BRÄNDL[10/11] Rn 29). Nach §§ 5–8 Rennwett- und Lotteriegesetz ist das Veranstalten eines Totalisators oder das Tätigwerden als Buchmacher ohne behördliche Erlaubnis sowie das Wetten bei diesen strafbar. Die entgegen diesen Vorschriften abgeschlossenen Lotterieverträge sind nach § 134 nichtig, da sich das Verbot gegen beide Parteien richtet (Rn 13).

2. Landesrechtliche Vorschriften

18 Durch landesrechtliche Verbotsgesetze war früher häufig das Spielen in auswärtigen (dh in dem betreffenden Land nicht zugelassenen) Lotterien unter Strafe gestellt (vgl Nachweise bei DREHER/TRÖNDLE, StGB § 286 Rn 1; ASTL/RATHLEFF, Das Glücksspiel; ERBS/KOHLHAAS, Strafrechtliche Nebengesetze, Register L 515). Diese Strafvorschriften waren nicht durch § 763 in ihrem Bestand berührt; sie hatten lediglich fiskalischen und polizeilichen Charakter. Ein entgegen diesen Bestimmungen abgeschlossener Lotterievertrag ist zwar *strafbar bzw eine Ordnungswidrigkeit,* aber nach Maßgabe des § 763 trotzdem *verbindlich, wenn die Lotterie durch das zuständige Land genehmigt ist* (RG Gruchot 46, 1182; JW 1901, 479; RGZ 17, 299; 58, 277). Durch die Entwicklung des Staatslotteriewesens (Rn 19 ff) hatten sie nur noch geringe Bedeutung (vgl aber OLG Braunschweig NJW 1954, 1777; OLG Frankfurt NJW 1951, 44). Durch die in Ausführung des GlüStV vorgenommene Änderung der lotterierechtlichen Regelungen der Länder sind die Vorschriften ausnahmslos aufgehoben worden.

Das Recht des öffentlichen Glückspiels als Teil des Wirtschaftslebens, das in seinen verschiedenartigen Erscheinungsweisen sowohl wirtschaftliche als auch Schutzgüter der öffentlichen Sicherheit und Ordnung berührt, ist vom Bundes- und Landesgesetzgeber teils unter wirtschaftsrechtlichen (Gewerbeordnung, Recht der Rennwetten) teils unter ordnungsrechtlichen Gesichtspunkten (Spielbankrecht, BVerfGE 28, 119; Lotterierecht) geregelt worden (BADURA, in: ENNUSCHAT, Aktuelle Probleme des Rechts der Glücksspiele; OHLMANN, WRP 2005, 48). Die Bundesländer haben diese Kompetenz zunächst durch einen Lotteriestaatsvertrag (Lotteriestaatsvertrag vom 1. Juli 2004, veröffentlicht in den Verkündungsblättern aller Bundesländer) ausgeübt. Sie haben in diesen Staatsvertrag weitgehend ein Monopol für die staatlichen Lotterien festgeschrieben, neben denen nur unter strengen Voraussetzungen private Lotterien zugelassen werden konnten. Das Bundesverfassungsgericht hat dieses staatliche Lotteriemonopol nur unter der Voraussetzung für verfassungsgemäß bewertet, dass es konsequent dem ordnungsrechtlichen Ziel der Begrenzung der Wett- und Spielleidenschaft und der Bekämpfung der Wett- und Glücksspielsucht dient (BVerfGE 115, 276) und dabei eine konsistente Politik gefordert. Die Bundesländer haben daraufhin in einem neuen Staatsvertrag mit Wirkung ab 1.1.2008 (GlüStV, so Vorbem § 762 Rn 10) Regelungen nicht nur für staatliche Lotterien (einschließlich der „Sportwetten"), private Lotterien, gewerbliche Spielvermittlung, sondern auch Spielbanken getroffen. Dadurch sollte eine konsistente Regelung des gesamten Glücksspielwesens geschaffen werden, soweit es nicht in der Zuständigkeit des Bundes als Gewerberecht bzw Recht der Pferdewetten liegt. Dieser GlüStV entspricht den verfassungsrechtlichen Anforderungen (BVerfG Beschluss vom 14.10.2008, Az 1 BvR 928/08). Kernpunkte dieses Staatsvertrages sind in § 1 GlüStV festgeschriebene Ziele.

§ 1 GlüStV

Ziele des Staatsvertrages

Ziele des Staatsvertrages sind

1. das Entstehen von Glücksspielsucht und Wettsucht zu verhindern und die Voraussetzungen für eine wirksame Suchtbekämpfung zu schaffen,

2. das Glücksspielangebot zu begrenzen und den natürlichen Spielbetrieb der Bevölkerung in geordnete und überwachte Bahnen zu lenken, insbesondere ein Ausweichen auf nicht erlaubte Glücksspiele zu verhindern,

3. den Jugend- und den Spielerschutz zu gewährleisten,

4. sicherzustellen, dass Glücksspiele ordnungsgemäß durchgeführt, die Spieler vor betrügerischen Machenschaften geschützt und die mit Glücksspielen verbundene Folge- und Begleitkriminalität abgewehrt werden.

Zur Förderung dieser Ziele legt der GlüStV Werbebeschränkungen (§ 5 GlüStV), Aufklärungspflichten (§ 7 GlüStV) und die staatliche Verpflichtung zur Sicherstellung eines ausreichenden Glücksspielangebots (§ 10) sowie ein Verbot der Veranstaltung und der Vermittlung öffentlicher Glücksspiele im Internet fest.

Von zentraler Bedeutung für den Spielerschutz ist daneben die Schaffung eines übergreifenden Sperrsystems für Spielbanken und Lotterien mit erhöhtem Suchtpotential. Das Sperrsystem beruht auf den beiden Säulen der Eigensperre und der Fremdsperre. Die Eigensperre stellt sich als Vertrag zwischen dem Gesperrten und der Stelle dar, die die Sperre veranlasst. Durch diesen Vertrag ergeben sich für die sperrende Stelle Rechtspflichten zum Schutz der Vermögensinteressen des gesperrten Spielers (BGHZ 165, 276; 174, 225). Bezüglich des Abschlusses eines solchen Sperrvertrages besteht für das Unternehmen, das den Antrag auf Eigensperre entgegennimmt, ein Kontrahierungszwang (PETERS ZfWG 2007, 321). Dieser ergibt sich zumindest aus den Regelungen des GlüStV (§ 8; iVm § 1 Nr 3, § 20 GlüStV). Zu der Rechtsnatur und den Rechtsfolgen der Fremdsperre hat die Rechtsprechung bisher bezüglich der Fremdsperre bei einer Spielbank (BGHZ 131, 136) entschieden, dass die Fremdsperre lediglich im eigenen Interesse der Spielbank erklärt wurde und dementsprechend dem Gesperrten daraus keinerlei Rechte erwachsen. Diese Auffassung kann nach den durch den GlüStV eingeführten Regelungen nicht mehr gelten. Diese Regelungen sollen ausdrücklich auch den Einzelnen schützen; auch die Fremdsperre entfaltet die gleichen Schutzpflichten für den Gesperrten (vgl dazu auch die RTB, die bezüglich des Abschlusses von Verträgen trotz der Sperre eine Nichtigkeit bzw ein Rücktrittsrecht des Unternehmens postulieren; vgl Rn 34). Die Fremdsperre ist ein einseitiges Gestaltungsrecht des Lotterieunternehmens bzw der Spielbank, das durch einseitige, empfangsbedürftige Willenserklärung ausgeübt wird. Die notwendige Rechtfertigung dieses Gestaltungsrechts (MEDICUS, Allgemeiner Teil des BGB Rn 81) ist in der Regelung des GlüStV zu sehen. Der GlüStV sieht für die der Fremdsperre unterworfene Person keinen Schutz vor Unbilligkeit vor (zur Notwendigkeit eines solchen Schutzes: MEDICUS, aaO Rn 89). Für die Unternehmen besteht jedenfalls die Obliegenheit, den Schutz der persönlichen Daten der gesperrten Personen zu wahren. Eine Verletzung dieser Obliegenheit führt zu Schadensersatzansprüchen.

IV. Das Staatslotteriewesen

Den praktisch bedeutsamsten Bereich innerhalb des gesamten Lotteriewesens nehmen heute die staatlichen Lotterien ein (Vorbem 7), vor allem die *Klassenlotterien* und die vom d*eutschen Lotto-Toto-Block veranstalteten Lotterien*.

19 1. **a)** Die **Klassenlotterie** ist eine Lotterieform, die durch eine im Voraus *festgelegte Losauflage*, einen *festen Gewinnplan* und eine *garantierte Zahl von Gewinnen* (die durch Ziehungen in mehreren aufeinander folgenden Klassen ermittelt werden) gekennzeichnet ist. Die Höhe und die Zahl der Gewinne steigen in den Klassen an. Der Spieler ist berechtigt (aber nicht verpflichtet), das von ihm in der 1. Klasse erworbene Los jeweils zu demselben Preis auch für die höheren Klassen zu erwerben, soweit dieses Los nicht durch einen Gewinn aus der Lotterie ausscheidet.

Die Klassenlotterie wird in Deutschland als Staatslotterie veranstaltet. Zur Veranstaltung haben die Bundesländer zwei Anstalten des öffentlichen Rechts gegründet: *Süddeutsche Klassenlotterie* (Bayern, Baden-Württemberg, Hessen, Rheinland-Pfalz, Sachsen, Thüringen) und *Nordwestdeutsche Klassenlotterie* (die übrigen Bundesländer). Aufgrund einer Vereinbarung (zweifelnd bezüglich dieser Vereinbarung OHLMANN WRP 1998, 1043) dürfen die Lose beider Lotterien im ganzen Bundesgebiet vertrieben werden (vgl Rn 18), die Lotterieeinnehmer dürfen ihren Sitz aber nur im Bereich der jeweiligen Klassenlotterie haben.

20 b) Der Lotterievertrag wird *durch den Kauf des Loses geschlossen*; der Lotterievertrag ist *privatrechtlicher Natur* (BayVerfGH BB 1964, 326). Das Los ist eine *Inhaberschuldverschreibung* (§ 793) (RG JW 1912, 861; JW 1929, 362); falls es an der Unterzeichnung fehlt, kann zumindest ein *Inhaberverpflichtungszeichen* (§ 807) darin gesehen werden. Für den Abschluss des Lotterievertrages ist im Allgemeinen davon auszugehen, dass das Angebot eines Loses nur bis zur Ziehung angenommen werden kann (RGZ 48, 178; 50, 193; 59, 298); idR ist weiterhin Voraussetzung, dass das Los vor der Ziehung bezahlt wurde (insbes bei entsprechenden vertraglichen Vereinbarungen, vgl § 2 Abs 2 und 4 der Amtlichen Lotteriebestimmungen der Süddeutschen Klassenlotterie; RG WarnR 1914 Nr 3; DJZ 1902, 428; SeuffA 94 Nr 34). Besondere Umstände können aber eine andere Beurteilung rechtfertigen (RGZ 48, 178; 50, 191; RG JW 1929, 362; BGH NJW 1957, 1105). Ein verlorenes Los kann aufgeboten und für kraftlos erklärt werden (§ 793); die Lotteriebestimmungen enthalten ein abgekürztes Verfahren.

c) Der *Vertrieb der Lose* der Klassenlotterien erfolgt durch *Lotterieeinnehmer*, die **21** die Lotterieverträge *im Namen und für Rechnung des Lotterieunternehmens abschließen*. Die vom Lotterieeinnehmer vermittelten Verträge mit den Spielern sind für das Unternehmen nur verbindlich, wenn sie sich im Rahmen der Planbestimmungen halten. Weichen sie davon ab, so gelten sie als Verträge des Lotterieeinnehmers mit dem jeweiligen Loskäufer (RG JW 1929, 362; vgl auch BGHZ 59, 87). Der Lotterieeinnehmer ist *nicht* nach der Verkehrssitte *verpflichtet*, dem Loskäufer für jede Klasse rechtzeitig ein Erneuerungslos anzubieten (RG JW 1927, 2411); *eine solche Verpflichtung besteht aber nach den Lotteriebestimmungen* (§ 1 Abs 8 Amtliche Lotteriebestimmungen der Süddeutschen Klassenlotterie). Die Verjährung der Ansprüche der Lotterieeinnehmer richtet sich nach §§ 195 Abs 1 Nr 5, Abs 2; 201. Die Lotterieeinnehmer sind Handelsvertreter (§ 84 HGB) (für die Süddeutschen Klassenlotterie: OLG München vom 29.6.2006, AZ: U(K) 3913/05: unveröffentlicht); ein ausbedungenes jederzeitiges Kündigungsrecht unterliegt den Beschränkungen von Treu und Glauben.

d) Bei Kauf eines Loses *durch eine Spielgesellschaft* oder Spielgemeinschaft **22** werden die Beteiligten Miteigentümer der auf gemeinsame Rechnung gespielten Lose (§§ 705 f bzw 741 f; vgl RGZ 58, 280; 77, 344). Für denjenigen, der den Gewinn ausbezahlt erhält, besteht die Verpflichtung zur Auszahlung des anteiligen Gewinns an die Mitglieder (RG Gruchot 48, 797; 46, 1184). Dagegen liegt die Veranstaltung einer selbständigen, nicht genehmigten Lotterie vor, wenn jemand die Gewinnaussicht eines bestimmten Lotterieloses durch Anteilscheine anteilmäßig weiterveräußert, *ohne dass die Erwerber Miteigentümer des Loses werden* (sog *Promessen- oder Heuergeschäft*; vgl RGZ 77, 344; auch schon 14, 5; 18, 79; sowie RGSt 27, 237; 37, 438).

2. Die im deutschen Lotto-Toto-Block veranstalteten Lotterien

a) Bei diesen Lotterien (vgl Vorbem 8; zu den einzelnen Formen und Bedingungen: BOSCH, **23** Glücksspiele. Chancen und Risiken) handelt es sich um Zahlen- (Lotto; Toto sowie Oddset-Wetten mit festen Gewinnquoten) und Ziehungslotterien (Spiel 77, Glücksspirale), die von den staatlichen bzw staatlich konzessionierten Lotterieunternehmen (verschiedener Rechtsform, vgl SCHLUND, Das Zahlenlotto Kap 6; LEONHARDT, Der deutsche Toto-Lotto-Block; DIEGMANN/HOFFMANN/OHLMANN, Praxishandbuch für das gesamte Spielrecht, Anhang 9 Nr 6) der Bundesländer mit gemeinsamer Gewinnermittlung betrieben werden. Die Gewinnermittlung erfolgt durch Ziehung von Gewinnzahlen (Lotto), von Losnummern (Spiel 77; Glücksspirale) oder nach dem Ergebnis von sportlichen Wettspielen (Fußball-Toto; vgl § 762 Rn 6). Trotz der gemeinsamen Gewinnermittlung sind die einzelnen Lotterieunternehmen rechtlich und wirtschaftlich unabhängig; die Lotterieverträge werden mit dem einzelnen Unternehmen, nicht mit dem Block abgeschlossen. Die Organisation der Lotterien sowie die Verwendung des erzielten Zweckertrages ist in den Bundesländern durch Landesgesetze geregelt (vgl ASTL/RATHLEFF, Das Glücksspiel; zur Entwicklung dieser gesetzlichen Regelungen, STAUDINGER/ENGEL[12] Vorbem 7 zu § 762); gleichgültig in welcher Form die Lotterieunternehmen betrieben werden, sind Rechtsbeziehungen zwischen Unternehmen, Spielern und Vertriebsorganen privatrechtlicher Natur (Beziehungen Lotterieunternehmen – Staatslotteriebezirksstelle vgl BGHZ 107, 273, 277).

b) Zum *Abschluss der Lotterieverträge* bedienen sich die Unternehmen einer **24** *Vertriebsorganisation*, die aus Annahmestellen und Bezirksstellen besteht. Während die rechtliche Situation der Bezirksstellenleiter in den einzelnen Bundesländern verschieden ist (selbständiger Handelsvertreter oder abhängig Beschäftigter vgl BGHZ 56, 290; 59, 87 ff; BGH WM 1975, 931; BSG SozR Nr 39 zu § 537 RVO aF; Nr 34 zu § 539 RVO; Nr 10 zu § 2 AVG; BGH GRUR 1989, 774 ff: Bezirksstelle in Bayern privatrechtlich), sind die Annahmestellen stets selbständige Handelsvertreter (BGHZ 43, 108; STEIN, RIW 1993, S 840, Fn 16) iS des § 84 HGB, die mit der Vermittlung von Lotterieverträgen mit dem jeweiligen Unternehmen beauftragt sind.

25 c) In beachtlichem Maße erfolgt die Teilnahme an staatlichen und staatlich genehmigten Lotterien durch Spielgemeinschaften, die sich zur Streuung des Risikos, zur Verbesserung von Gewinnchancen und aus gesellschaftlichen Gründen zusammenschließen. Die nicht gewerblichen *Spielgemeinschaften* sind im Allgemeinen als Gesellschaften bürgerlichen Rechts anzusehen, mit entsprechenden Rechten und Pflichten; dh entfällt auf eine solche Spielgemeinschaft ein Gewinn, so besteht für denjenigen, der im Auftrag an der Ausspielung teilgenommen hat, die Rechtspflicht zur Verteilung auf die Mitglieder, und zwar auch dann, wenn einzelne Mitglieder ihren Beitrag im Zeitpunkt der Gewinnfeststellung noch nicht geleistet haben (BGH LM Nr 19 zu § 266 StGB; BGH WM 1968, 376; vgl auch BGH NJW 1974, 1705; BGHZ 56, 204). Dies gilt nach Auflösung der Gesellschaft auch für den Abfindungsanspruch gegen den allein nach außen in Erscheinung tretenden Gesellschafter (OLG Düsseldorf DB 1982, 536). Umgekehrt ist auch das einzelne Mitglied verpflichtet, den vereinbarten Spieleinsatz zu leisten, soweit er eingesetzt worden ist. Sofern der Beauftragte für seine Tätigkeit kein oder ein geringes Entgelt erhält, so wird ihn ein *Schadensersatzanspruch* wegen fehlerhaften oder unterlassenen Spieles *idR nicht treffen* (BGH NJW 1974, 1705; für entgeltliche Beauftragung dagegen: RGZ 93, 348; OLG Hamburg SeuffA 76 Nr 83). Der Ausschluss eines Schadensersatzes wird idR mit dem Fehlen einer rechtsgeschäftlichen Verpflichtung begründet (zB BGH aaO). Diese Begründung erscheint nicht geeignet; sie passt auch nur schwer zu den Verpflichtungen auf Zahlung der Beiträge und Verteilung der Gewinne. Richtiger dürfte das Ergebnis mit einer entsprechenden Anwendung des § 762 auf solche Gemeinschaften begründet sein. Die Gründe für die *Verbindlichkeit der staatlich genehmigten* Lotterie (s o Rn 3) treffen nämlich auf das Innenverhältnis dieser Gemeinschaften nicht zu, sondern vielmehr die Gründe für die Unverbindlichkeit des Spiels. Bei diesen Gemeinschaften besteht die Gefahr von Unregelmäßigkeiten; durch die persönliche Fühlung der Teilnehmer besteht ein gewisser gesellschaftlicher Druck zur Teilnahme an der Lotterie und für den Beauftragten die Gefahr eines hohen Verlustes, wenn er fahrlässig die Teilnahme am Spiel versäumt oder dabei Fehler macht. Konsequenterweise sollen deshalb solche Forderungen innerhalb einer solchen Gemeinschaft nicht mit staatlichen Zwangsmitteln durchsetzbar sein (vgl Prot II 797; PLANDER AcP 176, 423, 434; in diesem Sinne auch die Argumentation in BGH NJW 1974, 1705, 1706; ähnlich MünchKomm/HABERSACK Rn 29, 30; HENSSLER, Risiko 524). Der einzelne Mitspieler hat unbeschränkt das Recht, jederzeit aus der Spielgemeinschaft auszuscheiden und ab diesem Zeitpunkt keinen Beitrag mehr zu leisten, weil auch insoweit in analoger Anwendung des § 762 eine Verpflichtung zu einer weiteren Teilnahme nicht anzuerkennen ist.

d) In einem beachtlichen Maße erfolgt die Teilnahme an den im Rahmen des deutschen Lotto-Toto-Blocks veranstalteten Lotterien (insbesondere am Lotto) über gewerbliche Spielgemeinschaften. Bei diesen Gemeinschaften tritt der Organisator als Vermittler von Vertragsabschlüssen zwischen den einzelnen Teilnehmern einer

Spielgemeinschaft auf, die ebenfalls eine GbR bilden, und erhält gleichzeitig den Auftrag (§ 675 BGB) die Spielscheine auszufüllen und einzureichen, die Spieleinsätze einzusammeln, die Gewinne in Empfang zu nehmen und an die Gesellschafter weiterzuleiten. Soweit diese Spielgemeinschaften in der Form organisiert sind, dass die Teilnehmer keinen Gewinnanspruch gegen den Veranstalter der Lotterie erwerben, sondern bei einem etwaigen Gewinn auf eine Forderung gegen den Organisator der Spielgemeinschaft verwiesen sind, handelt es sich bei der Spielgemeinschaft um eine unerlaubte Lotterie (BGH vom 18.1.1977, ZfWG 2007, 216; FRÜHMANN MDR 1993, 822, MünchKommStGB/GROESCHKE/HOHMANN § 287 Rn 23; SCHÖNKE/SCHRÖDER/ESER, StGB § 286 Rn 14). Veranstalter einer Lotterie ist auch derjenige, der zwar die Spielverträge mit der Lotteriegesellschaft im Namen der Spieler abschließt, die Gewinne einzelner Spielklassen aber durch „Umverteilung" unter allen Mitgliedern der Spielgemeinschaft aufteilt (MünchKommStGB/GROESCHKE/HOHMANN aaO; OLG München NStZ-RR 1997, 327). Dies hat die Folge der Nichtigkeit nicht nur der internen Vereinbarungen (so Rn 17), sondern auch der Verträge dieser Gemeinschaften mit dem Lotterieunternehmen. Deshalb kann das Lotterieunternehmen auch diese Form der gewerblichen Spielgemeinschaften vom Abschluss von Lotterieverträgen ausschließen (Rn 29; vgl Nr 5 Abs 7 RTB 2008) und falls trotzdem eine Annahme von Spielscheinen erfolgt ist, nach Nr 13 Abs 11 RTB 2008 den Abschluss des Vertragen ablehnen oder Rücktritt vom Vertrag erklären und die Gewinnauszahlung verweigern (Nr 13 Abs 12, 13 RTB 2008).

e) Eine andere rechtliche Beurteilung ist bei den gewerblichen Spielgemeinschaften gegeben, bei denen der Organisator tatsächlich nur als Vermittler auftritt, dh die Spielverträge der einzelnen Teilnehmer in deren Namen mit dem Veranstalter abschließt und auch die Gewinne jeweils den einzelnen Spielteilnehmern zukommen lässt. Die zwischen dem gewerblichen Spielvermittler (und Organisator der Spielgemeinschaft) und den Teilnehmern bestehenden Verträge sind als Nebengeschäfte einer genehmigten Lotterie verbindlich. Allerdings bietet nach der Konstruktion, dass der Organisator lediglich den Einsatz im Rahmen eines Geschäftsbesorgungsvertrages vermittelt, der Organisator dem Spieler für seine Leistung keine Gewinnchance, sondern lediglich den Anspruch auf die Weiterleitung seines Auftrages an das Lotterieunternehmen (OLG Karlsruhe WRP 2002, 849). Auch diese Spielgemeinschaften waren sehr umstritten, insbesondere weil sie durch eine intensive Werbung zu Gefahren für Spielsüchtige oder Gefährdete führten. Inzwischen sind diese Spielgemeinschaften im GlüStV unter engen Auflagen anerkannt (§ 19 iVm §§ 44 und 7 GlüStV; Gesetzliche Definition in § 3 Abs 6 GlüStV). Insbesondere sind die gewerblichen Spielvermittler auch an die Werbeschränkungen des § 5 GlüStV gebunden. Dafür ist diesen Vermittlern die offizielle Möglichkeit zur Beteiligung an den Staatslotterien eingeräumt worden (s u Rn 34).

Organisatoren gewerblicher Spielgemeinschaften (und Vermittler einzelner Spielverträge) bedürfen nach § 4 Abs 1 GlüStV einer Erlaubnis. Diese darf nur erteilt werden, wenn der Spielvermittler

– mindestens zwei Drittel der von den Spielern vereinnahmten Beträge für die Teilnahme am Spiel an den Veranstalter weiterleitet,

– den Spielern auf den weiterzuleitenden Betrag in Textform hinweist,

– den Veranstalter unverzüglich nach der Vermittlung des Spielvertrages dem Spieler mitteilt,

– dem Veranstalter die Vermittlung offen legt,

– einen Treuhänder zur Verwahrung der Spielquittungen und zur Geltendmachung der Gewinnansprüche einschaltet,

– dem Spieler ein Einsichtsrecht in die Spielquittungen der vermittelten Spiele gewährleistet

– (vgl § 19 GlüStV).

Zusätzlich hat er die Einhaltung des Jugendschutzes, der Spielersperren und die Begrenzung der Werbung zu gewährleisten. Insgesamt handelt es sich bei diesen Regelungen um zulässige Regelungen für die Berufsausübung (OHLMANN WRP 2005, 48, 65 ff; BVerfG Beschluss vom 14.10.2008, Az 1 BvR 928/08).

3. Die allgemeinen (amtlichen) Teilnahmebedingungen

26 a) Praktisch sämtliche staatlichen oder staatlich genehmigten Lotterien bedienen sich ausführlicher AGB, die vor allem der Haftungsbeschränkung dienen. Insbesondere machen sich die Veranstalter die Regelung des § 309 Nr 7 letzter Halbsatz (früher ähnlich § 23 Abs 1 Nr 4 AGBG) zu Nutze, nach dem für staatlich genehmigte Lotterieverträge oder Ausspielverträge das Verbot des Haftungsausschlusses für grob fahrlässige Pflichtverletzungen des Verwenders und für vorsätzliche oder grob fahrlässige Pflichtverletzungen eines gesetzlichen Vertreters oder Erfüllungsgehilfen (§ 309 Nr 7 b; früher § 11 Nr 7 AGBG) nicht gilt. Die Formulierung des § 309 Nr 7 letzter Halbsatz: *„Buchstabe b gilt nicht für die Haftungsbeschränkungen für staatlich genehmigte Lotterie- oder Ausspielverträge"* ist missverständlich; selbstverständlich sind nicht die einzelnen Lotterie- und Ausspielverträge staatlich genehmigt, sondern die Lotterie oder die Ausspielung selbst (vgl die Formulierung des § 763 S 1). Der Ausschluss des § 309 Nr 7 letzter Halbsatz ist ausdrücklich nur für Lotterie- und Ausspielverträge vorgesehen. Er gilt aber auch für ähnliche Veranstaltungen analog, insbesondere für staatlich genehmigte Wetten, die nicht ohne weiteres unter den Begriff der Lotterie gefasst werden können (vgl Fußballwette: BGH NJW 1999, 54; Oddsett-Wette; – insoweit jetzt Glücksspielstaatsvertrag und neue Fassung des Rennwett- und Lotteriegesetzes). Bei diesen Veranstaltungen sind die Motive, die den Gesetzgeber zur Zulassung der Haftungsbeschränkung veranlassten, nämlich dass er das Risiko, dass im Einzelfall ein erzielter Gewinn nicht ausgezahlt wird, im Verhältnis zur Gefahr von Fälschungen und Betrügereien als gering ansah (BT-Drucks 7/5422, 14) in gleicher Weise gegeben. Die Bedingungen der verschiedenen Lotterien bzw „Wetten" stimmen in den wichtigsten Regelungen mit den Rahmenteilnahmebedingungen des Deutschen Lotto- und Toto-Blocks 2008 (s u Rn 27) überein, besonders bezüglich des hinausgeschobenen Abschlusses des Vertrags (Nr 13 Rahmenteilnahmebedingungen 2008, vgl zB § 27 Abs 3 der Vorschriften für den Wettbetrieb des Direktoriums für Vollblutzucht und Rennen eV), und der Haftungsbeschränkungen (Nr 14 Rahmenteilnahmebedingungen 2008). Diese Regelungen sind einmal durch die Notwendigkeiten des modernen

Massenglücksspiels bedingt, aber auch deshalb nicht einseitig zu Gunsten des Verwenders der AGB, weil Gewinnmanipulationen nicht zu seinen Lasten, sondern zu Lasten der anderen Teilnehmer gehen würden. Insoweit ist er als „Treuhänder" der Spieler zu sehen (PFISTER, Zivilrechtliche Probleme der Sportwette 78; ders [Hrsg], Rechtsprobleme der Sportwette).

b) Die insoweit wichtigsten Teilnahmebedingungen sind die „Rahmenteilnahmebedingungen" der Veranstalter des Deutschen Lotto-Toto-Blocks. Für sämtliche im Rahmen des Deutschen Lotto-Toto-Blocks veranstalteten Lotterien (Rn 23) gelten bei allen Lotterieunternehmen identische *Teilnahmebedingungen*, die auf Rahmenteilnahmebedingungen des Blocks beruhen. Auf Grund des am 1.1.2008 in Kraft getretenen Glücksspielstaatsvertrages (vgl Vorbem 10; s o Rn 18) wurden die Rahmenteilnahmebedingungen des Deutschen Lotto-Toto-Blocks überarbeitet; die Neufassung gilt mit Wirkung vom 2.1.2008. Die einzelnen Blockpartner haben sich verpflichtet, diese in ihrem materiellen Gehalt zu übernehmen; dies ist auch ausnahmslos geschehen. Bei diesen Teilnahmebedingungen handelt es sich um privatrechtliche AGB, auch soweit sie von staatlichen Behörden genehmigt, veröffentlicht oder sogar als RechtsVO erlassen werden (so früher in Niedersachsen; VO vom 25.6.1966, Nds GVBl 119; inzwischen besteht in Niedersachsen nur noch die staatliche Genehmigung der vom Veranstalter zu erlassenden Spielbedingungen, § 5 NdsLottG, NdsGVBl 1997, 289). Die staatliche Genehmigung dient zwar unter Umständen einer Vorkontrolle, auch im Sinne der Spielteilnehmer, macht die Teilnahmebedingungen aber nicht zu Rechtsnormen. Daran ändert auch der Erlass solcher Bedingungen in der Form der Rechtsverordnung nichts; denn auch bei Verwendung dieser Form ist eine Rechtssetzung gar nicht vorgesehen (WOLF/HORN/LINDACHER § 23 AGBG Rn 223; STAUDINGER/SCHLOSSER [1998] § 23 AGBG Rn 27; BGH NJW 1965, 1583; BVerwGE 2, 273; BayVerfGH BB 1964, 326; BGB-RGRK/SEIBERT Rn 12; mit anderer Begründung [zum Erlass von solchen Bedingungen als Rechtsnormen wäre der Landesgesetzgeber wegen der ausschließlichen Gesetzgebungskompetenz des Bundes im bürgerlichen Recht gar nicht berechtigt] SCHLUND, Zahlenlotto 61). Diese Ansicht wird auch vom G bestätigt, indem in § 309 Nr 7 ein Haftungsausschluss in AGB der Lotterieunternehmen zugelassen ist, wobei die Gesetzesbegründung ausdrücklich auf die Teilnahmebedingungen verweist (vgl Begründung zum Entw des AGBG, BT-Drucks VII/5422, 14; **aA** [zum früheren Rechtsstand] BACHOF JZ 1956, 342; OLG Celle vom 17.10.1966 – 10 W 63/63 – unveröffentl).

c) Mit Wirkung ab 2. Januar 2008 hat der deutsche Lotto-Toto-Block die Rahmen-Teilnahmebedingungen zur Anpassung an den mit dem 1. Januar 2008 in Kraft getretenen GlüStV abgeändert. Die Änderungen sind in den einzelnen Erläuterungen unten mit aufgenommen.

d) **Auszug aus den Rahmen-Teilnahmebedingungen (in der ab 2.1.2008 gültigen Fassung, bezeichnet als RTB 2008 am Beispiel der Lotto-Teilnahmebedingungen)**

Präambel

Ziele des staatlichen Glücksspielwesens sind:

1. das Entstehen von Glücksspielsucht und Wettsucht zu verhindern und die Voraussetzungen für eine wirksame Suchtbekämpfung zu schaffen,

2. das Glücksspielangebot zu begrenzen und den natürlichen Spielbetrieb der Bevölkerung in geordnete und überwachte Bahnen zu lenken, insbesondere ein Ausweichen auf nicht erlaubte Glücksspiele zu verhindern,

3. den Jugend- und den Spielerschutz zu gewährleisten,

4. sicherzustellen, dass Glücksspiele ordnungsgemäß durchgeführt, die Spieler vor betrügerischen Machenschaften geschützt und die mit Glücksspielen verbundene Folge- und Begleitkriminalität abgewehrt werden.

I. Allgemeines

1. Organisation

Das Unternehmen führt gemeinsame Lotterieveranstaltungen mit den übrigen Blockpartnern durch.

2. Verbindlichkeit der Teilnahmebedingungen

Für die Teilnahme an den Veranstaltungen sind allein die Teilnahmebedingungen des Unternehmens einschließlich Sonderbedingungen maßgebend. Der Spielteilnehmer erkennt sie mit Abgabe des Spielscheins an die Annahmestelle bzw mit der Erklärung, mittels eines Quicktipps teilnehmen zu wollen, als verbindlich an.

Die Teilnahmebedingungen sind in den Annahmestellen einzusehen bzw erhältlich.

Dies gilt auch für etwaige Änderungen und Ergänzungen der Teilnahmebedingungen sowie für Sonderbedingungen. Das Unternehmen behält sich eine andere Form der Bekanntgabe vor.

3. Teilnahmezeitpunkt und Gegenstand der Veranstaltungen ...

4. Spielgeheimnis

Das Unternehmen wahrt das Spielgeheimnis. Insbesondere darf der Name des Spielteilnehmers nur mit dessen ausdrücklicher Einwilligung bekannt gegeben werden.

II. Spielvertrag

5. Spielteilnahme

Die Teilnahme an den Veranstaltungen ist nur mit den jeweils für die Spielteilnahme zugelassenen Spielscheinen und mittels Quicktipp möglich.

Die Spielteilnahme Minderjähriger ist gesetzlich verboten.

LOTTO richtet sich ausschließlich an volljährige Personen, dh Angebote von minderjährigen Personen auf den Abschluss von Spielverträgen werden vom Unternehmen nicht angenommen.

Die Inhaber und das in den Annahmestellen, einschließlich der Versandstellen, beschäftigte Personal sind von der dortigen Spielteilnahme an den Glücksspielen ausgeschlossen.

Die Spielteilnahme über einen gewerblichen Spielvermittler ist ausgeschlossen, wenn dieser die gesetzlichen Anforderungen nicht erfüllt, dh insbesondere

der Spielteilnehmer nicht darüber informiert ist, dass die Vermittlung an das Unternehmen erfolgt und mindestens zwei Drittel der von den Spielern vereinnahmten Beträge für die Teilnahme am Spiel an das Unternehmen weitergeleitet werden,

der Spieler nicht vor Vertragsabschluss in Textform klar und verständlich auf den für die Spielteilnahme an das Unternehmen weiterzuleitenden Betrag hingewiesen wird,

dem Unternehmen die Vermittlung nicht offen gelegt wurde,

ein Treuhänder nicht benannt ist, der zur unabhängigen Ausübung eines rechts- oder steuerberatenden Berufes befähigt und mit der Verwahrung der Spielquittungen sowie der Geltendmachung von Gewinnansprüchen beauftragt ist und

der gewerbliche Spielvermittler nicht die gesetzlich geforderten Erlaubnisse hat.

Ist die Teilnahme an der Veranstaltung infolge von Herstellungsmängeln des Spielscheins nicht möglich, erhält der Spielteilnehmer den Spieleinsatz und die Bearbeitungsgebühr zurück. Ein weitergehender Anspruch besteht nicht.

6. Quicktipp

Beim Quicktipp werden auf Wunsch des Spielteilnehmers Voraussagen mittels eines Zufallszahlengenerators durch das Unternehmen vergeben.

Mit einem einzelnen Quicktipp können höchstens so viele Spiele gespielt werden, wie auf einem Spielschein der gewählten Spielart möglich sind

Bei Spielteilnahme mittels Quicktipp ohne Spielschein wird eine Losnummer durch das Unternehmen vergeben.

7. Spieleinsatz und Bearbeitungsgebühr ...

8. Eintragungen auf dem Spielschein

Für die Wahl des richtigen Spielscheines und für seine ordnungsgemäße Ausfüllung sowie für die Entscheidung zur Teilnahme mittels Quicktipp und dessen Inhalt ist der Spielteilnehmer allein verantwortlich.

Die Annahmestelle ist nicht verpflichtet, die Richtigkeit des Spielscheines sowie die Ordnungsmäßigkeit der Eintragungen zu prüfen.

Vertragliche Beziehungen zwischen dem Spielteilnehmer und der Annahmestelle bzw dem Unternehmen hinsichtlich des Ausfüllens eines Spielscheines sind ausgeschlossen, selbst wenn der Spielteilnehmer der Annahmestelle das Ausfüllen des Spielscheines überlässt.

Der Spielteilnehmer hat auf dem Spielschein in jedem Spiel die vorgeschriebene Anzahl von Zahlen durch Kreuze in schwarzer oder blauer Farbe zu kennzeichnen, deren Schnittpunkte innerhalb der jeweiligen Zahlenkästchen liegen müssen.

Bei mangelhaften Eintragungen erfolgt entweder eine Rückgabe des Spielscheines zur manuellen Korrektur durch den Spielteilnehmer oder es wird auf Wunsch des Spielteilnehmers mittels der technischen Einrichtungen des Annahmestellen-Terminals eine automatische oder manuelle Korrektur durch die Annahmestelle vorgenommen.

Auch in Fällen der Korrektur erfolgt das Vertragsangebot durch den Spielteilnehmer.

Für den Abschluss von Systemspielen kann sich der Spielteilnehmer nur einer vom Unternehmen zugelassenen verkürzten Schreibweise bedienen, die von dem Unternehmen in Sonderbedingungen für Systemspiele festgelegt sind.

9. Annahme und Annahmeschluss

Das Unternehmen und seine zugelassenen Annahmestellen, einschließlich der Versandstellen, sind zur Entgegennahme der Spielscheine und von Quicktipps nicht verpflichtet.

Den Zeitpunkt des Annahmeschlusses für die Teilnahme an den einzelnen Ziehungen bestimmt das Unternehmen.

10. Kundenkarte ....

11. Spielquittung

Nach Einlesen des Spielscheines bzw Abgabe des Quicktipps und der Übertragung der vollständigen Daten zur Zentrale des Unternehmens wird mit der Abspeicherung sämtlicher Daten in der Zentrale von dieser eine Spielquittungsnummer vergeben.

In Verbindung damit erfolgt der Ausdruck einer Spielquittung in der Annahmestelle. Die Spielquittung enthält als wesentliche Bestandteile

– die jeweiligen Voraussagen des Spielteilnehmers sowie die Losnummer,

– die Art und den Zeitraum der Teilnahme einschließlich der Angabe über die Teilnahme oder Nichtteilnahme an den Zusatzlotterien,

– den Spieleinsatz einschließlich der Bearbeitungsgebühr,

– die von der Zentrale des Unternehmens vergebene Spielquittungsnummer und

– bei einer Spielteilnahme mittels Kundenkarte, die Kundenkartennummer sowie den Namen des Spielteilnehmer.

Die Spielquittungsnummer dient der Zuordnungen der Spielquittung zu den in der Zentrale gespeicherter Daten.

Bei einer Spielquittung, die keine, eine nicht lesbare oder eine unvollständige Spielquittungsnummer enthält, besteht kein Anspruch auf Gewinnauszahlung. Ist die Unvollständigkeit der Spielquittungsnummer für den Spielteilnehmer nicht erkennbar, so erhält er gegen Rückgabe der Spielquittung auf Antrag den Spieleinsatz zurück. Weitergehende Ansprüche des Spielteilnehmers sind ausgeschlossen.

Nach Bezahlung des Spieleinsatzes und der Bearbeitungsgebühr wird dem Spielteilnehmer die Spielquittung ausgehändigt.

Der Spielteilnehmer hat sofort nach Erhalt die Spielquittung dahingehend zu prüfen, ob

– die auf der Spielquittung abgedruckten Voraussagen unter Berücksichtigung eventueller Korrekturen und die Losnummer vollständig und lesbar denen des Spielscheines entsprechen,

– die für die Spielteilnahme mittels Quicktipp erforderlichen Voraussagen und die Losnummer vollständig und lesbar abgedruckt sind,

– die Art und der Zeitraum der Teilnahme einschließlich der Angabe über die Teilnahme oder Nichtteilnahme an den Zusatzlotterien vollständig und richtig wiedergegeben sind,

– der Spieleinsatz einschließlich der Bearbeitungsgebühr richtig ausgewiesen ist,

– die Spielquittung eine lesbare Spielquittungsnummer aufweist und die Spielquittungsnummer nicht offensichtlich unvollständig ist.

Ist die Spielquittung in einem der vorstehenden Punkte fehlerhaft, ist der Spielteilnehmer berechtigt, sein Angebot auf Abschluss des Spielvertrages zu widerrufen bzw vom Spielvertrag zurückzutreten.

Ein Widerruf bzw ein Rücktritt ist jedoch, je nachdem, welcher Zeitpunkt früher eintritt,

– nur am Tag der Abgabe innerhalb einer (vom jeweiligen Unternehmen festzustellenden) Frist (zB von 15 Minuten nach Erfassung des Vertragsangebotes in der Zentrale des Unternehmens und Ausdruck der Spielquittung)

– oder bis Geschäftsschluss der Annahmestelle

– längstens bis zum Annahmeschluss der ersten Ziehung des Spielzeitraumes; (alternativ) bis ... Minuten nach dem Annahmeschluss der ersten Ziehung möglich.

Der Widerruf bzw der Rücktritt hat in der Annahmestelle zu erfolgen, in der das Angebot abgegeben worden ist.

Im Falle des Widerrufs bzw des Rücktritts erhält der Spielteilnehmer gegen Rückgabe der Spielquittung seinen Spieleinsatz nebst Bearbeitungsgebühr zurück. Weitergehende Ansprüche des Spielteilnehmers sind ausgeschlossen.

Macht der Spielteilnehmer von dieser Möglichkeit keinen Gebrauch, sind für den Inhalt des Spielvertrages die auf dem durch Verschluss gesicherten sicheren Speichermedium aufgezeichneten Daten maßgebend.

12. Spielgemeinschaften

Die Bildung von Spielgemeinschaften durch den Leiter der Annahmestelle oder seiner Gehilfen ist verboten.

Mitglieder von Spielgemeinschaften müssen ihre Rechtsverhältnisse ausschließlich unter sich regeln.

13. Abschluss und Inhalt des Spielvertrages

Der Spielvertrag wird zwischen dem Unternehmen und dem Spielteilnehmer abgeschlossen.

Vereinbarungen Dritter sind für das Unternehmen nicht verbindlich.

Der Spielvertrag ist abgeschlossen, wenn

– die übertragenen Daten und/oder die Daten des Quicktipps sowie die von der Zentrale vergebenen Daten in der Zentrale des Unternehmens aufgezeichnet und auf dem sicheren Speichermedium abgespeichert sind, die auf dem sicheren Speichermedium abgespeicherten Daten auswertbar sind und das sichere Speichermedium durch digitalen oder physischen Verschluss rechtzeitig (dh vor Beginn der Ziehung der Gewinnzahlen) gesichert ist und

– die erstellte (Spiel-)Quittung die auf dem durch digitalen oder physischen Verschluss gesicherten Speichermedium abgespeicherten Daten aufweist.

Fehlt eine dieser Voraussetzungen, so kommt der Spielvertrag nicht zustande.

Für den Inhalt des Spielvertrages sind ausschließlich die auf dem durch digitalen oder physischen Verschluss gesicherten sicheren Speichermedium aufgezeichneten Daten maßgebend.

Der Spielteilnehmer verzichtet auf den Zugang der Erklärung, dass sein Vertragsangebot durch das Unternehmen angenommen wurde.

Ist kein Spielvertrag zustande gekommen, so werden der Spieleinsatz und die Bearbeitungsgebühr gegen Rückgabe der (Spiel-)Quittung auf Antrag erstattet.

Weitergehende Ansprüche des Spielteilnehmers sind ausgeschlossen.

Die (Spiel-)Quittung dient zur Geltendmachung des Gewinnanspruches sowie als Nachweis für einen geleisteten Spieleinsatz und die entrichtete Bearbeitungsgebühr.

Das Unternehmen ist berechtigt, ein bei der Zentrale eingegangenes Angebot auf Abschluss eines Spielvertrages bei Vorliegen eines wichtigen Grundes abzulehnen.

Darüber hinaus kann aus wichtigem Grund der Rücktritt vom Vertrag erklärt werden.

Ein wichtiger Grund liegt ua vor,

– wenn der Verdacht einer strafbaren Handlung besteht,

– wenn die Sicherheit des Spielgeschäftes nicht gewährleistet ist, oder

– die ordnungsmäßige Abwicklung nicht möglich ist, oder

– gegen eine Teilnahmeausschluss verstoßen wurde, insbesondere die Teilnahme über einen gewerblichen Spielvermittler nicht den gesetzlichen Anforderungen entspricht.

Die Ablehnung eines Angebotes auf Abschluss eines Spielvertrages bzw der Rücktritt vom Spielvertrag durch das Unternehmen ist – unbeschadet des Zugangsverzichts – in der Annahmestelle bekannt zu geben, in der der Spielteilnehmer sein Vertragsangebot abgegeben hat.

Der Spieleinsatz und die Bearbeitungsgebühr werden gegen Rückgabe der (Spiel-)Quittung auf Antrag erstattet.

Weitergehende Ansprüche des Spielteilnehmers sind ausgeschlossen.

III. Haftungsbestimmungen

14. Umfang und Ausschluss der Haftung

Die Haftung des Unternehmens für Schäden, die von seinen gesetzlichen Vertretern fahrlässig (auch grob fahrlässig) oder von seinen Erfüllungsgehilfen, insbesondere auch von Annahmestellen und sonstigen mit der Weiterleitung der Daten zur Zentrale des Unternehmens beauftragten Stellen, schuldhaft vor Abspeicherung der Daten auf dem sicheren Speichermedium und digitalem oder physischem Verschluss des sicheren Speichermediums verursacht werden, wird gemäß § 309 Nr 7 b) BGB ausgeschlossen.

Nach Abspeicherung der Daten auf dem sicheren Speichermedium und dem digitalen oder physischen Verschluss des sicheren Speichermediums in der Zentrale haftet das Unternehmen dem Spielteilnehmer nur für Schäden, die von seinen gesetzlichen Vertretern oder Erfüllungsgehilfen grob fahrlässig oder vorsätzlich verursacht werden.

Die Haftungsregelungen (der beiden vorhergehenden Sätze) gelten nicht in Fällen der Verletzung des Lebens, des Körpers, der Gesundheit oder in Fällen einer Haftung nach dem Produkthaftungsgesetz.

In Fällen von unverschuldeten Fehlfunktionen und Störungen von technischen Einrichtungen, derer sich das Unternehmen zum Verarbeiten (zB Einlesen, Übertragen und Speichern) der Daten bedient, haftet das Unternehmen nicht.

Ebenso ist jede Haftung für Schäden ausgeschlossen, die durch strafbare Handlungen dritter Personen entstanden sind.

Das Unternehmen haftet weiterhin nicht für Schäden, die durch höhere Gewalt, insbesondere durch

Feuer, Wasser, Streiks, innere Unruhe oder aus sonstigen Gründen, die es nicht zu vertreten hat, hervorgerufen werden.

In den Fällen, in denen eine Haftung des Unternehmens und seiner Erfüllungsgehilfen ausgeschlossen wurde, werden der Spieleinsatz und die Bearbeitungsgebühr auf Antrag gegen Rückgabe der (Spiel-)Quittung erstattet.

Weitergehende Ansprüche des Spielteilnehmers sind ausgeschlossen.

Ein Vertragsverhältnis zwischen Spielteilnehmer und Annahmestelle kommt nicht zustande.

Die Annahmestelle haftet nur für Vorsatz.

Der vorstehende Satz gilt nicht in den Fällen der Verletzung des Lebens, des Körpers, der Gesundheit oder in Fällen einer Haftung nach dem Produkthaftungsgesetz.

IV. Gewinnermittlung

15. Ziehung der Gewinnzahlen ...

16. Auswertung ...

17. Gewinnklassen ...

18. Gewinnausschüttung, Gewinnklassen, Gewinnwahrscheinlichkeit...

Von dem Gesamtbetrag der jeweiligen Spieleinsätze werden grundsätzlich 50% als Gewinnsumme an die Spielteilnehmer ausgeschüttet.

Unabhängig von der Gewinnausschüttung besteht bei jeder Spielteilnahme das Risiko des vollständigen Verlusts des Spieleinsatzes.

Diese Gewinnsumme verteilt sich auf die Gewinnklassen wie folgt:

...

V. Gewinnauszahlung

19. Fälligkeit des Gewinnanspruchs

...

20. Gewinnauszahlung

Gewinnansprüche sind unter Vorlage der gültigen (Spiel-)Quittung geltend zu machen. Ist die Identifikationsnummer der (Spiel-)Quittung bei ihrer Vorlage nicht mehr ständig lesbar, entfällt der Anspruch auf Gewinnauszahlung. Das Unternehmen ist befreit, wenn es an den Inhaber der (Spiel-)Quittung leistet. Eine Verpflichtung, die Berechtigung des Inhabers der (Spiel-)Quittung zu prüfen, besteht nicht. Die Auszahlung erfolgt auch an den auf der (Spiel-)Quittung mit persönlicher

Anschrift eingetragenen Spielteilnehmer, oder auf ein dort angegebenes Konto mit befreiender Wirkung. Sind mehrere Spielteilnehmer auf der (Spiel-)Quittung angegeben, so ist das Unternehmen durch Leistung an einen der genannten Spielteilnehmer befreit. Dies gilt auch dann, wenn auf der (Spiel-)Quittung keine Anschrift angegeben oder der Berechtigte nicht eindeutig bestimmbar ist.

21. Gewinnauszahlung bei Spielteilnahme mittels Kundenkarte

....

VI. Erlöschen von Ansprüchen

Alle Ansprüche aus der Spielteilnahme auf Auszahlung von Gewinnen erlöschen, wenn sie nicht innerhalb von 13 Wochen nach der letzten Ziehung des Spielzeitraumes gerichtlich geltend gemacht werden. Ebenfalls erlöschen alle Schadensersatzansprüche, die an Stelle eines Gewinnanspruchs geltend gemacht werden können sowie alle Ansprüche auf Rückerstattung von Spieleinsätzen oder Bearbeitungsgebühren gegen das Unternehmen sowie seine Bezirks- und Annahmestellen, wenn sie nicht innerhalb von 13 Wochen nach der letzten Ziehung des Spielzeitraumes gerichtlich geltend gemacht werden. Dies gilt nicht für Schadensersatzansprüche aufgrund vorsätzlichen Handelns.

...

Zu diesen Teilnahmebedingungen ist auf folgende Punkte hinzuweisen:

Die RTB 2008 enthalten als Präambel die in § 1 GlüStV festgelegten Ziele dieses Vertrages. Die Rechtsbedeutung dieser Präambel ist zunächst unklar. Nach der allgM über die Rechtsnatur von AGB handelt es sich bei diesen um Vertragsbestandteile (vgl zu der früheren Diskussion über die Frage Vertragstheorie gegen Normentheorie ULMER/BRANDNER/HENSEN, AGB-Recht, Einl Nr 39 ff). Als Vertragsbestimmung ist die Präambel aber ungeeignet. Mit der Aufnahme der Ziele des GlüStV sollen diese Ziele für die Auslegung der Bestimmungen der AGB Bedeutung bekommen. Sie zeigen insbesondere, welche Verwenderinteressen für bestimmte, die Kunden belastende Regelungen, Berücksichtigung bei der Abwägung in der Inhaltskontrolle nach § 307 Abs 1 finden sollen (vgl STAUDINGER/COESTER [2006] § 307 Rn 156 ff). Ihre rechtliche Wirkung ist aber insgesamt gering; wieweit dies überhaupt erreichbar ist, ist zweifelhaft.

e) Nr 2 regelt die Form der *Einbeziehung der AGB* in den Einzelvertrag. Nach **28** den bis 31. 12. 1980 gültigen Teilnahmebedingungen wurde davon ausgegangen, dass die Einbeziehung durch den Abschluss des Spielvertrages mit einem Spielschein erfolgt, auf dem auf die AGB hingewiesen ist, von denen der Teilnehmer auch Kenntnis nehmen kann (SCHLUND, Das Zahlenlotto Kap 9 Nr 2). Problematisch war die Geltung in den Fällen, in denen nach Nr 13 der Spielvertrag nicht zustande kommt (vgl Rn 30). Die gültige Fassung geht davon aus, dass der Spielteilnehmer mit der Abgabe des Spielscheins, ohne auf die Wirksamkeit des Spielvertrages abzustellen, die AGB anerkennt und damit ein Rahmenvertrag zustande kommt (vgl Rn 30). Mit der Formulierung in Nr 2 HS 2 wird versucht, das Problem auszuräumen, das sich durch das Hinausschieben des Abschlusses des Vertrags durch Nr 13 ergibt. Gerade in den problematischen Fällen (der Spielschein wird wegen Verschuldens der Annahmestelle oder eines sonstigen Erfüllungsgehilfen des Unternehmens nicht rechtzeitig und richtig gesichert) würde der Haftungsausschluss leer laufen. Die Unternehmen haben deshalb versucht, die Haftungsfreizeichnung auch zu erreichen, wenn ein Vertrag nicht zustande kommt. Die früher vertretene Auffassung, bei den Regelungen über das Zustandekommen des Vertrags in den ATB handele es sich nicht um AGB, diese Regelungen würden aber allein durch die Absicht des Aufstellers wirksam (so KG NJW 1981, 2822) überzeugt nicht. Dagegen spricht bereits, dass nach § 309 Nr 7 sich dieser auch auf Schäden aus cic bezieht (§§ 311 Abs 2, 3; 241 Abs 2; 280; vgl STAUDINGER/COESTER-WALTJEN [2006] § 309 Nr 7, Rn 4). Gegen diese Auffassung spricht auch der Gesetzeswortlaut von § 309 Nr 7, nach dem Ausnahmen vom Verbot von Haftungsbeschränkungen in AGB für staatlich genehmigte Lotterien und Ausspielverträge gelten (vgl oben Rn 26) und es ist auch kein Grund für diese unnatürliche Trennung der einheitlichen Teilnahmebedingungen ersichtlich (STAUDINGER/SCHLOSSER [1998] § 23 AGBG Rn 24; LÖWE/vWESTPHALEN/TRINKNER, ABGB § 23 Abs 2 Nr 4 Rn 2, 3; vgl SCHLOSSER/COESTER-WALTJEN/GRABA AGBG § 11 Rn 25; aber BGH NJW 1965, 1583, der ohne weiteres von der Geltung der AGB trotz Nichtzustandekommen des Spielvertrages ausgeht; OLG Celle NJW-RR 1986, 833). Richtig wird davon ausgegangen, dass es mit der Einreichung eines Spielscheins zu einer rechtsgeschäftlichen Ausgestaltung des vorvertraglichen Schuldverhältnisses im Sinne einer „Enthaftungsvereinbarung" kommt (STAUDINGER/SCHLOSSER [1998] § 23 AGBG Rn 28). Das Gesetz sieht die Möglichkeit solcher Absprachen in § 305 Abs 3 durch Abschluss einer Rahmenvereinbarung vor (ULMER/BRANDNER/HENSEN, AGB-Recht § 305 Rn 122a). Gegen die Wirksamkeit einer solchen „Enthaftungsvereinbarung" bestehen zumindest dann keine durchgreifenden Bedenken, wenn auf sie auf den Spielscheinen deutlich hingewiesen wird (§ 305 Abs 2 Nr 1) und dem Spielteilnehmer die Möglichkeit verschafft wird, sich von diesem Inhalt in zumutbarer Weise Kenntnis zu verschaffen (§ 305 Abs 2 Nr 2). Diese Form der Einbeziehung ist inzwischen allgM (MünchKomm/BASEDOW § 309 Nr 7 Rn 17 f; OLG Celle aaO; insoweit auch KG NJW 1981, 2822; ULMER/BRANDNER/HENSEN, AGB-Recht § 309 Nr 7 BGB Rn 22; WOLF/HORN/LINDACHER AGBG § 23 Rn 224). Problematischer ist dies bei einer Teilnahme an den Lotterien ohne Spielschein (sog Quicktipp); zwar ist in Nr 2 Satz 1 HS 2 geregelt, dass der Spielteilnehmer die ATB mit der Erklärung gegenüber der Annahmestelle, mittels Quicktipp an der Lotterie teilnehmen zu wollen, als verbindlich anerkennt. Damit soll dieser Erklärung die Anerkennung der Rahmenvereinbarung unterstellt werden. Hier fehlt es aber an dem deutlichen Hinweis auf einem Teilnahmeschein, auf dem diese Regelungen, bzw wenigstens ihr wichtigster Inhalt abgedruckt sind. Damit wird eine Zustimmung, ohne dass ein Anhaltspunkt vorliegt, fingiert; der Hinweis auf der Quittung kann nicht ausreichen, da er erst nach Vertragsabschluss erfolgt (ULMER/BRANDNER/HEUSEN, AGBG § 2 Rn 34; WOLF/HORN/LINDACHER, AGBG § 2 Rn 16; aA MünchKomm/KÖTZ § 2 AGBG Rn 7). In diesen Fällen kann von einer konkludenten Einbeziehung nur ausgegangen werden, wenn in der Annahmestelle durch Aushang deutlich auf die Bedingungen hingewiesen ist. Das Vorliegen dieser Voraussetzung muss im Einzelfall gegeben sein (MünchKomm/BASEDOW § 309 Nr 7 Rn 18, der mit Recht darauf hinweist, dass diese Voraussetzung von der Rechtsprechung nicht problematisiert wird); denn ein ausdrücklicher Hinweis bei Vertragsabschluss ist hier wegen der Art des Vertragsabschlusses im Sinne des § 305 Abs 2 Nr 1 nur unter unverhältnismäßigen Schwierigkeiten möglich. Jeder Teilnehmer weiß, gerade bei dem besonderen Charakter des Massenglückspiels, dass er mit der Teilnahme die AGB akzeptiert (WOLF/HORN/LINDACHER AGBG § 23 Rn 224). Ein bewusstes Sichverschließen vor der Kenntnisnahme ist unbeachtlich (STAUDINGER/SCHLOSSER [2006] § 305 Rn 163).

Nr 4 RTB verpflichtet das Unternehmen zur *Geheimhaltung des Namens des Spielteilnehmers*. Diese Pflicht besteht trotzdem nur im Rahmen der allgemeinen Gesetze, dh nicht, wenn das Unternehmen gesetzlich zur Offenbarung (zB im Rahmen einer Strafverfolgung) verpflichtet ist. Eine Verletzung der Geheimhaltungspflicht verpflichtet das Unternehmen zum Schadensersatz; die Haftungsbeschränkung auf Vorsatz für Erfüllungsgehilfen ist insoweit unwirksam (Rn 32).

Nr 5 der RTB regelt den Ausschluss von Personen von der Spielteilnahme und zwar

– Minderjährige

– Inhaber und Beschäftigte der Annahmestellen

– Spielteilnahme über einen gewerblichen Spielvermittler, der die gesetzlichen Anforderungen nicht erfüllt.

Die *Spielteilnahme Minderjähriger* ist nach § 4 Abs 3 S 2 GlüStV unzulässig. Die Veranstalter haben den Ausschluss sicherzustellen (§ 4 Abs 3 S 3 GlüStV). Diese Verpflichtung ist durch die Landesglücksspielgesetze bußgeldbewehrt und kann bei mehrfachem Verstoß zum Anlass für den Widerruf der Erlaubnis führen. Da es sich bei dieser Regelung lediglich um die deklaratorische Wiedergabe eines gesetzlichen Verbots handelt, sind entgegen diesem Verbot abgeschlossene Verträge nach § 134 nichtig. Ein Anspruch auf Auszahlung eines entstandenen Gewinns besteht nicht; denn die Regelung des GlüStV soll auch generalpräventiv wirken (vgl STAUDINGER/ SACK [2003] § 134 Rn 62). Zu dieser Auslegung ist auch das in der Präambel übernommene Ziel des GlüStV, der Jugendschutz heranzuziehen. Der Minderjährige kann den Einsatz zurückfordern. Diese Rechtsfolge soll auch durch den folgenden Satz der RTB erzielt werden, nach dem die Angebote von minderjährigen Personen auf den Abschluss von Spielverträgen vom Veranstalter nicht angenommen werden. Für dieses Ziel ist dieser Satz allerdings ungeeignet, da wegen der Nichtannahme auch die Regelung der RTB nicht Vertragsbestandteil werden konnte.

Der *Ausschluss des Annahmestelleninhabers und des Annahmestellenpersonals* von der Spielteilnahme in ihrer Annahmestelle soll der Gefahr von Manipulationsversuchen vorbeugen. Ein gesetzliches Verbot der Teilnahme besteht insoweit nicht. Ein entgegen dieser Bestimmung trotzdem abgeschlossener Vertrag ist deshalb zunächst wirksam. Allerdings liegt insoweit ein wichtiger Grund für die Ablehnung des Abschlusses des Spielvertrages vor. Zudem kann das Unternehmen nach den Regelungen der Nr 13 vom Vertrag zurücktreten. Wieweit das Unternehmen darüber hinaus den Annahmestellenvertrag kündigen kann (wohl zumindest bei mehrfachem Verstoß), muss sich aus den Regelungen des Annahmestellenvertrages ergeben. Für das Personal stellt die unzulässige Teilnahme einen Verstoß gegen ihre arbeitsvertragsrechtlichen Verpflichtungen dar, mit den entsprechenden arbeitsvertraglichen Sanktionsmöglichkeiten.

Die *Spielteilnahme über gewerbliche Spielvermittler* ist ausgeschlossen, soweit der Spielvermittler die gesetzlichen Anforderungen nicht erfüllt. Die RTB sichern insoweit die Regelungen des GlüStV über gewerbliche Spielvermittler ab. Die Regelung entspricht den nach § 19 GlüStV aufgestellten Anforderungen an gewerbliche Spielvermittler (vgl Rn 25). Auch insoweit besteht kein gesetzliches Verbot des Vertragsabschlusses, sofern nicht beim gewerblichen Vermittler in Wirklichkeit das Veranstalten einer unerlaubten Lotterie vorliegt (dazu Rn 25). Die insoweit entgegen den RTB abgeschlossenen Spielverträge sind demnach zunächst wirksam. Allerdings ist der Veranstalter berechtigt, das Angebot auf Abschluss des Spielvertrages aus wichtigem Grund abzulehnen, bzw nach Vertragsschluss vom Vertrag zurückzutreten (s u Rn 30 zu Ziffer 13 RTB), sofern der Spielevermittler nicht die gesetzlichen Anforderungen erfüllt.

Nr 8 stellt in seiner Gesamtheit klar, dass das *Angebot zum Spielvertrag vom Spielteilnehmer ausgeht*, und zwar unabhängig davon, in welcher Form dieser den Spielschein abgibt. Dies gilt auch dann, wenn der Spielteilnehmer die gespielten Zahlen beim Quicktipp durch den Zufallsgenerator des Veranstalters bestimmen lässt. Dies gilt auch, wenn auf Wunsch des Spielteilnehmers mangelhafte Eintragungen durch die Annahmestelle automatisch oder manuell ausgebessert werden. Die zwingende Verwendung der vom Veranstalter angegebenen Spielscheine ist nicht an § 309 Nr 13 zu messen, da es sich hier noch nicht um Erklärungen im Rahmen der Vertragsabwicklung, sondern um das Angebot zum Vertragsabschluss handelt. Im Satz 3 schließt Nr 8 vertragliche Beziehungen zwischen dem Spielteilnehmer und der Annahmestelle bzw dem Unternehmen hinsichtlich des Ausfüllens von Spielscheinen aus, selbst wenn der Spielteilnehmer der Annahmestelle das Ausfüllen des Spielscheines überlässt. Die Rechtswirkung dieser Klausel ist zweifelhaft, da sie den Zeitraum vor der Abgabe des Angebots des Spielteilnehmers betrifft. Soweit in dem Ausfüllen nicht lediglich eine Gefälligkeit zu sehen ist, insbesondere bei unentgeltlichem Handeln, ist darin eine Beauftragung zu sehen. Eine Einbeziehung dieser Regelung über eine entsprechende vorvertragliche Vereinbarung (wie bei der „Enthaftungsvereinbarung" so Rn 28) ist nicht vertretbar. Die Klausel ist dementsprechend unwirksam. Allerdings dürften trotz der Unwirksamkeit der Klausel die übrigen RTB, insbesondere auch der Haftungsausschluss der Nr 14 S 1 RTB (s u Rn 32) wirksam bleiben.

f) Nr 9 soll einen Kontrahierungszwang des Unternehmens ausschließen; sie kann nur deklaratorischen Charakter haben. Da das Lotteriewesen monopolisiert ist und durch die gesellschaftliche Entwicklung zu einem anerkannten Freizeitvergnügen geworden ist (nach Schätzungen spielen ca 25 Mio Deutsche im Lotto), ist die Ablehnung eines Spielwilligen nur aus sachlichen Gründen zulässig (vgl EIDENMÜLLER NJW 1991, 1441). Dieser grundsätzliche Kontrahierungszwang wird auch nicht durch die Möglichkeit, an anderen Lotterien teilzunehmen, beseitigt; denn die staatlichen Lotterien haben eine solche umfassende Stellung auf dem relevanten Markt (auf Grund des Verbots anderer Lotterien), dass der einzelne praktisch auf sie angewiesen ist (vgl BGH NJW 1980, 186). Die Teilnahme an Lotterien ist auch – anders als das Spielen in Spielbanken – eine Tätigkeit im Rahmen der normalen Lebensführung eines Durchschnittsmenschen. Die gegen einen Kontrahierungszwang bei Spielbanken bestehenden Gründe (BGH WM 1994, 1670; so § 762 Rn 47) treffen deshalb auf Lotterien nicht zu. Es ist auch zu berücksichtigen, dass der Ausschluss des Kontrahierungszwangs bei Lotterien nur auf den RTB, nicht aber auf einer öffentlich-rechtlichen Regelung, wie bei Spielbanken (SpielbVO) beruht. Ein Ausschluss vom Spiel ist deshalb nur auf Grund eines anerkennenswerten sachlichen Grundes möglich. Ein solcher sachlicher Grund ist jedenfalls unmäßiges Spiel. Die voraussetzungslose Ablehnung eines Teilnahmewunsches ist aus der in der Präambel festgelegten Zielvorstellung (Präambel Nr 2: „... den natürlichen Spielbetrieb der Bevölkerung in geordnete und überwachte Bahnen zu lenken ...") widersprüchlich. Zulässige Ausschlussgründe sind in den Ziffern 5 und 13 aufgeführt.

g) Nr 11 regelt die *Bedeutung und Behandlung der Spielquittung*. Unter den früheren technischen Gegebenheiten (Verbringen des Spielscheins zur Zentrale des Veranstalters und dortige Mikroverfilmung) waren für den Inhalt des Spielvertrages ausschließlich die übereinstimmenden Voraussagen auf dem Spielabschnitt und dem von ihm erstellten Mikrofilm maßgebend. Nicht geregelt war ein Abweichen dieser beiden Medien. Wenn auf Grund technischer Fehler der Mikrofilm nicht leserlich ist oder vom (gesicherten) Spielabschnitt abweicht, dürften nicht ohne weiteres die Rechtsfolgen der Unwirksamkeit des Spielvertrages eintreten. Wenn erkennbar (auch abstrakte) Manipulationsmöglichkeiten ausgeschlossen sind, muss die Voraussage auf dem Spielabschnitt maßgeblich sein; denn für diesen Fall enthielten die ATB 95 keine klare Regelung; die Unklarheit geht zu Lasten des Verwenders (§ 305e Abs 2). (Vgl zu dem ähnlichen Fall, dass nach den Bedingungen eines Rennwett-Veranstalters die Computerspeicherung der Wette, die auf dem Wettschein dokumentiert war, maßgeblich sein sollte, das Urteil des Amtsgerichts Hannover [NJW-RR 1995, 1013]. Danach war bei Nicht-Übereinstimmen – was in dem Fall immerhin in 0,2 Prozent der Fälle auftreten konnte – die Voraussage auf dem Wettschein verbindlich, der Ausschluss des Gewinnanspruchs nach § 9 Abs 1, Abs 2 Nr 2 AGBG unwirksam, schon weil dem Wettenden keine Möglichkeit der Kontrolle gegeben war; die Quittungsdaten waren nur verschlüsselt ausgedruckt.)

Durch die Online-Verbindungen der Annahmestellen mit der Zentrale des Unternehmens werden seit Dezember 2000 die Spielscheine sofort eingelesen und an die Zentrale des Unternehmens übertragen. Gleichzeitig wird eine Spielquittung ausgedruckt, die über eine Spielquittungsnummer die gespeicherten Voraussagen zuordnet. Die Regelung der Nr 11 Abs 10 RTB 2008 verpflichtet den Spielteilnehmer, die Spielquittung auf die Richtigkeit der ausgedruckten Daten (insbesondere die richtige Wiedergabe der von ihm gewählten Voraussagen) zu überprüfen. Falls er dabei Fehler feststellt, kann er sein Angebot – allerdings nur innerhalb einer sehr kurzen Frist (15 Minuten) – widerrufen. Trotz dieser Prüfungspflicht des Spielteilnehmers für die Spielquittung sind nach den RTB 2008 für den Inhalt des Lotterievertrages ausschließlich die gespeicherten Daten maßgeblich. Diese Regelung dürfte wirksam sein. Sie wäre überraschend im Sinne des § 305e und wohl unangemessen im Sinne des § 307 Abs 1, wenn die Spielquittung wegen ihrer (verschlüsselten) Form nicht ohne weiteres verständlich ist (MünchKomm/Basedow § 309 Nr 7 Rn 18). Die Spielquittungen der Unternehmen des Lotto-Toto-Blocks sind deshalb nicht verschlüsselt, sondern dem Spielteilnehmer ist eine Kontrolle unbeschränkt möglich. Eine Abweichung zwischen dem Quittungsabschnitt und den gespeicherten Daten ist technisch nicht denkbar. Deshalb dient die Regelung nur zur Verhinderung von Betrugsversuchen. Diese Absicht – auch in Verbindung mit den Notwendigkeiten des modernen Massenglücksspiels – rechtfertigt die Regelung.

Nr 12, die das *Auflegen von Gemeinschaftswetten durch die Annahmestelle untersagt*, hat auf die Wirksamkeit des im Gegensatz zu dieser Bestimmung abgeschlossenen Spielvertrages keinen Einfluss. Falls durch eine solche Beteiligung die Sicherheit des Spielbetriebes gefährdet werden kann (es genügt die abstrakte Möglichkeit), besteht das Rücktrittsrecht nach Nr 13 Abs 12 RTB 2008 (su). Daneben können sich aus dem Vertrag des Lotterieunternehmens mit der Annahmestelle Sanktionsmöglichkeiten gegen die Annahmestelle ergeben sowie gegebenenfalls für Beschäftigte arbeitsrechtliche Sanktionsmöglichkeiten. Die Regelung, dass Spielgemeinschaften ihre Rechtsverhältnisse ausschließlich unter sich regeln müssen, bezieht sich nur auf private Spielgemeinschaften (für gewerbliche gelten die speziellen Regelungen in Nr 5; zu den Rechtsbeziehungen der Spielgemeinschaften so Rn 25).

31 h) Nach Nr 13 Abs 3 kommt **der Spielvertrag erst zustande**, wenn die von der Annahmestelle übertragenen Daten vor der Spielentscheidung beim Unternehmen ankommen und unter gewissen Vorkehrungen gesichert sind. Der Abschluss des Vertrages wird *dadurch zu Gunsten des Unternehmens hinausgeschoben*; die Regelung ist durch die Besonderheiten des Massenglücksspiels bedingt und verstößt deshalb nicht gegen die guten Sitten (BGH NJW 1965, 1583; OLG Frankfurt vom 16. 5. 1974, 16 U 84/73 unveröffentl; BVerwG NJW 1956, 235; HAMANN, Der Fußballtoto [Diss Köln 1950] 64; GEBHARDT, Die Fußballwette [Diss Würzburg 1955] 67, 68; SCHLUND, Das Zahlenlotto Kap 11; s o Rn 28; PALANDT/HEINRICHS § 1 AGBG Anm 2a; zweifelnd EHMANN AcP 1974, 552, 554). Die Regelung von Voraussetzungen für das Zustandekommen des Vertrags in AGB ist auch nicht unmöglich (so aber wohl KG NJW 1981, 2822); denn dem AGBG-Recht liegt die Vorstellung zugrunde, dass auch Vertragsregelungen, die sich mit der Art und Weise des Vertragsabschlusses befassen, nicht der Inhaltskontrolle entzogen sein sollen (vgl zB früher § 10 Nr 1 AGBG; § 308 Nr 1 BGB). Dementsprechend wird auch die Wirksamkeit von Nr 10 Abs 1 Satz 2 ATB allgemein angenommen (vgl besonders GRUNEWALD, Die Anwendung des AGB-Gesetzes auf Bestimmungen über den Vertragsabschluß, ZIP 1987, 353 mwNw; STAUDINGER/COESTER-WALTJEN [2006] § 308 Nr 1 Rn 6).

32 i) Nr 14 enthält die Regelungen über **Umfang und Ausschluss der Haftung**. Er stützt sich dabei insbesondere auf die Ausnahmevorschrift im § 309 Nr 7 b, nach der das Verbot des Haftungsausschlusses oder der Haftungsbegrenzung für Schäden, die nicht Schäden von Leben, Körper und Gesundheit sind, die auf einer grob fahrlässigen Pflichtverletzung des Verwenders oder auf einer vorsätzlichen oder grob fahrlässigen Pflichtverletzung eines gesetzlichen Vertreter oder Erfüllungsgehilfen des Verwenders beruhen, *nicht* für Haftungsbeschränkungen für staatlich genehmigte Lotterie- und Ausspielverträge gilt. Regelungsgrund dieser Ausnahme ist das Bedürfnis nach Haftungsausschluss wegen Schäden bei der Annahme von Spielen, der Weiterleitung oder der Sicherung von Daten, die von Annahmestellen oder Beschäftigten des Unternehmens verschuldet werden. Damit soll verhindert werden, dass mit Hilfe fingierter Spielquittungen die Auszahlung vorgetäuschter Gewinne zu Lasten der wirklichen Gewinner erreicht wurde. Diese Ausnahme war bereits in § 23 Abs 2 Nr 4 AGBG enthalten, weil nach Auffassung des Gesetzgebers bei dieser Freizeichnung ausnahmsweise die Vorteile die Nachteile überwogen. Die Formulierung der Ausnahmeregelung ging aber über dieses begrenzte Ziel deutlich hinaus. Deshalb wurde die Regelung von der Rechtsprechung und der Literatur teleologisch auf ihre Zielsetzung reduziert. Bei der Aufnahme der Regelung in § 309 Nr 7 schlug der Regierungsentwurf ausdrücklich eine Einschränkung durch die Worte „soweit sie dem Schutz des Verwenders und der Mitspieler vor betrügerischen Manipulationen dienen" vor (BT-Drucks 14/6857 S 53). Diese Formulierung wurde jedoch in der Beschlussempfehlung des Rechtsausschusses wieder gestrichen, da die Besorgnis bestand, die vorgeschlagene Neufassung verpflichte den Verwender, im Einzelfall nachzuweisen, dass eine betrügerische Manipulation stattgefunden habe. Dies aber sei häufig nicht möglich und gerade in diesen Fällen sei der Haftungsausschluss notwendig (BT-Drucks 14/7052 S 188 f). Dennoch bezieht sich der Anwendungsbereich der Ausnahmevorschrift zu § 309 Nr 7 b nur auf die Haftungsgründe, die sich aus der besonderen Risikosituation der Lotterieveranstaltung ergeben (ULMER/BRANDNER/ HENSEN, AGB-Recht § 309 Nr 7 BGB Rn 21 mwNw; BAMBERGER/ROTH/BECKER § 309 Nr 7 Rn 35). Die Haftungsbeschränkungen der Nr 14 RTB 2008 tragen diesem eingeschränkten Anwendungsbereich Rechnung. Der Haftungsausschluss für grobe Fahrlässigkeit der gesetzlichen Vertreter und für grobe Fahrlässigkeit und Vorsatz von Erfüllungsgehilfen ist auf die Zeit bis zur sicheren Abspeicherung der Daten begrenzt. Dies ist der Zeitraum, in dem auf Grund der besonderen Risikosituation bei Lotterien der Haftungsausschluss erforderlich ist. Nach der Abspeicherung ist nur noch eine Beschränkung der Haftung auf grobe Fahrlässigkeit und Vorsatz der gesetzlichen Vertreter und Erfüllungsgehilfen geregelt (Nr 14 Abs 2 RTB 2008). Der Ausschluss der Haftung für leichte Fahrlässigkeit ist grundsätzlich zulässig (Umkehrschluss aus § 309 Nr 7; STAUDINGER/COESTER-WALTJEN [2006] § 309 Nr 7 Rn 38). Die Freizeichnungsklausel ist aber an § 307 zu messen. Im Hinblick auf die engen Grenzen, die die Rechtsprechung für die Zulässigkeit der Freizeichnung für leichte Fahrlässigkeit setzt, dürfte die Klausel der Nr 14 Abs 2 mit ihrer generellen Freizeichnung einer Inhaltskontrolle nicht standhalten (vgl zu den Grenzen von Freizeichnungsklauseln für leichte Fahrlässigkeit: STAUDINGER/COESTER [2006] § 307 Rn 434 ff). Der völlige Haftungsausschluss für Fälle „unverschuldeter Fehlfunktionen und Störungen von technischen Einrichtungen ..." ist nach § 305c wegen Unklarheit unwirksam. Soweit hierdurch eine Haftung wegen Zufalls ausgeschlossen werden soll, ist sie rein deklaratorisch, da eine verschuldensunabhängige Haftung nicht begründet ist; das Gleiche gilt für den Ausschluss der Haftung für Schäden durch höhere Gewalt und strafbare Handlungen dritter Personen (vgl dazu STAUDINGER/COESTER [2006] § 307 Rn 431). Die Regelung in Abs 9, dass ein Vertragsverhältnis zwischen Spielteilnehmer und Annahmestelle nicht zustande kommt, ist an dieser Stelle (unter Haftungsregelungen) überraschend und damit nach § 305c Abs 1 unwirksam, die Haftungsbeschränkung der Annahmestelle in Abs 10 auf Vorsatz verstößt gegen § 309 Nr 7 und ist damit unwirksam. Sie kann nicht mit der Sonderregelung in § 309 Nr 7 b für Lotterieverträge gerechtfertigt werden.

k) Kapitel VI der RTB enthält eine *Ausschlussfrist für die gerichtliche Geltendmachung von Gewinnen* und eventuelle Schadensersatzansprüche, die an Stelle eines Gewinnanspruchs geltend gemacht werden. Gegen diese Frist (13 Wochen für die gerichtliche Geltendmachung) bestehen erhebliche Bedenken. Sie werden damit gerechtfertigt, dass sie wegen der Struktur der Lotterie notwendig und deshalb nicht als überraschend iSd § 305c Abs 2 auszusehen sind. Da ein bestimmter Prozentsatz der Spieleinsätze auf die einzelnen Gewinnklassen verteilt wird, könne die endgültige Gewinnberechnung erst erfolgen, wenn alle Gewinnansprüche feststehen; dementsprechend haben alle Spielteilnehmer ein Interesse, dass möglichst kurzfristig ein endgültiger Abschluss getroffen wird. Auch das Lotterieunternehmen habe ein besonderes Interesse daran, die jeweilige Lotterie und die aus ihr her rührenden Ansprüche möglichst schnell abzuwickeln (BGH NJW 1991, 1745; OLG Celle NJW-RR 1986, 833; auch noch STAUDINGER/ENGEL [1996] Rn 32; PFISTER, Zivilrechtliche Probleme der Sportwette 81 ff; ders [Hrsg] Rechtsprobleme der Sportwette; zweifelnd SCHLUND, Das Zahlenlotto Kap 14 II; EHMANN AcP 1974, 552). Schließlich wird die Zulässigkeit dieser knappen Frist mit der breiten Publizität der Gewinnzahlen begründet, die es dem Gewinner gestattet, seine Rechte sofort geltend zu machen. Diese Begründungen sind nicht durchschlagend. Die Lotterieunternehmen berechnen die Gewinnquoten nach den bei ihnen vorliegenden Gewinnvorhersagen, unabhängig von der Geltendmachung der Gewinnansprüche durch den Spieler. Die erzielten, nicht abgeholten bzw nicht geltend gemachten Gewinne erhöhen den Ertrag der Lotterie (bzw werden in Rücklagen eingestellt). Dem Lotterieunternehmen ist ohne weiteres zuzumuten, diese Gewinne bis zum Ablauf der Verjährungsfrist in der Rücklage zu belassen. Sofern Gewinne nach der Berechnung der Gewinnquoten angemeldet werden, die bei der Quotenberechnung nicht berücksichtigt wurden, aber trotzdem berechtigt sind (was nur in extrem seltenen Fällen möglich sein dürfte), ist es den Lotterieveranstaltern zumutbar, diese aus dem Ertrag zu finanzieren. Auch die entsprechend lange Speicherung der Teilnehmerdaten kann im Hinblick auf die modernen Speichermöglichkeiten für Daten keine andere Beurteilung rechtfertigen. Für die extreme Verkürzung der Verfallsfristen ist deshalb kein Grund ersichtlich; sie sind generell zu kurz und deshalb nach den §§ 305c Abs 1, 308 Nr 3 unwirksam (Münch-Komm/Basedow § 309 Nr 7 Rn 18; Bahr, Glücks- und Gewinnspielrecht, Rn 282). Maßgeblich ist demnach die allgemeine Verjährungsfrist des § 196 von drei Jahren. Die Anerkennung der Verfallsfrist der ATB 2000 könnte das absurde Ergebnis herbeiführen, dass das Lotterieunternehmen noch Einsätze einklagen könnte, die damit erzielten Gewinne aber nicht mehr auszahlen müsste.

l)   Der über den Spieleinsatz ausgegebene **Quittungsabschnitt** ist nach Nr 20 Abs 5 als Legitimationspapier ausgestaltet; das Unternehmen kann also an den Inhaber mit befreiender Wirkung zahlen. Diese Gestaltung ist nicht unproblematisch, wenn der Spielteilnehmer Name und Anschrift eingetragen hat. Auch an den Eingetragenen kann das Unternehmen befreiend zahlen (Nr 20 Abs 7). Zwar ist auch bei der Auszahlung von Gewinnen die notwendige Vereinfachung für die Durchführung von Massenglücksspielen zu beachten. Die vollkommene Freizeichnung von der Pflicht, die Berechtigung des Inhabers des Quittungsabschnitts zu prüfen ist aber, zumindest bei größeren Gewinnen unangemessen; dies führt zur Unwirksamkeit dieser Klausel nach § 307 Abs 1 (Wolf/Horn/Lindacher ABGB § 23 Rn 229). Die Unternehmen versuchen, dieses Problem durch die Schaffung einer Kundenkarte zu verringern; beim Spielen mit einer Kundenkarte wird stets an den registrierten Inhaber der Karte geleistet (Nr 21 RTB 2008).

34 m)   Regelungen über Spielersperren
Die RTB für Lotterien, die ein besonderes Gefährdungspotential aufweisen (§ 22 GlüStV), insbesondere Lotterien mit täglicher Gewinnausspielung (Keno-Lotterie; Lotterie „Plus 5") und für Sportwetten (§ 21 GlüStV, wie Fußballtoto, Oddset-Wette) sind durch zusätzliche Regelungen über Spielersperren ergänzt. In diesen Regelungen wird mitgeteilt, dass der Veranstalter sich an dem Sperrsystem beteiligt und die Voraussetzungen der Sperre nach § 8 GlüStV definiert. Als Ergänzung der Nr 5 RTB wird das gesetzliche Verbot der Teilnahme (§ 21 Abs 5 bzw § 22 Abs 2 GlüStV) wiedergegeben und festgelegt, dass Angebote gesperrter Personen auf Abschluss von Spielverträgen nicht angenommen werden. Nachdem die Veranstalter mit dieser Regelung lediglich eine gesetzliche Verpflichtung erfüllen, bestehen gegen diese Regelung keine Bedenken. Der Ausschluss von der Teilnahme betrifft in gleicher Weise die Sperren auf Grund Eigensperre und auf Grund Fremdsperre.

Zweifelhaft ist die rechtliche Behandlung von Spielverträgen, die entgegen dieser Bestimmung abgeschlossen wurden. Die rechtliche Beurteilung ist unterschiedlich für die Eigensperre und die Fremdsperre. Die Eigensperre stellt eine Vereinbarung zwischen Veranstalter und Gesperrtem dar, aus dem sich für den Veranstalter Schutzpflichten für die Vermögensinteressen des gesperrten Spielers (BGHZ 165, 276; 174, 225 für die Sperre in der Spielbank), für den Gesperrten die Verpflichtung, keine Spielverträge abzuschließen, ergeben. Bezüglich des Abschlusses eines solchen „Sperrvertrages" besteht für das Unternehmen, das den Antrag auf Abschluss eines solchen Vertrages erhält, ein Kontrahierungszwang (PETERS, ZfWG 2007, 321). Dieser ergibt sich zumindest aus den Regelungen des GlüStV (§ 8 iVm § 1 Nr 3, 20 GlüStV). Sofern der Gesperrte trotzdem Verträge abschließt, sind sie unwirksam (was auch Nr 5 Abs 5 RTB 2008 entspricht). Er hat dementsprechend keinen Anspruch auf Auszahlung des Gewinns (vgl für Spielvertrag des gesperrten Spielers in der Spielbank: KG NJW-RR 2003, 1359). Sofern der Veranstalter seiner Pflicht, die Sperre zu überwachen, schuldhaft nicht nachkommt, haftet er dem Spieler nach § 280 BGB. Die Haftungsbeschränkung der Nr 4 Abs 1 greift in diesem Fall nicht, da der Veranstalter hier seine Kardinalpflicht, die Einhaltung der Spielersperre zu überwachen, verletzt hat und sich von dieser Haftung nach § 307 Abs 1 und 2 nicht freizeichnen kann (vgl BGHZ 165, 276). Die Ausnahmeregelung in § 309 Nr 2 b greift hier ebenfalls nicht, weil es sich um kein lotteriespezifisches Risiko handelt (s o Rn 32). Bei der Fremdsperre ist ein trotzdem abgeschlossener Vertrag nach der Regelung der Nr 5 Abs 6 RTB unwirksam. Bei der Fremdsperre in einer Spielbank geht die Rspr bisher davon aus, dass die Fremdsperre allein im Interesse der Spielbank erklärt wird und deshalb dem Gesperrten daraus keine Rechte erwachsen (BGHZ 131, 136). Diese Auffassung kann nach den durch den GlüStV eingeführten Regelungen nicht mehr gelten. Sofern der Veranstalter schuldhaft die Sperre nicht überwacht hat, haftet er für den daraus entstandenen Schaden nach § 823 Abs 2, da es sich bei § 8 Abs 1 GlüStV um ein Schutzgesetz handelt. Auch insoweit greift die Haftungsbeschränkung der Nr 14 Abs 1 und 2 nicht. Schon wegen dieses hohen Haftungsrisikos sind die Veranstalter interessiert, das Sperrsystem möglichst effektiv zu gestalten. So ist bei einem Teil der Veranstalter die Teilnahme an solchen Spielen nur mit „Kundenkarte" möglich (zB Staatliche Lotterieverwaltung Bayern), die als Chipkarte mit Passfoto vom Veranstalter ausgegeben wird und bei Vorliegen einer Spielersperre nicht ausgegeben bzw nach Ausgabe automatisch gesperrt wird.

§ 764
(weggefallen)

§ 764 enthielt die Regelung über das so genannte Differenzgeschäft; danach war als **1** Spiel (mit der Wirkung der Behandlung als unvollkommene Verbindlichkeit) ein Vertrag anzusehen, bei dem trotz einem auf Lieferung lautenden Vertrag lediglich ein Differenzausgleich zwischen dem vereinbarten Preis und dem Preis zum Lieferzeitpunkt gezahlt werden sollte. § 764 wurde durch Art 9 des Vierten Finanzmarktförderungsgesetzes (FinMFöG); BGBl 2002 I, 2010) mit Wirkung vom 1.7.2002 aufgehoben. Auf neue Verträge ab diesem Zeitpunkt ist er daher nicht mehr anwendbar. Die weitere Anwendbarkeit auf vor diesem Zeitpunkt abgeschlossene Verträge ergibt sich aus Art 229 § 5 EGBGB (STAUDINGER/LÖWISCH [2003] Art 229 § 5 EGBGB Rn 41). Wegen der Rechtsfragen zu vor dem 1.7.2002 abgeschlossene Verträge, auf die § 764 noch anwendbar ist, vergleiche die Erläuterungen in der Vorauflage (STAUDINGER/ENGEL [2002] § 764). Die von § 764 geregelten Verträge waren zu einem beachtlichen Teil als Spielgeschäfte zu betrachten, sofern bei beiden Vertragspartnern die Spekulationsabsicht vorlag; § 764 dehnte lediglich den Anwendungsbereich auf die Fälle aus, in denen lediglich ein Teil die Spekulationsabsicht hatte, der andere Teil sie aber kannte oder kennen musste. Die Unverbindlichkeit solcher Verträge nach § 762 ist durch § 37e WpHG aufgehoben, soweit es sich insoweit um Finanztermingeschäfte mit mindestens einem gewerblichen Finanzdienstleister (§ 37e S 2 WpHG iVm § 2 Abs 2 WpHG) handelt (s o § 762 Rn 48). Insbesondere durch die Ausweitung des vom Begriff der Finanztermingeschäfte umfassten Bereichs durch das Finanzmarktrichtlinie-Umsetzungsgesetz vom 16. 7. 2007 (BGBl I 1330) sind diese Geschäfte weitestgehend für verbindlich erklärt, obwohl es sich in der Sache häufig um Glücksspiel handelt. Insoweit ist hier eine Tendenz des Gesetzgebers gegeben, die der im Glücksspiel und Lotterierecht im engeren Sinn verfolgten Richtung (vgl § 1 GlüStV) konträr zuwiderläuft. Wieweit dies der vom Bundesverfassungsgericht geforderten kohärenten Politik noch entspricht, ist zweifelhaft.

Sachregister

Die fetten Zahlen beziehen sich auf die Paragraphen, die mageren Zahlen auf die Randnummern.

Abbruch
Verwaltungsmaßnahme **744** 9
Abwachsung
Bruchteilsgemeinschaft **741** 257
Abwehrklage
Beschlüsse, fehlerhafte **745** 48
actio communi dividundo
Aufhebungsanspruch **749** 19
ad-hoc-Gemeinschaft
Bienenschwarm **Vorbem 741 ff** 25
Adjudikationsverfahren
Realteilung **749** 4, 44, 96; **753** 2
Admira-Systeme
Lotterie **763** 9
Akkordkolonne
Gemeinschaftsverhältnis **741** 166
Aktien
Bruchteilsgemeinschaft **741** 138
Naturalteilung **749** 92
Aktiengesellschaft
Stimmrechtsausschluss **745** 22 ff
Aktivlegitimation
Teilhaber **744** 47
aleatorische Verträge
Ausspielung **763** 1
Bedeutung, wirtschaftliche **Vorbem 762 ff** 8
ernste soziale Interessen **Vorbem 762 ff** 7
ernste wirtschaftliche Interessen **Vorbem 762 ff** 7
Erwerbsgrund **Vorbem 762 ff** 3 f
Gefährlichkeit **Vorbem 762 ff** 7
gegenseitig verpflichtende Verträge **Vorbem 762 ff** 6
Glücksverträge **Vorbem 762 ff** 1
Hilfsgeschäfte **Vorbem 762 ff** 4; **762** 34 ff; **763** 16
Leibrentenvertrag **Vorbem 759 ff** 6; **761** 1
Lotterie **763** 1
Mangel an ernsten wirtschaftlichen und sozialen Interessen **Vorbem 762 ff** 7
Nebengeschäfte **Vorbem 762 ff** 2, 4; **762** 34 ff; **763** 16
Privatautonomie **Vorbem 762 ff** 4
Rechtswegegarantie **Vorbem 762 ff** 4
Rechtswirksamkeit, zurückgesetzte **Vorbem 762 ff** 1, 3 f
Unsicherheitsfaktor **Vorbem 762 ff** 4
unvollkommene Verbindlichkeiten **Vorbem 762 ff** 1, 3 f
Verbindung mit anderen Verträgen **Vorbem 762 ff** 2; **762** 40 f; **763** 16
Vertragsparteien **Vorbem 762 ff** 6

aleatorische Verträge (Forts)
Zufallseinwirkung **Vorbem 762 ff** 4
Alleinberechtigung
Übertragung mit Entstehung einer Bruchteilsgemeinschaft **742** 15
Alleineigentum
Übertragung mit Entstehung einer Bruchteilsgemeinschaft **742** 15
Allgemeine Geschäftsbedingungen
Lotterien **763** 26
RTB 2008 **763** 26 ff
Allgemeines Bürgerliches Gesetzbuch
Leibrente **Vorbem 759 ff** 1, 47
Allgemeines Landrecht
s Preußisches Allgemeines Landrecht
Allgemeininteresse
Betrugsvorbeugung **Vorbem 762 ff** 5; **763** 15
Verbraucherschutz **Vorbem 762 ff** 5
Verhältnismäßigkeit **Vorbem 762 ff** 5
Verhütung von Störungen der sozialen Ordnung im Allgemeinen **Vorbem 762 ff** 5
Vermeidung von Anreizen zu überhöhten Ausgaben für das Spielen **Vorbem 762 ff** 5
Altbauten
Abgeschlossenheitsbescheinigung **741** 44
Bruchteilsgemeinschaft **741** 44
Altenteil
Eintragung **741** 128
Altersversorgung
Leibrente **Vorbem 759 ff** 48, 50
Altersvorsorge
Ehegattenbruchteilsgemeinschaft **741** 27
altrechtliche Gemeinschaften
Berechtigungen **741** 166
Andeutungstheorie
Leibrentenversprechen **761** 7
Aneignung nach Aufgebot
Miteigentumsanteile **758** 6
Anerkenntnis, gerichtliches
Spiel **762** 14
unvollkommene Verbindlichkeit **762** 29
Wette **762** 14
Ankaufsrechte
Eintragung **746** 26
Vormerkung **747** 6
Anleihen
Treuhandberechtigung **741** 150 f
Anliegerstreupflicht
s Streupflicht

Anliegerwege
  Gemeinschaft **741** 166
Annahmestellen
  Annahmestellenvertrag **763** 29 f
  Ausschluss von der Spielteilnahme **763** 30
    Inhaber **763** 30
    Personal **763** 30
  Gemeinschaftswetten **763** 30
  Handelsvertreter, selbständige **763** 24
Anschluss- und Benutzungszwang
  Bruchteilsgemeinschaft **741** 155
Anteile
  Anteilsgröße **741** 256; **742** 1 f
    s a Quote
    Beweislast **742** 19 ff
    Kriterien **742** 16
  Aufteilungskriterien **742** 16
  Begriff **741** 254
  Belastung **741** 60, 255; **747** 8
    zugunsten anderer Teilhaber **747** 26
  Bruchteil **741** 256
  bruchteilslose **741** 166; **742** 15
  Früchte **741** 59
  gleiche Anteile **741** 59
  gutgläubiger Erwerb **747** 21 ff
  Hypothekenbestellung **747** 43 ff
  Inhalt **741** 256
  Insolvenz **741** 60
  lastenfreier Erwerb **747** 28
  Pfändung **741** 255
  Quote **741** 59, 256; **742** 2
    Änderung **742** 2, 13 f; **747** 25
    Begründung **742** 2
    Beweislast **742** 14, 21 ff
    Gutglaubensschutz **742** 2; **747** 27 ff
  Sicherungsrechte **747** 34 ff
  Sicherungsübereignung **747** 39 ff
  Übertragung **741** 255; **747** 20
  Veräußerung **741** 60
    s a Anteilsveräußerung
  Verfügungen über Anteile **741** 14, 60; **747** 1 ff, 10 ff
    s a Anteilsveräußerung
    Abtretung **747** 10
    Anfechtung **747** 10
    Annahme einer Leistung als Erfüllung **747** 10
    Aufrechnung **747** 10, 14 f
    Belastung **747** 10 f
    Dereliktion **747** 17
    Dienstbarkeit, beschränkte persönliche **747** 13
    Eigentumsübertragung **747** 10
    Einziehung **747** 15
    Erbbaurecht **747** 13
    Erlass **747** 10, 15
    Form **747** 20
    Grunddienstbarkeit **747** 13
    Grundschuld **747** 11

Anteile (Forts)
    Hypothek **747** 11
    Kündigung **747** 10, 15
    Mahnung **747** 10
    Nießbrauch **747** 11
    Pfändung **747** 13, 51 ff
    Pfandrecht **747** 13
    Pfandrechte, gesetzliche **747** 12
    Rangrücktritt **747** 13
    Reallast **747** 11
    Rücktritt **747** 10
    Schadensersatzpflicht **747** 4
    Stundung **747** 10
    teilweise Übertragung **747** 11, 25
    Übertragung an andere Teilhaber **747** 25 ff
    Übertragung an Dritte **747** 11
    unteilbare Verfügungen **747** 13 ff
    Veräußerungsbeschränkungen **747** 4 ff
    – Ankaufsoptionen **747** 8
    – Ankaufsrechte **747** 6
    – Benutzungsregelungen **747** 7
    – Einbringung der Anteile in BGB-Gesellschaft **747** 8
    – Grundschuld **747** 8
    – Optionsrechte **747** 6
    – Verfügungsunterlassungsverpflichtungen **747** 8
    – Vertragsstrafe **747** 6
    – Verwaltungsregelungen **747** 7
    – Vorkaufsrechte **747** 6
    Verfügung **747** 10, 25
    Verfügungsverbot, schuldrechtliches **747** 4
    Vermietung **747** 10
    Verpachtung **747** 10
    Verpflichtungsgeschäft **747** 29
    Verzicht auf Anteil **747** 18
    Vorkaufsrecht **747** 11, 16
    Wiederkaufsrecht **747** 16
  Vermögensgegenstand **741** 60
  Vermögensobjekt des Teilhabers **747** 1
  Verpfändung **747** 34 ff
    Verwertung **747** 35
    – Aufhebung der Gemeinschaft **747** 36 f
    – Pfandverkauf **747** 35
  Vollstreckung in Anteile **741** 14
  Vorkaufsrecht, gesetzliches **741** 60
  Zwangsvollstreckung in den Anteil **741** 60; **747** 49 ff
Anteilschein
  gutgläubiger Erwerb **747** 85
Anteilshypothek
  Fortsetzung am Erlös **753** 32
Anteilspfändung
  Forderungen, gemeinschaftliche **747** 55
  Miteigentumsanteile an beweglichen Sachen **747** 52 ff

Anteilspfändung (Forts)
Miteigentumsanteile an Grundstücken **747** 51
Anteilsveräußerung
Benutzungsregelungen **747** 7
Erwerber, Rechtsstellung **747** 30 ff
Form **747** 29
Genehmigungsvorbehalte, öffentlich-rechtliche **Vorbem 741 ff** 13
Gewährleistung **757** 3
Grundbuchverfahren **Vorbem 741 ff** 13
gutgläubiger Erwerb **747** 27 f
Sachmängelhaftung **747** 29
Übertragung **Vorbem 741 ff** 13
Verfügungen über Anteile
s Anteile
Verwaltungsregelungen **747** 7
Vorkaufsrechte **Vorbem 741 ff** 13; **747** 6, 78 f
zwischen Teilhabern **747** 25
Anteilsverwertung
Zwangshypothek **747** 57
Zwangsversteigerung **747** 57
Zwangsverwaltung **747** 57
Anteilsverzicht
mit Anwachsungsfolge **741** 257
Anwachsung
Bruchteilsgemeinschaft **741** 257
Apparategemeinschaften, ärztliche
Rechtsgemeinschaft, schlichte **741** 48
Verwaltungsregelung durch Schiedsgericht **745** 53
Arbeitnehmer
Diensterfindung **741** 136
Aufhebung der Gemeinschaft
Art der Aufhebung **749** 24, 61; **753** 1
Aufhebung aus wichtigem Grund **741** 7, 14, 16, 64
Übergehen der Minderheit **745** 20
Aufhebungsausschluss **741** 6, 213; **749** 60 ff
Ablösungsrecht der übrigen Teilhaber **751** 11
Beweislast **749** 73 f
Pfändung des Anteils **751** 8 f
Pfändungspfandgläubiger **751** 8 f
Tod eines Teilhabers **750** 1 ff
Vereinbarungen
s dort
Vertragspfandgläubiger **751** 10
Zwangshypothek **751** 8 f
Aufhebungserklärung **749** 23
Aufhebungsvertrag **749** 16, 18, 20 f
Auszahlung des Erlösanteils **749** 17; **753** 25
Begriff **749** 6
Billigkeit **749** 4, 34 ff
Duldung der Zwangsversteigerung **753** 27
Duldung des Verkaufs **749** 13; **753** 29
Erlösteilung **741** 66, 256; **749** 1; **753** 22 ff
Unverjährbarkeit **758** 2

Aufhebung der Gemeinschaft (Forts)
Forderungen **753** 13
Forderungen, gemeinschaftliche **741** 66
Früchte, Teilung **741** 256
Gegenstand, Aufteilung **741** 256
Gemeinschaft **Vorbem 741 ff** 7
Grundstücke **741** 66
Insolvenzverfahren eines Teilhabers **749** 86 ff
Klageantrag **753** 27, 29, 31
Kosten **756** 3
Mitwirkung der Teilhaber **741** 260
Mitwirkungspflicht **749** 48 f
Pfandverkauf **741** 66; **749** 9
Pflichtverletzung eines Teilhabers **741** 269
Rechtsschutzbedürfnis **753** 28
Sachen, bewegliche **741** 66
Schulden der Gemeinschaft **741** 66
Teilaufhebung **749** 24, 51 ff
Teilung dem Wert nach **749** 4
Teilung des Erlöses **749** 17
Teilung durch Verkauf **753** 2 ff
s a dort
Teilung in Natur **741** 66; **749** 1, 4; **752** 1 ff
s a dort
Teilungsabreden **744** 10
Teilungsvereinbarung **749** 24 f; **753** 39; **756** 8; **758** 3
Teilungsversteigerung **741** 66 f
Teilungsvertrag **749** 16, 18, 22
Übernahme des gemeinschaftlichen Gegenstandes durch einen Teilhaber **741** 66; **749** 83
Übernahmepreis **749** 83
Vereinbarungen **749** 82 ff, 87
Vereinbarungen über Durchführung **749** 24 ff, 83, 88; **751** 15
Verkauf des gemeinschaftlichen Gegenstands **753** 3
Erlösteilung **742** 1; **753** 3
Verwertung, freihändige **749** 1, 83
Vorwegbefriedigung aus dem Erlös **756** 1, 4, 9, 12 ff
Befreiung von einer Verbindlichkeit **756** 9
Fälligkeit des Anspruchs **756** 8
Geldforderungen **756** 9
Zeitpunkt **749** 45 f
Zwangsversteigerung **749** 9
Aufhebungsanspruch
actio communi dividundo **749** 19
Art der Aufhebung **749** 61
Ausschluss **749** 60
Grundbucheintragung **749** 62
Sondernachfolge **749** 62
Fälligkeit **749** 45
Hilfspfändung **749** 59
Hypothekengläubiger **747** 45 ff
Inhalt **749** 5, 7, 16 ff

Aufhebungsanspruch (Forts)
    Kündigungsfrist **749** 60
    Leistungsklage **749** 13 ff
    Pfändbarkeit **749** 58; **751** 13
    Pfändung **741** 25
    Rechtsmissbrauchseinwand **749** 60
    schuldrechtlicher Anspruch **749** 7
    Teilaufhebung **749** 24, 51 ff
    teilbare Sachen **749** 8
    Unabtretbarkeit **749** 54 ff
    unteilbare Sachen **749** 9
    Unverjährbarkeit **758** 1
    Vereinbarungen **749** 60 ff
        Sondernachfolge **751** 1
        – Gutgläubigkeit **751** 2
    wichtiger Grund **749** 75 ff
        Abfindungsangebot **749** 81
        persönliches Zerwürfnis **749** 78
        sofortige Aufhebung **749** 80
        Unzumutbarkeit der Fortsetzung der Gemeinschaft **749** 77
        Veränderung der Umstände, wesentliche **749** 79
        Verwaltung, ordnungsmäßige **749** 78
    Zurückbehaltungsrecht **749** 50; **756** 10 f
    Zustimmung Dritter **749** 60
Aufhebungserklärung
    Aufhebung der Gemeinschaft **749** 23
Aufhebungsrecht
    Anteilsveräußerung **747** 33
    Ausschluss **741** 64; **749** 2
    Kündigungsfrist **749** 2
    Unverjährbarkeit **741** 64
Aufhebungsverbot
    wirtschaftliche Notwendigkeit **741** 65
Aufhebungsvertrag
    Anspruch auf Abschluss **749** 34
    Aufhebung der Gemeinschaft **749** 16, 18, 20 f
    Beurkundungserfordernis **749** 28
        Teilung in Natur **749** 29
    Erfüllung **749** 32
    fehlerhafte Verträge **749** 31
    Form **749** 28
    Gewährleistung **749** 25
    Nichterfüllung **749** 27
    Schenkung **749** 26, 28
    Sondernachfolge **749** 27
    Teilnichtigkeit **749** 31
    Teilungsvereinbarung **749** 24
    Vergleichsvertrag **749** 26
    Vermittlungsverfahren nach FGG **749** 33
    vormundschaftsgerichtliche Genehmigung **749** 30
    Willensmängel **749** 31
    Wirkung inter partes **749** 27
Auflassung
    Bruchteilsangabe **742** 5
    Bewilligung **742** 6

Auflassung (Forts)
    Quoten, Abänderung **742** 13
Auflassungsvormerkung
    Kautelarjurisprudenz **Vorbem 741 ff** 22; **741** 15
    Leibrente **Vorbem 759 ff** 65
Aufrechnung
    Spiel **762** 9, 19
    Verfügung, unteilbare **747** 14 f
    Wette **762** 9, 19
Auftrag
    Hilfsgeschäft von Spiel-/Wettverträgen **762** 34 ff
        Aufwendungsersatz **762** 37
        Ausführung des Auftrags **762** 36
        Gewinn, Herausgabe **762** 36
        Herausgabe des Erlangten **762** 36
        Provision **762** 37
        Schadensersatz wegen Nichterfüllung **762** 36
    Sondervereinbarung **741** 264
    Spielschulden, Bezahlung von **762** 38
        Widerruflichkeit des Auftrags **762** 38
    Übertragung der Verwaltung **744** 12
    Vertretungsmacht **744** 13
    Unklagbarkeit **762** 34
Auftragsbürgschaft
    Spielschulden **762** 38
Aufwendungsersatz
    Verjährung **758** 4
Auseinandersetzung
    Erbengemeinschaften **749** 3
    Gemeinschaft **749** 3
    Gesellschaft **749** 3
    Kommanditgesellschaft **749** 3
    OHG **749** 3
    Verfahren **749** 3
Auslobung
    Leibrente **759** 5; **761** 5
    Rechtsgeschäft, einseitiges **762** 5
    Spielvertrag **762** 5
    Wettvertrag **762** 5
    Zweck **762** 5
Ausspielung
    s a Ausspielvertrag
    aleatorischer Vertrag **763** 1
    Begriff **763** 2
    Einsatz **763** 7, 11
        Rückforderung **763** 14
        verdeckter Einsatz **763** 7
    Gefährlichkeit **763** 3
    Gewinne **763** 8
        Gefahrtragung **763** 8
        Rechtsmängel **763** 8
        Sachmängel **763** 8
    Gratisausspielungen **763** 11
    Leistung, bedingte **Vorbem 762 ff** 6
    Leistung, unbedingte **Vorbem 762 ff** 6
    nicht staatlich genehmigte **Vorbem 762 ff** 6

Ausspielung (Forts)
Sachlotterie **763** 8
Spielplan **763** 3
staatlich genehmigte **763** 14 ff
Steuerrecht **Vorbem 762 ff** 11
Strafbarkeit **763** 2, 15 ff
Veranstaltung, unerlaubte **763** 2
Verbot, strafrechtliches **763** 2
Warenlotterie **763** 8
Zufallselement **763** 2
Ausspielungsvertrag
s a Ausspielung
Beurkundungserfordernis **763** 8
Genehmigung, staatliche **Vorbem 762 ff** 1; **762** 6
Haftungsbeschränkung **763** 26
Hilfsgeschäfte **763** 16
Nebengeschäfte **763** 16
Spiel **Vorbem 762 ff** 6
unvollkommene Verbindlichkeit **Vorbem 762 ff** 1, 3 f
Vertragstyp, eigenständiger **Vorbem 762 ff** 6
Auszahlungsanspruch
Abtretung **753** 25
Pfändung **747** 60, 63; **753** 25
Auto
Miteigentum der Ehegatten **741** 32
Automatensteuer
Spielautomaten **Vorbem 762 ff** 11

Bäume
Benutzung, gemeinschaftliche **741** 134
Bankanderkonto
Und-Konto **741** 48
Bankkonten
Bruchteilsgemeinschaft **741** 121
Gemeinschaft **741** 54
Baulast
Bewilligungsanspruch **743** 37
Bruchteilsgemeinschaft **741** 155
Mitwirkungsanspruch **743** 34
Baumaßnahmen
Verwaltungsmaßnahme **744** 9
Bauplätze
Teilbarkeit **752** 15
Beiratsklauseln
Mehrheitsprinzip **741** 139
Belegschaft
Beteiligungsrechte, betriebsverfassungsrechtliche **741** 165
Gemeinschaft **741** 165
Benutzung, gemeinschaftliche
Befreiungsanspruch **755** 3
Benutzungsregelungen **743** 38 ff
Fruchtbezugsrecht **743** 31
Kosten **745** 8; **748** 10
Mehrheitsbeschlüsse **745** 5
Regelung nach billigem Ermessen **745** 50 ff

Benutzung, gemeinschaftliche (Forts)
Änderung der Sachlage **745** 50
Hilfsanträge **745** 57
Klageänderung **745** 57
Leistungsklage **745** 57 f
Mehrheitsbeschluss nach Rechtshängigkeit **745** 58
Nutzungsquote, Beeinträchtigung **745** 54
Passivlegitimation **745** 57
Streitgenossenschaft, notwendige **745** 57
Uneinigkeit **745** 52
Veränderungen, wesentliche **745** 54
Widerklage **745** 57
Sondernachfolge **746** 1, 8, 10 ff
Benutzungskosten
s Benutzung, gemeinschaftliche
Bergrecht
Landesrecht **741** 276
Berichtigungsbewilligung
Grundbuchberichtigung **742** 11
Berliner Modell
Immobilienfonds, geschlossene **741** 46
Berufsringkämpfer
Arbeitsvertrag **762** 6
Berufsspieler
Berufsfreiheit **762** 47
beschränkte dingliche Rechte
akzessorische Rechte **741** 127, 131
Bruchteilsberechtigung **741** 128 f
Gesamtgläubigerschaft **741** 131 f
nichtakzessorische Rechte **741** 128
Rechtszuständigkeit **741** 127 ff
Besitz
Bruchteilsgemeinschaft **741** 133
Mitbesitz **741** 133
Besitzkonstitut
Miteigentumsanteile, Sicherungsübertragung **747** 41
Verfügung über bewegliche Sache **747** 20
Beteiligtenfähigkeit
Bruchteilsgemeinschaft **741** 154
Betreuer
Leibrentenverpflichtung, Eingehung **759** 2
Betriebsaufspaltung
Grundbesitzgesellschaft **741** 211
Betriebsübertragung
Leibrente **Vorbem 759 ff** 17
bewegliche Sachen
s Sachen, bewegliche
Bewertungsfehler
Empfängerrisiko **757** 7
Bezirksstellenleiter
Landesrecht **763** 24
BGB-Grundstücksgesellschaft
Rechtsformwahl **741** 220, 223
Bienenschwarm
ad-hoc-Gemeinschaft **Vorbem 741 ff** 25
Anteilsbestimmung **742** 26

Bienenschwarm (Forts)
  Miteigentum **741** 77
  Vereinigung von Bienenschwärmen **741** 77
Börsen- oder Marktpreis
  Veräußerung, freihändige **753** 10
Briefhypothek
  Teilung **752** 16
Bruchteile
  Fungibilität **Vorbem 741 ff** 12
  Selbständigkeit **Vorbem 741 ff** 12
  Wesensgleichheit **Vorbem 741 ff** 12 f
Bruchteilseigentum
  Erschließungsbeiträge **748** 2
  Innengesellschaft **741** 238
  Umwandlung in Gesamthandseigentum **747** 70
  Zerlegung in real geteiltes Eigentum **747** 70
Bruchteilsforderungen
  Entstehung kraft Gesetzes **741** 122
  Forderungen, gemeinschaftliche **741** 121 ff
Bruchteilsgemeinschaft
  s a Gemeinschaft
  Abgrenzung **Vorbem 741 ff** 9 ff
  Abwachsung **741** 257
  Anteile
    s dort
  Anteile an Bruchteilsgemeinschaften **741** 145
  Anteilsverzicht mit Anwachsungsfolge **741** 257
  Anwachsung **741** 257
  Anwendungsbereich **741** 1, 3 f
    negative Abgrenzung **741** 3
    positive Abgrenzung **741** 3
  Aufhebungsausschluss **741** 6, 213
  Ausschluss, gesetzlicher **741** 4
  Beendigung **741** 21
  Begriff **741** 1 ff
  Belastung, unterschiedliche **741** 69
  Benutzung des gemeinschaftlichen Gegenstands **741** 6, 213 f
  Benutzungsregelungen **741** 13
  besonderen Rechts
    s Gemeinschaft
  Beteiligtenfähigkeit **741** 154
  Beteiligung an Personengesellschaft **741** 141
  dispositives Recht **741** 6 ff
  Einmannbruchteilsgemeinschaft **741** 70
  Einstimmigkeitsprinzip **Vorbem 741 ff** 22; **741** 139
  Entstehung **741** 20
    Erwerb, gemeinschaftlicher **742** 3 ff
      s a Erwerbsgemeinschaften
    kraft Gesetzes **741** 20 f, 49 ff, 55; **742** 17
    kraft staatlichen Hoheitsakts **741** 21, 53
    Rechtsgeschäft **Vorbem 741 ff** 11, 25; **741** 20 f

Bruchteilsgemeinschaft (Forts)
  zufälliges Entstehen **741** 49 ff
    s a communio incidens
  Entstehungsgeschichte **Vorbem 741 ff** 7
  Forderungen **754** 1
  Forderungen auf unteilbare Leistungen **741** 109 ff
  Freihand **Vorbem 741 ff** 12
  freihänderische Berechtigung **Vorbem 741 ff** 25
  Gemeinschaftsvermögen **Vorbem 741 ff** 10
  Gesamthandsforderungsgemeinschaften **741** 79
  Gesamtschuldnerschaft **741** 123
  Gesellschaft, Abgrenzung **Vorbem 741 ff** 2
  Gleichheitsgrundsatz **741** 72
  Immobilienbesitz **741** 13 f
  Interessengemeinschaft **741** 168 ff
  Kapitalbeteiligung **741** 138, 140
  Lebensgemeinschaft, außereheliche **741** 41
  Minderheitenschutz **741** 72
  Miteigentum **741** 254 f
  Mitgliederwechsel **Vorbem 741 ff** 10
  Parteiwille **Vorbem 741 ff** 21
  Recht **741** 4
  Rechtsfähigkeit **741** 73, 140; **743** 41
  Rechtsform **Vorbem 741 ff** 19 ff
  rechtsgeschäftliche Beziehungen zu Teilhabern **741** 73 ff; **743** 41
  Rechtsinnehabung **Vorbem 741 ff** 9 ff
    ideell geteilte **Vorbem 741 ff** 10, 25; **741** 254
  Schuldverhältnis, besonderes **Vorbem 741 ff** 1
  Schuldverhältnis, gesetzliches **741** 260 ff
  Surrogation **741** 257 f
  Tathandlungen, willentliche **741** 21, 52
  Teilhaber **741** 4, 58
    s a dort
    Personenmehrheit **741** 68 ff
  Teilrechtsfähigkeit **741** 73
  Und-Konto **741** 103
  Untergemeinschaft **741** 145
  Verfügung über Anteil **747** 1
  Verkehrspflichten **741** 273
  Verwaltung **741** 6, 13, 213 f
    Fruchtziehung **743** 11
  Verwaltungsrecht **741** 154
  Verwaltungsvermögen **741** 13
  Wesensgleichheit Anteile/Vollrecht **Vorbem 741 ff** 12 f
  Zufallsbruchteilsgemeinschaft **Vorbem 741 ff** 11
  zwingendes Recht **741** 6 ff
Bruchteilsgläubiger
  Partei des Schuldverhältnisses **741** 124
Bruchteilsgläubigerschaft
  Forderungsgemeinschaft zu Bruchteilen **741** 78

Bruchteilsvermögen
Umwandlung in Gesamthandsvermögen
Vorbem 741 ff 10
Buchersitzung
Unverjährbarkeit des Aufhebungsanspruchs **758** 5
Buchmacher
Steuerrecht **Vorbem 762 ff** 11
Strafbarkeit **763** 17
Zulassung, behördliche **763** 13
Bürgschaft
Spiel **762** 11
Wette **762** 11

Code Civil
Leibrente **Vorbem 759 ff** 1
communio incidens
Anteilsberechnung **742** 26
Quote der Beteiligung **742** 3
Rechtszuständigkeit, gemeinschaftliche **741** 49 ff
Verbindung **741** 49 ff
Vermengung **741** 49 ff
Vermischung **741** 49 ff
communio pro indiviso
Gemeinschaft nach Bruchteilen **Vorbem 741 ff** 6
Computerprogramme
Miturheberschaft **741** 135
culpa in contrahendo
Spiel **Vorbem 762 ff** 3
Wette **Vorbem 762 ff** 3

Darlehen
Finanzierung des gemeinschaftlichen Gegenstandes **756** 5
Förderung des Spieles **762** 42
Hilfsgeschäft von Spiel-/Wettverträgen **762** 40 ff
Sittenwidrigkeit **762** 42 f
Spielschulden **762** 33, 40
Umwandlung Spielschuld in Darlehensschuld **762** 29, 40
Wettschulden **762** 32
Dauerschuldverhältnis
Leibrente **Vorbem 759 ff** 6, 51 f
Dauerwohnrecht
Time-sharing **741** 202
DAX-Sparbuch
Zufallskomponente **Vorbem 762 ff** 7
DDR
Gesamteigentum **741** 278
Miteigentum **741** 278
Überleitung gemeinschaftlichen Eigentums **741** 278
Deiche
Eigentum, gemeinschaftliches **741** 48
Deichpoldergemeinschaft
Eigentum, gemeinschaftliches **741** 48, 166

Deichrecht
Landesrecht **741** 276
Depotbank
Insolvenz **747** 84
Depotkunden
Bruchteilsgemeinschaft besonderen Rechts **741** 5
Depotrecht
Mitberechtigung nach Bruchteilen **741** 58
Depotvertrag
s Sammelverwahrung
Dereliktion
Verfügung, unteilbare **747** 17
Deutscher Lotto-Toto-Block
Rahmenteilnahmebedingungen **763** 26 f
s a RTB 2008
Dienstbarkeit
Früchte, natürliche **743** 3
Dienstbarkeit, beschränkte persönliche
Bruchteilsgemeinschaft **741** 128
Gesamtgläubigerschaft **741** 84, 131
Verfügung, unteilbare **747** 13
Dienstleistungsentgelt
Leibrente, Abgrenzung **Vorbem 759 ff** 42
Dienstleistungsfreiheit
Allgemeininteresse **Vorbem 762 ff** 5
Lotterie **Vorbem 762 ff** 5
Spiel **Vorbem 762 ff** 5
Wette **Vorbem 762 ff** 5
Dienstvertrag
Übertragung der Verwaltung **744** 12
Differenzeinwand
Verweigerung der Erfüllung **762** 15
Differenzgeschäft
Hilfsgeschäfte **762** 35
Spekulationsabsicht **764** 1
Spiel **Vorbem 762 ff** 6; **762** 48; **764** 1
Spielabsicht **762** 48
Spieleinwand **762** 48
Umbuchung **762** 29
unvollkommene Verbindlichkeit **Vorbem 762 ff** 1, 3 f; **764** 1
Vertragstyp, eigenständiger **Vorbem 762 ff** 2, 6
Dividendenansprüche
Früchte, natürliche **743** 4
Doppelhaus
Kostentragungsregelung **748** 27
Teilbarkeit **752** 18
Doppelverdienerehe
Grundstückserwerb, gemeinschaftlicher **741** 23
Miteigentumserwerb **741** 31
Drittwiderspruchsklage
Ehegatten **753** 35
exceptio doli **753** 35
Pfändung des anteiligen Mietzinsanspruchs **743** 20
Teilungsversteigerung **749** 74; **753** 26

Drittwiderspruchsklage (Forts)
  Vermietung im eigenen Namen im Auftrag der Teilhaber **743** 28
  Zwangsversteigerung des gemeinschaftlichen Gegenstands **753** 5
  Zwangsvollstreckung in gemeinschaftlichen Gegenstand **747** 50
Duldungsklage
  bewegliche Sachen **753** 29
  Grundstücke **753** 27 f
  Rechte **753** 30
Duplex-Garagen
  Gemeinschaftsrecht **741** 179

Edelsteine
  Miteigentum der Ehegatten **741** 33
Ehegatten
  Alleineigentum **747** 9
  Aufhebung der Gemeinschaft **749** 37, 63 ff
    Aufhebungsausschluss **749** 65 ff
  ausländische Ehegatten **741** 28
  Bankkonten
    Gemeinschaftskonto **741** 34 ff, 87 ff, 106
    s a dort
    Kontoeröffnung auf den Namen eines Ehegatten **741** 35 ff
    – Abtretung der Kontoforderung an den anderen Ehegatten **741** 37
    – Abtretung, konkludente **741** 37 f
    – Abtretungsanzeige **741** 37
    – Bruchteilsberechtigung an der Kontoforderung **741** 37
    – Guthabenforderung **741** 36
    – Überziehungskredite **741** 36 f
    – Vertragspartner der Bank **741** 36 f
  Bankvollmacht **741** 36
  Berufspraxis **741** 238
  Drittwiderspruchsklage **753** 35
  Ehegattenbruchteilsgemeinschaft
    s dort
  Ehegatten-Grundstücksgemeinschaft
    s dort
  eheliche Lebensgemeinschaft **745** 61; **749** 69 f
  Erwerb, gemeinschaftlicher **741** 207; **746** 14 ff
    Verfügung über Anteil **746** 15 f
    Zuordnung zum ehelichen Lebensbereich **746** 14, 16
  Familienunterhalt **748** 12
  Gesamtgläubigerschaft **741** 105
  Gesamtschuldnerausgleich **745** 64
  Gesellschaft **741** 208
  Grundstückserwerb, gemeinschaftlicher **741** 22 ff; **745** 60 ff
    s a Ehegatten-Grundstücksgemeinschaft
  Grundstücksveräußerung **747** 9
  Gütergemeinschaft
    s dort

Ehegatten (Forts)
  Handelsgesellschaft **741** 238
  Hausbau auf gemeinschaftlichem Grundstück **748** 12, 16
  Haushaltsgegenstände **745** 60 ff; **746** 15; **749** 38, 67
  kleine Gütergemeinschaft **741** 23, 54; **749** 43
  Mitarbeit **741** 160
  Mitbesitz an beweglichen Sachen **741** 29 ff
  Miteigentum an beweglichen Sachen **741** 29 ff
    Autos **741** 32
    beruflicher Gebrauch **741** 33
    Bilder **741** 33
    Bücher **741** 33
    CDs **741** 33
    Computer **741** 33
    Edelsteine **741** 33
    Einrichtungsgegenstände **741** 32
    Fernsehgeräte **741** 32
    Gold **741** 33
    Hobbywerkzeug **741** 33
    Kunstwerke **741** 33
    Möbel **741** 32
    persönlicher Gebrauch **741** 33
    Rundfunkanlagen **741** 32
    Schallplatten **741** 33
    Stereoanlagen **741** 32
    Teppiche **741** 32
    Vermögensanlage **741** 33
    Videokassetten **741** 33
    Wohnwagen **741** 32
  Miteigentum an Grundstücken **747** 9
    s a Ehegatten-Grundstücksgemeinschaft
  Nutzungsentschädigung für gemeinschaftliches Haus **745** 64
  Veräußerungsverbote, familienrechtliche **747** 9
  Verfügung über Anteil **747** 2
  Verfügung über Vermögen als Ganzes **747** 9; **749** 66
  Vermietung, gemeinschaftliche **741** 121
  Vollstreckung in Familienhabe **753** 35
  Wertpapierdepot **741** 39
  Wohnungsmiete **745** 60 ff
  Zugewinnausgleich **748** 12; **749** 39
  Zugewinnausgleich, vorweggenommener **741** 23
Ehegattenbruchteilsgemeinschaft
  s a Ehegatten-Grundstücksgemeinschaft
  ausländisches Güterrecht **741** 28
  bewegliche Sachen **741** 29
  Grundstückserwerb
    s Ehegatten-Grundstücksgemeinschaft
  Sicherungszweckerklärungen der Grundschuldgläubiger **741** 26
  Verfügungsrecht über Miteigentumsanteil **741** 24

Ehegatten-Eigenheim-Gesellschaft
Gesellschaft bürgerlichen Rechts **741** 211
Ehegattengemeinschaft
s Ehegatten
Ehegatten-Grundstücksgemeinschaft
s a Ehegattenbruchteilsgemeinschaft
Anschaffungskosten **749** 42
Anteilsübertragung auf neuen Lebensgefährten **741** 25
Aufhebung der Gemeinschaft **749** 37, 63
Aufwendungsersatz **749** 42 f
Unzumutbarkeit der Zwangsversteigerung **749** 40 f
Wegfall der Geschäftsgrundlage **749** 43
Aufhebungsanspruch **741** 24
Benutzungsregelungen, gemeinschaftliche **741** 24
berufliche Nutzung **741** 237
Einbringung des Grundstücks in Gesellschaft **741** 237
gewerbliche Nutzung **741** 237
kleine Gütergemeinschaft **749** 43
Mietvertrag mit einem der Teilhaber **741** 74
Miteigentum, hälftiges **741** 22
Nutzungen nach Beendigung der Ehe **741** 24
Nutzungen während der Ehe **741** 24
Quoten **742** 5
Steuerrecht **741** 237
Teilungsversteigerung **741** 24 f; **749** 65 ff
Übernahmerecht gegen Zahlung des halben Schätzwerts **741** 237
Unterhaltsleistungen **749** 42
Verfügung über Anteil **746** 16; **747** 9
Vermögensanlage **749** 64
Verwaltungsregelungen, gemeinschaftliche **741** 24
Zwangsversteigerung **741** 237
Ehegatteninnengesellschaft
freiberufliche Betätigung **741** 207
gewerbliche Betätigung **741** 207
Ehescheidung
Aufhebung der Gemeinschaft **749** 70
Rechtsmissbrauch **749** 70
Zwangsversteigerung **741** 237
Wohl eines gemeinschaftlichen Kindes **749** 70
Ehewohnung
Aufhebungsanspruch **749** 69
Aufhebungshindernis **749** 38
Benutzungskosten **748** 12
Miteigentum der Ehegatten **749** 69
Verwaltungskosten **748** 12
Vorausvermächtnis **749** 44
Zuweisung bei Getrenntleben der Ehegatten **745** 62; **749** 71 f
Zuweisung nach Scheidung **749** 11, 38, 70
Mietverhältnis **749** 38

Eigengebrauch
Gebrauch, gemeinschaftlicher **743** 34
Eigentümergesamtgrundschuld
Bruchteilsberechtigung **741** 130
Eigentümergrundschuld
Anteilsbestimmung **742** 26
Bruchteilsberechtigung **741** 128 f
Eigentum
s a Miteigentum
Gesamtsachen **741** 157
Mengesachen **741** 157
Miteigentumsbruchteil **Vorbem 741 ff** 12
Sachgesamtheiten **741** 157
Eigentum, gemeinschaftliches
Umwandlung in Alleineigentum **747** 70
Eigentumsvorbehalt
Rechtszuständigkeit, gemeinschaftliche **741** 49 ff
Verarbeitungsklausel **741** 50
Verbindung von Waren **742** 18
Vermengung von Waren **742** 18
Einfahrten
Unteilbarkeit **752** 18
Eingänge
Unteilbarkeit **752** 18
Einkaufskommission
Wertpapiere in Sammelverwahrung **747** 83
Einkommensteuer
Berufspieler **Vorbem 762 ff** 11
Leibrenten **Vorbem 759 ff** 4, 58 f
Ertragsanteil **Vorbem 759 ff** 58
Lotterieunternehmen **Vorbem 762 ff** 11
Lotterieverträge **Vorbem 762 ff** 11
Sonderausgabenabzug **Vorbem 759 ff** 59
Sozialversicherungsrenten **Vorbem 759 ff** 60
Spielverträge **Vorbem 762 ff** 11
Termingeschäfte **Vorbem 762 ff** 11
Wettverträge **Vorbem 762 ff** 11
wiederkehrende Bezüge, andere **Vorbem 759 ff** 4, 58 ff
Einmannbruchteilsgemeinschaft
Bruchteilsgemeinschaft **741** 70
Einstimmigkeitsprinzip
Bruchteilsgemeinschaft **Vorbem 741 ff** 22; **741** 139
Kautelarjurisprudenz **Vorbem 741 ff** 22
Vertreterklauseln **741** 139
Eintragungsgrundsatz
Grundstücke **741** 221
Einverdienerehe
Grundstückserwerb, gemeinschaftlicher **741** 23
Einzelkaufmann
Bruchteilseigentum Betriebs-/Privatvermögen **741** 70
Einziehung
Forderungen **754** 5 ff
Verfügung, unteilbare **747** 15

elektronische Form
  Leibrentenversprechen **761** 9
  Unterhaltssicherung **761** 9
Eltern
  Leibrentenverpflichtung, Eingehung **759** 2
Entwässerungsanlage
  Unterteilung **753** 47
Erbauseinandersetzung
  Aufhebungsregeln **749** 44
  Vermittlungsverfahren nach FGG **749** 33
Erbbaurecht
  Teilung durch Verkauf **753** 5
  Verfügung, unteilbare **747** 13
  Zwangsversteigerung **753** 5
Erbbaurechte
  Bruchteilsgemeinschaft **741** 128
Erbeinsetzung zu Bruchteilen
  Gesamthand **741** 166
Erbengemeinschaften
  Abwicklung **741** 56
  Aufhebungsausschluss **751** 7
  Auseinandersetzung **749** 3, 93, 102 ff
    Erlösteilung **749** 108
    Forderungen **749** 111
    Nachlasszugehörigkeit **749** 112
    Rückstellungen **749** 115
    Schuldentilgung **749** 114 f
    teilbare Gegenstände **749** 110
    Teilung des Nachlasses **749** 116
    Testamentsvollstreckung **749** 68, 103
    unteilbare Gegenstände **749** 106 f
    – Bibliotheken **749** 106
    – Grundstücke **749** 106 f
    – Hausrat **749** 106
    – Kostbarkeiten **749** 106
    – Kunstgegenstände **749** 106
    – Pfandverkauf **749** 109
    Veräußerung an Dritte **753** 39
    wichtiger Grund **749** 85
  Auseinandersetzungs- und Teilungsplan
    749 104, 106
  Auseinandersetzungsanspruch, Unverjährbarkeit **758** 1
  Auseinandersetzungsausschluss **749** 85
  Auseinandersetzungsklage **749** 117
  Auseinandersetzungsvertrag **749** 104
    Anspruch auf Abschluss **749** 105
    Klage **749** 104
    Vermittlungsverfahren nach
      FGG **749** 104
  Benutzungsregelungen **746** 13
  Erbteile
    s dort
  Erwerb, gemeinschaftlicher **741** 20
  Früchte **743** 46
  Gemeinschaftsrecht, Anwendbarkeit
    741 18
  Gemeinschaftsrecht, Unanwendbarkeit
    741 18

Erbengemeinschaften (Forts)
  Gesamthandsgemeinschaft **741** 239
  Grundstücksüberlassung quoad sortem
    741 17
  Grundstücksüberlassung quoad usum
    741 17
  Kostentragung **748** 25
  Lasten **748** 25
  Mehrheitsbeschlüsse **745** 1, 10, 15
  Notverfügungsrecht **744** 42
  Sondernachfolge **746** 13
  Teilauseinandersetzung **749** 52, 107 f, 110
  Teilungsplan **749** 104, 106
  Testamentsvollstreckung **741** 68, 103
  Umwandlung in Bruchteilsgemeinschaft
    741 47; **747** 5; **752** 16
  Verfügung über Anteil am Gesamthandsvermögen im Ganzen **741** 243
  Verfügungen über den Nachlassgegenstand **745** 35
  Verfügungsbefugnis der Gesellschafter
    741 242
  Vermögensverwaltung **741** 236
  Verpflichtungsgeschäfte
    Vertretungsmacht **744** 36
  Vertretung der Minderheit **745** 34 ff, 42
    Eilfälle **745** 38
    Notfälle **745** 38
  Verwaltung **741** 56; **744** 1; **745** 42
    Mitwirkungspflicht **744** 20
  Verwaltung, ordnungsmäßige **745** 10
  Verwaltungsregelungen **746** 13
  Vorkaufsrecht, gesetzliches **747** 5
Erbfolge, vorweggenommene
  Leibrente **Vorbem 759 ff** 5, 17, 68 f
  Versorgungscharakter **Vorbem 759 ff** 68
Erbschaftsteilung
  Durchführung der Teilung **749** 105 ff
Erbschaftsteuer
  Ehegatten-Grundstücksgemeinschaft
    741 23
Erbteile
  Bruchteilsabtretung an mehrere Personen
    741 143
  Bruchteilsgemeinschaft **741** 143 f
  Teilbarkeit **752** 16
  Teilveräußerung **741** 143
  Übertragung an Miterben **741** 144
Erfindergemeinschaften
  Anmeldung, gemeinschaftliche **741** 136
  Bruchteilsgemeinschaft **741** 136
  Gesamthandsberechtigung **741** 136
  Patentrecht, gemeinschaftliches **741** 136
  Präventionsprinzip **741** 136
Erhaltungskosten
  s a Kosten
  Anteilsverhältnis **741** 62
  Begriff **748** 6 f

Erhaltungsmaßnahmen
s a Notgeschäftsführungsrecht
Affektionsinteressen **744** 22
Außenverhältnis der Teilhaber **744** 34 ff,
45 ff
Duldungsanspruch **741** 261
Eilmaßnahmen **744** 23, 42
Einstimmigkeitsprinzip **745** 4
Einwilligung, Anspruch auf **744** 27
Erhaltungsrecht **745** 2
s a dort
Herausgabe des Erlangten **744** 26
Innenverhältnis der Teilhaber **744** 26
konkurrierende Maßnahmen **744** 45; **745** 2
Kosten **745** 8; **748** 2
Kostenerstattung **744** 26 f, 35
Kündigungen **744** 44
Mehrheitsbeschlüsse **745** 4 f
s a dort
Mehrheitsprinzip **745** 3 f
notwendige Erhaltungsmaßnahmen
741 62, 261; **744** 5, 21 ff; **745** 8
Mehrheitsbeschluss **745** 45
Notwendigkeit **744** 21
Substanzerhaltung **744** 21, 31
Verfügungen, notwendige **747** 71
Werterhaltung **744** 21 f
wirtschaftlich vernünftige Maß-
nahmen **744** 21 f
öffentliche Belange **744** 22
Passivlegitimation **744** 43
Pflicht zu Erhaltungsmaßnahmen **744** 32
Prioritätsprinzip **744** 45
Prozessführung **744** 43
Rechtshandlungen **744** 44
Schadensersatzpflicht **744** 33
Naturalrestitution **744** 33
Sozialpflichtigkeit des Eigentums **744** 22
Stimmrechtsausübung **744** 44
tatsächliche Maßnahmen **744** 35
Verfügungsgeschäfte **744** 39 ff; **747** 71
Grundstücksrechte **744** 40 f
Verpflichtungsgeschäfte **744** 35 ff
Verpflichtung im eigenen
Namen **744** 35, 37
Vertretungsmacht **744** 35, 37 f
– Einwilligungsersetzung **744** 38
Vorschussanspruch **744** 26 f
Wille der übrigen Teilhaber **744** 29 f
Zustimmung der übrigen Teilhaber **744** 34
Erhaltungspflicht
Gemeinschaft **741** 271 ff
Erhaltungsrecht
Ausübung **744** 29
Geschäftsführung ohne Auftrag **744** 29 f
Individualrecht **744** 28
Unentziehbarkeit **744** 28
Verwaltungsorganisation, korporative
744 28

Erhaltungsrecht (Forts)
Verzicht **744** 28
Verzicht, genereller **744** 28
Erinnerung
Zwangsvollstreckung in gemeinschaft-
lichen Gegenstand **747** 50
Erlass
Verfügung, unteilbare **747** 15
Erlösteilung
s a Teilungsanspruch
Aufhebungsanspruch **753** 24
Auszahlungsanspruch **753** 25
Erlösverwahrung **753** 22
Mitwirkung der übrigen Teilhaber **753** 31
Erschließungsbeiträge
Bruchteilseigentum **748** 2
Bruchteilsgemeinschaft **741** 155
Wohnungseigentum **748** 2
Erträge
Früchte **743** 2
Verkauf des gemeinschaftlichen Gegen-
standes **743** 2
Erwerbsgemeinschaften
Abgrenzung Gesellschaft/Gemeinschaft
741 200, 204 ff
Anteilsgröße **742** 4
Autos **741** 54
Bankkonten **741** 54
Bruchteilserwerb **741** 219
Bruchteilserwerb mit Gemeinschaft im
Innenverhältnis **741** 219
Bruchteilsgemeinschaft **741** 40, 54, 212
Ehegatten
s dort
Entstehung **741** 205
Gesamthandsgemeinschaft **741** 40
Gesamthandsgesellschaft **741** 219
Gesellschaft bürgerlichen Rechts
741 217 ff
Grundstücke **741** 40, 54, 217 ff, 225 ff
Grundbucheintragung **741** 225 ff
Haushaltsgegenstände **741** 54
Parteiwille **741** 219
Rechtsformwahl **741** 234 ff
rechtsgeschäftlicher Erwerb **742** 4
Tathandlungen, willentliche **741** 52
Wahlrecht Gemeinschaft/Gesellschaft
741 216
Erwerbsgesellschaften
Zweck, gemeinsamer **741** 215
Europäisches Gemeinschaftsrecht
Lotterierecht **Vorbem 762** 5; **763** 15
Spielrecht **Vorbem 762** 5
Euroscheck
Spielschulden **762** 38
EWiV
Gemeinschaftsrecht, Unanwendbarkeit
741 9
Gesamthandsgemeinschaft **741** 239

exceptio doli
  Drittwiderspruchsklage **753** 35

Fährgerechtigkeiten
  Unteilbarkeit **752** 17
Falschspiele
  Rückforderungsanspruch **762** 26
  Spiel **762** 3
Familienheim
  Ehegattenbruchteilsgemeinschaft **741** 27
  Halten, gemeinsames **741** 214 f
Fernabsatzverträge
  Lotteriedienstleistungen **762** 6
  Wettdienstleistungen **762** 6
Fernsehübertragungsrechte
  Gemeinschaft der Mitveranstalter **741** 48
  Gesellschaft der Mitveranstalter **741** 48
Feststellungsklage
  Beschlüsse, fehlerhafte **745** 48
Finanzprodukte, ereignisbezogene
  Finanztermingeschäfte **762** 48
  s a dort
Finanztermingeschäfte
  Bedeutung, wirtschaftliche **Vorbem 762 ff** 8
  Spiel **Vorbem 762 ff** 4; **762** 3, 48
  Spielabsicht **Vorbem 762 ff** 8; **762** 48
  Spieleinwand **762** 48
  Verbindlichkeit **Vorbem 762 ff** 1, 4; **764** 1
  Wertpapierhandelsgesetz **Vorbem 762 ff** 9
Fluchthilfevertrag
  Vertragseinordnung **762** 7
Flüssigkeiten
  Teilbarkeit **752** 14
Forderungen
  Aufhebung der Gemeinschaft **753** 13, 15
  Forderungen der Teilhaber **756** 2 ff
  geteilte Forderungen **741** 80 f
  gutgläubiger Erwerb von Miteigentumsanteilen **747** 21
  Parallelforderungen **741** 125
  Teilbarkeit **752** 16
  Teilung **752** 25
  Verfügung über Anteil **747** 20
Forderungen, gemeinschaftliche
  Anteilspfändung **747** 55, 64
  Aufhebung der Gemeinschaft **741** 66; **749** 1, 10; **754** 3
    Einziehung, gemeinschaftliche **754** 3; **755** 15
    Frucht eines gemeinschaftlichen Gegenstandes **754** 4
    Teilung in Natur **754** 3; **755** 15
    Verkauf der Forderung **754** 3
  Bruchteilsforderungen **741** 121 ff
  Bruchteilsgläubigerschaft **741** 110
  Einziehung **749** 1, 10; **754** 5 ff
    Beweislast **754** 7
    Kosten **754** 10 f
    Mitwirkungspflicht **754** 9

Forderungen, gemeinschaftliche (Forts)
  Prozessführung **754** 11
  Entstehung kraft Gesetzes **741** 119 f
  Forderung auf unteilbare Leistung
    741 78, 82
  Forderungsgemeinschaft zu Bruchteilen
    741 78
  Gesamtgläubigerschaft **741** 78, 82 ff
  Gesamthandsforderungen **741** 78 f
  Gesamtleistungsgläubigerschaft
    741 110, 117
  Mitgläubigerschaft **741** 109 ff
  teilbare Leistungen **741** 121 ff
  Teilgläubigerschaft **741** 78
  unteilbare Leistungen **741** 109 ff
  Unteilbarkeit, rechtliche **741** 82
  Verkauf **754** 1 ff
  Verpfändung von Anteilen **747** 42
Forderungseinziehung
  Verwaltungsmaßnahme **744** 9
forstwirtschaftliche Grundstücke
  Teilung **749** 92
Frankreich
  Geschicklichkeitsspiele **762** 1
  Pferdewetten **762** 1
  Spiel **762** 1
  Wette **762** 1
Freihand
  Bruchteilsberechtigung **Vorbem 741 ff** 12
  Rücksichtnahmegebot **Vorbem 741 ff** 23
Fruchtziehung
  Mitwirkung der Teilhaber **743** 11 f
Fruchtbezugsrecht
  Anteilserwerb **747** 31
  Pfändungsgläubiger **743** 31
  Rechtsnachfolger **743** 31
  Vereinbarungen **743** 30 ff
    Grundbucheintragung **743** 31 f
  Vorausabtretung **747** 31
Früchte
  Anteilsverhältnis **741** 59, 63
  auf dem Halm stehende **743** 29
  Aufhebung der Gemeinschaft **741** 256
  Aufteilung **743** 1 ff
  Bruchteil **742** 1
  Einkünfte **741** 256
  Erträge **743** 2
  Fruchtbezugsrecht
    s dort
  Fruchterwerb durch Bruchteilsberechtigte
    741 77
  Fruchtziehung
    s dort
  Gebrauchsvorteile **743** 2
  Gesamtbestand **741** 159
  Kostendeckung vor Verteilung **741** 159; **743** 14
  Lizenzvergabe **741** 256; **743** 2, 17
  Mietzinsen **741** 63, 256; **743** 2, 17

Früchte (Forts)
mittelbare Früchte **743** 2
Muttersache, Übertragung **743** 26
natürliche Früchte **741** 63; **743** 2 f, 11, 16
   Dividendenansprüche **743** 4
   Trennung **743** 29
   Zinsansprüche **743** 4
Pachtzinsen **741** 256; **743** 2, 17
Quote **741** 59
Sachversicherungsleistungen **743** 2
Surrogate **743** 2
Teilung, vorweggenommene **743** 13, 17
Teilung durch Verkauf **743** 13
Teilung in Natur **743** 13
Teilungsanspruch **741** 260; **743** 13
   Abtretung **743** 22 ff
   Leistungsklage **743** 18
   Pfändung **743** 22 ff
   Unverjährbarkeit **758** 2
   Verjährung **743** 18
unmittelbare Früchte **743** 2
Verteilung **743** 1
   Erhaltungskosten **743** 14, 16
   Lasten der Sache **743** 14, 16
   Nettoerlös **743** 14
   Verwaltungskosten **743** 14
Verteilung im Innenverhältnis **743** 13
Zivilfrüchte **743** 2, 5 ff, 11, 16, 19
zukünftige Früchte **743** 26

Fungibilität
Anteile **Vorbem 741 ff** 12, 22

Fußball-Toto
s a Toto
Spielersperren **763** 34

Fußball-Vertragsspieler
Arbeitsvertrag **762** 6

Garagenmodelle
Altbauten, Aufteilung **741** 44

Gattungsschuld, beschränkte
Teilunmöglichkeit, nicht zu vertretende **741** 171

Gebietskörperschaften
Leibrentenverpflichtung, Eingehung **759** 3

Gebrauch, gemeinschaftlicher
Anteilserwerb **747** 31
Ausgleichszahlungen **743** 42
Berechtigung der Teilhaber **741** 63
billiges Ermessen **743** 38
Eigengebrauch **743** 34
Kostenumlage **743** 42
Mitbesitz **743** 33
Mitgebrauch, störungsfreier **743** 38
Nichtgebrauch durch einzelne Teilhaber **743** 36
Rechtsnachfolger **743** 43
Vereinbarungen **743** 38 ff
Vermietung **743** 34
vorübergehende Verhinderung **743** 37

Gebrauch des gemeinschaftlichen Gegenstands
s Gebrauch, gemeinschaftlicher

Gebrauchsmusterrecht
Gemeinschaftsverhältnisse **741** 137

Gebrauchsregelung
Mietvertrag **743** 41

Gebrauchsüberlassung auf Zeit
Aufhebungsanspruch, Ausschluss **741** 16
Entgelt **741** 16

Gebrauchsvorteile
Teilung **741** 256
Verteilung im Innenverhältnis **743** 1

Gefrierhausgemeinschaften
Rechtsgemeinschaft, schlichte **741** 48

Gegenstand, gemeinschaftlicher
Anteilsverfügung **747** 70
Befreiungsanspruch **755** 3
Benutzung **744** 3 f, 6
Beschädigung **756** 8
Einzelverfügung **747** 72 f
Gebrauch **744** 6
Gesamtverfügung **747** 70 ff
   s a Verfügung über den Gegenstand im Ganzen
   Anfechtung der Mitwirkung **747** 74
   Bevollmächtigung **747** 71
   Ermächtigung **747** 71
   fehlerhafte Mitwirkung **747** 74 f
   Genehmigung, fehlende **747** 74
   Geschäftsunfähigkeit **747** 74
   Mehrheitsbeschlüsse **747** 71
   Umdeutung in Verfügung der fehlerfrei mitwirkenden Teilhaber **747** 74
   Vertretung **747** 74
Unverkäuflichkeit **753** 48
Veränderungen **741** 62
Veränderungen, wesentliche **744** 3 f; **745** 11 f
Verfügung durch einzelnen Teilhaber **747** 76 f
Verfügung über den Gegenstand im Ganzen **747** 66 f
   Anfechtung **747** 69
   Aufhebung **747** 67 f
   Aufrechnung **747** 67 f
   Erfüllungsannahme **747** 67 f
   Erlass **747** 67 f
   Gestaltungsrechte, Ausübung **747** 69
   Grundschuld **747** 67
   Hypothek **747** 67
   Hypothekenbestellung **747** 66
   Kündigung **747** 69
   Rücktritt **747** 69
   Übereignung **747** 66
   Verzicht **747** 67 f
Vermietung an Teilhaber **748** 11
Verwaltung **744** 6 ff
Verwendungen, wertsteigernde **745** 9
Wiederherstellung **745** 12

Gegenstand, gemeinschaftlicher (Forts)
 Zuteilung **757** 1 ff
 Zuteilung an einen Teilhaber **757** 1 ff
  Gewährleistung **757** 1 ff
Gehälter
 Leibrente, Abgrenzung **Vorbem 759 ff** 42
Geld
 Teilbarkeit **752** 14
 Teilung **752** 25
Geldanlage
 Verwaltungsmaßnahme **744** 9
Geldforderungen
 Teilung in Natur **754** 3
Geldspielautomaten
 Umsatzsteuer **Vorbem 762 ff** 11
Gellasysteme
 Lotterie **763** 9
Gemeinden
 Leibrentenverpflichtung, Eingehung **759** 2
Gemeines Recht
 Spielschulden **762** 1
 Wetten **762** 1
Gemeinheitsteilung
 Landesrecht **741** 276
Gemeinschaft
 s a Bruchteilsgemeinschaft
 Ablösungsrecht durch anderen Teilhaber **741** 235
 altrechtliche Gemeinschaften **741** 277
 Anteile **741** 59 ff
  s a dort
 Aufhebbarkeit, jederzeitige **741** 64 f; **749** 2, 45, 48
 Aufhebung **Vorbem 741 ff** 7; **741** 66, 256; **744** 10
  s a Aufhebung der Gemeinschaft
  Schulden, gemeinschaftliche **749** 12
  zweiter Versteigerungsversuch **748** 27
 Aufhebung aus wichtigem Grund **741** 7, 14, 16, 64
 Aufhebungsanspruch **741** 16
 Aufhebungsausschluss **741** 235
 Aufhebungsrecht **749** 1
  s a dort
 Aufhebungsverbot **741** 65
 Auflösungsrecht aus wichtigem Grund **741** 235
 Auseinandersetzung **749** 3
 Beendigung **749** 6, 16 ff
 Begriff **Vorbem 741 ff** 3 ff
 Benutzung, gemeinschaftliche **741** 62 f; **742** 1
  s a dort
 besonderen Rechts **Vorbem 741 ff** 17; **741** 5, 177 ff, 247, 251
  Anteilsverfügung **747** 3, 80 ff
  Verfügungsbefugnis der Teilhaber **741** 247 f

Gemeinschaft (Forts)
 Bruchteilsberechtigung **Vorbem 741 ff** 25; **741** 239
 Dauer **Vorbem 741 ff** 7
 dingliche Berechtigung **741** 8
 einheitliche Gemeinschaft **741** 157 ff
 Einheitstheorie **Vorbem 741 ff** 5; **741** 111
  dingliche Einheitstheorie **Vorbem 741 ff** 24; **741** 260
 Erhaltungskosten **742** 1
 Erhaltungsmaßnahmen **741** 62
  s a dort
 Erhaltungspflicht **741** 271 ff
 Erwerb, gemeinschaftlicher **742** 3
 Freihand **Vorbem 741 ff** 25
 Gebrauch des gemeinschaftlichen Gegenstands **741** 63; **744** 10
 Gegenstände, Zusammenfassung **741** 158 f
 kleine Gütergemeinschaft **741** 23, 54; **749** 43
 Konzern **741** 161
 Kosten **741** 167, 235
  Anteilsgröße **742** 1
  Beteiligung der Teilhaber **741** 260
 Kostentragung **741** 59
  Innenverhältnis **748** 1
 Kündigung aus wichtigem Grund **749** 2
 Lasten **741** 59, 62, 167, 235
  Anteilsgröße **742** 1
  Befreiungsanspruch **755** 3 ff
  Beteiligung der Teilhaber **741** 260
  Grundschuldzinsen **755** 3
  Hypothekenzinsen **755** 3
  Innenverhältnis **748** 1
 Mehrheitsbeschlüsse **741** 61
  s a dort
 Nutzungen **741** 167
 Nutzungsregelungen **741** 61, 263
 Parteifähigkeit **744** 14, 46
 Parteivereinbarungen **741** 263
 positive Forderungsverletzung **756** 3
 Rechtsbegriff **Vorbem 741 ff** 5
 Rechtsgemeinschaft **741** 123
 Sachstruktur **Vorbem 741 ff** 25
 Schuldverhältnis, gesetzliches **741** 262, 275
 Schutzpflichten **741** 52, 271 ff
 Sonderverbindung **741** 275
 Sondervereinbarungen **741** 264
 Stimmrecht **741** 59
 Teilung **741** 59
 Teilungstheorie **741** 111
 Treuepflichten **741** 274
 Unaufhebbarkeit **741** 235
 Unternehmensträger **741** 160
 unveräußerliche Rechte **753** 19
 Veränderungen des gemeinschaftlichen Gegenstands **741** 62; **744** 3
 Veräußerungserlös **741** 167
 Vereinbarung, ergänzende **741** 263

Gemeinschaft (Forts)
  Verfügung über Anteile **741** 244
  Verfügung über gemeinschaftlichen
    Gegenstand **741** 60
  Verfügungsbefugnis der Teilhaber
    741 247 f
  Verfügungsrecht **741** 7 f
  Verluste **741** 235
  Verwaltung **741** 6, 13, 61 f, 213 f; **743** 39;
    744 1
    s a dort
  Verwaltungsorganisation, korporative
    744 14, 28
  Zufallsgemeinschaft **749** 2
  Zweckverfolgung **Vorbem 741 ff** 11
Gemeinschaft nach Bruchteilen
  s Bruchteilsgemeinschaft
Gemeinschaftsdepot
  Oder-Depot **741** 87
Gemeinschaftsflächen
  Bruchteilsgemeinschaft **741** 155
  Grundstücksgemeinschaften **741** 42 f
Gemeinschaftskonto
  Anteilspfändung **741** 87 ff
  Ehegatten **741** 34, 106
  Oder-Konto **741** 87 ff
    s a dort
  Und-Konto **741** 87, 102 ff
    s a dort
Gemeinschaftsrecht
  Ausschluss **741** 15
  Ausschluss, stillschweigender **741** 15
  Europäisches Gemeinschaftsrecht
    s dort
  Parteiautonomie **741** 15
Genossenschaft
  kollektivistisches Gemeinschaftsinstitut
    Vorbem 741 ff 6
  Stimmrechtsausschluss **745** 22 ff
Genossenschaft, nicht rechtsfähige
  Eigentum, gemeinschaftliches **741** 48
Gerichtsstandvereinbarung
  Spielvertrag **762** 13
  Wettvertrag **762** 13
Gesamtbestand mehrerer Gegenstände
  Früchte **741** 159
    s a dort
  Realteilung **741** 166
  Teilungsanspruch **741** 159
  Verwaltung **741** 159
Gesamtgläubigerschaft
  Ausgleichspflicht **741** 105 ff
  Dienstbarkeit, beschränkte persönliche
    741 84
  Ehegattengesamtgläubigerschaft
    741 83, 105
  Entstehung **741** 83
  Erlassvertrag **741** 106
  Gemeinschaftsverhältnis **741** 105

Gesamtgläubigerschaft (Forts)
  Grundbuchverfahren **741** 84 f
  Grunddienstbarkeit **741** 84
  Grundschuld **741** 84
  Hypothek **741** 84
  Korrealberechtigung **741** 105
  Kostenregelung **741** 105
  Nießbrauch **741** 84
  Oder-Konto **741** 87 ff, 92
  Prioritätsprinzip **741** 95 ff
  Reallast **741** 84
  Solidarberechtigung **741** 105
  Sozialversicherungsträger **741** 105
  Verwaltungsregelung **741** 105
  Vorkaufsrechte **741** 84
  Vormerkung **741** 84, 86
  Wohnungsrecht, dingliches **741** 84
  Zugewinnausgleich **741** 106
Gesamthand
  kollektivistisches Gemeinschaftsinstitut
    Vorbem 741 ff 6
  Nachtragsliquidation **741** 21
  Personenverband, teilrechtsfähiger
    Vorbem 741 ff 9
  Rechtssubjektivität **741** 245
  Rechtszuständigkeit, ungeteilte **Vorbem
    741 ff** 9
  Zweckverfolgung **Vorbem 741 ff** 11
Gesamthandsgemeinschaft
  Auseinandersetzung **749** 93; **754** 2
  Schulden, gemeinschaftliche **752** 38
  Berechtigung zur gesamten Hand **741** 239
  Entstehung **741** 249 f
  Forderungen **741** 79
  Forderungen, gemeinschaftliche **741** 78 f
  Gesellschaftsvermögen, Verselb-
    ständigung **744** 31
  Notgeschäftsführungsrecht **744** 31
  numerus clausus **741** 253
  Personenmehrheit **741** 4
  Rechtssubjekt **Vorbem 741 ff** 9
  Teilhaber einer Bruchteilsgemeinschaft
    741 68
  Und-Konto **741** 103
  Verfügung über Anteil am Gesamthands-
    vermögen im Ganzen **741** 243
  Verfügung über Anteile **741** 241, 244
  Verfügungsbefugnis der Gesellschafter
    741 242
Gesamthandsvermögen
  gemeinschaftliches Vermögen der Gesell-
    schafter **741** 10
  Umwandlung in Bruchteilsvermögen
    Vorbem 741 ff 10
Gesamthypothek
  Eigentümergesamtgrundschuld **741** 130
Gesamtrechtsnachfolge
  Benutzungsregelungen **746** 12
  Verwaltungsregelungen **746** 12

Gesamtsachen
  Miteigentum **741** 157
Gesamtschuld
  gemeinschaftliche Schuld **755** 1 ff
Gesamtschuldnerschaft
  Bruchteilsgemeinschaft **741** 123
Gesamtverfügung
  s Gegenstand, gemeinschaftlicher
Geschäftsanmaßung
  Verwendungen, eigenmächtige **748** 19
Geschäftsbesorgungsvertrag
  Sondervereinbarung **741** 264
  Übertragung der Verwaltung **744** 12
Geschäftsführung ohne Auftrag
  Notlage, gemeinschaftliche **741** 172
Geschäftsgrundlage
  Leibrente **759** 7
Geschicklichkeitsspiele
  Beeinflussung des Ergebnisses **762** 3
  Erlaubnis **762** 46
    Unbedenklichkeitsbescheinigung **762** 46
  niedrige Einsätze und Gewinne **762** 46
  Spiel **Vorbem 762 ff** 7; **762** 6
  Spiele mit Gewinnmöglichkeit **762** 46
geschlossene Immobilienfonds
  s Immobilienfonds, geschlossene
Gesellschaft
  Ablösungsrecht durch anderen Teilhaber **741** 235
  Aufhebungsausschluss **741** 235
  Auflösung aus wichtigem Grund **741** 235; **749** 78
  Auseinandersetzung **749** 3
  Beitragspflicht **741** 205, 209, 212
  Bruchteilsgemeinschaft, Abgrenzung **Vorbem 741 ff** 2
  Erwerb, gemeinschaftlicher **741** 20, 235
  faktische **741** 160
  Förderungspflicht **741** 205
  gemeinsamer Zweck **741** 212
  Gemeinschaftsrecht, Unanwendbarkeit **741** 9
  Gemeinschaftsteilung **741** 10
  gesamthänderische Verbundenheit **Vorbem 741 ff** 25
  Gesamthandseigentum **741** 77
  Gesellschafterausscheiden **741** 236
  Gesellschaftsvermögen **Vorbem 741 ff** 25
    Gesamthandsvermögen **741** 206
  Gesellschaftsvertrag **741** 205 ff
  Kosten **741** 235
  Lasten **741** 235
  Neueintritt von Gesellschaftern **741** 236
  Notgeschäftsführungsrecht bei Erhaltungsmaßnahmen **741** 10
  Pfändung durch Gläubiger eines Gesellschafters **741** 235
  Rechtsformwahl **741** 236
  Spiel **762** 39

Gesellschaft (Forts)
  Spielgemeinschaft
    s dort
  Teilung in Natur **752** 8
  Verfügung über Anteil **747** 1
  Verluste **741** 235
  Zweck, gemeinsamer **741** 205, 210 ff, 236
  Zweckförderungsgemeinschaft **Vorbem 741 ff** 25
Gesellschaft bürgerlichen Rechts
  Anteilübertragung **741** 221
    Grundstücke **741** 221
  Auseinandersetzung **749** 93 ff
    Duldungsklage **749** 98
    Einlagen, Rückerstattung **749** 94 ff
    Gesellschaftsschulden, Berichtigung **749** 94 ff
    Pfandverkauf **749** 96, 98
    teilbare Sachen **749** 99
    Überschussverteilung **749** 94, 96
    Veräußerung an Dritte **753** 39
    Zwangsversteigerung **749** 96, 98
  Bruchteilsgemeinschaft an Anteilen **741** 141
  Erbrecht **741** 222
  Formzwang **741** 223
  Gesamthandsgemeinschaft **741** 239
  Gesellschaftsvermögen **Vorbem 741 ff** 9
    s a dort
  Grundbucheintragung **741** 217, 228 f
    Gesellschaftsvertrag, Vorlage **741** 229
  Grundbuchfähigkeit **741** 217
  Grundbuchverkehr **741** 220 f
  Haftungsgefahren **741** 220
  Haftungsrecht **Vorbem 741 ff** 19
  Marke, Inhaberschaft an **741** 137
  Rechtsfähigkeit **Vorbem 741 ff** 9
  Rechtsformwahl **741** 220, 223
  Sicherheitenpool **741** 231
  Sonderrechtsnachfolge **741** 222
  Stimmrechtsausschluss **745** 22 ff
  Verfügung über Anteil am Gesellschaftsvermögen im Ganzen **741** 243
  Verfügungsbefugnis der Gesellschafter **741** 242
  Zweckförderungsgemeinschaft **Vorbem 741 ff** 9
Gesellschafter
  Aktivlegitimation **744** 31
Gesellschaftsvermögen
  Bruchteilsgemeinschaft **741** 12
Gesellschaftsvertrag
  Auslegung **741** 224
  Nachweis **741** 224
  Vertreterklauseln **741** 139
Gewährleistung
  Bewertungsfehler **757** 7
  Gemeinschaft **758** 4
  Schuldrechtsreform **757** 4

432

Gewährleistung (Forts)
Zuteilung des gemeinschaftlichen Gegenstands an Teilhaber **757** 1
Gewaltschutzgesetz
Gegenstände, gemeinschaftliche **745** 65
Gewerbekonzessionen
Bruchteilsgemeinschaft **741** 155
Gewerberecht
Spielveranstaltungen **Vorbem 762 ff** 9; **762** 46
Gewerbesteuer
Lotterieunternehmen **Vorbem 762 ff** 11
Gewinnsparen
Lotterieform **763** 12
Girokonto
Bruchteilsgemeinschaft **741** 38
Gemeinschaftskonto **741** 34, 87 ff
Gläubigeranfechtung
Leibrentenschenkung **Vorbem 759 ff** 37, 55
Gleichheitsgrundsatz
Bruchteilsgemeinschaft **741** 72
Gleichmäßigkeit
Leibrente **Vorbem 759 ff** 7 ff
Gleichordnungskonzern
Interessengemeinschaft **741** 161
Glücksspiel
Abgrenzung **762** 6
Bedeutung, wirtschaftliche **Vorbem 762 ff** 8
Begriffsbestimmung **Vorbem 762 ff** 6
Erlaubnis **762** 45
Finanztermingeschäfte **764** 1
Gefährlichkeit **763** 3
Gesetzgebungskompetenz **Vorbem 762 ff** 6
Internet **762** 47
Strafbarkeit **762** 2, 45
  Beteiligung an unerlaubtem Glücksspiel **762** 45
  Veranstaltung, unerlaubte **762** 45
  Werbung, unerlaubte **762** 45
Suchtpotential **Vorbem 762 ff** 4
Zufall **762** 3
Glücksspielstaatsvertrag
Aufklärungspflichten **763** 18
Gesetzgebungskompetenz **Vorbem 762 ff** 6
Glücksspielangebot, Sicherstellung **763** 18
Glücksspiele **Vorbem 762 ff** 10
Internetglücksspiele **763** 18
Lotterien **Vorbem 762 ff** 10
Rahmenteilnahmebedingungen **763** 26
Sperrsystem **763** 18
Spielerschutz **762** 47; **763** 18
Suchtbekämpfung **762** 47
Werbebeschränkungen **763** 18
Ziele **763** 18
Glücksspirale
Ziehungslotterie **763** 23
Glücksverträge
unvollkommene Verbindlichkeiten **Vorbem 762 ff** 1

GmbH
Stimmrechtsausschluss **745** 22
GmbH-Anteile
Aufhebung der Gemeinschaft **753** 15
Bruchteilsgemeinschaft **741** 138
Vinkulierung **753** 39
Gold
Miteigentum der Ehegatten **741** 33
Grabstelle, gemeinschaftliche
Bruchteilsgemeinschaft **741** 155
Gräben
Benutzung, gemeinschaftliche **741** 134
Gratisauslosungen
unlauterer Wettbewerb **763** 11
Gratisausspielungen
unlauterer Wettbewerb **763** 11
Grenzbau
Eigentum, vertikales **741** 166
Grenzeinrichtungen
Aufhebungsausschluss **749** 92
Benutzung, gemeinschaftliche **741** 134
Kosten **748** 27
Sondernachfolge **746** 7
Grenzmauer
Fruchtziehung **743** 12
Miteigentum der Grundstücksnachbarn **743** 12
große Haverei
Interessengemeinschaft **741** 172
Grundbesitzgesellschaft
Gesellschaft bürgerlichen Rechts **741** 211
Grundbuchberichtigung
Berichtigungsbewilligung **742** 11
Grundbucheintragung
Benutzungsregelungen **746** 21, 27
Bruchteilsgemeinschaft **741** 129, 226 f, 259
Gemeinschaftsverhältnisse **741** 225; **742** 5 ff
Veräußerer **741** 230
Grundstückserwerb zu Bruchteilen **742** 5 ff
Grundstücksrechte, Erwerb zu Bruchteilen **742** 8
Vereinbarungen, eintragungsfähige **746** 17 ff
Verwaltungsregelungen **746** 21, 27
Zusatz „als Gesellschafter des bürgerlichen Rechts" **741** 228
Grundbuchverfahren
Anteilsveräußerung **Vorbem 741 ff** 13
Berichtigungsbewilligung **742** 11
Buchung vor Übertragung **741** 70
Gesamtgläubigerschaft **741** 84 f
Güterrecht, ausländisches **741** 28
Unrichtigkeitsnachweis **742** 11
Grundbuchverkehr
Gesellschaft bürgerlichen Rechts **741** 220 f
Grunddienstbarkeit
Bruchteilsgemeinschaft **741** 128
Gesamtgläubigerschaft **741** 84, 131

Grunddienstbarkeit (Forts)
  Verfügung, unteilbare **747** 13
Grundpfandrecht
  zugunsten anderer Teilhaber **747** 26
Grundschuld
  am Miteigentumsanteil **747** 48
  Briefübergabe **752** 25
  Bruchteilsberechtigung **741** 128
  Ehegattenbruchteilsgemeinschaft **741** 26
  Eigentümergrundschuld **741** 128 f
  Gesamtgläubigerschaft **741** 84, 131
  Sicherungszweckerklärungen **741** 26
  Teilbriefbildung **752** 20
  Teilung **752** 25; **753** 13
  Verfügung über Anteil **747** 20
  Zerlegung **752** 20
Grundstücke
  Anteilspfändung **747** 51
  Anteilsverwertung **747** 57 ff
  Aufhebung der Gemeinschaft **741** 66; **749** 1
    Aufhebungsanspruch, Klage aus **749** 14
    Klageantrag **753** 27
  Aufhebungsrecht, Ausschluss **746** 25
  Ausspielung **763** 8
  Bauplätze **752** 15
  Benutzungsregelung **746** 2 f, 21 f, 26
  berufliche Nutzung **741** 237
  Bruchteile **742** 5
    fehlende Eintragung **742** 9
    unrichtige Eintragung **742** 12
  Einbringung quoad dominium **741** 12
  Einbringung quoad sortem **741** 12, 15
  Einbringung quoad usum **741** 12, 16
  Eintragungsgrundsatz **741** 221
  gewerbliche Nutzung **741** 237
  gutgläubiger Erwerb von Miteigentumsanteilen **747** 21 f, 24
  Kostenregelungen **746** 23 f
  landwirtschaftliche Grundstücke **749** 92; **752** 15
  Lasten **741** 16
  Lastenregelungen **746** 23 f
  Miteigentum **741** 77
    Anteilsveräußerung zu Bruchteilen **746** 20
    Aufhebungsausschluss **746** 17; **751** 3 ff
    – Grundbucheintragung **751** 3 ff
    Benutzungsregelungen **746** 17
    Sondernachfolge **746** 17 f
    Verkehrsschutz **751** 3
    Verwaltungsregelungen **746** 17
  Miteigentumsanteile
    Zwangsvollstreckung **747** 51
  numerus clausus der Sachenrechte **741** 221
  Pfändung von Miteigentumsanteilen **753** 32
  Publizitätsgrundsatz **741** 221
  Quotenänderung **747** 25
  Sondernachfolge **746** 2 f

Grundstücke (Forts)
  Teilbarkeit **752** 15
  Teile, ungleichartige **752** 4
  Teilung **752** 19 ff
    Abschreibungsunterlage **752** 20
    Zerlegung **752** 20
  Teilung durch Verkauf **753** 4 f
  Teilungsvereinbarungen **752** 15
  Verfügung über Anteil **747** 20
  Vermietung
    Miteigentumsanteile, Veräußerung **747** 32
  Verwaltungsregelungen **746** 2 f, 21 f, 26
  Zwangsversteigerung **749** 1, 9; **753** 4 f, 26
  Zwangsverwaltung **743** 26
Grundstückserwerb
  Bruchteilsgemeinschaft **741** 40
  Ehegatten **741** 22 ff
  Erwerbsgemeinschaften **741** 40
  gemeinsamer Zweck **741** 212
  Gesamthandsgemeinschaft **741** 40
  Gesellschaft bürgerlichen Rechts **741** 22
  Grundbucheintragung **741** 40, 225 ff
  Lebenspartnerschaft, eingetragene **741** 22 ff
  nichtiger Vertrag **741** 133
  Wahlfreiheit Gesamthand/Bruchteilsgemeinschaft **Vorbem 741 ff** 18
Grundstücksgemeinschaften
  Ehegatten-Grundstücksgemeinschaft s dort
  Erbauseinandersetzung **741** 47
  Gemeinschaftsflächen **741** 42 f
Grundstücksrechte
  Erhaltungsmaßnahmen **744** 40 f
  Erwerb zu Bruchteilen **742** 8
Grundstücksteilung
  Landesrecht **741** 276; **749** 92
Gütergemeinschaft
  Auseinandersetzung **741** 19; **749** 93, 101
    Überschuss **741** 19
    Veräußerung an Dritte **753** 39
  Erwerb, gemeinschaftlicher **741** 20
  fortgesetzte Gütergemeinschaft **741** 239
  Gesamtgut **741** 19
    Verwertung **749** 101
  Gesamtgutsverbindlichkeiten, Berichtigung **749** 101
  Gesamthandsgemeinschaft **741** 239
  kleine Gütergemeinschaft **741** 23, 54; **749** 43
  Teilung in Natur **752** 8
  Verfügung über Anteil am Gesamthandsvermögen im Ganzen **741** 243
  Verfügungsbefugnis der Gesellschafter **741** 242
Güterrecht
  ausländisches Güterrecht **741** 28
  Rechtswahl **741** 28

gutgläubiger Erwerb
Teilung von Sachen **752** 23
zwischen Teilhabern **747** 27 f; **752** 23

Häuser
Unteilbarkeit **752** 18
Haftpflichtversicherung
Verwaltungskosten **748** 8
Haus, gemeinschaftliches
Quoten **742** 5
Verkauf durch Miteigentümer **741** 121
Vermietung durch Miteigentümer **741** 121, 123
Hausrat
Miteigentum der Ehegatten **741** 29 ff
Surrogationserwerb **741** 29
Veräußerungsverbot **747** 9
Haustier
Teilung **753** 1
Entschädigung **753** 1
Hausverwaltung
Verwaltungskosten **748** 8
Hecken
Benutzung, gemeinschaftliche **741** 134
Heizhausanlage
Gemeinschaft **741** 166
Heizkosten
Verteilungsschlüssel **748** 1, 27
Heizungseinbau
Erhaltungsmaßnahme **744** 24 f
Heuergeschäft
Gewinnaussicht, Veräußerung **763** 22
Nebengeschäft **Vorbem 762 ff** 2
Hilfsgeschäfte
Nichtigkeit des Spiel-/Wettvertrages **762** 34
Unklagbarkeit **762** 34
Hinterbliebenenversorgung
Leibrente **Vorbem 759 ff** 48, 50
Höchstbetragssicherungshypothek
Leibrente **Vorbem 759 ff** 66
Hofräume
Unteilbarkeit **752** 18
Hydrasysteme
Lotterie **763** 9
Hypothek
Belastung des Grundstücks **747** 66
Briefhypothek **752** 16
Eigentümer **762** 11
Forderungsteilung **753** 13
Gesamtgläubigerschaft **741** 84
Gesamthypothek **741** 130
Gesamthypothek an Miteigentumsanteilen **747** 73
Grundbucheintragung **752** 25
in Miteigentum stehendes Grundstück **747** 73
am Miteigentumsanteil **747** 43 ff
Teilbriefbildung **752** 20

Hypothek (Forts)
Teilung **752** 25
Verwaltungsmaßnahme **744** 9
Zerlegung **752** 20
Hypothekenforderung
Verfügung über Anteil **747** 20

Immaterialgüterrechte
Datenbankurheberrechte **741** 135
Erfindergemeinschaften **741** 136
Gebrauchsmusterrecht **741** 137
Markenrecht **741** 137
Pflanzenrecht **741** 137
Urhebergemeinschaften **741** 135
Verzicht auf Anteil **747** 19
Immobilienfonds
Gesellschaft bürgerlichen Rechts **741** 211
Treuhandprinzip **741** 150 f
Immobilienfonds, geschlossene
Berliner Modell **741** 46
Bruchteilsgemeinschaft **741** 46
Mini-Wohnungseigentum **741** 46
Personengesellschaften **741** 46
Treuhandmodelle **741** 46
Industriefonds
Treuhandprinzip **741** 150 f
Inhaberpapiere
Pfandverwertung **753** 15, 20
Inhaltskontrolle
Leibrentenvertrag **Vorbem 759 ff** 67 ff; **759** 11, 19
Innengesellschaft
Bruchteilsgemeinschaft im Außenverhältnis **741** 238
Bruchteilsgemeinschaften **741** 13
Gemeinschaftsrecht, Unanwendbarkeit **741** 9
Gesellschaftsvermögen **741** 11
Insolvenz
dinglich gesicherte Gläubiger **741** 233
Neuerwerb, insolvenzfreier **741** 68
Rentengläubiger **Vorbem 759 ff** 30
Rentenschuldner **Vorbem 759 ff** 29
Sicherheitenpool **741** 231 ff
Insolvenzmasse
Anteil des Teilhabers **747** 65
Instandsetzungsarbeiten
Reservefonds **743** 15
Interessengemeinschaft
Bruchteilsgemeinschaft **741** 168 ff
Gattungsschuld, beschränkte **741** 169
Gemeinschaftsrecht **741** 176
Interessenverflechtung **741** 169
Sammelsendung **741** 170
Internationales Privatrecht
Lotterievertrag **763** 15
Miteigentum **741** 277
Spieleinwand **762** 49

Internetcasino
  Glücksspiel **762** 47
  Limit **762** 47
Investmentrecht
  Mitberechtigung nach Bruchteilen **741** 58
Investmentsfonds
  Anteilsübertragung **747** 85
Italien
  Lotterien, genehmigte **762** 1
  Spiel **762** 1
  Wette **762** 1
  Wettspiele, sportliche **762** 1

Jahressteuergesetz 2008
  Leibrenten **Vorbem 759 ff** 4, 7
Jugendschutz
  Ausschluss Minderjähriger von der
    Spielteilnahme **763** 30
juristische Personen
  Nachtragsliquidation **741** 21
  Schuldner der Leibrente **759** 18
  Teilhaber einer Bruchteilsgemeinschaft
    741 68

Kabelfernsehanlage
  Gemeinschaft **741** 166
Kampfspiele, sportliche
  Spiel **Vorbem 762 ff** 7
Kanäle
  Eigentum, gemeinschaftliches **741** 48
Kanonisches Recht
  Zinsverbot **Vorbem 759 ff** 39
Kapitalanlagegesellschaft
  Aufhebungsanspruch **741** 199
  Bruchteilsgemeinschaft besonderen
    Rechts **741** 20
  Depotbank **741** 152
  Doppeltreuhand **741** 152
  Insolvenz **741** 198 f
  Insolvenzeröffnung, Ablehnung **741** 198
  Miteigentumslösung **741** 58, 150, 196
  Sondervermögen **741** 5, 196, 200
    Miteigentum der Anteilinhaber **741** 196
    Pfändung von Gegenständen des
      Sondervermögens **741** 198
    Untergemeinschaft **741** 146
    Verwaltung **741** 198
  Treuhandbegünstigte **741** 150 ff
    Aussonderung **741** 152
    Drittwiderspruchsklage **741** 152
  Treuhandkonstruktion **741** 150 f, 196
  Verfügung über Anteile **741** 197
  Verfügungsbefugnis der Anteilinhaber
    741 247
  Verwaltungsrecht, Erlöschen **741** 198
Kapitalbeteiligung
  Bruchteilsgemeinschaft **741** 138 f
Kapitalgesellschaft
  Gründung

Kapitalgesellschaft (Forts)
  Anteilsübernahme durch Bruchteils-
    gemeinschaft **741** 140
Kapitalisierung
  Kapitalisierungstabellen **Vorbem 759 ff** 62
  Lebenserwartung der Bezugspersonen
    Vorbem 759 ff 62
  Leibrente **Vorbem 759 ff** 61 f
  Zinssatz **Vorbem 759 ff** 62
Kapitalmarktprodukte
  Sportkomponente **Vorbem 762 ff** 7
  Zufallskomponente **Vorbem 762 ff** 7
Kartellquote
  Bruchteilsgemeinschaft **741** 142
Kartenspiele
  Spiel **Vorbem 762 ff** 7
Kauf gegen Leibrente
  Insolvenz des Käufers **Vorbem 759 ff** 56
  Selbständigkeit **Vorbem 759 ff** 56
Kaufvertrag
  Leibrente **Vorbem 759 ff** 5
  Sondervereinbarung **741** 270
Kautelarjurisprudenz
  Bruchteilsgemeinschaft **Vorbem 741 ff** 19,
    22; **741** 15
  Ehegattenbruchteilsgemeinschaft **741** 27
Kegeln
  Spiel **Vorbem 762 ff** 7
Kellermodelle
  Altbauten, Aufteilung **741** 44 f
Keno-Lotterie
  Spielersperren **763** 34
Kettenbriefaktionen
  Lotterie **763** 9
  Sittenwidrigkeit **763** 9
  unlauterer Wettbewerb **763** 9
Kiesgrube
  Früchte, natürliche **743** 3
Klage auf Löschungsbewilligung
  Erhaltungsmaßnahme **744** 24
Klassenlotterie
  Auslosung **763** 6
  Gewinne, garantierte Zahl **763** 19
  Gewinnplan **763** 19
  Losauflage, festgelegte **763** 4, 19
  Lotterieform **763** 19
  Nordwestdeutsche Klassenlotterie **763** 19
  Staatslotterie **Vorbem 762 ff** 8 f; **763** 19
  Süddeutsche Klassenlotterie **763** 19
Körperschaftsteuer
  Lotterieunternehmen **Vorbem 762 ff** 11
Kollusion
  Verfügungen über Anteile **747** 4
Kommanditgesellschaft
  Auseinandersetzung **749** 3
  Bruchteilsgemeinschaft an Anteilen
    741 141
  Gemeinschaftsrecht, Unanwendbarkeit
    741 9

Kommanditgesellschaft (Forts)
  Gesamthandsgemeinschaft **741** 239
  Liquidation **749** 93, 100
  Publikumskommanditgesellschaften
    741 150 f
  Stimmrechtsausschluss **745** 22 ff
Konfusion
  rechtsgeschäftliche Beziehung Bruchteilsgemeinschaft/Teilhaber **741** 75 f
Konnossement
  Übertragung **741** 170
Konnossementinhaber
  konkurrierende **741** 166
Kontokorrentsaldo
  Spielschulden auf der Passivseite **762** 30
Kontrahierungszwang
  Lotterie **763** 29
  Sperrvertrag **763** 18, 34
  Spielbanken **763** 29
Konzern
  Gemeinschaft **741** 161
Koppelfischereirecht
  Berechtigung **741** 166
Kosten
  s a Gemeinschaft
  Anteilsübertragung **755** 10
  Begriff **748** 5
  Beitragspflicht **748** 20
  Erhaltungskosten **748** 6 f
    s a dort
  Ersatzanspruch **748** 20 ff
  Freistellungsanspruch **748** 23; **755** 1, 8 f
  Schadensersatzpflicht **748** 24
  Sondernachfolge **755** 10 ff
  Vereinbarungen **748** 11 ff; **755** 6 f, 16
  Verwaltungskosten **748** 8 f
    s a Verwaltung
  wertsteigernde Maßnahmen **748** 13 f
Kreditsicherung
  Rechtszuständigkeit, gemeinschaftliche
    741 49 ff
  Sicherheitenpool **741** 55, 231 ff
Kundenwerbung, progressive
  Verlustrisiko **763** 9
Kündigung
  Verfügung, unteilbare **747** 15
Kündigung aus wichtigem Grund
  Aufhebung der Gemeinschaft **749** 2
Kunstwerke
  Miteigentum von Ehegatten **741** 33
  Unteilbarkeit **752** 17
Kuxe
  Aufhebung der Gemeinschaft **749** 51
  Teilung in Natur **752** 10

Lagerhalter
  Insolvenz **741** 195
Landesrecht
  ausländische Lotterien **763** 15

Landesrecht (Forts)
  Bergrecht **741** 276
  Deichrecht **741** 276
  Gemeinheitsteilung **741** 276
  Grundstücksteilung **741** 276; **749** 92
  Leibgeding **Vorbem 759 ff** 17
  Lotteriebezirksstellen **763** 24
  Lotterien **763** 15 f, 23
  Sielrecht **741** 276
  Spielbanken **762** 47
  Stockwerkseigentum **741** 276; **749** 92
  Teilungsverbote **749** 92; **752** 15
  Waldgenossenschaften **741** 276
landwirtschaftliche Gemeinschaften
  Verwaltungsregelung durch Schiedsgericht **745** 53
landwirtschaftliche Grundstücke
  Teilung **749** 92
Lasten
  s a Gemeinschaft
  Anliegerstreupflicht **748** 3
  Anteilsübertragung **755** 10
  Begriff **748** 3 ff
  Beitragspflicht **748** 20
  Dienstbarkeiten **748** 4
  Ersatzanspruch **748** 20 ff
  Freistellungsanspruch **748** 23; **755** 1, 8 f
  Gebrauchsmusterrechte, Erhaltung **748** 3
  Geschmacksmusterrechte, Erhaltung **748** 3
  Grundpfandrechte **748** 3
  Grundschuldzinsen **748** 3; **755** 3
  Haftpflichtversicherung **748** 4
  Hypothekenzinsen **748** 3; **755** 3
  Kfz-Steuer **748** 4
  Nießbrauch **748** 4
  öffentlichrechtliche **748** 3 f
  Patentrechte, Erhaltung **748** 3
  privatrechtliche **748** 3
  Reallasten **748** 3
  Rückstellungen **748** 4
  Sachversicherungsprämien **748** 3
  Schadensersatzpflicht **748** 24
  Schadensversicherung **748** 4
  Sondernachfolge **755** 10 ff
  Steuern **748** 3
  Vereinbarungen **748** 11 f; **755** 6 f, 16
  Vorkaufsrechte **748** 4
Lawinensysteme
  Lotterie **763** 9
Lebensbedarfsdeckungsgeschäfte
  Miteigentumserwerb **741** 30
Lebensdauer
  Leibrente **Vorbem 759 ff** 7
Lebensgemeinschaft, außereheliche
  Bruchteilsgemeinschaft **741** 41
  Eheschließung, künftige **741** 41
  Erwerbsgemeinschaft **741** 41, 54
  Haustier, gemeinsames **741** 41
  Immobilienerwerb **741** 41

Lebensgemeinschaft, außereheliche (Forts)
  Leibrente **759** 9
  Mitarbeit des Lebensgefährten **741** 160
  Scheitern der Gemeinschaft **741** 41
  Wegfall der Geschäftsgrundlage **741** 41
Lebenshaltungskostenindex
  s Verbraucherpreisindex
Lebenspartnerschaft, eingetragene
  Grundstückserwerb **741** 22 ff
  Grundstückserwerb, gemeinschaftlicher **745** 60 f
  Haushaltsgegenstände **745** 60 f
  Wohnungsmiete **745** 60 f
Lebensversicherung verbundener Leben
  Bruchteilsgemeinschaft **741** 121
Lebensversicherungsverträge
  Verlustrisiko, Ausschaltung **Vorbem 762 ff** 7
Leibgeding
  Landesrecht **Vorbem 759 ff** 17; **759** 25
  Leibrente **Vorbem 759 ff** 17, 19; **759** 15 f, 25
  Versorgungsgründe **Vorbem 759 ff** 1, 17
Leibrente
  s a Leibrentenvertrag
  abgekürzte Leibrente **Vorbem 759 ff** 22 f
  Abtretbarkeit **759** 15
  Auflassungsvormerkung **Vorbem 759 ff** 65
  Aufrechnung **759** 17
  Auslegungsregeln **Vorbem 759 ff** 2
  Auslobung **761** 5
  Bedingung **759** 6
  Bedürfnisse des Berechtigten **Vorbem 759 ff** 15
  Begriff **Vorbem 759 ff** 2 f, 7, 47 ff, 51 f
  Berechtigte **759** 19 f
    Bestimmungsrecht des Hauptberechtigten **759** 20
    mehrere Berechtigte **759** 20
    Verkoppelung der Berechtigungen **759** 20
  Betrag **759** 26
  Dauer **Vorbem 759 ff** 2, 6, 12, 22, 50; **759** 7, 18 f
    juristische Personen, Existenz **Vorbem 759 ff** 19
  dauernde Last **Vorbem 759 ff** 58 f
  Dauerschuldverhältnis **Vorbem 759 ff** 6, 39, 50 ff, 64
    Kündigung **Vorbem 759 ff** 36
  Einheitstheorie **Vorbem 759 ff** 3, 7, 25 ff, 37 ff; **761** 3
    Nutzbarkeit der Leibrente **Vorbem 759 ff** 38
  Einkommensteuer **Vorbem 759 ff** 58 f
    s a dort
  einseitiges Rechtsgeschäft unter Lebenden **761** 5
  Einzelleistungen **759** 6
  Entstehung **759** 2 ff

Leibrente (Forts)
  Erbfolge, vorweggenommene **Vorbem 759 ff** 5, 68 f
  Erfüllung **Vorbem 759 ff** 34
  Erlöschen **Vorbem 759 ff** 27; **759** 23; **760** 4
  Erlöschen, vorzeitiges **760** 4
  Ersatzansprüche **759** 12 ff
  erstmalige Begründung **Vorbem 759 ff** 52
  Euro-Umstellung **Vorbem 759 ff** 63
  Formerfordernis **761** 1 f
    Einschränkungen der Leibrentenverpflichtung **761** 4
    Erhöhungen der Leibrente **761** 4
    Erläuterungen der Leibrentenverpflichtung **761** 4
    Leibrentenversprechen **761** 6, 13 f
    Schuldübernahmen **761** 3
    Übereilungsschutz **761** 14
    Vergleiche **761** 3
    Vorverträge **761** 3
    Wahlschuldverhältnisse **761** 3
  Formmangel **761** 12, 16
    Bestätigung **761** 12
    Heilung **761** 13 f
    – Erfüllung **761** 13
    – Teilerfüllung **761** 13
  Geldrente, monatliche
    Vorauszahlungszeitraum **760** 3
  gemischte Verträge **Vorbem 759 ff** 53 ff
  Geschäftsgrundlage **759** 7 f
  gewagte Geschäfte **Vorbem 759 ff** 1
  Gläubiger **759** 19 f
  Gleichmäßigkeit **Vorbem 759 ff** 7 ff, 33
  Grundgeschäft **Vorbem 759 ff** 34
  Höchstbetragssicherungshypothek **Vorbem 759 ff** 66
  Höchstdauer **Vorbem 759 ff** 22
  Höhe **Vorbem 759 ff** 2
    s a Leistungen
  Inhaltskontrolle
    s Leibrentenvertrag
  Insolvenz des Rentengläubigers **Vorbem 759 ff** 30
  Insolvenz des Rentenschuldners **Vorbem 759 ff** 29
  Isolierungstheorie **Vorbem 759 ff** 3, 7, 40 ff
  Kapitalisierung **Vorbem 759 ff** 61 f
  Kaufpreisrenten **759** 16
  Lebensdauer eines Menschen **Vorbem 759 ff** 6 f, 23, 52, 67; **759** 20, 21
    Beweislast **Vorbem 759 ff** 27 f
    Dritter **Vorbem 759 ff** 21; **759** 21, 23
    Gläubiger **Vorbem 759 ff** 21; **759** 21 f
    mehrere Personen **Vorbem 759 ff** 21, 24
    Schuldner **Vorbem 759 ff** 21; **759** 21, 23
  Lebenserwartung, statistische **Vorbem 759 ff** 22
  Leibgeding **Vorbem 759 ff** 1, 17, 19, 57; **759** 15 f, 25

438

Leibrente (Forts)
  Leibrentenkauf **Vorbem 759 ff** 51, 54
  Leibrentenraten **Vorbem 759 ff** 34
  Leibrentenverpflichtung, einseitige **759** 5
  Leibrentenversprechen **761** 3
    s a dort
  Leibrentenvertrag **759** 2
    s a dort
  Leistungen **Vorbem 759 ff** 7 ff
    Abänderungsmöglichkeit **Vorbem 759 ff** 16; **759** 7
    Abtretbarkeit **759** 15
    Anpassung **Vorbem 759 ff** 15
    Dienstleistungen **Vorbem 759 ff** 20
    Ertragsabhängigkeit **Vorbem 759 ff** 14
    Geld **Vorbem 759 ff** 20
    Gleichartigkeit **Vorbem 759 ff** 9
    Höhe **Vorbem 759 ff** 2, 10 ff, 18, 33
    Inhalt, gleichmäßiger **Vorbem 759 ff** 9
    nominal gleichbleibende **Vorbem 759 ff** 11
    Sockelbetrag **Vorbem 759 ff** 19
    Strom **Vorbem 759 ff** 20
    Umsatzabhängigkeit **Vorbem 759 ff** 14
    vertretbare Sachen **Vorbem 759 ff** 20
    Wärme **Vorbem 759 ff** 20
    Wohnung **Vorbem 759 ff** 20
    Zeitabstände, gleichmäßige **Vorbem 759 ff** 7 f
  Leistungsfähigkeit des Verpflichteten **Vorbem 759 ff** 15; **759** 10
  Leistungszeit **Vorbem 759 ff** 7 f
  Minderung **Vorbem 759 ff** 54
  Mindestdauer **Vorbem 759 ff** 22
  Monatsbetrag **759** 26
  nachschüssige Renten **760** 1
  Nießbrauch **Vorbem 759 ff** 38; **759** 16
  Novation **Vorbem 759 ff** 15, 40, 45, 52; **759** 9, 16
    Unterhaltspflichten, familienrechtliche **761** 9
  Pfändung **759** 16
  Pfändungsschutz **759** 16 f
  Preisklauseln **Vorbem 759 ff** 12
  Reallast **Vorbem 759 ff** 66
  Recht, einheitlich nutzbares **Vorbem 759 ff** 7
  Rechtsmängel **Vorbem 759 ff** 54
  Rententabelle **759** 25, 26; **760** 1
  Rücktritt **Vorbem 759 ff** 54
  Sachmängel **Vorbem 759 ff** 54
  Schenkung **Vorbem 759 ff** 55
    s a Leibrentenschenkung
  Schlussabrechnung **760** 4
  Schriftform **Vorbem 759 ff** 2
  Schuldner **759** 18
  Schuldnermehrheiten **759** 18
  Sittenwidrigkeit **Vorbem 759 ff** 68
  Sozialversicherungsrente **Vorbem 759 ff** 60

Leibrente (Forts)
  Stammrecht **Vorbem 759 ff** 25, 34; **759** 15
  Stammrechtstheorie **Vorbem 759 ff** 65; **761** 15
    s a Einheitstheorie
  Sterbetafeln **Vorbem 759 ff** 23
  Stiftung **761** 5
  Subsidiarität **Vorbem 759 ff** 51; **761** 11, 14
  Sukzessivberechtigung **759** 20
  Tod der Bezugsperson **759** 14
    s a Lebensdauer eines Menschen
    rückständige Leistungen **759** 24
    Selbstmord **759** 14
    Tötung **759** 14
    – durch Schuldner **759** 14
  Tod des Gläubigers **759** 25
  Todesbeweis **760** 4
    Todeszeitpunkt, ungewisser **760** 4
  Unentgeltlichkeit **759** 15
  Unterhaltssicherung **759** 8 f
    Lebenspartner **759** 9
  Unvererblichkeit **759** 15, 21, 23
  Veräußerungsrenten **Vorbem 759 ff** 68; **759** 8, 10
  Vererblichkeit **759** 23
  Verjährung **Vorbem 759 ff** 32
  verlängerte Leibrenten **Vorbem 759 ff** 22 f
  Vermächtnis **759** 5; **761** 5, 11
  Verpfändung **759** 16
  Verpflichtungsgeschäft **761** 3
  Verpfründung **Vorbem 759 ff** 57
  Verrentung **Vorbem 759 ff** 61 f, 67
  Versorgung des Berechtigten **Vorbem 759 ff** 68
  Vertrag zugunsten eines Dritten **759** 4, 22; **761** 4, 11
  Verzug des Rentenschuldners **Vorbem 759 ff** 35 f; **759** 13
  vollstreckbare Ausfertigung **Vorbem 759 ff** 28
  Vorauszahlung **760** 2 ff
  Währungsumstellung **Vorbem 759 ff** 57
  Wegfall der Geschäftsgrundlage **Vorbem 759 ff** 68
  Wertsicherungsklauseln **Vorbem 759 ff** 64; **759** 11, 15
  wiederkehrende Bezüge **Vorbem 759 ff** 3, 58 ff
  Wiederverheiratung **760** 4
  Zahlungsweise **Vorbem 759 ff** 2
  Zeitbestimmung **759** 6
  Zeitrente, Abgrenzung **Vorbem 759 ff** 23
  Zinsen **Vorbem 759 ff** 57
  Zwangsvollstreckungsunterwerfung **Vorbem 759 ff** 64 f
Leibrentenkauf
  Kapitalsumme **Vorbem 759 ff** 5
    s a Kapitalisierung
  Leibrente **Vorbem 759 ff** 47, 49, 51, 54

Leibrentenschenkung
  Beurkundung **Vorbem 759 ff** 55
    Leibrentenversprechen **761** 11
  Erfüllungsfiktion **Vorbem 759 ff** 37
  Formmangel, Heilung **Vorbem 759 ff** 55; **761** 14
  Gläubigeranfechtung **Vorbem 759 ff** 37, 55
  Lebensdauer eines Dritten **759** 23
  Lebensdauer des Schuldners **759** 23
  Notbedarfseinrede **759** 10
  Pflichtteilsergänzungsansprüche **Vorbem 759 ff** 37, 55
  Tod des Beschenkten **Vorbem 759 ff** 55
  Tod des Schenkers **Vorbem 759 ff** 55
  Verarmung des Schenkers **Vorbem 759 ff** 37, 55; **759** 10
  Widerruf **Vorbem 759 ff** 55

Leibrentenstammrecht
  Gesamtanspruch **Vorbem 759 ff** 25
  Gesamtvermögen, Übertragung **Vorbem 759 ff** 31
  Leibrentenverpflichtung, Erfüllung **Vorbem 759 ff** 34

Leibrentenvermächtnis
  Form **761** 11

Leibrentenverpflichtung
  Erfüllung **Vorbem 759 ff** 34

Leibrentenversicherung
  Prämienrückgewähr **Vorbem 759 ff** 56
  Rentenversicherung auf den Erlebensfall **Vorbem 759 ff** 56
  Schriftform **Vorbem 759 ff** 56
  Sicherungsmöglichkeit **Vorbem 759 ff** 56, 64 f
  Tod der Bezugsperson, vorzeitiger **Vorbem 759 ff** 56
  Währungsumstellung **Vorbem 759 ff** 57

Leibrentenversprechen
  Form **759** 2; **761** 1 f
  Handelsgeschäft **761** 4
  Heilung **761** 13, 15
  Schriftform **Vorbem 759 ff** 3; **761** 6 f
    Andeutungstheorie **761** 6 f
    elektronische Form **761** 9
    Ersetzung **761** 8
    notarielle Beurkundung **761** 8
    Prozessvergleich **761** 8
    Subsidiarität **761** 11
  Schuldübernahme **Vorbem 759 ff** 66
  Stammrecht **761** 3
  Willenserklärung, empfangsbedürftige **761** 10
  Zugang **761** 10

Leibrentenvertrag
  s a Leibrente
  aleatorischer Charakter **Vorbem 759 ff** 6; **761** 1
  Bestätigung **761** 12
  Beurkundungserfordernis **761** 11

Leibrentenvertrag (Forts)
  Form **761** 1 ff
  Formmangel **761** 12
    Heilung **761** 13 f
  Inhaltskontrolle **Vorbem 759 ff** 67 ff; **759** 11, 19
  Sittenwidrigkeit **Vorbem 759 ff** 67 f
  Spielcharakter **Vorbem 762 ff** 7

Leibrentenvertrag zugunsten eines Dritten
  Forderungsrecht **759** 4, 22
  Formerfordernis **761** 4, 11

Leistungszeit
  Leibrente **Vorbem 759 ff** 7 f

Lizenzspieler
  Arbeitsvertrag **762** 6

Lizenzvergabe
  Früchte **741** 256; **743** 2, 17
  Verwaltungsmaßnahme **744** 9

Los
  Eigentum **Vorbem 762 ff** 2; **763** 22
  Inhaberschuldverschreibung **763** 20
  Inhaberverpflichtungszeichen **763** 20
  Klassenlotterie **763** 19 ff
  Verlust **763** 20

Losentscheid
  Teilung von Sachen **752** 21, 28

Loskauf
  Einsatz **763** 7
  Lotterievertrag **763** 20
  Spielgemeinschaft **763** 22
  Spielgesellschaft **763** 22

Lotterie
  s a Lotterievertrag
  aleatorischer Vertrag **763** 1
  Allgemeine Geschäftsbedingungen **763** 26
  ausländische Lotterien **763** 15
    Vertrieb im Inland **763** 15
  Begriff **763** 2
  Deutscher Lotto-Toto-Block **763** 23 ff
  Einsatz **763** 5, 7, 11
    Rückforderung **763** 14
    verdeckter Einsatz **763** 7
  Gefährlichkeit **763** 3
  Gewinne **763** 5
  Gewinner, Ermittlung **763** 5 f
  Gewinnermittlung, gemeinsame **763** 5, 23
  Gewinnquoten **763** 33
  Gratisauslosungen **763** 11
  Haftungsbeschränkung **763** 26
  Kontrahierungszwang **763** 29
  Kundenkarte **763** 33
    Spielersperre **763** 33
  Leistung, bedingte **Vorbem 762 ff** 6
  Leistung, unbedingte **Vorbem 762 ff** 6
  Lotteriesteuer **Vorbem 762 ff** 11
  nicht staatlich genehmigte **Vorbem 762 ff** 6
  Preisausschreiben **763** 10
  Preisrätsel **763** 10
  Quicktipp **763** 28 f

Lotterie (Forts)
  Spielbedingungen **763** 5
  Spielplan **763** 3, 5
  staatlich genehmigte **Vorbem 762 ff** 3;
    763 14 ff, 25
  staatliche Lotterien **763** 18
  Staatsmonopol **763** 3, 18
  Steuerrecht **Vorbem 762 ff** 11
  Strafbarkeit **763** 15 ff
  Suchtpotential **Vorbem 762 ff** 4
  tägliche Gewinnausspielung **763** 34
  Teilnahmebedingungen **763** 26
  Veranstaltung, unerlaubte **763** 2
  Verbindlichkeit **763** 25
  Verbot, strafrechtliches **763** 2
  Verlustrisiko **763** 4
  Zahlenlotterie **763** 23
  Ziehungslotterie **763** 23
  Zufallselement **763** 2, 6
Lotterie „Plus 5"
  Spielersperren **763** 34
Lotterieeinnehmer
  Erneuerungslos **763** 21
  Gewerbesteuer **Vorbem 762 ff** 11
  Handelsvertreter **763** 21
  Losvertrieb **763** 21
  Verjährung der Ansprüche der Lotterieeinnehmer **763** 21
Lotteriemonopol
  Glücksspielstaatsvertrag **763** 18
  Lotteriestaatsvertrag **763** 18
  Verfassungsmäßigkeit **763** 18
Lotteriesteuer
  Steuersatz **Vorbem 762 ff** 11
Lotterievertrag
  s a Lotterie
  Abschluss **763** 4
  Angebot **763** 20
  Annahmestellen **763** 24
  Bedeutung, wirtschaftliche **Vorbem 762 ff** 8
  Bezirksstellen **763** 24
  Genehmigung, staatliche **Vorbem 762 ff** 1
  Hilfsgeschäfte **763** 16
  Loskauf **763** 20
  Nebengeschäfte **763** 16
  Spiel **Vorbem 762 ff** 6
  Spielquittung **763** 30
  Strafbarkeit **763** 18
  unvollkommene Verbindlichkeit **Vorbem 762 ff** 1, 3 f
  Vertragsschluss **763** 23 f
  Vertragstyp, eigenständiger **Vorbem 762 ff** 6
  Widerrufsrecht, Ausschluss **762** 6
Lotto
  Auslosung **763** 6
  Rahmen-Teilnahmebedingungen **763** 27 ff
  s a RTB 2008
  Zahlenlotterie **763** 23

Lotto-Toto-Annahmestellen
  Einkünfte aus Gewerbebetrieb **Vorbem 762 ff** 11
Makler
  Teilungsabreden **741** 166
Markenrecht
  Gemeinschaftsverhältnisse **741** 137
Markgenossenschaft
  Eigentum, gemeinschaftliches **741** 166
Maschinengemeinschaften
  bewegliche Sachen **Vorbem 741 ff** 22
  Rechtsgemeinschaft, schlichte **741** 48
  Verwaltungsregelung durch Schiedsgericht **745** 53
Mauern
  Benutzung, gemeinschaftliche **741** 134
Mehrheitsbeschlüsse
  Anfechtung der Stimmabgabe **745** 47
  Anhörung **745** 20
  Aufhebung **745** 30 f
  Ausführung **745** 27 f, 47
    Vertretung der Minderheit **745** 29, 33 ff
  Beschlussfassung **745** 17
    Vertretung **745** 18
  Bewirtschaftung **745** 5
  Bindungswirkung **745** 27 ff, 47
  Durchführung **741** 261
  fehlerhafte Beschlüsse **745** 47
    Abwehrklage **745** 48
    Beweislast **745** 48
    Feststellungsklage **745** 48
    – Passivlegitimation **745** 48
    – Streitgenossenschaft, notwendige **745** 48
    Klagfristen, Vereinbarung **745** 49
    Schadensersatzpflicht **745** 48
    Verwirkung **745** 47, 49
  Formlosigkeit **745** 17, 19
  Interessenkollision **745** 21
  Mehrheit, Berechnung **745** 15
  Mitwirkungsanspruch **745** 40
    Abtretbarkeit **745** 41
  Mitwirkungsverweigerung **745** 16
  Nutzung des gemeinschaftlichen Gegenstands **743** 34; **745** 1, 14
  Nutzungsquote, Beeinträchtigung **745** 13
  Privatvermögen der Minderheit **745** 9, 40
  Respektierung **741** 261
  Stimmrechtsausschluss **745** 21 ff
  Übergehen der Minderheit **745** 19 f, 28
  Veränderungen des gemeinschaftlichen Gegenstands, wesentliche **745** 11
  Vertretung der Minderheit
    Stimmrechtsausübung **745** 46
    Verfügungsgeschäfte **745** 44
    Verpflichtungsgeschäfte **745** 40, 43
    – Eilfälle **745** 43
    – Notfälle **745** 43

Mehrheitsbeschlüsse (Forts)
  Verwaltung, ordnungsmäßige **745** 5 f
Mengesachen
  Miteigentum **741** 157
Metageschäfte
  Gesellschaft bürgerlichen Rechts **741** 166
Metalle
  Teilbarkeit **752** 14
Mietergemeinschaft
  Aufhebung **749** 11
Mietrecht an einer Wohnung
  Teilbarkeit **752** 18
Mietshaus
  Aufteilung in Wohnungseigentum **741** 48
Mietvertrag
  Benutzung, gemeinschaftliche **741** 133
  Kündigung **747** 69
  Lastenaufzug **741** 133
  rechtsgeschäftliche Beziehung Bruchteilsgemeinschaft/Teilhaber **741** 74 ff
  Sondervereinbarung **741** 264, 270
Mietzinsen
  Einziehung durch Dritten **743** 27
  Einziehung durch einzelnen Teilhaber **743** 10
  Früchte **741** 63, 256; **743** 2, 17
  Pfändung des anteiligen Mietzinsanspruchs **743** 22 ff
  Zivilfrüchte **743** 5 ff
Minderheitenschutz
  Bruchteilsgemeinschaft **741** 72
Minderjährige
  Ausschluss von der Spielteilnahme **763** 30
Mischlagerung
  Bruchteilsgemeinschaft besonderen Rechts **741** 5
  Insolvenz des Lagerhalters **741** 194
  Miteigentum am Mischbestand **741** 194
  Sachen, vertretbare **741** 194
  Verfügungsbefugnis **741** 247
Mitbesitz
  Bruchteilsgemeinschaft **741** 133
  Ehegatten **741** 29 ff
  Gebrauch, gemeinschaftlicher **743** 33
  Mieter **741** 126
Miteigentum
  s a Eigentum
  bewegliche Sachen **741** 77
  Bienenschwärme, Vereinigung **741** 77
  Bruchteilsgemeinschaft **741** 8, 254 f
  Ehegatten **741** 29 ff
  Fruchterwerb durch Bruchteilsberechtigte **741** 77
  Gemeinschaften besonderen Rechts **741** 5, 177 ff
  Gesamtsachen **741** 157
  Grundstücke **741** 77; **746** 17 ff
  s a dort
  Mengesachen **741** 157

Miteigentum (Forts)
  Prozessstandschaft, gesetzliche **741** 254
  Quote **742** 2
  Sachgesamtheiten **741** 157
  Sachherrschaft **742** 2
  Schatzfund **741** 77
  Seeschiffe **741** 77
  Sondernachfolge **746** 9
    Eintragung **746** 27
  Verbindung **741** 77
  Verfügung über Anteil **747** 20
  Vermengung **741** 77; **752** 3
  Vermischung **741** 77
  Wesensgleichheit Miteigentum/Volleigentum **Vorbem 741 ff** 16
Miteigentumsanteile
  s a Anteile
  Grundstücke
    Zwangsvollstreckung **747** 51
  Verkauf **747** 29
Miterben
  Aufhebungsanspruch **749** 49
  Und-Konto **741** 103
Miterbengemeinschaften
  s Erbengemeinschaften
Miterfinder
  Anteile **742** 27
  Bruchteilsgemeinschaft **741** 136
Mitgebrauch des Gegenstands
  Gestattungsanspruch **741** 260
Mitgläubigerschaft
  Forderungen, gemeinschaftliche **741** 112 f
Multiplexsysteme
  Lotterie **763** 9

nachbarschaftliches Gemeinschaftsverhältnis
  Bruchteilsgemeinschaft **741** 166
Nachlass
  Teilungsreife **749** 104, 116
Nachlasserbenschulden
  Verwaltung des Nachlasses **745** 36
Nachlassteilung
  Teilung in Natur **752** 7
Nachlassverbindlichkeiten
  Aufgebotsverfahren **749** 114
  Eigenverbindlichkeiten des Erben **745** 36
  streitige Verbindlichkeiten **749** 115
  Verwaltung des Nachlasses **745** 36
Namensaktien
  Verwertung **753** 21
Naturalteilung
  s Teilung in Natur
natürliche Personen
  Schuldner der Leibrente **759** 18
  Teilhaber einer Bruchteilsgemeinschaft **741** 68
Nebengeschäfte
  Nichtigkeit des Spiel-/Wettvertrages **762** 34

Nebengeschäfte (Forts)
　Unklagbarkeit **762** 34
neue Bundesländer
　Anteilsbuchungen in Grundbüchern
　　741 166
nichteheliche Lebensgemeinschaften
　Gemeinschaft **741** 164
　Gesellschaft **741** 208
　Gewaltschutzgesetz **745** 65
　Grundstücke **746** 16
Niederlassungsfreiheit
　Allgemeininteresse **Vorbem 762 ff** 5
　Lotterie **Vorbem 762 ff** 5
　Spiel **Vorbem 762 ff** 5
　Wette **Vorbem 762 ff** 5
Nießbrauch
　Aufhebung der Gemeinschaft **749** 92
　Bruchteilsgemeinschaft **741** 128
　Gesamtgläubigerschaft **741** 84, 131
　Leibrente **759** 16
　Verfügung über Anteil **747** 20
　zugunsten anderer Teilhaber **747** 26
Nießbrauchsrechte
　an Bruchteilen **741** 67
Not- und Gefahrengemeinschaft
　Geschäftsführung ohne Auftrag **741** 172
　Interessengemeinschaft **741** 167 ff
Notaranderkonto
　Und-Konto **741** 48
Notgeschäftsführungsrecht
　Ausschluss **741** 7
　Unentziehbarkeit **741** 16
　Vertretung der Minderheit **744** 31 ff; **745** 33
Novation
　Leibrente **Vorbem 759 ff** 15, 52
　s a dort
numerus clausus
　Gesamthandsgemeinschaften **741** 253
Nutzungen
　Nutzungsquote, Beeinträchtigung **745** 13
　Teilhaberschulden **756** 3
　Verteilung im Innenverhältnis **743** 1
Nutzungsbefugnis
　Unentziehbarkeit **745** 1

Observanz
　Bruchteilsbildung **741** 166
Oddset-Wetten
　Spielersperren **763** 34
　Sportwette **762** 6
　Steuerrecht **Vorbem 762 ff** 11
　Umsatzsteuer **Vorbem 762 ff** 11
　Zahlenlotterie **763** 23
Oder-Depot
　Eigentumslage Wertpapiere **741** 100, 121
　Rechte aus Depotverwahrung **741** 100, 121
Oder-Konto
　Anteilspfändung **747** 64

Oder-Konto (Forts)
　Ausgleichspflicht zwischen Ehegatten
　　741 100
　　intakte Ehe **741** 100
　　Trennung **741** 100
　Gesamtgläubigerschaft **741** 87 f, 92
　Insolvenz eines Kontoinhabers **741** 100
　Pfändung **741** 88 ff, 93 f
　　Ausgleichsanspruch des anderen Bankkunden **741** 88 f
　　Interventionsrecht **741** 91
　　Prioritätsprinzip **741** 95 ff
　　Rückfrage bei anderem Kontoinhaber
　　　741 97
　Sperrung **741** 99
　Umwandlung in Und-Konto **741** 92, 94, 99
　　Umwandlungsbefugnis **741** 99
　Verfügungsbefugnis, Änderung **741** 99
　Weisungen, widersprechende **741** 95 ff
　Widerrufsbefugnis **741** 92
　　einseitige **741** 95
öffentliches Recht
　Bruchteilsgemeinschaft **741** 154 ff
Österreich
　s a Allgemeines Bürgerliches Gesetzbuch
　Glücksverträge **762** 1
OHG
　Auseinandersetzung **749** 3
　Bruchteilsgemeinschaft an Anteilen
　　741 141
　Gemeinschaftsrecht, Unanwendbarkeit
　　741 9
　Gesamthandsgemeinschaft **741** 239
　Liquidation **749** 93, 100
　Stimmrechtsausschluss **745** 22 ff
Optionsrechte
　Eintragung **746** 26
　Vormerkung **747** 6
Orderpapiere mit Börsen- oder Marktpreis
　Pfandverwertung **753** 15, 21
Ordnungswidrigkeiten
　Spiel **Vorbem 762 ff** 10
ordre public
　Spieleinwand **762** 49

Pachtvertrag
　rechtsgeschäftliche Beziehung Bruchteilsgemeinschaft/Teilhaber **741** 74 ff
　Übertragung der Verwaltung **744** 12
Pachtzinsen
　Früchte **741** 256; **743** 2, 17
Parallelforderungen
　Gemeinschaft **741** 125 f
Parteiwille
　Bruchteilsgemeinschaft **Vorbem 741 ff** 21
Partenreederei
　Bruchteilsgemeinschaft **741** 246
　Gesamthandsgemeinschaft **741** 246

partiarisches Rechtsverhältnis
  gesellschaftsähnliches Verhältnis **741** 166
Partnerschaftsgesellschaft
  Gemeinschaftsrecht, Unanwendbarkeit **741** 9
  Gesamthandsgemeinschaft **741** 239
Passivlegitimation
  Teilhaber **744** 43, 50
Personengesellschaften
  Auseinandersetzungsguthaben, Anspruch auf **741** 142
  Gewinnauszahlung, Anspruch auf **741** 142
Personengesellschaftsanteile
  Bruchteilsgemeinschaft **741** 141
Personenhandelsgesellschaften
  Liquidation **749** 93, 100; **754** 2
Pfändung
  Aufhebungsanspruch **747** 59; **749** 58 ff
  Erlösanteil, Anspruch auf Auszahlung **747** 60 f; **749** 58 ff
  Erlösteilung, Anspruch auf **747** 60 f; **749** 58 ff
  Leibrente **759** 16
  Mietzinsanspruch, anteiliger **743** 20
  Sache **747** 54
  Verfügung, unteilbare **747** 13
  Zwangsvollstreckung in Miteigentumsanteile an Grundstücken **747** 51
Pfändungspfandgläubiger
  Anspruch auf Aufhebung der Gemeinschaft **751** 9
Pfändungspfandrecht
  Miteigentumsanteile an beweglichen Sachen **747** 63
Pfändungsschutz
  Leibrente **759** 16 f
Pfandrecht
  Spiel **762** 11
  Verfügung über Anteil **747** 20
  Wette **762** 11
  zugunsten anderer Teilhaber **747** 26
Pfandrecht an Rechten
  Verwertung **753** 15 f
Pfandverkauf
  Aufhebung der Gemeinschaft **741** 66; **749** 1, 9
  Teilung durch Verkauf **753** 9 f
  Gesellschaftsauseinandersetzung **749** 96, 98
  Wertpapiere in Sammelverwahrung **747** 35
Pferderennverträge
  Klagbarkeit **762** 6
  wirtschaftlicher Zweck **Vorbem 762 ff** 7; **762** 6
Pferdewetten
  Einsatz **763** 13
  Gesetzgebungskompetenz **763** 18
  Lotterieform **Vorbem 762 ff** 8; **763** 13

Pferdewetten (Forts)
  Rennwett- und Lotteriegesetz **Vorbem 762 ff** 9, 11
  Spiel **762** 5
Pflanzenrecht
  Gemeinschaftsverhältnisse **741** 137
Pfleger
  Leibrentenverpflichtung, Eingehung **759** 2
Pflichtteilsergänzungsansprüche
  Leibrentenschenkung **Vorbem 759 ff** 37, 55
positive Forderungsverletzung
  Spiel **Vorbem 762 ff** 3
  Teilhaber, Haftung **741** 266, 272
  Wette **Vorbem 762 ff** 3
Prämiensparen
  Genehmigung **763** 12
  Lotterieform **763** 12
Preisausschreiben
  Ausspielung **763** 10
  Lotterie **763** 10
  Rechtsgeschäft, einseitiges **762** 5
  Spiel **762** 5
  Startgeld **762** 5
  Teilnehmergebühr **762** 5
  unerlaubte Werbung **763** 9
  Werbezwecke **762** 5
Preisklauseln
  Genehmigungspflicht **Vorbem 759 ff** 13
  Legalausnahmen **Vorbem 759 ff** 13
  Leibrentenhöhe **Vorbem 759 ff** 12
  Negativattest **Vorbem 759 ff** 13
  Verbraucherpreisindex **Vorbem 759 ff** 12 f
  Wertsicherungsklauseln
    s dort
Preisrätsel
  s a Preisausschreiben
  Lotterie **763** 10
  unerlaubte Werbung **763** 9
Preußisches Allgemeines Landrecht
  Leibrente **Vorbem 759 ff** 1, 47
  Lotterie **763** 1
  Spielschulden **762** 1
  Wetten **762** 1
Privatautonomie
  aleatorische Verträge **Vorbem 762 ff** 4
Promessengeschäft
  Gewinnaussicht, Veräußerung **763** 22
  Nebengeschäft **Vorbem 762 ff** 2
Prozessführung
  gemeinschaftliche Angelegenheiten **744** 46 ff
  Rechtskraftwirkung **744** 48
  Streitgenossenschaft **744** 49
  Verwaltungsmaßnahme **744** 9
Prozessführungsbefugnis
  Teilhaber **744** 43, 46 f
Prozessvergleich
  Leibrentenversprechen **761** 8

444

Publikumsgesellschaft
  Gesellschaft bürgerlichen Rechts **741** 211
Publikumskommanditgesellschaften
  Treuhandkommanditist **741** 150 f
Publizitätsgrundsatz
  Grundstücke **741** 221

Quicktipp
  Angebot zum Spielvertrag **763** 29
  Teilnahmebedingungen **763** 28
quoad dominium
  Grundstücke, Einbringung **741** 12
quoad sortem
  Grundstücke, Einbringung **741** 12, 15
    Aufhebungsanspruch, Ausschluss **749** 60
    wichtiger Grund für Aufhebung **749** 79
quoad usum
  Grundstücke, Einbringung **741** 12, 16
    Aufhebungsanspruch, Ausschluss **749** 60
    wichtiger Grund für Aufhebung **749** 79
  Sondervereinbarung **741** 264
Quote
  s Anteile
Quotennießbrauch
  am Gesamtgegenstand **741** 67

Rangrücktritt
  Verfügung, unteilbare **747** 13
Reallast
  Bruchteilsgemeinschaft **741** 128
  Gesamtgläubigerschaft **741** 84, 131
  Grundstücksteilung **741** 276; **742** 26
  Leibrente **Vorbem 759 ff** 66
  zugunsten anderer Teilhaber **747** 26
Realteilung
  s Teilung in Natur
Rechte
  Aufhebung der Gemeinschaft **753** 15 ff, 30
  Pfändung **753** 18
    Anordnung der Veräußerung **753** 18
  Pfändung von Anteilen **753** 37
  Teilbarkeit **752** 16
  unveräußerliche Rechte **753** 19
Rechtsfähigkeit
  Bruchteilsgemeinschaft **741** 73, 140
Rechtsgemeinschaft
  Erhaltungsrecht der Teilhaber **744** 31
  Erwerb, gemeinschaftlicher **741** 47 f, 57
  Treuhandbegünstigte **741** 153
Rechtsmängel
  Haftung der übrigen Teilhaber **741** 66
Rechtsmittelverzicht
  Spielvertrag **762** 13
  Wettvertrag **762** 13
Rechtswahl
  Güterrechtsstatut **741** 28
Rechtswegegarantie
  aleatorische Verträge **Vorbem 762 ff** 4

Rechtszuständigkeit
  Anteilsgröße **742** 2
  communio incidens **741** 49 ff
  gemeinschaftliche **744** 31
  Objektgemeinschaft **Vorbem 741 ff** 8
  Unteilbarkeit **741** 256
  Zuständigkeit, einheitliche **Vorbem 741 ff** 8
  Zuständigkeit, geteilte **Vorbem 741 ff** 8, 12
Rentenkauf
  Versorgungsgründe **Vorbem 759 ff** 1, 47
Rentenstammrecht
  Leibrente **Vorbem 759 ff** 25; **761** 3
Rententabelle
  Leibrente **759** 26; **760** 1
Reparatur
  Erhaltungsmaßnahme **744** 24
  Verwaltungskosten **748** 8
  Verwaltungsmaßnahme **744** 9
Reservefonds
  Früchte, Zuführung **743** 30
  Instandsetzungsarbeiten **743** 15
Römisches Recht
  communio pro indiviso **Vorbem 741 ff** 6
  Gemeinschaft nach Bruchteilen **Vorbem 741 ff** 6, 23
  Gesellschaft **Vorbem 741 ff** 6
  Kampfspiele **762** 1
  societas **Vorbem 741 ff** 6
  Spielgeschäfte **762** 1
  universitas **Vorbem 741 ff** 6
  Verein **Vorbem 741 ff** 6
  Wetten **762** 1
Roulette
  s a Spielbanken
  Einsatz **762** 23
RTB 2008
  Ablehnung Spielwilliger **763** 29
  Allgemeine Geschäftsbedingungen **763** 26 ff
  Ausschluss von der Spielteilnahme **763** 30
  Ausschlussfrist für gerichtliche Geltendmachung **763** 33
  Einbeziehung **763** 28
  Freizeichnungsklausel **763** 32
  Geheimhaltungspflicht **763** 29
  Haftungsausschluss **763** 32
  Haftungsbeschränkungen **763** 26, 28 f, 32
    Erfüllungsgehilfen **763** 32
    grobe Fahrlässigkeit **763** 32
    leichte Fahrlässigkeit **763** 32
  Haftungsumfang **763** 32
  Präambel **763** 27
  Schadensersatzansprüche **763** 33
  Vertragsabschluss, hinausgeschobener **763** 26, 31
Rücksichtnahmegebot
  Bruchteilsgemeinschaft **Vorbem 741 ff** 23

Ruhegehälter
Leibrente, Abgrenzung **Vorbem 759 ff** 15, 42

Sache, gemeinschaftliche
Mitgebrauch, störungsfreier **743** 38
Vermietung durch Teilhaber **743** 9
Abrechnung **743** 10
Herausgabe des Erlangten **743** 10

Sachen
Teilung **752** 19 ff
s a Teilung in Natur
gutgläubiger Erwerb **752** 23
Losentscheid **752** 21, 28 f
Übertragung der Teile **752** 19, 22, 28 f
Zerlegung des Gegenstands **752** 19 f, 28 f
Zuweisung der Teile **752** 19, 21

Sachen, bewegliche
Anteilspfändung **747** 51
Pfändungspfandrecht **747** 63
Aufhebung der Gemeinschaft **741** 66; **749** 1; **753** 29
Duldung des Verkaufs **753** 29
gutgläubiger Erwerb von Miteigentumsanteilen **747** 21 ff
Miteigentum **741** 77
Pfändung des Miteigentumsanteils **741** 255; **747** 52 f; **753** 33 ff
Pfandverkauf **749** 1, 9; **753** 9 f
Quotenänderung **747** 25
Verfügung über Anteil **747** 20

Sachen, vertretbare
Mischlagerung **741** 194
Sammellagerung **741** 194

Sachgesamtheiten
Bruchteilsgemeinschaft **741** 157
Mitberechtigungen **741** 157

Sachmängelhaftung
Anteilsveräußerung **747** 29
Haftung der übrigen Teilhaber **741** 66

Sächsisches BGB
Leibrente **Vorbem 759 ff** 1, 47

Sammelbestand
Sachen, vertretbare **741** 194
Wertpapierbestand
s Sammelverwahrung

Sammellagerung
Bruchteilsgemeinschaft besonderen Rechts **741** 5
Insolvenz des Lagerhalters **741** 194
Miteigentum am Sammelbestand **741** 194
Sachen, vertretbare **741** 194
Teilung **749** 92
Verfügungsbefugnis **741** 247

Sammelsendung
Interessengemeinschaft **741** 170

Sammelverwahrung
Abtretung des Anspruchs aus Verwahrungsvertrag **747** 82

Sammelverwahrung (Forts)
Anteile der Hinterleger **741** 188
Anteilsberechnung **742** 25
Anteilsverfügung **747** 82
Aufhebungsanspruch **741** 191
Aufhebungsrecht, Ausschluss **749** 91
Auslieferungsanspruch **741** 188, 192, 247; **747** 83
Bruchteilseigentum **741** 5
Bruchteilsgemeinschaft besonderen Rechts **741** 20
Einkaufskommission **747** 83
Fehlbestand **741** 192
Gemeinschaft der Depotkunden **741** 5
gutgläubiger Erwerb **747** 27, 82, 84
Gutschrift im Depotbuch **747** 83
Hinterlegungsvertrag **741** 5
Kostentragung **741** 190
Lastentragung **741** 190
Mitberechtigung nach Bruchteilen **741** 58
Mitbesitz, Anspruch auf Einräumung **741** 188
Miteigentum der Hinterleger **741** 188, 193; **742** 25
Miteigentumsanteil am Sammelbestand **741** 189
Nutzung **741** 190
Pfandverkauf **747** 35
Stückzahl der Wertpapiere **742** 25
Teilung **749** 91
Verfügungsbefugnis der Depotinhaber **741** 247
Verfügungsmöglichkeiten **747** 82
Verkaufskommission **747** 83
Verpfändung von Anteilen **747** 34
Verwaltung **741** 190
Wertpapiernennbetrag **742** 25

Schachturniere
Prämienversprechen **Vorbem 762 ff** 7

Schadensersatz
Verjährung **758** 4

Schadensersatzrenten
Leibrente, Abgrenzung **Vorbem 759 ff** 44
Vorauszahlung **760** 5

Schadensversicherung
Verwaltungskosten **748** 8

Schafherde
Bruchteilsgemeinschaft **741** 52

Schatzfund
Anteilsbestimmung **742** 26
Miteigentum **741** 77

Scheckhingabe
unvollkommene Verbindlichkeit **762** 29

Scheckkarten-Garantie
Spielschulden **762** 38

Scheidung
Teilungsversteigerung **741** 25; **749** 65 ff

Scheidungsfolgenvereinbarung
Teilungsversteigerung **741** 25

Scheingeschäft
　aleatorische Verträge **Vorbem 762 ff** 2
Scheunentennen
　Unteilbarkeit **752** 18
Schiedsgericht
　Verwaltungsregelung **745** 53
Schiedsspruch
　Spielvertrag **762** 13
　Wettvertrag **762** 13
Schiedsvertrag
　Spielvertrag **762** 13
　Wettvertrag **762** 13
Schiffe, eingetragene
　Teilung durch Verkauf **753** 5
　Zwangsversteigerung **753** 5
Schiffspart
　s a Partenreederei
　Übertragbarkeit **741** 246
Schlepphilfe
　Interessengemeinschaft **741** 172
Schlüsselgewalt
　Miteigentumserwerb **741** 30
Schneeballsysteme
　Lotterie **763** 9
　Sittenwidrigkeit **763** 9
　Strafbarkeit **763** 9
　unerlaubte Werbung **763** 9
　Wettbewerbsverstoß **763** 9
Schuld, gemeinschaftliche
　Ausgleichsansprüche **755** 1 f
　Befreiungsanspruch **755** 1 f
Schuldanerkenntnis
　unvollkommene Verbindlichkeit **762** 29
Schuldnerverzug
　Leibrente **Vorbem 759 ff** 8
Schuldübernahme
　Leibrentenversprechen **Vorbem 759 ff** 66
　Spielschulden **762** 32
　Wettschulden **762** 32
Schuldversprechen, abstraktes
　unvollkommene Verbindlichkeit **762** 29
Schutzpflichten
　Gemeinschaft **741** 52, 271 ff
Schweiz
　Darlehen für Spielzwecke **762** 1
　Spiel **762** 1
　Wette **762** 1
Schweizerisches Obligationenrecht
　Leibrente **Vorbem 759 ff** 2
Seen
　Unteilbarkeit **752** 17
Seeschiffe
　Miteigentum **741** 77
Seeschiffe, registrierte
　Bruchteilseigentum **741** 246
Sicherheitenpool
　Gesellschaft bürgerlichen Rechts **741** 231
　　Umwandlung einer Bruchteilsgemeinschaft **741** 231

Sicherheitenpool (Forts)
　Insolvenzverfahren **741** 233
　Rechtsform **741** 231
　Rechtsgemeinschaft **741** 232
Sicherungsgeschäfte
　Spiel, Abgrenzung **Vorbem 762 ff** 7
Sicherungsgrundschuld
　Anteil, gepfändeter **753** 8
　Kautelarjurisprudenz **Vorbem 741 ff** 22; **741** 15
　Spieleinwand **762** 11
Sicherungshypothek
　Zwangsvollstreckung in Miteigentumsanteile an Grundstücken **747** 51
Sicherungspool
　s Sicherheitenpool
Sicherungsübereignung
　Miteigentumsanteile **747** 39 ff
　　Aufhebung der Gemeinschaft **747** 40
　　Besitzkonstitut **747** 41
　　Rechtszuständigkeit, gemeinschaftliche **741** 49, 51; **742** 18 ff
　Spiel **762** 11
　Verbindung von Waren **742** 18
　Vermengung von Waren **742** 18
　Wette **762** 11
Sicherungszession
　Spiel **762** 11
　Wette **762** 11
Sielrecht
　Landesrecht **741** 276
societas
　Gesellschaft **Vorbem 741 ff** 6
Sondernachfolger
　Anteilserwerber **746** 11
　Nießbraucher **746** 11
　Pfändungspfandgläubiger des Anteils **746** 11
　Pfandgläubiger des Anteils **746** 11
Sonderrechtsnachfolger
　Vereinbarungen zwischen Teilhabern **Vorbem 741 ff** 7
Sondervereinbarungen
　Auftragsvertrag **741** 264
　Geschäftsbesorgungsvertrag **741** 264
　Gesellschaft **741** 264
　Mietvertrag **741** 264
　Schuldverhältnis, zusätzliches **741** 263 f, 270
Sondervermögen
　Erwerb, gemeinschaftlicher **741** 68
Sozialhilfe
　Leibrente, Überleitung **759** 15
Sozialversicherungsrente
　Anrechnung auf Leibrente **Vorbem 759 ff** 12
　Besteuerung **Vorbem 759 ff** 60
　Leibrente **Vorbem 759 ff** 60

Sozialversicherungsträger
  Gesamtgläubigerschaft **741** 83, 105
Sparkonto
  Bruchteilsgemeinschaft **741** 38
  Gemeinschaftskonto **741** 34, 87 ff
Spekulationsgeschäfte
  Bedeutung, wirtschaftliche **Vorbem 762 ff** 8
Sperrvertrag
  Eigensperre **762** 47; **763** 18, 34
Spezialitätsgrundsatz
  Berechtigung an einzelnen Sachen **741** 157
  Bruchteilsgemeinschaftsrecht **741** 8
Spiel
  Abgrenzung **762** 1 ff, 5
  Anerkenntnis, gerichtliches **762** 14
  Aufklärungspflichten **762** 8
  Aufrechnung **762** 9, 19
  Begriff **762** 3
  Bezahlung des verlorenen Betrages **762** 8
  Bürgschaft **762** 11
  culpa in contrahendo **Vorbem 762 ff** 3
  Eingehung von Verbindlichkeiten zum Zwecke der Erfüllung **762** 10
  Einsatz **762** 8, 23
  einseitiges Spiel **762** 5
  Erfüllungsanspruch **762** 10
  Erfüllungsleistung **762** 18 ff
    Aufrechnung **762** 19
    Einsatz **762** 23
    Erfüllungssurrogate **762** 18
    Hingabe an Erfüllungs statt **762** 20
    – eigener Wechsel **762** 21
    – Gutschein **762** 20
    – Hinterlegung, gerichtliche **762** 22
    – Kundenwechsel **762** 20 f
    – Sicherheitsleistung **762** 23 f
  Falschspiele **762** 3
  gegenseitiger Vertrag **762** 3, 5
  Geschicklichkeitsspiele **762** 3
    s a dort
  Gewinn **Vorbem 762 ff** 6
    vermögenswerter Gewinn **762** 3
  Glücksspiel **762** 2 f
    s a dort
  Hilfsgeschäfte **762** 34 ff
    Auftrag **762** 35 ff
    Geschäftsbesorgung **762** 35
    Geschäftsführung ohne Auftrag **762** 35
    Handelsvertretervertrag **762** 35
    Maklervertrag **762** 35
  Nebengeschäfte **762** 34 ff
  Nebenpflichten **762** 8
  öffentliche Sicherheit **Vorbem 762 ff** 5
  Pfandrecht **762** 11
  positive Vertragsverletzung **Vorbem 762 ff** 3; **762** 8
  Rückforderungsausschluss **762** 16 ff, 26
  Schadensersatz wegen Nichterfüllung **762** 8

Spiel (Forts)
  Sicherungsübereignung **762** 11
  Sicherungszession **762** 11
  Spieleinwand **762** 14 f
  Spielwette **762** 4
  staatlich genehmigtes **Vorbem 762 ff** 6; **762** 6
  Tätigkeit seitens der Teilnehmer **762** 3, 8
  Unklagbarkeit **762** 14
    Hilfsgeschäfte **762** 34 ff
    Nebengeschäfte **762** 34 ff
  Unterhaltung **Vorbem 762 ff** 6; **762** 3
  unvollkommene Verbindlichkeit **Vorbem 762 ff** 1, 3 f; **762** 11, 14, 16 f
  Vergleich **762** 12
  Verkehrssicherungspflichten **762** 8
  Verlustrisiko **762** 3
  Vertragsstrafe **762** 10
  Vertragstyp, eigenständiger **Vorbem 762 ff** 2
  Zurückbehaltungsrecht **762** 10
  Zweck **Vorbem 762 ff** 6; **762** 3
Spiel 77
  Ziehungslotterie **763** 23
Spielautomaten
  Aufstellen, gewerbsmäßiges **Vorbem 762 ff** 9; **762** 46
  Bauart, zugelassene **762** 46
  Erlaubnis **Vorbem 762 ff** 9; **762** 6
  Umsatzsteuer **Vorbem 762 ff** 11
  Vergnügungssteuer **Vorbem 762 ff** 11
Spielbankabgabe
  Landessteuer **Vorbem 762 ff** 11
Spielbanken
  Altersgrenze **762** 47
  Ausschluss von der Spielteilnahme **762** 47
  Berufsspieler **762** 47
  Besteuerung **Vorbem 762 ff** 11
  Darlehen an Spieler **762** 42
  Eigensperre **762** 47
  Fremdsperre **762** 47; **763** 18, 34
  Intercasino **762** 47
  kleines Spiel **762** 47
  Kontrahierungszwang **763** 29
  Spiele, zugelassene **762** 47
  Spielstunden **762** 47
  Strafbarkeit **762** 47
    Unterschlagung **762** 47
    Untreue **762** 47
  Umsatzsteuer **Vorbem 762 ff** 11
  Verbindlichkeit von Verpflichtungen **762** 47
  wohnhaft am Spielbankort **762** 47
  Zulassung, staatliche **Vorbem 762 ff** 9; **762** 6, 47
Spielbedingungen
  Lotterie **763** 5
Spiele mit Gewinnmöglichkeit
  Unbedenklichkeitsbescheinigung **762** 46

Spieleinsatz
  Verfügung, unentgeltliche **762** 44
Spieleinwand
  ausländischer Spielclub **762** 39
  Beweislast für Spielnatur **762** 14 f
  Darlehen **762** 40 ff
  Inanspruchnahme aus Wechseln **762** 21
    Dritterwerber **762** 21
    Weiterbegebung nach Erhebung des Spieleinwands **762** 21
  Scheckeinlösung **762** 38
  Vertrag zugunsten Dritter **762** 33
  Verweigerung der Erfüllung **762** 14 f
Spielersperren
  Eigensperre **762** 47; **763** 18, 34
  Fremdsperre **763** 18, 34
  Lotterien mit besonderem Gefährdungspotential **763** 34
  Spielvertrag trotz Spielersperre **763** 34
Spielgemeinschaft
  Abfindungsanspruch **763** 25
  Gesellschaft bürgerlichen Rechts **763** 25
  gewerbliche Spielgemeinschaften
    s Spielgemeinschaften, gewerbliche
  gewerbliche Spielvermittler
    s Spielvermittler, gewerbliche
  Gewinnverteilung **763** 25
  Loskauf **763** 22
  Lotterie, unerlaubte **763** 25
  Nebengeschäft **Vorbem 762 ff** 2
  Schadensersatzanspruch wegen fehlerhaften/unterlassenen Spiels **763** 25
  Spieleinsatz **763** 25
  unvollkommene Verbindlichkeit **763** 25
Spielgemeinschaften, gewerbliche
  Erlaubnis **763** 25
  Geschäftsbesorgungsvertrag **763** 25
  Nebengeschäft einer genehmigten Lotterie **763** 25
  unerlaubte Lotterie **763** 25
Spielgesellschaft
  Loskauf **763** 22
Spielplan
  Lotterie **763** 5
Spielquittung
  Legitimationspapier **763** 33
  Überprüfung auf Richtigkeit **763** 30
Spielschein
  Ausfüllen durch Annahmestelle **763** 29
  Enthaftungsvereinbarung **763** 28
  invitatio ad offerendum **763** 29
  vorvertragliches Schuldverhältnis **763** 28
Spielschulden
  Auftrag **762** 38
  Beweislast **762** 30
  Darlehen **762** 33, 40 ff
  Eingehung von Verbindlichkeiten zum Zwecke der Erfüllung **762** 28 ff
  Umgehungsabsicht **762** 33

Spielschulden (Forts)
  Euroscheck **762** 38
  Kontokorrentsaldo **762** 30
  Schuldübernahme **762** 32
Spielsucht
  Krankheitsbild **Vorbem 762 ff** 4
Spielvermittler, gewerbliche
  Einkünfte aus Gewerbebetrieb **Vorbem 762 ff** 11
  Erlaubnis **763** 25
  Jugendschutz **763** 25
  Rücktritt vom Spielvertrag **763** 29
  Spielersperren **763** 25
  Spielteilnahme **763** 29
  Werbebegrenzung **763** 25
  Werbebeschränkungen **763** 25
Spielverordnung
  Geschicklichkeitsspiele **762** 46
  Spiele mit Gewinnmöglichkeit **762** 46
Spielvertrag
  Ablehnung des Abschlusses aus wichtigem Grund **763** 29 f
  Abschluss, hinausgeschobener **763** 26, 31
  Angebot **763** 29
  Auslobung **762** 5
  Bedeutung, wirtschaftliche **Vorbem 762 ff** 8
  Bedingung, aufschiebende **762** 27
  Einsatz, beiderseitiger **Vorbem 762 ff** 6
  Gerichtsstandvereinbarung **762** 13
  Lotto **763** 28
  Nichtigkeit **762** 26, 44 f
  Rechtsmittelverzicht **762** 13
  Rückforderungsanspruch **762** 26 f
    Anfechtung **762** 26
    Geschäftsunfähigkeit **762** 26
    Gesetzesverstoß **762** 26
    Sittenwidrigkeit **762** 26
    unerlaubte Handlung **762** 26
    ungerechtfertigte Bereicherung **762** 26
  Rücktritt **763** 29
  Schiedsspruch **762** 13
  Schiedsvertrag **762** 13
  Spielersperren **763** 34
  Strafbarkeit **763** 17
  Widerrufsrecht, Ausschluss **762** 6
Spielwette
  s Wettspiele
Spitzen
  Ausgleich **752** 9
Sport
  Spielcharakter **Vorbem 762 ff** 7
Sportveranstaltungen
  Persönlichkeitsrechtsverletzungen der Teilnehmer **741** 166
Sportwetten
  s a Oddset-Wetten
  Genehmigung, staatliche **762** 6
  Spiel **762** 5
  Spielersperren **763** 34

Sportwetten (Forts)
  Suchtpotential **Vorbem 762 ff** 4
Staatslotterie
  s Klassenlotterie
Stammrecht
  s Leibrentenstammrecht
Steinbruch
  Früchte, natürliche **743** 3
Stellplätze
  Gemeinschaftsrecht **741** 179
Steuern
  Benutzungskosten **748** 10
  Lasten, öffentliche **748** 3
Steuerrecht
  Bruchteilsgemeinschaft **741** 163
  Ehegatten-Grundstücksgemeinschaft **741** 237
  Lotteriesteuer **Vorbem 762 ff** 11
  Spielbankabgabe **Vorbem 762 ff** 11
  Spielbanken **Vorbem 762 ff** 11
  Totalisator- und Buchmachersteuer **Vorbem 762 ff** 11
Stiftung
  Leibrente **759** 5; **761** 5
stille Einlage
  Bruchteilsfähigkeit **741** 141
stille Gesellschaft
  Bruchteilsfähigkeit **741** 141
  Gemeinschaftsrecht, Unanwendbarkeit **741** 9
  Innengesellschaft **741** 11
Stimmrecht
  Abtretung, isolierte **745** 18
  Eilmaßnahmen **745** 46
  Notmaßnahmen **745** 46
  Teilhaber **741** 59
Stockwerkseigentum
  Häuser, Teilbarkeit **752** 18
  Landesrecht **741** 276; **749** 92
Strafrecht
  Spiel **Vorbem 762 ff** 10
Straßenverkehr
  Selbstaufopferung **741** 172
Streupflicht
  Bruchteilsgemeinschaft **741** 155
  Last, persönliche **748** 3
subjektive öffentliche Rechte
  Bruchteilsgemeinschaft **741** 155
Sukzessivberechtigung
  Leibrente **759** 20
Surrogation
  deliktsrechtliche Ansprüche **741** 258
  Schadensersatzansprüche **741** 258

Teilaufhebung
  Aufhebung der Gemeinschaft **749** 24, 51 ff
teilbare Leistung
  Bruchteilsforderungen **741** 122
  Teilforderungen **741** 81

Teilhaber
  Anteile **741** 254 ff
  Anteilsveräußerung unter Teilhabern **747** 25
  Aufhebungsrecht **741** 64
    s a dort
  Ausgleichanspruch **755** 1 f
  Befreiungsanspruch **755** 1 f
  Eigengebrauch des Gegenstands **741** 260
  Erbengemeinschaften **741** 68
  Fruchtziehung **741** 59, 63
  Gebrauch des gemeinschaftlichen Gegenstands **741** 63
    s a Gebrauch, gemeinschaftlicher
  Gefahrengemeinschaft **741** 167
  Gesamthandsgemeinschaften **741** 68
  Haftung **741** 266 f
    eigenübliche Sorgfalt **741** 266
    Gehilfenhaftung **741** 266
    Verschuldenshaftung **741** 266
  Insolvenzverfahren eines Teilhabers **741** 66; **749** 86 ff; **755** 11
  Aufhebungsausschluss **751** 14
  juristische Personen **741** 68
  Konto, eigenes **743** 17
  Konto, gemeinsames **743** 17, 21
  Kostengemeinschaft **741** 167
  Mitgebrauch des Gegenstands **741** 260; **743** 33 f
  natürliche Personen **741** 67, 68
  Personenmehrheit **741** 68 ff
  Pflichten, schuldrechtliche **741** 260 ff
  Prozessführungsbefugnis **744** 43, 46 f
    Einzelprozessführungsbefugnis **744** 47
  Rechte, schuldrechtliche **741** 260 ff
  rechtsgeschäftliche Beziehungen zur Bruchteilsgemeinschaft **741** 73 ff
  Sondervermögen **741** 68
  Stimmrecht **742** 1
  Tod des Teilhabers
    Aufhebungsausschluss **750** 1 ff
    Aufhebungsrecht, Ausschluss **741** 64
  Veränderungen des gemeinschaftlichen Gegenstands **741** 62; **744** 3
  Verfügung über gemeinschaftlichen Gegenstand **741** 60
  Verwaltungsbefugnisse **745** 18
  Zurückbehaltungsrechte **741** 268
Teilhaberschulden
  Gemeinschaftsverhältnis **756** 2 f
  Konnexität **756** 4 ff
Teilrechtsfähigkeit
  Bruchteilsgemeinschaft **741** 73
Teilung durch Verkauf
  Aufhebung der Gemeinschaft **753** 2
  Erbbaurecht **753** 5
  Forderungen, gemeinschaftliche **754** 1 ff
    s a dort
  Grundstücke **753** 4 f, 41

Teilung durch Verkauf (Forts)
grundstücksgleiche Rechte **753** 5, 14
Kosten **753** 44 ff
Rechte
  unveräußerliche Rechte **753** 19
  Wertpapiere **753** 20
Sachen, bewegliche **753** 9 f, 42
Schiffe, eingetragene **753** 5
Unverkäuflichkeit des Gegenstandes **753** 48
Veräußerung an Dritte **753** 39
Verkaufsversuche **753** 44 ff
Versteigerung, öffentliche **753** 9 f
Versteigerung unter den Teilhabern **753** 39 ff
  bewegliche Sachen **753** 42
  Grundstücke **753** 41
  Rechte **753** 43
Teilung in Natur
Anspruch auf Teilung in Natur
  s Teilungsanspruch
Anteilsgröße **742** 1
Anteilsverhältnis **752** 9
Aufhebung der Gemeinschaft **749** 1; **752** 1
Beweislast **752** 30
Billigkeit **749** 4, 34 ff, 40 ff
Duldung vorbereitender Maßnahmen **752** 28 f
Durchführung **752** 19 ff
Einzelsache **752** 2
Gemeinschaft, einheitliche **752** 3
Gesamtsache **752** 2 f
Geschäftswert **752** 26
Gespann **752** 11
Gewährleistung **752** 27; **757** 1
  Mangelhaftigkeit aller Teile **757** 2
  Mangelhaftigkeit eines Gegenstands **757** 6
Gleichartigkeit der Teile **752** 2, 4, 10
gutgläubiger Erwerb **752** 23 f
Klage **749** 13 ff
Klageantrag **749** 22; **752** 28
Kosten **752** 13, 26
Leistungsklage **752** 28
Losentscheid **752** 21, 25
mehrere Gemeinschaften **752** 6
Minderung **757** 5
Rechte **752** 25
Sachen, gemeinschaftliche **741** 66
Sachgesamtheit **752** 2 f
Sammlung **752** 11
Schätzgutachten **752** 4
Schulden, gemeinschaftliche **752** 38
Spitzenausgleich in Geld **752** 9
Teilbarkeit **749** 8; **752** 6, 14 ff
Unteilbarkeit **749** 34 ff; **752** 5 f, 17 f
Unzweckmäßigkeit **752** 12
Verkauf des gemeinschaftlichen Gegenstands **755** 13 ff

Teilung in Natur (Forts)
Verteilungsmasse, Beteiligung an **741** 167
Vollstreckung **752** 29
Vollstreckungsschuldner, Mitwirkung **752** 37
Wandelung **757** 5
Wertminderung **752** 2, 11 ff, 30
  Verkehrswert **752** 11
Teilungsanspruch
Abtretbarkeit **752** 32; **753** 24
Miteigentumsanteile, Pfändung **752** 33
Pfändbarkeit **752** 32; **753** 24 f
Pfändung **752** 33 f, 36; **753** 24 f
Zwangshypothek **752** 35
Teilungsplan
Erbengemeinschaft, Auseinandersetzung **749** 103
Teilungsvereinbarung
Aufhebung der Gemeinschaft **749** 24 f; **753** 39; **756** 8; **758** 3
Verjährung **758** 3
Teilungsversteigerung
Aufhebung der Gemeinschaft **741** 66 f
Aufrechnung **753** 8
Ehegatten-Grundstücksgemeinschaft **741** 24 f; **749** 65 ff
Eigentümergesamtgrundschuld **741** 130
Rechte an Bruchteilen **741** 67
Scheidungsfolgenvereinbarung **741** 25
Verteilungsverfahren **753** 6
Vorkaufsrechte **753** 7
Teilungsvertrag
Aufhebung der Gemeinschaft **749** 16, 18, 22
Telefonanlage
Gemeinschaft **741** 166
Tennisturniere
Prämienversprechen **Vorbem 762 ff** 7
Termingeschäfte
Spiel **762** 48
Spielabsicht **762** 48
Spieleinwand **762** 48
Testamentsvollstreckung
Erbengemeinschaft, Auseinandersetzung **749** 103
Tilgungsmodus
Rentenzahlungen **Vorbem 759 ff** 46
Time-sharing
Benutzungsregelungen **746** 19
Bruchteilsgemeinschaft **741** 201
Dauerwohnrecht **741** 202
Gemeinschaft besonderen Rechts **741** 203
Informationspflichten **741** 201
Nutzungsrechte **741** 201
Sondernachfolge **746** 19
Verwaltungsmaßnahme **744** 9
Widerrufsrecht **741** 201
Tippgemeinschaft
s Spielgemeinschaft

Tontinenvertrag
Tod eines Gläubigers **759** 25
Versicherungsvertrag **Vorbem 762 ff** 7
Topfvereinbarung
Provisionsteilungsabreden **741** 166
Totalisator
Erlaubnis der Landeszentralbehörde **763** 13
Steuerrecht **Vorbem 762 ff** 11
Strafbarkeit **763** 17
Totalisator- und Buchmachersteuer
Steuersatz **Vorbem 762 ff** 11
Toto
Zahlenlotterie **763** 23
Treuhandberechtigung
gemeinschaftliche **741** 150 ff
Herausgabeanspruch **741** 153
Treuhandverhältnis
Geschäftsbesorgungsvertrag **741** 153
Rechtsgemeinschaft **741** 153
Unterbeteiligung **741** 153
Treuhandvertrag
Vermietung des gemeinschaftlichen Gegenstands **743** 28
Turniere
wirtschaftlicher Zweck **Vorbem 762 ff** 7

Überziehungskredite
Ehegatten, Haftung für **741** 36 f
Umbau
Verwaltungsmaßnahme **744** 9
Umsatzsteuer
Ausspielungen **Vorbem 762 ff** 11
Geldspielautomaten **Vorbem 762 ff** 11
Lotterien **Vorbem 762 ff** 11
Oddset-Wetten **Vorbem 762 ff** 11
Spielbanken **Vorbem 762 ff** 11
Umsatzsteuerrecht
Bruchteilsgemeinschaft **741** 163
Unternehmer **741** 163
Umwandlungsrecht
Bruchteilsgemeinschaften **741** 162
Unbedenklichkeitsbescheinigung
Spiele mit Gewinnmöglichkeit **762** 46
Spielerlaubnis **762** 46
Und-Konto
Bankanderkonto **741** 48
Bruchteilsgemeinschaft **741** 121
Gesamtgläubigerschaft **741** 103
Insolvenz eines Kontoinhabers **741** 104
Miterben, mehrere **741** 103
Mitgläubigerschaft **741** 102
Notaranderkonto **741** 48
Pfändung des einzelnen Anteils **741** 103
Rechtsnatur **741** 103
Verfügung, gemeinsame **741** 87, 102
Zeichnungsbefugnis **741** 102
universitas
Verein **Vorbem 741 ff** 6

unlauterer Wettbewerb
Kettenbriefaktionen **763** 9
Schneeballsysteme **763** 9
Unmöglichkeit
Teilhaber, Haftung **741** 266
Unterbeteiligung
Bruchteilsgemeinschaft **741** 141, 149
Personengesellschaften, Beteiligung an **741** 141
Treuhandverhältnis **741** 153
Untergemeinschaft
Aufhebung der Gemeinschaft **749** 49
Bruchteilsgemeinschaft als Anteilsinhaberin **741** 145 ff
Sachenrecht **741** 145 f
Schuldrecht **741** 145, 147
Unterhaltsleistungen
Leibrente, Abgrenzung **Vorbem 759 ff** 15
Unterhaltsrenten
Vorauszahlung **760** 5
Unterhaltung
Wege **742** 15
Untermietvertrag
Kündigung **744** 24
Unternehmen
Gemeinschaft **741** 160
Unteilbarkeit **752** 17
Unternehmensaufspaltung
Bruchteilsgemeinschaft **741** 148
Unternehmensgemeinschaft
Gemeinschaftsrecht, Unanwendbarkeit **741** 160
unvollkommene Verbindlichkeiten
aleatorische Verträge **Vorbem 762 ff** 1
Urhebergemeinschaften
Veröffentlichungsrecht zur gesamten Hand **741** 135
Verwertungsrecht zur gesamten Hand **741** 135

venire contra factum proprium
Aufhebungsverlangen **751** 6
Verarbeitungsklauseln
Miteigentum **741** 50
Verbindlichkeiten
Gesamtschuldnerschaft **741** 123
Verbindung
Anteilsgröße **742** 18 ff
Anteilsverhältnis **741** 59
Miteigentum **741** 77, 231
Rechtszuständigkeit, gemeinschaftliche **741** 49 f
Verbraucherpreisindex
Anpassung von Leistungen **Vorbem 759 ff** 12 f
Verbraucherschutz
Lotterie **762** 6
Spielverträge **762** 6
Wettverträge **762** 6

Verein, nichtrechtsfähiger
  Gesamthandsgemeinschaft **741** 239
Vereinbarungen, ergänzende
  Zusatzvereinbarungen **741** 263, 265
Verfügung über gemeinschaftlichen Gegenstand
  Teilhaber **741** 60
Verfügung von Todes wegen
  Leibrente **759** 5
Verfügungen
  Verwaltungsmaßnahme **744** 9
Verfügungen über Anteile
  s Anteile
Verfügungsunterlassungsverpflichtung
  Eintragung **746** 26
Vergleich
  Rentenzahlungen **Vorbem 759 ff** 45
  Spiel **762** 12
  Verwaltungsmaßnahme **744** 9
  Wette **762** 12
Verkaufskommission
  Wertpapiere in Sammelverwahrung **747** 83
Verkaufssysteme
  unerlaubte Werbung **763** 9
Verkaufsversuch
  Kosten **753** 44
  wiederholter Verkaufsversuch **753** 45 f
Verkehrspflichten
  Bruchteilsgemeinschaft **741** 273
Verlagsvertrag
  Kündigung, gemeinschaftliche **741** 135
Vermächtnis
  Leibrente **759** 5; **761** 5
Vermengung
  Anteilsgröße **742** 18 ff
  Anteilsverhältnis **741** 59
  Miteigentum **741** 77, 231; **752** 3
  Rechtszuständigkeit, gemeinschaftliche **741** 49, 51, 54; **742** 18 ff
Vermietergemeinschaft
  Aufhebung **749** 11; **754** 4
Vermietung des gemeinschaftlichen Gegenstands
  Abtretung des anteiligen Mietzinsanspruchs **743** 20
  Abtretung des ideellen Mietzinsanteils **743** 21
  im Auftrag der Teilhaber **743** 28
  Gebrauch, gemeinschaftlicher **743** 34
  Pfändung des anteiligen Mietzinsanspruchs **743** 20
  Pfändung des ideellen Mietzinsanteils **743** 21
  Treuhandvertrag **743** 28
  Verwaltungsmaßnahme **744** 9; **745** 6
Vermischung
  Anteilsgröße **742** 18 ff
  Anteilsverhältnis **741** 59
  Miteigentum **741** 77

Vermischung (Forts)
  Rechtszuständigkeit, gemeinschaftliche **741** 49
Vermögensübertragung
  Leibrente **Vorbem 759 ff** 17
Vermögensverwaltung
  gemeinsamer Zweck **741** 231
  Sicherheitenpool **741** 231
Verpachtung
  Verwaltungsmaßnahme **744** 9; **745** 6
Verrentung
  Lebenserwartung der Bezugspersonen **Vorbem 759 ff** 62
  Leibrente **Vorbem 759 ff** 61 f
  Sittenwidrigkeit **Vorbem 759 ff** 62, 67
  Verrentungstabellen **Vorbem 759 ff** 62; **759** 25
  Zinssatz **Vorbem 759 ff** 62
Versicherungsforderungen
  Bruchteilsgemeinschaft, ungeteilte **741** 121
Versteigerung, öffentliche
  Erlösverteilung **753** 11
  Gold- und Silbersachen **753** 10
  gutgläubiger Erwerb **753** 10
  Teilungsverkauf **753** 10
  Unverkäuflichkeit des Gegenstandes **753** 48
  Zuständigkeit **753** 10
Vertragsfreiheit
  Bruchteilsgemeinschaftsrecht **741** 7 f
Vertragsstrafe
  Aufhebung aus wichtigem Grund **749** 82
  Eintragung **746** 26
  Spiel **762** 10
  Wette **762** 10
vertretbare Sachen
  s Sachen, vertretbare
Vertreterklauseln
  Einstimmigkeitsprinzip **741** 139
  Mehrheitsprinzip **741** 139
Verwalterbestellung
  Mehrheitsbeschluss **745** 7
Verwaltung
  Abänderungsbefugnis **744** 15
  altruistische Verwaltungsmaßnahmen **744** 7
  Begriff **744** 6 ff
  Beschlüsse, einstimmige **744** 11 f, 15
  Bindungswirkung von Verwaltungsregelungen **744** 15 ff
    Abänderung **744** 16
    Aufhebung **744** 15
  Einwilligung der Teilhaber **741** 261
  Fruchtbezugsrecht **743** 31
  gemeinschaftliche Verwaltung **744** 2
  Handeln, gemeinschaftliches **744** 11
  Kosten **742** 1; **743** 15; **745** 8; **748** 2, 8 f
  luxuriöse Maßnahmen **744** 8

Verwaltung (Forts)
  Mehrheitsbeschlüsse **744** 4, 8, 11, 20; **745** 1 f
  Bindungswirkung **745** 30 f
  Mitwirkung der Teilhaber **741** 261; **744** 11
  Mitwirkungspflicht **744** 20
  Neuregelung **744** 16
  Nießbrauchsüberlassung **753** 19
  objektiv nutzlose Verwaltungsmaßnahmen **744** 7
  objektiv schädliche Verwaltungsmaßnahmen **744** 7
  objektives Interesse aller Teilnehmer **744** 7
  ordnungsgemäße **744** 3, 8, 18, 21; **745** 5 f
    Verwendungen, wertsteigernde **745** 9
  Regelung nach billigem Ermessen **744** 4; **745** 2, 5, 50 ff
    Änderung der Sachlage **745** 50
    Hilfsanträge **745** 57
    Klageänderung **745** 57
    Leistungsklage **745** 57 f
    Mehrheitsbeschluss nach Rechtshängigkeit **745** 58
    Nutzungsquote, Beeinträchtigung **745** 54
    Passivlegitimation **745** 57
    Streitgenossenschaft, notwendige **745** 57
    Uneinigkeit **745** 52
    Veränderungen, wesentliche **745** 54
    Widerklage **745** 57
  Sondernachfolge **746** 1, 8, 10 ff
  Übertragung **744** 12
    auf Dritte **744** 12, 19, 28
    Kündigung der Übertragung aus wichtigem Grund **744** 17 f
    Vertretungsmacht **744** 13
  unvernünftige Verwaltungsmaßnahmen **744** 7
  Veränderungen des gemeinschaftlichen Gegenstands, wesentliche **744** 8, 11
  Vereinbarungen **744** 4, 11, 14 f; **745** 2
  Widerrufsbefugnis **744** 15
Verwaltungsgeschäfte
  Übernahme durch Teilhaber **743** 15
  Vorschussanspruch **743** 15
Verwaltungskosten
  s a Verwaltung
  Begriff **748** 8 f
Verwaltungsmaßnahme
  Prozessführung **744** 9
Verwaltungsrecht
  Bruchteilsgemeinschaft **741** 154
  Spiel **Vorbem 762 ff** 10
Verwaltungsverfahren
  Bruchteilsgemeinschaft **741** 154
Verwendungen
  eigenmächtige **748** 19
  Erstattungsanspruch **748** 13 ff; **756** 3
  Grundschuldbestellung **748** 18

Verwendungen (Forts)
  Hypothekenbestellung **748** 18
  wertsteigernde Maßnahmen **748** 13 f
Verzicht auf Anteil
  Verfügung, unteilbare **747** 18
Verzug
  Teilhaber, Haftung **741** 266
Vollstreckungsgläubiger
  Anteil an Rechten **753** 37
  Familienhabe **753** 35
  Miteigentumsanteil an beweglicher Sache **753** 33
  Miteigentumsanteil an Grundstück **753** 32
  Verwertungsvereinbarung mit den Teilhabern **753** 38
  Zwangsversteigerung **753** 32
Vollstreckungsvereitelung
  Gesellschaft bürgerlichen Rechts **741** 222
Vorkaufsrecht
  Anteilsveräußerung **Vorbem 741 ff** 13
  Gesamtgläubigerschaft **741** 84
  Kautelarjurisprudenz **Vorbem 741 ff** 22
Vorkaufsrecht, dingliches
  Bruchteilsgemeinschaft **741** 128
  zugunsten anderer Teilhaber **747** 26
Vorkaufsrecht, gesetzliches
  Teilhaber **747** 5
Vorkaufsrechte
  Eintragung **746** 26
  Kautelarjurisprudenz **741** 15
  Teilungsversteigerung **753** 7
  Verfügung, unteilbare **747** 16
  Verkauf des gemeinschaftlichen Gegenstands **747** 78 f
vorläufige Vollstreckbarkeit
  Duldung der Zwangsversteigerung **753** 27
Vormerkung
  Gesamtgläubigerschaft **741** 84, 86
Vormund
  Leibrentenverpflichtung, Eingehung **759** 2
Vorratsteilung
  Wohnungseigentum **741** 70

Währungsgleitklauseln
  s Preisklauseln
Währungsumstellung
  Leibrente **Vorbem 759 ff** 57
Waldgenossenschaften
  Eigentum, gemeinschaftliches **741** 48
  Landesrecht **741** 276
Warenvorräte
  Gemeinschaft, einheitliche **752** 3
  Teilbarkeit **752** 14
Wasserversorgung
  Nutzung, gemeinsame **741** 176
Wechselverbindlichkeit
  unvollkommene Verbindlichkeit **762** 29
  Beweislast **762** 30

454

Wege
  Eigentum, gemeinschaftliches **741** 48
  Nutzung, gemeinsame **743** 34 f
  Unterhaltung, gemeinsame **742** 15
Wegfall der Geschäftsgrundlage
  Leibrentenvertrag **Vorbem 759 ff** 67 f; **759** 7
Weidegenossenschaften
  Eigentum, gemeinschaftliches **741** 48
Wertpapierdepot
  Bruchteilsgemeinschaft **741** 121
  Teilung **752** 25
Wertpapiere
  Gemeinschaft, einheitliche **752** 3
  Sammelverwahrung
    s dort
  Teilbarkeit **752** 14
Wertpapierpaket
  Teilung **752** 14
Wertpapiersammelbestand
  Untergemeinschaft **741** 146
Wertsicherungsklauseln
  s a Preisklauseln
  Genehmigungsanfragen **Vorbem 759 ff** 5
  Leibrente **Vorbem 759 ff** 64; **759** 11, 15
Wesensgleichheit
  Bruchteilsberechtigung/Vollrecht **Vorbem 741 ff** 12 f, 25; **741** 255
Wettbewerbsverbot
  Rentenzahlungen **Vorbem 759 ff** 43
Wette
  Abgrenzung **762** 1 ff, 5
  Anerkenntnis, gerichtliches **762** 14
  Anfechtung **762** 27
  Aufklärungspflichten **762** 8
  Aufrechnung **762** 9, 19
  Begriff **762** 4
  Behauptung **Vorbem 762 ff** 6; **762** 4
  Bekräftigung einer Überzeugung **Vorbem 762 ff** 6; **762** 5
  Bezahlung des verlorenen Betrages **762** 8
  Bürgschaft **762** 11
  culpa in contrahendo **Vorbem 762 ff** 3
  Eingehung von Verbindlichkeiten zum Zwecke der Erfüllung **762** 10
  Einsatz **762** 8, 23
  einseitige Wette **762** 4 f
  Erfüllungsanspruch **762** 10
  Erfüllungsleistung **762** 18 ff
    Aufrechnung **762** 19
    Einsatz **762** 23
    Erfüllungssurrogate **762** 18
    Hingabe an Erfüllungs statt **762** 20
    – eigener Wechsel **762** 21
    – Gutschein **762** 20
    – Hinterlegung, gerichtliche **762** 22
    – Kundenwechsel **762** 20 f
    – Sicherheitsleistung **762** 23 f
  gegenseitiger Vertrag **762** 4 f
  Haftungsbeschränkung **763** 26

Wette (Forts)
  halbe Wette **762** 4
  Hilfsgeschäfte **762** 34 ff
    s a Spiel
  Irrtum über die Geschäftsgrundlage **762** 27
  Nebengeschäfte **762** 34 ff
  Nebenpflichten **762** 8
  noble Wette **762** 4
  öffentliche Sicherheit **Vorbem 762 ff** 5
  Pfandrecht **762** 11
  positive Vertragsverletzung **Vorbem 762 ff** 3; **762** 8
  Rückforderungsausschluss **762** 16 ff, 26
  Schadensersatz wegen Nichterfüllung **762** 8
  Sicherungsübereignung **762** 11
  Sicherungszession **762** 11
  Spieleinwand **762** 14 f
  Spielwette **762** 4
  staatlich genehmigte **Vorbem 762 ff** 6; **762** 6; **763** 26
  Tätigkeit seitens der Teilnehmer **762** 3, 8
  ungleiche Wette **762** 4
  Unklagbarkeit **762** 14
    Hilfsgeschäfte **762** 34 ff
    Nebengeschäfte **762** 34 ff
  unvollkommene Verbindlichkeit **Vorbem 762 ff** 1, 3 f; **762** 11, 14, 16 f
  Vergleich **762** 12
  Verkehrssicherungspflichten **762** 8
  Vertragsstrafe **762** 10
  Vertragstyp, eigenständiger **Vorbem 762 ff** 2
  Wette à coup sûr **762** 27
  Wetteinsatz **762** 4
  Zurückbehaltungsrecht **762** 10
  Zweck **Vorbem 762 ff** 6; **762** 4, 5
Wettschulden
  Beweislast **762** 30
  Darlehen **762** 33, 40 ff
  Eingehung von Verbindlichkeiten zum Zwecke der Erfüllung **762** 28 ff
  Umgehungsabsicht **762** 33
  Schuldübernahme **762** 32
Wettspiele
  Anfechtung **762** 27
  Pferderennverträge
    s dort
  Spiel **762** 6
Wettspiele, sportliche
  Fußball-Toto
    s dort
Wettvertrag
  s a Wette
  Auslobung **762** 5
  Gerichtsstandvereinbarung **762** 13
  Nichtigkeit **762** 26, 44
  Rechtsmittelverzicht **762** 13
  Rückforderungsanspruch **762** 26 f

Wettvertrag (Forts)
   Anfechtung **762** 26
   Geschäftsunfähigkeit **762** 26
   Gesetzesverstoß **762** 26
   Sittenwidrigkeit **762** 26
   unerlaubte Handlung **762** 26
   ungerechtfertigte Bereicherung **762** 26
   Schiedsspruch **762** 13
   Schiedsvertrag **762** 13
   Widerrufsrecht, Ausschluss **762** 6
Wiederkaufsrecht
   Verfügung, unteilbare **747** 16
Wiederverheiratung
   Leibrente, Erlöschen **760** 4
Wohngemeinschaften
   Gemeinschaftserwerb **741** 41
Wohnungseigentümergemeinschaft
   Ausscheiden aus der Gemeinschaft **749** 90
   Beschlussfassung **745** 17
   Bruchteilsgemeinschaft besonderen
      Rechts **Vorbem 741 ff** 17; **741** 5, 20, 178 ff
   gemeinschaftliches Eigentum **741** 5
   Gesellschaft **741** 185 ff
   Gleichheitsgrundsatz **741** 72
   Insolvenzfähigkeit **741** 184
   Kopfprinzip **745** 15
   Mehrheitsbeschlüsse **745** 1
      Anfechtbarkeit **745** 49
      fehlerhafte Beschlüsse **745** 49
   Näheverhältnis der Gemeinschafter
      Vorbem 741 ff 17
   Nutzungsbefugnis, Unentziehbarkeit **745** 1
   Rechtsnachfolge **746** 4
   Schutzpflichten **741** 273
   Sondereigentum
      Regelung nach billigem Ermessen **745** 59
   Teilrechtsfähigkeit sui generis **Vorbem 741 ff** 17, 24; **741** 5, 178, 187
   Treuepflichten **741** 273
   Unaufhebbarkeit **Vorbem 741 ff** 17
   Verfügungsbefugnis **741** 247
   Verwaltungsvermögen **741** 180
   Zubehörgegenstände **741** 180
Wohnungseigentum
   Abgeschlossenheitsbescheinigung **741** 44
   Abstellflächen **743** 45
   Abstellräume **746** 6
   Anteilsbestimmung **742** 26
   Anteilsverfügung **747** 81
   Aufhebungsausschluss **749** 90; **751** 7
   Aufteilungen **741** 44 f
   Ausschließungsrecht aus wichtigem Grund durch Versteigerung **741** 184
   Beschlüsse **744** 11
   Duplex-Garagen **746** 6
   Eigentum, gemeinschaftliches **741** 178, 181
      Aufhebungsanspruch **741** 184

Wohnungseigentum (Forts)
   Kosten **741** 183
   Lasten **741** 183
   Mehrheitsbeschlüsse **743** 45
   Nutzung **741** 183
   Vereinbarungen **743** 45
   Verwaltung **741** 183
   Erschließungsbeiträge **748** 2
   Flure **746** 6
   Garagenmodelle **741** 44
   Garten **743** 45
   Gebrauchsvorteile **743** 44
   gutgläubiger Erwerb **747** 27
   Kellermodelle **741** 44 f
   Kostentragung **748** 27
   Mietshaus, Aufteilung **741** 44
   Mini-Wohnungseigentum **741** 46
   Mitberechtigung nach Bruchteilen **741** 58
   Miteigentum **741** 178, 181
      isolierter Miteigentumsanteil **741** 182
   Miteigentümergemeinschaft **741** 184
      s a Wohnungseigentümergemeinschaft
   Miteigentumsanteil **742** 26
   Nutzungen **743** 44
      Verteilungsschlüssel **743** 44
   Sondereigentum **741** 178; **742** 26
      fehlerhafte Begründung **741** 182
      Veräußerungsrecht **741** 181
   Spitzböden **743** 45
   Stellplätze **746** 6
   Teileigentum **741** 178
   Untergemeinschaft **741** 146; **746** 6
   Veräußerung **Vorbem 741 ff** 13
   Vereinbarungen **744** 11
   Vorratsteilung **741** 70
   Wiederaufbaupflicht **749** 90
   Zerstörung des Gebäudes **741** 184; **749** 90
Wohnungsrecht, dingliches
   Bruchteilsgemeinschaft **741** 128
   Gesamtgläubigerschaft **741** 84, 131

Zählergemeinschaft
   Energiebezug, gemeinsamer **741** 123
Zeitrente
   Leibrente, Abgrenzung **Vorbem 759 ff** 23
   Sterbetafeln **Vorbem 759 ff** 23
Zinsansprüche
   Früchte, natürliche **743** 4
Zufahrten
   Nutzung, gemeinsame **741** 176
Zufahrtsbaulast
   Bruchteilsgemeinschaft **741** 155
Zugewinnausgleich
   Gesamtgläubigerschaft **741** 106
   Kostenerstattung **748** 12
   Miteigentumsanteil, Übertragung **749** 39
   vorweggenommener **741** 23; **749** 43
Zurückbehaltungsrecht
   Spiel **762** 10

Zurückbehaltungsrecht (Forts)
Teilhaber **741** 268
Wette **762** 10
Zwangshypothek
Aufhebung der Gemeinschaft **747** 57 f, 62
Miteigentumsanteil an Grundstück **753** 32
Zwangsversteigerung
Anteilsverwertung **747** 57
Aufhebung der Gemeinschaft **741** 66; **749** 9
Ehescheidung **741** 237
Erbbaurecht **753** 5
Gesellschaftsauseinandersetzung **749** 96, 98
Grundstücke **753** 4 f
Hypothekenbestellung an Miteigentumsanteil **747** 43 ff
Reinerlös, Verteilung **753** 6
Schiffe, eingetragene **753** 5
Verteilungsverfahren
Widerspruch **744** 24
Vollstreckungsgläubiger **753** 32

Zwangsverwaltung
Anteilsverwertung **747** 57
Hypothekenbestellung an Miteigentumsanteil **747** 43 ff
Übertragung des Anteils am gemeinschaftlichen Grundstück **743** 26
Zwangsvollstreckung in Miteigentumsanteile an Grundstücken **747** 51
Zwangsvollstreckung
Abwendung **744** 24
in gemeinschaftlichen Gegenstand **747** 50
Hilfspfändung **749** 59; **753** 34
in Miteigentumsanteile **747** 49, 51 ff
Zwangsvollstreckung in Miteigentumsanteile an Grundstücken **747** 51
Zwangsvollstreckungsunterwerfung
Leibrente **Vorbem 759 ff** 64 f
Zweckförderungsgemeinschaft
gesamthänderische Verbundenheit **Vorbem 741 ff** 11, 25
Zwischenräume
Benutzung, gemeinschaftliche **741** 134

J. von Staudingers
Kommentar zum Bürgerlichen Gesetzbuch
mit Einführungsgesetz und Nebengesetzen

Übersicht vom 15. Dezember 2008
Die Übersicht informiert über die Erscheinungsjahre der Kommentierungen in der 13. Bearbeitung und deren Neubearbeitungen (= Gesamtwerk STAUDINGER). *Kursiv* geschrieben sind die geplanten Erscheinungsjahre.

Die Übersicht ist für die 13. Bearbeitung und für deren Neubearbeitungen zugleich ein Vorschlag für das Aufstellen des „Gesamtwerk STAUDINGER" (insbesondere für solche Bände, die nur eine Sachbezeichnung haben). Es wird empfohlen, die Austauschbände chronologisch neben den überholten Bänden einzusortieren, um bei Querverweisungen auf diese schnell Zugriff zu haben. Bei Platzmangel sollten die ausgetauschten Bände an anderem Ort in gleicher Reihenfolge verwahrt werden.

	13. Bearb.	Neubearbeitungen		
Buch 1. Allgemeiner Teil				
Einl BGB; §§ 1–12; VerschG	1995			
Einl BGB; §§ 1–14; VerschG		2004		
§§ 21–79		2005		
§§ 21–89; 90–103 (1995)	1995			
§§ 90–103 (2004); 104–133; BeurkG	2004	2004		
§§ 134–163	1996	2003		
§§ 164–240	1995	2001	2004	
Buch 2. Recht der Schuldverhältnisse				
§§ 241–243	1995	2005		
§§ 244–248	1997			
§§ 249–254	1998	2005		
§§ 255–292	1995			
§§ 293–327	1995			
§§ 255–314		2001		
§§ 255–304			2004	
AGBG	1998			
§§ 305–310; UKlaG		2006		
§§ 311, 311a, 312, 312a–f		2005		
§§ 311b, 311c		2006		
§§ 315–327		2001		
§§ 315–326		2004		
§§ 328–361	1995			
§§ 328–361b		2001		
§§ 328–359		2004		
§§ 362–396	1995	2000	2006	
§§ 397–432	1999	2005		
§§ 433–534	1995			
§§ 433–487; Leasing		2004		
Wiener UN-Kaufrecht (CISG)	1994	1999	2005	
§§ 488–490; 607–609		*2009*		
VerbrKrG; HWiG; § 13a UWG	1998			
VerbrKrG; HWiG; § 13a UWG; TzWrG		2001		
§§ 491–507			2004	
§§ 516–534		2005		
§§ 535–563 (Mietrecht 1)	1995			
§§ 564–580a (Mietrecht 2)	1997			
2. WKSchG; MÜG (Mietrecht 3)	1997			
§§ 535–562d (Mietrecht 1)		2003	2006	
§§ 563–580a (Mietrecht 2)		2003	2006	
§§ 581–606	1996	2005		
§§ 607–610 (siehe §§ 488–490; 607–609)	./.			
§§ 611–615	1999	2005		
§§ 616–619	1997			
§§ 620–630	1995			
§§ 616–630		2002		
§§ 631–651	1994	2000	2003	2008
§§ 651a–651l	2001			
§§ 651a–651m		2003		
§§ 652–704	1995			
§§ 652–656		2003		
§§ 657–704		2006		
§§ 705–740	2003			
§§ 741–764	1996	2002	2008	
§§ 765–778	1997			
§§ 779–811	1997	2002		
§§ 812–822	1994	1999	2007	
§§ 823–825	1999			
§§ 826–829; ProdHaftG	1998	2003		
§§ 830–838	1997	2002	2008	
§§ 839, 839a	2002	2007		
§§ 840–853	2002	2007		
Buch 3. Sachenrecht				
§§ 854–882	1995	2000	2007	
§§ 883–902	1996	2002	2008	

	13. Bearb.	Neubearbeitungen	
§§ 903–924; UmweltHaftR	1996		
§§ 903–924		2002	
UmweltHaftR		2002	
§§ 925–984; Anh §§ 929 ff	1995	2004	
§§ 985–1011	1993	1999	2006
ErbbVO; §§ 1018–1112	1994	2002	
§§ 1113–1203	1996	2002	
§§ 1204–1296; §§ 1–84 SchiffsRG	1997	2002	
§§ 1–64 WEG	2005		

Buch 4. Familienrecht

§§ 1297–1320; Anh §§ 1297 ff; §§ 1353–1362	2000	2007	
§§ 1363–1563	1994	2000	2007
§§ 1564–1568; §§ 1–27 HausratsVO	1999	2004	
§§ 1569–1586b	*2010*		
§§ 1587–1588; VAHRG	1998	2004	
§§ 1589–1600o	1997		
§§ 1589–1600e		2000	2004
§§ 1601–1615o	1997	2000	
§§ 1616–1625	2000	2007	
§§ 1626–1633; §§ 1–11 RKEG	2002	2007	
§§ 1638–1683	2000	2004	
§§ 1684–1717	2000	2006	
§§ 1741–1772	2001	2007	
§§ 1773–1895; Anh §§ 1773–1895 (KJHG)	1999	2004	
§§ 1896–1921	1999	2006	

Buch 5. Erbrecht

§§ 1922–1966	1994	2000	2008
§§ 1967–2086	1996		
§§ 1967–2063		2002	
§§ 2064–2196		2003	
§§ 2087–2196	1996		
§§ 2197–2264	1996	2003	
§§ 2265–2338a	1998		
§§ 2265–2338		2006	
§§ 2339–2385	1997	2004	

EGBGB

Einl EGBGB; Art 1, 2, 50–218	1998	2005
Art 219–222, 230–236	1996	
Art 219–245		2003

EGBGB/Internationales Privatrecht

Einl IPR; Art 3–6	1996	2003	
Art 7, 9–12	2000		
Art 7, 9–12, 47		2007	
IntGesR	1993	1998	
Art 13–18	1996		
Art 13–17b		2003	
Art 18; Vorbem A + B zu Art 19		2003	
IntVerfREhe	1997	2005	
Kindschaftsrechtl Ü; Art 19	1994		
Art 19–24		2002	2008
Art 20–24	1996		
Art 25, 26	1995	2000	2007
Art 27–37	2002		
Art 38	1998		
Art 38–42		2001	
IntWirtschR	2000	2006	
IntSachenR	1996		

Vorläufiges Abkürzungsverzeichnis	1993		
Das Schuldrechtsmodernisierungsgesetz	2002	2002	
Eckpfeiler des Zivilrechts		2005	2008
BGB-Synopse 1896–1998	1998		
BGB-Synopse 1896–2000		2000	
BGB-Synopse 1896–2005			2006
100 Jahre BGB – 100 Jahre Staudinger (Tagungsband 1998)	1999		

Demnächst erscheinen

ErbbVO; §§ 1018–1112	1994	2002	2009
§§ 1113–1203	1996	2002	2009
§§ 1204–1296; §§ 1–84 SchiffsRG	1997	2002	2009
§§ 255–304		2004	2009

Dr. Arthur L. Sellier & Co. KG – Walter de Gruyter GmbH & Co. KG oHG, Berlin
Postfach 30 34 21, D-10728 Berlin, Telefon (030) 2 60 05-0, Fax (030) 2 60 05-222